Großkommentare der Praxis

RECHT

Strafgesetzbuch

Leipziger Kommentar

Großkommentar

12., neu bearbeitete Auflage

herausgegeben von

Heinrich Wilhelm Laufhütte
Ruth Rissing-van Saan
Klaus Tiedemann

Vierter Band

§§ 80 bis 109k

Bearbeiter:

§§ 80–92b: Heinrich Wilhelm Laufhütte/Annette Kuschel
§§ 93–101a: Wilhelm Schmidt
§§ 102–108e: Georg Bauer/Duscha Gmel
§§ 109–109k: Friedrich-Christian Schroeder

RECHT

De Gruyter Recht · Berlin

Stand der Bearbeitung: Juni 2006

Redaktor: Heinrich Wilhelm Laufhütte
Sachregister: Christian Pfaff

ISBN-13: 978-3-89949-322-1
ISBN-10: 3-89949-322-2

Bibliografische Information der Deutschen Nationalbibliothek

Die Deutsche Nationalbibliothek verzeichnet diese Publikation in der Deutschen Nationalbibliografie; detaillierte bibliografische Daten sind im Internet über http://dnb.d-nb.de abrufbar.

Datenkonvertierung/Satz: WERKSATZ Schmidt & Schulz GmbH, 06773 Gräfenhainichen
Druck und Bindung: Hubert & Co., Göttingen
Printed in Germany

Verzeichnis der Bearbeiter der 12. Auflage

Dr. **Dietlinde Albrecht**, Wissenschaftliche Assistentin an der Martin Luther-Universität Halle-Wittenberg
Gerhard Altvater, Bundesanwalt beim Bundesgerichtshof, Karlsruhe
Dr. **Georg Bauer**, Oberstaatsanwalt beim Bundesgerichtshof, Karlsruhe
Dr. **Eckhardt von Bubnoff**, Vorsitzender Richter am Oberlandesgericht a.D., Nußloch
Dr. **Gerhard Dannecker**, Universitätsprofessor an der Universität Bayreuth
Dr. **Karlhans Dippel**, Vors. Richter am Oberlandesgericht a.D., Kronberg i.Ts.
Dr. **Klaus Geppert**, Universitätsprofessor an der Freien Universität Berlin
Dr. **Ferdinand Gillmeister**, Rechtsanwalt, Freiburg
Duscha Gmel, Staatsanwältin beim Bundesgerichtshof, Karlsruhe
Michael Grotz, Bundesanwalt beim Bundesgerichtshof, Karlsruhe
Joachim Häger, Richter am Bundesgerichtshof, Karlsruhe
Dr. **Ernst-Walter Hanack**, em. Universitätsprofessor an der Johannes-Gutenberg-Universität Mainz
Dr. Dr. **Eric Hilgendorf**, Universitätsprofessor an der Julius-Maximilians-Universität Würzburg
Dr. Dr. h.c. **Thomas Hillenkamp**, Universitätsprofessor an der Ruprecht-Karls-Universität Heidelberg
Dr. **Tatjana Hörnle**, Universitätsprofessorin an der Ruhr-Universität Bochum
Dr. **Kristian Hohn**, Wissenschaftlicher Assistent an der Bucerius Law School, Hamburg
Dr. **Jutta Hubrach**, Richterin am Oberlandesgericht Düsseldorf
Dr. **Florian Jeßberger**, Wissenschaftlicher Assistent an der Humboldt-Universität zu Berlin
Dr. **Peter König**, Ministerialrat im Bayerischen Staatsministerium der Justiz, München
Juliane Krause, Richterin am Landgericht Hof
Dr. **Matthias Krauß**, Oberstaatsanwalt beim Bundesgerichtshof, Karlsruhe
Dr. **Christoph Krehl**, Oberstaatsanwalt beim Bundesgerichtshof, Karlsruhe
Perdita Kröger, Regierungsdirektorin am Bundesministerium der Justiz, Berlin
Annette Kuschel, Richterin am Oberlandesgericht Dresden
Heinrich Wilhelm Laufhütte, Vorsitzender Richter am Bundesgerichtshof a.D., Berlin
Dr. **Hans Lilie**, Universitätsprofessor an der Martin Luther-Universität Halle-Wittenberg
Dr. **Manfred Möhrenschlager**, Ministerialrat a.D., Bonn
Dr. **Jens Peglau**, Richter am Landgericht, abg. zum Bundesgerichtshof, Karlsruhe
Dr. **Ruth Rissing-van Saan**, Vorsitzende Richterin am Bundesgerichtshof, Karlsruhe
Dr. **Thomas Rönnau**, Universitätsprofessor an der Bucerius Law School, Hamburg
Dr. **Henning Rosenau**, Universitätsprofessor an der Universität Augsburg
Ellen Roggenbuck, Richterin am Bundesgerichtshof, Karlsruhe
Dr. **Wolfgang Ruß**, Vorsitzender Richter am Bundesgerichtshof a.D., Karlsruhe
Wilhelm Schluckebier, Richter am Bundesgerichtshof, Karlsruhe
Dr. **Wilhelm Schmidt**, Bundesanwalt beim Bundesgerichtshof, Karlsruhe
Johann Schmid, Oberstaatsanwalt beim Bundesgerichtshof, Karlsruhe
Dr. **Hendrik Schneider**, Universitätsprofessor an der Universität Leipzig
Dr. **Heinz Schöch**, Universitätsprofessor an der Ludwig-Maximilians-Universität München
Dr. Dr. h.c. **Friedrich-Christian Schroeder**, Universitätsprofessor an der Universität Regensburg
Dr. **Bernd Schünemann**, Universitätsprofessor an der Ludwig-Maximilians-Universität München

Dr. **Christoph Sowada,** Universitätsprofessor an der Universität Rostock
Werner Theune, Richter am Bundesgerichtshof a.D., Karlsruhe
Dr. Dr. h.c. mult. **Klaus Tiedemann,** em. Universitätsprofessor an der Albert-Ludwigs-Universität Freiburg
Dr. **Joachim Vogel,** Richter am OLG Stuttgart, Universitätsprofessor an der Eberhard-Karls-Universität Tübingen
Dr. Dr. **Thomas Vormbaum,** Universitätsprofessor an der Fern-Universität Hagen
Dr. **Tonio Walter,** Universitätsprofessor an der Universität Regensburg
Dr. **Thomas Weigend,** Universitätsprofessor an der Universität zu Köln
Dr. **Gerhard Werle,** Universitätsprofessor an der Humboldt-Universität zu Berlin
Hagen Wolff, Vorsitzender Richter am Oberlandesgericht a.D. Celle
Dr. **Frank Zieschang,** Universitätsprofessor an der Julius-Maximilians-Universität Würzburg

Vorwort

Von der 12. Auflage des Leipziger Kommentars ist der Zweite Band bereits erschienen. Jetzt wird der Vierte Band vorgelegt, der sich mit wichtigen Teilen des Staatsschutzstrafrechts befasst (Friedensverrat, Hochverrat und Gefährdung des demokratischen Rechtsstaats, Landesverrat und Gefährdung der äußeren Sicherheit, Straftaten gegen ausländische Staaten, Straftaten gegen Staatsorgane und bei Wahlen und Abstimmungen sowie Straftaten gegen die Landesverteidigung).

Der frühere Autor Ernst Träger ist nicht mehr dabei. Der Verlag und die Herausgeber danken ihm für seine herausragende Arbeit. An seine Stelle ist Wilhelm Schmidt getreten. Friedrich-Christian Schroeder hat seine Kommentartätigkeit fortgesetzt. Die von mir früher bearbeiteten §§ 102 bis 108e werden nun von Georg Bauer und Duscha Gmel kommentiert. Im Übrigen ist Annette Kuschel, die mich schon im Nachtrag zur 11. Auflage unterstützt hat, als Mitautorin eingestiegen.

Die im Vierten Band zusammengefassten Straftaten spielen (zum Glück) in der täglichen Praxis der Strafjustiz eine zahlenmäßig geringe Rolle. Meine Arbeit, insbesondere im Ersten und Zweiten Titel des Ersten Abschnitts des Besonderen Teils des Strafgesetzbuchs hat mir aber gezeigt, dass die Vorschriften nicht nur auf dem Papier stehen (und nicht nur symbolisches Strafrecht sind). Sie könnten zum Schutz des demokratischen Rechtsstaats eine nicht zu unterschätzende Bedeutung bekommen, nicht zuletzt wegen zunehmender Gefahren durch verfassungsfeindliche und terroristische Organisationen. Die Kommentierung soll dazu beitragen, dass der Rechtsstaat solchen Gefahren abwägend mit ausschließlich rechtsstaatlichen Mitteln und mit Augenmamß begegnet.

Karlsruhe, im Oktober 2006 *Heinrich Wilhelm Laufhütte*

Inhaltsübersicht

ERLÄUTERUNGEN

BESONDERER TEIL

Erster Abschnitt
Friedensverrat, Hochverrat und Gefährdung des demokratischen Rechtsstaates

Erster Titel
Friedensverrat

Zweiter Titel
Hochverrat

Dritter Titel
Gefährdung des demokratischen Rechtsstaates

Vierter Titel
Gemeinsame Vorschriften

Zweiter Abschnitt
Landesverrat und Gefährdung der äußeren Sicherheit

Dritter Abschnitt
Straftaten gegen ausländische Staaten

Vierter Abschnitt
Straftaten gegen Verfassungsorgane sowie bei Wahlen und Abstimmungen

Fünfter Abschnitt
Straftaten gegen die Landesverteidigung

Abkürzungsverzeichnis

AA	Auswärtiges Amt
aA	anderer Ansicht
aaO	am angegebenen Ort
AbfG	Gesetz über die Vermeidung und Entsorgung von
AbfVerbrG	Gesetz über die Überwachung und Kontrolle der grenzüberschreitenden Verbringung von Abfällen (Abfallverbringungsgesetz
Abg.	Abgeordneter
AbgO	Reichsabgabenordnung
abgedr.	abgedruckt
Abk.	Abkommen
abl.	ablehnend
ABl.	Amtsblatt
AblEU	Amtsblatt der Europäischen Union (ab 2003); Ausgabe C: Mitteilungen und Bekanntmachungen; Ausgabe L: Rechtsvorschriften
AblKR	Amtsblatt des Kontrollrats in
Abs.	Absatz
Abschn.	Abschnitt
abw.	abweichend
AbwAG	Abwasserabgabengesetz
AcP	Archiv für civilistische Praxis (zit. nach Band u. Seite)
AdVermiG	Gesetz über die Vermittlung der Annahme als Kind und über das Verbot der Vermittlung von Ersatzmüttern (Adoptionsvermittlungsgesetz
AE	Alternativ-Entwurf eines StGB, 1966 ff
a. E.	am Ende
ÄndG	Änderungsgesetz
ÄndVO	Änderungsverordnung
Anh	Anhang
a. F.	alte Fassung
AFG	Arbeitsförderungsgesetz
AG	Amtsgericht; in Verbindung mit einem Gesetz: Ausführungsgesetz
AGBG/AGB-Gesetz	Gesetz zur Regelung des Rechts der Allgemeinen
AHK	Alliierte Hohe Kommission
AktG	Gesetz über Aktiengesellschaften und Kommanditgesellschaften auf Aktien
AktO	Anweisung für die Verwaltung des Schriftguts bei den Geschäftsstellen der Gerichte und der Staatsanwaltschaften (Aktenordnung)
allg.	allgemein
allg. M.	allgemeine Meinung
Alt.	Alternative
aM	anderer Meinung
AMG	Arzneimittelgesetz
amtl. Begr.	amtliche Begründung
and.	anders
Angekl.	Angeklagte(r)
Anh.	Anhang
AnhRügG	Gesetz über die Rechtsbehelfe bei Verletzung des Anspruchs auf rechtliches Gehör (Anhörungsrügengesetz)

Anl.	Anlage
Anm.	Anmerkung
AnwBl.	Anwaltsblatt
ao	außerordentlich
AO 1977	Abgabenordnung
AöR	Archiv des öffentlichen Rechts
AOStrÄndG	Gesetz zur Änderung strafrechtlicher Vorschriften der Reichsabgabenordnung und anderer Gesetze
AP	Arbeitsrechtliche Praxis (Nachschlagewerk des Bundesarbeitsgerichts)
AR	Arztrecht
ArchKrim.	Archiv für Kriminologie
ArchPF	Archiv für Post- und Fernmeldewesen
ArchPR	Archiv für Presserecht
ArchPT	Archiv für Post und Telekommunikation
ARSP	Archiv für Rechts- und Sozialphilosophie (zit. nach Band u. Seite)
Art.	Artikel
AT	Allgemeiner Teil des Strafgesetzbuches
AtG/AtomG	Gesetz über die friedliche Verwendung der Kernenergie und den Schutz gegen ihre Gefahren (Atomgesetz)
AÜG	Arbeitnehmerüberlassungsgesetz
Auff.	Auffassung
aufgehob.	aufgehoben
Aufl.	Auflage
AuR	Arbeit und Recht
ausdrückl.	ausdrücklich
ausführl.	ausführlich
AusfVO	Ausführungsverordnung
ausl.	ausländisch
AuslG	Ausländergesetz
AusnVO	Ausnahmeverordnung
ausschl.	ausschließlich
AV	Allgemeine Verfügung
AVG	Angestelltenversicherung
AWG	Außenwirtschaftsgesetz
AWG/StÄG	Gesetz zur Änderung des Außenwirtschaftsgesetzes, des Strafgesetzbuchs und anderer Gesetze
Az.	Aktenzeichen
b.	bei
BA	Blutalkohol, Wissenschaftliche Zeitschrift für die medizinische und die juristische Praxis
BÄK	Bundesärztekammer
BÄO	Bundesärzteordnung
BAG	Bundesarbeitsgericht
BAK	Blutalkoholkonzentration
BAnz.	Bundesanzeiger
BauGB	Baugesetzbuch
Bay.	Bayern, bayerisch
BayBS	Bereinigte Sammlung des Bayerischen Landesrechts (1802–1956)
BayLSG	Bayerisches Landessozialgericht
BayObLG	Bayerisches Oberstes Landesgericht
BayObLGSt.	Sammlung von Entscheidungen des Bayerischen Obersten Landesgerichts in Strafsachen
BayVBl.	Bayerische Verwaltungsblätter

BayVerf.	Verfassung des Freistaates Bayern
BayVerwBl.	Bayerische Verwaltungsblätter
BayVerfGHE	s. BayVGHE
BayVGH	Bayerischer Verwaltungsgerichtshof
BayVGHE	Sammlung von Entscheidungen des Bayerischen Verwaltungsgerichtshofs mit Entscheidungen des Bayerischen Verfassungsgerichtshofes, des Bayerischen Dienststrafhofs und des Bayerischen Gerichtshofs für Kompetenzkonflikte (zit. nach Band u. Seite)
BayZ	Zeitschrift für Rechtspflege in Bayern (1905–1934)
BB	Betriebs-Berater
BBG	Bundesbeamtengesetz
BBodSchG	Gesetz zum Schutz vor schädlichen Bodenveränderungen und zur Sanierung von Altlasten (Bundes-Bodenschutzgesetz)
Bd., Bde	Band, Bände
BDH	Bundesdisziplinarhof
BDO	Bundesdisziplinarordnung
BDSG	Bundesdatenschutzgesetz
Bearb.	Bearbeitung
begl.	beglaubigt
BegleitG zum TKG	Begleitgesetz zum
Begr., begr.	Begründung, begründet
Bek.	Bekanntmachung
Bekl., bekl.	Beklagter, beklagt
Bem.	Bemerkung
ber.	berichtigt
bes.	besonders, besondere(r, s)
Beschl.	Beschluss
Beschw.	Beschwerde
Bespr.	Besprechung
Best.	Bestimmung
bestr.	bestritten
betr.	betreffend
BeurkG	Beurkundungsgesetz
BewH	Bewährungshilfe
BezG	Bezirksgerichte
BFH	Bundesfinanzhof
BG	Bundesgericht (Schweiz)
BGB	Bürgerliches Gesetzbuch
BGBl. I, II, III	Bundesgesetzblatt Teil I, II und III
BGE	Entscheidungen des schweizerischen Bundesgerichts (Amtliche Sammlung)
BGH	Bundesgerichtshof
BGHGrS	Bundesgerichtshof, Großer Senat
BGHSt	Entscheidungen des Bundesgerichtshofes in Strafsachen (zit. nach Band u. Seite)
BGHZ	Entscheidungen des Bundesgerichtshofes in Zivilsachen (zit. nach Band u. Seite)
BG Pr.	Die Praxis des Bundesgerichts (Entscheidungen des schweizerischen Bundesgerichts)
BImSchG	Bundes-Immissionsschutzgesetz
BImSchVO	Bundes-Immissionsschutzverordnung
BinnSchiffG/BinSchG	Gesetz betr. die privatrechtlichen Verhältnisses der Binnenschiffahrt (Binnenschiffahrtsgesetz)
BJagdG	Bundesjagdgesetz
BKA	Bundeskriminalamt

BKAG/BKrimAG	Gesetz über die Einrichtung eines Bundeskriminalpolizeiamtes (Bundeskriminalamtes)
Bln.	Berlin
Bln.GVBl.Sb.	Sammlung des bereinigten Berliner Landesrechts, Sonderband I (1806–1945) und II (1945–1967)
Blutalkohol	Blutalkohol, Wissenschaftliche Zeitschrift für die medizinische und juristische Praxis
BMI	Bundesminister(ium) des Inneren
BMJ	Bundesminister(ium) der Justiz
BNatSchG	Gesetz über Naturschutz und Landschaftspflege (Bundesnaturschutzgesetz
BNotÄndG	Drittes Gesetz zur Änderung der Bundesnotarordnung und anderer
BNotO	Bundesnotarordnung
BR	Bundesrat
BRAGO	Bundesgebührenordnung für Rechtsanwälte
BRAK	Bundesrechtsanwaltskammer
BranntwMG/BranntwMonG	Branntweinmonopolgesetz
BRAO	Bundesrechtsanwaltsordnung
BRAOÄndG	Gesetz zur Änderung der Bundesrechtsanwaltsordnung, der Patentrechtsanwaltsordnung und anderer Gesetze
BRD	Bundesrepublik Deutschland
BR-Drs./BRDrucks.	Bundesrats-Drucksache
BReg.	Bundesregierung
Brem.	Bremen
BRProt.	Protokolle des Bundesrates
BRRG	Beamtenrechtsrahmengesetz
BRStenBer.	Verhandlungen des Bundesrats, Stenographische Berichte (zit. nach Sitzung u. Seite)
BS	Sammlung des bereinigten Landesrechts
BSeuchG	Bundes-Seuchengesetz
BSG	Bundessozialgericht
BSHG	Bundessozialhilfegesetz
Bsp.	Beispiel
BStBl.	Bundessteuerblatt
BT	Besonderer Teil des StGB bzw. Bundestag
BT-Drs./BTDrucks.	Bundestags-Drucksache
BtMG	Gesetz über den Verkehr mit Betäubungsmitteln (Betäubungsmittelgesetz)
BTProt.	s. BTVerh.
BTRAussch.	Rechtsausschuss des Deutschen Bundestags
BTStenBer.	Verhandlungen des deutschen Bundestag, Stenographische Berichte (zit. nach Wahlperiode u. Seite)
BTVerh.	Verhandlungen des Deutschen Bundestags
Buchst.	Buchstabe
BVerfG	Bundesverfassungsgericht
BVerfGE	Entscheidungen des Bundesverfassungsgerichts (zit. nach Band u. Seite)
BVerfGG	Gesetz über das Bundesverfassungsgericht
BVerwG	Bundesverwaltungsgericht
BVerwGE	Entscheidungen des Bundesverwaltungsgerichts (zit. nach Band u. Seite)
BVwVfG	(Bundes-)Verwaltungsverfahrensgesetz
BW	Baden-Württemberg
bzgl.	bezüglich
BZR	Bundeszentralregister

BZRG	Gesetz über das Bundeszentralregister und das Erziehungsregister (Bundeszentralregistergesetz)
bzw.	beziehungsweise
ca.	circa
ChemG	Gesetz zum Schutz vor gefährlichen Stoffen (Chemikaliengesetz)
CR	Computer und Recht
CWÜAG	AusführungsG zum Chemiewaffenübereinkommen (CWÜ-AG)
DA	Deutschland Archiv
DÄBl.	Deutsches Ärzteblatt
dagg.	dagegen
DAR	Deutsches Autorecht
DAV	Deutscher Anwaltsverein
DB	Der Betrieb
DDevR	Deutsche Devisen-Rundschau (1951–59)
DDR	Deutsche Demokratische Republik
DDT-G	Gesetz über den Verkehr mit DDT
DepotG	Gesetz über die Verwahrung und Anschaffung von Wertpapieren (Depotgesetz)
ders.	derselbe
dgl.	dergleichen
DGVZ	Deutsche Gerichtsvollzieher-Zeitung
d. h.	das heißt
Justiz	Die Justiz, Amtsblätter des Justizministeriums Baden-Württemberg
Polizei	Die Polizei (seit 1955: Die Polizei – Polizeipraxis)
dies.	dieselbe(n)
Diff., diff.	Differenzierung, differenzierend
Diss.	Dissertation
DJ	Deutsche Justiz, Rechtspflege und Rechtspolitik
DJT	Deutscher Juristentag
DJZ	Deutsche Juristenzeitung (1896–1936)
DMW	Deutsche Medizinische Wochenschrift
DNA-AnalysG	Gesetz zur Novellierung der forensischen DNA-Analyse
DNutzG	Gesetz zur effektiven Nutzung von Dateien im Bereich der Staatsanwaltschaften
DÖV	Die Öffentliche Verwaltung
DOGE	Entscheidungen des Deutschen Obergerichts für das Vereinigte Wirtschaftsgebiet
DR	Deutsches Recht, Wochenausgabe (vereinigt mit Juristische Wochenschrift) (1931–1945)
DRechtsw.	Deutsche Rechtswissenschaft (1936–1943)
DRiB	Deutscher Richterbund
DRiG	Deutsches Richtergesetz
DRiZ	Deutsche Richterzeitung
DRM	Deutsches Recht, Monatsausgabe (vereinigt mit Deutsche Rechtspflege)
DRpfl.	Deutsche Rechtspflege (1936–1939)
Drs./Drucks.	Drucksache
DRsp.	Deutsche Rechtsprechung, hrsg. von Feuerhake (Loseblattsammlung)
DRZ	Deutsche Rechts-Zeitschrift (1946–1950)
DSB	Datenschutzberater
DStrR	Deutsches Steuerrecht
DStR	Deutsches Strafrecht (1934–1944)

DStrZ	Deutsche Strafrechts-Zeitung (1914–1922)
DStZ A	Deutsche Steuerzeitung, bis Jg. 67 (1979): Ausgabe A
dt.	deutsch
DtZ	Deutsch-Deutsche Rechts-Zeitschrift
DuR	Demokratie und Recht
DVBl.	Deutsches Verwaltungsblatt
DVO	Durchführungsverordnung
DVollzO	Dienst- und Vollzugsordnung
DVP	Deutsche Verwaltungspraxis
DVR	Datenverarbeitung im Recht (bis 1985, danach vereinigt mit IuR)
E	Entwurf bzw. Entscheidung
E 1927	Entwurf eines Allgemeinen Deutschen Strafgesetzbuches nebst Begründung (Reichstagsvorlage) 1927
E 62	Entwurf eines Strafgesetzbuches mit Begründung 1962
EAO	Entwurf einer Abgabenordnung
ebd.	ebenda
ebso.	ebenso
ed(s)	editor(s)
EEGOWiG	Entwurf eines Einführungsgesetzes zum Gesetz über Ordnungswidrigkeiten
EEGStGB	Entwurf eines Einführungsgesetzes zum Strafgesetzbuch (EGStGB)
EFG	Entscheidung der Finanzgerichte (zit. nach Band u. Seite)
EG	Einführungsgesetz bzw. Europäische Gemeinschaft(en) bzw. Erinnerungsgabe
EGBGB	Einführungsgesetz zum Bürgerlichen Gesetzbuch
EG-FinanzschutzG/ EGFinSchG	Gesetz zum Übereinkommen v. 26.8.1995 über den Schutz der finanziellen Interessen der Europäischen Gemeinschaften
EGGVG	Einführungsgesetz zum Gerichtsverfassungsgesetz
EGH	Ehrengerichtliche Entscheidungen der Ehrengerichtshöfe der Rechtsanwaltschaft des Bundesgebiets und des Landes Berlin (zit. nach Band u. Seite)
EGInsO	Einführungsgesetz zur Insolvenzordnung
EGInsOÄndG	Gesetz zur Änderung des Einführungsgesetzes zur Insolvenzordnung und anderer Gesetze
EGKS	Europäische Gemeinschaft für Kohle und Stahl
EGMR	Europäischer Gerichtshof f. Menschenrecht
EGOWiG	Einführungsgesetz zum Gesetz über Ordnungswidrigkeiten
EGStGB	Einführungsgesetz zum Strafgesetzbuch
EGStPO	Einführungsgesetz zur Strafprozeßordnung
EGV	Vertrag zur Gründung der Europäischen Gemeinschaft
EheG	Ehegesetz
ehem.	ehemalig
EhrenGHE	Ehrengerichtliche Entscheidungen (der Ehrengerichtshöfe der Rechtsanwaltschaft des Bundesgebietes und des Landes Berlin)
Einf.	Einführung
eingeh.	eingehend
einschl.	einschließlich
einschr.	einschränkend
Einl.	Einleitung
EJF	Entscheidungen aus dem Jugend- und Familienrecht (1951–1969)
EKMR	Europäische Kommission für Menschenrechte
EmmingerVO	Verordnung über Gerichtsverfassung und Strafrechtspflege
EMRK	Europäische Menschenrechtskonvention

entgg.	entgegen
Entsch.	Entscheidung
entspr.	entsprechend
Entw.	Entwurf
Erg.	Ergebnis bzw. Ergänzung
ErgBd.	Ergänzungsband
ErgThG	Ergotherapeutengesetz
Erl.	Erläuterung
Erw.	Erwiderung
ESchG	Embryonenschutzgesetz
EStG	Einkommensteuergesetz
etc.	et cetera
Ethik Med.	Ethik in der Medizin
ETS	European Treaty Series
EU	Europäische Union
EUBestG	Gesetz zum Protokoll v. 27.9.1996 zum Übereinkommen über den Schutz der finanziellen Interessen der Europäischen Gemeinschaften (EU-Bestechungsgesetz)
EuGH	Gerichtshof der Europäischen Gemeinschaft
EuGHE	Entscheidungen des Gerichtshofs der Europäischen Gemeinschaften – Amtliche Sammlung
EuGRZ	Europäische Grundrechte-Zeitschrift
EuHbG	Gesetz zur Umsetzung des Rahmenbeschlusses über den Europäischen Haftbefehl und die Übergabeverfahren zwischen den Mitgliedstaaten der Europäischen Union (Europäisches Haftbefehlsgesetz – EuHbG)
EuR	Europarecht
EurGHMR	Europäischer Gerichtshof für Menschenrechte
EurKomMR	Europäische Kommission für Menschenrechte
europ.	europäisch
EuropolG	Europol-Gesetz
EUV	Vertrag über die Europäische Union
EuZW	Europäische Zeitschrift für Wirtschaftsrecht
EV	Vertrag zwischen der Bundesrepublik Deutschland und der Deutschen Demokratischen Republik über die Herstellung der Einheit Deutschlands – Einigungsvertrag
EV I bzw. II	Anlage I bzw. II zum EV
evtl.	eventuell
EWG	Europäische Wirtschaftsgemeinschaft
EWGV	Vertrag zur Gründung der Europäischen Wirtschaftsgemeinschaft
EWiR	Entscheidungen zum Wirtschaftsstrafrecht
EWiV	Europäische wirtschaftliche Interessenvereinigung
EWR	Schriftenreihe zum europäischen Weinrecht
EzSt	Entscheidungssammlung zum Straf- u. Ordnungswidrigkeitenrecht, hrsg. von Lemke (zit. nach Band u. Seite)
f, ff	folgende, fortfolgende
FAG	Gesetz über Fernmeldeanlagen
FamRZ	Ehe und Familie im privaten und öffentlichen Recht. Zeitschrift für das gesamte Familienrecht
FAO	Fachanwaltsordnung
FAZ	Frankfurter Allgemeine Zeitung
Festschr.	Festschrift
FG	Finanzgericht
FGG	Gesetz über die Angelegenheiten der freiwilligen Gerichtsbarkeit

FGO	Finanzgerichtsordnung
fin.	finanziell
FinVerwG/FVG	Gesetz über die Finanzverwaltung
FlaggRG/FlRG	Gesetz über das Flaggenrecht der Seeschiffe und die Flaggenführung der Binnenschiffe (Flaggenrechtsgesetz)
FlRV	Flaggenrechtsverordnung
Fn.	Fußnote
fragl.	fraglich
FS	Festschrift
Fußn.	Fußnote
G bzw. Ges.	Gesetz
G 10	Gesetz zur Beschränkung des Brief-, Post- und Fernmeldegeheimnisses (Gesetz zu Artikel 10 Grundgesetz)
GA	Goltdammer's Archiv für Strafrecht, zitiert nach Jahr und Seite; (bis 1933: Archiv für Strafrecht und Strafprozeß, zitiert nach Band und Seite)
GBA	Generalbundesanwalt
GBG	Gesetz über die Beförderung gefährlicher Güter
GBl.	Gesetzblatt
GebFra	Geburtshilfe und Frauenheilkunde (zit. nach Band u. Seite)
GedS	Gedächtnisschrift
gem.	gemäß
GenG	Gesetz betreffend die Erwerbs- und Wirtschaftsgenossenschaften
GenStA	Generalstaatsanwalt
GerS	Der Gerichtssaal
GeschlKG/GeschlkrG/ GeschlKrG	Gesetz zur Bekämpfung der Geschlechtskrankheiten
GeschO	Geschäftsordnung
gesetzl.	gesetzlich
GewArch	Gewerbearchiv, Zeitschrift für Gewerbe- u. Wirtschaftsverwaltungsrecht
GewO	Gewerbeordnung
GewVerbrG	Gesetz gegen gefährliche Gewohnheitsverbrecher und über Maßregeln der Sicherung und Besserung
gg.	gegen
GG	Grundgesetz für die Bundesrepublik Deutschland
ggf.	gegebenenfalls
GjS/GjSM	Gesetz über die Verbreitung jugendgefährdender Schriften und Medieninhalte
GKG	Gerichtskostengesetz
gl.	gleich
GmbHG	Gesetz betr. die Gesellschaften mit beschränkter Haftung
GmbHR/GmbH-Rdsch	GmbH-Rundschau (vorher: Rundschau für GmbH)
GMBl.	Gemeinsames Ministerialblatt
GnO	Gnadenordnung (Landesrecht)
grdl.	grundlegend
grds.	grundsätzlich
GrS	Großer Senat
GrSSt.	Großer Senat in Strafsachen
GRUR	Gewerblicher Rechtsschutz und Urheberrecht
GS	Der Gerichtssaal (zit. nach Band u. Seite)
GSNW	Sammlung des bereinigten Landesrechts Nordrhein-Westfalen (1945–1956)
GSSchlH	Sammlung des schleswig-holsteinischen Landesrechts, 2 Bde (1963)

GÜG	Gesetz zur Überwachung des Verkehrs mit Grundstoffen, die für die unerlaubte Herstellung von Betäubungsmitteln mißbraucht werden können
GV	Gemeinsame Verfügung (mehrerer Ministerien) bzw. Grundlagenvertrag
GVBl.	Gesetz- und Verordnungsblatt
GVBl. I–III	Sammlung des bereinigten Hessischen Landesrechts
GVG	Gerichtsverfassungsgesetz
GWB	Gesetz gegen Wettbewerbsbeschränkungen
GwG	Gesetz über das Aufspüren von Gewinnen aus schweren Straftaten (Geldwäschegesetz)
h. A.	herrschende Ansicht
HaagLKO/HLKO	Haager Abkommen betr. die Gesetze und Gebräuche des Landkriegs
Halbs./Hbs.	Halbsatz
Hamb.	Hamburg
HambJVBl	Hamburgisches Justizverwaltungsblatt
HannRpfl	Hannoversche Rechtspflege
Hans.	Hanseatisch
HansGZ bzw. HGZ	Hanseatische Gerichtszeitung (1889–1927)
HansJVBl	Hanseatisches Justizverwaltungsblatt (bis 1946/47)
HansOLGSt	Entscheidungen des Hanseatischen Oberlandesgerichts in Strafsachen (1879–1932/33)
HansRGZ	Hanseatische Rechts- und Gerichtszeitschrift (1928–43), vorher:
HansRZ	Hanseatische Rechtszeitschrift für Handel, Schiffahrt und Versicherung, Kolonial- und Auslandsbeziehungen sowie für Hansestädtisches Recht (1918–1927)
Hdb.	Handbuch
HdbStR	Isensee/Kirchhof (Hrsg.), Handbuch des Staatsrechts der Bundesrepublik Deutschland
HeilPrG	Gesetz über die berufsmäßige Ausübung der Heilkunde ohne Bestallung (Heilpraktikergesetz)
Hess.	Hessen
HeSt.	Höchstrichterliche Entscheidungen, Sammlung von Entscheidungen der Oberlandesgerichte und der Obersten Gerichte in Strafsachen (1948–49) (zit. nach Band u. Seite)
HFR	Höchstrichterliche Finanzrechtsprechung
HGB	Handelsgesetzbuch
hins.	hinsichtlich
Hinw.	Hinweis
h. L.	herrschende Lehre
h. M.	herrschende Meinung
HöchstRR	Höchstrichterliche Rechtsprechung auf dem Gebiete des Strafrechts, Beilage zur Zeitschrift für die gesamte Strafrechtswissenschaft (1 zu Bd. 46, 2 u Bd. 47, 3 zu Bd. 48)
HRR	Höchstrichterliche Rechtsprechung (1928–1942), bis 1927: Die Rechtsprechung, Beilage zur Zeitschrift Juristische Rundschau
Hrsg. bzw. hrsg.	Herausgeber bzw. herausgegeben
h. Rspr.	herrschende Rechtsprechung
HuSt	Hochverrat und Staatsgefährdung (Urteil des BGH)
i. Allg.	im Allgemeinen
i. allg. S.	im allgemeinen Sinn
i. d. F.	in der Fassung

i. d. R.	in der Regel
i. d. S.	in diesem Sinne
i. E./i. Erg.	im Ergebnis
i. e. S.	im engeren Sinn
i. gl. S.	im gleichen Sinn
i. Grds.	im Grundsatz
IHK	Industrie- und Handelskammer
i. H. v.	in Höhe von
ILC	International Law Commission
ILM	International Legal Materials
IM	Innenminister(ium)
IMT	International Military Tribunal (Nürnberg)
inl.	inländisch
insb./insbes.	insbesondere
insges.	insgesamt
InsO	Insolvenzordnung
IntBestG	Gesetz zur Bekämpfung internationaler Bestechung
inzw.	inzwischen
IPBPR	Internationaler Pakt über bürgerliche und politische Rechte
i. R. d.	im Rahmen der/des
i. R. v.	im Rahmen von
IStGH	Internationaler Strafgerichtshof
IStGH-Statut	Internationaler Strafgerichtshof – Statut
IStR	Internationales Strafrecht
i. S.	im Sinne
i. S. d.	im Sinne der/des
i. S. e.	im Sinne einer(s)
IStGH	ständiger Internationaler Strafgerichtshof in Den Haag
i. S. v.	im Sinne von
i. techn. S.	im technischen Sinne
i. U.	im Unterschied
i. üb.	im übrigen
IuKDG	Gesetz zur Regelung der Rahmenbedingungen für Informations- und Kommunikationsdienste (Informations- und Kommunikationsdienstegesetz)
IuR	Informatik und Recht
i. V. m.	in Verbindung mit
i. w.	im wesentlichen
i. w. S.	im weiteren Sinne
i. Z. m.	im Zusammenhang mit
JA	Juristische Arbeitsblätter für Ausbildung und Examen
JahrbÖR	Jahrbuch des öffentlichen Rechts der Gegenwart
JahrbPostw.	Jahrbuch des Postwesens (1937–1941/42)
JAVollzO	Jugendarrestvollzugsordnung
JBeitrO	Justizbeitreibungsordnung
JBl.	Justizblatt
JBlRhPf.	Justizblatt Rheinland-Pfalz
JBl Saar	Justizblatt des Saarlandes
jew.	jeweils
JFGErg.	Entscheidungen des Kammergerichts und des Oberlandesgerichts München in Kosten-, Straf-, Miet- und Pachtschutzsachen (= Jahrbuch f. Entsch. in Angel. d. freiw. Gerichtsbark. u. d. Grundbuchrechts. ErgBd.)
JGG	Jugendgerichtsgesetz

JK	Jura-Kartei
JKomG	Gesetz über die Verwendung elektronischer Kommunikationsformen in der Justiz (Justizkommunikationsgesetz – JKomG)
JM	Justizminister(ium)
JMBlNRW/JMBlNW	Justizministerialblatt für das Land Nordrhein-Westfalen
JÖSchG	Gesetz zum Schutze der Jugend in der Öffentlichkeit
JOR	Jahrbuch für Ostrecht
JR	Juristische Rundschau
JRE	Jahrbuch für Recht und Ethik
JStGH	Internationaler Strafgerichtshof für das ehemalige Jugoslawien
JStGH-Statut	Internationaler Strafgerichtshof für das ehemalige Jugoslawien – Statut
1. JuMoG	Erstes Gesetz zur Modernisierung der Justiz (1. Justizmodernisierungsgesetz)
jurA	Juristische Analysen
Jura	Juristische Ausbildung
JurBl. bzw. JBl.	Juristische Blätter
JurJahrb.	Juristen-Jahrbuch
JuS	Juristische Schulung. Zeitschrift für Studium und Ausbildung
Justiz	Die Justiz. Amtsblatt des Justizministeriums von Baden-Württemberg
JuV	Justiz und Verwaltung
JVA	Justizvollzugsanstalt
JVBl.	Justizverwaltungsblatt
JVKostO	Gesetz über Kosten im Bereich der Justizverwaltung
JVollz.	Jugendstrafvollzugsordnung: s. auch JAVollzO
JW	Juristische Wochenschrift
JWG	Jugendwohlfahrtsgesetz
JZ	Juristenzeitung
JZ-GD	Juristenzeitung – Gesetzgebungsdienst
Kap.	Kapitel
KastG/KastrG	Gesetz über die freiwillige Kastration
Kfz.	Kraftfahrzeug
KG	Kammergericht bzw. Kommanditgesellschaft
KGJ	Jahrbuch für Entscheidungen des Kammergerichts in Sachen der freiwilligen Gerichtsbarkeit, in Kosten-, Stempel- und Strafsachen (1881–1922) (zit. nach Band u. Seite)
KindRG	Gesetz zur Reform des Kindschaftsrechts
KJ	Kritische Justiz
KO	Konkursordnung
KorBekG/KorrBekG/KorrBG	Gesetz zur Bekämpfung der Korruption
K&R	Kommunikation und Recht
KRABl.	s. ABlKR
KreditwesenG/KWG	Gesetz über das Kreditwesen
KRG	Kontrollratsgesetz
KriegswaffKG/KWKG	Gesetz über die Kontrolle von Kriegswaffen
KrimAbh.	Kriminalistische Abhandlungen, hrsg. von Exner
KrimGwFr	Kriminologische Gegenwartsfragen (zit. nach Band u. Seite)
Kriminalistik	Kriminalistik, Zeitschrift für die gesamte kriminalistische Wissenschaft und Praxis
KrimJournal	Kriminologisches Journal
krit.	kritisch
KritJ/Krit. Justiz	Kritische Justiz
KritV/KritVj	Kritische Vierteljahresschrift für Gesetzgebung und Rechtsprechung
KrW-/AbfG	Gesetz zur Förderung der Kreislaufwirtschaft und Sicherung der

	umweltverträglichen Beseitigung von Abfällen (Kreislaufwirtschafts- und Abfallgesetz)
KunstUrhG/KUrhG	Kunsturhebergesetz
KuT	Konkurs-, Treuhand- und Schiedsgerichtswesen
KuV/k+v/K+V	Kraftfahrt u. Verkehrsrecht, Zeitschrift der Akademie für Verkehrswissenschaft, Hamburg
KWG	siehe KreditwesenG
LegPer.	Legislaturperiode
LG	Landgericht
lit.	littera (Buchstabe)
Lit.	Literatur
LM	Nachschlagewerk des Bundesgerichtshofs, hrsg. v Lindenmaier/ Möhring u.a. (zit. nach Paragraph u. Nummer)
LMBG	Gesetz über den Verkehr mit Lebensmitteln, Tabakerzeugnissen, kosmetischen Mitteln und sonstigen Bedarfsgegenständen (Lebensmittel- und Bedarfsgegenständegesetz)
LNT	Lehre von den negativen Tatbestandsmerkmalen
LPG	Landespressegesetz
LRA	Landratsamt
LRE	Sammlung lebensmittelrechtlicher Entscheidungen
LS	Leitsatz
lt.	laut
LT	Landtag
LuftSiG	Gesetz zur Neuregelung von Luftsicherheitsaufgaben (Luftsicherheitsgesetz)
LuftVG	Luftverkehrgesetz
LuftVO/LuftVVO	Verordnung über den Luftverkehr
LuftVZO	Luftverkehrs-Zulassungs-Ordnung
LVerf.	Landesverfassung
LZ	Leipziger Zeitschrift für Deutsches Recht (1907–1933)
m.	mit
m. Anm.	mit Anmerkung
Mat.	Materialien zur Strafrechtsreform (1954). Band I: Gutachten der Strafrechtslehrer. Band II: Rechtsvergleichende Arbeiten (Allg. Teil). Band II BT: Rechtsvergleichende Arbeiten (Bes. Teil) (1954)
m. a. W.	mit anderen Worten
m. Bespr.	mit Besprechung
MdB	Mitglied des Bundestage
MdL	Mitglied des Landtages
MDR	Monatsschrift für Deutsches Recht
MDStV	Staatsvertrag über Mediendienste
MedR	Medizinrecht
MfS	Ministerium für Staatssicherheit
MiStra	Anordnung über Mitteilungen in Strafsachen
mißverst./missverst	mißverständlich/missverständlich
Mitt.	Mitteilung
MittIKV	Mitteilungen der Internationalen Kriminalistischen Vereinigung (1889–1914; 1926–1933)
m. krit. Anm.	mit kritischer Anmerkung (von)
MMR	MultiMedia und Recht
MMW	Münchner Medizinische Wochenschrift
MRG	Militärregierungsgesetz
MschrKrim./MonKrim.	Monatsschrift für Kriminologie und Strafrechtsreform

MschrKrimBiol/ MonKrimBiol.	Monatsschrift für Kriminalbiologie und Strafrechtsreform
MschrKrimPsych/ MonKrimPsych.	Monatsschrift für Kriminalpsychologie und Strafrechtsreform (1904/05–1936)
MStGO	Militärstrafgerichtsordnung
m. w. N.	mit weiteren Nachweisen
m. zust. Anm.	mit zustimmender Anmerkung
Nachtr.	Nachtrag
Nachw.	Nachweis
NATO-Truppenstatut/NTS	Abkommen zwischen den Parteien des Nordatlantikvertrags v. 19.6.1951 über die Rechtsstellung ihrer Truppen (NATO-Truppenstatut)
Nds.	Niedersachsen
NdsRpfl./Nds.Rpfl	Niedersächsische Rechtspflege
NEhelG	Gesetz über die Rechtsstellung der nichtehelichen Kinder
n. F.	neue Fassung
Niederschr./Niederschriften	Niederschriften über die Sitzungen der Großen Strafrechtskommission
Nieders.GVBl. (Sb. I, II)	Niedersächsisches Gesetz- und Verordnungsblatt, Sonderband I und II, Sammlung des bereinigten niedersächsischen Rechts
NJ	Neue Justiz (DDR)
NJW	Neue Juristische Wochenschrift
NJW-RR	NJW-Rechtsprechungs-Report Zivilrecht
NKrimP	Neue Kriminalpolitik
NPA	Neues Polizei-Archiv
Nr.(n)	Nummer(n)
NRW	Nordrhein-Westfalen
NStE	Neue Entscheidungssammlung für Strafrecht, hrsg. von Rebmann, Dahs und Miebach
NStZ	Neue Zeitschrift für Strafrecht
NStZ-RR	NStZ-Rechtsprechungs-Report
NuR	Natur und Recht
NVwZ	Neue Zeitschrift für Verwaltungsrecht
NZA	Neue Zeitschrift f. Arbeits- und Sozialrecht
NZG	Neue Zeitschrift für Gesellschaftsrecht
NZS	Neue Zeitschrift für Sozialrecht
NZV	Neue Zeitschrift für Verkehrsrecht
NZWehrr/NZWehrR	Neue Zeitschrift für Wehrrecht
o.	oben
o. ä.	oder ähnlich
ob. dict.	obiter dictum
OBGer	Obergericht (Schweizer Kantone)
öffentl.	öffentlich
ÖJZ/ÖstJZ	Österreichische Juristenzeitung
Öst OGH	Österreichischer Oberster Gerichtshof; ohne Zusatz: Entscheidung des Öst OGH in Strafsachen (zit. nach Band u. Seite)
o. g.	oben genannt
OG	Oberstes Gericht der DDR
OGDDR	Entscheidungen des Obersten Gerichts der DDR
OGH	Oberster Gerichtshof (Österreich)
OGHSt.	Entscheidungen des Obersten Gerichtshofes für die Britische Zone in Strafsachen (1949/50) (zit. nach Band u. Seite)
OHG	Offene Handelsgesellschaft

OLG	Oberlandesgericht
OLGSt.	Entscheidungen der Oberlandesgerichte zum Straf- u. Strafverfahrensrecht (zit. nach Paragraph u. Seite, n. F. nach Paragraph u. Nummer)
OrgK	Organisierte Kriminalität
OrgKG	Gesetz zur Bekämpfung des illegalen Rauschgifthandels und anderer Erscheinungsformen der Organisierten Kriminalität
OrgKVerbG	Gesetz zur Verbesserung der Bekämpfung der Organisierten Kriminalität
OVG	Oberverwaltungsgericht
OWiG	Gesetz über Ordnungswidrigkeiten
PartG	Gesetz über die politischen Parteien (Parteiengesetz)
PartGG	Partnerschaftsgesellschaftsgesetz
PatG	Patentgesetz
PAuswG	Gesetz über Personalausweise
PflanzenSchG/PflSchG	Gesetz zum Schutz der Kulturpflanzen (Pflanzenschutzgesetz)
PolG	Polizeigesetz
polit.	politisch
PolV/PolVO	Polizeiverordnung
PostG	Gesetz über das Postwesen (Postgesetz)
PostO	Postordnung
Pr.	Preußen
PrG	Pressegesetz
PrGS	Preußische Gesetzessammlung (1810–1945)
Prot.	Protokolle über die Sitzungen des Sonderausschusses für die Strafrechtsreform
Pr. OT	Preußisches Obertribunal
PrPVG	Preußisches Polizeiverwaltungsgesetz
Prot. BT-RA	Protokolle des Rechtsausschusses des Deutschen Bundestages (zit. nach Nummern)
PrOVG	Preußisches Oberverwaltungsgericht
PrZeugnVerwG	Gesetz über das Zeugnisverweigerungsrecht der Mitarbeiter von Presse und Rundfunk
PStG	Personenstandsgesetz
psych.	psychisch
PsychThG	Gesetz über die Berufe des psychologischen Psychotherapeuten und des Kinder- und Jugendlichenpsychotherapeuten (PsychotherapeutenG)
qualif.	qualifizierend
R	Rechtsprechung des Reichsgerichts in Strafsachen (zit. nach Band u. Seite)
R & P	Recht und Psychiatrie
RabgO/RAO	Reichsabgabenordnung
RAussch.	Rechtsausschuß/Rechtsausschuss
RBerG	Gesetz zur Verhütung von Mißbrauch auf dem Gebiet der Rechtsberatung
RdA	Recht der Arbeit
RdErl.	Runderlaß/Runderlass
RdJB	Recht der Jugend und des Bildungswesens
RdK	Das Recht des Kraftfahrers, Unabhängige Monatsschrift des Kraftverkehrsrechts (1926–43, 1949–55)
Rdn.	Randnummer

Rdschr./RdSchr.	Rundschreiben
RDStH	Entscheidungen des Reichsdienststrafhofs (1939–41)
RDStO	Reichsdienststrafordnung
RDV	Recht der Datenverarbeitung
Recht	Das Recht, begründet von Soergel (1897–1944)
RechtsM	Rechtsmedizin
rechtspol.	rechtspolitisch
RechtsTh	Rechtstheorie
rechtsvergl.	rechtsvergleichend
Reg.	Regierung
RegBl.	Regierungsblatt
rel.	relativ
RfStV	Rundfunkstaatsvertrag
RG	Reichsgericht
RGBl., RBGl. I, II	Reichsgesetzblatt, von 1922–1945 Teil I und Teil II
RGRspr.	Rechtsprechung des Reichsgerichts in Strafsachen (1879–1888)
RGSt	Entscheidungen des Reichsgerichts in Strafsachen (zit. nach Band u. Seite)
RGZ	Entscheidungen des Reichsgerichts in Zivilsachen (zit. nach Band u. Seite)
RHG	Rechnungshofgesetz
RHilfeG/RHG	Gesetz über die innerdeutsche Rechts- und Amtshilfe in Strafsachen
RhPf.	Rheinland-Pfalz
RiAA	Grundsätze des anwaltlichen Standesrechts – Richtlinien gem. § 177 Abs. 2 Satz 2 BRAO
RIDP	Revue internationale de droit pénal
RiJGG	Richtlinien der Landesjustizverwaltungen zum Jugendgerichtsgesetz
RiOWiG	Gemeinsame Anordnung über die Zuständigkeit der Staatsanwaltschaft zur Verfolgung von Ordnungswidrigkeiten und über die Zusammenarbeit mit den Verwaltungsbehörden
RiStBV	Richtlinien für das Strafverfahren und das Bußgeldverfahren
RiVASt	Richtlinien für den Rechtshilfeverkehr mit dem Ausland in strafrechtlichen Angelegenheiten
RKG/RKnappschG	Reichsknappschaftsgesetz
RKG(E)	Entscheidungen des Reichskriegsgerichts (zit. nach Band u. Seite)
RMBl.	Reichsministerialblatt, Zentralblatt für das Deutsche Reich (1923–45)
RMG/RMilGE	Entscheidungen des Reichsmilitärgerichts (zit. nach Band u. Seite)
RöntgVO/RöV	Röntgenverordnung
ROW	Recht in Ost und West. Zeitschrift für Rechtsvergleichung und interzonale Rechtsprobleme
Rpfleger	Der Deutsche Rechtspfleger
RpflG	Rechtspflegergesetz
Rspr.	Rechtsprechung
RStGH	Internationaler Strafgerichtshof für Ruanda
RStGH-Statut	Internationaler Strafgerichtshof für Ruanda – Statut
RT	Reichstag
RTDrucks.	Drucksachen des Reichstags
RTVerh.	Verhandlungen des Reichstags
RuP	Recht und Politik. Vierteljahreshefte für Rechts- und Verwaltungspolitik
RVO	Reichsversicherungsordnung
s.	siehe
S.	Seite *oder* Satz

s. a.	siehe auch
SA	Sonderausschuss für die Strafrechtsreform
SaarRZ	Saarländische Rechts- und Steuerzeitschrift
SaBremR	Sammlung des bremischen Rechts (1964)
SächsArch.	Sächsisches Archiv für Rechtspflege, seit 1924 (bis 1941/42). Archiv für Rechtspflege in Sachen, Thüringen und Anhalt
SächsOLG	Annalen des Sächsischen Oberlandesgerichts zu Dresden (1880–1920)
ScheckG/SchG	Scheckgesetz
SchiedsmZ	Schiedsmannszeitung (1926–1945), seit 1950 Der Schiedsmann
SchKG	Gesetz zur Vermeidung und Bewältigung von Schwangerschaftskonflikten (Schwangerschaftskonfliktgesetz)
SchlH	Schleswig-Holstein
SchlHA	Schleswig-Holsteinische Anzeigen
SchwangUG	(DDR-)Gesetz über die Unterbrechung der Schwangerschaft
schweiz.	schweizerisch
SchwJZ	Schweizerische Juristen-Zeitung
SchwZStr.	Schweizer Zeitschrift für Strafrecht (zit. nach Band u. Seite)
SeemannsG	Seemannsgesetz
SeeRÜbk./SRÜ	Seerechtsübereinkommen der Vereinten Nationen; Vertragsgesetz
Sen.	Senat
SeuffBl.	Seufferts Blätter für Rechtsanwendung (1836–1913)
SexualdelikteBekG	Gesetz zur Bekämpfung von Sexualdelikten und anderen gefährlichen Straftaten – Sexualdeliktebekämpfungsgesetz –
SFHÄndG	Schwangeren- und Familienhilfeänderungsgesetz
SFHG	Gesetz zum Schutz des vorgeburtlichen/werdenden Lebens, zur Förderung einer kinderfreundlicheren Gesellschaft, für Hilfen im Schwangerschaftskonflikt und zur Regelung des Schwangerschaftsabbruchs (Schwangeren- und Familienhilfegesetz)
SG/SoldatG	Gesetz über die Rechtsstellung der Soldaten
SGB I, IV, V, VIII, X, XI	I: Sozialgesetzbuch, Allg. Teil IV: Sozialgesetzbuch, Gemeinsame Vorschriften für die Sozialversicherung V: Sozialgesetzbuch, Gesetzliche Krankenversicherung VIII: Sozialgesetzbuch, Kinder- und Jugendhilfe X: Sozialgesetzbuch, Verwaltungsverfahren, Zusammenarbeit der Leistungsträger und ihre Beziehung zu Dritten XI: Soziale Pflegeversicherung
SGb.	Sozialgerichtsbarkeit
SGG	Sozialgerichtsgesetz
SGV.NW	Sammlung des bereinigten Gesetz- und Verordnungsblatts für das Land Nordrhein-Westfalen (Loseblattsammlung)
SichVG	Gesetz zur Rechtsvereinheitlichung der Sicherungsverwahrung
SJZ	Süddeutsche Juristen-Zeitung (1946–50), dann Juristenzeitung
s. o.	siehe oben
sog.	sogenannt(e)
Sonderausschuß	Sonderausschuß des Bundestags für die Strafrechtsreform, Niederschriften zitiert nach Wahlperiode und Sitzung
SortenSchG	Gesetz über den Schutz von Pflanzensorten (Sortenschutzgesetz)
SozVers	Die Sozialversicherung
spez.	speziell
SprengG/SprengstoffG	Gesetz über explosionsgefährliche Stoffe (Sprengstoffgesetz)
StA	Staatsanwalt(schaft)
StaatsGH	Staatsgerichtshof

StaatsschStrafsG	Gesetz zur allgemeinen Einführung eines zweiten Rechtszuges in Staatsschutz-Strafsachen
StÄG	s. StRÄndG
StAZ	Das Standesamt. Zeitschrift f. Standesamtswesen, Personenstandsrecht, Ehe- u. Kindschaftsrecht, Staatsangehörigkeitsrecht
StenB/StenBer	Stenographischer Bericht
StGB	Strafgesetzbuch
StPO	Strafprozeßordnung
str.	strittig, streitig
StrAbh.	Strafrechtliche Abhandlungen
StRÄndG	Strafrechtsänderungsgesetz (1. ~, 2. ~, … , 33. –) 18. ~ Gesetz zur Bekämpfung der Umweltkriminalität 27. ~ – Kinderpornographie 28. ~ – Abgeordnetenbestechung 31. ~ – Zweites Gesetz zur Bekämpfung der Umweltkriminalität 37. ~ – §§ 180b, 181 StGB
StraffreiheitsG/StrFG	Gesetz über Straffreiheit
StraFo	Strafverteidigerforum
strafr.	strafrechtlich
StrafrAbh.	Strafrechtliche Abhandlungen, hrsg. von Bennecke, dann von Beling, v. Lilienthal und Schoetensack
StraßVerkSichG/ StraßenVSichG	1. Gesetz zur Sicherung des Straßenverkehrs (Straßenverkehrssicherungsgesetz)
StrEG	Gesetz über die Entschädigung für Strafverfolgungsmaßnahmen
StREG	Gesetz über ergänzende Maßnahmen zum 5. StrRG (Strafrechtsreformergänzungsgesetz)
StrlSchuV/StrlSchVO	Strahlenschutzverordnung
StrRG	Gesetz zur Reform des Strafrechts (1. ~, 2. ~, … 6. ~)
st. Rspr.	ständige Rechtsprechung
StS	Strafsenat
StuR	Staat und Recht
StV/StrVert.	Strafverteidiger
StVE	Straßenverkehrsentscheidungen, hrsg.von Cramer, Berz, Gontard, Loseblattsammlung, Stand April 2000 (zit. nach Paragraph u. Nummer)
StVG	Straßenverkehrsgesetz
StVGÄndG	Gesetz zur Änderung des Straßenverkehrsgesetzes und anderer Gesetze
StVj/StVJ	Steuerliche Vierteljahresschrift
StVK	Strafvollstreckungskammer
StVO	Straßenverkehrsordnung
StVollstrO	Strafvollstreckungsordnung
StVollzÄndG	Gesetz zur Änderung des Strafvollzugsgesetzes
StVollzG	Gesetz über den Vollzug der Freiheitsstrafe und der freiheitsentziehenden Maßregeln der Besserung und Sicherung – Strafvollzugsgesetz
StVollzK	Blätter für Strafvollzugskunde (Beilage zur Zeitschrift „Der Vollzugsdienst“)
1. StVRG	Erstes Gesetz zur Reform des Strafverfahrensrechts
1. StVRErgG	Erstes Gesetz zur Ergänzung des 1. StVRG
StVZO	Straßenverkehrs-Zulassungs-Ordnung
s. u.	siehe unten
SubvG	Subventionsgesetz
SV	Sachverhalt

TDG	Gesetz über die Nutzung von Telediensten
TierschG/TierschutzG	Tierschutzgesetz
Tit.	Titel
TKG	Telekommunikationsgesetz
TPG	Gesetz über die Spende, Entnahme und Übertragung von Organen – Transplantationsgesetz
TV	Truppenvertrag
Tz.	Textziffer, -zahl
u.	unten bzw. und
u. a.	unter anderem bzw. und andere
u. ä.	und ähnliche
u. a. m.	und anderes mehr
UdG	Urkundsbeamter der Geschäftsstelle
Üb.	Überblick; Übersicht
Übereink./Übk.	Übereinkommen
ÜbergangsAO	Übergangsanordnung
ü. M.	überwiegende Meinung
UFITA	Archiv für Urheber-, Film-, Funk- und Theaterrecht
U-Haft	Untersuchungshaft
umstr.	umstritten
UmwRG	Umweltrahmengesetz der DDR
UNO	United Nations Organization (Vereinte Nationen)
UNTS	United Nations Treaty Series
unv.	unveröffentlicht
UrhG	Gesetz über Urheberrecht und verwandte Schutzrechte (Urheberrechtsgesetz)
UStG	Umsatzsteuergesetz
usw.	und so weiter
UTR	Umwelt- und Technikrecht, Schriftenreihe des Instituts für Umwelt- und Technikrecht der Universität Trier, hrsg. von Rüdiger Breuer u. a
u. U.	unter Umständen
UVNVAG	Ausführungsgesetz v. 23.7.1998 (BGBl. I S. 1882) zu dem Vertrag v. 24.9.1996 über das umfassende Verbot von Nuklearversuchen – Zustimmungsgesetz
UWG	Gesetz gegen den unlauteren Wettbewerb
UZwG	Gesetz über den unmittelbaren Zwang bei Ausübung öffentlicher Gewalt durch Vollzugsbeamte des Bundes
UZwGBw	Gesetz über die Anwendung unmittelbaren Zwanges und die Ausübung besonderer Befugnisse durch Soldaten der Bundeswehr und zivile Wachpersonen
v.	von, v.
VAE	Verkehrsrechtliche Abhandlungen und Entscheidungen
VAG	Versicherungsaufsichtsgesetz
v. A. w.	von Amts wegen
VBlBW	Verwaltungsblätter für Baden-Württemberg
VDA bzw. VDB	Vergleichende Darstellung des deutschen und ausländischen Strafrechts, Allgemeiner bzw. Besonderer Teil
VE	Vorentwurf
VerbrBekG	Gesetz zur Änderung des Strafgesetzbuches, der Strafprozeßordnung und anderer Gesetzte (Verbrechensbekämpfungsgesetz)
VerbringungsverbG	Gesetz zur Überwachung strafrechtlicher und anderer Verbringungsverbote

VereinfVO	Vereinfachungsverordnung 1. ~, VO über Maßnahmen auf dem Gebiet der Gerichtsverfassung und Rechtspflege 2. ~, VO zur weiteren Vereinfachung der Strafrechtspflege 3. ~, Dritte VO zur Vereinfachung der Strafrechtspflege 4. ~, Vierte VO zur Vereinfachung der Strafrechtspflege
VereinhG	Gesetz zur Wiederherstellung der Rechtseinheit auf dem Gebiete der Gerichtsverfassung, der bürgerlichen Rechtspflege, des Strafverfahrens und des Kostenrechts
VereinsG	Gesetz zur Regelung des öffentlichen Vereinsrechts (Vereinsgesetz)
VerfGH	Verfassungsgerichtshof
VerglO	Vergleichsordnung
Verh.	Verhandlungen des Deutschen Bundestages (BT), des Deutschen Juristentages (DJT) usw.
VerjährG	Gesetz über das Ruhen der Verjährung bei SED-Unrechtstaten
2. VerjährG.	Gesetz zur Verlängerung strafrechtlicher Verjährungsfristen
3. VerjährG.	Gesetz zur Verlängerung strafrechtlicher Verjährungsfristen
VerkMitt/VerkMitt./VM	Verkehrsrechtliche Mitteilungen
VerkProspektG	Wertpapiere-Verkaufsprospektgesetz
vermitt.	vermittelnd
VerpflG	Gesetz über die förmliche Verpflichtung nichtbeamteter Personen (Verpflichtungsgesetz), eingeführt durch Art. 42 EGStGB
VerschG	Verschollenheitsgesetz
VersG	Gesetz über Versammlungen und Aufzüge (Versammlungsgesetz)
VersR	Versicherungsrecht, Juristische Rundschau für die Individualversicherung
VerwArch.	Verwaltungsarchiv
VG	Verwaltungsgericht
VGH	Verwaltungsgerichtshof
vgl.	vergleiche
VGS	Vereinigter Großer Senat
Vhdlgen	s. Verh.
VN	Vereinte Nationen
VN-Satzung	Satzung der Vereinten Nationen
VO	Verordnung
VOBl.	Verordnungsblatt
VOR	Zeitschrift für Verkehrs- und Ordnungswidrigkeitenrecht
vorangeh.	vorangehend
Voraufl.	Vorauflage
Vorbem.	Vorbemerkung
vorgen.	vorgenannt
VRS	Verkehrsrechts-Sammlung, Entscheidungen aus allen Gebieten des Verkehrsrechts (zit. nach Band u. Seite)
VStGB	Völkerstrafgesetzbuch
VVDStRL	Veröffentlichungen der Vereinigung deutscher Staatsrechtslehrer (zit. nach Heft u. Seite)
VVG	Gesetz über den Versicherungsvertrag
VwGO	Verwaltungsgerichtsordnung
VwVfG	Verwaltungsverfahrensgesetz
VwVG	Verwaltungsvollstreckungsgesetz
VwZG	Verwaltungszustellungsgesetz
WaffG/WaffenG	Waffengesetz
Warn./WarnRspr	Sammlung zivilrechtlicher Entscheidungen des RG, hrsg. von Warneyer (zit. nach Jahr u. Nummer)

WDO	Wehrdisziplinarordnung
WehrpflG	Wehrpflichtgesetz
WeimVerf./WV	Verfassung des Deutschen Reichs (sog. „Weimarer Verfassung")
WeinG	Weingesetz
weitergeh.	weitergehend
WHG	Gesetz zur Ordnung des Wasserhaushalts (Wasserhaushaltsgesetz)
WiB	Wirtschaftsrechtliche Beratung
1. WiKG	1. Gesetz zur Bekämpfung der Wirtschaftskriminalität
2. WiKG	2. Gesetz zur Bekämpfung der Wirtschaftskriminalität
WiStG	Gesetz zur weiteren Vereinfachung des Wirtschaftsstrafrechts (Wirtschaftsstrafgesetz 1954)
wistra	Zeitschrift für Wirtschaft, Steuer, Strafrecht
WM	Wertpapier-Mitteilungen
WoÜbG	Gesetz zur Umsetzung des Urteils des Bundesverfassungsgerichts vom 3. März 2004 (akustische Wohnraumüberwachung) v. 24.6.2005
WuM	Wohnungswirtschaft und Mietrecht
WPg	Die Wirtschaftsprüfung
WpHG	Gesetz über Wertpapierhandel
WRP	Wettbewerb in Recht und Praxis
WStG	Wehrstrafgesetz
WZG	Warenzeichengesetz
z.	zur, zum
(Z)	Entscheidung in Zivilsachen
ZAkDR	Zeitschrift der Akademie für Deutsches Recht (1934–44)
ZaöRV	Zeitschrift für ausländisches öffentliches Recht und Völkerrecht
z. B.	zum Beispiel
ZbernJV/ZBJV	Zeitschrift des Bernischen Juristenvereins
ZDG	Gesetz über den Zivildienst der Kriegsdienstverweigerer (Zivildienstgesetz)
ZfBR	Zeitschrift für deutsches und internationales Baurecht
Z. f. d. ges. Sachverst.wesen/ZSW	Zeitschrift für das gesamte Sachverständigenwesen
ZFIS	Zeitschrift für innere Sicherheit
ZfJ	Zentralblatt für Jugendrecht
ZfRV	Zeitschrift für Rechtsvergleichung, Internationales Privatrecht u. Europarecht
ZfS/ZfSch	Zeitschrift für Schadensrecht
ZfStrVo	Zeitschrift für Strafvollzug und Straffälligenhilfe
ZfW	Zeitschrift für Wasserrecht
ZfZ	Zeitschrift für Zölle und Verbrauchssteuern
ZGR	Zeitschrift für Unternehmens- und Gesellschaftsrecht
ZHR	Zeitschrift für das gesamte Handelsrecht und Wirtschaftsrecht, begr. v. Goldschmidt.
Zif./Ziff.	Ziffer
zit.	zitiert
ZIP	Zeitschrift für Wirtschaftsrecht
ZIS	Zeitschrift für Internationale Strafrechtsdogmatik
ZMR	Zeitschrift für Miet- und Raumrecht
ZollG	Zollgesetz
ZPO	Zivilprozeßordnung
ZRP	Zeitschrift für Rechtspolitik
ZSchwR	Zeitschrift für Schweizerisches Recht
ZStW	Zeitschrift für die gesamte Strafrechtswissenschaft (zit. nach Band u. Seite)

z. T.	zum Teil
ZUM	Zeitschrift für Urheber- und Medienrecht/Film und Recht
zusf.	zusammenfassend
zust.	zustimmend
ZustErgG	Gesetz zur Ergänzung von Zuständigkeiten auf den Gebieten des Bürgerlichen Rechts, des Handelsrechts und des Strafrechts (Zuständigkeitsergänzungsgesetz)
ZustG	Zustimmungsgesetz
ZustVO	Verordnung über die Zuständigkeit der Strafgerichte, die Sondergerichte und sonstige strafverfahrensrechtliche Vorschriften
zutr.	zutreffend
z. V. b.	zur Veröffentlichung bestimmt
ZVG	Gesetz über die Zwangsversteigerung und die Zwangsverwaltung (Zwangsversteigerungsgesetz)
zw.	zweifelhaft bzw. zweifelnd
ZWehrR	Zeitschrift für Wehrrecht (1936/37–44)
z. Z.	zur Zeit
ZZP	Zeitschrift für Zivilprozeß (zit. nach Band u. Seite)

Schrifttum und abgekürzt zitierte Literatur

Das Schrifttum zum Kernstrafrecht sowie sämtliche strafrechtlich relevanten Festschriften und vergleichbare Werke stehen unter 1. Es folgt das Schrifttum zum Nebenstrafrecht und zu nichtstrafrechtlichen Nebengebieten: 2. Betäubungsmittelstrafrecht, 3. Bürgerliches Recht und InsO, 4. DDR-Strafrecht, 5. EG-Recht, 6. Jugendstrafrecht, 7. Kriminologie, 8. Ordnungswidrigkeitenrecht, 9. Presserecht, 10. Rechtshilfe, 11. Rechtsmedizin und Arztrecht, 12. Strafprozess- und Strafvollzugsrecht, 13. Strahlenschutzrecht, 14. Straßenverkehrsrecht, 15. Verfassungsrecht, 16. Wettbewerbs- und Kartellrecht, 17. Wirtschafts- und Steuerstrafrecht, 18. Sonstiges.

1. Strafrecht (StGB) und Festschriften

Ambos	Internationales Strafrecht (2006)
AK	Kommentar zum Strafgesetzbuch – Reihe Alternativkommentare, hrsg. v. Wassermann, Bd. 1 (1990), Bd. 3 (1986)
Arzt/Weber BT	Strafrecht, Besonderer Teil, Lehrbuch (2000) (Fortsetzung der in fünf Heften erschienenen Ausgabe)
v. Bar	Gesetz und Schuld im Strafrecht, 1. Bd. (1906), 2. Bd. (1907), 3. Bd. (1909)
Baumann/Weber/Mitsch	Strafrecht, Allgemeiner Teil, Lehrbuch, 11. Aufl. (2003)
Beling	Die Lehre vom Verbrechen (1906)
Bernsmann	Bochumer Beiträge zu aktuellen Strafrechtsthemen: Vorträge anläßlich des Symposiums zum 70. Geburtstag von Gerd Geilen am 12./13.10.2001, hrsg. v. Bernsmann (2003)
Binding, Grundriß	Grundriß des Deutschen Strafrechts, Allgemeiner Teil, 8. Aufl. (1913)
Binding, Handbuch	Handbuch des Strafrechts (1885)
Binding, Lehrbuch I, II	Lehrbuch des gemeinen Deutschen Strafrechts, Besonderer Teil, 2. Aufl. Bd. 1 (1902), Bd. 2 (1904/05)
Binding, Normen	Die Normen und ihre Übertretung, 2. Aufl., 4 Bände (1890–1919)
BK	Basler Kommentar zum Strafgesetzbuch, hrsg. v. Niggli/Wiprächtiger (2002)
Blei I, II	Strafrecht I, Allgemeiner Teil, 18. Aufl. (1983); Strafrecht II, Besonderer Teil, 12. Aufl. (1983)
Bochumer Beiträge	Bochumer Beiträge zu aktuellen Strafrechtsthemen, Festschrift für Gerd Geilen zum 70. Geburtstag (2003)
Bochumer Erläuterungen	Bochumer Erläuterungen zum 6. Strafrechtsreformgesetz, hrsg. v. Schlüchter (1998)
Bockelmann BT 1, 2, 3	Strafrecht, Besonderer Teil, Bd. 1: Vermögensdelikte, 2. Aufl. (1982); Bd. 2: Delikte gegen die Person (1977); Bd. 3: Ausgewählte Delikte gegen Rechtsgüter der Allgemeinheit (1980)
Bockelmann/Volk	Strafrecht, Allgemeiner Teil, 4. Aufl. (1987)
Bruns, Strafzumessungsrecht	Strafzumessungsrecht: Gesamtdarstellung, 2. Aufl. (1974)
Bruns, Recht der Strafzumessung	Das Recht der Strafzumessung, 2. Aufl. (1985)
Bruns, Reflexionen	Neues Strafzumessungsrecht? „Reflexionen“ über eine geforderte Umgestaltung (1988)
Coimbra-Symposium	s. Schünemann/de Figueiredo Dias

Dalcke/Fuhrmann/Schäfer	Strafrecht und Strafverfahren, 37. Aufl. (1961)
Ebert	Aktuelle Probleme der Strafrechtspflege: Beiträge anläßlich eines Symposiums zum 60. Geburtstag von E. W. Hanack, hrsg. v. Ebert (1991)
Ebert AT	Strafrecht, Allgemeiner Teil, 3. Aufl. (2001)
Einführung 6. StrRG	Einführung in das 6. Strafrechtsreformgesetz (1998) (bearb. v. Dencker u. a.)
Erbs/Kohlhaas	Strafrechtliche Nebengesetze, Loseblattausgabe, 4. Aufl. (1988 ff), 5. Aufl. (1993 ff)
Erinnerungsgabe Grünhut	Erinnerungsgabe für Max Grünhut (1965)
Eser (et al.), Rechtfertigung und Entschuldigung I–IV	Rechtfertigung und Entschuldigung: rechtsvergleichende Perspektiven. Beiträge aus dem Max-Planck-Institut für ausländisches und internationales Strafrecht, Bd. 1, hrsg. v. Eser/Fletcher (1987); Bd. 2, hrsg. v. Eser/Fletcher (1988); Bd. 3: Deutsch-Italienisch-Portugiesisch-Spanisches Strafrechtskolloquium 1990 in Freiburg, hrsg. v. Eser/Perron (1991); Bd. 4: Ostasiatisch-Deutsches Strafrechts kolloquium 1993 in Tokio, hrsg. v. Eser/Nishihara (1995)
Eser/Koch	Schwangerschaftsabbruch im internationalen Vergleich, Bd. 1: Europa (1988); Bd. 2: Außereuropa (1989); Bd. 3: Rechtsvergleichender Querschnitt – rechtspolitische Schlußbetrachtungen – Dokumentation zur neueren Rechtsentwicklung (1999)
Festgabe BGH 25	25 Jahre Bundesgerichtshof
Festgabe BGH 50	50 Jahre Bundesgerichtshof, Festgabe aus der Wissenschaft, Band V: Straf- und Strafprozeßrecht (2000)
Festgabe Frank	Festgabe für Reinhard von Frank zum 70. Geburtstag: 16. August 1930, 2 Bde. (1930)
Festgabe Kern	Festgabe für Eduard Kern zum 70. Geburtstag am 13. Oktober 1957 (1957)
Festgabe Peters	Wahrheit und Gerechtigkeit im Strafverfahren: Festgabe für Karl Peters aus Anlaß seines 80. Geburtstages (1984)
Festgabe RG I–VI	Die Reichsgerichtspraxis im deutschen Rechtsleben: Festgabe der juristischen Fakultäten zum 50jährigen Bestehen des Reichsgerichts (1. Oktober 1929) (1929)
Festgabe Schultz	Lebendiges Strafrecht: Festgabe zum 65. Geburtstag von Hans Schultz (1977)
Festschrift Androulakis	Festschrift für Nikolaos Androulakis zum 70. Geburtstag, (2003)
Festschrift Augsburg	Recht in Europa – Festgabe zum 30-jährigen Bestehen der Juristischen Fakultät Augsburg (2002)
Festschrift Baumann	Festschrift für Jürgen Baumann zum 70. Geburtstag am 22. Juni 1992 (1992)
Festschrift Bemmann	Festschrift für Günter Bemmann zum 70. Geburtstag am 15. Dezember 1997 (1997)
Festschrift BGH 50	Festschrift aus Anlaß des fünfzigjährigen Bestehens von Bundesgerichtshof, Bundesanwaltschaft und Rechtsanwaltschaft beim Bundesgerichtshof (2000)
Festschrift Blau	Festschrift für Günter Blau zum 70. Geburtstag am 18. Dezember 1985 (1985)
Festschrift Bockelmann	Festschrift für Paul Bockelmann zum 70. Geburtstag am 7. Dezember 1978 (1979)
Festschrift Böhm	Festschrift für Alexander Böhm zum 70. Geburtstag (1999)
Festschrift Boujong	Verantwortung und Gestaltung, Festschrift für Karlheinz Boujong zum 65. Geburtstag (1996)

Festschrift Brauneck	Ehrengabe für Anne-Eva Brauneck (1999)
Festschrift Bruns	Festschrift für Hans-Jürgen Bruns zum 70. Geburtstag (1978)
Festschrift Burgstaller	Festschrift für Manfred Burgstaller zum 65. Geburtstag (2004)
Festschrift v. Caemmerer	Festschrift für Ernst von Caemmerer zum 70. Geburtstag (1978)
Festschrift Celle I	Göttinger Festschrift für das Oberlandesgericht Celle: zum 250jährigen Bestehen des Oberlandesgerichts Celle (1961)
Festschrift Celle II	Festschrift zum 275jährigen Bestehen des Oberlandesgerichts Celle (1986)
Festschrift DJT	Hundert Jahre deutsches Rechtsleben: Festschrift zum hundertjährigen Bestehen des Deutschen Juristentages 1860–1960, 2 Bde. (1960)
Festschrift Dreher	Festschrift für Eduard Dreher zum 70. Geburtstag am 29. April 1977 (1977)
Festschrift Dünnebier	Festschrift für Hans Dünnebier zum 75. Geburtstag am 12. Juni 1982 (1982)
Festschrift Engisch	Festschrift für Karl Engisch zum 70. Geburtstag (1969)
Festschrift Ermacora	Fortschritt im Bewußtsein der Grund- und Menschenrechte, Festschrift für Felix Ermacora zum 65. Geburtstag (1988)
Festschrift Eser	Menschengerechtes Strafrecht, Festschrift für Albin Eser zum 70. Geburtstag (2005)
Festschrift Friebertshäuser	Festgabe für den Strafverteidiger Dr. Heino Friebertshäuser (1997)
Festschrift GA	140 Jahre Goltdammer's Archiv für Strafrecht: eine Würdigung zum 70. Geburtstag von Paul-Günter Pötz (1993)
Festschrift Gallas	Festschrift für Wilhelm Gallas zum 70. Geburtstag am 22. Juli 1973 (1973)
Festschrift Geerds	Kriminalistik und Strafrecht: Festschrift für Friedrich Geerds zum 70. Geburtstag (1995)
Festschrift Geiß	Festschrift für Karlmann Geiß zum 65. Geburtstag (2000)
Festschrift Germann	Rechtsfindung – Beiträge zur juristischen Methodenlehre: Festschrift für Oscar Adolf Germann zum 80. Geburtstag (1969)
Festschrift Gleispach	Gegenwartsfragen der Strafrechtswissenschaft: Festschrift zum 60. Geburtstag von Graf W. Gleispach (1936) (Nachdruck 1995)
Festschrift Göppinger	Kriminalität, Persönlichkeit, Lebensgeschichte und Verhalten: Festschrift für Hans Göppinger zum 70. Geburtstag (1990)
Festschrift Gössel	Festschrift für Karl Heinz Gössel zum 70. Geburtstag (2002)
Festschrift Graßhoff	Der verfasste Rechtsstaat, Festgabe für Karin Graßhoff (1998)
Festschrift Grünwald	Festschrift für Gerald Grünwald zum 70. Geburtstag (1999)
Festschrift Grützner	Aktuelle Probleme des internationalen Strafrechts – Beiträge zur Gestaltung des internationalen und supranationalen Strafrechts: Heinrich Grützner zum 65. Geburtstag (1970)
Festschrift Hanack	Festschrift für Ernst-Walter Hanack zum 70. Geburtstag (1999)
Festschrift Heidelberg	Richterliche Rechtsfortbildung: Festschrift der Juristischen Fakultät zur 600-Jahr-Feier der Universität Heidelberg (1986)

Festschrift Heinitz	Festschrift für Ernst Heinitz zum 70. Geburtstag (1972)
Festschrift Henkel	Grundfragen der gesamten Strafrechtswissenschaft: Festschrift für Heinrich Henkel zum 70. Geburtstag (1974)
Festschrift v. Hentig	Kriminologische Wegzeichen: Festschrift für Hans v. Hentig zum 80. Geburtstag (1967)
Festschrift Heusinger	Ehrengabe für Bruno Heusinger (1968)
Festschrift Hilger	Datenübermittlungen und Vorermittlungen, Festgabe für Hans Hilger (2003)
Festschrift Hirsch	Festschrift für Hans Joachim Hirsch zum 70. Geburtstag (1999)
Festschrift Honig	Festschrift für Richard M. Honig zum 80. Geburtstag (1970)
Festschrift Hubmann	Beiträge zum Schutz der Persönlichkeit und ihrer schöpferischen Leistung; Festschrift für Heinrich Hubmann zum 70. Geburtstag (1985)
Festschrift Hübner	Festschrift für Heinz Hübner zum 70. Geburtstag am 7. November 1984 (1984)
Festschrift Jauch	Wie würden Sie entscheiden? Festschrift für Gerd Jauch zum 65. Geburtstag (1990)
Festschrift Jescheck	Festschrift für Hans-Heinrich Jescheck zum 70. Geburtstag, 2 Bde. (1985)
Festschrift JurGes. Berlin	Festschrift zum 125jährigen Bestehen der Juristischen Gesellschaft zu Berlin (1984)
Festschrift Kaiser	Internationale Perspektiven in Kriminologie und Strafrecht: Festschrift für Günther Kaiser zum 70. Geburtstag, 2 Bde. (1998)
Festschrift Arthur Kaufmann I	Jenseits des Funktionalismus: Arthur Kaufmann zum 65. Geburtstag (1989)
Festschrift Arthur Kaufmann II	Strafgerechtigkeit: Festschrift für Arthur Kaufmann zum 70. Geburtstag (1993)
Festschrift Kern	Tübinger Festschrift für Eduard Kern (1968)
Festschrift Kleinknecht	Strafverfahren im Rechtsstaat: Festschrift für Theodor Kleinknecht zum 75. Geburtstag (1985)
Festschrift Klug	Festschrift für Ulrich Klug zum 70. Geburtstag, 2 Bde. (1983)
Festschrift Koch	Strafverteidigung und Strafprozeß, Festgabe für Ludwig Koch (1989)
Festschrift Kohlmann	Festschrift für Günter Kohlmann zum 70. Geburtstag (2003)
Festschrift Kohlrausch	Probleme der Strafrechtserneuerung: Eduard Kohlrausch zum 70. Geburtstage dargebracht (1944; Nachdruck 1978)
Festschrift Köln	Festschrift der Rechtswissenschaftlichen Fakultät zur 600-Jahr-Feier der Universität zu Köln (1988)
Festschrift Krause	Recht und Kriminalität: Festschrift für Friedrich-Wilhelm Krause zum 70. Geburtstag (1990)
Festschrift Lackner	Festschrift für Karl Lackner zum 70. Geburtstag (1987)
Festschrift Lampe	Jus humanum: Grundlagen des Rechts und Strafrechts, Festschrift für Ernst-Joachim Lampe zum 70. Geburtstag (2003)
Festschrift Lange	Festschrift für Richard Lange zum 70. Geburtstag (1976)
Festschrift Laufs	Humaniora, Medizin – Recht – Geschichte, Festschrift für Adolf Laufs zum 70. Geburtstag (2006)
Festschrift Leferenz	Kriminologie – Psychiatrie – Strafrecht: Festschrift für Heinz Leferenz zum 70. Geburtstag (1983)

Festschrift Lenckner	Festschrift für Theodor Lenckner zum 70. Geburtstag (1998)
Festschrift Lüderssen	Festschrift für Klaus Lüderssen zum 70. Geburtstag (2002)
Festschrift Maihofer	Rechtsstaat und Menschenwürde: Festschrift für Werner Maihofer zum 70. Geburtstag (1988)
Festschrift Maiwald	Fragmentarisches Strafrecht, Für Manfred Maiwald aus Anlass seiner Emeritierung (2003)
Festschrift Mangakis	Strafrecht – Freiheit – Rechtsstaat: Festschrift für Georgios Mangakis (1999)
Festschrift Maurach	Festschrift für Reinhart Maurach zum 70. Geburtstag (1972)
Festschrift H. Mayer	Beiträge zur gesamten Strafrechtswissenschaft: Festschrift für Hellmuth Mayer zum 70. Geburtstag am 1. Mai 1965 (1966)
Festschrift Meyer-Goßner	Festschrift für Lutz Meyer-Goßner zum 65. Geburtstag (2001)
Festschrift Mezger	Festschrift für Edmund Mezger zum 70. Geburtstag am 15. Oktober 1953 (1954)
Festschrift Middendorff	Festschrift für Wolf Middendorff zum 70. Geburtstag (1986)
Festschrift Miyazawa	Festschrift für Koichi Miyazawa: dem Wegbereiter des japanisch-deutschen Strafrechtsdiskurses (1995)
Festschrift E. Müller	Opuscula Honoraria, Egon Müller zum 65. Geburtstag (2003)
Festschrift Müller-Dietz I	Das Recht und die schönen Künste: Heinz Müller-Dietz zum 65. Geburtstag (1998)
Festschrift Müller-Dietz II	Grundlagen staatlichen Strafens: Festschrift für Heinz-Müller-Dietz zum 70. Geburtstag (2001)
Festschrift Nehm	Strafrecht und Justizgewährung, Festschrift für Kay Nehm zum 65. Geburtstag (2006)
Festschrift Nishihara	Festschrift für Haruo Nishihara zum 70. Geburtstag (1998)
Festschrift Odersky	Festschrift für Walter Odersky zum 65. Geburtstag am 17. Juli 1996 (1996)
Festschrift Oehler	Festschrift für Dietrich Oehler zum 70. Geburtstag (1985)
Festschrift Pallin	Strafrecht, Strafprozeßrecht und Kriminologie: Festschrift für Franz Pallin zum 80. Geburtstag (1989)
Festschrift Partsch	Des Menschen Recht zwischen Freiheit und Verantwortung, Festschrift für Karl Josef Partsch zum 75. Geburtstag (1989)
Festschrift Peters	Einheit und Vielfalt des Strafrechts: Festschrift für Karl Peters zum 70. Geburtstag (1974)
Festschrift Pfeiffer	Strafrecht, Unternehmensrecht, Anwaltsrecht: Festschrift für Gerd Pfeiffer zum Abschied aus dem Amt als Präsident des Bundesgerichtshofes (1988)
Festschrift Pfenniger	Strafprozeß und Rechtsstaat, Festschrift zum 70. Geburtstag von H. F. Pfenniger (1976)
Festschrift Platzgummer	Festschrift für Winfried Platzgummer zum 65. Geburtstag (1995)
Festschrift Pötz	s. Festschrift GA
Festschrift Rasch	Die Sprache des Verbrechens – Wege zu einer klinischen Kriminologie: Festschrift für Wilfried Rasch (1993)
Festschrift Rebmann	Festschrift für Kurt Rebmann zum 65. Geburtstag (1989)
Festschrift Reichsgericht	Die Reichsgerichtspraxis im deutschen Rechtsleben, Festgabe der juristischen Fakultäten zum 50jährigen Bestehen

	des Reichsgerichts, Bd. 5, Strafrecht und Strafprozeß (1929)
Festschrift Reichsjustizamt	Vom Reichsjustizamt zum Bundesministerium der Justiz, Festschrift zum 100jährigen Gründungstag des Reichsjustizamtes am 1.1.1877 (1977)
Festschrift Richterakademie	Justiz und Recht: Festschrift aus Anlaß des 10jährigen Bestehens der Deutschen Richterakademie in Trier (1983)
Festschrift Rieß	Festschrift für Peter Rieß zum 70. Geburtstag (2002)
Festschrift Richter	Verstehen und Widerstehen, Festschrift für Christian Richter II zum 65. Geburtstag (2006)
Festschrift Rittler	Festschrift für Theodor Rittler zu seinem 80. Geburtstag (1957)
Festschrift Rolinski	Festschrift für Klaus Rolinski zum 70. Geburtstag (2002)
Festschrift Rosenfeld	Festschrift für Ernst Heinrich Rosenfeld zu seinem 80. Geburtstag (1949)
Festschrift Roxin	Festschrift für Claus Roxin zum 70. Geburtstag (2001)
Festschrift Rudolphi	Festschrift für Hans-Joachim Rudolphi zum 70. Geburtstag (2004)
Festschrift Salger	Straf- und Strafverfahrensrecht, Recht und Verkehr, Recht und Medizin: Festschrift für Hannskarl Salger zum Abschied aus dem Amt als Vizepräsident des Bundesgerichtshofes (1995)
Festschrift Sarstedt	Festschrift für Werner Sarstedt zum 70. Geburtstag (1981)
Festschrift Sauer	Festschrift für Wilhelm Sauer zu seinem 70. Geburtstag (1949)
Festschrift G. Schäfer	NJW-Sonderheft für Gerhard Schäfer zum 65. Geburtstag (2002)
Festschrift K. Schäfer	Festschrift für Karl Schäfer zum 80. Geburtstag (1980)
Festschrift Schaffstein	Festschrift für Friedrich Schaffstein zum 70. Geburtstag am 28. Juli 1975 (1975)
Festschrift Schewe	Medizinrecht – Psychopathologie – Rechtsmedizin: diesseits und jenseits der Grenzen von Recht und Medizin: Festschrift für Günter Schewe zum 60. Geburtstag (1991)
Festschrift Schleswig-Holstein	Strafverfolgung und Strafverzicht: Festschrift zum 125jährigen Bestehen der Staatsanwaltschaft Schleswig-Holstein (1992)
Festschrift Schlüchter	Freiheit und Verantwortung in schwieriger Zeit: kritische Studien aus vorwiegend straf(prozeß)rechtlicher Sicht zum 60. Geburtstag von Ellen Schlüchter (1998)
Festschrift Schmid	Recht, Justiz, Kritik: Festschrift für Richard Schmid zum 85. Geburtstag (1985)
Festschrift Eb. Schmidt	Festschrift für Eberhard Schmidt zum 70. Geburtstag (1961)
Festschrift Schmidt-Leichner	Festschrift für Erich Schmidt-Leichner zum 65. Geburtstag (1977)
Festschrift Schmitt	Festschrift für Rudolf Schmitt zum 70. Geburtstag (1992)
Festschrift Schneider	Kriminologie an der Schwelle zum 21. Jahrhundert: Festschrift für Hans Joachim Schneider zum 70. Geburtstag am 14. November 1998 (1998)
Festschrift Schreiber	Strafrecht, Biorecht, Rechtsphilosophie, Festschrift für Hans-Ludwig Schreiber zum 70. Geburtstag (2003)
Festschrift Schroeder	Festschrift für Friedrich-Christian Schroeder (2006)
Festschrift Schüler-Springorum	Festschrift für Horst Schüler-Springorum zum 65. Geburtstag (1993)

Festschrift Schwind	Kriminalpolitik und ihre wissenschaftlichen Grundlagen, Festschrift für Hans-Dieter Schwind zum 70. Geburtstag (2006)
Festschrift Schwinge	Persönlichkeit in der Demokratie: Festschrift für Erich Schwinge zum 70. Geburtstag (1973)
Festschrift Sendler	Bürger-Richter-Staat, Festschrift für Horst Sendler zum Abschied aus seinem Amt (1991)
Festschrift Spendel	Festschrift für Günter Spendel zum 70. Geburtstag (1992)
Festschrift Spinellis	Die Strafrechtswissenschaft im 21. Jahrhundert: Festschrift für Dionysios Spinellis, 2 Bde. (2001)
Festschrift Stock	Studien zur Strafrechtswissenschaft: Festschrift für Ulrich Stock zum 70. Geburtstag (1966)
Festschrift Stree/Wessels	Beiträge zur Rechtswissenschaft: Festschrift für Walter Stree und Johannes Wessels zum 70. Geburtstag (1993)
Festschrift Stutte	Jugendpsychiatrie und Recht: Festschrift für Hermann Stutte zum 70. Geburtstag am 1. August 1979 (1979)
Festschrift Trechsel	Strafrecht, Strafprozessrecht und Menschenrechte, Festschrift für Stefan Trechsel zum 65. Geburtstag (2002)
Festschrift Triffterer	Festschrift für Otto Triffterer zum 65. Geburtstag (1996)
Festschrift Tröndle	Festschrift für Herbert Tröndle zum 70. Geburtstag (1989)
Festschrift Tübingen	Tradition und Fortschritt im Recht: Festschrift gewidmet der Tübinger Juristenfakultät zu ihrem 500jährigen Bestehen 1977 von ihren gegenwärtigen Mitgliedern (1977)
Festschrift Waseda	Recht in Ost und West: Festschrift zum 30jährigen Jubiläum des Instituts für Rechtsvergleichung der Waseda-Universität (1988)
Festschrift Wassermann	Festschrift für Rudolf Wassermann zum 60. Geburtstag (1985)
Festschrift v. Weber	Festschrift für Hellmuth von Weber zum 70. Geburtstag (1963)
Festschrift Weber	Festschrift für Ulrich Weber zum 70. Geburtstag (2004)
Festschrift Welzel	Festschrift für Hans Welzel zum 70. Geburtstag (1974)
Festschrift Wolf	Mensch und Recht: Festschrift für Erik Wolf zum 70. Geburtstag (1972)
Festschrift Wolff	Festschrift für E. A. Wolff zum 70. Geburtstag (1998)
Festschrift Würtenberger	Kultur, Kriminalität, Strafrecht: Festschrift für Thomas Würtenberger zum 70. Geburtstag (1977)
Festschrift Würzburger Juristenfakultät	Raum und Recht, Festschrift 600 Jahre Würzburger Juristenfakultät (2002)
Festschrift Zeidler	Festschrift für Wolfgang Zeidler (1987)
Festschrift Zweibrücken	175 Jahre Pfälzisches Oberlandesgericht: 1815 Appellationshof, Oberlandesgericht 1990 (1990)
Forster/Joachim	Alkohol und Schuldfähigkeit (1997)
Frank	Das Strafgesetzbuch für das Deutsche Reich nebst dem Einführungsgesetz, 18. Aufl. (1931)
Freiburg-Symposium	s. Tiedemann
Freund AT	Strafrecht, Allgemeiner Teil (1998)
Frisch, Vorsatz und Risiko	Vorsatz und Risiko: Grundfragen des tatbestandsmäßigen Verhaltens und des Vorsatzes (1983)

Frisch, Tatbestandsmäßiges Verhalten	Tatbestandsmäßiges Verhalten und Zurechnung des Erfolgs (1988)
Gallas, Beiträge	Beiträge zur Verbrechenslehre (1968)
Gedächtnisschrift Delitala	Studi in memoria di Giacomo Delitala (3 Bde.) (1984)
Gedächtnisschrift Armin Kaufmann	Gedächtnisschrift für Armin Kaufmann (1989)
Gedächtnisschrift H. Kaufmann	Gedächtnisschrift für Hilde Kaufmann (1986)
Gedächtnisschrift Keller	Gedächtnisschrift für Rolf Keller (2003)
Gedächtnisschrift Meurer	Gedächtnisschrift für Dieter Meurer (2002)
Gedächtnisschrift K. Meyer	Gedächtnisschrift für Karlheinz Meyer (1990)
Gedächtnisschrift Noll	Gedächtnisschrift für Peter Noll (1984)
Gedächtnisschrift H. Peters	Gedächtnisschrift für Hans Peters (1967)
Gedächtnisschrift Radbruch	Gedächtnisschrift für Gustav Radbruch (1968)
Gedächtnisschrift Schlüchter	Gedächtnisschrift für Ellen Schlüchter (2002)
Gedächtnisschrift Schröder	Gedächtnisschrift für Horst Schröder (1978)
Gedächtnisschrift Tjong	Gedächtnisschrift für Zong Uk Tjong (1985)
Gedächtnisschrift Vogler	Gedächtnisschrift für Theo Vogler (2004)
Gedächtnisschrift Zipf	Gedächtnisschrift für Heinz Zipf (1999)
Geilen-Symposium	s. Bernsmann
Gimbernat u. a.	Internationale Dogmatik der objektiven Zurechnung und der Unterlassungsdelikte: Spanisch-Deutsches Symposium zu Ehren von Claus Roxin, hrsg. v. Gimbernat u. a. (1995)
Gössel I, II	Strafrecht, Besonderer Teil, Bd. 1: Delikte gegen immaterielle Rechtsgüter des Individuums (1987), 2. Aufl. (1999); Bd. 2: Straftaten gegen materielle Rechtsgüter des Individuums (1996)
Gössel/Dölling	Strafrecht, Besonderer Teil, Bd. 1: Straftaten gegen Persönlichkeits- und Gemeinschaftswerte, 2. Aufl. (2004)
Gropp AT	Strafrecht, Allgemeiner Teil, 3. Auflage (2005)
Grundfragen	Grundfragen des modernen Strafrechtssystems, hrsg. v. Schünemann (1984)
Haft AT, BT	Strafrecht, Allgemeiner Teil, 9. Aufl. (2004); Besonderer Teil, 8. Aufl. (2004)
Hanack-Symposium	s. Ebert
Hefendehl	Empirische Erkenntnisse, dogmatische Fundamente und kriminalpolitischer Impetus. Symposium für Bernd Schünemann zum 60. Geburtstag, hrsg. v. Hefendehl (2005)
Heinrich	Strafrecht AT I und II (2005)
v. Hippel I, II	Deutsches Strafrecht, Bd. 1 (1925), Bd. 2 (1930)
Hruschka	Strafrecht nach logisch-analytischer Methode, 2. Aufl. (1988)
Jakobs AT	Strafrecht, Allgemeiner Teil, 2. Aufl. (1993)
Jescheck, Beiträge I, II	Strafrecht im Dienste der Gemeinschaft: ausgewählte Beiträge zur Strafrechtsreform, zur Strafrechtsvergleichung, zum internationalen Strafrecht, 1953–1979 (1980) (I); Beiträge zum Strafrecht 1980–1998 (1998) (II), jew. hrsg. v. Vogler
Jescheck/Weigend	Lehrbuch des Strafrechts, Allgemeiner Teil, 5. Aufl. (1996)
Joecks	Strafgesetzbuch, Studienkommentar, 6. Aufl. 2005
Kienapfel AT	Strafrecht, Allgemeiner Teil, 4. Aufl. (1984)
Kienapfel, Urkunden	Urkunden und andere Gewährschaften (1979)
Kindhäuser AT, BT I, II	Strafrecht, Allgemeiner Teil (2005); Besonderer Teil I: Straftaten gegen Persönlichkeitsrechte, Staat und Gesellschaft, 2. Aufl. (2005); Besonderer Teil II: Straftaten gegen Vermögensrechte, 4. Aufl. (2005)

Kindhäuser LPK	Strafgesetzbuch, Lehr- und Praxiskommentar, 2. Aufl. (2005)
Köhler AT	Deutsches Strafrecht, Allgemeiner Teil (1997)
Kohlrausch/Lange	Strafgesetzbuch mit Erläuterungen und Nebengesetzen, 43. Aufl. (1961)
Krey AT I, II	Deutsches Strafrecht, Allgemeiner Teil, Bd. 1: Grundlagen, Tatbestandsmäßigkeit, Rechtswidrigkeit, Schuld, 2. Aufl. 2004; Bd. 2: Täterschaft und Teilnahme, 2. Aufl. (2005)
Krey/Heinrich	Strafrecht, Besonderer Teil, Bd. 1: Besonderer Teil ohne Vermögensdelikte, 13. Aufl. (2005)
Krey/Hellmann	Strafrecht, Besonderer Teil, Bd. 2: Vermögensdelikte, 14. Aufl. (2005)
Kühl AT	Strafrecht, Allgemeiner Teil, 5. Aufl. (2005)
Küper BT	Strafrecht, Besonderer Teil, 6. Aufl. (2005)
Küpper BT	Strafrecht, Besonderer Teil, Bd. 1: Delikte gegen Rechtsgüter der Person und Gemeinschaft, 2. Aufl. (2001)
Lackner/Kühl	Strafgesetzbuch mit Erläuterungen, 25. Aufl. (2004)
v. Liszt, Aufsätze	Strafrechtliche Aufsätze und Vorträge, 2 Bde. (1925)
v. Liszt/Schmidt AT, BT	Lehrbuch des deutschen Strafrechts, Allgemeiner Teil, 26. Aufl. (1932); Besonderer Teil, 25. Aufl. (1925)
LK[11]	Strafgesetzbuch, Leipziger Kommentar, hrsg. v. Jescheck u. a., 11. Aufl. (1978–1989)
Madrid-Symposium	s. Schünemann/Suárez
Manoledakis/Prittwitz	Strafrechtsprobleme an der Jahrtausendwende: Deutsch-Griechisches Symposium in Rostock 1999, hrsg. v. Manoledakis/Prittwitz (2000)
Maurach AT, BT	Strafrecht, Allgemeiner Teil, 4. Aufl. (1971); Besonderer Teil, 5. Aufl. (1969) mit Nachträgen von 1970/71
Maurach/Zipf	Strafrecht, Allgemeiner Teil, Teilbd. 1: Grundlehren des Strafrechts und Aufbau der Straftat, 8. Aufl. (1992)
Maurach/Gössel/Zipf	Strafrecht, Allgemeiner Teil, Teilbd. 2: Erscheinungsformen des Verbrechens und Rechtsfolgen der Tat, 7. Aufl. (1989)
Maurach/Schroeder/Maiwald I, II	Strafrecht, Besonderer Teil, Teilbd. 1: Straftaten gegen Persönlichkeits- und Vermögenswerte, 9. Aufl. (2003); Teilbd. 2: Straftaten gegen Gemeinschaftswerte, 9. Aufl. (2005)
H. Mayer AT	Strafrecht, Allgemeiner Teil (1953)
H. Mayer, Strafrecht	Das Strafrecht des deutschen Volkes (1936)
H. Mayer, Studienbuch	Strafrecht, Allgemeiner Teil, Studienbuch (1967)
Mezger, Strafrecht	Strafrecht, Lehrbuch, 3. Aufl. (1949) (ergänzt durch: Moderne Wege der Strafrechtsdogmatik [1950])
Michalke	Umweltstrafsachen 2. Aufl. (2000)
Mitsch BT 1, 2	Strafrecht, Besonderer Teil, Bd. 2: Vermögensdelikte, Teilbd. 1: Kernbereich, 2. Aufl. (2003); Teilbd. 2: Randbereich (2001)
MK	Münchener Kommentar zum Strafgesetzbuch, hrsg. von Joecks/Miebach (ab 2003)
Naucke	Strafrecht, Eine Einführung, 10. Aufl. (2002)
Niederschriften I–XIV	Niederschriften über die Sitzungen der Großen Strafrechtskommission, 14 Bde. (1956–1960)
Niethammer	Lehrbuch des Besonderen Teils des Strafrechts (1950)
NK	Nomos-Kommentar zum Strafgesetzbuch, hrsg. von Kindhäuser/Neumann/Paeffgen, 1. Auflage Loseblatt (1995 ff); 2. Aufl. gebunden (2005)
Oehler	Internationales Strafrecht, 2. Aufl. (1983)

v. Olshausen	Kommentar zum Strafgesetzbuch für das Deutsche Reich, 12. Aufl. (§§ 1–246) bearb. von Freiesleben u. a. (1942 ff); sonst 11. Aufl. bearb. von Lorenz u. a. (1927)
Otto AT, BT	Grundkurs Strafrecht: Allgemeine Strafrechtslehre/Die einzelnen Delikte, jeweils 7. Aufl. (2005)
Pfeiffer/Maul/Schulte	Strafgesetzbuch, Kommentar an Hand der Rechtsprechung des Bundesgerichtshofes (1969)
Preisendanz	Strafgesetzbuch, Lehrkommentar, 30. Aufl. (1978)
Puppe	Strafrecht Allgemeiner Teil, Band 1 (2002); Band 2 (2005)
Rengier BT 1, 2	Strafrecht, Besonderer Teil, Bd. 1: Vermögensdelikte, 8. Aufl. (2006); Bd. 2: Delikte gegen die Person und Allgemeinheit, 7. Aufl. (2006)
Rostock-Symposium	s. Manoledakis/Prittwitz
Roxin AT I	Strafrecht, Allgemeiner Teil, Bd. 1: Grundlagen – Der Aufbau der Verbrechenslehre, 4. Aufl. (2005)
Roxin AT II	Strafrecht, Allgemeiner Teil, Bd. 2: Besondere Erscheinungsformen der Straftat (2003)
Roxin/Stree/Zipf/Jung	Einführung in das neue Strafrecht, 2. Aufl. (1975)
Roxin TuT	Täterschaft und Tatherrschaft, 8. Aufl. (2006)
Roxin-Symposium	s. Gimbernat
Sack	Umweltschutz-Strafrecht, Erläuterung der Straf- und Bußgeldvorschriften, Loseblattausgabe, 4. Aufl. (1997 ff)
Sauer AT, BT	Allgemeine Strafrechtslehre, 3. Aufl. (1955); System des Strafrechts, Besonderer Teil (1954)
Schäfer/v. Dohnanyi	Die Strafgesetzgebung der Jahre 1931 bis 1935 (1936) (Nachtrag zur 18. Aufl. von Frank: das Strafgesetzbuch für das Deutsche Reich [1931])
Schmidt-Salzer	Produkthaftung, Bd. 1: Strafrecht, 2. Aufl. (1988)
Schmidhäuser	Einführung in das Strafrecht, 2. Aufl. (1984)
Schmidhäuser AT, BT, StuB	Strafrecht, Allgemeiner Teil, 2. Aufl. (1975); Besonderer Teil, 2. Aufl. (1983); Studienbuch: Allgemeiner Teil, 2. Aufl. (1984)
Schöch	Wiedergutmachung und Strafrecht: Symposium aus Anlaß des 80. Geburtstages von Friedrich Schaffstein, hrsg. v. Schöch (1987)
Schönke/Schröder	Strafgesetzbuch, Kommentar, 27. Aufl. (2006)
Schroth BT	Strafrecht, Besonderer Teil, 4. Aufl. (2005)
Schünemann/de Figueiredo Dias	Bausteine des Europäischen Strafrechts: Coimbra-Symposium für Claus Roxin, hrsg. v. Schünemann/de Figueiredo Dias (1995)
Schünemann/Suárez	Bausteine des europäischen Wirtschaftsstrafrechts: Madrid-Symposium für Klaus Tiedemann, hrsg. v. Schünemann/Suárez (1994)
Sieber	Computerkriminalität und Strafrecht, 2. Aufl. (1980)
SK	Systematischer Kommentar zum Strafgesetzbuch, Loseblattausgabe, Bd. 1: Allgemeiner Teil, 8. Aufl. (2001 ff); Bd. 2: Besonderer Teil, 7. Aufl. (1999 ff)
Stratenwerth/Kuhlen AT	Strafrecht, Allgemeiner Teil, Bd. 1: Die Straftat, 5. Aufl. (2004)
Tendenzen der Kriminalpolitik	Neuere Tendenzen der Kriminalpolitik, Beiträge zu einem deutsch-skandinavischen Strafrechtskolloquium, hrsg. v. Cornils/Eser (1987)
Tiedemann	Wirtschaftsstrafrecht in der Europäischen Union, Harmonisierungsvorschläge zum Allgemeinen und Besonderen Teil (Freiburg-Syposium), hrsg. v. Tiedemann (2002)

Tiedemann, Tatbestandsfunktionen	Tatbestandsfunktionen im Nebenstrafrecht (1969)
Tröndle/Fischer	Strafgesetzbuch und Nebengesetze, Kurzkommentar, 53. Aufl. (2006)
v. Weber	Grundriß des deutschen Strafrechts, 2. Aufl. (1948)
Welzel, Strafrecht	Das Deutsche Strafrecht, 11. Aufl. (1969)
Welzel, Strafrechtssystem	Das neue Bild des Strafrechtssystems, 4. Aufl. (1961)
Wessels/Beulke	Strafrecht, Allgemeiner Teil, 35. Aufl. (2005)
Wessels/Hettinger	Strafrecht, Besonderer Teil 1: Straftaten gegen Persönlichkeits- und Gemeinschaftswerte, 29. Aufl. (2005)
Wessels/Hillenkamp	Strafrecht, Besonderer Teil 2: Straftaten gegen Vermögenswerte, 28. Aufl. (2005)
WK	Wiener Kommentar zum Strafgesetzbuch – StGB, hrsg. v. Höpfel/Ratz, 2. Aufl. (1999 ff)
Zieschang AT	Strafrecht, Allgemeiner Teil (2005)

2. Betäubungsmittelstrafrecht

Franke/Wienroeder	Betäubungsmittelgesetz, Kommentar (1996), 2. Aufl. (2001)
Joachimski	Betäubungsmittelgesetz (mit ergänzenden Bestimmungen), Kommentar, 7. Aufl. (2002)
Körner	Betäubungsmittelgesetz, (ab 4. Aufl.) Arzneimittelgesetz, Kurzkommentar, 5. Aufl. (2001)
Webel	Betäubungsmittelstrafrecht (2003)
Weber	Betäubungsmittelgesetz, Verordnungen zum BtMG, Kommentar, 2. Aufl. (2003)

3. Bürgerliches Recht und InsO

FK InsO	Frankfurter Kommentar zur Insolvenzordnung, hrsg. v. Wimmer, 4. Aufl. (2004)
HK InsO	Heidelberger Kommentar zur Insolvenzordnung, hrsg. v. Eickmann, 4. Aufl. (2006)
Jaeger, InsO	Insolvenzordnung, Großkommentar, hrsg. v. Henckel/Gerhardt (2004 ff)
MK BGB	Münchener Kommentar zum Bürgerlichen Gesetzbuch, 4. Auflage (ab 2000), hrsg. von Rebmann/Säcker/Rixecker
MK InsO	Münchener Kommentar zur Insolvenzordnung (ab 2001), hrsg. von Kirchhof/Lwowski/Stürner
Palandt	Bürgerliches Gesetzbuch mit Einführungsgesetz (Auszug), Gesetz zur Regelung des Rechts der Allgemeinen Geschäftsbedingungen, Verbraucherkreditgesetz, Gesetz über den Widerruf von Haustürgeschäften und ähnlichen Geschäften, Kurzkommentar, 65. Aufl. (2006)
RGRK	Das Bürgerliche Gesetzbuch, Kommentar, mit besonderer Berücksichtigung der Rechtsprechung des Reichsgerichts und des Bundesgerichtshofes (Reichsgerichtsrätekommentar), hrsg. v. Mitgliedern des Bundesgerichtshofes, 12. Aufl. (1974–2000)
Smid InsO	Insolvenzordnung (InsO) mit Insolvenzrechtlicher Vergütungsverordnung (InsVV), Kommentar, 2. Aufl. (2001)

4. DDR-Strafrecht

StGB-Komm.-DDR	Strafrecht der Deutschen Demokratischen Republik, Kommentar, 5. Aufl. (1987)
StGB-Lehrb.-DDR AT, BT	Strafrecht der DDR, Lehrbuch: Allgemeiner Teil, 2. Aufl. (1976); Besonderer Teil (1981)
StGB-Lehrb.-DDR 1988	Strafrecht der DDR, Lehrbuch, Allgemeiner Teil (1988)
StPO-Komm.-DDR	Strafprozeßrecht der Deutschen Demokratischen Republik, Kommentar, 3. Aufl. (1989)
StPO-Lehrb.-DDR	Strafverfahrensrecht, Lehrbuch, 3. Aufl. (1987)

5. EG-Recht

Bleckmann	Europarecht, 6. Aufl. (1997)
Geiger	EUV, EGV, Kommentar 4. Aufl. (2004); (1. und 2. Aufl. unter dem Titel: EG-Vertrag)
Grabitz/Hilf	Das Recht der Europäischen Union, Kommentar, Loseblattausgabe, Altbd. I, II, hrsg. v. Grabitz/Hilf (1983 ff) (jew. bearb. v. Bandilla u. a.); Bd. 1 EUV/EGV, hrsg. v. Meinhard Hilf (bearb. v. Bandilla u. a.); Bd. 2 EUV/EGV, hrsg. v. Meinhard Hilf (bearb. v. Brühann u. a.); Bd. 3 Sekundärrecht: A EG-Verbraucher- und Datenschutzrecht, hrsg. v. Manfred Wolf; Bd. 4 Sekundärrecht: E EG-Außenwirtschaftsrecht, hrsg. v. Hans Günter Krenzler
Hailbronner/Klein/Magiera/Müller-Graff	Handkommentar zum Vertrag über die Europäische Union (EUV/EGV), Loseblattausgabe (1991 ff)
HdEuropR	Handbuch des Europäischen Rechts, Loseblattausgabe, hrsg. v. Bieber/Ehlermann (1982 ff)
Hecker	Europäisches Strafrecht (2005)
Immenga/Mestmäcker EG	EG-Wettbewerbsrecht, 2 Bde. und Ergänzungsband, hrsg. v. Immenga/Mestmäcker (1997) (bearb. v. Basedow u. a.)
Satzger	Internationales und Europäisches Strafrecht (2005)
Schweitzer	Staatsrecht III: Staatsrecht, Völkerrecht, Europarecht, 8. Aufl. (2004)
Schweitzer/Hummer	Europarecht, 6. Aufl. (2006)
Streinz	Europarecht, 7. Aufl. (2005)

6. Jugendstrafrecht

AK JGG	Kommentar zum Jugendgerichtsgesetz – Reihe Alternativkommentare, hrsg. v. Wassermann (1987)
Brunner	Jugendgerichtsgesetz, Kommentar, 9. Aufl. (1991)
Brunner/Dölling	Jugendgerichtsgesetz, Kommentar, 11. Aufl. (2002)
Böhm	Einführung in das Jugendstrafrecht, 4. Aufl. (2004)
Diemer/Schoreit/Sonnen	Jugendgerichtsgesetz, Kommentar, 4. Aufl. (2002)
Eisenberg JGG	Jugendgerichtsgesetz, Kommentar, 11. Aufl. (2005)
Ostendorf JGG	Jugendgerichtsgesetz, Kommentar, 6. Aufl. (2003)
Schaffstein/Beulke	Jugendstrafrecht, 14. Aufl. (2002)
Streng	Jugendstrafrecht (2003)
Walter, Jugendkriminalität	Jugendkriminalität: eine systematische Darstellung, 3. Aufl. (2005)

7. Kriminologie

Dittmann, Volker	Kriminologie zwischen Grundlagenwissenschaften und Praxis, hrsg. von Volker Dittmann (2003)
Eisenberg, Kriminologie	Kriminologie, 6. Aufl. (2005)
Göppinger	Kriminologie, 4. Aufl. (1980)
Göppinger/Bock	Kriminologie, 5. Aufl. (1997)
HwbKrim	Handwörterbuch der Kriminologie, hrsg. v. Sieverts/Schneider, Bd. 1–3, Ergänzungsband (4. Bd.), Nachtrags- und Registerband (5. Bd.), 2. Aufl. (1966–1998)
Kaiser	Kriminologie, Lehrbuch, 2. Aufl. (1988), 3. Aufl. (1996)
Kaiser, Einführung	Kriminologie: eine Einführung in die Grundlagen, 8. Aufl. (1989), 9. Aufl. (1993), 10. Aufl. (1997)
Meier	Kriminologie (2003)
Mezger, Kriminologie	Kriminologie, Studienbuch (1951)
Schneider	Kriminologie, Lehrbuch (1987)
Schwind	Kriminologie, 16. Aufl. (2006)

8. Ordnungswidrigkeitenrecht

Bohnert	Kommentar zum Ordnungswidrigkeitenrecht (2003)
Göhler	Gesetz über Ordnungswidrigkeiten, Kurzkommentar, 14. Aufl. (2006)
HK OWiG	Heidelberger Kommentar zum Ordnungswidrigkeitengesetz, hrsg. v. Lemke u. a. (1999)
KK OWiG	Karlsruher Kommentar zum Gesetz über Ordnungswidrigkeiten, hrsg. v. Boujong, 3. Aufl. (2006)
Mitsch OWiG	Recht der Ordnungswidrigkeiten, 2. Aufl. (2005)
Rebmann/Roth/Hermann	Gesetz über Ordnungswidrigkeiten: Kommentar, Loseblattausgabe (2002 ff)

9. Presserecht

Groß	Presserecht, 3. Aufl. (1999)
Löffler	Presserecht, Kommentar, Bd. 1: Allgemeine Grundlagen, Verfassungs- und Bundesrecht, 2. Aufl. (1969); Bd. 1 (in der 2. Aufl. noch Bd. 2): Die Landespressegesetze der Bundesrepublik Deutschland, 5. Aufl. (2006)
Soehring	Presserecht, 3. Aufl. (2000)

10. Rechtshilfe

Grützner/Pötz	Grützner/Pötz, Internationaler Rechtshilfeverkehr in Strafsachen, Loseblattausgabe, 2. Aufl. (1980 ff)
Hackner/Lagodny/Schomburg/Wolf	Internationale Rechtshilfe in Strafsachen (2003)
Schomburg/Lagodny/Gleß/Hackner	Internationale Rechtshilfe in Strafsachen, 4. Aufl. (2006)
Vogler/Wilkitzki	Gesetz über die Internationale Rechtshilfe in Strafsachen (IRG), Kommentar, Loseblattausgabe (1992 ff) als Sonderausgabe aus Grützner/Pötz *(siehe dort)*

11. Rechtsmedizin und Arztrecht

Forster	Praxis der Rechtsmedizin (1986)
Forster/Ropohl	Rechtsmedizin, 5. Aufl. (1989)
HfPsych I, II	Handbuch der forensischen Psychiatrie, hrsg. v. Göppinger/Witter, Bd. 1: Teil A (Die rechtlichen Grundlagen) und B (Die psychiatrischen Grundlagen); Bd. 2: Teil C (Die forensischen Aufgaben der Psychiatrie) und D (Der Sachverständige, Gutachten und Verfahren) (jew. 1972)
Laufs	Arztrecht, 6. Aufl. (2001)
Laufs, Fortpflanzungsmedizin	Fortpflanzungsmedizin und Arztrecht (1992)
Psychiatrische Begutachtung	Ein praktisches Handbuch für Ärzte und Juristen, hrsg. v. Venzlaff, 4. Aufl. (2004)
Rieger	Lexikon des Arztrechts, Loseblatt, 2. Aufl. (2001 ff)
Ulsenheimer	Arztstrafrecht in der Praxis, 3. Aufl. (2003)

12. Strafprozeß- und Strafvollzugsrecht

AK StPO	Kommentar zur Strafprozeßordnung – Reihe Alternativkommentare, hrsg. v. Wassermann, Bd. 1 (1988), Bd. 2 Teilbd. 1 (1992), Bd. 2 Teilbd. 2 (1993), Bd. 3 (1996)
AK StVollzG	Kommentar zum Strafvollzugsgesetz – Reihe Alternativkommentare, hrsg. v. Wassermann, 3. Aufl. (1990)
Beulke	Strafprozeßrecht, 8. Aufl. (2005)
Bringewat	Grundbegriffe des Strafrechts (2003)
Bringewat	Strafvollstreckungsrecht: Kommentar zu den §§ 449–463 d StPO (1993)
Calliess/Müller-Dietz	Strafvollzugsgesetz, Kurzkommentar, 10. Aufl. (2005)
HK StPO	Heidelberger Kommentar zur Strafprozeßordnung, hrsg. v. Lemke u. a., 3. Aufl. (2001)
Isak/Wagner	Strafvollstreckung, 7. Aufl. (2004); *vormals: Wetterich/Hamann*
Jessnitzer	Der gerichtliche Sachverständige, 12. Aufl. (2006)
Joecks	Studienkommentar StPO (2006)
Kamann	Handbuch für die Strafvollstreckung und den Strafvollzug (2002)
Kammeier	Maßregelvollzugsrecht, Kommentar, 2. Aufl. (2002)
KK	Karlsruher Kommentar zur Strafprozeßordnung und zum Gerichtsverfassungsgesetz mit Einführungsgesetz, hrsg. v. Pfeiffer, 5. Aufl. (2003)
Kleinknecht/Meyer-Goßner	Strafprozeßordnung, Gerichtsverfassungsgesetz, Nebengesetze und ergänzende Bestimmungen, Kurzkommentar, 46. Aufl. (2003); *nunmehr: Meyer-Goßner*
KMR	Kleinknecht/Müller/Reitberger (Begr.), Kommentar zur Strafprozeßordnung, Loseblattausgabe, 8. Aufl. (1990 ff), ab 14. Lfg. hrsg. von v. Heintschel-Heinegg/Stöckel
Kramer	Grundbegriffe des Strafverfahrensrechts: Ermittlung und Verfahren, 6. Aufl. (2004)
Kühne, Strafprozeßlehre	Strafprozeßlehre, 4. Aufl. (1993)
Kühne, Strafprozeßrecht	Strafprozeßrecht, 6. Aufl. (2003)
Löwe-Rosenberg	Die Strafprozeßordnung und das Gerichtsverfassungsgesetz mit Nebengesetzen, Großkommentar, 26. Aufl. (2006 ff.)
Meyer-Goßner	Strafprozeßordnung, Gerichtsverfassungsgesetz, Nebengesetze und ergänzende Bestimmungen, Kurzkommentar, 49. Aufl. (2006) *vormals Kleinknecht/Meyer-Goßner*

Müller	Beiträge zum Strafprozessrecht (2003)
Peters	Strafprozeß, Ein Lehrbuch, 4. Aufl. (1985)
Pfeiffer	Strafprozeßordnung und Gerichtsverfassungsgesetz, 5. Aufl. (2005)
Pohlmann/Jabel/Wolf	Strafvollstreckungsordnung, Kommentar, 8. Aufl. (2001)
Putzke	Strafprozessrecht (2005)
Roxin, Strafverfahrensrecht	Studienbuch, 25. Aufl. (1998)
Roxin/Arzt/Tiedemann	Einführung in das Strafrecht und Strafprozeßrecht, 5. Auflage (2006)
Saage/Göppinger	Freiheitsentziehung und Unterbringung, 4. Aufl. (2001) (bearb. v. Marschner u. a.)
Sarstedt/Hamm	Die Revision in Strafsachen, 6. Aufl. (1998)
Schäfer, Strafverfahren	Die Praxis des Strafverfahrens, 6. Aufl. (2000)
Schäfer, Strafzumessung	Die Praxis der Strafzumessung, 3. Aufl. (2001)
Schätzler	Handbuch des Gnadenrechts, 2. Aufl. (1992)
Eb. Schmidt, Lehrkommentar I–III	Strafprozeßordnung, Lehrkommentar, Bd. 1: Die rechtstheoretischen und die rechtspolitischen Grundlagen des Strafverfahrensrechts, 2. Aufl. (1964); Bd. 2: Erläuterungen zur Strafprozeßordnung und zum Einführungsgesetz zur Strafprozeßordnung (1957) (mit Nachtragsband 1 [1967] und 2 [1970]); Bd. 3: Erläuterungen zum Gerichtsverfassungsgesetz und zum Einführungsgesetz zum Gerichtsverfassungsgesetz (1960)
Schwind/Böhm/Jehle	Strafvollzugsgesetz, Kommentar, 4. Auflage (2005)
SK StPO	Systematischer Kommentar zur Strafprozeßordnung und zum Gerichtsverfassungsgesetz, Loseblattausgabe (1986 ff)
sLSK	Systematischer Leitsatzkommentar zum Sanktionenrecht, hrsg. v. Horn, Loseblattausgabe (1983 ff)
Volckart	Maßregelvollzug, 6. Aufl. (2002)
Walter, Strafvollzug	Strafvollzug, 2. Aufl. (1999)

13. Strahlenschutzrecht

Fischerhof	Deutsches Atomgesetz und Strahlenschutzrecht; Bd. 1 und 2, 2. Aufl. (1978)
Haedrich	Atomgesetz mit Pariser Atomhaftungs-Übereinkommen, Kommentar (1986)
Mattern/Raisch	Atomgesetz, Kommentar (1961)
Winters	Atom- und Strahlenschutzrecht, Kommentar, mit Atomgesetz, Atomhaftungsübereinkommen, Strahlenschutzverordnung, Deckungsvorsorgeverordnung, Verfahrensverordnung, Kostenverordnung und Röntgenverordnung (1978)

14. Straßenverkehrsrecht

Bär/Hauser	Unfallflucht, Kommentar, Loseblattausgabe (1978 ff)
Cramer	Straßenverkehrsrecht, Bd. 1: StVO, StGB, 2. Aufl. (1977)
Full/Möhl/Rüth	Straßenverkehrsrecht: Kommentar (1980) mit Nachtrag (1980/81)
Hentschel, Straßenverkehrsrecht	Straßenverkehrsrecht: Straßenverkehrsgesetz, Straßenverkehrs-Ordnung, Strassenverkehrs-Zulassungs-Ordnung,

	Fahrerlaubnis-Verordnung, Bußgeldkatalog, Gesetzesmaterialien, Verwaltungsvorschriften und einschlägige Bestimmungen des StGB und StPO/kommentiert von Peter Hentschel, 38. Aufl. (2005), *vormals Jagusch/Hentschel*
Hentschel	Trunkenheit, Fahrerlaubnisentziehung, Fahrverbot im Straf- und Ordnungswidrigkeitenrecht, 10. Aufl. (2006)
Hentschel/Born	Trunkenheit im Straßenverkehr, 7. Aufl. (1996)
Himmelreich/Bücken	Verkehrsunfallflucht: Verteidigerstrategien im Rahmen des § 142 StGB, 4. Aufl. (2005)
Himmelreich/Hentschel	Fahrverbot, Führerscheinentzug; Bd. 1: Straf- und Ordnungswidrigkeitenrecht, 8. Aufl. (1995)
HK StVR	Heidelberger Kommentar zum Straßenverkehrsrecht, hrsg. v. Griesbaum u. a. (1993)
Janker	Straßenverkehrsdelikte: Ansatzpunkte für die Verteidigung (2002)
Jagusch/Hentschel	Straßenverkehrsrecht, Kurzkommentar, 35. Aufl. (1999)
Janiszewski	Verkehrsstrafrecht, 5. Aufl. 2004
Janiszewski/Jagow/Burmann	Straßenverkehrsordnung, Kommentar, 19. Aufl. (2006); *vormals: Mühlhaus/Janiszewski*
Mühlhaus/Janiszewski	Straßenverkehrsordnung, Kommentar, 15. Aufl. (1998); *nunmehr: Janiszewski/Jagow/Burmann*
Müller I–III	Straßenverkehrsrecht, Großkommentar, 22. Aufl., Bd. 1 (1969) mit Nachtrag 1969, Bd. 2 (1969), Bd. 3 (1973)
Rüth/Berr/Berz	Straßenverkehrsrecht, Kommentar, 2. Aufl. (1988)

15. Verfassungsrecht

BK	Kommentar zum Bonner Grundgesetz (Bonner Kommentar), Loseblattausgabe, hrsg. v. Dolzer/Vogel (1954 ff)
Dreier I–III	Grundgesetz, Kommentar, Bd. 1: Art. 1–19 (1996), 2. Aufl. (2004); Bd. 2: Art. 20–82 (1998); Bd. 3: Art. 83–146 (2000)
HdStR I–IX	Handbuch des Staatsrechts der Bundesrepublik Deutschland, hrsg. v. Isensee/Kirchhof, Bd. 1, 3. Aufl. (2003); Bd. 2, 3. Aufl. (2004); Bd. 3, 3. Aufl. (2005); Bd. 4, 2. Aufl. (1999); Bd. 5, 2. Aufl. (2000); Bd. 6, 2. Aufl. (2001); Bd. 7 (1992); Bd. 8 (1995); Bd. 9 (1997)
Jarass/Pieroth	Grundgesetz für die Bundesrepublik Deutschland: Kommentar, 7. Aufl. (2004)
v. Mangoldt/Klein/Starck	Kommentar zum Grundgesetz, Bd. 1 (Artt. 1–19), Bd. 2 (Artt. 20–82), Bd. 3 (Artt. 83–146), 5. Aufl. (2005); bisheriger Titel: Das Bonner Grundgesetz
Maunz/Dürig	Grundgesetz, Kommentar, Loseblattausgabe, 7. Aufl. (1991 ff) (bearb. v. Badura u. a.)
Maunz/Schmidt-Bleibtreu/Klein/Ulsamer	Bundesverfassungsgerichtsgesetz, Kommentar, Loseblattausgabe, 3. Aufl. (1992 ff)
v. Münch/Kunig	Grundgesetz, Kommentar, Bd. 1, 5. Aufl. (2000); Bd. 2, 4./5. Aufl. (2001); Bd. 3, 4./5. Aufl. (2003)
Sachs	Grundgesetz-Kommentar, 3. Auflage (2003)
Schmidt-Bleibtreu/Klein	Kommentar zum Grundgesetz, 10. Aufl. (2004)
Stern I–V	Das Staatsrecht der Bundesrepublik Deutschland, Bd. 1, 2. Aufl. (1984); Bd. 2 (1980); Bd. 3/1 (1988); Bd. 3/2 (1994); Bd. 4 (1997); Bd. 5 (2000)

16. Wettbewerbs- und Kartellrecht

Baumbach/Hefermehl	Wettbewerbsrecht, Kurzkommentar, ab 23. Aufl. als Köhler: Wettbewerbsrecht weitergeführt
Emmerich, Kartellrecht	Kartellrecht, Studienbuch, 9. Aufl. (2001)
Emmerich, Wettbewerbsrecht	Das Recht des unlauteren Wettbewerbs, 6. Auflage (2002) unter dem Titel: Unlauterer Wettbewerb
FK Kartellrecht [GWB]	Frankfurter Kommentar zum Kartellrecht, mit Kommentierung des GWB, des EG-Kartellrechts und einer Darstellung ausländischer Kartellrechtsordnungen, Loseblattausgabe, hrsg. v. Glassen u. a. (2001 ff) bis zur 44. Lfg. unter dem Titel: Frankfurter Kommentar zum Gesetz gegen Wettbewerbsbeschränkungen
Fezer	Lauterkeitsrecht (Kommentar zum UWG) 2 Bände (2005)
v. Gamm	Gesetz gegen den unlauteren Wettbewerb, 3. Aufl. (1993)
Immenga/Mestmäcker GWB	Gesetz gegen Wettbewerbsbeschränkungen (GWB), Kommentar, 3. Aufl. (2001)
Hefermehl/Köhler/ Bornkamm	Wettbewerbsrecht: Gesetz gegen den unlauteren Wettbewerb, Preisangabenverordnung 24. Aufl. (2006)
Rittner/Kulka	Wettbewerbs – und Kartellrecht 7. Aufl. (2006)
Köhler/Piper	Gesetz gegen den unlauteren Wettbewerb, Kommentar, 4. Aufl. (2006)

17. Wirtschafts- und Steuerstrafrecht

Achenbach/Ransiek	Handbuch zum Wirtschaftsstrafrecht, hrsg. v. Achenbach/Ransiek (2004)
Bittmann	Insolvenzstrafrecht, hrsg. von Bittmann (2004)
Franzen/Gast/Joecks	Steuerstrafrecht: mit Steuerordnungswidrigkeiten und Verfahrensrecht; Kommentar zu §§ 369–412 AO 1977 sowie zu § 80 des ZollVG, 6. Aufl. (2005)
Geilen, Aktienstrafrecht	Erläuterungen zu §§ 399–405 AktG von Gerd Geilen, Erläuterungen zu § 408 AktG von Wolfgang Zöllner (1984) (Sonderausgabe aus der 1. Aufl. des Kölner Kommentars zum Aktiengesetz)
Greeve/Leipold	Handbuch des Baustrafrechts (2004)
Hellmann/Beckemper	Wirtschaftsstrafrecht (2004)
Hübschmann/Hepp/Spitaler	Abgabenordnung, Finanzgerichtsordnung, Kommentar, Loseblattausgabe, 10. Aufl. (1995 ff) (bearb. v. Söhn u. a.)
HWiStR	Handwörterbuch des Wirtschafts- und Steuerstrafrechts, Loseblattausgabe (1985–1990), hrsg. v. Krekeler u. a.
Ignor/Rixen	Handbuch Arbeitsstrafrecht (2002)
Joecks	Steuerstrafrecht, 3. Aufl. (2003)
Klein/Brockmeyer, AO	Abgabenordnung einschließlich Steuerstrafrecht, Kommentar, 8. Aufl. (2003)
Kohlmann	Steuerstrafrecht, Kommentar zu den §§ 369–412 AO 1977, Loseblattausgabe, 7. Aufl. (1997 ff)
Müller-Gugenberger/Bieneck	Wirtschaftsstrafrecht, 4. Aufl. (2006)
Otto, Aktienstrafrecht	Erläuterungen zu den §§ 399–410 AktG (1997) (Sonderausgabe aus der 4. Aufl. des Großkommentars zum Aktiengesetz)
Park	Kapitalmarktstrafrecht (2004)
Tiedemann, GmbH-Strafrecht	Kommentar zum GmbH-Strafrecht (§§ 82–85 GmbHG und ergänzende Nebenvorschriften) 3. Aufl. (1995)

	(Sonderausgabe aus Scholz [Hrsg.]: Kommentar zum GmbH-Gesetz), 4. Auflage (2002)
Tiedemann, Wirtschaftsstrafrecht	Wirtschaftsstrafrecht, Einführung und Allgemeiner Teil (2004), Besonderer Teil (2006)
Tiedemann, Wirtschaftsstrafrecht I, II	Wirtschaftsstrafrecht und Wirtschaftskriminalität, Bd. 1: Allgemeiner Teil; Bd. 2: Besonderer Teil (jew. 1976)
Wabnitz/Janovsky	Handbuch des Wirtschafts- und Steuerstrafrechts, 2. Aufl. (2004)
Weyand	Insolvenzdelikte, 6. Aufl. (2003)
Ziouvas	Das neue Kapitalmarktstrafrecht (2006)

18. Sonstiges

Corpus Juris	The implementation of the Corpus Juris in the Member States/La mise en œuvre du Corpus Juris dans les Etats Membres, hrsg. v. Delmas-Marty/Vervaele (2000) Deutsche Version der Entwurfsfassung von 1997: Delmas-Marty (Hrsg.), Corpus Juris der strafrechtlichen Regelungen zum Schutz der finanziellen Interessen der Europäischen Union, Deutsche Übersetzung von Yvonne Kleinke und Marc Tully, Einführung von Ulrich Sieber (1998)
Friauf/Fuhr	Gewerbeordnung, Kommentar, Gewerberechtlicher Teil, Loseblattausgabe, hrsg. v. Friauf (2001 ff)
Götz	Bundeszentralregistergesetz, Kommentar, 4. Aufl. (2000)
HMmR	Handbuch Multimedia-Recht, Loseblattausgabe, hrsg. v. Hoeren/Sieber (1998 ff)
HuSt I, II	Hochverrat und Staatsgefährdung: Urteile des Bundesgerichthofes, hrsg. v. Wagner, Bd. 1 (1957), Bd. 2 (1958)
HwbRW I–VIII	Handwörterbuch der Rechtswissenschaft, hrsg. v. Stier-Somlo u. a., Bd. 1 (1926), Bd. 2 (1927), Bd. 3 (1928), Bd. 4 (1927), Bd. 5 (1928), Bd. 6 (1929), Bd. 7 (1931), Bd. 8 (1937) (unter dem Titel: Die Rechtsentwicklung der Jahre 1933 bis 1935/36)
Keller/Günther/Kaiser	Embryonenschutzgesetz, Kommentar (1992)
Kröger/Gimmy	Handbuch zum Internetrecht, 2. Aufl. (2002)
Landmann/Rohmer I, II	Gewerbeordnung und ergänzende Vorschriften, Kommentar, Loseblattausgabe, Bd. 1: Gewerbeordnung; Bd. 2: Ergänzende Vorschriften (jew. 1998 ff)
LdR	Lexikon des Rechts: Strafrecht, Strafverfahrensrecht, hrsg. v. Ulsamer, 2. Aufl. (1996)
Lüder	Materialien zum Völkerstrafgesetzbuch: Dokumentation des Gesetzgebungsverfahrens (2002)
Potrykus/Steindorf	Waffenrecht: Waffengesetz mit Durchführungsverordnungen, Kriegswaffenkontrollgesetz und Nebenbestimmungen, Kurzkommentar, 8. Aufl. (2003)
Rebmann/Uhlig	Bundeszentralregister, Gewerbezentralregister, Verkehrszentralregister und ergänzende Bestimmungen, Kommentar (1985)
Schölz/Lingens	Wehrstrafgesetz, Kommentar, 4. Aufl. (2000)
Tolzmann	Bundeszentralregistergesetz, Kommentar, Zentralregister, Erziehungsregister und Gewerbezentralregister, Nachtrag zur 4. Aufl. mit Verwaltungsvorschriften (2003)
Werle	Völkerstrafrecht (2003)

Strafgesetzbuch

vom 15. Mai 1871 (RGBl 1871, 127);
neugefasst durch Bek. v. 13.11.1998 (BGBl. I 3322);
zuletzt geändert durch Gesetz v. 1.9.2005 (BGBl. I 2674)

BESONDERER TEIL
Vorbemerkung zum Ersten Abschnitt

Schrifttum

Allgemein (s. im Übrigen bei den einzelnen Abschnitten und Paragraphen):

Amelunxen Politische Straftäter (1964); *Basten* Von der Reform des politischen Strafrechts bis zu den Anti-Terror-Gesetzen (1983); *Baumann* Streitbare Demokratie? MDR **1963** 87; *Bemmann/Manoledakis* Der strafrechtliche Schutz des Staates (1987); *Bennhold* Absicht bei Verfassungsgefährdung (1966); *Bertram* Bestrafung von Parteimitgliedern und Parteienprivileg, NJW **1961** 1099; *Blasius* Geschichte der politischen Kriminalität in Deutschland 1800 bis 1980 (1983); *von Brünneck* Politische Justiz gegen Kommunisten in der Bundesrepublik Deutschland 1949–1968 (1978); *van Calker* Hochverrat und Landesverrat, VDB I (1906); *Copic* Grundgesetz und politisches Strafrecht neuer Art (1967); *Drost* Staatsschutz und persönliche Freiheit in dem Strafrecht der Demokratie (1954); *Eisenberg/Sander* „Politische Delikte" in Wandelbarkeit und Wandel, JZ **1987** 111; *Güde* Probleme des politischen Strafrechts (1957); *Haccius* Die Gesetze zum Schutze der Republik von 1922 und 1930, Diss. Göttingen 1931; *Hamann* Grundgesetz und Strafgesetzgebung (1963); *Harnischmacher/Heumann* Die Staatsschutzdelikte in der Bundesrepublik Deutschland (1984); *Heeb* Der präventive Verfassungsschutz, Diss. Tübingen 1962; *Heinemann* Politische Justiz, RuP **1965** 12; *Heinemann/Posser* Kritische Bemerkungen zum politischen Strafrecht in der Bundesrepublik, NJW **1959** 121; *Heinitz* Staatsschutz und Grundrechte (1953); *Hellmer* Bemerkungen zum strafrechtlichen Staatsschutz aus der Sicht der Identitätstheorie, H.-Kaufmann-Gedächtnisschr. (1986) 747; *Hennke* Der Begriff „verfassungsmäßige Ordnung" im StGB und im GG, GA **1954** 140; *Kern* Der Strafschutz der Verfassung, NJW **1950** 405; *ders.* Der Strafschutz des Staates und seine Problematik (1963); *Kirchheimer* Politische Justiz (1965); *Köhler* Hochverrat und Landesverrat, GA **51** 130, 269; **52** 15; *Lampe* Die strafrechtliche Aufarbeitung der DDR-Spionage, Festschrift aus Anlaß des fünfzigjährigen Bestehens des Bundesgerichtshofs, der Bundesanwaltschaft und Rechtsanwaltschaft beim Bundesgerichtshof (2000) 449; *Lameyer* Streitbare Demokratie (1978); *Lange* Zur Geschichte des strafrechtlichen Staatsschutzes, Verfassungsschutz (1966) 119; *Laufhütte* Strafrechtliche Probleme nach der Wiedervereinigung der beiden deutschen Staaten und ihre Bewältigung durch die Strafsenate des Bundesgerichtshofs, Festschrift aus Anlaß des fünfzigjährigen Bestehens des Bundesgerichtshofs, der Bundesanwaltschaft und Rechtsanwaltschaft beim Bundesgerichtshof (2000) 409; *Liourdi* Herkunft und Zweck der Strafbestimmungen zum Ehrenschutz des Staatsoberhauptes, Diss. Göttingen 1990; *Löwisch* Arbeitskampf und öffentliche Ordnung, Arbeitskampf und Schlichtungsrecht (1997) 435; *Lüttger* Das Staatsschutzstrafrecht gestern und heute, JR **1969** 121; *Maihofer* Staatsschutz im Rechtsstaat, Blätter für deutsche und internationale Politik (1964) 123; *H. Mayer* Der strafrechtliche Schutz des Staates, SJZ **1950** 247; *Mischke* Hochverrat und Staatsgefährdung in der Rechtsprechung des BGH, Diss. Bonn 1962; *Pfeiffer* Der strafrechtliche Schutz des Staates, in Bemmann/Manoledakis, Der strafrechtliche Schutz des Staates (1987) 3; *Rapp* Das Parteienprivileg des Grundgesetzes (1970); *Ritter* Staatsverbrechen und Staatsverfassung, StrafrAbh. 339 (1934); *Roggemann* Zur Entwicklung des politischen Strafrechts in Deutschland, ROW **1968** 50; *Ruhrmann* Grenzen strafrechtlichen Staatsschutzes, NJW **1957** 1897; *Sack* Politische Delikte, politische Kriminalität, in Kaiser/Kerner/Sack/Schellhoss, Kleines kriminologisches Wörterbuch 2. Aufl. (1985) 324;

Scheuner Der Verfassungsschutz im Bonner Grundgesetz, E. Kaufmann-FG (1950) 313; *Schiffers* Grundlegung des strafrechtlichen Staatsschutzes in der Bundesrepublik Deutschland 1949–1951, Vierteljahrshefte für Zeitgeschichte (1990) 589; *Schmitt-Glaeser* Mißbrauch und Verwirkung von Grundrechten im politischen Meinungskampf (1968); *Spiegel* Die Möglichkeit eines effektiven Schutzes der normativen Legitimität in der Demokratie, Diss. Freiburg 1969; *Schroeder* Der Schutz von Staat und Verfassung im Strafrecht (1970); *ders.* Das Strafrecht zum Schutz von Verfassung und Staat, in Bundesministerium des Innern (Hrsg.) Verfassungsschutz und Rechtsstaat (1981) 219; *Schultz* Staatsauffassung und Staatsverbrechen, StrafrAbh. 416 (1940); *Wagner* Politischer Terrorismus und Strafrecht im Deutschen Kaiserreich von 1871 (1981); *von Weber* Die Verbrechen gegen den Staat in der Rechtsprechung des Reichsgerichts, RG-Festgabe Bd. V (1929) 173; *ders.* Die Verbrechen gegen den Staat bei Anselm Feuerbach (1935); *ders.* Der Schutz des Staates, Referat 38. Dt. Juristentag (1950); *Willms* Staatsschutz im Geiste der Verfassung, Demokratische Existenz heute (1962) Heft 7; *ders.* Das Staatsschutzkonzept des Grundgesetzes und seine Bewährung (1974); *ders.* Zur strafrechtlichen Absicherung von Organisationsverboten, Festschrift Lackner (1987) 471; *von Winterfeld* Zur Rechtsprechung in Staatsschutzsachen, NJW 1959 745.

Speziell 1. StrÄndG: *Schafheutle* Das Strafrechtsänderungsgesetz, JZ **1951** 609; *Schmidt* Das politische Strafrecht, DRZ **1950** 337; *Schmidt-Leichner* Das Strafrechtsänderungsgesetz vom 30. August 1951, NJW **1951** 857.

Speziell 8. StrÄndG: *Krauth/Kurfeß/Wulf Zur* Reform des Staatsschutzrechts durch das 8. StrÄndG, JZ **1968** 577, 609, 731; *Lüttger* Das Staatsschutzrecht gestern und heute, JZ **1969** 121; *Müller-Emmert* Die Reform des politischen Strafrechts, NJW **1968** 2134; *Träger/Mayer/Krauth* Das neue Staatsschutzstrafrecht in der Praxis, Festschrift BGH (1975) 227; *Woesner* Das neue Staatsschutzrecht, NJW **1968** 2129.

Speziell zu früheren Reformfragen: *Ammann* Die Problematik des vorverlegten Staatsschutzes, in: Kritik der Strafrechtsreform (1968); *Baumann* Zur Reform des politischen Strafrechts, JZ **1966** 330; *Fischer* Die Einführung eines zweiten Rechtszuges in Staatsschutz-Strafsachen, NJW **1969** 449; *Hamann* Der „Staatsschutz" im Strafgesetzentwurf und im Grundgesetz, NJW **1962** 1845; *Hannover* Zur Reform des politischen Strafrechts, Blätter für deutsche und internationale Politik, **1966** 493; *Heinemann* Reform des politischen Strafrechts, RuP **1965** H. 2; *Jescheck* Zur Reform des politischen Strafrechts, JZ **1967** 6; *Maihofer* Der vorverlegte Staatsschutz, in: Mißlingt die Strafrechtsreform? (1969) 186; *Martin* Zur allgemeinen Einführung eines zweiten Rechtszuges in Staatsschutzstrafsachen, NJW **1969** 713; *Müller-Emmert* Die Reform des politischen Strafrechts, NJW **1968** 2134; *Roggemann* Probleme der publizistischen Staatsgefährdung de lege lata und de lege ferenda, JR **1966** 243; *Willms Zur* Reform der Strafvorschriften über den Landesverrat, Der Staat **1963** 213; *ders.* Mehr oder weniger Strafrecht beim Landesverrat, DRiZ **1965** 389; *ders.* Verfassungsrechtliche Konzeption des strafrechtlichen Staatsschutzes als Kernfrage der Reform, JZ **1967** 246; *ders.* Geheimbündelei – Änderung oder Verzicht, NJW **1965** 565; *Woesner* Reform des Staatsschutzstrafrechts, NJW **1967** 753.

Verfahren und Sonderfragen: *Bauer* Politischer Streik und Strafrecht, JZ **1953** 649; *Dehler* Denkschrift über die Schaffung eines zweiten Rechtszuges in Hoch- und Landesverratssachen (1951); *Endemann* Interlokalrechtliche Probleme im Bereich des Staatsschutzstrafrechts, NJW **1966** 2381; *Fuhrmann* Die Einschränkung des Legalitätsgrundsatzes bei Staatsschutzdelikten, JR **1964** 297; *Gallandi* Staatsschutzdelikte und Pressefreiheit – von der Stärkung des Rechts und der Legitimität von Strafgesetzgebung im politischen Konflikt (1983); *Laubenthal* Ansätze zur Differenzierung zwischen politischer und allgemeiner Kriminalität, MschrKrim., **1989** 326; *Lüttger* Der Nachweis der Verfassungswidrigkeit einer Partei im Strafverfahren, GA **1958** 225; *ders.* Internationale Rechtshilfe in Staatsschutzverfahren? GA **1960** 33; *ders.* Zum Gesetz zur Überwachung strafrechtlicher und anderer Verbringungsverbote, MDR **1961** 809; *ders.* Staatsschutzverfahren statistisch gesehen, MDR **1967** 165, 257, 349; *ders.* Lockerung des Verfolgungszwangs bei Staatsschutzdelikten, JZ **1964** 569; *Lüttger/Kaul* Ist die gerichtliche Beschlagnahme künftiger Ausgaben von erfahrungsgemäß staatsgefährdenden periodischen Schriften zulässig?, GA **1961** 74; *Moschüring* Die Zuständigkeit der Oberlandesgerichte in erstinstanzlichen Strafsachen, Festschrift OLG Celle (1986) 381; *Müller/Römer* Staatsschutz und Informationsfreiheit, ZRP **1968** 6; *Müller/Wache* Opportunitätserwägungen bei der Verfolgung von Straftaten gegen die äußere Sicherheit, Festschrift Rebmann (1989) 321; *Pabsch* Auswirkungen der europäischen Integrationsverträge auf das deutsche Strafrecht, NJW **1959** 2002; *Schlichter* Der Strafantrag, die Strafverfolgungsermächtigung und die Anordnung der Strafverfolgung unter besonderer Berücksichtigung der Staatsschutzdelikte, GA **1966** 353; *Schwenk* Konkurrierende Gerichtsbarkeit in Strafsachen nach Natotruppenstatut und Zusatzabkommen, NJW **1965** 2242; *Streit* Staatsschutzbestimmungen und Legalitätsprinzip, NJW **1964** 435; *Wagner* Der Beitrag der Rechtsprechung in Staatsschutzverfahren zu den Problemen des Allgemeinen Teils des StGB, ZStW **80** (1968) 283; *ders.* Beschlagnahme und Einziehung staatsgefährdender Massenschriften, MDR **1961** 93; *Wenkebach* Die vorbeugende Einziehung verfassungsfeindlicher Schriften, NJW **1962** 2094; *Willms* Der Sachverständige im Landesverratsprozeß, NJW **1963** 190; *Woesner* Rechtsstaatliches Verfahren in Staatsschutzsachen, NJW **1961** 533.

Fremde Rechte: *Brune* Hochverrat und Landesverrat in rechtsvergleichender Darstellung, StrafrAbh. (1937) 375; *Comtesse* Der strafrechtliche Staatsschutz gegen hochverräterische Umtriebe im schweizerischen Bundesrecht (1942); *Ewald* Geschichte und Struktur des politischen Strafrechts der DDR bis 1968, NJ **1990** 420 (Besprechung von *Schuller*); *Jescheck* Der strafrechtliche Staatsschutz im Ausland, ZStW **74** (1962) 339; *Jescheck/Mattes* Die strafrechtlichen Staatsschutzbestimmungen des Auslandes, Rechtsvergleichende Untersuchungen zur gesamten Strafrechtswissenschaft (1968) Heft 10; *Knauer* Der strafrechtliche Staatsschutz der Schweizerischen Eidgenossenschaft (1948); *Lammich* Das politische Strafrecht in der DDR und den anderen sozialistischen Ländern, Deutschland-Archiv **1980** 843; *Loewenstein* Der Kommunismus und die amerikanische Verfassung, JZ **1952** 2; *Lüthi* Der verstärkte Staatsschutz, ZBernJV **1951** 137; *Merli* Das Verbot der Verbreitung nationalsozialistischen Gedankenguts im EGVG, Juristische Blätter **1986** 767; *Mittermaier* Die Regelung des Hochverrats in außerdeutschen Gesetzgebungen, RT-Drucks. IV/46 (1928); *Nef* Der publizistische Geheimnisverrat und seine Behandlung in demokratischen Ländern, ZV u. ZV **1963** 225; *Sax* Zum Verfahren in Staatsschutzsachen im Ausland, JZ **1964** 14; *Schinnerer* Schutz von Volk und Staat im englischen Recht (1935); *Schönke* Strafrechtlicher Staatsschutz im ausländischen Recht, Züricher Beiträge **1935** Heft 46; *ders.* Der strafrechtliche Staatsschutz im ausländischen Recht, NJW **1950** 281; *Schuller* Geschichte und Struktur des politischen Strafrechts der DDR bis 1968 (1980); *Schwaighofer* Die Strafbestimmungen zum Schutz des Staates, Zeitschrift für Rechtsvergleichung (1988) 25; *Wieser* Die Wortinterpretation im Hochverratstatbestand der DDR, ROW **1987** 352.

Rechtsprechungsübersichten: *Schmidt* Aus der Rechtsprechung des Bundesgerichtshof in Staatsschutzstrafsachen, MDR **1979** 705; **1981** 89, 972; **1983** l; **1984** 183; **1985** 183; **1986** 177; **1987** 182; **1988** 353; **1990** 102; **1991** 185; **1992** 545; **1993** 504; **1994** 237; *ders.* Aus der Rechtsprechung des BGH in Staatsschutzstrafsachen, NStZ **1996** 172, 481; **1998** 610; **2000** 359; *Wagner* Hochverrat und Staatsgefährdung, Urteile des Bundesgerichtshofes, Bd. I u. II (1957/1958); *ders.* Aus der Rechtsprechung in Staatsschutzverfahren, GA **1960** 4, 193, 225; **1961** l, 129, 311; **1962** l, 193; **1963** 225, 289, 353; **1965** 225; **1966** 65, 289; **1967** 97; **1968** 289; *ders.* Die Rechtsprechung des BGH in Staatsschutzsachen, DRiZ **1958** 67; **1959** 173; **1961** 168; **1962** 347; **1963** 216; **1967** 182.

Materialen: RT-Drucks. IV/92 Der Hochverrat in der Rspr. des Reichsgerichts und des Staatsgerichtshofes zum Schutze der Republik.

RTDrucks. IV/93 Hochverrat, Landesverrat und Verrat militärischer Geheimnisse im Deutschen Reiche (Statistische Ergebnisse, bearbeitet im Statistischen Reichsamt, 1928).

RTDrucks. IV/110 Der Landesverrat in der Rechtsprechung des Reichsgerichts.

BTDrucks. I/563 SPD-Entwurf eines Gesetzes gegen die Feinde der Demokratie.

BTDrucks. I/1307 Regierungsentwurf zum Strafrechtsänderungsgesetz.

BTDrucks. I/2144 Bericht des Rechtsausschusses zu den beiden vorbezeichneten Anträgen.

Votum des Rechtsausschusses des Bundesrats 27. Juli 1951, JZ **1951** 659.

Niederschriften über die Sitzungen der Großen Strafrechtskommission, 10. Bd. (104. bis 114. Sitzung) 1959.

BTDrucks. IV/650 Entwurf eines Strafgesetzbuches E 1962 mit Begründung.

BTDrucks. V/102 Antrag der Fraktion der SPD.

BTDrucks. V/898 Entwurf eines Achten Strafrechtsänderungsgesetz.

BTDrucks. V/2860 Schriftlicher Bericht des Sonderausschusses für die Strafrechtsreform über die beiden vorbezeichneten Entwürfe.

Protokolle des Sonderausschusses für die Strafrechtsreform 9. bis 11., 22., 36. bis 40., 51., 52., 58. bis 66., 68. bis 81., 83. bis 87., 93. bis 96., 98. bis 101., 103., 105., 107. und 110. Sitzung.

Alternativ-Entwurf eines Strafgesetzbuches, Besonderer Teil, Politisches Strafrecht (AE) 1966.

BTDrucks. 12/6853; 12/7584; 12/7585; 12/7841; 12/7872; 12/7873; 12/8588 Entwürfe zum Verbrechensbekämpfungsgesetz

Übersicht

I. Überblick über die Staatsschutzgesetzgebung seit der Reichsgründung

1 **1. Entwicklung von 1871 bis 1933.** Die Regelung des Staatsschutzes im RStGB von 1871 knüpfte mit der Unterteilung des Regelungsbereichs in Hoch- und Landesverrat an eine begriffliche Trennung an, die sich schon im Preußischen Allgemeinen Landrecht findet und sich dann in den anderen deutschen Territorialrechten durchgesetzt hatte. Die präzise begriffliche Trennung wurde in späteren (Zwischen-)Regelungen nicht genau eingehalten (insbesondere in Vorschriften außerhalb des StGB). Die heutige Einteilung im Strafgesetzbuch, die im Ersten Abschnitt des Besonderen Teils die Strafvorschriften zusammenfasst, die der Sicherung der Existenz des demokratischen Rechtsstaats dienen, war bereits ursprünglich in den Vorschriften zum strafrechtlichen Staatsschutz angelegt.

2 Soweit die Normen beim **Hochverrat** den Schutz der Fürsten und ihrer Thronfolge zum Gegenstand hatten, wurden diese im Jahre 1918 mit dem Übergang zur republikanischen Staatsform hinfällig. Diese auf die Monarchie bezogenen Tatbestände wurden jedoch erst durch das nationalsozialistische *Gesetz zur Änderung von Vorschriften des Strafrechts und des Strafverfahrens vom 24. April 1934* (RGBl. I 341) förmlich gestrichen.

Die **Änderungen**, insbesondere Ergänzungen, die **von der Reichsgründung bis zum Jahre 1933** erlassen wurden, sind in wesentlichen Regelungen außerhalb des Strafgesetzbuchs enthalten. Für die Zeit des Kaiserreichs[1] sind insbesondere das im Jahre 1890 auslaufende Sozialistengesetz von 1878 und das aus Anlass anarchistischer Attentate erlassene Sprengstoffgesetz des Jahres 1884 zu nennen. In der Zeit der Weimarer Republik gab das *Gesetz zum Schutze der Republik (RepSchutzG) vom 21. Juli 1922* (RGBl. I 585) Antwort auf die rechtsradikalen Strömungen, welche zur Ermordung republikanischer Staatsmänner geführt hatten. Das befristete Gesetz enthielt eine Reihe neuer Straftatbestände, die sich in erster Linie auf organisierte Anschläge gegen Regierungsmitglieder, aber auch auf die organisierte Bekämpfung der republikanischen Staatsform und die Herabwürdigung von Verfassung und Staatssymbolen bezogen.[2] Der zur Aburteilung dieser neuen Delikte und hochverräterischer Handlungen beim Reichsgericht errichtete **Staatsgerichtshof** wurde durch eine Gesetzesnovelle vom 31. März 1926 (RGBl. I 190) wieder abgeschafft.

Nach Ablauf der einmal verlängerten Geltungsdauer des ersten RepSchutzG wurde am 25. März 1930 (RGBl. I 91) ein bis zum Jahresende befristetes *zweites RepSchutzG* erlassen. Die *Verordnung des Reichspräsidenten zur Erhaltung des inneren Friedens vom 19. Dezember 1932* (RGBl. I 548) übernahm daraus den in das Strafgesetzbuch vorher nur auf Zeit eingestellten § 49b (Mordkomplott), der erst durch das 2. StrÄndG vom 4. Juli 1969 (BGBl. I 717) mit Änderungsgesetz vom 30. Juli 1973 (BGBl. I 909) zum 1. Januar 1975 wegfiel.

Auf dem Gebiet des **Landesverrats** war es bereits in der Kaiserzeit zu wichtigen **3**
Ergänzungen gekommen. Die im Blick auf die Konfliktformen der Vergangenheit in einer schwerfälligen Kasuistik formulierten Vorschriften wurden durch das *Gesetz gegen den Verrat militärischer Geheimnisse vom 3. Juli 1893* (RGBl. I 205) geändert und – ohne Einstellung der neuen Tatbestände in das Strafgesetzbuch – ergänzt. Das gemeinhin als *Spionagegesetz 93* bezeichnete Gesetz wurde durch das *Gesetz gegen den Verrat militärischer Geheimnisse vom 3. Juni 1914* (RGBl. I 195) ersetzt. Diese Gesetze, die auch auf Ausländer anwendbar waren, bezweckten einen umfassenden – bereits das Vorbereitungsstadium der Ausspähung erfassenden – Schutz militärischer Geheimnisse. Das *Spionagegesetz 1914* enthielt als die wichtigste Neuerung in § 6 einen Tatbestand des Anknüpfens und Unterhaltens landesverräterischer Beziehungen. Es erweiterte den Tatbestand auf bloße Nachrichten, deren Aufnahme in den Tatbestand der Reichstag im Jahre 1893 in Befürchtung einer möglichen Schmälerung der Pressefreiheit verweigert hatte. Der damit auf dem Gebiet des Landesverrats hergestellte Rechtszustand wurde während der Dauer der Weimarer Republik nicht geändert. Insgesamt haben die Staatsschutzvorschriften jedoch den Bestand des demokratischen Deutschlands nicht gewährleisten können.[3]

2. Entwicklung unter dem Nationalsozialismus.[4] Das nationalsozialistische Regime **4**
übersteigerte den Staatsschutz in der Reichweite der Tatbestände und der Härte der Strafdrohungen.

---

[1] Vgl. *Graf von Krockow* Bismarck S. 283 ff; *Laufhütte* MDR **1976** 441, Fn. 13: verschiedene Versuche zur strafrechtlichen Erfassung der Gewaltbefürwortung; Lexikon der Deutschen Geschichte, 2. Aufl.: zur Umsturzvorlage.

[2] S. dazu *Schroeder* Der Schutz von Staat und Verfassung im Strafrecht, S. 119 ff; *Jasper* Der Schutz der Republik (1922–1930), Freiburger Studien Bd. 16 (1963); *Haccius* Die Gesetze zum Schutze der Republik von 1922 und 1930.

[3] *Lampe/Hegmann* MK Rdn. 2 ff.

[4] S. dazu *Schroeder* Der Schutz von Staat und Verfassung im Strafrecht, S. 148 ff.

Die *Verordnung des Reichspräsidenten zum Schutz von Volk und Staat vom 28. Februar 1933* (RGBl. I 83), mit der irreführenden Zweckbestimmung der „Abwehr kommunistischer staatsgefährdender Gewaltakte“, brachte mit der praktischen Außerkraftsetzung aller politisch wesentlichen Freiheitsrechte die erste erhebliche Erweiterung des Anwendungsbereichs der Todesstrafe. Das *Gesetz zur Abwehr politischer Gewalttaten vom 4. April 1933* (RGBl. I 162), genannt *lex van der Lubbe*, verschärfte die Tatbestände der Sprengstoffverbrechen und des Inbrandsetzens öffentlicher Gebäude und beseitigte für diese Neuerungen den Grundsatz des Rückwirkungsverbots der Strafgesetze (dort durch rückwirkende Androhung der Todesstrafe). Dagegen schaffte das als *Korruptionsnovelle* bezeichnete *Gesetz vom 26. Mai 1933* (RGBl. I 295) die Festungshaft bei politischen Delikten ab.

Das *Gesetz zur Gewährleistung des Rechtsfriedens vom 13. Oktober 1933* (RGBl. I 723) erstreckte den sonst nur dem Staatsoberhaupt gewährten besonderen persönlichen Strafschutz auf alle Angehörigen des gegen den „Staatsfeind“ aufgebotenen Machtapparats einschließlich der NSDAP und ihrer militärischen Formationen. Es sah harte Strafen für regimewidrige Tätigkeiten sowie Propaganda aus und im Zusammenwirken mit dem Ausland vor.

5 Das *Gesetz zur Änderung von Vorschriften des Strafrechts und des Strafverfahrens vom 24. April 1934* (RGBl. I 341; amtliche Begründung DJ **1934** 595), auch *Verratsnovelle* genannt, enthielt eine völlige Neufassung. Die **begriffliche Trennung von Hoch- und Landesverrat** wurde durch Behandlung in besonderen Abschnitten akzentuiert.

Beim **Hochverrat** wurde die Drohung mit Gewalt ausdrücklich in den Tatbestand hineingenommen. Auch wurde jede Nötigung oder Hinderung eines Regierungsmitglieds in der Ausübung seiner Befugnisse sowie die fahrlässige Verbreitung hochverräterischer Schriften erfasst.

Beim **Landesverrat**, wo bereits die oben näher bezeichnete „Korruptionsnovelle“ zwei neue Tatbestände (§ 92a und § 92b) über das Ausspähen von Staatsgeheimnissen und verräterische Beziehungen hinzugefügt hatte, wurden die bisher im Strafgesetzbuch, dem Spionagegesetz und der Verordnung des Reichspräsidenten vom 28. Februar 1933 enthaltenen Vorschriften zusammengefasst und ins Strafgesetzbuch eingestellt. Zugleich wurden die Begriffe des Staatsgeheimnisses und des Verrats einheitlich definiert. Das Staatsschutzstrafrecht wurde – mit Strafbestimmungen über das gefälschte und sogar über das frühere Staatsgeheimnis und die als Volksverrat bezeichnete regimefeindliche Auslandspropaganda mit der Einführung von Fahrlässigkeitstatbeständen und der Erweiterung der Strafbarkeit, u.a. durch Einbeziehung von Vorbereitungshandlungen bis zur Pönalisierung missliebiger Gerichtsberichterstattung – pervertiert. Die im Zweiten Weltkrieg mit dem *Gesetz vom 22. November 1942* (RGBl. I 668) und vom *20. September 1944* (RGBl. I 225) hinzukommenden Änderungen enthielten weitere Verschärfungen der Strafsanktionen.

6 **3. Entwicklung von 1945 bis zum Grundgesetz.** Das in dieser Weise von den totalitären Vorstellungen des nationalsozialistischen Regimes pervertierte politische Strafrecht wurde nach Beendigung des Zweiten Weltkrieges von den Siegermächten durch das *Kontrollratsgesetz Nr. 11 vom 30. Januar 1946* beseitigt. Mit der Einleitung des Prozesses der Wiederherstellung deutscher Souveränität in West und Ost trat das Bedürfnis zur Schaffung neuer Staatsschutznormen hervor.

Mit Art. 143 wurde als Übergangslösung eine vollständige Strafvorschrift über den Hochverrat in das *Grundgesetz für die Bundesrepublik Deutschland vom 23. Mai 1949* (BGBl. I 1) aufgenommen, die bis zu ihrer Aufhebung durch Art. 7 des *StrÄndG vom*

30. August 1951 (BGBl. I 739) galt. Diese kam jedoch nie zur Anwendung. Art. 143 lautete in seinen ersten beiden Absätzen:

> (1) Wer mit Gewalt oder Drohung mit Gewalt die verfassungsmäßige Ordnung des Bundes oder eines Landes ändert, den Bundespräsidenten der ihm nach diesem Grundgesetz zustehenden Befugnisse beraubt oder mit Gewalt oder durch gefährliche Drohung nötigt oder hindert, sie überhaupt oder in einem bestimmten Sinne auszuüben, oder ein zum Bunde oder zu einem Lande gehöriges Gebiet losreißt, wird mit lebenslangem Zuchthaus oder Zuchthaus nicht unter zehn Jahren bestraft.
>
> (2) Wer zu einer Handlung im Sinne des Absatzes 1 öffentlich auffordert oder sie mit einem anderen verabredet oder in anderer Weise vorbereitet, wird mit Zuchthaus bis zu zehn Jahren bestraft.

Die strafrechtliche Umsetzung der in Art. 9 Abs. 2, 18 und 21 Abs. 2 GG enthaltenen Staatsschutznormen blieb dem Gesetzgeber überlassen.

4. Das Staatsschutzrecht der Bundesrepublik Deutschland[5]

a) Rechtszustand bis zum 8. StrÄndG. Das *(1.) StrÄndG vom 30. August 1951* **7** (BGBl. I 739), dem das *Gesetz zum Schutz der persönlichen Freiheit vom 15. Juli 1951* (BGBl. I 448) mit den neuen §§ 234a und 241a StGB vorausging, sollte entsprechend dem Verfassungsauftrag die im Strafgesetzbuch entstandenen Lücken füllen. Das Gesetz ging auf eine Initiative der sozialdemokratischen Bundestagsfraktion zurück, die bereits unter dem 15. Februar 1950 den Entwurf eines Gesetzes gegen die Feinde der Demokratie (BTDrucks. I/563) vorgelegt hatte. Dieser mit bemerkenswert harten Strafdrohungen ausgestattete Entwurf enthielt einen umfassenden Organisationstatbestand für verfassungsfeindliche Verbindungen. Auch ahndete er die aus Feindschaft gegen die Demokratie verübte Beschädigung von Einrichtungen der öffentlichen Versorgung, der politischen Presse oder einer politischen Partei mit Zuchthausstrafe. Den Landesverrat behandelte er nicht. Der Regierungsentwurf vom 4. September 1950 (BTDrucks. I/1307), der eine umfassende Ergänzung des Strafgesetzbuchs bezweckte, holte dies nach. Er bezog auch die Komplexe der Handlungen gegen ausländische Staaten und der Delikte in Beziehung auf die Ausübung staatsbürgerlicher Rechte, schließlich – in Ausführung des Auftrags von Art. 26 Abs. 1 S. 2 GG – Strafvorschriften über den auch schon im sozialdemokratischen Entwurf behandelten Friedensverrat mit ein.

Das unter dem Eindruck der Ereignisse in Osteuropa und Korea als besonders **8** dringlich erachtete Gesetz enthielt neben den Abschnitten Hoch- und Landesverrat als eigentliche Neuerung den Abschnitt Staatsgefährdung. Dies war die Reaktion auf die „Machtergreifung" der Nationalsozialisten und der kommunistischen Umsturzerfolge in Osteuropa. Dabei griff man teilweise auf Regelungen des RepSchutzG (Rdn. 2) zurück, verwies aber vor allem auf die Schweiz, die ihr Staatsschutzrecht von 1938 bis 1950 aus gleicher Motivation erweitert hatte. Die Schaffung eines weitgefassten, mit einer Generalklausel arbeitenden Auffangtatbestandes nach Art der „Verfassungsstörung" (Art. 275 Schweiz. StGB), unterblieb jedoch glücklicherweise. Die von ihren Gegnern als „Blitzgesetz" charakterisierte Novelle hat, angefangen mit der Stellungnahme des Bundesrats aus Anlass ihrer Verabschiedung (abgedruckt JZ **1951** 659), viel Kritik erfahren. Vor allem im Bereich der Organisationsdelikte enthielt sie etliche unzulängliche – teils sogar verfas-

[5] S. die grundsätzliche Kritik von *Hellmer* GS H.-Kaufmann, S. 747 ff.

sungswidrige – Regelungen (BVerfGE 12 296). Dies wurde mit dem Gesetz zur Regelung des öffentlichen Vereinsrechts (VereinsG) vom 5. August 1964 (BGBl. I 593) und schließlich durch das 8. StrÄndG vom 25. Juni 1968 (BGBl. I 741) korrigiert.

9 Die nachfolgenden Strafrechtsänderungsgesetze ließen das neue Staatsschutzrecht in seiner Grundstruktur unberührt. Das *3. StrÄndG vom 4. August 1953* (BGBl. I 735) erstreckte den vorher nur für eingeführtes verfassungsfeindliches Propagandamaterial geltenden Tatbestand des § 93 StGB auf in der Bundesrepublik Deutschland hergestellte Schriften. Es erneuerte die Vorschriften über den Schutz ausländischer Staaten und die Verbrechen und Vergehen in Beziehung auf die Ausübung staatsbürgerlicher Rechte. Beim *4. StrÄndG vom 11. Juni 1957* (BGBl. I 597) stand der Schutz der Landesverteidigung einschließlich des Schutzes der Streitkräfte der NATO-Vertragsstaaten im Vordergrund. Das *6. StrÄndG vom 30. Juni 1960* (BGBl. I 478) fügte mit § 96a eine Strafvorschrift gegen das Verwenden von Kennzeichen verfassungsfeindlicher, insbesondere ehemaliger nationalsozialistischer Organisationen ein und gestaltete den § 130 zu einer in erster Linie der Bekämpfung des Antisemitismus dienenden Vorschrift.

10 Bei den Reformbestrebungen, die zum Vereinsgesetz und schließlich zum 8. StrÄndG (Rdn. 12) führten, standen zunächst die Organisationstatbestände im Vordergrund. Bereits die Große Strafrechtskommission hatte, dem aus der Praxis kommenden Anstoß folgend, die Änderung des § 90a a.F. vorgeschlagen. Danach sollte der Anwendungsbereich des Tatbestandes auf die Begehung strafbarer Handlungen durch verfassungsfeindliche Organisationen beschränkt werden. Der Vorschlag fand Eingang in die von der Großen Strafrechtskommission erarbeiteten Entwürfe eines Strafgesetzbuchs von 1960 und 1962 (E 60 und E 62). Als das BVerfG dann mit Urteil vom 21. März 1961 (BVerfGE 12 296) den § 90 a.F., soweit er sich auf politische Parteien bezog, für nichtig erklärte, war eine umfassende Regelung des öffentlichen Vereinsrechts – einschließlich der damit zusammenhängenden Strafvorschriften – nicht länger aufzuschieben. Dem trug das Vereinsgesetz Rechnung, durch welches die Organisationstatbestände in § 90a und § 90b neu geregelt wurden.

11 Das übrige Staatsschutzrecht sollte nicht vorab reformiert werden, sondern als Anknüpfungspunkt für eine Gesamtreform nützlich sein. Doch gab hier schließlich die im Zusammenhang mit der „Spiegel"-Affäre aufkommende Auseinandersetzung um das bis dahin nicht im Blickfeld liegende und kaum für reformbedürftig erachtete *Landesverratsrecht* den Anstoß zu dem Entschluss, die Erneuerung des Staatsschutzrechts doch vorwegzunehmen. Wie bereits im Jahre 1951 wurde auch jetzt die sozialdemokratische Fraktion des Deutschen Bundestages zuerst mit einem Gesetzentwurf vom 8. Dezember 1965 (BTDrucks. V/102) initiativ, dem dann unter dem 5. September 1966 der Entwurf eines 8. StrÄndG (BTDrucks. V/898) als Regierungsentwurf folgte. Die durch umfangreiche Anhörungen interessierter und sachkundiger Personen aus Wissenschaft und Praxis unterstützten Beratungen des Sonderausschusses des Deutschen Bundestages für die Strafrechtsreform (vgl. Rdn. 20) wurden am Ende noch entscheidend durch einen von Universitätslehrern des Strafrechts erarbeiteten Alternativentwurf beeinflusst (politisches Strafrecht, AE 1960).

12 b) **Rechtszustand mit Erlass des 8. StrÄndG.** Das *8. StrÄndG vom 25. Juni 1968* (BGBl. I 741) brachte **grundlegende Änderungen**. Es befolgte durch Einfügung des Titels über den **Friedensverrat** endlich den Verfassungsauftrag des Art. 26 Abs. 1 S. 2 GG. Die sachlich dem Staatsschutzrecht zugehörige Strafvorschrift über die Geheimbündelei (§ 128) entfiel ersatzlos. Im Titel über den **Hochverrat** entfiel der noch an monarchistische Vorstellungen anknüpfende Tatbestand des hochverräterischen Anschlags gegen den

Bundespräsidenten; der Tatbestand des hochverräterischen Zwanges gegen den Bundespräsidenten wurde sachgerecht in den § 106 übertragen. Mit der Streichung des § 84 über die Verbreitung fahrlässig nicht als solcher erkannter hochverräterischer Publikationen wurde ein Relikt einer überdehnten, ins rein Ideologische greifenden Konzeption der Vorbereitung zum Hochverrat beseitigt.

Starken Veränderungen und Einschränkungen wurde der in **„Gefährdung des demokratischen Rechtsstaates“** umbenannte Abschnitt über die Staatsgefährdung unterzogen. 13
Die Organisationstatbestände wurden in den §§ 84, 85 nochmals neu gefasst. Dabei wurde das Verbotsprinzip auch auf die Ersatzorganisationen einer verbotenen Partei oder sonstigen Vereinigung ausgedehnt. Dies führt zu Problemen in Fällen der getarnten Fortführung einer verbotenen Partei oder sonstigen Organisation, was den Mitgliedern der verbotenen Vereinigung die Möglichkeit eröffnet, durch Neuformation unter anderem Namen ohne strafrechtliches Risiko das Organisationsverbot zu unterlaufen. Da die Einleitung entsprechender Verbots- oder Feststellungsverfahren schwierig ist und zudem weitgehend von politischen Ermessensentscheidungen abhängt und die Durchsetzung entsprechender Verbote häufig mit Komplikationen verbunden ist, haben die §§ 84, 85 bislang nur geringe praktische Bedeutung erlangt.

Weitere Einschränkungen ergaben sich durch die Aufhebung der sachlich der Staats- 14
gefährdung zuzurechnenden Vorschrift des § 100d Abs. 2, die Aufnahme des subjektiven Tatbestandsmerkmals der „verfassungsfeindlichen Absicht“ in etliche der neu gefassten Vorschriften (§§ 87, 88, 89, 90b) und die Regelung des § 91 über den Anwendungsbereich der §§ 84, 85 und 87.

Im **Landesverratsrecht** vermied man solche tiefen Eingriffe in die Substanz. Hier 15
wurde die Trennung des gezielt dem Gegner dienlichen Verrats von der bloßen Preisgabe von Staatsgeheimnissen durch Publikation und Mitteilung an Unbefugte verwirklicht. Der Begriff des Staatsgeheimnisses wurde unter Ausschaltung des diplomatischen Geheimnisses eingeschränkt und vom Tatbestand der landesverräterischen Fälschung gelöst. Der umstrittene *Beziehungs*tatbestand des § 100e wurde durch *Tätigkeits*tatbestände der Spionage ersetzt. Dem illegalen Staatsgeheimnis wurde eine neue komplizierte und in ihrer Gültigkeit angezweifelte Neuregelung gewidmet. Von den im ehemaligen § 100d zusammengefassten Tatbeständen blieb nur die landesverräterische Konspiration, die das Ziel eines Krieges oder eines bewaffneten Unternehmens gegen die Bundesrepublik Deutschland hat, übrig.

Eine **Amnestie,** durch Gewährung von Straffreiheit für die meisten der vor dem 1. Juli 16
1968 begangenen einschlägigen Straftaten im Bereich der Zurückverlegung der Strafbarkeitsgrenze, erleichterte den Übergang zur neuen Regelung (*Gesetz vom 9. Juli 1968* – BGBl. I 773).

Zu erwähnen sind schließlich bedeutsame verfahrensrechtliche Änderungen, nämlich 17
die durch Art. 3 Nrn. 4 und 5 des 8. StrÄndG eingeführten weiteren Lockerungen des Verfolgungszwangs (§§ 153c u. 153d StPO) und die Beseitigung der erst- und letztinstanzlichen Zuständigkeit des Bundesgerichtshofs zum Zwecke einer umfassenden Einführung eines zweiten Rechtszuges auch im Staatsschutzstrafrecht. Dies erfolgte durch das *Gesetz vom 8. September 1969* (BGBl. I 1582), dem eine Verfassungsergänzung mit Einfügung des Art. 96 Abs. 5 GG bezüglich der Übertragbarkeit der Ausübung von Gerichtsbarkeit des Bundes durch Gerichte der Länder vorausging (*Gesetz vom 26. August 1969* – BGBl. I 1357).

c) **Rechtszustand nach Verabschiedung des 8. StrÄndG.** In der Folge ist der Erste 18
Abschnitt des Besonderen Teils nicht mehr entscheidend geändert worden. Im Zuge der

gesetzgeberischen Bemühungen zur Abwehr des Terrorismus wurde durch das *14. StrÄndG vom 22. April 1976* (BGBl. I 1056) mit § 88a eine Vorschrift gegen die „Verfassungsfeindliche Befürwortung von Straftaten" eingeführt. Dieser von Anfang an umstrittene Tatbestand, der die Strafbarkeit weit in das ideologische Vorfeld staatsgefährdender Taten vorverlegte, wurde durch das *19. StrÄndG vom 7. August 1981* (BGBl. I 808) aufgehoben. Nicht bedacht wurde dabei, dass die ideologische Vorbereitung von Gewalttaten, die die Aufhebung der verfassungsmäßigen und rechtsstaatlichen Ordnung bezweckt, strafrechtlich weiterhin nicht verfolgbar ist. Anstelle der ersatzlosen Aufhebung des § 88a wäre an einen Zuschnitt auf Verhaltensweisen zu denken, die dem Ziel dienen, die verfassungsmäßige und rechtsstaatliche Ordnung durch Straftaten zu untergraben. Die letzte Änderung des Staatsschutzrechts erfolgte durch das *21. StrÄndG vom 13. Juni 1985* (BGBl. I 965), welches § 86a Abs. 1 dahingehend erweiterte, dass auch das Herstellen, Vorrätighalten und Einführen von Kennzeichen verfassungswidriger Organisationen unter Strafe steht. Nach der Wiederherstellung der Einheit Deutschlands haben das *Verbrechensbekämpfungsgesetz vom 31. Oktober 1994* (BGBl. I 3136), das *Informations- und Kommunikationsdienste-Gesetz vom 22. Juli 1997* (BGBl. I 1870), das *Begleitgesetz zum Telekommunikationsgesetz vom 17. Dezember 1997* (BGBl. I 3108) sowie das *Sechste Gesetz zur Reform des Strafrechts vom 26. Januar 1998 und vom 3. April 1998* (BGBl. I 164, 704) zu, im wesentlichen technischen, Fassungsänderungen geführt. Insgesamt sind die Vorschriften mit Augenmaß angewandt worden. Neue terroristische und den Rechtsstaat bedrohende Bestrebungen könnten dazu führen, dass die Bedeutung der Vorschriften zunimmt.

19 5. **Das Staatsschutzrecht der Deutschen Demokratischen Republik.** Dieses wies im Vergleich zu dem der Bundesrepublik Deutschland die interessante Parallele auf, dass auch hier eine in die Verfassung aufgenommene Strafvorschrift am Anfang stand. Während jedoch der auf den Hochverrat beschränkte Art. 143 GG a. F. in der Bundesrepublik niemals zur Anwendung kam, war die Generalklausel des Art. 6 Abs. 2 der *Verfassung der Deutschen Demokratischen Republik vom 7. Oktober 1949* (GBl. 5) Jahre hindurch das Mittel, dessen sich die Machthaber zur Unterdrückung unerwünschter Regungen mit schärfsten Strafen bedienten.[6] Spätere gesetzliche Regelungen verfolgten entsprechende Ziele: Das unter dem 15. Dezember 1950 ergangene *Gesetz zum Schutze des Friedens* (GBl. 1199) brachte in Präambel und Tatbeständen die geforderte Parteilichkeit der Strafjustiz besonders deutlich zum Ausdruck. Es konzentrierte alle einschlägigen Verfahren beim Obersten Gericht und erstreckte dessen Kompetenz ohne Rücksicht auf den Tatort auf alle Deutschen. Eine Aufgliederung des im Übrigen weiter durch Art. 6 der Verfassung der DDR erfassten Komplexes brachte erst das *Strafrechtsergänzungsgesetz vom 11. Dezember 1957* (GBl. 643), das u. a. Tatbestände wie Staatsverrat, Spionage, Verbindung zu verbrecherischen Organisationen und Dienststellen, staatsgefährdende Propaganda und Hetze, Staatsverleumdung, Verleitung zum Verlassen der DDR, Diversion, Schädlingstätigkeit und Sabotage enthielt und in einem besonderen Abschnitt Verbrechen gegen das gesellschaftliche Eigentum unter Strafe stellte. Das *Gesetz zum Schutze der Staatsbürger- und Menschenrechte der Bürger der DDR zum 13. Oktober 1966* (GBl. I 81) fügte Strafvorschriften hinzu, die Fälle der Strafverfolgung von Bürgern

[6] Die Rechtsprechung dazu und zu Straftaten von Exekutivorganen gegen Bürger, die versucht haben, die DDR zu verlassen, führte nach dem 3. Oktober 1990 zu verschiedenen Verfahren (dazu und zu späteren Strafvorschriften der DDR *Laufhütte* FS aus Anlaß des fünfzigjährigen Bestehens von Bundesgerichtshof, Bundesanwaltschaft und Rechtsanwaltschaft beim Bundesgerichtshof, S. 409 ff).

der DDR durch Organe der Bundesrepublik Deutschland betrafen. Die einschlägigen Vorschriften des neuen *Strafgesetzbuchs vom 12. Januar 1968* (GBl. I 1) änderten diese Konzeption nicht. Die Aufgliederung in Einzeltatbestände führte allerdings zu einer gewissen Abstufung der Strafandrohungen. In der Folge hat der DDR-Gesetzgeber, mit dem *StrÄndG-DDR vom 19. Dezember 1974* (GBl. I 591) und dem *2. StrÄndG-DDR vom 7. April 1977* (GBl. I 100), den Tatbestand der „staatsgefährdenden Hetze" erweitert. Das *3. StrÄndG-DDR vom 28. Juni 1979* (GBl. I 139) erregte vor allem deswegen Aufsehen, weil es in besonderer Weise gegen eine freie Berichterstattung über Tagesereignisse und gegen Schriftsteller gerichtet war, die an Veröffentlichungen in der DDR gehindert wurden und sich deshalb außerhalb der DDR um die Publikation ihrer Werke bemühten.[7] Der Tatbestand des Hochverrats wurde durch das *4. StrÄndG-DDR vom 30. Dezember 1987* (GBl. I 301) nochmals neu gefasst. **Nach November 1989** hat der DDR-Gesetzgeber mit dem *6. StrÄndG-DDR vom 29. Juni 1990* (GBl. I 526) das Staatsschutzrecht nach den Maßstäben eines demokratischen Rechtsstaats **neu geregelt**. Diese Neuregelung konnte jedoch kaum Wirkung entfalten, weil mit Wirkung vom 3. Oktober 1990 durch *Artikel 8 des Einigungsvertrages vom 31. August 1990 in Verbindung mit dem Einigungsvertragsgesetz* vom 23. September 1990 (BGBl. II 855, 955) der Geltungsbereich des bundesdeutschen Staatsschutzrechts auf das Gebiet der nunmehr ehemaligen DDR ausgedehnt wurde.

II. Wesen und Grenzen des Staatsschutzstrafrechts

1. Schutzgut des Staatsschutzstrafrechts. Das Schutzgut umfasst nicht allgemein die **20**
freiheitliche Ordnung, sondern den durch das Grundgesetz konkretisierten demokratischen Rechtsstaat, die Bundesrepublik Deutschland (so der Sonderausschuss des Deutschen Bundestages für die Strafrechtsreform, BTDrucks. V/2860 S. 1, vgl. Rdn. 11). Das Strafgesetzbuch kennt dabei folgende **Rechtsgüter:** den Bestand der Bundesrepublik Deutschland (Freiheit von fremder Botmäßigkeit, staatliche Einheit und Integrität des Staatsgebiets, § 92 Abs. 1), die äußere und innere Sicherheit (Zustand relativer Ungefährdetheit gegenüber fremden Staaten und gegenüber gewaltsamen Aktionen innerstaatlicher Kräfte, § 92 Abs. 3 Nr. 2) sowie den Schutz der Verfassungsgrundsätze, wie sie in § 92 Abs. 2 aufgeführt sind. Zu den **Verfassungsgrundsätzen** (§ 92 Abs. 2) gehören: das Recht des Volkes, die Staatsgewalt in Wahlen und Abstimmungen und durch besondere Organe der Gesetzgebung, der vollziehenden Gewalt und der Rechtsprechung auszuüben und die Volksvertretung in allgemeiner, unmittelbarer, freier, gleicher und geheimer Wahl zu wählen (Nr. 1); die Bindung der Gesetzgebung an die verfassungsmäßige Ordnung und die Bindung der vollziehenden Gewalt und der Rechtsprechung an Gesetz und Recht (Nr. 2); das Recht auf Bildung und Ausübung einer parlamentarischen Opposition (Nr. 3); die Ablösbarkeit der Regierung und ihre Verantwortlichkeit gegenüber der Volksvertretung (Nr. 4); die Unabhängigkeit der Gerichte (Nr. 5) und der Ausschluss jeder Gewalt- und Willkürherrschaft (Nr. 6).

2. Notwendigkeit des Staatsschutzes. Ein Staat muss sich bereits vor Versuchen, die **21**
darauf abzielen, ihn gewaltsam zu zerstören oder grundlegend zu verändern, schützen.

---

[7] Zur Entwicklung bis 1970 eingehend *Schroeder* Der Schutz von Staat und Verfassung im Strafrecht, S. 272 ff; zur späteren Entwicklung *Fricke* Deutschlandarchiv 1977 452 und 1979 787.

Der sichere Bestand des Staates und die innere Sicherheit, seine Fähigkeit, die Rechtsordnung durchzusetzen, tragen elementar zur physischen und psychischen sozialen Sicherheit seiner Bürger bei. Darüber hinaus ist der freiheitlich demokratische Rechtsstaat gegen Bestrebungen, seine tragenden Prinzipien ohne Gewalt umzuwandeln, zu schützen. Die historische Erfahrung, dass die totalitäre NSDAP durch freie Wahlen an die Macht gekommen ist, erklärt das Konzept der *streitbaren Demokratie*[8] im Grundgesetz (Art. 18, 21, 79 Abs. 3 GG); es hat Eingang in die entsprechenden Strafvorschriften des Titels „Gefährdung des demokratischen Rechtsstaates" gefunden. Besonders das im Grundgesetz vorgesehene Verbot verfassungswidriger Parteien und Vereinigungen macht eine weitgehende Vorbeugung gegen die gewaltlose Machtübernahme durch totalitäre Vereinigungen möglich. Der entsprechende strafrechtliche Schutz der Verfassung findet sich in den §§ 84 bis 86.

22 **3. Grenzen und Einschränkungen des Staatsschutzes.** Der beste Staatsschutz ist die Verfassungstreue der Bürger. Die freiheitlich demokratische Grundordnung lebt davon, dass sie von einer genügend großen Zahl von Bürgern bejaht und getragen wird. Verliert sie diesen Rückhalt, lässt sie sich auch mit den in der Verfassung für Notstandsfälle vorgesehenen Maßnahmen weder erhalten noch wiederherstellen. Aber auch der Verfassungsschutz gegen gewaltsame Umstürze stößt mit Mitteln des Strafrechts auf natürliche Grenzen. Es liegt in der Natur der Staatsschutztatbestände, dass sie weitgehend nur die Bestrafung fehlgeschlagener Angriffe ermöglichen können. Staatsschutzdelikte pönalisieren deshalb in erster Linie *Vorbereitungs- und Gefährdungshandlungen.* Hieraus folgt ein Grundproblem des strafrechtlichen Verfassungsschutzes. Das Grundgesetz selbst zielt auf die Freiheit des Bürgers und deren Schutz. Die zentrale Staatszielbestimmung, die Abwehr aller undemokratischen, diktatorischen und totalitären Herrschaftsformen folgte bei Erlass des Grundgesetzes als selbstverständliche Reaktion auf den Terror des nationalsozialistischen Regimes. Die zur Abwehr verfassungsfeindlicher Bestrebungen geschaffenen Gesetze führen notwendigerweise zu Einschränkungen der ebenfalls grundgesetzlich geschützten Rechte des Einzelnen. Der Bestandsschutz der Demokratie kollidiert mit der Meinungsfreiheit ihres politischen Gegners, der Schutz des Geheimhaltungsinteresses mit der Informationsfreiheit des Bürgers. Je umfangreicher der strafrechtliche Staatsschutz gestaltet wird, desto geringer wird die Bewegungsfreiheit des Bürgers. Wird der strafrechtliche Schutz der Verfassung zu weit ausgedehnt, führt dies zu einem Strafrecht, das seinerseits der Verfassung widerspricht. Dies abzuwägen ist bei der Auslegung der Strafvorschriften, die dem Staatsschutz dienen, unumgänglich. So darf es niemandem verwehrt werden, anders zu denken und seine Meinung frei zu äußern, selbst wenn diese Meinung von politischen Kräften vertreten wird, die die freiheitliche Ordnung der Bundesrepublik Deutschland beseitigen wollen (Art. 5 GG). Verboten sind jedoch Aktionen und Aufforderungen zu Aktionen, die die freiheitliche Grundordnung untergraben oder untergraben sollen.

23 Außer den mit den materiellen Normen verbundenen Rechtsbeschränkungen sind auch die **Wirkungen des Verfahrensrechts** zu berücksichtigen. Bereits die Einleitung eines

[8] Zur „streitbaren" oder „wehrhaften Demokratie" vor allem *Denninger/Klein* Verfassungstreue und Schutz der Verfassung VVDStRl Nr. 37 **1979** m. w. N.; vgl. auch *Heeb* Der präventive Verfassungsschutz; *Spiegel* Die Möglichkeit eines effektiven Schutzes der normativen Legitimität in der Demokratie; *Lameyer* Streitbare Demokratie und dazu die Rezension von *Rumpf* Die Verwaltung **1979** 521; *Scheuner* FS Kaufmann, S. 313; *Baumann* MDR **1963** 87; *Willms* Das Staatsschutzkonzept des GG und seine Bewährung.

Strafverfahrens, etwa verbunden mit einer Wohnungsdurchsuchung oder sonstigen Maßnahmen zur Beweissicherung, kann einschüchternde Wirkung haben. Hinzu kommt, dass Verfassungsschutz und Spionageabwehr häufig im Geheimen operieren und operieren müssen, so dass der Bürger nicht erkennen kann, ob rechtsstaatliche Bindungen eingehalten worden sind. Dies kann dazu führen, dass der Bürger den notwendigen Staatsschutz ablehnt und dem Staat gegenüber eine abwehrende Haltung einnimmt. Zur Vermeidung solcher dem Staatsschutz geradezu entgegenwirkender Stimmungen, ist die **strikte Einhaltung gesetzlicher Eingriffsrechte** und die **Beachtung** insbesondere **des Verhältnismäßigkeitsgrundsatzes** unumgänglich.

Der Gesetzgeber ist daher gefordert, hier die richtigen Grenzen zu ziehen. Der Schutz des Rechtsstaates kann nicht mit rechtsstaatswidrigen Methoden erreicht werden, weil die Freiheitsrechte der Bürger Teil des Rechtsstaatsgedankens sind. Die gesetzlichen Tatbestände und das Verfahren müssen dem rechtsstaatlichen Prinzip entsprechen. Die freiheitliche Demokratie darf auch bei der Verteidigung ihrer Existenz ihre eigenen Gesetze nicht verleugnen (BGHSt **11** 171, 179), zumal nach einer ihrer Grundanschauungen „nur die ständige geistige Auseinandersetzung zwischen den einander begegnenden sozialen Kräften und Interessen ... der richtige Weg zur Bildung des Staatswillens ist" (BVerfGE **5** 85, 135). Diese freie geistige Auseinandersetzung bezieht auch Vorstellungen und Ideologien ein, die der Demokratie feindlich gesinnt sind. Dementsprechend hat sich auch der Sonderausschuss des Deutschen Bundestages für die Strafrechtsreform bei dem Entwurf für das 8. StrÄndG von dem Bestreben leiten lassen, die Tatbestände des politischen Strafrechts in Orientierung am Grundgesetz zu präzisieren und das Strafgesetzbuch von Bestimmungen zu entlasten, die Kontakte zwischen Menschen aus beiden Teilen Deutschlands oder die geistige Auseinandersetzung mit dem Kommunismus behindert hätten (BTDrucks. V/2860 S. 1). Diese Aussage gilt generalisierend für die geistige Auseinandersetzung mit anderen politischen Meinungen. Darüber hinaus sind die Vorschriften des politischen Strafrechts auch ihrerseits im Sinne der Wechselwirkung im Geist der Verfassung auszulegen (BGHSt **19** 311, 317; **23** 64, 70f). Sie dienen der Abwehr (auch neuer) totalitärer Tendenzen. **24**

4. Das Parteienprivileg. Gemäß **Art. 21 Abs. 2 S. 1 GG** entscheidet über die Frage der Verfassungswidrigkeit einer Partei das BVerfG. Aus dieser auf den ersten Blick nur eine Zuständigkeitsregelung enthaltenden Vorschrift hat das BVerfG gefolgert (BVerfGE **12** 296, 304f), dass im Hinblick auf die den politischen Parteien in Art. 21 GG wegen ihrer Sonderstellung im Verfassungsleben eingeräumten **Schutz- und Bestandsgarantie** die Verfassungswidrigkeit einer Partei bis zu einer entsprechenden Entscheidung des BVerfG von niemandem rechtlich geltend gemacht werden kann. Dem **Verbot einer Partei** durch das BVerfG kommt **konstitutive Wirkung** zu. Dieses Parteienprivileg schützt nicht nur die Parteiorganisation als solche, sondern erstreckt sich auch auf die mit allgemein erlaubten Mitteln arbeitende (partei)offizielle Tätigkeit der Funktionäre, Mitglieder und Anhänger einer Partei. Die Grenzen dieses Privilegs werden durch die allgemeinen Strafgesetze bestimmt, gegen die auch eine für eine Partei vorgenommene Tätigkeit nicht verstoßen darf (BVerfGE **12** 296, 305ff; **13** 46, 52; **13** 123, 126; **17** 155, 166; **47** 130, 139; **47** 198, 230). Für die strafrechtliche, insbesondere die staatsschutzstrafrechtliche Bewertung der Tätigkeit von Parteifunktionären, -mitgliedern oder -anhängern ergeben sich aus dem so präzisierten Parteienprivileg folgende Konsequenzen: **25**

a) **Im Bereich der Organisationsdelikte** ist es dem Gesetzgeber verwehrt, eine allgemeine, Strafgesetze nicht verletzende Propagierung und Förderung der Ziele einer verfassungswidrigen Partei durch deren Funktionäre, Mitglieder oder Anhänger mit Strafe zu **26** bedrohen, solange die Partei nicht durch das BVerfG verboten ist (BVerfGE **12** 296, 306 f; **47** 130, 139).

27 In der Vorauflage wurde die Auffassung vertreten, der Gesetzgeber habe dies in den §§ 84 bis 86a nicht durchgängig beachtet. Soweit dort Tätigkeiten für eine Partei, die als **Ersatzorganisation einer verbotenen Partei** nach § 33 Abs. 3 PartG, § 8 Abs. 2 VereinsG lediglich in einem **Verwaltungsverfahren** verboten wurde, unter Strafe gestellt sind, sei das Entscheidungsmonopol des BVerfG missachtet worden. Die §§ 85 bis 86a seien daher in diesem Umfang verfassungswidrig (zweifelnd in diesem Sinne bereits *Willms* in der 10. Auflage § 85 Rdn. 2). Das Gewicht des damit aufgeworfenen Problems vermindert sich durch die in § 33 Abs. 2 und Abs. 3 PartG vorgeschriebenen Zuständigkeiten und Verfahren. Nach § 33 Abs. 2 PartG stellt das BVerfG fest, dass es sich um eine verbotene Ersatzorganisation handelt, wenn die Ersatzorganisation eine Partei ist, die bereits vor dem Verbot der ursprünglichen Partei bestanden hat oder im Bundestag oder einem Landtag vertreten ist. Auf andere Parteien und Vereine im Sinne des § 2 VereinsG, die Ersatzorganisationen einer verbotenen Partei sind, kann nach § 33 Abs. 3 PartG ein Verbot im Verwaltungsverfahren durchgeführt werden. Dies erscheint jedoch in Hinblick auf Parteien, die Ersatzorganisationen sind, problematisch. Hat die Vereinigung (auch als Ersatzorganisation) die Qualität einer Partei – ist sie also eine Vereinigung von Staatsbürgern, die mit Hilfe ihrer Organisation in einem bestimmten Sinne Einfluss auf die staatliche Willensbildung der Bundesrepublik Deutschland durch Teilnahme an Wahlen und Abstimmungen anstrebt (BGHSt **19** 51, 54 mit Nachw. aus der Rspr. des BVerfG), und besteht nach dem Gesamtbild der tatsächlichen Verhältnisse, insbesondere nach dem Umfang und der Festigkeit der Organisation und der Zahl ihrer Mitglieder sowie dem Hervortreten in der Öffentlichkeit, eine auseichende Gewähr für die Ernsthaftigkeit dieser Zielrichtung (BVerwG NJW **1993** 3213) –, so widerspricht ein Verbot im Verwaltungsverfahren dem Parteienprivileg nach Art. 21 Abs. 2 S. 1 GG (vgl. § 84 Rdn. 4ff u. § 85 Rdn. 4ff). Nach der hier vertretenen Auffassung hätte etwa die im Jahre 1968 gegründete DKP nicht als Ersatzorganisation der verbotenen KPD, eine solche unterstellt, im Verwaltungswege verboten werden dürfen.

28 b) **Das Parteienprivileg im Bereich der allgemeinen Strafgesetze.** Im Übrigen darf die Tätigkeit für eine Partei nur dann strafrechtlich geahndet werden, wenn sie gegen allgemeine Strafgesetze verstößt. Darunter sind die Straftatbestände zu verstehen, die kein Sonderrecht gegen die Parteien enthalten, d. h. nicht notwendig oder wesensmäßig bei der Förderung auch verfassungsfeindlicher Parteiziele verwirklicht werden, und die insbesondere nicht nur die bloße Verfassungsfeindlichkeit unter Strafe stellen, sondern bei denen andere Unrechtsmerkmale den eigentlichen strafrechtlichen Gehalt ausmachen (BVerfGE **47** 130, 139 f; **47** 198, 230; BGHSt **19** 311, 316; **29** 50, 52 f). Allgemeine Strafgesetze sind danach zunächst alle **Strafvorschriften außerhalb des Bereichs der Staatsschutzdelikte**, wie etwa die allgemeinen Ehrschutztatbestände der §§ 185 ff (BVerfGE **47** 130, 135, 142; **69** 257, 269) oder die Vorschriften zum Schutz der körperlichen Unversehrtheit (§§ 223 ff).

29 **Innerhalb des Staatsschutzrechts** sind allgemeine Strafgesetze diejenigen **Tatbestände, die in subjektiver Hinsicht keine Verfassungsfeindlichkeit voraussetzen**, so beispielsweise die §§ 90 Abs. 1, 90a Abs. 1 und Abs. 2 (BVerfGE **47** 198, 231; **69** 257, 269; BGHSt **19** 311, 316 ff; **20** 87, 88), oder in denen die Verfassungsfeindlichkeit durch objektive Tatbestandsmerkmale umschrieben ist, wie bei den §§ 81 bis 83 hinsichtlich des Gebietshochverrates (*Sch/Schröder/Stree/Sternberg-Lieben* Vorbem. zu §§ 80 ff Rdn. 7).

Nach nunmehr herrschender Ansicht zählen zu den allgemeinen Strafgesetzen aber auch die Tatbestände, in denen die **subjektive verfassungsfeindliche Tendenz** des Täters lediglich neben anderen Tatbestandsmerkmalen, die den eigentlichen strafrechtlichen Gehalt der Vorschrift bestimmen, das Unrecht konstituiert. Hierzu gehören die Tatbestände der §§ 81 bis 83 (BVerfGE **9** 162, 166; BGHSt **6** 336, 344 ff), die §§ 87 ff (BGHSt **29** 50, 53 f), § 88 und § 89 (BVerfGE **47** 130, 141 ff) sowie § 90b (BGHSt **29** 50, 52 ff; **29** 159, 160; **aA** noch BGHSt **20** 115). Gegen die herrschende Meinung wird eingewandt, dass die genannten Vorschriften – bei verfassungskonformer Auslegung – erst nach dem Verbot der Partei durch das BVerfG auf deren Funktionäre, Mitglieder und Anhänger angewendet werden dürften. Dies würde jedoch das Parteienprivileg in einem von Art. 21 GG nicht gebotenem Umfang ausdehnen und zu einer nicht gerechtfertigten Besserstellung parteimäßig organisierter Tätergruppen gegenüber Einzeltätern führen. 30

Nicht als allgemeine Strafgesetze sind hingegen Tatbestände aufzufassen, in denen die subjektive verfassungsfeindliche Tendenz das tatbestandliche Unrecht allein begründet, wesentlich prägt oder als alleiniges Kriterium einer Strafschärfung dient. Daher können die Qualifikationen der §§ 90 Abs. 3 Alt. 2 und 90a Abs. 3 wegen des Parteienprivilegs nicht auf Taten angewandt werden, die zur Förderung und Propagierung der Ziele einer verfassungswidrigen Partei vor deren Verbot durch das BVerfG begangen wurden (BGHSt **19** 311, 319; wohl auch BGHSt **29** 159, 161; *Sch/Schröder/Stree/Sternberg-Lieben* Vorbem. zu §§ 80 ff. Rdn. 7). 31

c) **Reichweite, Verbotsirrtum.** Das Parteienprivileg beschränkt sich ausschließlich auf die **Parteiarbeit**; es ist **organisationsbezogen.** Daher findet es nur auf solche Tätigkeiten Anwendung, die erkennbar für eine Partei vorgenommen werden. Hieran fehlt es bei einem Tätigwerden für eigenständige, parteiunabhängige oder auch abhängige Organisationen, auch wenn hierbei im Auftrag der Partei Parteiziele propagiert und gefördert werden (BGHSt **20** 87, 88 f, 111, 114; **27** 59, 61 ff). Das gilt auch bei Aktivitäten, die zwar im Parteibereich vorgenommen werden, sich jedoch nicht im Rahmen der Parteiziele bewegen (*Sch/Schröder/Stree/Sternberg-Lieben* Vorbem. zu §§ 80 ff Rdn. 8). 32

Wer bei einer strafrechtlich relevanten Tätigkeit für eine Partei irrig davon ausgeht, eine Strafbarkeit der Tat sei durch das Parteienprivileg ausgeschlossen, handelt im **Verbotsirrtum** (BGH StV **1982** 218).

III. Örtlicher, sachlicher und persönlicher Geltungsbereich des Staatsschutzstrafrechts

1. Inlandstaten. Seit dem 3. Oktober 1990 gilt gemäß § 1 S. 1 des *6. Überleitungsgesetzes vom 25. September 1990* (BGBl. I 2106) auch in West-Berlin, mit hier nicht interessierenden Ausnahmen, ohne Einschränkungen Bundesrecht (vgl. § 5 Abs. 2 des 6. Überleitungsgesetzes in Verbindung mit der Bekanntmachung über das Inkrafttreten des 6. Überleitungsgesetzes vom 3. Oktober 1990 – BGBl. I 2153). Dies war dort bis dahin aufgrund alliierter Vorbehaltsrechte nicht oder nicht in vollem Umfang der Fall. Damit ist die Ausnahmeregelung des Art. 324 EGStGB, wonach in West-Berlin § 84 überhaupt nicht galt und die §§ 85 bis 87 und § 89 nur in einer modifizierten Form anwendbar waren, entfallen. Da gleichzeitig durch Art. 8 des Einigungsvertrages der Geltungsbereich des bundesdeutschen Staatsschutzstrafrechts auch auf das Gebiet der ehemaligen DDR ausgedehnt wurde, gelten seither die Vorschriften des Ersten Abschnitts für Inlandstaten grundsätzlich uneingeschränkt. Eine Sonderregelung enthält nur noch § 91, der als Aus- 33 nahmevorschrift zu § 9 Abs. 1 den Anwendungsbereich der §§ 84, 85 und 87 für aus dem Ausland heraus begangene Distanzdelikte einschränkt. Zu beachten ist jedoch die immanente Beschränkung einzelner Tatbestände auf den räumlichen Geltungsbereich des StGB (s. §§ 84 bis 87).

34 **2. Auslandstaten.** Auf der Grundlage des Schutzprinzips gelten gemäß § 5 Nrn. 1, 2 und 3b die §§ 80, 81 bis 83, 90, 90a Abs. 2 unabhängig vom Recht des Tatortes und der Staatsangehörigkeit des Täters auch für Auslandstaten. Die §§ 89, 90a Abs. 1 und § 90b sind auf Auslandstaten dann anwendbar, wenn der Täter Deutscher ist und seine Lebensgrundlage im räumlichen Geltungsbereich des StGB hat (§ 5 Nr. 3a).

35 **3. NATO-Vertragsstaaten und ihre Truppen.** Die nichtdeutschen Vertragsstaaten des Nordatlantikpaktes sowie ihre in der Bundesrepublik Deutschland stationierten Truppen sind durch Art. 7 des *4. StrÄndG vom 11. Juni 1957* (BGBl. I 596; III 450) in bestimmtem Umfang in den Schutzbereich des deutschen Strafrechts einbezogen. Diese zuletzt durch *Gesetz vom 13. August 1997* (BGBl. I 2038) und *vom 19. April 2006* (BGBl. I 866) geänderte Vorschrift hat folgenden Wortlaut:

Artikel 7
Anwendung von Strafvorschriften zum Schutz der Vertragsstaaten des Nordatlantikpaktes

(1) ...

(2) Zum Schutz der in der Bundesrepublik Deutschland stationierten Truppen der nichtdeutschen Vertragsstaaten des Nordatlantikpaktes, die sich zur Zeit der Tat im räumlichen Geltungsbereich dieses Gesetzes aufhalten, und der im Land Berlin anwesenden Truppen einer der Drei Mächte sind folgende Vorschriften des Strafgesetzbuches mit den in den Nummern 1 bis 10 bestimmten Besonderheiten anzuwenden:

1. § 87 in Verbindung mit den §§ 92a, 92b auf Taten, durch die sich der Täter wissentlich für Bestrebungen einsetzt, die gegen die Sicherheit des betroffenen Vertragsstaates oder die Sicherheit dieser Truppen gerichtet sind;

2. § 89 in Verbindung mit den §§ 92a, 92b auf Taten, die der Täter in der Absicht begeht, die pflichtmäßige Bereitschaft von Soldaten, Beamten oder Bediensteten dieser Truppen zum Dienst für die Verteidigung zu untergraben, und durch die er sich absichtlich für Bestrebungen einsetzt, die gegen die Sicherheit des betroffenen Vertragsstaates oder die Sicherheit dieser Truppen gerichtet sind;

3. § 90a Abs. 1 Nr. 2 und Abs. 2 in Verbindung mit den §§ 92a, 92b auf Taten gegen die nationalen Symbole dieser Truppen;

4. – 10. ...

(3) ...

(4) Die Absätze 1 bis 3 gelten nur für Straftaten, die im räumlichen Geltungsbereich dieses Gesetzes begangen werden.

36 **4. Geltungsbereich des Nordatlantikpaktes.** Nachdem die UdSSR zunächst die Neutralität des vereinten Deutschlandes verlangt hatte, unterzeichneten am 12. September 1990 die sechs Außenminister der „Zwei-plus-Vier" Runde den Vertrag über die abschließende Regelung in Bezug auf Deutschland (*„Zwei-plus-Vier-Vertrag"*[9]). Dieser gewährte dem geeinigten Deutschland Bündnisfreiheit und die volle Souveränität über

[9] BGBl. II S. 1318; *Gesetz zu dem Vertrag vom 12. September 1990 über die abschließende Regelung in bezug auf Deutschland vom 11. Oktober 1990* – BGBl. II S. 1317.

seine inneren und äußeren Angelegenheiten (Art. 6 und Art. 7 Abs. 2). Nach dem Beitritt nach Art. 23 S. 2 GG besteht das Rechtssubjekt Bundesrepublik Deutschland fort, insbesondere bleibt es Völkerrechtssubjekt in der Staatengemeinschaft, so dass dessen Verträge, Mitgliedschaften in internationalen Organisationen unverändert unter Einbeziehung der beigetretenen Teile fortgelten.[10] Nach Art. 5 Abs. 3 des „Zwei-plus-Vier-Vertrages" werden ausländische Streitkräfte auf dem Gebiet der ehemaligen DDR weder stationiert noch dorthin verlegt.[11]

IV. Recht des Einigungsvertrages

Die Rechtsfragen zur Geltung des Strafrechts der Bundesrepublik Deutschland (Vor- **37**
aufl. Rdn. 35 ff) sind inzwischen – jedenfalls durch Zeitablauf – gelöst.[12] Im Ersten Abschnitt des Besonderen Teils waren Probleme des Geltungsbereichs von vornherein bei den Vorschriften ohne Bedeutung, die außerhalb des Geltungsbereichs des Strafgesetzbuchs (also bis zum 3. Oktober 1990 ohne das Gebiet der DDR) nicht begangen werden konnten (§§ 80a, 84, 85, 87, 88). Bei den Vorschriften mit einem weiteren Anwendungsbereich (§§ 80, 81, 82, 83, 90, 90a Abs. 2) gilt das deutsche Strafrecht gemäß § 5 Abs. 1 Nr. 1, 2, 3b unbeschränkt, bei den §§ 89, 90a Abs. 1 und § 90b nur mit den Beschränkungen des § 5 Abs. 1 Nr. 3a. In der ehemaligen DDR begangene Straftaten nach §§ 86, 86a unterfielen bereits nach ihrer Fassung dem deutschen Strafrecht. Soweit sie auf Verbreitung im damaligen räumlichen Geltungsbereich des deutschen Strafrechts gerichtet waren, dürften sie aber inzwischen verjährt sein.

V. Verfahrensfragen

Für die strafrechtliche Ahndung der Mehrzahl der Straftaten nach dem Ersten **38**
Abschnitt des Besonderen Teils sieht das GVG besondere Zuständigkeiten der Gerichte vor, denen auch die der Anklagebehörde folgt. Die Oberlandesgerichte sind für Straftaten nach den §§ 80, 81 bis 83 zuständig (§ 120 Abs. 1 und 2 GVG). Straftaten nach § 80a, 84 bis 86, 87, 90a Abs. 3, 90b unterfallen der Zuständigkeit der Staatsschutzkammern der Landgerichte (§ 74a Abs. 1 Nrn. 1 und 2 GVG). Eine spezielle Lockerung des Legalitätsprinzips in den Fällen des § 74a Abs. 1 Nr. 2 und nach § 120 Abs. 1 Nr. 2 GVG sieht § 153e StPO vor. Die Vermögensbeschlagnahme ist für Fälle der §§ 81 bis 83 Abs. 1 vorgesehen (§ 443 StPO). Die Vorschriften des Ersten Abschnittes sind zum Teil Katalogtaten für Eingriffsrechte (§ 100a Abs. 1 Nr. 1 StPO; vgl. auch das *Gesetz zur Überwachung strafrechtlicher und anderer Verbringungsverbote vom 24. Mai 1961* – BGBl. I 2840 –, letztes Änderungsrecht vom 14. September 1994 – BGBl. I 2325 –).

---

[10] *Stern/Schmidt-Bleibtreu* Einigungsvertrag und Wahlvertrag (1990), S. 28.

[11] *Stern/Schmidt-Bleibtreu* Zwei-plus-Vier-Vertrag (1990), S. 86 Fn. 1.

[12] Vgl. hier die zusammenfassenden Darstellungen von *Laufhütte* und *Lampe* FS aus Anlaß des fünfzigjährigen Bestehens des Bundesgerichtshofs, der Bundesanwaltschaft und Rechtsanwaltschaft beim Bundesgerichtshof, S. 409 ff u. S. 449 ff; s. auch *Marxen/Werle* Strafjustiz und DDR-Unrecht (2002).

ERSTER ABSCHNITT

Friedensverrat, Hochverrat und Gefährdung des demokratischen Rechtsstaates

ERSTER TITEL

Friedensverrat

§ 80
Vorbereitung eines Angriffskrieges

Wer einen Angriffskrieg (Artikel 26 Abs. 1 des Grundgesetzes), an dem die Bundesrepublik Deutschland beteiligt sein soll, vorbereitet und dadurch die Gefahr eines Krieges für die Bundesrepublik Deutschland herbeiführt, wird mit lebenslanger Freiheitsstrafe oder mit Freiheitsstrafe nicht unter zehn Jahren bestraft.

Schrifttum

Barber Imperium der Angst (2003); *Blumenwitz* Das Verbrechen gegen den Frieden aus völkerrechtlicher Sicht, Festschrift Krause (1990) 79; *Bringmann* Völkerfriede durch Strafbewehrung (2004); *Buddeberg* Der Tatbestand des § 80a StGB „Aufstacheln zum Angriffskrieg, Diss. Köln 1976; *Bruha* Die Definition der Aggression (1980); *Ferguson* Das verleugnete Imperium (2004); *Graefrath* Verbrechen gegen den Frieden und die Sicherheit der Menschheit und das Verbot der Doppelbestrafung, NJ **1988** 60; *ders.* Formen der Durchsetzung eines Kodex der Verbrechen gegen den Frieden und die Sicherheit der Menschheit, NJ **1990** 53; *Greenwood* in Fleck, Handbuch des humanitären Völkerrechts in bewaffneten Konflikten (1994) 40; *Hummrich* Der völkerrechtliche Straftatbestand der Aggression (2001); *Jahrreiß* Der Bruch des zwischenstaatlichen Friedens und seine Strafbarkeit, Internationaler Militärgerichtshof 17 (1948) 449; *Jescheck* Die Verantwortlichkeit der Staatsorgane nach Völkerstrafrecht (1952); *Kadelbach* Staatenverantwortlichkeit für Angriffskriege und Verbrechen gegen die Menschlichkeit, in Entschädigung nach bewaffneten Konflikten (2003) 63; *Klug* Der neue Tatbestand des Friedensverrates, in Baumann, Mißlingt die Strafrechtsreform? (1969) 162; *ders.* Das Aufstacheln zum Angriffskrieg (§ 80a StGB); Allgemeine und spezielle Interpretationsprobleme, Festschrift Jescheck (1985) 583; *Kreß* Friedenssicherung durch Vereinte Nationen und NATO, Archiv für Völkerrecht 35 (**1997**) 213; *ders.* Völkerstrafrecht in Deutschland, NStZ **2000** 618; *ders.* Strafrecht und Angriffskrieg im Licht des „Falles Irak", ZStW **115** (2003) 294; *ders.* Anmerkung zu Bundesanwaltschaft JZ 2003 908, JZ **2003** 911; *Laubach* Angriffskrieg oder humanitäre Intervention? ZRP **1999** 276; *Mayer* Angriffskrieg, und Europäisches Verfassungsrecht in Archiv für Völkerrecht, **2003** 394; *Murswick* Die amerikanische Präventivkriegsstrategie und das Völkerrecht, NJW **2003** 1014; *F. Müller* Die Pönalisierung des Angriffskrieges im GG und im StGB der Bundesrepublik Deutschland, Diss. Heidelberg 1970; *Roggemann* Anmerkungen zum Friedensschutz im Strafrecht, ROW **1988** 209; *Schepple* Das Verbrechen gegen den Frieden und seine Bestrafung (1983); *Schroeder* Der Schutz des äußeren Friedens im Strafrecht, JZ **1969** 41; *ders.* Kriegsverbrechen, Verbrechen gegen Frieden und Menschlichkeit im Recht beider deutscher Staaten, Deutschland-Archiv **1973** 845; *Steinhausen* Der Straftatbestand des Friedensverrats und die Erfordernisse des Bestimmtheitsgrundsatzes, Diss. Köln 1969; *Tomuschat* Der 11. September 2001 und seine rechtlichen Konsequenzen, EuGRZ **2001** 535; *ders.* The Duty to prosecute International Crimes Committed by Individuals in Tradition und Weltoffenheit des Rechts, Festschrift Steinberger

(2002) 315; *ders.* Menschenrechtsschutz und innere Angelegenheiten im Rechtsstaat in der Bewährung in Caflisch/Stein/Tomuschat, Eingriff in die inneren Angelegenheiten fremder Staaten zum Zwecke des Menschenrechtsschutzes (2002) 5; *ders.* Die Europäische Union als ein Akteur in Verhandeln für den Frieden (2003) 799; *Verosta* Die Definition des Angriffs und die Staatenpraxis, Festschrift Wengler I (1973) 693; *Voigtländer* Notwehrrecht und kollektive Verantwortung, 2001; *Werle* Völkerstrafrecht, Sechster Teil: Das Verbrechen der Aggression (2003); *Wilkitzki* Die völkerrechtlichen Verbrechen und das staatliche Strafrecht (BRD), ZStW **99** (1987) 455.

Entstehungsgeschichte

Die beiden Tatbestände über den Friedensverrat sind zur Ausführung des Verfassungsauftrags (Art. 26 Abs. 1 GG) durch das 8. StrÄndG (Vor § 80 Rdn. 12 bis 17) in das Strafgesetzbuch eingefügt worden. **Art. 26 Abs. 1 GG** lautet:

Handlungen, die geeignet sind und in der Absicht vorgenommen werden, das friedliche Zusammenleben der Völker zu stören, insbesondere die Führung eines Angriffskriegs vorzubereiten, sind verfassungswidrig. Sie sind unter Strafe zu stellen.

Die Verfassungsnorm bekundet in verbindlicher Form den **Friedenswillen der Deutschen in der Bundesrepublik Deutschland** und ihre Bereitschaft, zur wirksamen Sicherung des Friedens gefährliche friedensfeindliche Aktionen im eignen Verantwortungsbereich auch mit strafrechtlichen Mitteln zu verhindern und zu ahnden (*v. Mangold/Klein/Starck/Fink* Art. 26 GG Rdn. 15).

Der Auftrag an den Gesetzgeber blieb lange unerfüllt, nachdem ein erster Versuch im Zusammenhang mit der Schaffung des 1. StrÄndG (Vor § 80 Rdn. 7) gescheitert war. Dem Bundestag lagen damals zwei Vorschläge vor. Nach dem Entwurf der sozialdemokratischen Fraktion (BTDrucks. I/563) sollte Zuchthaus nicht unter fünf Jahren gegen einen Täter angedroht werden, der öffentlich oder geheim für die Anwendung bewaffneter Gewalt gegen andere Völker eintritt oder Pläne dazu entwirft, sich an einer Verbindung beteiligt oder Maßnahmen trifft, die vom Bundestag nicht gebilligt sind und einen Krieg vorbereiten sollen. Nach dem Regierungsentwurf (BTDrucks. I/1307) sollte wegen Friedensverrats mit Zuchthaus u. a. bestraft werden, wer öffentlich oder geheim die Anwendung bewaffneter Gewalt zu einem Angriffskrieg fordert oder auf andere Weise die Führung eines Angriffskriegs vorbereitet oder wer in der Absicht, das friedliche Zusammenleben der Völker zu stören, öffentlich gegen ein anderes Volk hetzt oder wider besseren Wissens eine unwahre Behauptung tatsächlicher Art aufstellt oder verbreitet, die geeignet ist, den Frieden zu gefährden.

Ein Unterausschuss des Rechtsausschusses erarbeitete eine dritte Fassung, die eine dreistufige, dem Vorstellungsbild beim Hochverrat entsprechende Aufgliederung vorsah. Höchststrafen sollten den treffen, der gegen das Gebiet eines fremden Staates mit bewaffneter Hand eine Angriffshandlung unternimmt, die geeignet ist, einen Krieg auszulösen. Die Vorbereitung eines solchen Unternehmens sollte mit zeitigen Zuchthausstrafen erfasst werden. Im Vorfeld schließlich sollten sich Gefängnisstrafen gegen die öffentlich oder im Geheimen betriebene Propaganda für ein solches Unternehmen richten. Als zusätzliche Vorstufe war allgemein das Hervorrufen von Hassgefühlen gegen ein anderes Volk in der Absicht einer Störung des Völkerfriedens angesprochen.

Die Bedenken, die sich bei den Beratungen ergaben, u. a. weil sich unter dem Eindruck der Korea-Krise „die Vorstellung gewandelt habe, von der das Grundgesetz ausgegangen sei" (Abg. *Wahl* in der 87. Sitzung des RAussch.) und weil man mit dem Begriff „Angriffskrieg" praktisch nicht arbeiten könne, da kaum feststellbar sei, wann es sich –

von Ausnahmen abgesehen – um einen Angriffskrieg handele (Abg. *Arndt* in der 89. Sitzung), führten dazu, dass die Beratungen über den Abschnitt zurückgestellt und schließlich nicht mehr aufgenommen wurden.

Da das Problem der **Definition des Angriffskrieges** aber durch den Wortlaut des Art. 26 Abs. 1 GG vorgegeben ist, konnte es bei der gesetzlichen Umsetzung des Verfassungsauftrages letztlich nicht umgangen werden. Die nach zwanzigjährigem Zögern durch das 8. StrÄndG (Vor § 80 Rdn. 12 bis 17) Gesetz gewordene Regelung hat schließlich den Begriff des Angriffskrieges unter Verweis auf Art. 26 Abs. 1 GG ohne nähere Konkretisierung in die Tatbestände der §§ 80, 80a eingestellt und damit dessen nähere Bestimmung der Rechtsprechung überlassen. Dadurch, dass die Pönalisierung auf Vorbereitungshandlungen beschränkt wurde, konnten die mit der Auslegung des Begriffs des Angriffskrieges verbundenen Schwierigkeiten nicht vermieden werden (*Willms* in der 10. Auflage, Entstehungsgeschichte). Die tatsächliche Ausfüllung dieses Begriffs wird noch dadurch erschwert, dass nur an die vom Täter vorgestellte und nicht an eine etwa tatsächlich geschehene oder zu erwartende Kriegshandlung angeknüpft werden kann. Zur Frage einer Verletzung des verfassungsrechtlichen Bestimmtheitsgebotes (Art. 103 Abs. 2 GG) s. Rdn. 5.

Nicht ohne eine gewisse Berechtigung wird dem Gesetzgeber des 8. StrÄndG vorgeworfen, er habe mit den §§ 80, 80a den Verfassungsauftrag des Art. 26 Abs. 1 GG nur unzulänglich erfüllt[1], weil dessen Pönalisierungsgebot nicht nur das Vorbereiten eines bzw. das Aufstacheln zu einem Angriffskrieg, sondern weitere – auch nichtkriegerische – friedensstörende Handlungen erfasse, die das friedliche Zusammenleben der Völker (insgesamt und nicht nur das friedliche Zusammenleben der Völker mit der Bundesrepublik Deutschland) zu stören geeignet sind.[2] Die gegenüber Art. 26 Abs. 1 GG eingeschränkte Fassung hat einen realpolitischen Hintergrund. Nur so konnte verhindert werden, dass ausländische Staatsoberhäupter vor einem deutschen Gericht angeklagt werden können[3] und deutsche Strafgerichte „eine Art internationale Gerichtsbarkeit“ ausüben (Schriftlicher Bericht des Sonderausschusses Strafrechtsreform, Vor § 80 Rdn. 11, BTDrucks. V/2860). Daher ist das politische Gegenargument, die Bundesrepublik Deutschland könne sich nur um den Preis problematischer internationaler Verwicklungen zur weltweit zuständigen Rechtsinstanz für friedensstörende Handlungen zwischen fremden Staaten aufwerfen, durchaus beachtlich.[4] Diese zum Teil gegenläufigen Erwägungen führten dazu, dass mit den §§ 80, 80a vorrangig – so Teile der Literatur – „symbolisches Strafrecht“[5] und damit wenig praktikable Vorschriften geschaffen worden sind. Ein tatsächlicher über die Bekundung des Friedenswillens der Deutschen in Art. 26 Abs. 1 GG hinausgehender Gewinn ist deshalb durch die Erweiterung der Strafvorschriften gegen den Friedensverrat bisher nicht eingetreten. Die für das Zusammenleben der Völker entschei-

---

1 *Sonnen* AK Rdn. 2; *Classen* MK Rdn. 7; *Paeffgen* NK Vor §§ 80 f Rdn. 10 u. 11; *Rudolphi* SK Rdn. 1; *v. Münch/Hernekamp* Art. 26 GG Rdn. 26. Im wesentlichen erfüllt: *Sch/Schröder/Stree/Sternberg-Lieben* Rdn. 1; *Tröndle/Fischer* Rdn. 1; *Maunz* Maunz/Dürig GG (1964) Art. 26 Rdn. 37; *F. Müller* Die Pönalisierung des Angriffskriegs im GG und im StGB der Bundesrepublik Deutschland, S. 20 ff; *Woesner* NJW **1968** 2129, 2130. Erfüllt: *Lackner/Kühl* Rdn. 1.

2 *Sonnen* AK Rdn. 2; *Paeffgen* NK Vor §§ 80 f Rdn. 11.

3 Zur Frage der Immunität, die allerdings bei Taten nach § 80 nicht aufkommen dürfte, *Classen* MK Rdn. 39.

4 *Jescheck* GA **1981** 51, 53.

5 *Hassemer* NStZ **1989** 553; ausführlich dazu *Paeffgen* NK Rdn. 2; vgl. aber „Der Spiegel“, 2006 Nr. 42, S. 80, zur Frage der Fortentwicklung des Völkerrechts durch Pönalisierung des Angriffskriegs.

dende Frage der Durchsetzung des Gewaltverbots von Art. 2 Abs. 4 der UN-Charta[6] – unter Berücksichtigung des staatlichen[7] und kollektiven[8] Rechts auf Selbstverteidigung, auch von Verteidigungsbündnissen[9] nach Art. 51 UN-Charta und der Aufgaben des Sicherheitsrates der Vereinten Nationen[10] nach Art. 39 ff UN-Charta – bei der Aufrechterhaltung und Wiederherstellung der Friedensordnung ist bisher völkerrechtlich nicht befriedigend beantwortet. Sie wird im wesentlichen ohne Rückgriff auf das Merkmal Angriffskrieg (die schwerwiegendste Form der völkerrechtlichen Aggression[11]) kontrovers erörtert. In der international geführten Debatte wird zunehmend die Zulässigkeit auch militärischer Gewalt zur Durchsetzung humanitärer Prinzipien vertreten, beispielsweise zur Verhinderung von Massenmord im Herrschaftsbereich souveräner Staaten[12], die keine Bedrohung gegen andere Staaten aussprechen. Die völkerrechtlich wohl herrschende Auffassung, dass solche Interventionen ausschließlich vom Sicherheitsrat der Vereinten Nationen angeordnet werden dürfen, ist nicht unbestritten. Die Gegenansicht verweist zum einen auf die überragende Bedeutung der Vereinigten Staaten von Amerika, die als einzige Militärmacht finanziell, organisatorisch und militärisch zur Friedenssicherung in der Lage seien und zum anderen auf katastrophale Versäumnisse der UNO in Fällen massenhafter Menschenrechtsverletzungen und Fällen des Völkermordes.[13] Die in diesem Zusammenhang geführte Debatte um Interventionsrechte, vielleicht sogar Interventionspflichten, ist völkerrechtlich nicht geklärt. In der anlässlich des Irak-Krieges begonnenen und noch nicht beendeten Auseinandersetzung um „Unilateralismus und Multilateralismus“, warf der Staatspräsident der Französischen Republik den Vereinigten Staaten von Amerika – die sich durch die Resolution 1441[14] international gedeckt sahen – vor, diese würden „die Legitimität der Vereinten Nationen verletzen und der Gewalt Vorrang einräumen“[15]. Diese Unsicherheiten mögen die Bundesanwaltschaft in ihrer Verfügung über die (Nicht-)Einleitung eines Ermittlungsverfahrens wegen Vorbereitung eines Angriffskrieges[16] veranlasst haben, offen zu lassen, ob die Anwendung von Gewalt durch die USA und ihrer Verbündeten im Irak-Krieg völkerrechtlich zulässig war.[17] Dies hat zu einer nicht unerheblichen Verkürzung ihrer Ausführungen zu der Frage geführt, ob die Gewährung von Überflugs-, Bewegungs- und Transportrechten (dazu Rdn. 10) eine Beteiligung, auch in Form der Beihilfe[18], an einem Angriffskrieg (einen solchen unterstellt) zu werten ist. Die gemeinsame Mitgliedschaft des Angreifers und seines Unterstützers in der NATO würde nicht ausschließen, dass beide an einem Angriffskrieg beteiligt sind, so dass Bündnisverpflichtungen insoweit unerheblich wären.

---

[6] *Ipsen* Völkerrecht, 5. Aufl., S. 1072 ff.
[7] *Ipsen* Fn. 6, S. 1086.
[8] *Ipsen* Fn. 6, S. 1096.
[9] *Ipsen* Fn. 6, S. 1124.
[10] *Ipsen* Fn. 6, S. 1111.
[11] *Werle* Völkerrechtsstrafrecht, S. 426, 439 a. E.
[12] *Ipsen* Fn. 6, S. 1083.
[13] *Ferguson* Das verleugnete Imperium, S. 165 ff; neuerdings das Versagen in Teilen des Sudan – Der Spiegel Nr. 25 vom 20. Juni 2005, S. 128.
[14] In Verbindung mit den Resolutionen 678, 687, dazu *Kreß* ZStW **115** (2003) 294, 297: keine eindeutige Verletzung des Gewaltverbotes; vgl. auch „The Attorney-Generals Written Answer of 17. March 2003 (www.Fco.gov.uk – countries&regions iraq documents). Die Antwort des Attorney General Lord Goldsmith ist aber nicht unbestritten, weil er noch am 7. März 2003 Zweifel geäußert hatte (vgl. Die Welt vom 29. April 2005 S. 5).
[15] *Ferguson* Fn. 13, S. 195: Die Motivation des Staatspräsidenten der Französischen Republik wird in der polemisch geführten Debatte in Zweifel gezogen, u. a. von *Leon de Winter* Die literarische Welt vom 24. Juli 2004.
[16] Das BVerfG (BVerfGE **82** 286) hat sich zu Art. 26 GG in seiner Entscheidung zur friedenssichernden Beteiligung deutscher Streitkräfte nicht geäußert
[17] GBA JZ **2003** 908 f.
[18] *Kreß* JZ **2003** 911, 913 ff; **aA** *Lackner/Kühl* § 80 Rdn. 2; vgl. Rdn. 15 u. 16.

Übersicht

I. Zweck der Vorschrift

1 Die Norm zielt auf den **Schutz des Völkerfriedens** ab. Dies bedeutet allerdings nicht, dass seine Gefährdung global an jeder Stelle und durch jede Person erfasst werden soll. Die Kompetenz liegt grundsätzlich bei einer internationalen Organisation wie der UN oder internationalen Gerichten in Anwendung internationalen Strafrechts.[19] Das *deutsche Strafrecht* kann nur eingreifen in dem begrenzten Bereich, in dem die Bundesrepublik Deutschland selbst in eine ihr eigenes Territorium einbeziehende Konfliktsituation geraten kann.[20] In diesem Rahmen ist an einen **umfassenden Schutz gegen Aggression *in jede* Richtung** gedacht. Erfasst wird also nicht nur der Angriff gegen einen fremden Staat, sondern auch der Angriff eines fremden Staates gegen die Bundesrepublik (s. Bericht des Sonderausschusses, vgl. Vor § 80 Rdn. 11, BTDrucks. V/2860 S. 2). Damit wird mittelbar auch die **Sicherheit der Bundesrepublik Deutschland** zum Gegenstand dieses strafrechtlichen Schutzes.[21] Die Vorschrift wird wegen dieser Konzeption als „verwirrenden Zwitter" (*Schroeder* JZ **1969** 41, 47) bezeichnet. Die Auslegung- und Anwendungsschwierigkeiten der Vorschrift liegen jedoch nicht in ihrer Konzeption, sondern in der Unsicherheit dessen, was völkerrechtlich verboten oder erlaubt ist (Entstehungsgeschichte a. E.). Die Norm ist als **konkretes Gefährdungsdelikt** ausgestaltet.

II. Tathandlung

2 Tathandlung ist das **Vorbereiten eines Angriffskrieges**, an dem die Bundesrepublik Deutschland beteiligt sein soll.

3 **1. Angriffskrieg.** Der Begriff des Angriffskrieges ist im Tatbestand des § 80 nicht näher erläutert. Das Gesetz verweist vielmehr auf Art. 26 Abs. 1 GG, wo indes der Angriffskrieg ebenfalls nicht definiert, sondern nur als das äußerste Ergebnis von Handlungen bezeichnet wird, die nach ihrer Intention und nach ihrem Gewicht das friedliche Zusammenleben der Völker stören.

---

19 *Ipsen* Fn. 6, S. 660 ff.

20 *Lackner/Kühl* Rdn. 1; *Sch/Schröder/Stree/Sternberg-Lieben* Rdn. 2; *Rudolphi* SK Rdn 1; ausführlich und kritisch *Paeffgen* NK Vor §§ 80 f Rdn. 12 ff u. § 80 Rdn. 1.

21 *Rudolphi* SK Rdn. 1; **aA** *Classen* MK Rdn. 1, der als primären Zweck den Schutz der Sicherheit der Bundesrepublik Deutschlands ansieht.

4 a) **Eingrenzung.** Dem Tatbestandsmerkmal des Angriffskrieges ist vorab zumindest zu entnehmen, dass Handlungen, die der Verteidigung dienen, nicht vom Tatbestand erfasst sind (vgl. Art. 51 UN-Charta).[22] Auch die Vorbereitung oder Durchführung nichtkriegerischer Aktionen, wie etwa Repressalien oder die Förderung innerer Unruhen oder Aufstände in einem fremden Staat, selbst wenn diese sich des Mittels der Gewalt bedienen und völkerrechtlich verboten sind, unterfallen nicht dem Tatbestand des § 80.[23] Etwas anderes gilt jedoch dann, wenn mit diesen Aktivitäten weitergehende Intentionen, beispielsweise die Einleitung militärischer Aktionen oder die Provokation eines Angriffs, um einen vermeintlichen Verteidigungskrieg führen zu können (s. u.), verbunden sind.

5 b) **Gleichsetzen mit völkerrechtswidriger bewaffnete Aggression.** Allgemein wird dem Angriffskrieg die völkerrechtswidrige bewaffnete Aggression gleichgesetzt.[24] Diese Auslegung orientiert sich an den Regeln des Völkerrechts (vgl. Art. 25 GG). Das Völkerrecht kennt allerdings bisher noch keinen allgemeingültigen, bis in die Einzelheiten konkretisierten Begriff des rechtswidrigen Angriffskrieges.[25] Einen Anhaltspunkt für eine völkerrechtlich verbotene Aggression gibt die UN-Resolution Nr. 3314 (XXIX) zur Definition des Begriffs der Aggression vom 14. Dezember 1974.[26] Es lässt sich allerdings nicht fest-

---

[22] *Sch/Schröder/Stree/Sternberg-Lieben* Rdn. 4.

[23] Für völkerrechtliche Zulässigkeit von Interventionen bei systematisch verübter Verletzung elementarer Menschenrechte *Sch/Schröder/Stree/Sternberg-Lieben* Rdn. 4.

[24] LG Köln NStZ 1981 261; *Sonnen* AK Rdn. 17; *Lackner/Kühl* Rdn. 2; *Rudolphi* SK Rdn. 3; *Tröndle/Fischer* Rdn. 3.

[25] *Maunz* Dürig/Maunz (1964) GG Art. 26 Rdn. 21 ff; *Verdross/Simma* Universelles Völkerrecht 3. Aufl. (1984), S. 142.

[26] Die UN-Resolution hat folgenden Wortlaut:

Artikel 1

Aggression bedeutet Anwendung von Waffengewalt durch einen Staat gegen die Souveränität, die territoriale Unversehrtheit oder politische Unabhängigkeit eines anderen Staates oder auf eine andere mit der Charta der Vereinten Nationen nicht vereinbare Art und Weise, wie sie in dieser Definition aufgeführt ist.

Artikel 2

Wendet ein Staat als erster Waffengewalt unter Verletzung der Charta an, so stellt dies einen Beweis des ersten Anscheins für eine Angriffshandlung dar, obwohl der Sicherheitsrat gemäß der Charta zu dem Schluß gelangen kann, daß eine Feststellung, es sei eine Angriffshandlung begangen worden, nicht gerechtfertigt wäre angesichts anderer bedeutsamer Umstände, einschließlich der Tatsache, daß die betreffenden Handlungen oder ihre Folgen nicht von ausreichender Schwere sind.

Artikel 3

Jede der folgenden Handlungen gilt, ohne Rücksicht auf eine Kriegserklärung, vorbehaltlich und entsprechend den Bestimmungen in Artikel 2 als Angriffshandlung:

a) die Invasion oder der Angriff durch die Streitkräfte eines Staates auf das Gebiet eines anderen Staates oder jede auch noch so vorübergehende militärische Besetzung als Folge einer solchen Invasion oder eines solchen Angriffs oder jede gewaltsame Einverleibung des Hoheitsgebiets eines anderen Staates oder eines Teiles davon;

b) die Beschießung oder Bombardierung des Hoheitsgebiets eines Staates durch die Streitkräfte eines ändern Staates oder die Anwendung von Waffen jeder Art durch einen Staat gegen das Hoheitsgebiet eines anderen Staates;

c) die Blockade der Häfen oder Küsten eines Staates durch die Streitkräfte eines anderen Staates;

d) ein Angriff durch die Streitkräfte eines Staates gegen die Land-, See- oder Luftstreitkräfte oder die See- und Luftflotte eines anderen Staates;

e) der Einsatz von Streitkräften eines Staates, die sich im Hoheitsgebiet eines anderen Staates mit dessen Zustimmung befinden, unter Verstoß gegen die in der Zustimmung vorgesehenen Bedingungen oder jede Verlängerung ihrer Anwesenheit in diesem Gebiet über das Ende der Zustimmung hinaus;

f) die Handlung eines Staates, die in seiner Duldung besteht, daß sein Hoheitsgebiet, das er einem anderen Staat zur Verfügung gestellt hat, von diesem anderen Staat dazu benutzt wird, eine Angriffshandlung gegen einen dritten Staat zu begehen;

stellen, dass der Verstoß gegen die in der Resolution genannten Handlungen als Angriffskrieg strafbar ist. Die **Reichweite des Merkmals Angriffskrieg** lässt sich bisher allenfalls an den **Präzedenzfällen** der Urteile von Nürnberg und Tokio belegen, wie Werle[27] zutreffend feststellt. Die Strafbarkeit von Aggressionshandlungen, die demgegenüber in der Intensität zurücktreten, lässt sich (noch) nicht belegen. Aus diesem Umstand leitet *Paeffgen*[28] die mangelnde Bestimmtheit im Sinn des Art. 103 Abs. 2 GG des Merkmals Angriffskrieg ab. Dies trifft indes nicht zu, weil nach den bisher vorliegenden Präzedenzfällen der Tatbestand zwar eng, jedoch noch hinreichend präzise umschrieben ist.[29]

c) **Eingrenzungsvorschlag.** Die zutreffende Erwägung, dass der Angriffskrieg völker- 6
rechtswidrig ist, lässt sich jedoch nicht dahin umkehren, dass jeder völkerrechtswidriger Aggressionsakt als Angriffskrieg zu werten wäre. Eine Eingrenzung des Merkmals „Angriffskrieg" ist gewährleistet, wenn – mit *Werle*[30] und im Anschluss daran mit *Stree/Sternberg-Lieben* in (*Sch/Schröder* Rdn. 4 m. w. N.) – nur solche völkerrechtswidrigen Aggressionsakte erfasst werden, die auf die Annexion oder Unterwerfung eines fremden Staates gerichtet sind, also das Ziel haben, sich dessen Staatsgebiet oder Ressourcen nutzbar zu machen.[31] Das Ausscheiden anderer Aggressionsakte führt im Ergebnis dazu, andere Interventionen aus dem Anwendungsbereich des § 80 auszuschließen, insbesondere völkerrechtliche höchst strittige Interventionen (vgl. Entstehungsgeschichte a. E.), die humanitären Zwecken, der Verteidigung bei vermuteten Angriffen, der Prävention dienen oder dienen sollen, selbst wenn im Einzelfall völkerrechtlich zweifelhaft ist, ob die Ausführungskompetenz ausschließlich beim Sicherheitsrat liegt.[32] Bei einer **Eingrenzung auf bewaffnete völkerrechtswidrige Aggressionsakte, die auf die Annexion und Unterwerfung eines fremden Staates gerichtet sind, mit dem Ziel, sich dessen Staatsgebiet oder Ressourcen nutzbar zu machen**[33], ist das Bestimmtheitsgebot des Art. 103 Abs. 2 GG gewahrt.[34] Die gegen § 80 erhobenen verfassungsrechtlichen Bedenken[35] greifen dann nicht durch. Es muss dabei hingenommen werden, dass § 80 keine Hilfe bei der völkerrechtlichen Bewertung von Interventionen bietet, die humanitären Zwecken dienen,[36] und solchen, die Prävention bezwecken.[37] Selbst die völkerrechtlich nicht abgeschlossene Diskussion über die Kompetenzen, wahrscheinlich die ausschließliche Kompetenz des

---

g) das Entsenden bewaffneter Banden, Gruppen, Freischärler oder Söldner durch einen Staat oder für ihn, wenn sie mit Waffengewalt Handlungen gegen einen anderen Staat von so schwerer Art ausführen, daß sie den oben angeführten Handlungen gleichkommen, oder die wesentliche Beteiligung an einer solchen Entsendung.

27 *Werle* Fn. 11, S. 438 m. w. N.; *Classen* MK Rdn. 11 hält auch die Bezug genommenen Definitionen für konturenlos.

28 *Paeffgen* NK Rdn. 5 ff.

29 Vgl. auch *Sonnen* AK Rdn. 18, der auch zur Bestimmtheit des Merkmals kommt, wenngleich mit anderer Begründung. Nach seiner Auffassung bekommt der Begriff durch die UN-Resolution festere Konturen.

30 *Werle* Fn. 11.

31 Die Besetzung des Zielstaates als Zwischenziel macht den Angriff noch nicht zu einem Angriffskrieg, dazu *Kreß* ZStW **115** (2003) 294.

32 *Classen* MK Rdn. 23 u. 28 mit anderer Begründung.

33 *Werle* Fn. 11, S. 426 u. 439 a. E.

34 Vgl. auch *Lackner/Kühl* Rdn. 2; *Rudolphi* SK Rdn. 3; *Sch/Schröder/Stree/Sternberg-Lieben* Rdn. 4; *Tröndle/Fischer* Rdn. 3.

35 *Schroeder* JZ **1969** 41, 45; *Paeffgen* NK Rdn. 9.

36 Sehr eng *Tomuschat*, der ersichtlich die Eingriffsmöglichkeit in innere Angelegenheiten eines anderen Staates, die dem Menschenrechtsschutz dienen, für unerlaubt ansieht: *Tomuschat* Menschenrechtsschutz und innere Angelegenheiten in der Bewährung, S. 5; *ders.* EuGRZ **2001** 535 f.

37 *Classen* MK Rdn. 20.

Sicherheitsrates der Vereinten Nationen in Fällen solcher Interventionen,[38] lässt sich danach durch § 80 (der unzweifelhaft verbotene Handlungen unter Strafe stellt) nicht zu Ende führen. Nach einem gesicherten Abschluss dieser Debatte werden die Grenzen des § 80 vermutlich weiter, als hier geschehen, gezogen werden müssen.[39]

7 **2. Vorbereiten eines bestimmten Unternehmens.** Die eigentliche Tathandlung liegt in der Vorbereitung eines Angriffskrieges. Es kommen als tatbestandsmäßig grundsätzlich alle denkbaren Formen des Tuns oder (pflichtwidrigen) Unterlassens in Betracht, die objektiv geeignet sind, einen Angriffskrieg auszulösen. Die Vorschrift selbst bezeichnet keine bestimmten Arten oder Mittel.

8 **a) Handlungen von besonderem Gewicht.** Aus dem weiteren Erfordernis der Herbeiführung einer Kriegsgefahr (s. Rdn. 12) und auch der erheblichen Strafdrohung folgt, dass nur Handlungen von besonderem Gewicht[40] tatbestandsmäßig sein können. Nur ein Handeln, das entweder bei der Vorbereitung des Unternehmens entscheidend mitgewirkt hat oder für die Reaktion der Gegenseite bedeutsam wurde, unterfällt dem Tatbestand. Es werden daher regelmäßig nur Handlungen von führenden Personen, die staatliche Machtpositionen einnehmen[41], in Betracht kommen können. Dabei wird es sich in aller Regel, trotz der auf den Einzeltäter zielenden Fassung des Tatbestandes, um das kollektive Zusammenwirken einer Personenmehrheit handeln, sei es zunächst auch nur in der Konzeption des Initiators. In Betracht kommen etwa der Abschluss von Offensivbündnissen, die Aufrüstung der Streitkräfte oder deren Mobilisierung.[42] Dabei ist jedoch zu beachten, dass eine Vielzahl derartiger Maßnahmen nicht anhand ihres objektiven Sinngehalts, sondern allein wegen der vom Täter mit ihnen verbundenen **subjektiven Tendenz** als Vorbereitungshandlungen im Sinne des § 80 qualifiziert werden können.

Dagegen reichen einer etwaigen Aggression weit **vorgelagerte Aktivitäten**, etwa Verstöße gegen das KWKG,[43] regelmäßig noch nicht aus. Gleiches gilt für psychologische Kriegsvorbereitungen, für deren Abwehr vorrangig § 80a gedacht ist. Eine derartige „psychologische Aufrüstung" mag zwar so weit getrieben werden können, dass sie im Einzelfall einmal als tauglicher Versuch (vgl. Rdn. 17) in Betracht kommen kann. In keinem Falle ausreichend für die Täterschaft sind aber untergeordnete Hilfstätigkeiten von Handlangern, Zuträgern oder Flugblattverteilern (zur Beihilfe Rdn. 15 u. 16). Das Auffordern zu Kriegshandlungen oder deren Billigung von politisch zur Entscheidung berufenen Personen kann Tathandlung sein, die Handlung von nicht zur Entscheidung berufenen Personen allenfalls Beihilfe zur Tat eines anderen.[44]

---

[38] Der zur Reform der Zuständigkeiten, der Eingriffsmöglichkeiten und der Zusammensetzung des Sicherheitsrates vorgelegte Bericht „A more secure world: Our shared responsibility" (Report of the High-level Panel on Threats, Challenges und Change, United Nations 2004) sieht eindrucksvolle Änderungsvorschläge vor, die allerdings wegen des vorläufigen Scheiterns des Bemühens um Reformen der UN im September 2005 jedenfalls aufgeschoben sind.

[39] Die Beschränkung des § 80 auf eindeutig und unzweifelhaft völkerrechtlich verbotene Interventionen führt im Ergebnis dazu, dass das Offenlassen des Merkmals Angriffskrieg durch die Bundesanwaltschaft (GBA JZ 2003 908) unschädlich ist.

[40] So auch GBA JZ **2003** 908.

[41] *Werle* Fn. 11, S. 441.

[42] *Sch/Schröder/Stree/Sternberg-Lieben* Rdn. 6.

[43] *Weber* NJW **1979** 1282, 1283; *Sonnen* AK Rdn. 26; *Paeffgen* NK Rdn. 15.

[44] Zur Beihilfe Rdn. 14 u. 15; ohne diese Einschränkung *Sonnen* AK Rdn. 23; *Paeffgen* NK Rdn. 15; *Sch/Schröder/Stree/Sternberg-Lieben* Rdn. 6; *Rudolphi* SK Rdn. 5.

b) **Bestimmtes Unternehmen.** Auch wenn – anders als beim Tatbestand der Vorbereitung eines hochverräterischen Unternehmens (§ 83) – in § 80 ein entsprechendes Tatbestandsmerkmal fehlt, ist auch hier die Vorbereitung eines bestimmten Unternehmens erforderlich.[45] Dies folgt mittelbar aus dem Erfordernis der Herbeiführung einer Kriegsgefahr für die Bundesrepublik Deutschland, die nur als Folge auf ein konkretisiertes Vorhaben abzielender Maßnahmen eintreten kann. In der **Vorstellung des Täters** muss der vorbereitete Krieg daher zumindest insoweit Gestalt angenommen haben, als die als Angreifer bzw. Angegriffener beteiligten Staaten sowie – zumindest in den Grundzügen – Ort, Zeit und Art der Durchführung des Unternehmens feststehen. 9

3. **Beteiligung der Bundesrepublik Deutschland.** Erfasst wird nur die Vorbereitung eines Angriffskrieges, an dem die Bundesrepublik Deutschland als Staat beteiligt sein soll. § 80 schützt nicht den Weltfrieden umfassend (Rdn. 3). Die Norm will (nur) verhindern, dass die Bundesrepublik Deutschland in eine Konfliktsituation gezogen wird. Fraglich ist, ob der Begriff der Beteiligung so zu begrenzen ist, dass die Bundesrepublik Deutschland unter Beteiligung ihrer Streitkräfte an dem Angriffskrieg teilnehmen soll. Die Bundesanwaltschaft[46] scheint dies zu bejahen, wenn sie eine Beteiligung der Bundesrepublik Deutschland an einem (etwaigen) Angriffskrieg mit dem Hinweis verneint, die Bundesregierung habe sich an einem „militärischen Schlag" gegen den Irak nicht beteiligen wollen, weil sich die deutsche Unterstützung für die Vereinigten Staaten von Amerika auf Gewährung von „Überflugs-, Bewegungs- und Transportrechten" erschöpft hätte. Dies dürfte für die Verneinung der Täterschaft ausreichen. *Kreß*[47] wendet indes zu Recht ein, damit sei die *Beihilfe* zu einem Angriffskrieg (ein solcher unterstellt) nicht verneint. Es wird vertreten werden müssen, dass die **Unterstützung eines Angreifers von deutschem Boden aus** – auch wenn dies im Rahmen eines Verteidigungsbündnisses geschieht[48] – als *Beteiligung* im Sinn von Teilnahme an dem geplanten Angriffskrieg zu werten ist (vgl. Entstehungsgeschichte a. E.). Das Zurverfügungstellen von Ressourcen, aber auch das Ermöglichen, von deutschem Boden aus Kampfhandlungen auszuführen oder sie zu unterstützen, ist nicht lediglich die Nichtverhinderung einer Aggression, sondern ihre Unterstützung. Dies stellt eine Beteiligung im Sinn des § 80, der auch Beihilfe unter Strafe stellt (Rdn. 15 u. 16), dar. 10

Von dem Merkmal Beteiligung an einem Angriffskrieg wird sowohl der Fall erfasst, dass der geplante Angriffskrieg von der Bundesrepublik Deutschland ausgeht, als auch, dass die Bundesrepublik Deutschland Opfer des Angriffskrieges werden soll, an dessen Vorbereitung der Täter sich beteiligt. Die vereinzelt vertretene Auffassung, die Vorbereitung eines Angriffskrieges gegen die Bundesrepublik Deutschland falle nicht unter diese Vorschrift,[49] widerspricht dem in der 100. Sitzung des Sonderausschusses (vgl. Vor § 80 Rdn. 11) erzielten Einverständnis, dass sowohl der aktive als auch der passive Krieg gemeint sei (Prot. S. 1987), was auch im Ausschussbericht BTDrucks. V/2860 S. 2 zum Ausdruck gekommen ist.

---

[45] *Rudolphi* SK Rdn. 6; *Sonnen* AK Rdn. 23.

[46] GBA JZ **2003** 908.

[47] *Kreß* ZStW **115** (2003) 294.

[48] *Classen* MK Rdn. 37 geht dabei von einer „Einschätzungsprärogative" der Bundesregierung aus. Diese kann aber hinsichtlich des Merkmals „Angriffskrieg" nicht gegeben sein, sie könnte sich vielmehr nur auf völkerrechtliche Abwägungen beziehen.

[49] *Schroeder* JZ **1969** 41, 47; vgl. auch *Kreß* ZStW **115** (2003) 294, 337.

III. Taterfolg

11 Der Täter muss durch sein Handeln die **konkrete Gefahr eines Krieges für die Bundesrepublik Deutschland** herbeiführen (**konkretes Gefährdungsdelikt**). Die bloß generelle Eignung der Handlung genügt nicht.

12 1. **Kriegsgefahr**. Die tatbestandliche Kriegsgefahr ist eingetreten, wenn gerade aufgrund der Vorbereitungshandlung der Ausbruch eines Krieges nahe liegt, also wahrscheinlich ist. Dagegen fehlt es an dem erforderlichen ursächlichen Zusammenhang, wenn trotz der Eignung der Aktivitäten des Täters, einen Angriffskrieg vorzubereiten, die Kriegsgefahr durch andere Umstände ausgelöst wird.[50] Die Kriegsgefahr muss also gerade Folge der vom Täter geschaffenen Tathandlung sein. Soll oder will die Bundesrepublik Deutschland einem anderen (Rdn. 10) für den Angriffskrieg lediglich Unterstützungshandlungen erbringen, ohne eigene Streitkräfte einzusetzen, so ist die Kriegsgefahr jedenfalls dann gegeben, wenn der Krieg vom Boden der Bundesrepublik Deutschland geführt oder weiter unterstützt werden soll, oder wenn die Bundesrepublik Deutschland aufgrund der Unterstützung vom Angegriffenen oder Dritten in Kampfhandlungen einbezogen werden kann.[51]

Die Kriegsgefahr kann bereits aus dem Umfang der Vorbereitungen des potentiellen Angreifers zu entnehmen sein. Sie liegt sicher dann vor, wenn zumindest in einem der beteiligten Staaten als Ergebnis der Vorbereitung oder als adäquate Reaktion auf sie Mobilmachungsmaßnahmen getroffen werden. Je nach den Umständen kann auch der Abbruch der diplomatischen Beziehungen die Kriegsgefahr indizieren. Ein sicheres Anzeichen ist die Feststellung des Eintritts eines Spannungsfalls gemäß Art. 80a GG.

13 2. **Kriegsausbruch**. Bleibt es nicht bei der Auslösung der Gefahr, sondern kommt es zum Kriegsausbruch, so stellt das die Anwendung des Tatbestandes nicht in Frage. Vielmehr macht der Kriegsausbruch den Gefahreneintritt unzweifelhaft. Doch ist nun zu beachten, dass allein die *bei der Begründung der Kriegsgefahr mitwirkenden Handlungen* tatbestandsmäßig sein können. Wer sich daher erst bei oder nach Kriegsausbruch in das Unternehmen einschaltet, scheidet als möglicher Täter aus, weil die Führung des Angriffskrieg selbst nicht unter Strafe steht.

IV. Subjektiver Tatbestand

14 Der Täter muss die Umstände erkennen, die seine Tat als Vorbereitung eines Angriffskrieges qualifizieren und sie mit dem Ergebnis der Herbeiführung einer Kriegsgefahr für die Bundesrepublik Deutschland in seinen Willen aufnehmen. Dabei genügt **bedingter Vorsatz**. Dass das Unternehmen als solches immer zielgerichtet ist und Art. 26 GG ausdrücklich auf absichtliche Unfriedlichkeit abstellt, steht dem nicht entgegen. Initiatoren handeln stets absichtlich. Doch zwingt dieser Umstand den Gesetzgeber, dem es auf die Erfassung aller gewichtigen Tatbeiträge ankommt, nicht dazu, den subjektiven Tatbestand entsprechend zu beschränken.[52]

---

50 *Paeffgen* NK Rdn. 21; *Rudolphi* SK Rdn. 8.

51 Zu eng GBA JZ 2003 908, 911.

52 *Schroeder* JZ 1969 41, 47; *Sonnen* AK Rdn. 29; *Lackner/Kühl* Rdn. 4; *Classen* MK Rdn. 32; *Paeffgen* NK Rdn. 23; *Sch/Schröder/Stree/Sternberg-Lieben* Rdn. 8; *Rudolphi* SK Rdn. 9; zweifelnd *Tröndle/Fischer* Rdn. 10.

V. Täterschaft und Teilnahme

Täter kann jeder sein, auch ein Ausländer. Der **Tatort** kann im Ausland liegen (§ 5 Nr. 1). Allerdings werden rein tatsächlich nur Personen in entsprechenden politischen Machtpositionen überhaupt die Möglichkeit haben, eine Kriegsgefahr für die Bundesrepublik Deutschland herbeizuführen. **Anstiftung und Beihilfe** sind grundsätzlich möglich.[53] Die Frage der **Beihilfe** kann sich stellen, wenn die Bundesrepublik Deutschland den Angriffskrieg nicht selbst durch eigene Streitkräfte führt, sondern einem anderen Staat Unterstützung leisten will. In Rdn. 10 und am Ende der Ausführungen zur Entstehungsgeschichte ist vertreten worden, dass die Unterstützung vom eigenen Boden Beteiligung im Sinn von Beihilfe ist.[54] Strafbare Beihilfe käme in Frage, wenn das Tätigwerden für die Bundesrepublik Deutschland Handlungen Dritter unterstützt, die die Kriegsgefahr begründen, und zwar zu Lasten des Angegriffenen oder der Bundesrepublik Deutschland. Neben der Beteiligung am Angriffskrieg spielt die **Anstiftung** nur eine theoretische Rolle. **15**

Führungsgehilfen. Problematisch ist die rechtliche Bewertung von **untergeordnet Handelnden.** In der Erwägung, der Tatbestand sei nach seiner Struktur auf Personen in staatlichen Machtpositionen zugeschnitten, die aufgrund ihrer Stellung die Möglichkeit besitzen, Angriffskriege vorzubereiten und dadurch Kriegsgefahren zu begründen (s. Rdn. 8), hat *Willms* in der 10. Auflage[55] die Auffassung vertreten, dass diese Eingrenzung ihren Sinn verlieren würde, wenn auch untergeordnete, für sich zur Begründung einer Kriegsgefahr nicht geeignete, rein unterstützende Handlungen als Beihilfe strafbar wären[56]; insoweit ist auf die Überlegungen in BGHSt **6** 159, 160 zu § 90a in der Fassung des 1. StrÄndG (Vor § 80 Rdn. 7) verwiesen worden. Entsprechendes ist für die Anstiftung, die in § 80 nur unter dem Aspekt intellektueller täterschaftlicher Mitwirkung zu sehen sei, vertreten worden. Die Argumentation überzeugt indes nicht für die Unterstützung von Tathandlungen (Vorbereitung eines Angriffskriegs), wenn die Unterstützer gerade diese Taten als Gehilfen fördern (Beihilfe) oder einen geeigneten Täter zur Begehung bestimmen wollen (Anstiftung). Die Möglichkeit von **Beihilfe** – auch von Terrorristen, die Terrorakte von deutschem Boden aus begehen, um Angriffe gegen die Bundesrepublik Deutschland vorzubereiten[57] – und **Anstiftung** zu solchen Terrorakten ist daher zu bejahen,[58] weil auch hier die Abschichtung gemäß der sozialen Rolle und des Machtgefüges möglich ist. **16**

---

[53] *Sonnen* AK Rdn. 32; *Classen* MK Rdn. 34; *Sch/Schröder/Stree/Sternberg-Lieben* Rdn. 6; *Tröndle/Fischer* Rdn. 8; im Ergebnis ablehnend *Paeffgen* NK Rdn. 25 ff.

[54] Ähnlich ist der Fall, dass ein Staat durch Gewährung von Überflug- oder Landerechten Beihilfe zu nach deutschem Recht strafbaren menschenrechtswidriger Verschleppung gewährt wird.

[55] *Willms* LK[10] Rdn. 9.

[56] So auch *Sonnen* AK Rdn. 32; *Paeffgen* NK Rdn. 27, wonach der untergeordnet Handelnde tatbestandslos handelt.

[57] *Classen* MK Rdn. 24.

[58] *Sonnen* AK Rdn. 32; *Sch/Schröder/Stree/Sternberg-Lieben* Rdn. 6; **aA** *Paeffgen* NK Rdn. 25 bis 27; *Rudolphi* SK Rdn. 10.

VI. Versuch

17 Der Versuch ist strafbar.[59] Die u. a. von *Willms* in der 10. Auflage (Rdn. 10) vertretene gegenteilige Ansicht geht davon aus, dass es den Versuch einer Vorbereitungshandlung sowenig geben könne wie den Versuch eines Versuchs.[60] Dies gelte auch dort, wo das Gesetz eine Vorbereitungshandlung primär, d. h. ohne Pönalisierung der Haupttat (hier wäre etwa an das Auslösen oder Führen eines Angriffskrieges zu denken) strafrechtlich erfasse, ohne dabei einen von der denkbaren Haupttat abweichenden Schutzgegenstand anzusprechen. Denn damit sei die in einem selbständigen Tatbestand sanktionierte Vorbereitungshandlung in die allgemeine Systematik eingeordnet.[61] Dem ist jedoch entgegenzuhalten, dass es sich bei § 80 nicht um das Vorbereiten eines anderen Verbrechens, also nicht um eine Ausweitung des Strafbarkeitsbereichs noch über den Versuch hinaus handelt, sondern dass das Vorbereiten eines Krieges die Tathandlung selbst ist. Einer nach den allgemeinen Regeln zu bewertenden Versuchsstrafbarkeit stehen deshalb keine systematischen Bedenken entgegen. Auch das Argument, es hätte des § 80a, der eine in der Regel erfolglose Vorbereitungshandlung unter Strafe stelle, nicht bedurft, wenn der Versuch des § 80 strafbar wäre, überzeugt nicht. Wie bereits in Rdn. 8 ausgeführt, sind nur Handlungen von besonderem Gewicht tatbestandsmäßig. **Psychologische Kriegsvorbereitungen** werden im Regelfall von § 80 nicht erfasst. Nur im Einzelfall mag eine „psychologische Aufrüstung“ einmal so weit gefördert werden können, dass sie als tauglicher Versuch in Betracht kommen kann. Dies wird indes nur für Ausnahmefälle zutreffen. Deshalb und weil die propagandistische Kriegshetze und die „psychologische Mobilmachung“ die zwischenstaatlichen Beziehungen besonders zu stören vermögen, wurde durch § 80a ein Ausschnitt der zu § 80 denkbaren Versuchshandlungen unter Strafe gestellt. Diese Ausnahmeregelung kann aber nicht dazu führen, den Bereich gewichtiger faktischer Vorbereitungshandlungen, die noch nicht zum Eintritt einer konkreten Kriegsgefahr geführt haben, straflos zu stellen. Auch **§ 30** ist in Bezug auf § 80 nicht ausgeschlossen.

VII. Strafrahmen

18 § 80 droht lebenslange Freiheitsstrafe oder Freiheitsstrafe nicht unter zehn Jahren an. Eine Regelung für den Fall der tätigen Reue sieht das Gesetz nicht vor, obwohl es kriminalpolitisch durchaus sinnvoll wäre, dem Täter, der den Ausbruch eines Krieges letztlich noch verhindert, Straffreiheit zu gewähren.

19 VIII. Nebenfolgen und Einziehung

S. §§ 92a, 92b.

---

[59] *Sonnen* AK Rdn. 34; *Lackner/Kühl* Rdn. 5; *Sch/Schröder/Stree/Sternberg-Lieben* Rdn. 9; *Rudolphi* SK Rdn. 11; zweifelnd *Tröndle/Fischer* Rdn. 12; **aA** *Paeffgen* NK Rdn. 29.

[60] RGSt 58 392, 394; BGHSt **6** 85, 87; *Arndt* ZStW **66** (1954) 41, 74; *Hennke* ZStW **66** (1954) 390, 398.

[61] RGSt 58 392, 395.

IX. Konkurrenzen

Tateinheit ist möglich mit §§ 84, 85, 94, 99 und 100a. Dagegen wird § 80a durch § 80 wegen Subsidiarität verdrängt, ebenso § 100.[62] 20

X. Zuständigkeiten

Vor § 80 Rdn. 38. 21

XI. Zur Anzeigepflicht

S. § 138 Abs. 1 Nr. 1. 22

XII. Zum Recht des Einigungsvertrages

Vor § 80 Rdn. 37. 23

§ 80a
Aufstacheln zum Angriffskrieg

Wer im räumlichen Geltungsbereich dieses Gesetzes öffentlich, in einer Versammlung oder durch Verbreiten von Schriften (§ 11 Abs. 3) zum Angriffskrieg (§ 80) aufstachelt, wird mit Freiheitsstrafe von drei Monaten bis zu fünf Jahren bestraft.

Schrifttum

Bringmann Völkerfriede durch Strafbewehrung (2004); *Buddeberg* Der Tatbestand des § 80a StGB: „Aufstacheln zum Angriffskrieg", Diss. Köln 1976; *Frank* Abwehr völkerfriedensgefährdender Presse durch innerstaatliches Recht (1974); *Klug* Das Aufstacheln zum Angriffskrieg (§ 80a StGB). Allgemeine und spezielle Interpretationsprobleme, Festschrift Jescheck (1985) 583. Im übrigen siehe die Nachweise bei § 80.

Entstehungsgeschichte s. bei § 80.

Übersicht

[62] *Sonnen* AK Rdn. 35; *Sch/Schröder/Stree/Sternberg-Lieben* Rdn. 11; *Rudolphi* SK Rdn. 11; *Tröndle/Fischer* Rdn. 13; aA *Willms* LK[10] Rdn. 13; *Classen* MK Rdn. 35 nimmt Tateinheit an, weil § 100 darüber hinaus den in der Konspiration mit fremden Regierungen liegenden Treubruch pönalisiert.

I. Zweck der Vorschrift

1 § 80a erfasst die hetzerische Propaganda für einen Angriffskrieg. Die Norm regelt damit einen Unterfall der Vorbereitung eines Angriffskrieges im Sinne des § 80. Wie dieser bezweckt er daher den **Schutz des Völkerfriedens und der äußeren Sicherheit der Bundesrepublik Deutschland** (s. § 80 Rdn. 1). Die Norm wendet sich gegen die Schaffung eines geistigen Klimas, das die Vorbereitung eines Angriffskriegs begünstigt.

2 II. Tathandlung

Tathandlung ist das **Aufstacheln zum Angriffskrieg**, welches öffentlich, in einer Versammlung oder durch Verbreiten von Schriften vorgenommen wird.

3 1. **Angriffskrieg.** Zu diesem Tatbestandsmerkmal siehe zunächst § 80 Rdn. 3 bis 9. Die dort vorzunehmende Begrenzung des Merkmals Angriffskrieg wirkt sich auch hier entscheidend aus, weil die Hetze für eine Intervention, die völkerrechtswidrig, aber noch nicht strafbar im Sinn des § 80 ist, ausscheidet. Die tatbestandliche Verweisung auf § 80 verdeutlicht, dass ein militärischer Angriff auf einen bestimmten anderen Staat oder eine Gruppe anderer Staaten, also ein **bestimmtes Unternehmen** gemeint ist. Zwar braucht insoweit ein konkreter Angriffsplan noch nicht zu bestehen, doch werden wie bei § 80 (Rdn. 9) zumindest die Grundzüge des Unternehmens erkennbar sein müssen.[1] Die Erzeugung einer allgemeinen militaristischen Stimmung reicht dagegen nicht aus.

4 2. **Aufstacheln** ist eine gesteigerte, auf die Gefühle anderer einwirkende Form propagandistischen Anreizens.[2] Der Begriff ist von § 130 Abs. 1 Nr. 1 übernommen. Dem dortigen Merkmal „Aufstacheln zum Hass"[3] ist zu entnehmen, dass ein über das bloße Befürworten eines Angriffskrieges oder die Kundgabe der Missachtung des potentiellen Gegners hinausgehendes, auf die Weckung von Emotionen abzielendes Einwirken auf die Sinne und Gefühle der Angesprochenen vorausgesetzt wird. Entsprechendes wird bei § 80a anzunehmen sein.[4] Das Aufstacheln muss **geeignet** und **objektiv bestimmt** sein, **eine feindselige Haltung zu erzeugen**, die einen Angriffskrieg möglich machen könnte. Neben Art und Inhalt der verbreiteten Äußerung spielen auch die äußeren Umstände und der angesprochene Personenkreis eine Rolle. Befinden sich die Angesprochenen bereits in einem „aufgeputschten" Zustand und nutzt der Täter dies berechnend aus, so kann auch eine für sich gesehen nüchterne Äußerung ein Aufstacheln beinhalten. Andererseits können auch polemische und überspitzte schriftliche Verlautbarungen nicht als Aufstacheln qualifiziert werden, wenn der durch die Schrift angesprochene Leserkreis einer gefühlsmäßigen Beeinflussung nur schwer zugänglich ist.[5] Doch darf insoweit den objektiven Umständen der Äußerung kein derart großes Gewicht beigemessen werden, dass demgegenüber die subjektive Tendenz des Täters völlig in den Hintergrund tritt.[6] Maßgebend für die Interpretation von Äußerungen ist neben dem Empfängerhorizont das, was der Äußernde gemeint hat.

Die Handlung des Aufstachelns muss **keinen Erfolg** haben. Es ist weder erforderlich, dass die vom Täter erhofften Emotionen bei den Adressaten geweckt werden, noch dass eine Friedensgefährdung hervorgerufen wird. Jedoch werden andererseits von § 80a nur **Taten von einem gewissen Gewicht** erfasst, reines Stammtischgerede reicht nicht aus.[7]

---

[1] Vgl. LG Köln NStZ **1981** 261.
[2] LG Köln NStZ **1981** 261.
[3] BGHSt **40** 97, 102.
[4] LG Köln NStZ **1981** 261; *Klug* FS Jescheck, S. 583 u. 594 ff; s. auch *Frank* Abwehr völkerfriedensgefährdender Presse, S. 93 ff; *Buddeberg*, S. 98 f.
[5] LG Köln NStZ **1981** 261.
[6] *Klug* FS Jescheck, S. 583, 594 ff.
[7] *Sonnen* AK Rdn. 12.

3. **Art der Verbreitung.** Zu den Tatmodalitäten **öffentlich**, in einer **Versammlung** oder durch **Verbreiten von Schriften, Ton- und Bildträgern** s. § 90 Rdn. 5 ff. 5

III. Subjektiver Tatbestand

Erforderlich ist vorsätzliches Handeln, wobei **bedingter Vorsatz** genügt. Das Merkmal des Aufstachelns verlangt darüber hinaus **zielgerichtetes Handeln.**[8] Der Vorsatz muss die Voraussetzungen eines Angriffskriegs unter Beteiligung der Bundesrepublik Deutschland umfassen. 6

IV. Täterschaft, Teilnahme und Tatort

Täter kann jeder sein, also auch ein Ausländer. Die **Teilnahme** (Anstiftung, Beihilfe) ist methodisch, wie bei § 80 (dort Rdn. 15 u. 16), nicht ausgeschlossen. Der **Tatort** muss im **Inland** liegen. Wegen der ausdrücklichen Beschränkung des Tatbestandes auf den „räumlichen Geltungsbereich dieses Gesetzes" scheidet die Anwendung auf im Ausland begangene Taten aus. Daraus folgt, dass praktisch nur die Angriffshetze erfasst wird, die das eigene Land in der Rolle des Angreifers sieht, und dass sogar ein Deutscher, der gegen die Bundesrepublik Deutschland zu einem Angriffskrieg aufstachelt, dies, soweit nicht die Voraussetzungen des § 9 gegeben sind, außerhalb der Grenzen der Bundesrepublik unter dem Gesichtspunkt des § 80a straflos tun kann. 7

V. Nebenfolgen und Einziehung

S. §§ 92a, 92b. 8

VI. Konkurrenzen

Tateinheit ist möglich mit §§ 86, 89, 90, 90a und § 100. § 111 wird von § 80a verdrängt.[9] Im Verhältnis zu § 80 (auch zum Versuch des § 80) tritt § 80a zurück (s. § 80 Rdn. 17 und 20). 9

VII. Zuständigkeit

Vor § 80 Rdn. 38. 10

VIII. Zum Recht des Einigungsvertrages

Vor § 80 Rdn. 37. 11

---

[8] *Classen* MK Rdn. 11; *Sch/Schröder/Stree/Sternberg-Lieben* Rdn. 6.

[9] AA *Tröndle/Fischer* Rdn. 8; *Sch/Schröder/Stree/Sternberg-Lieben* Rdn. 7; *Sonnen* AK Rdn. 18, wonach Tateinheit möglich ist.

ZWEITER TITEL

Hochverrat

§ 81
Hochverrat gegen den Bund

(1) Wer es unternimmt, mit Gewalt oder durch Drohung mit Gewalt
1. den Bestand der Bundesrepublik Deutschland zu beeinträchtigen oder
2. die auf dem Grundgesetz der Bundesrepublik Deutschland beruhende verfassungsmäßige Ordnung zu ändern,
wird mit lebenslanger Freiheitsstrafe oder mit Freiheitsstrafe nicht unter zehn Jahren bestraft.

(2) In minder schweren Fällen ist die Strafe Freiheitsstrafe von einem Jahr bis zu zehn Jahren.

Schrifttum (s. auch vor § 80)

Backes Rechtsstaatsgefährdungsdelikte und Grundgesetz (1970); *Bisoukides* Der Hochverrat (1903); *Blasius* Geschichte der politischen Kriminalität (1983); *Bohnert* Gibt es eine Drittbeziehung bei der strafrechtlichen Nötigung? JR 1982 397; *van Calker* Hochverrat und Landesverrat, VDB I (1906) 1; *ders.* Hochverrat und Landesverrat, VerglDarst. BT I (1907) 260; *Conrad* Literarischer Hochverrat, DJZ **1927** 801; *Copic* Grundgesetz und politisches Strafrecht neuer Art (1997); *Graf zu Dohna* Der Hochverrat im Strafrecht der Zukunft, Frank-Festgabe II (1930) 229; *Feuerbach* Das Verbrechen des Hochverrats (1798); *Gusy* Der Schutz des Staates gegen seine Staatsform, GA **1992** 195; *Hassemer* Ziviler Ungehorsam – ein Rechtfertigungsgrund? Festschrift Wassermann (1985) 325; *Hennke* Zur Abgrenzung der strafbaren Vorbereitungshandlung beim Hochverrat, ZStW **66** (1954) 390; *ders.* Der Begriff der „verfassungsmäßigen Ordnung" im Strafgesetzbuch und im Grundgesetz, GA **1954** 140; *Liepmann* Kommunistenprozesse (1928); *Livos* Grundlagen der Strafbarkeit wegen Hochverrat (1984); *Löwisch* Arbeitskampf und öffentliche Ordnung, Schriftenreihe zum Arbeitsrecht, Neue Folge (1997), Bd. IV 5; *Niese* Streik und Strafrecht (1954); *Oborniker* Zur Hochverratspraxis des Reichsgerichts, Justiz III 279; *Ostendorf* Kriminalisierung des Streikrechts (1987); *Radbruch* Der Überzeugungsverbrecher, ZStW **44** (1924) 34; *Ruhrmann* Der Hochverrat in der Rechtsprechung des Bundesgerichtshofs, NJW **1957** 281; *Schafheutle* Das Strafrechtsänderungsgesetz, JZ **1951** 609; *Schroeder* Schutz von Staat und Verfassung im Strafrecht (1970) 424; *ders.* Moabiter Landrecht oder Hamburger juristische Spökenkiekerei? NJW **1980** 920; *ders.* Das Strafrecht zum Schutz von Verfassung und Rechtsstaat in Verfassungsschutz und Rechtsstaat (1981) 219; *Wagner* Terrorismus, Hochverrat und Abhörgesetz, NJW **1980** 913; *ders.* Hochverrat und Staatsgefährdung (HuSt) Bd. 1 (1957), Bd. 2 (1958); *von Weber* Hochverrat und Staatsgefährdung, MDR **1957** 584.

Entstehungsgeschichte

Der Tatbestand, der seit Jahrhunderten das schwerste Verbrechen gegen die Existenz des Staates kennzeichnet, erhielt seine jetzige Fassung durch das 8. StrÄndG (Vor § 80 Rdn. 12 bis 17) sowie durch eine redaktionelle Änderung mit Art. 19 Nr. 3 EGStGB vom 2. März 1974 (BGBl. I 469; 1975 I 1916; 1976 I 507). Den Entwürfen folgend wurden der Hochverrat gegen den Bund und gegen ein Land systematisch getrennt und der Gebietshochverrat vor den Verfassungshochverrat gerückt. Siehe im Übrigen die zusammenfassende Darstellung Vor § 80.

Übersicht

I. Zweck der Vorschrift

1 Die Vorschrift betrifft nur den **Hochverrat gegen den Bund.** § 81 unterscheidet nach dem angegriffenen Rechtsgut den **Bestandshochverrat** und den **Verfassungshochverrat.** Wie sich aus der Legaldefinition des § 92 Abs. 1 2. Alt. ergibt, ist dabei unter der territorialen Integrität (Absatz 1 Nr. 1) nicht nur der gebietsmäßige Bestand der Bundesrepublik Deutschland zu verstehen, sondern auch ihre Souveränität und staatsrechtliche Potenz als Bundesstaat. § 81 ist **Unternehmensdelikt.**

II. Bestandshochverrat und Verfassungshochverrat

2 **1. Bestandshochverrat (Absatz 1 Nr. 1).** Der Tatbestand des Bestandshochverrats erfasst das Unternehmen, den Bestand der Bundesrepublik Deutschland zu beeinträchtigen. Nach der Legaldefinition des § 92 Abs. 1 liegt eine solche Beeinträchtigung in der Aufhebung der Freiheit der Bundesrepublik Deutschland von fremder Botmäßigkeit, der Beseitigung ihrer staatlichen Einheit oder der Abtrennung eines zu ihr gehörenden Gebietes.

3 a) **Aufhebung der Freiheit von fremder Botmäßigkeit.** Dies trifft nicht nur den Fall, dass sich die Hoheit eines fremden Staates völlig über das (der eigenständigen Souverä-

nität entkleideten) Staatsgebiet der Bundesrepublik Deutschland erstrecken soll, etwa durch vollständige Eingliederung des Bundesgebietes in den fremden Staat. Erfasst wird vielmehr auch der Fall, dass der Handelnde auf eine Minderung der Staatshoheit der Bundesrepublik Deutschland durch Herstellung eines Abhängigkeitsverhältnisses gegenüber einem fremden Staat abzielt.[1] Zu denken ist dabei an eine Abhängigkeit in der Form eines Protektorats oder durch Einsetzen und Kontrolle der Regierungsorgane durch eine fremde Macht bei scheinbar erhalten gebliebener Selbständigkeit („Satellitenstaat"). Nicht erfasst sind Staatsakte, mit denen Hoheitsbefugnisse an Staatengemeinschaften oder an zwischenstaatliche Einrichtungen aufgrund völkerrechtlicher Vereinbarung übertragen werden sowie Pläne dazu.

b) **Beseitigung der staatlichen Einheit.** Die Begehungsform der Beseitigung der staat- **4**
lichen Einheit war in § 80 Abs. 1 Nr. 2 a. F. nicht enthalten. Sie bezieht sich sowohl auf die Aufhebung des bundesstaatlichen Zusammenhalts durch Schaffung mehrerer im Verhältnis zueinander völlig selbständiger Staaten als auch auf die Lockerung dieses Zusammenhalts bis zu dem Grad, dass nur noch von einem Staatenbund (Konföderation) die Rede sein kann. Dabei macht es keinen Unterschied, ob sich die Spaltung an die bestehenden innerstaatlichen Grenzen halten oder ganz neue Gebietseinheiten hervorbringen soll. Im letzten Fall kann zugleich ein Verstoß gegen § 82 Abs. 1 Nr. 1 2. Alt. gegeben sein. Dagegen trifft der Tatbestand nicht den Fall der gewaltsamen Herstellung eines Einheitsstaates; insoweit greift Absatz 1 Nr. 2 ein.

c) **Abtrennung eines zur Bundesrepublik Deutschland gehörenden Gebietes.** Dieses **5**
Tatbestandsmerkmal liegt vor, wenn das Gebiet als eigenständiger Staat verselbständigt oder einem fremden Staat eingegliedert werden soll. Die Grenze zur Begehungsform „Beseitigung der staatlichen Einheit" ist so zu ziehen, dass dort die vollständige Auflösung der bundesstaatlichen Ordnung erfasst wird, während hier die völkerrechtliche Abtrennung lediglich eines Teilgebiets der Bundesrepublik Deutschland gemeint ist. Zum Bundesgebiet s. die durch Art. 4 Nr. 1 des Einigungsvertrages (Vor § 80 Rdn. 19) neu gefasste Präambel des Grundgesetzes.

2. **Verfassungshochverrat (Absatz 1 Nr. 2).** Angriffsobjekt ist die auf dem Grund- **6**
gesetz beruhende **verfassungsmäßige Ordnung.** Damit ist nicht ohne weieres dasselbe gemeint wie mit den in anderen Vorschriften verwendeten Merkmalen der „verfassungsmäßigen Ordnung" (vgl. §§ 85, 86, 88, 89 ff), der „freiheitlich demokratischen Grundordnung" (Art. 18 und Art. 21 GG) oder den Verfassungsgrundsätzen im Sinn des § 92 Abs. 2. Anders als dort werden nicht bestimmte verfassungsrechtliche Prinzipien des Grundgesetzes als solche umfasst, sondern die auf den Prinzipien des Grundgesetzes beruhende Staatsordnung wie sie institutionell und personell konkret Gestalt angenommen hat. Vom Bestandshochverrat unterscheidet sich der Verfassungshochverrat in der Zielsetzung.[2]

a) **Geschichtliche Entwicklung.** Während das RStGB von 1871 im Anschluss an das **7**
Preußische Allgemeine Landrecht und das Preußische StGB die Verfassung (des Deutschen Reiches) als geschütztes Rechtsgut bezeichnete, führte die Zwischenregelung des Art. 143 GG den im Grundgesetz nicht einheitlich verwandten Begriff der verfassungs-

---

1 *Lampe/Hegmann* MK Rdn. 11; *Paeffgen* NK Rdn. 8.

2 *Paeffgen* NK Rdn. 11; *Rudolphi* SK Rdn. 10.

mäßigen Ordnung ein (BVerfGE **6** 32, 38; BGHSt 7 222, 226 f; *Hennke* GA **1954** 140), der dann bei der Neufassung im 1. StrÄndG von 1951 (Vor § 80 Rdn. 7) durch den Hinweis auf das Grundgesetz als Grundlage dieser Ordnung konkretisiert wurde. Dieser Änderung des Wortlauts lässt sich nur insofern eine andere sachliche Begrenzung entnehmen, als die frühere Fassung auch Staatsgrundlagen im Auge hatte, die außerhalb der Verfassungsurkunde niedergelegt sein konnten (RGSt **41** 138, 140), während jetzt das Grundgesetz als einzige gesetzliche Quelle dessen in Betracht kommt, was als verfassungsmäßige Ordnung zu verstehen ist. Abgesehen hiervon hatte der Gesetzgeber mit der veränderten Fassung sachlich das Gleiche im Auge, was früher unter Verfassung verstanden worden war. Doch kam in den Bemühungen um die Formulierung sowohl das Unbehagen gegenüber einer als zu weit empfundenen Interpretation als auch der Wunsch nach schärferer Begrenzung des Tatbestands zum Ausdruck, den man jedoch nicht deutlicher zu artikulieren vermochte.

Bei der Auslegung des Tatbestandsmerkmals glaubte man daraufhin der Tendenz des Gesetzgebers am ehesten zu entsprechen, wenn man, wie es schon RGSt **41** 138, 140 zum Ausdruck gebracht hatte, auf die wesentlichen Grundlagen des Staates abstellte und deshalb in bezug auf das Grundgesetz die freiheitliche demokratische Grundordnung im Sinne der Art. 18 und 21 GG als (in erster Linie) gemeint bezeichnete und daneben noch die grundlegenden Staatseinrichtungen als Begriffsinhalt anerkannte. So auch die Begründung des E 1962 (Vor § 80 Rdn. 10), wonach der Begriff nicht nur die jetzt in § 92 Abs. 2 zusammengefassten strafrechtlich geschützten Verfassungsgrundsätze umfasse, die „zu den Wesenselementen der freiheitlichen demokratischen Grundordnung gehören", sondern darüber hinaus auch „die Wesensbestandteile der konkreten Verfassungsordnung und Verfassungswirklichkeit".

8 b) **Auslegung durch den Bundesgerichtshof.** Demgegenüber hat der BGH nach anfänglicher Orientierung an der Rechtsprechung des Reichsgerichts (Urteil vom 8. April 1952 – StE 3/52 –, „Fünfbroschürenurteil") es als kennzeichnenden Unterschied zu den Staatsgefährdungstatbeständen, insbesondere zu § 90a a. F., bezeichnet, dass die verfassungsmäßige Ordnung durch den Hochverratstatbestand so geschützt wird, wie sie in bestimmten grundlegenden Einrichtungen der Verfassung **konkret** Gestalt gewonnen hat, während im Gegensatz dazu Schutzobjekt der *Staatsgefährdung* (jetzt Gefährdung des demokratischen Rechtsstaates) die allgemeinen Grundprinzipien seien, die – bis zu einem gewissen Grade unabhängig von der jeweiligen Form – das Wesen der freiheitlichen Demokratie ausmachen und die der Verfassungsgesetzgeber in den Art. 18 und 21 GG mit dem Begriff der freiheitlichen demokratischen Grundordnung umschrieben habe (BGHSt 7 222, 226 f).

9 Im Zusammenhang mit der Beurteilung des kommunistischen „Programms der Nationalen Wiedervereinigung Deutschlands", das für das Urteil des BVerfG zum Verbot der KPD vom 17. August 1956 (BVerfGE 5 85) eine entscheidende Rolle spielte, hat der BGH dann diesen Unterschied noch stärker herausgearbeitet, indem er für den Tatbestand des Hochverrats das Ideologische ganz in den Hintergrund treten ließ und einzig darauf abstellte, dass mit dem angestrebten Sturz des „Adenauer-Regimes" die Beseitigung der amtierenden Bundesregierung, die Ausschaltung des Bundestags in seiner durch die letzte Wahl gegebenen Zusammensetzung und unter vollständiger Abkehr von den Grundsätzen der repräsentativen Demokratie die Einsetzung einer außerparlamentarischen Regierung geplant war (BGHSt **6** 336, 338 f; Hochverrat und Staatsgefährdung HuSt I (**1957**) 108, 179 in BGHSt **8** 102 insoweit nicht abgedruckt; HuSt II (**1958**) 11, 30; II (**1958**) 308, 321 f). Deutlich ist diese Trennung in der zuletzt angeführten Entscheidung herausgearbeitet. Hier wird zum Einwand des Angeklagten, das „Programm" habe die freiheitliche demokratische Grundordnung nicht antasten wollen, ganz grundsätzlich ausgeführt: „Der Tatbestand des Verfassungshochverrats setzt nicht voraus, daß der Täter mit einem zum Zwecke der Machtergreifung beabsichtigten Umsturz unmittelbar und sogleich ein Regime schaffen will, das den Grundsätzen der freiheitlichen demokratischen Grundordnung widerspricht. Es gehört auch nicht zum Tatbestand, daß der Täter überhaupt, und sei es auch nur auf weitere Sicht, die Schaffung eines solchen Regimes beabsichtigt. Wesentlich ist allein, daß ein gewaltsamer Eingriff in die Verfassungsordnung stattfinden soll, der grundlegende Verfassungseinrichtungen trifft und in ihrer durch die Verfassung geprägten Form und auf der Verfassung beruhenden Existenz beseitigt: im gegebenen Falle die nach dem Grundgesetz bestellte Regierung Adenauer und das Recht des im Jahre 1949 vom Volke gewählten Bundestages, allein darüber zu befinden, ob der von ihm gewählte Bundeskanzler im Amte bleiben oder einem anderen Bundeskanzler weichen müsse. Für die Tatbestandsmäßigkeit der Handlung spielt es auch keine Rolle, ob die durch den Umsturz an die Macht gekommene Revolutionsregierung ihre Herrschaft nur vorübergehend behaupten und eine neue (demokratische) Verfassung einführen oder sich gar nach einer Übergangszeit dem Votum des bestehenden oder eines neu gewählten Parlaments unterwerfen soll, um fortan den Normen der geltenden Verfassung wieder Genüge zu tun."

In der Vorauflage sowie von Willms in der 10. Auflage (Rdn. 6) wurde deshalb vertreten, dass die dargelegten Grundsätze zum Ausschluss der rein abstrakten Prinzipien der freiheitlichen demokratischen Grundordnung aus dem Kreis dessen, was als die auf dem Grundgesetz beruhende verfassungsmäßige Ordnung im Sinne des Hochverratstatbestandes anzusehen ist, führe. Der BGH habe den Fehler vermieden, den Begriff in Loslösung vom übrigen Tatbestand zu definieren und damit zu übersehen, dass eine *unmittelbar* wirksame gewaltsame Änderung, wie sie dieser Tatbestand erfassen solle, niemals Prinzipien oder Grundsätze als etwas isoliert für sich Bestehendes trifft und treffen könne. Gegenstand und Nahziel eines gewaltsamen Umsturzes, mag man ihn sich in der Form der Revolution, des Putsches oder des Staatsstreichs vorstellen, könne es danach immer nur sein, bestehende Machtpositionen zu beseitigen und neue Machtpositionen zu errichten. Allein innerhalb dieser Dimension des gewaltsamen Machtwechsels oder der gewaltsamen Machtverschiebung sei danach auch das aufzusuchen und zu fixieren, was das Gesetz als Änderung der verfassungsmäßigen Ordnung anspreche. Für den Tatbestand des Hochverrats setzte dies nach der hier erörterten, einschränkenden Auslegung immer und entscheidend die Änderung der Machtpositionen voraus, die solches überhaupt erst möglich mache. Letzten Endes führe danach auch der Gebietshochverrat immer über den Verfassungshochverrat und lasse sich deshalb als eigene selbständige Alternative dogmatisch in Zweifel ziehen. **10**

c) **Stellungnahme**. Eine solche Begrenzung und Fixierung des Begriffs der auf dem Grundgesetz beruhenden verfassungsmäßigen Ordnung wäre von wesentlicher Bedeutung für die Vermeidung einer zu weiten Ausdehnung des Tatbestandes der Vorbereitung eines hochverräterischen Unternehmens (§ 83), weil es die Infragestellung von abstrakten Verfassungsprinzipien, die isoliert und ohne das Ziel der Änderung der in § 81 geschützten Machtpositionen und Ordnungsprinzipien erörtert werden, von vornherein aus dem Tatbestand ausschließt. Die Begrenzung wird von Teilen der Literatur[3] zu Recht mit der **11**

[3] *Lampe/Hegmann* MK Rdn. 23 f m. w. N.; *Paeffgen* NK Rdn. 12.

Begründung in Zweifel gezogen, sie erfasse nicht den Umsturz durch Verfassungsaushöhlung, also durch Abschaffung wesentlicher rechtsstaatlicher Prinzipien ohne Beseitigung von Machtpositionen. Die Kritik kann indes nicht dazu führen, den Tatbestand konturenlos auszuweiten. Dies wird vermieden, wenn als Gegenstand der verfassungsmäßigen Ordnung auch die Erhaltung der Verfassungsgrundsätze, die für den demokratischen Rechtsstaat wesensimmanent sind, insbesondere die Gewaltenteilung und die Bindung der Institutionen an Recht und Gesetz, erfasst werden.

12 d) **Zusammenfassung.** Verfassungshochverrat (zur Vollendung gebracht) ist: die gewaltsame Ergreifung der Staatsmacht oder eines Teiles hiervon durch Personen, die zur Ausübung dieser Macht entweder überhaupt nicht (Umsturz von unten) oder nur in einem beschränkteren Umfang (Umsturz von oben) durch die Verfassung legitimiert sind sowie die gewaltsame Auflösung der Staatsgewalt oder eines Teiles hiervon, wobei an die Stelle der durch verfassungsgemäße Organe bestimmten Ordnung ein staatsrechtlicher Freiraum oder die Anarchie tritt[4], darüberhinaus, wenn im Sinne der in der Rdn. 11 a. E. vertretenen Erweiterung mit der verfassungsmäßigen Ordnung unvereinbare Prinzipien eingeführt werden (Gewaltherrschaft, auch in der Form mit Rechtspositionen, die der grundgesetzlichen Ordnung widersprechen: Einführung der Scharia). Darauf, dass mit einem solchen Machtwechsel oder einer solchen Entmachtung der verfassungsmäßigen Staatsorgane oder Außerkraftsetzen von wesentlichen Prinzipien letztlich Zustände angestrebt werden, die mit der freiheitlichen demokratischen Grundordnung generell unvereinbar sind, kommt es für den Tatbestand nicht an, obwohl sich in aller Regel das eine mit dem anderen verbinden wird (so bereits RGSt **56** 259, 263). Der Auffassung von *Maurach*[5], dass die Staatsgefährdung nur ein minus, nicht aber ein aliud gegenüber dem Hochverrat sei, kann deshalb im rechtsdogmatischen Sinn jedenfalls für den Verfassungshochverrat nicht zugestimmt werden.

Als **Schutzgegenstand des Verfassungshochverrats** lässt sich also im Ergebnis die **individuell konkretisierte Verfassungsordnung der Bundesrepublik Deutschland** in ihren für die Ausübung der Staatsgewalt bedeutsamen Positionen bezeichnen.[6]

III. Tathandlung

13 Die Tathandlung besteht in dem **Unternehmen, die Unrechtserfolge** (Bestands- und Verfassungsverrat) **herbeizuführen.** Das Unternehmen beginnt mit dem Anfang der Gewaltausübung oder -androhung. Der Tatbestand erfasst daher nicht nur die vollendete, sondern auch die versuchte Tat (§ 11 Abs. 1 Nr. 6).[7] Auch der im technischen Sinne des § 22 versuchte Hochverrat ist deshalb schon eine vollendete Tat. Zu Vorbereitungshandlungen und ihrer Abgrenzung s. § 83, zum Rücktritt § 83a.

---

[4] Die Besetzung von Rundfunk- und Fernsehanstalten ist sicher ein wichtiges Teilstück umstürzlerischer Aktionen und als solches vom Tatbestand mitumfasst wie jede andere dem hochverräterischen Ziel dienende Gewalthandlung, sie kann jedoch nicht schon für sich genommen als Hochverrat angesehen werden.

[5] Strafrecht BT 5. Aufl. 1969 § 59 II A a. E.

[6] Ausführlich *Paeffgen* NK Rdn. 11 ff; *Lackner/Kühl* Rdn. 3; *Sch/Schröder/Stree/Sternberg-Lieben* Rdn. 7 f; *Rudolphi* SK Rdn. 11 f; *Tröndle/Fischer* Rdn. 4.

[7] Kritisch *Paeffgen* NK Rdn. 26.

Bei der (im untechnischen Sinne versuchten) Tat muss der Täter auf die oben unter II. 1. und 2. näher gekennzeichneten Änderungen abzielen. Die Nötigung oder Hinderung des Inhabers eines wichtigen Staatsamtes bei der Ausübung seiner verfassungsmäßigen Befugnisse kann infolgedessen nur dann im Sinne des Verfassungshochverrats tatbestandsmäßig sein, wenn sie vom Täter als Mittel einer solchen (weiter reichenden) Änderung gedacht ist. Nicht anders verhält es sich, wenn auf die politische Entschließungsfreiheit des Bundestages bei Erledigung einer bestimmten Aufgabe der Gesetzgebung eingewirkt wird.[8] Sind mit der Tat keine solch weitergehenden Ziele verbunden, können allenfalls die §§ 105, 106 in Betracht kommen.

Im Übrigen darf die Formulierung des Tatbestandes, die auf die punktuelle Verwirklichung durch einen Einzeltäter hindeutet, nicht darüber hinwegtäuschen, dass es hier regelmäßig um ein **Kollektivgeschehen** geht, das sich aus einer Vielzahl einzelner Tatbeiträge zusammensetzt, die erst durch ihr Zusammenwirken zum Erfolg hinleiten und das Tatbild im ganzen ausfüllen.[9] Daher können für den Tatbestand des § 81 bereits geringe Beiträge genügen, sofern sie nur in einem Stadium geleistet werden, in dem nicht mehr von einer bloßen Vorbereitung eines hochverräterischen Unternehmens die Rede sein kann, sondern bereits seine Verwirklichung begonnen hat. Hier kommt dann den Feststellungen zur inneren Tatseite besondere Bedeutung zu (s. Rdn. 23).

IV. Tatmittel sind Gewalt und Drohung mit Gewalt

§ 81 weist die Besonderheit auf, dass anders als etwa bei § 105 nicht bestimmt ist, **14**
wer durch diese Nötigungsmittel zu welchem Tun oder Unterlassen veranlasst werden soll. Es wird allein auf den durch das Unternehmen angestrebten Erfolg abgestellt. Zur tatbestandsmäßigen Gewalt und Drohung mit Gewalt im Sinn einer Strafvorschrift gehört ihre Eignung, eine Zwangswirkung auf das durch die Vorschrift geschützte Rechtsgut auszuüben.[10] Daher ist Gewalt und Drohung mit Gewalt im Sinn der Staatsschutzdelikte nicht identisch mit den entsprechenden Tatbestandsmerkmalen in Individualrechtsgüter schützenden Normen.[11] Die Schwelle liegt bei den Staatsschutzdelikten wesentlich höher;[12] die Gewalt und die Drohung mit Gewalt muss ein gewisses Ausmaß haben. Bei der Auslegung können die allgemeinen Kriterien der Gewalt (Rdn. 15) und der Drohung mit Gewalt (Rdn. 16) herangezogen werden (s. im Einzelnen zu dem insoweit korrespondierenden Gewaltbegriff *Bauer/Gmel* LK § 105 Rdn. 8 ff).

1. Gewalt. Nach der Rechtsprechung des BGH liegt Gewalt allgemein dann vor, **15**
wenn der Täter durch eine – sei es auch nur geringe – körperliche Kraftentfaltung[13] eine den Bereich des Psychischen verlassende (und auch psychisch empfundene) körperlich wirkende Zwangswirkung auf ein Opfer ausübt. Es werden dabei auch Fallgestaltungen erfasst, in denen ein psychisch wirkender Druck eine so starke Intensität erreicht, dass er vom Opfer als körperlich wirksamer Zwang empfunden wird, etwa die Abgabe von Schreck- oder Warnschüssen[14], die Bedrohung mit einer Schusswaffe[15] oder die Sitz-

---

[8] S. im einzelnen die bei *Wagner* GA **1960** 4, 6 unter B 4–7 angeführten Entscheidungen sowie BGHSt **6** 352, 353.
[9] BGH NJW **1954** 1253.
[10] BGHSt **23** 46, 50.
[11] *Lampe/Hegmann* MK Rdn. 5.
[12] BGHSt **32** 165, 172 zu § 105 m. zust. Anm. *Willms* JR **1984** 120 u. *Arzt* JZ **1984** 428; *Sch/Schröder/Stree/Sternberg-Lieben* Rdn. 4; *Tröndle/Fischer* Rdn. 6a.
[13] BGHSt **41** 182, 185.
[14] BGH GA **1962** 145.
[15] BGHSt **23** 126, 127.

blockade zur Verhinderung der Weiterfahrt des Genötigten (BGHSt **23** 46, wo allerdings nicht ausdrücklich auf die körperliche Wirkung des Zwangs abgestellt wird).[16] Dagegen soll ein allein psychisch wirkender Druck keine Gewalt darstellen.[17] Die Gewalt wird sich beim Hochverrat regelmäßig gegen Personen richten, wobei eine unmittelbare physische Einwirkung jedoch nicht unbedingt erforderlich ist. Ausreichend ist eine Einwirkung, etwa durch Gewalt gegen Sachen, sofern der mit ihr auf die Person ausgeübte Druck grad- und wirkungsmäßig einer physischen Gewalt gleichkommt.[18]

16 2. **Drohung mit Gewalt.** Drohung bedeutet hier wie auch sonst die als ernstlich hingestellte Ankündigung eines angeblich vom Willen des Ankündigenden abhängigen und von diesem für den Betroffenen als fühlbar angesehenen Übels.[19] Die Drohung mit Gewalt stellt in § 81 wie bei § 105 eine Steigerung gegenüber der Drohung mit einem empfindlichen Übel in §§ 106, 240 dar. Es müssen solche Nachteile in Aussicht gestellt werden, deren Zufügung Gewalt im Sinn des § 81 sein würde. Der Drohende muss nicht wirklich zur Zufügung des Übels entschlossen sein. Es genügt, dass er die Drohung als ernstlich hinstellt. Es ist auch nicht erforderlich, dass die Verwirklichung des Übels tatsächlich in der Macht des Drohenden liegt. Vielmehr ist es ausreichend, dass er die Verwirklichung als in seiner Macht stehend hinstellt und dass die Ankündigung geeignet erscheint, den Bedrohten im Sinne des Täterverlangens zu motivieren.[20] Drohung mit Gewalt verwirklicht das Übel für das Opfer noch nicht, sondern zielt immer und ausschließlich auf rein psychische Einwirkungen ab.[21]

17 3. **Normative Tatbestandsbeschränkung.** Wie bei § 105 hat auch für § 81 zu gelten, dass nicht jede Tathandlung, die die definitionsgemäß weit gefassten Voraussetzungen der Gewalt oder der Drohung mit Gewalt erfüllt, ohne weiteres tatbestandsmäßig ist. Vielmehr erfordert zum einen der Umstand, dass § 81 nicht auf die Wahrung individueller Rechtsgüter, sondern auf den Schutz des gebietsmäßigen Bestandes der Bundesrepublik Deutschland und deren verfassungsrechtlichen Prinzipien abzielt, zum anderen die verfassungsrechtlich[22] gebotene Zurückhaltung des Strafrechts im Bereich politischer Auseinandersetzungen eine normative Einschränkung des Tatbestandes. Hinzu kommt, dass mit dem Staat und seinen Institutionen ein (im Vergleich zu Einzelnen) viel schwerfälliger agierender und somit auch nur schwer beeinflussbarer Adressat vorliegt.[23] Auch ist zu beachten, dass das Unrecht in den Normen vom Gesetzgeber unterschiedlich schwer bewertet wird. So wird § 240 als Vergehen, § 81 hingegen als Verbrechen eingestuft. Gewaltanwendungen oder -androhungen werden danach von § 81 nur erfasst, wenn sie bei objektiver Betrachtung geeignet sind, einen Widerstand gegen die von den Tätern erstrebte Erreichung eines der in § 81 Abs. 1 genannten hochverräterischen Ziele zu verhindern oder zu überwinden.[24] Maßgeblich dafür, ob die Gewalt oder die Drohung mit Gewalt diese Eignung haben, ist die Wirkung der Nötigungsmittel auf die zuständigen staatlichen Organe, die zur Wahrung der Prinzipien des § 81 verpflichtet sind. Zwar stellt § 81 nicht auf bestimmte Organe ab, die einer Handlung im Sinne des § 81 entgegenzutreten haben, sondern auf den Erfolg (Rdn. 22). In Fällen, in denen es

---

[16] BGHSt **37** 350, 353 ff; vgl. BVerfGE **73** 201; **92** 1.
[17] BGHSt **23** 126, 127; BGH NStZ **1982** 159.
[18] *Sch/Schröder/Stree/Sternberg-Lieben* Rdn. 4
[19] BGHSt **7** 197, 198; **7** 252, 253; **16** 316, 318.
[20] BGHSt **31** 195, 201.
[21] Vgl. etwa RGSt **64** 113, 116; BGHSt **19** 263, 266.
[22] BVerfG NStZ **1990** 487, 488.
[23] *Paeffgen* NK Rdn. 18.
[24] § 105: BGHSt **32** 165, 174 m. Anm. *Willms* JR **1984** 120 und *Arzt* JZ **1984** 428.

nicht zum Erfolg kommt, es vielmehr beim Unternehmen bleibt, kann die Wirkungsweise der Nötigungsmittel nur an denen gemessen werden, die in demokratischen Rechtsstaaten zur Wahrung der Prinzipien des § 81 berufen sind. Entscheidend ist daher, ob von diesen Institutionen in der konkreten Lage erwartet werden kann und muss, dass sie – insbesondere im Hinblick auf ihre Verpflichtung zur Bewahrung der territorialen und verfassungsmäßigen Integrität der Bundesrepublik Deutschland – auch im Rahmen heftiger Auseinandersetzungen dem Druck standhalten. Gewalt oder Drohung mit Gewalt im Sinne des § 81 liegt danach nur dann vor, wenn die erzeugte oder beabsichtigte Zwangswirkung eine derartige Intensität erreicht, dass die maßgeblichen Institutionen sich bei objektiver Betrachtung zur Kapitulation vor den hochverräterischen Absichten der Täter gezwungen sehen können, sei es auch nur, um schwerwiegende Schäden vom Gemeinwesen oder seinen Bürgern abzuwenden.[25]

4. Zielrichtungen der Nötigung. In diesem Sinne ist an verschiedene Zielrichtungen der eingesetzten Nötigungsmittel zu denken. Insoweit besteht zum Teil Deckungsgleichheit mit § 105. 18

a) **Direkte Nötigung eines Verfassungsorgans.** In den Fällen, in denen das Verfassungsorgan selbst von der Gewaltanwendung oder der Drohung mit Gewalt betroffen ist, werden nur **gravierende Einschränkungen** der Funktionsfähigkeit des Organs oder seiner Willensbildung erfasst. In Betracht kommt etwa das Schaffen oder Androhen unmittelbarer und nicht umgehbarer Leibes- oder Lebensgefahren für die Mitglieder des Organs in ihrer Gesamtheit. Dies liegt auch vor, wenn das Verfassungsorgan in seiner Gesamtheit ohne Fluchtmöglichkeit eingesperrt und dadurch an der Ausübung seiner Befugnisse gehindert wird. Dagegen scheiden sonstige, die Arbeit des Verfassungsorgans nur vorübergehend oder unwesentlich beeinträchtigende Einwirkungen, die ohne größere Schwierigkeiten beseitigt oder umgangen werden können, aus dem Tatbestand aus. Dies gilt etwa für die Sperrung des Zugangs zum Sitz des Verfassungsorgans durch Sitzblockaden[26], die Störung von Parlamentssitzungen oder Verhandlungen des BVerfG durch Lärm[27] oder nicht spezifizierte Bombendrohungen, die die zeitweilige Räumung eines Plenar- oder Sitzungssaales erforderlich machen (anders dagegen, wenn ein Sprengstoffanschlag auf das Verfassungsorgan als ganzes für den Fall angedroht wird, dass dieses eine bestimmte Entscheidung trifft). 19

b) **Indirekte Nötigung eines Verfassungsorgans.** Die normative Einschränkung des Tatbestandes ist vor allem dann bedeutsam, wenn der Täter auf ein Verfassungsorgan Druck dadurch erzeugt, dass er Gewalt gegen Dritte ausübt oder androht. Atom-, Gift-, Chemie- oder Sprengstoffanschläge können so gravierend sein, dass sie oder ihre Androhung zur Aufgabe der Prinzipien des § 81 führen oder führen könnten. Der Anschlag in Spanien im Jahre 2004 und die Reaktion des Staates (Abzug der Truppen aus dem Irak) belegt die erhebliche Wirkung solcher Anschläge. Auf den Dritten rein psychisch vermittelter Druck geringeren Umfangs, auch wenn er für diesen körperliche Zwangswirkung entfaltet, kann den Tatbestand des § 81 nur bei besonderen Voraussetzungen erfüllen,[28] 20

---

[25] BGHSt 32 165, 174 f; zur Nötigung i. S. d. § 240 StGB eines Staatsorgans, das dem Nötigungsmittel in „besonnener Selbstbehauptung" standhalten kann: BGH NJW **1992** 1905.

[26] BGHSt 23 46, 50.

[27] BGH NStZ **1982** 158.

[28] BGHSt 32 165: Androhung oder Durchführung der Blockade der Zu- und Abfahrten eines Flughafens, um eine Landesregierung zu einer bestimmten Entscheidung zu zwingen.

etwa wenn die Wiederholung des Drucks angedroht wird bis die Regierung nachgibt.[29] Sprengstoff- und sonstige tödliche Anschläge auf Bürger aus hochverräterischen Gründen können in Zukunft nicht ausgeschlossen werden. Auch weniger gravierende Fälle als in Spanien 2004 können bei der in diesem Rahmen gebotenen Bewertung, ob einem Dritten angetane oder angedrohte Gewalt auf das Verfassungsorgan eine relevante Zwangswirkung ausübt, von Bedeutung sein. Eventuelle persönliche Beziehungen eines oder mehrerer Mitglieder des genötigten Organs zu dem Dritten treten in den Hintergrund. Völlig unbeachtlich sind sie jedoch nicht. Es wird vielmehr eine Gesamtbetrachtung vorzunehmen sein, bei welcher die Nähe der verwandtschaftlichen oder sonstigen Beziehung des Dritten zu dem Mitglied des Verfassungsorgans, der Grad der dem Dritten drohenden Gefahr und die personelle Größe des Verfassungsorgans in Beziehung zu setzen sind. Die Androhung schwerwiegender Gewalttätigkeiten gegen einen Dritten (etwa Folter) oder die Drohung mit dessen Tötung wird regelmäßig auch dann den Tatbestand erfüllen, wenn der Dritte keinem der Mitglieder des genötigten Organs nahe steht. Die Intensität der Zwangswirkung kann dadurch verstärkt werden, dass die Person, mit deren körperlicher Beeinträchtigung gedroht wird, etwa als fremder Diplomat in besonderer Weise unter dem Schutz des Staates steht.

21 c) **Kollektivangriffe.** Schwierigkeiten kann die Beurteilung des Nötigungsdrucks vor allem dort bereiten, wo ein größerer Personenkreis einen Kollektivangriff führt, der eine Vielzahl von (für sich genommen keine hinreichende Zwangswirkung ausstrahlenden) Einzelakten umfasst. Hier kommt es auf eine **Gesamtbetrachtung** an, für die es wesentlich erscheint, welche Wirkung den Einzelakten in ihrer Zusammenfassung zukommt. Körperlich wirkende Gewaltanwendung muss dem Ganzen das Gepräge geben. Für die Bemessung der Zwangswirkung ist auch jedes sonstige Geschehen von Belang, das diese in ihrem Gewicht steigert. Zu denken ist dabei besonders an die Kombination mit für sich nicht rechtswidrigen Aktionen, deren Teilnehmer mit der Zielsetzung gewaltsamer Einwirkung nicht übereinstimmen und deshalb für ihre Person den Tatbestand nicht verwirklichen. Natürliche und legitime politische Spannungen können Anknüpfungspunkte liefern, die sich ein überlegt handelnder Täterkreis zunutze machen kann und die dadurch zur Intensität der Zwangswirkung beitragen.

22 5. **Nötigungswirkung** ist der oder der vom Täter gewollte Erfolg, der auf einem durch vis compulsiva erzwungenen Handeln (im engeren Sinne der willentlichen Tätigkeit) oder Unterlassen (im Sinne des willentlichen Nichtausführens einer bestimmten Tätigkeit) oder durch vis absoluta erzwungenen Duldens (im Sinne des nicht willentlichen, rein passiven Untätigbleibens) beruhen kann. Der Erfolg oder der vom Täter gewollte Erfolg kann also auf erzwungener Nichtausübung oder erzwungener Ausübung der in den Tätigkeitsbereich fallenden Befugnisse überhaupt oder einzelner von ihnen in einem bestimmten Sinn beruhen. Das kann auch durch „Auseinandersprengen" des Verfassungsorgans bewirkt werden, d. h. durch Auseinandertreiben der schon versammelten Mitglieder in der Weise, dass das Organ beschlussunfähig wird, oder umgekehrt durch das Verhindern des Zusammentretens des Verfassungsorgans oder seiner Beschlussfähigkeit oder Beschlussfassung; aber auch durch Zwang zur Beschlussfassung im Rahmen der Zuständigkeit in dem vom Täter gewünschten Sinn, wobei es unerheblich ist, ob der erzwungene Beschluss sachlich verfehlt oder richtig, zur Zeit unnötig oder notwendig ist.[30]

---

[29] BGHSt **32** 165, 176.

[30] RGSt **54** 152, 163.

V. Subjektiver Tatbestand

Es ist zumindest **bedingter Vorsatz** erforderlich. Angesichts der sich regelmäßig im Rahmen eines Kollektivgeschehens abspielenden Tatbestandsverwirklichung (s. Rdn. 21) muss der Täter all die Umstände überblicken, die seinen Beitrag als einen wirksamen Teil der kollektiven Anstrengung zur Erreichung des hochverräterischen Zieles kennzeichnen und als Anfang der Tatausführung erscheinen lassen. Der innere Vorbehalt, das hochverräterische Ziel nicht zu billigen, ist bei einem Handeln im Bewusstsein von dessen Förderung bedeutungslos. 23

VI. Rechtswidrigkeit

Das Rechtswidrigkeitsmerkmal in Absatz 1 ist kein Tatbestands-, sondern ein **allgemeines Verbrechensmerkmal.** 24

1. Keine entsprechende Anwendung des § 240 Abs. 2. Nach seiner dogmatischen Bedeutung ist § 81 lex specialis zu § 240. Hiervon ist die Frage zu trennen, ob auch der Absatz 2 des § 240 im Falle des § 81 angewandt werden soll, obwohl hier eine qualifizierte Drohung statt der Drohung mit jedem empfindlichen Übel gefordert wird. Dies ist, wie auch bei § 105 (BGHSt **32** 165, 176), abzulehnen. Die schwerwiegenden Fälle des § 81 lassen eine Abwägung im Sinne des § 240 Abs. 2 nicht zu; die Prüfung einer Verwerflichkeit ginge ins Leere. 25

2. Rechtfertigungsgründe. Als Rechtfertigungsgründe kommen die in der Verfassung vorgesehenen Abwehrrechte in Frage. Für den Bund ist der Bundeszwang (Art. 37 GG) zu nennen. Zu erörtern sind folgende Abwehrrechte: 26

a) Streikrecht.[31] Es war vor dem 17. Gesetz zur Ergänzung des Grundgesetzes vom 24. Juni 1968 (BGBl. I 709) nur in einigen Länderverfassungen und ist seitdem in Art. 9 Abs. 3 GG geregelt. Die Vorschrift spricht einerseits von „Arbeitskämpfen ... zur Wahrung und Förderung der Arbeits- und Wirtschaftsbedingungen", also im Sinne des Arbeitsrechts von den wirtschaftlichen Streiks der Arbeitnehmer, und andererseits von den wirtschaftlichen Aussperrungen der Arbeitgeber, nicht von den „politischen" Streiks oder „politischen" Aussperrungen. Soweit letzteres der Fall ist, handelt es sich um „wilde" Arbeitskämpfe, also wilde Streiks und wilde Aussperrungen. Erfasst, legitimiert und privilegiert werden hiernach durch Art. 9 Abs. 3 GG nur die von den zuständigen Vereinigungen geführten wirtschaftlichen Arbeitskämpfe. Dies jedoch nur, wenn sich die Kampfmaßnahmen gegen den „Tarifpartner" richten. Sollen durch die Maßnahmen dagegen politische Organe zu einem Handeln oder Unterlassen gezwungen werden, so liegt ein politischer Arbeitskampf vor. Für die Prüfung des § 81 ist dabei von Bedeutung, ob die Verfassungsorgane mit Mitteln beeinflusst werden sollen, die bei objektiver Betrachtung geeignet sind, ihren Willen zu beugen. Auch der Arbeitskampf ist in das Gefüge der Verfassungsordnung eingebettet und setzt die Achtung ihrer Institutionen voraus. Der Einsatz der von § 81 vorausgesetzten qualifizierten Nötigung kann daher, 27

---

[31] S. hierzu *Niese* Streik und Strafrecht; *Ostendorf* Kriminalisierung des Streikrechts; *Sax* NJW **1953** 368; *Scholz* Jura **1987** 190; *Lampe/Hegmann* MK Rdn. 8; *Paeffgen* NK Rdn. 20 f; *Rudolphi* SK Rdn. 6.

jedenfalls außerhalb des Anwendungsbereichs des Art. 20 Abs. 4 GG (vgl. Rdn. 29), durch das Streikrecht nicht gerechtfertigt werden. Es reicht allerdings für eine Strafbarkeit noch nicht aus, dass ein solcher Streik eine vorübergehende Lähmung des öffentlichen und wirtschaftlichen Lebens bewirkt, das ordnungsgemäße Arbeiten des Staatsapparates stört und Unruhe sowie Empörung in der Bevölkerung weckt und dadurch Zwang auf die staatlichen Institutionen ausgeübt wird (so aber BGHSt 8 102, 104). Solche rein psychischen Zwangswirkungen genügen dem Gewaltbegriff nicht. Es ist – wie allgemein – ein **körperlich spürbarer Zwang** erforderlich.[32] Ein solcher ist bei einem Streik allenfalls in extremen Ausnahmefällen denkbar,[33] etwa wenn die lebensnotwendige Grundversorgung der Bevölkerung – z. B. mit Lebensmitteln, Wasser, Energie oder ärztlicher Versorgung – längerfristig unterbunden wird und dadurch die physische Existenzvoraussetzung von einer unbestimmten Anzahl von Personen gefährdet wird (vgl. BTDrucks. V/2860 S. 3). Dabei kommt den in Rdn. 17 dargestellten zusätzlichen Einschränkungen besondere Bedeutung zu.

28 b) **Demonstrationsrecht.** D. h. das Recht, mit anderen Personen unter freiem Himmel räumlich zusammenzutreten oder zusammenzubleiben, um hierdurch eine gemeinsame Meinung unmittelbar gegenüber dritten Personen zum Ausdruck zu bringen. Dieses Recht ist durch Art. 5 und Art. 8 GG einerseits gewährleistet, andererseits zugleich beschränkt. Es besteht nach Sinn und Zweck dieser Vorschriften nur in dem Umfange, als die Meinungskundgabe sich als „Mittel des geistigen Meinungskampfes"[34] darstellt, d. h. ausschließlich mit geistigen Argumenten geführt wird.[35] Als solches begründet es weder ein Recht zur Gewaltanwendung, soweit Behinderungen nicht durch die Sozialadäquanz gerechtfertigt sind,[36] noch ein Recht zur Drohung mit Gewalt. Die Frage, ob Demonstrationen, die durch das geltende Recht nicht gerechtfertigt sind, weil es außerhalb des Anwendungsbereichs des Art. 20 Abs. 4 GG (dazu Rdn. 29) zur Gewaltanwendung oder zur Drohung mit Gewalt kommt, durch § 81 erfasst sein können, kann nur in extremen Ausnahmefällen (Rdn. 27 a. E.) bejaht werden. Die normativen Tatbestandseinengungen, wie sie beim verbotenen Streik erörtert wurden, sind von besonderer Bedeutung.

29 c) **Das Recht auf zivilen Ungehorsam,**[37] etwa in dem Sinn des Art. 20 Abs. 4 GG oder der Rechtsposition des Art. 26 GG mögen bei Art. 105 GG (siehe dort) zu erörtern sein.[38] Handlungen, die nur dem Erhalt der verfassungsmäßigen Ordnung dienen sollen, sind nicht tatbestandsmäßig im Sinn des § 81.

---

[32] Weitergehend wohl *Willms* LK[10] § 105 Rdn. 13; offengelassen in BGHSt **32** 165, 169; BGH NStZ **1981** 218.

[33] *Lampe/Hegmann* MK Rdn. 8: noch zurückhaltender als bei §§ 105, 106.

[34] BVerfGE **25** 256, 264 f.

[35] BayObLG NJW **1969** 1127; OLG Celle NJW **1970** 206, 207; OLG Köln NJW **1970** 1322, 1324.

[36] BVerfGE 73 206, 249 f; BVerfG NJW **1991** 91, 93.

[37] S. dazu *Bergmann* Jura **1985** 457, 464; *Brüggemeier* KJ **1984** 249; *Frankenberg* JZ **1984** 266 ff; *Hassemer* FS Wassermann, S. 325 ff; *Karpen* JZ **1984** 249 ff; *Wassermann* JZ **1984** 263 ff; *Prittwitz* JA **1987** 17 ff.

[38] *Lampe/Hegmann* MK Rdn. 3 halten offenbar die Ausübung des Widerstandsrechts für möglich.

VII. Täterschaft und Teilnahme

1. Täter kann jedermann sein, auch ein Ausländer. Unerheblich ist, ob die Tat im Ausland oder Inland begangen wird (§ 5 Nr. 2). Die Rechtsprechung zu Ausländern, die nach dem Recht ihres Staates, nach Völkerrecht oder einer anderen Rechtsnorm berechtigt oder verpflichtet sind, im Krieg als Angehörige der feindlichen Kriegsmacht oder auf sonstige Weise auf die gewaltsame Abtrennung von Bundesgebiet oder Änderung der verfassungsmäßigen Ordnung hinzuwirken (RGSt **16** 165, 167), ist durch das Eingebundensein der Bundesrepublik Deutschland und aller anderen Staaten in die durch die UNO gewährleistete Friedensordnung obsolet. **30**

2. Teilnahme. Anstiftung und Beihilfe sind nach den allgemeinen Grundsätzen möglich. Doch bereitet die Abgrenzung zur Täterschaft besondere Schwierigkeiten. **31**

a) **Anstiftung.** Da der Hochverrat in aller Regel ein Kollektivgeschehen zum Inhalt hat, bei dem die Werbung von Teilnehmern einen wichtigen Aspekt bildet, ist für Fälle „bloßer" Anstiftung wenig Raum. Sie trifft wohl nur für den Fall zu, dass eine an dem Unternehmen sonst überhaupt nicht beteiligte Person sich darauf beschränkt, einen anderen zum Mitmachen zu veranlassen. **32**

b) **Beihilfe.** Die Abgrenzung der Beihilfe zur Täterschaft zeitigt bei Kollektivverbrechen wie dem Hochverrat besondere tatsächliche Schwierigkeiten. Bei dem regelmäßig großen Kreis der Tatbeteiligten ist zu beachten, dass nur bei denjenigen, die das Unternehmen in führender Position leiten oder bedeutsame Tatbeiträge leisten, die erforderliche Tatherrschaft bzw. der Wille zur Tatherrschaft angenommen werden kann. Wer dagegen in nur untergeordneter Stellung zum Gelingen des Unternehmens durch die Leistung von Tatbeiträgen geringeren Gewichts beiträgt, macht sich lediglich wegen Beihilfe strafbar. Eine rein subjektive Abgrenzung ist abzulehnen (**aA** *Willms* LK^{10} Rdn. 12). **33**

VIII. Parteienprivileg

Zur (Nicht-)Anwendbarkeit des Parteienprivilegs s. Vor § 80 Rdn. 25 ff. Das Parteienprivileg schützt nicht vor der Verfolgung von Hochverrat. **34**

IX. Strafrahmen

Die Strafe ist lebenslange Freiheitsstrafe oder Freiheitsstrafe nicht unter zehn Jahren, in minder schweren Fällen (Absatz 2) Freiheitsstrafe von einem bis zu zehn Jahren. Zur Rücktrittsmöglichkeit der **tätigen Reue** s. § 83a Abs. 1 und 3. **35**

X. Nebenfolgen und Einziehung

S. §§ 92a, 92b. **36**

XI. Konkurrenzen

37 Straftaten, die zur Durchführung des Hochverrats begangen werden (z. B. Mord, Freiheitsberaubung), stehen zu § 81 regelmäßig in Tateinheit (RGSt **69** 54, 57). In der Vorauflage wurde vertreten, dass Delikte, die – wie etwa §§ 89, 105, 106 – gegen die staatliche Gewalt oder die öffentliche Ordnung gerichtet sind, von § 81 verdrängt würden.[39] Dies wird aufgegeben, weil die Tatbestände nicht deckungsgleich sind. In Betracht kommt daher Tateinheit.[40] Verdrängt wird allerdings im Wege der Gesetzeseinheit das Vorbereitungsdelikt des § 83 Abs. 1.[41] Zum Verhältnis zu § 82 s. dort Rdn. 9.

XII. Opportunitätsprinzip

38 Zur Anwendung des Opportunitätsprinzips vgl. §§ 153d, 153e StPO.

XIII. Zuständigkeiten

39 Vgl. auch Vor § 80 Rdn. 38. Zur Verfolgung ist nach §§ 142a Abs. 1 S. 1, 120 Abs. 1 Nr. 2 GVG der Generalbundesanwalt und zur Aburteilung das OLG am Sitz der Landesregierung zuständig (§ 120 Abs. 7 Nr. 2 GVG). Für das Gebiet der ehemaligen DDR sind die Besonderheiten gemäß Kapitel III Sachgebiet A Abschnitt III Nr. 1 Bst. I (1) der Anlage 1 zum Einigungsvertrag zu beachten.

XIV. Zur Anzeigepflicht

40 S. § 138 Abs. 1 Nr. 2.

XV. Zum Recht des Einigungsvertrages

41 S. Vor § 80 Rdn. 37.

§ 82
Hochverrat gegen ein Land

(1) Wer es unternimmt, mit Gewalt oder durch Drohung mit Gewalt

1. das Gebiet eines Landes ganz oder zum Teil einem anderen Land der Bundesrepublik Deutschland einzuverleiben oder einen Teil eines Landes von diesem abzutrennen oder

2. die auf der Verfassung eines Landes beruhende verfassungsmäßige Ordnung zu ändern,

wird mit Freiheitsstrafe von einem Jahr bis zu zehn Jahren bestraft.

(2) In minder schweren Fällen ist die Strafe Freiheitsstrafe von sechs Monaten bis zu fünf Jahren.

Schrifttum s. bei § 81.

---

[39] RGSt **69** 54, 57; so auch *Paeffgen* NK Rdn. 35; *Tröndle/Fischer* Rdn. 10; *Rudolphi* SK Rdn. 17.

[40] *Lampe/Hegmann* MK Rdn. 32; *Sch/Schröder/Stree/Sternberg-Lieben* Rdn. 19.

[41] *Lampe/Hegmann* MK Rdn. 31.

Entstehungsgeschichte

Die Vorschrift wurde durch das 8. StrÄndG (Vor § 80 Rdn. 12 bis 17) eingefügt und ist § 81 nachgebildet (s. dazu Erläuterungen zu § 81 und die zusammenfassende Darstellung Vor § 80). Anstelle des Bundes sind die Länder geschützt, wobei die Strafandrohung geringer ist. Die Behandlung des Hochverrats gegen ein Land in einer besonderen Vorschrift geht auf einen Vorschlag der Großen Strafrechtskommission (Vor § 80 Rdn. 10) zurück. An sich hätte es nahegelegen, auf den schon zu Zeiten der Weimarer Republik von *Friedensburg* (Justiz I S. 471) bekämpften Tatbestand zu verzichten, weil nicht zu sehen ist, wie er einmal selbständige Bedeutung gewinnen könnte. Gewaltsame Verschiebungen der Gebietshoheit im Verhältnis der Länder untereinander und gewaltsame Änderungen der Verfassung eines Landes sind bei intakter verfassungsmäßiger Ordnung im Bund nur schwer vorstellbar. Ein neben § 81 eigenständiger Anwendungsbereich des § 82 ist daher kaum denkbar. Der eigentliche Sinn der Vorschrift liegt deshalb darin, dass sie der durch Art. 79 Abs. 3 GG unterstrichenen föderativen Verfassung der Bundesrepublik besonders Rechnung trägt. Eine verfassungsgemäße Neugliederung von Bundesländern ist durch die Vorschrift nicht berührt.

I. Zweck der Vorschrift

Zweck der Vorschrift ist der **Schutz der territorialen** (Absatz 1 Nr. 1) **und verfassungsmäßigen** (Absatz. 1 Nr. 2) **Integrität der Bundesländer** (s. auch § 81 Rdn. 1). Nicht erfasst ist der Schutz des Bundesstaatsprinzips; dies gehört zum Schutzbereich des § 81. § 82 ist **Unternehmensdelikt**. 1

II. Objektiver Tatbestand

Der Tatbestand unterscheidet zwischen Gebietshochverrat (der dem Bestandshochverrat des § 81 gleicht) und dem Verfassungshochverrat. 2

1. **Gebietshochverrat (Absatz 1 Nr. 1).** In diesem Teil des Tatbestandes hat sich das 8. StrÄndG (Vor § 80 Rdn. 12 bis 17) ganz der Fassung des früheren § 80 Abs. 1 Nr. 3 angeschlossen. Erfasst wird einmal die gewaltsame Vergrößerung des Gebietes eines Landes auf Kosten eines anderen Landes, wobei sowohl die vollständige wie die teilweise Einverleibung gemeint ist. Mit der anderen Alternative der Abtrennung eines Teiles eines Landes ist der Fall der Bildung eines neuen Landes auf Kosten eines oder mehrerer bestehender Länder angesprochen. Dagegen fällt die Abspaltung zugunsten eines fremden Staates oder zur Konstituierung eines von der Bundesrepublik Deutschland unabhängigen selbständigen Staates als Gebietshochverrat gegen den Bund allein unter den Tatbestand des § 81 Abs. 1 Nr. 1, während die Beseitigung der Gebietshoheit eines oder aller Länder zugunsten des Bundes, also die gewaltsame Bildung eines Einheitsstaates, dem § 81 Abs. 1 Nr. 2 zuzuordnen wäre. 3

2. **Verfassungshochverrat (Absatz 1 Nr. 2).** Hier ist die Tathandlung gegen die verfassungsmäßige Ordnung eines Landes gerichtet, soweit diese den Grundsätzen des Art. 28 GG entspricht. Es gilt das zum Verfassungshochverrat gegen den Bund (§ 81 Abs. 1 Nr. 2) Gesagte entsprechend (s. § 81 Rdn. 6 bis 12). 4

3. Zum **Unternehmen** der Tat s. § 81 Rdn. 13, zu den Tatmitteln der **Gewalt** und der **Drohung mit Gewalt** § 81 Rdn. 14 bis 22. 5

III. Subjektiven Tatbestand

6 Vgl. § 81 Rdn. 23, zu **Täterschaft und Teilnahme** § 81 Rdn. 30 bis 33, zur (Nicht-) Anwendbarkeit des **Parteienprivilegs** Vor § 80 Rdn. 25 ff. Zur **Rechtswidrigkeit** § 81 Rdn. 24 ff. Bei § 82 ist darüber hinaus an den Rechtfertigungsgrund des Bundeszwangs (Art. 37 GG) zu denken.

IV. Strafrahmen

7 Die Strafe beträgt Freiheitsstrafe von einem Jahr bis zu zehn Jahren, in minder schweren Fällen (Absatz 2) Freiheitsstrafe von sechs Monaten bis zu fünf Jahren. Zur tätigen Reue s. § 83a Abs. 1 und 3.

V. Nebenfolgen und Einziehung

8 S. §§ 92a, 92b.

VI. Konkurrenzen

9 Soweit im Gebietshochverrat gegen ein Land gleichzeitig ein Gebiets- oder Verfassungshochverrat gegen den Bund liegt, wird § 82 Abs. 1 Nr. 1 durch § 81 verdrängt. Ansonsten ist beim Verfassungshochverrat zwischen § 82 und § 81 Tateinheit möglich. Wird beim Gebietshochverrat zugleich der Bestand des Bundes angegriffen, etwa dadurch, dass der abgetrennte Teil aus der Bundesrepublik Deutschland herausgelöst wird, tritt § 82 hinter § 81 zurück.[1] Dem § 83 Abs. 2 geht § 82 vor. Im Übrigen vgl. § 81 Rdn. 37.

VII. Zur Anwendbarkeit des Opportunitätsprinzips

10 S. §§ 153d, 153e StPO.

VIII. Zuständigkeiten

11 (Vgl. Vor § 80 Rdn. 38 und § 81 Rdn. 39) Die Verfolgung obliegt dem Generalbundesanwalt (§§ 120 Abs. 1 Nr. 2, 142a Abs. 1 S. 1 GVG), der das Verfahren in der Regel, von den Fällen des § 142a Abs. 3 GVG abgesehen, vor Anklageerhebung an die Landesstaatsanwaltschaft abgibt. Für die Aburteilung zuständig ist das OLG am Sitz der Landesregierung (§ 120 Abs. 1 Nr. 2 GVG).

IX. Anzeigepflicht

12 S. § 138 Abs. 1 Nr. 2, zum **Recht des Einigungsvertrages** Vor § 80 Rdn. 37.

---

[1] *Lampe/Hegmann* MK Rdn. 10; abweichend *Sch/Schröder/Stree/Sternberg-Lieben* Rdn. 10.

§ 83
Vorbereitung eines hochverräterischen Unternehmens

(1) Wer ein bestimmtes hochverräterisches Unternehmen gegen den Bund vorbereitet, wird mit Freiheitsstrafe von einem Jahr bis zu zehn Jahren, in minder schweren Fällen mit Freiheitsstrafe von einem Jahr bis zu fünf Jahren bestraft.

(2) Wer ein bestimmtes hochverräterisches Unternehmen gegen ein Land vorbereitet, wird mit Freiheitsstrafe von drei Monaten bis zu fünf Jahren bestraft.

Schrifttum s. bei § 81.

Entstehungsgeschichte

Die Regelung des RStGB beruhte auf einem gemischten System. Neben einer allgemein jede vorbereitende Handlung eines hochverräterischen Unternehmens erfassenden Vorschrift (§ 86) waren mit dem hochverräterischen Komplott und der hochverräterischen Konspiration das öffentliche Auffordern oder Anreizen zu einem hochverräterischen Unternehmen besonders erfasst. Die Übergangsvorschrift des Art. 143 GG hielt noch teilweise an dieser Aufgliederung fest. Die jetzige Regelung führt keine bestimmten Tatformen mehr an und unterscheidet nur den §§ 81, 82 entsprechend in der Schwere der Strafdrohung zwischen Hochverrat gegen den Bund (Absatz 1) und Hochverrat gegen ein Land (Absatz 2).

Der durch das 1. StrÄndG (Vor § 80 Rdn. 7) als § 81 eingeführte Tatbestand wurde durch das 8. StrÄndG (Vor § 80 Rdn. 12 bis 17) neu formuliert und in der Strafdrohung geändert. Im Übrigen s. bei § 81 sowie die zusammenfassende Darstellung Vor § 80.

Übersicht

I. Zweck der Vorschrift

Während die §§ 81, 82 den versuchten und vollendeten Hochverrat in der Form des Unternehmens (§ 11 Nr. 6) erfassen, richtet sich § 83 gegen die **Vorbereitungshandlungen zum Hochverrat.** Wenn ein Staat wirksam vor schweren Erschütterungen bewahrt werden soll, muss das Strafrecht hochverräterischen Bestrebungen schon zu diesem frühen Zeitpunkt entgegentreten, zumal es gerade in diesem Stadium noch am ehesten Wirkung zu entfalten vermag. Aus dem Regelungszusammenhang ergibt sich, dass § 83 den Schutz 1 der territorialen und verfassungsmäßigen Integrität des Bundes und der Länder bezweckt und indirekt, weil er der Vorbereitung von Gewalt und Drohung mit Gewalt entgegentritt, dem Schutz der inneren Sicherheit dient.

II. Objektiver Tatbestand

2 **Tathandlung** ist das Vorbereiten eines bestimmten hochverräterischen Unternehmens gegen den **Bund** (Absatz 1) oder ein **Land** (Absatz 2).

3 **1. Bestimmtheit des hochverräterischen Unternehmens** (vgl. § 81 Rdn. 13). Dieses Erfordernis wurde durch das 1. StrÄndG von 1951 (Vor § 80 Rdn. 7) als Tatbestandsmerkmal in den damaligen § 81 aufgenommen. Der Gesetzgeber knüpfte damit an die Rechtsprechung des Reichsgerichts an, das eine Eingrenzung der generalklauselartigen früheren tatbestandlichen Umschreibung, die „jede andere, ein hochverräterisches Unternehmen vorbereitende Handlung" erfasste, gefordert hatte.[1]

4 Der BGH lehnte sich in seiner ersten Entscheidung zu den Hochverratstatbeständen, dem in einem objektiven Verfahren ergangenen „Fünfbroschürenurteil"[2] (vgl. § 81 Rdn. 8), zunächst noch eng an die reichsgerichtliche Rechtsprechung an. Er sah dort „die inhaltliche Bedeutung des Merkmals der Bestimmtheit darin, daß Gegenstand und Ziel des hochverräterischen Planes feststehen müsse und der Zeitpunkt des Angriffs nicht in ungewisser und unabsehbar weiter Ferne liegen dürfe. Dagegen könne, wenn man die Strafbestimmung zum Schutz des Staates gegen Hochverrat nicht völlig entwerten wolle, nicht verlangt werden, daß auch der genaue Zeitpunkt, ein bestimmter Schauplatz oder die einzelnen Mittel des Angriffs feststehen; denn es mache gerade die Eigenart des hochverräterischen Unternehmens aus, daß der Täter die Einzelheiten seines Angriffsplans nicht bekanntgebe."

Sinn eines derart umschriebenen Merkmals der Bestimmtheit sollte es sein, die „bloße theoretische Erörterung hochverräterischer Gedanken" von der Strafbarkeit auszunehmen.[3] Dies wurde dem gesetzgeberischen Ziel, die nur parteinehmende Verbreitung revolutionärer Gedankengänge oder das Eintreten für eine revolutionäre Ideologie aus dem Vorbereitungstatbestand auszuschließen, noch nicht in ausreichendem Maße gerecht. Vielmehr war die Grenze so zu ziehen, dass die der konkreten Planung eines Umsturzes zeitlich vorausliegende und in den meisten Fällen folgenlose revolutionäre Stimmungsmache straflos blieb. Auf diese Linie schwenkte dann auch der BGH mit seinen Entscheidungen (BGHSt **6** 336; **7** 11) ein, in denen er insbesondere hinsichtlich der zeitlichen Bestimmtheit eine deutliche Konkretisierung des Unternehmens forderte.[4] Danach lässt sich das Tatbestandsmerkmal der Bestimmtheit dahin umschreiben, dass das hochverräterische Unternehmen nach der Vorstellung des Täters in seinen wesentlichen Grundzügen festliegen muss.[5] Im Einzelnen heißt dies:

---

[1] RGSt **5** 60, 68; **16** 165, 166 f; **41** 138, 143; s. auch die zusammenfassende Darstellung bei *von Weber* RG-Festgabe, S. 180.

[2] BGH, Urteil vom 8. April 1952 – StE 3/52 – = LM § 81 a. F. Nr. 1 Ls.

[3] RGSt **16** 165, 169.

[4] Zur Auslegung des Begriffs des bestimmten Unternehmens s. auch Hochverrat und Staatsgefährdung HuSt I (1957) 19, 55, die bei Wagner GA **1960** 4, 10 f angeführten Entscheidungen sowie die zusammenfassende Darstellung von *Ruhrmann* NJW **1957** 281.

[5] *Lackner/Kühl* Rdn. 2; *Lampe/Hegmann* MK Rdn. 4; *Sch/Schröder/Stree/Sternberg-Lieben* Rdn. 2 u. 5; *Rudolphi* SK Rdn. 2; *Tröndle/Fischer* Rdn. 2.

a) **Art des Unternehmens, Angriffsgegenstand.** Die Art des Unternehmens im Sinne der §§ 81, 82 (Hochverrat gegen den Bund oder ein Land; Bestands- oder Verfassungshochverrat) sowie der Angriffsgegenstand müssen feststehen. Dabei ist zu beachten, dass nicht jedes *Angriffsziel* (wie am deutlichsten im historischen Beispiel der Beseitigung des Monarchen) zugleich *Angriffsgegenstand* sein muss und dass ein neben dem Angriffsgegenstand bestehendes besonderes Angriffsziel für den Tatbestand als solchen keine selbständige Bedeutung besitzt. In der Nichtbeachtung dieser Unterscheidung (vgl. § 81 Rdn. 6 bis 10; die Erweiterung in § 81 Rdn. 11 und 12 stellt das Prinzip nicht in Frage) lag ein wesentlicher Grund für die Überdehnung des Tatbestands der Vorbereitung zum Hochverrat durch die frühere Rechtsprechung. Als Beispiel sei RGSt **41** 138 angeführt, wo die Zerstörung der Wehrverfassung des Deutschen Reiches als Angriffsgegenstand des hochverräterischen Unternehmens behandelt wurde, obwohl dies nur ein Ziel sein konnte, dessen Verwirklichung die Täter nach einem erfolgreichen Umsturz der Regierung (Angriffsgegenstand) im Auge haben mochten. Für die tatbestandsgerechte Feststellung des hochverräterischen Angriffsplanes wäre es deshalb darauf angekommen, das Vorliegen eines Plans zum gewaltsamen Sturz der Regierung oder jedenfalls tragender Verfassungsgrundsätze (§ 81 Rdn. 11 und 12) zu prüfen, statt die erforderliche Gewalthandlung im Zusammenhang mit der beabsichtigten Zerstörung der Wehrverfassung zu sehen und zu suchen.[6] Fasst man in diesem Sinne jeden Verfassungsgrundsatz als Gegenstand des hochverräterischen Angriffs auf, so ergibt sich leicht die äußerst bedenkliche Schlussfolgerung, ein ohnehin ideologisch der Gewaltanwendung verschriebener Täterkreis wolle, da für eine legale gewaltlose Beseitigung des abgelehnten Grundsatzes keine Aussicht bestehe, seine Zuflucht zur Gewalt nehmen. Das Tatbestandserfordernis der Gewalt wird bei solcher Betrachtungsweise dann nicht einer gegenwärtigen Planung entnommen, sondern aus früherem Schrifttum abgeleitet, auf das sich die Beschuldigten ideologisch stützen. Das „Fünfbroschürenurteil" (Rn. 4) mit seinen Zitaten aus den Werken Lenins und Stalins mag insofern als Beispiel dienen. Indes kann sich aus der noch so entschiedenen Ablehnung eines Verfassungsgrundsatzes und der noch so entschiedenen Anhängerschaft an eine revolutionäre Ideologie immer nur der Schluss ergeben, dass der Täter dazu disponiert ist, sein Ziel auf dem Wege eines gewaltsamen Umsturzes zu erreichen. Doch bleibt dann die als Vorbereitung eines bestimmten hochverräterischen Unternehmens zu wertende **konkrete Planung eines solchen Umsturzes** immer noch als entscheidender weiterer Schritt festzustellen. Sie lässt sich nicht durch die gängige Formel, dass die Verwirklichung des in so allgemeinen Umrissen erkannten Umsturzplans nach der Vorstellung des Täters „nicht in unabsehbar weiter Ferne" liege, feststellen, sondern nur durch **handfeste Tatsachen** auf die Präsenz des vollen Tatbestandes bringen. **5**

b) **Zeitliche Bestimmtheit des Unternehmens.** Ein konkreter Umsturzplan kann seiner Natur nach immer nur für einen **verhältnismäßig nahen Zeitpunkt** in Aussicht genommen sein. Er muss unmittelbar an die gegebenen politischen Verhältnisse anknüpfen, mögen diese nun sogleich als reif erscheinen, so dass der Termin zum Losschlagen nur noch vom Abschluss eigener Vorkehrungen des Täterkreises abhängt, oder mag es zusätzlich darum gehen, eine als nahe bevorstehend erwartete Änderung dieser Verhältnisse herankommen zu lassen oder selbst, evtl. schon durch Einsatz gewaltsamer Mittel, zu bewerkstelligen.[7] Es reicht daher nicht aus, wenn die hochverräterischen Planungen **6**

---

[6] **AA** *Lampe/Hegmann* MK Rdn. 4, die im Ergebnis aber nicht zu abweichenden Ergebnissen kommen.

[7] BGHSt **7** 11, 12.

an eine nur erhoffte, aber völlig ungewisse Veränderung der politischen oder gesellschaftlichen Verhältnisse anknüpfen.[8] Auch terroristische Aktivitäten, bei denen Gewalttätigkeiten zwar dem Zweck der Änderung der politischen oder gesellschaftlichen Verhältnisse mit dem Ziel der Herbeiführung einer revolutionären Situation dienen, genügen dem Bestimmtheitserfordernis nicht, solange die revolutionäre Umsturzsituation nach der Vorstellung der Täter erst irgendwann in ferner Zukunft eintreten wird.[9] Anders ist es, wenn der ausgeführte oder geplante Terror der erste Schritt für die Herstellung einer bestimmt umrissenen, die Verfassungsordnung umstoßenden neuen Ordnung ist, etwa wenn der Terror den Zusammenbruch der auf Gewaltenteilung beruhenden Verfassungsordnung bezweckt und zur Errichtung einer (sei sie ideologisch oder auch religiös motivierten) Diktatur oder Anarchie unmittelbar dienen soll.[10]

7 c) **Art und Herkunft der Mittel.** Ferner muss über Art und Herkunft der Mittel, die zum Einsatz vorgesehen sind, eine **sichere** und nicht schlechthin unrealisierbare **Vorstellung** bestehen. So etwa, dass die Übernahme der Regierungsgewalt durch einen bewaffneten Handstreich vorgesehen ist und dass zu diesem Zweck im Zusammenwirken mit einer dazu bereiten fremden Macht Kampfgruppen ausgebildet und bewaffnet werden sollen. Der Einsatz der Mittel muss sich aus der Sicht des Täters zumindest unter bestimmten, von ihm als möglich angesehenen Voraussetzungen als Gewalt oder Drohung mit Gewalt darstellen.[11] Nicht erforderlich ist, dass die Ausführung des Planes schon in allen Einzelheiten bedacht wurde. Eine solche Anforderung würde übersehen, dass sich die Ausführung des Planes den Gegebenheiten anpassen muss, die nicht sich mit Sicherheit vorausberechnen lassen.

8 2. **Vorbereitungshandlungen.** Unter Vorbereitung sind alle Handlungen zu verstehen, die das hochverräterische Unternehmen mittelbar oder unmittelbar fördern.[12] § 83 erfasst dem Wortlaut nach sämtliche denkbaren Vorbereitungshandlungen eines bestimmten hochverräterischen Unternehmens. Besondere Arten und Mittel der Vorbereitung bezeichnet er nicht, was angesichts der Vielzahl denkbarer Fallgestaltungen auch kaum abschließend möglich wäre. Es lassen sich jedoch im Hinblick auf die nach §§ 81, 82 erforderliche Ausgestaltung des Unternehmens folgende Fallgruppen, die sich untereinander vielfach berühren und überschneiden, konkretisieren:

- **Organisatorische Vorkehrungen** aller Art von der straff zusammengefassten geheimen Verbindung bis zu lockeren Kontakten, die einer Zusammenfassung der umstürzlerischen Kräfte dienen sollen, sowie die gesamte auf der Ausnutzung solcher organisatorischen Vorkehrungen beruhende Tätigkeit, insbesondere das Anwerben und Ausbilden von Mannschaften.
- **Bereitstellung von Waffen, Munition, Sprengstoffen, atomaren, chemischen oder biologischen Stoffen.**
- **Einleitung von Sabotagemaßnahmen und konspirative Aktivitäten** durch Ausspähen von Sicherheitseinrichtungen, Sammeln zweckdienlicher Nachrichten und Unterlagen, Zersetzung der Sicherheitsorgane, Einnahme bestimmter Schlüsselpositionen und Missbrauch solcher Stellungen.
- **Fühlungnahme zu fremden Mächten.**

---

[8] OVG Hamburg NJW **1974** 1523, 1525.

[9] *Wagner* NJW **1980** 913, 915; kritisch hierzu *Schroeder* NJW **1980** 920, 921.

[10] So wohl *Lampe/Hegmann* MK Rdn. 4.

[11] BGHSt **6** 336, 340.

[12] *Lampe/Hegmann* MK Rdn. 5.

- **Propaganda in Wort, Schrift und Bild (namentlich über Massenmedien).** Dabei kommt es nicht darauf an, dass die einzelne Schrift zu Gewaltmaßnahmen auffordert oder gar den hochverräterischen Plan im ganzen wiedergibt. Entscheidend ist vielmehr, dass sie nach der Intention des Herstellers oder Verbreiters der Förderung des hochverräterischen Unternehmens dienen soll und dazu geeignet ist.

3. **Gefährlichkeit der Vorbereitungshandlung.** Eine Vorbereitungshandlung setzt zwar nicht die Herbeiführung einer konkreten Gefährdung voraus[13], ihr muss aber eine **gewisse Gefährlichkeit innewohnen.** Dies erfordert zunächst, dass sie die Durchführung eines geplanten hochverräterischen Unternehmens, sei es unmittelbar oder mittelbar[14], objektiv in irgendeiner Form fördert.[15] Dies ist bei objektiv untauglichen Maßnahmen nicht der Fall. Hier läge allenfalls ein untauglicher Versuch des § 83 vor, der jedoch nicht strafbar ist (s. Rdn. 15). **9**

Im Übrigen ist das Erfordernis der Gefährlichkeit nicht in dem Sinne zu verstehen, dass nur Vorbereitungshandlungen zu aussichtsreichen Unternehmen erfasst werden.[16] Vielmehr reicht es aus, wenn die potentiellen Mittel, deren Einsatz die Täter realistischerweise als möglich ansehen können, den **Erfolg der Aktion als erreichbar erscheinen lassen.** Eine Fehlbeurteilung der aktuellen Empfänglichkeit der Bevölkerung für umstürzlerische Bestrebungen schließt deshalb die erforderliche Gefährlichkeit des hochverräterischen Planes nicht aus.[17] Vom Tatbestand nicht erfasst werden dagegen völlig phantastische und offensichtlich irreale, nicht ernstzunehmende Bestrebungen.

Die Fassung des Tatbestandes deutet zwar auf die Handlung eines Einzeltäters hin, wodurch seine Herkunft vom klassischen Vorbild des Hochverrats durch die Tötung des Monarchen zum Ausdruck kommt. Dies darf aber nicht den Blick darauf verstellen, dass der Hochverrat ein **Kollektivdelikt** ist, das ein Zusammenwirken mehrerer, je nach den Umständen sogar vieler Personen zur Verwirklichung des Planes voraussetzt (vgl. § 81 Rdn. 21, BGHSt 7 6, 8, wo der Hochverrat als eine Art Organisationstatbestand gekennzeichnet ist). Wenn wenige Personen eine Massenerhebung planen, ohne über die geringsten organisatorischen Potenzen zu verfügen, so kann darin noch nicht die Vorbereitung eines hochverräterischen Unternehmens liegen. Entscheidend ist, ob und wann ernstlich mit der Schaffung einer organisatorischen Basis begonnen wird. Zu Recht weisen *Lampe/Hegmann*[18] darauf hin, dass auch eine kleine Gruppe (oder auch nur ein einzelner Täter) sogar ohne organisatorische Basis ein hochverräterisches Unternehmen vorbereiten kann, wenn sie über geeignetes Bedrohungspotential – etwa Massenvernichtungsmittel – verfügt. **10**

Unter der Voraussetzung ihrer Verknüpfung mit einem bestimmten Unternehmen sind andererseits auch **entfernte Vorbereitungshandlungen** strafbar, die ihrerseits nur andere Förderungsakte, nicht schon die Tat selbst voranbringen; denn die stufenweise Tatvorbereitung hindert nicht die rechtliche Gleichwertigkeit jeder einzelnen Vorbereitungshandlung und beeinträchtigt auch nicht ihre Bedeutung im Verhältnis zu dem geplanten Unternehmen (RGSt **5** 60, 68; **16** 165, 169). Indessen sind Geschäfte und Verrichtungen **11**

---

[13] *Ruhrmann* NJW **1957** 281, 284; *Lackner/Kühl* Rdn. 3; *Rudolphi* SK Rdn. 7; **aA** *Lampe/Hegmann* MK Rdn. 5, die die Abgrenzung nach dem Maß der Erheblichkeit vornehmen.

[14] BGH bei Wagner GA **1960** 10 Nr. 7.

[15] RGSt **16** 165, 167.

[16] So aber offenbar *Heinemann/Posser* NJW **1959** 121.

[17] BGHSt **6** 336, 342 f.

[18] *Lampe/Hegmann* MK Rdn. 5.

des täglichen Lebens, denen jede spezifische Zuordnung zu der Vorbereitung des Hochverrats und damit das Mindestmaß an Gefährlichkeit fehlt, auszuscheiden.[19]

III. Subjektiver Tatbestand

12 Es ist zumindest **bedingter Vorsatz** erforderlich (RG JW **1927** 2003). Der Täter muss den Zweck und die Bestimmtheit des hochverräterischen Unternehmens kennen oder für möglich halten (HuSt I **1957** 368, 369). In diesem Bewusstsein muss er an der Vorbereitung teilnehmen; dass er sich auch an dem Unternehmen selbst beteiligen will, ist nicht erforderlich. Es genügt, wenn er nur den Versuch des Hochverrats vorbereiten will.

IV. Täterschaft und Teilnahme

13 1. **Täter** kann jedermann sein, auch ein Ausländer. Die Tat kann auch im **Ausland** begangen werden (§ 5 Nr. 2); s. aber § 81 Rdn. 30.

14 2. **Teilnahme.** Ob Anstiftung und Beihilfe zu § 83 möglich sind, ist **umstritten.**[20] Soweit dies verneint wird, wird darauf hingewiesen, dass die Vorbereitungshandlungen rechtlich gleichwertig seien und die Tatherrschaft wegen des Kollektivcharakters des Delikts auf ein wenig taugliches Kriterium ziele: Deshalb sei mit *Hennke*[21] daran festzuhalten, dass Beihilfe und Anstiftung im Zusammenhang mit dem Vorbereitungstatbestand nicht möglich seien; der Entschluss des Gesetzgebers, bloße Vorbereitungshandlungen selbständig unter Strafe zu stellen, bewirke, dass ein in diesem Bereich liegendes tatrelevantes Geschehen überhaupt nur auf den Generalnenner der Vorbereitungshandlung gebracht werden könne, die einer Differenzierung unter den Gesichtspunkten der (Mit-)Täterschaft, Anstiftung und Beihilfe nicht zugänglich sei.[22] Dem ist aber entgegenzuhalten, dass auch bei Kollektivdelikten in der Regel eine kleine Führungsgruppe von an der Spitze des Unternehmens stehenden oder an Schlüsselpositionen eingesetzten Personen die politischen Ziele und die Tätigkeit bestimmt und eine große Zahl von Helfershelfern einspannt, um diese Ziele zu erreichen. Nur diese Führungsgruppe hat die Tatherrschaft inne. Im Hinblick auf einen großen Kreis von Tatbeteiligten und mit Rücksicht auf die Höhe der Strafdrohung wäre es ungerecht (vgl. § 81 Rdn. 33), jeden als Täter zu qualifizieren, der an untergeordneter Stelle irgendwie zur Vorbereitung des hochverräterischen Unternehmens beiträgt. Auf die rechtliche Gleichwertigkeit der Vorbereitungshandlungen kann es demgegenüber nicht ankommen. Bei fremder Tatherrschaft ist daher die Möglichkeit von Anstiftung und Beihilfe zu bejahen.[23] Dabei erscheint bei der Anstiftung aufgrund der haupttatgleichen Bestrafung (§ 26) eine Differenzierung nicht notwendig. Die Gehilfenhandlung ist hingegen von der Täterschaft abgrenzbar. Für die Annahme strafbarer Beihilfe spricht daher neben dem Argument der

[19] *Hennke* ZStW **66** (1954) 390; *Paeffgen* NK Rdn. 15.

[20] Bejahend: *Lackner/Kühl* Rdn. 3; *Lampe/Hegmann* MK Rdn. 9; *Sch/Schröder/Stree/Sternberg-Lieben* Rdn. 12; *Rudolphi* SK Rdn. 9; *Tröndle/Fischer* Rdn. 5; verneinend: *Hennke* ZStW **66** (1954) 390, 401; *Sonnen* AK Rdn. 21.

[21] *Hennke* ZStW **66** (1954) 390, 401.

[22] So *Willms* LK[10] Rdn. 11; vgl. auch *Sommer* JR **1981** 490, 494.

[23] *Schroeder* Der Schutz von Staat und Verfassung im Strafrecht, S. 305.

materiellen Gerechtigkeit auch das Schuldprinzip und das Gleichbehandlungsgebot.[24] Anderer Auffassung scheint der BGH zu sein, ohne dies ausdrücklich zu betonen. Denn in allen Fällen, in denen er wegen eines Verbrechens nach § 83 verurteilte, hat er stets Täterschaft angenommen und die Möglichkeit bloßer Beihilfe auch dort mit keinem Wort erwähnt, wo es um die Tatbeteiligung verhältnismäßig unbedeutender Funktionäre ging.[25]

V. Versuch

Formal ist ein Versuch des § 83 Abs. 1 möglich, als es sich um einen Verbrechenstatbestand handelt (§§ 12 Abs. 1, 23 Abs. 1). Gleichwohl ist für einen Versuch im Zusammenhang mit § 83 kein Raum, weil der gelungene Versuch wegen des Charakters der Norm als Unternehmensdelikt bereits die vollendete Tat darstellt. Das folgt aus der Systematik des Gesetzes, das in den §§ 81, 82 die versuchte und vollendete Haupttat (vgl. § 81 Rdn. 13, § 82 Rdn. 5), in § 83 die Vorbereitung einer bestimmten Haupttat dieser Art erfasst. Der Tatbestand unterscheidet sich von § 80, der nicht an eine unter Strafe gestellte Haupttat anknüpft (vgl. § 80 Rdn. 17). Demgegenüber betrifft § 83 die Vorbereitung einer Tat, die als solche unter Strafe gestellt ist. Würde man den Versuch dazu unter Strafe stellen, wäre die Strafbarkeit ins Konturenlose ausgeweitet. Der Täter muss mit der Vorbereitung daher bereits derart begonnen haben, dass eine selbständige Vorbereitungshandlung vorliegt, wobei es allerdings nicht darauf ankommen kann, ob er bereits alles getan hat, was er sich vorgenommen hatte. Scheitert also die vom Täter ins Auge gefasste Förderung bereits im ersten Ansatz, so ist keine Vorbereitungshandlung zustande gekommen. Im Übrigen besteht auch **kein kriminalpolitischer Bedarf**, diesen Bereich vor der Vorbereitungshandlung auch noch zu erfassen. **15**

Eine Anwendung von § 30 in Bezug auf § 83 kommt aus gleichen Erwägungen nicht in Betracht.[26]

VI. Parteienprivileg

Zur (Nicht-)Anwendbarkeit des Parteienprivilegs s. Vor § 80 Rdn. 25 bis 32. **16**

VII. Strafrahmen

Die Strafe ist bei der Vorbereitung eines hochverräterischen Unternehmens gegen den **Bund** (Absatz 1) Freiheitsstrafe von einem Jahr bis zu zehn Jahren, in minder schweren Fällen Freiheitsstrafe von einem Jahr bis zu fünf Jahren. Für das Vorbereiten eines hochverräterischen Unternehmens gegen ein **Land** droht Absatz 2 Freiheitsstrafe von drei Monaten bis zu fünf Jahren an. Zur tätigen Reue s. § 83a Abs. 2 und 3. **17**

---

24 *Lampe/Hegmann* MK Rdn. 9.
25 BGHSt 6 336.
26 OLG Köln NJW **1954** 1259; *Lackner/Kühl* Rdn. 7; *Paeffgen* NK Rdn. 25; *Tröndle/Fischer* Rdn. 7; **aA** *Sonnen* AK Rdn. 23; *Sch/Schröder/Stree/Sternberg-Lieben* Rdn. 13; *Rudolphi* SK Rdn. 11.

VIII. Nebenfolgen und Einziehung

18 S. §§ 92a, 92b.

IX. Konkurrenzen

19 Mit den §§ 84, 85, 87, 88, 89, 129 und 129a ist Tateinheit möglich. § 83 wird durch die §§ 81 und 82 verdrängt, den §§ 86, 86a und § 111 geht er dagegen seinerseits vor. § 83 geht § 30 vor.

X. Zur Anwendung des Opportunitätsprinzips

20 Vgl. §§ 153d, 153e StPO.

XI. Zuständigkeiten

21 Die Verfolgung obliegt gemäß §§ 120 Abs. 1 Nr. 2, 142a Abs. 1 S. 1 GVG dem Generalbundesanwalt, der bei Taten nach § 83 Abs. 2 das Verfahren – von den Fällen des § 142a Abs. 3 abgesehen – vor Anklageerhebung an die Landesstaatsanwaltschaft abgibt. Für die Aburteilung zuständig ist das OLG am Sitz der Landesregierung (§ 120 Abs. 1 Nr. 2 GVG). Im Übrigen Vor § 80 Rdn. 38.

XII. Anzeigepflicht

22 Besteht nur für Taten nach § 83 Abs. 1 (§ 138 Abs. 1 Nr. 2).

XIII. Zum Recht des Einigungsvertrages

23 S. Vor § 80 Rdn. 37.

§ 83a
Tätige Reue

(1) In den Fällen der §§ 81 und 82 kann das Gericht die Strafe nach seinem Ermessen mildern (§ 49 Abs. 2) oder von einer Bestrafung nach diesen Vorschriften absehen, wenn der Täter freiwillig die weitere Ausführung der Tat aufgibt und eine von ihm erkannte Gefahr, daß andere das Unternehmen weiter ausführen, abwendet oder wesentlich mindert oder wenn er freiwillig die Vollendung der Tat verhindert.

(2) In den Fällen des § 83 kann das Gericht nach Absatz 1 verfahren, wenn der Täter freiwillig sein Vorhaben aufgibt und eine von ihm verursachte und erkannte Gefahr, daß andere das Unternehmen weiter vorbereiten oder es ausführen, abwendet oder wesentlich mindert oder wenn er freiwillig die Vollendung der Tat verhindert.

(3) Wird ohne Zutun des Täters die bezeichnete Gefahr abgewendet oder wesentlich gemindert oder die Vollendung der Tat verhindert, so genügt sein freiwilliges und ernsthaftes Bemühen, dieses Ziel zu erreichen.

Schrifttum s. bei § 81.

Entstehungsgeschichte

Die Sondervorschrift für tätige Reue geht auf das 1. StrÄndG (Vor § 80 Rdn. 7) – damals § 82 – zurück. Sie wurde ohne wesentliche sachliche Änderungen durch das 8. StrÄndG (Vor § 80 Rdn. 12 bis 17) völlig neu gefasst. Das EGStGB vom 2. März 1974 (BGBl. I 469; 1975 I 1916; 1976 I 507) brachte nur die Anpassung des Klammerhinweises.

Übersicht

I. Zweck der Vorschrift

1 § 83a enthält eine **Sonderregelung für die tätige Reue** bei den Tatbeständen des Hochverrates (§§ 81, 82) und der Vorbereitung zum Hochverrat (§ 83). Diese Regelung ist erforderlich, wenn auf die in der gesetzlichen Begünstigung des Rücktritts liegenden kriminalpolitischen Möglichkeiten und die damit im Bereich des Staatsschutzstrafrechts verbundenen Aussichten auf politische Befriedung nicht verzichtet werden soll. Da in den §§ 81, 82 der Versuch der vollendeten Tat gleichgestellt ist (Unternehmensdelikt nach § 11 Abs. 1 Nr. 6) und durch § 83 sogar Vorbereitungshandlungen als formell vollendete Delikte unter Strafe gestellt werden sowie § 83 dem im Übrigen tatbestandlich auch wesentlich enger gefassten § 30 vorgeht (s. § 83 Rdn. 19), kommt eine direkte Anwendung der §§ 24, 31 nicht in Betracht. Dies wäre auch nicht ausreichend. Andererseits erscheint eine einfache Verweisung auf jene Vorschriften vor allem deswegen nicht sachgerecht, weil die Möglichkeit einer Bestrafung im Hinblick auf die nach Gewicht und Ausgestaltung sehr unterschiedlichen denkbaren Fälle nicht völlig ausgeschlossen werden sollte. In Fällen, in denen die Möglichkeiten des § 83a, weil sie in Teilbereichen nicht weit genug gehen, ausscheiden, kann dies im Strafausspruch berücksichtigt werden. Dies ermöglichen die weit gefassten Strafrahmen der § 81 bis § 83.

II. Voraussetzungen der tätigen Reue

2 Grundvoraussetzung des § 83a ist, wie insbesondere Absatz 3 deutlich macht, die **fehlende Vollendung** der Tat. § 83a kann also nur auf Taten Anwendung finden, die sich trotz ihrer formellen Ausgestaltung als vollendetes Delikt in den §§ 81 bis 83 materiell lediglich als Versuch oder Vorbereitungshandlung darstellen.

1. Tatbestand des § 81 und des § 82. Hier wird vom Täter verlangt:

3 a) **Unbeendeter Versuch.** Hält der Täter bei Abschluss seiner letzten Tathandlung den Eintritt des Taterfolges ohne das Hinzutreten weiterer Ausführungshandlungen noch nicht für möglich (unbeendeter Versuch; BGHSt 39 221, 239; im Einzelnen bei § 24), so ist es grundsätzlich ausreichend, dass er **freiwillig die weitere Tatausführung aufgibt.** Da der Hochverrat jedoch in allen strafrechtlich erfassten Stadien – zwar nicht nach der tatbestandlichen Fassung, aber rein tatsächlich – in aller Regel ein Kollektivdelikt (§ 80 Rdn. 13 u. 21) ist, ist mit der bloßen Aufgabe der eigenen Tätigkeit regelmäßig die Möglichkeit der Herbeiführung des tatbestandlichen Erfolges durch andere nicht ausgeräumt. Erkennt der Täter die Gefahr, dass **andere Tatbeteiligte** das konkrete Unternehmen auch ohne sein Zutun weiter betreiben, muss er diese Gefahr abwenden oder wesentlich mindern. Dabei ist es ohne Bedeutung, ob sich in der Gefahr sein früherer Tatbeitrag noch fortwirkt. Auch wenn die Gefahr unabhängig hiervon entstanden ist oder trotz des rückgängig gemachten Tatbeitrages noch weiterbesteht, muss er ihr entgegenwirken. Hat er dabei keinen Erfolg, geht dies zu seinen Lasten. Kommt es nicht zur Vollendung der Tat und wird die Gefahr, dass andere das Unternehmen weiterführen ohne sein Zutun abgewendet oder wesentlich gemildert, reicht sein freiwilliges und ernsthaftes Bemühen um Gefahrabwendung aus (Absatz 3). Erkennt der Täter, der die Tat selbst aufgegeben hat, die tatsächlich bestehende Gefahr einer Fortführung des Unternehmens durch andere Tatbeteiligte nicht, so kommt er wegen freiwilliger Aufgabe der weiteren Tatausführung selbst dann in den Genuss der Vergünstigungen des § 83a, wenn die Gefahr auch von dritter Seite nicht abgewendet oder wesentlich gemildert wird. Das gilt auch, wenn das Nichterkennen der Gefahr der Fortführung durch andere auf Fahrlässigkeit beruht. Beim unbeendeten Versuch kann die Möglichkeit, die § 83a gewährt, nicht durch Umstände ausgeschlossen werden, die auf bloßer Fahrlässigkeit beruhen.

4 b) **Beendeter Versuch.** Hält es der Täter bei Abschluss seiner letzten Tathandlung aus seiner Sicht und sei es auch nur in Verkennung der durch die bisherigen Handlungen verursachten Gefährdung für möglich, der hochverräterische Taterfolg könne, ohne dass es weiterer Ausführungshandlungen bedürfe, eintreten (beendeter Versuch; BGHSt 39 221, 227; im Einzelnen bei § 24), so muss er **freiwillig die Vollendung der Tat verhindern.** Die Erfolglosigkeit seiner Bemühungen geht zu seinen Lasten. Sein freiwilliges und ernsthaftes Bemühen um Abwendung des Taterfolges und um Abwendung der Gefahr, dass andere das Unternehmen weiter fördern, reicht allerdings aus, wenn dies ohne sein Zutun verhindert wird (Absatz 3). Wird der Erfolg nicht vom Täter abgewendet und wird die Gefahr der Fortführung des Unternehmens durch Dritte auch nicht vom Täter abgewendet oder wesentlich gemindert, so kommt ihm sein Bemühen im Sinne des Absatzes 3 nicht zugute; anders als beim unbeendeten Versuch auch dann nicht, wenn er die Fortführung des Unternehmens durch Dritte gar nicht erkannt hat, denn beim beendeten Versuch trifft ihn die volle strafrechtlich relevante Abwendungspflicht.

5 c) **Fehlgeschlagener Versuch.** Ist der Erfolgseintritt nicht mehr möglich oder hält der Täter ihn nicht mehr für möglich (fehlgeschlagenen Versuch; BGHSt 39 221, 228, im Einzelnen bei § 24), gibt es keine Möglichkeit, den Erfolg oder Gefahren abzuwenden oder zu mindern. Die Anwendung des § 83a ist hier deshalb ausgeschlossen.

2. **Tatbestand des § 83.** Hier wird vom Täter verlangt: 6

Dem Vorbereitungsstadium entsprechend wird vorausgesetzt, dass der Täter sein Vorhaben, wenn es nicht fehlgeschlagen ist (Rdn. 5), freiwillig aufgibt und gegebenenfalls auch die Gefahr einer weiteren Vorbereitung des Unternehmens durch andere Tatbeteiligte abwendet oder wesentlich mindert. Im Übrigen gilt das oben Gesagte mit folgender Modifikation entsprechend (Absatz 2 und 3):

Der Täter muss die von ihm erkannte Gefahr, dass andere Tatbeteiligte das konkrete Unternehmen weiter vorbereiten oder ausführen, nur dann abwenden oder wesentlich mindern, wenn die Gefahr durch seinen Tatbeitrag zumindest mitverursacht wurde. Dagegen genügt die freiwillige Aufgabe der weiteren Tatausführung, wenn diese Gefahr unabhängig von seinem Tatbeitrag entstanden ist oder nach Rückgängigmachung des Tatbeitrages auch ohne diesen fortbesteht.

3. **Täter** im Sinne des § 83a ist jeder, der einen Tatbeitrag geleistet hat, also auch der 7
Gehilfe. Zum Begriff der **Freiwilligkeit** s. die Ausführungen zu § 24.

III. Rechtsfolgen der tätigen Reue

Liegen die Voraussetzungen des § 83a vor, ist dem Richter auf der Rechtsfolgenseite 8
eine enorme Gestaltungsbreite eröffnet. Er hat die Möglichkeit, die Strafe nach seinem Ermessen im Rahmen des § 49 Abs. 2 zu mildern oder von ihr abzusehen. Will er auf Freiheitsstrafe erkennen, so kann er bis auf das gesetzliche Mindestmaß von einem Monat (§ 38 Abs. 2) herabgehen. Er kann aber auch auf Geldstrafe erkennen oder von einer Bestrafung nach den §§ 81 bis 83 völlig absehen. Daraus ergibt sich, dass beim Hochverrat gegen den Bund ein Spielraum vom Absehen von Strafe bis zur Verhängung lebenslanger Freiheitsstrafe besteht. Die deswegen im Hinblick auf Art. 103 Abs. 2 GG erhobenen verfassungsrechtlichen Bedenken[1] sind unberechtigt, wenn bei der Strafzumessung der Grad der trotz tätiger Reue gegebenen (und bestehen gebliebenen) Gefährdung und dessen Zurechenbarkeit wesentlich ins Gewicht fällt. Auf den vom „Versuch" nach §§ 81, 82 zurücktretenden Täter ist auch dann allein § 83a Abs. 1 und 3 anzuwenden, wenn er in einem früheren Stadium Vorbereitungshandlungen im Sinne des § 83 begangen hat; denn diese Vorbereitungshandlungen sind in dem Versuch aufgegangen und lassen sich aus diesem Zusammenhang nicht mehr zu gesonderter rechtlicher Bewertung lösen. Da § 83 durch die §§ 81, 82 verdrängt wird (§ 83 Rdn. 19), ist als ein „Rücktritt vom versuchten Hochverrat" allein nach § 83a Abs. 1 und 3 zu beurteilen und nicht zusätzlich an den Voraussetzungen des § 83a Abs. 2 und 3 zu messen.[2]

---

1 *Stratenwerth/Kuhlen* AT § 3 Rdn. 9; *Schünemann* Nulla poena sine lege (1978), S. 7 f, 38; *Livos* S. 228; *Sonnen* AK Rdn. 9; *Paeffgen* NK Rdn. 3; *Sch/Schröder/Stree/Sternberg-Lieben* Rdn. 13; *Rudolphi* SK Rdn. 10. Lösungsvorschläge: *Steinmetz* MK Rdn. 7, wonach die Androhung einer lebenslangen Freiheitsstrafe mehr als Symbol des Selbstbehauptungswillens des Staates zu verstehen und eine solche Strafe als gerechter Schuldausgleich für eine Straftat nach § 81 kaum vorstellbar erscheine; nach *Rudolphi* SK Rdn. 10 und *Paeffgen* NK Rdn. 11 soll auch die einer der Höchststrafe nahekommende Strafe ausgeschlossen sein.

2 **AA** *Tröndle/Fischer* Rdn. 6; wie hier: *Sonnen* AK Rdn. 9; *Rudolphi* SK Rdn. 9.

Die Rechtsfolgen des § 83a gelten nur für Taten nach den §§ 81 bis 83. Andere hierzu in Tateinheit oder Gesetzeskonkurrenz stehende Delikte werden nicht erfasst. Insoweit kann § 24 und gegebenenfalls § 31 Anwendung finden.

IV. Opportunitätsprinzip

9 Zur Anwendbarkeit s. § 153b StPO.

DRITTER TITEL

Gefährdung des demokratischen Rechtsstaates

§ 84
Fortführung einer für verfassungswidrig erklärten Partei

(1) Wer als Rädelsführer oder Hintermann im räumlichen Geltungsbereich dieses Gesetzes den organisatorischen Zusammenhalt

1. einer vom Bundesverfassungsgericht für verfassungswidrig erklärten Partei oder
2. einer Partei, von der das Bundesverfassungsgericht festgestellt hat, daß sie Ersatzorganisation einer verbotenen Partei ist,

aufrechterhält, wird mit Freiheitsstrafe von drei Monaten bis zu fünf Jahren bestraft. Der Versuch ist strafbar.

(2) Wer sich in einer Partei der in Absatz 1 bezeichneten Art als Mitglied betätigt oder wer ihren organisatorischen Zusammenhalt unterstützt, wird mit Freiheitsstrafe bis zu fünf Jahren oder mit Geldstrafe bestraft.

(3) Wer einer anderen Sachentscheidung des Bundesverfassungsgerichts, die im Verfahren nach Artikel 21 Abs. 2 des Grundgesetzes oder im Verfahren nach § 33 Abs. 2 des Parteiengesetzes erlassen ist, oder einer vollziehbaren Maßnahme zuwiderhandelt, die im Vollzug einer in einem solchen Verfahren ergangenen Sachentscheidung getroffen ist, wird mit Freiheitsstrafe bis zu fünf Jahren oder mit Geldstrafe bestraft. Dem in Satz 1 bezeichneten Verfahren steht ein Verfahren nach Artikel 18 des Grundgesetzes gleich.

(4) In den Fällen des Absatzes 1 Satz 2 und der Absätze 2 und 3 Satz 1 kann das Gericht bei Beteiligten, deren Schuld gering und deren Mitwirkung von untergeordneter Bedeutung ist, die Strafe nach seinem Ermessen mildern (§ 49 Abs. 2) oder von einer Bestrafung nach diesen Vorschriften absehen.

(5) In den Fällen der Absätze 1 bis 3 Satz 1 kann das Gericht die Strafe nach seinem Ermessen mildern (§ 49 Abs. 2) oder von einer Bestrafung nach diesen Vorschriften absehen, wenn der Täter sich freiwillig und ernsthaft bemüht, das Fortbestehen der Partei zu verhindern; erreicht er dieses Ziel oder wird es ohne sein Bemühen erreicht, so wird der Täter nicht bestraft.

Art. 18 GG

Wer die Freiheit der Meinungsäußerung, insbesondere die Pressefreiheit (Artikel 5 Abs. 1), die Lehrfreiheit (Artikel 5 Abs. 3), die Versammlungsfreiheit (Artikel 8), die Vereinigungsfreiheit (Artikel 9), das Brief-, Post- und Fernmeldegeheimnis (Artikel 10), das Eigentum (Artikel 14) oder das Asylrecht (Artikel 16 Abs. 2) zum Kampfe gegen die freiheitliche demokratische Grundordnung mißbraucht, verwirkt diese Grundrecht. Die Verwirkung und ihr Ausmaß werden durch das Bundesverfassungsgericht ausgesprochen.

Art. 21 Abs. 2 GG

Parteien, die nach ihren Zielen oder nach dem Verhalten ihrer Anhänger darauf ausgehen, die freiheitliche demokratische Grundordnung zu beeinträchtigen oder zu beseitigen oder den Bestand der Bundesrepublik Deutschland zu gefährden, sind verfassungswidrig. Über die Frage der Verfassungswidrigkeit entscheidet das Bundesverfassungsgericht.

§ 33 Abs. 2 PartG
(Gesetz vom 24. Juli 1967 – BGBl. I 773)

Ist die Ersatzorganisation eine Partei, die bereits vor dem Verbot der ursprünglichen Partei bestanden hat oder im Bundestag oder in einem Landtag vertreten ist, so stellt das Bundesverfassungsgericht fest, daß es sich um eine verbotene Ersatzorganisation handelt; die §§ 38, 41, 43, 44 und 46 Abs. 3 des Gesetzes über das Bundesverfassungsgericht und § 32 dieses Gesetzes gelten entsprechend.

Schrifttum

Arndt Ideologischer Ungehorsam gegen das KP-Verbot, NJW **1965** 430; *Backes* Rechtsstaatsgefährdungsdelikte und Grundgesetz (1970); *Bauer* Der Tatbestand des § 84 StGB, Diss. Erlangen 1965; *Beyer* Prozessuale Chancen einer als verfassungswidrig erklärten Partei, JZ **1967** 744; *Feldmann* Das neue Vereinsgesetz, DÖV **1965** 29; *Jahn* Strafrechtliche Mittel gegen Rechtsextremismus (1998); *Langrock* Der besondere Anwendungsbereich der Vorschriften über die Gefährdung des demokratischen Rechtsstaates (1972); *Last* Die Staatsverunglimpfungsdelikte: §§ 90–90b StGB (2000); *Morlok* Parteiverbot als Verfassungsschutz – ein unauflösbarer Widerspruch? NJW **2001** 2931; *Müller/Wache* Opportunitätserwägungen bei der Verfolgung von Straftaten gegen die äußere Sicherheit, Festschrift Rebmann (1989) 321; *Petzold* Rechtsstaatliches Verfahren für verfassungswidrige Vereine, NJW **1964** 2281; *Rissing-van Saan* Die Behandlung rechtlicher Handlungseinheiten in der Rechtsprechung nach Aufgabe der fortgesetzten Handlung (unter besonderer Berücksichtigung des Staatsschutz-Strafrechts), Festschrift 50 Jahre Bundesgerichtshof (2000) 475; *Ruhrmann* Das Verbot von Ersatzorganisationen aufgelöster verfassungswidriger Vereinigungen, GA **1959** 129; *Schmitt-Glaeser* Parteiverbot und Strafrecht, JZ **1970** 59; *Stegbauer* Rechtsextremistische Propaganda im Lichte des Strafrechts (2000); *Wagner* Zur Reform der Organisationsdelikte, MDR **1966** 18, 97, 185, 287; *Willms* Die Organisationsdelikte, NJW **1957** 565, 1617; *ders.* Der strafrechtliche Staatsschutz nach dem neuen Vereinsgesetz, JZ **1965** 86; *ders.* Die Kalamität des § 129a StGB, JZ **1963** 121; *ders.* Zur strafrechtlichen Absicherung von Organisationsverboten, Festschrift Lackner (1987) 471.

Entstehungsgeschichte

Die §§ 84 und 85 sowie § 20 VereinsG beziehen sich auf die Vorkehrungen, die das Grundgesetz in den Art. 9 Abs. 2, 18 und 21 Abs. 2 zum Schutz der Verfassung im Vorfeld des Hochverrats getroffen hat. Der Gesetzgeber erfasste diesen Komplex ursprünglich und nach dem Konzept des 1. StrÄndG (Vor § 80 Rdn. 7) mit den §§ 90a und 129a StGB und den §§ 42, 47 BVerfGG. Danach trat für die führenden Kräfte solcher Organisationen die Strafbarkeit schon vor dem Ausspruch eines förmlichen Verbots der betreffenden Organisation ein, bei politischen Parteien freilich mit der Besonderheit des Aufschubs durch ein Verfolgungshindernis bis zum Verbot durch das Bundesverfassungsgericht. Nachdem das Bundesverfassungsgericht diese Regelung des § 90a a. F. wegen Verstoßes gegen das Parteienprivileg (Art. 21 Abs. 2 GG) für verfassungswidrig erklärt hatte (BVerfGE **12** 296; s. auch Vor § 80 Rdn. 10), verzichtete der Gesetzgeber mit dem VereinsG vom 5. August 1964 (BGBl. I 593) vollständig, also auch für nicht des Parteienprivilegs teilhaftige Organisationen darauf, die strafrechtliche der administrativen Repression voranzustellen. Mit dem völlig neu gefassten § 90a traf er jetzt nur noch die bisher in den §§ 42, 47 BVerfGG behandelten Fälle des Zuwiderhandelns gegen Entscheidungen des Bundesverfassungsgerichts nach Art. 18 und 21 Abs. 2 GG. Der zusätzlich geschaffene § 90b, der den legislatorisch missglückten § 129a verdrängte, pönalisierte die Verstöße gegen Verbote verfassungsfeindlicher Organisationen im Sinne des Art. 9 Abs. 2 GG. Das 8. StrÄndG (Vor § 80 Rdn. 12 bis 17) hat diese Aufteilung beibehalten und nur den § 90a in § 84, den § 90b in § 85 umbenannt. Es hat außerdem die Tatbestände vereinfacht und strikt auf die Mitwirkung bei der Aufrechterhaltung des verbotenen organisatorischen Zusammenhalts beschränkt. Seine wichtigste Neuerung war die Erstreckung des Verbotsprinzips auf die Ersatzorganisation, deren Schaffung und Förderung vorher von vorn herein und ohne förmliches Verbot allein auf der Grundlage des Verbots der ursprünglichen Hauptorganisation mit Strafe bedroht war. § 84 hat in der Folge durch das 1. StrRG vom 25. Juni 1969 (BGBl. I 645) und das EGStGB vom 2. März 1974 (BGBl. I 469; 1975 I 1916; 1976 I 507) nur redaktionelle Änderungen erfahren.

Übersicht

I. Zweck der Vorschrift

§ 84 bezweckt den **Schutz der freiheitlichen demokratischen Grundordnung** als tragendes Element der Verfassung der Bundesrepublik Deutschland. Es soll durch § 84 nicht etwa lediglich der Gehorsam gegenüber den vom BVerfG aufgrund seiner Kompetenzen nach Art. 18, 21 Abs. 2 GG, § 33 Abs. 2 PartG getroffenen Entscheidungen gesichert werden. Die Erzwingung dieses Gehorsams stellt lediglich das Mittel dar, um die Tätigkeit verfassungsfeindlicher Organisationen und damit Beeinträchtigungen der freiheitlich demokratischen Grundordnung zu unterbinden.[1] Die Norm ist **abstraktes Gefährdungsdelikt.**[2] 1

[1] S. näher *Schroeder* Der Schutz von Staat und Verfassung im Strafrecht, S. 314, 469; *Backes* S. 166.

[2] *Steinmetz* MK Rdn. 2; *Rudolphi* SK Rdn. 3.

II. Objektiver Tatbestand des Absatzes 1

2 Absatz 1 richtet sich gegen Rädelsführer und Hintermänner, die den organisatorischen Zusammenhalt einer vom BVerfG für verfassungswidrig erklärten Partei oder einer Partei, von der das BVerfG festgestellt hat, dass sie Ersatzorganisation einer verbotenen Partei ist, aufrechterhalten.

1. Verstöße gegen Parteiverbote

3 **a) Parteienverbote gemäß Art. 21 Abs. 2 GG.** Absatz 1 Satz 1 Nr. 1 dient der strafrechtlichen Absicherung von nach Art. 21 Abs. 2 GG ergangenen Parteiverboten, d.h. von Entscheidungen, durch die das BVerfG eine Partei (s. dazu § 2 PartG; Vor § 80 Rdn. 25 ff) für verfassungswidrig erklärt (§ 46 Abs. 1 BVerfGG), ihre Auflösung angeordnet und die Schaffung von Ersatzorganisationen verboten hat (§ 46 Abs. 3 S. 1 BVerfGG).

Die Entscheidung der Frage, ob und unter welchen Voraussetzungen eine Organisation als Partei im Sinne des Art. 21 Abs. 2 GG anzusehen ist, steht allein dem insoweit auch nicht an die Definition des § 2 PartG gebundenen BVerfG zu.[3] Dieses entscheidet für den Tatrichter verbindlich (**§ 31 Abs. 1 BVerfGG**) und damit mit **Tatbestandswirkung für** § **84** über den Status der Organisation als Partei und über deren Verbot wegen Verfassungswidrigkeit. Dieses Verbot trifft die Partei in ihrem organisatorischen Zusammenschluss auf Dauer, unabhängig davon, ob mit der illegal fortbestehenden Organisation später eine veränderte Zielsetzung verfolgt wird, die angeblich oder tatsächlich nicht mehr der Verfassung widerspricht.[4]

Bisher sind zwei Parteiverbotsurteile des BVerfG ergangen, nämlich gegen die „Sozialistische Reichspartei“ (SRP) am 23. Oktober 1952 (BVerfGE **2** 1) und gegen die „Kommunistische Partei Deutschlands“ (KPD) am 17. August 1956 (BVerfGE **5** 85). Das gegen die NPD eingeleitete Verfahren ist wegen verfahrensmäßiger Fehler nicht zu Ende geführt worden.[5]

4 **b) Parteienverbote gemäß** § **33 Abs. 2 GG.** § 84 Abs. 1 S. 1 Nr. 2 dient der strafrechtlichen Absicherung von Parteiverboten gemäß § 33 Abs. 2 PartG, d.h. von Entscheidungen, in welchen das BVerfG festgestellt hat, eine Partei sei **Ersatzorganisation** einer nach Art. 21 Abs. 2 GG für verfassungswidrig erklärten und verbotenen Partei.

5 **aa) Ersatzorganisationen, die vom BVerfG verboten werden müssen.** Die Entscheidungskompetenz des BVerfG nach § 33 Abs. 2 PartG bezieht sich nur auf Parteien, die Ersatzorganisationen verbotener Parteien sind und bereits **vor** dem ursprünglichen Verbot der nach Art. 21 Abs. 2 GG für verfassungswidrig erklärten Partei bestanden haben oder die (sei es ausdrücklich als Ersatzorganisation oder insoweit unausgesprochen) im Bundestag oder einem Landtag vertreten sind. Für den Strafrichter ist allein diese Feststellung und nicht die materielle Eigenschaft der Partei als Ersatzorganisation maßgeblich.

---

[3] BVerfGE **5** 85, 112 ff; **6** 367, 371 ff.
[4] BGHSt **26** 258, 264 ff; *Willms* FS Lackner, S. 477.
[5] BVerfG NJW **2003** 1577, 1578; *Morlok* NJW **2001** 2931, 2933 ff.

bb) **Ersatzorganisationen, die im Verwaltungsverfahren verboten werden müssen.** Für Organisationen, die Ersatzorganisationen verbotener Parteien darstellen (**ohne selbst Partei zu sein**) findet das **verwaltungsrechtliche Verbotsverfahren gemäß § 33 Abs. 3 PartG** (abgedruckt bei § 85), § 8 Abs. 2 VereinsG Anwendung. Die dort getroffenen Verbotsentscheidungen sind durch § 85 Abs. 1 S. 1 Nr. 1 strafrechtlich abgesichert. **6**

cc) **Ersatzorganisationen, die entgegen dem Wortlaut des § 33 Abs. 3 PartG durch das BVerfG verboten werden müssen.** Problematisch ist der Anwendungsbereich des § 33 Abs. 3 PartG für **Parteien**, die als „Ersatzorganisationen" erst **nach** dem Verbot der ursprünglich verbotenen Partei entstanden oder nicht im Bundestag oder einem Landtag vertreten sind. § 33 Abs. 3 PartG sieht hier dem Wortlaut nach das verwaltungsrechtliche Verbotsverfahren gemäß § 33 Abs. 3 PartG, § 8 Abs. 2 VereinsG vor.[6] Dies hätte – mangels eines Verbots durch das BVerfG – die Anwendung des § 85 zur Folge. Dagegen sind bereits in der Vorauflage (§ 84 Rdn. 4, § 85 Rdn. 2) verfassungsrechtliche Bedenken geltend gemacht worden, weil ein solcher Regelungsinhalt die Alleinzuständigkeit des BVerfG für Parteiverbote unterlaufen würde. Die bloße **Fortführung der alten Partei**, wenn auch unter neuem Namen, erfordert indes **kein neues Verfahren vor dem BVerfG**, weil ein und dieselbe Organisation nicht mehrfach vom BVerfG verboten zu werden braucht.[7] **7**

Die **Gründung einer neuen Organisation** mit vergleichbaren Zielen, die schon die Qualität einer (neuen) Partei hat (Vor § 80 Rdn. 26 u. 27), wirft jedoch Probleme auf.[8] Die Lösung kann nur in einer solchen Interpretation des § 33 Abs. 2 und Abs. 3 PartG gesehen werden, die dem Verfassungsgebot des Art. 21 GG gerecht wird. Zuständig für Parteiverbote ist deshalb das BVerfG, auch wenn die betroffene Partei als Ersatz für eine verbotene Partei gegründet worden ist (vgl. Vor § 80 Rdn. 27). Dabei folgt die Zuständigkeit für Parteien, die **nach** dem Verbot der ursprünglich verbotenen Partei (wenn auch als ihr Ersatz) entstanden sind, unmittelbar aus Art. 21 GG. § 33 Abs. 3 PartG läuft deshalb leer, als er dem Wortlaut nach auch für Parteien (als deren Ersatzorganisationen) anwendbar ist. Damit erledigt sich die in diesem Zusammenhang von *Sonnen*[9] geäußerte Ansicht, wegen des Parteienprivilegs des Art. 21 Abs. 2 GG müsse § 84 Abs. 1 S. 1 Nr. 2 auf sämtliche Ersatzorganisationen verbotener Parteien (unabhängig von ihrem Gründungszeitpunkt und ihrer Vertretung im Bundestag oder einem Landtag) erstreckt werden. Sollte *Sonnen* damit zum Ausdruck bringen wollen, dass § 85 Abs. 1 S. 1 Nr. 1 wegen Verstoßes gegen das Parteienprivileg des Art. 21 Abs. 2 GG verfassungswidrig ist, soweit er sich auf Parteien bezieht, deren Eigenschaft als Ersatzorganisation einer verbotenen Partei lediglich in dem Verwaltungsverfahren nach § 33 Abs. 3 PartG, § 8 Abs. 2 VereinsG festgestellt wurde, wäre ihm zuzustimmen. Sollte dagegen eine Erstreckung des § 84 Abs. 1 S. 1 Nr. 2 auf derartige Parteien gemeint sein, wäre ihm zu widersprechen. Die **verfassungskonforme Lösung** kann vielmehr nur darin bestehen, dass Organisationen, die die Qualität einer Partei haben und erst **nach dem Verbot einer Partei als deren Ersatz** entstanden sind, in unmittelbarer **Anwendung des Art. 21 GG** verboten werden müssen. Nach dem Verbot tritt die Strafbarkeit nach § 84 Abs. 1 Nr. 1 ein, weil die Organisation als neue Partei verboten wurde. **8**

---

[6] *v. Münch/Kunig* GG Art. 21 Rdn. 75 unter Berufung auf BVerfGE **16** 4, 6: Dass sie sich als neue Partei geriere, verschaffe ihr nicht den (erneuten) Genuss des Parteienprivilegs. Setze sie materiell die Identität einer bereits als verfassungswidrig erklärten Partei fort, so sei ihre aus Art. 21 Abs. 2 folgende Privilegierung gewissermaßen verbraucht; Stern I S. 211; *Sachs* GG Art. 21 Rdn. 187; *Sch/Schröder/Stree/Sternberg-Lieben* Rdn. 6; *Tröndle/Fischer* Rdn. 2.

[7] BVerfGE **16** 4.

[8] *Backes* S. 190; *Sonnen* AK Rdn. 23.

[9] *Sonnen* AK Rdn. 23.

9 c) **Bindung der Strafgerichte an die Verbote** (§ 31 Abs. 1 BVerfGG). Eine Entscheidung des BVerfG nach § 33 Abs. 2 und Abs. 3 PartG ist bisher noch nicht ergangen. Eine Entscheidung nach § 33 Abs. 3 PartG wäre für die Strafgerichte hinsichtlich der Qualifizierung einer Partei als **Ersatzorganisation** einer verbotenen Partei ebenso verbindlich und daher **mit Tatbestandswirkung für** § 84 ausgestattet, wie eine Verbotsentscheidung nach Art. 21 Abs. 2 GG. Zwar hat durch die – verfassungsrechtlich gebotene[10] – Einführung des Verbotsgrundsatzes für Ersatzorganisationen in Parteiform die unter der früheren Rechtslage (§ 90a a. F.) zum Begriff der Ersatzorganisation entwickelte Rechtsprechung des BGH (insbesondere BGHSt **16** 264) ihre unmittelbare Bedeutung verloren. Gleichzeitig ist für § 84 Abs. 1 ein anders gelagertes **Abgrenzungsproblem** entstanden:

10 Nach der **früheren Gesetzeslage** war es angesichts der unmittelbaren Strafbarkeit der Schaffung oder Förderung einer Ersatzorganisation im Ergebnis gleichgültig, ob die alte Organisation lediglich unter falschem Namen fortgesetzt oder eine Ersatzorganisation betrieben wurde. Denn bei dieser Variante hatte man es mit einer Art Auffangtatbestand zu tun, der in allen Fällen eingriff, in denen die Beibehaltung des alten Organisationsgefüges unter anderem Namensetikett nicht nachzuweisen, sondern nur die Weiterverfolgung der verfassungsfeindlichen Ziele festzustellen war. **Heute** ist jedoch die **Grenzziehung von wesentlicher Bedeutung.** Von ihr hängt es ab, ob ein Aufrechterhalten des organisatorischen Zusammenhalts unmittelbar (Weiterbestehen der verbotenen Partei: § 84 Abs. 1 S. 1 Nr. 1) oder erst nach Erlass einer Entscheidung gemäß § 33 Abs. 2 PartG (Ersatzorganisation in Parteiform: § 84 Abs. 1 S. 1 Nr. 2) oder – gemäß der hier vertretenen verfassungsgemäßen Interpretation des Art. 21 GG – nach Neukonstituierung der verbotenen Partei (§ 84 Abs. 1 Nr. 1) strafbar ist. Dabei reicht eine Identität in Teilen aus. Um der Gefahr zu begegnen, dass das dem § 84 zugrundeliegende Verbotsprinzip durch vorschnelle Annahme von Identität oder Teilidentität ausgehöhlt wird, bedarf es im Einzelfall, insbesondere bei der Aufspaltung einer verbotenen Vereinigung, einer genauen Abgrenzung zwischen der verbotenen Organisation eventuell mit der teilidentischen Vereinigung einerseits und andererseits mit der möglicherweise inhaltlich und rechtlich gleichgerichteten, damit aber nicht identischen Organisation.[11] Entscheidend für die Abgrenzung ist allein, ob die organisatorische Identität der verbotenen Partei örtlich oder überörtlich weiterbesteht.[12] Eine äußerliche Umbenennung steht einer Fortexistenz der verbotenen Partei nicht entgegen, weil sie die Identität des organisatorischen Zusammenschlusses unverändert lässt.[13] Diesen Umstand kann der Tatrichter feststellen.

11 2. **Tathandlung ist das Aufrechterhalten des organisatorischen Zusammenhalts** durch Rädelsführer und Hintermänner. Dieses Tatbestandsmerkmal verwirklicht, wer die organisatorische Verbundenheit zwischen früheren oder neu gewonnenen Mitgliedern unter-

---

[10] Die von *Willms* LK[10] Rdn. 15 geäußerte Kritik an der Einführung des Verbotsprinzips für Ersatzorganisationen mag, was die tatsächliche Wirksamkeit des strafrechtlichen Staatsschutzes gegen Ersatzorganisationen verbotener Parteien anbelangt, zutreffend sein. Sie übersieht jedoch, dass die Förderung einer Partei, auch wenn es sich bei ihr lediglich um die Ersatzorganisation einer verbotenen Partei handelt, wegen des Parteienprivilegs des Art. 21 Abs. 2 GG nur dann pönalisiert werden darf, wenn sie ihrerseits vom BVerfG verboten worden ist.

[11] BGH NStZ **1997** 603.

[12] *Willms* FS Lackner, S. 471, 477; *Steinmetz* MK Rdn. 9.

[13] BGHSt **26** 258, 265; BGH NJW **1998** 1653; BGH NStZ-RR **1998** 217; *Wagner* MDR **1966** 97, 98; *Steinmetz* MK Rdn. 9; *Sch/Schröder/Stree/Sternberg-Lieben* Rdn. 12; *Rudolphi* SK Rdn. 7; *Tröndle/Fischer* Rdn. 3.

einander, zwischen ihnen und der Parteiführung oder zwischen verschiedenen Teilen der Partei pflegt oder mit dem Ziel wiederanknüpft, die Partei trotz ihres Verbotes fortbestehen zu lassen.[14] Das Merkmal „aufrechterhalten" setzt, anders als etwa der Ungehorsamstatbestand des § 20 Abs. 1 Nr. 4 VereinsG (bei § 85), einen **organisationsbezogenen Erfolg** voraus.[15] Dieser kann gegeben sein durch Weiterführung oder Wiederaufbau der gesamten Parteiorganisation oder auch nur einer Parteiuntergliederung,[16] durch Organisation von Versammlungen, Kundgebungen, Umzügen oder sonstige insbesondere in einem Parteiamt ausgeübte Tätigkeiten für die Partei, wie das Kassieren und Abführen von Mitgliedsbeiträgen, das Herstellen von Parteischriften und deren Verteilung an die Parteimitglieder.[17] Die auf den Organisationszusammenhalt gerichtete Tätigkeit muss geeignet sein, eine für diesen vorteilhafte Wirkung hervorzurufen. Bloße Unterstützungshandlungen, die nicht unmittelbar die Aufrechterhaltung des organisatorischen Zusammenhalts zum Ziel haben oder ihn allenfalls reflexartig fördern, genügen ebenso wenig wie Unterstützungshandlungen von untergeordneter Bedeutung (BGH NJW **2005** 2164; **2006** 207).

Die Ausführung eines einzelnen Parteiauftrages oder das Eintreten für die Partei in **12**
der Öffentlichkeit reicht für sich regelmäßig ebenso wenig aus[18] wie die nur passive Innehabung eines Parteiamtes ohne Entfaltung von Aktivitäten. Ein Aufrechterhalten des organisatorischen Zusammenhalts ist auch dann zu verneinen, wenn eine weiterbestehende Verbundenheit früherer Parteimitglieder zwar auf ihre frühere Zugehörigkeit zu der verbotenen Partei zurückzuführen ist, aber nicht mehr der Verfolgung der Ziele dient, die zu dem Verbot geführt haben (BGHSt **20** 287, 289). Insofern ist neben dem objektiven Moment eine entsprechende **subjektive politische (Fortsetzungs-)Tendenz** erforderlich und maßgeblich. Die Gründung von Parteien oder Ersatzorganisationen für Parteien wird durch § 84 ausdrücklich nicht erfasst. Wer jedoch den zerschlagenen Parteiapparat neu aufbaut oder daran mitwirkt, hält den Zusammenhalt aufrecht und kann daher nach Absatz 1 oder 2 bestraft werden.[19]

3. **Taugliche Täter.** Der Täter muss Rädelsführer oder Hintermann sein. Damit wird **13**
zum Ausdruck gebracht, dass § 84 Abs. 1 auf **wesentliche Tatbeiträge zur Aufrechterhaltung des organisatorischen Zusammenhalts** der verbotenen Partei abzielt.[20] Die Begriffe sind wie in §§ 129, 129a zu verstehen (s. auch die dortigen Ausführungen).

a) **Rädelsführer.** Als Rädelsführer ist ein **Mitglied**[21] der verbotenen Partei anzusehen, **14**
das in der Gesamtorganisation oder einer wesentlichen Parteiuntergliederung eine führende Stellung mit beträchtlichem Einfluss innehat oder ohne formelles Parteiamt in vergleichbarer Weise Einfluss auf die Parteiführung ausübt.[22] Das Gesetz will die **Drahtzieher** erfassen, die entweder zu den Führungskräften gehören oder an der Führung mitwirken.

Dagegen reicht es nicht aus, dass sich der Einfluss lediglich auf unterer Parteiebene auf eine nicht ganz unwesentliche Anzahl von Parteimitgliedern erstreckt, wie dies zum

---

[14] BGHSt **20** 287, 289 ff.

[15] BGHSt **42** 30, 35; **43** 312, 314; BGH StV **1999** 80; *Steinmetz* MK Rdn. 12; *Paeffgen* NK Rdn. 12.

[16] BGHSt **16** 298, 299; **20** 74, 76; **20** 287, 291; vgl. auch BGHR VereinsG § 20 vollziehbar 1.

[17] BGHSt **20** 287, 291.

[18] BGHSt **20** 287, 291 f.

[19] BGHSt **7** 222, 224; **20** 287, 289 f; *Paeffgen* NK Rdn. 12; *Ruhrmann* GA **1959** 129, 132.

[20] BGHSt **7** 279.

[21] BGHSt **18** 296, 299.

[22] BGHSt **20** 74, 76; **20** 121, 123.

früheren § 90a a. F. noch von BGHSt **19** 109, 110 angenommen worden war.[23] Entscheidend ist der Umfang des Spielraums für eigenverantwortliche Entscheidungen.[24]

15 b) **Hintermann** ist derjenige, der als **Nichtmitglied** der verbotenen Partei – und damit ohne formelle Weisungsbefugnis – einen geistigen oder materiellen Einfluss auf die Partei ausübt, der der Stellung eines Rädelsführers entspricht.[25] Das Gesetz stellt also nicht darauf ab, welche Tätigkeit der Hintermann versieht, sondern darauf, welchen **Einfluss** er ausübt (BGHSt **20** 121, 123). Daher kann auch das einfache Mitglied, das keine formelle Weisungsbefugnis hat, Hintermann sein. Der Einfluss kann auch anonym ausgeübt werden, muss sich aber nicht in konspirativen Formen abspielen.

III. Objektiver Tatbestand des Absatzes 2

16 Sonstige Verstöße gegen Parteiverbote. Absatz 2 dient der **strafrechtlichen Absicherung von Parteiverboten** im Sinne des Absatzes 1 S. 1 Nr. 1 und 2 **gegen mitgliedschaftliche Betätigung** in der Partei oder **Unterstützung ihres organisatorischen Zusammenhalts außerhalb der Partei.**

1. Mitgliedschaftliche Betätigung (Absatz 2 Alt. 1)

17 a) **Mitglied.** Der Begriff des Mitgliedes ist wie in § 129 (s. auch die dortigen Erläuterungen) **materiell, nicht rein formal** in dem Sinne zu verstehen, dass nur eine förmliche Beitrittserklärung die Mitgliedschaft begründen könnte. Das äußert sich etwa darin, dass § 10 Abs. 1 S. 4 PartG, wonach eine Parteimitgliedschaft für Personen ausgeschlossen ist, denen Wählbarkeit oder Wahlrecht aberkannt wurde, für den strafrechtlichen Begriff des Parteimitgliedes ohne Bedeutung bleibt.[26] Mitglied ist jeder, der seinen Willen der Vereinigung ein- oder unterordnet und fortdauernd für deren Zwecke tätig werden will (RGSt **24** 328, 330).[27] An dieser Definition des RG hat der BGH festgehalten (BGH NJW **1960** 1772, 1773) und sie dahin ergänzt, dass zwischen dem Täter und der Vereinigung eine – auch stillschweigend mögliche – Willensübereinstimmung über die Zugehörigkeit zur Vereinigung und die Tätigkeit auf dieser Grundlage bestehen muss.[28] Dabei genügt es, wenn die Zugehörigkeit auf eine fortdauernde Mitwirkung angelegt ist. Auf eine bestimmte Zeitdauer einer bestehenden Zugehörigkeit kommt es nicht an.[29] Dies ist für die Fälle von Bedeutung, in denen bald nach vollzogenem Beitritt ein weiteres Mitwirken durch staatlichen Eingriff unterbunden wird.

18 b) **Betätigung als Mitglied.** Die Tathandlung umfasst **jeden aktiven Einsatz zur Verwirklichung der Ziele der Partei.**[30] Dazu reicht bereits die Begründung der Mitglied-

---

[23] Die Rechtsprechung des BGH zu § 90a a. F. – etwa BGHSt **6** 129; **7** 279; **11** 233; **15** 167, 174; **19** 109, 110; BGH NJW **1954** 1254 und die bei Wagner GA **1960** 193 ff angeführten Entscheidungen – kann für die Auslegung des nach dem Willen des Gesetzgebers enger zu verstehenden § 84 generell nur noch als Anhalt herangezogen werden.

[24] BGHSt **20** 121, 124.

[25] BGHSt **20** 121, 123.

[26] *Sch/Schröder/Stree/Sternberg-Lieben* Rdn. 15.

[27] Kritisch *Paeffgen* NK Rdn. 14, der sich letztendlich angesichts des Wortlauts nicht in der Lage sieht, den Tatbestand einzugrenzen.

[28] BGHSt **18** 296, 300; vgl. auch *Wagner* MDR **1966** 185, 187.

[29] BGHSt **29** 114, 122 f; BGH NJW **1966** 310, 312.

[30] *Steinmetz* MK Rdn. 16; *Tröndle/Fischer* Rdn. 4.

schaft, wenn mit diesem (Einzel-)Akt der Wille künftiger Fortsetzung der Betätigung verbunden ist (BGHSt **29** 114, 122). Bloße Aktivitäten im Zusammenhang mit einer Partei begründen für sich noch keine Mitgliedschaft und stellen deshalb als solche keine mitgliedschaftliche Betätigung dar. Es wäre deshalb, wie *Tröndle/Fischer* (Rdn. 4) zutreffend betont, unrichtig, den Besuch von Versammlungen, den Bezug von Zeitschriften oder das Verteilen von Propagandamaterial ohne weiteres als Beleg einer Mitgliedschaft zu nehmen. Solche Handlungen können immer nur Indizien für das Bestehen einer Mitgliedschaft sein. Ist dagegen die Mitgliedschaft festgestellt, so sind derartige Aktivitäten als Betätigung zu qualifizieren. Zur Betätigung rechnet insbesondere auch die organisationsbezogene Werbung für die Partei, wobei es ohne Belang ist, ob sich das Mitglied hierbei parteifremder oder von der Partei selbst hergestellter und inhaltlich ausgestalteter Werbemittel bedient (BGHSt **26** 258, 261). Unerheblich ist auch, ob das Werbemittel, wie bei § 86 erforderlich, selbst einen verfassungsfeindlichen Inhalt aufweist.[31] Auf die Feststellung eines tatsächlich eingetretenen Nutzens kommt es nicht an.[32]

Ob in der **Zahlung von Mitgliedsbeiträgen** eine Betätigung der Mitgliedschaft liegt, ist **19**
Tatfrage. Angesichts der Bedeutung einer ausreichenden finanziellen Ausstattung für den Fortbestand der Organisation sind grundsätzlich auch Geldzuwendungen als ein der Förderung der verbotenen Partei dienendes aktives Tun zu bewerten. Doch wird die ohne näheres Bindungsinteresse oder aus Trägheit erbrachte Zahlung eines Mitgliedsbeitrages von geringer Höhe als passive Mitgliedschaft zu werten sein.[33] Die Frage wird in Anknüpfung an BTDrucks. V/2860 S. 6 allgemein weniger differenziert beantwortet.

2. **Unterstützung des organisatorischen Zusammenhalts durch Nichtmitglieder** (**Ab- 20**
satz 2 Alt. 2). Die Tatmodalität ist eine **zum selbständigen Tatbestand erhobene Beihilfe.** Deswegen reicht auch der bloße Versuch der Unterstützung nicht aus.[34] Wer den organisatorischen Zusammenhalt einer solchen Partei unterstützt, wird auch dann strafrechtlich belangt, wenn ihm die Parteimitgliedschaft nicht nachweisbar ist. Vorausgesetzt wird ein Tatbeitrag, der den organisatorischen Zusammenhalt der Partei unmittelbar und wirksam fördert.[35] Anders als bei der Betätigung als Mitglied, bei der jeder, auch als solcher nicht förmliche Akt des Mitglieds erfasst ist (vgl. Rdn. 17 u. 18), verlangt die Unterstützung durch ein Nichtmitglied einen **organisationsbezogenen Erfolg** (vgl. Rdn. 11 u. 12 zum Begriff des „Aufrechterhaltens"). Ob dadurch die Organisation letztlich in ihrem Tätigwerden in der Zukunft gefördert wird, ist ohne Belang. Dies trifft zu auf Beiträge zur Unterhaltung des konspirativen Apparates der verbotenen Partei, wie Gewährung von Unterkunft für Kuriere und Verbindungsleute, Vermittlung von Nachrichten, Bereitstellen geheim gehaltener Versammlungsräume oder Lieferung von Materialien für Propagandazwecke.[36] Dass der Förderer sich der verbotenen Partei nicht zu erkennen gibt, schließt die Anwendbarkeit des Tatbestandes nicht aus, wenn die erforderliche Organisationsbezogenheit seiner Leistung gegeben ist. Fehlt es dagegen an dieser Organisationsbezogenheit, so ist die von außen kommende Förderung der Partei nicht tatbestandsmäßig

[31] BGHSt **26** 258, 261; **aA** *Sonnen* AK Rdn. 32 f.

[32] BGHSt **42** 30, 31 zu § 20 Abs. 1 Nr. 4 VereinsG mit zust. Anm. *Scholz* NStZ **1996** 602.

[33] *Sonnen* AK Rdn. 29; *Lackner/Kühl* Rdn. 3; *Steinmetz* MK Rdn. 16; *Rudolphi* SK Rdn. 12; *Tröndle/Fischer* Rdn. 4.

[34] *Fleischer* NJW **1979** 1337, 1339.

[35] BGHSt **20** 89; vgl. BVerfGE **25** 44, 57 ff; **25** 79, 87; *Sonnen* AK Rdn. 34 u. 39; *Steinmetz* MK Rdn. 17; *Paeffgen* NK Rdn. 16.

[36] Kritisch dazu *Paeffgen* NK Rdn. 17.

(*Arndt* NJW **1965** 430, 431). Wer daher als Sympathisant etwa in der Presse nachhaltig für die verbotene Partei und ihre Ziele eintritt oder auf eigene Faust Schriften der Partei nachdruckt und verbreitet, macht sich dadurch allein grundsätzlich noch nicht nach § 84 Abs. 2 strafbar.[37] Doch können im Einzelfall ausnahmsweise auch derartige Propagandamaßnahmen organisationsbezogen sein, wenn sie mittelbare Hilfe durch ideologischen Beistand übersteigen und organisationsunterstützend wirken. Auch in diesem Fall steht dann der Strafbarkeit nach Absatz 2 nicht entgegen, dass das Propagandamaterial selbst keinen verfassungsfeindlichen Inhalt hat.[38]

IV. Objektiver Tatbestand des Absatzes 3

21 Verstoß gegen andere Sachentscheidungen des BVerfG oder vollziehbare Maßnahmen.

22 **1. Andere Sachentscheidungen des BVerfG.** § 84 Abs. 3 S. 1 dient in seiner **ersten Alternative** der strafrechtlichen Absicherung von Sachentscheidungen des BVerfG in Verfahren nach Art. 21 Abs. 2 GG oder § 33 Abs. 2 PartG, soweit sie nicht das Parteiverbot selbst beinhalten (hierfür gilt Absatz 1). Gemeint sind hier insbesondere bestimmte Ge- oder Verbote enthaltende **einstweilige Anordnungen** (§ 32 BVerfGG) oder **Einziehungsanordnungen** im Zusammenhang mit einem Verbotsurteil (§ 46 Abs. 3 S. 2 BVerfGG). Ein Beispiel bildet die einstweilige Anordnung, in der das BVerfG während des Verfahrens gegen die SRP jegliche Propaganda und öffentliche Werbung dieser Partei untersagte (BVerfGE **1** 349). Das Gesetz spricht ausdrücklich von Sachentscheidungen, um klarzustellen, dass Anordnungen rein prozessleitender Art (z. B. Zeugenladungen) nicht gemeint sind. Daher wird auch die Anordnung einer Beschlagnahme oder Durchsuchung wegen des vorwiegend prozessualen Gehalts einer solchen Entscheidung nicht erfasst. Sie wird durch andere Strafvorschriften, etwa §§ 113, 136, hinreichend abgesichert.[39]

23 **2. Vollziehbare Maßnahmen.** In seiner **zweiten Alternative** sichert § 84 Abs. 3 S. 1 die **Durchsetzung vollziehbarer Maßnahmen** im Vollzug jeglicher Sachentscheidung in Verfahren nach Art. 21 Abs. 2 GG und § 33 Abs. 2 PartG. Ihnen sind gemäß § 84 Abs. 3 S. 2 vollziehbare Maßnahmen in Verfahren nach Art. 18 GG gleichgestellt. (Ein Verfahren nach Art. 18 GG war bisher beim BVerfG noch nicht anhängig.)

Vollziehbare Maßnahmen können sowohl **Vollstreckungsentscheidungen** des BVerfG selbst sein, wie etwa der Beschluss, durch den der Innenminister des Saarlandes angewiesen wurde, den Landesverband Saar der Kommunistischen Partei als Ersatzorganisation der KPD aufzulösen (BVerfGE **6** 300), aber auch Akte eines Organs der Exekutive, wie Anordnungen des vom BVerfG mit dem Vollzug der Parteiauflösung oder der Vermögenseinziehung beauftragten Innenministers. Dabei ist zu beachten, dass auch in den letztgenannten Fällen mittelbar die jeweils zugrundeliegende Sachentscheidung des BVerfG

---

[37] Vgl. insofern noch zum früheren § 90a a. F. BGH bei Wagner GA **1960** 193 ff (unter § 90 a. F. Nr. 8 und 9), wo schon die Veröffentlichung eines Artikels über die FDJ die Qualifizierung als Hintermann dieser verbotenen Vereinigung möglich machte.

[38] BGHSt **26** 258, 261; **aA** *Sonnen* AK Rdn. 34.

[39] *Sonnen* AK Rdn. 35; *Lackner/Kühl* Rdn. 4; *Paeffgen* NK Rdn. 19; *Tröndle/Fischer* Rdn. 8; **aA** *Steinmetz* MK Rdn. 18; *Sch/Schröder/Stree/Sternberg-Lieben* Rdn. 19; *Rudolphi* SK Rdn. 15.

geschützt werden soll und deshalb Maßnahmen der Exekutive nur dann erfasst werden, wenn sie von einer der angeführten Sachentscheidungen des BVerfG legitimiert sind.[40] Das ist der Fall, wenn sie sich im Rahmen einer vom BVerfG erteilten Ermächtigung halten. Dabei ist es Sache des BVerfG, dem § 35 BVerfGG insoweit umfassende Befugnisse gibt, wie es seine Ermächtigung gestaltet und zum Ausdruck bringt. In aller Regel wird es sie in den Entscheidungssatz der Hauptsacheentscheidung aufnehmen. Andererseits sind gesetzliche Regelungen von Maßnahmen denkbar, die dann durch eine einschlägige Entscheidung des BVerfG ausgelöst werden, ohne dass diese Entscheidung sie ausdrücklich anzuführen braucht.

3. Tathandlung des Zuwiderhandelns. Sie umfasst Versuch und Vollendung gleichermaßen (**unechtes Unternehmensdelikt**). Es ist jedes Verhalten des Täters, das darauf zielt, den Erfolg der betreffenden Sachentscheidung oder der auf sie gestützten vollziehbaren Maßnahme ganz oder zum Teil zu vereiteln. Ähnlich wie bei § 20 Abs. 1 Nr. 4 VereinsG (bei § 85) erfasst der Begriff des Zuwiderhandelns Handlungsweisen, die **konkret geeignet** sind, die vom BVerfG angeordneten Maßnahmen **zu vereiteln.**[41] Dass dieses Ziel erreicht wird, ist nicht erforderlich. Auf der anderen Seite ist zu beachten, dass hier der Versuch nicht unter Strafe steht und die Grenzziehung zu bloßen Versuchs- und Vorbereitungshandlungen schwierig sein kann. Angesichts der Verschiedenheit denkbarer Handlungsformen kann die Trennungslinie nur von Fall zu Fall gezogen werden. Es bedarf daher einer besonders sorgfältigen Abgrenzung.[42] **24**

V. Subjektiver Tatbestand

Für alle Tatvarianten ist **bedingter Vorsatz** ausreichend. Der Täter muss eine hinreichend deutliche Vorstellung – mindestens in laienhafter Parallelwertung – vom Tenor der Entscheidung des BVerfG und das Bewusstsein haben, der Entscheidung zuwiderzuhandeln. Der Irrtum über die Existenz einer der von § 84 erfassten Entscheidungen ist **Tatbestandsirrtum.** Ein **Verbotsirrtum** kommt allenfalls bei Unkenntnis der rechtlichen Tragweite einer solchen Entscheidung – vor allem in den Fällen des Absatzes 3 – in Betracht. **25**

Die Vorstellung eines verfassungswidrigen Handelns – sei es für sich selbst, sei es hinsichtlich der verbotenen Partei – braucht der Täter weder im Sinne einer positiv wertenden Kenntnis eines Verstoßes gegen die freiheitlich demokratische Grundordnung noch im Sinne einer Kenntnis der einen solchen Verstoß begründenden Tatsachen zu besitzen. Er braucht auch die Gründe der Entscheidung des BVerfG nicht zu kennen. Doch ist es in den Fällen der Absätze 1 und 2 erforderlich, dass sich der Handelnde der in seiner Tätigkeit liegenden Förderung des organisatorischen Zusammenhalts der verbotenen Organisation, auch des gemeinschaftlichen Ziels der Organisation (BGHSt **20** 45, 54), bewusst ist. Eine wertende Einschätzung dieser Tätigkeit etwa im Sinne der Rädelsführerschaft braucht er nicht zu vollziehen, doch muss er ihre sachliche Bedeutung erfassen, wenn sie ihm in diesem Sinne zugerechnet werden soll.

---

[40] Die von *Steinmetz* MK Rdn. 3 dargestellte Problematik stellt sich nicht.

[41] BGHSt **42** 30, 37; **43** 312, 314; BGH StV **1999** 89.

[42] *Steinmetz* MK Rdn. 20; *Paeffgen* NK Rdn. 20.

VI. Teilnahme

26 Für die **Anstiftung** gelten die allgemeinen Regeln (§ 26); damit ist sie strafbar. § 28 Abs. 1 ist nicht anwendbar, weil die Tatbestandselemente der Absätze 1 bis 3 nicht ein prozessuales Element, sondern gefährliche Handlungsweisen bezeichnen. In der Vorauflage ist vertreten worden, dass **Beihilfe** zu Taten nach Absatz 1 und 2 nicht möglich sei. Indem der Gesetzgeber mit der Tatalternative des Unterstützens des organisatorischen Zusammenhalts einer verbotenen Partei eine materielle Beihilfehandlung als vollendetes Delikt ausgestaltet habe (BGHSt **20** 90), habe er zum Ausdruck gebracht, dass andere Beihilfehandlungen zu Taten nach Absatz 1 und 2 straflos bleiben sollten. Richtig ist, dass Beihilfehandlungen zu Absatz 1 in der Regel Handlungen darstellen, mit denen sich ein Mitglied betätigt oder ein Nichtmitglied unterstützt. Unterhalb dieser Schwelle sind aber für jede Tatbestandserfüllung der Absätze 1 bis 3 untergeordnete Nebentätigkeiten denkbar, deren Strafbarkeit als Beihilfe nicht ausgeschlossen ist.[43]

VII. Der Versuch des Absatz 1

27 Der Versuch ist nach Absatz 1 Satz 2 strafbar, doch wäre nichts versäumt worden, wenn man ihn auch hier straflos gelassen hätte.

VIII. Tätige Reue, Rücktritt

28 Die in **Absatz** 5 vorgesehene Möglichkeit beinhaltet eine Regelung des **Rücktritts vom vollendeten Delikt**; ausgenommen ist das Delikt nach Absatz 3 Satz 2. Der Rücktritt vom Versuch des Absatzes 1 ist daher nach § 24 zu beurteilen, jedoch kann Absatz 5 dann Anwendung finden, wenn der Rücktritt vom beendeten Versuch misslungen ist (§ 83a Rdn. 2 ff) und § 24 deshalb nicht eingreift.[44]

Die **tätige Reue**, die für Fälle des Absatzes 3 Satz 2 ausgeschossen ist, setzt voraus, dass sich der Täter freiwillig und ernsthaft (zu diesen Begriffen s. die Erläuterungen bei §§ 24, 31) bemüht, das Fortbestehen der verbotenen Partei zu verhindern. Gelingt ihm dies oder wird dieses Ziel ohne sein Zutun erreicht, tritt zwingend Straflosigkeit ein. Ansonsten ist Strafmilderung nach § 49 Abs. 2 oder das Absehen von einer Bestrafung nach § 84 möglich (s. Rdn. 30).

IX. Räumlichen Geltungsbereich

29 Nur im räumlichen Geltungsbereich des StGB begangene Taten werden von der Vorschrift erfasst. Das ist zwar nur in Absatz 1 ausdrücklich gesagt, gilt jedoch auch für die übrigen in § 84 zusammengefassten Tatbestände. Dies ergibt sich nicht nur aus dem inneren Zusammenhang der Bestimmung, sondern auch aus der zusätzlichen Einschränkung

[43] BGHSt **43** 41, 51/52 zu § 20 Abs. 1 Nr. 4 VereinsG; *Sch/Schröder/Stree/Sternberg-Lieben* Rdn. 17; **aA** *Sommer* JR **1981** 490, 495; *Sonnen* AK Rdn. 37; *Lackner/Kühl* Rdn. 3; *Steinmetz* MK Rdn. 24; *Paeffgen* NK Rdn. 22; *Rudolphi* SK Rdn. 14; *Tröndle/Fischer* Rdn. 6.

[44] *Steinmetz* MK Rdn. 26; *Sch/Schröder/Stree/Sternberg-Lieben* Rdn. 26; *Paeffgen* NK Rdn. 25; *Rudolphi* SK Rdn. 19.

durch § 91, der § 84 ausnahmslos nur für Taten gelten lässt, die durch eine im räumlichen Geltungsbereich des StGB *ausgeübte* Tätigkeit begangen wurden. Angesichts des § 91 hätte sich die Sonderregelung in § 84 Abs. 1 erübrigt. Sie wird von *Tröndle/Fischer* (Rdn. 10) mit Recht als irreführend bezeichnet. Grund der Regelung war offensichtlich, der im Sonderausschussbericht V/2860 S. 5 (vgl. Vor § 80 Rdn. 11) als fragwürdig bezeichneten Rechtsprechung des BGH zur „grenzüberschreitenden Gesamtorganisation"[45] die Grundlage zu entziehen.

X. Der Strafrahmen

Die Strafe beträgt bei vollendeten Taten nach Absatz 1 Freiheitsstrafe von drei Monaten bis zu fünf Jahren, bei Taten nach Absatz 2 oder 3 Freiheitsstrafe bis zu fünf Jahren oder Geldstrafe. Bei versuchten Taten im Sinne des Absatzes 1 Satz 1 sowie Taten nach Absatz 2 und Absatz 3 Satz 1 kann die Strafe gemäß § 49 Abs. 2 gemildert oder von einer Bestrafung nach § 84 völlig abgesehen werden, wenn die Schuld des Täters gering ist und seine Mitwirkung nur von untergeordneter Bedeutung war (Absatz 4; sog. **Mitläuferklausel**). Ausgenommen von dieser Vergünstigung sind also vollendete Vergehen nach Absatz 1 und alle Delikte nach Absatz 3 Satz 2, d. h. die Fälle des Zuwiderhandelns gegen Entscheidungen in Verfahren nach Art. 18 GG. **30**

XI. Nebenfolgen und Einziehung

S. §§ 92a, 92b. Fällt die Tatbestandsverwirklichung mit der Ausübung eines Presseberufes zusammen, so steht Art. 18 GG der Anordnung eines Berufsverbotes (§ 70) für diesen Presseberuf nicht entgegen.[46] **31**

XII. Mehrfachhandlungen

Die Tatbegehung wird, insbesondere bei den Tatbeständen der Absätze 1 und 2, vielfach in einer großen Zahl von Teilakten liegen. Hier liegt keine fortgesetzte Handlung vor, die als Rechtsinstitut seit BGHSt **40** 138 in Frage gestellt ist. Sie scheidet hier bereits deshalb aus, weil es zur Erfassung der verwirklichten Schuld nicht unumgänglich ist. Nach bisheriger Rechtsprechung wurde nach der Struktur des Tatbestandes **gesetzliche Handlungseinheit** angenommen.[47] Unter Berücksichtigung neuerer Rechtsprechung wird zu unterscheiden sein: **32**

1. Betätigung als Mitglied. Der Tatbestand der Betätigung als Mitglied ist mit dem des § 129 vergleichbar. Wie bei § 129 (BGHSt **29** 288 291) ist deshalb insoweit (§ 84 Abs. 2 Alt. 1) von einer **Dauerstraftat** auszugehen. Der BGH scheint dem in BGHSt **43** 312, 315 (zum Nichtmitglied BGHSt **42** 30, 35) nicht zu folgen, weil er mitgliedschaftliche Betätigung, insbesondere bei ununterbrochener, fortlaufender, gegen ein Betätigungsverbot ver- **33**

---

[45] BGHSt **15** 167; **20** 45; dazu *Wagner* MDR **1966** 18, 19 ff.

[46] BVerfGE **25** 88; *Willms* NJW **1964** 225, 228; *Schmitt-Glaeser* JZ **1970** 60 f.

[47] BGHSt **15** 259 speziell für den Fall der Rädelsführerschaft; BGH bei Wagner GA **1967** 101 Nr. 37 für den Fall der Mitgliedschaft; *Steinmetz* MK Rdn. 27.

stoßender Handlungen, als einen Fall natürlicher Handlungseinheit bezeichnet. Die Zuordnung zur Dauerstraftat bei Aufrechterhaltung des vom Täter geschaffenen rechtswidrigen Zustandes der Mitgliedschaft, durch ununterbrochene Handlungen, wird jedoch dem Tatunrecht eher gerecht (wenn auch im Ergebnis ein Unterschied zur Annahme natürlicher Handlungseinheit in solchen Fällen nicht bestehen dürfte).

34 2. **Aufrechterhalten des organisatorischen Zusammenhalts.** In Fällen des § 84 Abs. 1 wird die natürliche Handlungseinheit bejaht werden müssen, wenn der vorausgesetzte organisatorische Erfolg durch mehrere Handlungen eintritt.[48]

35 3. **Verstoß gegen Verbote.** Der BGH verneint grundsätzlich für § 20 Abs. 1 Nr. 4 VereinsG (bei § 85), was entsprechend für § 84 Abs. 3 zu gelten hat, das Vorliegen einer Tat bei mehreren Zuwiderhandlungen gegen Verbote, wenn nicht die Voraussetzungen einer rechtlichen Bewertungseinheit vorliegen (vgl. BGHSt **43** 312, 315, **46** 6 ff).

36 4. **Unterstützung einer Organisation.** Im Fall des Unterstützens einer Organisation im Sinne des § 84 Abs. 2 Alt. 2 wird natürliche Handlungseinheit zu bejahen sein, wenn die (erfolgreiche) Unterstützung der Partei durch mehrere Akte eintritt. In diesem Sinne ist auch von einer Tat auszugehen, wenn der Täter nacheinander verschiedene Funktionen ausgeübt hat, oder von einer Stellung im Sinne des Absatzes 2 zu einer solchen nach Absatz 1 aufstieg oder abfiel, wobei für den Schuldspruch dann jeweils Absatz 1 maßgeblich ist (BGHSt **20** 74, 77). Es kann insofern auch keinen Unterschied machen, ob der Täter teilweise als Mitglied und teilweise als Außenstehender die Partei fördert (**aA** BGH bei Wagner GA **1967** 98 Nr. 29).

XIII. Konkurrenzen

37 § 85 und § 20 Abs. 1 S. 1 Nr. 1 bis 3 VereinsG werden von § 84 verdrängt. Tateinheit ist möglich mit §§ 81 bis 83, 86a bis 89, 129, 129a. Zum Verhältnis zu § 86 s. dort. Jedes Zuwiderhandeln gegen ein Betätigungsverbot ist eine selbständige Straftat, wenn nicht die besonderen Voraussetzungen für die Annahme einer Dauerstraftat oder einer natürlichen Handlungseinheit vorliegen (vgl. Rdn. 33 bis 36). Fehlt es an einem engen zeitlichen und örtlichen Zusammenhang, so liegen mehrere tatmehrheitliche Taten vor (BGH NStZ **1999** 38 zu § 20 Abs. 1 Nr. 4 VereinsG).

XIV. Opportunitätsprinzip

38 Zur Anwendbarkeit s. §§ 153b, 153d, 153e StPO.

XV. Zuständigkeit (Vor § 80 Rdn. 38)

39 Vom Ausnahmefall des § 120 Abs. 2 Nr. 1 i.V.m. § 74a Abs. 2 GVG abgesehen, ist die Staatsschutzkammer beim Landgericht für die Aburteilung zuständig (§ 74a Abs. 1

---

[48] *Rissing-van Saan* S. 475, 480 f; diess. LK[12] Vor § 52 Rdn. 24; *Sonnen* AK Rdn. 39; *Steinmetz* MK Rdn. 27; *Sch/Schröder/Stree/Sternberg-Lieben* Rdn. 18; *Tröndle/Fischer* Rdn. 16.

Nr. 2 GVG). Für das Gebiet der ehemaligen DDR sind die Besonderheiten gemäß Kapitel III Sachgebiet A Abschnitt III Nr. 1 Bst. i (1) der Anlage 1 zum Einigungsvertrag zu beachten.

XVI. Zum Recht des Einigungsvertrages

S. Vor § 80 Rdn. 37.

§ 85
Verstoß gegen ein Vereinigungsverbot

(1) Wer als Rädelsführer oder Hintermann im räumlichen Geltungsbereich dieses Gesetzes den organisatorischen Zusammenhalt

1. **einer Partei oder Vereinigung, von der im Verfahren nach § 33 Abs. 3 des Parteiengesetzes unanfechtbar festgestellt ist, daß sie Ersatzorganisation einer verbotenen Partei ist, oder**
2. **einer Vereinigung, die unanfechtbar verboten ist, weil sie sich gegen die verfassungsmäßige Ordnung oder gegen den Gedanken der Völkerverständigung richtet, oder von der unanfechtbar festgestellt ist, daß sie Ersatzorganisation einer solchen verbotenen Vereinigung ist,**

aufrechterhält, wird mit Freiheitsstrafe bis zu fünf Jahren oder mit Geldstrafe bestraft. Der Versuch ist strafbar.

(2) Wer sich in einer Partei oder Vereinigung der in Absatz 1 bezeichneten Art als Mitglied betätigt oder wer ihren organisatorischen Zusammenhalt unterstützt, wird mit Freiheitsstrafe bis zu drei Jahren oder mit Geldstrafe bestraft.

(3) § 84 Abs. 4 und 5 gilt entsprechend.

Art. 9 Abs. 2 GG

Vereinigungen, deren Zwecke oder deren Tätigkeit den Strafgesetzen zuwiderlaufen oder die sich gegen die verfassungsmäßige Ordnung oder gegen den Gedanken der Völkerverständigung richten, sind verboten.

§ 33 Abs. 3 PartG
(Absatz 2 siehe bei § 84)

Auf andere Parteien und auf Vereine im Sinne des § 2 des Vereinsgesetzes, die Ersatzorganisationen einer verbotenen Partei sind, wird § 8 Abs. 2 des Vereinsgesetzes entsprechend angewandt.

§ 20 VereinsG
Zuwiderhandlungen gegen Verbote

(1) Wer im räumlichen Geltungsbereich dieses Gesetzes durch eine darin ausgeübte Tätigkeit

1. **den organisatorischen Zusammenhalt eines Vereins entgegen einem vollziehbaren Verbot oder entgegen einer vollziehbaren Feststellung, daß er Ersatzorganisation eines verbotenen Vereins ist, aufrechterhält oder sich in einem solchen Verein als Mitglied betätigt,**
2. **den organisatorischen Zusammenhalt einer Partei oder eines Vereins entgegen einer vollziehbaren Feststellung, daß sie Ersatzorganisation einer verbotenen Partei sind (§ 33 Abs. 3 des Parteiengesetzes), aufrechterhält oder sich in einer solchen Partei oder in einem solchen Verein als Mitglied betätigt,**

3. den organisatorischen Zusammenhalt eines Vereins oder einer Partei der in den Nummern 1 und 2 bezeichneten Art unterstützt,
4. einem vollziehbaren Verbot nach § 14 Abs. 3 Satz 1 oder § 18 Satz 2 zuwiderhandelt oder
5. Kennzeichen einer der in den Nummern 1 und 2 bezeichneten Vereine oder Parteien oder eines von einem Betätigungsverbot nach § 15 Abs. 1 in Verbindung mit § 14 Abs. 3 Satz 1 betroffenen Vereins während der Vollziehbarkeit des Verbots oder der Feststellung verbreitet oder öffentlich oder in einer Versammlung verwendet,

wird mit Freiheitsstrafe bis zu einem Jahr oder mit Geldstrafe bestraft, wenn die Tat nicht in den §§ 84, 85, 86a oder 129 des Strafgesetzbuches mit Strafe bedroht ist. In den Fällen der Nummer 5 gilt § 9 Abs. 1 Satz 2, Abs. 2 entsprechend.

(2) Das Gericht kann von einer Bestrafung nach Abs. 1 absehen, wenn

1. bei Beteiligten die Schuld gering oder deren Mitwirkung von untergeordneter Bedeutung ist oder
2. der Täter sich freiwillig und ernsthaft bemüht, das Fortbestehen der Partei oder des Vereins zu verhindern; erreicht er dieses Ziel oder wird es ohne dies Bemühen erreicht, so wird der Täter nicht bestraft.

Bei Gefangenen, die wegen einer Straftat nach den §§ 174 bis 180 oder 182 des Strafgesetzbuches verurteilt worden sind, ist besonders gründlich zu prüfen, ob die Verlegung in eine sozialtherapeutische Anstalt angezeigt ist.

(3) Kennzeichen, auf die sich eine Straftat nach Absatz 1 Nr. 5 bezieht, können eingezogen werden.

Schrifttum

Deres Die Praxis des Vereinsverbotes – Eine Darstellung der materiellen Voraussetzungen, VR **1992** 431; *Groß* Zum Pressestraf- und Pressestrafverfahrensrecht, AfP **1998** 358; *Heinrich* Anm. zu BGH v. 5.3.2002 – 3 StR 514/01, NStZ **2003** 43; *Köbler* Die Strafbarkeit von Verstößen gegen das Kennzeichenverbot in Fällen des Betätigungsverbots nach § 18 S. 2 VereinsG, NStZ **1995** 531; *Planker* Das Vereinsverbot gem. Art. 9 Abs. 2 GG/§§ 3 ff. VereinsG, Diss. Bonn 1994; *ders.* Das Vereinsverbot in der verwaltungsgerichtlichen Rechtsprechung, NVwZ **1998** 113; s. im übrigen bei § 84.

Entstehungsgeschichte

Siehe zunächst bei § 84 und Vor § 80. Durch § 85 wurde § 90 a. F. – die Nachfolgebestimmung des eigenartigen § 129a a. F. (dazu *Willms* JZ **1963** 121) – abgelöst. Dieser stellte lediglich die Förderung von Vereinigungen, die unanfechtbar verboten sind, weil sie sich gegen die verfassungsmäßige Ordnung oder den Gedanken der Völkerverständigung richten, und die Schaffung einer Ersatzorganisation für eine derartige Vereinigung unter Strafe. Die tatbestandliche Erweiterung des § 85 beruhte darauf, dass das 8. StrÄndG (Vor § 80 Rdn. 12 bis 17) auch für Ersatzorganisationen zum Feststellungsprinzip (Verbotsprinzip) überging. Mit Absatz 1 Satz 1 Nr. 1 ragt der sonst in § 84 erfasste Komplex der Parteiverbote in den § 85 hinein, weil der Gesetzgeber einerseits das BVerfG von Verfahren zur Feststellung von Ersatzorganisationen verschonen wollte, es andererseits aber nicht für angebracht hielt, im Verwaltungsrechtsweg nachprüfbare Entscheidungen der Exekutive auch nach Eintritt ihrer Unanfechtbarkeit mit der gleichen Strafsanktion wie Entscheidungen des BVerfG auszustatten.

Übersicht

I. Zweck der Vorschrift

§ 85 behandelt parallel zu § 84 Abs. 1 und Abs. 2 Zuwiderhandlungen gegen unanfechtbare Organisationsverbote, die von anderen Staatsorganen als dem BVerfG, nämlich den in § 3 Abs. 2 VereinsG bezeichneten Verbotsbehörden, ausgesprochen worden sind. Wie § 84 bezweckt § 85 den **Schutz der freiheitlich demokratischen Grundordnung**, aber auch den der dieser gleichgeordneten **verfassungsmäßigen Ordnung** im Sinne des Art. 9 Abs. 2 GG[1] und des gleichfalls in Art. 9 Abs. 2 GG verfassungsrechtlich bekräftigten **Gedankens der Völkerverständigung.** Die Sicherung der von § 85 erfassten Verbotsentscheidungen dient nur als Mittel zur Erreichung dieses eigentlichen Zieles.[2] Die Vorschrift ist als **abstraktes Gefährdungsdelikt** ausgestaltet. 1

II. Objektiver Tatbestand

1. Verstoß gegen Verbote von Parteien oder Vereinigungen durch Rädelsführer oder Hintermänner (Absatz 1). Absatz 1 richtet sich gegen Rädelsführer und Hintermänner, die den organisatorischen Zusammenhalt im Verwaltungsverfahren unanfechtbar verbotener Parteien (zum Parteibegriff s. Vor § 80 Rdn. 25) oder Vereinigungen aufrechterhalten. 2

a) **Verbotsentscheidungen gemäß §§ 33 Abs. 3 PartG, 8 Abs. 2 VereinsG. § 85 Abs. 1 S. 1 Nr. 1** dient der strafrechtlichen Absicherung von unanfechtbaren verwaltungsbehördlichen Verbotsentscheidungen in Verfahren nach § 33 Abs. 3 PartG, § 8 Abs. 2 VereinsG, d. h. von Verwaltungsakten, durch die festgestellt wird, dass eine Partei oder Vereinigung **Ersatzorganisation** (s. dazu § 84 Rdn. 5) einer nach Art. 21 Abs. 2 GG verbotenen Partei ist. 3

---

[1] BGHSt 7 222, 227; s. auch BVerwG NJW 1981 1796.

[2] *Steinmetz* MK Rdn. 1; *Paeffgen* NK Rdn. 3; *Rudolphi* SK Rdn. 1.

4 **aa) Verfassungswidrigkeit der Vorschrift.** Es ist in der Literatur umstritten, ob die Vorschrift, soweit sie sich auf Parteien bezieht, verfassungswidrig ist. Als Begründung wird angeführt, dass sie insoweit gegen das Parteienprivileg des Art. 21 Abs. 2 GG verstoße. Soweit sich die Vorschrift auf Parteien bezieht, ist in der Vorauflage folgendes vertreten worden: Das Parteienprivileg des Art. 21 Abs. 2 GG besage, dass eine die allgemeine Strafgesetze nicht verletzende Propagierung und Förderung der Ziele einer verfassungswidrigen Partei nicht mit Strafe bedroht werden dürfe, solange die Partei nicht durch das BVerfG verboten worden sei.[3] Dies habe auch zu gelten, wenn es sich bei der („neuen") Partei um eine Ersatzorganisation einer bereits verbotenen Partei handle. Die vom Gesetzgeber vorgenommene Differenzierung der Verbotskompetenz zwischen BVerfG und Exekutive, ob die eine Ersatzorganisation darstellende Partei bereits vor dem Verbot der ursprünglichen verfassungswidrigen Partei gegründet wurde oder im Bundestag oder einem Landtag vertreten sei (Zuständigkeit des BVerfG gemäß § 33 Abs. 2 PartG; Sanktionsnorm: § 84 Abs. 1 S. 1 Nr. 2 und Abs. 2) oder ob dies nicht der Fall sei (Zuständigkeit der Verwaltungsbehörden gemäß §§ 33 Abs. 3 PartG, 8 Abs. 2 VereinsG; Sanktionsnorm: § 85 Abs. 1 S. 1 Nr. 1 und Abs. 2), finde in Art. 21 Abs. 2 GG keine Stütze. § 85 Abs. 1 S. 1 Nr. 1 sei daher in diesem Umfang verfassungswidrig.[4] Die Gleichgerichtetheit der Ziele, Personen und/oder Methoden festzustellen, müsse dem BVerfG vorbehalten sein. Die von *Rudolphi*[5] befürwortete verfassungskonforme Auslegung, § 85 Abs. 1 S. 1 Nr. 1 erfasse Parteien nur dann, wenn das BVerfG festgestellt habe, dass sie Ersatzorganisation einer verbotenen Partei sei, führe nicht weiter. Denn über § 33 Abs. 2 PartG hinaus bestehe keine Kompetenz des BVerfG zum Verbot von Ersatzorganisationen. Diese sei aber in § 84 Abs. 1 S. 1 Nr. 2 strafrechtlich abschließend abgesichert.[6]

5 **bb) Stellungnahme.** Diese Auffassung wird, wie bei § 84 Rdn. 7 und 8 ausgeführt, aufgegeben. Das BVerfG ist nach der hier vertretenen Auslegung in unmittelbarer Anwendung des Art. 21 Abs. 2 GG für die Verbote von Parteien, die nach dem Verbot einer Partei als deren „Ersatz" gegründet wurden, zuständig. Das hat für § 85 Abs. 1 Nr. 1 zur Folge, dass er für Parteien ins Leere geht. Soweit das BVerfG das Verbot nach § 33 Abs. 2 PartG ausgesprochen hat, ist § 84 Abs. 1 Nr. 2 anwendbar. Für andere Parteiverbote, auch für solche, die als Ersatz für verbotene Parteien gegründet worden sind, kommt § 84 Abs. 1 Nr. 1 zur Anwendung. Verwaltungsbehörden können, wie es allerdings § 85 Abs. 1 Nr. 1 für möglich hält, Parteiverbote nach § 33 Abs. 3 PartG nicht aussprechen. Diese Vorschrift und damit insoweit § 85 Abs. 1 Nr. 1, kommt deshalb nur für Vereinigungen in Frage, die nicht Parteien, und als solche (als Nichtpartei) als deren Ersatzorganisationen verboten sind.

6 **b) Verbote von Vereinigungen oder ihrer Ersatzorganisationen gemäß §§ 3 oder 8 Abs. 2 VereinsG. § 85 Abs. 1 S. 1 Nr. 2** dient der strafrechtlichen Absicherung unanfechtbarer verwaltungssachlicher Verbote von Vereinigungen oder ihrer Ersatzorganisationen (§§ 3 oder 8 Abs. 2 VereinsG), wenn das Verbot deswegen erging, weil sich die

---

[3] BVerfGE **12** 296, 306 f; **47** 130, 139.

[4] *Backes* S. 188 ff; *Sonnen* AK Rdn. 14; *Paeffgen* NK Rdn. 8; *Rudolphi* SK Rdn. 4; so wohl auch *Steinmetz* MK Rdn. 10 u. 13; **aA** *Lackner/Kühl* Rdn. 2; *Sch/Schröder/Stree/Sternberg-Lieben* Rdn. 3; *Tröndle/Fischer* Rdn. 5.

[5] *Rudolphi* SK Rdn. 4.

[6] *Backes* S. 188 ff; *Sonnen* AK Rdn. 14; *Paeffgen* NK Rdn. 8.

Vereinigung gegen die verfassungsmäßige Ordnung oder den Gedanken der Völkerverständigung richtete.[7] Beruhte das Verbot auf anderen Gründen (vgl. §§ 3 Abs. 1, 14, 15 VereinsG), was der Strafrichter zu prüfen hat, kann § 20 VereinsG zur Anwendung kommen; auch sind die §§ 129, 129a in Betracht zu ziehen.

c) **Unanfechtbarkeit.** § 85 setzt in beiden Alternativen voraus, dass das Verbot der in Betracht kommenden Organisation unanfechtbar ist. Ein Erfordernis, dessen es bei den nicht weiter anfechtbaren Entscheidungen des BVerfG in § 84 nicht bedarf. Ist Unanfechtbarkeit noch nicht eingetreten, kann eine Strafbarkeit nach dem – insoweit verfassungsrechtlich unbedenklichen (BVerfGE **80** 244)[8] – § 20 VereinsG möglich sein, wenn das Verbot bereits vollziehbar ist (§§ 3 Abs. 4, 8 Abs. 2 VereinsG).[9] Das Verwaltungsverfahren und die Unanfechtbarkeit der Verbotsentscheidung bestimmt sich nach den allgemeinen Grundsätzen des VereinsG, des VwVfG und der VwGO. **7**

d) **Vereinigung** ist wie bei §§ 129 bis 129b (vgl. auch § 86 Rdn. 14) ein auf eine gewisse Dauer angelegter organisatorischer Zusammenschluss von mindestens drei Personen, die bei Unterordnung des Willens des Einzelnen unter den Willen der Gesamtheit gemeinsame Zwecke verfolgen und unter sich derart in Beziehung stehen, dass sie sich untereinander als einheitlicher Verband fühlen, wobei ein Mindestmaß an fester Organisation erforderlich ist.[10] **8**

aa) **Strafrechtliche Bedeutung.** Der Begriff der Vereinigung hat in § 85 grundsätzlich keine eigene strafrechtliche Bedeutung. Vielmehr sind die Strafgerichte durch die Geltung des Verbotsprinzips an die unanfechtbaren verwaltungsbehördlichen Verbotsentscheidungen auch hinsichtlich der Einordnung einer Organisation als Vereinigung gebunden (Verwaltungsakzessorietät des Strafrechts). Die im Verwaltungsverfahren vorgenommene Einordnung einer Organisation als Vereinigung hat für § 85 ebenso Tatbestandswirkung wie die Einstufung einer Vereinigung als Ersatzorganisation wie auch der Verbotsgrund der Ausrichtung der Vereinigung gegen die verfassungsmäßige Ordnung oder den Gedanken der Völkerverständigung. Die Verwaltungsbehörden haben indes nach der hier vertretenen Auffassung (§ 84 Rdn. 7 u. 8; § 85 Rdn. 5) trotz des entgegenstehenden Wortlauts von § 33 Abs. 3 PartG nicht die Möglichkeit, Parteien zu verbieten. Das Verbot einer Partei durch die Verwaltungsbehörden entfaltet daher keine Bindungswirkung für die Strafgerichte. **9**

bb) **Ausländische Vereine.** Bei ausländischen Vereinen im Sinne des § 15 VereinsG (d. h. solchen, die ihren Sitz im Ausland haben, deren Organisation oder Tätigkeit sich aber auf den Geltungsbereich des VereinsG erstreckt) richtet sich das verwaltungsbehördliche Verbot nicht gegen den Verein insgesamt, sondern nur gegen die inländische Teilorganisation oder Tätigkeit (§ 18 VereinsG). Das Aufrechterhalten des organisatorischen Zusammenhalts einer derartigen Teilorganisation wird von § 85 Abs. 1 S. 1 Nr. 2 jedoch nur erfasst, wenn es sich bei ihr um eine Vereinigung im Sinne dieser Vorschrift handelt.[11] Dies hat der Strafrichter eigenständig zu beurteilen: Besteht die Vereinigung nur **10**

[7] BVerwG NJW **1954** 1947; **1981** 1796; **1993** 3213; **1995** 2505.

[8] Siehe auch BGHR VereinsG § 20 Vollziehbar 1; *Meine* MDR **1990** 204.

[9] BGH NStZ-RR **1996** 218, 219; LG Hamburg NStZ **1987** 418.

[10] BGH NJW **1975** 985; BGH NStZ **1999** 503, 504.

[11] *Tröndle/Fischer* Rdn. 6; *Rudolphi* SK Rdn. 7; *Sch/Schröder/Stree/Sternberg-Lieben* Rdn. 9; vgl. aber BGHSt **20** 45, 52 zu § 90a a. F.

im Ausland, wird sie aber im Inland von Einzelpersonen aufrechterhalten, kann § 20 VereinsG zur Anwendung kommen (§ 14 Abs. 3 S. 1, § 18 S. 1 VereinsG i.V.m. § 20 Abs. 1 Nr. 4). § 85 ist dann aber nicht gegeben, weil die Vorschrift eine im Inland verbotene Organisation voraussetzt.

11 cc) **Zusammenfassung.** Vereinigung und Verein sind austauschbare Begriffe, mit denen sachlich dasselbe bezeichnet wird. Auch der im aufgehobenen § 128 (Geheimbündelei) gebrauchte Begriff der „Verbindung" wurde von der Rechtsprechung nicht anders verstanden.[12] **Vereinigung** ist die von Art. 9 GG ins StGB übernommene Bezeichnung, **Verein** der im VereinsG gebrauchte geläufigere Ausdruck. Doch definiert § 2 Abs. 1 VereinsG den Verein wiederum als „Vereinigung, zu der sich eine Mehrheit natürlicher oder juristischer Personen für längere Zeit zu einem gemeinsamen Zweck freiwillig zusammengeschlossen und einer organisierten Willensbildung unterworfen hat", wobei die gewählte Rechtsform keine Rolle spielt. Diese Umschreibung ist auch für § 85 maßgebend. Zwei Personen können noch keine Vereinigung bilden.[13]

12 e) Zum Begriff des **Rädelsführers** und des **Hintermannes** s. § 84 Rdn. 14 u. 15, zum **Aufrechterhalten des organisatorischen Zusammenhalts** s. § 84 Rdn. 11 u. 12.

13 **2. Objektiver Tatbestand des Absatzes 2. Sonstige Verstöße gegen Verbote von Parteien oder Vereinigungen.** Absatz 2 dient der strafrechtlichen Absicherung von Verboten von Parteien und Vereinigungen im Sinne des Absatzes 1 (s. Rdn. 2 ff) gegen mitgliedschaftliche Betätigung (s. dazu § 84 Rdn. 17 bis 19) und Unterstützung des organisatorischen Zusammenhalts (vgl. § 84 Rdn. 20). Wie bei Absatz 1 (Rdn. 4) läuft Absatz 2 für Parteien leer, insoweit kommt ausschließlich § 84 (§ 84 Rdn. 4 ff) zur Anwendung.

III. Subjektiver Tatbestand

14 Es ist zumindest **bedingter Vorsatz** erforderlich (s. im Einzelnen § 84 Rdn. 25). Der Irrtum des Täters über die Unanfechtbarkeit des Verbots ist **Tatbestandsirrtum**. Scheidet eine Bestrafung nach § 85 wegen eines derartigen Irrtums aus, kann § 20 VereinsG als Auffangtatbestand zur Anwendung kommen. Ein **Verbotsirrtum** kommt insoweit nur dann in Betracht, wenn der Täter die ihm hinsichtlich des Verbots bekannten Tatsachen rechtlich falsch wertet.

IV. Teilnahme

15 Es gelten die Ausführungen bei § 84 Rdn. 26 entsprechend. **Beihilfe** ist auch hier, wenn täterschaftliches Handeln ausscheidet, möglich.

V. Versuch

16 Der Versuch ist nur bei Taten nach Absatz 1 strafbar (Absatz 1 Satz 2). Zum **räumlichen Geltungsbereich** der Vorschrift gilt das Gleiche wie bei § 84 (vgl. dort Rdn. 29).

---

12 BGHSt **10** 16, 17; **20** 45, 60.

13 BGHSt **28** 147; **46** 321.

VI. Strafrahmen

§ 85 Abs. 1 sieht Freiheitsstrafe bis zu fünf Jahren oder Geldstrafe vor, Taten nach Absatz 2 sind mit Freiheitsstrafe bis zu drei Jahren oder Geldstrafe bedroht. Die Regelungen des § 84 Abs. 4 und 5 über die Möglichkeiten der **Strafmilderung** und der **tätigen Reue** gelten entsprechend (§ 85 Abs. 3; s. § 84 Rdn. 28). **17**

VII. Sonstiges

Zu Nebenfolgen und Einziehung, der Einstufung der Tat **bei mehreren Handlungen, Konkurrenzen, Zuständigkeit,** Anwendbarkeit des **Opportunitätsprinzips und Recht des Einigungsvertrages** gilt das bei § 84 Gesagte entsprechend. Siehe auch Vor § 80 Rdn. 37 u. 38. **18**

VIII. § 20 VereinsG

Ergänzt wird § 85 durch § 20 VereinsG. Die Vorschrift pönalisiert die Zuwiderhandlung gegen bestimmte Verbote und enthält teilweise eine Ergänzung der § 85, soweit sie Organisationen im Sinne des § 85 Abs. 1 Nr. 1 und 2 betrifft (§ 20 Abs. 1 Nrn. 1, 2 u. 3). Die Vorschriften laufen nach der hier vertretenen Auffassung allerdings ins Leere, soweit sie verwaltungsrechtliche Parteiverbote voraussetzen (§ 84 Rdn. 7 f; § 85 Rdn. 3 bis 5). Insoweit können nur Verbote durch das BVerfG ausgesprochen werden. § 20 VereinsG geht über den Anwendungsbereich der §§ 84, 85 hinaus, soweit Organisationen erfasst werden, die nicht die Voraussetzungen dieser Vorschriften erfüllen (insbesondere Ausländerorganisationen des § 14) und soweit er Betätigungsverbote poenalisiert (§ 20 Abs. 1 Nr. 4), dazu (BGH NJW **1997** 2251). § 20 Abs. 1 Nr. 5 VereinsG ergänzt § 86a (siehe dort; zur Struktur des Tatbestandes in Fällen mehrfacher Begehung wird auf § 84 Rdn. 32 bis 36 verwiesen). **19**

§ 86
Verbreiten von Propagandamitteln verfassungswidriger Organisationen

(1) Wer Propagandamittel

1. **einer vom Bundesverfassungsgericht für verfassungswidrig erklärten Partei oder einer Partei oder Vereinigung, von der unanfechtbar festgestellt ist, daß sie Ersatzorganisation einer solchen Partei ist,**
2. **einer Vereinigung, die unanfechtbar verboten ist, weil sie sich gegen die verfassungsmäßige Ordnung oder gegen den Gedanken der Völkerverständigung richtet, oder von der unanfechtbar festgestellt ist, daß sie Ersatzorganisation einer solchen verbotenen Vereinigung ist,**
3. **einer Regierung, Vereinigung oder Einrichtung außerhalb des räumlichen Geltungsbereichs dieses Gesetzes, die für die Zwecke einer der in den Nummern 1 und 2 bezeichneten Parteien oder Vereinigungen tätig ist, oder**
4. **Propagandamittel, die nach ihrem Inhalt dazu bestimmt sind, Bestrebungen einer ehemaligen nationalsozialistischen Organisation fortzusetzen,**

im Inland verbreitet oder zur Verbreitung im Inland oder Ausland herstellt, vorrätig hält, einführt oder ausführt oder in Datenspeichern öffentlich zugänglich macht, wird mit Freiheitsstrafe bis zu drei Jahren oder mit Geldstrafe bestraft.

(2) Propagandamittel im Sinne des Absatzes 1 sind nur solche Schriften (§ 11 Abs. 3), deren Inhalt gegen die freiheitliche demokratische Grundordnung oder den Gedanken der Völkerverständigung gerichtet ist.

(3) Absatz 1 gilt nicht, wenn das Propagandamittel oder die Handlung der staatsbürgerlichen Aufklärung, der Abwehr verfassungswidriger Bestrebungen, der Kunst oder der Wissenschaft, der Forschung oder der Lehre, der Berichterstattung über Vorgänge des Zeitgeschehens oder der Geschichte oder ähnlichen Zwecken dient.

(4) Ist die Schuld gering, so kann das Gericht von einer Bestrafung nach dieser Vorschrift absehen.

Art 296 EGStGB
Einfuhr von Zeitungen und Zeitschriften

§ 86 Abs. 1 des Strafgesetzbuches ist nicht anzuwenden auf Zeitungen und Zeitschriften, die außerhalb des räumlichen Geltungsbereichs dieses Gesetzes in ständiger, regelmäßiger Folge erscheinen und dort allgemein und öffentlich vertrieben werden.

Schrifttum

Altenhain Die strafrechtliche Verantwortung in öffentlichen Computernetzen verbreitete Daten mit strafrechtlichem Inhalt, CR **1987** 485; *Bartels* Zum Verwechseln ähnliche Kennzeichen, NStZ **2000** 533; *Bartels/Kollorz* Rudolph Heß – Kennzeichen einer verfassungswidrigen Organisation? NStZ **2002** 297; *Beisel* Anm. zu BayObLG v 6.11.2001 – 5 St RR 288/2001, JR **2002** 348; *Bonefeld* Hakenkreuz und „Hitler-Gruß“, DRiZ **1993** 430; *Bottke* Das öffentliche Anbieten von Hitlers „Mein Kampf – Versagt unser Rechtsstaat? Buch und Bibliothek **1980** 254; *ders.* Anmerkung zu BGHSt 29 73, JA **1980** 125; *ders.* Anmerkung zu OLG Hamburg NStZ 1983 127, JR **1983** 299; *Bremer* Strafbare Internet-Inhalte in internationaler Hinsicht (2001); *Collardin* Die Verantwortlichkeit von Online-Diensten, CR **1996** 236; *Cornils* Der Begehungsort von Äußerungsdelikten im Internet, JZ **1999** 394; *Derksen* Strafrechtliche Verantwortung für in internationalen Computernetzen verbreitete Daten mit strafbaren Inhalt, NJW **1997** 1878; *Ernst* Rechtliche Fragen bei der Verwendung von Hyperlinks im Internet, NJW-CoR **1997** 224; *Frank* Die Strafbarkeit der Verwendung nationalsozialistischer Kennzeichen (§ 86a i.V.m. § 86 Abs. 1 Nr. 4 StGB), Diss. Regensburg 1994; *Franke* Strukturmerkmale der Schriftenverbreitungstatbestände des StGB, GA **1984** 452; *ders.* Anmerkung zu OLG Hamburg NStZ 1983 127, NStZ **1984** 126; *Greiser* Die Sozialadäquanz der Verwendung von NS-Kennzeichen bei Demonstrationen, NJW **1969** 1155; *ders.* Verbreitung verfassungsfeindlicher Propaganda, NJW **1972** 1556; *Groß* Zum Pressestraf- und Presseverfahrensrecht, AfP **1998** 358; *Hammes* Der strafrechtliche Schutz gegen sogenannte staatsgefährdende Propaganda, Diss. Saarbrücken 1970; *Handschuh* Die Überwachung der Einfuhr und Verbreitung verfassungsfeindlicher Schriften, Diss. Tübingen 1967; *Heinrichs* Zeigen des Hitler-Grußes bei Fußballspielen im Ausland, NStZ **2000** 533; *Hilgendorf* Die neuen Medien und das Strafrecht, ZStW **113** (2001) 650; *Hörnle* Anmerkung zu BGH v 12.12.2000 – StR 184/00, NStZ **2001** 309; *Jahn* Strafrechtliche Mittel gegen Rechtsextremismus (1998); *Janowski* Die Strafbarkeit grenzüberschreitenden Warenverkehrs, NStZ **1998** 117; *Jofer* Die Strafverfolgung im Internet (1999); *Keltsch* Anmerkung zu BayObLG NStZ 1983 120, NStZ **1983** 121; *Kienle* Internationales Strafrecht und Straftaten im Internet (1998); *Koch* Nationales Strafrecht und globale Internet-Kriminalität, GA **2002** 703; *Kohlmann* Verfassungsfeindliche Parteien für immer mundtot? JZ **1971** 681; *Köbler* Die Strafbarkeit von Verstößen gegen das Kennzeichenverbot in Fällen des Betätigungsverbots nach § 18 S. 2 VereinsG, NStZ **1995** 531; *Köhne* Kennzeichen verfassungswidriger Organisationen in Computerspielen, DRiZ **2003** 210; *Knupfer* Verantwortlichkeit von Internetcafé-Betreibern für die Zugangsgewährung von jugendgefährdenden Inhalten, WMR **2003** 562; *Kubiciel* Rechtsextremistische Musik von und mit V-Leuten, NStZ **2003** 57; *Lehle* Der Erfolgsbegriff und die deutsche Strafrechtszuständigkeit im Internet (1999); *Libertus* Strafrechtliche und zivilrechtliche Verantwortlichkeit des Anbietens von Chatrooms, TMR **2003** 179; *Nonninger* Rechtliche Verantwortlichkeit für die Inhalte privater Seiten im Internet, NZV **1998** 62; *Rahe* Die Sozialadäquanzklausel des § 86 Abs. 3 und ihre Bedeutung für das politische Kommunikationsstrafrecht (2002); *Rautenberg* Zur Abwehr verfassungswidriger Bestrebungen, GA **2003** 623; *Popp* Vorkonstitutionelle Schriften und der Tatbestand der Volksverhetzung, JR **1998** 80; *Roggemann* Probleme der publizistischen Staatsgefährdung, JR **1966** 243; *Sieber* Internationales Strafrecht im Internet, NJW **1999** 2065; *Stegbauer* Rechtsextremistische Propaganda im Lichte des Strafrechts (2000); *ders.* Die Strafbarkeit des Strafverteidigers wegen Volksverhetzung durch Leugnen der Judenmorde im Beweisantrag, JR **2003** 74; *Streng* Zur Volksverhetzung der Verharmlosung des Holocaust durch einen Strafverteidiger, JZ **2001** 205; *J. Wagner* Verfassungsfeindliche Propaganda, Diss. Berlin 1971; *Wehrmann* Das sog. Obergaudreieck, NJ **1998** 522; *Willms* Verfassungsfeindliche Schriften, JZ **1958** 601; *ders.* Zum Verbot der Einfuhr verfassungsfeindlicher Schriften, NJW **1965**, 2177; *ders.* Ist § 93 StGB zu entbehren? NJW **1965** 1457; *Wohlers* Strafverteidigung vor den Schranken der Strafgerichtsbarkeit, StV **2001** 420.

Entstehungsgeschichte

Die durch das 8. StrÄndG (Vor § 80 Rdn. 12 bis 17) eingeführte Vorschrift ersetzt in einem kleinen Ausschnitt den früheren, verfassungsrechtlich bedenklichen § 93 a.F. Das 14. StrÄndG (Vor § 80 Rdn. 18) brachte die Neufassung des Absatzes 3 mit erweiterter Kasuistik. Die jetzige Fassung beruht auf dem Verbrechensbekämpfungsgesetz vom 28. Oktober 1994 (Vor § 80 Rd. 18) mit gegenüber der früheren Fassung technischen Änderungen sowie auf dem Informations- und Kommunikationsdienste-Gesetz vom 22. Juli 1997 (Vor § 80 Rdn. 18, im Einzelnen Nachtrag zur 11. Aufl.), das den Anwendungsbereich auf Datenspeicher erweitert. Die im Nachtrag zur 11. Auflage benannte Lücke für Direktübertragungen ist noch nicht geschlossen.

Übersicht

I. Zweck der Vorschrift

1 Wie sich aus Absatz 2 der Vorschrift ergibt, bezweckt § 86 den **Schutz der freiheitlichen demokratischen Grundordnung und des Gedankens der Völkerverständigung.**[1] § 86 ist, anders als die problematische Vorläufervorschrift des § 93 a. F., kein gegen individuelle Meinungsäußerung gerichteter Tatbestand. Die Vorschrift will vielmehr eine inhaltliche Werbung für die Ziele verfassungsfeindlicher Organisationen verhindern.[2] Die Norm ist als **abstraktes Gefährdungsdelikt** ausgestaltet und, da sie die Propaganda verfassungsfeindlicher Organisationen erfasst, als mittelbares Organisationsdelikt zu bezeichnen (BGHSt **23** 64, 70).

II. Objektiver Tatbestand

2 Tathandlungen sind das Verbreiten von Propagandamitteln bestimmter verfassungswidriger Organisationen und bestimmte, als vollendete Delikte ausgestaltete Vorbereitungshandlungen hierzu, nämlich das Herstellen, Vorrätighalten oder Einführen der Propagandamittel zum Zwecke der Verbreitung. Dazu kommt das öffentlich Zugänglichmachen in Datenspeichern und die Strafbarkeit des Ausführens.

3 1. **Propagandamittel** im Sinn des Absatzes 2 haben zum einen **werbenden Inhalt,** zum anderen muss mit ihnen die **Unterstützung der Organisation** oder die **Verwirklichung ihrer Ziele bezweckt** sein.[3] Nach der **Legaldefinition des Absatzes 2** sind Propagandamittel nur solche Schriften (§ 11 Abs. 3), deren Inhalt gegen die freiheitliche demokratische Grundordnung oder den Gedanken der Völkerverständigung gerichtet ist. Mit der zusammenfassenden Bezeichnung „Propagandamittel" ist zunächst negativ klargestellt, dass Dokumentationen und wissenschaftliche Abhandlungen, aber auch belletristische Darstellungen nicht unter die Vorschrift fallen.[4] Im Übrigen darf die Bezeichnung nicht darüber hinwegtäuschen, dass der Tatbestand nur einen schmalen Ausschnitt propagandistischer Äußerungen der bezeichneten verfassungswidrigen Organisationen erfasst. Da wegen der Definition des Absatzes 2 nur solche Schriften getroffen werden, deren Inhalt die freiheitliche demokratische Grundordnung oder den Gedanken der Völkerverständigung unmittelbar angreift, die meisten politischen Hetzschriften die Offenlegung einer solch grundsätzlichen Orientierung aber vermissen lassen, ist die Anwendbarkeit der Vorschrift gemindert.[5]

---

[1] *Stegbauer* S. 39, 46 u. 48 f.
[2] *Tröndle/Fischer* Rdn. 2.
[3] *Steinmetz* MK Rdn. 12.
[4] *Paeffgen* NK Rdn. 10.
[5] Nach *Sonnen* AK Rdn. 14 ist § 86 überflüssig, da die mit ihm verfolgten Ziele nicht erreicht werden; *Paeffgen* NK Rdn. 9 zweifelt an der materiell-pragmatischen Sinnhaftigkeit der Norm.

4 a) **Freiheitliche demokratische Grundordnung.** Der Begriff der freiheitlichen demokratischen Grundordnung findet sich in den **Art. 18 und Art. 21 Abs. 2 GG** und ist hierher übernommen (vgl. auch § 81 Rdn. 6 ff). Das BVerfG hat den Begriff in BVerfGE 2 1, 12 dahin definiert, dass mit ihm eine Ordnung gemeint sei, „die unter Ausschluß jeder Gewalt- und Willkürherrschaft eine rechtsstaatliche Herrschaftsordnung auf der Grundlage der Selbstbestimmung des Volkes nach dem Willen der jeweiligen Mehrheit und der Freiheit und Gleichheit darstellt. Zu den grundlegenden Prinzipien dieser Ordnung sind mindestens zu rechnen: die Achtung vor den im Grundgesetz konkretisierten Menschenrechten, vor allem vor dem Recht der Persönlichkeit auf Leben und freie Entfaltung, die Volkssouveränität, die Gewaltenteilung, die Verantwortlichkeit der Regierung, die Gesetzmäßigkeit der Verwaltung, die Unabhängigkeit der Gerichte, das Mehrparteienprinzip und die Chancengleichheit für alle politischen Parteien mit dem Recht auf verfassungsmäßige Bildung und Ausübung einer Opposition". Bei dieser Definition hat sich das BVerfG den Versuch des Gesetzgebers zunutze gemacht, den Begriff in § 88 Abs. 2 a. F. in einzelne Verfassungsgrundsätze aufzulösen. Es hat aus der dortigen Aufstellung die Generalklausel vom „Ausschluß jeder Gewalt- und Willkürherrschaft" übernommen, im Übrigen jedoch teilweise bemerkenswerte Einschränkungen gemacht. Man kann BGHSt 23 64, 71 f darin zustimmen, dass sich der Begriff im Wesentlichen mit den in § 88 Abs. 2 a. F. und § 92 Abs. 2 bezeichneten Verfassungsgrundsätzen in ihrer Gesamtheit deckt. Der Leitsatz dieser Entscheidung, dass mindestens jene Verfassungsgrundsätze zum Wesenskern der freiheitlich demokratischen Grundordnung gehören, ist durch die Urteilsgründe nicht voll gedeckt. Dies macht den Leitsatz aber nicht „falsch", wie in der Vorauflage noch argumentiert wurde, weil der Leitsatz eine schlagwortartige Skizzierung enthält, die im Kern zutreffend ist.

5 b) **Gedanke der Völkerverständigung.** Der Art. 9 Abs. 2 GG entnommene Begriff des Gedankens der Völkerverständigung ist im Sinne des in Art. 26 GG niedergelegten Bekenntnisses der Bundesrepublik Deutschland zu einer beständigen **Friedenspolitik** zu verstehen, die Angriffskriege als Mittel der Auseinandersetzung zwischen Staaten und Völkern ausschließt (vgl. § 80 Rdn. 1). Der Begriff des Gedankens der Völkerverständigung geht weiter als die Gründe, die dem Verbot des Angriffskrieges zugrunde liegen, weil er das friedliche Zusammenleben der Völker, ohne Bezug auf Angriffshandlungen, an denen die Bundesrepublik Deutschland beteiligt ist, schützt.

6 c) **Inhaltlichen Ausrichtung.** Ihrem Inhalt nach müssen sich die unter dem Oberbegriff Propagandamittel zusammengefassten Schriften im Sinne des § 11 Abs. 3 gegen die freiheitliche demokratische Grundordnung (im ganzen oder eines ihrer wesentlichen Elemente) oder den Gedanken der Völkerverständigung richten. Mit der ausdrücklichen Hervorhebung des Inhalts der Schrift als der maßgeblichen Erkenntnisquelle für die verfassungs- oder friedensfeindliche Tendenz des Propagandamittels, hat der Gesetzgeber die Rechtsprechung des BGH zu § 93 a. F. gesetzlich verankert, wonach die **verfassungsfeindliche Zielsetzung in der Schrift selbst verkörpert** sein, die Schrift also mindestens Anhaltspunkte enthalten muss, die zusammen mit allgemein- oder auch nur gerichtskundigen Tatsachen die verfassungsfeindliche Tendenz zum Ausdruck bringen.[6] Der hiergegen erhobene Einwand, die durch Heranziehung allgemein- oder gerichtskundiger Tat-

---

[6] BGHSt 8 245, 246 f; **12** 174, 175; **19** 245, 249 f; s. auch die Übersichten bei Wagner GA **1961** 12; **1963** 357; **1965** 358; **1966** 300; zu § 86 dann BGHSt **23** 64 73; BGH NStZ **1982** 25 (Nr. 2).

sachen ergänzte Textdeutung durchbreche den durch Absatz 2 aufgestellten Grundsatz der inhaltlichen Verfassungsfeindlichkeit[7], verfängt nicht (s. im Einzelnen *Willms* JZ **1958** 601, 603). Das folgt bereits aus dem Umstand, dass der Tatbestand auch verfassungsfeindliche Abbildungen erfasst (§ 11 Abs. 3). Wollte man hier die Verwertbarkeit allgemein- oder gerichtskundiger Tatsachen nicht zulassen, so wäre die Anwendbarkeit des Tatbestandes erheblich erschwert. Dass zur Auslegung nicht nur allgemeinkundige, sondern auch gerichtskundige Tatsachen herangezogen werden könnten (BGHSt **14** 293, 294; **29** 73, 77), ist in der Vorauflage kritisiert worden. Die **Gerichtskunde** muss und kann aber berücksichtigt werden, wenn sie ordnungsgemäß in das Verfahren eingeführt worden ist.[8] Selbstverständlich darf über die Hereinnahme **allgemeinkundiger Tatsachen** nicht etwas in die Schrift hineininterpretiert werden, für das sich in ihrem Inhalt kein unmittelbarer Anhalt finden lässt. Darin läge dann in der Tat nicht mehr die Anwendung einer Auslegungsregel, sondern eine Abweichung vom rechtlichen Erfordernis der Verankerung im Schriftinhalt.[9]

7 d) **Aktiv kämpferische aggressive Tendenz.** Propagandamittel sind ihrem Inhalt nach gegen die in Absatz 2 genannten Schutzgüter nur dann gerichtet, wenn sie eine „aktiv kämpferische, aggressive Tendenz" in diese Richtung erkennen lassen.[10] Dabei kommt es nicht auf aggressiv kämpferische Formulierungen an. Eine inhaltliche Ausrichtung gegen die Schutzgüter des Absatzes 2 wurde bei Schriften angenommen, in denen gefordert wurde, Personen einer bestimmten Gruppe dürfe keine maßgebenden Posten in der Bundesrepublik Deutschland besetzen (BGHSt **13** 32) oder in denen diese Gruppe generell herabwürdigend diskriminiert wurde (BGHSt **16** 49; **17** 28). Gleiches hat für die mit rassistischen Bestrebungen verbundene Forderung nach einem neuen Führerstaat (BGH bei Schmidt MDR **1979** 705) oder einer Staats- und Gesellschaftsordnung, die der nationalsozialistischen entspricht (BGHR StGB § 86 Abs. 1 Nr. 4 NS-Parole 1), zu gelten. Eine Schrift, die sich zwar gegen eine „Rassenvermischung" richtet, dies jedoch nicht mit der „Minderwertigkeit bestimmter Rassen", sondern mit dem Verlust der „nationalen Identität" begründet, soll nicht unter Absatz 2 fallen (BGH bei Schmidt MDR **1981** 89, zweifelhaft). Das Verwenden von Emblemen, Abzeichen oder Buchstabenkombinationen kann § 86a erfüllen.

8 e) **Vorkonstitutionelle Schriften.** Die freiheitliche demokratische Grundordnung und der Gedanke der Völkerverständigung werden in § 86 ausschließlich in ihrer konkreten Verwirklichung durch die Verfassung der Bundesrepublik Deutschland geschützt. Das bedeutet, dass vorkonstitutionelle, vor allem nationalsozialistische Propagandamittel in ihrer ursprünglichen Fassung nicht gegen die Schutzgüter des Absatz 2 gerichtet sein können.[11] Dies gilt auch für unverändert nachgedruckte vorkonstitutionelle Schrif-

---

[7] *Posser* Politische Strafjustiz, S. 23; *Copic* S. 234; *Hammes* S. 116 ff; *Paeffgen* NK Rdn. 13; kritisch auch *Sonnen* AK Rdn. 27.

[8] *Herdegen* KK § 244 Rdn. 71; *Schoreit* KK § 261 Rdn. 7.

[9] BGH NStZ **1982** 25 (Nr. 2); *J. Wagner* S. 260 ff m. w. N.; *Tröndle/Fischer* Rdn. 5.

[10] BGHSt **23** 64, 72 im Anschluss an BVerfGE **5** 85, 141 und BGHSt **19** 51, 55, wo dieses Erfordernis für verfassungsfeindliche Organisationen aufgestellt ist.

[11] BGHSt **29** 73, 75 ff (zu Hitlers „Mein Kampf") mit Anm. *Schmidt* LM § 86 Nr. 4 u. kritisch *Ridder* DuR **1979** 339; OLG Celle NStZ **1997** 495 m. abl. Anm. *Popp* JR **1998** 80; *Lackner/Kühl* Rdn. 4; *Steinmetz* MK Rdn. 15; *Paeffgen* NK Rdn. 16; *Sch/Schröder/Stree/Sternberg-Lieben* Rdn.3; *Rudolphi* SK Rdn. 11; *Tröndle/Fischer* Rdn. 4; krit. *Sonnen* AK Rdn. 26; *Bottke* JA **1980** 125, 126; *ders.* Buch und Bibliothek (1980) 254 ff.

ten.[12] Anders verhält es sich, wenn der vorkonstitutionellen Schrift durch eine Bearbeitung, etwa die Voranstellung eines Vorwortes, eine Kommentierung oder auch nur durch einen Klappentext eine Zielrichtung gegen die Verfassung der Bundesrepublik Deutschland gegeben wird (BGHSt **29** 73, 78). Eine solche Zielrichtung kann auch durch eine geschickte Auswahl und Zusammenstellung verschiedener vorkonstitutioneller Schriften erreicht werden (BGHSt **23** 64, 73).

f) Im Ausland hergestellte Schriften. Ähnliches wie für vorkonstitutionelle Schriften gilt auch für solche, die im Ausland hergestellt werden. Sind sie für eine nur dort betriebene Propaganda bestimmt, werden sie von Absatz 2 nicht erfasst (BGHSt **19** 245, 252). Aber auch ihnen kann eine Bearbeitung, etwa schon eine Übersetzung ins Deutsche (BGHSt **16** 49, 55), eine Ausrichtung gegen die Schutzgüter des Absatzes 2 verleihen. **9**

g) Schriften, Ton- und Bildträger, Datenspeicher, Abbildungen und anderen Darstellungen. Diese kommen durch Verweis auf **§ 11 Abs. 3** als Verkörperung der Propaganda in Betracht (s. die Erläuterungen zu § 11 Abs. 3). Unter dem Begriff **Darstellungen**, dem Oberbegriff für die in § 11 Abs. 3 genannten Medien, versteht man stoffliche oder sonst auf Dauer fixierte Zeichen, die sinnlich wahrnehmbar sind und einen Vorgang oder einen sonstigen gedanklichen Inhalt vermitteln sollen.[13] **Datenspeicher**. Die Gleichstellung der so gespeicherten Daten mit Schriften wurde mit dem Informations- und Kommunikationsdienste-Gesetz (Vor § 80 Rdn. 18) eingeführt (BGHSt **47** 55, 58). Im Hinblick auf die Auffassung, Darstellungen seien nur körperliche Gebilde von gewisser Dauer, hat der Gesetzgeber klargestellt, dass auch elektronische oder sonstige Datenspeicher, die gedankliche Inhalte verkörpern, die nur unter Zuhilfenahme technischer Geräte wahrnehmbar werden, den Schriften gleichstehen (BGHSt **47** 55, 58). Sowohl Inhalte in Datenträgern als auch nur vorübergehend bereitgehaltene Inhalte in elektronischen Arbeitsspeichern, nicht aber kurzfristige Zwischenspeicherungen, sind nach dem gesetzgeberischen Willen erfasst.[14] **10**

2. **Propagandamittel verfassungswidriger Organisationen.** § 86 richtet sich nur gegen solche verfassungsfeindlichen Propagandamittel im Sinne des Absatzes 2, die von bestimmten verfassungswidrigen Organisationen stammen oder einen Bezug zu ihnen aufweisen. **11**

a) **Absatz 1 Nr. 1 und Nr. 2.** Erfasst werden Propagandamittel der von den in §§ 84, 85 aufgeführten verbotenen Parteien und Vereinigungen.[15] Dass die Schrift (§ 11 Abs. 3) einer solchen Partei oder Vereinigung zuzuschreiben ist, kann, muss sich aber nicht aus der Schrift selbst ergeben. Wesentlich ist, dass die Schrift entweder von einem Angehörigen der Organisation für deren Propagandazwecke oder von einem Außenstehenden im Einvernehmen mit einem Angehörigen der Organisation mit entsprechender Zweckbestimmung zur Verbreitung hergestellt worden ist oder dass die anderweit hergestellte Schrift für die verbotene Vereinigung übernommen, „rezipiert“ wird. Die Vorschrift **12**

[12] *Schmidt* LM § 86 Nr. 4 und MDR **1981** 89; *Lackner/Kühl* Rdn. 4; *Sch/Schröder/Stree/Sternberg-Lieben* Rdn. 3; *Rudolphi* SK Rdn. 11; in diesem Sinne auch BGHSt **29** 73, 78; anders aber wohl noch zu § 93 a. F. BGHSt **14** 293, 294: Schallplattenpressung.

[13] *Paeffgen* NK Rdn. 31 m. w. N.

[14] BTDrucks. 13/7385 S. 36; zustimmend *Paeffgen* NK Rdn. 36; *Tröndle/Fischer* § 11 Rdn. 36.

[15] Hier sind die Grundsätze anzuwenden, wie sie zu § 84 (Rdn. 2 ff) und § 85 (Rdn. 2 ff) entwickelt worden sind.

erfasst nicht die Verbreitung entsprechenden Propagandas, wenn dies aus eigenem Antrieb ohne Kontakt zur Organisation geschieht. Eine andere Auslegung würde eine unzulässige Analogie darstellen. Dagegen ist ein förmlicher Auftrag eines dazu autorisierten Funktionärs der verbotenen Vereinigung im Sinne des Wortgebrauchs „parteiamtliche Schriften" (BGHSt **19** 311, 315; dazu *Willms* NJW **1965** 1457, 1458) nicht erforderlich. Auch braucht der Verfasser der Vereinigung nicht anzugehören; zudem kommt es nicht auf ein etwaiges Impressum an.[16]

13 b) **Absatz 1 Nr. 3.** Dies sind Propagandamittel auswärtiger Regierungen, Vereinigungen oder Einrichtungen, die für die Zwecke einer verbotenen Partei oder Vereinigung im Sinne der §§ 84, 85 tätig sind.

14 aa) **Vereinigung.** Wie bei §§ 129 bis 129b (vgl. § 85 Rdn. 8) ist eine Vereinigung ein auf eine gewisse Dauer angelegter organisatorischer Zusammenschluss von mindestens drei Personen, die bei Unterordnung des Willens des Einzelnen unter den Willen der Gesamtheit gemeinsame Zwecke verfolgen und unter sich derart in Beziehung stehen, dass sie sich untereinander als einheitlicher Verband fühlen, wobei ein Mindestmaß an fester Organisation erforderlich ist.[17] Unter den Begriff der Vereinigung fallen insoweit auch außerhalb des räumlichen Geltungsbereichs des Gesetzes bestehende Parteien.

15 bb) **Einrichtung.** Bei einer Einrichtung handelt es sich um eine Gesamtheit von Personen und (oder) Sachen, die einem bestimmten Zweck zu dienen bestimmt ist.[18] Dabei muss sie nicht auf Dauer angelegt sein. Als Einrichtungen können sowohl staatliche Behörden unterhalb der Regierungsebene und kommunale Stellen, aber auch mehr oder minder freie gesellschaftliche Bildungen wie Komitees, Kongressleitungen und mit Mitteln entsprechender Interessenten unterhaltene Büros gelten. Die Beispiele aus der Rechtsprechung (BGHSt **10** 163, 168; BGH bei Wagner GA **1961** 149 Nr. 7) betreffen Einwirkungen aus der ehemaligen DDR. Die Vorschrift ist durch die Einigung Deutschlands jedoch nicht obsolet geworden, da auch Einwirkungen durch Einrichtungen außerhalb des jetzigen Bundesgebietes denkbar sind.

16 cc) **Spezifischer Bezug zur verbotenen Vereinigung.** Dass zwischen den für die verbotene Partei oder sonstige Organisationen propagandistisch tätigen auswärtigen Stellen auf der einen und den verbotenen Organisationen auf der andern Seite ein entsprechendes Einvernehmen besteht, ist so wenig erforderlich, wie dass überhaupt noch eine illegale Organisation der verbotenen Partei oder Vereinigung in der Bundesrepublik Deutschland vorhanden ist.[19] Die Vorschrift will gerade auch Bestrebungen vorbeugen, eine mit Erfolg verbotene Organisation von außen neu zu beleben. Dass die auswärtige Einrichtung Propaganda für eine in der Bundesrepublik Deutschland verbotene Partei oder Vereinigung macht, wird sich häufig schon aus dem Propagandamittel selbst ergeben. Es kann jedoch auch auf anderem Wege festgestellt werden. Auf jeden Fall ist ein spezifischer Bezug zu der verbotenen Vereinigung erforderlich. Rein ideologische Übereinstimmungen werden regelmäßig nicht ausreichen; ein wesentliches Indiz kann die Einmischung in innere An-

---

[16] *Sonnen* AK Rdn. 17; *Lackner/Kühl* Rdn. 5; *Sch/Schröder/Stree/Sternberg-Lieben* Rdn. 12 (aA noch die 25. Aufl. Rdn. 12); *Rudolphi* SK Rdn. 6; *Krauth/Kurfess/Wulf* JZ **1968** 577, 581.

[17] BGH NStZ **1999** 503, 504.

[18] BGHSt **31** 1, 2.

[19] *Steinmetz* MK Rdn. 23; aA *Paeffgen* NK Rdn. 21, weil damit nur der (nicht vertatbestandlichte) untaugliche Versuch inkriminiert werden solle.

gelegenheiten der Bundesrepublik Deutschland im Sinne der verbotenen Partei sein. Die entsprechenden Feststellungen zum Organisationsbezug können auch auf anderem Wege als aus dem Inhalt der jeweiligen Schrift gefolgert werden.[20] Umfassender können verfassungsfeindliche Angriffe von außen mit einem Verbot nach § 18 Satz 2 VereinsG erfasst werden, das durch § 20 Abs. 1 Nr. 4 VereinsG strafrechtlich abgesichert ist (vgl. hierzu § 85 Rdn. 19).

c) **Absatz 1 Nr. 4.** Propagandamittel zur Fortsetzung der Bestrebungen einer ehema- **17**
ligen nationalsozialistischen Organisation werden als Gegenstand verfassungsfeindlicher Propagandatätigkeit vom Tatbestand erfasst, ohne dass es darauf ankommt, ob ein einzelner oder eine Mehrheit von Personen oder eine Organisation Träger dieser Propaganda ist. Handelt es sich bei dem Träger der Propaganda um eine politische Partei, so greift allerdings Art. 21 Abs. 2 GG ein und schaltet die Anwendbarkeit des Tatbestandes aus (BGHSt **19** 311). Dass die Bestrebungen einer ehemaligen nationalsozialistischen Organisation fortgesetzt werden sollen, muss sich neben der verfassungs- oder friedensfeindlichen Tendenz der Schrift zusätzlich im Sinne der Ausführungen zu Rdn. 6 aus dem Inhalt der Schrift ergeben.[21] Eine bloße Wiedergabe nationalsozialistischen „Gedankenguts" genügt nicht.[22] Auch die bloße Bezugnahme auf andere Schriften, die den Tatbestand erfüllen, reicht nicht aus.[23] Die von einem solchen Verständnis der Vorschrift ausgehenden verfassungsrechtlichen Bedenken *Lüttgers* (JR **1969** 121, 129), der eine nur scheinbare Anknüpfung des Gesetzes an die ehemaligen nationalsozialistischen Organisationen annimmt, entbehren damit der Grundlage. Es ist auch möglich, die Bestrebungen von vor langer Zeit verbotenen Organisationen fortzusetzen (zweifelnd *Willms* LM Nr. 11 zu Art. 5 GG).

Indes hat sich der BGH unter Hinweis auf die Entstehungsgeschichte mit Recht **18**
geweigert, die damit von vornherein nahezu unanwendbare und keineswegs als geeignetes Mittel zur Bekämpfung jeglicher antisemitischen und rassistischen Propaganda anzusehende Vorschrift unter Ignorierung dieses Merkmals praktikabler zu machen (BGHSt **23** 64, 76). Es wäre auch unzulässig, dieses Ergebnis durch eine „Wahlfeststellung" derart überspielen zu wollen, dass die Schrift jedenfalls auf die Fortsetzung der Bestrebungen irgend einer nationalsozialistischen Organisation abziele. Nach Wortlaut und Sinn muss stets eine bestimmte Organisation – wenn auch nicht namentlich – angesprochen sein. In der Folge hat es denn auch nur vereinzelt Entscheidungen gegeben, in denen diese Variante des Tatbestandes bejaht wurde. BGH bei Schmidt MDR **1979** 705 behandelt eine Schrift, der sich ein deutlicher Bezug auf die von der NSDAP vertretenen rassistischen Bestrebungen entnehmen ließ. BGHSt **28** 296 betraf den Vertrieb einer im Ausland gedruckten Zeitung, die sich ausdrücklich als „Kampfschrift einer NSDAP Auslands- und Aufbauorganisation" bezeichnete. Die in BGHR StGB § 86 Abs. 1 Nr. 4 NS-Parole 1 (Rot-Front-Verrecke) und BGHR § 86a Kennzeichen 1 (Rotfront verrecke) erörterten Parolen (zu Kennzeichen § 86a Rdn. 7) lassen deutlich erkennen, dass Bestrebungen der NSDAP fortgesetzt werden sollten. Die im Schriftstück zum Ausdruck kommende inhaltliche Distanzierung und kritische Wertung (Beispiel Film „Beruf Neo Nazi") steht der Annahme des § 86 Abs. 1 Nr. 4 entgegen (vgl. BGH NJW **1996** 2585). Die ehemalige Wehrmacht war keine nationalsozialistische Organisation im Sinne der Vorschrift (BGHSt **23** 64, 75 f im Anschluss an BVerfGE **3** 288).

---

20 *Steinmetz* MK Rdn. 23; kritisch *Wagner* S. 448 ff.

21 *Steinmetz* MK Rdn. 24.

22 *Rudolphi* SK Rdn. 8.

23 BGH NStZ **1982** 25.

3. Tathandlung. Verbreiten im Inland

19 a) **Verbreiten, Allgemeines.** Der Begriff des Verbreitens wird in mehreren Straftatbeständen des StGB verwendet. Der Gesetzgeber hat den Begriff nicht näher abgegrenzt. Er unterliegt deshalb der Auslegung, wobei insbesondere auf den Grundgedanken der Vorschrift abzustellen ist. Im Rahmen von § 86 bedeutet „Verbreiten" – im Gegensatz zu den §§ 186, 187 und in Übereinstimmung mit §§ 74d Abs. 1, 80a, 90 Abs. 1, 184 Abs. 1 Nr. 5 – nicht jede Weitergabe oder Mitteilung eines Propagandamittels an einen anderen, sondern die mit der körperlichen Weitergabe der Schrift verbundene Tätigkeit, die darauf gerichtet ist, die Schrift ihrer Substanz nach einem größeren Personenkreis zugänglich zu machen, wobei dieser nach Zahl und Individualität so groß sein muss, dass er für den Täter nicht mehr kontrollierbar ist.[24] Dabei ist jedoch zu beachten, dass sich der Begriff des Verbreitens im Sinne des § 86 von dem rein presserechtlichen der landesrechtlichen Pressegesetze unterscheidet.[25] Für die Auslegung des Verbreitungsbegriffs des § 86 ist – wie sich aus der Systematik und dem Zweck dieser Vorschrift ergibt – auch die Bestimmung des § 74d Abs. 4 ergänzend mit heranzuziehen.[26] Die dort dem Verbreiten im Sinne des § 74d Abs. 1 bis 3 gleichgestellten Handlungen sind auch für das Verbreiten im Sinne des § 86 von Bedeutung. Das Verbreiten setzt nicht voraus, dass andere vom Inhalt des Propagandamittels tatsächlich Kenntnis nehmen; es handelt sich insoweit nicht um ein Erfolgsdelikt (RGSt **15** 118, 119). Zur Post gegebene Schriften sind deshalb verbreitet, auch wenn sie vor Erreichen der Adressaten abgefangen werden. Entscheidend ist, ob der Täter sich der tatsächlichen Verfügungsgewalt über den Gedankenträger begeben hat.

20 Das Tatbestandsmerkmal des Verbreitens ist nicht erfüllt, wenn die Perspektive der Breitenwirkung des eigenen Tuns von vornherein fehlt, also grundsätzlich dann, wenn die Weitergabe oder Mitteilung des Propagandamittels nur an einen einzelnen oder mehrere einzelne erfolgt (RGSt **42** 209, 210). Dies gilt selbst dann, wenn der Handelnde für möglich hält, dass weitere gleiche Stücke des Propagandamittels durch andere Personen, insbesondere Anhänger der betreffenden politischen Richtung, verteilt werden könnten, und er daher damit rechnet, dass er durch sein Tun möglicherweise zu einer auf einen größeren Personenkreis zielenden „Gesamtverbreitung" beitragen könnte. Dies ist jedenfalls dann anzunehmen, wenn es um eine so lockere und allgemeine Verbindung von Handlungen geht, dass ihre gegenseitige Zurechnung nicht möglich ist.[27]

21 aa) **Kettenverbreitung, Mengenverbreitung.** Allerdings kann schon die **Weitergabe eines Exemplars** der Schrift ausreichen, wenn dies mit dem Willen geschieht, der Empfänger werde die Schrift durch körperliche Weitergabe einem größeren Personenkreis zugänglich machen oder wenn der Täter mit einer Weitergabe an eine größere, nicht mehr zu kontrollierende, Zahl von Personen rechnet (**Kettenverbreitung**).[28] Bei der Aushändigung einer Vielzahl gleicher Exemplare an verschiedene Abnehmer (**Mengenverbreitung**) wird bereits verbreitet, wenn der Täter das erste Exemplar (einer Mehrzahl von ihm zur Verbreitung bestimmter Schriften) an einen einzelnen Bezieher abgegeben hat.

---

[24] RGSt **7** 113, 114; **16** 245; **30** 224, 225 f; **36** 330, 331; BGHSt **13** 257, 258; **18** 63, 64; **19** 63, 71; **47** 55, 58; BGH MDR **1966** 687.

[25] *Franke* NStZ **1984** 126, 127 und GA **1984** 452, 457, 460 f; **aA** OLG Hamburg NStZ **1983** 127 f; BayObLG NJW **1979** 2162.

[26] *Franke* NStZ **1984** 126, 127; *Lackner/Kühl* Rdn. 6; *Steinmetz* MK Rdn. 28; *Sch/Schröder/Stree/Sternberg-Lieben* Rdn. 14; *Rudolphi* SK Rdn. 14; *Tröndle/Fischer* Rdn. 12.

[27] **AA** noch BayObLG DRiZ **1933** 694; RG DJ **1935** 1192 mit Bespr. *Rietzsch*.

[28] *Steinmetz* MK Rdn. 2.

Voraussetzung ist jedoch immer, dass an einen größeren und nicht (vom Täter) kontrollierbaren Personenkreis weitergegeben wird oder weitergegeben werden soll (BGH NJW 2005 689).

22 bb) **Weitergabe an einzelne bestimmte Dritte.** Dies allein vermag das Merkmal des Verbreitens nicht zu erfüllen, wenn nicht feststeht, dass der Dritte seinerseits die Schrift, nicht etwa bloß ihren geistigen Inhalt, so vielen Personen zugänglich macht, dass es sich bei den Empfängern um einen für den Täter nicht mehr kontrollierbaren Personenkreis handelt. Danach stellt der Verkauf eines NSDAP-Parteiabzeichens an eine einzelne Person noch kein Verbreiten (nach § 86a) dar, wenn der Handelnde nicht von der Vorstellung getragen wird, der Käufer werde das Abzeichen weiteren Personen zugänglich machen (OLG Bremen NJW **1987** 1427). Auch wird dem BayObLG NStZ **1983** 120, 121 darin zuzustimmen sein, dass die Übergabe eines Dolches und eines Koppelschlosses mit Hakenkreuzemblem sowie eines „Braunhemdes" an einen Auktionator noch kein Verbreiten (im Sinne des § 86a) darstellt, denn die Veräußerung dieser Einzelgegenstände an Einzelpersonen im Wege der Versteigerung erfüllt die Voraussetzungen einer „Mengenverbreitung" noch nicht (**aA** *Keltsch* NStZ **1983** 121, 122).

23 cc) **Weitergabe an einen größeren Personenkreis.** In allen Fällen, in denen der Täter mit der Weitergabe an einen größeren Personenkreis rechnet, ist das Tatbestandsmerkmal des Verbreitens schon mit der Weitergabe an die erste Empfangsperson erfüllt, nicht erst mit der Weiterleitung durch diese.[29] Entsprechendes gilt, wenn der Täter einen größeren Vorrat gleicher Propagandamittel (z. B. Flugblätter) selbst verteilen will. Hier ist schon mit der Übergabe des ersten Stückes das Verbreiten vollendet.[30] Bei diesen Fallgestaltungen hängt das Vorliegen einer Verbreitung danach wesentlich von der **subjektiven Sicht des Handelnden** ab. Die begründete Vorstellung, der Erstempfänger werde das Propagandamittel weiterverbreiten, muss dabei nicht die Form einer dahingehenden Absicht haben,[31] vielmehr genügt es, wenn das Propagandamittel nicht vertraulich behandelt werden soll und deswegen billigend damit gerechnet wird, der Empfänger werde es seinerseits an einen größeren Personenkreis weiterleiten (RGSt **55** 276, 277; BGHSt **13** 257, 258; **19** 63, 71). **Bedingter Vorsatz hinsichtlich der „Weiterverbreitung"** ist somit ausreichend (**aA** wohl OLG Bremen NJW **1987** 1427, 1428 zu § 86a). Durch die billigende Inkaufnahme der Weiterleitung des Propagandamittels liegt das dem Begriff des Verbreitens immanente Moment des Werbens und Förderns (der verfassungswidrigen Organisation) vor.

24 dd) **Vertrauliche Übermittlung.** Die vertrauliche Übermittlung eines Propagandamittels kann somit ein Hinweis darauf sein, dass dem Täter der Verbreitungsvorsatz fehlt. Doch lässt sich auch an eine vertrauliche Übermittlung an sehr viele Personen denken, was dann grundsätzlich wieder als Verbreiten zu werten wäre (RGSt **9** 292, 293 f). Das gilt jedenfalls für die Vertraulichkeit aus Gründen der Konspiration. Umgekehrt ist

---

[29] *Keltsch* NStZ **1983** 121, 122 zu § 86a; deshalb wäre jedenfalls für § 86 die zu § 111 Abs. 1 ergangene Entscheidung des OLG Frankfurt StV **1990** 209 abzulehnen, soweit dort in der Übergabe einer Pressemitteilung an Zeitungsredakteure deshalb kein Verbreiten gesehen wurde, weil der Täter über die Verarbeitung der Mitteilung durch die Redaktion und die Verteilung der Zeitungsausgabe keine Tatherrschaft mehr besitze.

[30] **AA** *Paeffgen* NK Rdn. 28 f.

[31] Ungenau noch RGSt 7 113, 115; 9 292, 294; **16** 245, 246.

Öffentlichkeit des Verbreitens nicht erforderlich (RGSt 7 113, 114; **15** 118, 120), doch kann die Öffentlichkeit im Einzelfall, wie etwa beim Anschlag von Plakaten (BGHSt **19** 308) oder beim Auslegen von Flugblättern, zur Verwirklichung des Merkmals beitragen. Ob das Ausbedingen alsbaldiger Rückgabe gegen den Verbreitungsvorsatz spricht, ist ebenfalls Tatfrage. Die Herstellung von Abschriften oder Ablichtungen kann auch dann möglich bleiben und sogar gewollt sein. Für den Fall der Weitergabe von Vervielfältigungen seitens des Empfängers hat das RG schon früh das Verbreiten bejaht (RGSt **9** 71), obwohl es zunächst streng daran festhielt, dass auf jeden Fall beim Täter selbst eine Weitergabe von Hand zu Hand im Sinne einer Weitergabe der Sachsubstanz erforderlich sei (RGSt **11** 282, 284; **14** 397, 399). Doch hat es sich dann den technischen Neuerungen der Massenkommunikationsmittel nicht verschlossen und letztlich bereits die Weitergabe einer Grammophonplatte zum bloßen Vorspielen vor einem größeren Personenkreis genügen lassen (RGSt **47** 223, 226 f).

25 **b) Zugang des Propagandamittels.** Wann nach diesen allgemeinen Grundsätzen ein Verbreiten anzunehmen ist, ist bei den verschiedenen Arten denkbarer Propagandamittel im Sinne der §§ 86 Abs. 2, 11 Abs. 3 unterschiedlich zu beurteilen

26 **aa) Schriften.** Bei Schriften im eigentlichen Wortsinne, insbesondere Druckschriften, bleibt daran festzuhalten, dass sie grundsätzlich den Empfängern **körperlich zugänglich** gemacht werden müssen.[32] Ein bloßes Vorlesen oder Vorzeigen, selbst vor einer größeren Menschenmenge, genügt nicht. Andererseits ist nicht nur bei Plakaten,[33] sondern auch bei an sich ihrer Art nach nicht für öffentliches Anschlagen vorgesehenen Druckschriften wie Flugblättern und Zeitungen eine Verbreitung sowohl durch Weitergabe von Hand zu Hand wie durch vollständigen Anschlag an einem allgemein zugänglichen Ort möglich (BGHR StGB § 86 Abs. 1 Nr. 4 NS-Parole 1; BGH bei Holtz MDR **1977** 809). Wie bei Plakaten ist auch für Aufkleber – anders als nach dem pressestrafrechtlichen Verbreitungsbegriff[34] – oder im Aufdruck eines T-Shirts (BGHR StGB § 86a Abs. 1 Nr. 4 Kennzeichen 1) ein öffentliches Anbringen beziehungsweise Tragen ausreichend (*Franke* NStZ **1984** 126, 127; **aA** OLG Hamburg NStZ **1983** 127).

27 **bb) Bild- und Tonträger.** Dagegen muss bei Tonaufnahmen und Filmen (BGHSt **19** 63) das Abspielen oder Vorführen vor einem größeren Personenkreis genügen, wobei es ebenso wie bei Schriften gleichgültig ist, ob dieser Personenkreis sogleich auf einmal gegenwärtig ist oder entsprechend dem Vorhaben des Täters nach und nach durch mehrere Vorführungen zusammenkommt. Auch wer über Bildschirmtext propagandistische Traktate ausstrahlt, verbreitet sie, da sie auf dem Fernsehschirm – ähnlich wie Plakate – von einer unbestimmten Vielzahl von Personen über längere Zeit betrachtet werden können (vgl. *Walther* NStZ **1990** 523, 525). Die Ausstrahlung von Radio- oder Fernsehsendungen reicht dagegen nur dann aus, wenn auf Ton- oder Bildträgern gespeichertes Propagandamaterial gesendet wird. Es macht insoweit keinen Unterschied, ob dem Zu-

---

[32] RGSt **15** 118, 120 f; BGHSt **18** 63, 64 f; **47** 55, 58; BGH NJW **1999** 1979, 1980.

[33] BGHSt **19** 308; anders für § 120 OWiG: BayObLG NJW **1979** 2162, für § 15 Abs. 1 BayPresseG: OLG München MDR **1989** 180.

[34] S. insoweit OLG Hamburg NStZ **1983** 127 m. Anm. *Franke* NStZ **1984** 126 und *Bottke* JR **1983** 299; OLG Frankfurt NJW **1984** 1128; MDR **1984** 423; OLG Hamm NStZ **1989** 578; KG StV **1990** 208; dagegen sieht OLG Schleswig SchlHA **1984** 86, 87 das Anbringen eines Aufklebers auf einem PKW auch als Verbreiten im pressestrafrechtlichen Sinne an.

hörer oder Zuschauer diese Schriften im Sinne des § 11 Abs. 3 direkt über ein entsprechendes Abspielgerät (Schallplattenspieler, CD-Spieler oder Tonbandgerät, Videorecorder, DVD-Player, Filmprojektor) zugänglich gemacht werden oder eine Radio- oder Fernsehübertragung zwischengeschaltet ist (**aA** noch *Willms* in der 10. Aufl. Rdn. 19). Dagegen kommt § 86 bei Direktübertragungen von Veranstaltungen nicht in Betracht, weil es in diesen Fällen an einer Schrift im Sinne des § 11 Abs. 3 fehlt.

cc) **Die Datenübertragung im Internet** erfordert einen spezifischen Verbreitungsbegriff. Ein Verbreiten im Internet liegt dann vor, wenn die Datei auf dem Rechner des Internetnutzers – sei es im (flüchtigen) Arbeitsspeicher oder auf einem (permanenten) Speichermedium (außer kurzfristigen Zwischenspeicherungen zum Zwecke der Echtzeitübermittlung) – angekommen ist.[35] Dabei ist unerheblich, ob dieser die Möglichkeit des Zugriffs auf die Daten genutzt oder ob der Anbieter die Daten übermittelt hat. **28**

c) **Inland.** Das Verbreiten ist nur erfasst, wenn es im Inland erfolgt. Da § 91 für § 86 nicht gilt, sind die nach § 9 Abs. 1 und Abs. 2 S. 1 geltenden Grundsätze heranzuziehen. Hier können auch Lautsprecherübertragungen von Schallplatten oder anderen Tonträgern, aber auch von Radio- und Fernsehsendungen (s. Rdn. 15) über die Grenze hinweg in Betracht kommen. Zu Fragen des Tatorts bei politischen Delikten s. *Endemann* NJW **1966** 2381. Diese Grundsätze gelten auch für **internetbezogene Straftaten.** Im Inland handelt, wer von dort rechtswidrige Inhalte auf einen in- oder ausländischen Server lädt. Das Inverkehrbringen rechtswidriger Inhalte über ausländische Server kann unter den Voraussetzungen des § 9 Abs. 1 Var. 3 dem deutschen Strafrecht unterliegen.[36] Die Möglichkeit, eine im Ausland eingerichtete Website im Inland aufzurufen, macht die Tat zur Inlandstat.[37] **29**

4. **Herstellen zum Verbreiten.** Der **Begriff des Herstellens** ist in RGSt **41** 205, 207 (im Zusammenhang mit Nahrungsmitteln) allgemein dahin definiert worden, dass er alles von Menschen unmittelbar oder mittelbar bewirkte Geschehen umfasst, das ohne weiteres oder in fortschreitender Entwicklung ein bestimmtes körperliches Ergebnis zustande bringt. Vollendet ist diese Modalität immer erst mit dem Abschluss des Herstellungsprozesses, wenn also das Endprodukt vorliegt.[38] Zu den Herstellern gehören demnach vom Verfasser des Manuskripts bis zum Drucker alle Personen, die bewusst zur Anfertigung des Endprodukts beitragen, das Gegenstand der Verbreitung werden soll. Für sie ist angesichts dieser Zielbestimmung der Tatbestand hinsichtlich des Merkmals der Herstellung jeweils immer erst verwirklicht, wenn das Endprodukt vorliegt, also z. B. der erste Abdruck der Schrift die Druckerpresse verlässt. Wird der Herstellungsvorgang vorher aufgehalten, so bleiben infolgedessen die bis dahin entfalteten Tätigkeiten im Stadium des straflosen Versuchs. Die zu § 93 a. F. ergangene Entscheidung BGH MDR **1966** 687, welche schon die bloße Anfertigung des einem Verleger angebotenen und von diesem abgelehnten Manuskript als Herstellung beurteilte, kann für den Tatbestand des § 86 nicht herangezogen werden, weil hier nicht mehr das Herstellen schlechthin, sondern das **Herstellen zur Verbreitung** unter Strafe gestellt ist. Das zielt auf das im mechanischen **30**

---

[35] BGHSt 47 55, 59.

[36] Vgl *Steinmetz* MK Rdn. 7 m. w. N.; *v. Bubnoff* LK[11] Nachtrag §§ 130, 131 Rdn. 17.

[37] VG Düsseldorf MMR **2005** 794 ff.

[38] *Sonnen* AK Rdn. 30; *Steinmetz* MK Rdn. 31; *Paeffgen* NK Rdn. 33; *Sch/Schröder/Stree/Sternberg-Lieben* Rdn. 14 i. V. m. § 184 Rdn. 43; zweifelnd *Tröndle/Fischer* Rdn. 13 angesichts der digitalen Speichermedien; offengelassen in BGHSt **32** 1, 3.

Wege gewonnene Endprodukt der Druckschrift, der Tonaufnahme und des Films ab. Dass das Schreiben von Briefen an einen einzelnen Empfänger nicht als Herstellen einer Schrift gelten kann, hat zu § 93 a.F. bereits BGHSt **13** 375, 376 klargestellt. Vgl. auch BayObLGSt **1958** 18 und OLG Hamburg MDR **1963** 1027 (Negative genügen nicht). Dagegen ist Vervielfältigen immer auch ein Herstellen.

31 5. **Vorrätighalten zum Verbreiten** bedeutet nichts weiter als **Besitz** zu dem angegebenen Zweck, wobei auch der mittelbare Besitz genügt und der Besitz eines einzelnen Propagandamittels[39] ausreichen kann.[40] Der Ausdruck ist also nicht wörtlich im Sinne des Haltens eines Vorrats zu verstehen, doch wird der Besitz zahlreicher Stücke ein wesentliches Indiz für das Vorhaben späterer Verbreitung sein, während umgekehrt beim Besitz nur eines Propagandamittels ein Verbreitungsvorsatz kaum nachzuweisen sein wird. Lebensfremd erscheint die Auffassung des OLG Bremen NJW **1987** 1427, 1428 (zu § 86a Abs. 1 Nr. 2), das Vorrätighalten von 27 Orden und Ehrenzeichen einer verfassungswidrigen Organisation in einem Ladengeschäft diene nicht ersichtlich dem Zweck des Verbreitens; denn eine derartige Lagerhaltung verfolgt offensichtlich den Zweck einer „Mengenverbreitung" (s. Rdn. 21) in Form des Verkaufs der Abzeichen. Dass der Täter sich persönlich am Verbreiten beteiligen will, ist nicht erforderlich. Gleichgültig ist es auch, ob es überhaupt zu einem Verbreiten des Propagandamittels kommt oder gekommen ist. Jedoch muss hier das Endprodukt der Herstellung Gegenstand der Tat sein, das Verwahren von Druckplatten oder Negativen genügt nicht.

32 6. **Verbreitung im Inland oder Ausland.** Herstellen und Vorrätighalten ist nach dem Wortlaut strafbar, wenn dies der Verbreitung im Inland oder Ausland dient. Der Tatbestand bedarf jedoch der Einschränkung, denn die Verbreitung im Ausland ist straflos. Deshalb kann das Herstellen und Vorrätighalten im Ausland nicht strafbar sein, weil anderenfalls ein Wertungswiderspruch zu den Handlungen des Verbreitens vorläge. Insoweit ist die Strafbarkeit der Einfuhr ausreichend.[41] Das Herstellen und Vorrätighalten im Inland ist strafbar, wenn das Propagandamaterial im In- oder Ausland verbreitet werden soll.

33 7. **Einführen zum Verbreiten** begeht, wer Propagandamittel zu dem angegebenen Zweck selbst über die Grenze der Bundesrepublik Deutschland befördert (BGHSt **19** 221), von außerhalb der Bundesrepublik dorthin zur Versendung bringt (BGH bei Wagner GA **1961** 9 A 7 zu § 93 a.F.) oder von außerhalb kommende Sendungen bestellt hat[42] (BGH bei Wagner aaO). Die bloße Annahme einer unbestellten Sendung genügt nicht. Die Tat ist mit dem Überschreiten der Grenze vollendet, mit der Ankunft am Bestimmungsort oder beim Adressaten der Sendung beendet (RGSt **59** 170; BGH bei Wagner aaO). Für die Vollendung ist es ohne Bedeutung, ob der Täter an der Grenze Zugriffsmöglichkeiten auf die Propagandamittel hat (vgl. BGHSt **34** 180, 182). Der Bestimmungsort muss sich in der Bundesrepublik Deutschland befinden, Durchfuhr im Transitverkehr genügt nicht.[43]

---

[39] Kritisch *Paeffgen* NK Rdn. 34.
[40] RGSt **42** 209, 210; **47** 223, 227; **62** 396, 398.
[41] *Sch/Schröder/Stree/Sternberg-Lieben* Rdn. 15.
[42] **AA** *Paeffgen* NK Rdn. 35.
[43] *Sonnen* AK Rdn. 32; *Paeffgen* NK Rdn. 35; **aA** OLG Schleswig NJW **1971** 2319 (zu § 184); *Steinmetz* MK Rdn. 33.

8. Ausfuhr. Auch die Ausfuhr von Propagandamitteln, also das Verbringen aus dem Gebiet der Bundesrepublik Deutschland, ist strafbar. Da die Verbreitung von Propagandamitteln im Ausland nicht strafbar ist, könnte diese Erweiterung der Strafbarkeit bedenklich sein. Die Erwägung, wie sie § 184 Abs. 1 Nr. 9 zugrunde liegt, kann die Zulässigkeit der Pönalisierung aber stützen, weil Propagandamittel im Sinne des § 86, wenn sie ins Ausland gelangen, die Interessen der Bundesrepublik Deutschland schädigen können. Das kann aber nur der Fall sein, wenn die Ausfuhr mit dem Ziel der Verbreitung im Ausland einhergeht. Über den Wortlaut des § 86 hinaus ist die Ausfuhr deshalb nur bei Verbreitungstendenz erfasst. **34**

9. Öffentliches Zugänglichmachen in Datenspeichern. Diese Variante ergänzt die des Verbreitens durch Datenspeicher (vgl. Rdn. 28). Die Ergänzung beruht auf dem Informations- und Telekommunikationsdienstgesetz (Rdn. 10; Vor § 80 Rdn. 18; Nachtrag zur 11. Auflage § 86 Rdn. 1). Die Einführung soll verhindern, dass die Einspeicherung von Propagandamitteln in Datenspeichern zur Umgehung genutzt wird. Der Inhalt des Propagandamittels muss einer grundsätzlich unbeschränkten Vielzahl von Personen dadurch zur Kenntnis gebracht werden, dass er ohne körperliche Übertragung des Trägermediums für sie in elektronischer Form (z. B. auf einer Homepage) zum Abruf bereitgehalten oder übermittelt wird (BTDrucks. 13/7385 S. 36).[44] Die bloße Zugriffsmöglichkeit genügt; es ist nicht erforderlich, dass ein Zugriff des Internetnutzers erfolgt.[45] **35**

III. Sozialadäquanzklausel (Absatz 3)

Die aus § 96a a. F. übernommene und durch das 14. StrÄndG (Vor § 80 Rdn. 18) neu gefasste Sozialadäquanzklausel enthält einen **Tatbestandsausschluss**[46], keinen Rechtfertigungsgrund[47] (vgl. § 86a Rdn. 26). Absatz 1 „gilt nicht", wenn das Propagandamittel oder die Handlung der staatsbürgerlichen Aufklärung, der Abwehr verfassungswidriger Bestrebungen, der Kunst (vgl. § 86a Rdn. 27 ff; § 90a Rdn. 28 ff) oder der Wissenschaft, der Forschung oder Lehre (vgl. § 86a Rdn. 33 ff), der Berichterstattung über Vorgänge des Zeitgeschehens oder der Geschichte (zur Meinungsäußerungsfreiheit § 90a Rdn. 23 ff und § 90b Rdn. 4) oder ähnlichen Zwecken (vgl. § 86a Rdn. 36) dient. Die Vorschrift stellt nicht nur einen Ausdruck des Sozialadäquanzgedankens dar, wonach „übliche, von der Allgemeinheit gebilligte und daher in strafrechtlicher Hinsicht im sozialen Leben gänzlich unverdächtige, weil im Rahmen der sozialen Handlungsfreiheit liegende Handlungen" nicht strafbar sein sollen (BGHSt **23** 226, 228; **29** 73, 84). Sie dient vor allem der Sicherung gewährleisteter Grundrechte, insbesondere des Art. 5 GG (vgl. § 90a Rdn. 22 ff), vor Einschränkungen, die zum Schutz des freiheitlichen demokratischen Rechtsstaats nicht erforderlich sind. Absatz 3 stellt eine einfachgesetzliche Ausprägung des vom BVerfG immer wieder hervorgehobenen Grundsatzes dar, dass grundrechtsbe- **36**

---

[44] *Lackner/Kühl* Rdn. 6; *Steinmetz* MK Rdn. 35; *Sch/Schröder/Stree/Sternberg-Lieben* Rdn. 14; *Tröndle/Fischer* Rdn. 13.

[45] BGHSt **47** 55, 60 zu § 184 Abs. 3 Nr. 2 StGB.

[46] BGHSt **46** 36, 43 ff; **46** 212 217 f; **47** 278, 282 f; *Sonnen* AK Rdn. 33; *Lackner/Kühl* Rdn. 8; *Steinmetz* MK Rdn. 36; *Sch/Schröder/Stree/Sternberg-Lieben* Rdn. 17; *Rudolphi* SK Rdn. 16; vgl. auch *Klug* FS Eb. Schmidt, S. 249 ff; offengelassen von BGHSt **23** 2263, 228; zweifelnd *Streng* JZ **2001** 205, 208; *Tröndle/Fischer* Rdn. 17; differenzierend *Paeffgen* NK Rdn. 38, der beide Aspekte verbindet.

[47] So aber *Greiser* NJW **1969** 1155, 1156; **1972** 1556, 1557; *J. Wagner* S. 476; *Schmidt* MDR **1979** 705, 706; *Stegbauer* JR **2003** 74, 75.

schränkende allgemeine Gesetze stets ihrerseits im Lichte der wertsetzenden Bedeutung des jeweiligen Grundrechts im freiheitlich demokratischen Rechtsstaat auszulegen und so in ihrer das Grundrecht begrenzenden Wirkung selbst wieder einschränkend zu interpretieren sind.[48] Da dieser Grundsatz auch ohne einfachgesetzliche Verankerung Gültigkeit besitzt, darf bezweifelt werden, ob es des Absatzes 3 zum Ausgleich zwischen den Erfordernissen eines effektiven strafrechtlichen Staatsschutzes und den grundgesetzlich verbürgten Handlungsfreiheiten überhaupt bedurft hätte.[49] Im Einzelnen nennt das Gesetz folgende Gründe für den Tatbestandsausschluss:

37 1. **Staatsbürgerliche Aufklärung.** Dies sind Handlungen, die der Vermittlung von Wissen zur Anregung der politischen Willensbildung und Verantwortungsbereitschaft der Staatsbürger und damit der Förderung ihrer politischen Mündigkeit durch Information dienen (BGHSt **23** 226, 227; OLG Hamm NJW **1982** 1556, 1558). Sie ist nicht nur Vorrecht von Schulen, politischen Bildungsstätten und ähnlichen Einrichtungen, sondern vor allem Recht der zur Information berufenen Publikationsorgane, wie Presse, Rundfunk, Fernsehen sowie Internet[50], aber auch der politischen Parteien selbst (BGHSt **23** 226, 229). Dies gilt jedoch nicht für verbotene Parteien, weil es Ziel des Art. 21 Abs. 2 GG ist, diese als Träger der politischen Willensbildung aus dem politischen Leben auszuschalten. Es gibt für sie keinen Raum politischer Handlungsfreiheit mehr (BGHSt **23** 226, 228). Dabei ist es unerheblich, ob sich die verbotene Partei in ihrem Propagandamaterial auf ein neues, angeblich oder tatsächlich nicht mehr verfassungsfeindliches Programm beruft.[51]

38 2. **Abwehr verfassungswidriger Bestrebungen.** Handlungen zur Abwehr verfassungsfeindlicher Bestrebungen liegen vor, wenn die Handlung im Rahmen von Presseberichten oder bei staatsbürgerlicher Aufklärung gegen verfassungsfeindliche terroristische oder neonazistische Bestrebungen vorgenommen wird. Dies ist grundsätzlich Aufgabe staatlicher Organe. Problematisch ist die rechtliche Bewertung der Begehung von Propagandadelikten durch Vertrauenspersonen der Verfassungsschutzbehörden. *Steinmetz*[52] hält die Sozialadäqanzklausel nicht für anwendbar. Ein von vornherein absehbares kurzzeitiges Tätigwerden unter Inkaufnahme geringfügiger Propagandadelikte, um im Ergebnis verfassungsfeindliche Bestrebungen abzuwehren, bezweckt aber die Abwehr dieser Bestrebungen und ist daher noch sozialadäquat.[53]

39 3. **Sonstige Gründe.** Unmittelbar aus **Art. 5 GG** folgt die **Privilegierung von Wissenschaft und Lehre sowie der Kunst** (dazu § 86a Rdn. 27 ff). Berichterstattungen über Vorgänge des Zeitgeschehens oder der Geschichte stehen dem gleich, wenn sie in sachlicher Form erfolgen. Bei den **ähnlichen Zwecken** muss es sich um solche handeln, die in ihrem Gewicht den anderen in Absatz 3 ausdrücklich genannten gleichkommen. **Verteidigerhandeln** ist grundsätzlich nicht strafbar (BGHSt 46 36, 43 ff).[54] Eine Ausnahme gilt nur,

---

[48] S. BVerfGE **47** 198, 232; vgl. auch BGHSt **19** 221, 224 ff zu § 93 a. F., der noch keine Sozialadäquanzklausel enthielt.

[49] Ähnlich, aber mit anderer Begründung *Willms* 10. Aufl. Rdn. 20.

[50] LG Stuttgart CR **2005** 675: Hyperlink auf verbotener Website mit Distanzierung vom Inhalt.

[51] AA *Kohlmann* JZ **1971** 681, 683; *J. Wagner* S. 481; *Sonnen* AK Rdn. 35.

[52] *Steinmetz* MK Rdn. 38; *Tröndle/Fischer* Rdn. 20 m. w. N., der allenfalls eine Rechtfertigung nach § 34 für möglich hält.

[53] Generell ablehnend LG Cottbus NJ **2005** 377 ff.

[54] Vgl. auch *Laufhütte* KK Vor § 137 Rdn. 10 zu BGHSt **29** 99.

wenn eine Erklärung eines Verteidigers ohne jeden Bezug zur Verteidigung ist oder nur den äußeren Anschein einer Verteidigung hat, tatsächlich aber nach den Maßstäben des Strafverfahrensrechts und des materiellen Strafrechts nichts zu solcher beizutragen vermag, also verteidigerfremdes Verhalten darstellt.[55]

4. Sozialadäquanz von Schrift oder Handlung. Der Tatbestand ist nach Absatz 3 ausgeschlossen, wenn entweder das Propagandamittel oder die Handlung, darunter auch Verteidigerhandeln (BGHSt **46** 36, 45), dem anerkannten Zweck dient, dieser zumindest überwiegend gefördert werden soll. Straflosigkeit liegt zum einen vor, wenn inhaltlich einem anerkannten Zweck dienende Schriften von Organisationen zur Förderung ihrer verfassungsfeindlichen Ziele missbraucht werden, zum anderen, wenn die Schrift an sich keinem der in Absatz 3 anerkannten Zwecke entspricht, mit ihrer Verwendung aber sozialadäquate Ziele verfolgt werden.[56] **40**

IV. Tatbestandsausschluss[57] nach Art 296 EGStGB

Aus dem Tatbestandsausschluss („ist nicht anzuwenden") ergibt sich eine zusätzliche Eingrenzung des Tatbestandes für außerhalb des räumlichen Geltungsbereichs des StGB erscheinende periodische Druckschriften. Die Regelung ist an die Stelle von Art. 8 des 8. StrÄndG (Vor § 80 Rdn. 12 bis 17) getreten, der eine befristete Regelung enthielt, durch welche die Möglichkeit eines großzügigen Zeitungsaustauschs zwischen der ehemaligen DDR und der Bundesrepublik Deutschland gewährleistet werden sollte. **41**

Die in der Bundesrepublik Deutschland vertriebenen Stücke der Zeitung oder Zeitschrift müssen vollständig der im Land der Herausgabe vertriebenen Ausgabe entsprechen. Das schließt die Anwendung des Art. 296 EGStGB für den Vertrieb auch wortgetreuer Übersetzungen der am Herausgabeort in einer Fremdsprache verfassten Druckschriften aus. Darüber hinaus ist ein „öffentliches Verbreiten" der Zeitung im Herstellungsland nur dann gegeben, wenn sie dort im Straßenhandel, in Kiosken oder allgemein zugänglichen Buchhandlungen zu erwerben ist (s. im Einzelnen BGHSt **28** 296).

V. Subjektiver Tatbestand

Es genügt grundsätzlich **bedingter Vorsatz**, jedoch muss für die Tatvarianten des Herstellens, Vorrätighaltens und Einführens die **Absicht einer späteren Verbreitung** des Propagandamittels hinzukommen.[58] Den Inhalt des Propagandamittels in seiner für den Tatbestand wesentlichen Bedeutung muss der Täter in diesem Sinne erkennen. Doch setzt **42**

---

[55] BGHSt **29** 99, 105 f; **46** 36 43 ff; 212, 217 f; **47** 278, 283 ff; *Steinmetz* MK Rdn. 40; *Rudolphi* SK Rdn. 17a; *Tröndle/Fischer* Rdn. 25; weitergehend *Paeffgen* NK Rdn. 44, wonach mit Rücksicht auf die eminente Bedeutung des Verteidigungsrechts für ein rechtsstaatliches Strafverwahren eine Art „Indemnität, ähnlich der des § 36, für prozessuale Erklärungen in foro praktiziert werden sollte; anders *Streng* JZ **2001** 205, 208; *Wohlers* StV **2001** 420, 428 f.

[56] *Laufhütte* MDR **1976** 441; *Sch/Schröder/Stree/Sternberg-Lieben* Rdn. 17; *Rudolphi* SK Rdn. 16; **aA** *Tröndle/Fischer* Rdn. 18, wonach allein der Zweck der Handlung entscheidend ist.

[57] *Sch/Schröder/Stree/Sternberg-Lieben* Rdn. 20; *Rudolphi* SK Rd 18; *Tröndle/Fischer* Rdn. 26.

[58] **AA** *Paeffgen* NK Rdn. 37, der dolus directus 2. Grades, also das sichere Wissen um den Eintritt des Tatumstandes, verlangt.

die Vorschrift nicht voraus, dass er ihn billigt, also mit ihm der Sache nach übereinstimmt (BGHSt **19** 221, 223 f). Im Übrigen hat sich der Vorsatz auf alle weiteren Merkmale des Tatbestandes zu erstrecken. Zum bedingten Vorsatz hinsichtlich des Verbreitens s. Rdn. 19 ff.

Ein Irrtum über die tatsächlichen Voraussetzungen der Sozialadäquanz oder des Art. 296 EGStGB ist ein den Vorsatz ausschließender **Tatbestandsirrtum**, ein Irrtum über die Reichweite dieser Begrenzungen **Verbotsirrtum.**[59]

VI. Teilnahme

43 Die Teilnahme ist nach den allgemeinen Grundsätzen möglich. So ist etwa **Beihilfe** zur Herstellung von Propagandamitteln in der Form denkbar, dass für die Herausgeber einer propagandistischen Zeitschrift ein Druckauftrag an den Inhaber eines Druckereibetriebes vermittelt wird (vgl. BGH NStZ **1982** 25 Nr. 1). Die zu §§ 111, 140 ergangene Entscheidung BGHSt **36** 363 wird sich jedenfalls insoweit auf § 86 übertragen lassen, dass derjenige, der lediglich duldet, dass die Herstellungs- und Vertriebskosten einer periodischen Druckschrift über seine Konten abgewickelt werden und er im Impressum der Schrift zum Schein als Herausgeber genannt wird, nur wegen Beihilfe strafbar ist.

VII. Verjährung

44 Grundsätzlich richtet sich die Frist für den Eintritt der Strafverfolgungsverjährung nach § **78 Abs. 3 Nr. 4**. Bei § 86 Abs. 1 Tatbestandsvariante 3 (Vorrätighalten) beginnt der Fristenlauf mit der Beseitigung des rechtswidrigen Zustandes. Soweit die Tat durch ein Druckwerk als **Presseinlandsdelikt** im Sinne der Landespressegesetze begangen wurde, ist deren kurze Verjährungsfrist zu beachten, die einheitlich sechs Monate beträgt. Sie beginnt, da die Landespressegesetze sich durchweg für die presserechtliche Verjährungstheorie entschieden haben[60], mit dem ersten Verbreitungsakt.[61] Jedoch läuft die Verjährung für jeden Täter hinsichtlich der ihm zuzurechnenden Verbreitung gesondert. Auch ist die versteckte und heimliche Ausgabe einzelner Exemplare zu dem Zweck, die Verjährungsfrist in Lauf zu setzen, um die Schrift später in großem Umfang straflos verbreiten zu können, nicht als Verbreitung im Sinne der einzelnen Verjährungsvorschriften zu werten (BGHSt **25** 347 355). Die kurze Verjährung gilt, soweit verbreitet wurde, auch für ein als Vorbereitungshandlung des Verbreitens anzusehendes vorausgehendes Vorrätighalten der verbreiteten Schriften (BGH bei Schmidt MDR **1981** 973) und ebenso für Beihilfehandlungen (BGH NStZ **1982** 25 Nr. 1). Sie kommt jedoch nicht für den Teil der Schriften in Betracht, bei denen es im Augenblick des Zugriffs noch nicht zum Verbreiten gekommen ist, also beim bloßen Vorrätighalten zu diesem Zweck geblieben war (BGH bei Holtz MDR **1977** 809; BGH bei Schmidt MDR **1981** 89); ein seltsam widersprüchliches Ergebnis der presserechtlichen Verjährung, das beim Festhalten an der von BGHSt **14** 258 noch vertretenen strafrechtlichen Verjährungstheorie mit der Anknüpfung an den letzten Akt der Verbreitung vermieden worden wäre. Wegen der Einzelheiten vgl. bei §§ 78 ff.

---

[59] *Steinmetz* MK Rdn. 45; *Sch/Schröder/Stree/Sternberg-Lieben* Rdn. 16; **zum Teil aA** *Paeffgen* NK Rdn. 47.

[60] Der Lauf der Frist beginnt nach dem BayPresseG § 15 Abs. 2 „mit dem Erscheinen", nach allen übrigen Landespressegesetzen „mit der Veröffentlichung oder Verbreitung" des Druckwerks.

[61] BGHSt **25** 347; vgl. auch BGHSt **36** 51, 56; KG StV **1990** 208.

VIII. Strafrahmen

§ 86 Abs. 1 sieht Freiheitsstrafe bis zu drei Jahren oder Geldstrafe vor. Strafzumessungserwägungen werden neben der Qualität der organisationsbezogenen Gefahr auch der Umfang des Verbreitungserfolgs sein.[62] Bei der Verbreitung von nationalsozialistischem Propagandamaterial soll im Rahmen der Strafzumessung in der Regel der Gedanke der Generalprävention zu beachten sein (BGH bei Schmidt MDR **1981** 89). Bei **geringer Schuld** kann das Gericht von einer Bestrafung nach § 86 absehen (Absatz 4). In Hinblick auf die Deliktsnatur wird diese Entscheidung aber weder auf den Nichteintritt einer konkreten Gefahr noch auf die Abwegigkeit des Schriftinhalts gestützt werden können.[63] **45**

IX. Nebenfolgen und Einziehung

S. §§ 92a, 92b. **46**

X. Konkurrenzen

Tateinheit ist möglich mit § 83 (BGH LM § 93 a.F. Nr. 1), §§ 86a, 89 bis 90b, 130 **47**
und 185 (BGH bei Wagner GA **1963** 359 zu § 93 a.F. Nr. 3). Auch mit den §§ 84, 85 kommt tateinheitliches Zusammentreffen in Betracht, wenn die Tat im Zusammenhang mit einer verbotenen verfassungswidrigen Organisation begangen wurde.[64] Allerdings liegt das Schwergewicht des Tatvorwurfs dann bei den §§ 84, 85. Der eigentliche Anwendungsbereich des § 86 Abs. 1 Nrn. 1 bis 3 betrifft Personen, die entweder nichts mit der verbotenen Organisation zu tun haben oder denen eine solche Verbindung nicht nachzuweisen ist. Wenn im Sonderausschussbericht (Vor § 80 Rdn. 11; BTDrucks. V/2860 S. 9) insoweit ausgeführt wird, unter den Ausschussmitgliedern habe Einigkeit darüber bestanden, dass auf die §§ 84, 85 und den § 20 VereinsG nicht zurückgegriffen werden dürfe, wenn dies auf eine Umgehung der in § 86 beschlossenen Einschränkungen hinauslaufen würde, so beruht dies auf einem Fehlverständnis. Agitation und Propaganda sind ein so wesentliches Tätigkeitsfeld (verbotener) verfassungswidriger Organisationen, dass die Befassung auch durch Angehörige der Organisation als ein Element der Förderung des organisatorischen Zusammenhalts nicht ausgeklammert werden kann (vgl. BGHSt **26** 258, 261 ff). In Wahrheit ist mit der Bemerkung wohl folgendes gemeint: Hersteller und Verbreiter von Propagandamitteln einer verbotenen Organisation, welche nicht von der Definition des Absatzes 2 erfasst werden, fallen nicht ohne weiteres unter §§ 84 oder 85, nur weil für die Vereinigung geworben wurde. Entscheidend für die §§ 84, 85 als Organisationstatbestände ist vielmehr, dass eine Tätigkeit für die Vereinigung als Organisation, d.h. auf der Grundlage einer einverständlichen Beziehung des Täters zum Organisationsapparat, ausgeübt wird (vgl. § 84 Rdn. 20). Das bedeutet, dass jemand, der Flugblätter einer verbotenen Partei verteilt, auf welche die Definition des Absatzes 2 nicht zutrifft, und dem nicht nachgewiesen werden kann, dass er zu dem organisatorischen Apparat der verbotenen Partei in Beziehung steht, weder nach § 84 oder nach § 85 noch nach § 86 strafrechtlich belangt werden kann.[65] Zu **Mehrfachhandlungen** § 84 Rdn. 32 ff.

---

[62] *Tröndle/Fischer* Rdn. 28.
[63] *Steinmetz* MK Rdn. 50.
[64] Kritisch *Paeffgen* NK Rdn. 50.
[65] *Krauth/Kurfess/Wulf* JZ **1968** 577, 581; *Backes* S. 199; *Sonnen* AK Rdn. 45; *Paeffgen* NK Rdn. 50.

XI. Opportunitätsprinzip; Zuständigkeit; Recht des Einigungsvertrages

48 **Zur Anwendbarkeit des Opportunitätsprinzips, zur Zuständigkeit** und zum Recht des **Einigungsvertrages** Vor § 80 Rdn. 37 u. 38.

§ 86a
Verwenden von Kennzeichen verfassungswidriger Organisationen

(1) Mit Freiheitsstrafe bis zu drei Jahren oder mit Geldstrafe wird bestraft, wer

1. im Inland Kennzeichen einer der in § 86 Abs. 1 Nr. 1, 2 und 4 bezeichneten Parteien und Vereinigungen verbreitet oder öffentlich, in einer Versammlung oder in von ihm verbreiteten Schriften (§ 11 Abs. 3) verwendet oder

2. Gegenstände, die derartige Kennzeichen darstellen oder enthalten, zur Verbreitung oder Verwendung im Inland oder Ausland in der in Nummer 1 bezeichneten Art und Weise herstellt, vorrätig hält, einführt oder ausführt.

(2) Kennzeichen im Sinne des Absatzes 1 sind namentlich Fahnen, Abzeichen, Uniformstücke, Parolen und Grußformen. Den in Satz 1 genannten Kennzeichen stehen solche gleich, die ihnen zum Verwechseln ähnlich sind.

(3) § 86 Abs. 3 und 4 gilt entsprechend.

Schrifttum

Bartels/Kollorz Anm. zu BayOblG v. 7.12.1998 – 5 St RR 151/98, NStZ **2000** 648; *dies.* Rudolf Heß – Kennzeichen einer verfassungswidrigen Organisation? NStZ **2002** 297; *Beckemper* Verwenden von Kennzeichen verfassungswidriger Organisationen, JA **2003** 280; *Beisel* Die Kunstfreiheitsgarantie des Grundgesetzes und ihre strafrechtlichen Grenzen (1997); *Bonefeld* Hakenkreuz – „Hitler-Gruß", DRiZ **1993** 430; *Bottke* Anm. zu OLG Hamburg v. 27.5.1981 – 1 Ss 45/81, JR **1982** 77; *Bremer* Strafbare Internet-Inhalte in internationaler Hinsicht (2001); *Dahm* Freibrief für Rechtsextremisten? DRiZ **2001** 404; *Derksen* Strafrechtliche Verantwortung für in internationalen Computernetzen verbreitete Daten mit strafbarem Inhalt, NJW **1997** 1881; *Ettmeyer/Bütter* Am Beispiel der Parole „Ruhm und Ehre der Waffen-SS" – Zum Begriff der öffentlichen Ordnung im Versammlungsgesetz, Die Polizei **2000** 164; *Greiser* Die Sozialadäquanz der Verwendung von NS-Kennzeichen bei Demonstrationen, NJW **1969** 155; *Hörnle* Aktuelle Probleme aus dem materiellen Strafrecht bei rechtsextremistischen Delikten, NStZ **2002** 113; *Köbler* Die Strafbarkeit von Verstößen gegen das Kennzeichenverbot in Fällen des Betätigungsverbots nach § 18 S. 2 VereinsG, NStZ **1995** 531; *König/Seitz* Die straf- und verfahrensrechtlichen Regelungen des Verbrechensbekämpfungsgesetzes, NStZ **1995** 1; *Köster* Drei Finger gegen die Freiheit, DRiZ **1993** 36; *Lüttger* Zur Strafbarkeit von Kennzeichen ehemaliger nationalsozialistischer Organisationen nach § 3 VersammlG, GA **1960** 129; *Nöldeke* NS-Symbole im politischen Tageskampf, NJW **1972** 2119; *Scholz* Anm. zu BGH NStZ 1996 340, NStZ **1996** 602; *Stegbauer* Rechtsextremistische Propaganda und das Kennzeichenverbot des § 86a StGB, JR **2002** 182; *ders.* Anm. zu BGH v. 31.7.2002 – 3 StR 495/01, JZ **2002** 1180; *Steinmetz* „Ruhm und Ehre der Waffen-SS" – Verwechselbares Kennzeichen i. S. des § 86a Abs. 2 S. 2 StGB? NStZ **2002** 118; *ders.* Anm. zu OLG Hamm v. 8.10.2003 – 2 Ss 407/03, NStZ **2004** 444; *Wilhelm* Der Reichsadler mit Hakenkreuz – ein verbotenes Kennzeichen i. S. des § 86a, DRiZ **1994** 339; *Würkner* Anm. zu BVerfG, NJW 1988 325, NJW **1988** 327; *ders.* Das BVerfG und die Freiheit der Kunst (1992); s. im übrigen auch bei § 86.

Entstehungsgeschichte

Die durch das 8. StrÄndG (Vor § 80 Rdn. 12 bis 17) sachlich modifizierte Vorschrift entspricht dem früheren, durch das 6. StrÄndG (Vor § 80 Rdn. 9) eingefügten § 96a, der die §§ 2, 28 VersammlG ersetzte (näher hierzu *Schafheutle* JZ **1960** 473). Art 19 Nr. 7 EGStGB brachte nur redaktionelle Änderungen, das 14. StrÄndG (Vor § 80 Rdn. 18) wirkte sich mit der Neufassung der Sozialadäquanzklausel in § 86 aus. Durch das 21. StrÄndG (Vor § 80 Rdn. 18) wurde die Vorschrift erweitert, indem die Vorbereitungshandlungen des Herstellens, Vorrätighaltens und Einführens in Anlehnung an § 86 Abs. 1 als Varianten vollendeter Tatbegehung in den Tatbestand aufgenommen wurden. Technische Änderungen und die Erweiterung von Absatz 2 Satz 2 brachte das Verbrechensbekämpfungsgesetz (Vor § 80 Rdn. 18 und Nachtrag zur 11. Auflage § 86a). Es stellt den Kennzeichen solche gleich, die ihnen zum Verwechseln ähnlich sind.

Übersicht

I. Zweck der Vorschrift

§ 86a bezweckt neben dem **Schutz der verfassungsmäßigen Ordnung** den **Schutz des** **1**
politischen Friedens in der Bundesrepublik Deutschland. Zur Erreichung dieser Ziele soll bereits der Anschein einer Wiederbelebung verfassungswidriger Organisationen sowie der Eindruck bei in- und ausländischen Beobachtern vermieden werden, in der Bundes-

republik Deutschland gebe es eine rechtsstaatswidrige Entwicklung, die dadurch gekennzeichnet sei, dass verfassungsfeindliche Bestrebungen der durch das Kennzeichen angezeigten Richtung geduldet würden. Darüber hinaus soll § 86a auch verhindern, dass sich die Verwendung von Kennzeichen verfassungswidriger Organisationen, ungeachtet der damit verbundenen Absichten, wieder derart einbürgert, dass das Ziel, solche Kennzeichen aus dem Bild des politischen Lebens der Bundesrepublik Deutschland zu verbannen, nicht erreicht wird. Dies hätte zur Folge, dass sie schließlich wieder von den Verfechtern der politischen Ziele, für die das Kennzeichen steht, gefahrlos gebraucht werden können.[1]

2 Die Tat ist **Staatsgefährdungsdelikt** (verletzt im Sinne des § 172 Abs. 1 StPO ist daher nicht der einzelne Staatsbürger, Düsseldorf NJW **1988** 2906). Die systematisch zutreffend den **Organisationstatbeständen** angeschlossene Vorschrift trifft als **abstrakter Gefährdungstatbestand** (BGHSt **23** 267, 268) zusammen mit § 86 Betätigungen, die auch ohne persönliche Verbindung des Täters zu einer der verfassungswidrigen Organisationen gefährlich und strafwürdig erscheinen. Bestraft wird nach h. M. die abstrakte Gefahr einer **inhaltlichen Identifizierung mit dem Bedeutungsgehalt symbolträchtiger Kennzeichen**, deren Verbreitung oder Verwendung den Anschein erwecken kann, verfassungswidrige Organisationen könnten trotz ihres Verbots ungehindert agieren. Bezieht sich § 86a auf Propagandamittel im Sinne des § 86 Abs. 2, in denen sich eine verfassungs- oder friedensfeindliche Zielsetzung solcher Organisationen niedergeschlagen hat, so erfasst § 86a die propagandistisch wirksame Verwendung von Symbolen solcher Zusammenschlüsse. Für das Vorstadium des vollziehbaren Verbots greift § 20 Abs. 1 Nr. 5 VereinsG ein (bei § 85 abgedruckt).

II. Objektiver Tatbestand

3 Tathandlung ist das **Verbreiten oder Verwenden eines Kennzeichens** einer der in § 86 Abs. 1 Nrn. 1, 2 und 4 bezeichneten Organisationen (s. dazu im Einzelnen § 86 Rdn. 11 ff und 19 ff). Dabei wird das Verwenden jedoch nur erfasst, soweit es öffentlich, in einer Versammlung oder in vom Täter verbreiteten Schriften im Sinne des § 11 Abs. 3 erfolgt (Absatz 1 Nr. 1). Das Verbot bestimmter Organisationen erfasst nicht Kennzeichen vergleichbarer Organisationen (LG Cottbus StrFO **2002**, 407 „Hells angels"). Daneben stellt **Absatz 1 Nr. 2** bestimmte **Vorbereitungshandlungen** zu den Taten nach Absatz 1 Nr. 1 als vollendete Delikte unter Strafe, nämlich das **Herstellen, Vorrätighalten und Einführen von Gegenständen**, die Kennzeichen der bezeichneten verfassungswidrigen Organisationen darstellen oder enthalten, soweit dies zum Zwecke der Verbreitung oder Verwendung in der in Absatz 1 Nr. 1 bezeichneten Art und Weise erfolgt.

1. Tatobjekte

4 a) **Kennzeichen.** Der Begriff des Kennzeichens ist in Absatz 2 durch Beispiele (Fahnen, Abzeichen, Uniformteile, Parolen und Grußformen) erläutert, wobei, wie das Wort „namentlich" unterstreicht, die **Aufzählung nicht abschließend** ist. In Abgrenzung zu den von § 86 erfassten Propagandamitteln lässt sich ein Kennzeichen als ein optisches oder

---

[1] BGHSt **23** 267, 268; **25** 30, 33; **25** 133, 137; **47** 354, 358 f; BGH NStZ **1983** 261, 262; OLG Hamm NJW **1985** 2146; OLG Düsseldorf JZ **1987** 836; *Rudolphi* SK Rdn. 1; *Steinmetz* MK Rdn. 1; krit. *Paeffgen* NK Rdn. 2; **aA** *Hörnle* FAZ v. 18.11.06, S. 40.

akustisches Symbol definieren, welches anders als eine Schrift i. S. d. § 11 Abs. 3 keiner Verkörperung bedarf.

Tatobjekte sind Kennzeichen einer der in § 86 Abs. 1 Nrn. 1, 2 und 4 bezeichneten Parteien oder Vereinigungen. Es muss sich also um für verfassungswidrig erklärte Parteien, unanfechtbar verbotene verfassungsfeindliche Vereinigungen oder ehemalige nationalsozialistische Organisationen handeln. Wesentliches Merkmal des Kennzeichenbegriffs ist die **Hinweisfunktion auf die äußere Zusammengehörigkeit** der Anhänger einer bestimmten politischen Auffassung. Dazu müssen sich diese Organisationen die Symbole zu sinnbildlicher propagandistischer Verwendung zugelegt haben, ohne dass es hierzu auf irgendeinen formalen Akt ankäme. Die **Geltung des Verbotsprinzips für Ersatzorganisationen** hat nicht zur Folge, dass im Dienste einer noch nicht verbotenen Ersatzorganisation Symbole der verbotenen Hauptorganisation wieder Verwendung finden dürfen, sie bleiben verboten. Konsequenz des Verbotsprinzips ist, dass auch Symbole, die sich eine Ersatzorganisation neu zulegt, erst nach deren Verbot von der Vorschrift erfasst werden. 5

aa) **Kennzeichen ehemaliger nationalsozialistischer Organisationen. Beispiele:** Als ein solches Kennzeichen ist generell das Hakenkreuz anzusehen (BGHSt **23** 267, 269; **25** 133, 135; **29** 73, 83) und zwar unabhängig davon, dass dieses Zeichen nach 1933 auch als staatliches Symbol des Deutschen Reiches eingeführt wurde (BGHSt **28** 394, 395 f; dazu *Lüttger* GA **1960** 129, 132). Die Kennzeicheneigenschaft eines Hakenkreuzes entfällt nicht bereits dadurch, dass es mit verkürzten Querbalken (OLG Köln NStZ **1984** 508), abgerundeten Haken (offengelassen in BGHSt **25** 133, 135) oder in Verbindung mit dem Davidstern (anders BayObLG NJW **1988** 2901, 2902; Rdn. 16 a.E.) dargestellt wird. Ebenso reicht eine Darstellung aus, die jedenfalls aus einigen Metern Abstand auf den Betrachter wie ein originales Hakenkreuz wirkt (OLG Hamburg NStZ **1981** 393 mit Anm. *Bottke* JR **1982** 77). Auch ein Schmuckstück in Hakenkreuzform wird als Kennzeichen im Sinne des § 86a anzusehen sein (offengelassen von OLG Celle NStZ **1981** 221 mit Anm. *Foth* JR **1981** 382). Des Weiteren kommen in Betracht SA-Standarten (BGH bei Wagner GA **1967** 106), das Kopfbild Hitlers (BGH MDR **1965** 923; BGHSt **28** 394, 395; **29** 73, 83) – dazu gehören auch ikonenhafte Darstellungen als (partei-)amtliches Porträt, nicht jedoch fotografische oder filmische Darstellungen Hitlers durch Schauspieler –, die Sigrunen der SS (OLG Frankfurt NStZ **1982** 333; offen gelassen von OLG Stuttgart MDR **1982** 246; BGH NStZ **1983** 261, 262), die Sigrune des „Deutschen Jungvolks" (BGH bei Schmidt MDR **1986** 177), das Braunhemd (BayObLG NStZ **1983** 120), der Gruß „Heil Hitler" (OLG Celle NJW **1970** 2257, 2258; OLG Oldenburg NStZ **1986** 166; BayObLG NStZ-RR **2003** 233), der Gruß „Sieg Heil" (OLG Düsseldorf MDR **1991** 174) und auch die im nationalsozialistischen Briefverkehr gebräuchliche Schlussform „Mit deutschem Gruß", wenn Aufmachung und Inhalt des Briefes erkennen lassen, dass dies im nationalsozialistischen Sprachgebrauch gemeint ist (BGHSt **27** 1). Erfasst wird auch der „Hitler-Gruß", also das Ausstrecken des hochgehaltenen Arms (BGHSt **25** 30, 34; vgl. auch BVerfG, Beschluss vom 19. Juli 1995, – 2 BvR 674/95 –), sowie das „Horst-Wessel-Lied" (BGH MDR **1965** 923; BayObLG NJW **1962** 1878), selbst wenn es mit verfremdetem Text gesungen wird (OLG Oldenburg NStZ **1988** 74) sowie das Lied „Es zittern die morschen Knochen" (OLG Celle NJW **1991** 1497). 6

Dagegen scheidet eine Figuration, die nur bei intensiver Betrachtung an ein Hakenkreuz erinnert, als Kennzeichen aus (BGH bei Schmidt MDR **1981** 972), ebenso die Karikatur eines Menschen in Hakenkreuzform (BGHSt **25** 128, 131 f), eine Montage mit nur einer Gesichtshälfte Hitlers (BGHSt **25** 133, 134 f) oder eine Darstellung Hitlers in einem 7

Faschingsumzug (**aA** AG Münsingen MDR **1978** 72, 73). Das Singen des Liedes vom „Wildschützen Jennerwein" genügt nicht, obwohl es in den ersten Takten mit dem „Horst-Wessel-Lied" übereinstimmt (BayObLG NJW **1990** 2006, 2007; vgl. allg. für Lieder OLG Celle NJW **1991** 1497). Nicht erfasst sein soll der jeweils für den achten Buchstaben des Alphabets („H") stehende Code „HH" (*Bartels/Kollorz* NStZ **2002** 297, 300). Der BGH hat offen gelassen, ob eine Darstellung des „Hitler-Grußes" in der Form, dass der erhobene rechte Arm als Rohr einer Panzerkanone abgebildet wird, ein verbotenes Kennzeichen ist (BGHSt **25** 133, 136). Nicht erfasst ist das „Rudolf Heß Bild" (OLG Rostock NStZ **2002** 320), ein Aufkleber mit der Frakturschrift „Sachsen" bei Tragen eines Koppelschlosses mit verdecktem Hakenkreuz (OLG Dresden NJ **2000** 551), das Tragen einer Halskette mit Lebensrune (BayObLG GA **1998** 181), ein T-Shirt mit der Abbildung eines nordischen Kämpfers und einem Keltenkreuz sowie der Aufschrift „Lever Dod als Slav". Bei dem Logo LONSDALE handelt es sich bereits wegen der vollständigen Integration der inkriminierten Abkürzung in eine Markenbezeichnung um eine straflose Anspielung auf die NSDAP (VG Berlin NVwZ-RR **2002** 33). Das sog. Keltenkreuz ist nur dann erfasst, wenn es mit einem konkreten Hinweis auf die verbotene Organisation verwendet wird (vgl. BGH NStZ **1996** 81; LG Heidelberg NStE Nr. 8 zu § 86; OLG Karlsruhe NStZ-RR **1998** 10), nicht aber ein T-Shirt mit der Aufschrift „Rotfront verrecke" (BGHR StGB § 86a Kennzeichen 1; vgl. aber § 86 Rdn. 18).[2] Verneint wurde die Kennzeicheneigenschaft, auch die Verwechselungsfähigkeit für schwarze Stoffdreiecke mit silberner Umrandung und Aufdruck eines Ländernamens, das keine hinreichende Ähnlichkeit mit dem „Obergau-Armdreieck" des Bundes Deutscher Mädel habe (BayObLG NStZ **1999** 190 mit abl. Anm. *Bartels/Kollorz* NStZ **2000** 648).

8 bb) **Kennzeichen anderer verfassungswidriger Organisationen.** Als solches wurde das FDJ-Abzeichen angesehen (OLG Hamm NJW **1985** 2146), nicht jedoch das dunkelblaue Hemd der FDJ, wenn darauf das entsprechende Emblem fehlt (BayObLG NJW **1987** 1778). Das Verbot der FDJ (BVerwG NJW **1954** 1947) ist durch die Einigung Deutschlands nicht erledigt. Die Vorschrift wird jedoch restriktiv auszulegen sein, weil die politische Relevanz der FDJ obsolet zu sein scheint. Die Möglichkeit eines Tatbestandsirrtums kann nahe liegen.[3]

9 cc) **Organisationsbezug.** Es werden nur Symbole der bezeichneten verfassungswidrigen Organisationen erfasst, also sämtliche von der betreffenden Organisation selbst verwandte und ihr zuzurechnende Identifizierungszeichen. Von der Organisation nicht verwandte ungebräuchliche Darstellungen des Kennzeichens scheiden aus. Die **Zuschreibung durch Außenstehende genügt nicht.** Ebenso sind Verfremdungen des Kennzeichens nicht tatbestandsmäßig. Andererseits muss aber auch keine Übereinstimmung bis in die letzte Einzelheit bestehen (BGH bei Schmidt MDR **1986** 177: leicht abgeänderte Sigrune des „Deutschen Jungvolks"). Ohne Belang ist es, ob das Kennzeichen der Allgemeinheit tatsächlich bekannt ist.[4] Eine generelle Abgrenzung ist insoweit nicht möglich, sie kann jeweils nur im Einzelfall getroffen werden und ist nicht immer unproblematisch (vgl. Rdn. 6, 7 u. 10).

---

[2] Eingehend *Steinmetz* NStZ **2004** 444.

[3] *Tröndle/Fischer* Rdn. 7; s. auch *Paeffgen* NK Rdn. 11.

[4] BGHSt **47** 354, 358 ff.

b) **Zum Verwechseln ähnliche Kennzeichen.** Wichtig ist die **Erweiterung des Tatbestandes durch Absatz 1 Satz 2** auf solche Kennzeichen, die ihnen zum Verwechseln ähnlich sind.[5] Mit dieser Regelung bestätigt der Gesetzgeber die schon seit längerer Zeit erfolgende – unter dem Gesichtspunkt des Analogieverbots seinerzeit keineswegs unbedenkliche – Auslegung von Teilen der Rechtsprechung.[6] Dadurch haben sich die in Rdn. 6 und 7 aufgezeigten Abgrenzungsprobleme zum Teil erledigt. Es kommt dabei, entgegen früherer oberlandesgerichtlicher Rechtsprechung, nicht darauf an, ob das (vergleichbare oder zu vergleichende) Symbol einen gewissen Bekanntheitsgrad hat.[7] Der Tatbestand ist dann gegeben, wenn ein gesteigerter Grad sinnlich wahrnehmbarer Ähnlichkeit gegeben ist. Erforderlich ist eine **objektiv vorhandene Übereinstimmung in wesentlichen Vergleichspunkten.** Es muss nach dem Gesamteindruck eines durchschnittlichen, nicht genau prüfenden Betrachters eine Verwechselung mit dem Original möglich sein. Dafür genügt nicht, dass sich lediglich einzelne Merkmale des Vorbilds in der Abwandlung wieder finden, ohne dass dadurch einem unbefangenen Betrachter, der das Original kennt, der Eindruck des Originalkennzeichens vermittelt wird (BGH NJW **2005** 3223 ff; BGH NStZ **2003** 31, 32). Maßgebend ist eine **Gesamtbetrachtung** und nicht der Vergleich einzelner Teile der Parole. Die Grenze zur verbotenen Analogie darf dabei nicht überschritten werden.[8] Das ist zu verdeutlichen bei der Losung „Ruhm und Ehre der Waffen-SS", die mit dem Kennzeichen der Hitler-Jugend „Blut und Ehre" zum Verwechseln ähnlich sein soll (OLG Karlsruhe NJW **2003** 1200). Der BGH (NJW **2005** 3223 ff) hat allerdings ausgeführt, die Losung sei nach Form und Inhalt deutlich von der Parole der Waffen-SS („Meine/unsere Ehre heißt Treue") zu unterscheiden, so dass es an einer Verwechselungsfähigkeit fehle.[9] Auch eine Vergleichbarkeit mit der Parole der Hitler-Jugend bestehe nicht, weil durch den Zusatz „Waffen-SS" eine Vergleichbarkeit der Parole mit denen der Hitler-Jugend ausgeschlossen sei. Anders ist es mit der Parole „Unsere Ehre heißt Treue", die der Originallosung „Meine Ehre heißt Treue" ähnlich ist (OLG Hamm NStZ **2002** 231). Problematisch ist mit der Gesetzesänderung die Einordnung der Verwendung des Kühnen-Grußes („Widerstands-Gruß" hochgehaltener, ausgestreckter rechter Arm, wobei jedoch nur Daumen, Zeige- und Mittelfinger abgespreizt werden – kein NS-Kennzeichen nach BGH bei Schmidt MDR **1981** 973). Der Gesetzgeber wollte ihn allerdings erfassen (BTDrucks. 12/4825 S. 5 ff). Es fehlt jedoch eine Verwechselungsfähigkeit.[10] **10**

2. Tathandlungen und Tatumstände

a) **Verbreiten** ist das Überlassen an andere zur Weitergabe an beliebige Dritte (vgl. im Einzelnen die Ausführungen bei § 86 Rdn. 19 ff). Das Kennzeichen wird dadurch wirksam gemacht, dass es durch Sichtbarmachen an möglichst vielen Orten oder bei möglichst vielen Gelegenheiten einem besonders großen Personenkreis dargeboten wird. Zu beachten ist jedoch, dass wegen der unterschiedlichen Art der in Betracht kommenden „Verbreitungsobjekte" (Schriften im Sinne des § 11 Abs. 3 bei § 86, Kennzeichen bei § 86a), der Begriff des Verbreitens in den beiden Vorschriften nicht völlig deckungsgleich **11**

---

5 Zweifel an der Erreichbarkeit der mit der Erweiterung angestrebten kriminalpolitischen Ziele äußern *Bonefeld* DRiZ **1993** 439, 437 u. *Lackner/Kühl* Rdn. 2a.

6 *Paeffgen* NK Rdn. 9.

7 BGHSt 47 354, 358 f; *Stegbauer* JZ **2003** 1180; *Beckkemper* JA **2003** 18.

8 *Schroeder* F.A.Z. vom 10. August 2005, S. 10.

9 So auch *Steinmetz* NStZ **2002** 118; *Steinmetz* MK Rdn. 14; *Tröndle/Fischer* Rdn. 12.

10 *Steinmetz* NStZ **2002** 118, 119; *Paeffgen* NK Rdn. 9; **aA** *Tröndle/Fischer* Rdn. 12, der darauf hinweist, dass der Gruß ersonnen wurde, weil er „verwechselt" werden soll.

ist.[11] Bei nicht in irgend einer Form vergegenständlichten Kennzeichen (Grußformen, Parolen, Liedern etc.) ist es für ein Verbreiten im Sinne des § 86a bereits ausreichend, wenn sie einem größeren Personenkreis optisch oder akustisch wahrnehmbar gemacht werden. Dies kann im Gegensatz zu § 86 etwa auch bei einer Direktübertragung im Rundfunk oder Fernsehen der Fall sein, auch bei grenzüberschreitenden Übertragungen.[12]

12 b) **Abgrenzung von Verbreiten und Verwenden.** Die Begehungsformen des Verbreitens und Verwendens werden sich vielfach ergänzen und überschneiden. Während jedoch das Verwenden insbesondere den Gebrauch des Kennzeichens im Zusammenhang mit der Veranstaltung von Umzügen und Versammlungen oder der Herstellung von Propagandaschriften betrifft, richtet sich die Begehungsform des Verbreitens auch auf die Fälle, in denen das Kennzeichen für sich allein dadurch wirksam gemacht werden soll, dass es einem großen Personenkreis dargeboten wird, etwa durch Sichtbarmachung an möglichst vielen Orten oder bei möglichst vielen Gelegenheiten. Zu denken ist an die Fälle, in denen das Symbol auf Hauswände und Mauern gemalt, massenweise in ausgestanzten Stücken verstreut oder auf Anstecknadeln vertrieben wird.

13 c) **Verwenden.** Unter Verwenden fällt jeder Gebrauch, der das Kennzeichen optisch oder akustisch wahrnehmbar macht (BGHSt **23** 267, 269), ohne dass es auf eine körperliche Überlassung ankommt (*Sieber* JZ **1996** 494 m. w. N.).

14 aa) **Begrenzung des Begriffs Verwenden.** Der BGH hat den Begriff des Verwendens zunächst im umfassenden Sinne verstanden. Danach sollte, soweit kein Ausnahmefall nach Absatz 3 in Verbindung mit § 86 Abs. 3 vorlag, jegliches Gebrauchmachen von einem Kennzeichen ein Verwenden darstellen, ohne dass es auf die hiermit verbundene Absicht des Täters ankäme.[13] Die im Schrifttum teilweise vertretene Auffassung, nur ein Zeigen oder Benutzen des Kennzeichens unter Umständen, die als Bekenntnis zu den Zielen der verbotenen Organisation aufgefasst werden können und daher eine Gefährdung des Schutzgutes des § 86a nahe legen, stelle ein Verwenden im Sinne der Vorschrift dar[14], hat der BGH unter Hinweis auf die Ausgestaltung des § 86a als abstraktes Gefährdungsdelikt und den Schutzzweck der Norm (s. Rdn. 1) zurückgewiesen (BGHSt **23** 267, 268 f; **25** 30, 31 f). Eine derartige Einschränkung des Tatbestandes werde dem Ziel des Gesetzgebers nicht gerecht, Kennzeichen im Sinne des § 86a aus dem politischen Leben der Bundesrepublik Deutschland zu verbannen. Jedoch hat der BGH die mit seiner in BGHSt **23** 267 enthaltenen Auslegung verbundene und allein durch §§ 86a Abs. 3, 86 Abs. 3 nicht ausreichend eindämmbare Gefahr einer Überdehnung des Tatbestandes erkannt. Er hat daher seine Auffassung dahingehend modifiziert, dass eine Kennzeichenverwendung, die dem Schutzzweck des § 86a *ersichtlich* nicht zuwiderlaufe, aus dem Tatbestand auszuschließen sei.[15] Mit dieser Formel soll nicht nur der Kennzeichengebrauch im Sinne der angesprochenen Organisationen verhindert und der rein geschäftsmäßige Gebrauch zu

---

11 **AA** *Paeffgen* NK Rdn. 12.

12 KG NJW **1999** 3500 mit Anm. *Heinrich* NJW **2000** 533.

13 BGHSt **23** 267 im Anschluss an BayObLG NJW **1962** 1878 zu § 96a a. F.; ebenso *Greiser* NJW **1969** 1155; **1972** 1556, 1557; *Lüttger GA* **1960** 129, 137; *Schafheutle* JZ **1960** 470, 474.

14 *Willms* LK[10] Rdn. 5; *Paeffgen* NK Rdn. 14; *Sch/Schröder/Stree/Sternberg-Lieben* Rdn. 6; *Rudolphi* SK Rdn. 6 u. 8.

15 BGHSt **25** 30, 32 ff; **25** 133, 136 f; **28** 394, 396; dem haben sich die OLGe angeschlossen: vgl. OLG Hamburg NStZ **1981** 393 mit Anm. *Bottke* JR **1982** 77; OLG Hamm NJW **1982** 1656, 1657; **1985** 2146; OLG Stuttgart MDR **1982** 246; OLG Frankfurt NStZ **1982** 333; OLG Köln NStZ **1984** 508; OLG

kommerziellen Zwecken ausgeschlossen, sondern auch der Gefahr begegnet werden, dass solche Kennzeichen über einen Einsatz durch politische Gegner der betreffenden Organisationen, die Andersdenkende zu Recht oder zu Unrecht als Geistesverwandte der verfassungswidrigen Organisation hinstellen, wieder zu einer im täglichen Leben gebräuchlichen Erscheinung werden.[16] Die Tatbestandseinschränkung muss im Übrigen auch für die anderen Tatvarianten des § 86a Gültigkeit besitzen.

bb) **Stellungnahme.** Die vom BGH vorgenommene Eingrenzung lässt die Entscheidung, ob ein Kennzeichengebrauch vom Tatbestand des § 86a erfasst wird, nur von Fall zu Fall zu. Die Tat nach § 86a ist zwar ein abstraktes Gefährdungsdelikt, aber nur unter den Voraussetzungen, dass die Umstände der Tat eine Gefährdung nahe legen. Der Kritik von *Sonnen* (AK Rdn. 16) ist daher zwar insoweit zuzustimmen, dass damit keine generell eindeutige Trennlinie zwischen tatbestandlichem und tatbestandslosem Tun gezogen ist. Eine übermäßige Beeinträchtigung der Rechtssicherheit ist indes nicht zu besorgen, weil mit der Sozialadäquanzklausel des Absatzes 3 in Verbindung mit § 86 Abs. 3 ein zusätzliches Instrument zur Konturierung des Tatbestandes zur Verfügung steht. Trotzdem sind diese beiden Tatbestandseinschränkungen auseinander zu halten, denn nach der Konzeption des BGH ist zunächst zu prüfen, ob der Gebrauch des Kennzeichens im konkreten Fall dem Schutzzweck der Norm offensichtlich nicht zuwiderläuft.[17] Nur wenn eine Beeinträchtigung des Schutzzweckes nicht von vornherein auszuschließen ist, kann die Sozialadäquanzklausel Anwendung finden (*Sonnen* AK Rdn. 18; vgl. auch *Foth* JR **1981** 382 f). **15**

cc) **Beispiele für fehlende Verletzung des Schutzzwecks.** Ein Tatbestandsausschluss nach den dargestellten Grundsätzen wurde von BGHSt **25** 30, 34 f für den Fall eines einmaligen Verwendens des „Hitler-Grußes" verbunden mit dem Ruf „Sieg-Heil" bejaht, soweit dies als Protest gegen überzogene polizeiliche Maßnahmen und deren Charakterisierung als nazistische Methoden aufzufassen und damit als Gegnerschaft zum Nationalsozialismus zu verstehen ist (s. auch Fn. 16). Ebenso wird nach OLG Oldenburg NStZ **1986** 166 der Schutzzweck des § 86a nicht berührt, wenn ein Kraftfahrer aus Protest gegen das Verhalten von zwei Politessen diesen „Heil Hitler" zuruft. Im Urteil vom 10. Juli 1974 (– 3 StR 6/71 I –) stellte der BGH fest, § 86a greife nicht ein, wenn eine größere Anzahl von Plastikschweinchen mit den Farben der Bundesrepublik Deutschland sowie einem Hakenkreuz auf weißem kreisförmigem Untergrund bemalt und an verschiedene Kunstsammlungen, Museen und Galerien in der Bundesrepublik zum Verkauf versendet werde. Die Verwendung des Hakenkreuzes erfolge deutlich erkennbar in kritisch abwertendem Sinne und laufe daher dem Schutzzweck des § 86a nicht zuwider. BGHSt **25** 133, 136 sah in einem Plakat, auf dem die Kanone eines Panzers als zum „Hitler-Gruß" **16**

Oldenburg NStZ **1986** 166, 167; BayObLG NJW **1988** 2901, 2902; BayObLG DuR **1982** 194 mit Anm. *Hase;* BayObLGSt **2002** 43 verlangt zu Recht eine eingehende Begründung. Das Ziel, ein Merkmal aus der Öffentlichkeit zu verbannen, müsse gesichert bleiben.

[16] Das Durchstreichen eines NS-Symbols auf einem T-Shirt hebt den Symbolcharakter grundsätzlich nicht auf. Beim Auslegen zum Zwecke des Verkaufs ist die Ablehnung des Nationalsozialismus nicht erkennbar (vielleicht wird der Symbolcharakter sogar hervorgehoben). Das spätere Tragen des T-Shirts kann nach den Umständen die Ablehnung des Nationalsozialismus deutlich machen.

[17] **AA** *Steinmetz* MK Rdn. 18 f, der den Tatbestandsausschluss nur vom Vorliegen der Voraussetzungen des § 86a Abs. 3 i.V.m. § 86 Abs. 3 abhängig macht.

erhobener Arm dargestellt wurde, keine Kennzeichenverwendung nach § 86a, da die von dem Plakat ausgehende Wirkung auf Dritte nicht in eine dem Symbolgehalt nationalsozialistischer Kennzeichen entsprechende Wirkung gesehen könne. Im Anschluss an diese Entscheidung erachtete das OLG Stuttgart MDR **1982** 246 durch die Verwendung der SS-Runen bei der Darstellung des Namens eines Politikers (F. J. Strauß) auf einem Plakat, das nach seinem sonstigen Inhalt ersichtlich vor einem Wiederaufleben des Nationalsozialismus und seines Gedankengutes warnen will, den Tatbestand des § 86a nicht als erfüllt (**aA** OLG Frankfurt NStZ **1982** 333 für eine Plakette mit der Aufschrift „Antifaschistische Aktion – Stoppt Strauß"). Nach BayObLG NJW **1988** 2901, 2902 berührt die Verwendung des „Rael"-Symbols (Verbindung von Hakenkreuz und Davidstern) den Schutzzweck des § 86a nicht (vgl. Rdn. 6), da die Betrachtung des Zeichens nur zu der Vorstellung führen könne, es verkörpere ein neues, bisher nicht geläufiges Gedankengut, jedoch keine Assoziationen zu Ideen und Zielen des Nationalsozialismus wecke. Dies überzeugt nicht, denn mit dem Symbol werden gerade nicht offensichtlich anti-nazistische Tendenzen zum Ausdruck gebracht.

17 dd) **Beispiele für Verletzung des Schutzzwecks.** Ein Verwenden im Sinne des § 86a wurde dagegen angenommen bei der Auslage mit NS-Kennzeichen versehener Orden, Abzeichen, Uniformen, Waffen und ähnlicher Gegenstände in Geschäfts- oder Ausstellungsräumen (BGHSt **31** 383, 384; vgl. Fn. 16; BGH, Urteil vom 18. Oktober 1972 – 3 StR 5/71 I –), der Auslage eines Exemplars von „Mein Kampf" mit auf dem Einbanddeckel eingeprägtem Hakenkreuz (BGHSt **29** 73, 83 f), dem Vertrieb von Flugzeugmodellen der ehemaligen Luftwaffe mit daran angebrachten Hakenkreuzen (BGHSt **28** 394, 396 f), dem öffentlichen Zurschaustellen eines originalgetreuen Nachbaus eines Modellflugzeuges mit Hakenkreuz (OLG München NStZ-RR **2005** 371) oder dem Anbringen eines Plakates, das ein in die Reichskriegsflagge eingefügtes Hakenkreuz darstellt, an dem Fenster eines Mietshauses (OLG Hamburg NStZ **1981** 393). Das Aufsprühen von Hakenkreuzen auf Plakate politischer Parteien (OLG Köln NStZ **1984** 508) und die Darstellung des Hakenkreuzes auf einem Plakat, durch das auf Missstände im Bereich der Justiz hingewiesen werden soll (BayObLG DuR **1982** 194) wurden als tatbestandsmäßig angesehen, da die Gegnerschaft zum Nationalsozialismus für einen objektiven Dritten aus der Kennzeichenverwendung nicht offensichtlich hervorgehe. Das LG Frankfurt NStZ **1986** 167 hat durch das Vertreiben von T-Shirt Aufbüglern mit Darstellungen Hitlers den Schutzzweck des § 86a berührt gesehen, weil der Gesamtinhalt der Aufbügler sich nicht auf den ersten Blick als Verhöhnung des Nationalsozialismus darstelle. Auch derjenige, der bei einer Werbeaktion für ein Singspiel mit dem Blauhemd der FDJ mit aufgenähtem entsprechenden Emblem auftritt, soll nach OLG Hamm NJW **1985** 2146 den Schutzzweck des § 86a beeinträchtigen (vgl. aber Rdn. 8). Die von OLG Hamm NJW **1982** 1656, 1657 offengelassene Frage, ob die Verwendung von NS-Symbolen zu einer Dokumentation, dass eine politische Diffamierung eines führenden Politikers mit Methoden der NS-Zeit geführt werde, als tatbestandliches Handeln anzusehen ist, ist mit *Sonnen* AK Rdn. 19 zu verneinen. Zur Anwendung der Sozialadäquanzklausel des Absatzes 3 i.V.m. § 86 Abs. 3 in den dargestellten Fällen s. Rdn. 24 bis 35.

18 d) **Art des Verwendens.** Das Verwenden muss öffentlich, in einer Versammlung oder in vom Täter verbreiteten Schriften (§ 11 Abs. 3) erfolgen. Zu den Begriffen „öffentlich" und „Versammlung" s. im Übrigen § 90 Rdn. 6 ff u. 10 ff.

19 aa) **Öffentlich.** Ein öffentliches Verwenden setzt lediglich voraus, dass die **Möglichkeit der Wahrnehmung** des Kennzeichen **von unbestimmt vielen Personen** besteht. Nicht erforderlich ist, dass es auch tatsächlich jemand wahrgenommen hat. Auf eine konkrete Gefährdung der Rechtsgüter kommt es nicht an. Dabei ist nicht die Öffentlichkeit des Ortes, an dem das Kennzeichen verwendet wird, entscheidend, sondern die **Möglichkeit der Wahrnehmung durch einen größeren, nicht beschränkten Personenkreis** (OLG Celle NStZ **1994** 440; OLG Frankfurt NStZ **1999** 356, 357; BayOblG NStZ-RR **2003** 233). Aufgrund dieser Beschränkungen scheidet z. B. das Anlegen eines Ordens mit nationalsozialistischem Emblem im Familienkreis aus, ebenso das Aufstellen eines Flugzeugmodells mit Hakenkreuz oder das Aufhängen eines Hitlerbildes in der Privatwohnung. So ist das Tragen eines Koppelschlosses mit dem Schriftzug „Meine Ehre heißt Treue" im Auto, wo es nicht gesehen werden kann, straflos. Anders wird es zu beurteilen sein, wenn der Träger das Fahrzeug verlässt und das Koppelschloss von einer unbestimmten Anzahl von Personen gesehen werden kann (OLG Dresden, Urteil vom 22. August 2006 – 1 SS 327/06 –). Da ein öffentliches Zugänglichmachen (vgl. §§ 74d Abs. 4, 184 Abs. 1 Nr. 2) noch kein öffentliches Verwenden darstellt, werden auch das öffentliche Auslegen eines Buches, das nur im Buchinnern ein Kennzeichen enthält (BGHSt **29** 73, 82), und das Ausstellen einer Armbinde des „Volkssturms" in einer Form, dass das Hakenkreuz nicht sichtbar ist (OLG Köln MDR **1980** 420), nicht erfasst. Dagegen hat BGHSt **29** 73, 83 f das Auslegen eines Buches mit auf dem Buchdeckel aufgeprägtem Hakenkreuz in einem Marktstand zutreffend als öffentliches Verwenden angesehen, ebenso BGHSt **31** 383, 384 und BGH, Urteil vom 18. Oktober 1972 (– 3 StR 7/71 I –) das Ausstellen von Gegenständen in Geschäfts- oder einsehbaren Lagerräumen. Nichts anderes gilt für jegliches Plakatieren auf einer öffentlichen Straße (vgl. OLG Koblenz MDR **1977** 334).

bb) **In einer Versammlung.** Eine Versammlung ist als nicht nur zufälliges, zeitweiliges **20** Beisammensein von mehr als drei Personen zu einem gemeinsamen Zweck zu verstehen. Entsprechend dem Schutzzweck muss im Hinblick auf die gleichwohl gegebene abstrakte Gefährlichkeit grundsätzlich ein irgendwie gearteter gemeinsamer Zweck ausreichen (vgl. auch § 90 Rdn. 10 ff).[18]

cc) **In vom Täter verbreiteten Schriften.** Die Fassung „in von ihm (dem Täter) ver- **21** breiteten Schriften" statt der sonst gebräuchlichen „durch Verbreiten von Schriften" erklärt sich rein sprachlich damit, dass die Fassung „Verwenden von Kennzeichen durch Verbreiten von Schriften" keinen rechten Sinn ergäbe. Der Sache nach ist gemeint, dass der Täter Schriften verbreitet, in denen ein Kennzeichen verwendet ist, was er sich durch seine Verbreitungshandlung zu eigen macht (vgl. § 86 Rdn. 19 ff).

dd) **Durch öffentliches Zugänglichmachen in Datenspeichern.** Anders als bei § 86 **22** Abs. 1 (vgl. dort Rdn. 35) wird hier das öffentliche Zugänglichmachen in Datenspeichern nicht ausdrücklich erfasst. Jedoch sind sie durch den Hinweis in § 86a Abs. 1 Nr. 1 auf § 11 Abs. 3, der ausdrücklich Datenspeicher den Schriften gleichstellt, einbezogen. Wer Informationen, in denen verbotene Kennzeichen wahrnehmbar gemacht werden, in einer nicht speziell gesicherten Mailbox anbietet, erfüllt § 86a Abs. 1, weil die Information durch einen unbestimmten nicht durch persönliche Beziehungen verbundenen Personenkreis abgerufen werden kann (OLG Frankfurt NStZ **1999** 356, 357 mit Anm. *Rückert* NStZ **1999** 358). Entsprechendes gilt für das Einstellen in Webseiten.

---

[18] *Stegbauer* JR 2002 182,187; *Steinmetz* MK Rdn. 21.

23 e) **Vorbereitungshandlungen.** § 86a Abs. 1 Nr. 2 erhebt bestimmte Handlungen, die das Verbreiten oder Verwenden vorbereiten zu vollendeten Taten (zu den Tatbestandselementen vgl. § 86 Rdn. 30 ff).

3. Tatort

24 a) **Die Tathandlungen des § 86a Abs. 1 Nr. 1** müssen im **Inland** erfolgen, was sich unmittelbar aus dem Wortlaut ergibt. Eine Inlandstat ist aber auch dann gegeben (§ 9 Abs. 1), wenn ein Täter im Ausland von ihm verwendete Kennzeichen mittels Fernsehübertragungen im Inland wahrnehmbar macht (KG NJW **1999** 3500); oder im Grenzgebiet ausgerufene Parolen, die im Inland wahrnehmbar sind. Werden Kennzeichen – auch im Ausland – technisch so bereitgestellt, dass sie im Inland von einem unbegrenzten Personenkreis abrufbar sind (Internet), so liegt der Tatort im Inland (BGHSt **46** 212).

25 b) **Tathandlungen nach § 86a Abs. 1 Nr. 2.** Nach dem Wortlaut können diese im Inland und Ausland vorgenommen werden. Danach genügt eine Handlung, welche auf eine Verbreitung oder Verwendung ausschließlich im **Ausland** gerichtet ist.[19] Wie bei § 86 (dort Rdn. 32) bedarf der Tatbestand jedoch der Einschränkung, weil die Verbreitung und Verwendung im Ausland straflos ist, weswegen das Herstellen und Vorrätighalten im Ausland nicht strafbar sein kann.[20] Die Tatbestandserweiterung „im Inland oder Ausland“, die § 86a durch das Verbrechensbekämpfungsgesetz erfahren hat, kann sich nur auf die Verbreitungsabsicht beziehen.[21] Das Verhalten wird mit der Einfuhr strafbar.[22] Die Herstellung und Vorrätighalten im Inland zum Zwecke der Verbreitung im Ausland ist strafbar (vgl. zur Ein- und Ausfuhr § 86 Rdn. 33 u. 34).

III. Sozialadäquanzklausel

26 § 86a Abs. 3 erklärt die Sozialadäquanzklausel des § 86 Abs. 3 für entsprechend anwendbar (siehe zunächst § 86 Rdn. 36 ff). Danach entfällt der Tatbestand, wenn die Tathandlung einem der in Absatz 3 genannten Zwecke **dient**, also der Schutzzweck der Vorschrift nicht verletzt wird. Die Sozialadäquanzklausel ist neben der in Rdn. 15 bis 17 dargestellten Tatbestandsbegrenzung als zusätzliche **Absicherung gegen eine ausufernde Anwendung** der Vorschrift zu verstehen. Sie kann also nur dann zur Anwendung kommen, wenn ein Zuwiderlaufen der Tathandlung gegen den Schutzzweck der Norm nicht von vornherein ersichtlich auszuschließen ist (Rdn. 14 ff). Es ist also zunächst zu prüfen, ob die Kennzeichenverwendung überhaupt dem Schutzzweck des § 86a zuwiderläuft. Ist dies der Fall, so ist zu prüfen, ob die Verletzung des Schutzzwecks ohne weiteres erkennbar war. Nur wenn dies nicht der Fall ist, ist auf die Sozialadäquanzklausel einzugehen.[23]

27 1. **Kunstfreiheit.** Bei Beantwortung der Frage, in welchen Fällen Absatz 1 nicht gilt, weil das Kennzeichen oder die Tathandlung der Kunst dient, ist zunächst zu beachten, dass wegen der Unmöglichkeit einer generellen Begriffsbestimmung der Kunst der Schutzbereich der Kunstfreiheit des Art. 5 Abs. 3 S. 1 GG (§ 90a Rdn. 28 ff) nur einzelfallbezogen bestimmt werden kann (BVerfGE **67** 213, 225; ausführlich *Henschel* NJW

---

19 *Tröndle/Fischer* Rdn. 17.
20 *Steinmetz* MK Rdn. 5.
21 BTDrucks. 12/8588 S. 7 f; BTDrucks. 10/1286 S. 7.
22 *Sch/Schröder/Stree/Sternberg-Lieben* Rdn. 9a.
23 Zur Meinungsäußerungsfreiheit vgl. § 90 Rdn. 3; § 90a Rdn. 23 ff und § 90b Rdn. 4.

1990 1937 ff; *Laufhütte*[11] § 184 Rdn. 9). Ausgegangen werden kann dabei zunächst von dem Versuch einer **materiellen Umschreibung des Kunstbegriffs** in BVerfGE 30 173, 188 f (Mephisto), wonach „das Wesentliche der künstlerischen Betätigung die freie schöpferische Gestaltung (ist), in der Eindrücke, Erfahrungen, Erlebnisse des Künstlers durch das Medium einer bestimmten Formensprache zu unmittelbarer Anschauung gebracht werden. Die künstlerische Tätigkeit ist ein Ineinander von bewussten und unbewussten Vorgängen, die rational nicht aufzulösen sind. Beim künstlerischen Schaffen wirken Intuition, Phantasie und Kunstverstand zusammen, es ist primär nicht Mitteilung, sondern Ausdruck und zwar unmittelbarster Ausdruck der individuellen Persönlichkeit des Künstlers." Darüber hinaus ist aber auch eine mehr **formale Betrachtungsweise** heranzuziehen, die an das Vorliegen eines bestimmten Werktypus anknüpft, wie etwa das Malen, Bildhauen, Dichten (BVerfGE **67** 213, 226 f), wobei auch avantgardistische Formen nicht aus dem Kunstbegriff ausgeklammert werden dürfen (BVerfGE **67** 213, 227).

a) **Werk- und Wirkbereich.** Die Garantie der Kunstfreiheit erstreckt sich nicht nur **28**
auf den **„Werkbereich"**, also die eigentliche künstlerische Betätigung an sich („Schöpfungsakt"), sondern auch auf den **„Wirkbereich"**, also das Bemühen, mit dem Werk in die Öffentlichkeit hineinzuwirken sowie die darauf gerichtete Werbung. Einbezogen sind dabei nicht nur der Künstler selbst, sondern auch alle Personen, die im „Wirkbereich" an der Vermittlung des Werkes beteiligt sind (s. *Henschel* NJW **1990** 1937, 1939 f m. w. N.).

b) **Keine Niveaukontrolle.** Zu beachten ist, dass die „Gestaltungshöhe" für die Ein- **29**
ordnung eines Werkes als Kunst ohne Bedeutung ist. Eine Niveaukontrolle findet nicht statt. So werden auch grobschlächtige Karikaturen (BVerfGE **75** 369), mit den Bundesfarben und einem Hakenkreuz bemalte Plastikschweinchen (vgl. BGH, Urteil vom 10. Juli 1974 – 3 StR 6/1 I –) oder in einen satirischen Zusammenhang gestellte Darstellungen Hitlers in einem T-Shirt Aufdruck (BVerfGE **82** 1; nicht erörtert von LG Frankfurt NStZ **1986** 167) nicht von der Kunstfreiheitsgarantie ausgeschlossen sein. Sowohl das Ankleben eines für die Aufführung eines Singspieles werbenden Veranstaltungsplakates, auf dem ein FDJ-Emblem abgebildet ist, als auch die Teilnahme an einer für diese Aufführung werbenden Aktion im FDJ-Blauhemd mit Emblem, werden von der Garantie des Art. 5 Abs. 3 S. 1 GG erfasst.[24]

c) **Zweck der Darstellung.** Auch wenn der Künstler keine ästhetischen oder politi- **30**
schen Zwecke, sondern finanzielle Interessen verfolgt oder nur handelt, um in der Öffentlichkeit Aufsehen zu erregen, nimmt dies einer Darstellung nicht die Kunsteigenschaft (BVerfGE **82** 1, 6). Art. 5 Abs. 3 S. 1 GG erstreckt sich nicht auf die eigenmächtige Inanspruchnahme oder Beeinträchtigung fremden Eigentums zum Zwecke der künstlerischen Entfaltung (BVerfG NJW **1984** 1293, 1294).

d) **Auslegungsgrundsätze.** Da künstlerische Aussagen interpretationsfähig und aus- **31**
legungsbedürftig sind, ist die Aussage des jeweiligen Werks in einer **Gesamtschau** zu ermitteln und auf den inneren Kern der Aussage abzustellen. Dabei müssen die prägenden Eigenheiten der betreffenden Kunstgattung (z. B. Satire) erfasst werden (BVerfG

---

[24] BVerfGE 77 240 ff mit Anm. *Würkner* NJW **1988** 327; anders noch OLG Hamm **1985** 2146.

NJW **1985** 261, 263). Auch dürfen nicht einzelne Teile des Werks aus dem künstlerischen Gesamtkonzept gelöst und gesondert auf ihre Strafbarkeit hin untersucht werden. Es ist stets zu prüfen, welche Interpretationsmöglichkeiten sich aus dem Sinnzusammenhang ergeben. Bei mehreren Interpretationsmöglichkeiten des Gesamtwerks entfällt die Strafbarkeit,[25] wenn jedenfalls eine Kunst nicht auszuschließen vermag.

32 e) **Grenzen und Abwägung.** Steht nach diesen allgemeinen Grundsätzen fest, dass das Kennzeichen oder seine Verbreitung, Verwendung etc. Zwecken der Kunst dient, steht Absatz 3 in Verbindung mit § 86 Abs. 3 einer Strafbarkeit nach § 86a Abs. 1 generell entgegen. Allerdings gilt die Kunstfreiheit trotz ihrer vorbehaltlosen Gewährleistung nicht schrankenlos, sondern kann im Wege einer Abwägung mit anderen gleichwertigen Verfassungsrechtsgütern ihrerseits eingeschränkt werden (BVerfGE **83** 130; BGHSt **37** 55). Beschränkt wird die Kunstfreiheit durch andere Verfassungsbestimmungen, die allerdings wieder im Lichte des Art. 5 Abs. 3 S. 1 GG gesehen werden müssen, damit ein den Wertvorstellungen des Grundgesetzes entsprechender Ausgleich der verfassungsmäßig geschützten, gegenläufigen Interessen gefunden werden kann. Notwendig ist daher eine **Abwägung der von der Verfassung geschützten Güter.**[26] Zunächst sind sämtliche maßgebliche Gesichtspunkte des jeweiligen Einzelfalls (Intensität des Angriffs, tatsächliche Umstände, Grad der Außenwirkung, Stärke des Kunstbezugs) herauszuarbeiten. Dann folgt die Bestimmung der konkret betroffenen verfassungsrechtlich geschützten Rechtsgüter, die Art. 5 Abs. 3 S. 1 GG widerstreiten. Sodann sind die widerstreitenden Werte im Rahmen einer Abwägung zu optimieren. Dabei darf keinem Wert, mit Ausnahme der Menschenwürde, von vornherein Vorrang vor den anderen eingeräumt werden (BVerfGE 81 278, 297). Eingriffe sind um so weniger zuzulassen, soweit in den Kernbereich der Kunstfreiheit eingegriffen wird, weniger im Werkbereich als im Wirkbereich der Kunst (BVerfGE 77 240, 253 ff; vgl. § 90a Rdn. 31).

33 2. **Wissenschaft, Forschung, Lehre und Berichterstattung.** Der Kunst gleichgestellt sind die ebenfalls verfassungsrechtlich geschützten Güter Wissenschaft und Lehre sowie die Berichterstattung über Vorgänge des Zeitgeschehens und der Zeitgeschichte und Handlungen, die der Abwehr verfassungswidriger Bestrebungen, der staatsbürgerlichen Aufklärung oder ähnlichen Zwecke dienen (vgl. § 86 Rdn. 37 u. 38). Dabei können die genannten Merkmale miteinander verzahnt sein. **Wissenschaft, Forschung und Lehre** sind durch eine auf Gewinnung und Vermittlung von Erkenntnissen ausgerichtete spezifische Arbeitsmethode gekennzeichnet. **Berichterstattung** meint jede Form der Nachrichtenübermittlung oder Dokumentation, die ein wahres Geschehen zum Inhalt hat und Informationszwecken dient.

34 a) **Staatsbürgerliche Aufklärung, Abwehr verfassungswidriger Bestrebungen.** Soll durch den Einsatz von Kennzeichen ehemaliger nationalsozialistischer Organisationen im Rahmen des politischen Meinungskampfes verdeutlicht werden, dass sich der politische

---

[25] So die kunstfreundliche Interpretation von BVerfGE 81 295; kritisch *Sch/Schröder/Stree/Sternberg-Lieben* § 90a Rdn. 19, der darauf hinweist, dass der Strafschutz insoweit leer laufen kann; so auch OLG Frankfurt NJW **1984** 1144; **1986** 1272; auch BGH NStZ **1998** 408.

[26] BVerfGE 30 173, 193; dazu gehört auch die Religionsfreiheit („Mohammed Satire").

Gegner zur Durchsetzung seiner Ziele nationalsozialistischer Methoden bedient, kann dies als Handlung zur staatsbürgerlichen Aufklärung oder auch als Abwehr verfassungswidriger Bestrebungen von der Sozialadäquanzklausel erfasst werden (OLG Hamm NJW **1982** 1656, 1657 f). Gleiches hat zu gelten, wenn durch die Verwendung eines derartigen Kennzeichens allgemein vor einem Wiederaufleben nationalsozialistischer Tendenzen oder Absichten gewarnt werden soll (s. *Sonnen* AK Rdn. 23 bis 25) oder im Rahmen der Aufarbeitung der Geschichte oder im Zusammenhang mit staatsbürgerlicher Unterweisung gegen neonazistische Bestrebungen eingetreten wird (OLG Schleswig SchlHA **1978** 70). Dies ist jedoch nicht der Fall, wenn sich die Tathandlung darin erschöpft, dass Hakenkreuze auf die Plakate einer politischen Partei gemalt werden (vgl. OLG Köln NStZ **1984** 508).

b) **Berichterstattung über Vorgänge der Geschichte.** Der staatsbürgerlichen Aufklä- **35**
rung und der Berichterstattung über Vorgänge der Geschichte können auch ein Bildband über Hitler in der Zeit von 1918 bis 1933 (BGH bei Schmidt MDR **1984** 184) dienen oder sonstige zeitgeschichtlich wichtige Dokumentationen. Dagegen wird die Verwendung von Hakenkreuzen zu Zwecken „reißerischer" Werbung auf Plattenhüllen (BGHSt **23** 64, 78 f) oder Buchumschlägen (LG München I NStZ **1985** 311 mit Anm. *Keltsch)* nicht von der Sozialadäquanzklausel erfasst.

3. **Ähnliche Zwecke** im Sinne des Absatzes 3 i.V.m. § 86 Abs. 3 sind bei üblichen, **36**
von der Allgemeinheit gebilligten und daher in strafrechtlicher Hinsicht im sozialen Leben gänzlich unverdächtigen, weil im Rahmen der sozialen Handlungsfreiheit liegenden Handlungen, zu bejahen (BGHSt **23** 226, 228). Dies ist etwa bei der kurzfristigen Ausstellung von Uniformstücken und anderen mit NS-Emblemen versehenen Gegenständen vor einer Auktion der Fall, soweit sichergestellt ist, dass es sich bei den Besuchern der Auktion um seriöse Kunden handelt und daher eine Weiterverwendung der versteigerten Gegenstände zu wissenschaftlichen Zwecken, etwa in einem Museum, erwartet werden kann (BGHSt **31** 383, 384 ff). Auch wenn im antiquarischen Handel ein einzelnes Exemplar von Hitlers „Mein Kampf" mit in dem Buchdeckel eingeprägtem Hakenkreuz ausgelegt wird, soll nach BGHSt **29** 73, 82 ff der Rahmen des sozial Üblichen noch nicht gesprengt sein, während beim allgemeinen antiquarischen Handel mit NS-Emblemen tragenden Uniformen, Orden, Abzeichen, Waffen die Sozialadäquanzklausel nicht eingreifen soll, weil von solchen Gegenständen eine stärkere Signalwirkung im Sinne einer Erinnerung an die nationalsozialistische Machtausübung ausgehe als von einem Buch (BGHSt **29** 73, 84; vgl. BGH, Urteil vom 18. Oktober 1972 – 3 StR 5/71 I –). Die Unterscheidung überzeugt im Ergebnis wegen der massenhaften Beeinträchtigung der Schutzgüter bei der 2. Fallgruppe.

Die Auslage eines Schmuckstückes in Hakenkreuzform unter einer Vielzahl sonstiger „unverdächtiger" Gegenstände sieht OLG Celle NStZ **1981** 221 (mit Anm. *Foth* JR **1981** 382) noch als sozialadäquat an. Dagegen fällt das Verbreiten von Flugzeugmodellen mit Hakenkreuz-Emblem (BGHSt **28** 394, 398), das Befestigen eines Plakates, das die Reichskriegsflagge mit Hakenkreuz darstellt, am Fenster einer Mietwohnung (OLG Hamburg NStZ **1981** 393 mit Anm. *Bottke* JR **1982** 77) und das scherzhafte Absingen des Horst-Wessel-Liedes (BayObLG NJW **1962** 1878) nicht unter die ähnlichen Zwecke der §§ 86a Abs. 3, 86 Abs. 3.

IV. Subjektiver Tatbestand

37 Es genügt grundsätzlich **bedingter Vorsatz.** Bei zum Verwechseln ähnlichen Kennzeichen muss der Täter zudem davon ausgehen, dass ein unbefangener Betrachter sie möglicherweise für Kennzeichen einer verfassungswidrigen Organisation hält. Beim Verwenden eines Kennzeichens muss sich der Täter bewusst sein, dass dies öffentlich geschieht. Handelt es sich um Kennzeichen einer der in § 86 Abs. 1 Nr. 1 oder 2 genannten Organisationen, so muss der Täter das unanfechtbare Verbot der Organisation zumindest für möglich halten. Eine verfassungsgefährdende Absicht oder ein Bekenntnis zu der verbotenen Organisation sind nicht vorausgesetzt (BGHSt **23** 267, 268; **25** 30, 31). Für **Absatz 1 Nr. 2** ist dagegen zusätzlich erforderlich, dass die dort umschriebenen Tathandlungen mit der **Absicht späterer Verbreitung oder Verwendung** der Kennzeichen vorgenommen werden.[27]

38 Ein **Irrtum** über den Kennzeichenbegriff ist **Tatbestandsirrtum**; so auch der Irrtum über die tatsächlichen Voraussetzungen des Absatzes 3 in Verbindung mit § 86 Abs. 3. Ein Irrtum über die Reichweite dieser Regelung **Verbotsirrtum.** Dagegen verlangt der Vorsatz keine verfassungsgefährdende Absicht oder Bekenntnis zu der betreffenden Organisation (BGHSt **23** 267; **25** 30).

V. Teilnahme

39 Teilnahme ist wie bei § 86 (dort Rdn. 43) möglich.

VI. Strafrahmen

40 Absatz 1 sieht Freiheitsstrafe bis zu drei Jahren oder Geldstrafe vor. Bei geringer Schuld kann nach Absatz 3 in Verbindung mit § 86 Abs. 4 von Strafe abgesehen werden.

VII. Nebenfolgen und Einziehung

41 S. §§ 92a, 92b.

VIII. Konkurrenzen

42 Mit den §§ 86 (BGH, Beschluss vom 3. November 1980 – 3 StR 379/80 –), 89 bis 90b, 130, 185 und 303; §§ 3, 28 VersammlG kommt Tateinheit in Betracht, mit den §§ 84, 85, wenn die Verwendung des Kennzeichens zugleich Mittel der Organisationstat ist. Ordnungswidrigkeiten nach § 15 Abs. 2 Nr. 3, Abs. 3 OrdenG treten gemäß § 21 OWiG zurück. Zu **Mehrfachhandlungen** vgl. § 84 Rdn. 32 ff.

---

[27] AA *Paeffgen* Rdn. 17, der dolus directus 2. Grades für ausreichend hält.

IX. Opportunitätsprinzip; Recht des Einigungsvertrages; Zuständigkeiten

Zur Anwendbarkeit des **Opportunitätsprinzips** vgl. § 153b StPO, zum **Recht des Einigungsvertrages** s. Vor § 80 Rdn. 37. Besondere **Zuständigkeiten** für die Verfolgung und Aburteilung von Taten nach § 86a bestehen nicht. **43**

§ 87
Agententätigkeit zu Sabotagezwecken

(1) Mit Freiheitsstrafe bis zu fünf Jahren oder mit Geldstrafe wird bestraft, wer einen Auftrag einer Regierung, Vereinigung oder Einrichtung außerhalb des räumlichen Geltungsbereichs dieses Gesetzes zur Vorbereitung von Sabotagehandlungen, die in diesem Geltungsbereich begangen werden sollen, dadurch befolgt, daß er

1. sich bereit hält, auf Weisung einer der bezeichneten Stellen solche Handlungen zu begehen,
2. Sabotageobjekte auskundschaftet,
3. Sabotagemittel herstellt, sich oder einem anderen verschafft, verwahrt, einem anderen überläßt oder in diesen Bereich einführt,
4. Lager zur Aufnahme von Sabotagemitteln oder Stützpunkte für die Sabotagetätigkeit einrichtet, unterhält oder überprüft,
5. sich zur Begehung von Sabotagehandlungen schulen läßt oder andere dazu schult oder
6. die Verbindung zwischen einem Sabotageagenten (Nummer 1 bis 5) und einer der bezeichneten Stellen herstellt oder aufrechterhält,

und sich dadurch absichtlich oder wissentlich für Bestrebungen gegen den Bestand oder die Sicherheit der Bundesrepublik Deutschland oder gegen Verfassungsgrundsätze einsetzt.

(2) Sabotagehandlungen im Sinne des Absatzes 1 sind

1. Handlungen, die den Tatbestand der §§ 109e, 305, 306 bis 306c, 307 bis 309, 313, 315, 315b, 316b, 316c Abs. 1 Nr. 2, der §§ 317 oder 318 verwirklichen, und
2. andere Handlungen, durch die der Betrieb eines für die Landesverteidigung, den Schutz der Zivilbevölkerung gegen Kriegsgefahren oder für die Gesamtwirtschaft wichtigen Unternehmens dadurch verhindert oder gestört wird, daß eine dem Betrieb dienende Sache zerstört, beschädigt, beseitigt, verändert oder unbrauchbar gemacht oder daß die für den Betrieb bestimmte Energie entzogen wird.

(3) Das Gericht kann von einer Bestrafung nach diesen Vorschriften absehen, wenn der Täter freiwillig sein Verhalten aufgibt und sein Wissen so rechtzeitig einer Dienststelle offenbart, daß Sabotagehandlungen, deren Planung er kennt, noch verhindert werden können.

Entstehungsgeschichte

Der Tatbestand der Agententätigkeit zu Sabotagezwecken wurde durch das 8. StrÄndG (Vor § 80 Rdn. 12 bis 17) eingeführt. Er stellt einen sehr engen und speziellen Ausschnitt aus dem früheren § 100d Abs. 2 a. F. dar, der ganz allgemein die Aufnahme oder Unterhaltung von Beziehungen zu einer fremden Regierung oder der ausdrücklich genannten

Einrichtungen mit dem Ziel der Einleitung oder Förderung verfassungsfeindlicher oder sicherheitsgefährdender Bestrebungen unter Strafe gestellt hat. Bereits § 90 des Regierungsentwurfs zum 8. StrÄndG (Vor § 80 Rdn. 11) wollte diesen allgemeinen Beziehungstatbestand auf Beziehungen mit dem Inhalt Sabotage und Bewaffnung beschränken. Der Gesetzgeber ist dann noch einen wesentlichen Schritt weiter gegangen, indem er die bloße Beziehung nicht genügen ließ und bestimmte vorbereitende Tätigkeiten des Sabotageagenten voraussetzte.

Nach redaktionellen Änderungen fügte das EGStGB vom 2. März 1974 (BGBl. I 469; 1975 I 1916; 1976 I 507) in Absatz 1 die Worte „absichtlich oder" ein. Das 6. StrRG (Vor § 80 Rdn. 18) änderte in Absatz 2 Nr. 1 den Katalog redaktionell im Hinblick auf im Besonderen Teil des Strafgesetzbuchs geänderten Vorschriften.

Übersicht

I. Zweck der Vorschrift

1 Die Norm bezweckt, wie sich aus den subjektiven Tatbestandsvoraussetzungen des Absatzes 1 ergibt, den **Schutz des Bestandes und der Sicherheit der Bundesrepublik Deutschland sowie ihrer verfassungsmäßigen Ordnung,** soweit diese in den Verfassungsgrundsätzen des § 92 Abs. 2 Ausdruck gefunden hat (zu den Begriffen der verfassungsmäßigen Ordnung vgl. § 81 Rdn. 6 ff und der freiheitlich demokratischen Grundordnung vgl. § 86 Rdn. 4). Die Vorschrift des § 87 ergänzt die Regelung des § 30 um die dort nicht erfassten Vorbereitungshandlungen. § 87 hat den Charakter eines **abstrakten Gefährdungs- und Tätigkeitsdelikts** und stuft Beihilfehandlungen zu täterschaftlichen Begehungsweisen hoch.[1]

---

[1] *Steinmetz* MK Rdn. 2; *Paeffgen* NK Rdn. 2.

II. Objektiver Tatbestand

Tathandlung ist das Befolgen des Auftrages einer ausländischen Regierung, Vereinigung oder Einrichtung (dazu § 86 Rdn. 14 u. 15) zur Vorbereitung einer der in Absatz 2 aufgeführten Sabotagehandlungen. Vereinigungen und Einrichtungen sind auch solche, die nicht an staatliche Organisationen gebunden sind und nicht mit solchen zusammenwirken, wie z. B. selbständige terroristische Gruppierungen. Dadurch gewinnt die Vorschrift eine praktische Bedeutung, die ihr bisher nicht zukam. Dabei werden jedoch nicht alle denkbaren, sondern nur die in Absatz 1 Nrn. 1 bis 6 im Einzelnen umschriebenen Vorbereitungshandlungen erfasst. 2

1. **Auftrag** einer ausländischen Stelle. Der Auftrag einer Regierung, Vereinigung oder Einrichtung außerhalb des räumlichen Geltungsbereichs des StGB meint hier ganz allgemein und ohne Bezug zu dem Begriff des bürgerlichen Rechts die **Aufforderung an den Täter zu einem bestimmten Verhalten**. Ein allgemeiner, einen bestimmten Personenkreis ansprechender Appell genügt nicht. Die Aufforderung muss vielmehr im Rahmen einer persönlichen Beziehung liegen. Insofern macht sich der alte Beziehungstatbestand geltend, der nur ergänzt, nicht beseitigt werden sollte. 3

Die bei den aufgehobenen Beziehungstatbeständen der §§ 100e, 100d Abs. 2 a. F. gebräuchliche Alternative „oder zu einer Person, die für eine solche Regierung usw. tätig ist" wurde nicht beibehalten. Das mag, da die Beziehung zu einer der genannten Stellen notwendigerweise immer über eine Person läuft, die für eine solche Stelle tätig ist, auf den ersten Blick nur als Beseitigung einer überflüssigen Tautologie erscheinen. Doch liegt darin eine sachliche Einschränkung, weil die frühere Alternative auch den Fall des Auftraggebers auf eigene Faust oder mit bloß vorgespiegelter Autorisierung durch eine der auswärtigen Stellen erfasste (vgl. BGHSt **6** 349, 350). Nur von der fremden Regierung und sonstiger Einrichtungen im Sinn von Absatz 1 autorisierte Aufträge sind noch tatbestandsmäßig. Fehlt es an dieser Autorisierung und hält sie der Täter nur irrig für gegeben, so liegt nur ein strafloser (untauglicher) Versuch vor. Dementsprechend wird auch der Fall, dass eine innerhalb der Bundesrepublik Deutschland bestehende staatsfeindliche Gruppe eine Sabotageorganisation aufbaut, immer nur dann von § 87 erfasst, wenn und sobald diese Gruppe einverständlich mit einer fremden Regierung und sonstiger Einrichtungen im Sinn von Absatz 1 zusammenwirkt. Dabei reicht es dann allerdings aus, dass ein allgemeines Einverständnis über die Anwerbung von Sabotageagenten im Sinne der Merkmale des Tatbestandes hergestellt wird.

2. **Ausländische Stelle.** Der Auftrag muss von einer Stelle außerhalb des räumlichen Geltungsbereichs des StGB erteilt worden sein. Zu den als Auftraggebern genannten Regierungen, Vereinigungen oder Einrichtungen außerhalb des räumlichen Geltungsbereichs des StGB s. § 86 Rdn. 13. Anders als dort kommt es hier auf den Bezug zur verbotenen Vereinigung nicht an. 4

3. **Sabotagehandlungen.** § 87 **Abs.** 2 enthält die **Legaldefinition** des in Absatz 1 verwendeten Begriffs der Sabotagehandlungen. Die als Gegenstand der Vorbereitung in Betracht kommenden Sabotagehandlungen sind in Absatz 2 **erschöpfend** aufgeführt. 5

a) **Sabotagehandlungen nach Absatz 2 Nr. 1.** Nach dem Wortlaut müssen die Sabotagehandlungen tatbestandsmäßig sein als: 6

§ 109e	Sabotagehandlungen an Verteidigungsmitteln
§ 305	Zerstörung von Bauwerken
§ 306	Brandstiftung

§ 306a	Schwere Brandstiftung
§ 306b	Besonders schwere Brandstiftung
§ 306c	Brandstiftung mit Todesfolge
§ 307	Herbeiführen einer Explosion durch Kernenergie
§ 308	Herbeiführen einer Sprengstoffexplosion
§ 309	Missbrauch ionisierender Strahlen
§ 313	Herbeiführen einer Überschwemmung
§ 315	Gefährliche Eingriffe in den Bahn-, Schiffs- und Luftverkehr
§ 315b	Gefährliche Eingriffe in den Straßenverkehr
§ 316b	Störung öffentlicher Betriebe
§ 316c Abs. 1 Nr. 2	Angriffe auf den Luft- und Seeverkehr
§ 317	Störung von Telekommunikationsanlagen
§ 318	Beschädigung wichtiger Anlagen

7 b) **Sabotagehandlungen nach Absatz 2 Nr. 2.** Darunter fallen sonstige, nicht bereits von den aufgeführten Tatbeständen erfasste Sabotagehandlungen, die den Betrieb eines Unternehmens verhindern oder stören, das für die Landesverteidigung, den Schutz der Zivilbevölkerung gegen Kriegsgefahr oder die Gesamtwirtschaft wichtig ist. Dabei kann diese **Verhinderung oder Störung des Betriebes** entweder durch das Ausschalten (Zerstören, Beschädigen, Beseitigen, Verändern oder Unbrauchbarmachen) einer dem Betrieb dienenden Sache oder durch die Entziehung der für den Betrieb bestimmten Energie bewirkt werden.

Die umständliche Kasuistik läuft, was die Art der geschützten Unternehmen betrifft, darauf hinaus, Objekte aus dem Tatbestand fern zu halten, an deren Ausschaltung eine feindliche Macht ohnehin nur ein minderes Interesse haben wird. Wo sie sich solchen nach ihrem äußeren Erscheinungsbild kriegs- oder gesamtwirtschaftlich unwichtigen Unternehmen gleichwohl zuwendet, wird sie das tun, weil sie damit mittelbar Erfolge erzielen will oder die Tatsache im Auge hat, dass es oft nur geringer Eingriffe und Ergänzungen bedarf, um Industriebetriebe auf wehrwirtschaftliche Bedürfnisse umzustellen. Das führt dann dazu, dass der Sache nach doch wieder eine der angeführten Voraussetzungen des Tatbestandes zu bejahen sein kann. Doch wird es in diesem Fall u.U. recht schwierig sein, die erforderlichen Feststellungen zur inneren Tatseite zu treffen.

8 Zum Begriff **der Gesamtwirtschaft** wurde in den Beratungen des Sonderausschusses (Vor § 80 Rdn. 11; Protokolle V. Wahlperiode S. 1615) auf den Gebrauch dieses Wortes in § 12 AktG verwiesen und ausgeführt, der Begriff umfasse nach dem dortigen Sprachgebrauch das öffentliche Interesse an dem Funktionieren der Wirtschaft, also des Wirtschaftsgefüges. Es gehe um Schlüsselindustrien wie die chemische Industrie oder Grundstoffindustrien, um den Fall der Lahmlegung aller für die Beschäftigungslage eines bestimmten Bezirks bedeutsamen Betriebe, womit dann freilich der auf die Lahmlegung eines einzelnen Unternehmens zielende Tatbestand nicht mehr recht in Verbindung zu bringen ist. Da auf dem Wege über die Beschäftigungslage jeder Betrieb für die Gesamtwirtschaft Bedeutung gewinnen kann, verliert dieser Begriff indes zwangsläufig den ihm zugedachten Sinn einer Einengung des Tatbestands. Allerdings ist der in Aussicht genommene Angriff auf einen einzelnen, für sich im Wirtschaftsgefüge nicht bedeutsamen Betrieb, nicht tatbestandsmäßig. Anders kann es bei einem in Aussicht genommenen Angriff auf mehrere Betriebe sein, die insgesamt für das Wirtschaftsgefüge wichtig sind oder für einen in Aussicht genommenen Angriff auf ein kleines Unternehmen, dessen Ausfall die Produktion eines wichtigen Unternehmens lahm legt oder das Wirtschaftsgefüge insgesamt lahm legen kann.[2]

---

[2] AA *Paeffgen* NK Rdn. 9.

4. Tathandlungen. Die Formen der Sabotagevorbereitung sind in **Absatz 1 Nrn. 1 bis 6** behandelt. 9

a) **Sich bereithalten zu Sabotagehandlungen** (Nr. 1). Hier steht derjenige Täter im Vordergrund, der zur eigenhändigen Begehung von Sabotagehandlungen ausersehen ist und sich hierzu bereit hält. Dabei macht es keinen Unterschied, ob bereits eine ganz bestimmte Sabotagehandlung ins Auge gefasst oder ob nur eine allgemeine Bereitschaft hergestellt ist, erst später zu erwartende konkrete Aufträge auszuführen, deren Umrisse allerdings im Sinne der Anforderungen des Absatzes 2 erkennbar sein müssen.[3] Die auch im Bericht des Sonderausschusses (Vor § 80 Rdn. 11, BTDrucks. V/2860 S. 10) gebrauchte Bezeichnung „Stillhalteagent" ist hier unergiebig und irreführend, weil Nr. 1 keineswegs nur einen besonderen Typ des Saboteurs, sondern den Saboteur schlechthin erfassen will. Dass dieser bis zur Ausführung des in der Zukunft liegenden Sabotageaktes „still hält" (in neuer Terminologie der „Schläfer"), ist nichts weiter als eine Auswirkung der Tatsache, dass der Tatbestand das Geschehen bereits im Stadium der Vorbereitung zum Gegenstand hat. Die Vorbereitungstat der Nr. 1 wird so lange begangen, wie die Bereitschaft, den angenommenen Sabotageakt auszuführen, fortbesteht (**Dauerdelikt**). 10

b) **Auskundschaften von Sabotageobjekten** (Nr. 2). Dies umfasst das Erkunden von Möglichkeiten für die Ausführung von Sabotageakten. Hier ist es gleichgültig, ob der Täter auf Grund eines allgemeinen oder eines genau spezifizierten – etwa auf eine bestimmte Abteilung des Betriebes gerichteten – Auftrags handelt, ob er allein tätig wird oder in einem Team arbeitet, das insgesamt auf die Erkundung eines Sabotageobjekts ausgeht. In diesem Sinn kann man es als genügend ansehen, dass jemand die **Nachrichten anderer sammelt und weiterleitet**, ohne selbst Kundschaftertätigkeit im eigentlichen Sinne auszuüben.[4] Die Grenzziehung ist ohne wesentliche Bedeutung, da insofern auch Nr. 6 eingreift. 11

Da nicht bereits die Annahme des Auftrags strafbar ist, kommt der Frage, wie weit der Begriff des Auskundschaftens reicht, besondere Bedeutung zu. Geht man von dem Gebrauch aus, den der Begriff in § 96 gefunden hat, dort wird das Verschaffen von Staatsgeheimnissen als Auskundschaften bezeichnet, so könnte zu erwägen sein, die Erfüllung des Tatbestands setze voraus, dass der Täter oder die Tätergruppe die gesuchte Erkenntnis gewonnen und den Auftrag mindestens bis zu diesem Punkt, wenn auch noch nicht bis zur Übermittlung des Erkundungsergebnisses an den Auftraggeber, ausgeführt hat. Doch wäre eine so weit gehende Folgerung aus § 96 verfehlt. Beachtlich ist bereits der Unterschied im Wortsinn zwischen Auskundschaftung, die das erreichte Ziel anspricht, und Auskundschaften, das die Tätigkeit zur Erreichung dieses Zieles mit einschließt, also auch das miterfasst, was als versuchte Auskundschaftung einzuordnen wäre. So verstanden wird also das **gesamte Unternehmen der Auskundschaftung** (§ 11 Abs. 1 Nr. 6) erfasst, das dann in jedem Teilabschnitt seiner Verwirklichung unter den Tatbestand des § 87 fällt. Allein diese Auslegung des Begriffs wird nicht nur dem Wortsinn, sondern auch der kriminalpolitischen Zielsetzung der Vorschrift gerecht. Dem Gesetzgeber des 8. StrÄndG (Vor § 80 Rdn. 12 bis 17) ging ein bloßer Beziehungstatbestand, wie ihn § 90 RegE vorsah, zu weit. Er wollte jedoch den deshalb gewählten Tätigkeitstatbestand nicht stärker spezifizieren, als dies zur zweifelsfreien Kennzeichnung 12

---

3 *Steinmetz* MK Rdn. 6; *Sch/Schöder/Stree/Sternberg-Lieben* Rdn. 5.

4 *Steinmetz* MK Rdn. 7; *Sch/Schröder/Stree/Sternberg-Lieben* Rdn. 6; **aA** *Paeffgen* NK Rdn. 13; *Rudolphi* SK Rdn. 10.

eines auf das strafrechtlich geschützte Ziel ausgerichteten Tuns erforderlich war. Es genügt daher, dass die Tätigkeit des Auskundschaftens irgendwie begonnen hat, d. h. der Täter muss eine in diesem Sinne spezifische Berührung mit dem Objekt gewonnen haben. So muss er räumlich in seine unmittelbare Nähe vorgedrungen sein und damit beginnen können, die Möglichkeiten des Eindringens festzustellen oder er muss an eine Person herantreten, die durch ihr Wissen über das Objekt seinem Erkundungsauftrag förderlich sein kann und von der er eine Mitteilung dieses Wissens erwartet. Dagegen wird der Antritt der Reise an den Ort des Sabotageobjekts oder den Aufenthaltsort der auszuforschenden Person noch im Bereich bloßer (strafloser) Vorbereitung liegen (weiter gehend für den Fall des Versuchs eines Vergehens nach § 92 a. F. BGH NJW **1958** 2051). Andererseits kann es für die Erfüllung des Tatbestandes keinen Unterschied machen, ob die vom Täter angegangene Auskunftsperson wirklich über die erwarteten Kenntnisse verfügt oder ob das vom Täter aufgesuchte Gelände das von ihm dort vermutete Objekt wirklich enthält, was z. B. dann nicht der Fall ist, wenn der Täter, der das Werk A auszuspähen glaubt, in Wirklichkeit das Werk B vor sich hat. Entscheidend ist allein, dass die spezifische Tätigkeit des Auskundschaftens begonnen hat; zu ihr gehören nicht nur die geglückten, sondern auch die misslungenen Anläufe.[5]

13 c) **Strafbarer Umgang mit Sabotagemitteln (Nr. 3).** Ob ein Gegenstand ein Sabotagemittel ist, entscheidet sich nach seiner Bestimmung durch den Täter und seiner **spezifischen Eignung.** Der Gegenstand, wie z. B. das Einbruchsgerät, die Tarnbekleidung oder der den Zutritt in das geschützte Gelände eröffnende Ausweis, muss objektiv der unmittelbaren Verwirklichung des Sabotagevorhabens dienlich (**Eignung**) und von den tatbeteiligten Personen für diesen Zweck vorgesehen sein (**Bestimmung**). Die bloße Bestimmung kann nicht genügen, weil das Gesetz ersichtlich Sachen völlig „wertneutraler" Art, wie Geld, Briefpapier, Lebensmittel und dergleichen nicht erfassen will, obwohl auch derartige Dinge im Rahmen eines konkreten Sabotageplans als „Mittel" bedeutsam werden können. Andererseits kann auch die Eignung allein nicht entscheiden, weil keine Gegenstände vorstellbar sind, denen der Sabotagezweck wesensmäßig anhaftet. Die Frage, ob auch gefälschte Ausweise dazu gehören, ist insofern unrichtig gestellt als es in diesem Zusammenhang auf die Fälschung allenfalls als Indiz für die Zweckbestimmung ankommen kann. Das gilt auch für andere „neutrale" Gegenstände, die Hilfsmittel für Sabotagegegenstände sein können, die aber ohne den Nachweis für eine entsprechende – mit aus anderen Indizien folgende – Planung allein nicht als Sabotagemittel angesehen werden können.[6] Tatmodalitäten sind das **Verwahren**, also das Inbesitzstellen zum Zwecke späterer Verwendung, das **Verschaffen**, also die Inbesitznahme für sich oder einen anderen, das **Herstellen** (§ 86 Rdn. 30) oder das **Einführen in den räumlichen Geltungsbereich** des Gesetzes (§ 86 Rdn. 33). Sämtliche Begehungsformen sind mit einer Zweckbestimmung versehen, damit künftigen Sabotagehandlungen Vorschub zu leisten, ohne dass sich damit die Vorstellung von einem bestimmten Sabotagevorhaben zu verbinden braucht.

14 d) **Bereitstellen von Lagern und Stützpunkten (Nr. 4).** Die in Nr. 4 umschriebenen Begehungsformen überschneiden sich mit der in Nr. 3 behandelten Begehungsform der Verwahrung von Sabotagemitteln. Indes ist der Tatbestand der Nr. 4 bereits mit dem Bereithalten des Lagerraums für den bewussten Zweck gegeben, ohne dass es darauf ankäme, ob dort Sabotagemittel aufbewahrt werden. Das kann schon im Anmieten eines

---

[5] AA *Paeffgen* NK Rdn. 13.

[6] *Paeffgen* NK Rdn. 14.

Raumes liegen, der zur Verwahrung von Sabotagemitteln eingerichtet wird.[7] Andererseits schließt nicht jedes Verwahren von Sabotagemitteln die Einrichtung eines Lagers ein. Lagereinrichtung und -unterhaltung erfordern Vorkehrungen besonderer Art. Das Gleiche hat entsprechend für die Alternative der Einrichtung usw. von Stützpunkten für Sabotagetätigkeit zu gelten. Die einmalige Beherbergung eines Agenten genügt nicht, wenn sie sich bloß zufällig ergibt. Bei Stützpunkten ist an Örtlichkeiten, z. B. eine mit Lebensmittelvorräten ausgestattete Wochenendhütte gedacht, die als Operationsbasis oder Zuflucht für Sabotageagenten dienen soll. Erfasst als Täter ist auch derjenige, der die Lager- und Stützpunkte nicht selbst einrichtet oder unterhält, der aber solche Einrichtungen auf ihre Zweckeignung und Zweckbestimmung überprüft.

e) **Schulung zu Sabotagehandlungen** (Nr. 5). Bei der in Nr. 5 behandelten Schulung zur Begehung von Sabotagehandlungen wird sowohl der **Lehrende** wie der **Lernende** erfasst. Doch wirkt sich gerade hier die **Einschränkung des § 91** aus.[8] Wer sich im Ausland schulen lässt, wird daher nicht erfasst und macht sich erst strafbar, sobald er in der Bundesrepublik Deutschland eine der tatbestandsmäßigen Vorbereitungshandlungen begeht. Die Schulung in einem Ausbildungslager im Ausland ist allerdings von Bedeutung, wenn sie im Inland begonnen oder wenn auf der Basis der Schulung im Ausland der Ausbildungsstand im Inland erhalten oder vervollständigt wird. Für die Lehrtätigkeit genügt es, wenn die Ausbildung *eines* Schülers betrieben wird. Auf einen Erfolg dieser Lehrtätigkeit kommt es nicht an. Entscheidend ist, dass sie mit dem Ziel eines Erfolges begonnen worden ist. Das setzt regelmäßig auch die Einplanung einer gewissen Dauer voraus. Wird die Lehrtätigkeit unerwartet vor ihrem geplanten Abschluss beendet, so ist der Tatbestand gleichwohl erfüllt.[9] **15**

f) **Herstellen und Aufrechterhalten von Verbindungen** (Nr. 6). Hier werden die Mittelsmänner zwischen dem Auftraggeber einerseits und den in Nrn. 1 bis 5 gekennzeichneten Agenten andererseits erfasst. Es geht dabei einmal um die **Herstellung** einer auf eine Tatbegehung im Sinne von Nr. 1 bis 5 gerichteten Beziehung, was in erster Linie auf den Fall der **Anwerbung eines neuen Agenten** hinausläuft. Da jedoch das Gesetz einen Agenten im Sinne der Nrn. 1 bis 5 als Beziehungspartner voraussetzt, erfüllt ein erfolgloser Anwerbungsversuch den Tatbestand ebenso wenig wie die bloße Aufforderung zum Mittun. Das bedeutet, dass auswärtige Emissäre in der Bundesrepublik straflos für die Teilnahme an Agentenschulungen oder für die spätere Annahme einer Agentenrolle im Sinn des Tatbestandes werben können, wenn sie nicht die Bereitschaftserklärung für den angeworbenen Agenten annehmen (womit dann der Tatbestand erfüllt wäre). Im gleichen Sinn *Stree/Sternberg-Lieben*, die für die Erfüllung des Tatbestands eine Willensübereinstimmung über die Agententätigkeit verlangen.[10] **16**

Eine vergleichbare Schwierigkeit zeigt sich für die Begehungsform der Aufrechterhaltung der Verbindung. Für sie ist es nach dem Tatbestand Voraussetzung, dass der aufgesuchte Sabotageagent in diesem Augenblick noch mitmacht. Der von auswärts an-

---

[7] AA *Steinmetz* MK Rdn. 9; *Paeffgen* NK § 87 Rdn. 16.

[8] Hier ist der Ansatzpunkt für die vom BMI (gegen BMJ) politisch gefordert Strafbarkeit der Schulung im Ausland, die allerdings bereits weitgehend erfasst ist.

[9] Ist der Schüler tatsächlich Agent des deutschen Verfassungsschutzes, liegt ein untauglicher Versuch vor, vgl. *Steinmetz* MK Rdn. 10; *Paeffgen* NK Rdn. 17.

[10] *Sch/Schröder/Stree/Sternberg-Lieben* Rdn. 10; so auch *Steinmetz* MK Rdn. 11; *Paeffgen* NK Rdn. 18.

reisende Mittelsmann, der von einem durch die eigne Abwehr „umgedrehten" Agenten preisgegeben wurde und bei einem Zusammentreffen mit diesem gefasst wird, kann wegen dieser Verbindungsaufnahme zu einem bloß noch vermeintlichen Agenten nicht mehr bestraft werden, wenn ihm eine frühere Verbindungsaufnahme mit einem noch aktiven Agenten nicht nachzuweisen ist. Ob der Mittelsmann für dieselbe Stelle arbeitet, welche den Sabotageauftrag erteilte, oder aus irgendwelchen organisatorischen Gründen für eine andere Stelle derselben fremden Macht kommt, ist im Ergebnis gleichgültig.

III. Räumlicher Geltungsbereich

17 Der Tatort ist in jeder Hinsicht auf den räumlichen Geltungsbereich des Gesetzes beschränkt. Erfasst werden bereits nach dem Wortlaut des Tatbestandes nur Handlungen, die sich auf Sabotageakte beziehen, welche im **Inland** begangen werden sollen. Aber auch die vom Tatbestand umschriebenen Tatbestandsverwirklichungen der Vorbereitung werden nach der zusätzlichen Vorschrift des § 91 nur getroffen, soweit sie durch eine in diesem Bereich ausgeübte Tätigkeit begangen werden (vgl. § 91).

IV. Subjektiver Tatbestand

18 Es ist Vorsatz erforderlich, wobei für alle Merkmale des objektiven Tatbestandes **bedingter Vorsatz** genügt. Der Täter muss mit allen äußeren Tatsachen rechnen, die sein Tun nach dem Tatbestand als Vorbereitung einer Sabotagehandlung kennzeichnen; dagegen braucht er dieses Tun nicht selbst als Sabotage zu werten.[11] Als **zusätzliches Merkmal** (für den Teilnehmer vgl. Rdn. 19) des subjektiven Tatbestandes wird vorausgesetzt, dass sich der Täter durch die Tat **absichtlich oder wissentlich für Bestrebungen gegen den Bestand oder die Sicherheit der Bundesrepublik Deutschland** (§ 92 Abs. 3) oder gegen Verfassungsgrundsätze (§ 92 Abs. 2) einsetzt (vgl. § 81 Rdn. 6 ff). Dabei sollte durch das final gefasste Tatbestandsmerkmal des „Einsetzens" verdeutlicht werden, dass „nur der durch seine aktive kämpferische Haltung herausgehobene Täter" vom Tatbestand erfasst wird (Sonderausschussbericht; Vor § 80 Rdn. 11; BTDrucks. V/2860 S. 10). Es muss dem Täter darauf ankommen, die genannten Bestrebungen zu fördern (BGHSt **32** 332, 333). Dies bedeutet jedoch nicht, dass derjenige, der nicht aus ideologischen Gründen, sondern allein wegen seines persönlichen, insbesondere finanziellen Vorteils handelt, straflos bliebe. Auch dieser Tätertyp setzt sich, wenn ihm die mit dem Auftrag zur Sabotagevorbereitung verbundenen entsprechenden Ziele bekannt sind, „wissentlich" für die genannten Bestrebungen ein. Der Tatbestand verlangt indes nicht, dass durch die Tat die Sicherheit der Bundesrepublik Deutschland oder ihre Verfassungsgrundsätze schon verletzt sind. Es genügt, dass Bestrebungen herbeigeführt oder gefördert werden, die dies – von innen heraus – zum Ziel haben (BGHSt **19** 63, 72). Der Einsatz für diese Bestrebungen muss nicht in der Tathandlung selbst zum Ausdruck kommen (BGHSt **29** 159 zu § 90b Abs. 1), es genügt die entsprechende subjektive Einstellung des Täters.

---

[11] *Paeffgen* NK Rdn. 20 verlangt eine Parallel-Beurteilung im Täterbewusstsein.

V. Teilnahme

Zur Frage der Teilnahme s. § 83 Rdn. 13 u. 14. Wie bei § 83 sind auch bei § 87 **19**
Anstiftung und Beihilfe nicht ausgeschlossen, solange der Teilnehmer im Inland handelt (§ 91).[12] Dafür spricht, dass bei Vorbereitungshandlungen, die als selbständige vollendete Delikte ausgestaltet sind, rein dogmatisch eine Teilnahme nach allgemeinen Grundsätzen nicht ausgeschlossen ist und im Übrigen § 87 nicht alle möglichen Vorbereitungshandlungen zu Sabotagehandlungen erfasst, so dass auch rein tatsächlich Beihilfehandlungen zu Taten nach § 87 denkbar sind. Gegen die Möglichkeit einer Teilnahme wird angeführt, dass hierdurch die bereits sehr weit gezogenen Grenzen[13] des § 87 noch vorgezogen würden.[14] Beihilfe- und Anstiftertätigkeiten orientieren sich jedoch an der – durch § 87 hinreichend bestimmten – Tat (des Täters). Gründe der Bestimmtheit können deshalb nicht für den Ausschluss der Strafbarkeit von Beihilfe und Anstiftung angeführt werden. Handlungen, die im Ausland (Rdn. 17) begangen werden, die sich im Inland auswirken und einer im Inland begangenen Tat dienen, sind allerdings gemäß § 91 (der insoweit im Wortlaut eindeutig, in seiner Wirkung jedoch bedenklich ist) auch nicht als Beihilfe strafbar[15] (anders bei § 88, für den § 91 nicht gilt, dort Rdn. 8). Die Absichtselemente des Tatbestandes, die beim Täter vorliegen müssen, braucht der Teilnehmer nicht zu erfüllen (BGHSt **17** 215 zu § 94 a. F.), weil die Absicht ein persönliches Merkmal im Sinne des § 28 Abs. 1 darstellt.[16] Der Täter muss aber mindestens mit bedingtem Vorsatz annehmen und in Kauf nehmen, dass die Elemente beim Täter vorliegen.

VI. Tätige Reue

Im Fall tätiger Reue kann von Strafe abgesehen werden (**Absatz 3**). Die Voraussetzun- **20**
gen sind ähnlich wie in § 98 Abs. 2 gestaltet. Der Täter muss freiwillig, wie das Gesetz hier umfassend für alle Begehungsformen sagt, „sein Verhalten“ endgültig aufgeben und einer Dienststelle alles offenbaren, was er über den Sabotageapparat weiß. Dabei muss auch die Offenbarung des Wissens freiwillig geschehen (vgl. BGHSt **27** 120, 122 f zu § 98 Abs. 2 S. 1). Erstreckt sich sein Wissen auf konkrete Sabotagevorhaben, so verhilft ihm seine Mitteilung nur dann zu den Vergünstigungen des Absatzes 3, wenn sie so rechtzeitig gemacht wird, dass die geplanten Sabotagehandlungen noch verhindert werden können (vgl. § 83a Rdn. 2 bis 5). Gelingt dies trotz rechtzeitiger Unterrichtung nicht, so erwächst ihm daraus dann kein Nachteil, wenn die Sabotagehandlungen (wegen der Unterrichtung) hätten verhindert werden können. Als Dienststelle ist hier an sich jede Behörde des Bundes oder der Länder anzusehen, die nach der Vorstellung des Täters für die Entgegennahme seiner Selbstanzeige in Betracht kommt (vgl. auch § 11 Abs. 1 Nr. 4a). Wird der Täter von der Behörde, an die er sich gewandt hat, an die zuständige Abwehrstelle verwiesen oder schaltet diese sich selbständig ein, so muss er sein Wissen dort bekannt geben. Ein Recht zur Wahl zwischen verschiedenen Dienststellen will ihm das Gesetz, indem es von (irgend) einer Dienststelle spricht, nicht einräumen.

---

[12] Wie hier *Steinmetz* MK Rdn. 21; *Sch/Schröder/Stree/Sternberg-Lieben* Rdn. 17; *Tröndle/Fischer* Rdn. 14; **aA** *Sonnen* AK Rdn. 21; *Paeffgen* NK Rdn. 23; *Rudolphi* SK Rdn. 17.

[13] S. die verfassungsrechtlichen Bedenken bei *Backes* S. 169 ff; *Sonnen* AK Rdn. 5; *Rudolphi* SK Rdn. 1.

[14] *Sonnen* AK Rdn. 21; *Rudolphi* SK Rdn. 17; vgl. auch *Sommer* JR **1981** 490, 494; *Willms* LK[10] Rdn. 17.

[15] *Paeffgen* NK Rdn. 19 u. 23.

[16] So auch *Paeffgen* NK zu § 89 Rdn. 20.

VII. Nebenfolgen und Einziehung

21 S. §§ 92a, 92b.

VIII. Schutz der nichtdeutschen NATO-Truppen

22 **Zum Schutz der nichtdeutschen NATO-Truppen,** die in der Bundesrepublik Deutschland stationiert sind, gilt die Vorschrift über Art. 7 Abs. 2 Nr. 1 des 4. StrÄndG i. d. F. von Art. 5 des 8. StrÄndG (Vor § 80 Rdn. 12 bis 17) und des EGStGB (s. Entstehungsgeschichte) auch für Taten, durch die sich der Täter wissentlich für Bestrebungen einsetzt, die gegen die Sicherheit des betroffenen Vertragsstaats oder dieser Truppen gerichtet sind.

IX. Konkurrenzen

23 Nach *Fischer*[17] soll § 87 hinter §§ 30, 311b sowie den in Absatz 2 Nr. 1 genannten Strafvorschriften zurücktreten. *Stree/Sternberg-Lieben*[18] nehmen dagegen für die in Absatz 2 Nr. 1 genannten Straftaten je nach Sachlage Ideal- oder Realkonkurrenz an. Dafür spricht, dass sich § 87 durch das Sondermerkmal zur inneren Tatseite von den anderen Strafvorschriften abhebt und in der Strafdrohung hinter den meisten dieser Bestimmungen nicht zurückbleibt.[19] Im Übrigen ist Tateinheit vor allem mit § 83 und § 99, aber auch mit den §§ 84, 85, 88, 89, 109e sowie § 109g denkbar. Dies gilt auch für den Versuch der Beteiligung (§ 30), soweit Tateinheit vorliegt, an den in § 87 Abs. 2 Nr. 1 genannten Verbrechenstatbeständen.[20] Das Verhältnis von verschiedenen Handlungen im Sinne des § 87 (**Mehrfachhandlungen**) richtet sich nach den zu § 84 Rdn. 32 bis 36 dargelegten Kriterien.

X. Parteienprivileg; Opportunitätsprinzip; Verfahrensfragen; Recht des Einigungsvertrages

24 Zum **Parteienprivileg** s. Vor § 80 Rdn. 25 ff, zur Anwendbarkeit des **Opportunitätsprinzips** §§ 153d, 153e StPO, zu **Verfahrensfragen** im Übrigen Vor § 80 Rdn. 38, vgl. auch § 84 Rdn. 39, zum **Recht des Einigungsvertrages** Vor § 80 Rdn. 37.

§ 88
Verfassungsfeindliche Sabotage

(1) Wer als Rädelsführer oder Hintermann einer Gruppe oder, ohne mit einer Gruppe oder für eine solche zu handeln, als einzelner absichtlich bewirkt, daß im räumlichen Geltungsbereich dieses Gesetzes durch Störhandlungen

1. Unternehmen oder Anlagen, die der öffentlichen Versorgung mit Postdienstleistungen oder dem öffentlichen Verkehr dienen,

---

17 *Tröndle/Fischer* Rdn. 16.

18 *Sch/Schröder/Stree/Sternberg-Lieben* Rdn 22.

19 *Sonnen* AK Rdn. 22; *Steinmetz* MK Rdn. 23; aA *Paeffgen* NK Rdn. 27.

20 *Steinmetz* MK Rdn. 23.

2. Telekommunikationsanlagen, die öffentlichen Zwecken dienen,
3. Unternehmen oder Anlagen, die der öffentlichen Versorgung mit Wasser, Licht, Wärme oder Kraft dienen oder sonst für die Versorgung der Bevölkerung lebenswichtig sind, oder
4. Dienststellen, Anlagen, Einrichtungen oder Gegenstände, die ganz oder überwiegend der öffentlichen Sicherheit oder Ordnung dienen,

ganz oder zum Teil außer Tätigkeit gesetzt oder den bestimmungsmäßigen Zwecken entzogen werden, und sich dadurch absichtlich für Bestrebungen gegen den Bestand oder die Sicherheit der Bundesrepublik Deutschland oder gegen Verfassungsgrundsätze einsetzt, wird mit Freiheitsstrafe bis zu fünf Jahren oder mit Geldstrafe bestraft.

(2) Der Versuch ist strafbar.

Entstehungsgeschichte

Die Vorschrift wurde vom 8. StrÄndG (Vor § 80 Rdn. 12 bis 17) geschaffen und ersetzte den durch das 1. StrÄndG (Vor § 80 Rdn. 7) eingeführten § 90. Sie hat ihre jetzige Fassung durch das Begleitgesetz zum Telekommunikationsgesetz (Vor § 80 Rdn. 18) erhalten.

Übersicht

I. Zweck der Vorschrift

Die Norm bezweckt wie bei § 87 den **Schutz des Bestandes und der Sicherheit der Bundesrepublik Deutschland und ihrer verfassungsmäßigen Ordnung**, soweit diese in den Verfassungsgrundsätzen des § 92 Abs. 2 Ausdruck gefunden haben. Befasst sich § 87 mit der Vorbereitung von Sabotagehandlungen, die nach dem Plan einer fremden Macht im Rahmen der Verwirklichung eines gegen die Bundesrepublik Deutschland geplanten feindseligen Unternehmens wirksam werden sollen, so will § 88 die *Ausführung* einzelner Sabotageakte treffen, hinter denen sowohl fremde als auch rein innenpolitische Interessen stehen können und für die es nach dem Tatbestand offen bleibt, ob sie im Rahmen einer umfassenden Planung gleichartiger Aktionen oder als Einzelexzess verübt werden. Die Vorschrift schließt sich an § 90 a. F. an und bildet wie dieser Tatbestand eine Ergänzung zu den Tatbeständen der §§ 316b, 317. Die rechtstatsächliche Bedeutung der Norm wird bestritten.[1] Ihre Funktion bei der Bekämpfung insbesondere terroristischer 1

[1] *Paeffgen* NK Rdn. 3.

Bestrebungen wird aber, wie auch die der sonstigen Vorschriften der §§ 81 ff, von zunehmender Relevanz sein.

II. Objektiver Tatbestand

2 Dieser setzt voraus, dass der Täter durch Störhandlungen (Sabotagehandlung) bestimmte Sabotageobjekte ganz oder zum Teil außer Tätigkeit setzt oder sie ihren bestimmungsgemäßen Zwecken entzieht.

3 1. **Sabotageobjekte.** Die Umschreibung der in Absatz 1 Nrn. 1 bis 4 behandelten Sabotageobjekte deckt sich weitgehend mit den in §§ 316b, 317 genannten Objekten. § 88 Nr. 1 stimmt mit § 316b Abs. 1 Nr. 1, § 88 Nr. 2 mit § 317 und § 88 Nr. 3 mit § 316b Abs. 1 Nr. 2 überein. Bahnen, die wie Werkseisenbahnen nicht dem öffentlichen Verkehr zugehören und deshalb nicht unter § 88 Nr. 1 fallen, können von Nr. 3, wenn sie der Versorgung der Bevölkerung dienen, miterfasst werden. § 88 Nr. 4 schließlich spricht den in § 316b Abs. 1 Nr. 3 bezeichneten Komplex an, beschränkt sich jedoch nicht wie jene Vorschrift auf der öffentlichen Ordnung und Sicherheit dienenden Einrichtungen und Anlagen, sondern fügt Dienststellen (§ 11 Abs. 1 Nr. 4a) und Gegenstände hinzu. Die Norm umgreift auch den Fall des nicht ausschließlichen, sondern bloß überwiegenden Dienens. Als Dienststelle kommt beispielsweise das Bundesamt für Verfassungsschutz in Betracht (BGHSt 27 307, 309). Als Beispiele für Gegenstände sind Wegweiser, Hydranten sowie Einsatz- und Nachrichtenmittel der Polizei oder Feuerwehr zu nennen.

4 2. **Störhandlung.** Der Täter muss bewirken, dass eine der genannten Einrichtungen durch Störhandlungen ganz oder teilweise außer Tätigkeit gesetzt oder ihren bestimmungsgemäßen Zwecken entzogen wird. Getroffen wird damit über die in § 316b angeführten Eingriffe hinaus jedes Tun, das für die Verwirklichung eines der genannten Erfolge ursächlich und mit diesem Ziel gewollt ist, ohne dass es darauf ankommen kann, ob dies mit oder ohne Einschaltung dritter Personen geschieht. Der farblose und im Grunde überflüssige Begriff der Störhandlung soll zum einen der Kennzeichnung der an sich bereits durch die übrigen Merkmale des Tatbestandes angezeigten Regelwidrigkeit des Eingriffs dienen, die hier sowohl im technischen wie im sozialen Sinne (bestimmungsfremde Zwecke) zu verstehen ist. Zum anderen unterstreicht er, dass ein Unterlassen nur tatbestandsmäßig sein soll, wenn es nach den gegebenen Umständen der Verwirklichung des Tatbestands durch ein Tun gleichwertig ist, wobei hier vor allem an die Verpflichtung zum Handeln aus vorangegangenem Tun (z.B. Arbeitsniederlegung ohne Abstellen laufender Maschinen mit daraus entstehenden bedeutenden Gefährdungen) zu denken ist. Der Gesetzgeber hatte mit der Verwendung des Begriffs vor allem auch die Ausscheidung des Streiks (§ 81 Rdn. 27) als Mittel des Arbeitskampfes (vgl. Sonderausschuss, Vor § 80 Rdn. 11, BTDrucks. V/2861 S. 11) aus dem Tatbestand im Auge. Sabotagehandlungen unter Ausnutzen des Streikes oder der Aussperrung können jedoch tatbestandsmäßig sein.[2]

5 3. **Taterfolg.** Der Begriff der Störhandlung darf nicht darüber täuschen, dass der tatbestandsmäßige Erfolg der Handlung in den Größenverhältnissen der §§ 316b, 317 zu sehen ist und eine **vollständige** oder **teilweise Stillegung** oder **Zweckentfremdung** der

---

2 *Paeffgen* NK Rdn. 6.

angegriffenen Einrichtung erfordert, bloße Störungen und Belästigungen also nicht ausreichen können.[3] Der BGH hat deshalb in einem Fall, in dem eine abgeschlossene Lauschoperation des Bundesamts für Verfassungsschutz durch die anschließende publizistische Erörterung offen gelegt wurde, eine Strafverfolgung unter dem Gesichtspunkt des § 88 ausgeschlossen (BGHSt **27** 307, 309 f).[4] Jedoch setzt der Tatbestand eine bestimmte Dauer der erzielten Einwirkung oder Zweckentfremdung nicht voraus. Je nach den Umständen kann es genügen, dass die Abfahrt eines Zuges aufgehalten oder dass ein Rundfunksender kurzfristig zur Verbreitung einer programmwidrigen Sendung benutzt wird.[5]

III. Täterschaft und Teilnahme

1. Taugliche Täter. Den Täterkreis begrenzt der Tatbestand eng auf die Personen, die für den Eingriff verantwortlich zu machen sind. Es wird zwischen einer Tatbegehung durch einzelne und Tatbegehung durch eine Gruppe unterschieden, wobei in diesem Fall nicht alle zu der Gruppe zählenden Personen, sondern nur **Rädelsführer** und **Hintermänner** (hierzu § 84 Rdn. 14 u. 15) unter den Tatbestand fallen, so dass nur diese Täter sein können. Die Regelung darf nicht wörtlich in dem Sinne verstanden werden, dass jemand nur dann als Einzelner handelt, wenn er völlig allein tätig wird. Die missverständliche Formulierung „als Einzelner" dient lediglich der Abgrenzung gegenüber gruppenbezogenen Taten.[6] Da der Tatbestand für alle denkbaren Fälle seiner Verwirklichung mindestens *einen* strafrechtlich Verantwortlichen als Adressaten einer Strafverfolgung voraussetzt, muss die Alternative des einzelnen in all den Fällen eingreifen, in denen keine Gruppe mit sich abhebendem Rädelsführer oder Hintermann vorhanden ist, die das Unternehmen trägt, sondern Mittäter gleichen Ranges ohne weiteren Anhang die Tat ausführen.[7] 6

2. Gruppe. Eine Gruppe im Sinn des § 88 Abs. 1 unterscheidet sich von der Vereinigung gemäß § 85 (dort Rdn. 8 u. § 86 Rdn. 14) durch ein Weniger an innerer Verbundenheit. *Stree/Sternberg-Lieben*[8] definieren Gruppe als Zusammenschluss mehrerer Personen zu einem gemeinsamen Zweck, wobei dieser Zusammenschluss nicht auf Dauer angelegt und nicht freiwillig zu sein braucht. Dem ist mit dem Hinzufügen beizutreten, dass die Verwirklichung des konkreten Sabotageunternehmens als alleiniger Zweck des Zusammenschlusses ausreicht.[9] *Fischer*[10] spricht von einer lose zusammengeschlossenen Anzahl von mindestens drei Personen,[11] womit ein Mindesterfordernis des Begriffs umschrieben ist. Dies darf aber nicht als eine starre Begrenzung in dem Sinne ausgelegt werden, dass beim Vorhandensein dreier Beteiligter die Anwendung der Einzeltäter-Alternative auszuscheiden hätte. Die richtige Abgrenzung ergibt sich aus der Beachtung des Motivs des Gesetzgebers, der bei der Beteiligung vieler Personen nur die Drahtzieher der Aktion als Täter erfassen wollte. 7

---

[3] Vgl. dazu *Lackner/Kühl* Rdn. 3; *Sch/Schröder/Stree/Sternberg-Lieben* Rdn. 8 ff, *Rudolphi* SK Rdn. 7 ff.

[4] Kritisch *Paeffgen* NK Rdn. 4.

[5] Vgl. *Sch/Schröder/Stree/Sternberg-Lieben* Rdn. 10; *Rudolphi* SK Rdn. 9; kritisch *Sonnen* AK Rdn. 12.

[6] *Steinmetz* MK Rdn. 6; *Paeffgen* NK Rdn. 13; *Rudolphi* SK Rdn. 14.

[7] So im Ergebnis auch *Sch/Schröder/Stree/Sternberg-Lieben* Rdn. 17.

[8] *Sch/Schröder/Stree/Sternberg-Lieben* Rdn. 15.

[9] *Steinmetz* MK Rdn. 4; *Paeffgen* NK Rdn. 12.

[10] *Tröndle/Fischer* Rdn. 6.

[11] *Steinmetz* MK Rdn. 4; *Paeffgen* NK Rdn. 12, mindestens sieben; wohl enger *Lackner/Kühl* Rdn. 1a.

8 **3. Teilnahme.** Anstiftung und Beihilfe[12] sind möglich (vgl. § 87 Rdn. 19). **Anstiftung** kommt infrage, wenn der Initiator der Tat weder Rädelsführer noch Hintermann ist. **Beihilfe** kommt in Betracht, wenn keines die die Täterschaft charakterisierenden Merkmale vorliegt. Ist z. B. ein Mitglied der Gruppe, das die Störhandlung selbst ausführt, weder Hintermann noch Rädelsführer, so ist es als Gehilfe zu bestrafen. Wie bei § 87 brauchen beim Teilnehmer die Absichtsmerkmale nicht vorzuliegen. Der Teilnehmer muss aber mindestens mit bedingtem Vorsatz handeln (vgl. § 87 Rdn. 19).

IV. Subjektiver Tatbestand

9 Der Täter muss mit **doppelter Absicht** handeln: Er muss den erforderlichen Taterfolg absichtlich, also zielgerichtet herbeiführen. Darüber hinaus muss er sich durch die Tat absichtlich für Bestrebungen gegen den Bestand oder die Sicherheit der Bundesrepublik Deutschland oder gegen Verfassungsgrundsätze einsetzen (vgl. § 92 Abs. 2 u. Abs. 3 und § 87 Rdn. 18).[13] Im Gegensatz zu § 87 genügt insoweit „Wissentlichkeit" nicht. Der Einsatz für die genannten Bestrebungen muss in der Tathandlung selbst nicht zum Ausdruck kommen (BGHSt **29** 159 zu § 90b Abs. 1). Im Übrigen reicht dolus eventualis. Beim Teilnehmer siehe Rdn. 8 a. E. und § 87 Rdn. 19.

V. Rechtswidrigkeit

10 **Die Rechtswidrigkeit** einer Handlung, die alle Merkmale des Tatbestands verwirklicht, kann nicht durch das Widerstandsrecht nach Art. 20 Abs. 4 GG und grundsätzlich auch nicht in Fällen von Streik und Aussperrung (Art. 9 Abs. 3 GG) ausgeschlossen sein. Berufung auf Widerstandshandlungen im Sinne des Art 20 Abs. 4 GG können sich rein begrifflich nicht gegen den Bestand oder die Sicherheit der Bundesrepublik Deutschland oder gegen Verfassungsgrundsätze richten. Reine Arbeitskämpfe sind keine Störhandlungen (§ 81 Rdn. 27). Die Anwendung des § 88 ist deshalb nur in extremen Ausnahmefällen für Handlungen aus Anlass eines Streiks oder Aussperrung einschlägig.[14]

VI. Räumlicher Geltungsbereich

11 Die Vorschrift findet nur Anwendung, wenn ein im räumlichen Geltungsbereich des StGB belegenes Sabotageobjekt im Sinne des Absatzes 1 Nr. 1 bis 4 durch die Tat beeinträchtigt wurde. Da § 91 für den § 88 nicht gilt, sind hier jedoch sog. **Distanzdelikte** möglich (vgl. § 87 Rdn. 17). Zu denken ist etwa an den Betrieb eines Störsenders im Ausland, der den Betrieb inländischer Fernmeldeanlagen unterbindet oder beeinträchtigt.[15]

---

12 *Paeffgen* NK Rdn. 14; *Sch/Schröder/Stree/Sternberg-Lieben* Rdn. 16; *Tröndle/Fischer* Rdn. 6; **aA** *Willms* LK[10] Rdn. 7; *Sonnen* AK Rdn. 15; *Rudolphi* SK Rdn. 13.

13 *Sonnen* AK Rdn. 13; *Steinmetz* MK Rdn. 15; *Sch/Schröder/Stree/Sternberg-Lieben* Rdn. 20 ff; *Rudolphi* SK Rdn. 15; *Tröndle/Fischer* Rdn. 9; insg. kritisch *Paeffgen* NK Rdn. 9 u. § 92 Rdn. 14.

14 Unklar *Paeffgen* NK § 88 Rdn. 8 u. 10.

15 *Paeffgen* NK Rdn. 15; **aA** *Steinmetz* MK Rdn. 21: Teilnehmer muss im Inland handeln.

VII. Versuch

Die Strafbarkeit des Versuchs folgt aus Absatz 2. **12**

VIII. Nebenfolgen und Einziehung

S. §§ 92a, 92b. **13**

IX. Konkurrenzen

Tateinheit ist möglich mit §§ 316b und 317, außerdem mit allen Formen der Sachbeschädigung. Dagegen wird § 88 durch die §§ 81 bis 83 verdrängt.[16] Mit § 87 wird regelmäßig Tatmehrheit gegeben sein. Zu **Mehrfachhandlungen** vgl. § 84 Rdn. 32 ff. **14**

X. Parteienprivileg; Opportunitätsprinzip; Verfahrensfragen; Zuständigkeit; Recht des Einigungsvertrages

Zum Parteienprivileg s. vor § 80 Rdn. 25 ff, zur Anwendbarkeit des **Opportunitätsprinzips** §§ 153d, 153e StPO, zu **Verfahrensfragen** im Übrigen Vor § 80 Rdn. 38. Bezüglich der **Zuständigkeit** vgl. § 84 Rdn. 39. Zum **Recht des Einigungsvertrages** s. Vor § 80 Rdn. 37. **15**

§ 88a
Verfassungsfeindliche Befürwortung von Straftaten

(aufgehoben durch das 19. StrÄndG vom 7. August 1981; BGBl. I 808, vgl. Vor § 80 Rdn. 18)

§ 89
Verfassungsfeindliche Einwirkung auf Bundeswehr und öffentliche Sicherheitsorgane

(1) Wer auf Angehörige der Bundeswehr oder eines öffentlichen Sicherheitsorgans planmäßig einwirkt, um deren pflichtmäßige Bereitschaft zum Schutze der Sicherheit der Bundesrepublik Deutschland oder der verfassungsmäßigen Ordnung zu untergraben, und sich dadurch absichtlich für Bestrebungen gegen den Bestand oder die Sicherheit der Bundesrepublik Deutschland oder gegen Verfassungsgrundsätze einsetzt, wird mit Freiheitsstrafe bis zu fünf Jahren oder mit Geldstrafe bestraft.

(2) Der Versuch ist strafbar.

(3) § 86 Abs. 4 gilt entsprechend.

---

[16] AA *Sch/Schröder/Stree/Sternberg-Lieben* Rdn. 24, wonach mit §§ 81 ff Idealkonkurrenz möglich sein soll.

Schrifttum

Backes Rechtsstaatsgefährdungsdelikte und Grundgesetz (1970); *Jescheck* Strafrechtlicher Schutz der Bundeswehr gegen Zersetzung, NZWehrR **1969** 121; *Schroeder* Der Schutz von Staat und Verfassung im Strafrecht (1970); *Schwenck* Strafrecht und Bundeswehr in der politischen Auseinandersetzung, NZWehrR **1969** 134.

Entstehungsgeschichte

§ 89 ist die Nachfolgevorschrift des § 91 a. F., dessen Anwendungsbereich bereits vom 4. StrÄndG vom 11. Juni 1957 (BGBl. I 597) durch die Einfügung des subjektiven Tatbestandsmerkmals der verfassungsfeindlichen oder sicherheitsbedrohenden Absicht eingeschränkt worden war (vgl. *Lackner* JZ **1957** 401, 405). Das 8. StrÄndG (Vor § 80 Rdn. 12 bis 17) hat den Tatbestand weiter eingegrenzt, indem es unter Ausschluss der von § 91 a. F. noch erfassten Angehörigen von Behörden den geschützten Personenkreis auf Angehörige der Bundeswehr oder eines öffentlichen Sicherheitsorgans beschränkte und das Erfordernis der Planmäßigkeit des Einwirkens einfügte. Das EGStGB vom 2. März 1974 (BGBl. I 469; 1975 I 1916; 1976 I 507) brachte – neben der nach der Vereinigung Deutschlands aufgehobenen Sonderfassung der Vorschrift für Berlin – nur eine redaktionelle Anpassung. Eine für Berlin geltende Fassung wurde mit der deutschen Einheit aufgehoben.

Übersicht

I. Zweck der Vorschrift

1 Die Vorschrift bezweckt den **Schutz des Bestandes und der Sicherheit der Bundesrepublik Deutschland und ihrer verfassungsmäßigen Ordnung,** soweit diese in den in § 92 Abs. 2 genannten Verfassungsgrundsätzen Ausdruck gefunden haben. Zur Erreichung dieses Zieles will § 89 die Verlässlichkeit der Bundeswehr und der öffentlichen Sicherheitsorgane gewährleisten. Die Vorschrift ist verfassungsgemäß (BVerfGE 47 130).[1] Sie ist als **abstraktes Gefährdungsdelikt** ausgestaltet.

[1] Verfassungsrechtliche Bedenken hat *Paeffgen* NK Rdn. 2 u. Vor §§ 80 f Rdn. 22.

II. Objektiver Tatbestand

Tathandlung ist das planmäßige Einwirken auf Bundeswehrangehörige oder eines öffentlichen Sicherheitsorgans, um deren pflichtgemäße Bereitschaft zum Schutz der Sicherheit der Bundesrepublik Deutschland oder der verfassungsmäßigen Ordnung zu untergraben. Die Vorschrift stellt einen als eigenständige Tat ausgestalteten **Sonderfall einer versuchten Anstiftung** dar. 2

1. **Geschützter Personenkreis. Angehörige der Bundeswehr oder öffentlicher Sicherheitsorgane** zählen zu dem von § 89 geschützten Personenkreis, nicht jedoch sonstige Behördenangehörige, wie dies noch bei § 91 a. F. der Fall war. Als öffentliche Sicherheitsorgane sind danach beispielsweise der Bundespolizei, die kasernierte Bereitschaftspolizei, die Verfassungsschutzämter und Nachrichtendienste anzusehen. Staatsanwälte und Richter zählen trotz ihres teilweise gleichgerichteten Aufgabenkreises nicht dazu (vgl. Bericht des Sonderausschusses, Vor § 80 Rdn. 11, BTDrucks. V/2860 S. 11); auch nicht nichtkasernierte Polizeieinheiten (vgl. Sonderausschussprotokoll V S. 1907 f).[2] Einrückende Rekruten sind vor dem für den Dienstantritt festgesetzten Zeitpunkt noch keine Bundeswehrangehörige (BGHSt **36** 68). 3

2. **Tathandlung** ist das **planmäßige Einwirken.** Unter Einwirken ist jede Tätigkeit zu verstehen, durch die ein Angehöriger des geschützten Personenkreises in dem vom Täter gewünschten Sinne beeinflusst werden soll (BGHSt **4** 291). Bestimmte Tatmittel nennt die Vorschrift nicht. In Betracht kommt daher etwa das Verbreiten propagandistischer Druckschriften an die geschützten Personen (vgl. BGH NStZ **1981** 300), das sonstige Auffordern oder Überreden zu pflichtwidrigem Verhalten, aber auch ein Drohen oder Warnen vor pflichtgemäßem Tun. Dabei ist es unerheblich, ob die Beeinflussung ausdrücklich oder konkludent erfolgt (BGH bei Holtz MDR **1977** 281 f), ob sie erfolgreich ist (BGHSt **4** 291, 292; BGH bei Wagner GA **1965** 353 Nr. 14) oder ob das vom Täter eingesetzte Mittel überhaupt geeignet ist, die angesprochenen Personen zu beeinflussen.[3] Doch ist zur Vollendung der Tat erforderlich, dass die vom Täter als Mittel der Beeinflussung angesehene Einwirkungshandlung die angesprochene Person erreicht (BGHSt **4** 291, 292; **36** 68, 69). Dagegen muss der Adressat die Einwirkungshandlung nicht bewusst zur Kenntnis nehmen.[4] Erreicht das Einwirkungsmittel, etwa ein Flugblatt, den Adressaten zu einem Zeitpunkt, in dem er noch nicht zu dem geschützten Personenkreis zählt, so ist der Tatbestand weder erfüllt, wenn der Adressat den Inhalt der Schrift unmittelbar zur Kenntnis nimmt und die Einflussnahme nach seinem Eintritt in die Bundeswehr oder eines öffentlichen Sicherheitsorgans weiterwirkt, noch wenn er sich von dem Inhalt erst nach dem Eintritt Kenntnis verschafft (BGHSt **36** 68, 69 f). Anders ist es jedoch, wenn er 4

[2] *Sonnen* AK Rdn. 20; **aA** hinsichtlich der Begrenzung auf kasernierte Kräfte: *Steinmetz* MK Rdn. 5, wonach das aus der Gesetzgebungsgeschichte hergeleitete Argument im Wortlaut der Vorschrift keinen Niederschlag gefunden habe; *Paeffgen* NK Rdn. 8; *Sch/Schröder/Stree/Sternberg-Lieben* Rdn. 4; *Rudolphi* SK Rdn. 3.

[3] BGH bei Wagner GA **1961** 3 Nr. 4; **1965** 353 Nr. 14; *Lackner/Kühl* Rdn. 2; *Steinmetz* MK Rdn. 6; *Sch/Schröder/Stree/Sternberg-Lieben* Rdn. 6; **aA** *Sonnen* AK Rdn. 24 u. 37; *Paeffgen* NK Rdn. 5; *Rudolphi* SK Rdn. 4 u. 9, die verlangen, dass der Angriff wenigstens theoretisch zur Gefährdung des Bestandes oder der Verfassung geeignet ist.

[4] BGHSt **36** 68, 69; BGH bei Wagner GA **1961** 4 Nr. 8; *Steinmetz* MK Rdn. 6; *Rudolphi* SK Rdn. 4; *Tröndle/Fischer* Rdn. 2; **aA** *Paeffgen* NK Rdn. 5, der „sinnliche Wahrnehmung" verlangt.

die Schrift entsprechend dem Plan des Täters an andere Angehörige der Bundeswehr oder eines öffentlichen Sicherheitsorgans weitergibt (BGHSt **36** 68, 73).

5 a) **Besonderheiten bei schriftlichen Propagandamaterial.** Wird als Mittel der Beeinflussung schriftliches Propagandamaterial eingesetzt, so macht sich jeder, der in Kenntnis und mit Billigung des Inhalts der Schrift an deren Herstellung oder Verbreitung an den geschützten Personenkreis mitwirkt, wegen **täterschaftlichen Einwirkens** nach § 89 strafbar, auch derjenige, der sich lediglich bereit erklärt, im Impressum als presserechtlich Verantwortlicher genannt zu werden (BGH bei Holtz MDR **1979** 707; BGH NStZ **1981** 300). Wer dagegen mit seiner Billigung nur zum Schein als Herausgeber der Schrift genannt wird, ohne im Einzelfall deren Inhalt auch als eigene Meinungsäußerung mitzutragen, macht sich allenfalls der **Beihilfe** schuldig (vgl. BGHSt **36** 363).

Beim Einsatz schriftlichen Propagandamaterials ist nicht allein der Inhalt der Schrift maßgeblich dafür, ob ein Einwirken im Sinne des § 89 vorliegt. Vielmehr sind daneben auch alle anderen Umstände der Tat zu berücksichtigen, etwa das Verteilen des Propagandamittels begleitende mündliche Losungen oder das Auftreten für eine Organisation, die dem Schutzzweck des § 89 zuwiderlaufende Ziele verfolgt (BGH bei Holtz MDR **1977** 281 f; BGH NStZ **1988** 215).[5]

6 b) **Planmäßigkeit.** Die Einwirkung muss planmäßig, also überlegt erfolgen und vorbereitet sein. Spontane Äußerungen des Unwillens werden vom Tatbestand daher nicht erfasst.[6]

III. Subjektiver Tatbestand

7 Bezüglich des planmäßigen Einwirkens und der Eigenschaft des Adressaten der Beeinflussung als Angehöriger der Bundeswehr oder eines öffentlichen Sicherheitsorgans genügt **bedingter Vorsatz.**[7] Darüber hinaus erfordert die subjektive Tatseite beim Täter – nicht dagegen beim Gehilfen (BGHSt **17** 215, 218; zum Teilnehmer s. Rdn. 14) – eine **doppelte Absicht:**

8 1. **Absicht, die pflichtgemäße Schutzbereitschaft zu untergraben.** Der Täter muss mit der Absicht handeln, die pflichtgemäße Bereitschaft von Angehörigen der Bundeswehr oder öffentlicher Sicherheitsorgane zum Schutz der Sicherheit der Bundesrepublik Deutschland oder der verfassungsmäßigen Ordnung zu untergraben.

9 a) **Sicherheit der Bundesrepublik Deutschland.** Der Begriff der Sicherheit der Bundesrepublik Deutschland umfasst die **äußere und innere Sicherheit** (vgl. § 92 Abs. 3 Nr. 2). Während man unter äußerer Sicherheit einen Zustand relativer Ungefährdetheit gegenüber fremden Staaten versteht, wird die innere Sicherheit als ein Zustand relativer Ungefährdetheit von Bestand und Verfassung gegenüber gewaltsamen Aktionen innerstaatlicher Kräfte begriffen (*Schroeder* S. 391 f). Unter **verfassungsmäßiger Ordnung** ist hier entsprechend der Verwendung dieses Begriffes in Art. 2 Abs. 1 GG der Inbegriff aller for-

---

[5] *Steinmetz* MK Rdn. 6; zweifelnd *Paeffgen* NK Rdn. 6.

[6] *Sonnen* AK Rdn. 26; *Steinmetz* MK Rdn. 9; *Rudolphi* SK Rdn. 5; *Paeffgen* NK Rdn. 5 u. 7 verlangt zudem, dass Einwirkungshandlung auf eine gewisse Dauer angelegt ist; dies folge aus dem Zusammenspiel der Worte „planmäßig" und „einwirken".

[7] **AA** *Paeffgen* NK Rdn. 11, der dolus directus 2. Grades verlangt.

mellen und materiellen Verfassungsnormen und -einrichtungen des Bundes und der Länder zu verstehen (vgl. BVerfGE **6** 32, 37 ff; **90** 145, 171 ff), deren Schutz Aufgabe der Bundeswehr und der öffentlichen Sicherheitsorgane ist (vgl. zu ähnlichen Begriffen § 81 Rdn. 6 ff und § 86 Rdn. 4).

b) **Untergrabungsabsicht.** Mit Untergrabungsabsicht im Sinne der Vorschrift handelt derjenige, dem es darauf ankommt, die pflichtgemäße Dienstbereitschaft allgemein zu beseitigen, zu ändern oder zu erschüttern (BGHSt **4** 291, 292; **6** 64, 66; **18** 151, 155; BGH NStZ **1988** 215), den Angesprochenen in seinem Pflichtbewusstsein wankend zu machen oder einen Geist der Widersetzlichkeit und Unwilligkeit zu erzeugen (*Sch/Schroeder/Stree/Sternberg-Lieben* Rdn. 12). Unerheblich ist es, ob daneben noch andere Ziele verfolgt werden.[8] Es reicht nicht aus, wenn nur ein pflichtwidriges Verhalten im Einzelfall erstrebt wird (BGHSt **6** 64). Andererseits genügt es, wenn der Täter einem Angehörigen des geschützten Personenkreises zwar lediglich eine pflichtwidrige Einzelhandlung ansinnt, damit aber zugleich dessen Pflichtgefühl schlechthin erschüttern will (vgl. BGHSt **6** 64).[9] Wendet sich der Täter aus Anlass oder zur Verhinderung einer ihm bedenklich erscheinenden Einzelmaßnahme an eine der geschützten Personen (vgl. BGH bei Wagner GA **1961** 3 Nr. 5), ist daher besonders sorgfältig zu prüfen, ob es ihm nur um einen Protest gegen die einzelne Maßnahme oder um weiterreichendere Ziele geht (vgl. BGH NStZ **1988** 215: Aufforderung, das Gelöbnis nach § 9 Abs. 2 SoldatenG zu verweigern).[10] 10

c) **Pflichtgemäße Schutzbereitschaft.** Der Täter muss die pflichtgemäße Schutzbereitschaft untergraben wollen. Die Aufforderung zu einem nicht pflichtwidrigen Tun bleibt daher grundsätzlich ebenso straflos wie Kritik an Einzelmaßnahmen der Verteidigungspolitik oder der Arbeit der öffentlichen Sicherheitsbehörden (s. näher *Schroeder* S. 460; *Sonnen* AK Rdn. 30). Von diesem Grundsatz ist auch bei Beantwortung der Frage auszugehen, ob die Werbung für Wehrdienstverweigerung vom Tatbestand erfasst wird. Auch aktive Soldaten sind noch zur Verweigerung des Wehrdienstes berechtigt (vgl. § 2 Abs. 3 S. 1, § 9 Abs. 1 S. 1 KDVNG). Machen sie von diesem Recht Gebrauch, handeln sie daher nicht pflichtwidrig. Wer daher aus allgemeiner pazifistischer Überzeugung oder auch nur aus Protest gegen eine bestimmte verteidigungspolitische Konzeption Bundeswehrangehörige zu einer Gewissenserforschung anhält oder auffordert, ob sie allgemein oder unter den konkreten Umständen die weitere Ableistung des Wehrdienstes noch mit ihrem Gewissen vereinbaren können, hält sich im Rahmen der grundgesetzlich verbürgten Meinungsäußerungsfreiheit (Art. 5 Abs. 1 S. 1 GG), die insoweit nicht durch § 89 beschränkt wird (Art. 5 Abs. 2 GG). In diesen Fällen wird es im Übrigen generell an dem von § 89 geforderten absichtlichen Einsatz für Bestrebungen gegen den Bestand oder die Sicherheit der Bundesrepublik Deutschland oder gegen Verfassungsgrundsätze fehlen. 11

Daraus ergibt sich aber auch die durch § 89 der Meinungsäußerungsfreiheit (vgl. § 90a Rdn. 23 ff) gezogene Grenze. Geht es dem Täter gar nicht um die Gewissensentscheidung des oder der angesprochenen Soldaten im Sinne des Art. 4 Abs. 3 GG, sondern dient der Pazifismus oder auch der Streit um das richtige Verteidigungskonzept lediglich als Deckmantel, unter dem sich in Wirklichkeit Bestrebungen der genannten Art verbergen, sind die der Meinungsäußerungsfreiheit durch § 89 gezogenen Grenzen überschritten.[11]

---

8 BGHSt **18** 151 ff.
9 AA *Paeffgen* NK Rdn. 14.
10 Kritisch *Paeffgen* NK Rdn. 14.
11 *Jescheck* NZWehrR **1961** 121, 123 ff; *Rudolphi* SK Rdn. 7; vgl. auch *Schwenck* NZWehrR **1969** 134; *Sonnen* AK Rdn. 31; *Paeffgen* NK Rdn. 16.

12 2. **Die Absicht, sich für Bestrebungen gegen den Bestand oder die Sicherheit der Bundesrepublik Deutschland oder gegen Verfassungsgrundsätze einzusetzen,** ist darüber hinaus erforderlich. S. hierzu im Einzelnen § 92 Abs. 3 sowie § 87 Rdn. 18 und § 88 Rdn. 9.

Gegen den Grundsatz der Verantwortlichkeit der Regierung gegenüber der Volksvertretung (§ 92 Abs. 2 Nr. 4) verstößt die Forderung, die Bundeswehr unter Übernahme der Befehlsgewalt durch die „werktätige Bevölkerung" durch eine „Volksmiliz" zu ersetzen (BGH JR **1977** 28 mit Anm. *Schroeder,* der diese Subsumtion als mutig bezeichnet, aber einen Verstoß gegen den Grundsatz des § 92 Abs. 2 Nr. 1 bejaht, vgl. § 92 Rdn. 6).

IV. Versuch

13 Die Strafbarkeit folgt aus **Absatz 2**. Da es sich bei der Tathandlung nach § 89 der Sache nach um eine versuchte Anstiftung handelt (s. Rdn. 2), ist die Strafbarkeit ins Vorbereitungsstadium vorverlagert. Um eine Überdehnung des Tatbestandes zu vermeiden, sind daher an die Annahme der Voraussetzungen eines Versuchs strenge Anforderungen zu stellen.[12] Zu denken ist insbesondere an die Fälle, in denen die Einwirkungshandlung bzw. das Einwirkungsmittel die vorgestellten Adressaten nicht erreicht.[13]

V. Teilnahme

14 Anstiftung und Beihilfe sind wie bei den §§ 87, 88 möglich. Die Absichtsmerkmale brauchen beim Teilnehmer nicht vorzuliegen (Rdn. 7; § 87 Rdn. 19; § 88 Rdn. 8). Der Teilnehmer muss mit mindestens bedingtem Vorsatz billigend in Kauf nehmen, dass beim Täter die subjektiven Voraussetzungen vorliegen.

VI. Geltungsbereich

15 S. § 5 Nr. 3a.

VII. Strafrahmen

16 Die Strafe ist Freiheitsstrafe bis zu fünf Jahren oder Geldstrafe. Bei geringer Schuld des Täters kann das Gericht von einer Bestrafung nach § 89 absehen (Absatz 3 i. V. m. § 86 Abs. 4). Handelt der Täter in sicherheitsgefährdender Absicht, so darf strafschärfend berücksichtigt werden, dass er zugleich auch einen Verfassungsgrundsatz angreifen will. Doch genügt insoweit nicht die Feststellung einer irgendwie gegen die Verfassung gerichteten subjektiven Tendenz. Erforderlich ist vielmehr eine Zielsetzung, die sich als gegen die in § 92 Abs. 2 Nr. 1 bis 6 genannten Grundsätze eindeutig einordnen lässt (BGH JR **1977** 28 mit Anm. *Schroeder*).

---

[12] *Steinmetz* MK Rdn. 15; *Paeffgen* NK Rdn. 19; *Sch/Schröder/Stree/Sternberg-Lieben* Rdn. 14.

[13] Ähnlich *Sonnen* AK Rdn. 37; *Rudolphi* SK Rdn. 9; enger und entgegen BGHSt **36** 68, 73 *Sch/Schröder/Stree/Sternberg-Lieben* Rdn. 14.

VIII. Nebenfolgen und Einziehung

S. §§ 92a, 92b. 17

IX. Verjährung

Es gilt § 78 Abs. 3 Nr. 4. Auch wenn die Tat durch Verbreitung von Druckschriften 18
begangen wird, hat das Presserecht der Landespressegesetze keinen Einfluss auf deren Verjährung. Es handelt sich bei § 89 nicht um ein Presseinhaltsdelikt, weil wesentlicher Gesichtspunkt für die Strafbarkeit der Tat nicht der Inhalt der Druckschrift, sondern deren Verbreitung an einen bestimmten Personenkreis ist.[14]

X. Konkurrenzen

Tateinheit ist möglich mit §§ 86, 86a, 90a, 90b, 109d, ferner mit Anstiftung oder ver- 19
suchter Anstiftung zu einer Straftat, die der der Einwirkung ausgesetzte Angehörige der Bundeswehr oder eines öffentlichen Sicherheitsorgans begehen sollte. Durch Taten nach §§ 81 bis 83 wird § 89 verdrängt. Zu **Mehrfachhandlungen** § 84 Rdn. 32 ff.

XI. Parteienprivileg; Opportunitätsprinzip; Recht des Einigungsvertrages

Zum **Parteienprivileg** s. Vor § 80 Rdn. 25 ff; zur Anwendbarkeit des **Opportunitäts-** 20
prinzips §§ 153b, 153d, 153e StPO; zum **Recht des Einigungsvertrages** s. Vor § 80 Rdn. 37.

XII. Anwendbarkeit auf nichtdeutsche NATO-Truppen

Die Vorschrift gilt auch zum Schutz der in der Bundesrepublik Deutschland stationierten 21
nichtdeutschen NATO-Truppen (Art. 7 Abs. 2 Nr. 2 des 4. StrÄndG; s. Vor § 80 Rdn. 35).

§ 90
Verunglimpfung des Bundespräsidenten

(1) Wer öffentlich, in einer Versammlung oder durch Verbreiten von Schriften (§ 11 Abs. 3) den Bundespräsidenten verunglimpft, wird mit Freiheitsstrafe von drei Monaten bis zu fünf Jahren bestraft.

(2) In minder schweren Fällen kann das Gericht die Strafe nach seinem Ermessen mildern (§ 49 Abs. 2), wenn nicht die Voraussetzungen des § 188 erfüllt sind.

(3) Die Strafe ist Freiheitsstrafe von sechs Monaten bis zu fünf Jahren, wenn die Tat eine Verleumdung (§ 187) ist oder wenn der Täter sich durch die Tat absichtlich für

---

[14] BGHSt **27** 353, 354; RGSt. **66** 145, 146; OLG Hamburg NJW **1965** 2168; BayObLGSt **1962** 171; zum Presseinhaltsdelikt s. allg. *Franke* GA **1982** 404; *Sonnen* AK Rdn. 29; *Steinmetz* MK Rdn. 18; *Paeffgen* NK Rdn. 23.

Bestrebungen gegen den Bestand der Bundesrepublik Deutschland oder gegen Verfassungsgrundsätze einsetzt.

(4) Die Tat wird nur mit Ermächtigung des Bundespräsidenten verfolgt.

Entstehungsgeschichte

Der Tatbestand, der sein Vorbild in den Entwürfen von 1925 und 1927 in Vorschriften zum Schutz des Reichspräsidenten hatte, wurde durch das 1. StrÄndG (Vor § 80 Rdn. 7) als § 95 in das StGB eingefügt. Er erfasste nicht nur die Verunglimpfung des Bundespräsidenten, sondern auch das Auffordern hierzu. Durch das 8. StrÄndG (Vor § 80 Rdn. 12 bis 17), das die Vorschrift in § 90 umbenannte, wurde die letztgenannte Tatvariante gestrichen. Insoweit ist über die §§ 26 und 111 ein ausreichender strafrechtlicher Schutz vorhanden. Im Übrigen brachten das 8. StrÄndG und später das EGStGB vom 2. März 1974 (BGBl. I 469; 1975 I 1916; 1976 I 507) nur redaktionelle Veränderungen. Zuletzt wurde Absatz 2 durch das 6. StrRG (Vor § 80 Rdn. 18) technisch geändert.

Übersicht

I. Zweck der Vorschrift

1 Die Vorschrift richtet sich gegen die Verunglimpfung des Bundespräsidenten.[1] Sie erweist der Würde des protokollarisch höchsten Amtes und dessen Inhabers Reverenz. **Schutzgut** ist das **Amt und die Person des Bundespräsidenten während der jeweiligen Amtszeit** (BGHSt **16** 338). Vielleicht wegen seiner – im Vergleich zum Reichspräsidenten der Weimarer Reichsverfassung – weitgehend entmachteten Stellung, seiner (vorrangig) auf Präsenz, Anteilnahme und Redemacht beschränkten Einflusssphäre im politischen Machtgefüge (aber auch entscheidender Zuständigkeiten bei einzelnen Fragen, die der Bundespräsident unabhängig von politischer Einflussnahme zu treffen hat), ist der Schutz der Ehre des Bundespräsidenten von besonderer Bedeutung. Die Vorschrift steht nicht nur äußerlich an der Spitze der drei Tatbestände, die den „Ehrenschutz" des Staates,

---

[1] Kritisch *Liourdi* S. 269 ff.

seiner Organe und Symbole zum Gegenstand haben. Der besondere Symbolcharakter des Amtes und die hervorgehobene Organstellung des Bundespräsidenten, die von seiner Eigenschaft als Privatperson kaum zu trennen ist, haben ihr ein besonderes sachliches Gewicht gegeben. Dieses hat im Grad der Vorverlegung des Strafschutzes und der Höhe der Strafdrohung ihren Ausdruck gefunden (BGHSt **11** 11, 13). Man kann deshalb sagen, dass in § 90 auch der persönliche Ehrenschutz des Bundespräsidenten weitgehend inbegriffen ist und sich mit dem Schutz des Ansehens der Bundesrepublik Deutschland als eines freiheitlichen Verfassungsstaates verbindet.[2] Denn nahezu jeder Angriff auf die private Ehre des Bundespräsidenten trifft diesen notwendig auch in seiner Autorität als Staatsoberhaupt. Nicht geschützt ist dagegen – nach dem insoweit eindeutigem Wortlaut – sein Vertreter nach Art. 57 GG, auch wenn er Befugnisse des Bundespräsidenten wahrnimmt.[3] Dies folgt aus dem Wortlaut, der Entstehungsgeschichte und dem Charakter des § 90 als Sondervorschrift. Zudem gewähren die §§ 185 ff dem Stellvertreter ausreichenden strafrechtlichen Schutz.

II. Objektiver Tatbestand

Tathandlung ist das Verunglimpfen des Bundespräsidenten, soweit es öffentlich, in einer Versammlung oder durch Verbreiten von Schriften erfolgt. **2**

1. Verunglimpfen. Unter Verunglimpfen ist eine nach Form, Inhalt, Begleitumständen oder Beweggrund **erhebliche Ehrenkränkung im Sinne der §§ 185 ff** zu verstehen. Weniger gewichtigere Entgleisungen verwirklichen den Tatbestand noch nicht.[4] Sie sind nicht geeignet, das Staatsoberhaupt in seiner von § 90 geschützten Stellung als Repräsentant des Staates zu treffen. Insoweit genügt der übrige gesetzliche Ehrenschutz (§§ 185 ff). Im Übrigen ist aber auch die Stellung des Bundespräsidenten im politischen Leben zu berücksichtigen. Politische Kritik, sei es auch in harter Form, muss auch gegenüber dem Bundespräsidenten erlaubt sein.[5] Denn die freie auch polemische Meinungsäußerung (zum Einfluss der Grundrechte § 90a Rdn. 22 ff und § 90b Rdn. 4) ist ein zentral notwendiges Potential zur Ausübung von Demokratie (BVerfGE **5** 85, 205). § 90 greift erst dann ein, wenn nicht mehr die politische Auseinandersetzung mit der Amtsführung des Bundespräsidenten im Vordergrund steht, sondern eine politische und personale schwerwiegende Diskreditierung des Amtes oder der Person des Bundespräsidenten den Angriff beherrscht (vgl. BGHSt **16** 338, 340). **3**

2. Wahrheitsbeweis. Erfolgt die Ehrverletzung durch eine Tatsachenbehauptung, so ist der Wahrheitsbeweis nach § 186 zulässig.[6] Dies ist wegen des Schutzzwecks der Norm nicht unproblematisch. Denn über den Wahrheitsbeweis kann die Ehre und das Ansehen des Amtes in Mitleidenschaft gezogen werden, wie das Verfahren um die sexuellen Eskapaden von US-Präsident Clinton belegt.[7] **4**

---

[2] *Sonnen* AK Rdn. 18; *Steinmetz* MK Rdn. 4; *Paeffgen* NK Rdn. 2; *Sch/Schröder/Stree/Sternberg-Lieben* Rdn. 1; *Rudolphi* SK Rdn. 2.

[3] *Steinmetz* MK Rdn. 6; **aA** *Liourdi*, S. 205; *Tröndle/Fischer* Rdn. 2 unter zu weitgehender Auslegung von BGHSt **16** 338.

[4] BGHSt **12** 364; **16** 338, 339; BayObLG JZ **1951** 786; OLG Hamm GA **1963** 28 f; OLG Frankfurt NJW **1984** 1128, 1129.

[5] BGHSt **16** 338 340; *Steinmetz* MK Rdn. 8; *Paeffgen* NK Rdn. 4; *Rudolphi* SK Rdn. 3.

[6] *Steinmetz* MK Rdn. 9; *Paeffgen* NK Rdn. 4; *Sch/Schröder/Stree/Sternberg-Lieben* Rdn. 2.

[7] *Paeffgen* NK Rdn. 4.

5 3. **Tatmodalitäten.** Mit der weiteren tatbestandlichen Voraussetzung, dass das Verunglimpfen **„öffentlich, in einer Versammlung oder durch Verbreiten von Schriften“** erfolgen muss, wird eine weitere Einschränkung des Tatbestandes erstrebt. Sie zielt darauf ab, nur solche Äußerungen zu erfassen, die ein gewisses Aufsehen erregt haben und die bloße Mundpropaganda von Person zu Person (Flüsterwitze) auszuscheiden. Dieser Zweck ist bei der Auslegung der genannten Tatbestandsmerkmale bestimmend.

6 a) **Öffentlich.** Das RG hat den Begriff „öffentlich“, der beispielsweise in den §§ 80a, 86a, 90a, 90b, 140, 166, 186 und 200 im gleichen Sinne (vgl. § 86a Rdn. 19; auch *Laufhütte* LK[11] § 183a Rdn. 3) wie in § 90 verwendet wird, auf Grundlage seiner ständigen Rechtsprechung dahin erläutert, dass „unbestimmt welche und wie viele Personen der Tat beiwohnen und sie wahrnehmen oder wenigstens wahrnehmen können“ (RGSt **72** 67, 68; **73** 90). RGSt **57** 343, 344 hat dies verständlicher formuliert. Danach ist nicht die Öffentlichkeit des Ortes der Äußerung entscheidend, sondern es kommt vielmehr darauf an, dass eine nach Zahl und „Individualität“ nicht bestimmte Mehrheit von Personen die Äußerung verstehen konnte. Wesentlich ist daher, dass die Art der Äußerung ihre Wahrnehmbarkeit für einen größeren, durch persönliche Beziehungen nicht zusammenhängenden Personenkreis begründet (RGSt **65** 112, 113). Demgegenüber fehlt es an der Öffentlichkeit, wenn die Äußerung des Täters auf die Wahrnehmung durch eine einzelne Person oder einen engeren, untereinander verbundenen Personenkreis beschränkt ist oder beschränkt bleiben soll (RGSt **21** 254, 256). Dies kann der Fall sein bei den im Aufenthaltsraum eines Krankenhauses anwesenden Patienten (OLG Hamm GA **1980** 222, 224), *nicht* aber beispielsweise bei den Betriebsangehörigen eines großen Werkes (RGSt **44** 132, 133 f; **54** 88, 89 f), den Postbeamten (RG HRR **1932** Nr. 1798), den Bewohnern einer Ortschaft (*Schroeder* GA **1964** 225, 231), den Mitgliedern eines großen Vereins (RGSt **40** 262, 263), den Mietwagenbesitzern mit Funkanlage (OLG Celle MDR **1966** 347) oder auch, bei entsprechender Größe der Veranstaltung, bei den Teilnehmern an der Generalversammlung einer Aktiengesellschaft.

7 aa) **Größerer Personenkreis.** Aus dem tatbestandseinschränkenden Zweck des Merkmals *öffentlich* folgt, dass bei der Anwesenheit lediglich mehrerer, d.h. mindestens zweier Personen (vgl. RGSt **16** 173), noch nicht von einem größeren Personenkreis im dargestellten Sinne die Rede sein kann (OLG Hamm GA **1980** 222, 223).[8] Auf der anderen Seite ist zu beachten, dass keine Menschenmenge wie im Falle des früheren § 110 gefordert ist. Man wird daher von einer Personenmehrheit auszugehen haben, deren Zahl sich nicht mehr ohne weiteres mit einem Blick sicher feststellen lässt.

8 bb) **Die Öffentlichkeit des Ortes** ist bei mündlichen Äußerungen, auch nach der Rechtsprechung des RG, allenfalls rein tatsächlich von Bedeutung, rechtlich jedoch ohne Belang. Es spielt demnach im Gegensatz zu § 183 a.F. (BGHSt **11** 282, 285) auch keine Rolle, ob die anwesenden Personen nach den gegebenen Umständen weiteren Zuzug erhalten könnten oder nicht (OLG Hamm GA **1980** 222, 223 zu § 140 Nr. 2). Dagegen kommt es bei einem optischen Zugänglichmachen der Äußerung, insbesondere also in Fällen des Plakatierens, darauf an, dass dies an einem allgemein oder doch – wie etwa in Kasernen oder Schulen – für einen großen Personenkreis zugänglichen Ort geschieht (vgl. auch § 86 Rdn. 26).

---

8 *Paeffgen* NK Rdn. 6 verlangt mindestens fünf Personen.

cc) **Beispiele.** Der Auffassung, dass öffentliche Begehung auch durch Absenden einer Postkarte möglich sei (RG HRR **1932** Nr. 1798; OLG Kiel JW **1931** 2523, 2524 mit Anm. *Engelhard*) kann nicht gefolgt werden, weil bei der Beantwortung der Frage, ob Dritte Kenntnis nehmen können, Möglichkeiten ausscheiden müssen, deren Verwirklichung nur unter besonders ungewöhnlichen Umständen denkbar ist (so richtig RGSt 37 289, 290 für das Beispiel der Versendung einer beleidigenden Drucksache). Es ist sicher nicht die Regel, dass der Postbote von ihm ausgetragene Postkarten liest. Ebenso kann *Schroeder* GA **1964** 225, 231 bereits nach der Ratio des Gesetzes nicht zugestimmt werden, wenn er es als öffentliche Begehung gelten lassen will, dass der Täter die Äußerung auf Grund eines Gesamtvorsatzes vielen Einzelnen nacheinander mitteilt. Dagegen wird eine Äußerung über Sprechfunk auf der von einer unbestimmten Vielzahl von Personen empfangenen Frequenz als öffentlich im erörterten Sinne anzusprechen sein (OLG Celle MDR **1966** 347). 9

b) **In einer Versammlung.** Die auf eine Versammlung abstellende Variante überschneidet sich mit der öffentlichen Tatbegehung und findet ihren besonderen Sinn in der sog. geschlossenen Versammlung (Betriebsversammlung, Mitgliederversammlung eines Vereins u. dgl.), wo die öffentliche Tatbegehung zweifelhaft sein kann (RGSt **57** 343, 344). Versammlung ist eine räumlich vereinigte Personenmehrheit, deren Zusammentreten auf gemeinsamen bewussten Zwecken und Zielen, also auf einem gemeinsamen Willen, beruht (RGSt **21** 71, 73; **29** 161, 165; vgl. § 86a Rdn. 20). Es kann sich dabei auch um künstlerische oder wissenschaftliche Veranstaltungen handeln, private Feste oder sonstige Zusammenkünfte privater Art scheiden dagegen aus.[9] Ein Versammlungsleiter ist nicht erforderlich, überhaupt ist jede Form von Organisation entbehrlich (RGSt **21** 71, 73; OLG Hamburg GA **1965** 155). 10

aa) **Mindestteilnehmerzahl.** Keine allgemein gültige Antwort lässt sich auf die Frage geben, welche Mindestteilnehmerzahl vorhanden sein muss, um eine Versammlung im Sinne des § 90 bejahen zu können. Zwar wird zum VersammlungsG die Ansicht vertreten, dass zwei Personen zwar noch nicht ausreichen,[10] eine Gruppe von drei Personen dagegen bereits eine Versammlung darstellen kann.[11] Demgegenüber ist jedoch zu betonen, dass die Frage nicht einhellig für alle Vorschriften zu beantworten ist, in denen der Begriff *Versammlung* Verwendung findet.[12] Vielmehr ist auf den jeweiligen Gesetzeszweck und den Gesetzeszusammenhang abzustellen. Für § 90 bedeutet dies, dass die Variante *Versammlung* in der Qualität und Größenordnung der Varianten „öffentlich“ und „Verbreiten von Schriften“ zu sehen ist. Denn die Idee ist die Multiplikation der Nachricht durch eine beachtliche, nicht notwendig unüberschaubare, Personenvielfalt.[13] Deshalb sind z. B. Sitzungen eines Vereinsvorstands, die von vornherein auf einen kleinen Personenkreis begrenzt sind, nicht als Versammlung im Sinne der Vorschrift zu werten. 11

---

9 **AA** *Paeffgen* NK Rdn. 8.

10 OLG Düsseldorf JR **1982** 299, 300 mit Anm. *Merten*.

11 BayObLGSt **1965** 155, 157; BayObLG NJW **1979** 1895, 1896; OLG Hamburg MDR **1965** 319; OLG Köln MDR **1980** 1040; *Erbs/Kohlhaas/Meyer* § 1 VersG Rdn. 23.

12 OLG Koblenz MDR **1981** 600, 601; LG Bonn MDR **1974** 947; AG Tiergarten JR **1977** 207, 208.

13 *Paeffgen* NK Rdn. 8 setzt eine Anzahl von circa zehn Personen voraus.

12 **bb) Möglichkeit der Aufnahme der Äußerung.** Dass die Äußerung bloß räumlich in der Versammlung getan ist, genügt nicht. Sie muss in kleineren Versammlungen allgemein und in größeren mindestens von einem entsprechenden Teil der Versammelten aufgenommen und verstanden werden können (RGSt 57 343, 344).

13 c) **Das Verbreiten von Schriften** bildet die dritte mögliche Modalität der Tatbegehung. Zum Begriff des Verbreitens s. § 86 Rdn. 19 ff; zum Begriff der Schriften (§ 11 Abs. 3) vgl. die Erläuterungen zu § 11.

III. Subjektiver Tatbestand

14 Es genügt bezüglich aller Tatbestandsmerkmale **bedingter Vorsatz.** Bei **Absatz 3 Alt. 2** muss sich der Täter darüber hinaus **absichtlich** für rechtsstaats- oder sicherheitsgefährdende Bestrebungen einsetzen (§ 89 Rdn. 12).

IV. Geltungsbereich

15 S. § 5 Nr. 3b. Die im Ausland begangene Tat ist unabhängig vom Recht des Tatorts strafbar, auch wenn der Täter Ausländer ist.

V. Strafrahmen

16 Der Regelstrafrahmen des Absatzes 1 sieht Freiheitsstrafe von drei Monaten bis zu fünf Jahren vor. In minder schweren Fällen (Absatz 2) kann das Gericht die Strafe gemäß § 49 Abs. 2 mildern. Dies gilt jedoch nicht, wenn die Verunglimpfung zugleich die tatbestandlichen Voraussetzungen des § 187a erfüllt.

VI. Qualifikationstatbestand des Absatzes 3

17 Absatz 3 enthält einen mit einer Anhebung der Mindeststrafandrohung verbundenen selbständigen Qualifikationstatbestand, nicht nur bloße Strafschärfungsmerkmale (BGHSt 32 332 zu § 90a Abs. 3). Er droht Freiheitsstrafe von sechs Monaten bis zu fünf Jahren für den Fall an, dass sich die Tat als Verleumdung darstellt (§ 187) oder der Täter sich durch die Tat absichtlich für Bestrebungen gegen den Bestand der Bundesrepublik Deutschland oder gegen Verfassungsgrundsätze einsetzt. Zu letzterem s. im Einzelnen § 92 Abs. 3 sowie § 87 Rdn. 18, § 88 Rdn. 9 und § 89 Rdn. 12.

VII. Teilnahme, Nebenfolgen und Einziehung

18 Teilnahme ist grundsätzlich möglich (§ 90b Rdn. 8). Zu Nebenfolgen und Einziehung s. §§ 92a, 92b. § 200, der durch § 90 nicht verdrängt wird, eröffnet eine Befugnis zur Bekanntgabe der Verurteilung.[14]

---

14 *Steinmetz* MK Rdn. 16.

VIII. Strafverfolgungsermächtigung des Absatzes 4

Die Tat kann nach Absatz 4 nur mit **Ermächtigung des Bundespräsidenten** verfolgt werden. Die Entscheidung, ob die Ermächtigung zu erteilen sei, muss der Bundespräsident persönlich – auch wenn er nicht mehr im Amt ist – treffen.[15] Die Meinung *Schlichters* GA **1966** 353, 360 f (so auch *Paeffgen* NK Rdn. 14), dass bei längerer Verhinderung der Präsident des Bundesrats als der nach Art. 57 GG berufene Vertreter sowie nach Ablauf der Amtszeit der Nachfolger im Amt zur Strafverfolgung ermächtigen könne, ist abzulehnen (vgl. BGHSt **29** 282 zu § 90b Abs. 2). Denn die persönliche Entscheidung ist nicht ersetzbar.[16] Der Hinweis darauf, dass für die Vorschrift der Schutz des repräsentativen Amtes durchaus im Vordergrund stehe, kann nicht verfangen, weil das Ermächtigungserfordernis den Sinn hat, dem Berechtigten die Vermeidung von Strafverfahren zu ermöglichen, an deren Durchführung er kein Interesse hat. Dieses Ermessen muss ihm vorbehalten sein und darf nicht durch andere durchkreuzt werden können. Der Bundespräsident behält deshalb diese Befugnis auch dann, wenn seine Amtszeit abgelaufen ist (und er, was zur Klarstellung angefügt sei, für neuerliche Angriffe aus § 90 keinen Strafschutz mehr genießt). Zur Ermächtigung s. im Übrigen § 77e. **19**

IX. Konkurrenzen

Die §§ 185 bis 187a werden durch § 90 verdrängt (BGHSt **16** 338, 341). Im Übrigen kommt Tateinheit mit anderen Äußerungsdelikten des Titels in Betracht (§§ 83, 86, 90a, 90b). Die §§ 190, 192 und 193 bleiben anwendbar. **20**

X. Opportunitätsprinzip; Zuständigkeit; Recht des Einigungsvertrages

Zur Anwendbarkeit des **Opportunitätsprinzips** vgl. §§ 153d, 153e StPO, zur **Zuständigkeit** § 84 Rdn. 39; zum **Recht des Einigungsvertrages** vgl. Vor § 80 Rdn. 37. Bei der Strafverfolgung sind die Nrn. 202 bis 209 und 211 RiStBV zu beachten. **21**

§ 90a
Verunglimpfung des Staates und seiner Symbole

(1) Wer öffentlich, in einer Versammlung oder durch Verbreiten von Schriften (§ 11 Abs. 3)

1. die Bundesrepublik Deutschland oder eines ihrer Länder oder ihre verfassungsmäßige Ordnung beschimpft oder böswillig verächtlich macht oder

2. die Farben, die Flagge, das Wappen oder die Hymne der Bundesrepublik Deutschland oder eines ihrer Länder verunglimpft,

wird mit Freiheitsstrafe bis zu drei Jahren oder mit Geldstrafe bestraft.

(2) Ebenso wird bestraft, wer eine öffentlich gezeigte Flagge der Bundesrepublik Deutschland oder eines ihrer Länder oder ein von einer Behörde öffentlich angebrachtes

---

15 *Sonnen* AK Rdn. 28; *Steinmetz* MK Rdn. 18; *Sch/Schröder/Stree/Sternberg-Lieben* Rdn. 10.

16 Anders als bei Kenntnis von Straftaten durch den Dienstvorgesetzten: BGHSt **44** 209.

Hoheitszeichen der Bundesrepublik Deutschland oder eines ihrer Länder entfernt, zerstört, beschädigt, unbrauchbar oder unkenntlich macht oder beschimpfenden Unfug daran verübt. Der Versuch ist strafbar.

(3) Die Strafe ist Freiheitsstrafe bis zu fünf Jahren oder Geldstrafe, wenn der Täter sich durch die Tat absichtlich für Bestrebungen gegen den Bestand der Bundesrepublik Deutschland oder gegen Verfassungsgrundsätze einsetzt.

Schrifttum

Beisel Die Kunstfreiheit des Grundgesetzes und ihre strafrechtlichen Grenzen (1997); *Bemmann* Meinungsäußerungsfreiheit und Strafrecht (1981); *Bull* Freiheit und Grenzen des politischen Meinungskampfes, Festschrift 50 Jahre Bundesverfassungsgericht (2001) Bd. 2, 163; *Burkiczak* Geschichte und Rechtsgrundlagen der deutschen Staatssymbole, Jura **2003** 806; *Buscher* Neuere Entwicklungen der straf- und ehrenschutzrechtlichen Schranken der Meinungsäußerungsfreiheit und der Kunstfreiheit, NVwZ **1997** 1057; *Dierksmeier* Die Würde der Kunst, JZ **2000** 883; *Erhardt* Kunstfreiheit und Strafrecht (1989); *Fuhr* Die Äußerung im Strafgesetzbuch (2001); *Grünwald* Meinungsäußerungsfreiheit und Strafrecht, KJ **1979** 291; *Gusy* Anmerkung zu BVerfG JZ 1990 635 und 638, JZ **1990** 640; *Hellenthal* Kein Gesetzesvorbehalt für Nationalhymne! NJW **1988** **1294**; *Henschel* Die Kunstfreiheit in der Rechtsprechung des BVerfG, NJW **1990** 1937; *Karpen/Hofer* Die Kunstfreiheit des Art. 5 III 1 GG in der Rechtsprechung seit 1985 – Teil 2, JZ **1992** 1060; *Krutzki* „Verunglimpfung des Staates und seiner Symbole" – Eine Dokumentation zu § 90a StGB, KJ **1980** 294; *Laitenberber/Bassier* Wappen und Flaggen der Bundesrepublik Deutschland und ihrer Länder (2000); *Last* Die Staatsverunglimpfungsdelikte: §§ 90 – 90b StGB (2000); *Niedermair* Tateinstellungsmerkmale als Strafbedürftigkeitskorrektive, ZStW **106** (1994) 388; *Rahe* Die Sozialadäquanzklausel des § 86 Abs. 3 StGB und ihre Bedeutung für das politische Kommunikationsstrafrecht (2002); *Roggemann* Der Schutz von Bären, Löwen und Adlern – zur Reichweite der §§ 90a und b StGB, JZ **1992** 934; *Schroeder* Probleme der Staatsverunglimpfung, JR **1979** 89; *Stegbauer* Rechtsextremistische Propaganda im Lichte des Strafrechts (2000); *Tröndle* Das Bundesverfassungsgericht und sein Umgang mit dem „einfachen Recht", Festschrift Odersky (1996) 259; *Tünnesen-Harmes/Westhoff* Wiedervereinigung und Nationalhymne, VR **1991** 73; *dies.* Hymne kraft Briefwechsels? NJ **1993** **60**; *Volk* Der Strafschutz für Staatssymbole und die Freiheit der Kunst, JR **1984** **441**; *Würkner* Anmerkung zu BVerfGE 77 240, NJW **1988** 327; *ders.* Was darf die Satire? JA **1988** 183; *ders.* Freiheit der Kunst, Persönlichkeitsrecht und Menschenwürdegarantie, ZUM **1988** 171; *Würtenberger* Vom strafrechtlichen Kunstbegriff, Festschrift Dreher (1977) 79; *ders.* Kunst, Kunstfreiheit und Staatsverunglimpfung, JR **1979** 309; *ders.* Karikatur und Satire aus strafrechtlicher Sicht, NJW **1982** 610; *ders.* Satire und Karikatur in der Rechtsprechung, NJW **1983** **1144**; *Zechlin* Kunstfreiheit, Strafrecht und Satire, NJW **1984** 1091; *Zöbeley* Zur Garantie der Kunstfreiheit in der gerichtlichen Praxis, NJW **1985** 254; *Zwiehoff* Der Schutz der Staatssymbole, in: *Bemmann/Manoledakis* (Hrsg.) Der strafrechtliche Schutz des Staates (1987) 107.

Entstehungsgeschichte

Der Tatbestand wurde vom 1. StrÄndG als § 96 in das StGB (Vor § 80 Rdn. 7) eingefügt. Das 8. StrÄndG (Vor § 80 Rdn. 12 bis 17) hat die Vorschrift in § 90a umbenannt und im ersten Absatz die Tatvariante des „Aufforderns" gestrichen. Insoweit greifen seither allenfalls die §§ 26 und 111 ein. Das 4. StrRG vom 23. November 1973 (BGBl. I 1725) und das EGStGB vom 2. März 1974 (BGBl. I 469; 1975 I 1916; 1976 I 507) brachten lediglich redaktionelle Änderungen.

Als Vorläufer der Vorschrift ist zum einen § 135 RStGB zu nennen, der den Schutz bestimmter Hoheitszeichen des Kaiserreiches bezweckte. Zum anderen sind die Strafvorschriften der Republikschutzgesetze zu erwähnen, die der Wahrung des Ansehens der

Weimarer Republik dienen sollten (insbesondere § 8 des Gesetzes zum Schutz der Republik vom 21. Juli 1921 – RGBl I 585; vgl. die umfassende Darstellung bei *Schroeder* Der Schutz von Staat und Verfassung im Strafrecht, S. 119 ff).

Übersicht

I. Zweck der Vorschrift

Zweck der Vorschrift ist vordergründig der Schutz des Ansehens der Bundesrepublik Deutschland, der Bundesländer, der verfassungsmäßigen Ordnung und bestimmter Staatssymbole gegen Herabwürdigungen.[1] Würde sich die Zielrichtung des § 90a jedoch auf den Schutz der „Staatsehre“ beschränken, so wäre in der Tat der gegen die Vorschrift vielfach geäußerten Kritik und der Forderung nach ihrer Abschaffung[2] beizupflichten. 1

[1] BVerfGE 47 198, 231; BGH NJW **1961** 1932; NStZ **2000** 643; OLG Frankfurt NJW **1984** 1128, 1130; *Schroeder* JR **1979** 89, 90; *Würtenberger* JR **1979** 309, 311 und NJW **1983** 1144, 1146 f.

[2] Siehe etwa AE Bes. Teil, Politisches Strafrecht (1968) zu §§ 95, 95a, 95b; *Backes* S. 180 ff; *Bemmann* S. 19; *Copic* Grundgesetz und politisches Strafrecht neuerer Art, S. 137, 153 f; *Schmitt-Glaeser* Mißbrauch und Verwirkung von Grundrechten im politischen Meinungskampf, S. 307 ff; *Grünwald* KJ **1979** 291, 296; *Krutzki* KJ **1980** 294, 314; *Sonnen* AK Rdn. 27;

Ob ein reiner „Ehrenschutztatbestand" zugunsten des Staates vor der Verfassung, insbesondere Art. 5 Abs. 1 GG, Bestand haben könnte und sich abgesehen hiervon im Hinblick auf ein „säkularisiertes" Staatsverständnis überhaupt noch rechtfertigen ließe, kann durchaus bezweifelt werden. Indes ist eigentliches **Ziel** des § 90a, wie sich schon aus § 90a Abs. 3 sowie der systematischen Stellung der Norm ergibt, **den Bestand der Bundesrepublik Deutschland, ihrer Länder und ihrer verfassungsmäßigen Ordnung zu gewährleisten.**[3] Da dieser auch dadurch gefährdet werden kann, dass sich durch die straflose Hinnahme von Schmähungen der in § 90a genannten Schutzgegenstände ein Klima der Nichtbeachtung des Staates und seiner Symbole ausbreiten kann,[4] lässt sich die weite Vorverlegung des strafrechtlichen Staatsschutzes in diesem Bereich rechtfertigen. Die Norm ist als **abstraktes Gefährdungsdelikt** ausgestaltet. Sie umfasst damit auch die Bestärkung bereits vorhandener Ansichten.

Die Konflikte, die sich aus dem Widerstreit dieser weit gezogenen strafrechtlichen Grenzen einerseits und den Grundrechten des einzelnen Bürgers – insbesondere aus Art. 5 GG – andererseits ergeben, sind durch verfassungskonforme Auslegung der Vorschrift im jeweiligen Einzelfall zu lösen (s. Rdn. 22 ff).[5]

II. Objektiver Tatbestand des Absatzes 1

2 Tathandlungen sind das Beschimpfen oder böswillige Verächtlichmachen der Bundesrepublik Deutschland, eines ihrer Länder oder ihrer verfassungsmäßigen Ordnung (Absatz 1 Nr. 1) oder das Verunglimpfen bestimmter staatlicher Symbole (Absatz 1 Nr. 2), wobei die Tat öffentlich, in einer Versammlung oder durch Verbreiten von Schriften begangen werden muss.

1. Schutzgegenstände des Absatzes 1 Nr. 1

3 a) **Bundesrepublik Deutschland und Bundesländer.** Nicht mit dem Wortlaut des Absatzes 1 Nr. 1 zu vereinbaren ist die zum Teil vertretene Ansicht,[6] die Bundesrepublik Deutschland sowie die Bundesländer seien nicht schlechthin als Staaten geschützt, sondern in ihrer besonderen Wesenheit und Gestalt als auf eine freiheitlich-demokratische Ordnung gegründetes Staatswesen; denn bei dieser Auslegung wäre der Schutzgegenstand „verfassungsmäßige Ordnung" jeder eigenständigen Bedeutung entkleidet.[7] Geschützt ist die Bundesrepublik Deutschland bzw. das jeweilige Bundesland als **Gesamtheit einer staatlichen Ordnung** (*Schroeder* JR **1979** 89, 90 f: „Sozialwesen").[8] Die Herab-

---

kritisch auch *Hellmer* H. Kaufmann-Gedächtnisschrift, S. 747, 755; *Zechlin* NJW **1984** 1091, 1092.

[3] OLG Frankfurt NJW **1984** 1128, 1130; *Schroeder* JR **1979** 89; *Würtenberger* JR **1979** 309, 311.

[4] BGH NStZ **1998** 408; **2000** 643.

[5] Vgl. zur Verfassungskonformität BVerfGE **47** 198, 232 f; BVerfG NJW **1999** 204, 205; kritisch *Paeffgen* NK Rdn. 2, wonach eine allgemeine Vermutung für die freie Rede spricht, die nur bei krassem Überwiegen der Unflätigkeit gegenüber der Sachkritik zurücktritt.

[6] BGHSt **6** 324, 325; BGH NJW **1961** 1932; BGH NJW **2000** 643; OLG Hamm NJW **1977** 1932; OLG Celle StV **1983** 284; *Lackner/Kühl* Rdn. 2; *Tröndle/Fischer* Rdn. 2.

[7] Zur Abgrenzung der Schutzgegenstände *Schroeder* JR **1979** 89, 90; vgl. auch *Würtenberger* JR **1979** 309, 311.

[8] *Sonnen* AK Rdn. 45 f; *Steinmetz* MK Rdn. 4; *Paeffgen* NK Rdn. 17; *Rudolphi* SK Rdn. 3.

würdigung lediglich der Regierung, der Verwaltung, eines Ministers oder eines für ein bestimmtes Sachgebiet zuständigen Beamten genügt daher nicht.[9] Zielt der Angriff aber über die unmittelbar attackierten Staatsorgane hinaus und will mittelbar auch das Staatswesen in seiner Gesamtheit treffen, so kann in diesen Fällen § 90a Abs. 1 Nr. 1 verwirklicht sein.[10] Jedoch ist bei der Annahme eines derartigen mittelbaren Angriffs mit der Anwendung von § 90a Abs. 1 Nr. 1 Zurückhaltung geboten.[11]

b) **Verfassungsmäßige Ordnung.** Unter dem Begriff der verfassungsmäßigen Ordnung **4** ist hier die auf der Verfassung beruhende und von dieser geprägte Rechtsordnung (vgl. BVerfGE **6** 32, 37ff) als Ganzes zu verstehen. Angriffe auf nur einzelne Rechtssätze oder Einrichtungen genügen daher nicht. Anders als bei § 81 Abs. 1 Nr. 2 (§ 81 Rdn. 6 ff) ist hier vorrangig der Schutz der Prinzipien und Grundsätze des freiheitlich-demokratischen Rechtsstaats im Sinne des Grundgesetzes bezweckt, nicht dagegen in erster Linie die konkrete Ausprägung, die diese Prinzipien in der Verfassungswirklichkeit in Form bestimmter staatlicher Organe oder Einrichtungen gefunden haben.[12] Von daher versteht es sich von selbst, dass eine Beschimpfung tatsächlich vorhandener verfassungswidriger Zustände vom Tatbestand nicht erfasst wird, und zwar auch nicht als Herabwürdigung der Bundesrepublik Deutschland oder eines ihrer Länder (*Schroeder* JR **1979** 89, 91). Letzteres könnte allenfalls bei wahrheitswidriger Behauptung des Bestehens verfassungswidriger Zustände vorliegen (*Schroeder* aaO).

2. Schutzgegenstände des Absatzes 1 Nr. 2

a) **Farben und Flaggen.** Die Farben und Flaggen der Bundesrepublik Deutschland und **5** ihrer Bundesländer ergeben sich aus Art. 22 GG[13] und den entsprechenden Bestimmungen der Landesverfassungen. Siehe hinsichtlich des Bundes:

- Anordnung des Bundespräsidenten über die deutschen Flaggen vom 7. Juni 1950 (BGBl. I 205);
- Erlass des Bundespräsidenten zur Ausführung der vorbezeichneten Anordnung vom 14. April 1964 (BGBl. I 285);
- Anordnung des Bundespräsidenten über die Stiftung der Truppenfahnen für die Bundeswehr vom 18. September 1964 (BGBl. I 817);
- Anordnung über die Dienstflagge der Seestreitkräfte vom 25. Mai 1956 (BGBl. I 447);
- Bekanntmachung des Bundespräsidenten betreffend das Bundeswappen und den Bundesadler vom 20. Januar 1950 (BGBl. I 26);
- Erlass des Bundespräsidenten über die Dienstsiegel vom 20. Januar 1950 (BGBl. I 26), mit Neufassung durch Erlaß vom 28. August 1957 (BGBl. I 1328);
- Erlass des Bundesminister des Innern über die Amtsschilder der Bundesbehörden vom 25. September 1951 (BGBl. I 927);
- BPräsFlaggAnO vom 25. Mai 1956 (BGBl. I 447);
- BWFahnAnO vom 18. September 1964 (BGBl. I 817);
- FlaggAnO vom 13. November 1996 (BGBl. I 1729).

---

[9] BGHSt **6** 324, 326; **7** 110, 111; **11** 11, 13; BGH NJW **1961** 1932, 1933; BGH NStZ **2000** 643, 644; OLG Celle StV **1983** 284.

[10] BGHSt **7** 110, 111 f; **11** 11, 14; BGH NJW **1961** 1932, 1933; BGH JZ **1963** 402, 403; BGH NStZ **2000** 643, 644; BGH NStZ **2002** 592, 593; OLG Köln GA **1972** 214, 215.

[11] BGHSt **11** 11, 13.

[12] Vgl. § 81 Rdn. 6 ff; *Steinmetz* MK Rdn. 5; *Sch/Schröder/Stree/Sternberg-Lieben* Rdn. 3; *Rudolphi* SK Rdn. 4.

[13] In Art. 3 WRV war bereits eine Regelung zur Nationalflagge enthalten.

Das BVerfG sieht den Schutz der **Flagge** nicht in Art. 22 GG, sondern als Sinnbild des Staatsgefühls und der freiheitlich-demokratischen Grundordnung verfassungsrechtlich verankert (BVerfGE **81** 278, 293).

6 b) **Wappen.** Nach dem eindeutigen Wortlaut des § 90a Abs. 1 Nr. 2 schützt die Vorschrift das Wappen der Bundesrepublik Deutschland, also den Bundesadler auf goldgelbem Grund mit Umrahmung, nicht dagegen den Bundesadler als solchen, wenn er nicht im Rahmen des Wappens verwendet wird.[14] Seine Verunglimpfung kann aber eine Beschimpfung oder Verächtlichmachung der Bundesrepublik Deutschland sein, § 90a Abs. 1 Nr. 1 (OLG Frankfurt NJW **1991** 117, 118).

7 c) **Nationalhymne.** Nach BVerfG (JZ **1990** 638, 640 mit Anm. *Gusy*) ist die Nationalhymne im Sinne des § 90a Abs. 1 Nr. 2 die dritte Strophe des Deutschlandliedes. Nur insoweit genießt die Nationalhymne strafrechtlichen Schutz[15] und Verfassungsrang. Zwar sei der diesbezügliche Briefwechsel zwischen Bundeskanzler und Bundespräsident aus dem Jahre 1952 (abgedruckt bei *Hellenthal* NJW **1988** 1294, 1297) nicht eindeutig, eine Einbeziehung der ersten beiden Strophen würde jedoch angesichts der jahrzehntelangen gegenteiligen Übung das Bestimmtheitsgebot des Art. 103 Abs. 2 GG verletzen.[16]

8 3. **Tathandlungen des Absatzes 1.** Begehungsformen sind das Beschimpfen, böswillig Verächtlichmachen und Verunglimpfen. Die vergleichende Auslegung der §§ 90 und 90a Abs. 1 (dazu BGHSt **11** 11, 12 ff) ergibt eine vom Gesetzgeber gewollte Abstufung dieser den Grad der Herabwürdigung kennzeichnenden Begriffe.

9 a) **Verunglimpfen (Nr. 2).** Unter Verunglimpfen (als die schwächste Begehungsform des Absatzes 1) versteht das Gesetz einen nach Form, Inhalt, Begleitumständen oder Beweggrund massiven Ehrangriff (s. im Einzelnen § 90 Rdn. 3). Daher greift bei der Herabwürdigung der Staatssymbole oder der Hymne durch bloße Saloppheiten oder Geschmacklosigkeiten Absatz 1 Nr. 2 noch nicht ein (BGH bei Wagner GA **1963** 361 Nr. 14).

10 aa) **Beispiele.** Ein Verunglimpfen kommt etwa in Betracht beim öffentlichen Verbrennen einer Flagge, beim Aufbringen eines Hakenkreuzes auf die Bundesfarben (BGH NJW **1970** 1693 f), bei einer Darstellung des hessischen Landeswappens in der Weise, dass der darin enthaltene Löwe einen Polizeihelm trägt und einen blutverschmierten Gummiknüppel schwingt (OLG Frankfurt NJW **1984** 1128, 1129; s. dazu auch BVerfG NJW **1985** 263 f), der bildlichen Darstellung einer „liebevollen Verbindung" von Bundesadler und Reichsadler mit Hakenkreuz (LG Frankfurt NJW **1989** 598; die Aufhebung dieser Entscheidung durch OLG Frankfurt NJW **1991** 117 beruhte darauf, dass der Bundesadler nicht im Bundeswappen dargestellt worden war, s. Rdn. 6), einer herabwürdigenden Entstellung des Textes der dritten Strophe (BVerfG JZ **1990** 638) des Deutschlandliedes (vgl. LG Baden-Baden NJW **1985** 2431) oder einer Fotomontage, die einen auf die Bundesflagge urinierenden Mann darstellt (OLG Frankfurt NStZ **1984 119;** OLG Frankfurt NJW **1986** 1272).

---

[14] OLG Frankfurt NJW **1991** 117 f; anders wohl OLG Köln JR **1979** 338 f.

[15] *Hellenthal* NJW **1988** 1294, 1295; *Sonnen* AK Rdn. 68; *Steinmetz* MK Rdn. 9.

[16] Zur Frage der Nationalhymne s. auch *Hümmerich/Beucher* NJW **1987** 3227; *Hellenthal* NJW **1988** 1294, 1295; *Spendel* JZ **1988** 744, 748; *Allgaier* MDR **1988** 1022.

bb) Einschränkungen. Es ist zu beachten, dass in diesen Fällen der Tatbestand des § 90a Abs. 1 Nr. 2 erhebliche Einschränkungen erfahren kann, wenn durch eine Verurteilung das Grundrecht der Kunstfreiheit (Art. 5 Abs. 3 S. 1 GG; Rdn. 28 ff) und/oder der Meinungsäußerungsfreiheit (Art. 5 Abs. 1 S. 1 GG; Rdn. 22 ff) berührt würde (s. etwa BVerfG JZ **1990** 635 u. 638 mit Anm. *Gusy*; s. Rdn. 22 ff). Ein Verunglimpfen liegt nicht vor bei Pfuirufen während des Absingens der Nationalhymne bei einer Wahlveranstaltung (OLG Hamm GA **1963** 28, 29), der Bezeichnung der Bundesfarben als „schwarz-rot-gelb" (anders BGH, Urteil vom 16. November 1959 – 3 StR 45/59 –) sowie wenn ein Aktionskünstler aus Protest gegen das anlässlich des Totensonntags erfolgte Zeigen einer Reichskriegsflagge an einem Ehrenmal kurzzeitig ein kleines, farblich die Flagge der Bundesrepublik Deutschland repräsentierendes „Jubelfähnchen" in einen Haufen Pferdemist steckt (LG Aachen NJW **1995** 894). 11

b) **Beschimpfen** (Nr. 1). Das Beschimpfen ist als **eine im Vergleich zum Verunglimpfen gesteigerte Herabwürdigung** zu verstehen, wobei es in der Tatschwere dem böswillig Verächtlichmachen gleichsteht (BGHSt 7 110, 111). Es handelt sich um eine durch Form oder Inhalt besonders verletzende Äußerung der Missachtung, wobei das besonders Verletzende entweder äußerlich in der Rohheit des Ausdrucks oder inhaltlich in dem Vorwurf eines schimpflichen Verhaltens oder Zustandes zu sehen ist.[17] Der Aussagegehalt einer Äußerung und damit ihre Qualifizierung als Beschimpfung richtet sich nach ihrem objektiven Sinngehalt, also danach, wie ein unbefangener Dritter sie unter den gegebenen Umständen verstehen musste.[18] Dabei kann das Beschimpfen in einzelnen Formulierungen, aber auch im Gesamtzusammenhang liegen (BGH NStZ **2000** 643, 644). Es kommt daher weder darauf an, wie der Täter die Äußerung verstanden wissen wollte (RG JW **1930** 2139), noch wie die Adressaten sie verstanden haben (OLG Frankfurt NJW **1984** 1128, 1129). Erfolgt die Äußerung aus Unmut, Gedankenlosigkeit oder Oberflächlichkeit, ohne volles Verständnis ihres gedanklichen Inhalts, so kann dies ihrer Bewertung als Beschimpfung entgegenstehen (BGHSt 7 110 f; vgl. RGSt 57 185; RG JW **1929** 1148). Hier fließen Elemente der inneren Tatseite in den Begriff ein. 12

Beispiele. Je nach den konkreten Umständen des Einzelfalls kann nach der Rechtsprechung des Reichsgerichts, bei deren Interpretation aber Zurückhaltung geboten ist, der Gebrauch bloßer Schimpfworte (RGSt 57 185, wo der Ausdruck „Spitzbuben" nicht als ausreichend angesehen wurde; RGSt 57 209, 211, wo die Bezeichnung der Regierungsmitglieder als „Massenmörder" genügte) oder die Behauptung einer Tatsache schimpflicher Art (RGSt **28** 403, 405 ff zu § 166: „Ritualmord"; RGSt **65** 422, 423: Behauptung, den Tod von 10.000 Soldaten verschuldet zu haben) genügen. In anderen Fällen wird beides zusammentreffen (RGSt **61** 308: „Überläuferfarben, mit denen die Front gemeuchelt wurde"). 13

c) **Böswillig Verächtlichmachen** (Nr. 1). Das Tatbestandsmerkmal des Verächtlichmachens ist für sich genommen erheblich weiter als der Begriff des Beschimpfens und wird diesem seinem sachlichen Gewicht nach erst durch das zusätzliche Erfordernis böswilligen Handelns angeglichen (BGHSt 7 110, 111). Der Begriff des Verächtlichmachens umfasst daher jede auch bloß wertende Äußerung, durch welche die Bundesrepublik Deutschland, ein Bundesland oder die verfassungsmäßige Ordnung als der Achtung der 14

[17] RGSt **61** 308; BGHSt 7 110, 111; BGH NJW **1961** 1932, 1933; BGH NStZ **2000** 643, 644; BayObLG NStZ-RR **1996** 135; *Steinmetz* MK Rdn. 11; *Paeffgen* NK Rdn. 8.

[18] BGHSt 7 110, 111; BGH NJW **1961** 1932, 1933; OLG Frankfurt NJW **1984** 1128, 1129.

Staatsbürger unwert oder unwürdig hingestellt wird (BGHSt **3** 346, 348; **7** 110, 111). Die Behauptung eines sittlichen Makels ist nicht erforderlich (BGHSt **3** 346, 348; anders LG Bremen MDR **1951** 757).

15 Mit dem Merkmal der **Böswilligkeit** ist ein Handeln aus niederträchtiger, feindseliger Gesinnung, die Motivierung des Tuns mit verwerflichen Beweggründen gemeint.[19] Der Täter freut sich der Rechtswidrigkeit seiner Handlung und ihrer verderblichen Wirkung.[20] Verschließt der Täter hartnäckig seine Augen vor den Umständen, die seine Behauptung widerlegen, oder sieht er trotz vorhandener Möglichkeit um der Wirkung willen von einer abgemilderten Formulierung ab, so wird auch dies häufig den Schluss auf eine entsprechende Motivation zulassen.[21] Das Merkmal **böswillig** ist ein **besonderes persönliches Merkmal** im Sinn von § 28 Abs. 1.[22]

16 d) **Abgrenzung zwischen Beschimpfen und Verächtlichmachen.** Die Merkmale des Beschimpfens und böswilligen Verächtlichmachens überschneiden sich weitgehend (BGHSt 7 110, 111) und zwar im Hinblick mit Rücksicht auf ihren subjektiven Gehalt. Doch liegt gerade im Bereich der inneren Tatseite ihre wesentliche Unterscheidung, weil Böswilligkeit ex definitione stets absichtliches Handeln voraussetzt, während es für das Beschimpfen nur darauf ankommt, ob der Täter den beschimpfenden Sinn der Worte – zumindest mit bedingtem Vorsatz – in sein Bewusstsein aufgenommen hat.[23]

17 **Beispiele.** Als Beispiele für ein Beschimpfen oder böswilliges Verächtlichmachen im Sinne des § 90a Abs. 1 Nr. 1 sind in Betracht gezogen worden: die Bezeichnung der Bundesrepublik Deutschland als „Unrechtsstaat“ (BGHSt 7 110, 111) bzw. als „Staat der Verbrecher und Vaterlandsverräter“ (BGH bei Schmidt MDR **1979** 707) oder die Bezeichnung von Wahlen in der Bundesrepublik Deutschland als „Betrugsmanöver“ (VGH Mannheim NJW **1976** 2177). Die Parole „Tod der Faschisten-BRD!“ soll dagegen den Tatbestand nicht erfüllen, weil die Bundesrepublik Deutschland damit zwar als nationalistisch-totalitär, aber noch nicht als Unrechtsstaat bezeichnet oder mit dem Nazi-Regime gleichgestellt wird (BayObLG NJW **1998** 2542, 2544). Entgegen BGHSt **3** 346, 347 kann der Vergleich der Bundesrepublik Deutschland mit einer „frisch gestrichenen Coca-Cola-Bude“ für sich wohl kaum als erhebliche Herabwürdigung im Sinne eines Beschimpfens oder Verächtlichmachens angesehen werden. Die Bezeichnung der Bundesrepublik Deutschland als „Bimbes-Republik“ und „käuflicher Saustall“, die Bundesrepublik Deutschland und ihre freiheitliche demokratische Grundordnung seien minderwertig und müssten durch das „Dritte Reich“ ersetzt werden, erfüllen, jedenfalls wegen des

---

19 RGSt **48** 174, 176; **66** 139, 140; **72** 118 f; BGH bei Wagner GA **1961** 19 Nr. 11 und 12 zu § 96; BGH NStZ **2003** 145; BayObLG NJW **1953** 874.

20 *Schroeder* JR **1979** 89, 92 will diese Umschreibung nicht gelten lassen und schlägt für Böswilligkeit die Formel vor, dass der Täter hartnäckig Erkenntnisquellen, die seine Behauptung widerlegen, oder die Möglichkeit einer weniger anstößigen Formulierung ausschlägt. Er zieht damit zum Teil äußere Tatsachen heran, die, wie ihm zuzugeben ist, regelmäßig den Schluss auf die innere Tatsache im oben dargestellten Sinne rechtfertigen.

21 *Steinmetz* MK Rdn. 13; abl. *Paeffgen* NK Rdn. 14, der die allgemeine staatsfeindliche Gesinnung des Täters nicht als wesentliches Indiz für die Böswilligkeit des Handelnden genügen lässt; erheblich weiter *Schroeder* JR **1979** 89, 92, Fn. 20, der genügen lässt, dass der Täter hartnäckig Erkenntnisquellen, die seine Behauptung widerlegen, oder Möglichkeiten, sich weniger anstößig zu äußern, ausschlägt.

22 *Steinmetz* MK Rdn. 13; *Paeffgen* NK Rdn. 13; *Sch/Schröder/Stree/Sternberg-Lieben* Rdn. 9; *Rudolphi* SK Rdn. 6.

23 RG JW **1930** 2139; BGHSt 7 110, 112; BGH NJW **1961** 1932, 1933.

Bezuges auf das Dritte Reich, den Tatbestand (vgl. BGH NStZ **2003** 145, 146); entsprechendes wurde für die Behauptung angenommen, der deutsche Staat habe 19 Personen, zuletzt das RAF-Mitglied Grams, „ermordet" und versuche, aus diesen Morden „Selbstmord zu machen" (BayObLG NStZ-RR **1996** 135).

e) **Anwendungsgrundsätze**

aa) **Ermittlung des Aussagegehalts.** Der Aussagegehalt einer Äußerung ist nach ihrem objektiven Sinngehalt zu ermitteln, wobei sich die Tathandlung aus einzelnen Formulierungen, aber auch aus dem Gesamtzusammenhang ergeben kann.[24] Neben Wortlaut und Kontext sind auch außerhalb liegende Umstände zu berücksichtigen.[25] **18**

bb) **Wahrheitsbeweis.** Die Entscheidung BGH NJW **1961** 1932, 1933 ist zum Teil dahingehend interpretiert worden, dass es auf die Richtigkeit der behaupteten Tatsache nicht ankomme. Der BGH hat inzwischen dargelegt, dass die Entscheidung so nicht zu interpretieren ist.[26] Entsprechend § 186 ist der Wahrheitsbeweis zuzulassen. Ist dieser geführt, kann sich ein Beschimpfen allenfalls noch aus der Form der Äußerung ergeben. **19**

cc) **Wiedergabe fremder Äußerungen.** Wer die beschimpfende Äußerung eines Dritten verbreitet, ist nur dann Täter des § 90a Abs. 1 Nr. 1, wenn er sich die Äußerung ausdrücklich oder konkludent derart zu eigen macht, dass er durch die Verbreitung selbst beschimpft (RGSt **65** 185, 190 f). Die bloße Weitergabe reicht nicht aus (LG Berlin JR **1979** 120, 121; OLG Düsseldorf NJW **1980** 71). Die Abgrenzung ist Tatfrage, die aufgrund der Umstände des Einzelfalles – insbesondere eines eventuellen eigenen Kommentars oder Vorspanns zu der Äußerung des anderen – zu entscheiden ist (OLG Köln NJW **1979** 1562; vgl. auch BGH, Urteil vom 11. Juli 1979 – 3 Str 165/79; Urteil vom 23. August 1979 – 4 StR 207/79 –). Sie lässt sich nicht auf der Grundlage irgendwelcher „allgemeiner Erfahrungssätze" vornehmen. Der Annahme *Schroeders* (JR **1979** 89, 93), wer einen Text beschimpfenden Inhalts ohne ausdrückliche Distanzierung nachdrucke, identifiziere sich regelmäßig mit dessen Aussagegehalt, kann daher in dieser Allgemeinheit nicht gefolgt werden.[27] Andererseits kann es auch nicht auf eine ausdrückliche Zustimmungserklärung mit dem Gewicht einer Billigung im Sinne des § 140 ankommen. **20**

4. **Öffentlich** s. dazu § 90 Rdn. 6 bis 9; zur **Versammlung** vgl. § 90 Rdn. 10. Zum **Verbreiten von Schriften** wird auf § 86 Rdn. 19 ff und die Erläuterungen zu § 11 verwiesen. Für Druckwerke gilt die **presserechtliche Verjährung** (BGH NStZ-RR **1999** 10). **21**

5. **Einfluss der Grundrechte auf die Gesetzesanwendung.** Als rechtsstaatlich verfasste Demokratie (Art. 20 GG) ist die Bundesrepublik Deutschland in ihrem von der inneren Zustimmung ihrer Bürger abhängigen Bestand auf ein Mindestmaß an Achtung dieser Bürger ihr gegenüber angewiesen. **22**

a) **Meinungsäußerungsfreiheit.** Für die Auslegung des § 90a Abs. 1 (insbes. Nr. 1) hat zunächst das Grundrecht der Meinungsäußerungsfreiheit (Art. 5 Abs. 1 S. 1 GG) **23**

---

[24] BGH NStZ 2000 643, 644.
[25] BVerfGE **93** 266, 295 f.
[26] BGH NStZ 2000 643, 644.
[27] Abl. auch *Giehring* StV **1985** 30, 34; *Sonnen* AK Rdn. 61; *Steinmetz* MK Rdn. 16; *Paeffgen* NK Rdn. 16.

wesentliche Bedeutung. Dieses gewährleistet jedermann das Recht, seine Meinung frei zu äußern. Der Begriff der Meinung umfasst zunächst Werturteile, und zwar grundsätzlich unabhängig von Wert, Richtigkeit, Vernünftigkeit und Form der Äußerung.[28] Auch Tatsachenbehauptungen sind in den Schutzbereich des Art. 5 Abs. 1 GG einbezogen. Dies gilt jedoch nicht, wenn sie bewusst oder erwiesen unwahr sind.[29] Jeder soll sagen können, was er denkt, auch wenn er keine nachprüfbaren Gründe für sein Urteil angibt oder angeben kann (BVerfGE **82** 272, 280). Art. 5 Abs. 1 S. 1 GG schützt die Meinungsäußerungsfreiheit sowohl im Interesse der Persönlichkeitsentfaltung des Einzelnen, mit der sie eng verbunden ist, als auch im Interesse des demokratischen Prozesses, für den sie konstitutive Bedeutung hat. Auch scharfe und überzogene Kritik entzieht einer Äußerung nicht den Schutz des Grundrechts. Werturteile sind vielmehr durchweg von Art. 5 Abs. 1 GG geschützt, ohne dass es dabei auf Begründetheit oder Richtigkeit ankäme (BVerfG NJW **1999** 204, 205).

24 aa) **Schranken des Grundrechts.** Das Grundrecht wird allerdings nicht schrankenlos gewährt, sondern findet seine Schranken unter anderem in den allgemeinen Gesetzen (Art. 5 Abs. 2 GG), zu denen auch § 90a zählt (BVerfGE **47** 198, 231). Jedoch sind grundrechtsbeschränkende Vorschriften des einfachen Rechts wiederum im Lichte des eingeschränkten Grundrechts auszulegen, damit dessen wertsetzende Bedeutung für das einfache Recht auch auf der Rechtsanwendungsebene zur Geltung kommt.[30] Es soll damit im Wege einer Güterabwägung erreicht werden, dass sowohl die in Art. 5 Abs. 1 S. 1 GG verbürgten Freiheiten als auch die durch § 90a geschützten Rechtsgüter so weit wie möglich gewahrt werden (BVerfGE **47** 198, 232; **69** 257, 269 f). Dabei ist besonders zu beachten, dass die Meinungsäußerungsfreiheit ein für die freiheitlich-demokratische Grundordnung geradezu konstituierendes Grundrecht darstellt, weil sie die freie Auseinandersetzung der Ideen und Interessen garantiert, die für das Funktionieren dieser Staatsordnung lebenswichtig ist und gerade aus dem besonderen Schutzbedürfnis der Machtkritik erwachsen ist.[31] Der Meinungsäußerungsfreiheit kommt bei der gebotenen Güterabwägung daher insbesondere dann ein erhebliches Gewicht zu, wenn es sich um die strafrechtliche Bewertung einer im öffentlichen Meinungskampf getätigten Äußerung handelt (vgl. BVerfGE **12** 113, 125).

25 bb) **Einschränkung des Anwendungsbereichs des § 90a durch Art. 5 Abs. 1 S. 1 GG.** Dies lässt sich nicht allgemein bestimmen. Die Frage kann stets nur im konkreten Einzelfall durch Abwägung aller jeweils maßgeblichen Gesichtspunkte entschieden werden. Um einen wirksamen Schutz der Meinungsäußerungsfreiheit zu gewährleisten, stellt Art. 5 Abs. 1 Satz 1 GG nicht nur Anforderungen an die Auslegung und Anwendung meinungsbeschränkender Gesetze, sondern auch an die **Erfassung und Würdigung der Äußerung** selbst. Dies ist Sache der Strafgerichte. Bei mehrdeutigen Äußerungen setzt eine strafbarkeitsbegründende Auslegung voraus, dass andere Deutungsmöglichkeiten ausgeschlossen werden können. Es darf daher keine zur Verurteilung führende Auslegung zugrunde gelegt werden, wenn andere (straflose) Deutungsmöglichkeiten nicht „mit tragfähigen

---

[28] BVerfGE **61** 1, 7 ff.

[29] BVerfGE **61** 1, 8; BVerfG NJW **2003** 660, 661.

[30] Sog. „Wechselwirkungstheorie“; ständige Rechtsprechung des BVerfG, vgl. etwa BVerfGE **7** 198, 210 f (Lüth-Urteil); **12** 113, 125; **24** 278, 282; **47** 198, 232; **68** 226, 231; **69** 257, 269 f; **93** 266, 294.

[31] BVerfGE **7** 198, 208, 210 f; **12** 113, 125; **93** 266, 293 f; BVerfG NJW **1995** 3303, 3304; **1999** 204, 205; BGH NStZ **2003** 145, 146.

Gründen ausgeschlossen" werden können.[32] Kriterien für die Auslegung sind der Wortlaut, der sprachliche Kontext der Äußerung sowie die für die Zuhörer erkennbaren Begleitumstände, unter denen die Äußerung fällt (BGH NStZ **2002** 592). Unterfällt die Äußerung auch nach ihrem so ermittelten Sinngehalt einem Straftatbestand, so folgt die fallbezogene Abwägung zwischen der Meinungsäußerungsfreiheit auf der einen und dem Rechtsgut, in dessen Interesse sie eingeschränkt ist, auf der anderen Seite (BVerfG NJW **1999** 204, 206). Dabei sollen die in Art. 5 Abs. 1 S. 1 GG verbürgten Freiheiten und die damit kollidierenden Interessen soweit wie möglich gewährt werden. Die insoweit maßgebliche Rechtsprechung des BVerfG kann nur eine allgemeine Orientierungshilfe sein. So müssen Tatsachenbehauptungen in Form von wahren Aussagen in der Regel hingenommen werden, unwahre dagegen nicht.[33] Beim öffentlichen Meinungskampf spricht (außer wenn eine bewusst unwahre Tatsachenbehauptung untrennbar mit einem Werturteil verbunden ist) eine Vermutung für die Zulässigkeit der freien Rede.[34] Auch sollte bedacht werden, ob zu dem abwertenden Urteil selbst Anlass gegeben wurde, was speziell für in der Öffentlichkeit stehende Personen gilt.[35]

cc) **Einschränkung des Anwendungsbereichs bei politischer Kritik.** Eine Auslegung des § 90a, die an die Zulässigkeit öffentlicher Kritik im Rahmen der politischen Auseinandersetzung – auch wenn sich die Kritik direkt gegen den Staat oder die Verfassung richtet – überhöhte Anforderungen stellt, wäre mit Art. 5 Abs. 1 S. 1 GG nicht zu vereinbaren. Politische Kritik, auch wenn sie hart und unsachlich ist, erfüllt daher für sich allein nie einen Straftatbestand.[36] Auch ablehnende und scharfe Kritik am Staat, selbst wenn sie mit der Propagierung verfassungsfeindlicher Ziele verbunden ist, unterfällt für sich genommen nicht dem Tatbestand des § 90a.[37] Die Äußerung kann aber dann strafbar sein, wenn nicht mehr die Auseinandersetzung in der Sache, sondern die Diffamierung im Vordergrund steht.[38] Im Interesse der Meinungsäußerungsfreiheit darf der Begriff der **Schmähkritik** jedoch nicht zu weit ausgelegt werden (BVerfGE **82** 272, 284; **93** 266, 294). Eine überzogene oder gar ausfällige Kritik macht eine Äußerung für sich genommen noch nicht zur Schmähung. Hinzutreten muss vielmehr, dass bei der Äußerung nicht mehr die Auseinandersetzung in der Sache, sondern die Diffamierung der Person im Vordergrund steht.[39] Sie muss jenseits auch polemischer und überspitzter Kritik in der persönlichen Herabsetzung bestehen, so dass Schmähkritik bei Äußerungen in einer die Öffentlichkeit wesentlich berührenden Frage nur ausnahmsweise vorliegen und im Übrigen eher auf die sogenannte Privatfehde beschränkt bleiben wird.[40] 26

Zielrichtung der politischen Kritik. Für § 90a ist zusätzlich zu beachten, dass sich politische Kritik meist nicht direkt gegen die Bundesrepublik Deutschland, eines ihrer Länder oder die verfassungsmäßige Ordnung, sondern regelmäßig gegen bestimmte 27

---

32 BVerfGE **93** 266, 295 f; BVerfG NJW **1994** 2943, 2944; **1995** 3303, 3305; **1999** 204, 205; BGH NStZ **2003** 145.

33 BGH NStZ **2002** 592, 593.

34 BVerfG NJW **1994** 2943.

35 BVerfG NJW **1984** 1741, 1746.

36 BGHSt **19** 311, 317; BGH JZ **1963** 402; vgl. auch BVerfG NJW **1991** 95, 96; **1999** 204, 205.

37 BVerfGE **47** 198, 231 f; BVerfG NJW **1999** 204, 205; BGH NStZ **2002** 592; BGH NStZ **2003** 145, 146.

38 BVerfG NJW **1999** 204, 206 lässt offen, ob die Grundsätze der Schmähkritik auf § 90a Abs. 1 Nr. 1 anwendbar sind; BVerfG NJW **2003** 3760 für §§ 185, 193 StGB; BGH NStZ **2003** 145 f; KG NJW **2003** 685, 687.

39 BVerfGE **82** 272, 284; **93** 266, 294; BVerfG NJW **2003** 3760; BGH NStZ **2000** 643, 644; KG NJW **2003** 685, 687 f.

40 BVerfGE **93** 266, 294; BVerfG NJW **1999** 204, 206.

staatliche Organe, einzelne politische Maßnahmen oder Politiker richten wird, was an sich die Schutzgegenstände dieser Vorschrift nicht berührt. Die Norm kann in diesen Fällen nur dann eingreifen, wenn sich aus Form oder Inhalt der herabwürdigenden Äußerung ergibt, dass die Bundesrepublik Deutschland, ein Bundesland oder die verfassungsmäßige Ordnung mit dem beschimpften staatlichen Organ identifiziert wird, die Herabwürdigung also über das konkrete Angriffsobjekt einen Schutzgegenstand des § 90a angreift. Beispiele hierfür bilden etwa das in der Entscheidung des OLG Köln GA **1972** 214 behandelte Flugblatt oder der sog. „Buback-Nachruf" [41]. Zur Frage, inwieweit ein – auch kommentierter – Nachdruck eines eindeutig strafbaren Textes seinerseits den Tatbestand des § 90a Abs. 1 erfüllt, s. Rdn. 20.

28 b) **Kunstfreiheit.**[42] Neben der Meinungsäußerungsfreiheit hat bei der Auslegung des § 90a Abs. 1 (insbes. Nr. 2) die in **Art. 5 Abs. 3 S. 1 GG** garantierte Kunstfreiheit besonderes Gewicht. Zur Frage der Reichweite dieses Grundrechts kann zunächst auf die Ausführungen bei § 86a Rdn. 27 ff verwiesen werden.[43]

29 aa) **Anwendungsgrundsätze.** Von wesentlicher Bedeutung ist, dass das den Tatbestand des § 90a Abs. 1 Nr. 1 und 2 verwirklichende Verhalten nicht isoliert betrachtet werden darf, vielmehr ist im Wege der **Gesamtschau** zu entscheiden, ob die tatbestandsmäßigen Herabwürdigungen bloße Übertreibungen, Entstellungen und Geschmacklosigkeiten darstellen oder ihnen ein darüber hinausgehendes Gewicht zukommt und sie damit nicht mehr durch die Kunstfreiheit gedeckt sind.[44] Bei mehreren Interpretationsmöglichkeiten des Gesamtwerks entfällt die Strafbarkeit, wenn auch nur eine von ihnen die Grundwerte der Verfassung nicht in aggressiv kämpferischer Weise in Frage stellt.[45]

30 bb) **Grenzen der Kunstfreiheit.** Steht nach den in § 86a Rdn. 27 bis 32 genannten Kriterien fest, dass eines der in § 90a Abs. 1 Nr. 2 bezeichneten staatlichen Symbole durch ein dem Geltungsbereich der Kunstfreiheit zuzuordnendes Tun herabgewürdigt wurde, so ist damit eine Strafbarkeit nach dieser Vorschrift noch nicht schlechthin ausgeschlossen. Zwar wird die Kunstfreiheit in Art. 5 Abs. 3 GG vorbehaltlos gewährleistet. Dennoch gilt sie nicht schrankenlos.[46] Sie findet ihre Grenzen nicht nur in den Grundrechten Dritter, sondern auch in anderen Verfassungsbestimmungen,[47] denn ein geordnetes menschliches Zusammenleben fordert nicht nur gegenseitige Rücksichtnahme der Bürger, sondern auch eine funktionierende staatliche Ordnung, die die Effektivität des Grundrechtsschutzes überhaupt erst sicherstellt.[48] Kunstwerke, welche die verfassungsrechtlich gewährleistete Ordnung beeinträchtigen, unterliegen daher nicht erst dann

---

[41] Abgedruckt bei LG Göttingen NJW **1979** 1558 f; s. dazu auch OLG Köln NJW **1979** 1562; BGH, Urteil vom 30. Januar 1979 – 5 StR 642/78 – und vom 23. August 1979 – 4 StR 207/79 –; OLG Bremen JR **1979** 118; LG Berlin JR **1979** 120.

[42] Zusammenfassend zur Rsp. des BVerfG *Beisel* S. 361 ff; *Dierksmeier* S. 885 ff; *Hentschel* NJW **1990** 1937.

[43] S. dazu auch *Beisel* S. 361 ff; *Dierksmeier* S. 885 ff; *Würtenberger* FS Dreher, S. 79 ff; JR **1979** 309; NJW **1982** 610, 613 ff; NJW **1983** 1144; *Zechlin* NJW **1984** 1091; *Volk* JR **1984** 441; *Zöbeley* NJW **1985** 254; *Würkner* JA **1988** 183; *Erhardt* Kunstfreiheit und Strafrecht; *Henschel* NJW **1990** 1937.

[44] BGH NStZ **1998** 408; *Steinmetz* MK Rdn. 24 f; *Sch/Schröder/Stree/Sternberg-Lieben* Rdn. 19; *Rudolphi* SK Rdn. 15.

[45] BVerfGE **81** 298, 307; kritisch *Sch/Schröder/Stree/Sternberg-Lieben* Rdn. 19.

[46] BVerfGE **30** 173, 193; **36** 213, 228; **77** 240, 253 ff.

[47] BVerfGE **30** 173, 193.

[48] BVerfG NJW **1990** 1982, 1983.

Schranken, wenn sie den Bestand des Staates oder der Verfassung unmittelbar gefährden.[49]

cc) **Abwägung.** Nach Ermittlung der beiderseits betroffenen Werte sind diese gegeneinander abzuwägen. In allen Fällen, in denen andere Verfassungsgüter mit der Kunstfreiheit in Widerstreit geraten, muss ein verhältnismäßiger Ausgleich der gegenläufigen, gleichermaßen verfassungsrechtlich geschützten Interessen mit dem Zweck ihrer Optimierung gefunden werden.[50] Keinem der Werte, mit Ausnahme der Menschenwürde, darf von vornherein Vorrang vor anderen eingeräumt werden.[51] Es ist also in einer einzelfallbezogenen Abwägung der schonendste Ausgleich widerstreitender verfassungsrechtlich geschützter Interessen zu suchen. Dies gilt auch im Blick auf § 90a Abs. 1 Nr. 2, weil der Schutz der dort genannten staatlichen Symbole letztlich der Bewahrung verfassungsrechtlich gewährleisteter Rechtsgüter dienen soll (BVerfG NJW **1990** 1982, 1983), nämlich dem Bestand von Staat und Verfassung (s. oben Rdn. 1). Dabei wird die Kunstfreiheit jedoch eher zurückzutreten haben, wenn sie vorrangig in ihrem Wirkbereich berührt ist, und umso stärkeres Gewicht besitzen, je mehr der Werkbereich[52] betroffen ist.[53] **31**

dd) **Beispiele.** Durch die Kunstfreiheit kann auch das Abspielen eines verunglimpfenden Liedes während einer Demonstration gedeckt sein, selbst wenn der Abspielende das Lied nicht selbst geschaffen hat[54]; anders beim wiederholten Abspielen eines inkriminierten Liedes während einer Demonstration im Zusammenwirken mit über Lautsprecher verbreiteten Parolen, durch welche die im Lied enthaltenden groben Missachtungskundgebungen verstärkt werden (BGH NStZ **1998** 408). Das Plakat „Isolationsfolter" kann von Kunstfreiheit gedeckt sein (OLG Köln JR **1979** 338 f). Nach LG Frankfurt NJW **1989** 598 ist die Darstellung des Wappens der Bundesrepublik Deutschland durch dessen bildliche „liebevolle Vereinigung" mit dem Hakenkreuz nicht durch die Kunstfreiheit gedeckt. Die Darstellung des Bundesadlers als „Skelettvogel" ist eine durch Art. 5 GG gedeckte politische Karikatur (LG Heidelberg NStE Nr. 8). Das Plakat Hessenlöwe mit Polizeihelm und blutverschmiertem Schlagstock soll dagegen nicht straflos sein (OLG Frankfurt NJW **1984** 1128 f; vgl. dazu BVerfG NJW **1985** 263, 264). Das Stecken einer (kleinen) deutschen Bundesfahne in einen Haufen Pferdemist kann von der Kunstfreiheit gedeckt sein, wenn hiermit das Bewusstsein gegen provokatives Zeigen der Reichskriegsflagge geschärft werden soll (LG Aachen NJW **1995** 894). **32**

III. Objektiver Tatbestand des Absatzes 2

Tathandlungen des Absatzes 2 sind das Entfernen, Zerstören, Beschädigen und Unbrauchbar- oder Unkenntlichmachen einer öffentlich gezeigten Flagge der Bundesrepublik Deutschland oder eines ihrer Länder oder eines von einer Behörde öffentlich angebrachten Hoheitszeichens dieser Körperschaften, sowie das Verüben beschimpfenden Unfugs an einem dieser staatlichen Symbole. **33**

---

49 AA *Sonnen* AK Rdn. 37.

50 BVerfGE **30** 173, 193; BVerfG NJW **1990** 1882, 1883; NJW **2001** 596; vgl. BVerfGE **77** 240, 253 mit Anm. *Würkner* NJW **1988** 327.

51 BVerfGE **81** 278, 297 f; **83** 130, 143.

52 Zu den Begriffen Werk- und Wirkbereich s. § 86a Rdn. 28.

53 BVerfGE **77** 240, 254 mit Anm. *Würkner* NJW **1988** 327; *Henschel* NJW **1990** 1937, 1942; *Steinmetz* MK Rdn. 27; § 86a Rdn. 28.

54 BVerfG NJW **2001** 596, 597.

1. Schutzgegenstände des Absatzes 2

34 a) **Flaggen.** Geschützt sind öffentlich gezeigte Bundes- oder Landesflaggen (vgl. Art. 22 GG), seien sie amtlich oder von privater Seite angebracht; geschützt sind also auch die lediglich als Schmuck verwendeten Bundes- und Landesflaggen. **Öffentlich** gezeigt wird eine Flagge, wenn sie nach der erkennbaren Intention dessen, der sie angebracht hat, für einen größeren, durch persönliche Beziehungen nicht verbundenen Personenkreis an dieser Stelle bei entsprechender Beleuchtung wahrnehmbar sein soll und wahrgenommen werden kann. Erfasst wird also nicht nur das Hissen an einem öffentlichen Ort oder an einer Stelle, die von allgemein zugänglichen Orten aus eingesehen werden kann, sondern auch das Anbringen in einem Gebäude, um sie einem dort Einlass findenden Personenkreis sichtbar zu machen. Der Tatbestand erfordert nicht die tatsächliche Wahrnehmung durch andere Personen als den Täter vor oder während der Tathandlung, Wahrnehmbarkeit genügt. Auch ändert es nichts, dass die Veranstaltung, aus deren Anlass die Flagge aufgezogen worden war, zum Tatzeitpunkt bereits beendet ist (BGH bei Wagner GA **1961** 18 Nr. 3 zu § 96).

35 b) **Hoheitszeichen** des Bundes oder eines Landes. Zu denken ist an Fahnen, Standarten, Schilder, Wappen, Skulpturen, Grenzpfähle, Schlagbäume, gegebenenfalls auch die Kokarde an einer Dienstmütze eines Soldaten oder uniformtragenden Beamten (OLG Braunschweig NJW **1953** 875). Ein derartiger Gegenstand ist dann ein Hoheitszeichen, wenn er die Autorität des Staates öffentlich zum Ausdruck bringen soll. Dies ist der Fall, wenn er nach dem erkennbaren Willen der zuständigen Organe des Bundes oder eines Landes dazu bestimmt oder verwendet wird, das Bestehen der Staatsgewalt öffentlich zum Ausdruck zu bringen und damit kundzutun, dass der betreffende Ort oder die betreffende Sache dieser Staatsgewalt unterworfen und gewidmet sei (RGSt **31** 143, 147; **63** 286, 287). Die in RGSt **31** 143, 147 behandelten Markierungssteine für den Wasserstand kämen für eine Tat nach § 90a Abs. 2 schon deshalb nicht in Betracht, weil sie kein Staatswappen trugen.

36 Das Hoheitszeichen muss – anders als bei § 90a Abs. 2 1. und 2. Var. – **auf Veranlassung einer Behörde** (§ 11 Abs. 1 Nr. 7) **öffentlich angebracht** worden sein. Dies bedeutet nicht, dass das Zeichen öffentlich sichtbar sein muss.[55] Es genügt, wenn das Zeichen so angebracht ist, dass es an dem jeweiligen Ort – etwa auch in einem allgemein zugänglichen Gebäude – von beliebigen Personen wahrgenommen werden kann.

2. Tathandlungen des Absatzes 2

37 a) **Entfernen** ist jedes Wegnehmen von dem Ort, an dem die Flagge oder das Zeichen angebracht ist, ohne dass es auf einen Zueignungswillen des Täters ankommt. Bei der Flagge genügt das Einholen, auch wenn sie sonst an Ort und Stelle belassen wird. Ein Hoheitszeichen ist auch dann entfernt, wenn der Täter es in der Nähe liegen lässt. Dagegen reicht es nicht aus, wenn das Hoheitszeichen von seinem Aufbewahrungsort entfernt wird, um dadurch dessen öffentliche Anbringung aus bestimmtem Anlass zu verhindern.

38 b) **Zerstören und Beschädigen,** etwa durch Verbrennen, s. die Erläuterungen bei § 303.

---

[55] *Steinmetz* MK Rdn. 30; *Paeffgen* NK Rdn. 30; **aA** OLG Braunschweig NJW **1953** 875; *Sonnen* AK Rdn. 75; *Sch/Schröder/Stree/Sternberg-Lieben* Rdn. 16; *Tröndle/Fischer* Rdn. 9.

c) **Unbrauchbarmachen** bedeutet Beseitigen der Funktionstüchtigkeit, wobei es ausreicht, dass das Tatobjekt seine Tauglichkeit als Hoheitszeichen im Wesentlichen verliert. 39

d) **Unkenntlich macht** eine Flagge oder ein Zeichen, wer dessen Erkennbarkeit beseitigt. Das Tatbestandsmerkmal des Unkenntlichmachens hat eine Auffangfunktion gegenüber den übrigen Begehungsformen.[56] Gedacht ist hier vor allem an das Überkleben oder das leicht abwaschbare und deshalb nicht als Beschädigen zu wertende Übermalen von Schildern, aber auch das teilweise Einziehen von Flaggen, die der Täter nicht vom Fahnenmast löst, denen er aber die Sichtbarkeit nimmt. 40

e) **Beschimpfender Unfug** ist eine rohe, im Sinne einer Herabwürdigung verletzende Form der Missachtung in Bezug auf den geschützten Gegenstand (RGSt **42** 201, 202). Dabei muss sich die Kundgabe räumlich unmittelbar gegen den Gegenstand richten, eine Substanzverletzung oder Funktionsstörung muss jedoch nicht eintreten. Zu denken ist etwa an das Urinieren auf ein Hoheitszeichen (OLG Frankfurt NStZ **1984** 119, 120 f), das Besudeln eines Hoheitszeichens mit Unrat, das Anspucken, das Umsägen eines Fahnenmastes mitsamt der Fahne (BGH bei Wagner GA **1961** 18 Nr. 3 zu § 96). Ob bereits das Tippen an die Kokarde einer Dienstmütze verbunden mit einer abfälligen Bemerkung über die Bundesfarben ausreicht (OLG Braunschweig NJW **1953** 875, 876), erscheint dagegen zweifelhaft. 41

3. **Tatort des Absatzes 2.** Die Tat nach Absatz 2 ist auch dann strafbar, wenn sie im Ausland begangen wird, unabhängig vom Recht des Tatorts und – anders als nach Absatz 1 – unabhängig davon, wer der Täter ist (§ 5 Nr. 3b). 42

IV. Subjektiver Tatbestand

Es ist für Absatz 1 und 2 jeweils vorsätzliches Handeln erforderlich. Abgesehen vom böswilligen Verächtlichmachen, das eine entsprechende Absicht voraussetzt (s. Rdn. 15), genügt bedingter Vorsatz. 43

V. Qualifikation des Absatzes 3

Absatz 3 beinhaltet einen selbständigen **Qualifikationstatbestand,** nicht lediglich bloße Strafschärfungsmerkmale (BGHSt **32** 332). Setzt sich der Täter mit seiner Tat absichtlich für Bestrebungen gegen den Bestand der Bundesrepublik Deutschland oder gegen Verfassungsgrundsätze ein, (s. hierzu im Einzelnen § 92 Abs. 3 sowie § 87 Rdn. 18 und § 88 Rdn. 9), so verschärft sich das Strafmaß erheblich. 44

VI. Versuch

Nur in den Fällen des Absatzes 2 ist der Versuch strafbar (Absatz 2 S. 2). Es liegt ein Wahndelikt vor, wenn der Täter irrtümlich einen Absatz 2 nicht unterfallenden Gegenstand für ein taugliches Schutzobjekt hält; ein untauglicher Versuch liegt vor, wenn er 45

---

[56] *Steinmetz* MK Rdn. 31.

einen nicht durch § 90a Abs. 2 geschützten Gegenstand als einen dem Schutz des Absatzes 2 unterfallenden hält.[57]

VII. Strafrahmen

46 Die Strafe ist für die Fälle des Absatzes 1 wie für die des Absatzes 2 Freiheitsstrafe bis zu drei Jahren oder Geldstrafe. Absatz 3 (Qualifikation) droht dagegen eine Freiheitsstrafe von bis zu fünf Jahren oder Geldstrafe an.

VIII. Teilnahme, Nebenfolgen und Einziehung

47 Teilnahme ist grundsätzlich möglich (§ 90b Rdn. 8). Zu Nebenfolgen und Einziehung s. §§ 92a, 92b.

IX. Geltungsbereich

48 Für Auslandstaten vgl. § 5 Nr. 3a und b.

X. Konkurrenzen

49 Tateinheit kommt in Betracht mit §§ 86, 86a, 89, 90, 90b, von Absatz 2 insbesondere auch mit § 304. Dagegen tritt § 303 zurück.[58] Treffen mehrere Begehungsformen des Absatzes 2 zusammen, so liegt nur eine Tatbestandsverwirklichung vor (BGH bei Wagner GA **1961** 18 Nr. 3 zu § 96).

XI. Opportunitätsprinzip; Zuständigkeiten; Recht des Einigungsvertrages; Parteienprivileg

50 Zur Anwendbarkeit des **Opportunitätsprinzips** s. §§ 153c, 153d, 153e StPO. Besondere **Zuständigkeiten** sind nur für Taten nach § 90a Abs. 3 vorgesehen (s. § 74a Abs. 1 Nr. 2 GVG). Zum **Recht des Einigungsvertrages** s. Vor § 80 Rdn. 37. Zum Parteienprivileg s. Vor § 80 Rdn. 25 ff.

XII. Strafzumessung; Tenor

51 Art. 5 Abs. 1 S. 1, Abs. 2 GG muss auch bei der Zumessung der Sanktion für eine verbotene Meinungsäußerung Beachtung finden.[59] Im Fall des § 90a Abs. 3 ist der Urteilstenor dahin zu fassen, dass der Angeklagte der schweren Verunglimpfung des Staates schuldig ist.[60]

---

57 *Steinmetz* MK Rdn. 36; *Paeffgen* NK Rdn. 39.

58 *Sch/Schröder/Stree/Sternberg-Lieben* Rdn. 21; *Rudolphi* SK Rdn. 17; *Tröndle/Fischer* Rdn. 21.

59 BGH NStZ **2003** 145, 146.

60 BGH NStZ **2003** 145, 146.

§ 90b
Verfassungsfeindliche Verunglimpfung von Verfassungsorganen

(1) Wer öffentlich, in einer Versammlung oder durch Verbreiten von Schriften (§ 11 Abs. 3) ein Gesetzgebungsorgan, die Regierung oder das Verfassungsgericht des Bundes oder eines Landes oder eines ihrer Mitglieder in dieser Eigenschaft in einer das Ansehen des Staates gefährdenden Weise verunglimpft und sich dadurch absichtlich für Bestrebungen gegen den Bestand der Bundesrepublik Deutschland oder gegen Verfassungsgrundsätze einsetzt, wird mit Freiheitsstrafe von drei Monaten bis zu fünf Jahren bestraft.

(2) Die Tat wird nur mit Ermächtigung des betroffenen Verfassungsorgans oder Mitglieds verfolgt.

Entstehungsgeschichte

Der vom 1. StrÄndG (Vor § 80 Rdn. 7) als § 97 eingeführte Tatbestand ist durch das 8. StrÄndG (Vor § 80 Rdn. 12 bis 17) umformuliert worden. Sachlich bedeutsame Änderungen waren (wie in den beiden vorausgehenden Tatbeständen) die Streichung der Alternative „oder dazu auffordert" und der Subsidiaritätsklausel, die vor allem im Hinblick auf den früheren § 94 in Verbindung mit den dort angeführten Organisationstatbeständen von Belang war und mit dem Wegfall und der Verkürzung der sonst konkurrierenden Tatbestände ihren Sinn verlor (BGHSt 8 191, 193). Art. 1 Nr. 4 des 4. StrRG vom 23. November 1973 (BGBl. I 1725) und Art. 19 Nr. 11 EGStGB vom 2. März 1974 (BGBl. I 469; 1975 I 1916; 1976 I 507) brachten nur redaktionelle Veränderungen.

Übersicht

I. Zweck der Vorschrift

Die Vorschrift bezweckt nur vordergründig den Schutz des Ansehens bestimmter Verfassungsorgane und ihrer Mitglieder. Ähnlich wie bei § 90a (s. dort Rdn. 1) ist eigentliches Ziel des § 90b die **Bewahrung des Bestandes der Bundesrepublik Deutschland und ihrer verfassungsmäßigen Ordnung** (vgl. BGH StV **1982** 218, 219), soweit diese in den in § 92 Abs. 2 genannten Verfassungsgrundsätzen Ausdruck gefunden hat. Dies wird durch die subjektiven Tatbestandsvoraussetzungen des § 90b Abs. 1 besonders deutlich. Zudem folgt dies aus der systematischen Stellung der Norm im Ersten Abschnitt des Besonderen Teils des StGB.[1] Die Vorschrift dient somit nicht dem persönlichen Ehrenschutz der Mitglieder der bezeichneten Verfassungsorgane.[2] 1

---

[1] *Steinmetz* MK Rdn. 1.

[2] BGHSt 8 191, 193; BGH NJW **1957** 837; *Lackner/Kühl* Rdn. 1; *Steinmetz* MK Rdn. 1; *Paeffgen* NK Rdn. 2; *Sch/Schröder/Stree/Sternberg-Lieben* Rdn. 1; *Rudolphi* SK Rdn. 1; *Tröndle/Fischer* Rdn. 2.

II. Tathandlung

2 Tathandlung ist das Verunglimpfen bestimmter Verfassungsorgane oder eines ihrer Mitglieder in dieser Eigenschaft, wenn dies in einer das Ansehen des Staates gefährdenden Weise sowie öffentlich, in einer Versammlung oder durch Verbreiten von Schriften (§ 11 Abs. 3) erfolgt.

3 1. **Schutzgegenstände sind a)** die Gesetzgebungsorgane des Bundes und der Länder, also Bundestag, Bundesrat und Länderparlamente **b)** die Bundesregierung und die Regierungen der Länder **c)** die Verfassungsgerichte des Bundes und der Länder **d)** jedes Mitglied der vorbezeichneten Verfassungsorgane in dieser Eigenschaft, also nicht auch als Privatperson (wie der Bundespräsident in § 90). Jedoch ist es nicht mehr wie nach der ursprünglichen Fassung des 1. StrÄndG (Vor § 80 Rdn. 7: „oder in einem ihrer Mitglieder als verfassungsmäßiges Organ") notwendige Voraussetzung, dass in dem Angriff auf das Mitglied zugleich ein Angriff auf die Körperschaft im ganzen liegt. Freilich wird beides meist zusammentreffen. Jedenfalls genügt es auch nach der veränderten Fassung nicht, dass das einzelne Mitglied nur als Privatmann oder Politiker angegriffen wird (BGHSt **8** 191, 193).

4 2. **Verunglimpfen.** Vgl. zunächst die Ausführungen bei § 90 Rdn. 3. Gemeint ist eine nach Form, Inhalt, Begleitumständen oder Beweggrund gewichtige Ehrenkränkung.[3] Auch für § 90b ist zu beachten, dass politische Kritik, auch wenn sie hart, unsachlich oder polemisch überspitzt ist, vom Tatbestand nicht erfasst wird. Die Richtigkeit oder Unrichtigkeit, etwa der Politik der Bundesregierung, kann nicht Gegenstand gerichtlicher Beurteilung sein (BGH JZ **1963** 402, 403). Gleiches gilt für Kritik an den anderen in § 90b genannten Verfassungsorganen oder deren Entscheidungen, einschließlich derer der Verfassungsgerichte. Dem Grundrecht der Meinungsäußerungsfreiheit (Art. 5 Abs. 1 S. 1 GG) sowie der Kunstfreiheit (Art. 5 Abs. 3 S. 1 GG) ist in diesem Zusammenhang bei der Auslegung des Tatbestandes besondere Beachtung zu schenken (§ 90a Rdn. 22 ff). Wann eine von der Meinungsäußerungsfreiheit nicht mehr gedeckte Schmähung eines Verfassungsorgans oder eines seiner Mitglieder vorliegt, hängt von den Umständen des Einzelfalles ab (s. näher § 90a Rdn. 23 ff). Ein Beispiel dafür bildet der der Entscheidung OLG Düsseldorf NJW **1980** 603 zugrunde liegende Sachverhalt, wo ein Mitglied der Bundesregierung als „Schreibtischmörder, Versicherungsschwindler, Dieb, Hehler, Zwangsarbeitsminister, Erpresser und Lohndrücker, Endlöser und Sterbehelfer des Finanzkapitals" bezeichnet wurde.

5 Eine weitere Einschränkung des Tatbestandes besteht darin, dass die Verunglimpfung nach Art oder Gewicht so beschaffen sein muss, dass sie das Ansehen des Staates gefährdet. Dies bedeutet, dass infolge der Verunglimpfung eine **konkrete Gefährdung des Ansehens der Bundesrepublik Deutschland** insgesamt eintreten muss (OLG Düsseldorf NJW **1980** 603)[4], was jedoch nur schwer feststellbar sein wird. Das Merkmal der konkreten Gefährdung des Ansehens des Staates ist auch für das **Verhältnis des § 90b zu § 90a** bedeutsam. Da die in der Verunglimpfung des Organs liegende Herabsetzung des Staates

---

[3] BGHSt **12** 364; **16** 338, 339.

[4] Kritisch *Schroeder* Der Schutz von Staat und Verfassung im Strafrecht, S. 404 f; nach *Paeffgen* NK Rdn. 6 ist das Kriterium wegen dessen ohnehin bestehender Diffusität, zumal aber als Gefährdungserfolg, schwer nachweisbar. Er versteht unter dem Begriff „Staat" die Bundesrepublik Deutschland als grundgesetzlich verfasste freiheitliche Demokratie.

vom Tatbestand des § 90b mit erfasst wird, ist nicht ohne weiteres allein wegen des dafür ausreichenden tatsächlichen Hintergrunds auch eine Anwendung des § 90a Abs. 1 möglich. Doch ist es je nach Sachlage denkbar, dass eine rein äußerlich nur auf den Staat bezogene Äußerung in Wahrheit ein Verfassungsorgan treffen soll oder umgekehrt. Insoweit kann dann Tateinheit gegeben sein (BGHSt 7 110, 111; **11** 11, 12; BGH JZ **1963** 402, 403; RGSt 57 185). Die Frage ist vor allem auch im Hinblick auf das Erfordernis der Ermächtigung bedeutsam.

3. **Öffentlich** dazu s. § 90 Rdn. 4 bis 7; zur **Versammlung** vgl. § 90 Rdn. 10. Zum **Verbreiten von Schriften** wird auf § 86 Rdn. 19 ff und die Erläuterungen zu § 11 verwiesen. **6**

III. Subjektiver Tatbestand

Hinsichtlich sämtlicher Merkmale des objektiven Tatbestandes ist zumindest **bedingter Vorsatz** erforderlich (BGH bei Wagner GA **1961** 21 unter B.5). Darüber hinaus muss der Täter mit der Tat die **Absicht** verfolgen, **sich für Bestrebungen gegen den Bestand der Bundesrepublik Deutschland oder gegen Verfassungsgrundsätze einzusetzen** (s. hierzu im Einzelnen § 92 Abs. 2 und 3, § 87 Rdn. 18 und § 88 Rdn. 9). Es handelt sich hierbei, wie in den §§ 88 und 89, um ein **notwendiges subjektives Tatbestandsmerkmal** und nicht wie bei den §§ 90, 90a lediglich um einen Qualifikationstatbestand (BGHSt **32** 332). Der Einsatz für die genannten Bestrebungen muss sich nicht aus der Tathandlung selbst ergeben, etwa aus dem Inhalt der verbreiteten Schrift (BGHSt **29** 159, 160 f). Ausreichend ist vielmehr, wenn der Täter die verunglimpfende Schrift als Mittel zur Verfolgung der verfassungsfeindlichen Ziele einsetzt. Daher ist das Gericht bei der Ermittlung der Absicht des Täters beispielsweise nicht auf den Inhalt von ihm hergestellter oder verbreiteter Schriften beschränkt (BGH bei Wagner GA **1961** 21 unter B.4). Andererseits muss die Absicht der Tathandlung zugrunde liegen, was sich aus der Verknüpfung des objektiven mit dem subjektiven Tatbestand durch das Wort „dadurch" ergibt (OLG Düsseldorf NJW **1980** 603, 604). Es genügt daher nicht, wenn ein Mitglied einer Vereinigung, die sich die Abschaffung der geltenden Verfassung zum Ziel gesetzt hat, an einer von dieser durchgeführten, ein Verfassungsorgan verunglimpfenden Flugblattaktion teilnimmt. Vielmehr muss die Aktion selbst als Bestrebung gegen die Verfassung dienen (OLG Düsseldorf aaO). Setzt sich der Täter durch die Tat für verfassungswidrige Bestrebungen ein und will er dadurch zugleich eine unverbotene Partei in der Bundesrepublik Deutschland unterstützten, so steht, weil Verunglimpfen keine sozialadäquate Parteitätigkeit ist, Art. 21 GG der Anwendung des § 90b nicht entgegen.[5] **7**

IV. Teilnahme

Teilnahme ist grundsätzlich möglich (§ 89 Rdn. 14). BGHSt 8 165 hat den Adressaten der Verbreitung einer Schrift als Teilnehmer einer Tat nach § 97 a. F. qualifiziert, wenn er die Schrift mit dem Willen der weiteren Verbreitung entgegennimmt. Seine Teilnahmehandlung würde jedoch in der späteren eigenen Verwirklichung des Tatbestandes aufgehen und sollte daher nur als straflose Vorbereitung zu werten sein. In der Tat hat der **8**

---

[5] BGHSt **29** 50, 51; *Tröndle/Fischer* Rdn. 4.

BGH bisher niemanden wegen einer solchen Entgegennahme verurteilt. Die angeführte Entscheidung war nur mit der Frage der Einziehung befasst.

V. Nebenfolgen und Einziehung

9 S. §§ 92a, 92b.

VI. Geltungsbereich für Auslandstaten

10 S. § 5 Nr. 3a.

VII. Ermächtigung

11 Die Ermächtigung des betroffenen Verfassungsorgans oder Mitglieds ist **Verfahrensvoraussetzung** zur Strafverfolgung. Anders als bei der Stellung eines Strafantrags ist **keine Befristung** vorgesehen. Die Ermächtigung muss lediglich bis zum Eintritt der Strafverfolgungsverjährung erteilt sein (§ 77e).

12 1. **Zuständigkeit zur Erteilung.** Richtete sich die Tat unmittelbar gegen das Verfassungsorgan, so ist dessen Ermächtigung erforderlich. Sie wird durch den nach Gesetz oder Geschäftsordnung berufenen Amtsträger erklärt, nachdem ein Beschluss des betreffenden Kollegialorgans gefasst wurde, und hängt in ihrer Wirksamkeit von einem solchen Beschluss ab (vgl. BVerfGE **6** 309, 323). Richtete sich die Tat allein gegen ein Mitglied, so kann nur dieses (vgl. § 90 Rdn. 19), nicht auch an seiner Stelle das Kollegialorgan, die Ermächtigung erteilen (ebenso *Schlichter* GA **1966** 353, 364). Dass in diesem Fall die Ermächtigung bei längerer Verhinderung durch den Vertreter im Amt, also z. B. denjenigen Bundesminister, der nach § 14 GeschO zum Vertreter bestimmt ist und nach dem Ausscheiden eines Ministers aus der Regierung durch den Nachfolger im Amt erteilt werden kann, wird von *Schlichter* aaO angenommen. Dem kann hier ebenso wenig wie im Falle des § 90 (s. dort Rdn. 18 u. 19) zugestimmt werden (BGHSt **29** 282). Es handelt sich um eine **unübertragbare persönliche Befugnis** des jeweiligen Organwalters/Mitglieds.[6] Diese besteht auch nach Beendigung des Amtes für bis dahin begangene Taten fort. Anders ist es, wenn ein *Kollegialorgan* betroffen ist. Hier besteht das Recht, die Ermächtigung zu erteilen, für das Kollegium unabhängig von einem Wechsel seiner persönlichen Zusammensetzung. Ausgeschiedene Mitglieder haben kein Mitwirkungsrecht für die in ihrer Amtszeit vorgefallenen Taten. Lag bereits ein förmlicher Beschluss zur Nichterteilung der Ermächtigung vor, so ist dieser bindend, so dass eine neue Regierung oder ein neues Parlament diese Entscheidung nicht später umstoßen kann.[7] Sind nebeneinander mehrere Organe oder Mitglieder zur Ermächtigung befugt, so kann jeder dieses Recht selbständig ausüben (§§ 77e, 77 Abs. 4).

---

[6] *Lackner/Kühl* Rdn. 7; *Paeffgen* NK Rdn. 15; *Sch/Schröder/Stree/Sternberg-Lieben* Rdn. 9; *Rudolphi* SK Rdn. 7; *Tröndle/Fischer* Rdn. 6.

[7] AA *Steinmetz* MK Rdn. 18; *Paeffgen* NK Rdn. 15.

2. **Auslegungsfähigkeit.** Die Ermächtigung ist der Auslegung zugänglich. Dabei ist zu beachten, dass die Ermächtigung die Strafverfolgung nur zulässt, wohingegen der **Strafantrag** ein positives Strafverlangen beinhaltet. Eine als Strafantrag bezeichnete Erklärung ist auch dann als Ermächtigung anzusehen, wenn sie auf eine Strafverfolgung des Täters aus allen rechtlichen Gesichtspunkten abzielt (BGH bei Wagner GA **1961** 22 unter C.4). In einem wegen Beleidigung gestellten Strafantrag liegt dagegen noch nicht ohne weiteres eine Ermächtigung nach § 90b (BGH MDR **1954** 754; **aA** OLG Hamm GA **1953** 28 mit zust. Anm. *Grützner*). Ist jedoch in einem als Strafantrag bezeichneten Schreiben eines Organträgers ausdrücklich von einer Verunglimpfung im Sinne des § 90b gesprochen, so wird darin eine Ermächtigung zu sehen sein (BGH bei Wagner GA **1961** 22 unter C.2). Wird umgekehrt nur die Ermächtigung erteilt, so kann darin schon deshalb nicht zugleich ein Strafantrag liegen, weil dieser ein positives Strafverlangen beinhaltet, während die Ermächtigung nur den Handlungsspielraum für Ermittlungen der Strafverfolgungsbehörde eröffnet (RGSt **33** 68, 70). **13**

VIII. Konkurrenzen

Mit §§ 86, 90 und 90a besteht in der Regel Tateinheit. Das Verhältnis zu gleichzeitig verwirklichten Vergehen nach §§ 185 bis 188 ist nach wie vor umstritten. BGHSt **6** 159, 160 hatte Tateinheit angenommen. Davon ist BGH bei Schmidt MDR **1981** 90 (in BGHSt **29** 50 insoweit nicht abgedruckt) abgewichen und hat ohne nähere Begründung auf die Möglichkeit von Gesetzeskonkurrenz hingewiesen (s. auch BGH NJW **1953** 1722, 1723). Dieser Auffassung ist mit *Lackner/Kühl* (Rdn. 6) der Vorrang zu geben. Er legt zutreffend dar, dass gegenüber den §§ 185 ff Spezialität mit Vorrang des § 90b anzunehmen ist, weil jede Tat nach § 90b auch eine Beleidigung einschließt.[8] Dies gilt auch gegenüber § 187a.[9] Wird beim Zusammentreffen § 187a Abs. 2 verdrängt, ist die dort vorgeschriebene Mindeststrafe zu beachten. **14**

IX. Opportunitätsprinzip; Zuständigkeit; Recht des Einigungsvertrages

Zur Anwendbarkeit des **Opportunitätsprinzips** s. §§ 153c, 153d, 153e StPO. Bezüglich der **Zuständigkeit** gilt das bei § 84 Rdn. 39 Gesagte entsprechend. Zum **Recht des Einigungsvertrages** s. Vor § 80 Rdn. 37. **15**

§ 91
Anwendungsbereich

Die §§ 84, 85 und 87 gelten nur für Taten, die durch eine im räumlichen Geltungsbereich dieses Gesetzes ausgeübte Tätigkeit begangen werden.

Schrifttum

Langrock Der besondere Anwendungsbereich der Vorschriften über die Gefährdung des demokratischen Rechtsstaats (1972); *Schroeder* Der „räumliche Geltungsbereich" der Strafgesetze, GA **1968** 354.

---

[8] AA *Steinmetz* MK Rdn. 13, nach dessen Auffassung der Annahme von Gesetzeskonkurrenz die abweichenden Schutzgüter entgegenstehen; so auch *Paeffegen* NK Rdn. 13, der jedoch § 90a davon ausnimmt.

[9] BGH NJW **1953** 1722, 1723.

Entstehungsgeschichte

Der durch das 8. StrÄndG (Vor § 80 Rdn. 12 bis 17) eingeführte § 91 enthielt ursprünglich nicht nur Anwendungsbeschränkungen bezüglich der §§ 84, 85 und 87 (§ 91 Nr. 1 a.F.), sondern auch hinsichtlich der §§ 86, 86a und 88 (§ 91 Nr. 2 a.F.) sowie der §§ 90a Abs. 1 und 90b (§ 91 Nr. 3 a.F.). Ihre heutige, auf den Regelungsgehalt des § 91 Nr. 1 a.F. beschränkte, Fassung erhielt die Vorschrift durch Art. 19 Nr. 12 EGStGB vom 2. März 1974 (BGBl. I 469; 1975 I 1916; 1976 I 507). § 91 Nr. 2 a.F. konnte gestrichen werden, weil die dort aufgeführten Vorschriften bereits selbst Begrenzungen ihres Anwendungsbereichs beinhalten. § 91 Nr. 3 a.F. ging in § 5 Nr. 3 auf.

Übersicht

I. Zweck der Vorschrift

1 Durch den Ausschluss des Erfolgsorts als Anknüpfungspunkt der Strafbarkeit enthält die Norm eine **Ausnahme gegenüber** § 9. Mit der Einführung des § 91 wurde in erster Linie das Ziel verfolgt, eine übertriebene Ausdehnung des bundesdeutschen Staatsschutzstrafrechts auf staatliche und politische Aktivitäten in der ehemaligen DDR zu unterbinden und dadurch die Beziehungen zwischen den beiden Teilen Deutschlands zu fördern (vgl. Sonderausschussbericht Vor § 80 Rdn. 11; BTDrucks. V/2860 S. 5 f).[1] Jedoch ist die Vorschrift in ihrem Regelungsgehalt über dieses Ziel dann noch hinausgegangen, indem sie auch Taten nach §§ 84, 85 und 87, die von Bundesbürgern im Ausland begangen werden, von der Strafbarkeit ausklammert. So kann sich ein Deutscher straflos im Ausland für Sabotagehandlungen schulen lassen (§ 87 Abs. 1 Nr. 5; vgl. aber § 87 Rdn. 15)[2] oder als Hintermann oder Rädelsführer einer verbotenen verfassungswidrigen Partei oder Vereinigung straflos deren Ziele vom Ausland her weiter fördern. Dies gilt auch für Teilnahmehandlungen, weil jemand, der als Täter straflos ist, dies auch als Teilnehmer sein muss. Die Vorschrift wurde daher zu Recht kritisiert.[3]

II. Regelungsgehalt der Vorschrift

2 **1. Räumlicher Geltungsbereich.** Die Tat muss durch eine innerhalb des räumlichen Geltungsbereichs des StGB (das Gebiet, in dem die Gesetzgebungsgewalt des Bundes besteht) ausgeübte Tätigkeit verwirklicht werden. § 91 trennt damit die **Tätigkeit** – also

[1] *Langrock* S. 1 ff; *Steinmetz* MK Rdn. 1; *Paeffgen* NK Rdn. 2; *Sch/Schröder/Stree/Sternberg-Lieben* Rdn. 1; *Rudolphi* SK Rdn. 1.

[2] Vgl. dazu den Bericht in Der Spiegel Heft 1/1990, S. 65 ff über entsprechende „Lehrgänge“.

[3] *Lüttger* JR **1969** 121, 129; *Sch/Schröder/Stree/Sternberg-Lieben* Rdn. 8.

das eigene Verhalten des Täters – von der **Tatbestandsverwirklichung.** Das folgt daraus, dass die §§ 84, 85 ausdrücklich verlangen, dass der Erfolg der Straftaten im Inland eintritt und § 87 Vorbereitungshandlungen für Taten im Inland mit Strafe bedroht.[4] § 91 klammert also die **Distanzdelikte** (s. dazu die Erläuterungen bei § 9) und alles das aus, was der Täter nicht innerhalb des Geltungsbereichs, sei es persönlich oder durch eben dort tätige Helfer, sondern von außen her bewirkt.[5]

2. **Wechselnder Tätigkeitsort.** Streitig ist, wie sich das in Fällen auswirkt, in denen der Täter den Taterfolg durch eine Tätigkeit innerhalb und außerhalb des räumlichen Geltungsbereichs herbeigeführt hat.[6] Nach *Fischer*[7] soll die Strafvorschrift greifen, sofern mindestens vor Beendigung der Tat noch ein Tätigwerden innerhalb des Geltungsbereichs zu verzeichnen ist. Das entspricht jedoch nicht der Intention des Gesetzgebers (Sonderausschussprotokoll; Vor § 80 Rdn. 11; V S. 1919 f), der jegliche außerhalb des Geltungsbereichs geübte Tätigkeit strikt aus dem Tatbestand herausnehmen wollte. Es kann deshalb der Auffassung von *Fischer,*[8] dass auswärtige Teilakte einer natürlichen Handlungseinheit oder eines Dauerdelikts mit dem im Geltungsbereich verwirklichten Tatteil zusammen tatbestandsmäßig seien, also gleichsam durch diesen Tatteil in den Tatbestand hereingezogen würden, nicht gefolgt werden.[9] Vielmehr kommt es für die Anwendung des Tatbestandes ausschließlich darauf an, ob das vom Täter im Geltungsbereich entfaltete Tun den Tatbestand verwirklicht hat. Bei **Dauerdelikten** sind daher die Teilakte, die außerhalb des räumlichen Geltungsbereichs des StGB vorgenommen werden, nicht zu berücksichtigen.[10] Was damit an auswärtiger Tätigkeit zusammenhängt, hat lediglich indizielle Bedeutung und kann nur bei der Strafzumessung mit ins Gewicht fallen.[11] 3

3. **Tatbegehung durch pflichtwidriges Unterlassen.** Es wird vertreten, dass sich der Täter im Geltungsbereich aufhalten muss, wenn seine Pflicht zum Handeln akut wird.[12] Dagegen halten es *Stree/Sternberg-Lieben*[13] für unerheblich, ob der Täter sich beim Wirksamwerden einer inländischen Handlungspflicht im Ausland aufhält, sofern nur vorher innerhalb des Geltungsbereichs bereits eine Rechtspflicht aus Ingerenz entstanden ist. Dabei soll in diesem Fall die Möglichkeit und Zumutbarkeit der Erfolgsverhinderung besonders sorgfältig zu prüfen sein. Beide Auffassungen können sich auf den Wortlaut berufen. Da der Entstehungszeitpunkt für die Handlungspflicht und nicht die konkrete Erfolgsabwendungspflicht[14] maßgebend ist, ist der Ansicht, dass die Anwesenheit im Bundesgebiet bei Aktualisierung der Handlungspflicht nicht notwendig ist, der Vorzug zu geben. Entsprechendes gilt, wenn dem Täter die Handlungspflicht erst im Ausland bekannt wird. 4

---

4 *Steinmetz* MK Rdn. 3; *Rudolphi* SK Rdn. 6; *Sch/Schröder/Stree/Sternberg-Lieben* Rdn. 5.

5 *Langrock* S. 104, 105 ff u. 111 f.

6 Vgl. § 87 Rdn. 15 zur Schulung im Ausland.

7 *Tröndle/Fischer* Rdn. 3.

8 *Tröndle/Fischer* Rdn. 3.

9 *Steinmetz* MK Rdn. 4.

10 *Langrock* S. 117; *Lackner/Kühl* Rdn. 1; *Paeffgen* NK Rdn. 7; *Sch/Schröder/Stree/Sternberg-Lieben* Rdn. 7; *Rudolphi* SK Rdn. 2.

11 **AA** *Lackner/Kühl* Rdn. 1; *Steinmetz* MK Rdn. 4; *Paeffgen* NK Rdn. 7; *Sch/Schröder/Stree/Sternberg-Lieben* Rdn. 7; *Rudolphi* SK Rdn. 2.

12 *Sonnen* AK Rdn. 5; *Steinmetz* MK Rdn. 5; *Paeffgen* NK Rdn. 6; *Rudolphi* SK Rdn. 3; *Tröndle/Fischer* Rdn. 4.

13 *Sch/Schröder/Stree/Sternberg-Lieben* Rdn. 5; so auch *Langrock* S. 126 ff.

14 **AA** *Paeffgen* NK Rdn. 6.

5 **4. Mittäterschaft und mittelbare Täterschaft.** Bei der Mittäterschaft wird der Tatbeitrag des im Ausland handelnden Mittäters dem im Inland handelnden Täter nicht gemäß § 25 Abs. 2 zugerechnet.[15] Dies gilt auch für den mittelbaren Täter (BGHSt **40** 218; **42** 65).

6 **5. Teilnahme.** Für die Teilnahme (§§ 26, 27) enthält § 91 eine Sonderregelung zu § 9 Abs. 2. Wird der Haupttäter in der Bundesrepublik Deutschland tätig, der Teilnehmer jedoch nicht, so wird letzterer nach einhelliger Auffassung von den Tatbeständen der §§ 84, 85 und § 87 nicht erfasst, ist also staflos. Auch wer als Anstifter oder Gehilfe innerhalb des Geltungsbereichs an einer außerhalb des Geltungsbereichs begangenen, und daher an einer nach § 91 nicht strafbaren, Haupttat teilnimmt, kann von keiner der angeführten Strafvorschriften erfasst werden.[16] Es handelt sich um eine materiell-rechtliche Beschränkung, so dass die Akzessorietäts-Regeln eingreifen. Dagegen bejahen *Stree/Sternberg-Lieben*[17] die Strafbarkeit mit der Folge, dass nur der Haupttäter von dem Strafverfolgungshindernis profitiert, weil er, was aber hier verneint wird, die Regelung mehr als eine prozessuale denn eine materielle Exemtion versteht.

7 **6. Öffentliches Auffordern zu Straftaten.** Für eine Aufforderung (§ 111) zu den in § 41 zitierten Straftaten ist § 91 entsprechend anzuwenden.[18] Für eine derartige Auslegung spricht bereits der Gesetzeszweck, zumal die Problematik während des Gesetzgebungsverfahrens gesehen wurde.

---

15 *Langrock* S. 181 f; *Steinmetz* MK Rdn. 6.

16 *Lackner/Kühl* Rdn. 1; *Paeffgen* NK Rdn. 3; *Rudolphi* SK Rdn. 4; *Tröndle/Fischer* Rdn. 5.

17 *Sch/Schröder/Stree/Sternberg-Lieben* Rdn. 6.

18 *Krauth/Kurfess/Wulf* JZ **1968** 577, 582; *Steinmetz* MK Rdn. 8; *Paeffgen* NK Rdn. 8; zweifelnd: *Lackner/Kühl* Rdn. 1; *Tröndle/Fischer* Rdn. 5.

VIERTER TITEL

Gemeinsame Vorschriften

§ 92
Begriffsbestimmungen

(1) Im Sinne dieses Gesetzes beeinträchtigt den Bestand der Bundesrepublik Deutschland, wer ihre Freiheit von fremder Botmäßigkeit aufhebt, ihre staatliche Einheit beseitigt oder ein zu ihr gehörendes Gebiet abtrennt.

(2) Im Sinne des Gesetzes sind Verfassungsgrundsätze

1. **das Recht des Volkes, die Staatsgewalt in Wahlen und Abstimmungen und durch besondere Organe der Gesetzgebung, der vollziehenden Gewalt und der Rechtsprechung auszuüben und die Volksvertretung in allgemeiner, unmittelbarer, freier, gleicher und geheimer Wahl zu wählen,**
2. **die Bindung der Gesetzgebung an die verfassungsmäßige Ordnung und die Bindung der vollziehenden Gewalt und der Rechtsprechung an Gesetz und Recht,**
3. **das Recht auf die Bildung und Ausübung einer parlamentarischen Opposition,**
4. **die Ablösbarkeit der Regierung und ihre Verantwortlichkeit gegenüber der Volksvertretung,**
5. **die Unabhängigkeit der Gerichte und**
6. **der Ausschluß jeder Gewalt- und Willkürherrschaft.**

(3) Im Sinne dieses Gesetzes sind

1. **Bestrebungen gegen den Bestand der Bundesrepublik Deutschland solche Bestrebungen, deren Träger darauf hinarbeiten, den Bestand der Bundesrepublik Deutschland zu beeinträchtigen (Absatz 1),**
2. **Bestrebungen gegen die Sicherheit der Bundesrepublik Deutschland solche Bestrebungen, deren Träger darauf hinarbeiten, die äußere oder innere Sicherheit der Bundesrepublik Deutschland zu beeinträchtigen,**
3. **Bestrebungen gegen Verfassungsgrundsätze solche Bestrebungen, deren Träger darauf hinarbeiten, einen Verfassungsgrundsatz (Absatz 2) zu beseitigen, außer Geltung zu setzen oder zu untergraben.**

Schrifttum

Denninger Freiheit durch Sicherheit? StV **2002** 96; *Gusy* Die „freiheitliche demokratische Grundordnung" in der Rechtsprechung des Bundesverfassungsgerichts, AöR 105 (1980) 249; *Ruhrmann* Die Angriffsziele der Staatsgefährdungsdelikte: „Staatsgefährdende Absichten und Bestrebungen", NJW **1960** 992; *Schnarr* Innere Sicherheit – die Zuständigkeit des Generalbundesanwalts nach § 120 Abs. 2 S. 1 Nr. 3 GVG, MDR **1993** 589; *Willms* Zum Begriff der „verfassungsfeindlichen Bestrebungen", JZ **1959** 629.

Entstehungsgeschichte

Die Vorschrift wurde vom 8. StrÄndG (Vor § 80 Rdn. 12 bis 17) im Anschluss an § 88 des 1. StrÄndG (Vor § 80 Rdn. 7) geschaffen, den sie in Absatz 1 und 2 mit gewissen Modifikationen übernommen und in Absatz 3 im Anschluss an § 380 des E 1962 (Vor § 80 Rdn. 10) erweitert hat. Im Gegensatz zu § 88 Abs. 1 S. 2 a.F. verzichtet § 92 Abs. 1 auf die wegen Art. 24 GG überflüssige Klarstellung, dass die Teilnahme an einer Staatengemeinschaft oder einer zwischenstaatlichen Einrichtung, auf die die Bundesrepublik Deutschland Hoheitsrechte überträgt oder zu deren Gunsten sie Hoheitsrechte beschränkt, nicht als Beeinträchtigung des Bestandes der Bundesrepublik Deutschland zu gelten haben. Zu Recht hat der Gesetzgeber auch auf eine Definition des Begriffs der verfassungsmäßigen Ordnung verzichtet, da dieser in den §§ 81 Abs. 1 Nr. 2, 85 Abs. 1 Nr. 2, 89 Abs. 1 und 90a Abs. 1 Nr. 1 mit unterschiedlichem Sinngehalt verwendet wird (s. Vor § 80 Rdn. 20, im Einzelnen bei den genannten Vorschriften).

Übersicht

I. Zweck der Vorschrift

1 Die Norm soll durch bestimmte Legaldefinitionen die Auslegung einiger Begriffe erleichtern, die in den Tatbeständen des Ersten Abschnittes – besonders im Dritten Titel – mehrfach verwandt wurden. Doch haben die Definitionen nach dem Wortlaut der Vorschrift für das gesamte StGB Gültigkeit.

II. Beeinträchtigung des Bestandes der Bundesrepublik Deutschland

2 Dieser in Absatz 1 definierte Begriff wurde bereits bei § 81 Rdn. 2 bis 5 näher erläutert. Darauf kann verwiesen werden.

III. Verfassungsgrundsätze

3 Mit den in Absatz 2 angeführten Verfassungsgrundsätzen soll das erfasst werden, was das GG in Art. 18 und Art. 21 Abs. 2 mit dem Begriff der freiheitlichen demokratischen Grundordnung bezeichnet hat. Die Auslegung dieses Begriffs war vom Gesetzgeber ursprünglich bewusst dem BVerfG überlassen worden, wodurch die besondere Kompetenz für die Aberkennung der Grundrechte und das Verbot von politischen Parteien respektiert werden sollte (*Echterhölter* JZ **1953** 656). Den Effekt, den Begriff der freiheitlichen demokratischen Grundordnung begrifflich kongruent zu erfassen, hat der Gesetz-

geber vor allem damit zu erreichen versucht, dass er dieser positiv formulierten Generalklausel in Absatz 2 Nr. 6 eine negative Formulierung gegenüberstellte. Dass er damit einen gelungenen Griff tat, wird dadurch bestätigt, dass das BVerfG diese Wendung in seine Definition in BVerfGE 2 1, 12 aufnahm (§ 86 Rdn. 4). Im Übrigen war der Gesetzgeber bemüht, die institutionellen Grundsätze einer freiheitlichen Verfassung als einzelne von dem Begriff umfasste Elemente herauszustellen.

Es sind dies: **4**

- **Nr. 1:** die Volkssouveränität (Art. 20 GG), das Prinzip der Gewaltenteilung (Art. 79 Abs. 3 GG), die allgemeinen Grundsätze für Wahlen zur Volksvertretung (Art. 28 Abs. 1, 38 Abs. 1 GG)
- **Nr. 2 und Nr. 5:** das rechtsstaatliche Prinzip (Art. 20 Abs. 3 GG) mit dem ihm eng verbundenen Grundsatz der Unabhängigkeit der Gerichte (Art. 97 Abs. 1 GG)
- **Nr. 3:** das Recht auf parlamentarische Opposition (Art. 21 Abs. 1 GG)
- **Nr. 4:** Ablösbarkeit der Regierung und ihre Verantwortlichkeit gegenüber der Volksvertretung (Art. 67 GG)
- **Nr. 6:** Ausschluss jeglicher Gewalt und Willkürherrschaft (Generalklausel).

Der Gesetzgeber unterscheidet damit im Rahmen der freiheitlich demokratischen Grundordnung die Grundprinzipien, welche am äußersten Grat die freiheitliche Demokratie substantiell vom totalitären Staat scheiden. Das BVerfG hat in seiner allerdings nicht erschöpfend gemeinten Aufzählung die Wahlgrundsätze weggelassen, von denen der Grundsatz der unmittelbaren im Gegensatz zur mittelbaren Wahl sicherlich nicht zum Grundbestand der freiheitlichen demokratischen Grundordnung gehört. Die Formulierung in § 380 Abs. 2 Nr. 1 E 1962 (Vor § 80 Rdn. 10) hatte die Wahlgrundsätze daher nicht in den Katalog aufgenommen. Das BVerfG hat auch jeden Anklang an die parlamentarische Regierungsform vermieden, die nur eine, wenn auch die wichtigste der Ausprägungen freiheitlicher Demokratie ist. Wenn das Gesetz von parlamentarischer Opposition statt wie das BVerfG von Opposition und von Verantwortlichkeit der Regierung gegenüber der Volksvertretung spricht,[1] so dient dies der restriktiven Auslegung (vgl. *Steinmetz* MK § 92 Rdn. 8), stellt aber nicht in Frage, dass auch die Opposition außerhalb des Parlaments mit dem Ziel parlamentarischer Vertretung gewährleistet ist. Der Gefahr der Ausuferung ist dadurch zu begegnen, dass der in § 92 Abs. 2 aufgestellte Katalog in seiner strafrechtlichen Relevanz durch verfassungskonforme Auslegung auf die mit dem Begriff der freiheitlichen demokratischen Grundordnung bezeichneten Grenzen zurückzuführen ist (weiter ausgeführt in LK[11] Rdn. 3; s. auch bei den einzelnen Vorschriften, insb. § 81 Rdn. 6 ff, § 86 Rdn. 4 ff, Vor § 80 Rdn. 20 ff).

Die erörterte Grundsatzfrage ist in der Rechtsprechung nur am Rande behandelt **5**
(BGHSt 7 222, 227), entscheidungserheblich ist sie nicht geworden. Soweit es um die Beurteilung von Tendenzen in kommunistischer und nationalsozialistischer Richtung ging, traf, wie die bei Wagner[2] angeführten Beispiele aus der Rechtsprechung zeigen, der Katalog im ganzen in seiner Kernsubstanz zu. Wer von dieser Seite die Beseitigung der parlamentarischen Verantwortlichkeit der Regierung betreibt, tut das sicher nicht mit dem vertretbaren Ziel, sie mit einer anderen, der freiheitlich demokratischen Grundordnung gemäßen Verantwortlichkeit der Regierung, etwa nach dem Muster der Verfassung der USA zu vertauschen. Die Generalklausel hat spezielle Bedeutung für die Einbezie-

---

1 *Schafheutle* JZ **1951** 609, 613 zum Votum des Rechtsausschusses des BR JZ **1951** 659.

2 Wagner GA **61** 1; **63** 353; **65** 353; **66** 300.

hung von Grundrechten in den Schutzbereich gewonnen. Sie erwies sich insofern als besonders dienlich, um auf allgemeine rassische Diskriminierung abzielende antisemitische Tendenzen abzuwehren (vgl. BGH Hochverrat und Staatsgefährdung HuSt. II 159, 181 u. BGHSt **13** 32).

6 Praktische Schwierigkeiten ergeben sich daraus, dass verfassungsfeindliche politische Propaganda regelmäßig Tagesereignisse, bestimmte Einrichtungen und Regelungen und politisch hervorgetretene Personen einschließt. Es wird deshalb selten vorkommen, dass ein bestimmter Verfassungsgrundsatz abstrakt angesprochen und zur Zielscheibe eines Angriffs gemacht wird. Die Aufgabe des Tatrichters besteht daher darin, in richtiger Durchleuchtung des Tatsachenstoffs zu ergründen, ob in ihm ein gegen einen der genannten Verfassungsgrundsätze gerichteter Angriff steckt. Ein lehrreiches Beispiel bildet insoweit der in BGH JR **1977** 28 mit Anm. *Schroeder* behandelte Fall (vgl. § 89 Rdn. 12), in dem ein Angriff gegen die Wehrverfassung als Angriff gegen den Grundsatz der (parlamentarischen) Verantwortlichkeit der Regierung angesehen wurde,[3] der, wie *Schroeder* aaO darlegt, jedenfalls aber einen Angriff gegen den Grundsatz des Absatzes 1 Nr. 1 einschloss.

IV. Bestrebungen

7 Der in Absatz 3 erläuterte Begriff der Bestrebungen war ursprünglich vom Gesetz nicht besonders definiert. Daraus ergaben sich in der Rechtsprechung gewisse Unstimmigkeiten. Hatte BGHSt **11** 171, 175 dabei außerhalb der Person des Täters bestehende kollektive Tendenzen des gesellschaftlichen Lebens im Auge, so ließ es BGHSt **13** 32, 35 damit genügen, dass der Täter seine eigenen Ziele verfolgte (vgl. hierzu *Willms* JZ **1959** 629). Die jetzt vorhandene gesetzliche **Definition** ist dahin zu verstehen, dass – losgelöst von der Person des Täters – Bestrebungen anderer Personen (Träger), denen es darauf ankommt, einen der drei in § 92 Abs. 3 bezeichneten Erfolge zu erreichen, bestehen müssen, bei denen der Täter mitwirkt oder denen er sich anschließt. Dabei ist es für die Anwendung des Begriffs unwesentlich und nur für die Frage der oben Vor § 80 Rdn. 25 ff erörterten Einwirkung des Parteienprivilegs bedeutsam, ob diese Träger zu einer Organisation zusammengeschlossen sind oder ob sie überhaupt ein Kollektiv bilden. Es genügt, wenn es sich um tatsächlich im Gang befindliche Bemühungen mindestens einer Person[4] handelt, die dem Täter namentlich nicht bekannt zu sein braucht und der es darauf ankommt, allein oder mit andern den Erfolg zu erreichen, und der für dieses Ziel aktiv tätig ist.[5] Dass der Täter zu dem Träger oder den Trägern in einer auch nur mittelbaren Beziehung steht, ist nicht erforderlich, wenn es auch vielfach der Fall sein wird.

Der Kritik *Schroeders*,[6] dass es kaum sinnvoll sei, nur die Förderung bereits existenter, nicht aber die Schaffung neuer Bestrebungen zu erfassen, ist zu entgegnen, dass selbstverständlich auch „neue“, also solche Bestrebungen unter den Tatbestand fallen, die zugleich mit der Tathandlung ans Licht treten.

1. Zielrichtungen. Die Bestrebungen müssen auf eines der folgenden drei Ziele gerichtet sein:

---

[3] Kritisch insoweit *Sonnen* AK Rdn. 13.

[4] AA *Paeffgen* NK Rdn. 10, wonach es nicht genügen soll, wenn lediglich ein einzelner „Träger“ dieser Bestrebung ist.

[5] *Sonnen* AK Rdn. 16; *Lackner/Kühl* Rdn. 8; *Sch/Schröder/Stree/Sternberg-Lieben* Rdn. 13.

[6] *Schroeder* Der Schutz von Staat und Verfassung im Strafrecht, S. 306 f.

a) **Gegen den Bestand der Bundesrepublik Deutschland** (**Absatz 3 Nr. 1**) im Sinne des Absatzes 1. Insoweit wird auf Rdn. 2 und § 81 Rdn. 2 bis 5 verwiesen. 8

b) **Gegen die innere oder äußere Sicherheit der Bundesrepublik Deutschland** (**Absatz 3 Nr. 2**). Das ist sowohl für die Tatbestände des vorliegenden Abschnitts, die sich des Begriffs bedienen (§§ 87, 88 und 89), wie auch für die einschlägigen Vorschriften zum Schutze der Landesverteidigung (§§ 109d, 109e, 109f, 109g) bedeutsam. Dagegen ist in § 93 ausdrücklich nur die äußere Sicherheit angesprochen. **Sicherheit** meint die Gewähr, vor gewaltsamen Einwirkungen und Beeinträchtigungen aller Art geschützt zu sein. Dabei steht für die **äußere Sicherheit**[7] der Bestand des Staates, d. h. seine völkerrechtliche Souveränität oder sein Territorialbestand, für die **innere Sicherheit** der sich im Einklang mit Gesetz und Verfassung vollziehende Handel und Wandel innerhalb der Staatsgrenzen im Vordergrund. Bestrebungen hiergegen sind solche, deren Träger darauf hinarbeiten, die Fähigkeit der Bundesrepublik Deutschland zu beeinträchtigen, sich nach innen oder außen gegen derartige Störungen zur Wehr zu setzen.[8] 9

c) **Gegen Verfassungsgrundsätze** im Sinne des Absatzes 2 (**Absatz 3 Nr. 3**). Insoweit kann auf Rdn. 3 bis 7 verwiesen werden. 10

2. **Tathandlungen** sind das Hinarbeiten, Beseitigen, Außer-Geltung-Setzen und das Untergraben. Die erforderliche Tätigkeit der „Träger“ der in Absatz 3 genannten Bestrebungen bezeichnet das Gesetz als **Hinarbeiten** im Sinne eines zielgerichteten, aktiven und aggressiven Verhaltens. Ziel dieser Tätigkeit muss bezüglich der Schutzgüter Bestand und Sicherheit der Bundesrepublik Deutschland deren Beeinträchtigung, in Bezug auf die Verfassungsgrundsätze deren Beseitigen, Außer-Geltung-Setzen oder Untergraben sein. **Beseitigen** meint dabei das förmliche Außer-Geltung-Setzen oder die faktische Aufhebung des Verfassungsgrundsatzes, also das Vernichten der rechtlichen Existenz. Das **Untergraben** kann als Schwächung der Geltung des Grundsatzes bezeichnet werden.[9] Im ganzen ist damit das gemeint, was mit dem Begriff des Beeinträchtigens erfasst ist (Sonderausschussprotokoll V S. 1248; Vor § 80 Rdn. 11). 11

3. **Absichtliches Sicheinsetzen.** Die von Absatz 3 definierten Bestrebungen hat der Gesetzgeber dergestalt in die Tatbestände der §§ 88 Abs. 1, 89 Abs. 1, 90 Abs. 3 und 90b Abs. 1 eingebaut, dass sich der Täter absichtlich für diese Bestrebungen einsetzen muss. Nur für § 87 Abs. 1 genügt insoweit Wissentlichkeit. Durch diese Betonung einer subjektiven Zielstrebigkeit hat er deutlich gemacht, dass bei den genannten Vorschriften an den subjektiven Tatbestand hohe Anforderungen zu stellen sind. Dadurch wurde erstrebt, die Strafbarkeit auf die aktiv kämpferischen Täter zu beschränken, bloße Mitläufer dagegen auszuklammern (vgl. Sonderausschussprotokoll V S. 973 f; Vor § 80 Rdn. 11).[10] 12

---

[7] BGH NStZ **1988** 215; umfassend *Schnarr* MDR **1993** 589, 592.

[8] BGHSt **28** 312, 316 f; BGH NStZ **1988** 215; *Schroeder*, S. 423 ff.

[9] Zum Begriff des „Untergrabens“ s. auch § 89 Rdn. 7 sowie BGHSt **4** 291; **13** 32, 37; OLG Düsseldorf NJW **1980** 603, 604; *v. Weber* JZ **1954** 198 und zum Ganzen die kritische Analyse von *Schroeder*, S. 301 ff.

[10] Kritisch *Paeffgen* NK Rdn. 14.

§ 92a
Nebenfolgen

Neben einer Freiheitsstrafe von mindestens sechs Monaten wegen einer Straftat nach diesem Abschnitt kann das Gericht die Fähigkeit, öffentliche Ämter zu bekleiden, die Fähigkeit, Rechte aus öffentlichen Wahlen zu erlangen, und das Recht, in öffentlichen Angelegenheiten zu wählen oder zu stimmen, aberkennen (§ 45 Abs. 2 und 5).

Entstehungsgeschichte

§ 92a in der Fassung des 8. StrÄndG (Vor § 80 Rdn. 12 bis 17) ersetzte die §§ 85 und 98 a. F., in denen getrennt für die Abschnitte Hochverrat und Staatsgefährdung Regelungen über Geldstrafen und Nebenfolgen enthalten waren. Die jetzige Fassung ist auf Nebenfolgen beschränkt. Sie beruht auf Art. 19 Nr. 13 EGStGB vom 2. März 1974 (BGBl. I 469; 1975 I 1916; 1976 I 507).

I. Bedeutung der Vorschrift

1 Die Vorschrift ist eine besondere gesetzliche Regelung im Sinne des § 45 Abs. 2 und Abs. 5. Die dort genannten Statusfolgen können bereits verhängt werden, wenn der Täter wegen eines Verbrechens oder Vergehens nach diesem Abschnitt zu einer Freiheitsstrafe von mindestens sechs Monaten – auch wenn die Vollstreckung zur Bewährung ausgesetzt wurde[1] – verurteilt wird. Dabei findet die Vorschrift auch dann Anwendung, wenn nur wegen Versuchs, Teilnahme oder versuchter Beteiligung verurteilt wird. § 92a lässt die ergänzend zu beachtenden §§ 45 bis 45b unberührt.

II. Einzelheiten

2 Dass eine Verurteilung wegen eines Delikts des Ersten Abschnitts in **Tateinheit** mit dem Delikt eines anderen Abschnitts erfolgt ist, steht der Anwendung der Vorschrift nicht entgegen. Im Falle von **Tatmehrheit** kommt es in erster Linie darauf an, ob eine Einzelstrafe von mindestens sechs Monaten wegen eines Delikts aus dem Ersten Abschnitt ausgesprochen worden ist. Doch kann nach der ratio der Norm der Ausspruch auch an eine Gesamtstrafe von nur sechs Monaten anknüpfen, wenn die der Gesamtstrafe zugrundeliegenden Einzelstrafen sich sämtlich auf ein Delikt des Ersten Abschnitts beziehen.[2] Wurde fälschlich Tateinheit statt Tatmehrheit angenommen, so kann der Angeklagte durch den Ausspruch der Nebenfolge beschwert sein, wenn ein Delikt aus dem Ersten Abschnitt mit einem Delikt aus einem anderen Abschnitt zusammentrifft. Denn es wird in diesem Fall regelmäßig nicht auszuschließen sein, dass eine zutreffend ausgesprochene Einzelstrafe geringer als sechs Monate gewesen wäre.

---

[1] *Steinmetz* MK Rdn. 5; *Sonnen* AK Rdn. 4.

[2] *Sonnen* AK Rdn. 5; *Sch/Schröder/Stree/Sternberg-Lieben* Rdn. 2; *Rudolphi* SK Rdn. 1; zweifelnd *Paeffgen* NK Rdn. 3.

III. Rechtsfolge

Die Entscheidung, ob der Tatrichter auf § 92a zurückgreift, trifft er nach pflichtgemäßem Ermessen. Er kann die Nebenfolgen einzeln oder zusammen aussprechen, wobei die jeweils abzuerkennende Berechtigung sowie deren Dauer ausdrücklich auszusprechen ist. Da den Nebenfolgen Strafcharakter zukommt, sind die allgemeinen Strafzumessungsregeln des § 46 zu beachten.[3] Maßgebend sind dabei allein Präventionsgesichtspunkte. 3

§ 92b
Einziehung

Ist eine Straftat nach diesem Abschnitt begangen worden, so können

1. Gegenstände, die durch die Tat hervorgebracht oder zu ihrer Begehung oder Vorbereitung gebraucht worden oder bestimmt gewesen sind, und

2. Gegenstände, auf die sich eine Straftat nach den §§ 80a, 86, 86a, 90 bis 90b bezieht, eingezogen werden. § 74a ist anzuwenden.

Schrifttum

Beisel Die Kunstfreiheitsgarantie des Grundgesetzes und ihre strafrechtlichen Grenzen (1997); *Erhardt* Kunstfreiheit und Strafrecht (1989); *Eser* Die strafrechtlichen Sanktionen gegen das Eigentum (1969); *ders.* Informationsfreiheit und Einziehung, NJW **1970** 784; *Faller* Güterabwägung bei Einziehung von Schrifttum, MDR **1971** 1; *von Gerkan* Die Einwirkung der Informationsfreiheit auf die Einziehung verfassungsfeindlicher Schriften, MDR **1967** 91; *Maurach* Die Objekte der Einziehung nach § 86 StGB, JZ **1964** 529; *Müller-Römer* Staatsschutz und Informationsfreiheit, ZRP **1968/69** 6; *Wagner* Beschlagnahme und Einziehung staatsgefährdender Massenschriften, MDR **1961** 93; *ders.* Zur Einziehung nach § 86 StGB, MDR **1964** 797 und 885; *Wenkebach* Die vorbeugende Einziehung verfassungsfeindlicher Schriften, NJW **1962** 2094; *Willms* Anmerkung zu BGHSt 23 208, JZ **1970** 514; s. im übrigen auch bei § 74.

Entstehungsgeschichte

Die Vorschrift wurde vom 8. StrÄndG (Vor § 80 Rdn. 12 bis 17) als Nachfolgebestimmung der früheren §§ 86, 98 Abs. 2 geschaffen. Art. 19 Nr. 14 EGStGB vom 2. März 1974 (BGBl. I 469; 1975 I 1916; 1976 I 507) strich mit Rücksicht auf die umfassende Regelung in §§ 73 ff die in Absatz 2 enthaltene Vorschrift über den Verfall und korrigierte die Verweisung.

Übersicht

[3] Vgl. im übrigen die Erläuterungen zu §§ 45 ff.

I. Allgemeines

1 Während die Sondervorschrift für die Einziehung im 1. StrÄndG (Vor § 80 Rdn. 7) – § 86 a. F. – im Verhältnis zu den allgemeinen Vorschriften über die Einziehung noch völlig selbständige Bedeutung besaß, weil sie im Unterschied zu diesen die Einziehung von Surrogaten und von in fremdem Eigentum stehenden Sachen gestattete (BGHSt **19** 158, 159 f) und allgemein das Vorliegen des äußeren Tatbestandes der Straftat genügen ließ (BGHSt **15** 399, 400; **19** 63, 68), hat § 92b im Zuge der Neuordnung des Einziehungsrechts durch das EGOWiG vom 24. Mai 1968 (BGBl. I 503) diese Besonderheiten eingebüßt. Die Vorschrift stellt sich mit seinem Satz 1 Nr. 1 nur noch als überflüssige Wiederholung des § 74 Abs. 1 dar. Da Satz 1 auch im Übrigen nicht als Ersetzung, sondern bloß als Ergänzung der §§ 74 ff zu verstehen ist, bringt solche „Zweispurigkeit" (Sonderausschussbericht BTDrucks. V/2860 S. 13; Vor § 80 Rdn. 11) auch im Übrigen mehr Verwirrung als zusätzliche Substanz.[1]

II. Einziehung von Gegenständen nach Satz 1 Nr. 1

2 Danach können alle **Gegenstände, die durch eine Straftat hervorgebracht oder zu ihrer Begehung oder Vorbereitung gebraucht worden oder bestimmt gewesen sind,** eingezogen werden. Die Vorschrift entspricht § 74 Abs. 1. Ihr sind die Vorschriften des § 74 Abs. 2 und Abs. 3 auf dem Umweg über § 74 Abs. 4 angehängt. Satz 1 Nr. 1 enthält **keine Erweiterung der Einziehungsmöglichkeiten.** Die **Anknüpfungstat** muss grundsätzlich **volldeliktisch** verwirklicht worden sein. Unter den Voraussetzungen des § 74 Abs. 2 Nr. 2 und Abs. 3 kann eine (nur) rechtswidrige Tat genügen.[2]

III. Einziehung von Beziehungsgegenständen nach Satz 1 Nr. 2

3 Das sind **Gegenstände,** die in das Tatgeschehen verstrickt sind. Ob diese vom Gesetzgeber gewollte Erweiterung der Einziehungsmöglichkeiten notwendig ist, ist bereits deshalb fraglich, weil es letztlich um Tatprodukte und Tatwerkzeuge geht. Erfasst sind die in den angeführten Tatbeständen der §§ 80a, 86, 86a, 90 bis 90b behandelten Schriften und sonstigen Propagandamittel, bei denen sich der Sonderausschuss des Deutschen Bundestages für die Strafrechtsreform nicht sicher war, ob die Rechtsprechung sie als instrumenta oder producta sceleris über Nr. 1 oder § 40 Abs. 1 a. F. erfassen werde (vgl. Sonderausschussprotokoll V S. 1253; Vor § 80 Rdn. 11; offen gelassen in BGHSt **23** 64, 69). Grundsätzlich bedarf es auch hier einer **volldeliktischen** Tat, es sei denn, es liegt ein Sicherungsgrund im Sinn von § 74 Abs. 2 Nr. 2, Abs. 3 vor.

IV. Einziehung nach § 74d

4 Mit der Einziehungsmöglichkeit nach Satz 1 Nr. 2 konkurriert die Sicherungseinziehung von Schriften (§ 11 Abs. 3) nach § 74d Abs. 1 S. 1. Danach können nicht nur Schriften, die bei der konkreten Tat Tatmittel, Taterzeugnis oder Beziehungsgegenstand waren, sondern auch „tatunbeteiligte" Stücke im Umfang von § 74d Abs. 2 oder Abs. 3

---

[1] Nach *Paeffgen* NK Rdn. 2 handelt es sich um eine schlecht kaschierte, zudem kompetenzwidrig erlassene, weil präventiv polizeiliche Maßnahme-Ermächtigung.

[2] *Steinmetz* MK Rdn. 3; kritisch *Paeffgen* NK Rdn. 5.

eingezogen werden, wenn auch nur ein einziges Exemplar durch irgendeine mit Strafe bedrohte Handlung verbreitet, allgemein zugänglich gemacht oder zur Verbreitung bestimmt worden ist.[3] § 74d Abs. 1 S. 2 berechtigt zudem, die zur Herstellung dienenden Vorrichtungen unbrauchbar zu machen.

Im Verhältnis zu § 74d wurde § 92b S. 1 Nr. 2 deshalb für notwendig angesehen, weil sich die Einziehung nach § 74d nicht auf Stücke erstrecken könne, die sich im Besitz anderer als der in § 74d Abs. 2 bezeichneten Personen (Dritte) befänden (Sonderausschussbericht BTDrucks. V/2860 S. 13; Vor § 80 Rdn. 11). Die insoweit als Sonderregelung verstandene Norm geht indes ins Leere. Die Einbeziehung des Drittens ist für alle Fälle des § 92b durch den Verweis auf § 74a – unter den dort genannten Voraussetzungen – geregelt.

V. Rechtsfolge

Nach § 92b steht die Einziehung im pflichtgemäßen Ermessen des Gerichts, ist also **5**
fakultativ, mit der Folge aus § 74b (Grundsatz der Verhältnismäßigkeit). Der Tatrichter hat sich dabei an den Grundsätzen der Tat- und Schuldangemessenheit, sowie dem Grad des Sicherungsbedürfnis zu orientieren. Dagegen schreibt § 74d die Einziehung (mit den sich aus Absatz 3 insoweit ergebenden Einschränkungen) zwingend vor.[4] Beim Zusammentreffen mit § 92b geht § 74d vor (BGHSt **23** 208, 209).

VI. Beschränkung durch Art. 5 GG

1. Informationsfreiheit. Kommt die Einziehung von Schriften in Betracht, so hat das **6**
Gericht die durch **Art. 5 Abs. 1 S. 1 GG** gewährleistete Meinungs- und Informationsfreiheit zu beachten und eine Güterabwägung zwischen diesen grundrechtlich geschützten Interessen und den durch § 92b (mittelbar) geschützten Rechtsgütern vorzunehmen (vgl. zur Meinungsäußerungsfreiheit § 90a Rdn. 23 ff).[5] Diese Pflicht gilt im Übrigen auch im Anwendungsbereich des § 74d, obwohl die Einziehung dort grundsätzlich zwingend vorgeschrieben ist.[6]

2. Kunstfreiheit. Vgl. zunächst § 86a Rdn. 27 bis 32 und § 90a Rdn. 28 ff. Durch die Einziehung oder die Zerstörung eines Unikats kann in den Werkbereich der Kunstfreiheit eingegriffen werden.[7]

VII. Prozessuales

Die Anordnung der Einziehung muss grundsätzlich in den Tenor der Entscheidung als **7**
Vollstreckungstitel aufgenommen werden. Dabei sind die einzelnen Gegenstände konkret zu bezeichnen. Bei besonderem Umfang kann die Angabe einer Sammelbezeichnung oder die Aufnahme einer Anlage genügen. In den Urteilsgründen sollte der Wert der eingezogenen Gegenstände festgestellt werden.

---

3 *Steinmetz* Rdn. 7; *Tröndle/Fischer* Rdn. 4.
4 BGHSt **23** 64, 69.
5 BVerfG **27** 71, 79 ff; *von Gerkan* MDR **1967** 91.
6 BGHSt **23** 208, 210; **23** 267, 269; *Faller* MDR **1971** 1, 3 f; *Eser* NJW **1970** 784, 768; **aA** *Willms* LK[10] Rdn. 6 u. JZ **1970** 514.
7 *Beisel* S. 375, 377 ff; *Steinmetz* MK Rdn. 11.

ZWEITER ABSCHNITT

Landesverrat und Gefährdung der äußeren Sicherheit

Vorbemerkungen zum Zweiten Abschnitt

(siehe auch *Laufhütte/Kuschel* LK Vor § 80)

Schrifttum

Albrecht Verfolgungsverjährung und DDR-bezogene Straftaten – Keine Aussicht auf ein Ende der Auseinandersetzung? GA **2000** 123; *Albrecht/Kandelbach* Zur strafrechtlichen Verfolgung von DDR-Außenspionage, NJ **1992** 137; *A. Arndt* Das Geheimnis im Recht, NJW **1960** 2040; *ders.* Das Staatsgeheimnis als Rechtsbegriff und als Beweisfrage, NJW **1963** 465; *ders.* Demokratische Rechtsauslegung am Beispiel des Begriffes „Staatsgeheimnis" NJW **1963** 24; *ders.* Der BGH und das Selbstverständliche (§ 100 StGB [a.F.]) NJW **1966** 25; *ders.* Landesverrat (1966); C. *Arndt* Das Grundgesetz und die Strafverfolgung von Angehörigen der Hauptverwaltung Aufklärung, NJW **1991** 2446; *ders.* Bestrafung von Spionen der DDR, NJW **1995** 1803; *H. Arndt* Die landesverräterische Geheimnisverletzung, ZStW **66** (1954) 41; *J. Ahrens* Der Begriff des Staatsgeheimnisses im deutschen und ausländischen Staatsschutzrecht Diss. Hamburg 1966; *Baumann* Zur Reform des politischen Strafrechts, JZ **1966** 329; *Baumann* Festschrift Diether Posser (1997) 299; *Bellstedt* Zur staatsrechtlichen Problematik von Geheimpatenten und -gebrauchsmustern, DÖV **1961** 811; *Böckenförde* Die Rechtsauffassung im kommunistischen Staat (1967); *Bottke* in Lampe (Hrsg.) Die Verfolgung von Regierungskriminalität der DDR nach der Wiedervereinigung Bd. II (1993); *Breithaupt* Das illegale Staatsgeheimnis, NJW **1968** 1712 und NJW **1969** 266; *Bull* in Verfassungsschutz und Rechtsstaat (1981); *Classen* Zur strafrechtlichen Verfolgbarkeit früherer Geheimdienstangehöriger der Deutschen Demokratischen Republik in der Bundesrepublik Deutschland, JZ **1991** 717; *ders.* Straffreiheit für DDR-Spione – Verschlungene Pfade zu einem vernünftigen Ergebnis, NStZ **1995** 371; *Dehn* Liegt in der Rechtsprechung des BVerfG zum Verfolgungshindernis bzw. zur Strafmilderung in Fällen von geheimdienstlicher Agententätigkeit von Angehörigen des MfS der früheren DDR ein Wiederaufnahmegrund? NStZ **1997** 143; *Denninger* Die Trennung von Verfassungsschutz und Polizei und das Grundrecht auf informationelle Selbstbestimmung, ZRP **1981** 231; *Doehring* Zur Ratio der Spionenbestrafung – Völkerrecht und nationales Recht, ZRP **1995** 293; *Engberding* Technologietransfer als geheimdienstliche Agententätigkeit, Kriminalistik **1986** 352; *des.* Spionageziel Wirtschaft, Kriminalistik **1993** 409; *Eser* Deutsche Einheit: Übergangsprobleme im Strafrecht, GA **1991** 241; *Evers* in Verfassungsschutz und Rechtsstaat (1981) 55 ff; *Fricke* Vervollkommnung der sozialistischen Gesetzlichkeit Deutschlandarchiv **1977** 452; *ders.* Der Wahrheit verpflichtet (2000); *Fritsche* Wirtschaftsspionage Kriminalistik **2001** 472; *Fritsche/Frech-Eisvogel* ZFiS **1998** 195; *Frowein/Wolfram/Schuster* Völkerrechtliche Fragen der Strafbarkeit von Spionen aus der ehemaligen DDR (1995); *Fuss* Pressefreiheit und Geheimnisschutz, NJW **1962** 2225; *Gallandi* Staatsschutzdelikte und Pressefreiheit (1983); *Gehrlein* Die Strafbarkeit der Ostspione auf dem Prüfstand des Verfassungs- und Völkerrechts (1996); *Geppert* Probleme der Strafrechtsanwendung im Zeichen der deutschen Einheit, Jura **1991** 610; *Gornig* Die Verantwortlichkeit politischer Funktionsträger nach völkerrechtlichem Strafrecht, NJ **1992** 4; *Gröpel* Die Nachrichtendienste; *Güde* Die Geheimnissphäre des Staates und die Pressefreiheit (1959); *Gusy* Die Landesverratsrechtsprechung in der Weimarer Republik, GA **1992** 195; *Hannich* Die Zuständigkeitsregelungen für die Strafverfolgung von Proliferation – Staatsschutz oder Wirtschaftsstraftat? Festschrift Nehm (2006) 139; *Harnischmacher/Heumann* Die Staatsschutzdelikte in der Bundesrepublik Deutschland (1984); *Hausmann* Der militärische Landesverrat und die Pressefreiheit. Diss. Freiburg 1967; *Heinemann* Der publizistische Landesverrat, NJW **1963** 4; *Heinemann/Posser* Kritische Bemerkungen zum politischen Strafrecht in der Bundesrepublik, NJW **1959** 121; *Heselhaus* Rechtsprechung Öffentliches Recht, JA **1996** 9; *Hesse* Verfassungsrechtsprechung im geschichtlichen Wandel, JZ **1995** 265; *H. G. Hesse* Der Schutz von Staatsgeheimnissen im neuen Patentrecht BB **1968** 1058; *Hillenkamp* Offene oder verdeckte Amnestie über Wege strafrechtlicher Vergangenheitsbewältigung, JZ **1996** 179; *Hirsch* Das sog. „illegale Staatsgeheimnis" NJW **1968** 2330; *Holthausen* Das Kriegswaffenkontrollgesetz und das Außenwirtschaftsrecht in der Rechtsprechung, NStZ-RR **1998** 225; *Huber* Die aktuelle Entscheidung: die Strafbarkeit von MfS-Spionen, Jura **1996** 301; *Ignor/Müller* Spionage und Recht, StV **1991** 573; *Jagusch* Pressefreiheit, Redaktionsgeheimnis, Bekanntmachen von Staatsgeheimnissen, NJW **1963** 177; *Jakobs* Literaturbericht zu *Paeffgen*: Der Verrat in irriger Annahme eines illegalen Geheimnisses und die allgemeine Irrtumslehre, ZStW **93** (1981) 901; *Jerouschek/Kölbel* Souveräne Strafverfolgung, NJW **2001** 1601, *Jescheck* Pressefreiheit und militärisches Geheimnis (1964); *ders.* Zur Reform des politischen Strafrechts, JZ **1967** 6; *ders.* Die Behandlung des sog. illegalen Staatsgeheimnisses im neueren politischen Strafrecht, Festschrift Engisch (1969) 584; *Kasper* Staatsschutz und Völkerrecht, NJ **1992** 432; *Kern* Der Strafschutz des Staates und seine Problematik (1963); *Kersten* Die Entwicklung der allgemeinen Strafbestimmungen gegen den Landesverrat in Deutschland vom Preußischen Strafgesetzbuch von 1851 bis zur Gegenwart, Diss. Köln 1975; *Kinkel* Wiedervereinigung und Strafrecht, JZ **1992** 485; *Klug* Ungeschriebene Tatbestandsmerkmale beim Staatsgeheimnisbegriff, Festschrift Engisch (1969) 570; *Kniesel* „Neues" Polizeirecht und Kriminalitätskontrolle, Kriminalistik **1996** 229; *Kohlmann* Der Begriff des Staatsgeheimnisses und das verfassungsrechtliche Gebot der Bestimmtheit von Strafvorschriften (1969); *Krauth/Kurfess/Wulf* Zur Reform des Staatsschutz-Strafrechts durch das Achte Strafrechtsänderungsgesetz, JZ **1968** 577, 609, 731; *Krey* Zum Begriff des „Wohls der Bundesrepublik Deutschland" in § 99 Abs. 1 und 2 (a. F.) ZStW **79** (1967) 103; *ders.* Das Bundesverfassungsgericht in Karlsruhe ein Gericht läuft aus dem Ruder, JR **1995** 221; *Erich Küchenhoff* Landesverrat, Oppositionsfreiheit und Verfassungsverrat, in Die neue Gesellschaft **1963** 124; *Küpper* Zum Verhältnis von dolus eventualis, Gefährdungsvorsatz und bewusster Fahrlässigkeit, ZStW **100** (1988) 758; *ders.*, Strafrechtsprobleme im vereinten Deutschland, JuS **1992** 723; *Kumm* Probleme der Geheimhaltung von technischen Erfindungen im Interesse der Staatssicherheit GRUR **1979** 672; *Lackner* Das Vierte Strafrechtsänderungsgesetz JZ **1957** 401; *ders.* Landesverräterische Agententätigkeit, ZStW **78** (1966) 695; *Lampe* Politische und juristische Aspekte der Spionageprozesse in Weber/Piazolo (Hrsg.) Eine Diktatur vor Gericht (1994); *ders.* Die strafrechtliche Aufarbeitung der DDR-Spionage, Festschrift BGH 50 (2000) 449; *Lampe/Schneider* Neuere Entwicklungen in der Rechtsprechung des Bundesgerichtshofs zur Beendigung der geheimdienstlichen Agententätigkeit im Sinne von § 99 Abs. 1 Nr. 1 StGB, GA **1999** 105; *Lange* Zur Preisgabe von Staatsgeheimnissen, JZ **1965** 297; *Laufhütte* Staatsgeheimnis und Regierungsgeheimnis, GA **1974** 52; *v. Lex* Die Voraussetzungen eines wirksamen Staatsschutzes in der Bundesrepublik DÖV **1960** 281; *Leupolt* Die rechtliche Aufarbeitung des DDR-Unrechts (2003); *Lippolt* Die Strafbarkeit der DDR-Spionage und ihre Verfassungsmäßigkeit, NJW **1992** 18; *Lisken* Polizei und Verfassungsschutz, NJW **1982** 1481; *Löffler* Der Verfassungsauftrag der Presse – Modellfall Spiegel (1963); *Loos/Radke* MfS-Offiziere als (Mit)-Täter des Landesverrats, StV **1994** 565; *Lüddersen* Kontinuität und Grenzen des Gesetzlichkeitsprinzips bei grundsätzlichem Wandel der politischen Verhältnisse, ZStW **104** (1992) 735; *ders.* Zu den Folgen des „Beitritts" für die Strafjustiz der Bundesrepublik Deutschland, StV **1991** 483; *Lüttger* Staatsschutzverfahren – statistisch gesehen, MDR **1967** 165, 257, 349; *ders.* Das Staatsschutzstrafrecht gestern und heute, JR **1969** 121; *ders.* Geheimschutz und Geheimnisschutz, GA **1970** 129; *Luther* Zur Anwendung des Strafrechts nach dem Einigungsvertrag, NJ **1991** 395; *ders.* Der Einigungsvertrag über die strafrechtliche Behandlung von DDR-Altlasten nach der Einigung Deutschlands, DtZ **1991** 433; *Maihofer* Pressefreiheit und Landesverrat, Blätter für deutsche und internationale Politik **1963** 26 und 107; *ders.* Staatsschutz im Rechtsstaat, Blätter für deutsche und internationale Politik **1964** 32, 123; *ders.* Der Landesverrat, in *Reinisch* (Hrsg.) Die deutsche Strafrechtsreform (1967) 151; *ders.* Der vorverlegte Staatsschutz, in *Baumann* (Hrsg.) Mißlingt die Strafrechtsreform? (1969) 186; *Martin* Wie steht es um unseren Staatsschutz? JZ **1975** 312; *Marxen/Werle* Die strafrechtliche Aufarbeitung von DDR-Unrecht (1999); *Mittelbach* Das Staatsgeheimnis und sein Verrat, JR **1953** 288; *Möhrenschlager* Das Siebzehnte Strafrechtsänderungsgesetz, JZ **1980** 161; *Müller-Emmert* Die Reform des politischen Strafrechts, NJW **1968** 2134; *Nathusius* Wirtschaftsspionage, Kriminalistik **2001** 242; *Nehm* Das nachrichtendienstliche Trennungsgebot und die neue Sicherheitsarchitektur, NJW **2004** 3289; *Pabsch*

Auswirkungen der europäischen Integrationsverträge auf das deutsche Strafrecht, NJW **1959** 2002; *Pabst* Einschränkung des Legalitätsprinzips bei Verfolgung von Staatsschutzdelikten, NJW **1965** 1564; *ders.* Zum Begriff der geheimdienstlichen Tätigkeit in § 99 Abs. 1 StGB, JZ **1977** 427; *Paeffgen* Der Verrat in irriger Annahme eines illegalen Geheimnisses (§ 97b StGB) und die allgemeine Irrtumslehre (1979); *ders.* Unterbrechung der geheimdienstlichen Tätigkeit (§ 99 StGB) und konkurrenzrechtlicher Handlungsbegriff, JR **1999** 89; *Pitzer* Zur Verfassungsmäßigkeit von Regierungsgutachten im Landesverratsverfahren, NJW **1962** 2235; *Popp* Konkurrenzen und Verjährung bei jahrelanger geheimdienstlicher Agententätigkeit, Jura **1999** 577; *Reitstötter* Geheime Erfindungen, GRUR **1959** 557; *Renzikowski* Vergangenheitsbewältigung durch Vergeltung? JR **1992** 270; *Ridder/Heinitz* Staatsgeheimnis und Pressefreiheit (1963); *Ridder/Stein* Die Freiheit der Wissenschaft und der Schutz von Staatsgeheimnissen, DÖV **1962** 361; *Riegel* Die Tätigkeit der Nachrichtendienste und ihre Zusammenarbeit mit der Polizei, NJW **1979** 952; *Rissing-Van Saan* Die Behandlung rechtlicher Handlungseinheiten in der Rechtsprechung nach Aufgabe der fortgesetzten Handlung (unter besonderer Berücksichtigung des Staatsschutz-Strafrechts), Festschrift BGH 50 (2000) 475; *Roeder* Der Landesverrat nach dem deutschen und österreichischen Strafgesetzentwurf, ZStW 76 (1964) 359; *Ruge* (Hrsg.) Landesverrat und Pressefreiheit (1963); *Ruhrmann* Verfassungsfeindliche und landesverräterische Beziehungen, NJW **1959** 1201; *Rutkowski* Landesverrat, Kriminalistik **1980** 491, 544; *Schafheutle* Das Strafrechtsänderungsgesetz, JZ **1951** 609; *Schätzler* Die versäumte Amnestie, NJ **1995** 57; *Schlüchter/Duttge* Spionage zugunsten des Rechtsvorgängerstaats als Herausforderung für die Strafrechtsdogmatik, NStZ **1996** 457; *Schmidt* Verjährungsprobleme bei Straftaten der Mitarbeiter des Ministeriums für Staatssicherheit der ehemaligen DDR, NStZ **1995** 262; *ders.* Anm. zu BayObLG v. 24.8.95, JR **1996** 430; *Schmidt/Wolff* Geheimdienstliche Agententätigkeit bei illegalem Technologietransfer Anm. zu BGH (ER) v. 22.12.2004 und BGH v. 14.7.2005 NStZ **2006** 161; *Schmidt-Leichner* Das Strafrechtsänderungsgesetz vom 30. August 1951 NJW **1951** 857; *Schnarr* Irritationen um § 120 II S. 1 Nr. 2 GVG, MDR **1988** 89; *ders.* Innere Sicherheit – die Zuständigkeit des Generalbundesanwalts nach § 120 II 1 Nr. 3 GVG, MDR **1993** 589; *Schneidewin* Zur Auslegung der Begriffe Verfassungsverrat und Landesverrat, JR **1954** 241; *Scholz* Der Begriff des Staatsgeheimnisses im freiheitlichen Rechtsstaats Diss. Saarbrücken 1970; *Scholz/Pitschas* Informationelle Selbstbestimmung; *Schüssler* Pressefreiheit und „journalistischer" Landesverrat, NJW **1965** 282; *Schroeder* Der Schutz von Staat und Verfassung im Strafrecht (1970); *ders.* Der Schutz staatsbezogener Daten im Strafrecht, NJW **1981** 2278; *ders.* Der Schutz des äußeren Friedens im Strafrecht, JZ **1969** 41; *ders.* Die Strafbarkeit der Ausforschung der Bundesrepublik durch die DDR, JR **1995** 441; *Schünemann* in Lampe (Hrsg.) Die Verfolgung von Regierungskriminalität der DDR nach der Wiedervereinigung (1993) 173; *Simma/Volk* Der Spion, der aus der Kälte kam. Zur BGH-Entscheidung der Strafbarkeit der DDR-Spionage, NJW **1991** 871; *Sowada* Die „notwendige Teilnahme" als funktionales Privilegierungsmodell im Strafrecht (1992); *Stratenwerth* Publizistischer Landesverrat **1965**; *Stree* Publizistischer Geheimnisverrat im Bereich des Staatsschutzes, ZStW **78** (1966) 663; *ders.* Die neuen Vorschriften über Landesverrat und Gefährdung der äußeren Sicherheit – eine halbherzige Reform, in Baumann (Hrsg.) Mißlingt die Strafrechtsreform? (1969) S. 171; *Többens* Wirtschaftsspionage und Konkurrenzausspähung in Deutschland, NStZ **2000** 505; *Träger* Zur Strafbarkeit früherer Mitarbeiter der Geheimdienste der DDR wegen Landesverrats, Anmerkung zu BGH v. 30.7.1993, NStZ **1994** 282; *Träger/Mayer/Krauth* Das neue Staatsschutzstrafrecht in der Praxis, Festschrift BGH 25 (1975) 227; *Trüstedt* Der Schutz von Staatsgeheimnissen im Patent- und Gebrauchsmusterrecht, BB **1960** 1141; *Tuffner* Der strafrechtliche Schutz von Wirtschaftsgeheimnissen im Staatsschutzrecht und Wettbewerbsrecht, Diss. Erlangen 1978; *F. Vogel* Der Straftatbestand der geheimdienstlichen Agententätigkeit – kein Experimentierfeld für den Gesetzgeber, ZRP **1982** 38; *Volk* DDR Spione: Freiheit, Gleichheit, Strafbarkeit, JR **1991** 431; *ders.* Zur Frage, ob ehemalige DDR-Agenten wegen geheimdienstlicher Agententätigkeit nach StGB § 99 bestraft werden können, JR **1991** 431; *ders.* Übermaß und Verfahrensrecht, NStZ **1995** 367; *ders.* Schlussstrich unter die SED-Verbrechen? NJW **1994** 2666; *Wagner* Der Beitrag der Rechtsprechung in Staatsschutzverfahren zu den Problemen des Allgemeinen Teils des Strafgesetzbuches, ZStW 80 (1968) 283; *v. Weber* Zum Begriff des Staatsgeheimnisses, JZ **1964** 127; *Weitemeier* Organisierte Kriminalität in Russland, Kriminalistik **1999** 651; *Welp* Die Strafgerichtsbarkeit des Bundes, NJW **2002** 1; *Werthebach/Droste-Lehnen* Organisierte Kriminalität, ZRP **1994** 57; *Weßlau* Vorfeldermittlungen (1989); *Widmaier* Strafbarkeit der DDR-Spionage gegen die Bundesrepublik – auch noch nach der Wiedervereinigung, NJW **1990** 3169; *ders.* Verfassungswidrige Strafverfolgung der DDR-Spionage – Verstoß gegen das Rückwirkungsverbot des Art. 103 II GG, NJW **1991** 2460; *ders.* DDR-Spionage und Rechtsstaat, NJ **1995** 345; *Wiedmann* Inwieweit widerspricht § 97b StGB allgemeinen strafrechtlichen Grundsätzen? Diss. Tübingen 1971; *Willms* Staatsgeheimnis und politische Parteien, JZ **1960** 159; *ders.* Der Sachverständige im Landesverratsprozeß, NJW **1963** 190; *ders.* Zur Reform der Strafvorschriften über den Landesverrat, Der Staat **1963** 213; *ders.* Landesverrat durch die Presse, DRiZ **1963** 14; *ders.* Mehr oder weniger Strafrecht beim Landesverrat? DRiZ **1965** 389; *Wilke* Das Kammergericht im Irrgarten des Ostwestrechts, NJW **1991** 2465; *Woesner* Das Mosaikgeheimnis im strafrechtlichen Staatsschutz, NJW **1964** 1877; *ders.* Das neue Staatsschutzstrafrecht, NJW **1968** 2129; *ders.* Reform des Staatsschutzrechts, NJW **1967** 753; *Zillmer* Ist die Preisgabe illegaler Staatsgeheimnisse strafbar? NJW **1966** 910; *Zuck* Spione in Ost und West, MDR **1991** 1009.

Übersicht

I. Zur geschichtlichen Entwicklung des strafrechtlichen Schutzes der äußeren Sicherheit

1 Tatbestände über den Verrat haben in der deutschen Rechtsgeschichte eine alte Tradition. Als frühes Beispiel mag Art. 124 der Peinlichen Gerichtsordnung Kaiser Karls V. gelten. Nähere Umschreibungen und Eingrenzungen im Sinne einer auch nur groben Skizzierung von bestimmten, grundlegenden Unrechtsmerkmalen ließen jedoch noch lange auf sich warten.[1] Die Entwicklung eines strafrechtlichen Staatsschutzes im heutigen

[1] Vgl. die Darstellung bei *J. M. Ritter* Verrat und Untreue an Volk, Reich und Staat (1942) S. 162 ff.

Sinne setzte in Deutschland etwa ab Mitte des 18. Jahrhunderts ein. Wegbereiter war vor allem das Allgemeine Landrecht für die Preußischen Staaten (ALR) von 1794, das das vage umrissene weite Feld der Staatsverbrechen einschränkte und bereits die klassische, bis ins heutige Recht nachwirkende Unterscheidung zwischen Hochverrat und Landesverräterei einführte. Landesverräterei waren danach Unternehmen, durch die der Staat gegen fremde Mächte in *äußere* Gefahr und Unsicherheit gesetzt wurde (Zweiter Teil, 20. Titel § 100 ALR).

Die in der Folge ergangenen Strafgesetze entwickelten den Schutz der *äußeren* Sicherheit des Staates nicht wesentlich weiter. Erwähnenswert sind insoweit das württembergische StGB von 1839 (RegBl. Württ. 101), das auch diplomatische Geheimnisse in seinen Schutz einbezog (Art. 146 Nrn. 1, 2), und das preußische StGB von 1851 (GS Preuß. 1806 bis 1870 4. Aufl. [1897] 1. Abt. S. 224), das – wohl erstmals – das öffentliche Bekanntmachen von Staatsgeheimnissen oder zum Staatswohl geheimhaltungsbedürftiger Urkunden und Nachrichten ausdrücklich unter Strafe stellte (§ 71 Nr. 1).

Auch das RStGB von 1871[2] brachte hierzu keine besonderen Neuerungen. Wichtige Ergänzungen enthielten hingegen die so genannten Spionagegesetze von 1893 (RGBl. 205) und 1914 (RGBl. 195), die einen umfassenden Schutz gegen die Ausspähung militärischer Geheimnisse sicherstellen sollten (vgl. im Einzelnen *Laufhütte* LK Vor § 80 Rdn. 3).

Der Nationalsozialismus nahm sich des Staatsschutzstrafrechts naturgemäß in besonderer Weise an. So brachte bereits die „Verordnung des Reichspräsidenten gegen den Verrat am deutschen Volk und hochverräterische Umtriebe" vom 28. Februar 1933 (RGBl. I 85) zusätzliche Straftatbestände und vor allem eine drastische Verschärfung der Strafdrohungen. Pönalisiert war nun auch schon die öffentliche Mitteilung oder Erörterung von unechten oder unwahren Nachrichten, wenn dadurch das Reichswohl gefährdet wurde (§ 3). Ihren Höhepunkt erreichte diese für totalitäre Staaten typische Entwicklung schließlich mit der so genannten Verratsnovelle vom 24. April 1934 (RGBl. I 341; Näheres hierzu s. *Laufhütte* LK Vor § 80 Rdn. 4 und 5).

Nach dem Ende des Zweiten Weltkrieges waren die Vorstellungen über ein Neues Staatsschutzstrafrecht einerseits geprägt von den schlimmen Erfahrungen der jüngsten Vergangenheit, die es zu verarbeiten galt, andererseits von der damaligen politischen Entwicklung, die im Zeichen wachsender Spannungen zwischen Ost und West stand und zur Teilung Deutschlands führte.

Für die **Bundesrepublik** sollte dem das 1. StRÄndG vom 30. August 1951 (BGBl. I **1a**
739) Rechnung tragen, das eine umfassende Neuregelung brachte. Die von ihm für den Bereich des Landesverrats gezeichneten Strukturen, die teilweise dem alten Spionagegesetz von 1914 entsprachen, wurden trotz vielseitiger Kritik erst durch das 8. StRÄndG vom 25. Juni 1968 (BGBl. I 741) substantiellen Änderungen unterzogen, deren Grundkonzeption auch auf das Verfahrensrecht nicht ohne Einfluss blieb (vgl. zu allem *Laufhütte* LK Vor § 80 Rdn. 7 bis 18).[3]

---

[2] S. die §§ 87 ff StGB für den Norddeutschen Bund, das ab 1. Januar 1872 für das Deutsche Reich galt, G vom 15. Mai 1871 (RGBl. 127).

[3] S. zur geschichtlichen Entwicklung weiter die rechtshistorische Abhandlung bei *Schroeder* Schutz von Staat und Verfassung S. 7 ff und die Übersicht bei *Harnischmacher/Heumann* Die Staatsschutzdelikte in der Bundesrepublik Deutschland (1984) S. 18 bis 24; ferner *Kersten* Die Entwicklung der allgemeinen Strafbestimmungen gegen den Landesverrat in Deutschland vom Preuß. StGB von 1851 bis zur Gegenwart Diss. Bonn (1975).

1b Die Entwicklung des Staatsschutzstrafrechts in der **früheren DDR** war von Anfang an von der Zielsetzung geprägt, mit Hilfe der Strafbestimmungen die SED-Herrschaft zu festigen, freiheitliche Bestrebungen zu unterdrücken und das entsprechend zu gestaltende „Recht" als Instrument der machtpolitischen Vorstellungen des in den damaligen Ostblock eingebundenen totalitären Regimes einzusetzen. Die Fassung der Tatbestände, die in ihrer Häufung und Weite mehr und mehr perfektioniert wurden, sollte zwar den Anschein gewisser Rechtsstaatlichkeit vermitteln; ihr wahrer Charakter offenbarte sich jedoch in einer von drakonischen Strafen gekennzeichneten „Rechtsprechung", die ganz im Dienste des Staates stand und im Grunde jede von der Staatsdoktrin abweichende politische Ansicht bekämpfte.[4] Eine grundlegende Wandlung bahnte sich erst mit den politischen Ereignissen im Herbst 1989 an, die eine friedliche, demokratische Umwälzung des Staatswesens hin zum Rechtsstaat auslösten und mit dem Verfassungsgrundsätzegesetz vom 17. Juni 1990 (Gbl. 299) ihre Bestätigung als revolutionärer Neubeginn fanden.[5] Eine der notwendigen Folgen dieser Entwicklung war die alsbaldige Neuregelung des Staatsschutzstrafrechts durch das 6. StRÄndG-DDR vom 29. Juni 1990 (Gbl. I 526), das jedoch schon am 3. Oktober 1990 mit dem Einigungsvertrag (Art. 8) vom bundesdeutschen Strafrecht abgelöst und ersetzt wurde (Näheres siehe *Laufhütte* LK Vor § 80 Rdn. 19 und hier Rdn. 15).

II. Der strafrechtliche Schutz der äußeren Sicherheit in heutiger Sicht

2 1. Grundlage des heutigen Rechtszustandes in der Bundesrepublik Deutschland ist die Neuordnung des Staatsschutzstrafrechts durch das 8. StRÄndG. Das Hauptanliegen des Reformwerks von 1968 war, Straftatbestände, die rechtspolitisch nicht mehr erforderlich schienen, abzubauen und die verbleibenden Tatbestände präziser zu umschreiben (Art. 103 Abs. 2 GG). Es sollte, wie damals im Bundestag zum Ausdruck kam, ein „Stück normales Friedensrecht" geschaffen werden mit dem Ziel einer *Einschränkung*, wie sie sich bereits in der Rechtsprechung des BGH (vgl. BGHSt **6** 318, 346; **7** 11; **7** 222; **18** 151, 246, 336) und des BVerfG (BVerfGE **6** 32, 38; **10** 118; **12** 296) als Tendenz abgezeichnet hatte.[6] Hierzu gehörte auch das Bestreben, „das zukünftige Strafrecht von Bestimmungen zu entlasten, die begrüßenswerte Kontakte zwischen den Menschen beider Teile Deutschlands oder die geistige Auseinandersetzung mit dem Kommunismus behindern würden" (Sonderausschussbericht BTDrucks. V/2860 S. 1).

Als Neuerungen sind besonders hervorzuheben: Die Einengung des Begriffs des Staatsgeheimnisses mit der Beschränkung des Geheimhaltungsbereichs auf Angelegenheiten der äußeren Sicherheit, die Regelung des illegalen Staatsgeheimnisses, die Lösung des Problems des so genannten publizistischen Landesverrats, die Ersetzung des umstrittenen

---

[4] Eingehend *Schroeder* aaO S. 272 f; *Schroeder* Die neue Entwicklung des Strafrechts in beiden deutschen Staaten, aus Politik und Zeitgeschichte, Beilage zur Wochenzeitung Das Parlament vom 22. Januar 1988, S. 18 f; *Fricke* Deutschlandarchiv 1977 S. 452 und 1979, S. 787; s. hierzu auch *E.-W. Böckenförde* Die Rechtsauffassung im kommunistischen Staat, 1967, S. 36 f, 68 f; vgl. weiter die abweichende Meinung der Richter *Klein*, *Kirchhof* und *Winter* zu BVerfGE **92** 277, 341, 354 f und dazu *Schroeder* Die Strafbarkeit der Ausforschung der Bundesrepublik durch die DDR JR **1995**, 441 f; *Doehring* Zur Ratio der Spionenbestrafung – Völkerrecht und nationales Recht ZRP **1995** 293.

[5] Vgl. *Hans H. Klein* Verfassungskontinuität im revolutionären Umbruch, FS Peter Lerche **1993** 463.

[6] Vgl. *Träger/Mayer/Krauth* FS BGH **1975** 227, 231 f.

Beziehungstatbestands in § 100e a. F. durch Tätigkeitstatbestände und die Streichung der §§ 100b, 100d Abs. 2 und 3, 100f (vgl. *Laufhütte* LK Vor § 80 Rdn. 14).

Auch nach der Konzeption des 8. StRÄndG zielt der überwiegende Teil der Vorschriften des 2. Abschnitts auf die Abwehr von Gefahren für die *äußere* Sicherheit des Staates, wie sie durch Bekannt werden von Staatsgeheimnissen ausgelöst werden können. Der Schutz des Staatsgeheimnisses (§ 93) steht deshalb nach wie vor im Mittelpunkt. Diesem Schutz sollen insbesondere die Strafvorschriften für den Landesverrat (§ 94), das Offenbaren von Staatsgeheimnissen (§ 95) und ihre Preisgabe (§ 97) dienen. Außerdem ist die landesverräterische Agententätigkeit, also das Tätigwerden zur Erlangung oder Mitteilung von Staatsgeheimnissen für eine fremde Macht (§ 98), unter Strafe gestellt.

Für ein modernes Staatsschutzstrafrecht genügt das jedoch nicht. Das Tätigkeitsfeld **3**
der Nachrichtendienste reicht seit langem über das Gebiet klassischer Spionage hinaus. Geheimdienstliche Konzepte und Planungen werden heute mehr denn je von den jeweils gegebenen politischen Interessen und Bestrebungen bestimmt, die differenzierte, weit gefächerte Einsatzmöglichkeiten fordern. Stehen – wie in der Zeit der Blockbildung und massiver Spannungen zwischen Ost und West – harte, machtpolitische, gar ideologisch untermauerte Gegensätze grundsätzlicher Art im Raum, so werden die nachrichtendienstlichen Aktivitäten auf eine entsprechend umfassende, systematische Erfassung des Gesamtpotentials des Ziellands mit einer Vielfalt von Einzeloperationen ausgerichtet sein, deren Gefährlichkeit nicht zu unterschätzen ist. Die jetzt vorliegenden Erkenntnisse über Art, Umfang und Effizienz der Tätigkeit des Ministeriums für Staatssicherheit (MfS), des zentralen Nachrichtendienstes der früheren DDR, belegen dies mehr als deutlich.[7] Es geht solchen Spionageorganisationen – erst recht, wenn ihr Auftrag von totalitären Machtansprüchen bestimmt und keinen rechtsstaatlichen Kontrollen und Schranken unterworfen ist – nicht mehr nur darum, einzelne Staatsgeheimnisse auszuforschen; gewonnen werden soll ein Gesamtbild der politischen, militärischen, wirtschaftlichen, geistigen und moralischen Kräfte des Zielstaats, um darauf aufbauend dem eigenen Land machtpolitische Vorteile – insbesondere auf internationaler Ebene – zu verschaffen (vgl. BVerfGE **57** 250, 263f; **92** 277, 318). Der Strukturwandel in der Gesellschaft, in der Wirtschaft, in der Politik und in den internationalen Beziehungen der Staaten, die Häufung von in ihren Auswirkungen oft nur schwer überschaubaren und berechenbaren politischen und wirtschaftlichen Krisen, lässt mehr und mehr diese Bereiche in all ihren Zusammenhängen zum Gegenstand einer je nach der aktuellen Interessenlage intensivierten Spionagetätigkeit werden. Nachrichten aus den politischen Entscheidungszentren, aus Regierungen, Ministerien, Parlamenten, Parteigremien, den Führungsebenen der Gewerkschaften, der Wirtschaft und den Verbänden, aber auch aus Wissenschaft und Technik, können für einen fremden Staat oft mehr Bedeutung und Gewicht haben, als Belege über örtliche Veränderungen in der Verteidigungsplanung, die möglicherweise präziser durch Mittel der modernen Technik zu verifizieren sind. Wenn sich auch in einzelnen Ausspähungsfällen der aufgezeigten Art eine *unmittelbare* Gefahr für die äußere Sicherheit der Bundesrepublik Deutschland oft nicht feststellen lassen wird, so kann doch der Schaden, der auf politischer Ebene droht, etwa durch Verschiebung von Kräfteverhältnissen, durch Verlust von Vertrauen und Einwirkungsmöglichkeiten oder gar

---

[7] Vgl. OLG Stuttgart NJW **1993** 1406 (mit Anmerkung *Lampe*), das eingehende Feststellungen über die Aufgaben des MfS im SED-Staat und über seine Arbeitsweisen enthält; desgleichen die Anmerkung von *Schroeder* zu BGHSt **38** 75 (JR **1992** 205 f). Dazu *Gehrlein* Die Strafbarkeit der Ostspione auf dem Prüfstand des Verfassungs- und Völkerrechts, Diss. Saarbrücken **1996**, Schriftenreihe Annales Universitatis Saraviensis Bd. **129**, S. 3 f.

durch Gefährdung zwischenstaatlicher Beziehungen (vgl. § 100a), beträchtlich sein. Ihn abzuwehren oder jedenfalls zu begrenzen, wird umso schwerer fallen, wenn seine Ursache Teil eines fremden, umfassenden machtpolitischen Konzepts ist, das in vielfacher Hinsicht fortzuwirken vermag und auf kaum kontrollierbare Einflussnahme, auch auf gezielte Irreführung, angelegt sein kann. Überall dort, wo solche Ziele durch aktive geheimdienstliche Betätigung gefördert werden, wo sich der Täter in den nachrichtendienstlichen Apparat einfügt, besteht ernste Gefahr für vitale Interessen des freiheitlich verfassten Staates, ohne dass es darauf ankommt, welcher Natur die Informationen sind, auf deren Sammlung die Spionagetätigkeit gerichtet ist (vgl. BVerfGE **57** 250, 263ff, insbesondere 267; **92** 277, 318).[8] Der Gesetzgeber hat dem daher zu Recht durch die Einführung eines zentralen Spionagetatbestandes Rechnung getragen: § 99 pönalisiert jede gegen die Bundesrepublik Deutschland ausgeübte geheimdienstliche Tätigkeit für einen fremden Nachrichtendienst, die auf die Mitteilung oder Lieferung von Tatsachen, Gegenständen oder Erkenntnissen gerichtet ist. Die Vorschrift soll ebenso wie alle anderen Bestimmungen des Staatsschutzstrafrechts dazu beitragen, der Bundesrepublik den „Freiraum" zu sichern, den sie benötigt, um sich in den Gegenläufigkeiten der internationalen Politik möglichst unbehindert und wirksam bewegen zu können, ihre eigenen politischen Vorstellungen zum Tragen zu bringen und so die Grundlage zu gewährleisten, auf der sich freiheitliche Demokratie mit ihren Grundrechtsgarantien verwirklichen und weiterentwickeln lässt (vgl. hierzu BVerfGE **57** 250, 268f; **92** 277, 317f; KG NStZ **2004**, 209 m. Anm. Lampe). So gesehen kommt gerade auch § 99, der *nicht nur die äußere Sicherheit* der Bundesrepublik im Blick hat, eine wichtige Funktion im Regelungsgefüge des Staatsschutzstrafrechts zu, das seiner Natur nach nichts anders sein soll als notwendiges rechtliches Instrumentarium zur *Sicherung* einer sich ihrer Wertvorstellungen gewissen *wehrhaften, rechtsstaatlichen* Demokratie (vgl. BVerfGE **5** 85, 138f), als Instrumentarium, dessen Handhabung allerdings, um wirksam zu sein, in glaubwürdiger Weise in Einklang stehen muss mit den Grundsätzen und Prinzipien, die nach der Verfassung den Staat als Rechtsstaat ausweisen und prägen.[9]

2. Aus heutiger Sicht hat sich die durch das 8. StRÄndG geschaffene Konzeption der strafrechtlichen Vorschriften zum Landesverrat und zur – sonstigen –[10] Gefährdung der äußeren Sicherheit bewährt. Sie hat, wie es der Gesetzgeber beabsichtigte, ein Mehr an Freiraum geschaffen, ohne den strafrechtlichen Rechtsgutschutz zu vernachlässigen. Die gefestigte Auslegung der Strafnormen durch die Rechtsprechung, welche die den Tatbe-

---

[8] S. auch *Maurach/Schroeder/Maiwald* BT 2 § 85 Rdn. 55; *Kern* S. 27; *Träger/Mayer/Krauth* FS BGH **1975** 227, 231.

[9] Der früher für das Staatsschutzstrafrecht maßgebende Ausgangspunkt der *Treupflichtverletzung* als unrechtbegründendes Merkmal ist im Zuge der „Modernisierung" durch den *Schutzgedanken* weitgehend verdrängt worden. Er findet sich im vorliegenden Abschnitt in § 100 wieder und klingt in den vom Gesetz ausgewiesenen besonders schweren Fällen (vgl. § 94 Abs. 2 Nr. 1, § 98 Abs. 1 Satz 2, auch § 97 Abs. 2) an, die gleichzeitig auf die allgemeine Bedeutung dieser Verratskomponente für das Strafmaß hinweisen. Vgl. zu allem *Laufhütte* LK Vor § 80 Rdn. 20 bis 24; *Lackner* ZStW **78** 709 f; *Maurach/Schroeder/Maiwald* BT 2, § 82 Rdn. 20, 23, 25; zur Fragwürdigkeit des Treubruchgedankens s. auch *Stree* ZStW **78** 665; umfassend: *Schroeder* Der Schutz von Staat und Verfassung S. 329 ff, 343 ff, 478 ff; dazu auch *Schroeder* JR **1995** 441 f sowie der beachtenswerte Aufsatz von *Loos/Radtke* StV **1994** 565, 570 ff.

[10] *Maurach/Schroeder/Maiwald* BT 2 § 85 Rdn. 4 weisen mit Recht darauf hin, dass die Überschrift des Zweiten Abschnitts der Korrektur bedarf.

ständen in ihrer Anknüpfung an die *aktuelle* sicherheitspolitische Gefahrenlage immanente Flexibilität (siehe hierzu § 93 Rdn. 14, § 94 Rdn. 8 sowie §§ 98 Abs. 2, 99 Abs. 3) wahrt, bietet – nicht zuletzt im Blick auf die flankierenden prozessualen Möglichkeiten (§§ 153, 153c, 153d, 153e StPO) – eine ausreichende Grundlage, den gewichtigen Veränderungen und Verschiebungen der Kräfteverhältnisse auf internationaler Ebene, dem Wechsel der Spannungsfelder im politischen Raum und dem nur schwer überschaubaren Wandel der Interessenlagen auf nachrichtendienstlicher Ebene[11] Rechnung zu tragen und dabei auch *die* Probleme rechtsstaatlich sachgerecht zu lösen, die sich aufgrund des durch § 5 Nr. 4 und § 9 erweiterten Geltungsbereichs der Strafvorschriften schon immer ergeben haben und weiterhin ergeben werden (siehe hierzu Rdn. 6). Auch die drängenden Fragen, die die *deutsche Wiedervereinigung* für das Staatsschutzstrafrecht mit sich brachte, hätten sich anhand des vorgegebenen strafrechtlichen und strafprozessualen Instrumentariums bei richtiger verfassungskonformer Anwendung rechtsstaatlich bedenkenfrei und zugleich *befriedigend* beantworten lassen. Dass hier eine nicht all zu sehr zurückhaltende, ausgewogen differenzierende, gleichzeitig aber auch auf weitere Aufklärung schweren Unrechts hinwirkende Amnestieregelung des Gesetzgebers viel zur Vereinfachung beigetragen und das entstandene Unbehagen entschärft hätte, steht dieser Feststellung nicht entgegen (vgl. hierzu Rdn. 15ff). Einer verfassungsgerichtlichen Entscheidung, die diese Aufgabe des Gesetzgebers vorwegnimmt, dabei jedoch Wege beschreitet, die sich nur schwerlich in das einschlägige Rechtssystem einpassen lassen, aber nicht nur deshalb als problematisch erscheinen, hätte es nicht bedurft.[12]

3. Die früher vor allem in Bezug auf das Spannungsverhältnis zwischen Ost und West geäußerten Bedenken, strafrechtliche Hürden könnten für allseits erwünschte grenzüberschreitende Kommunikationsbestrebungen hinderlich sein und den notwendigen brückenschlagenden Verkehr zwischen Politikern, Wirtschaftsleuten, Wissenschaftlern, Journalisten, Sportlern und anderen im Wege stehen, dürften heute entkräftet sein (vgl. BVerfGE 57 250, 265f; *Friedrich Vogel* ZRP 1982 38f m. w. N.).

III. Weitere Strafvorschriften zum Geheimnisschutz

1. Der **strafrechtliche Schutz** aufgrund der §§ 93ff wird **ergänzt** durch verschiedene 4
andere Straftatbestände. Das Amtsdelikt der Verletzung des **Dienstgeheimnisses** (§ 353b) schützt über Sicherheitsbelange hinaus dienstlich geheim gehaltene und geheimhaltungsbedürftige Sachverhalte (vgl. *Träger* LK[11] § 353b Rdn. 2). Einen weiteren Schutz soll die Möglichkeit der Ausschließung der Öffentlichkeit im gerichtlichen Verfahren bieten (§ 353d in Verbindung mit § 172 Nr. 1 und § 174 Abs. 2 GVG). Im privaten Bereich ist der Verrat von **Geschäftsgeheimnissen** strafbewehrt (§§ 203–205 StGB; §§ 17, 18, 20, 20a UWG). Weitere Strafvorschriften zum Schutz von Geschäfts- und Betriebsgeheim-

---

[11] Als Beispiel genannt sei hier nur der oft *geheimdienstlich* gesteuerte, international vereinbarte Embargobestimmungen und Rüstungsbeschränkungen unterlaufende Technologietransfer in politische Krisengebiete.

[12] Vgl. hierzu BVerfGE 92 277, 325 f, insb. die Abweichende Meinung der Richter *Klein*, *Kirchhof* und *Winter* S. 346 f, sowie BGHSt 39 260 ff, 273 = NStZ 1993 587 ff mit Anm. *Träger* [NStZ 1994 282]; *Volk* Übermaß und Verfahrensrecht NStZ 1995 367 ff; *Claaßen* Strafbarkeit für DDR-Spione: Verschlungene Pfade zu einem vernünftigen Ergebnis NStZ 1995 371; *Schroeder* Die Strafbarkeit der Ausforschung der Bundesrepublik durch die DDR JR 1995 441 ff; *Gehrlein* aaO (Fn. 7); Näheres hierzu s. Rdn. 15 ff.

nissen sind § 120 BetrVG, § 69 SchwbH, § 404 AktG, § 85 GmbHG, § 151 GenG, § 138 VAG, § 333 HGB und § 43 BDSG (vgl. dazu Többens, Wirtschaftsspionage und Konkurrenzausspähung in Deutschland NStZ **2000** 505, 511). Diese Straftatbestände können auch im Bereich des Schutzes der äußeren Sicherheit Bedeutung erlangen, wenn der Verratsgegenstand kein Staatsgeheimnis im Sinne des § 93 ist und auch eine Zusammenarbeit der Mittelsmänner der fremden Macht mit dem dortigen Geheimdienst (siehe § 99) nicht nachweisbar ist. In solchen Fällen (z. B. des Technologietransfers) lässt sich oft nur feststellen, dass es sich um Mitarbeiter eines Unternehmens eines fremden Staates handelt.[13] Zu beachten ist ferner der neu geschaffene Straftatbestand „Ausspähen von **Daten**" (§ 202a),[14] der Datenbank- und Datenverarbeitungssysteme gegen unbefugten Zugriff, insbesondere gegen so genanntes Anzapfen, schützen soll (zu den Konkurrenzen insoweit siehe § 96 Rdn. 8).

2. In ähnlicher Weise wie die §§ 93ff bezwecken das **Außenwirtschaftsgesetz** (AWG) und das **Kriegswaffenkontrollgesetz** (KWKG) den strafrechtlichen Schutz der äußeren Sicherheit der Bundesrepublik Deutschland durch § 34 AWG bzw. § 19 KWKG (vgl. dazu auch Lampe/Hegmann vor § 93 Rdn. 29; Holthausen, Das Kriegswaffenkontrollgesetz und das Außenwirtschaftsrecht in der Rechtsprechung NStZ-RR **1998** 225). Beide Gesetze dienen dazu, im Interesse der äußeren Sicherheit der Bundesrepublik Deutschland den Verkehr und den Handel mit Waffen einer umfassenden staatlichen Kontrolle zu unterwerfen (BGHSt **41** 348, 358). Aus § 6 Abs. 4 KWKG i. V. m. § 1 Abs. 2 AWG folgt, dass die nach einem Gesetz erforderliche Genehmigung nicht die nach dem anderen Gesetz erforderliche Genehmigung ersetzt (vgl. *Fuhrmann* Erbs/Kohlhaas, Außenwirtschaftsgesetz, Vorbemerkung Rdn. 10). Fallen die auszuführenden Gegenstände sowohl unter die Kriegswaffenliste (Anlage zum KWKG) als auch unter die Ausfuhrliste (Anlage zur AWV), so ist die Genehmigung nach beiden Gesetzen erforderlich (Fuhrmann aaO m. w. N.). Demnach kann bei einer Ausfuhr ohne die erforderliche Genehmigung tateinheitlich gegen § 19 KWKG und gegen § 34 AWG verstoßen werden (BGHSt **41**, 348, 356). Die Beschaffung von Gütern, die dem Genehmigungsvorbehalt der bundesdeutschen Behörden unterliegen, und die Umgehung des AWG und KWKG gehört seit einigen Jahrzehnten verstärkt zur operativen Tätigkeit fremder Geheimdienste (vgl. dazu auch Lampe/Hegmann MK vor § 93 Rdn. 29). Soweit es um die Ausspähung und den Verrat von Staatsgeheimnissen geht, kann neben den o. g. Strafvorschriften auch der Tatbestand des § 94 StGB verwirklicht sein. Hat ein Geheimdienst die Abwicklung des Geschäftes organisiert oder daran mitgewirkt, kommt eine Strafbarkeit der Beteiligten auch wegen geheimdienstlicher Agententätigkeit in Betracht.

3. Schließlich wird der strafrechtliche Schutz von Staatsgeheimnissen durch § 52 PatentG, § 9 GebrauchsmusterG, Art. II § 14 IntPatÜG[15] und § 4 Halbleiterschutzgesetz[16] auf **Patentanmeldungen, Gebrauchsmusteranmeldungen und Topographieanmeldungen** erweitert. Damit soll die Lücke geschlossen werden, die sich dadurch ergibt, dass nichtdeutsche Patentämter – mögen sie als Adressaten einer Patent- oder Gebrauchsmusteranmeldung auch „Unbefugte" im Sinne der Tatbestände des StGB sein – in aller

[13] Vgl. *Tuffner* Diss. 1978 S. 49 ff.

[14] Eingeführt durch Art. 1 Nr. 7 des 2. WiKG vom 15. Mai 1986 BGBl. I 721, 722.

[15] Gesetz über internationale Patentübereinkommen vom 21. Juni 1976 BGBl. II 649.

[16] Gesetz über den Schutz der Topographien von mikroelektronischen Halbleitererzeugnissen vom 22. Oktober 1987 (BGBl. I 2294 f).

Regel nicht Teil oder Mittelsmänner einer fremden Macht im Sinne des § 94 Abs. 1 Nr. 1 sind[17] oder dass das Staatsgeheimnis, welches Gegenstand einer Anmeldung ist, möglicherweise noch nicht von einer amtlichen Stelle der Bundesrepublik oder auf deren Veranlassung geheim gehalten wird (vgl. §§ 95, 97).

Im Blick auf die Zusammenhänge und im Interesse möglichst vollständiger Darstellung seien die Bestimmungen, die eine Weitergabe von Staatsgeheimnissen technischer und wissenschaftlicher Art, insbesondere im Gewande der Patent- oder Gebrauchsmusteranmeldung, hindern und damit eine weitere Tür des Transfers von sicherheitsrelevantem Wissen („Know-how") schließen sollen, hier mit ihrem wesentlichen Inhalt wiedergegeben. **5**

a) Soweit es um die Anmeldung von Patenten, die ein Staatsgeheimnis enthalten, im Ausland geht, lauten die einschlägigen Vorschriften des **Patentgesetzes** auszugsweise:

§ 50

(1) Wird ein Patent für eine Erfindung nachgesucht, die ein Staatsgeheimnis (§ 93 des Strafgesetzbuches) ist, so ordnet die Prüfungsstelle von Amts wegen an, dass jede Veröffentlichung unterbleibt. Die zuständige oberste Bundesbehörde ist vor der Anordnung zu hören. Sie kann den Erlass einer Anordnung beantragen.

(2) und (3) ...

(4) Die Absätze 1 bis 3 sind auf eine Erfindung entsprechend anzuwenden, die von einem fremden Staat aus Verteidigungsgründen geheim gehalten und der Bundesregierung mit deren Zustimmung unter der Auflage anvertraut wird, die Geheimhaltung zu wahren.

§ 52

(1) Eine Patentanmeldung, die ein Staatsgeheimnis (§ 93 des Strafgesetzbuches) enthält, darf außerhalb des Geltungsbereichs dieses Gesetzes nur eingereicht werden, wenn die zuständige oberste Bundesbehörde hierzu die schriftliche Genehmigung erteilt. Die Genehmigung kann unter Auflagen erteilt werden.

(2) Mit Freiheitsstrafe bis zu fünf Jahren oder mit Geldstrafe wird bestraft, wer
1. entgegen Absatz 1 Satz 1 eine Patentanmeldung einreicht oder
2. einer Auflage nach Absatz 1 Satz 2 zuwiderhandelt.

b) In **§ 9 GebrauchsmusterG**[18] heißt es:

(1) Wird ein Gebrauchsmuster angemeldet, dessen Gegenstand ein Staatsgeheimnis (§ 93 des Strafgesetzbuches) ist, so ordnet die für die Anordnung gemäß § 50 des Patentgesetzes zuständige Prüfungsstelle von Amts wegen an, dass die Offenlegung (§ 8 Abs. 5) und die Bekanntmachung im Patentblatt (§ 8 Abs. 3) unterbleiben. Die zuständige oberste Bundesbehörde ist vor der Anordnung zu hören. Sie kann den Erlass einer Anordnung beantragen. Das Gebrauchsmuster ist in ein besonderes Register einzutragen.

(2) Im Übrigen sind die Vorschriften des § 31 Abs. 5, des § 50 Abs. 2 bis 4 und der §§ 51 bis 56 des Patentgesetzes entsprechend anzuwenden. Die nach Absatz 1 zuständige Prüfungsstelle ist auch für die in entsprechender Anwendung von § 50 Abs. 2 des Patentgesetzes zu treffenden Entscheidungen und für die in entsprechender Anwendung von § 50 Abs. 3 und § 53 Abs. 2 des Patentgesetzes vorzunehmenden Handlungen zuständig.

---

[17] Vgl. *Tuffner* Diss. 1978 S. 43.
[18] In der durch Änderungsgesetz vom 21. Januar 2005 BGBl. I 146 geltenden Fassung.

c) Für europäische und internationale Patentanmeldungen gelten u. a. folgende Bestimmungen des **IntPatÜG**:[19]

Artikel II
§ 4

(1) ...

(2) ... Europäische Anmeldungen, die ein Staatsgeheimnis (§ 93 des Strafgesetzbuches) enthalten können, sind beim Deutschen Patentamt nach Maßgabe folgender Vorschriften einzureichen.

1. In einer Anlage zur Anmeldung ist darauf hinzuweisen, dass die angemeldete Erfindung nach Auffassung des Anmelders ein Staatsgeheimnis enthalten kann.
2. ...
3. Das Deutsche Patentamt prüft die nach Maßgabe der Nummer 1 eingereichten Anmeldungen unverzüglich darauf, ob mit ihnen Patentschutz für eine Erfindung nachgesucht wird, die ein Staatsgeheimnis (§ 93 des Strafgesetzbuches) ist. Für das Verfahren gelten die Vorschriften des Patentgesetzes entsprechend; § 53 des Patentgesetzes ist anzuwenden.
4. Ergibt die Prüfung nach Nummer 3, dass die Erfindung ein Staatsgeheimnis ist, so ordnet das Deutsche Patentamt von Amts wegen an, dass die Anmeldung nicht weitergeleitet wird und jede Bekanntmachung unterbleibt ...

...

§ 14
Unzulässige Anmeldung beim Europäischen Patentamt

Wer eine Patentanmeldung, die ein Staatsgeheimnis (§ 93 des Strafgesetzbuches) enthält, unmittelbar beim Europäischen Patentamt einreicht, wird mit Freiheitsstrafe bis zu fünf Jahren oder mit Geldstrafe bestraft.

Artikel III
§ 2
Geheimhaltungsbedürftige internationale Anmeldungen

(1) Das Deutsche Patentamt prüft alle bei ihm als Anmeldeamt eingereichten internationalen Anmeldungen darauf, ob mit ihnen Patentschutz für eine Erfindung nachgesucht wird, die ein Staatsgeheimnis (§ 93 des Strafgesetzbuches) ist. Für das Verfahren gelten die Vorschriften des Patentgesetzes entsprechend; § 53 des Patentgesetzes ist anzuwenden.

(2) Ergibt die Prüfung nach Absatz 1, dass die Erfindung ein Staatsgeheimnis ist, so ordnet das Deutsche Patentamt von Amts wegen an, dass die Anmeldung nicht weitergeleitet wird und jede Bekanntmachung unterbleibt ...

d) Nach **§ 4 Abs. 4 Satz 3 Halbleitergesetz** ist § 9 Gebrauchsmustergesetz zum Schutz geheimer Topographien entsprechend anzuwenden.

Strafbar ist danach in diesen Bereichen nur das vorsätzliche Vergehen (siehe § 15 StGB); bedingter Vorsatz genügt. Ist der Täter über die Geheimhaltungsbedürftigkeit im Zweifel, so kann ihm bedingter Vorsatz dann nicht zur Last gelegt werden, wenn das Patentamt binnen vier Monaten nach Anmeldung kein Veröffentlichungsverbot angeordnet und auch die Prüfungsfrist nicht verlängert hat; denn **§ 53 PatentG** lautet:

---

[19] Gesetz über internationale Patentübereinkommen vom 21. Juni 1976 BGBl. II 649, zuletzt geändert durch Art. 2 Abs. 2 Gesetz vom 12. März 2004 BGBl. I 390.

(1) Wird dem Anmelder innerhalb von vier Monaten seit der Anmeldung der Erfindung beim Patentamt keine Anordnung nach § 50 Abs. 1 zugestellt, so können der Anmelder und jeder andere, der von der Erfindung Kenntnis hat, sofern sie im Zweifel darüber sind, ob die Geheimhaltung der Erfindung erforderlich ist (§ 93 des Strafgesetzbuches), davon ausgehen, dass die Erfindung nicht der Geheimhaltung bedarf.

(2) Kann die Prüfung, ob jede Veröffentlichung gemäß § 50 Abs. 1 zu unterbleiben hat, nicht innerhalb der in Absatz 1 genannten Frist abgeschlossen werden, so kann das Patentamt diese Frist durch eine Mitteilung, die dem Anmelder innerhalb der in Absatz 1 genannten Frist zuzustellen ist, um höchstens zwei Monate verlängern.

Die Irrtumsregelung des § 97b ist hier nicht anwendbar, weil sie § 52 PatentG, Art. II § 14 IntPatÜG nicht in Bezug nimmt. Mit *Hesse* BB **1968** 1058, 1059, ist davon auszugehen, dass § 52 PatentG aus dem Gesichtspunkt der Gesetzeskonkurrenz zurücktritt, wenn die Tat (unerlaubte Patentanmeldung im Ausland) auch nach den Vorschriften der §§ 93ff strafbar ist. Dies folgt aus der Entstehungsgeschichte[20] und der Zielsetzung der patentgesetzlichen Strafvorschrift (sachgegebene Subsidiarität) und gilt auch für Art. II § 14 PatÜG.[21]

4. Die **Nichtanzeige von Straftaten** gegen die äußere Sicherheit nach den §§ 94 bis 96, 97a und 100 ist strafbedroht (§ 138 Abs. 1 Nr. 3).

IV. Der Geltungsbereich der Strafvorschriften des Zweiten Abschnitts

Der **persönliche Geltungsbereich** der Straftatbestände des Abschnitts erstreckt sich grundsätzlich auf jedermann. Nur der Tatbestand des § 100 setzt voraus, dass der Täter Deutscher ist, der seine Lebensgrundlage in der Bundesrepublik hat. **Räumlich** gelten die Bestimmungen der §§ 93ff auch für im Ausland[22] begangene Taten uneingeschränkt (§ 5 Nr. 4). Damit folgen die Tatbestände dem so genannten **Schutzgrundsatz**; der Treubruchsgedanke kommt lediglich noch in § 100 zum Ausdruck (siehe im Einzelnen *Gribbohm* LK[11] Vor § 3 Rdn. 128, § 5 Rdn. 13ff sowie oben Rdn. 3 Fn. 8). 6

Die Erstreckung der Anwendbarkeit der §§ 93ff auf **Auslandstaten** (§ 5 Nr. 4) verstößt weder gegen das Grundgesetz noch gegen *allgemeine Regeln des Völkerrechts* (Art. 25 GG). Dies gilt auch für § 9, der den Begriff des Tatorts umschreibt und insoweit die Grenzen des Anwendungsbereichs nach dem Ubiquitätsprinzip bestimmt. Grundsätzlich sind die Staaten von Völkerrechts wegen in der Gestaltung ihres Strafrechts frei. Es ist ihnen vor allem unbenommen, Handlungen mit Strafe zu bedrohen, die die eigene Sicherheit gefährden, gleichgültig, wo die Tat begangen wurde. Eine solche Ausdehnung des Geltungsbereichs mag zwar die Interessen fremder Staaten berühren, soweit deren Angehörige von der Strafdrohung erfasst werden. Eine völkerrechtlich relevante Beeinträchtigung ist darin jedoch nicht zu sehen (einschränkend *Wengler* Völkerrecht II, S. 938, 953, 1055). Dies gilt selbst dann, wenn sich die Strafdrohung – wie hier – auch

---

20 S. Sonderausschussbericht BTDrucks. V/2860 S. 32.

21 Vgl. zu den patentrechtlichen Strafvorschriften auch *Busse* Patentgesetz 6. Aufl. 2003 § 52; *H. G. Hesse* BB **1968** 1058; ferner *Bellstedt* DÖV **1961** 811; *Kumm* GRUR **1979** 672; *Trüstedt* BB **1960** 1141.

22 Der Begriff des *Inlands* im Sinne des § 3 erfasst lediglich den Geltungsbereich des StGB. In der Zeit vor der Wiedervereinigung, spätestens seit dem Grundlagenvertrag (21.12.1972), waren in der DDR begangene Taten grundsätzlich wie Auslandstaten zu behandeln (BGHSt 30 1, 4, 7; BGHR StGB § 3 Inland 1; *Laufhütte* LK Vor § 80 Rdn. 33).

gegen Bedienstete des fremden Staates richtet, die im offiziellen Auftrag handeln.[23] Die Grundsätze staatlicher Immunität greifen insoweit nur, wenn der Betroffene den diplomatischen Schutz entsprechender Übereinkommen genießt.[24]

Verfahrensrechtlich ist für im *Ausland* verübte Straftaten nach den §§ 93ff neben den §§ 153, 153a und b StPO vor allem § 153c StPO von Bedeutung (siehe dazu auch Rdn. 10). Diese Vorschrift wird gerade hier als Korrektiv zu wirken haben, wo – wie auch bei entsprechenden Distanz- und Teilnahmedelikten (§ 9) – es darum geht, die Einbindung des Täters in das für ihn fremde Recht angemessen zu berücksichtigen und rechtsstaatlich unbefriedigende Ergebnisse zu vermeiden.[25] Im Übrigen werden bei der Verfolgung solcher Straftäter insbesondere auch auf der Ebene des materiellen Strafrechts (siehe §§ 17, 46, 56, 60) die Eigenheiten der Verhältnisse und Einwirkungen des Tatumfelds ins Gewicht fallen und zu erwägen sein.[26] Die Rechtsprechung geht nach alledem zutreffend davon aus, dass der Erstreckung der Strafbarkeit nach den §§ 93ff auf Auslandstaten weder aus dem Schuldprinzip noch aus dem Grundsatz der Verhältnismäßigkeit *verfassungsrechtliche* Bedenken entgegenstehen, dass vielmehr diese Regelung im Interesse des Schutzes des Staates legitimiert ist und in ihrer normativen Ausgestaltung insgesamt den rechtsstaatlichen Erfordernissen genügt.[27]

Zu den Besonderheiten, die sich aufgrund der Wiedervereinigung im vorliegenden Zusammenhang ergeben, siehe BVerfGE **92** 277 mit Abweichender Meinung der Richter *Klein*, *Kirchhof* und *Winter*; Näheres dazu Rdn. 15ff.

V. Erweiterung des strafrechtlichen Schutzes zugunsten der NATO-Vertragsstaaten und ihrer Stationierungstruppen

7 **1.** Art. 7 Abs. 1 des 4. StRÄndG (abgedruckt Vor § 80 Rdn. 34) erweitert den strafrechtlichen Schutz der §§ 93 bis 97 und 98 bis 100 in Verbindung mit den §§ 101, 101a auf die nichtdeutschen Vertragsstaaten des Nordatlantikpaktes,[28] ihre in der Bundesrepublik Deutschland stationierten Truppen sowie die im Land Berlin anwesenden Truppen der drei westlichen Schutzmächte. Nach dem Abzug der Stationierungstruppen aus Berlin beschränkt sich der strafrechtliche Schutz auf die in der Bundesrepublik verbliebenen westlichen Streitkräfte. Die Bestimmungen des StGB gelten mit den in Art. 7 des

---

[23] BVerfGE **92** 277, 317, 320 f mit umfangreichen Nachweisen; ebenso BGHSt **39** 260, 262 f, 268 f; dazu *Frowein/Wolfrum/Schuster* in Beiträge zum ausländischen öffentlichen Recht und Völkerrecht Bd. 121 S. 8 bis 23.

[24] Vgl. hierzu die Wiener Übereinkommen über diplomatische Beziehungen vom 18. April 1961 (Art. 29 ff) und über konsularische Beziehungen vom 24. April 1963 (Art. 41 ff); dazu BVerfGE **96** 68.

[25] *Gribbohm* LK[11] § 9 Rdn. 34 ff; *Paeffgen* NK § 93 Rdn. 11; *Lackner/Kühl* § 9 Rdn. 5, 7, jeweils m. w. N.; *Meyer-Goßner* § 153 c StPO Rdn. 3, 13.

[26] Vgl. hierzu auch BVerfGE **95** 96, 140 f; grundlegend *Oehler* Rdn. 122 ff (mit Fn. 33), 126, 577 ff, 590 bis 600; soweit dort Gesichtspunkte anklingen, die dem Treubruchgedanken nahe stehen (s. BGHSt **13** 46 sowie Fn. 9), werden sie in der Regel im aufgezeigten Zusammenhang Berücksichtigung finden; beachtenswert hierzu auch *Germann* SchwZStR **1954** 248.

[27] BVerfGE **92** 277, 317 f; BGHSt **30** 294; **32** 104, 107; **37** 305, 307; **38** 75; **39** 260, 269; BayObLG NStZ **1992** 281, 283.

[28] Nach dem zu Art. 7 Abs. 1 Nr. 4 des 4. StRÄndG (in Verbindung mit § 99) ergangenen Urteil BGHSt **32** 104, 108, 113 sollen nur solche Vertragsstaaten geschützt sein, die Truppen in der Bundesrepublik stationiert haben. Näheres s. bei § 99 Rdn. 11.

4. StRÄndG näher bezeichneten Maßgaben. Die **Erweiterungsvorschriften ergänzen** insoweit **die Tatbestände des StGB** (vgl. BGHSt **32** 104). Mit ihnen soll die völkerrechtliche Verpflichtung erfüllt werden, die der Bundesrepublik nach dem NATO-Truppenstatut gegenüber den Partnern des Nordatlantikvertrags obliegt.[29] Die teilweise beträchtlichen Erweiterungen, die die Straftatbestände des StGB dadurch erfahren, finden indessen nur auf solche Taten Anwendung, die im *räumlichen Geltungsbereich* des 4. StRÄndG begangen werden (Art. 7 Abs. 4 des 4. StRÄndG). § 5 Nr. 4 StGB greift hier nicht; jedoch ist § 3 in Verbindung mit § 9 zu beachten.[30]

2. Die **Erweiterungsvorschriften waren** danach **bis zum 3. Oktober 1990 im früheren Land Berlin, also dem Westteil der Stadt, nicht anwendbar**, obgleich sie auch die dortigen Stationierungstruppen der drei westalliierten Mächte schützen sollten.[31] Der eingeschränkte Geltungsbereich des Gesetzes genügte der völkerrechtlichen Verpflichtung gegenüber den nichtdeutschen Vertragsstaaten, die „Maßnahmen einzuleiten, die" die Bundesrepublik „für erforderlich hält, um innerhalb ihres Hoheitsgebiets angemessenen Schutz der Truppen ... zu gewährleisten" (Art. 29 des Zusatzabkommens).[32] Den Schutzvorschriften auch im früheren Land Berlin (West) Geltung zu verschaffen, sah sich der Gesetzgeber ersichtlich durch die alliierten Vorbehaltsrechte gehindert (vgl. BTDrucks. II/3039 S. 22f, 25). Das dort für erforderlich Gehaltene hatten die drei westalliierten Mächte mit dem Erlass der Verordnung Nr. 511 vom 15. Oktober 1951 (Gbl. Berlin S. 1112f) schon selbst veranlasst. Dieses Besatzungsrecht mit Gesetzesrang enthielt in seinen Artikeln 1 und 2 umfassende Strafvorschriften zum Schutze der alliierten Interessen, Vorschriften, die vor allem jede gegen die Berliner Stationierungstruppen gerichtete Spionage mit harten Strafen bedrohten. Die Verordnung, die keine Verjährung vorsieht, ist erst durch *das Übereinkommen zur Regelung bestimmter Fragen in Bezug auf Berlin* vom 25. September 1990 mit Wirkung vom 3. Oktober 1990 suspendiert und am gleichen Tag gemäß § 1 des Gesetzes zur Überleitung von Bundesrecht nach Berlin (West) [6. Überleitungsgesetz] vom 25. September 1990 (BGBl. I 2106) durch Artikel 7 des 4. StRÄndG in der heute geltenden Fassung ersetzt worden.[33] 8

Die Besonderheiten (s. Rdn. 16), die sich nach BVerfGE **92** 277 für die Strafverfolgung von Bürgern der früheren DDR unmittelbar aus der Verfassung ergeben (aaO

---

29 S. Art. VII Abs. 11 des Abkommens zwischen den Parteien des Nordatlantikvertrags über die Rechtsstellung ihrer Truppen vom 19. Juni 1951 (NATO-Truppenstatut – NTS) BGBl. **1961** II 1190, 1198 und Art. 29 des Zusatzabkommens zum NATO-Truppenstatut vom 3. August 1959 BGBl. **1961** II 1218, 1242 f (Vertragsgesetz zu beiden Abkommen vom 18. August 1961 BGBl. II 1183); dazu Begründung des Regierungsentwurfs des 4. StRÄndG BTDrucks. 2/3039 S. 8, 23 f; weiter BGHSt **32** 109 ff sowie § 99 Rdn. 16.

30 Vgl. BGHSt **38** 75 (= JR **1992** 204 f mit Anmerkung *Schroeder*); wie die Feststellungen im zugrunde liegenden Urteil des OLG Stuttgart jedoch ausweisen, hat der BGH hier Mittäterschaft und damit auch die Anwendung des § 9 zu Unrecht verneint; *Paeffgen* NK Rdn. 12;. Näheres hierzu s. § 99 Rdn. 16.

31 Art. 9 Abs. 1, Abs. 2 Nr. 4 in Verbindung mit Art. 5 Nr. 1 8. StRÄndG.

32 BGBl. **1961** II 1218, 1242.

33 Das Übereinkommen zur Regelung bestimmter Fragen in Bezug auf Berlin, das die Grundlage für die Ablösung der alliierten Vorbehaltsrechte und für die Übertragung der entsprechenden Kompetenz auf den Bundesgesetzgeber beinhaltet, ist durch VO vom 28. September am 3. Oktober 1990 vorläufig in Kraft gesetzt worden (BGBl. II 1273 ff, BGBl. **1994** 26 ff); das Sechste Überleitungsgesetz ist gemäß Bekanntmachung vom 3. Oktober ebenfalls an diesem Tage in Kraft getreten (BGBl. I 2153).

S. 336f), dürften auch für die in Berlin-West begangenen Straftaten nach der VO 511 gelten.

Im Blick auf Erkenntnisse über Straftaten nach Artikel 7, die vor dem 3. Oktober 1990 in West-Berlin begangen wurden, sollen hier – skizzenhaft – die frühere Rechtslage und die noch bedeutsamen Folgerungen angesprochen werden. Im Einzelnen ergibt sich:

a) Ein *Berliner Gericht* konnte *bis zum 3. Oktober 1990* eine Tat, die in Verbindung mit den Erweiterungsbestimmungen strafbar ist, nicht nach diesen Vorschriften aburteilen; dies auch dann nicht, wenn der Tatort (siehe § 9) im übrigen Bundesgebiet lag. Nach den Grundsätzen des interlokalen Strafrechts ist das Recht des Tatorts zwar unabhängig davon anzuwenden, ob es am Gerichtsort gilt oder nicht (vgl. BGHSt **11** 365f). Dieser Grundsatz griff aber nicht, wenn die Anwendbarkeit einer Bestimmung für Berlin ausdrücklich oder nach dem Regelungszusammenhang ausgeschlossen war (so die in BGH, Beschluss vom 27. Juli 1971 – 3 ARs 40/70 – 4 BJs 187/68 – zitierte Ansicht des Untersuchungsrichters des Kammergerichts; ebenso allgemein: *Dreher/Tröndle* 45. Aufl. § 3 Rdn. 10).

b) Ein Gericht im *übrigen Bundesgebiet* konnte Art. 7 Abs. 1 4. StRÄndG

aa) nicht anwenden auf eine *vor dem 3. Oktober 1990 ausschließlich* im damaligen Lande Berlin begangene Tat, weil der Tatort nicht im räumlichen Geltungsbereich der Erweiterungsvorschriften lag;[34]

bb) auch auf eine *vor dem 3. Oktober 1990 begangene Tat* anwenden, die allein im Bundesgebiet außerhalb Westberlins begangen worden ist und sich nur gegen Berliner Truppen der Alliierten gerichtet hat. Es konnte Art. 7 Abs. 1 4. StRÄndG auf eine solche *Alttat* ferner anwenden, wenn der Tatort sowohl im früheren Lande Berlin (West), als auch in den alten Bundesländern lag. In diesem Fall hat ein Schuldspruch nach Art. 7 Abs. 1 4. StRÄndG auch diejenigen Teile der Tat (im materiellen Sinne) einzubeziehen, die der Täter in Berlin verwirklicht hat; insoweit war Tatort aufgrund der Regelung des § 9 *auch* das frühere Bundesgebiet (ohne West-Berlin).[35]

c) Für *nach dem 3. Oktober 1990 begangene Taten* sind diese Einschränkungen entfallen. Berliner Gerichte können zudem auch auf *Alttaten*, die früher nur von der West-Berliner Verordnung 511 erfasst wurden, Art. 7 Abs. 1 4. StRÄndG anwenden, da diese Strafvorschrift dem Kerngehalt des abgelösten Besatzungsrechts entspricht und im Vergleich zu diesem ersichtlich das mildere Gesetz im Sinne des § 2 Abs. 3 ist.[36] Die in § 8 EV enthaltene Ausnahmeregelung für partielles Bundesrecht greift nicht ein, weil das gleichzeitig in Kraft getretene 6. *Überleitungsgesetz* den räumlichen Geltungsbereich des

---

34 AA BayObLG Urteil vom 20. September 1979 – 3 St 3/79 – unter wohl irriger Berufung auf *Willms* LK[9] Vor § 80 Rdn. 41.

35 Vgl. BGHSt **32** 104, 108; **38** 75, 77 f; BGHSt **39** 88, 89 ff; 260, 262 f; BGHR StGB § 99 Agent 2; *Wagner* ZStW **80** [1968] 283, 290 m. w. N.

36 So wohl auch Kammergericht Urteil vom 28. Juli 1993 – (1) 1 OJs 1/93 (18/93) – und BGH, Beschluss vom 21. Juni 1996 – 3 StR 225/96, durch den das Urteil des 2. Strafsenats des Kammergerichts vom 17. Januar 1996 – (2) 1 OJs 74/93 (33/95) – auf Antrag des Generalbundesanwalts entsprechend geändert wurde; vgl. hierzu auch BGHSt **12** 148, 152; *Gribbohm* LK[11] § 2 Rdn. 18 ff. [Soweit BGHSt **41** 292, 300 f von der Straflosigkeit der gegen amerikanische Dienststellen in Berlin 1955 verübten Spionagehandlungen ausging, dürfte die VO 511 wohl nicht in die Überlegungen des Senats einbezogen worden sein.].

4. StRÄndG auf West-Berlin ausgedehnt und damit auch insoweit einheitliches Bundesrecht geschaffen hat.

3. Bei allem ist indessen zu berücksichtigen, dass eine gegen die Stationierungsstreitkräfte der NATO-Vertragsstaaten oder die Drei Schutzmächte gerichtete geheimdienstliche Tätigkeit oft auch Interessen der Bundesrepublik berührt und militärische Geheimnisse der Streitkräfte auch Staatsgeheimnisse der Bundesrepublik Deutschland sein können (s. § 93 Rdn. 18).[37]

4. Angemerkt sei, dass Angehörige der Stationierungsstreitkräfte eines NATO-Mitgliedsstaates nach dem Staatsschutzstrafrecht keine Sonderstellung haben. Sie können sich nach den §§ 94ff strafbar machen, wenn sie im Auftrag des Stationierungsstaates eine gegen die Bundesrepublik Deutschland gerichtete Agententätigkeit ausüben.[38] **8a**

5. Nach dem Beitritt der DDR zur Bundesrepublik und dem Abzug der Alliierten Streitkräfte aus Berlin dürfte es unumgänglich sein, Art. 7 4. StRÄndG zu novellieren und an die neuen Verhältnisse anzupassen (vgl. *Paeffgen* NK Rdn. 13). Dabei sollte der Gesetzgeber insbesondere auch überdenken, ob Artikel 7, wie früher, nur die im Bundesgebiet belegenen militärischen Sicherheitsinteressen der Vertragsstaaten und ihrer Stationierungstruppen schützen soll oder ob mit der Neufassung des Art. 7 Abs. 1 Nr. 4 durch das 8. StRÄndG wirklich eine rückhaltlose Angleichung an § 99 und damit eine entsprechende Ausdehnung des Schutzbereichs auf alle Angelegenheiten der betreffenden Vertragsstaaten beabsichtigt war. Die Gründe, die für ein Redaktionsversehen im Gesetzgebungsverfahren sprechen, sind beachtlich (vgl. BGHSt 32 104, 108ff; § 99 Rdn. 11).

VI. Ausdehnung des strafrechtlichen Schutzes auf so genannte Euratom-Geheimnisse

Eine weitere Ausdehnung des strafrechtlichen Schutzes bringt **Art. 194 Abs. 1 Euratom-Vertrag.**[39] Die Vorschrift lautet: **9**

(1) Die Mitglieder der Organe der Gemeinschaft, die Mitglieder der Ausschüsse, die Beamten und Bediensteten der Gemeinschaft sowie alle anderen Personen, die durch ihre Amtstätigkeit oder durch ihre öffentlichen oder privaten Verbindungen mit den Organen oder Einrichtungen der Gemeinschaft oder mit den gemeinsamen Unternehmen von den Vorgängen, Informationen, Kenntnissen, Unterlagen oder Gegenständen, die aufgrund der von einem Mitgliedstaat oder einem Organ der Gemeinschaft erlassenen Vorschriften unter Geheimschutz stehen, Kenntnis nehmen oder Kenntnis erhalten, sind verpflichtet, diese Vorgänge, Informationen, Kenntnisse, Unterlagen oder Gegenstände, auch nach Beendigung dieser Amtstätigkeit oder dieser Verbindungen, gegenüber allen nicht berechtigten Personen sowie gegenüber der Öffentlichkeit geheim zu halten.

---

[37] Vgl. hierzu BGHSt **32** 104, 106 f; **38** 75, 77 (= JR **1992** 204 ff mit Anmerkung *Schroeder*). In solchen Fällen waren die Berliner Gerichte bei *Alttaten* nicht gehindert, einen Anklagevorwurf, der eine Tat zum Nachteil der Stationierungsstreitkräfte zum Gegenstand hatte, *allein* nach den Tatbeständen des StGB zu beurteilen (BGH Beschluss vom 27. Juli 1971 – 3 ARS 40/70 – 4 BJs 187/68).

[38] Vgl. dazu Art. VII 2 b, c NATO-Truppenstatut BGBl. II **1961** 1190, 1194 f; *Paeffgen* NK Rdn. 11; *Sch/Schröder/Stree/Sternberg-Lieben* Vorbemerkung zu § 80 ff Rdn. 20.

[39] Vertrag zur Gründung der Europäischen Atomgemeinschaft (Euratom) vom 25. März 1957 BGBl. II 1014, 1114, 1116; VertragsG vom 27. Juli 1957 BGBl. II 753.

Jeder Mitgliedstaat behandelt eine Verletzung dieser Verpflichtung als einen Verstoß gegen seine Geheimhaltungsvorschriften; er wendet dabei hinsichtlich des sachlichen Rechts und der Zuständigkeit seine Rechtsvorschriften über die Verletzung der Staatssicherheit oder die Preisgabe von Berufsgeheimnissen an. Er verfolgt jeden seiner Gerichtsbarkeit unterstehenden Urheber einer derartigen Verletzung auf Antrag eines beteiligten Mitgliedstaates oder der Kommission.

Die Vertragsvorschrift ist innerstaatliches Recht (BGHSt **17** 121, 122). Sie enthält nicht nur einen deklaratorischen Hinweis auf deutsches Strafrecht, sondern bewirkt, dass die Straftatbestände des Landesverratsabschnitts anzuwenden sind, wenn eine Verletzung der Geheimhaltungspflicht aus Art. 194 Abs. 1 Euratom-Vertrag vorliegt. Die Tatbestände des nationalen Strafrechts werden entsprechend erweitert (vgl. *Pabsch* NJW **1959** 2002, 2003). Erfasst werden danach auch solche „schlichten" Geheimnisse aus dem Euratombereich, die nach Rang und Bedeutung nicht mit dem Gewicht deutscher Staatsgeheimnisse (§ 93) vergleichbar sind. Wie sich jedoch die „Umsetzung" der völkerrechtlichen Vorgabe in das deutsche Strafrecht im Einzelnen vollzieht, wie weit die einzelnen Tatbestände durch die andersgeartete Interessenlage modifiziert werden, ist nicht ausdrücklich festgelegt. Es fehlen gesetzliche Vorschriften, die, wie Art. 7 Abs. 1 des 4. StRÄndG, die bewirkte Erweiterung näher beschreiben und verdeutlichen (vgl. die Kritik von *Pabsch* aaO S. 2004 a. E.). Insoweit ist es der Rechtsprechung überlassen, in Auslegung der vertraglichen Erweiterungsvorschrift (Art. 194 Abs. 1 Euratom-Vertrag) und der dort in Bezug genommenen Strafrechtsnormen die sich in diesem Zusammenhang stellenden Fragen zu beantworten. Große praktische Bedeutung wird diesen allerdings kaum zukommen. Euratom-Geheimnisse sind meist gemeinsame Geheimnisse der Mitgliedstaaten der Gemeinschaft und damit auch solche der Bundesrepublik; sie können sich auch aus Erkenntnissen zusammenfügen, die von verschiedenen Mitgliedstaaten der Gemeinschaft eingebracht worden sind. Infolge der engen Interessenverknüpfung wird ein Zugriff auf Euratom-Geheimnisse, die dem Verteidigungsbereich zuzurechnen sind (Art. 24 S. 1 Euratom-Vertrag), regelmäßig auch die äußere Sicherheit der Bundesrepublik berühren. Eine Strafverfolgung wird sich daher unmittelbar auf die §§ 93ff stützen können, ohne dass Art. 194 Abs. 1 Euratom-Vertrag herangezogen werden müsste (vgl. BayObLG Beschl. vom 20.12.1996 – 3 St 21/96; *Paeffgen* NK Rdn. 14).

Eine vergleichbare Vorschrift wie § 194 Abs. 1 des Euratom-Vertrages enthält der **Vertrag von Almelo** vom 4. März 1970, in Kraft getreten am 19. Juli 1971 (BGBl. 1971 II S. 930). Aufgrund dieses Staatsvertrages wird seit 1970 zwischen der Bundesrepublik Deutschland, Großbritannien und den Niederlanden das Gasultrazentrifugenverfahren zur Urananreicherung mit staatlicher Unterstützung entwickelt, um die Brennstoffversorgung der im Aufbau befindlichen Kernkraftwerke sicherzustellen. Das Verfahren kann jedoch auch zur rüstungstechnischen Nutzung von Kernenergie eingesetzt werden und war in den vergangenen Jahren mehrfach Gegenstand von Strafverfahren (vgl. BayObLG Urteil vom 29. Juni 1999 – 3 St/96; LG Stuttgart, Urteil vom 28. Mai 2004 – 10 KLs 141 Js 28271/03).

VII. Verfahrensrechtliche Besonderheiten

10 1. Die StPO sieht bei Landesverrat und den sonstigen Taten gegen die äußere Sicherheit **erweiterte Möglichkeiten** vor, **von der Strafverfolgung abzusehen** (§§ 153c Abs. 2 und 4, 153d, 153e StPO). § 153c StPO hat im Blick auf die mit der Wiedervereinigung eröffneten Zugriffsmöglichkeiten und die damit verbundene Problematik (vgl. Rdn. 3 letzter Absatz; Rdn. 6) noch an Bedeutung gewonnen. Das Absehen von der Strafverfolgung ist nach Abs. 1 Nr. 1 bei *Auslandstaten* auch gerechtfertigt, wenn sie zu unbilligen

Härten führen würde, insbesondere aber auch dann, wenn der Täter oder Teilnehmer einer anderen Rechtsordnung unterstand und dadurch in Konfliktsituationen geraten ist (*Meyer-Goßner* StPO § 153c Rdn. 2, 3). § 153d StPO dehnt die in § 153c Abs. 2 und 3 enthaltene Regelung für die in Bezug genommenen Straftaten im Interesse höherer Flexibilität auf Inlandstaten im engeren Sinne aus. In Staatsschutzstrafsachen hat hierbei der Generalbundesanwalt eine zentrale staatsanwaltliche Zuständigkeit. Diese soll die Gewähr für eine gleiche, rechtsstaatliche Rechtsanwendung und sachgerechte Berücksichtigung der vom Gesetz angesprochenen Interessen bieten. Da seine Entschließung oft auch auf der Beurteilung politischer Sachverhalte und staatlicher Positionen der Bundesrepublik beruhen wird, wird sie von der Natur der Sache her meist nur im Zusammenwirken mit der zuständigen politischen Instanz getroffen werden können. Für ministerielle Weisungen dürfte hier aber in der Regel wenig Raum sein.[40]

Hinsichtlich des Schutzes der NATO-Stationierungsstaaten und -streitkräfte ist beim Absehen von Strafverfolgung Art. 9 des 4. StRÄndG[41] zu beachten.

2. Bei Verbrechen nach den §§ 94, 96 Abs. 1, 97a und 100 kann gemäß § 443 StPO vor Ergehen eines tatrichterlichen Urteils eine **Vermögensbeschlagnahme** angeordnet werden (vgl. dazu *Boujong* KK Rdn. 1, 2; *Paeffgen* NK Rdn. 17). Diese gilt dem inländischen Vermögen des Beschuldigten, setzt allerdings voraus, dass bereits Anklage erhoben oder im Ermittlungsverfahren Haftbefehl gegen ihn erlassen worden ist. Da der Anwendungsbereich der Vorschrift den Tatbestand der geheimdienstlichen Agententätigkeit (§ 99) nicht umfasst, ist die Bestimmung nur von geringer praktischer Bedeutung. Im Ermittlungsverfahren ist es häufig zeitraubend, die tatsächlichen Grundlagen für den Erlass eines Haftbefehls nach den §§ 94, 96 Abs. 1 und 97a zu beschaffen. Diese Tatbestände setzen einen Angriff gegen ein Staatsgeheimnis bzw. illegales Staatsgeheimnis voraus. Der entsprechende Tatverdacht lässt sich meist nur nach zeitraubender sachverständiger Begutachtung untermauern. Dies hat zur Folge, dass Agenten, gegen die zunächst lediglich wegen des Verdachts geheimdienstlicher Tätigkeit (§ 99) die Untersuchungshaft angeordnet wird, genügend Zeit verbleibt, mit Hilfe ihrer nachrichtendienstlichen Helfershelfer ihr Vermögen ganz oder teilweise in Sicherheit zu bringen. Soll die Vorschrift über die Vermögensbeschlagnahme ihren Sinn erfüllen, wird eine Neufassung unumgänglich sein. Der Weg über den dinglichen Arrest nach § 111d StPO und die Sicherstellung von Gegenständen und anderen Vermögensvorteilen nach § 111b StPO bietet nur unzulänglichen Ersatz. Bei Agenten, die für ihre geheimdienstliche Tätigkeit „Agentenlohn“ erhalten haben, kann zwar so die Anordnung des Verfalls und der Einziehung auch des Wertersatzes – gegebenenfalls im selbständigen Verfahren (§§ 440f StPO, § 76a) – gesichert werden. Dies setzt im Blick auf den Agentenlohn aber Erkenntnisse voraus, die in der Regel erst nach längeren Ermittlungen gewonnen werden. 11

[40] Vgl. dazu auch *Träger/Mayer/Knauth* FS BGH **1975** 227, 232 f; aA *Paeffgen* GS Schlüchter 563 [579].

[41] Vom 11. Juni 1957 (GBGl. I 597, 602), geändert durch Art. 5 Nr. 2 und 3 des 8. StRÄndG (BGBl. 1968 I 741, 752) und Art. 147 Nr. 4 EGStGB (BGBl. 1974 I 469, 577). Die Vorschrift ist nach den Änderungen allerdings unübersichtlich und sollte zur Klarstellung neu gefasst werden, zumal im Blick auf die Anwendbarkeit des § 153e StPO offenbar ein gesetzgeberisches Redaktionsversehen perpetuiert worden ist (vgl. schon *Krauth/Kurfess/Wulf* JZ **1968** 731, 735 Fn. 21).

12 3. Begründen bestimmte Tatsachen den Verdacht, jemand könne als Täter oder Teilnehmer Straftaten nach den §§ 94 bis 100a begangen haben, so darf die **Überwachung des Fernmeldeverkehrs** angeordnet werden (§ 100a Nr. 1 Buchst. a StPO).[42] Das gleiche gilt bei dem Verdacht einer Straftat gegen die Sicherheit der Stationierungsstreitkräfte der NATO-Vertragsstaaten (§ 100a Nr. 1 Buchst. e StPO). Zu den Grenzen der Verwertbarkeit erlangter Erkenntnisse s. BGHSt **41** 30, 31ff.

Die durch das OrgKG vom 15. Juli 1992 (BGBl. I 1302) in die StPO eingefügten **§§ 98a und b, 100c, 100d, 110a ff** eröffnen darüber hinaus für den Bereich des Staatsschutzes die Möglichkeit, unter bestimmten Voraussetzungen die gebotenen Ermittlungen mit Hilfe der **Rasterfahndung**, des **Einsatzes besonderer technischer Mittel** und **Verdeckter Ermittler** (vgl. hierzu BVerfG NJW **2004** 999; BGHSt **41** 42, 43ff; **41** 65ff [= JR **1996** 515ff mit Anm. *Beulke/Rogat*]; **42** 103; zum Ganzen vgl. *Paeffgen* NK Rdn. 18/19) zu betreiben.[43] Die genannten Vorschriften gelten gleichermaßen für die Verfolgung von Straftaten gegen die Sicherheit der Stationierungsstreitkräfte (Art. 7, 8 4. StRÄndG, §§ 74a, 120 GVG).

In diesem Zusammenhang sind auch die gesetzlichen Bestimmungen zu sehen, die die rechtliche Grundlage für die präventive Arbeit der Polizei in Bund und Ländern, des Verfassungsschutzes und der Nachrichtendienste bilden, Vorgaben und Grenzen für diese Aufgabenbewältigung im Blick auf die verfassungsrechtliche Problematik festlegen und die Voraussetzungen für die Zusammenarbeit der Behörden unter Berücksichtigung des gebotenen Datenschutzes schaffen sollen. **Das Gesetz zur Fortentwicklung der Datenverarbeitung und des Datenschutzes vom 20. Dezember 1990,**[44] das in seinem Artikel 1 *das Bundesdatenschutzgesetz (BDSG)*, in Artikel 2 das *Gesetz über die Zusammenarbeit des Bundes und der Länder in Angelegenheiten des Verfassungsschutzes und über das Bundesamt für Verfassungsschutz (Bundesverfassungsschutzgesetz – BVerfSchG)* und in den Artikeln 3 und 4 die *Gesetze über den militärischen Abschirmdienst (MAD-Gesetz – MADG)* und *über den Bundesnachrichtendienst (BND-Gesetz – BNDG)* enthält, sowie die Polizeiverwaltungsgesetze der Länder[45] bringen eine Neuregelung der Befugnisse der genannten Behörden, die in teilweiser Anlehnung an die abgelösten Vorschriften[46] den heutigen Anforderungen zu entsprechen versucht.[47] **Beschränkungen des Grundrechts aus Art. 10 GG** sind jedoch vom Gesetzgeber nach wie vor **nur nach Maßgabe des Art. 1 § 1 Abs. 1, §§ 2, 3 G 10**[48] und des dort geregelten Verfahrens eröffnet. Die Verfassungsschutzbehörden, das Amt für Sicherheit der Bundeswehr und der Bundesnachrichtendienst sind danach befugt, zur Abwehr drohender Gefahren für die freiheitlich-demokra-

---

[42] Die §§ 100a, 100b StPO wurden durch das Gesetz zur Beschränkung des Brief-, Post- und Fernmeldegeheimnisses vom 13. 8. 1968 – G 10 – (BGBl. I 949) in die StPO eingefügt. Das Gesetz hat die alliierten Vorbehaltsrechte abgelöst (vgl. BVerfGE **30** 1, 4, 8 und ergänzend dazu BGHSt **20** 342, 350 sowie zur Frage der Vereinbarkeit des G 10 mit Art. 6, 8, 13, 25 MRK EuGH NJW **1979**, 1755).

[43] Die gesetzlichen Schranken für solche Ermittlungsmaßnahmen orientieren sich ersichtlich an den Grundsätzen, von denen sich das Bundesverfassungsgericht in seiner Rechtsprechung zu Art. 10, Art. 13 GG und zum Recht auf informationelle Selbstbestimmung hat leiten lassen (BVerfGE **30** 1; **67** 157; **85** 386; **93** 181; **20** 162; **65** 1; **71** 183; **78** 77).

[44] BGBl. I 2953.

[45] Z. B. das Polizeiverwaltungsgesetz von Rheinland-Pfalz vom 10. 11. 1993 – GVBl. 595.

[46] Zusammenarbeitsgesetz i. d. F. vom 7. August 1972 (BGBl. I 1382).

[47] S. dazu *Gusy*, Befugnisse des Verfassungsschutzes zur Informationserhebung, DVBl. **1991** 1228; *Kutscha* Der Lauschangriff im Polizeirecht der Länder, NJW **1994** 85.

[48] In der durch Art. 13 des Verbrechensbekämpfungsgesetzes vom 28. Oktober 1994 (BGBl. I 3186) geänderten Fassung.

tische Grundordnung oder den Bestand oder die Sicherheit des Bundes oder eines Landes einschließlich der Sicherheit der in der Bundesrepublik Deutschland stationierten Truppen der nichtdeutschen Vertragsstaaten des Nordatlantik-Vertrages den **Fernmeldeverkehr zu überwachen und aufzuzeichnen sowie die dem Brief- und Postgeheimnis unterliegenden Sendungen zu öffnen und einzusehen.**[49] Zentrale Voraussetzung einer solchen Anordnung ist, dass *tatsächliche Anhaltspunkte* für den Verdacht bestehen, jemand plane, begehe oder habe bestimmte katalogmäßig benannte Straftaten begangen. Zu diesen zählen die Taten nach dem Landesverratsabschnitt (vgl. Art. 1 § 2 Abs. 1 Nrn. 3, 5 G 10). Die Anordnung muss *zudem* zur Erforschung des Sachverhalts erforderlich sein. Bei solchen Maßnahmen gewonnene Erkenntnisse dürfen in ein Strafverfahren eingeführt und dort in dem Rahmen verwertet werden, den das in Art. 1 § 7 Abs. 3 G 10 normierte Beweisverwertungsverbot vorzeichnet (vgl. dazu BGHSt **29** 244, 247f; **36** 396; **37** 30). Soweit nunmehr Art. 1 § 3 Abs. 1 G 10 dem Bundesnachrichtendienst im Interesse wirksamer Verbrechensbekämpfung *weitergehende* straftatbezogene Befugnisse einräumt, ist allerdings die einstweilige Anordnung des Bundesverfassungsgerichts zu beachten, die die Verwendung der so erlangten Daten nur zulässt, wenn der *konkrete* Verdacht einer Katalogtat im Sinne des Art. 1 § 3 Abs. 3 G 10 begründet ist (BVerfGE **93** 181f). Die Entscheidung zur Hauptsache steht noch aus.

4. Bei der Verfolgung von Straftaten gegen die äußere Sicherheit können sich beson- **13**
dere Probleme für die **Beweisaufnahme** und für die **Beweiswürdigung** des Tatrichters ergeben. Insbesondere Fragen der Erreichbarkeit von Zeugen aus dem nachrichtendienstlichen Bereich spielen hier häufig eine Rolle (§§ 244 Abs. 3 und 5, 251 Abs. 2 StPO). Soll etwa ein Verfassungsschutzbeamter als Zeuge über Hinweise anonym bleibender Gewährsleute aussagen, hat der Tatrichter den Beweiswert der Bekundungen besonders kritisch zu prüfen, sich der Grenzen seiner Überzeugungsbildung bewusst zu sein, sie zu wahren und das in den Urteilsgründen zum Ausdruck zu bringen. Das Gebot äußerster Vorsicht bei der Beweiswürdigung gilt in Fällen solcher „mittelbarer Beweisführung" im besonderen Maße, wenn das zu Beweisende erst über eine oder mehrere Zwischenstationen zur Kenntnis des Zeugen gelangte.[50]

Soweit in diesen Verfahren über Sachverhalte zu verhandeln ist, bei deren Offenlegung eine Gefährdung der Staatssicherheit zu besorgen wäre, kann nach **§ 172 Nr. 1 GVG** die **Öffentlichkeit ausgeschlossen** werden mit der Folge, dass für Presse, Rundfunk und Fernsehen das in § 174 Abs. 2 GVG normierte, strafbewehrte (§ 353d) Veröffentlichungsverbot gilt. Einen weiteren Schutz soll **§ 138b StPO** bieten, der für *Staatsschutzsachen* die – zusätzliche – **Möglichkeit** eröffnet, **einen Verteidiger auszuschließen,** wenn aufgrund bestimmter Tatsachen anzunehmen ist, es also nahe liegt, dass seine Mitwirkung eine Gefahr für die Sicherheit des Staates herbeiführen würde (s. hierzu *Laufhütte* KK § 138b StPO Rdn. 2, 3; *Meyer-Goßner* § 138b StPO Rdn. 1ff).

---

[49] Vgl. Begründung zum Regierungsentwurf des G 10 BTDrucks. V/1880 S. 6 sowie – zur Gesetzesänderung – BTDrucks. 12/6853 S. 42, 12/7837. Im Blick auf die in Rdn. 8a Nr. 4 angesprochene Frage fällt auf, dass das G 10 unter den zu schützenden Rechtsgütern nur die *Sicherheit der Stationierungsstreitkräfte nennt*, nicht aber auch den Entsendestaat selbst (vgl. hierzu BVerfGE **30** 1 ff, 30; BGHSt **32** 104, 108 ff; § 99 Rdn. 11).

[50] Zu den Anforderungen im Einzelnen s. BVerfGE **57** 250, 273 ff; BVerfG – 2. Kammer – Beschl. vom 19.7.1995 NStZ **1995** 600; BGHSt **33** 70; **34** 15; **36** 159; dazu auch BGHSt **38** 263, 277; **42** 15, 24 f.

VIII. Zuständigkeiten

14 Die erstinstanzliche Zuständigkeit für das Hauptverfahren liegt für die Verfolgung von Taten nach den §§ 94 bis 100 (und nach § 52 Abs. 2 PatG, § 9 GebrMG sowie § 4 HalblSchG) in den Bundesländern grundsätzlich bei dem OLG, in dessen Bezirk die Landesregierung ihren Sitz hat (§ 120 Abs. 1 Nr. 3 GVG). Die Bundesländer können jedoch durch Vereinbarung die Zuständigkeit eines dieser Oberlandesgerichte auch für das Gebiet eines anderen Landes begründen (§ 120 Abs. 5 Satz 2 GVG). Aufgrund solcher Abkommen sind im alten Bundesgebiet für Bremen und Hamburg das Hanseatische OLG Hamburg, für Rheinland-Pfalz und das Saarland das OLG Koblenz zuständig.[51] Für das **Beitrittsgebiet** war bis zur Anpassung des Gerichtsaufbaus das Kammergericht zuständig (EV Anl. I Kap. III Sachgebiet A Abschnitte III Nr. 1 l). Inzwischen ist auch dort den neugeschaffenen Oberlandesgerichten die Zuständigkeit übertragen worden. Die bereits anhängigen Verfahren blieben beim Kammergericht (§ 21 RPflAngG). Über das Rechtsmittel der Revision gegen die erstinstanzlichen Urteile entscheidet der BGH (§ 135 Abs. 1 GVG). Die staatsanwaltliche Zuständigkeit regelt § 142 a GVG.

In Fällen illegalen Technologietransfers und Proliferation (vgl. hierzu insb. § 99 Rdn. 5–8) ist die Zuständigkeit zur Strafverfolgung der relevanten Tatbestände auf Bund und Länder aufgeteilt (vgl. hierzu *Hannich* in FS Nehm 139, 145 f; *Schmidt/Wolff* NStZ 2006 161, 162): Vorschriften des AWG und des KWKG finden sich, trotz des Staatsschutzcharakters i. S. v. Art. 96 Abs. 5 GG der Delikte, nicht im Katalog des § 120 Abs. 1, 2 GVG. Dies führt dazu, dass Verfahren, welche zunächst auch vor dem Hintergrund der §§ 93 ff. StGB durch den Generalbundesanwalt geführt wurden (142a Abs. 1 StPO) von der Bundeskompetenz auf die Landesjustiz überzugehen haben, entfällt die fortlaufend zu überprüfende Zuständigkeit des Bundes (beispielhaft hierzu: *Hannich* in FS Nehm 139, 145). Eine insbesondere in Haftsachen bedenkliche Verfahrensverzögerung ist die Folge. Ermittelt die zuständige Landesstaatsanwaltschaft den Sachverhalt lediglich im Hinblick auf die Erfolgsdelikte des AWG und des KWKG, bleibt das komplexe Gesamtgeschehen eines staatlich gesteuerten Beschaffungsszenarios häufig unerkannt und ein schuldrelevanter Umstand der Tat unberücksichtigt. Eine Ergänzung von § 120 Abs. 2 GVG um eine weitere Ziffer, welche die Zuständigkeit der Oberlandesgerichte als erstinstanzliche Staatsschutzgerichte für die die genannten Straftaten begründet, übernimmt der Generalbundesanwalt wegen der besonderen Bedeutung des Falls die Verfolgung, würde sowohl zur Lösung genannter praktischer Probleme beitragen, als auch dem Staatsschutzcharakter der Straftaten nach dem AWG und den §§ 19 Abs. 2 Nr. 2 und 20 Abs. 1 KWKG gerecht (so auch *Hannich* in FS Nehm 139, 148; *Schmidt/Wolff* NStZ 2006 161, 165). Deren gleich lautende Voraussetzung ist die Eignung zur Gefährdung der äußeren Sicherheit der Bundesrepublik Deutschland, deren auswärtiger Beziehungen in erheblichem Maße oder des friedlichen Zusammenlebens der Völker.

---

[51] Brem. G. vom 29.9.1970 GBl. 123; Brem. G. vom 16.6.1978 GBl. 163, Hamb. G. vom 12.10.1970 GVBl. I 271; Hamb. G. vom 13.3.1978 GVBl. I 73; RhPf. G. vom 20.12.1971 GVBl. 304; RhPf. G. vom 21.7.1978 GVBl. 584; Saarl. G. vom 15.12.1971 ABl. 848; Saarl. G. vom 12.7.1978 ABl. 696.

IX. Recht des Einigungsvertrags

Schrifttum

Siehe *Laufhütte* LK Vor § 80 Rdn. 37; **ergänzend** dazu: *C. Arndt* Das Grundgesetz und die Strafverfolgung von Angehörigen der Hauptverwaltung Aufklärung, NJW **1991** 2446; *Classen* Anm. zu BGH v. 30.1.1991, JZ **1991** 717; *Eser* Deutsche Einheit: Übergangsprobleme im Strafrecht, GA **1991** 241 f; *Geppert* Probleme der Strafrechtsanwendung im Zeichen der deutschen Einheit, Jura **1991** 610 f; *Gornig* Die Verantwortlichkeit politischer Funktionsträger nach völkerrechtlichem Strafrecht, NJ **1992** 4 f; *Jakobs* in Isensee (Hrsg.) Vergangenheitsbewältigung durch Recht (1992) 37, 61 ff; *Kasper* Die Strafbarkeit an DDR-Geheimdienstmitarbeitern, MDR **1994** 545; *Kinkel* Wiedervereinigung und Strafrecht, JZ **1992** 488; *Küpper* JuS **1992** 725; *Loos/Radtke* MfS-Offiziere als (Mit-)Täter des Landesverrats (§ 94 StGB)? StV **1994** 565; *Lüderssen* Kontinuität und Grenzen des Gesetzlichkeitsprinzips bei grundsätzlichem Wandel der politischen Verhältnisse, ZStW **104** 735; *Renzikowski* Vergangenheitsbewältigung durch Vergeltung? JR **1992** 270; *Odersky* Die Rolle des Strafrechts bei der Bewältigung politischen Unrechts (1992); *Rittstieg* NJW, Zur Strafbarkeit der Spionage für die ehemalige DDR, **1994** 912; *Samson* Geteiltes Strafrecht im vereinten Deutschland, NJ, **1991** 143 f; *Schätzler* Die versäumte Amnestie, NJ, **1995** 57 f; *Schmidt-Hieber/Kiesewetter* Parteigeist und politischer Geist in der Justiz, NJW **1992** 1790; *Schünemann* in Lampe (Hrsg.) Die Verfolgung von Regierungskriminalität der DDR nach der Wiedervereinigung (1993) 173 ff; *Träger* Anmerkung zu BGHSt **39** 260 = NStZ **1993** 587, NStZ **1994** 282; *Volk* DDR-Spione: Freiheit, Gleichheit, Strafbarkeit? JR **1991** 431 f; *Wassermann* Regierungskriminalität und justitielle Aufarbeitung – Möglichkeit und Grenzen – DRZ **1993** 137 f; *Zuck* Blick in die Zeit: Spione in Ost und West, MDR **1991** 1009.

Speziell zu BVerfGE 92, 277:

Albrecht Das Rechtsstaatsprinzip des Gesamtstaates, NJ **1995** 337; *Claus Arndt* Bestrafung von Spionen der DDR, NJW **1995** 1803; *Classen* Straffreiheit für DDR-Spione: Verschlungene Pfade zu einem vernünftigen Ergebnis, NStZ **1995** 371; *Doehring* Zur Ratio der Spionenbestrafung – Völkerrecht und nationales Recht, ZRP **1995** 293; *Gehrlein* Die Strafbarkeit der Ost-Spione auf dem Prüfstand des Verfassungs- und Völkerrechts, Diss. **1996**, Schriftenreihe Annales Universitatis Saraviensis/Rechts- und Wirtschaftswissenschaftliche Abteilung Bd. **129**; *Hillenkamp* Offene oder verdeckte Amnestie – über Wege strafrechtlicher Vergangenheitsbewältigung, JZ **1996** 179; *P. M. Huber* Die Strafbarkeit von MfS-Spionen, Jura **1996** 301; *Christian Müller* „Verliererjustiz" für DDR-Spionage, Die politische Meinung **1995** 45; *Wilhelm Schmidt* Anmerkung zu BayObLG, JR **1996** 427, 430 ff; *Schroeder* Die Strafbarkeit der Ausforschung der Bundesrepublik durch die DDR, JR **1995** 441; *Volk* Übermaß und Verfahrensrecht, NStZ **1995** 367; *Wassermann* Ein schwerer Schlag für die strafrechtliche Aufarbeitung des DDR-Regimes, Welt am Sonntag vom 28.5.1995; ebenda *Rupert Scholz* Die Grenzen der Zuständigkeit überschritten; *Schlüchter/Düttge* Spionage zugunsten des Rechtsvorgängerstaates als Herausforderung für die Strafrechtsdogmatik – Zugleich Besprechung von BGH, Urteil v. 18. Oktober 1995 – 3 StR 324/94 – NStZ **1996** 457; *Widmaier* DDR-Spionage und Rechtsstaat, NJ **1995** 345; *Zuck* amnesty international, NJW **1995** 1801.

Zur staats- und völkerrechtlichen Problematik insgesamt:

Dahm/Delbrück/Wolfrum Völkerrecht Bd. I/1 (1989) 67 ff, 183 f, 254 f, 320 f; *Doehring* Spionage im Friedensvölkerrecht in: Verfassungsschutz in der Demokratie **1990** 307; *Frowein* Deutschlands aktuelle Verfassungslage, VVDStRL Bd. 49 (1990) 7 sowie DÖV **1990** 607 ff; *Frowein/Wolfrum/Schuster* Völkerrechtliche Fragen der Strafbarkeit von Spionen aus der ehemaligen DDR (Gutachten) in: Beiträge zum ausländischen öffentlichen Recht und Völkerrecht Bd 121; *Gusy* Spionage im Völkerrecht, NZWehrR **1984** 187; *Huber* Die Staatensukzession (1898) 123 ff; *Kurt Ipsen* Völkerrecht 5. Aufl. (2004) 248 ff, 344 f, 525 ff, 1030 ff; *Jescheck* in: Bernhardt, Encyclopedia of Public International Law, Instalment 4 (1982) „War Crimes" 294 ff; *Oehler* Internationales Strafrecht 2. Aufl. (1983) 123 ff, 367 ff; *Verdross/Simma* Universelles Völkerrecht 3. Aufl. (1984) 276 ff, 285 ff, 762 ff, 779 ff, 869 ff, 901 ff; *Wengler* Völkerrecht Bd. II (1964) 933 f.

15 1. **Die Rechtslage vor dem Einigungsvertrag (3.10.1990) und die allgemeinen Auswirkungen des Vertrags** sind von *Laufhütte* LK[11] Vor § 80 Rdn. 35 bis 37 dargelegt worden. Der Ergänzung bedürfen nur die Ausführungen (LK[11] Rdn. 39f), die sich mit der Frage der Anwendbarkeit der Strafvorschriften des Zweiten Abschnitts – Landesverrat und Gefährdung der äußeren Sicherheit – auf Spionagetätigkeiten befassen, welche in der früheren DDR und von dort ausgehend von Staatsbürgern der DDR in der Bundesrepublik gegen diese betrieben wurden. Hierzu hat sich in der *Literatur* eine Vielzahl an Auffassungen und Einwendungen ergeben, deren Gedankenreichtum sich vom Friedensvölkerrecht über die Haager Landkriegsordnung zu verschiedenen, jeweils als einschlägig beurteilten Verfassungsgrundsätzen spannt[52] und auch Differenzierungen in der Auslegung der Strafbestimmungen selbst aufweist.[53] Die *Rechtsprechung* hat sich eingehend mit diesen Argumenten befasst. Mit Ausnahme des Kammergerichts, das in seinem Vorlagebeschluss vom 22. Juli 1991 (NJW **1991** 2501 = JR **1991** 426) die Strafverfolgung der von DDR-Bürgern vom Boden der DDR aus gegen die Bundesrepublik entfalteten Spionagetätigkeit wegen Verletzung des Gleichheitssatzes (Art. 3 Abs. 1 GG), insbesondere wegen Unvereinbarkeit mit dem in Art. 3 Abs. 1 GG zum Ausdruck kommenden Gerechtigkeitsgedanken, und aus Gründen des Vertrauensschutzes im Blick auf die Schranken unechter Rückwirkung (vgl. BVerfGE **68** 287, 307) sowie aufgrund Art. 31 der Haager Landkriegsordnung für unzulässig hielt,[54] sind die Gerichte von der Anwendbarkeit der §§ 94, 99 StGB und der Verfolgbarkeit solcher Taten ausgegangen.[55] Der Einigungsvertrag – so auch das KG – habe an der Geltung dieser Vorschriften, die nach dem Ubiquitätsprinzip (§ 9) und nach dem Schutzgrundsatz (§ 5 Nr. 4) auch Taten auf dem Gebiet der früheren DDR erfassten, nichts geändert. § 315 Abs. 4 EGStGB beinhalte, dass die Übergangsregelung des § 315 Abs. 1 bis 3 EGStGB auf solche Fälle nicht anzuwenden sei.[56] Völkerrechtliche und verfassungsrechtliche Einwendungen hiergegen griffen nicht durch. Den ihnen zugrunde liegenden Gesichtspunkten, denen – vor allem bei einer Gesamtschau – durchaus Bedeutung zukomme, könne durch Berücksichtigung bei der Strafzumessung und durch *großzügige* Anwendung der §§ 153ff StPO ausreichend Rechnung getragen werden.[57]

---

[52] S. dazu etwa *Widmaier* NJW **1990** 3169 (Völkerrecht, Gleichheitssatz); *Zuck* MDR **1991** 1009 (Grundsatz des fairen Verfahrens); *Ignor/Müller* StV **1991** 573 (Schuldgrundsatz); *Albrecht/Kadelbach* NJ **1992** 137 (Vertrauensschutz); *Claaßen* JZ **1991** 717 (Art. 103 Abs. 2 GG).

[53] Vgl. etwa *C. Arndt* NJW **1991** 2467, der allerdings die strafrechtliche Tragweite des Schutzgrundsatzes (§ 5 Nr. 4) und des Ubiquitätsprinzips (§ 9) verkennt. Dass der Bundesrepublik vor der Wiedervereinigung auf dem Gebiet der früheren DDR keine Jurisdiktionsgewalt zustand, änderte nichts an der Wirksamkeit der Entscheidung des Gesetzgebers, den Geltungsbereich seiner Strafbestimmungen zum Schutz des Staates auf die DDR zu erstrecken (s. Rdn. 6 sowie BVerfGE **92** 277, 325); beachtenswert insbes. auch *Loos/Radtke* StV **1994** 565 (zu § 94) und *Schroeder* NJW **1981** 2278 ff (zu § 99).

[54] S. dazu NJW **1991** 2501 mit Anm. *Wilke* S. 2465 und *C. Arndt* S. 2466; JR **1991** 426 mit Anm. *Volk*.

[55] Die Auffassung des BGH ist in der überzeugend begründeten Entscheidung BGHSt **39** 260 (= NStZ **1993** 587 mit Anm. *Träger* NStZ **1994** 282) dargelegt; im gleichen Sinne haben das BayObLG und die OLGe Düsseldorf, Koblenz und Hamburg entschieden. Die OLGe Celle und Frankfurt haben den Beschluss des BVerfG (BVerfGE **92** 277) abgewartet.

[56] Vgl. *Gribbohm* LK[11] § 2 Rdn. 60, 60a, 70, § 1 Rdn. 85.

[57] BGHSt **39** 273; vgl. auch OLG Koblenz StV **1991** 464 mit abl. Anm. *Widmaier* u. *Fetscher*.

2. Die lange erwartete **Entscheidung des BVerfG vom 15. Mai 1995** (BVerfGE 92 277) hat zwar bestätigt, dass die §§ 94, 99 mit dem Grundgesetz auch insoweit vereinbar sind, als sie in Verbindung mit den §§ 3, 5 Nr. 4 und § 9 für die im Dienste der DDR betriebene Spionage gegen die Bundesrepublik *weiterhin* eine Bestrafung vorsehen. Das Gericht hat hierin weder einen Verstoß gegen das in Art. 103 Abs. 2 GG verankerte Verbot rückwirkender Strafgesetze gesehen noch eine Verletzung des Art. 3 GG (aaO 318f, 323ff). Auch völkerrechtliche Grundsätze, die einer Ahndung solcher Taten entgegenstünden, hat es nicht feststellen können; dies auch nicht im Blick auf das völkerrechtliche Sukzessionsrecht (aaO 320ff). Dessen ungeachtet hat es jedoch gleichzeitig entschieden, dass es dem Grundsatz der Verhältnismäßigkeit widerspreche, wenn in der mit dem Beitritt der DDR entstandenen *einzigartigen Situation* der nach wie vor bestehende, auf die §§ 94, 99 gegründete *Strafanspruch* der Bundesrepublik *gegenüber Bürgern der DDR durchgesetzt* wird, die im Zeitpunkt der Wiedervereinigung ihren Lebensmittelpunkt in der DDR hatten und *allein* vom Boden der DDR oder solcher Staaten aus gehandelt haben, in denen sie vor Bestrafung oder vor Auslieferung sicher waren und diese Sicherheit für sie erst durch die Wiedervereinigung entfallen ist. Für solche Personen besteht daher ein unmittelbar *verfassungsrechtlich begründetes Verfolgungshindernis* (aaO 325, 326ff, 335f). Dieses greift nicht, wenn bei Taten in Drittstaaten die Auslieferung an die Bundesrepublik drohte; es steht einer Strafverfolgung auch – und nur – *insoweit* nicht entgegen, als der Drittstaat selbst eine gegen die Bundesrepublik gerichtete, auf seinem Boden ausgeübte Spionagetätigkeit mit Strafe bedroht (aaO 336). Bei *Bürgern der DDR*, die *in der Bundesrepublik* Spionage gegen diese und ihre Verbündeten *betrieben* haben oder in anderen Staaten entsprechend tätig waren, ohne dort vor Auslieferung oder Strafverfolgung sicher zu sein, muss nach Auffassung des BVerfG die für die vorhergenannte Tätergruppe durch „Annahme" eines verfassungsrechtlichen Verfolgungshindernisses bewirkte „Straflosigkeit" im Einzelfall entweder bei der „Entscheidung über die weitere Strafverfolgung" oder bei der Strafzumessung „maßgebliche Berücksichtigung finden" (aaO 337). 16

Der Beschluss des BVerfG beendet zwar „im Grundsatz" die Diskussion um die Strafbarkeit der „Spionage", die vor der Wiedervereinigung von der DDR gegen die Bundesrepublik betrieben wurde. Seine Begründung wirft jedoch sowohl in verfassungsrechtlicher Hinsicht als auch unter strafrechtlichem und strafprozessualem Blickwinkel Fragen auf, die eine kritische Stellungnahme fordern. Welche Bedeutung die Entscheidung künftig für das Staatsschutzstrafrecht erlangen wird, ist nur schwer abzusehen. Sie dürfte sich angesichts der apodiktischen Argumentation und Wertung in diesem Bereich jedenfalls nicht allein mit dem wiederholten Hinweis des Gerichts auf die „Einzigartigkeit" der Ausgangslage in Grenzen halten lassen (aaO 325, 327, 330).[58] 17

Vorweg sei angemerkt: Es sprach gewiss Vieles dafür, die – auch vom Standpunkt des BVerfG aus – nach wie vor *gesetzlich begründete Strafbarkeit* der vom Boden der DDR aus gegen die Bundesrepublik betriebenen „Spionagetätigkeit" kritisch zu überdenken 18

[58] S. die Abweichende Meinung der Richter *Klein*, *Kirchhof* und *Winter* (BVerfGE 92 341 ff), der sowohl in den Ausführungen zu den Grenzen verfassungsgerichtlicher Rechtsprechung als auch in der weiteren Argumentation im Wesentlichen zuzustimmen ist; dazu auch BayObLG NJW **1996** 669 = JR **1996** 427 mit Anm. *W. Schmidt*; *C. Arndt* NJW **1995** 1803; *Classen* NStZ **1995** 374; *Doering* ZRP **1995** 293; *Hillenkamp* JZ **1996** 179, 180 f; *Hesselhaus* JA **1996** 9; *F. M. Huber* Jura **1996** 301; *Paeffgen* NK Rdn. 30 ff; *H. W. Schmidt* Aus der Rechtspr. des BGH in Staatsschutzsachen – 1. Teil – NStZ **1996** 372 f; *Schroeder* JR **1995** 441; *Volk* NStZ **1995** 367.

und nach einem Weg zu suchen, der den Auswirkungen des Beitritts der DDR zur Bundesrepublik angemessen Rechnung trägt und gleichzeitig die Belange des Staatsschutzes wahrt. Nachdem jedoch die Versuche, im Wege einer Amnestie eine sachgerechte generelle Lösung der vielschichtigen, differenzierten Problematik herbeizuführen, in den parlamentarischen Beratungen gescheitert waren (vgl. BTDrucks. 11/7762, 11/7871, 12/ 6370),[59] hätte das BVerfG – ein zulässiges Verfahren vorausgesetzt – im Rahmen seiner Kompetenz allenfalls prüfen können, ob dieses „Unterlassen" des *Gesetzgebers* angesichts der *Einmaligkeit* der durch die Wiedervereinigung und durch den *Einigungsvertrag* bewirkten Erstreckung der Jurisdiktion der Bundesrepublik auf das Gebiet der früheren DDR im Blick auf die geltenden Staatsschutzstrafbestimmungen der §§ 94, 99 in Verbindung mit §§ 3, 5 Nr. 4, 9 mit der Verfassung vereinbar ist (vgl. hierzu aber BVerfGE **2** 213, 222, 224f; **10** 234, 238f, 241ff; **36** 174; **46** 214, 222f). Unter Berufung auf das Rechtsstaatsprinzip, speziell auf den Grundsatz der Verhältnismäßigkeit, durch Kreation eines unmittelbar aus der Verfassung hergeleiteten *Verfolgungshindernisses* eine unbestimmte, nach abstrakt-generellen Kriterien abgegrenzte Gruppe von Straftätern von der Strafverfolgung auszunehmen und damit selbst die Wirkung einer – wenn auch sehr unvollkommenen – „Amnestie" herbeizuführen, überschreitet die Grenzen, die der Verfassungsgerichtsbarkeit gezogen sind.[60] Das Entscheidungsergebnis ist auch in der Rechtsprechung des Gerichts ohne Beispiel.[61]

19 a) Schuldangemessenes Strafen ist Sache des Staates. Allein das *Gesetz* bestimmt, wo und wieweit er strafen darf (BVerfGE **86** 288 Abweichende Meinung des Richters *Mahrenholz* 346ff). Es schreibt aber auch vor, dass dort, wo es in Einklang mit der Verfassung Strafe androht, Straftäter im *rechtsstaatlichen Interesse* verfolgt und einer gerechten Bestrafung zugeführt werden *müssen*.[62] Ausnahmen von diesem Prinzip bedürfen grundsätzlich der *gesetzlichen* Regelung. Dazu gehören insbesondere die Vorschriften über die Einstellung des Strafverfahrens, erst recht aber die Schaffung von Strafausschließungsgründen[63] oder die Amnestie (BVerfGE **46** 214, 222ff). Die im Rechtsstaatsprinzip und im Gleichbehandlungsgebot wurzelnde Pflicht des Staates, den „Strafanspruch" durchzusetzen (BVerfGE aaO), mag darüber hinaus im *Einzelfall* an grundrechtliche Schranken stoßen, die der Durchführung oder Fortsetzung des *Verfahrens* entgegenstehen, wenn *ganz besondere*, extreme Umstände vorliegen, die unabhängig

---

[59] *Hillenkamp* aaO; *Kinkel* JZ **1992** 486; *Schätzler* NJW **1995** 57; *Schünemann* aaO 188, 191; *Träger* NStZ **1994** 282; *Wassermann* NJW **1994** 2666; *Tröndle/Fischer* § 99 Rdn. 3a f; *Lackner/Kühl* § 2 Rdn. 23.

[60] Vgl. BVerfGE **92** 277, 341 ff, 365 (Abw. Meinung); *Classen* NStZ **1995** 371, 373 f, 375; *Schroeder* JR **1995** 443; *Volk* NStZ **1995** 367.

[61] Ein Ansatz findet sich allerdings in BVerfGE **90** 145 (Cannabis), die im Ergebnis die Ausscheidung nicht strafwürdigen, aber vom Straftatbestand erfassten Verhaltens unter Hinweis auf die vom Gericht angenommene „Gleichwertigkeit" materiellrechtlicher Begrenzung der Strafvorschrift und strafprozessualer Einschränkung des Verfolgungszwangs über eine vom Übermaßverbot vorgegebene Handhabung der Möglichkeiten zur Einstellung des Verfahrens (insbes. § 31a BtMG) vorschreibt (BVerfGE **90** 164 [Leitsatz 3], 189 f). Die vom Gericht vermisste einheitliche Einstellungspraxis der Staatsanwaltschaften durch Verwaltungsvorschriften herbeizuführen und so *für die Zukunft* die Wirkung einer materiellrechtlichen Tatbestandsbegrenzung zu erzielen, dürfte jedoch selbst auf verfassungsrechtliche Schranken stoßen (vgl. BVerfGE **90** 145, 146, 224 f [Abweichende Meinung des Richters *Sommer*]; dazu auch BVerfGE **9** 223, 228 ff).

[62] BVerfGE **46** 214, 222 f; vgl. dazu auch BVerfGE **9** 223, 228; **16** 194, 202; **44** 353, 374; **51** 324, 343 f.

[63] Vgl. *Hirsch* LK[11] Vor § 32 Rdn. 225.

von der Aufgabe der materiellen Rechtsanwendung verfassungsrechtliche Bedeutung für das konkrete *Prozessgeschehen* haben.[64] Man mag auch der Auffassung sein können, dass das – auch aus der Sicht des Bundesverfassungsgerichts – verfassungsgemäße strafrechtliche und strafprozessuale Instrumentarium zur Begrenzung des staatlichen „Strafanspruchs" nicht ausreichte, um die besondere Problematik der „Spionagestraftaten" zugunsten der früheren DDR nach der Wiedervereinigung zufrieden stellend zu lösen.[65] Das erlaubt jedoch der Rechtsprechung nicht – auch nicht dem Bundesverfassungsgericht – *neues* Recht, das einem solchen Mangel abhelfen und demzufolge eine Vielzahl von Fallgestaltungen unterschiedlichsten Gewichts[66] einer *generell abstrakten* Regelung unterwerfen soll, also nach Inhalt und Tragweite naturgemäß der Präzisierung durch den *Gesetzgeber* bedarf, selbst zu setzen (vgl. BVerfGE **20** 162, 218f; **77** 65, 82). Dies um so weniger, als das ins Feld geführte Rechtsstaatsprinzip dafür keine näher umrissene verfassungsrechtliche Vorgabe enthält, sondern nicht zuletzt im Blick auf die in ihm selbst angelegten, hier besonders augenfälligen Gegenläufigkeiten (Legalitätsprinzip, Gerechtigkeitspostulat, Rechtsgebundenheit) zwingend eine Konkretisierung nach den jeweiligen sachlichen Gegebenheiten unter Berücksichtigung des vom Gesetzgeber vorgezeichneten strukturellen Systems an Rechtssätzen fordert (vgl BVerfGE **45** 187, 246; **57** 250, 276; **70** 297, 308ff). Für den im Rechtsstaatsprinzip verankerten Grundsatz der Verhältnismäßigkeit gilt nichts anderes. Mit der Verweisung in BVerfGE **92** 327 auf *Hanack* LK¹¹ § 62 Rdn. 8 wird gerade die Notwendigkeit solcher Konkretisierung im Zusammenhang mit der Verwendung wertausfüllungsbedürftiger Begriffe im *Maßregelrecht* (aaO Rdn. 9) und mit dessen besonderer Zielsetzung (Gefahrenabwehr durch spezialpräventive Einwirkung) belegt (aaO Rdn. 1, 4, 9ff). Im Bereich staatlichen *Strafens* liegt ein umfassendes System von Rechtssätzen vor, die in ihren Ausprägungen ein rechtsstaatliches Verfahren garantieren und sowohl materiellrechtlich als auch strafprozessual ausgewogene Reaktionen nach der Schwere des Unrechts, nach den Umständen der Tat im weiten Sinne, nach dem Maß der Schuld des Täters, nach den – auch verfassungsgerichtlich – anerkannten Strafzwecken und nach den jeweiligen Gegebenheiten, die das von der allgemeinen Aufgabe des Strafrechts bestimmte öffentliche Interesse an der Strafverfolgung beeinflussen, ermöglichen sollen (vgl. BVerfGE **45** 187, 253ff; **46** 214, 223; **51** 176, 183). Nur unter Einbeziehung dieser gesetzlichen Vorgaben, zu denen insbesondere auch § 153c StPO und die speziell für das Staatsschutzstrafrecht geschaffenen Regelungen der §§ 98 Abs. 2, 99 Abs. 3, §§ 153d, 153e StPO gehören (s. Rdn. 10), ließe sich die Frage beantworten, ob überhaupt, unter welchen „Bedingungen" und wieweit der „Vollzug" von Strafvorschriften, gegen die von Verfassungs wegen nichts einzuwenden ist, für eine generell-abstrakt abgegrenzte Vielzahl von Fällen und Tätern zu einer besonderen „Schärfe" und deshalb zu einer übermäßigen, unzumutbaren Beeinträchtigung der Rechte der Betroffenen führen kann. Das Verhältnismäßigkeitsprinzip im

---

[64] Vgl. BVerfGE **51** 324, 343 ff; **92** 342 (Abw. Meinung); BVerfG (Kammer) NJW **1986** 3021; BerlVerfGH JR **1993** 99 (= NJW **1993** 515) mit Anm. *Meurer* JR **1993** 89; BGHSt **32** 345, 350 ff; BGHSt **35** 137; OLG Stuttgart JR **1994** 81; OLG Zweibrücken NStZ **1989** 134; LG Berlin StV **1991** 371 (dazu *Scheffler* JZ **1992** 131); *Meyer-Goßner* StPO Einl. Rdn. 147 f; *Rieß* Verfahrenshindernisse von Verfassungs wegen JR **1985** 45; *Seelmann* ZStW **1995** 831.

[65] S. jedoch Rdn. 6, 10, dazu BVerfGE **92** 362 ff (Abw. Meinung) und *Classen* NStZ **1996** 373 f; welch umfassende Prüfung des „einfachen" Rechts und welch sorgfältige Abwägung die verfassungsgerichtliche Feststellung voraussetzt, eine Norm als Teil eines gesetzlichen Regelungssystems und dieses selbst genüge punktuell nicht rechtsstaatlichen Erfordernissen, vermittelt BVerfGE **45** 187, 223 ff, 242 ff, 253 ff.

[66] Vgl. hierzu *W. Schmidt* JR **1996** 431.

engeren Sinne[67] gestattet hier keine Ausnahme. Es verlangt angesichts der weiten, vielschichtigen Problematik, dass alle im konkreten Zusammenhang *relevanten strafrechtlichen und strafprozessualen Umstände und Gesichtspunkte*, insbesondere auch ihre Bedeutung für eine an rechtsstaatlichen Grundsätzen und Garantien ausgerichtete Rechtspflege (BVerfGE **80** 367, 275), in die Abwägung einzubeziehen sind und ihre Gewichtung sach- und systemgerechter Beurteilung zu unterliegen hat. Die *Besonderheiten*, die sich hier aus der Erstreckung des Geltungsbereichs der Strafvorschriften auf das Tatgeschehen im Bereich der früheren DDR ergeben (§§ 3, 5 Nr. 4, 9) und vielfältige strafbare Verhaltensweisen charakterisieren, die im Auftrag dieses Staates oder jedenfalls in seinem Interesse ins Werk gesetzt wurden, müssen danach zwar angemessen Berücksichtigung finden (vgl. Rdn. 6; dazu auch *Dreher/Tröndle* 47. Aufl. § 46 Rdn. 35f). Eine Entbindung von der gerade hier unabdingbaren Gesamtschau und Gesamtwürdigung lässt sich damit aber ebenso wenig begründen wie eine Sichtweise, die die *nach Vollendung der Straftaten* durch die Wiedervereinigung eingetretene breite Möglichkeit der Strafverfolgung in den Mittelpunkt der Abwägung rückt und so von vornherein einem staatspolitischen Geschehnis *entscheidende* Bedeutung zumisst,[68] das weder den Unrechts- und Schuldgehalt der Straftaten berühren noch den durch die Strafverfolgung (Strafzwecke) zu bewirkenden Rechtsgutschutz (BVerfGE **45** 187, 253) in Frage stellen kann (vgl. BVerfGE **92** 277, 327, 334 sowie 346f, 348f Abweichende Meinung).[69]

20 b) Dass sich das „Abwägungsverfahren" der Mehrheit des Senats weder in seinem Ansatz noch in seinem Ergebnis mit den inhärenten Grenzen in Einklang bringen lässt, die der Anwendung des Rechtsstaatsprinzips und der von ihm abgeleiteten Verfassungsgrundsätze durch die Notwendigkeit enger Einbindung in die konkrete Problematik und in das dafür vom Gesetzgeber vorgesehene sachbezogene Regelungsgefüge gesetzt sind, haben die dissentierenden Richter überzeugend dargelegt (BVerfG aaO 341f, 346ff). Auf der Grundlage des Verhältnismäßigkeitsgrundsatzes hätte das Bundesverfassungsgericht als Organ der rechtsprechenden Gewalt zur Herleitung eines so weitreichenden, differenzierenden und strafprozessual kaum fassbaren verfassungsrechtlichen Verfolgungshindernisses und damit zusammenhängender Ausstrahlungswirkungen auf weitere, außerhalb der DDR bewirkter Spionagetätigkeiten *allenfalls* kommen können, wenn das Verfassungsprinzip, methodisch sachgerecht gehandhabt, dies strikt gefordert hätte, wenn dem Gesetzgeber *insoweit* kein Gestaltungsspielraum geblieben wäre (BVerfGE **20** 162, 218f; **77** 65, 82).[70] Die Gründe der Entscheidung vermögen dies nicht zu belegen. Es wird zwar auf verschiedene Gesichtspunkte abgestellt, die gegen eine weitere Verfolgbarkeit sprechen sollen. Eine klare verfassungsrechtliche Zuordnung dieser Positionen, die teils eher geeignet wären, das vom Gericht vorweg als verfassungsgemäß bestätigte Schutzprinzip oder die Ausführungen zu Art. 3 GG in Frage zu stellen (BVerfGE **92** 277, 317f), fehlt jedoch ebenso wie eine ausgewogene Auseinandersetzung mit der eingangs getroffe-

---

67 *Maunz/Dürig/Herzog* Art. 20 Abs. 2, Abschn. VII Rdn. 76; *Stern* Staatsrecht I S. 671 ff.

68 BVerfGE **92** 277, 327 f.

69 Die Auffassung *Schroeders* JR **1995** 445, dass es mit dem Wegfall der DDR und der von ihr ausgehenden Gefahr auch an einem Strafzweck fehle, wird vom Bundesverfassungsgericht zu Recht nicht geteilt (BVerfGE aaO). Vgl. dazu auch BGHSt **39** 260, 267 f; BayObLG NStZ **1992** 283; Hanseatisches OLG Hamburg bei *H. W. Schmidt* MDR **1993** 504; *Odersky* aaO 25 f; *Naucke* Die strafjuristische Privilegierung staatsverstärkter Kriminalität (1996) 32 f; **aA** Jakobs aaO 61 ff; differenzierend *Schünemann* aaO 173, 189 ff.

70 Vgl. in diesem Zusammenhang *Hesse* JZ **1995** 267; *Krey* JR **1995** 221 ff, 237 (III), 272; *Tröndle* FS Odersky 261 f.

nen Feststellung, dass das Strafrecht seinen rechtsstaatlich vorgegebenen Zweck nur erfüllen kann, wenn es auch durchgesetzt wird (aaO 326; BVerfGE **46** 214, 222). Die als zentrales Argument angeführte Ambivalenz der Spionagehandlungen vermag in diesem Zusammenhang wenig zu überzeugen. Es trifft zu, dass das Völkerrecht auf seiner Ebene die Spionagetätigkeiten des Staates gewissermaßen „neutral" beurteilt und sich einer Bewertung enthält. Dies ist aus der Achtung der Gleichheit der Staaten und ihrer Souveränität zu verstehen, die gleichzeitig eine Einwirkung auf die innerstaatliche Ausgestaltung entsprechender Strafvorschriften ausschließt (*Doehring* ZRP **1995** 293 ff). Ebenso richtig ist aber auch, dass jeder Staat, auch wenn er selbst nachrichtendienstliche Aufklärung betreibt, aus Gründen der Selbsterhaltung sich gegen die Ausforschung seiner Daten zur Wehr setzen muss. Die Verfassung sieht das nicht anders (vgl. Art. 73 Nr. 10, Art. 87 Abs. 1 GG, BVerfGE **30** 1, 19 f). Das Bundesverfassungsgericht selbst hat den Schutz des Staates, dem die Strafvorschriften der §§ 93 ff dienen, als verfassungsrechtliches Gebot obersten Ranges gewertet (BVerfGE **20** 162, 222).[71]

c) Die Entscheidung des Bundesverfassungsgerichts, insbesondere die rechtsschöpferi- **21**
sche Herleitung eines verfassungsrechtlichen Verfolgungshindernisses und seiner in der Begründung nur wenig aussagekräftigen Ausstrahlungswirkungen, ist im **Schrifttum** auf breite Kritik gestoßen, Kritik auch von der Seite, die eine Nichtbestrafung befürwortet.[72] Zutreffend wird geltend gemacht, dass die verfassungsgerichtliche Argumentation weder Aufschluss gibt, weshalb sich aus einem durchaus materiellrechtlichen Ansatz (vgl. BVerfGE **92** 277, 318) und einer verfassungsrechtlichen Prüfung auf der zwischen Strafnorm und Straferkenntnis liegenden Ebene (BVerfGE aaO 326 f) ein generelles Verdikt ergeben soll, das als Verfahrenshindernis besonderer Art prozessual zu wirken hat, noch weiterführende Gedanken über dessen Funktionsweise innerhalb der Systematik des Gesetzes enthält.[73] Nahezu einhellig wird auch darauf abgestellt, dass der Verhältnismäßigkeitsgrundsatz, wie er in der Staatsrechtsdogmatik verstanden wird, die Entscheidung nicht zu tragen vermag und dass der Weg des Gerichts, anstelle des Gesetzgebers selbst eine „Generallösung" zu schaffen, durchgreifenden Bedenken begegnet, zu einer nur schwer zu rechtfertigenden Bevorzugung der leitenden Funktionäre in den Zentralstellen des MfS führt und in der Art der Argumentation überdies dazu beitragen kann, einer „freien Rechtsschöpfung der Fachgerichte Tür und Tor zu öffnen".[74] Als befriedigende Lösung der „widersprüchlichen Lage" bleibe im Grunde nur eine auf die Spionage beschränkte Amnestie.[75]

---

[71] Vgl. hierzu auch Rdn. 3 sowie *Gehrlein* aaO 126 f; *Schroeder* JR **1995** 441 ff.

[72] *Classen* NStZ **1995** 371; *Doehring* aaO; *Hillenkamp* JZ **1996** 179; *Huber* Jura **1996** 306; *Naucke* aaO S. 38 Fn. 59; *Schroeder* JR **1995** 441; *Volk* NStZ **1995** 367 f; *Lampe/Hegmann* MK Rdn. 13; *Tröndle/Fischer* § 99 Rdn. 4; *Lackner/Kühl* § 2 Rdn. 23 jeweils m. w. N.; *Sch/Schröder/Eser* Vorbemerkung § 3–7 Rdn. 93 f; treffend *Rudolphi* SK Vor § 93 Rdn. 13 ff (4 ff); zustimmend allerdings *Albrecht* NJ **1995** 337, mit anderer Begründung auch *Widmaier* NJ **1995** 346; im Ergebnis ebenso *Schlüchter/Duttge* (NStZ **1996** 460), die zumindest über einen unvermeidbaren Verbotsirrtum zur Schuldausschließung kommen wollen.

[73] *Volk* NStZ **1995** 367, 369 spricht von „widersinniger Fehlkonstruktion" und „dogmatischem Monstrum", *Naucke* aaO (s. Fn. 70) S. 38 Fn. 39 davon, dass „einfach ein Prozeßhindernis aus Verhältnismäßigkeit erfunden" wird, *Sch/Schröder/Eser* Vorbem. §§ 3–7 Rdn. 94 von „strafprozessualen Inkonsistenzen" eines solchen Verfahrenshindernisses.

[74] *Classen* aaO 374 f unter Hinweis auf *Hesse* JZ **1995** 265, 268 und *Krey* JR **1995** 223 ff.

[75] Vgl. *Lackner/Kühl* aaO; *Sch/Schröder/Eser* aaO; dagegen *Doehring* aaO 296 f. S. dazu auch Rdn. 3 (2.), 6.

22 3. Die **Problematik**, die die **Rechtsprechung** im Blick auf die Bindungswirkung[76] des verfassungsgerichtlichen Beschlusses zu bewältigen hat, zeichnet sich in den bislang ergangenen Entscheidungen der Fachgerichte ab. Mit dem BayObLG (NJW 1996 669 = JR **1996** 427 mit Anmerkung *W. Schmidt*), das sich eingehend mit dem für seine Entscheidung bedeutsamen Teil der Beschlussbegründung befasst, ist davon auszugehen, dass das Bundesverfassungsgericht ungeachtet der materiellrechtlichen Argumentation bewusst die prozessuale Lösung einer Tatbestandsbegrenzung vorgezogen hat. Das *verfassungsrechtliche Verfolgungshindernis*, das die Strafbarkeit der betroffenen Spionagehandlungen nicht beseitigen soll, berührt deshalb die Frage des Beginns der Verjährung für eine Straftat nach § 99 nicht, die von einem DDR-Bürger, der seine Lebensgrundlage am 3. Oktober 1990 in der DDR hatte, zunächst in der Bundesrepublik begangen, dann aber in der DDR „fortgesetzt" und dort beendet wurde (§ 78 S. 1); es schließt aber die vom Boden der DDR ausgegangene Agententätigkeit von der Strafverfolgung aus. Im Falle der Fortsetzung von der DDR aus begangener Spionagetätigkeit in der Bundesrepublik dürfte das Verfolgungshindernis jedoch nicht unmittelbar durchgreifen. Die Gründe, die das Bundesverfassungsgericht zu seiner „Annahme" geführt haben, werden aber bei der gebotenen Einzelfallprüfung zu berücksichtigen sein (vgl. BVerfGE **92** 277, 336 f, 338 ff).

Bei DDR-Bürgern, die ihre gegen die Bundesrepublik gerichtete Spionagetätigkeit (§§ 94, 99, auch 96, 98) teils von der DDR aus, teils in Drittstaaten ausgeübt haben, greift das Verfolgungshindernis nicht durch, wenn im Drittstaat die Auslieferung drohte und danach in der Bundesrepublik eine Verurteilung wegen der *gesamten*, bis dahin verwirklichten Straftat möglich gewesen wäre. Auch bei dieser – wohl nur hypothetischen – Fallgestaltung werden jedoch die Tathandlungen nicht verfolgbar sein, die *nach* der Rückkehr in die DDR *dort* verwirklicht wurden. Drohte keine Auslieferung, wird es darauf ankommen, ob und in welchem Umfang der Drittstaat selbst derartige gegen die Bundesrepublik gerichtete Taten verfolgt. *Entscheidend* ist die drittstaatliche strafrechtliche Regelung (vgl. BVerfGE aaO, BGHSt **41** 292, 295). Würde diese – etwa entsprechend dem Ubiquitätsprinzip (§ 9) – auch Tatteile erfassen, die von der DDR aus, wenn auch nur „vorbereitend", ins Werk gesetzt worden waren, wären auch diese vorbehaltlich des Ergebnisses der vom Bundesverfassungsgericht für diese Sachverhalte geforderten Einzelfallprüfung verfolgbar.

Nach BVerfGE **92** 277 – 2. Leitsatz – soll die Entscheidung die Frage der Straflosigkeit und Verfolgbarkeit früherer Mitarbeiter der *Geheimdienste* der DDR wegen ihrer zuvor gegen die Bundesrepublik oder deren NATO-Partner gerichtete Spionagetätigkeit behandeln. Dass *nur* dieser Täterkreis angesprochen ist, lässt sich der Entscheidung selbst nicht ohne weiteres entnehmen (BVerfGE aaO 325 f). Auch für den Bürger der DDR, dem sich dort in seinem Umfeld (Besucher aus der Bundesrepublik, Postsendungen etc.) Gelegenheit bot, *ohne* staatliche Einflussnahme und Führung im Sinne der §§ 94, 99 (wohl auch §§ 96, 98) tätig zu werden, wird das vom Bundesverfassungsgericht geschaffene Verfolgungshindernis gelten müssen (vgl. hierzu § 98 Rdn. 2, § 99 Rdn. 3). Andererseits wird man davon ausgehen dürfen, dass das Bundesverfassungsgericht die bereits *vor* der Wiedervereinigung wegen „Spionage" gegen die Bundesrepublik *verurteilten* DDR-Bürger nicht in seine Entscheidung einbezogen wissen wollte, selbst wenn sich der Untergang ihres Staates auch auf sie noch nachteilig hätte auswirken können (BVerfGE aaO 325, 332, 336 f). Für am 3. Oktober 1990 schon anhängige Verfahren sieht dies das

[76] BGHSt **41** 292 f; *H. W. Schmidt* NStZ **1996** 372 f; differenzierend *W. Schmidt* JR **1996** 430 ff.

Gericht jedoch anders (BVerfGE aaO 301 f, 336 f, 339 f). Dass die Strafverfolgung *vor* der Wiedervereinigung *eingeleitet* und *unbeeinflusst* von der Erstreckung der Jurisdiktion der Bundesrepublik auf das Gebiet der früheren DDR durchgeführt wurde, könnte danach, wenn überhaupt, nur im Rahmen der Abwägung im Einzelfall Berücksichtigung finden.

Die sich angesichts der Besonderheiten der verfassungsrechtlichen Vorgaben aufdrängende Frage, ob gegen *vor* der verfassungsgerichtlichen Entscheidung ausgesprochene rechtskräftige Verurteilungen eine *Wiederaufnahme* (§ 79 BVerfGG) möglich sei, hat der BGH mit seinen Beschlüssen vom 28. November 1996 – StB 12 und 13/96 – bejaht.[77] Der Strafsenat geht davon aus, dass das verfassungsrechtliche Verfolgungshindernis nach seiner Begründung und in seiner Wirkung nicht nur dem Verfahrensrecht zuzuordnen sei; es gleiche eher einem materiellrechtlichen Strafausschließungsgrund, der zudem bei veränderten Rahmenbedingungen (vgl. BVerfGE **92** 277, 336 ff) zu einem bloßen, allerdings verfassungsrechtlich begründeten besonderen Strafmilderungsgrund „herabsinken" könne. Es handele sich der Sache nach um eine Fallgestaltung wie sie von § 79 Abs. 1 3. Alt. BVerfGG erfasst werde. Entsprechendes müsse auch in den – seltenen – Fällen gelten, in denen der vom BVerfG entwickelte besondere *Strafmilderungsgrund* noch nicht berücksichtigt werden konnte und der Tatrichter die ihn tragenden Gesichtspunkte entweder überhaupt nicht gesehen oder in ihrer generellen Tragweite grundsätzlich verkannt hat. Dem wird man im Blick auf die Besonderheiten der Rechtslage im Ergebnis zustimmen können. Aus der Rechtsprechung zu § 79 BVerfGG, die sich mit solchen exzeptionellen Fallgestaltungen bislang nicht zu befassen hatte, lassen sich durchgreifende Einwendungen nicht herleiten. Teilt man die Auffassung des BGH, dass ungeachtet der gewollten verfassungsgerichtlichen Entscheidung für ein Strafverfolgungshindernis materiellrechtliche Komponenten für die Zulässigkeit der Wiederaufnahme ausschlaggebend sind, so erscheint auch die Nichtanwendung von § 363 StPO konsequent;[78] dies insbesondere dann, wenn man in den vom BVerfG benannten „Ausstrahlungswirkungen" (BVerfGE aaO) nicht nur eine je nach Sachlage verfassungsrechtlich vorgegebene Pflicht zur „Strafmilderung" sieht (vgl. *Volk* NStZ **1995** 369).

Bei der Vielfalt von Fallgestaltungen auf dem Gebiet nachrichtendienstlicher Betätigung wird es auch nicht immer vorbehaltlos befriedigen, dass die verfassungsgerichtlichen Erwägungen nur den Bürgern der früheren DDR zugute kommen. Auch Bundesbürger, die als ehemalige Bürger der DDR anlässlich von Besuchen dort in Verstrickung geraten sind oder als Überzeugungstäter – möglicherweise unter Verleihung der DDR-Staatsbürgerschaft[79] – auf den „Schutz" der DDR bauen konnten, mögen sich durch die Wiedervereinigung in ähnlich veränderter Lage sehen (vgl. dazu auch Rdn. 3 Fn. 9). Eine rechtsstaatliche und rechtspolitisch akzeptable Lösung des gesamten, vielschichtigen Problemkreises hätte wohl nur durch eine ausgewogene Amnestie erreicht werden können, in die allerdings auch die mit der geheimdienstlichen Tätigkeit in der Regel in engem Zusammenhang stehenden Begleitdelikte, für die nach BVerfGE **92** 277, 331 die verfassungsrechtlichen Folgerungen nicht in Betracht kommen (s. dazu BGHSt **41** 282, 301 ff), hätten einbezogen werden müssen. Nach der Entscheidung des BVerfG dürfte dafür jedoch kein Raum mehr geblieben sein (vgl. BVerfG aaO S. 326 u. abw. Meinung S. 265).

---

[77] BGHSt **42** 314 ff, 324 ff = NJW **1997** 670 ff und NStZ **1997** 140 ff mit zustimmender Anmerkung *Dehn.*

[78] Vgl. BGHSt **18** 239, 343 f; *Ulsamer* in *Maunz/Schmidt-Bleibtreu/Bethge/Winter* § 78 Rdn. 11.

[79] Treffend BGH NStZ **1997** 79, 80 a. E., insoweit in BGHSt **42** 215 ff nicht abgedruckt.

4. Allgemein zu Fragen der *Verjährung*, insbes. im Blick auf Alttaten nach § 99 und die Frage der rechtlichen Einordnung des verfassungsgerichtlich vorgegebenen Verfolgungshindernisses (vgl. Rdn. 22) s. *Jähnke* LK[11] §§ 78a Rdn. 3, 8, 78c Rdn. 51f; *Lackner/Kühl* § 2 Rdn. 27ff; *W. Schmidt* NStZ **1995** 262ff; dazu BGHSt **42** 215 (= NJW **1996** 3424f); BGHSt **43** 1 = NJW **1997** 1715 und NStZ **1997** 487ff mit Anm. *Rudolphi* sowie Besprechungsaufsatz *Schlüchter/Duttge/Klumpe* JZ **1997** 995ff; BGHSt **43** 321 = BGHR StGB § 99 Ausüben 6, NJW **1998** 1723ff und hierzu Anm. *Schlüchter/Duttge* NStZ **1998** 618ff.

5. Zu den Auswirkungen des *Einigungsvertrags* auf den strafrechtlichen *Schutz der NATO-Vertragsstaaten und ihrer Stationierungstruppen* s. Rdn. 7f, 15ff.

§ 93
Begriff des Staatsgeheimnisses

(1) Staatsgeheimnisse sind Tatsachen, Gegenstände oder Erkenntnisse, die nur einem begrenzten Personenkreis zugänglich sind und vor einer fremden Macht geheim gehalten werden müssen, um die Gefahr eines schweren Nachteils für die äußere Sicherheit der Bundesrepublik Deutschland abzuwenden.

(2) Tatsachen, die gegen die freiheitliche demokratische Grundordnung oder unter Geheimhaltung gegenüber den Vertragspartnern der Bundesrepublik Deutschland gegen zwischenstaatlich vereinbarte Rüstungsbeschränkungen verstoßen, sind keine Staatsgeheimnisse.

Schrifttum

Siehe Vorbemerkung zum Ersten und Zweiten Abschnitt Vor § 80 sowie Vorbemerkungen Vor § 93.

Entstehungsgeschichte

Die so genannte Verratsnovelle vom 24. April 1934 (RGBl. I 341; vgl. hierzu *Laufhütte* LK Vor § 80 Rdn. 5; LK Vor § 93 Rdn. 1) behandelte den Landesverrat in einem besonderen Abschnitt, dessen Straftatbeständen erstmals eine Legaldefinition der Begriffe „Staatsgeheimnis" und „Verrat" vorangestellt wurde. Durch die Einführung eines **allgemeinen materiellen Staatsgeheimnisbegriffs** entfiel die bis dahin vorgenommene Unterscheidung zwischen militärischem und diplomatischem Geheimnis.[1] Die Qualifikation als Staatsgeheimnis ergab sich danach unmittelbar aus dem Inhalt des in Frage stehenden Sachverhalts, ohne dass dieser einer ausdrücklichen Geheimhaltungsanordnung unterliegen musste. Die maßgeblichen materiellrechtlichen Kriterien und zugleich das geschützte

---

[1] Vgl. § 92 Nr. 1 StGB damaliger Fassung und § 1 Gesetz gegen den Verrat militärischer Geheimnisse vom 3. Juni 1914 (Spionagegesetz 1914 [RGBl. 195]); zum Verhältnis beider Vorschriften: *Schneidewin* M. Stengleins Kommentar zu den Strafrechtlichen Nebengesetzen des Deutschen Reichs 5. Aufl. [1931] Zweiter Band Vorbem. und Anm. 16 zu § 1 Spionagegesetz 1914 [S. 411 f, 423].

Rechtsgut waren damals „das Wohl des Reiches" und „das Interesse der Landesverteidigung" (§ 88 Abs. 1 RStGB i. d. F. der Verratsnovelle).

Die mit dem 1. StRÄndG vom 30. August 1951 (BGBl. I 739) in das StGB eingefügten neuen Bestimmungen zum Schutze der äußeren Sicherheit der Bundesrepublik Deutschland wiesen in § 99 Abs. 1 wiederum eine Legaldefinition des Staatsgeheimnisses auf, die durch das 8. StRÄndG vom 25. Juni 1968 (BGBl. I 741) substantielle Einschränkungen erfuhr und nunmehr präzisiert in § 93 Abs. 1 enthalten ist (vgl. zu beiden Gesetzen *Laufhütte* LK Vor § 80 Rdn. 7 bis 17; LK Vor § 93 Rdn. 1a und 2f). Auch die neue Definition hält am materiellen Begriff des Staatsgeheimnisses fest. Bedeutsame Änderungen erbrachten die ausdrückliche Eingrenzung des Geheimhaltungsbereichs auf Angelegenheiten der äußeren Sicherheit, die grundsätzliche Ausgrenzung diplomatischer Geheimnisse und die beträchtliche Anhebung der Schwelle zum Staatsgeheimnis.

Neu ist auch der in § 93 Abs. 2 enthaltene Ansatz zur Regelung der Problematik des **illegalen Staatsgeheimnisses,** der in den §§ 97a, 97b seine Ergänzung findet. Diese Vorschriften gründen auf den Erfahrungen der Weimarer Republik. Damals waren Verstöße gegen im Versailler Friedensvertrag[2] verankerte Rüstungsbeschränkungen offenbart worden;[3] die dazu ergangenen Urteile hatten Fragen aufgeworfen, die angesichts der völkerrechtlichen Einbindung der Bundesrepublik in das westliche Bündnis und der fortschreitenden internationalen Verflechtung in ähnlicher Weise jederzeit wieder aktuell werden konnten. Der Regierungsentwurf des 8. StRÄndG hatte zunächst eine Rechtfertigungslösung für illegale, mit der verfassungsmäßigen Ordnung unvereinbare Geheimnisse im Auge (Entwurf §§ 99a Abs. 5, 99c Abs. 1 S. 2, BTDrucks. V/898 S. 7 f, 32); der SPD-Entwurf sah demgegenüber eine Lösung vor, die zwar ebenfalls auf den Widerstreit mit der verfassungsmäßigen Ordnung abstellte, aber einem Ausschluss des Tatbestands den Vorzug gab (Entwurf § 99 Abs. 5, BTDrucks. V/102 S. 2, 8; vgl. zur Würdigung der Entwürfe *Jescheck* JZ **1967** 6, 10f). Im BT-Sonderausschuss für die Strafrechtsreform waren die Auffassungen darüber geteilt, wo die Grenzen zum nicht schutzwürdigen illegalen Geheimnis liegen sollten und wie sie zu definieren seien (siehe Prot. V/1488ff, 2003ff, 2028ff, 2058ff). Die Gesetz gewordene Lösung ist das Ergebnis eines politischen Kompromisses, der den Weg des Tatbestandsausschlusses vorzeichnet, illegale Geheimnisse aber nicht ohne weiteres frei und straflos verfügbar macht (§§ 97a, 97b; vgl. dazu *M. Hirsch* NJW **1968** 2330; ferner *Paeffgen* S. 15ff; zum Gang der Beratungen des Sonderausschusses siehe die zusammenfassende, übersichtliche Darstellung bei *Kohlmann* S. 143ff). Den rechtspolitischen Ausgangspunkt der Regelung hatte *Adolf Arndt*[4] bereits früher grundsätzlich dahin gekennzeichnet, dass „etwas Rechtswidriges seinem Wesen nach dem Wohl der Bundesrepublik Deutschland unmöglich dienen" könne und folglich ein illegales Staatsgeheimnis „undenkbar", ein „Widerspruch in sich" sei. Auf die dogmatischen und sonstigen Misshelligkeiten, die sich aus der Regelung des § 97b ergeben, wird noch einzugehen sein (siehe § 97b Rdn. 13ff).

Zur Entwicklung des strafrechtlichen Schutzes militärischer Geheimnisse der NATO-Vertragsstaaten, den heute Art. 7 Abs. 1 des 4. StRÄndG gewährleistet, wird auf die Darstellung bei *Laufhütte* LK Vor § 80 Rdn. 35 und LK Vor § 93 Rdn. 7, 8 verwiesen.

---

2 RGBl. **1919** 687, 963.

3 Bekannt sind vor allem die spektakulären Fälle Fechenbach, Bullerjahn und von Ossietzky; vgl. die kurze Darstellung bei *Paeffgen* S. 5 ff m. w. N. Siehe auch RGSt **62** 65; zum Ossietzky-Urteil des RG vom 23.11. 1931 siehe *Breithaupt* NJW **1968** 1712 Fn. 1 und BGHSt 20 342, 356.

4 *Adolf Arndt* Landesverrat S. 17.

Übersicht

I. Der Begriff des Staatsgeheimnisses

1 1. § 93 definiert den Begriff des Staatsgeheimnisses und damit den **Gegenstand des Schutzes**, der durch die folgenden Straftatbestände gewährleistet werden soll; diese beziehen sich auf die Umschreibung des § 93 und enthalten weitere Merkmale, die die strafrechtliche Sanktion auslösen. Die Definition selbst stellt lediglich auf die *Geheimhaltungsfähigkeit* bestimmter Fakten und deren (materielle) *Geheimhaltungsbedürftigkeit* ab. Sie hat also nicht etwa irgendwelche Treuepflichten von Geheimnisträgern im Blick, sondern ist allein im Schutzgedanken verwurzelt: Die Qualifikation als Staatsgeheimnis ergibt sich letztlich aus der Bedeutsamkeit des in Frage stehenden Sachverhalts für die äußere Sicherheit der Bundesrepublik (siehe im Einzelnen Rdn. 13ff); auf eine – wie auch immer geartete – Deklaration des Vorganges als geheimhaltungspflichtig kommt es nicht an. Damit ist der Zweck des strafrechtlichen Schutzes vorgegeben: Es geht um die Sicherheit der Bundesrepublik gegenüber Beeinträchtigungen von außen (siehe Rdn. 13). Geschützt sein soll all das, was die Position der Bundesrepublik in ihrem Verhältnis zu anderen Staaten wesentlich bestimmt und im Interesse der Stabilität und Erhaltung ihrer Machtstellung geheim zu halten ist. Die Fähigkeit des Staates, sich nach außen hin zu behaupten, seine Verteidigungsbereitschaft und seine Verteidigungskraft sollen nicht

Schaden nehmen (vgl. auch Vor § 93 Rdn. 3). Im Mittelpunkt solchen Schutzes steht naturgemäß der militärische Bereich im weitesten Sinne. Aber auch andere Felder, die in ihren Verflechtungen und Wechselwirkungen Sicherheitsbelange berühren und für die äußere Sicherheit der Bundesrepublik bedeutsam sein können, werden mitumfasst (vgl. Sonderausschussbericht BTDrucks. V/2860 S. 16; siehe ferner unten Rdn. 13 a. E.).

2. Gegenstand eines Staatsgeheimnisses (Geheimhaltungsobjekt) sind **Tatsachen, Gegenstände** oder **Erkenntnisse**. Diese müssen echt sein (*Paeffgen* NK Rdn. 8). Von Tatsachen kann man schon ihrem Wesen nach nur sprechen, wenn sie wahr sind. Unwahre Tatsachenbehauptungen, gefälschte oder verfälschte Gegenstände und Erkenntnisse („getürkte Geheimnisse") fallen demnach nicht unter den Begriff des Staatsgeheimnisses; das ergibt sich auch aus der Normierung eines besonderen Straftatbestandes der landesverräterischen Fälschung (§ 100a; vgl. *Maurach/Schroeder/Maiwald* 2 § 85 Rdn. 13). **2**

a) **Tatsachen** sind alle nach Raum und Zeit bestimmte, vergangene und gegenwärtige, nicht aber zukünftige Begebenheiten oder Zustände. Darunter fallen sowohl äußere als auch innere Vorgänge wie z. B. Ansichten, Absichten, Pläne u. a.[5]

Zukünftige Sachverhalte, die grundsätzlich keine Tatsachen sind (vgl. RGSt. **67** 2, 3), können jedoch als „Erkenntnisse" von der Vorschrift erfasst sein. Im Übrigen hat der Begriff „Tatsachen" hier die gleiche Bedeutung wie in § 263 (*Tröndle/Fischer* Rdn. 2; *Paeffgen* NK Rdn. 9; *Lampe/Hegmann* MK Rdn. 4).

b) **Gegenstand** im Sinne des § 93 ist alles Körperliche (*Sch/Schröder/Stree/Sternberg-Lieben* Rdn. 3; *Lampe/Hegmann* MK Rdn. 5). Der Begriff unterfällt streng genommen dem der Tatsache (*Roeder* ZStW **76** [1964] 359, 364); denn Existenz und Eigenschaften eines Gegenstandes sind Zustände und damit Tatsachen. Bewegliche und unbewegliche Sachen, Naturschöpfungen und künstliche Anlagen (so RGSt. **25** 45, 48), lebendige und tote Wesen, in besonderen Fällen selbst der Mensch,[6] können Gegenstände sein. So wurde der verschleppte V-Mann-Führer, der als Quelle für weitere Informationen und für die Bestätigung bislang bei einem fremden Nachrichtendienst angefallener Erkenntnisse gelten konnte, vom BGH nach damals geltendem Recht als Verkörperung eines Staatsgeheimnisses gewürdigt (BGH bei *Wagner* GA **1968** 294 Nr. 74).

Auf eine besondere Hervorhebung typischer Arten von Gegenständen, wie sie noch in § 99 a. F. enthalten war (Schriften, Zeichnungen, Modelle und Formeln), hat der Gesetzgeber in § 93 verzichtet.

c) **Erkenntnisse** sind gedankliche, insbesondere wissenschaftliche Einsichten in Zusammenhänge. Dazu gehören etwa – auch private – Erfindungen, Entdeckungen, Forschungsergebnisse oder politische wie militärische Analysen.[7] Zu ihnen zählen alle

---

[5] Vgl. RGSt. **41** 193, 194; **55** 129, 131; **56** 227, 231; BGHSt **6** 385; *H. Arndt* ZStW **66** [1954] 41, 43 ff.

[6] BGH bei *Wagner* GA **1961** 141 (zu § 99 D) Nr. 5; *Rudolphi* SK Rdn. 6; *H. Arndt* ZStW **66** (1954) 41, 45; **aA** *Tröndle/Fischer* Rdn. 2; *Sonnen* AK Rdn. 34; *Sch/Schröder/Stree/Sternberg-Lieben* Rdn. 3; vgl. dazu *Paeffgen* NK Rdn. 10; *Lampe/Hegmann* MK Rdn. 6.

[7] *H. Arndt* ZStW **66** (1954) 41, 46; *Mittelbach* JR **1953** 288; *Paeffgen* NK Rdn. 11; *Roeder* ZStW **76** (1964) 359, 364; als Beispiel können auch nachrichtendienstliche Aufklärungsergebnisse gelten, wenn sie, wie etwa zusammenfassende Lageberichte des BND, auf sachkundigen Einschätzungen, Beurteilungen und Wertungen der ermittelten Sachverhalte und der entsprechenden Quellen beruhen (vgl. BGHSt **24** 72, 76; BayObLGSt **1991** 129; **1993** 43).

geistigen, auch nichtwissenschaftlichen Schöpfungsakte, die im Vergleich zu den Ursprungstatsachen selbständig sind und bisher Unbekanntes wertend zutage fördern. Sie sind nicht erst dann Staatsgeheimnisse, wenn sie dargestellt oder sonst verkörpert sind, sondern bereits als rein gedankliche Vorgänge (*Laufhütte* GA **1974** 52 Fn. 4). Von besonderer Bedeutung ist der Begriff der „Erkenntnisse“ für das so genannte Mosaikgeheimnis (vgl. Rdn. 5).

Einen anschaulichen Überblick darüber, was unter der Geltung des früheren, weiter gefassten Staatsgeheimnisbegriffs (§ 99 a. F.) in der Rechtsprechung des BGH und der Oberlandesgerichte als Tatsachen, Gegenstände oder Erkenntnisse, insbesondere aus dem nachrichtendienstlichen und militärischen Bereich, angesehen wurde, vermittelt die Zusammenstellung bei *Wagner* GA **1961** 131 ff.

3 3. Die Tatsachen, Gegenstände und Erkenntnisse müssen zur Zeit der Tat noch geheim sein (so genannte **Geheimhaltungsfähigkeit**), d. h., sie dürfen nur einem begrenzten Personenkreis zugänglich sein (zur Kritik an dem Ausdruck vgl. *Paeffgen* NK Rdn. 12). Die Geheimhaltungsbedürftigkeit allein genügt nicht. Das Geheimsein ist notwendige Voraussetzung des Geheimhaltens; denn offenkundige Dinge können der Kenntnis anderer nicht wieder entzogen und deshalb nicht mehr geheim gehalten werden. Geheimsein ist indessen seiner Natur nach relativ: Es kann – wie in aller Regel – ein kleinerer oder auch größerer Personenkreis eingeweiht sein, dessen Wissen weiteren Kreisen vorenthalten ist und auch vorenthalten werden kann (vgl. RGSt. **25** 45, 48; **74** 110, 111).[8]

a) **Der Personenkreis**, der Zugang zu den Tatsachen, Gegenständen oder Erkenntnissen hat, **muss begrenzt** sein. Auf seine Größe, insbesondere seinen zahlenmäßigen Umfang, auf die namentliche Bestimmtheit oder Bestimmbarkeit der Personen kommt es grundsätzlich nicht an. Das Merkmal lässt sich am ehesten negativ erfassen: Alles, was nicht jedermann offen steht, ist nur einem begrenzten Kreis zugänglich. Da hier das „relative Geheimsein“ umschrieben werden soll, muss sich allerdings der Umfang des in Betracht kommenden Personenkreises noch in einem Rahmen halten, der ein allgemeines Bekannt werden des Geheimzuhaltenden nicht erwarten lässt; die Geheimnisträger müssen zur Geheimhaltung in der Lage, die Gruppen der möglichen Mitwisser noch feststellbar oder wenigstens nach allgemeinen Gesichtspunkten beschreibbar und so auch überschaubar sein. Sinngerecht verstanden wird also die *Begrenzbarkeit* dieses Personenkreises verlangt (vgl. *Tröndle/Fischer* Rdn. 3; *Rudolphi* SK Rdn. 9; *Lampe/Hegmann* MK Rdn. 7; *Laufhütte* GA **1974** 53 f; *Röder* ZStW **76** [1964] 359, 362; **aA** *Paeffgen* NK Rdn. 13 m. w. N.).

Die Begrenzbarkeit wird sich oft anhand verbindender Merkmale feststellen lassen. In Betracht kommen die Zugehörigkeit zu einem bestimmten Betrieb, einer Dienststelle oder einer ihrer Abteilungen, in dessen bzw. deren Bereich der geheim zu haltende Sachverhalt fällt, ferner bestimmte Dienststellungen oder sonst eine gemeinsame, verbindende Aufgabe (vgl. *Maurach/Schroeder/Maiwald* 2 § 85 Rdn. 14). Auch Maßnahmen, die zur Sicherung der Geheimhaltung von Tatsachen und Erkenntnissen getroffen werden, können einen Personenkreis begrenzbar machen (z. B. VS-Einstufung; vgl. *Laufhütte* GA **1974** 52, 54).

[8] Siehe dazu auch *Schneidewin* M. Stengleins Kommentar zu den Strafrechtlichen Nebengesetzen des Deutschen Reichs 5. Aufl. [1931] Zweiter Band Anm. 3a) zu § 1 Spionagegesetz 1914 [S. 413 f]).

Geheimnisträger kann sowohl der private Einzelne als auch ein Kreis sein, der sich ganz aus Privatpersonen zusammensetzt; die Kenntnis einer staatlichen Stelle ist nicht erforderlich (Prot. V/148). Insoweit kommen in erster Linie Forschungsinstitute, Vertreter der Wissenschaft und Mitarbeiter von Wirtschaftsunternehmen in Frage.

b) Für die Begrenzbarkeit des Personenkreises ist nicht nur auf diejenigen Personen **4**
abzustellen, die *positive Kenntnis* von dem Sachverhalt haben, der das Staatsgeheimnis ausmacht. Der Wortlaut der Vorschrift geht vielmehr von der **Zugänglichkeit**, also der Möglichkeit aus, sich Zugang zum Wissen um jenen Sachverhalt zu verschaffen. Damit ist nur die wirkliche, sichere und zuverlässige Zugangsmöglichkeit gemeint. Diese setzt voraus, dass die Tatsachen etc. mit den Sinnesorganen wahrnehmbar und in ihrem sachlichen Aussagegehalt erkennbar sind (vgl. BGHSt 7 234, 235; *Maurach/Schroeder/Maiwald* 2 § 85 Rdn. 15). Demnach können auch Dinge geheim sein, die zwar äußerlich allgemein wahrnehmbar und insoweit bekannt sind, sich in ihrer Bedeutung oder in ihrer Funktion aber nur einem besonders kundigen Personenkreis erschließen (so auch *Sch/Schröder/Stree/Sternberg-Lieben* Rdn. 9). Zu denken ist etwa an waffentechnische Geräte, die auf einer Ausstellung gezeigt werden, deren Einzelheiten und Funktionsweise aber nur einem über bestimmte weitere Informationen verfügenden Kreis von Fachleuten verständlich sind (Zur Kritik an diesem Beispiel vgl. *Paeffgen* NK Rdn. 14). Ein begrenzbarer Personenkreis ist schließlich auch dann gegeben, wenn Außenstehende sich allenfalls durch rechtswidriges Handeln eine Zugangsmöglichkeit verschaffen könnten. Mit anderen Worten: Die allgemeine Zugänglichkeit kann durch „Begrenzungsmaßnahmen" wie etwa Betretens- oder Fotografierverbote rechtswirksam eingeengt und ausgeschlossen werden (*Klug* FS Engisch S. 570, 574ff).

c) Die Frage nach der Geheimhaltungsfähigkeit stellt sich vor allem bei **Zusammen-** **5**
stellungen allgemein zugänglicher Einzeltatsachen (Problem des so genannten **Mosaikgeheimnisses**). In der Regel wird die bloße Sammlung solcher Tatsachen, ihre Aufzählung und ihre Darstellung im Zusammenhang noch nicht Anlass geben, ihr Geheimsein anzunehmen. Anderes könnte schon dann gelten, wenn die so vermittelte Gesamtschau Ansatzpunkte für weitere Einsichten bietet, die den Geheimbereich berühren. Im Anschluss an die sehr weitgehende Auffassung des Reichsgerichts bejahte die Rechtsprechung des BGH nur in solchen Fällen die Staatsgeheimnisqualität, in denen die Zusammenstellung etwas qualitativ Eigenständiges, d. h. eine neue Erkenntnis verkörperte.[9] Dem Gesetzgeber ging allerdings auch dieses Verständnis vom Mosaikgeheimnis noch zu weit. Zur näheren Eingrenzung fügte er deshalb in § 93 das Erfordernis der begrenzten Zugänglichkeit ein (siehe Sonderausschussbericht BTDrucks. V/2860 S. 15; BGHSt **24** 72, 76). Damit sind aus dem Begriff des Staatsgeheimnisses solche Auswertungen von Tatsachen etc. ausgeschieden, die Ergebnisse beinhalten, welche jedermann aufgrund eigener Gedankengänge und Folgerungen sowie durch Fleißarbeit zu gewinnen in der Lage ist. Das bloße Sammeln, Auswerten und Analysieren allgemein zugänglicher Nachrichten soll grundsätzlich nicht behindert werden; dies gilt im Blick auf die Informations- und Pressefreiheit vor allem für die journalistische und publizistische Arbeit. Ist Auftraggeber allerdings ein fremder Geheimdienst, so greift § 99 ein (Sonderausschussbericht BTDrucks. V/2860 S. 15f).

---

[9] Zur Entwicklung der Rechtsprechung vor dem 8. StRÄndG: RGSt. **25** 45 f; RGRiZ **1924** 391; BGHSt 7 234; **15** 17; BGH NJW **1965** 1187 („Spiegel-Verfahren") und 1190 („Quick-Verfahren"); dazu auch OLG Bremen NJW **1964** 2363; *Woesner* NJW **1964** 1877. Zum Ganzen *Paeffgen* NK Rdn. 15 f.

Für die Auswertung offenkundiger Tatsachen wird aber auch heute noch anderes zu gelten haben, wenn sie durch den Einsatz besonderer, nicht jedermann zur Verfügung stehender technischer Mittel oder persönlicher Fähigkeit und Erfahrung zu einer neuen Erkenntnis führt, die einen geistigen Schöpfungsakt widerspiegelt und gegenüber den zugrunde liegenden, allgemein zugänglichen Einzeltatsachen eine eigenständige, besonders qualifizierte und geheim zu haltende Aussage enthält, zu der nur bestimmte Personen Zugang haben. Dies mag beispielsweise in Frage kommen, wenn Geheimniskundige, etwa Angehörige der Abwehr, vermöge ihres Wissens um bestimmte geheime Erkenntnisse aus offenen Tatsachen etc. Lagebilder oder Beurteilungen erarbeiten, deren Zuverlässigkeit gerade auf ihrer spezifischen Erfahrung beruht.[10] In all diesen Fällen wird jedoch ein strenger Prüfungsmaßstab anzulegen sein, der der in der Vorschrift selbst konkretisierten Absicht des Gesetzgebers Rechnung trägt, im Interesse der Grundrechtspositionen des Bürgers und der Medien die Grenzen der Strafbarkeit bei Sachverhalten der hier angesprochenen Art wesentlich zurückzunehmen. Unter diesem Blickwinkel werden sich Abgrenzungsprobleme insbesondere dann zeigen, wenn die zusammengestellten und ausgewerteten Fakten zwar ausnahmslos offen und allgemein zugänglich sind, die Analyse aber, obgleich auch Ergebnis von Fleiß und intensiver Gedankenarbeit, letztlich doch auf besonderer Sachkunde fußt, die sich der Betroffene indessen nicht von Berufs wegen im sicherheitsempfindlichen, etwa nachrichtendienstlichen Bereich, sondern aufgrund jahrelanger Befassung mit – offenen – Sicherheitsproblemen erworben hat. Ein eigenständiger geistiger Schöpfungsakt liegt hier zweifellos vor. Doch bleibt zu beantworten, ob „jedermann zur Verfügung stehende" persönliche Fähigkeiten und Erfahrungen eingesetzt worden sind. Die Voraussetzung der Analyse, die lange, befähigende Erfahrung im Umgang mit offenen, aber sicherheitsrelevanten Tatsachen bringt *hic et nunc* nicht „jedermann" mit. Der Jedermann könnte sie sich indes mit vergleichbarem Aufwand und Einsatz über längere Zeit hinweg verschaffen. Ob dann der Gebrauch „geistiger Mittel" zur Auswertung offener Tatsachen ein solches Maß und eine so hohe Qualität erreicht, dass er der Fähigkeit eines professionellen, erfahrenen Nachrichtenmannes zur Analyse nicht nachsteht und damit ausnahmsweise auch zur Annahme eines Staatsgeheimnisses führen kann, wird letztlich der Tatrichter zu bewerten haben.

Beruht eine aufgrund der Zusammenstellung von Fakten gewonnene Einsicht nicht nur auf offenen, sondern zu einem jedenfalls ins Gewicht fallenden Teil auch auf „verschlossenen" Tatsachen oder Erkenntnissen, so wird die Geheimhaltungsfähigkeit des Ganzen in der Regel zu bejahen sein (vgl. BGHSt **25** 145, 156). Von selbst versteht sie sich dort, wo schon *alle Einzeltatsachen* nur einem begrenzten Personenkreis zugänglich sind.

Eine fortlaufende Berichterstattung über geheim gehaltene, sicherheitsrelevante Vorgänge und Maßnahmen, die einem fremden Nachrichtendienst zuverlässige, sachlich wertvolle Hinweise über die organisatorische und personelle Struktur der gegnerischen Abwehr, deren Methoden und Operationen, Erfolge und Misserfolge verschaffen, mag erst in ihrer Gesamtheit die Beurteilung rechtfertigen, dass der vermittelte Erkenntnisgehalt die Bedeutungsschwelle zum Staatsgeheimnis überschritt (vgl. Rdn. 14, 16). Ein unzulässiger Rückgriff auf die so genannte „Mosaiktheorie" liegt solcher Feststellung

[10] Vgl. dazu *Krauth/Kurfess/Wulf* JZ **1968** 609 f; *Laufhütte* GA **1974** 52, 55; Sonderausschussbericht BTDrucks. V/2860 S. 16; *Sch/Schröder/Stree/Sternberg-Lieben* Rdn. 11 bis 13; *Tröndle/Fischer* Rdn. 4; *Lackner/Kühl* Rdn. 2; *Lampe/Hegmann* MK Rdn. 12; einschränkender *Rudolphi* SK Rdn. 17; *Sonnen* AK Rdn. 38; kritisch: *Klug* Engisch-Festschrift 570, 574 ff; *Lüttger* JR **69** 121, 126; gegen die h. M. *Paeffgen* NK Rdn. 16.

nicht zugrunde (OLG Düsseldorf Urt. vom 5. Februar 1992 – IV 34/91; 3 StE 12/91 – 2 [4] 8; vgl. hierzu auch BGHSt **24** 72, 76; BGHR StGB § 94 Verrat 1; § 99 Ausüben 1 sowie BayObLGSt. **1991** 129; **1993** 43).

d) Die begrenzte Zugänglichkeit und damit die Geheimhaltungsfähigkeit kann in Zweifel gezogen werden, wenn **Unbefugte bereits Kenntnis** von den Tatsachen, Gegenständen oder Erkenntnissen **erlangt** haben. Entscheidend ist hier, ob die über den begrenzten Kreis im Sinne des § 93 Abs. 1 hinausgedrungene Kenntnis schon derart verbreitet ist, dass von einem Geheimnis nicht mehr die Rede sein kann (vgl. in anderem Zusammenhang RGSt **26** 5, 8; **38** 62, 65f; *Träger* LK[11] § 353b Rdn. 21). Die Qualifikation als Geheimnis (das Geheimsein) entfällt, wenn es einem verständigen und erfahrenen Menschen ohne weiteres möglich ist, sich unter Benutzung allgemein zugänglicher, zuverlässiger Quellen von seinem Inhalt, seinem Gegenstand zu überzeugen (vgl. BVerfGE **10** 177, 183; siehe auch BGHSt **6** 292, 293). Zufällige Kenntnisnahme durch einzelne Personen, etwa das Auffinden geheimer Schriftstücke durch eine Raumpflegerin oder Passanten, beseitigt an sich die Geheimniseigenschaft noch nicht (anders *Sch/Schröder/Stree/Sternberg-Lieben* Rdn. 8). Der Kreis derer, die auf solche oder ähnliche Weise unbefugt Kenntnis erlangt haben, wird sich in solchen Fällen regelmäßig eingrenzen lassen. Es wird zumeist nicht davon auszugehen sein, dass das Wahrgenommene weiterverbreitet oder die Möglichkeit erleichterten Zugriffs bekannt wird. Auch der zufällig Kenntnis erhaltende Unbefugte steht seinerseits unter Strafdrohung, etwa der des Preisgabetatbestandes (§ 97). 6

Aber auch ein Bekannt werden in breiteren Kreisen, ja selbst eine Presseveröffentlichung setzt denjenigen, der ein Geheimnis in Erfahrung bringen will, nicht immer hinreichend sicher und zuverlässig ins Bild. Er wird in der Regel nach Bestätigung suchen. Dieser kommt gerade im nachrichtendienstlichen Bereich besondere Bedeutung zu. Demnach schließen insbesondere bloße Gerüchte oder durchgesickerte Nachrichten, die keine Gewissheit vermitteln können, die Geheimhaltungsfähigkeit (begrenzte Zugänglichkeit) nicht aus. Ebenso wenig ist das der Fall, wenn das Geheimnis bereits an fremde Mächte verraten oder einzelnen Unbefugten preisgegeben worden ist; es muss allerdings noch für den Mitteilungsempfänger – unter dem Gesichtspunkt der Bestätigung – bedeutsam sein (vgl. BGHSt **20** 342, 350/351, 377, 383). Maßgeblich für die Beurteilung im Einzelfall ist, ob mit der Kenntnisnahme geheimer Tatsachen durch Unbefugte die Geheimhaltungsfähigkeit in dem Sinne gesprengt ist, dass sich nun jedermann ohne großen Aufwand Zugang zu ihnen verschaffen kann, und dass kein Personenbereich bleibt, dem auch weiterhin die sichere, zuverlässige Kenntnis des Geheimnisses verwehrt werden kann.[11]

In besonders gelagerten Fällen können allerdings **„Vorveröffentlichungen"** die begrenzte Zugänglichkeit – auch unter dem Gesichtspunkt der Bestätigung – beseitigen. Dies wird davon abhängen, von wem eine solche vorausgegangene Veröffentlichung stammt, insbesondere ob der Verfasser und das Publikationsorgan sichere Gewähr für die Richtigkeit des Inhalts bieten. Fehlt es hieran, bleibt also eine Zweitveröffentlichung oder eine sonstige neuerliche Weitergabe als Bekräftigung bedeutsam, so wird diese als (erneute) Straftat zu werten sein. Eine bloße Wiederholung der Pressemeldung (auch in einem anderen Medium) dürfte allerdings in der Regel nicht als strafrechtlich relevante

[11] Im Wesentlichen wie hier: *Tröndle/Fischer* Rdn. 4; *Rudolphi* SK Rdn. 13; *Baumann* JZ **1966** 329, 334; **aA** *Paeffgen* NK Rdn. 17; zum früheren Staatsgeheimnisbegriff: BGH bei *Wagner* GA **1961** 129 Nr. 4; BGH NJW **1965** 1190 f; *Roeder* ZStW **76** (1964) 359, 362; vgl. auch RGSt **38** 108, 110; **74** 110, 111.

Bekräftigung oder Bestätigung beurteilt werden können. Anders mag es sein, wenn die frühere Mitteilung ergänzt worden ist, in dem ihr neue Nachrichten hinzugefügt oder zusätzlich amtliche Quellen, Materialien und Beweisstücke benannt wurden (vgl. *Jescheck* Pressefreiheit S. 26), wenn schon die größere Sachkunde oder Seriosität des (zweiten) Verfassers oder des veröffentlichenden Organs eine bestätigende Wirkung entfaltet, oder wenn sich etwa im Umfeld des Gegenstands der Zweitveröffentlichung Veränderungen ergeben haben, die nunmehr deren besondere Bedeutung zu begründen vermögen (kritisch zur so genannten Bestätigungstheorie unter der Geltung des früheren Landesverratsstrafrechts: BVerfGE **21** 239, 242 f).

7 4. Die Geheimhaltung vor einer fremden Macht muss erforderlich sein, um die Gefahr eines schweren Nachteils für die äußere Sicherheit der Bundesrepublik Deutschland abzuwenden (**Geheimhaltungsbedürftigkeit**).

a) Die Qualifizierung als Staatsgeheimnis hängt mit dieser Umschreibung unmittelbar vom Inhalt des in Frage stehenden Sachverhalts ab. Maßgebend für das Bestehen der strafrechtlichen Geheimhaltungsbedürftigkeit ist ausschließlich das **objektive Geheimhaltungsinteresse** (materieller Geheimnisbegriff). Der Gesetzgeber hat darauf verzichtet, an eine formelle Sekretur anzuknüpfen, wie sie z. B. durch eine mehr oder weniger formelhafte Anordnung, den Vorgang als geheime oder vertrauliche Verschlusssache zu behandeln, geschaffen wird (formeller Geheimnisbegriff). Ein Geheimhaltungsvermerk nach der Verschlusssachenanweisung vermag daher noch kein Staatsgeheimnis zu begründen. Ihm kann jedoch indizielle Bedeutung für dessen Vorliegen zukommen (*Lüttger* GA **1970** 129, 144 f). Der bestehende oder fehlende Geheimhaltungswille einzelner Personen oder auch staatlicher Stellen ist demnach für die Bewertung der Geheimhaltungsbedürftigkeit an sich rechtlich unerheblich (**aA** *Paeffgen* NK Rdn. 29). Von Staats wegen lässt sich einerseits nichts als Staatsgeheimnis deklarieren, was nicht geheimhaltungsbedürftig ist; andererseits kann die Geheimniseigenschaft auch nicht in rechtsrelevanter Weise verneint werden, wenn ein Sachverhalt objektiv, aus sich heraus, die Geheimhaltung gebietet. Das Staatsgeheimnis ist in seiner Entstehung wie in seiner Aufhebung als solches „unverfügbar" (Kritisch *Paeffgen* NK Rdn. 30). Zwar wird es sich – meist aus politischen, insbesondere verteidigungspolitischen Gründen – nicht selten als erforderlich erweisen, Staatsgeheimnisse fremden Stellen, etwa der Regierung eines Bündnispartners, bekannt zu geben und anzuvertrauen. Das berührt jedoch ihre Bewertung als Staatsgeheimnisse und ihre Unverfügbarkeit als solche nicht (vgl. Rdn. 27). Die Geheimhaltungs*fähigkeit* kann allerdings infolge solcher Handhabung verloren gehen; dies insbesondere dann, wenn sich eine ausufernde Praxis entwickeln sollte, die sich über die Grenzen effektiver Absicherung hinwegsetzt.

8 Der Gesetzgeber hat mit dem Abstellen auf die Geheimhaltungsbedürftigkeit in § 93 Abs. 1 für die Strafvorschriften zum Schutz der äußeren Sicherheit mit Recht dem **materiellen Begriff des Staatsgeheimnisses** den Vorzug gegeben vor dem formellen und dem faktischen, für den allein die tatsächliche Geheimhaltung entscheidend ist. Formeller wie faktischer Geheimnisbegriff vermögen nicht zu verhindern, dass der strafrechtlich geschützte Geheimnisbereich auf Sachverhalte ausgedehnt wird, deren Geheimhaltung sachlich nicht oder nicht mehr geboten ist. Zwar wären der Rechtsunterworfene und der Rechtsanwendende regelmäßig der Prüfung enthoben, ob der vorgefundene Sachverhalt tatsächlich die Geheimhaltung erfordert; lediglich die das Geheimnis verwaltenden staatlichen Stellen hätten eine solche Prüfung vorzunehmen. Diese müsste dann aber fortwährend erfolgen, wenn einer Ausuferung des Geheimnisschutzes wirksam gesteuert und

dem Sinn des Staatsschutzstrafrechts entsprochen werden soll.[12] Andererseits wäre aber auch die Gefahr nicht von der Hand zu weisen, dass wichtige Vorgänge ungeschützt blieben, sei es, weil die staatlichen Stellen noch keine Kenntnis von ihnen erlangt haben, sei es, weil Maßnahmen zur (faktischen) Geheimhaltung noch nicht veranlasst worden sind. Eine solche Problematik stellt sich auf der Grundlage des materiellen Geheimnisbegriffs nicht. Danach werden alle von ihm erfassten Erkenntnisse schon von ihrer Entstehung an geschützt, auch wenn sie noch dem privaten Bereich zuzuordnen sind; sie fallen aus dem Schutzbereich, wenn die tatsächlichen Voraussetzungen nicht mehr gegeben sind. Das Staatsgeheimnis ist, so verstanden, nicht ein Geheimnis *des* Staates, sondern ein solches *zugunsten* des Staates. Der Begriff schließt selbst solche Sachverhalte ein, die sich einer formellen Sekretur entziehen, etwa aktuelle Maßnahmen im Verteidigungsbereich wie Truppenbewegungen, Waffenausstattung u.a., oder privates Wissen, private Erfindungen, die einer öffentlichen Stelle noch nicht zugänglich sind (vgl. *Woesner* NJW **1967** 753, 757). Die gesetzlichen Regelungen im Patentgesetz (§§ 31 Abs. 5, 50 bis 54) und im Gebrauchsmustergesetz (§ 9) allein würden nicht genügen, um den keineswegs gering zu veranschlagenden Schaden zu verhüten, der durch Preisgabe oder Offenbarung privater Erfindungen und industriellen „Know-hows", soweit sie für die äußere Sicherheit der Bundesrepublik bedeutsam sind, entstehen kann (vgl. auch Vor § 93 Rdn. 4f).

Durch das Abstellen auf die inhaltsabhängige Geheimhaltungsbedürftigkeit aktualisiert sich die Menge der Staatsgeheimnisse vom Sachverhalt her gleichsam stets von **9**
selbst. Indem der strafrechtliche Schutz sich daran orientiert, ist er auf das Notwendige beschränkt und entspricht damit rechtsstaatlicher Zielsetzung. Zwar wird die Abgrenzungsfunktion, die formeller Geheimerklärung und tatsächlicher Geheimhaltung zukommt, rechtlich vernachlässigt; deren Warnfunktion besteht für den Täter aber fort. Eine gewisse Unschärfe der Grenze zwischen „geheimhaltungsbedürftig" und „nicht geheimhaltungsbedürftig" und die Wandelbarkeit der Anschauungen zu diesen Merkmalen kann hingenommen werden. Beides geht nicht über den im Strafrecht üblichen und auch gebotenen, durch Auslegung zu schließenden Bewertungsrahmen hinaus. Zu folgern, dass das in den entsprechenden Straftatbeständen aufgenommene Merkmal des „Staatsgeheimnisses" nicht genügend bestimmt sei (im Sinne des Art. 103 Abs. 2 GG), wäre deshalb verfehlt (kritisch dazu *Paeffgen* NK Rdn. 20). Soweit es um die tatsächlichen Feststellungen und ihre Wertung geht, kann sich der Richter im Einzelfall der Hilfe von Sachverständigen bedienen (zu dem Problem des Einflusses der Sachverständigen vgl. *Wagner* DRiZ **1966** 251, 252; *Willms* NJW **1963** 190). Unsicherheiten und Zweifel müssen sowohl hinsichtlich der objektiven als auch der subjektiven Seite zugunsten des Täters durchschlagen. Der gelegentlich erschwerten Erkennbarkeit materieller Staatsgeheimnisse hat der Gesetzgeber im Übrigen in den Fällen der §§ 95, 96 Abs. 2, 97 dadurch Rechnung getragen, dass dort auch die faktische Geheimhaltung des Staatsgeheimnisses gefordert wird. Die in § 93 enthaltene Definition des Staatsgeheimnisses bleibt davon unberührt. Wo der Straftatbestand allerdings an die faktische Geheimhaltung anknüpft, wird eine Strafverfolgung nur in Betracht kommen, wenn geeignete Vorkehrungen zur Geheimhaltung des Staatsgeheimnisses getroffen worden sind (§ 95 Rdn. 3). Daran wird es in der Regel fehlen, solange der Staat keine Kenntnis von den geheimhaltungsbedürftigen Sachverhalten hat (vgl. Rdn. 5) und auch keine vorsorglichen Maßnahmen – etwa in bestimmten Bereichen – veranlasst worden sind (vgl. § 95 Rdn. 4; *Rudolphi* SK Rdn. 19).

---

[12] Zu den Nachteilen des formellen und des faktischen Geheimnisbegriffs vgl. auch *Baumann* JZ **1966** 329, 333; RegE BTDrucks. V/898 S. 37.

Von einem rein faktischen Geheimnisbegriff gehen die Vorschriften über die Erweiterung des strafrechtlichen Schutzes auf die NATO-Vertragsstaaten aus. Nach Art. 7 Abs. 1 Nr. 1 des 4. StRÄndG, abgedruckt Vor § 80 Rdn. 35, entsprechen den Staatsgeheimnissen im Sinne des § 93 nur die militärischen Geheimnisse der Vertragsstaaten, die von einer in der Bundesrepublik befindlichen Dienststelle eines Vertragsstaates geheim gehalten werden. Die Definition des militärischen Geheimnisses schließt danach das Erfordernis tatsächlicher Geheimhaltung ein.

10 **b)** Zu den einzelnen Merkmalen, die sachlich die Geheimhaltungsbedürftigkeit begründen, gilt:

aa) Die in Rede stehenden Tatsachen, Gegenstände oder Erkenntnisse müssen der Geheimhaltung **vor einer fremden Macht** bedürfen. Damit sind Einrichtungen angesprochen, die sich auf höchster Ebene in öffentlicher „Machtfülle" repräsentieren. *Fremd* sind sie, wenn sie sich außerhalb des Geltungsbereichs des Grundgesetzes befinden.[13] Ausgenommen sind Institutionen, die ihre Machtfülle ausschließlich von der staatlichen Gewalt der Bundesrepublik Deutschland ableiten. Gemeint sind in erster Linie ausländische Staaten, repräsentiert durch ihre Regierungen, sowie mit gleichartigen oder ähnlichen Machtmitteln ausgestattete zwischen- und überstaatliche Einrichtungen.[14] Diese müssen nicht zwingend legal oder bereits völkerrechtlich anerkannt sein. Auch Exilregierungen oder aufständische Gruppen innerhalb eines fremden Staatsgebiets können eine fremde Macht darstellen, wenn sie staatliche Funktionen ausüben wollen und dazu – zumindest teilweise – auch in der Lage sind. Kriminelle und terroristische Vereinigungen im Sinne der §§ 129, 129a scheiden aus.[15]

11 Im Blick auf das Erfordernis der „Fremdheit" der Macht könnte sich in seltenen – wohl eher theoretischen – Ausnahmefällen die Frage stellen, ob danach das Zentrum, die „Residenz" der Macht stets außerhalb des Bundesgebiets liegen muss. Zu denken wäre etwa an Exilregierungen oder an internationale Organisationen, die sich zwar hier niederlassen, aber wegen ihrer besonderen Aufgabenbereiche bei funktionaler Betrachtung als „fremd" angesehen werden könnten. Falls sie überhaupt den Begriff der „Macht" erfüllen (s. Rdn. 10), mag es für den Regelfall nahe liegen, am Erfordernis auch „geographischer Fremdheit" festzuhalten. Dies wird insbesondere für Exilregierungen gelten müssen, die gleichsam nur geduldet werden und unter den sich aus dem Vereinsgesetz[16] ergebenden Einschränkungen agieren müssen (s. nur § 3, 14 VereinsG). Als dem eigenen staatlichen Einfluss entzogene Urheber äußerer Gefährdung (vgl. zu diesem Kriterium: *Krauth* Prot. V/1269) werden sie kaum in Betracht kommen. Gefährden oder verletzen sie in Verfolgung ihrer politischen Ziele die innere oder äußere Sicherheit, die öffentliche Ordnung oder sonstige erhebliche Belange der Bundesrepublik, so können gegen sie geeignete Schutzmaßnahmen getroffen werden (vgl. § 14 VereinsG). Anders kann es sich allerdings verhalten bei internationalen Einrichtungen, die in der Bundesrepublik ihren

---

[13] Der Treubruchgedanke im Sinne früherer Verratstatbestände soll mit dem Wort „fremd" nicht angesprochen sein (vgl. *Schroeder* Der Schutz von Staat und Verfassung im Strafrecht **1970** S. 332 ff).

[14] Vgl. BGHSt **39** 260, 274 ff; BayObLGSt **1991** 129, **1993** 43.

[15] Vgl. dazu die von *Paeffgen* NK Rdn. 22 erhobenen Bedenken; *Lackner/Kühl* Rdn. 3; *Rudolphi* SK Rdn. 21; *Sch/Schröder/Stree/Sternberg-Lieben* Rdn. 15; *Lampe/Hegmann* MK Rdn. 16.

[16] Vom 5. August 1964 BGBl. I 593, zuletzt geändert durch Gesetz vom 22.8.2002 BGBl. I 3390.

Sitz haben. Sie werden zumeist von anderen Staaten mitgetragen und können sich regelmäßig auf staatliche Garantien berufen, die eine gewisse „Unantastbarkeit“ vermitteln. Innerhalb dieser Organisationen und durch sie wirken so fremde, außerhalb der Bundesrepublik situierte Kräfte mit unterschiedlichem Einfluss (vgl. *Tröndle/Fischer* Rdn. 6; *Sch/Schröder/Stree/Sternberg-Lieben* Rdn. 15; *Lampe/Hegmann* MK Rdn. 15).

Auf die Art und die Gestaltung der politischen Beziehungen der fremden Macht zur **12**
Bundesrepublik kommt es hier nicht an. Die Bündnispartner, die Mitgliedstaaten des NATO-Paktes, und die Staaten der Europäischen Gemeinschaften sind fremde Mächte im Sinne des § 93. Auch im Verhältnis zu ihnen oder zu sonstigen politisch befreundeten Staaten wird es immer Interessen geben, die einen Geheimnisschutz fordern (vgl. hierzu BGH bei *Wagner* GA **1961** 130 Nr. 12). Gleiches gilt für zwischenstaatliche Einrichtungen, die die Bundesrepublik mitträgt (vgl. Art. 24 Abs. 1 GG). Eine ganz andere Frage ist es, inwieweit die Bundesregierung solchen Institutionen oder den Mitgliedstaaten des gemeinsamen Bündnisses *befugtermaßen* Zugang zu Staatsgeheimnissen verschaffen kann (siehe dazu Rdn. 27).

Für die Annahme eines Staatsgeheimnisses genügt es, wenn der Sachverhalt lediglich vor *einer* fremden Macht geheim gehalten werden muss (so auch *Tröndle/Fischer* Rdn. 6); das ergibt sich aus Wortlaut und Sinn der Vorschrift.

bb) Das Geheimhaltungsbedürfnis muss in der Gewährleistung der **äußeren Sicher-** **13**
heit der Bundesrepublik gründen. Damit sind ihre Möglichkeiten und Fähigkeiten gemeint, sich gegen Angriffe, Pressionen, Eingriffe, Störungen oder ähnliche (evtl. verdeckte) Einflussnahmen zu wehren und ihre Machtstellung auf internationaler Ebene relativ ungefährdet zu erhalten.[17] Die Bezeichnung des Rechtsguts „äußere Sicherheit“, das im Mittelpunkt des § 93 und der auf diese Vorschrift Bezug nehmenden Tatbestände steht, begrenzt zugleich den sachlichen Bereich des zu Schützenden. Unmittelbar angesprochen sind mit diesem Merkmal alle Gebiete, auf denen zu äußerer Sicherheit beigetragen wird. Hierzu zählt nicht nur der Verteidigungssektor; Sicherheit nach außen wird heute mehr denn je durch wirksame politische Gestaltung, insbesondere durch die Außen- und Bündnispolitik gewährleistet, deren Grundlagen auch im inneren Gefüge des Staates verwurzelt sind. Die politische Entwicklung im Osten und Südosten, die zwar zu einer Entschärfung der Spannungen zwischen West und Ost führten, dort aber auch neue Krisenherde und vielschichtige, auch sicherheitspolitische Probleme mit sich brachte, unterstreicht dies nur. Im Einzelnen gilt:

Die äußere Sicherheit wird zunächst durch Vorkehrungen zur **militärischen Landesverteidigung** verbürgt. Insoweit ist alles angesprochen, was der Sicherstellung der Verteidigungsfähigkeit und der Verteidigungsbereitschaft dient, der gegenwärtige Stand der militärischen Anstrengungen ebenso wie die Planung für die Zukunft, die Absichten und Maßnahmen zur Ausrüstung der Streitkräfte und die betreffenden militärischen Geräte und Waffensysteme selbst. Erst recht gehören hierher die Vorkehrungen und Anweisungen für Krisenfälle, die Aufgabenzuweisungen innerhalb des Verteidigungsbündnisses und nicht zuletzt die Verbindungen und Bezüge der militärischen Interessen zu Wirtschaft und Industrie (siehe auch Rdn. 14f). „Äußere Sicherheit“ reicht so weit über die

---

[17] Vgl. *Tröndle/Fischer* Rdn. 7; *Lackner/Kühl* Rdn. 5; *Rudolphi* SK Rdn. 27; *Sch/Schröder/Stree/Sternberg-Lieben* Rdn. 17; *Lampe/Hegmann* MK Rdn. 17; *Möhrenschlager* JZ 1980 161, 164; *Schroeder* aaO S. 391 beschreibt die äußere Sicherheit als den jeweiligen Zustand relativer Ungefährdetheit gegenüber fremden Staaten. S. zur Entstehung dieser sachlichen Begrenzung des Geheimbereichs auch *Kohlmann* S. 136 ff.

spezifischen Angelegenheiten militärischer Verteidigung hinaus; der Gesetzgeber hat gerade deshalb auf diese Kriterien abstellen können, ohne unvertretbare Einbußen in Kauf nehmen zu müssen (vgl. Sonderausschussbericht BTDrucks. V/2860 S. 16).

Grundsätzlich fällt auch die **nachrichtendienstliche Abwehr und Aufklärung** einschließlich ihrer personellen und organisatorischen Struktur sowie ihres Berichtswesens in den Bereich „äußere Sicherheit" (vgl. BGHSt **24** 72, 74 f; *Lüttger* JR **1969** 121, 126; *Träger/Mayer/Krauth* FS BGH **1975** 227, 232). Die Sicherheitslage wird wesentlich mitbestimmt von einer wirkungsvollen nachrichtendienstlichen Arbeit, die dazu beitragen soll, Gefährdungen von außen, etwa militärische Kräfteverschiebungen und Zielsetzungen, rechtzeitig zu erkennen, um Raum für Gegenmaßnahmen zu schaffen (vgl. hierzu BayObLGSt **91** 129; **93** 43). Dass dieser Bereich nachrichtendienstlicher Betätigung, gleichgültig, ob Aufklärung oder Abwehr, besonders schutzbedürftig ist, liegt auf der Hand. Enttarnungen von Gewicht, die die eigenen Dienste treffen, führen hier in der Regel zu nur schwer ausgleichbaren Erkenntnisdefiziten. Sie können überdies den Ansatz zu gezielten Desinformationen bieten und so zu Fehlentscheidungen verleiten, die weitere Nachteile herbeiführen. Hinzu kommt der Vertrauensverlust, der es bei befreundeten Nachrichtendiensten fraglich erscheinen lassen kann, ob ihre Zusammenarbeit mit deutschen Diensten und der Austausch von Erkenntnissen weiterhin ohne Einschränkung zu verantworten sind. Indessen zählen nicht alle nachrichtendienstlichen Belange ohne weiteres zum Schutzbereich des § 93 Abs. 1; nicht jeder drohende nachrichtendienstliche Schaden berührt zugleich die *äußere* Sicherheit der Bundesrepublik. Werden beispielsweise bestimmte Abwehrmaßnahmen eigener Dienste durch fremde Aktivitäten beeinträchtigt, so wird es darauf ankommen, ob diese Vorkehrungen der Wahrung der äußeren Sicherheit dienen sollten. Dies wird nicht ohne weiteres der Fall sein, wenn es etwa darum ging, Vorgänge rein diplomatischer Art abzuschirmen, letztlich also Geheimnisse zu schützen, die der Gesetzgeber grundsätzlich aus dem Staatsgeheimnisbegriff ausnehmen wollte (Sonderausschussbericht BTDrucks. V/2860 S. 16; vgl. BGHSt **24** 72, 78 zur Ausspähung des Planes einer Botschafterkonferenz). Anderes muss aber gelten, wenn die Abwehrarbeit an sich in wesentlichen Teilbereichen getroffen und in ihrer Wirksamkeit erheblich beeinträchtigt oder neutralisiert wird (vgl. OLG Düsseldorf vom 7. Februar 1992 – BStE 12/91 – 2(4)).

Die äußere Sicherheit ist nicht nur betroffen, wenn eine unmittelbare **militärische Kräfteverschiebung** im Verhältnis zu einem potentiellen Gegner in Frage steht. Sie läuft auch Gefahr, wenn eine **nachteilige Veränderung der Machtposition** der Bundesrepublik **in den Bündnissystemen** droht, die sie in der Regel auch allgemein politisch anfälliger macht. Eine Mitgefährdung der äußeren Sicherheit kann überdies erwachsen aus **Zwangsmaßnahmen** wie Blockaden, einem Embargo oder anderen Aktionen „politischer Erpressung". Sie kann darüber hinaus auch in Betracht kommen beim Bekannt werden innenpolitischer oder diplomatischer Tatsachen, Gegenstände oder Erkenntnisse, einschließlich solcher wirtschaftlicher und wissenschaftlicher Art, *sofern* diese jedenfalls *auch* die äußere Sicherheitslage der Bundesrepublik in erheblicher Weise berühren (vgl. BGHSt **24** 72, 75, 78; *Tröndle/Fischer* Rdn. 7; *Lackner/Kühl* Rdn. 5; *Rudolphi* SK Rdn. 27).

14 cc) Die Geheimhaltung muss geboten sein, um die **Gefahr eines schweren Nachteils** für das Rechtsgut der äußeren Sicherheit abzuwenden.

(1) Der **Gefahrbegriff** des § 93 ist ein generell *abstrakter*. Es kommt darauf an, ob allgemein gesehen das Bekannt werden der Tatsachen, Gegenstände oder Erkenntnisse bei einer fremden Macht – zum jeweiligen Handlungszeitpunkt – geeignet ist, einen

schweren Nachteil für die äußere Sicherheit herbeizuführen (vgl. Sonderausschussbericht BTDrucks. V/2860 S. 16; *Paeffgen* NK Rdn. 25; *Rudolphi* SK Rdn. 28; *Sch/Schröder/Stree/Sternberg-Lieben* Rdn. 20; *Lampe/Hegmann* MK Rdn. 24). Demgegenüber setzen die Straftatbestände der §§ 94, 95, 97, 97a, 99 Abs. 2 Nr. 2, 100 Abs. 2 S. 2, 100a eine *konkrete* Gefahr, also eine im Einzelfall eingetretene Gefährdung voraus. Die *abstrakte* Nachteilsgefahr im Sinne des § 93 Abs. 1 kann auch dann zu bejahen sein, wenn das preisgegebene Material gleichsam nur „der Schlüssel" zu weiteren, gewichtigeren Sachverhalten ist und den Zugang zu diesen eröffnet (vgl. *Schroeder* S. 362).

Mit dem Erfordernis des **schweren Nachteils**, der zu besorgen sein muss, hat der Gesetzgeber die Schwelle zum Staatsgeheimnis so hoch angehoben, dass nur noch Nachteile von wirklich gewichtiger Bedeutung für die äußere Sicherheit den Begriff des Staatsgeheimnisses erfüllen (*Lackner/Kühl* Rdn. 5; z. B. BGHR StGB § 94 Staatsgeheimnis 1). Ob ein geheimer Sachverhalt solche Bedeutung hat, dass sein Bekannt werden bei einer fremden Macht derartig schwere Folgen nach sich zieht, ist in erster Linie eine Frage tatsächlicher Natur und daher vom Tatrichter zu beantworten (BGHSt **24** 72, 75; vgl. *Krauth/Kurfess/Wulf* JZ **1968** 609, 610). Die Möglichkeit einer nur leichten Verstimmung der Regierung eines ausländischen Staates ist sicher nicht ausreichend, wohl aber die Gefahr ernsthafter Machtverschiebungen im außenpolitischen Kräftefeld, die in der Regel auf die äußere Sicherheitslage durchschlagen. Schwer wiegen wird regelmäßig die Beeinträchtigung militärischer Organisation und Planung, deren Bekannt werden entsprechende Gegenmaßnahmen auslöst (vgl. *Tröndle/Fischer* Rdn. 8; *Sch/Schröder/Stree/Sternberg-Lieben* Rdn. 20).[18] Zu erinnern ist in diesem Zusammenhang auch an Erkenntnisse über tief greifende Meinungsverschiedenheiten zwischen Regierungen der NATO-Vertragsstaaten, über ernsthafte Rivalitäten und Interessenkonflikte innerhalb des Paktes, an Erkenntnisse also, die, an eine Macht des früheren Ostblocks weitergeleitet, diese in die Lage versetzen konnten, die Bündnissolidarität der Vertragspartner zu untergraben und damit die Abschreckungskraft der NATO zu mindern (vgl. OLG Düsseldorf, Urteil vom 15. Dezember 1975 – IV – 3/75 (3) – [4 StE 1/75 GBA] – S. 115). Weiter kommen in Betracht Unterlagen und Berichte über militärische Übungen und Erfahrungen, deren Kenntnis gewichtige Schwachstellen aufdeckt oder Verteidigungsmaßnahmen kalkulierbar macht; ferner Alarmpläne und Mobilmachungsunterlagen größerer militärischer Einheiten, deren Befehlslage und Lagekarten. Auch die Zugriffsmöglichkeit zu sicherheitsrelevanten Dateien gehört hierher.[19] Hingegen wird die erforderliche Bedeutung meist fehlen bei einzelnen Sprechtafeln, Gliederungsschemata von Fernsprechverbindungen, Leitwegeanzeigern für den Fernschreibverkehr, Codewörtern sowie allgemeinen Dienst- und Ausbildungsvorschriften (z. B. Heeresdienstvorschriften) mit Führungs- und Kampfgrundsätzen (zustimmend *Paeffgen* NK Rdn. 26).

Geheimhaltungsbedürftigkeit begründenden Rang im Sinne des § 93 Abs. 1 wird schließlich regelmäßig den personellen und organisatorischen Strukturen der Aufklärungs- und Sicherheitsbehörden im nachrichtendienstlichen Bereich zukommen, wenn mit ihrer Kenntnis gleichzeitig der Einblick in Details der Aufgabenverteilung und

---

[18] Nach der Einschränkung, die der Begriff des Staatsgeheimnisses durch Einführung der Merkmale „Gefahr eines *schweren* Nachteils für die *äußere Sicherheit*" 1968 erfahren hat (8. StRÄndG), können die Beispiele aus der früheren Rechtsprechung nicht mehr ohne weiteres herangezogen werden. Vgl. dennoch die umfangreichen Nachweise zum Staatsgeheimnis bei *Wagner* DRiZ **1959** 175, GA **1961** 131 ff, GA **1967** 100, GA **1968** 293 ff.

[19] Vgl. BGHR StGB § 94 Staatsgeheimnis 1; OLG Celle Urteil vom 23.2.1993 – 3 StE 2/92; OLG Koblenz Urteil vom 15.6.1993 – 3 StE 8/92.

Zuständigkeiten verbunden ist.[20] Solches Wissen kann vielerlei Angriffspunkte bieten, Ansätze zur Aufdeckung von Agenten, ihrer Führer, der Führungswege, besonderer nachrichtendienstlicher Methoden sowie der Verbindungen zu anderen, auch ausländischen Nachrichtendiensten (vgl. OLG Hamburg, Urteil vom 15. September 1982 – 4 StE 1/82). Gleiches gilt etwa für Lageberichte des Bundesnachrichtendienstes, die bei sachkundiger Auswertung Hinweise auf die Informationsquellen geben und mit ihrer Preisgabe die Möglichkeit eröffnen, wesentliche Teile des Dienstes in bestimmten Zielgebieten lahm zu legen (vgl. BGHSt **24** 72, 76f). Im Blick auf die Notwendigkeit der Abschirmung von Nachrichtenquellen kann im Einzelfall auch das Bekannt werden von Namen einzelner Bediensteter des Verfassungsschutzes Gewicht erlangen, mag es auch in aller Regel bei im Bundesgebiet tätigen Sachbearbeitern von geringerer Relevanz sein (vgl. zu so genannten Personalgeheimnissen Prot. V/1506f). Zu eng ist die Auffassung des BGH im Beschluss vom 5. Juni 1996 – BGHR StGB § 94 Verrat 1. Bei der aufgehobenen Entscheidung des Oberlandesgerichts Celle ging es darum, dass die Angeklagte an das MfS etwa zwei Jahrzehnte lang über weitgehend alle Angelegenheiten einer MAD-Gruppe berichtet hat. Die Gesamtheit dieser preisgegebenen Informationen wurde vom Tatrichter zusätzlich zu den verratenen Nuklearstandorten (vgl. BGHR StGB § 94 Staatsgeheimnis 1) als Staatsgeheimnis gewertet.

15 Aus dem technisch-wissenschaftlichen Bereich sind beispielhaft als besonders bedeutsam zu nennen Erkenntnisse über schnelle Datenübertragungsverbindungen im Hochfrequenz- und Ultrahochfrequenzbereich, Konstruktionshinweise auf für die Verteidigung wichtige militärische Gerätschaften und Waffeninstrumentarien wie Steuereinheiten von Raketen u. a., unter Umständen auch schon die Enttarnung einer verborgenen Produktionsstätte eines bestimmten militärischen Geräts (vgl. *Woesner* NJW **1968** 2129, 2133). Die technische Entwicklung kann allerdings eine solche Bewertung nachhaltig beeinflussen. Was etwa bei der Einführung eines Waffensystems noch Staatsgeheimnis war, kann diese Bedeutung durch Verbreitung bestimmter Techniken oder wissenschaftlicher Erkenntnisse rasch verlieren.[21]

Die Bedeutungsschwelle zum Staatsgeheimnis wird mangels drohenden *schweren* Nachteils in der Regel dort noch nicht überschritten sein, wo lediglich Umstände aus dem persönlichen Lebensbereich eines Offiziers oder eines Nachrichtenmannes in Rede stehen (Bestechlichkeit, Überschuldung, homosexuelle Veranlagung; vgl. *Güde* Prot. V/1436). Bei besonders hoher und verantwortungsvoller Dienststellung kann dies jedoch anders zu beurteilen sein (vgl. *Möhrenschlager* JZ **1980** 161, 164 Fn. 31; **aA** *Paeffgen* NK Rdn. 26).

16 (2) Eine **Sammlung** und Auswertung **von** größtenteils geheim gehaltenen **Einzeltatsachen** (z. B. von Amtsgeheimnissen), die für sich gesehen die Bedeutungsschwelle zum Staatsgeheimnis noch nicht überschreiten (keine Gefahr eines *schweren* Nachteils) kann in ihrer Summierung sehr wohl als Staatsgeheimnis zu werten sein. Mit einer – zweifelhaften – Anwendung der „Mosaiktheorie“ (vgl. Rdn. 5) hat das nichts zu tun; es handelt sich hier nicht um eine Zusammenfassung allgemein zugänglicher Tatsachen (vgl. BGHSt **24** 72, 76; **25** 145, 149f; BGHR StGB § 94 Verrat 1; *Krauth/Kurfess/Wulf* JZ **1968** 609).

17 (3) Nach verbreiteter Ansicht sollen bereits bei der Prüfung, ob die abstrakte Gefahr eines schweren Nachteils vorliegt, neben den möglichen negativen Auswirkungen auch positive Folgen zu berücksichtigen sein, die das Bekannt werden von Tatsachen etc. bei

[20] Vgl. BayObLGSt **1991** 129 f; vgl. aber BGHR StGB § 94 Verrat 2.

[21] Vgl. hierzu auch BayObLGSt **1993** 40 (= MDR **1994** 821).

allgemeiner Betrachtung für die *äußere* Sicherheit und die Machtposition der Bundesrepublik haben kann: **Vor- und Nachteile** seien gegeneinander abzuwägen und zu **saldieren.** Bei einer solchen Gesamtschau könne die Annahme eines schweren Nachteils ausgeschlossen sein. Dies sei auch dann möglich, wenn die Sicherheitsposition der Bundesrepublik gegenüber *einem* Staat geschwächt, jedoch zugleich gegenüber einem *anderen* Staat gestärkt werde (vgl. *Tröndle/Fischer* Rdn. 7; *Lackner/Kühl* Rdn. 5; *Rudolphi* SK Rdn. 31; *Sch/Schröder/Stree/Sternberg-Lieben* Rdn. 18; eingehend dazu *Paeffgen* NK Rdn. 27; *Lampe/Hegmann* MK Rdn. 26). Ob eine solche Saldierung bereits auf der Ebene des Staatsgeheimnisbegriffs stattzufinden hat, ist jedoch zu bezweifeln. Man wird die Definition des § 93 kaum mit derartigen Erwägungen belasten können, ohne dem Begriff die erforderliche Klarheit und Bestimmtheit zu nehmen, zumal ein „saldierungsfähiger Vorteil" *konkrete* Gestalt haben müsste (siehe zum früheren Recht [§ 99 a.F.] *Krey* ZStW **79** [1967] 103, 110f). Der richtige Ort für eine solche Gesamtschau dürfte vielmehr das Merkmal der *konkreten* Gefahr sein, wie sie verschiedene Straftatbestände erfordern (§§ 94ff). Tatbedingte und -bezweckte Vorteile werden überdies – wenn auch nur in seltenen Fällen – auf der Rechtfertigungsebene eine Rolle spielen (problematisch; vgl. Rdn. 30; § 99 Rdn. 30ff).

dd) Die Gefahr eines schweren Nachteils muss sich gerade für die äußere Sicherheit **18**
der **Bundesrepublik Deutschland** ergeben. Fremde nationale Geheimnisse – auch solche verbündeter Staaten – gehören grundsätzlich nicht zum Definitionsbereich des § 93 Abs. 1. Sie können allerdings dann zugleich deutsche Staatsgeheimnisse sein, wenn sie nach hier verbracht, also deutschen – nicht notwendigerweise amtlichen – Stellen anvertraut worden sind und die weiteren Voraussetzungen der Geheimhaltungsbedürftigkeit, insbesondere im Blick auf die Sicherheitsinteressen *der Bundesrepublik*, vorliegen. Dies wird häufig der Fall sein, wenn deutsche amtliche Stellen von ausländischen Stellen im Rahmen militärischer oder sonstiger sicherheitspolitischer Zusammenarbeit in bestimmte Tatsachen eingeweiht werden oder wenn im Bereich der Rüstungsindustrie private Firmen international kooperieren (insoweit wohl zu eng *Laufhütte* GA **1974** 52, 57f; siehe auch BayObLGSt. **1957** 84; BayObLG Urteil vom 29. Juni 1999 – 3 St/96). Erfindungen, die außerhalb der Bundesrepublik Deutschland gemacht worden sind, können nur dann ein Staatsgeheimnis im Sinne des § 93 sein, wenn sie ihrer Substanz nach hier belegen sind (vgl. *Laufhütte* GA **1974** 52, 53).

Als **NATO-Geheimnisse** werden gemeinsame Geheimnisse der Mitglieder des Nordatlantikpaktes bezeichnet; sie sind auch solche der Bundesrepublik Deutschland und stehen folglich ohne weiteres unter dem strafrechtlichen Schutz der §§ 93ff, wenn und soweit sie die Voraussetzungen eines Staatsgeheimnisses im Übrigen erfüllen (BGH bei *Holtz* MDR **1980** 105; bei *H. W. Schmidt* MDR **1981** 90 [zu § 99]; *Laufhütte* aaO S. 57; *Lampe/Hegmann* MK Rdn. 27).

Militärische Geheimnisse der **NATO-Vertragsstaaten** sind Tatsachen, Erkenntnisse oder Gegenstände, welche die Verteidigung betreffen und von einer in der Bundesrepublik befindlichen Dienststelle eines Vertragsstaates mit Rücksicht auf dessen Sicherheit oder die Sicherheit der hier stationierten Truppen (faktisch) geheim gehalten werden. Nach der Erweiterungsvorschrift des Art. 7 Abs. 1 Nr. 1 des 4. StRÄndG (abgedruckt Vor § 80 Rdn. 34) *entsprechen* sie deutschen Staatsgeheimnissen.[22]

---

[22] Vgl. dazu Vor § 93 Rdn. 7 und dort Fn. 28
sowie Vor § 93 Rdn. 8a (5.).

Art. 194 Abs. 1 des **Euratom-Vertrages**[23] erweitert den Gegenstand des strafrechtlichen Schutzes auf die in dem Vertrag vorgesehenen Geheimhaltungspflichten (vgl. Vor § 93 Rdn. 9). Bei Anwendung der einzelnen Straftatbestände wird anstelle der Gefahr eines schweren Nachteils für die äußere Sicherheit der Bundesrepublik eine solche für entsprechende Belange der Europäischen Atomgemeinschaft vorliegen müssen, wie sie durch die verletzte Geheimhaltungspflicht geschützt werden sollen (siehe vor allem Art. 24 S. 1 Euratom-Vertrag).

19 5. Bei der Verwirklichung der Straftatbestände, die sich auf ein Staatsgeheimnis beziehen (§§ 94ff), muss der **Vorsatz** des Täters alle Merkmale des Staatsgeheimnisses umfassen. Insoweit genügt dolus eventualis (BGH MDR **1964** 68, 69). Der Täter braucht die Bewertung eines Sachverhalts als „Staatsgeheimnis" jedoch nicht zu vollziehen. Es reicht die Kenntnis und Billigung der sie tragenden Tatsachen. Er muss wissen oder wenigstens billigend in Kauf nehmen, dass der in Betracht kommende Sachverhalt nicht allgemein zugänglich und aus den benannten Gründen geheimhaltungsbedürftig ist. Bei einer Vorveröffentlichung muss er zumindest billigend damit rechnen, dass diese noch keine allgemeine Zugänglichkeit begründet hat, etwa weil sie unrichtig, veraltet oder nicht hinreichend zuverlässig war und deshalb in ihrem Inhalt oder Wahrheitswert einer fremden Macht nicht genügen würde, vielmehr von ihr für berichtigungs-, ergänzungs- oder bestätigungsbedürftig erachtet wird. Die Bejahung eines bedingten Vorsatzes wird jedenfalls dann wenig problematisch sein, wenn der Täter ein professioneller Agent ist; einem solchen kommt es in aller Regel darauf an, seinem Auftraggeber neue Sachverhalte oder wenigstens bestätigende Tatsachen etc. zukommen zu lassen, wenn er nicht gar einen ganz bestimmten Beschaffungsauftrag hierzu hat (vgl. *Tröndle/Fischer* Rdn. 20). Gleiches gilt für Täter, die aufgrund ihrer Beschäftigung in sicherheitsempfindlichen Bereichen Zugang zu Verschlusssachen haben und es trotz entsprechender Sicherheitsbelehrungen darauf anlegen, stets aktuelles Material zu liefern.

Bei Vorgängen, die aus dem diplomatischen, innenpolitischen, wirtschaftlichen, technischen oder wissenschaftlichen Bereich stammen, ist besonders darauf zu achten, dass der bedingte Vorsatz deren gleichzeitige Erheblichkeit für die *äußere Sicherheit* umfassen muss. Er hat sich insbesondere auch auf die Umstände zu erstrecken, welche die abstrakte Nachteilsgefahr als Gefahr eines „schweren" Nachteils ausweisen.

Ein **Irrtum** über die rechtliche Qualifikation von Tatsachen, Gegenständen oder Erkenntnissen als Staatsgeheimnis trotz Kenntnis der zugrunde liegenden tatsächlichen Umstände kann dem Täter nur unter den Voraussetzungen des Verbotsirrtums (§ 17) zugute kommen. Glaubt er beispielsweise irrig, die Annahme eines Staatsgeheimnisses bedürfe formeller Sekretur, so handelt es sich um einen Subsumtionsirrtum, der als Verbotsirrtum erheblich sein kann (*Tröndle/Fischer* Rdn. 20).

II. Das illegale Staatsgeheimnis (Absatz 2)

20 1. Die **Funktion der Vorschrift** über illegale Geheimnisse,[24] die ohne Vorbild ist,[25] liegt darin, bestimmte, mit dem Makel einer besonderen Rechtsverletzung behaftete Tatsachen, Gegenstände oder Erkenntnisse schon definitorisch aus dem Staatsgeheimnis-

[23] Vertragsgesetz vom 27.7.1957 BGBl. II 753; Vertrag vom 25.3.1957 BGBl. II 1014, 1115.

[24] Genau genommen ist nicht das Geheimnis als solches illegal, sondern sein Gegenstand (vgl. *Paeffgen* S. 3 f Fn. 11).

[25] Siehe *Krauth/Kurfess/Wulf* JZ **1968** 609.

begriff zu eliminieren. Verstöße gegen die freiheitliche demokratische Grundordnung oder zwischenstaatlich vereinbarte Rüstungsbeschränkungen sollen nicht unter dem Schutzmantel des Staatsgeheimnisses begangen werden können. Der Gesetzgeber hat dem Interesse der Öffentlichkeit, von solchen Rechtsbrüchen zu erfahren, dem Anliegen, Abhilfe zu schaffen, und den Grundrechten des Offenbarenden auf Meinungs- und Pressefreiheit (Art. 5 Abs. 1 GG) größeres Gewicht beigelegt als dem Schutz vor auch in diesen Fällen gegebenen Gefahren für die äußere Sicherheit der Bundesrepublik. Damit folgte er – soweit Verfassungsverstöße in Rede stehen – der Linie, die der BGH bereits früher, bevor das illegale Staatsgeheimnis gesetzlich geregelt war, vorgezeichnet hatte (BGHSt **20** 342, 365): In einem Verfassungsgefüge, so der BGH, das wie das Grundgesetz von der Rechtsidee beherrscht wird, sei das Rangverhältnis zwischen den obersten Rechtswerten, soweit sie zu den bestimmenden Grundsätzen der Verfassung gehören, und den politischen Werten eindeutig festgelegt. Alles politische Wirken sei der höheren Idee des Rechts unterworfen und durch sie begrenzt; denn das Recht sei kein Werkzeug der Macht. Nur dieses Rangverhältnis entspreche dem Wesen eines Rechtsstaates, wie er durch das Grundgesetz geschaffen worden sei. Die Wahrung dieser obersten Rechts- und Verfassungswerte gehe allen politischen Zweckmäßigkeitserwägungen vor. Es gebe deshalb einen Kernbereich des Verfassungsrechts, bei dessen Verletzung jeder das Recht haben müsse, sofort und ohne jeden Umweg die Öffentlichkeit anzurufen, auch wenn dies zwingend zur Preisgabe von Staatsgeheimnissen führe.

Allerdings hat der Gesetzgeber auch solche illegalen Staatsgeheimnisse (§ 93 Abs. 2) nicht uneingeschränkt straflos verfügbar gestellt. Die Zusammenschau mit dem besonderen Tatbestand des Verrats illegaler Geheimnise an eine fremde Macht oder ihre Mittelsmänner (§ 97a) erhellt, dass nur ein *Offenbaren* und *Preisgeben* illegaler Vorgänge (im Sinne des § 93 Abs. 2) sanktionslos bleibt. Diese Einschränkung besteht zu Recht: Denn die heimliche und unmittelbare Weitergabe an eine fremde Macht, eben der Verrat, der weiter mit Strafe bedroht ist, wird kaum je den Anstoß dafür geben wollen, den illegalen Zustand gleichsam aus eigener Kraft über die „öffentliche Kontrolle" im eigenen Lande zu beheben (siehe auch die Erläuterungen zu § 97a Rdn. 1). Die Regelung des illegalen Staatsgeheimnisses dient nach alledem letztlich auch dem Schutz der freiheitlichen demokratischen Grundordnung und konkretisiert – soweit es um den Verstoß gegen Rüstungsbeschränkungsvereinbarungen geht – das verfassungsrechtliche Verbot friedensstörender Handlungen (Art. 26 Abs. 1 GG), ohne jedoch in der derzeitigen Form von Verfassungs wegen geboten zu sein.[26]

Die Illegalität im Sinne des § 93 Abs. 2 hat für die Straftatbestände, die die Definition des Staatsgeheimnisses in Bezug nehmen, dem klaren Wortlaut der Vorschrift zufolge **tatbestandsausschließende Wirkung** (negatives Tatbestandsmerkmal); sie führt nicht lediglich zur Rechtfertigung.[27] Andere als die in § 93 Abs. 2 aufgeführten Verletzungen von Recht und Gesetz, die einem Staatsgeheimnis anhaften können, entziehen dieses *nicht* dem Schutz der §§ 94ff. Das ergibt der Gegenschluss aus § 93 Abs. 2. Ein solchermaßen illegales Staatsgeheimnis behält ungeachtet des Rechtsverstoßes seinen Charakter als Staatsgeheimnis (zur Problematik der Rechtfertigung einer Offenbarung oder Preisgabe in solchen Fällen siehe Rdn. 33). Anderes muss allerdings gelten, wenn der ihm anhaf-

26 Vgl. *Maunz/Dürig* GG Art. 26 Rdn. 30.

27 *Tröndle/Fischer* Rdn. 12; *Rudolphi* SK Rdn. 34; *Sch/Schröder/Stree/Sternberg-Lieben* Rdn. 26; *Lampe/Hegmann* MK Rdn. 29; nach *Maurach/Schroeder/Maiwald* 2 § 85 Rdn. 30 wäre eine Lösung vorzuziehen, die § 93 Abs. 2 als Rechtfertigungsgrund verstünde; ähnlich *Lackner/Kühl* Rdn. 10; s. dazu auch *Jescheck* FS Engisch S. 584; zur Gegenmeinung vgl. *Paeffgen* NK Rdn. 34.

tende Verstoß gegen eine im Range unter der Verfassung stehende Norm sich zugleich als Rechtsbruch im Sinne des § 93 Abs. 2 darstellt, etwa weil jene Norm einen der in § 93 Abs. 2 angesprochenen Verfassungsgrundsätze konkretisiert (vgl. *Lackner/Kühl* Rdn. 8).

21 2. Obwohl § 93 Abs. 2 lediglich an den Begriff der **Tatsachen** anknüpft, ist damit keine sachliche Beschränkung verbunden. Umfasst werden alle wie auch immer gearteten Vorgänge und Sachverhalte, also auch Gegenstände und Erkenntnisse. Das gebietet schon der Sinn der Bestimmung. Auch in Absatz 1 schließt der Tatsachenbegriff die so genannten inneren Tatsachen ein (vgl. Rdn. 2).

22 3. Die Tatsache muss **objektiv mit einem Verstoß** gegen die freiheitliche demokratische Grundordnung oder gegen die Rüstungsbeschränkungsvereinbarung **behaftet** sein. Es ist unerheblich, ob diejenigen Personen, die diesen Verstoß zu verantworten haben, sich seiner bewusst sind oder sonst subjektiv vorwerfbar gehandelt haben. Allein dieses Verständnis genügt dem Regelungszweck und vermeidet praktisch nicht zu bewältigende Unsicherheiten.

a) Die **freiheitliche demokratische Grundordnung** meint die obersten Grundwerte des freiheitlich und demokratisch verfassten Staates, die das Grundgesetz innerhalb der staatlichen Gesamtordnung – der „verfassungsmäßigen Ordnung" – als fundamental ansieht und die das Bundesverfassungsgericht in ständiger Rechtsprechung hervorgehoben hat (BVerfGE **2** 1, 12f; siehe auch Art. 18, 21 Abs. 2, 91 GG): Sie lässt sich als eine Ordnung bestimmen, die unter Ausschluss jeglicher Gewalt- und Willkürherrschaft eine rechtsstaatliche Herrschaftsordnung auf der Grundlage der Selbstbestimmung des Volkes nach dem Willen der jeweiligen Mehrheit und der Freiheit und Gleichheit darstellt. Zu ihren grundlegenden Prinzipien sind mindestens zu rechnen: die Achtung vor den im Grundgesetz konkretisierten Menschenrechten, vor allem vor dem Recht der Persönlichkeit auf Leben und freie Entfaltung, die Volkssouveränität, die Gewaltenteilung, die Verantwortlichkeit der Regierung, die Gesetzmäßigkeit der Verwaltung, die Unabhängigkeit der Gerichte, das Mehrparteienprinzip und die Chancengleichheit für alle politischen Parteien mit dem Recht auf verfassungsmäßige Bildung und Ausübung einer Opposition.

An diese Umschreibung durch das BVerfG hat der Gesetzgeber angeknüpft (vgl. Sonderausschussbericht BTDrucks. V/2860 S 16f). Sie stimmt im Wesentlich überein mit der Begriffsbestimmung der Verfassungsgrundsätze in § 92 Abs. 2 (siehe auch BGHSt **23** 64, 71f zu § 86 Abs. 2; vgl. ferner *Laufhütte* LK § 86 Rdn. 4, § 92 Rdn. 3; so *Paeffgen* NK Rdn. 37). Es liegt in der Natur solcher Konstitutionsprinzipien, dass die praktische Anwendung auf bestimmte Sachverhalte, die an und für sich den Staatsgeheimnisbegriff erfüllen, gewisse Abgrenzungsschwierigkeiten mit sich bringen kann.

23 b) Als **zwischenstaatlich vereinbarte Rüstungsbeschränkungen** kommen insbesondere in Betracht:

- Protokoll Nr. III über Rüstungskontrolle vom 23. Oktober 1954 (im Rahmen des Beitritts der Bundesrepublik zum Brüsseler Vertrag und zum Nordatlantikvertrag; Gesetz vom 24. März 1955 – BGBl. II 256ff, 266ff; vgl. BTDrucks. I/3500, 3900, 4297, II/1000, 1200, 1284, 1286), in Kraft seit 5. Mai 1955 (BGBl. II 628). Dort hat die Bundesrepublik auf die Herstellung von atomaren, bakteriologischen sowie chemischen Waffen und von weit reichenden Geschossen, Kriegsschiffen bestimmter Größe sowie strategischen Bombern verzichtet.

- Vertrag vom 5. August 1963 über das Verbot von Kernwaffenversuchen in der Atmosphäre, im Weltraum und unter Wasser (Gesetz vom 29. Juli 1964 – BGBl. II 906; vgl. BTDrucks. IV/1682, 2286), in Kraft für die Bundesrepublik seit 1. Dezember 1964 (BGBl. **1965** II 124).
- Vertrag vom 1. Juli 1968 über die Nichtverbreitung von Kernwaffen (so genannter Atomwaffensperrvertrag; Gesetz vom 4. Juni 1974 – BGBl. II 785; vgl. BTDrucks. 7/994, 1694, 1696), in Kraft für die Bundesrepublik seit 2. Mai 1975 (BGBl. **1976** II 552; siehe auch Verifikationsabkommen vom 5. April 1973 – BGBl. I **1974** II 794).
- Vertrag vom 11. Februar 1971 über das Verbot der Anbringung von Kernwaffen und anderen Massenvernichtungswaffen auf dem Meeresboden und dem Meeresuntergrund (Gesetz vom 12. Mai 1972 – BGBl. II 325; vgl. BTDrucks. VI/2761, 3185), in Kraft für die Bundesrepublik seit 18. November 1975 (BGBl. **1977** II 29).
- Übereinkommen vom 10. April 1972 über das Verbot der Entwicklung, Herstellung und Lagerung bakteriologischer (biologischer) Waffen und von Toxinwaffen sowie über die Vernichtung solcher Waffen (Gesetz vom 21. Februar 1983 – BGBl. II 132; vgl. BTDrucks. 9/1951, 2185, 2251), in Kraft für die Bundesrepublik seit 7. April 1983 (BGBl. II 436).
- Übereinkommen vom 18. Mai 1977 über das Verbot der militärischen oder einer sonstigen feindseligen Nutzung umweltverändernder Techniken (Umweltkriegsübereinkommen); (Gesetz vom 21. Februar 1983 – BGBl. II 125; vgl. auch BTDrucks. 9/1952, 2186), in Kraft für die Bundesrepublik seit 24. Mai 1983 (BGBl. II 564).
- Vertrag vom 19. November 1990 über konventionelle Streitkräfte in Europa (KSE-Vertrag); Gesetz vom 12. Dezember 1991 (BGBl. II 1154).
- Übereinkommen vom 13. Januar 1993 über das Verbot der Entwicklung, Herstellung, Lagerung und des Einsatzes chemischer Waffen und über die Vernichtung solcher Waffen; Gesetz zum Chemiewaffenübereinkommen vom 5. Juli 1994 (BGBl. II 806).

Der Verstoß gegen zwischenstaatlich vereinbarte Rüstungsbeschränkungen muss, wenn es sich um ein illegales Geheimnis im Sinne des § 93 Abs. 2 handeln soll, unter Geheimhaltung gegenüber den anderen Vertragspartnern einer solchen Vereinbarung vonstatten gehen (vgl. *Breithaupt* NJW **1968** 1712; *Hirsch* NJW **1968** 2330). Nur die Kenntnis *aller* Vertragspartner der Bundesrepublik vermag dem Verstoß die Beachtlichkeit (= Illegalität) im Sinne des § 93 Abs. 2 zu nehmen; die Kenntnis nur einzelner von mehreren Vertragsstaaten genügt dazu nicht (*Tröndle/Fischer* Rdn. 14; *Paeffgen* NK Rdn. 38; *Rudolphi* SK Rdn. 36; *Lackner/Kühl* Rdn. 9; *Lampe/Hegmann* MK Rdn. 33).[28] Die Praxis erfährt mit dieser Einschränkung in denjenigen Fällen eine Erleichterung, in denen der betreffende völkerrechtliche Vertrag bereits überholt, aber noch nicht ausdrücklich aufgehoben oder abgeändert worden ist: Werden dann die vertragswidrigen Rüstungsmaßnahmen allen Vertragspartnern bekannt gemacht, so sind mit diesen verbundene Staatsgeheimnisse nicht illegal (vgl. Sonderausschussbericht BTDrucks. V/2860 S. 17).

4. Soweit militärische Geheimnisse der **NATO-Vertragsstaaten** und ihrer hier stationierten Truppen in Rede stehen, deren Schutz Art. 7 Abs. 1 des 4. StRÄndG gewährleistet, hindert die Illegalität des Geheimnisses die Tatbestandsmäßigkeit einer Straftat nach den §§ 94ff i. V. m. Art. 7 Abs. 1 des 4. StRändG nicht. Die Erweiterungsvorschrif- **24**

[28] Zu den sich daraus insbesondere im Spannungsfall ergebenden verteidigungspolitischen Bedenken vgl. *Jescheck* FS Engisch S. 584, 593/594.

ten selbst kennen ein „illegales Geheimnis" nicht. § 93 ist in Art. 7 Abs. 1 des 4. StRÄndG zwar mit in Bezug genommen, nicht aber die §§ 97a, 97b, die wesentlicher Teil der strafrechtlichen Regelung des illegalen Staatsgeheimnisses sind. Hinzu kommt, dass die Stationierungsmächte für ihre militärischen Geheimnisse auf der Beibehaltung des faktischen Geheimnisbegriffs bestanden haben, weil sie nur so den geschützten Geheimbereich selbst abzugrenzen vermögen (vgl. hierzu *Jescheck* FS Engisch S. 584, 597f).

Anders könnte es sich hinsichtlich der so genannten **Euratom-Geheimnisse** verhalten (siehe Vor § 93 Rdn. 9; § 93 Rdn. 18 a.E.). Nach Art. 194 Abs. 1 des Euratom-Vertrags[29] haben die Mitgliedstaaten „hinsichtlich des sachlichen Rechts ... ihre Rechtsvorschriften über die Verletzung der Staatssicherheit" anzuwenden. Deshalb wird es nahe liegen, die Anwendbarkeit der Vorschriften, die das illegale Staatsgeheimnis betreffen, jedenfalls nicht von vornherein auszuschließen; entsprechende Fallgestaltungen werden sich allerdings kaum ergeben.

25 5. Hält der Täter bei einer Tathandlung im Sinne der §§ 94ff in **subjektiver Hinsicht** (vgl. Rdn. 19) die Voraussetzungen der Illegalität des Staatsgeheimnisses irrtümlich für erfüllt, ist die einschneidende Irrtumsregelung des § 97b zu beachten. Nimmt er irrig einen Fall „leichterer", jenseits des § 93 Abs. 2 liegender Illegalität an, so gelten die allgemeinen Irrtumsregeln. Eine entsprechende Anwendung des § 97b, die zuungunsten des Täters wirken würde, scheidet aus (vgl. *Sch/Schröder/Stree/Sternberg-Lieben* § 97b Rdn. 1; *Tröndle/Fischer* § 97b Rdn. 9; vgl. im Einzelnen bei § 97b).

III. Der Schutz von Staatsgeheimnissen im Lichte gegenläufiger Interessen

26 **Besonderheiten der Weitergabe in verschiedenen Bereichen und Lagen.** Der Schutz von **Staatsgeheimnissen** im Interesse der äußeren Sicherheit der Bundesrepublik kann auch dann, wenn es *nicht* um ein illegales Geheimnis im Sinne des § 93 Abs. 2 geht, in einem **Spannungsfeld mit gegenläufigen Interessen** stehen. Diese sind vielfältiger Natur und gewinnen für die Tatbestände des Verrats, der Offenbarung und Preisgabe von Staatsgeheimnissen unterschiedliche Bedeutung. Für bestimmte Fallgestaltungen kann das dazu führen, dass die Weitergabe eines Staatsgeheimnisses schon **nicht den** in Frage kommenden **Tatbestand erfüllt,** weil der Mitteilungsempfänger *zur Entgegennahme befugt* ist oder weil – wie nach den einzelnen Straftatbeständen erforderlich – *keine konkrete Gefahr* eines schweren Nachteils für die äußere Sicherheit entsteht (Tatbestandsausschluss). Darüber hinaus kommen **Rechtfertigungs-, Entschuldigungs- und Strafausschließungsgründe** in Betracht.

27 1. Im **politisch-parlamentarischen Bereich** wird die **Bundesregierung** im Rahmen ihrer Kompetenzen als befugt zu erachten sein, Staatsgeheimnisse an eine fremde Macht oder zwischenstaatliche Institutionen weiterzugeben, wenn sie dazu aufgrund völkerrechtlicher Vereinbarung verpflichtet oder der Adressat nach einer derartigen Übereinkunft als Mitteilungsempfänger vorgesehen ist (vgl. *Sch/Schröder/Stree/Sternberg-Lieben* § 94 Rdn. 10; *Rudolphi* SK § 94 Rdn. 11; *Maurach/Schroeder/Maiwald* 2 § 85 Rdn. 37; anders wohl *Tröndle/Fischer* Rdn. 17ff, der von Rechtfertigung ausgeht). Im Einzelfall

[29] VertragsG vom 27.7.1957 BGBl. II 753; Vertrag vom 25.3.1957 BGBl. II 1014, 1115.

wird es auf den Inhalt der völkerrechtlichen Vereinbarung und auf den Umfang eventuell übertragener Souveränitätsrechte ankommen. Im NATO- und Euratombereich gehen die Möglichkeiten des befugten Zuganges zu deutschen Staatsgeheimnissen sehr weit. Dem entspricht die vertragliche Zusicherung gegenseitigen Schutzes der Geheimsphäre nach den innerstaatlichen Strafvorschriften.[30] Der Bundesregierung wird zudem bei der Weitergabe eines Staatsgeheimnisses eine gewisse Dispositionsmacht zuzuerkennen sein, die jedoch ihre Grenze in den Straftatbeständen findet. Da die Regierung für die Ausübung dieser Dispositionsmacht „ausgestattet" ist, d. h. über eine auch insoweit sachverständige Administration verfügt, die die Grundlage für die fundierte Beurteilung der Wirkungen einer Weitergabe zu schaffen vermag, wird es bei der gebotenen sorgfältigen Vorgehensweise regelmäßig nicht zum Eintritt einer *konkreten Gefahr* für die äußere Sicherheit kommen. Die Bundesregierung wird in solchen Weitergabefällen Vorkehrungen treffen und beim Mitteilungsempfänger veranlassen, die die Geheimhaltung – in diesem dann erweiterten Kreise – auch weiterhin gewährleisten (vgl. hierzu vor allem § 97). Im Ausnahmefall gibt die Dispositionsmacht der Bundesregierung darüber hinaus die Möglichkeit der öffentlichen Bekanntgabe eines Staatsgeheimnisses (vgl. §§ 95, 97). Steht etwa ein zur Verteidigung hochwirksames, neues Waffensystem zur Verfügung, kann es nach Analyse der Lage angebracht erscheinen, dessen Existenz und Einsatzmöglichkeiten bekannt zu geben, um so die Abschreckung eines möglichen Angreifers zu erhöhen. Dies führt strafrechtlich zu einer so genannten Saldierung der durch die Veröffentlichung bedingten Vor- und Nachteile (vgl. Rdn. 17), so dass es auch hier – aufs Ganze gesehen – am Eintritt der *konkreten* Gefahr fehlen wird. Ein nicht unmittelbar in der fachlich-politischen Exekutivverantwortung Stehender kann sich eine solche Dispositionsmacht hingegen nicht anmaßen. Er ist in aller Regel auch nicht imstande, die Folgen einer Bekanntgabe für die äußere Sicherheitslage der Bundesrepublik qualifiziert zu beurteilen, muss mithin wohl stets in Kauf nehmen, eine tatbestandsmäßige konkrete Gefahr zu bewirken (vgl. *Baldus* Prot. V 109f; kritisch: *A. Arndt* ebendort).

„Befugt" zur Kenntnisnahme von Staatsgeheimnissen ist *grundsätzlich* auch der **Bundestag**, im Verhältnis zur Bundesregierung insoweit, als ihm diese zur Auskunft verpflichtet ist. Eine gewichtige Rolle spielt das *parlamentarische Frage- und Interpellationsrecht*, das den Mitgliedern der Bundesregierung die verfassungsrechtliche Pflicht auferlegt, auf Fragen Rede und Antwort zu stehen und den Abgeordneten die zur Ausübung ihres Mandats erforderlichen Informationen zu verschaffen. Bedeutsam ist in diesem Zusammenhang aber auch die grundsätzliche Pflicht der Regierung, parlamentarischen Untersuchungsausschüssen im Rahmen des Untersuchungsverfahrens einschlägige Unterlagen zur Verfügung zu stellen und bestimmte Akten herauszugeben (vgl. BVerfGE 57 1, 5; 67 100, 129f; **70** 324, 355). Indessen erfahren diese Auskunftsrechte des Parlaments auch erhebliche Einschränkungen. So ist die Bundesrepublik nicht gehalten, Verschlusssachen vorzulegen (zu denen Staatsgeheimnisse regelmäßig zählen), wenn ein Untersuchungsausschuss den von der Regierung für notwendig erachteten Geheimschutz nicht gewährleistet[31] (BVerfGE **67** 100, 137). Im Übrigen wird der Auskunftsanspruch in **28**

[30] Vgl. Art. VII Abs. 11 des Abkommens zwischen den Parteien des Nordatlantikvertrages über die Rechtsstellung ihrer Truppen vom 19.6.1951 (NATO-Truppenstatut – NTS) BGBl. **1961** II 1190, 1198; Art. 29 des Zusatzabkommens zum NTS vom 3.8.1959 BGBl. **1961** II 1218, 1242 f (Vertragsgesetz zu beiden Abkommen vom 18.8.1961 BGBl. II 1183). Siehe ferner Art. 194 Abs. 1 Euratom-Vertrag vom 25.3.1957 BGBl. II 1014, 1115 (Vertragsgesetz vom 27.7.1957 BGBl. II 753).

[31] Vgl. die Geheimschutzordnung des Bundestages (abgedruckt bei *Maunz/Dürig* GG zu

Geheimsachen nicht weitergehen, als dies aus Gründen der parlamentarischen Arbeit unerlässlich ist.

Eine Befugnis des Bundestages – aber auch anderer sachlich zuständiger Stellen – zur Kenntnisnahme von Staatsgeheimnissen kann sich überdies aus dem *Petitionsrecht* ergeben (Art. 17 GG). Im Rahmen einer Bittschrift oder Beschwerde kann es erforderlich werden, ein Staatsgeheimnis zu erörtern. Der Petent hat dann dafür Sorge zu tragen, dass auf dem Wege zur zuständigen Stelle der Geheimnisschutz gewahrt bleibt; er muss seinerseits davon ausgehen können, dass dies auch beim Empfänger der Fall ist. Die Volksvertretungen sind indessen nicht allgemein und nicht für jedes Staatsgeheimnis empfangsbefugt; vielmehr ist das jeweils zuständige Parlament anzugehen. In Angelegenheiten der äußeren Sicherheit wird das regelmäßig nicht ein Länderparlament sein (vgl. BGHSt **20** 342, 364). Sieht man von dem besonders liegenden Fall des § 97b Abs. 1 S. 2 ab, ist auch der einzelne Bundestagsabgeordnete in der Regel nicht der richtige – befugte – Ansprechpartner. Aus Gründen des Schutzes der äußeren Sicherheit wird man vielmehr verlangen müssen, dass der für das Sachgebiet zuständige Ausschuss des Bundestages angerufen wird (siehe auch *Tröndle/Fischer* Rdn. 18; *Rudolphi* SK § 94 Rdn. 11; *Sch/Schröder/Stree/Sternberg-Lieben* § 94 Rdn. 10; zweifelnd *Maurach/Schroeder/Maiwald* 2 § 85 Rdn. 37; *Paeffgen* NK Rdn. 40; **aA** Sonderausschussbericht BTDrucks. V/2860 S. 17).

Soweit sich Abgeordnete in parlamentarischen Gremien zu Staatsgeheimnissen äußern, sind sie vor Strafverfolgung durch Art. 46 Abs. 1 GG und § 36 geschützt.[32]

Schließlich kommt als befugter Adressat für Staatsgeheimnisse auch der **Wehrbeauftragte** des Deutschen Bundestages in Betracht (vgl. Art. 45b GG, § 1 WehrbeauftragtenG). Von einer generellen, umfassenden Befugnis wird man allerdings angesichts der Regelung, derzufolge ihm der Bundesminister der Verteidigung Auskunft und Akteneinsicht verweigern darf, soweit zwingende Geheimhaltungsgründe entgegenstehen (§ 3 Nr. 1 WehrbeauftragtenG), nicht ausgehen können. Besondere Bedeutung wird dieser Frage wohl nicht zukommen; bei der Weitergabe eines Staatsgeheimnisses an ihn wird grundsätzlich eine konkrete Gefahr für die äußere Sicherheit zu verneinen sein (Tatbestandsausschluss).

Für alle Fälle von Eingaben (Petitionen) gilt, dass sie, wenn in ihnen ein Staatsgeheimnis zur Sprache kommt, nicht missbräuchlich, insbesondere nicht zum Schein verfolgt werden dürfen (vgl. BGH Beschlüsse vom 12. Mai 1954 – 6 StR 3/54 – und vom 21. Dezember 1955 – 6 StR 86/55). Handelt es sich nicht um ein echtes Anliegen, deckt das Petitionsrecht die Weitergabe schon aus solchen Gründen nicht ab.

Die Verantwortungsträger der **politischen Parteien** sind *unbefugte* Dritte (siehe dazu *Willms* JZ **1960** 159, 160f). Allerdings kann es – wie auch in anderen Breichen – im Einzelfall geboten sein, diese Personen zu unterrichten, etwa um Straftaten eines eingeschleusten Agenten (vgl. § 99) entgegenzuwirken und den Täter zu überführen. Bei sach-

---

Art. 38). Siehe zu Geheimhaltungsmöglichkeiten im parlamentarischen Bereich auch § 3 Abs. 1 Gesetz über die parlamentarische Kontrolle nachrichtendienstlicher Tätigkeit des Bundes vom 11.4.1978 (BGBl. I 453); § 4 Abs. 9 Haushaltsgesetz 1984 vom 22.12. 1983 (BGBl. I 1516) zur Genehmigung des Haushalts der Geheimdienste (dazu BVerfGE 70 324); § 9 Gesetz zur Beschränkung des Brief-, Post- und Fernmeldegeheimnisses (G 10) vom 13.8.1968 (BGBl. I 949) in der Fassung des Änderungsgesetzes vom 11.2. 2005 (BGBl. I 239, 3194, 3196); dazu BVerfGE **30** 1.

[32] Deshalb hat der Gesetzgeber auch das frühere ausdrückliche Abgeordnetenprivileg (§ 100 Abs. 3 a. F.) beseitigt; siehe Sonderausschussbericht BTDrucks. V/2860 S. 17.

gerechtem Vorgehen wird hier in aller Regel ein Rechtfertigungsgrund greifen, wenn sich nicht ohnehin eine Gefährdung der Sicherheitsinteressen ausschließen lässt.

2. Im **exekutiven staatlichen Bereich** sowie im **privaten Bereich** (z. B. in der Rüstungsindustrie) erfolgt die interne Weitergabe eines Staatsgeheimnisses befugtermaßen an denjenigen, der aufgrund seines Tätigkeitsfeldes notwendigerweise mit der Materie befasst ist, sofern die Maßgaben der jeweiligen Geheimhaltungsvorschriften beachtet werden (vgl. z. B. Verschlusssachenanweisung; siehe auch bei § 97 Rdn. 10). **29**

Das **Bundespatentamt** ist bei Patentanmeldungen zur Kenntnisnahme von Staatsgeheimnissen befugt (siehe §§ 50ff PatentG). Es kann unter den in § 31 Abs. 5 S. 1 PatentG (siehe auch § 54 PatentG) normierten Voraussetzungen seinerseits – dann „befugten" – Dritten Einsicht in Akten gewähren, die so genannte Geheimpatente und Geheimanmeldungen (= Staatsgeheimnisse) enthalten.

3. Soweit auf **nachrichtendienstlichem Felde** so genanntes **Spielmaterial** preisgegeben oder „verraten" wird, um dem gegnerischen Geheimdienst die Vertrauenswürdigkeit eines in Wirklichkeit gegen ihn arbeitenden Agenten vorzutäuschen, wird das Gelieferte zumeist nicht von derartiger Bedeutung sein, dass ein *schwerer* Nachteil für die äußere Sicherheit der Bundesrepublik zu besorgen ist. Das preisgegebene Material ist bekannt, den Folgen der Preisgabe kann von zuständiger Stelle von vornherein entgegengewirkt werden. In Betracht kommt zudem eine Saldierung mit den Ergebnissen des „Spiels", das immer auf eine Verbesserung der Sicherheitslage angelegt sein wird (vgl. Rdn. 17). Eine Rechtfertigung würde, wenn sich dennoch die Gefahr eines schweren Nachteils für die äußere Sicherheit der Bundesrepublik ergäbe, allerdings nur in extremen Fällen angenommen werden können (vgl. etwa § 34). Im Blick auf die Unverfügbarkeit des Staatsgeheimnisses (vgl. Rdn. 7) dürfte insbesondere eine rechtfertigende Einwilligung in die Preisgabe ausscheiden (vgl. dazu auch bei § 99 Rdn. 15). **30**

4. Als Adressaten der Weitergabe von Staatsgeheimnissen können ferner **Rechtsanwälte, Ärzte und Geistliche** in Betracht kommen, denen sich ein Geheimnisträger anvertraut. Sie sind – obschon im Allgemeinen, wenn auch aus unterschiedlichen Gründen zur Verschwiegenheit verpflichtet – grundsätzlich nicht zur Kenntnisnahme von Staatsgeheimnissen „befugt". Deshalb wird hier immer zu prüfen sein, ob der Mitteilende auf die Verschwiegenheit des Mitteilungsempfängers vertrauen durfte und ob es objektiv oder zumindest nach der Vorstellung des Mitteilenden an der Herbeiführung der konkreten Gefahr eines schweren Nachteils für die äußere Sicherheit fehlt (vgl. BGHSt **20** 342, 348ff zur früheren Rechtslage für den Fall der Unterrichtung eines Rechtsanwalts durch einen Rechtsrat suchenden Geheimnisträger; siehe auch *Träger* LK[11] § 353b Rdn. 28 a. E.). Sollen Rechtfertigungs- oder Entschuldigungsgründe durchgreifen, müssen schon besonders gewichtige Rechtsgutsgefährdungen vorliegen, die zugleich die Mitteilung des Staatsgeheimnisses an die schweigepflichtige Person als unerlässlich erscheinen lassen. Ob es etwa seelische Belastungen oder Gewissensnöte erlauben, ohne vorherige Konsultierung des Vorgesetzten oder ohne vorangegangene Bemühungen um Abhilfe und Freistellung sich einem Therapeuten oder Geistlichen zu offenbaren, wird nur bei ganz extremen Fallgestaltungen zu erwägen sein. **31**

5. Die üblichen **Druck- und Drohmittel** (Kompromate), die den Täter in eine gewisse **Zwangslage** bringen und die fremde Nachrichtendienste beim Anwerben und Führen von Agenten anwenden, vermögen in aller Regel keine Rechtfertigung oder Entschuldigung zu begründen (siehe allerdings den Strafausschließungsgrund des § 98 Abs. 2 S. 2). **32**

Anderes kann gelten, wenn sich der Täter in einem totalitären Machtbereich befindet, dort mit rechtsstaatswidriger Verfolgung rechnen muss und Leib und Leben in Gefahr sieht (vgl. dazu die umfassende Rechtsprechungsübersicht bei *Wagner* ZStW **80** [1968] S. 283, 320ff; siehe ferner bei *Wagner* GA **1961** 321, 340ff). Auch dann aber darf nur soviel preisgegeben werden, wie zur Abwendung der Gefahr erforderlich ist (aA *Paeffgen* NK § 94 Rdn. 22).

33 **6.** Bei Offenbarung und Preisgabe von Staatsgeheimnissen gegenüber der **Presse** und durch die Presse ist zu berücksichtigen:

Art. 5 Abs. 1 GG gewährleistet die **Pressefreiheit**, die ihre Schranken in den allgemeinen Gesetzen findet (Art. 5 Abs. 2 GG). Diese relativieren die Freiheit der Presse indessen nicht, sondern sind in ihrer Auslegung stets an dem Grundwert und der hohen Bedeutung zu messen, die der freien Presse für das Funktionieren der Demokratie zukommt (vgl. dazu BVerfGE **20** 162, 174ff; **21** 239, 243). Jede Einengung, die nicht von der Rücksicht auf mindestens gleichwertige Rechtsgüter unbedingt geboten ist, gilt es zu verhindern (vgl. BVerfGE **20** 162, 177). Die Lösung von Konflikten mit kollidierenden Verfassungswerten ist in einer Abwägung zu suchen (vgl. BVerfGE **21** 239, 243). Das Schutzgut, das der Pressefreiheit hier gegenübersteht, ist die äußere Sicherheit der Bundesrepublik Deutschland, der die Wahrung von militärischen und anderen Staatsgeheimnissen dient. Der Rang dieses Schutzgutes ist geeignet, die Pressefreiheit jedenfalls dann zurücktreten zu lassen, wenn die Bekanntgabe bestimmter Staatsgeheimnisse die Sicherheit der Bundesrepublik ernsthaft gefährden würde (BVerfGE aaO; vgl. auch BVerfGE **57** 250, 268). Vor dem Inkrafttreten des 8. StRÄndG hat das Bundesverfassungsgericht in seinem „Spiegel"-Urteil hervorgehoben, dass dieser Konflikt nicht von vornherein und allgemein mit der Begründung gegen die Pressefreiheit entschieden werden könne, diese habe den Bestand der Bundesrepublik zur notwendigen Voraussetzung und gehe mit dessen Verlust selbst zugrunde. Zum Bestand der Bundesrepublik gehöre auch ihre freiheitliche demokratische Grundordnung, der es eigen sei, dass die Staatsgeschäfte der ständigen Kritik oder Billigung des Volkes unterstünden. Aus dieser Sicht seien Geheimhaltung im Interesse der Staatssicherheit und Pressefreiheit keine sich ausschließenden Gegensätze. Beide seien vielmehr durch das höhere Ziel, den Bestand der Bundesrepublik – im recht verstandenen Sinne – zu sichern, einander zuzuordnen. Konflikte zwischen beiden Staatsnotwendigkeiten müssten im Blick auf dieses Ziel gelöst und im Einzelfall die Bedeutung der mitgeteilten Erkenntnisse sowohl für den potentiellen Gegner wie für die politische Urteilsbildung des Volkes berücksichtigt werden. Die Gefahren, die der Sicherheit des Landes aus der Veröffentlichung erwachsen könnten, seien gegen das Bedürfnis des Volkes abzuwägen, über wichtige Vorgänge auch auf dem Gebiet der Sicherheits- und Verteidigungspolitik unterrichtet zu werden (BVerfGE **20** 162, 177f, 222).

Nachdem sich der Gesetzgeber des 8. StRÄndG des Konflikts zwischen Staatsgeheimnisschutz und Pressefreiheit in besonderer Weise angenommen und versucht hat, ihn weitgehend zu regeln, bleibt für Abwägungen im Einzelfall kein großer Raum. Der veröffentlichende Journalist ist grundsätzlich vom Makel des Landesverräters freigestellt worden, es sind die Preisgabe- und Offenbarungstatbestände (§§ 95, 97) geschaffen, die so genannte Mosaiktheorie zurückgedrängt, die Schwelle zum Staatsgeheimnis angehoben und das illegale Staatsgeheimnis vom Schutz der §§ 94, 95, 97 ausgenommen worden. All diese Regelungen tragen den Erfordernissen einer freien Presse und ihrer Bedeutung für den demokratischen Rechtsstaat Rechnung. Es erscheint deshalb nur noch schwer vorstellbar, dass in Fällen, in denen immer die Gefahr eines *schweren* Nachteils für die äußere Sicherheit der Bundesrepublik vor Augen steht, das Informationsinteresse der Öffentlichkeit und die Grundrechte aus Art. 5 Abs. 1 GG das Geheimhaltungsinteresse des Staates zurückzudrängen vermöchten. Gänzlich auszuschließen ist eine solche Fallgestaltung, die zu einer Rechtfertigung von Grundrechts wegen führen kann, allerdings nicht (anders *Maurach/Schroeder/Maiwald* 2 § 85 Rdn. 34; wie hier *Tröndle/Fischer* Rdn. 19; *Lackner/Kühl* Rdn. 12; *Sch/Schröder/Stree/Sternberg-Lieben* Rdn. 27). Im Blick auf die Entscheidung des Gesetzgebers, dessen Anliegen insbesondere die Lösung der Problematik des so genannten „publizistischen Landesverrats" war, nicht zuletzt aber auch im Interesse geordneter Staatsführung, werden insoweit jedoch strenge Maßstäbe gelten müssen.

Der BGH hatte bereits in seinem vor Inkrafttreten des 8. StRÄndG ergangenen Paetsch-Urteil (BGHSt **20** 342, 362ff) hervorgehoben, dass das **Grundrecht der freien Meinungsäußerung** auch das Recht umfasse, Missstände im öffentlichen Leben, insbesondere *Gesetzes-* und *Verfassungsverstöße* staatlicher Stellen mit dem Ziel zu rügen, sie abzustellen. Müsse dabei ein Staatsgeheimnis preisgegeben werden, so handele der Rügende dann nicht rechtswidrig, wenn er die Preisgabe auf das Notwendige beschränke und sich zunächst bei der zuständigen Stelle und der Volksvertretung um Abhilfe bemüht habe, bevor er als äußerstes Mittel (ultima ratio) die Öffentlichkeit anrufe. Denn er habe, gleich welchen Weg er gehe, den größtmöglichen Schutz des zu erörternden Geheimnisses anzustreben, insbesondere dafür Sorge zu tragen, dass der Kreis der Einzuweihenden auf möglichst wenige und zuverlässige Personen beschränkt werde (BGHSt **20** 342, 364). Schon nach damaliger Rechtslage war mithin allenfalls in außergewöhnlichen Fällen vorstellbar, dass es im Blick auf die Wechselwirkung zwischen den Grundrechten aus Art. 5 Abs. 1 und dem Geheimhaltungsinteresse zugunsten der Sicherheit der Bundesrepublik gerechtfertigt sein könnte, *sofort und unmittelbar* an die Öffentlichkeit zu treten. Ein Recht auf Bekanntgabe eines Staatsgeheimnisses „um jeden Preis" gab und gibt es danach nicht. Gefordert wurde vor allem, dass der Preisgebende den Willen hatte, durch seine Tat Abhilfe zu schaffen (subjektives Rechtfertigungselement). Diese Maßstäbe gelten im Grundsatz noch heute. Auch der Gesetzgeber ist bei seiner „Regelung des illegalen Staatsgeheimnisses" ersichtlich hiervon ausgegangen (§§ 93 Abs. 2, 97a, 97b). Das wird, jedenfalls in den Fällen der Preisgabe von Staatsgeheimnissen, die mit einem Rechtsverstoß „minderer Schwere" belastet sind, nicht unberücksichtigt bleiben dürfen.

7. Auch die **Wissenschaftsfreiheit** (Art. 5 Abs. 3 S. 2 GG) vermag regelmäßig die **34**
Preisgabe eines Staatsgeheimnisses nicht zu rechtfertigen. Dieses Grundrecht schützt nicht nur die wissenschaftliche Betätigung selbst, sondern zudem die Verbreitung, Publikation und Lehre wissenschaftlicher Erkenntnisse (*Maunz/Dürig/Scholz* Grundgesetz Art. 5 Abs. 3 Rdn. 83). Es unterliegt zwar über den Treuevorbehalt hinaus keiner weiteren ausdrücklichen Einschränkung. Auch die ohne Vorbehalt gewährten Freiheitsrechte des Grundgesetzes müssen aber stets im Rahmen gemeinschaftsgebundener Verantwortung gesehen werden (vgl. BVerfGE **47** 327, 369; ferner BVerfGE **30** 173, 193). Ihre Grenzen sind allerdings nur aus der Verfassung selbst herzuleiten und zu bestimmen.

Zu dem Kernbestand der Normen des Strafrechts, die verfassungsmäßige Werte konkretisieren und schützen und die deshalb der Wissenschaftsfreiheit Grenzen zu ziehen vermögen, zählen die Bestimmungen über den Landesverrat (*Maunz/Dürig/Scholz* Grundgesetz Art. 5 Abs. 3 Rdn. 188f). Hier gilt aber ebenso wie hinsichtlich der Pressefreiheit (Rdn. 33), dass das Interesse an der Selbsterhaltung des Gemeinwesens und am Schutz der freiheitlichen demokratischen Grundordnung die Wissenschaftsfreiheit nicht schon von vornherein zurückzudrängen vermag. Bei der Abwägung im Einzelfall ist vielmehr den Wertprinzipien der Verfassung, insbesondere der Bedeutung der miteinander kollidierenden Verfassungspositionen und dem rechtsstaatlichen Grundsatz der Verhältnismäßigkeit unter Wahrung der Einheit des Grundgesetzes Rechnung zu tragen (BVerfGE 47 327, 379f). Der wissenschaftliche Freiraum ist nach der Wertung des Grundgesetzes nicht für eine von Staat und Gesellschaft isolierte, sondern für eine letztlich am Wohle des Einzelnen und der Gemeinschaft dienende Wissenschaft verfassungsrechtlich garantiert (vgl. BVerfGE 47 327, 370). Unter Verhältnismäßigkeitsaspekten ist zu berücksichtigen, dass hier vornehmlich der so genannte Wirkbereich der Wissenschaftsfreiheit beschränkt wird, der Werkbereich, also insbesondere die forschende Betätigung, aber nur selten berührt wird (vgl. *Scholz* aaO Rdn. 65). Art. 5 Abs. 3 GG gibt dem Wissenschaftler überdies keinen Anspruch auf Zugang zu Staatsgeheimnissen, um diese als Grundlage eigener Forschung nutzen zu können. Der danach grundsätzlich versperrte Zugriff hindert ihn nicht an selbständiger Durchforschung des betreffenden Sachgebietes (vgl. *Bellstedt* DÖV **1961** 811, 817; kritisch zum Verhältnis von Wissenschaftsfreiheit und Staatsgeheimnis: *Ridder/Stein* DÖV **1962** 361; *Woesner* NJW **1966** 1729, 1731f).

§ 94
Landesverrat

(1) Wer ein Staatsgeheimnis
1. einer fremden Macht oder einem ihrer Mittelsmänner mitteilt oder
2. sonst an einen Unbefugten gelangen läßt oder öffentlich bekannt macht, um die Bundesrepublik Deutschland zu benachteiligen oder eine fremde Macht zu begünstigen,
und dadurch die Gefahr eines schweren Nachteils für die äußere Sicherheit der Bundesrepublik Deutschland herbeiführt, wird mit Freiheitsstrafe nicht unter einem Jahr bestraft.

(2) In besonders schweren Fällen ist die Strafe lebenslange Freiheitsstrafe oder Freiheitsstrafe nicht unter fünf Jahren. Ein besonders schwerer Fall liegt in der Regel vor, wenn der Täter
1. eine verantwortliche Stellung mißbraucht, die ihn zur Wahrung von Staatsgeheimnissen besonders verpflichtet, oder
2. durch die Tat die Gefahr eines besonders schweren Nachteils für die äußere Sicherheit der Bundesrepublik Deutschland herbeiführt.

Schrifttum

Insoweit wird Bezug genommen auf die Vorbemerkung zu § 93.

Entstehungsgeschichte

Der Tatbestand hat seine jetzige Fassung durch das 8. StRÄndG[1] erhalten und eine redaktionelle Änderung durch Art. 19 Nr. 15 EGStGB[2] erfahren. Siehe zum Zustandekommen des 8. StRÄndG auch SPD-Entwurf (dort § 99) BTDrucks. V/102, Begründung S. 8; Regierungsentwurf des 8. StRÄndG (dort § 99) BTDrucks. V/898, Begründung

---

[1] Vom 25.6.1968 BGBl. I, 741, 745.
[2] Vom 2.3.1974 BGBl. I, 469, 479.

S. 31; Sonderausschussbericht BTDrucks. V/2860, S. 17; ferner Prot. V/1438 ff, 1507, 1972, 1998 ff; dazu auch A E § A 17; E 1962 § 383 BTDrucks. IV/650 und die zusammenfassende Darstellung Vor § 93 Rdn. 2 f.

Übersicht

I. Gegenstand des Landesverrats sind nur *echte* Staatsgeheimnisse (§ 93 Abs. 1). Der Verrat gefälschter oder verfälschter Geheimnisse ist ebenso wenig tatbestandsmäßig (beachte aber § 100 a) wie der Verrat illegaler Geheimnisse im Sinne des § 93 Abs. 2. Dieser wird jedoch unter den Voraussetzungen des § 97a wie Landesverrat bestraft. 1

Die **Stellung des Tatbestands** im Abschnitt über den Landesverrat macht deutlich, dass es sich hier um die zentrale Strafvorschrift handelt, die den „gemeinen Landesverräter" erfassen will, den unmittelbaren Angriff auf die Geheimsphäre des Staates. Dementsprechend ist die Vorschrift ausgestaltet. Verratsgegenstand ist das Staatsgeheimnis; daneben weist der Tatbestand objektive und subjektive Voraussetzungen aus, welche ihn von den Strafvorschriften des Offenbarens von Staatsgeheimnissen (§ 95) und der Preisgabe von Staatsgeheimnissen (§ 97) abheben, die wesentlich geringere Strafen androhen. Diese Differenzierung war ein wesentliches Anliegen der Reformbestrebungen. Mit ihr wurde die Voraussetzung geschaffen, dem Täter aus dem publizistischen Bereich, der im Rahmen seiner auf Unterrichtung der Öffentlichkeit gerichteten beruflichen Tätigkeit Informationen mit Staatsgeheimnischarakter preisgibt oder offenbart, den Makel des Verräters zu nehmen (vgl. Sonderausschussbericht BTDrucks. V/2860 S. 17). Der Blick auf den eröffneten Strafrahmen zeigt, dass der Gesetzgeber den Landesverrat neben den friedensgefährdenden Beziehungen (§ 100) in diesem Abschnitt als das Delikt mit dem größten Unrechtsgehalt wertet.

Die Vorschrift ist **verfassungsgemäß** (zu verfassungsrechtlichen Bedenken vgl. *Paeffgen* NK Rdn. 3). § 94 verstößt weder gegen das Bestimmtheitsgebot des Art. 103 Abs. 2

GG noch gegen die Grundrechte aus Art. 2 und 5 GG. Dies gilt auch, soweit aufgrund des strafrechtlichen Schutzprinzips (§ 5 Nr. 4) oder der Vorschriften über den Tatort (§ 9) die Strafbarkeit auf im Ausland bewirkte Tathandlungen erstreckt wird; allgemeine Regeln des Völkerrechts werden dadurch nicht verletzt.[3] Verfassungsrechtliche Besonderheiten gelten jedoch zugunsten früherer DDR-Bürger. Näheres ist Vor § 93 Rdn. 6, 15ff ausgeführt.

II. Die Tat

2 1. Im Falle des **Absatzes 1 Nr. 1** besteht die Tathandlung in der **Mitteilung** eines zur Zeit der Tat bestehenden Staatsgeheimnisses[4] **an eine fremde Macht** oder **an einen ihrer Mittelsmänner**. Zum Begriff des Staatsgeheimnisses s. § 93 Rdn. 1ff.

Ein Staatsgeheimnis wird einer *fremden Macht* (s. dazu § 93 Rdn. 10f) mitgeteilt, wenn es unmittelbar an die Personen oder Organe gelangt, die nach den vorgegebenen Organisationsstrukturen die fremde Macht *repräsentieren*.[5] *Mittelsmänner* einer fremden Macht sind Personen, von denen aufgrund ihrer Aufgabe, ihrer Tätigkeit oder ihrer Stellung im oder zum Gesamtgefüge des fremden Machtapparats zu erwarten ist, dass sie das ihnen mitgeteilte Staatsgeheimnis – ggf. über weitere Mittelsmänner – der „letztzuständigen" Stelle der fremden Macht, ihren *Repräsentanten*, zuleiten,[6] die kraft ihrer Kompetenz im Rahmen ihrer Leitungsfunktion veranlassen oder entscheidend darauf hinwirken können, dass das ihnen vorgelegte Verratsmaterial in konkrete, die äußere Sicherheit der Bundesrepublik gefährdende politische oder militärische Maßnahmen umgesetzt wird. Anders als die *Mittelsmänner*, deren Rolle sich gerade in der Weiterleitung (Mitteilung) der erlangten geheimen Erkenntnisse an die fremden Macht- und Entscheidungszentren erfüllt und damit die Strafbarkeit nach § 94 Abs. 1 Nr. 1 auslöst, sind diejenigen, die die fremde Macht auf höchster Ebene repräsentieren und an der entsprechenden Leitungs- und Exekutivkompetenz teilhaben, als letzte Adressaten der Mitteilung anzusehen. Beschränken diese sich auf die Entgegennahme des Verratsmaterials, greift § 94 Abs. 1 Nr. 1 nicht, auch nicht nach den Regeln mittäterschaftlicher Zurechnung der Tatbeiträge ihrer *Mittelsmänner*. Sie können sich jedoch der Teilnahme am Landesverrat ihrer Zuträger schuldig machen, wenn ihr Verhalten über die Verwertung der geheimen Erkenntnisse im eigenen Machtzentrum und Entscheidungsbereich hinausgeht, etwa wenn sie das Erlangte, das seine Qualität als Staatsgeheimnis noch nicht verloren hat, anderen fremden Staaten zugänglich machen und damit eine zusätzliche Gefährdung im Sinne des § 94 bewirken.[7]

---

3 S. BVerfGE **92** 277, 317 f; **45** 363, 370 f; **25** 88, 98; **25** 69, 78; **20** 162, 177.

4 S. BGH bei *Wagner* DRiZ **1962** 351; dazu BayObLGSt. **1993** 40 = MDR **1994** 821 sowie § 93 Rdn. 15.

5 BGHSt **39** 274 f; *Tröndle/Fischer* Rdn. 5; *Lackner/Kühl* Rdn. 2; *Sch/Schröder/Stree/Sternberg-Lieben* Rdn. 5; *Lampe/Hegmann* MK Rdn. 6; *Preisendanz* Rdn. 2; **aA** *Paeffgen* NK Rdn. 6.

6 S. Fn. 5; dazu *Rudolphi* SK Rdn. 5; *Sonnen* AK Rdn. 14; *Lampe/Hegmann* MK Rdn. 7.

7 Vgl. BGHSt **39** 273 ff (= NStZ **1993** 587 m. Anm. *Träger* NStZ **1994** 282); *Rudolphi* SK Rdn. 5a bis 5c; *Tröndle/Fischer* Rdn. 3; *Lackner/Kühl* Rdn. 2; *Sch/Schröder/Stree/Sternberg-Lieben* Rdn. 20; *Lampe/Hegmann* MK Rdn. 6; anders noch BayObLGSt **1991** 127; **1992** 24, das den Kreis der Repräsentanten unvertretbar weit ausgedehnt hatte; dazu *Loos/Radke* StV **1994** 565 ff; *Ignor/ Müller* StV **1991** 573 ff.

Zu diesen *Repräsentanten* zählen die Angehörigen fremder Nachrichtendienste – gleich welchen Ranges – grundsätzlich nicht. Wie andere Personen, die im Bereich der Nachrichtenbeschaffung für die fremde Macht tätig sind, gehören sie in der Regel zum Kreis der Mittelsmänner im Sinne des § 94 Abs. 1 Nr. 1 und können als Täter oder Teilnehmer in Betracht kommen, wenn sie als Staatsgeheimnis zu bewertendes Verratsmaterial weiter „mitteilen", sei es innerhalb ihrer Organisation, sei es durch Kundgabe an eine andere fremde Macht. Fällt allerdings die Verwertung und Umsetzung des Verratsmaterials wegen seines spezifisch nachrichtendienstlichen Inhalts in die *ausschließliche* Zuständigkeit der *Leitung des Geheimdienstes*, wird § 94 Abs. 1 Nr. 1 auch auf diese nicht anwendbar sein, wenn sie sich auf die Entgegennahme des Staatsgeheimnisses beschränkt und nicht selbst bei der Beschaffung der geheimen Erkenntnisse mitwirkt oder durch Weitergabe an Dienststellen anderer Staaten den Tatbestand erfüllt. Fallgestaltungen solcher Art werden im Blick auf das Gewicht und die Bedeutung des Verratsmaterials für die fremde Macht (§ 93) allerdings die Ausnahme sein.[8]

Personen, die als *Mittelsmänner* einer fremden Macht fungieren, werden entsprechend ihrem nachrichtendienstlichen Auftrag in den verschiedensten Positionen zu finden sein, häufig in staatlichen oder halbstaatlichen Einrichtungen mit Auslandsbezug, etwa als Botschafts- und Gesandtschaftsangehörige, als Konsularpersonal, aber auch als Bedienstete internationaler Organisation oder als Mitglieder von Delegationen vielfältigster Art.

Die Mitteilung muss vom Täter *an die fremde Macht oder einen ihrer Mittelsmänner* **3**
gerichtet sein. Das Merkmal Mitteilen und der Vergleich mit den Begehungsformen des Abs. 1 Nr. 2 (s. auch §§ 95, 97) machen deutlich, dass hier die Fälle erfasst werden sollen, in denen der Täter sich selbst an die Adressaten wendet und ihnen – in diesem Sinne „unmittelbar" – das Verratsmaterial übergibt oder zuleitet. Deren Einverständnis wird nicht vorausgesetzt (s. Sonderausschussbericht BTDrucks. V/2860 S. 17). „*Mitteilen*" umfasst jede Handlung, die der fremden Macht oder ihrem Mittelsmann den Besitz des Staatsgeheimnisses verschafft oder die Kenntnis seines Inhalts vermittelt. Der Täter kann sich hierzu gutgläubiger oder bösgläubiger Boten bedienen; er kann nachrichtentechnische und geheimdienstliche Praktiken oder sonstige Wege zur Übermittlung nutzen. So wird als Mitteilen auch zu werten sein, wenn der Täter geheimes Material bereitlegt, um dem Boten oder dem Mittelsmann selbst den Zugriff oder die Kenntnisnahme zu ermöglichen (*Rudolphi* SK Rdn. 3). Teilt der Täter das Staatsgeheimnis hingegen einem Dritten (Unbefugten) mit, der weder als Bote in Betracht kommt noch Mittelsmann der fremden Macht ist, ist § 94 Abs. 1 Nr. 1 auf ihn nicht anwendbar (s. aber § 94 Abs. 1 Nr. 2, §§ 95, 97, 353b).[9]

Wird das Staatsgeheimnis durch Übergabe einer Sache (verkörpertes Staatsgeheimnis) mitgeteilt, so ist es ausreichend, wenn der Repräsentant der fremden Macht oder deren Mittelsmann Gewahrsam daran erlangt; eine „inhaltliche" Kenntnisnahme ist nicht erforderlich (vgl. BGH und BayObLG bei *Wagner* GA **1961** 140f Nrn. 1, 2, 7; BGH NJW **1965** 1187, 1190). Mit der Übergabe an einen Mittelsmann der fremden Macht ist die Tat formell vollendet, weil damit regelmäßig schon eine konkrete Sicherheitsgefährdung für die Bundesrepublik Deutschland eintritt.[10] Beendet ist die Tat jedoch erst mit der Weitergabe des Staatsgeheimnisses an die fremde Macht selbst, an die zuständigen Repräsen-

---

8 BGHSt **39** 280; dazu Fn. 7.

9 Vgl. *Maurach/Schroeder/Maiwald* 2 § 85 Rdn. 36 f; *Sonnen* AK Rdn. 13; *Sch/Schröder/Stree/Sternberg-Lieben* Rdn. 7; *Tröndle/Fischer* Rdn. 3; *Lampe/Hegmann* MK Rdn. 6.

10 S. dazu BGHSt **39** 278 sowie Rdn. 8 und 12; *Lackner/Kühl* Rdn. 2; *Tröndle/Fischer* Rdn. 4; *Sch/Schröder/Stree/Sternberg-Lieben* Rdn. 5, *Lampe/Hegmann* MK Rdn. 10.

tanten, deren Entscheidungen die Sicherheitsgefährdung weiter konkretisiert (BGHSt **39** 278 f).

Wird ein geheimer Vorgang, etwa aus Sicherheitsgründen, in getrennten Teilen so aufbewahrt, dass diese erst in einer einander ergänzenden Zusammenfassung den als Staatsgeheimnis zu wertenden Erkenntnisgehalt ergeben, so erfüllt der Täter, der allein einen Teil der fremden Macht übermittelt, den Tatbestand des Landesverrats nur, wenn diese bereits im Besitz des anderen Teils des Staatsgeheimnisses ist. Trifft dies nicht zu, kann seine Tat als landesverräterische Agententätigkeit im Sinne des § 98 Abs. 1 Nr. 1 zu bewerten sein, weil er die fremde Macht dem Besitz des Staatsgeheimnisses näher bringt (BGHSt **25** 145, 149). Angesichts der heute nicht zu übersehenden Bemühungen einzelner Staaten, sich die technischen Voraussetzungen zur – auch militärischen – Nutzung der Atomkraft zu verschaffen, können sich in solchem Zusammenhang auch Fragen hinsichtlich der Anwendung des Art. 194 Abs. 1 Euratom-Vertrag ergeben; dies insbesondere dann, wenn interessierte Staaten von verschiedener Seite technische Details erlangen, die für sich nicht als Staatsgeheimnis im Sinne des § 93 anzusehen sind, jedoch zusammengefügt ein Instrumentarium ergeben, auf dessen Geheimhaltung der Euratom-Vertrag und auch die Sicherheitsvorschriften der Vertragspartner abzielen (s. hierzu Vor § 93 Rdn. 9 und § 93 Rdn. 18).

4 2. Im Falle des **Absatzes 1 Nr. 2** lässt der Täter das Staatsgeheimnis an einen sonst **Unbefugten gelangen** oder macht es **öffentlich bekannt**, um die Bundesrepublik Deutschland zu benachteiligen oder eine fremde Macht zu begünstigen.

a) Abweichend von der Tathandlung nach Nr. 1 genügt es, wenn der Empfänger ein beliebiger Unbefugter ist. **Unbefugt** ist jeder, dem gegenüber der Täter nicht zur Offenbarung berechtigt oder verpflichtet ist (vgl. hier § 93 Rdn. 26 ff; *Maurach/Schroeder/Maiwald* 2 § 85 Rdn. 37; *Willms* JZ **1960** 159). Eine Befugnis des Dritten zur Kenntnisnahme kann sich aus einer ausdrücklichen Regelung für die Weitergabe der Tatsachen, Gegenstände oder Erkenntnisse ergeben, die das Staatsgeheimnis ausmachen (z. B. völkerrechtliche Vereinbarungen, gesetzliche Auskunftspflichten, Dienstanweisungen). Der Rang einer solchen „Befugnisregelung" kann unterschiedlich sein. Mangels anderweitiger, höherrangiger Vorschriften ist Berechtigter möglicherweise auch jemand, der im Rahmen seiner internen sachlichen Kompetenz (seines Tätigkeitsbereichs) aus Sachgründen von einem seinerseits aufgrund interner allgemeiner Anweisung, aber eventuell auch nur aufgrund entsprechender fester Übung zur (begrenzten) Weitergabe Befugten eingeweiht wird (z. B. im privaten Bereich). Eine Berechtigung kann unter Umständen aus der Natur der Sache folgen, etwa wenn der Assistent des Forschers oder dessen Sekretärin mit den Dingen befasst werden muss (kritisch dazu *Paeffgen* NK Rdn. 15). Möglich ist ferner, dass es zwar an einer ausdrücklichen Weitergabebefugnis mangelt, aber aus den Grundsätzen eines größeren Regelungswerkes – beispielsweise eines Bündnisvertrags – die Befugnis zur Weitergabe zwingend herzuleiten ist. Die Beispiele zeigen, dass die Berechtigung von der Eigenart des Bereiches abhängt, in dem das Staatsgeheimnis angesiedelt ist. Wo allerdings die Weitergabebefugnis von den dazu Berufenen ausdrücklich geregelt und bestimmten Anforderungen unterworfen ist, sind die entsprechenden Vorschriften (z. B. Verschlusssachenanweisung) strikt zu beachten und zur Abgrenzung heranzuziehen. Dabei ist zu berücksichtigen, dass die *allgemein* erteilte Ermächtigung, mit VS-Sachen eines bestimmten Geheimhaltungsgrades umzugehen, nicht ohne weiteres die Befugnis zur Befassung mit einem konkreten Staatsgeheimnis im Einzelfall beinhaltet.

Ein *allgemeines* Recht auf Kenntnis von Staatsgeheimnissen gibt es weder für Parlamentsabgeordnete[11] noch für Mitglieder politischer Parteien oder für die Presse (siehe dazu im Einzelnen bei § 93 Rdn. 28, 33).

Das **Gelangenlassen** umfasst jede Handlung oder Unterlassung, durch die der Täter – wenn es sich um körperliche Gegenstände wie schriftliche Mitteilungen, Zeichnungen, Bilder etc. handelt – dem Unbefugten die Möglichkeit verschafft, von dem Staatsgeheimnis Kenntnis zu nehmen. In solchen Fällen wird nicht vorausgesetzt, dass der Unbefugte tatsächlich den Inhalt erfasst, also Bild oder Zeichnung sieht oder die Mitteilung liest.[12] Die körperliche Inbesitznahme des Gegenstandes genügt, ebenso die bloße Übernahme des Inhalts auf einen anderen „Nachrichtenträger“ (z. B. Ablichten oder Fotografieren durch einen Agenten im Beisein des Täters; vgl. auch *Lange* JZ **1965** 297 Fn. 2). Bei nichtverkörperten Tatsachen und Erkenntnissen ist es dagegen zur Vollendung der Tat erforderlich, dass der Unbefugte sie geistig erfasst oder sonst inhaltlich aufnimmt (bloßes Auswendiglernen reicht aus); dies ergibt sich aus dem Begriff des „Gelangenlassens an“ (siehe BGH NJW **1965** 1187, 1190). 5

b) Das **öffentliche Bekanntmachen** eines Staatsgeheimnisses ist lediglich ein modifiziertes Gelangenlassen an Unbefugte. Darunter ist nicht nur eine Veröffentlichung in der Presse zu verstehen, sondern jede Handlung, die einer unbestimmten Vielzahl von Personen die Kenntnisnahme ermöglicht. Es kommt nur auf die Wahrnehmbarkeit, also auf die Möglichkeit des Wahrnehmens an, nicht aber darauf, dass dies auch tatsächlich geschieht. Die Veröffentlichung kann erfolgen durch Zeitungen, sonstige Schriften, Bilder, Zeichnungen, optische und akustische Vorführungen, durch körperliche Zurschaustellung des Gegenstandes u. a. Die gezielte Bekanntgabe an eine einzelne Person ist auch dann nicht öffentlich, wenn der Täter will oder damit rechnet und auch rechnen muss, dass diese das Staatsgeheimnis ihrerseits an weitere Unbefugte übermitteln wird. Das Geheimnis muss in seinem Sinngehalt der Öffentlichkeit unterbreitet werden. Die für den Unkundigen nicht erkennbare Übermittlung eines Staatsgeheimnisses durch eine Veröffentlichung mit zuvor festgelegtem Inhalt (verschlüsselte Anzeige) ist kein öffentliches Bekanntmachen, kann indessen als Tathandlung unter Absatz 1 Nr. 1 fallen (vgl. RegE des 8. StRÄndG BTDrucks. V/898 Begründung S. 31). Das Bekanntmachen vor einem größeren, allerdings, zahlenmäßig begrenzten Personenkreis ist öffentlich, wenn dieser Kreis nicht durch besondere persönliche oder sonst eine gewisse Vertrautheit begründende wechselseitige Beziehungen zusammengehalten wird. Gleiches gilt für von Dritten wahrnehmbare Äußerungen in Bahn, Bus oder Flugzeug (vgl. *H. Arndt* ZStW **66** [1954] 41, 62). In der Praxis werden solche Fälle im Rahmen des § 94 allerdings kaum Bedeutung gewinnen, weil regelmäßig die fernerhin erforderliche Benachteiligungs- oder Begünstigungsabsicht fehlen wird (siehe aber §§ 95, 97). Erfolgt die Äußerung gezielt, um einem Dritten das Mithören zu ermöglichen, wird ohnedies die Alternative des Gelangenlassens an einen Unbefugten oder die Begehungsform des Absatzes 1 Nr. 1 vorliegen. 6

---

11 Zu weitgehend Sonderausschussbericht BTDrucks. V/2860 S. 17; zweifelnd *Maurach/Schroeder/Maiwald* 2 § 85 Rdn. 37; wie hier *Paeffgen* NK Rdn. 15; *Sch/Schröder/Stree/Sternberg-Lieben* Rdn. 10; *Lampe/Hegmann* MK Rdn. 9; *Rudolphi* SK Rdn. 11; s. dazu auch § 93 Rdn. 25, 33.

12 BGH LM (1957) Nr. 2 zu § 99 (a.F.); BGH NJW **1965** 1187, 1190; BayObLGSt **1954** 88; *H. Arndt* ZStW **66** (1954) 41, 60f, *Lampe/Hegmann* MK Rdn. 10.

7 c) Beide Tatbestandsalternativen der Nr. 2 setzen weiterhin voraus, dass der Täter in der **Absicht** handelt, entweder **die Bundesrepublik Deutschland zu benachteiligen** oder **eine fremde Macht zu begünstigen.** Aus dem Gesetzestext „um ... zu“ folgt, dass es dem Täter auf diesen Erfolg ankommen muss; Haupt- oder gar Endziel braucht das hingegen nicht zu sein (vgl. BGHSt **18** 246; *Lackner/Kühl* Rdn. 6). Das Tatbestandsmerkmal ist daher auch erfüllt, wenn sich der Täter *daneben* von anderen Erwägungen leiten lässt, etwa in Bereicherungsabsicht handelt. Selbst wenn das zweckgerichtete Wollen in erster Linie die Belohnung des Verrats im Auge hat, wird der Täter in der Regel als unvermeidliches Zwischenziel die Benachteiligung oder Begünstigung im Sinne des § 94 Abs. 1 Nr. 2 mitanstreben.

Der Streit, ob die Benachteiligungs- oder Begünstigungsabsicht wegen des Schutzzwecks der Vorschrift gerade auf *Sicherheitsbelange* zielen muss, *irgendwelche* anderen Vor- oder Nachteile also nicht genügen,[13] ist praktisch kaum bedeutsam. Da ein Staatsgeheimnis Verratsgegenstand sein muss, das per definitionem auf die *äußere Sicherheit* der Bundesrepublik bezogen ist (siehe § 93 Abs. 1), und des weiteren durch den Verrat eine konkrete Gefahr gerade für diese eintreten muss, liegt es nahe, dass auch die Benachteiligungs- oder Begünstigungsabsicht des Täters (im Sinne des Absatzes 1 Nr. 2) in aller Regel in die gleiche Richtung gehen wird. Aus dem Wortlaut der Vorschrift ergibt sich allerdings keine solche Einengung. Sie lässt sich auch nicht aus dem Schutzzweck des Straftatbestandes (vgl. *Sch/Schröder/Stree/Sternberg-Lieben* Rdn. 12; *Rudolphi* SK Rdn. 14; *Lampe/Hegmann* MK Rdn. 13) herleiten; schon jenseits der nach Absatz 1 Nr. 2 erforderlichen Absicht gewährleisten der Staatsgeheimnisbegriff und die Voraussetzung einer konkreten Nachteilsgefahr für die äußere Sicherheit, dass der Anwendungsbereich der Norm nicht weiterreicht als für den Schutz des Rechtsguts geboten. Der mit „weniger spezifizierter“ Schädigungsabsicht Handelnde ist nicht minder strafwürdig, wenn er, die konkrete Gefährdung wichtiger Sicherheitsbelange der Bundesrepublik in Kauf nehmend, geheime Sachverhalte verrät und dadurch diese Gefahr aktualisiert.

8 3. Die Tathandlung nach Absatz 1 Nr. 1 oder Nr. 2 muss die **Gefahr eines schweren Nachteils** für die **äußere Sicherheit** der Bundesrepublik Deutschland herbeiführen. Das Weitergeben eines Staatsgeheimnisses an einen Unbefugten begründet also noch nicht den strafwürdigen Verrat. Es muss vielmehr eine durch den Geheimnisbruch bewirkte Konkretisierung der in § 93 Abs. 1 vorausgesetzten abstrakten Gefahr eines schweren Nachteils für die äußere Sicherheit hinzutreten.[14] Eine solche **konkrete Gefahr** besteht, wenn der Eintritt eines Schadens nahe liegt; nicht ausreichend ist dessen nur gedankliche Möglichkeit. Es bedarf vielmehr einer auf festgestellten Tatsachen begründeten Wahrscheinlichkeit eines Schadenseintritts. Auf den genauen Grad der Wahrscheinlichkeit kommt es nicht an (kritisch dazu *Paeffgen* NK Rdn. 10). Die Abgrenzung zwischen nur abstrakter Möglichkeit und einer solchen Wahrscheinlichkeit, mit der aus gegebener Sachlage nach menschlicher Erfahrung und den Gesetzen der Verursachungslehre ein schädigender Erfolg zu erwarten ist, ist im Einzelfall aufgrund tatrichterlicher Würdigung vorzunehmen.[15] Gelangt das Staatsgeheimnis an eine fremde Macht oder deren

---

[13] So *Paeffgen* NK Rdn. 18; *Sch/Schröder/Stree/Sternberg-Lieben* Rdn. 12; *Rudolphi* SK Rdn. 14; *Sonnen* AK Rdn. 21; *Lampe/Hegmann* MK Rdn. 13; **aA** *Tröndle/Fischer* Rdn. 6; *Lackner/Kühl* Rdn. 6.

[14] *Tröndle/Fischer* Rdn. 6; *Sch/Schröder/Stree/Sternberg-Lieben* Rdn. 13; *Lampe/Hegmann* MK Rdn. 14; *Maurach/Schroeder/Maiwald* 2 § 85 Rdn. 38; *Jescheck* JZ **1967** 6, 9; *Schneidewin* JR **1954** 241, 244.

[15] Vgl. die zusammenfassende Darstellung zum Gefahrenbegriff bei *Lange* JZ **1965** 297

Mittelsmann (s. Rdn. 2f; BGHSt **39** 273ff), liegt der Gefahreneintritt in aller Regel auf der Hand; auch mit der Veröffentlichung wird im Allgemeinen die konkrete Gefährdung gegeben sein. Beim Gelangenlassen an einen Unbefugten ist der Gefahreneintritt regelmäßig schon dann zu bejahen, wenn der Empfänger des Staatsgeheimnisses nicht die *volle* Gewähr dafür bietet, dass er von dem Geheimnis keinen die äußere Sicherheit beeinträchtigenden Gebrauch machen werde (vgl. BayObLG bei *Wagner* GA **1961** 141 Nr. 6). Eine solche Gewähr, die die konkrete Gefahr ausschließt, kann bei besonderer beruflicher Verschwiegenheitspflicht und persönlicher Zuverlässigkeit des Unbefugten in Betracht kommen (siehe zur Unterrichtung eines um Rechtsrat angegangenen Rechtsanwalts BGHSt **20** 342, 349; zum Herantreten an einen Bundestagsabgeordneten BGHSt aaO 364). Übt der Adressat der Unterrichtung allerdings einen Beruf aus, der es mit sich bringt, „erhaltene Mitteilungen früher oder später im Wege der Veröffentlichung zu verwerten", so wird sich eine konkrete Gefahr nur unter besonderen Voraussetzungen verneinen lassen (BGHSt aaO). Bei der Übergabe von so genanntem Spielmaterial im Rahmen nachrichtendienstlicher Operativmaßnahmen wird eine konkrete Gefahr zumeist nicht entstehen, weil regelmäßig schon vor der Übergabe die erforderlichen Abwehrmaßnahmen getroffen worden sind. An einer solchen Gefahr fehlt es in der Regel auch dann, wenn der Unbefugte oder ein „agent provocateur" entsprechend vorgefasstem Entschluss die vom Täter ausgehändigten Unterlagen, welche ein Staatsgeheimnis enthalten, an die zuständige Behörde der Bundesrepublik weitergibt, sie also gleichsam zurückreicht.[16] In diesem Fall kommt eine Bestrafung wegen untauglichen Versuchs in Betracht (*Maurach/Schroeder/Maiwald* 2 § 85 Rdn. 38).

Mangeln wird es an einer konkreten Nachteilsgefahr schließlich dann, wenn das Staatsgeheimnis an eine verbündete Macht weitergegeben wird, von der Geheimhaltung verlässlich erwartet werden darf (vgl. Sonderausschussbericht BTDrucks. V/2860 S. 17). Im Einzelfall können auch hier die näheren Umstände, etwa im Persönlichkeitsbereich des Adressaten, eine andere Beurteilung fordern (vgl. aber auch § 93 Rdn. 27ff).

Die Gefahr muss **ursächlich** durch die Tathandlung bewirkt worden sein („dadurch"). **9**
Steht fest,[17] dass das Staatsgeheimnis der fremden Macht bereits vorher sicher bekannt war, aus ihrer Sicht also nicht mehr der Bestätigung oder Ergänzung bedurfte, so ist die Nachteilsgefahr nicht durch den gegenständlichen Verrat eingetreten (siehe dazu auch bei § 93 Rdn. 6). In der Praxis wird ein solcher Fall kaum vorkommen; eine sichere und zuverlässige „Vorkenntnis" der fremden Macht müsste in ihrem sachlichen Gehalt schon einer „Einweihung" durch offizielle Stellen der Bundesrepublik gleichkommen. Ansonsten wird eine Nachricht – jedenfalls solange sie noch geheimhaltungsfähig im Sinne des § 93 Abs. 1 ist (siehe dazu § 93 Rdn. 3ff) – aus der Sicht der fremden Macht nahezu immer als bestätigungsbedürftig beurteilt werden (**aA** *Paeffgen* NK Rdn. 12). Der Einwand, das verratene Geheimnis sei dem Mitteilungsempfänger bereits sicher bekannt gewesen, wird daher nur bei besonderen, sehr seltenen Fallgestaltungen durchgreifen (vgl. zur subjektiven Seite § 93 Rdn. 19).

Zum Begriff des **schweren Nachteils** für die **äußere Sicherheit** der Bundesrepublik kann auf die Ausführungen zu § 93 (siehe dort Rdn. 13 bis 18) verwiesen werden. Bei der hier vorzunehmenden konkreten Prüfung ist allerdings eine **Saldierung** geboten, wenn der Verrat auch zu Vorteilen für die äußere Sicherheit der Bundesrepublik geführt

---

m. w. N.; dazu BGHSt **18** 271 ff; **20** 342, 348; BGH MDR **1963** 426; BayObLG NJW **1957** 1327 f; *Paeffgen* NK Rdn. 10 f.

[16] Vgl. BGH bei *Wagner* GA **1961** 141 Nr. 4 = LM (1957) Nr. 5 zu § 99 a.F. m. Anm. *Jagusch*; *H. Arndt* ZStW **66** (1954) 41, 64.

[17] Vgl. hierzu *Baumann* JZ **1966** 329, 334.

hat. Eine solche **Gesamtbetrachtung** könnte etwa dazu führen, dass die konkrete Gefahr eines *schweren* Nachteils zu verneinen ist, wenn die Tat die Sicherheitslage gegenüber einer bestimmten fremden Macht zu verschlechtern droht, sie im Verhältnis zu einer dritten Macht aber ins Gewicht fallend verbessert. Positive Folgen, die *nicht* die Belange der äußeren Sicherheit berühren, sind in die Gesamtbetrachtung nicht einzubeziehen. Sie können also nicht zu einer Kompensation führen, sondern allenfalls die Frage einer Rechtfertigung aufwerfen[18] oder bei der Schuldzuweisung und Strafbemessung Berücksichtigung finden.

10 **4.** Nach Art. 7 Abs. 1 Nr. 1, 2, 3 und 6 des 4. StRÄndG (Wortlaut s. Vor § 80 Rdn. 35) ist der strafrechtliche Schutz, den § 94 bewirkt, auf **militärische Geheimnisse der NATO-Vertragsstaaten** erweitert, die Stationierungstruppen in der Bundesrepublik haben.[19] Geschützt sind jedoch nur die Geheimnisse, die von einer im Bundesgebiet befindlichen Dienststelle dieser Vertragsstaaten aus Sicherheitsgründen *tatsächlich* geheim gehalten werden. An die Stelle der in § 94 Abs. 1 Nr. 2 geforderten Benachteilungsabsicht zu Lasten der Bundesrepublik tritt eine solche zu Lasten des betroffenen Vertragsstaates oder der Stationierungsstreitkräfte. Weiteres Tatbestandsmerkmal ist die Herbeiführung der Gefahr eines schweren Nachteils für die Sicherheit des Vertragsstaats oder seiner Stationierungstruppen. Die Strafverfolgung setzt die Erklärung einer Stelle des Vertragsstaates dahin voraus, dass die Wahrung des Geheimnisses zur Zeit der Tat erforderlich war. Wie der Landesverrat (§ 94) ist die Straftat nach Art. 7 Abs. 1 Nr. 1 4. StRÄndG ein *konkretes* Gefährdungsdelikt, das auch dort begangen ist, wo die Gefahr (Erfolg) eintritt. Die Strafvorschrift ist daher auch auf Verratstätigkeiten im Ausland anzuwenden (§§ 3, 9). § 5 Nr. 4 greift hier nicht.[20]

Zu den so genannten **Euratom-Geheimnissen** s. Rdn. 3 a. E. sowie Vor § 93 Rdn. 9; § 93 Rdn. 18 a. E., 24; BGHSt **17** 121 und *Pabsch* NJW **1959** 2002.

III. Rechtfertigung, innerer Tatbestand und Irrtumsfragen

11 Eine **Rechtfertigung** nach den allgemeinen Vorschriften wird in Betracht kommen, wenn der Täter in eine Zwangslage gerät und um Leib und Leben fürchten muss (vgl. § 93 Rdn. 32). Das öffentliche Informationsinteresse (Art. 5 Abs. 1 GG) wird dagegen als Rechtfertigungsgrund in der Regel ausscheiden (siehe dazu § 93 Rdn. 33). Das ergibt sich schon aus der Struktur des Tatbestands, der in Absatz 1 Nr. 1 den Verrat an eine fremde Macht und in Absatz 1 Nr. 2 die „illoyale Absicht" voraussetzt (vgl. *Sch/Schröder/Stree/Sternberg-Lieben* Rdn. 15).

Der **innere Tatbestand** erfordert mindestens **bedingten Vorsatz**. Unbeschadet der in Nr. 2 verlangten Benachteiligungs- oder Begünstigungsabsicht (s. Rdn. 7) ist der Eventualvorsatz auch hinsichtlich der konkreten Nachteilsgefahr genügend.[21] Es reicht also

---

[18] Vgl. Sonderausschussbericht BTDrucks. V/2860 S. 18; *Sch/Schröder/Stree/Sternberg-Lieben* Rdn. 14; *Maurach/Schroeder/Maiwald* 2 § 85 Rdn. 39; s. auch *Schroeder* S. 415; *Paeffgen* NK Rdn. 11.

[19] S. Vor § 93 Rdn. 7 ff und § 93 Rdn. 18, 24; dazu BGHSt **32** 104, 108 ff.

[20] S. Vor § 93 Rdn. 7 f, § 93 Rdn. 18, 24; dazu BGHSt **32** 109; **38** 75, 77 m. Anm. *Schroeder* JR **1992** 204; *Gribbohm* LK[11] § 9 Rdn. 20, 36 ff; *Paeffgen* NK Rdn. 13; *Tröndle/Fischer* § 94 Rdn. 1.

[21] BGHSt **20** 100; BGH MDR **1964** 68 f; *Lackner/Kühl* Rdn. 5; *Paeffgen* NK Rdn. 18; *Rudolphi* SK Rdn. 8, 14; *Sch/Schröder/Stree/Sternberg-Lieben* Rdn. 16; *Sonnen* AK

hin, wenn der Täter mit der Möglichkeit rechnet, dass durch sein Handeln die Nachteilsgefahr für die äußere Sicherheit eintritt, sei es auch nur durch eine bestätigende Wirkung im Blick auf bereits vorverratene Geheimnisse, und wenn er diese Gefahr billigend in Kauf nimmt. Bei nachrichtendienstlichen Agenten wird man hiervon in aller Regel ausgehen können; erfahrungsgemäß wollen sie ihren Auftraggebern Erkenntnisse vermitteln, die für diese noch von Wert sind (vgl. auch § 93 Rdn. 19).

Nicht erforderlich ist, dass der Täter die von ihm verratenen Tatsachen, Gegenstände oder Erkenntnisse rechtlich zutreffend als Staatsgeheimnis bewertet. Es genügt, wenn er die einer solchen Wertung zugrunde liegenden Umstände kennt (vgl. § 93 Rdn. 19). Eine rechtliche Fehlbewertung ist als Subsumtionsirrtum zu qualifizieren, der den Vorsatz nicht ausschließt, jedoch einen Verbotsirrtum (siehe § 17) begründen kann (vgl. *Tröndle/Fischer* § 16 Rdn. 11 m. w. N.; *Schroeder* LK[11] § 16 Rdn. 41 ff; kritisch *Paeffgen* NK Rdn. 20). Dies gilt auch für den Fall, dass der Täter glaubt, ein Staatsgeheimnis setze eine formelle Sekretur voraus. Kennt er hingegen die den Staatsgeheimnisbegriff ausfüllenden Tatbestandsmerkmale – wie z. B. die begrenzte Zugänglichkeit einer Tatsache oder diejenigen Umstände, die die Geheimhaltungsbedürftigkeit begründen – nicht, liegt ein Vorsatz ausschließender Tatbestandsirrtum (siehe § 16) vor.

Hält der Täter ein von ihm verratenes Staatsgeheimnis irrtümlich für ein illegales im Sinne des § 93 Abs. 2, so ist die **Irrtumsregelung des § 97b** zu beachten. Verrät er umgekehrt ein illegales Staatsgeheimnis (§ 93 Abs. 2), von dem er irrig meint, es sei legal, und liegen die übrigen Voraussetzungen des § 94 Abs. 1 *Nr. 1* vor, so handelt es sich nicht etwa um einen (untauglichen) Versuch des Landesverrats nach dieser Vorschrift; vielmehr gilt die für diesen Fall geschaffene besondere Regelung des § 97a (so auch *Paeffgen* NK Rdn. 21; *Sch/Schröder/Stree/Sternberg-Lieben* Rdn. 17; *Lampe/Hegmann* MK Rdn. 17). Anders allerdings im Falle des § 94 Abs. 1 *Nr. 2*: Hier ist ein (untauglicher) Versuch anzunehmen, wenn der Täter ein illegales Staatsgeheimnis (§ 93 Abs. 2) irrtümlich für legal hält; denn die besondere Regelung des § 97a deckt lediglich die Mitteilung eines Geheimnisses im Sinne des § 94 Abs. 1 Nr. 1 ab.

IV. Der Versuch; Abgrenzung zur Vollendung

Der Versuch ist strafbar (siehe §§ 23 Abs. 1, 12 Abs. 1). Er beginnt beim unmittel- **12**
baren Ansetzen zur Mitteilungshandlung, zu dem Gelangenlassen an den Unbefugten oder dem öffentlichen Bekanntmachen (§ 22; vgl. BGHSt **24** 72, 78 f). Das Ausspähen eines Staatsgeheimnisses (siehe § 96 Abs. 1) ist grundsätzlich noch kein versuchter Landesverrat: Es fehlt an dem unmittelbaren Ansetzen zum Verrat, wenn sich der Täter – etwa bei seiner Dienststelle – ein Dokument beschafft, das ein Staatsgeheimnis enthält, und es in seine Wohnung mitnimmt. Anders ist es, wenn dort bereits ein Treffpartner wartet, um das Beschaffte zu übernehmen. Das Fotografieren von Unterlagen, das Anfertigen eines schriftlichen Vermerks und das Bereitlegen des auf diese Weise hergestellten Materials zur Weiterleitung an den Führungsoffizier eines fremden Nachrichtendienstes beim nächsten Treffen gehen zwar über das Sichverschaffen im Sinne des § 96 hinaus, erreichen jedoch noch nicht das Versuchsstadium des Landesverrats (BGHSt **24** 72, 78 f). Für die Annahme eines Versuchs ist es hingegen ausreichend, wenn sich der Beschaffer

---

Rdn. 19 ff; *Tröndle/Fischer* Rdn. 7; *Lampe/Hegmann* MK Rdn. 16.

mit dem Dokument oder dem sonstigen Gegenstand auf den Weg zu einem nachrichtendienstlichen Treff begibt, bei dem die Übergabe stattfinden soll (**aA** *Paeffgen* NK Rdn. 23). Das Gleiche gilt, wenn der Täter den Gegenstand zum Zwecke des Verbringens an den Mittelsmann oder an einen Unbefugten in den Postversand gibt. Solange sich ein verkörpertes Staatsgeheimnis verschlossen in der Postbeförderung befindet, liegt indessen regelmäßig eine konkrete Nachteilsgefahr und mithin auch Tatvollendung noch nicht vor. Die mit postdienstlichen Verrichtungen beauftragten Personen haben von Rechts wegen grundsätzlich nicht die Möglichkeit, vom Inhalt einer Sendung Kenntnis zu nehmen (vgl. § 5 Abs. 1 Nr. 1 PostG). Räumt der Täter den Besitz an dem Gegenstand einem als Boten fungierenden Dritten ein, der als Unbefugter im Sinne des Absatzes 1 Nr. 2 anzusehen ist, so ist die Tat damit in der Regel vollendet (vgl. zum „Empfangsboten“ BayObLGSt. **1954** 88; siehe aber auch BGH bei *Wagner* GA **1961** 140 Nr. 3). Eine konkrete Nachteilsgefahr kann dagegen ausnahmsweise fehlen, wenn der Täter noch zuverlässig in der Lage ist, *seinen* (unbefugten) Boten zurückzurufen; hier kann jedoch Versuch gegeben sein.

Der Eintritt der konkreten Gefahr führt im Falle der Mitteilung des Staatsgeheimnisses an einen Mittelsmann (Abs. 1 Nr. 1) auch dann zur Vollendung, wenn damit der fremden Macht selbst – durch einen ihrer Repräsentanten – noch nicht zur Kenntnisnahme verholfen ist.[22] Auch bei der Mitteilung eines Staatsgeheimnisses an einen Unbefugten nach Absatz 1 Nr. 2 ist es für die Vollendung des Landesverrats, unbeschadet der Absicht des Täters, eine fremde Macht zu begünstigen, nicht erforderlich, dass die fremde Macht davon erfährt (vgl. *Lange* JZ **1965** 297).

Weitere Beispiele aus der früheren Rechtsprechung finden sich bei *Wagner* ZStW 80 [1968] 283, 307.

Zu Fragen, die sich beim **Rücktritt vom Versuch** stellen, s. Rdn. 19.

V. Zur Beteiligung

13 Für die **Beteiligung** am Landesverrat gelten die allgemeinen Regeln der §§ 25 bis 27.[23] Wie sonst bedarf es zur **Mittäterschaft** des einverständlichen Zusammenwirkens mit verteilten Rollen aufgrund gemeinsamen Tatentschlusses. Jeder der Mittäter muss die Tat als eigene wollen und durch eigene Leistung den angestrebten Erfolg herbeizuführen suchen. Indessen muss nicht jeder alle Ausführungshandlungen selbst vornehmen (vgl. *Wagner* ZStW 80 [1968] 283, 317). Absatz 1 Nr. 2 erfordert jedoch bei *jedem* Mittäter die Benachteiligungs- oder Begünstigungsabsicht,[24] weil das Prinzip der Zurechnung kraft Akzessorität für die Mittäterschaft nicht gilt; diese trägt ihren Unrechtsgehalt in sich selbst und bezieht ihn nicht aus fremder Tat. Im Rahmen des gemeinsamen Tatentschlusses werden gegenseitig lediglich die Tatbeiträge zugerechnet (vgl. *Jescheck/Weigend* § 63 I 2 [675]).

14 Die **Teilnahme** i. e. S. (Anstiftung, Beihilfe; siehe § 28 Abs. 1) setzt u. a. voraus, dass der Teilnehmer die Haupttat in ihren wesentlichen Merkmalen erfasst. Handelt er selbst in den Fällen des Absatzes 1 Nr. 2 ohne die Benachteiligungs- oder Begünstigungsabsicht, kann er gleichwohl nach dieser Bestimmung bestraft werden; allerdings muss er um die

---

[22] BGHSt **39** 278; s. auch Rdn. 3.
[23] BGHSt **39** 274 ff; *Lackner/Kühl* Rdn. 6a.
[24] Vgl. *Paeffgen* NK Rdn. 24; *Roxin* LK[11] § 25 Rdn. 168; *Sch/Schroeder/Cramer/Heine* § 25 Rdn. 81, 83, 86.

Absicht des Haupttäters wissen, damit sie ihm zugerechnet werden kann.[25] Dieses Ergebnis gründet in der Unterscheidung zwischen täterbezogenen und tatbezogenen Merkmalen. Besondere persönliche Merkmale sind als täterbezogen nach § 28 zu behandeln, wenn es um Motive und Tendenzen geht, die das Gesinnungsunrecht kennzeichnen; sie sind nur demjenigen Tatbeteiligten zuzurechnen, in dessen Person sie zutreffen. Tatbezogen sind hingegen Merkmale, die die Verwerflichkeit der Tat als solcher erhöhen, das äußere Bild der Tat prägen oder außerhalb des Tatbestandes auf Verwirklichung in der Außenwelt abzielen (sog. überschießende Innentendenz); sie fallen nicht in den Anwendungsbereich des § 28, sondern sind akzessorisch zu behandeln.[26] Die Benachteiligungs- oder Begünstigungsabsicht i. S. d. § 94 Abs. 1 Nr. 2 ist ein tatbezogenes Merkmal, folglich akzessorisch zu beurteilen. Es hebt die Verwerflichkeit der Tat besonders hervor und kennzeichnet einen erstrebten Taterfolg, der zur Tatvollendung indessen nicht eintreten muss („überschießende Innentendenz"; zu § 94 Abs. 1 Nr. 2 im Ergebnis wie hier: *Paeffgen* NK Rdn. 24; *Sch/Schröder/Stree/Sternberg-Lieben* Rdn. 21; *Rudolphi* SK Rdn. 17; *Sonnen* AK Rdn. 25; *Lampe/Hegmann* MK Rdn. 19; **aA**: *Tröndle/Fischer* Rdn. 5).

Der Adressat eines Staatsgeheimnisses kann Teilnehmer sein, wenn sein Verhalten sich nicht auf die bloße *Entgegennahme* der Mitteilung beschränkt. Handelt er dabei in Verratsabsicht, wird § 96 durchgreifen. Mittelsmänner einer fremden Macht werden meist Mittäter im Sinne des § 94 Abs. 1 Nr. 1 sein, da sie gemäß ihrem Auftrag das ihnen mitgeteilte Staatsgeheimnis an die Repräsentanten der fremden Macht weiterzuleiten haben (s. Rdn. 2 f); für sie kann jedoch bei entsprechender Fallgestaltung auch nur Anstiftung oder Beihilfe in Betracht kommen, etwa beim Wechsel in der Führung eines Agenten nach Anwerbung und Auftragserteilung.[27]

Gehilfe kann sein, wer als (bösgläubiger) Bote einen so genannten toten Briefkasten oder ein sonstiges Depot leert, um die darin befindliche Mitteilung, die ein Staatsgeheimnis enthält, an den unbefugten Empfänger gelangen zu lassen. Dies gilt auch dann, wenn er im Auftrag des Empfängers handelt; allerdings ist der so genannte „Doppelvorsatz" im Blick auf den Täter erforderlich.[28] Der Gehilfe muss die Identität des Haupttäters nicht kennen; eines direkten Kontaktes mit ihm bedarf es nicht (vgl. im Einzelnen: *Roxin* LK[11] § 27 Rdn. 9, 47; *Sch/Schröder/Cramer/Heine* § 27 Rdn. 14). Maßgeblich kommt es darauf an, ob der Bote mit der Möglichkeit rechnet, die Mitteilung enthalte ein Staatsgeheimnis, und ob er auch dem mitteilenden Täter behilflich sein will. Die Beihilfehandlung dauert an, solange der Bote die Mitteilung weiterbefördert (BayObLGSt **1954** 88). Im Einzelfall kann zweifelhaft sein, ob der Zwischenträger lediglich die untergeordnete Rolle eines rein mechanisch tätig werdenden Abholers und Überbringers spielt und dies auch will, oder ob er eigenständig, als Täter, handelt. Beihilfe kann, die subjektiven Voraussetzungen unterstellt, schließlich dann vorliegen, wenn der Gehilfe für den Täter Informationen sammelt, die für sich gesehen keine Staatsgeheimnisse sind, deren sach-

---

25 *Roxin* LK[11] § 26 Rdn. 64, 66 f, 79 ff; § 27 Rdn. 45 ff.

26 *Paeffgen* NK Rdn. 24; *Sch/Schroeder/Cramer/Heine* § 28 Rdn. 15, 16, 20; s. dazu BGHSt **17** 215, 217; **22** 375, 380; **23** 39 f, 103, 105; BGH NJW **1994** 272.

27 BGHSt **39** 274, 278 ff mit Anm. *Träger* NStZ **1994** 282; BGHR StGB § 94 Beihilfe 1 und 2; dazu BayObLG NStZ **1992** 281, 543; *Rudolphi* SK Rdn. 5 bis 5c; *Lampe/Hegmann* MK Rdn. 19; *Sch/Schröder/Stree/Sternberg-Lieben* Rdn. 20 f; *Sonnen* AK Rdn. 14; *Tröndle/Fischer* Rdn. 5; *Lackner/Kühl* Rdn. 2; **aA** Ignor/*Müller* StV **1991** 573 ff; kritisch differenzierend *Loos/Radtke* StV **1994** 565 ff.

28 Vgl. BayObLGSt **1954** 88, 90 = GA **1955** 213; *Sch/Schröder/Stree/Sternberg-Lieben* Rdn. 21; *Lampe/Hegmann* MK Rdn. 19; dazu *Roxin* LK[11] § 27 Rdn. 45 ff.

kundige Auswertung jedoch dem Täter die Kenntnis eines Staatsgeheimnisses erschließt (vgl. § 93 Rdn. 5).

VI. Besonders schwerer Fall

15 Die Bestimmungen für besonders schwere Fälle nach Absatz 2 sind verfassungsgemäß; für Absatz 2 S. 1 und S. 2 Nr. 2 hat das BVerfG bereits entschieden, dass dem verfassungsrechtlichen Bestimmtheitserfordernis (Art. 103 Abs. 2 GG) genügt ist (BVerfGE **45** 363 [370 ff]; **86** 288, 314). Die beiden Regelfälle sind in ihrem Wortlaut den Regelbeispielen des besonders schweren Falles einer geheimdienstlichen Agententätigkeit (§ 99 Abs. 2) ähnlich. Maßgeblich für die Annahme eines besonders schweren Falles ist auch bei § 94 Abs. 2 eine Gesamtbewertung aller für die Strafzumessung wesentlichen tat- und täterbezogenen Umstände. Es kommt darauf an, ob das gesamte Tatbild nach dieser Gesamtbewertung aller objektiven, subjektiven und die Persönlichkeit des Täters betreffenden Umstände, die der Tat selbst innewohnen oder die sonst im Zusammenhang mit ihr stehen, vom Durchschnitt der erfahrungsgemäß vorkommenden Fälle in einem Maße abweicht, das die Anwendung des höheren Strafrahmens gebietet. Die Regelbeispiele sind dabei wesentliche Bewertungsrichtlinien; ihnen kommt maßstabsbildende Bedeutung zu. Sie stellen jedoch keinen abschließenden Katalog dar (vgl. BGHSt **28** 318, 319 f). Liegt ein Beispielsfall nicht vor, so kann die sich daraus ergebende Gegenschlusswirkung durch eine besondere Gefährlichkeit des Täters oder andere schulderhöhende Umstände aufgehoben werden; dies führt dann zur Annahme eines unbenannten besonders schweren Falles außerhalb der Regelbeispiele. Andererseits kann im Einzelfall die durch das Vorliegen eines Regelbeispiels begründete Vermutung eines besonders schweren Falles aber auch durch mildernde Umstände widerlegt werden.[29]

16 Das **Regelbeispiel nach Nr. 1** setzt den **Missbrauch einer verantwortlichen Stellung** voraus, die den Täter zur Wahrung von Staatsgeheimnissen besonders verpflichtet. Unerheblich ist, ob es sich um eine Stellung aufgrund eines öffentlich-rechtlichen Dienstverhältnisses, eines privatrechtlichen Arbeitsverhältnisses oder eines freien Mitarbeiterverhältnisses handelt. Maßgeblich ist allein die besondere, sich unmittelbar aus der Stellung ergebende Eigenverantwortung des Täters für die Geheimhaltung des Staatsgeheimnisses. Dazu bedarf es keiner ausdrücklichen Verpflichtung (BGH bei *H. W. Schmidt* MDR **1994** 238; zw. *Paeffgen* NK Rdn. 26; *Schönke/Schröder/Stree/Sternberg-Lieben* Rdn. 25). Die Voraussetzungen können auch auf einen Täter zutreffen, der in einer verhältnismäßig untergeordneten Position tätig ist, jedoch für den Geheimschutz bedeutsame Aufgaben wahrnimmt, z. B. Verwalter von Kryptomaterial oder als Verschlusssachenregistrator (vgl. OLG Düsseldorf, Urteil vom 18. Juni 1979 – V – 5/78 (1) – 6 StE I/78 GBA KG Berlin, Urteil vom 27. Januar 1999 – (2/1) 3 StE 5/93 – 4 (1) (17/93; krit. *Paeffgen* NK Rdn. 26). Personen mit derartigen Funktionen wie auch Schreibkräfte einer Behörde oder eines Industriebetriebes, die zum engeren Personal zählen und dabei regelmäßigen Umgang mit geheimhaltungsbedürftigen Dokumenten haben, werden jedoch nach der Verschlusssachenanweisung oder auf ähnlicher Grundlage im allgemeinen zur Geheimhaltung ausdrücklich verpflichtet sein (vgl. dazu BGHR StGB § 94 Verrat 1). Ist eine solche ausdrückliche Verpflichtung zur gewissenhaften Geheimbehandlung sowie die Ermächtigung zur Verschlusssachenbearbeitung auf entsprechend hoher Stufe erfolgt, werden die Voraus-

[29] BGH bei *Detter* NStZ **1991** 178; BGH NStZ **1982** 425; OLG Düsseldorf Urt. vom 7.2. 1992 (IV – 34/91) S. 93 ff; *Gribbohm* LK[11] Vor § 46 Rdn. 22 ff; *Paeffgen* NK Rdn. 25.

setzungen des Regelfalles nach Nr. 1 meist zu bejahen sein (vgl. OLG Düsseldorf, Urteil vom 15. Dezember 1975 – IV – 3/75 (3) – 4 StE 1/75 GBA – S. 38, 116; BGH NJW **1996** 492).

Das **Regelbeispiel nach Nr. 2** fußt auf einer Steigerung der nach Absatz 1 tatbestands- **17**
begründenden Gefahr eines schweren Nachteils für die äußere Sicherheit der Bundesrepublik Deutschland. Es hebt das Erfolgsunrecht des Landesverrats durch den Begriff „besonders" von dem Tatbestandsmerkmal der Gefahr eines *schweren* Nachteils in § 94 Abs. 1 ab. Die damit verbundene beträchtliche Verschärfung des Strafrahmens bis hin zu der Möglichkeit, auch lebenslange Freiheitsstrafe zu verhängen, verdeutlicht, dass es sich um einen ganz außergewöhnlichen Fall handeln muss.[30] Ein **besonders schwerer Nachteil** kann beispielsweise drohen, wenn der Täter durch ein und dieselbe Handlung mehrere Staatsgeheimnisse verraten hat, deren Geheimhaltung von höchster Bedeutung war (vgl. BayObLGSt. **1991** 141 = NStZ **1992** 211 ff; **1993** 39, 41 = MDR **1994** 821). Ob er die Gefahr eines „schweren" oder aber eines „besonders schweren" Nachteils für die äußere Sicherheit herbeigeführt hat, ist eine Wertungsfrage (kritisch *Paeffgen* NK Rdn. 27). Die zutreffende Einschätzung der Gefahr muss vom Vorsatz des Täters deshalb nicht umfasst sein. Er muss lediglich die tatsächlichen Umstände kennen oder billigend in Kauf nehmen, welche die Wertung tragen (BGH aaO).

Auch eine Teilnahme am Landesverrat kann als besonders schwerer Fall zu werten sein. Das setzt jedoch voraus, dass sich gerade Handlung und Rolle *des Teilnehmers* als solcher Fall darstellen (kritisch dazu *Paeffgen* NK Rdn. 27).

VII. Zusammentreffen

1. Der Landesverrat ist **kein Dauerdelikt** (BGH NStZ **1996** 492 = BGHR StGB § 94 **18**
Verrat 1). Verrät der Täter in zeitlichen Abständen mehrere Staatsgeheimnisse, wird meist *Tatmehrheit* (§ 53) anzunehmen sein. Hat ein Agent Zugang zu geheimen Vorgängen, wird er in der Regel gemäß seinem nachrichtendienstlichen Auftrag bemüht sein, insbesondere solche Unterlagen seinen Auftraggebern zu liefern. Soweit diese – kontinuierlichen – Lieferungen Erkenntnisse vermitteln, die, im Zusammenhang gesehen, über ein oder auch mehrere Staatsgeheimnisse Aufschluss geben, wird von *tatbestandlicher Handlungseinheit* auszugehen sein.[31] Dagegen soll eine Zusammenfassung mehrerer Verhaltensweisen, die jede für sich den Tatbestand des § 94 erfüllen, zu einer fortgesetzten Handlung nicht mehr in Betracht kommen, nachdem der Große Senat für Strafsachen (BGHSt **40** 138) ihre Annahme auf Fälle beschränkt hat, in denen sie nach dem Straftatbestand zur Erfassung des verwirklichten Unrechts *unumgänglich* ist (BGH NStZ **1996** 493). Ob ein solch *genereller* Ausschluss im Blick auf die Besonderheiten und Vielschichtigkeit der zu erfassenden Fallgestaltungen und Tatkomplexe *immer* mit der Forderung

---

[30] BGH NStZ **1984** 165 = bei *H. W. Schmidt* MDR **1984** 184; *Lackner/Kühl* Rdn. 8; *Rudolphi* SK Rdn. 18; *Sch/Schröder/Stree/Sternberg-Lieben* Rdn. 25; *Tröndle/Fischer* Rdn. 9; *Lampe/Hegmann* MK Rdn. 27; *Sonnen* AK Rdn. 31.

[31] BGH aaO; BGHSt **24** 72, 76; dazu BayObLGSt **1991** 129, 131; **1993** 39, 42, das natürliche Handlungseinheit annimmt; *Lackner/Kühl* Vor § 52 Rdn. 10; *Tröndle/Fischer* Vor § 52 Rdn. 2, 25; *Sch/Schröder/Stree* Vor § 52 Rdn. 12 ff, 17; *Rissing-van Saan* LK[11] Vor § 52 Rdn. 20 ff; *Vogler* LK[10] Vor § 52 Rdn. 15, 31; vgl. dazu *Paeffgen* JR 1999, 89, 90 f, 97 f sowie NK Rdn. 28, 29.

unverkürzter Unrechtsbewertung vereinbar ist, mag zweifelhaft sein.[32] Insoweit wird der Rechtsfigur der ***natürlichen Handlungseinheit*** trotz ihrer Nähe zur fortgesetzten Handlung weiterhin Bedeutung zukommen, wenn sie in ihrem ursprünglichen – engen – Sinn angewandt wird, also nur in den Fällen, in denen es gilt, besondere, an sich untrennbare Vorgänge, die sich nur formal als mehrfache Tatbestandserfüllung darstellen, ihrem wirklichen Sinngehalt entsprechend als Einheit zu erfassen. Wo etwa ein speziell geschulter Täter in einem besonders sicherheitsempfindlichen Bereich von vornherein auf die Beschaffung *konkreter* Staatsgeheimnisse angesetzt ist und diesen Auftrag fortlaufend erfüllt, den Tatbestand des Verrats in engem räumlich-zeitlichen Zusammenhang mehrfach verwirklicht, wird gegen eine Zusammenfassung zur natürlichen Handlungseinheit im Blick auf BGHSt **40** 138 wenig einzuwenden sein. Dass auch eine solche Wertung die Feststellung voraussetzt, welche Einzelakte die Übermittlung eines Staatsgeheimnisses zum Gegenstand hatten, versteht sich von selbst (vgl. hierzu BayObLG **1991** 129, 131; **1993** 39, 42; ergänzend dazu BGHSt **41** 368ff = JR **1996** 511ff mit Anm. *Puppe* S. 513ff).

19 2. Das Offenbaren von Staatsgeheimnissen (§ 95), die landesverräterische Agententätigkeit (§ 98) und die geheimdienstliche Agententätigkeit (§ 99) treten gegenüber dem Landesverrat aufgrund der in den §§ 95 Abs. 1, 98 Abs. 1 und 99 Abs. 1 enthaltenen **Subsidiaritätsklauseln** zurück. Dies gilt im Falle des § 99 auch dann, wenn der Täter mit seiner geheimdienstlichen Agententätigkeit weitere Ziele verfolgt als den Verrat eines Staatsgeheimnisses und die Straftat nach § 99 nur *teilweise* mit Verratstaten (§ 94) rechtlich zusammenfällt (BGHSt **24** 72, 79ff).

Der Tatbestand des Landesverrats und auch der des versuchten Landesverrats gehen der landesverräterischen Ausspähung (§ 96 Abs. 1) vor, sofern dasselbe Staatsgeheimnis in Rede steht. Denn die Ausspähung erweist sich hier als bloße Vorbereitungshandlung.[33] Ein Rücktritt vom versuchten Landesverrat (§§ 94, 22 bis 24) oder auch von der Verabredung zum Landesverrat (siehe §§ 30 Abs. 2, 94, 31) bewirkt hingegen keine Strafbefreiung von dem vollendeten Delikt nach § 96 Abs. 1 (so auch *Tröndle/Fischer* § 96 Rdn. 5; *Rudolphi* SK § 96 Rdn. 10f; *Lackner/Kühl* § 96 Rdn. 5; *Lampe/Hegmann* MK Rdn. 22). Nach *Stree/Sternberg-Lieben* (*Sch/Schröder/Stree/Sternberg-Lieben* Rdn. 24) soll allerdings in solchen Fällen auch das bereits vollendete Gefährdungsdelikt nach § 96 Abs. 1 von der strafbefreienden Wirkung des Rücktritts miterfasst werden. Der Täter bliebe danach insgesamt straflos. Dies hätte zur Folge, dass er sich Strafbefreiung für die bereits vollendete Ausspähung immer dann verschaffen könnte, wenn er auch den Landesverrat noch versucht und von ihm zurücktritt. Dagegen wäre er zu bestrafen, wenn seine Tat nur bis zur vollendeten Ausspähung gedieh. Um die „gröbsten Ungerechtigkeiten" zu beseitigen, will *Stree/Sternberg-Lieben* (*Sch/Schröder/Stree/Sternberg-Lieben* § 96 Rdn. 16) die Rücktrittsregelung des § 98 Abs. 2 auf § 96 analog anwenden (s. dazu auch *Sonnen* AK § 96 Rdn. 9f; *Paeffgen* NK Rdn. 30).

Ist der Landesverrat im Stadium des Versuchs der Beteiligung (§ 30) steckengeblieben (versuchte Anstiftung, Verabredung zum Landesverrat), so kommt Tateinheit mit der versuchten oder vollendeten landesverräterischen Ausspähung (§§ 96 Abs. 1, 22) in

32 S. *Rissing-van Saan* LK[11] Vor § 52 Rdn. 42ff; *Tröndle/Fischer* Vor § 52 Rdn. 25d a. E., 25 e, dazu *Gribbohm* FS Odersky 387, 389, 397 ff; *Jähnke* GA **1989** 376, 382.

33 Vgl. BGHSt **6** 385, 390; *Rudolphi* SK Rdn. 20; *Lackner/Kühl* Rdn. 9; *Sch/Schröder/Stree/Sternberg-Lieben* § 96 Rdn. 18; *Tröndle/Fischer* § 96 Rdn. 1; *Lampe/Hegmann* MK Rdn. 22.

Betracht. Denn der Beteiligungsversuch im Sinne des § 30 umfasst nicht ohne weiteres den Unrechts- und Schuldgehalt der Ausspähung (§ 96 Abs. 1).[34] Zu den Voraussetzungen der Konsumtion s. *Rissing-van Saan* LK[11] Vor § 52 Rdn. 116 ff.

Tateinheit zwischen § 94 und § 97a ist möglich, wenn ein Teil des Verratsmaterials unter § 94 fällt, also ein (legales) Staatsgeheimnis zum Gegenstand hat, ein anderer hingegen von § 97a erfasst wird, weil er ein illegales Geheimnis (§ 93 Abs. 2) betrifft.

Die Straftaten, durch die sich der Täter das Staatsgeheimnis beschafft hat (z. B. Diebstahl, Nötigung, Urkundenfälschung), können ebenfalls zum Landesverrat in Tateinheit stehen. Tateinheit ist auch möglich mit den Delikten nach den §§ 133 (Verwahrungsbruch), 334 (Bestechung) und 353b (Verletzung des Dienstgeheimnisses und einer besonderen Geheimhaltungspflicht), und zwar auch mit dessen Absatz 2 (vgl. dazu *Träger* LK[11] § 353 b Rdn. 58 m. w. N.); ebenso mit den Tatbeständen des Hochverratstitels (§§ 81 ff) und der Agententätigkeit zu Sabotagezwecken (§ 87).

Aufschlussreich im Einzelnen ist auch heute noch die Rechtsprechungsübersicht zur früheren Rechtslage bei *Wagner* ZStW **80** [1968] 283, 337 ff.

3. Werden durch dieselbe Handlung ein deutsches Staatsgeheimnis (§ 93) und ein **militärisches Geheimnis** eines **NATO-Vertragsstaates** im Sinne des Art. 7 Abs. 1 des 4. StRÄndG verraten, so ist Tateinheit anzunehmen. Zwar erweitern die besonderen Bestimmungen zum Schutze der nichtdeutschen Vertragsstaaten des Nordatlantikpaktes nur den Tatbestand des § 94. Sie ersetzen aber auch einzelne Merkmale durch andere und bringen insbesondere eine Modifizierung des geschützten Rechtsguts ein. Bei einem Zusammentreffen ist daher der besondere Unrechts- und Schuldgehalt im Sinne dieser Sondervorschriften zum Ausdruck zu bringen. Die Verurteilung hat also beispielsweise zu erfolgen wegen Landesverrats (§ 94 Abs. 1 Nr. 1) in Tateinheit mit Verrat militärischer Geheimnisse eines NATO-Vertragsstaates (Art. 7 Abs. 1 Nr. 1 und 3 des 4. StRÄndG i. V. m. § 94 Abs. 1 Nr. 1). Der BGH hat allerdings insoweit zu dem früheren Beziehungstatbestand des § 100 e [a. F.] eine andere Auffassung vertreten (BGH MDR **1964** 160; die Annahme von Tateinheit deuten an: Amtliche Begründung des RegE des 4. StRÄndG BTDrucks. II/3039 S. 23; *Lackner* JZ **1957** 401, 406; zweifelnd *Tröndle/Fischer* § 93 Rdn. 20). **20**

Danach wird auch die Möglichkeit zu bejahen sein, zwischen dem **Verrat von Euratom-Geheimnissen** (§ 94 i. V. m. Art. 194 Abs. 1 Euratomvertrag) und Landesverrat (§ 94) Tateinheit anzunehmen (siehe auch Vor § 93 Rdn. 9; § 93 Rdn. 18, 24, jeweils a. E.).

VIII. Wahlfeststellung

Die Möglichkeit der **ungleichartigen Wahlfeststellung** (dazu *Gribbohm* LK § 1 Rdn. 108 ff; *Tröndle/Fischer* § 1 Rdn. 18 ff) kommt u. a. in Betracht zwischen § 94 Abs. 1 Nr. 1 und § 97 a S. 1, wenn die Merkmale des illegalen Staatsgeheimnisses (§ 93 Abs. 2) nicht feststellbar sind (so auch *Paeffgen* NK Rdn. 31; *Sch/Schröder/Stree/Sternberg-* **21**

34 Im Ergebnis wie hier *Tröndle/Fischer* § 96 Rdn. 5; *Sch/Schröder/Stree/Sternberg-Lieben* § 96 Rdn. 18; *Lampe/Hegmann* MK Rdn. 22; **aA** BGHSt **6** 385, 390, wo im Blick auf die Strafrahmen angenommen wurde, dass die versuchte Anstiftung zum Landesverrat die versuchte Ausspähung aufzehre; ebenso *Lackner/Kühl* Rdn. 9; *Rudolphi* SK § 96 Rdn. 13; *Sonnen* AK Rdn. 11.

Lieben § 97a Rdn. 2). Wahlfeststellung mit dem Tatbestand der landesverräterischen Fälschung (§ 100a Abs. 1) scheidet aus; die Bestimmungen (§§ 94 Abs. 1, 100a Abs. 1) sind in psychologischer Hinsicht nicht gleichwertig (vgl. BGHSt **20** 100ff). Hier dringt der Täter in den Geheimbereich des Staates ein; dort (§ 100a Abs. 1) täuscht er dies nur wider besseres Wissen vor, ohne ein spezifisches staatliches Geheimhaltungsinteresse zu verletzen, handelt also gleichsam wie ein Verleumder. Die seelische Beziehung der Täter zu ihrer Tathandlung kann danach nicht als einigermaßen gleichgeartet bewertet werden (vgl. BGHSt aaO).

IX. Verjährung bei Presseinhaltsdelikten

22 Begeht der Täter Landesverrat durch öffentliches Bekanntmachen des Staatsgeheimnisses in einem Presseerzeugnis, so sind die besonderen *presserechtlichen Verjährungsvorschriften in den Landespressegesetzen* zu beachten.[35] Voraussetzung für die Anwendung dieser Bestimmungen ist, dass eine Veröffentlichung oder eine Verbreitung des Staatsgeheimnisses durch ein Presseerzeugnis erfolgt ist.[36] Ist es dazu – etwa wegen einer vorausgegangenen Beschlagnahme – nicht gekommen, bleibt es bei den allgemeinen Verjährungsvorschriften (BGHSt **8** 245, 246). Die Verjährung beginnt mit der Veröffentlichung oder Verbreitung des Druckwerkes. Bei aufeinander folgender Verbreitung eines Druckwerkes beginnt die Strafverfolgungsverjährung nach den Landespressegesetzen bereits mit dem ersten Verbreitungsakt (BGHSt **25** 347); wird die Verbreitung aufgegeben, weil der Vorrat des Druckwerkes beschlagnahmt worden ist, entschließt sich der Täter nach dessen unerwarteter Rückgabe aber erneut zur Verbreitung, beginnt die Verjährung nunmehr begangener Presseinhaltsdelikte mit dem ersten auf dem neuen Entschluss beruhenden Verbreitungsakt (BGHSt **33** 271). Bei Veröffentlichung verschiedener Druckwerke, Neuauflagen oder verschiedener Teile von Druckwerken beginnt die Verjährung für jedes Druckwerk oder jeden Teil gesondert zu laufen. Für Fälle des Fortsetzungszusammenhangs (s. aber BGHSt **40** 138, 154), der natürlichen Handlungseinheit oder tatbestandlichen Bewertungseinheit gilt keine Ausnahme; die Verjährungsfrist läuft auch hier ab dem ersten Veröffentlichungs- oder Verbreitungsakt (BGHSt **27** 18, 20f; *Jähnke* LK[11] § 78 Rdn. 17; *Löffler* aaO § 20 LPG Rdn. 70f; § 24 Rdn. 59ff). Ist eine Druckschrift verbreitet worden, so kommt die kurze presserechtliche Verjährungsfrist auch den der Verbreitung vorausgegangenen Vorbereitungshandlungen des Verbreiters zugute. Diese gehen in dem anschließenden plangemäßen Verbreiten auf und bilden mit ihm *eine* Pressestraftat (BGH bei *Holtz* MDR **1977** 809). Für jeden an der Verbreitung beteiligten *Täter* (Verleger, Buchhändler u.a.) beginnt die Verjährung mit *seiner* Verbreitungstätigkeit (BGHSt **25** 347, 354). Von der kurzen Verjährungsfrist des Presserechts profitiert auch der Teilnehmer (Anstifter, Gehilfe) an dem Presseinhaltsdelikt (vgl. BGH NStZ **1982** 25 m.w.N.).

Die Verjährungsfristen für das als Presseinhaltsdelikt begangene Verbrechen des Landesverrats betragen nach den Pressegesetzen einiger Bundesländer nur sechs Monate

---

[35] S. hierzu *Löffler* Presserecht **1997** Einl. Rdn. 89 f, § 24 LPG und dort Rdn. 87 bis 102; *Stöckel* in *Erbs/Kohlhaas* Strafrechtliche Nebengesetze P 190, Pressegesetze der Länder Vorbemerkung Rdn. 9, § 25 LPG Nordrhein-Westfalen Rdn. 2 ff, 6, 8.

[36] Zum Begriff der Presseinhaltsdelikte s. BGHSt **26** 40, 43; **27** 353; BGHR PresseG-NW § 25 Verjährung 1; *Jähnke* LK[11] § 78 Rdn. 14 ff.

(§ 15 Abs. 1 BayPresseG, § 12 Abs. 1 HessPresseG), in anderen Bundesländern dagegen ein Jahr (§ 25 Abs. 1 LPresseG Nordrhein-Westfalen, § 24 Abs. 1 Nds-PresseG, § 24 Abs. 1 der LPresseG Bremen, Saarland und Schleswig-Holstein, § 22 Abs. 1 LPresseG Berlin, Mecklenburg-Vorpommern und Rheinland-Pfalz, § 23 Abs. 1 PresseG Hamburg, § 16 Abs. 1 LPresseG Brandenburg, § 15 LPresseG Sachsen-Anhalt). In Baden-Württemberg gilt die kurze presserechtliche Verjährungsfrist von einem Jahr bei Verbrechen indessen *nicht* für den Landesverrat (§§ 24 Abs. 1 Satz 2, 18 Abs. 1 Nr. 1 LPresseG Bad.Württ.); insoweit bleibt es bei der Frist des § 78 Abs. 3 Nr. 2 StGB; für den Verjährungsbeginn ist weiter die spezifische presserechtliche Vorschrift maßgeblich (vgl. § 24 Abs. 3 LPresseG Bad.-Württ.). In Sachsen (§ 14 Sächs. LPresseG) ist eine kurze Verjährungsfrist nur für Fälle der Verletzung der Garantenpflicht (§ 12 Abs. 2) vorgesehen. Es wird ausdrücklich auf § 78 StGB verwiesen. Auch Thüringen hat auf spezielle Verjährungsfristen für Straftaten, die durch Druckwerke begangen werden, verzichtet (§ 14 LPresseG).[37]

Von den presserechtlichen Verjährungsbestimmungen wird *nicht* der Fall der Weitergabe eines Staatsgeheimnisses – etwa nach § 94 Abs. 1 Nr. 2 Alt. 1 – an einen unbefugten Journalisten erfasst, der es dann veröffentlichen lässt.

X. Als **Nebenfolge** kommt die Aberkennung der Fähigkeit in Betracht, öffentliche 23
Ämter zu bekleiden, Rechte aus öffentlichen Wahlen zu erlangen und in öffentlichen Angelegenheiten zu wählen oder zu stimmen (§ 101). Darüber hinaus ist die Möglichkeit der **Einziehung** von Gegenständen nach Maßgabe des § 101a vorgesehen. Hinsichtlich finanzieller Zuwendungen ist der Verfall nach § 73 Abs. 1 StGB (bzw. des Wertersatzes, § 73a StGB) anzuordnen (vgl. § 101a Rdn. 8). Dies gilt auch für Geldzahlungen, welche bereits vor dem Beitritt der DDR zur Bundesrepublik Deutschland an tatunbeteiligte Drittbegünstigte (73 Abs. 3 StGB) übermittelt wurden (Art. 8 EinigungsV i. V. m. Anlage I, Kapitel III, Sachgebiet A, Abschnitt III Nr. 14 und Sachgebiet C, Abschnitt III Nr. 1): Es handelt sich bei der Anordnung des Verfalls um keine Strafe oder Maßregel der Besserung und Sicherung sondern um eine zivilrechtsähnliche „quasi-konditionelle" Ausgleichsmaßnahme eigener Art ohne unzulässige Rückwirkung i. S. d. § 2 StGB (vgl. BGH (Ermittlungsrichter) Beschluss v. 9.12.2005). Zur Sicherung des staatlichen Verfallsanspruchs ist der dingliche Arrest anzuordnen (§§ 111b Abs. 2, 3, 111d Abs. 1, 2, 111e StPO).

Zum **räumlichen Geltungsbereich** s. § 5 Nr. 4, dazu Vor § 93 Rdn. 6ff, § 94 Rdn. 10. Zu den **Zuständigkeiten** wird auf die Ausführungen Vor § 93 Rdn. 14 verwiesen. Zu den besonderen Möglichkeiten des **Absehens von der Strafverfolgung** siehe §§ 153c Abs. 2 und 4, 153d, 153e StPO (vgl. auch Vor § 93 Rdn. 10).[38] Die **Nichtanzeige** des Landesverrats ist strafbedroht (§ 138 Abs. 1 Nr. 3 StGB).

---

37 S. dazu *Stöckel* aaO (Fn. 35) § 25 LPresseG NRW Rdn. 8.

38 Dazu *Müller/Wache* Opportunitätserwägungen bei der Verfolgung von Straftaten gegen die äußere Sicherheit, FS Rebmann (1996) S. 321.

§ 95
Offenbaren von Staatsgeheimnissen

(1) Wer ein Staatsgeheimnis, das von einer amtlichen Stelle oder auf deren Veranlassung geheimgehalten wird, an einen Unbefugten gelangen läßt oder öffentlich bekanntmacht und dadurch die Gefahr eines schweren Nachteils für die äußere Sicherheit der Bundesrepublik Deutschland herbeiführt, wird mit Freiheitsstrafe von sechs Monaten bis zu fünf Jahren bestraft, wenn die Tat nicht in § 94 mit Strafe bedroht ist.

(2) Der Versuch ist strafbar.

(3) In besonders schweren Fällen ist die Strafe Freiheitsstrafe von einem Jahr bis zu zehn Jahren. § 94 Abs. 2 Satz 2 ist anzuwenden.

Schrifttum

S. die Literaturhinweise Vor § 93. Hervorzuheben sind: *A. Arndt* NJW **1963** 24; *Fuß* NJW **1962** 2225; *Jescheck* Pressefreiheit und militärisches Geheimnis (1964); *ders.* Zur Reform des politischen Strafrechts JZ **1967** 6; *ders.* Die Behandlung des sog. illegalen Staatsgeheimnisses im neueren politischen Strafrecht, Festschrift Engisch (1969) 584; *Jagusch* NJW **1963** 177; *Stratenwerth* Publizistischer Landesverrat (1965); *Stree* Publizistischer Geheimnisverrat im Bereich des Staatsschutzes ZStW 78 (1976) 663; *Willms* Landesverrat durch die Presse DRiZ **1963** 14.

Entstehungsgeschichte

Der Tatbestand des Offenbarens von Staatsgeheimnissen wurde durch das 8. StRÄndG[1] eingeführt, seine Fassung durch Art. 1 Nr. 32 des 1. StrRG[2] sowie Art. 19 Nr. 16 EGStGB[3] geändert. Die Vorschrift ist vor allem auf das Bestreben des Gesetzgebers zurückzuführen, den so genannten publizistischen Landesverrat aus dem Bereich des gemeinen Landesverrats herauszulösen (vgl. § 94 Rdn. 1). Den Anstoß dafür gab nicht zuletzt das „Spiegel"-Verfahren, in dem das Bundesverfassungsgericht Gelegenheit fand, zur Frage der Verfassungsmäßigkeit von Durchsuchungen in Presseräumen Stellung zu nehmen und sich über das Verhältnis des Grundrechts der Pressefreiheit zu den (alten) Landesverratsbestimmungen zu äußern (BVerfGE **20** 162; siehe auch BGH NJW **1965** 1187). Mit der Neuregelung hat der Gesetzgeber zugleich einem früher vereinzelt geforderten allgemeinen Presseprivileg eine Absage erteilt (vgl. die Nachweise bei *Jescheck* JZ **1967** 6, 10; siehe *Stratenwerth* Publizistischer Landesverrat S. 75 Fn. 25). Vgl. zu weiteren Einzelheiten des Zustandekommens die Materialien zum 8. StRÄndG: RegE (dort § 99a) BTDrucks. V/898 Begründung S. 30, 32; Sonderausschussbericht BTDrucks. V/2860 S. 14, 18f; Prot. V/1265, 1434ff, 1438f, 1448ff, 1471ff, 1488ff, 1508f, 1972; siehe ferner A E § A 15.

---

[1] Vom 25.6.1968 BGBl. I 741, 745.
[2] Vom 25.6.1969 BGBl. I 645, 652.
[3] Vom 2.3.1974 BGBl. I 469, 479.

Übersicht

I. Allgemeines

Die §§ 95 Abs. 2 und 97 sind als Vergehenstatbestände konzipiert. Darin kommt zum Ausdruck, dass der Gesetzgeber die hier angesprochenen Sachverhalte im Verhältnis zum Landesverrat in ihrem Schuld- und Unrechtsgehalt erheblich geringer wertet. Der Tatbestand des Offenbarens eines Staatsgeheimnisses (§ 95) soll als Auffangtatbestand all die Fälle erfassen, in denen sich der Täter weder – wie beim Landesverrat vorausgesetzt – an eine fremde Macht oder einen ihrer Mittelsmänner wendet (siehe § 94 Abs. 1 Nr. 1) noch in der dort erforderlichen Benachteiligungs- oder Begünstigungsabsicht handelt (siehe § 94 Abs. 1 Nr. 2). Im Blick auf die Grundrechte der Meinungs- und Pressefreiheit (Art. 5 Abs. 1 GG) erweist sich die Vorschrift als allgemeines, einschränkendes Gesetz im Sinne des Art. 5 Abs. 2 GG.[4] **1**

II. Tatobjekt

Gegenstand der Tat ist ein Staatsgeheimnis, das von einer amtlichen Stelle oder auf deren Veranlassung geheim gehalten wird. **2**

1. Es müssen die Voraussetzungen eines materiellen **Staatsgeheimnisses** im Sinne des § 93 Abs. 1 vorliegen. Dieses muss „echt“ sein; es darf nicht illegal im Sinne des § 93 Abs. 2 sein (siehe dazu § 93 Rdn. 1 ff).

2. Der materielle Staatsgeheimnisbegriff des § 93 Abs. 1 wird hier noch um das zusätzliche Erfordernis **tatsächlicher Geheimhaltung** ergänzt (**faktisches Element**). Daraus folgt, dass es eines Geheimhaltungswillens bedarf (vgl. *Tröndle/Fischer* Rdn. 2a a. E. m. w. N.); dieser allein genügt allerdings nicht. Es müssen Geheimhaltungsmaßnahmen getroffen sein, die geeignet sind, ein Bekannt werden des Staatsgeheimnisses über denjenigen begrenzbaren Personenkreis hinaus zu verhindern, der befugtermaßen Zugang zu ihm hat. In Betracht kommen vor allem eine formelle Sekretur, die besondere Verpflichtung derjenigen, welche mit dem Staatsgeheimnis umgehen, oder Sperrmaßnahmen wie Zugangsverbote, Kontrollen, gesicherte Verwahrung unter Beachtung von Geheimschutzordnungen und Verschlusssachenanweisungen. Eine förmliche Einstufung nach einer Ver- **3**

[4] Vgl. BVerfGE **20** 162, 177 f; **21** 239, 242; **57** 250, 268; **92** 277, 317 f; s. dazu auch § 93 Rdn. 33.

schlusssachenanweisung ist nicht unbedingt erforderlich, wenn nur für andere geeignete Schutzmaßnahmen gesorgt ist. Damit können auch diejenigen Fälle erfasst werden, in denen eine formelle Sekretur nicht möglich ist oder für den Täter – etwa bei unvollständiger Ablichtung einer Urkunde – nicht erkennbar ist. Die Schutzmaßnahmen, die auch schon vor dem Entstehen des Staatsgeheimnisses getroffen worden sein können, müssen in ihrem wesentlichen Gehalt praktiziert und beachtet werden; nachlässige Handhabung im Einzelfall steht dem nicht entgegen. An der faktischen Geheimhaltung wird es dort fehlen, wo die Vorkehrungen unvollständig oder sonst nicht hinreichend wirksam sind, um eine Geheimhaltung zu ermöglichen.

Das Merkmal der tatsächlichen Geheimhaltung ist im Lichte des gesetzgeberischen Anliegens zu sehen, den hier in Betracht kommenden Täterkreis – nicht zuletzt auch Publizisten und öffentliche Bedienstete – nur dann zu bestrafen, wenn der Staat seinerseits alles getan hat, um das Staatsgeheimnis zu schützen. Zugleich kommt den von der Strafvorschrift vorausgesetzten Maßnahmen je nach ihrer Art eine Warnfunktion zu.[5]

4 3. Die Geheimhaltung muss durch eine **amtliche Stelle** oder jedenfalls auf deren Veranlassung hin erfolgen. Als „amtlich" in diesem Sinne ist jede Stelle zu verstehen, die einen fest umrissenen Kreis staatlicher Aufgaben erfüllt, gleichviel, ob sie zu dem Bereich der gesetzgebenden Organe, der vollziehenden Gewalt oder der Rechtsprechung gehört. Dazu zählen sämtliche Stellen unmittelbarer und mittelbarer Staatsverwaltung im umfassenden Sinne ebenso wie militärische Dienststellen und parlamentarische Ausschüsse. Der Begriff ist weit auszulegen; er soll den gesamten staatlichen Bereich abdecken und darf deshalb nicht nur im Sinne eines verwaltungsrechtlichen Amtsbegriffes gedeutet werden (siehe zur Wahl des Begriffs „amtliche Stelle": Prot. V/1508 f; weiter Sonderausschussbericht BTDrucks. V/2860 S. 18; *Sch/Schröder/Stree/Sternberg-Lieben* Rdn. 5; *Tröndle/Fischer* Rdn. 2).

Auch die tatsächliche Geheimhaltung durch Private **auf Veranlassung** einer amtlichen Stelle genügt. Die Veranlassung kann förmlich oder konkludent (z. B. bei bestimmter tatsächlicher Übung), für den Einzelfall oder generell erfolgt sein (vgl. *Sch/Schröder/Stree/Sternberg-Lieben* Rdn. 5; **aA** bezüglich konkludenter Veranlassung *Paeffgen* NK Rdn. 4). Auch hier muss das Staatsgeheimnis im Zeitpunkt der Veranlassung noch nicht bestanden haben; die amtliche Stelle kann vielmehr die Geheimhaltung durch Private schon vorab veranlassen. In der Praxis spielt das insbesondere bei der Vergabe von Aufträgen an private Rüstungsunternehmen eine Rolle (siehe dazu die Darstellung in OVG Münster NJW **1985** 281; *Lackner/Kühl* Rdn. 2; *Lampe/Hegmann* MK Rdn. 8).

Aus alledem folgt, dass diejenigen privaten Erfindungen als Tatobjekte ausscheiden, deren Entwicklung oder Existenz amtlichen Stellen noch unbekannt ist, mögen sie auch materiell Staatsgeheimnisse (im Sinne des § 93) sein. Sieht man von den Fällen der amtlicherseits vorweg veranlassten Geheimhaltung ab, so ist hier die tatsächliche Geheimhaltung durch private Hand, also eine nicht amtliche Stelle, bedeutungslos. Einen gewissen Schutz bieten insoweit jedoch die Regelungen der §§ 31 Abs. 5, 50 bis 54 PatentG, § 9 GebrauchsmusterG, Art. II § 14 IntPatÜG (siehe dazu Vor § 93 Rdn. 4f), wenn nicht der Landesverratstatbestand (§ 94) greift.

---

[5] Vgl. Sonderausschussbericht BTDrucks. V/2860 S. 15; *Krauth/Kurfess/Wulf* JZ **1968** 609, 611; *Lackner/Kühl* Rdn. 2; *Sch/Schröder/Stree/Sternberg-Lieben* Rdn. 2 ff, 6 f; *Tröndle/Fischer* Rdn. 2; *Rudolphi* SK Rdn. 3 ff; *Sonnen* AK Rdn. 13 ff; *Krauth* JZ **1968 611**; dazu auch *Lüttger* JR **1968** 121, 125 GA **1970** 129, 149 f.

Wird bei der **Anmeldung eines Patents,** welches ein Staatsgeheimnis (§ 93) enthält, durch die Prüfstelle ein Veröffentlichungsverbot angeordnet (nach § 50 Abs. 1 PatentG), so erweist sich dieses nicht als amtliche Veranlassung des Anmelders oder eines Dritten zur Geheimhaltung im Sinne des § 95 Abs. 1. Denn die Suspendierung der an sich gesetzlich vorgeschriebenen Veröffentlichung und die damit verbundenen Beschränkungen der Akteneinsicht (vgl. §§ 54 31 Abs. 5 S. 1 PatentG) *verpflichten* diese Personen nicht ihrerseits zum Geheimschutz; solcher könnte von amtlichen Stellen mit dem Patentanmelder allenfalls frei vereinbart werden. Da dem Patentamt die Befugnis fehlt, den Anmelder und Dritte durch einen eigenständigen Akt ohne weiteres zur Geheimhaltung zu zwingen, bleibt ihm nur der Weg, die Patentanmeldung selbst amtlich geheim zu halten, um so in der Folge den strafrechtlichen Schutz der §§ 95, 97 greifen zu lassen. Es praktiziert deshalb ergänzend zu der Anordnung nach § 50 Abs. 1 PatentG einen VS-Schutz, der auf Richtlinien des Bundesministers der Justiz beruht. Die Patentanmeldung wird intern in den Geheimhaltungsgrad „Geheim" usw. eingestuft. Das Patentamt unterrichtet den Anmelder hiervon, belehrt ihn über die strafrechtlichen Bestimmungen und empfiehlt ihm zweckdienliche Schutzvorkehrungen (vgl. BPatGE **24** 218, 220f; *Kumm* GRUR **1979** 672, 676; *Benkard* Patentgesetz 10. Aufl. § 50 Rdn. 5ff, 9ff).

III. Tathandlung

Der Täter handelt hier *nicht* – wie beim Landesverrat (§ 94 Abs. 1) – für eine fremde Macht oder einen ihrer Mittelsmänner und auch ohne die dort vorausgesetzte (§ 94 Abs. 1 Nr. 2) besondere Benachteiligungs- und Begünstigungsabsicht. Es genügt, wenn er das in dem oben beschriebenen Sinne (Rdn. 3f) geheim gehaltene Staatsgeheimnis an einen Unbefugten gelangen lässt (siehe dazu § 94 Rdn. 4f, § 93 Rdn. 26ff) oder öffentlich bekanntmacht (siehe § 94 Rdn. 6) und dadurch die Gefahr eines schweren Nachteils für die äußere Sicherheit der Bundesrepublik Deutschland herbeiführt. Zum Begriff der *konkreten* Gefahr wird auf die Erläuterungen zu § 94 Rdn. 8, zu dem des schweren Nachteils für die äußere Sicherheit der Bundesrepublik Deutschland auf die Ausführungen bei § 94 Rdn. 9 und § 93 Rdn. 13 bis 18 verwiesen. **5**

IV. Erweiterung des strafrechtlichen Schutzes

Der Tatbestand ist nach Maßgabe des Art. 7 Abs. 1 Nr. 1, 3, 6 des 4. StRÄndG zum Schutz **militärischer Geheimnisse von NATO-Vertragsstaaten** erweitert (abgedruckt Vor § 80 Rdn. 35); Näheres dazu siehe Vor § 93 Rdn. 7f; § 93 Rdn. 18, 24; § 94 Rdn. 10 sowie BGHSt **32** 104, 108; **38** 75, 76f. Zu den sog. **Euratom-Geheimnissen** vgl. Vor § 93 Rdn. 9; § 93 Rdn. 18, 24; § 94 Rdn. 10, 23. Zu den Konkurrenzen siehe § 94 Rdn. 20. **6**

V. Rechtfertigung

Eine Rechtfertigung kann in außergewöhnlichen Fällen in Betracht kommen. Zum rechtfertigenden Notstand siehe insoweit die bei § 93 Rdn. 32 aufgeführten Sachverhalte; zur Rechtfertigung im Falle der Unterrichtung der Öffentlichkeit über das mit einem **7** besonders schweren Rechtsverstoß (außerhalb des § 93 Abs. 2) behaftete Staatsgeheimnis unter Berufung auf die Meinungs- oder Pressefreiheit s. § 93 Rdn. 33.[6]

VI. Innerer Tatbestand und Irrtumsfragen

8 Für den inneren Tatbestand ist **bedingter Vorsatz** ausreichend. Dieser muss sich auch auf die faktische Geheimhaltung erstrecken. Für deren Erkennbarkeit wird beispielsweise ein Geheimhaltungsvermerk auf einem Dokument regelmäßig genügen (vgl. *Rudolphi* SK Rdn. 10). Auf die Erläuterungen zu § 94 Rdn. 11 wird ergänzend Bezug genommen.

Hält der Täter ein von ihm offenbartes – legales – Staatsgeheimnis irrtümlich für illegal im Sinne des § 93 Abs. 2, so ist die Irrtumsregelung des § 97b zu beachten. Hält er umgekehrt ein solch illegales Staatsgeheimnis irrig für legal und offenbart es, so liegt ein untauglicher Versuch vor (vgl. § 94 Rdn. 11).

9 **VII.** Der **Versuch** ist strafbar (§§ 95 Abs. 2, 23 Abs. 1). Zum Eintritt in das Versuchsstadium und zur Vollendung siehe bei § 94 Rdn. 12. Das bloße Auskundschaften von Staatsgeheimnissen (§ 96 Abs. 2) ist lediglich Vorbereitungshandlung zum Offenbaren, in der Regel also noch kein unmittelbares Ansetzen hierzu (vgl. § 22).

Die **Beteiligung** beurteilt sich nach den allgemeinen Regeln (vgl. auch § 94 Rdn. 13). Wegen der Voraussetzungen eines **besonders schweren Falles** (Absatz 3) wird auf die Erläuterungen zu § 94 Rdn. 15 bis 17 Bezug genommen.

VIII. Zusammentreffen

10 Das Offenbaren von Staatsgeheimnissen ist kraft gesetzlicher Regelung gegenüber dem Landesverrat subsidiär (Absatz 1 a. E.), geht aber dem Auskundschaften von Staatsgeheimnissen (§ 96 Abs. 2) vor, wenn ein und dasselbe Staatsgeheimnis in Frage steht. Letzteres gilt auch dann, wenn es beim Versuch des Offenbarens geblieben ist (vgl. BGHSt **6** 385, 390; *Tröndle/Fischer* § 96 Rdn. 1; *Sch/Schröder/Stree/Sternberg-Lieben* § 96 Rdn. 18; *Lackner/Kühl* Rdn. 5; **aA** *Paeffgen* NK Rdn. 11). Beim strafbefreienden Rücktritt vom Versuch des Offenbarens eines Staatsgeheimnisses bleibt der Täter jedoch nach § 96 Abs. 2 strafbar, wenn dessen Voraussetzungen gegeben sind. Hierzu kann auf die Ausführungen zu § 94 Rdn. 19 verwiesen werden. Im Blick auf die Unterschiedlichkeit des geschützten Rechtsgutes kann Tateinheit mit § 353b (Verletzung des Dienstgeheimnisses und einer besonderen Geheimhaltungspflicht) bestehen (siehe *Träger* LK[11] § 353b Rdn. 58 m. w. N.).

IX. Verjährung bei Presseinhaltsdelikten

11 Offenbart der Täter ein Staatsgeheimnis durch öffentliches Bekanntmachen in einem Presseerzeugnis, so sind die besonderen **presserechtlichen Verjährungsvorschriften** in den Landespressegesetzen zu beachten. Soweit dort nicht auf eine spezielle Regelung verzich-

[6] Vgl. hierzu auch *Lackner/Kühl* Rdn. 4; *Rudolphi* SK Rdn. 11 ff; *Sch/Schröder/Stree/Sternberg-Lieben* Rdn. 12, 15 ff; *Sonnen* AK Rdn. 19; *Lampe/Hegmann* MK Rdn. 16; ergänzend: § 93 Rdn. 26 ff.

tet wurde (Sachsen, Thüringen), beträgt die Verjährungsfrist für das als Presseinhaltsdelikt begangene *Vergehen* des Offenbarens eines Staatsgeheimnisses einheitlich sechs Monate. Näheres siehe § 94 Rdn. 22.

X. Dem Täter kann als **Nebenfolge** die Fähigkeit aberkannt werden, öffentliche Ämter zu bekleiden, Rechte aus öffentlichen Wahlen zu erlangen und in öffentlichen Angelegenheiten zu wählen oder zu stimmen (§ 101). § 101a sieht die **Einziehung** von Gegenständen nach näherer Maßgabe vor. Hinsichtlich finanzieller Zuwendungen ist der Verfall nach § 73 Abs. 1 StGB anzuordnen (vgl. § 101a Rdn. 8). Zur **Zuständigkeit** siehe Vor § 93 Rdn. 14, zu besonderen Möglichkeiten des **Absehens von der Strafverfolgung** sind die §§ 153c Abs. 2 und 4, 153d, 153e StPO zu beachten (vgl. dazu Vor § 93 Rdn. 10; § 94 Rdn. 23). Die **Nichtanzeige** einer Tat des Offenbarens von Staatsgeheimnissen ist strafbedroht (§ 138 Abs. 1 Nr. 3). 12

§ 96
Landesverräterische Ausspähung; Auskundschaften von Staatsgeheimnissen

(1) Wer sich ein Staatsgeheimnis verschafft, um es zu verraten (§ 94), wird mit Freiheitsstrafe von einem Jahr bis zu zehn Jahren bestraft.

(2) Wer sich ein Staatsgeheimnis, das von einer amtlichen Stelle oder auf deren Veranlassung geheimgehalten wird, verschafft, um es zu offenbaren (§ 95), wird mit Freiheitsstrafe von sechs Monaten bis zu fünf Jahren bestraft. Der Versuch ist strafbar.

Schrifttum

Insoweit wird auf die Angaben Vor § 93 verwiesen.

Entstehungsgeschichte

Die Bestimmung, deren Absatz 1 (landesverräterische Ausspähung) dem früheren § 100 Abs. 2 im Wesentlichen entspricht, wurde durch das 8. StRÄndG[1] eingefügt (zu rechtspolitischen Bedenken vgl. *Paeffgen* NK Rdn. 3). Sie erhielt ihre jetzige Fassung durch Art. 1 Nr. 33 des 1. StrRG[2] und Art. 19 Nr. 17 EGStGB.[3]

I. Allgemeines

Es handelt sich um zwei selbständige so genannte **Vorfeldtatbestände**, durch die Vorbereitungshandlungen zum Landesverrat (§ 94) und zum Offenbaren von Staatsgeheimnissen (§ 95) als landesverräterische Ausspähung (Absatz 1) und als Auskundschaften von Staatsgeheimnissen (Absatz 2) unter Strafe gestellt sind; die Tatbestände knüpfen an 1

[1] Vom 25.6.1968 BGBl. I 741, 745.
[2] Vom 25.6.1969 BGBl. I 645, 652.
[3] Vom 2.3.1974 BGBl. I 469, 479.

§ 94 und § 95 an. Die landesverräterische Ausspähung (Absatz 1) ist ein Verbrechen, das Auskundschaften von Staatsgeheimnissen (Absatz 2) ein Vergehenstatbestand (vgl. § 12).

Vollständigkeitshalber ist auf § 114 OWiG hinzuweisen, der das unbefugte Betreten militärischer Anlagen mit Bußgeld belegt. Eine solche Ordnungswidrigkeit kann bei entsprechender Fallgestaltung gegeben sein, wenn der Nachweis einer strafbaren Handlung nach § 96 scheitert (vgl. § 21 OWiG).

II. Tatobjekt

2 Als Tatobjekt kommt jeweils nur ein echtes **Staatsgeheimnis im Sinne des § 93** in Betracht (siehe dazu § 93 Rdn. 1ff). Das Verschaffen eines *illegalen* Staatsgeheimnisses (§ 93 Abs. 2) ist über § 97a unter den dort beschriebenen Voraussetzungen strafbar. Beim Auskundschaften von Staatsgeheimnissen (Absatz 2) muss es sich zudem um ein Geheimnis handeln, das von einer amtlichen Stelle oder auf deren Veranlassung geheim gehalten wird (siehe dazu § 95 Rdn. 4).

Die Tatbestände sind nach Maßgabe des Art. 7 Abs. 1 Nr. 1 bis 3, 6 des 4. StRÄndG auf **militärische Geheimnisse der NATO-Vertragsstaaten** erweitert. Dazu, zu den so genannten **Euratomgeheimnissen** und zu den **Konkurrenzen** s. § 95 Rdn. 6.

III. Tathandlungen

3 Das **Sichverschaffen** erfordert eine aktive, auf die Erlangung eines Staatsgeheimnisses gerichtete Tätigkeit, der nach Absatz 1 eine Verratsabsicht, nach Absatz 2 eine Offenbarungsabsicht zugrunde liegen muss (siehe Sonderausschussbericht BTDrucks. V/2860 S. 19). Die auf diese Willensrichtung zurückgehende Handlung muss dazu führen, dass der Täter das Staatsgeheimnis in irgendeiner Form aufnimmt; ist es dergestalt in einem Gegenstand verkörpert, dass eine Loslösung oder Übertragung dem Täter nicht möglich ist, wird die Erlangung von Gewahrsam vorausgesetzt. Nicht notwendig ist, dass der Täter das Staatsgeheimnis *inhaltlich* zur Kenntnis nimmt und den Sachverhalt versteht. Vielmehr genügt es, dass er sich in den Stand setzt, das Geheimnis weitergeben zu können, etwa durch bloßes unreflektiertes Auswendiglernen (z. B. einer Formel; s. dazu BGH bei *Wagner* GA **1961** 143 Nr.1 Abs. 1). Das Sichverschaffen kann auch auf vielfältige andere Weise erfolgen, z. B. durch Erlauschen, Beobachten, Ausfragen, Abschreiben oder -zeichnen, Ablichten, Fotografieren, durch Erpressung, Diebstahl u. ä. (vgl. auch *H. Arndt* ZStW **66** [1954] 41, 65 zu § 100a Abs. 2 a. F.; siehe ferner BGHSt **6** 385; **24** 72, 78f); selbst ein „formal legaler" Weg kommt in Betracht (BGH bei *Wagner* GA **1961** 144 Nr. 9), beispielsweise die statthafte Aushändigung durch den Verschlusssachenverwalter oder einen Vorgesetzten, insoweit allerdings vorausgesetzt, dass der Täter nicht lediglich unwesentliche Aktivitäten entwickelt hat, um an das Staatsgeheimnis zu gelangen. Das Fehlen der Befugnis, Zugang zu dem Staatsgeheimnis zu erlangen, ist dem Merkmal des Sichverschaffens nicht immanent (*Maurach/Schroeder/Maiwald* 2 § 85 Rdn. 42; *Paeffgen* NK Rdn. 5; anders *Roeder* ZStW **76** 359, 370 zu § 100 Abs. 2 a. F.).[4] Grundsätzlich kann auch der zum Umgang mit dem Staatsgeheimnis Befugte körper-

---

[4] Vgl. zur Wortbedeutung auch *Wahrig* Wörterbuch der deutschen Sprache 6. Aufl. 1997 Stichwort „verschaffen".

lichen oder geistigen Zugriff im Sinne eines Sichverschaffens nehmen; eine Ausspähung oder ein Auskundschaften wird jedenfalls dann zu bejahen sein, wenn der Täter besondere Anstalten oder Maßnahmen treffen muss (Anforderung ohne dienstlichen Anlass, Vorstelligwerden etc.), wenn er also nicht etwa nur den eigenen Panzerschrank zu öffnen braucht. Ein – wie immer geartetes – Unterlassen oder ein zufälliges Erlangen des Staatsgeheimnisses (z. B. zufälliges Mithören, Fund) scheiden als Tathandlung im allgemeinen aus; dies ergibt sich schon aus der Bedeutung des Verschaffens-Begriffs, der ein aktives Tun und einen „Erwerbswillen" voraussetzt (vgl. *H. Arndt* aaO S. 66; zu besonderen Fallkonstellationen beim Fund siehe Rdn. 5 a. E.).

IV. Verrats- (Abs. 1) oder Offenbarungsabsicht (Abs. 2)

Die für die **Ausspähung** (Absatz 1) erforderliche **Verratsabsicht** muss sich auf eine der beiden Begehensformen des Landesverrats beziehen, also entweder auf die zielgerichtete Mitteilung des Staatsgeheimnisses an eine fremde Macht bzw. einen ihrer Mittelmänner (siehe § 94 Abs. 1 Nr. 1) oder auf das Gelangenlassen an einen Unbefugten bzw. das öffentliche Bekanntmachen in Begünstigungs- oder Benachteiligungsabsicht (§ 94 Abs. 1 Nr. 2).[5] Beim **Auskundschaften** (Absatz 2) muss sich die **Offenbarungsabsicht** lediglich auf das Gelangenlassen an einen Unbefugten bzw. auf das öffentliche Bekanntmachen erstrecken (vgl. § 95). Die Verrats- oder Offenbarungsabsicht braucht nicht das alleinige Motiv des Täters zu sein. Daneben kann er auch von anderen Gründen bestimmt werden, beispielsweise eigener Neugier oder einem in Aussicht gestellten persönlichen Vorteil (vgl. *H. Arndt* ZStW **66** [1954] 41, 65). 4

Die **Absicht muss** bereits **zur Zeit des Sichverschaffens bestehen** (vgl. BGH bei *Wagner* GA **1961** 145 Nr. 12). Wird sie erst im Nachhinein gefasst, fehlt es an dem erforderlichen Zweckzusammenhang mit der Tathandlung. Es genügt allerdings, wenn die Verrats- oder Offenbarungsabsicht bis zur Beendigung des Verschaffensaktes hinzutritt.[6] Maßgeblich hierfür ist mithin der Zeitpunkt, zu dem der Täter alles getan hat, was im konkreten Fall zum Verschaffen gehört, ihm also beispielsweise den gesicherten Gewahrsam an einem Gegenstand vermittelt, der das Staatsgeheimnis verkörpert. 5

Fraglich kann allerdings sein, ob und unter welchen Umständen ein Sichverschaffen auch dann in Betracht kommt, wenn jemand bereits – befugter- oder unbefugterweise – Gewahrsam an einem Staatsgeheimnis oder sonst Zugang zu ihm hat und erst jetzt eine Verrats- oder Offenbarungsabsicht fasst. Das Tatbestandsmerkmal dürfte hier jedenfalls dann erfüllt sein, wenn sich dieser Entschluss des Täters in einer finalen Handlungsweise manifestiert, die ersichtlich auf das neue Ziel, den Verrat, gerichtet ist und den Weg dazu gerade ermöglichen soll, wenn etwa die Beschaffenheit des Staatsgeheimnisses (Umfang, komplizierte Zusammenhänge u. a.) den Täter dazu *nötigt*, zusätzliche Maßnahmen (Ablichtungen, Erläuterungen etc.) zu treffen, um die geheimen Sachverhalte und Erkenntnisse dem amtlichen Schutzbereich zu entziehen (vgl. hier BGHSt **24** 72, 78 f) und dem Nutznießer der ins Auge gefassten Folgetat die Bedeutung der Vorgänge und ihre Verwertbarkeit vermitteln zu können (s. BGH bei *Wagner* GA **1961** 143 C Nr. 1). Gleiches wird gelten, wenn der Täter selbst dienstlich keinen unmittelbaren, jederzeitigen

[5] Vgl. *Sch/Schröder/Stree/Sternberg-Lieben* Rdn. 7; *Rudolphi* SK Rdn. 6; *Tröndle/Fischer* Rdn. 3; *Lackner/Kühl* Rdn. 4; *Lampe/Hegmann* MK Rdn. 7.

[6] Vgl. *Tröndle/Fischer* Rdn. 3; *Lackner/Kühl* Rdn. 4; *Paeffgen* NK Rdn. 7; *Sch/Schröder/Stree/Sternberg-Lieben* Rdn. 5; *Lampe/Hegmann* MK Rdn. 8.

Zugang zu geheimen Unterlagen hat, aber durch gezielte Aktenanforderung, durch Aushorchen von Kollegen oder durch nicht dienstlich veranlasste Nachforschungen in fremden Diensträumen an das Staatsgeheimnis herankommt. Wird dieser „Zugangsakt", der dem Täter aufgrund seiner Nähe zum Staatsgeheimnis zwar von vornherein möglich war, in der erforderlichen Absicht vollzogen, so kann wohl ein – jetzt im Sinne der Folgetat zweckbestimmtes – Sichverschaffen bejaht werden. Anders dürfte es sich hingegen verhalten, wenn der Betroffene äußerlich keine Aktivitäten entfalten muss, um sich das Staatsgeheimnis im Sinne der gefassten Absicht verfügbar zu machen, etwa wenn er es schon vorher geistig erfasst, gewissermaßen „im Kopfe hat", so dass das Herausbringen aus dem geschützten (dienstlichen) Bereich keinerlei Anstalten erfordert.[7]

Besondere Fallgestaltungen können sich beim **Fund** eines Staatsgeheimnisses ergeben (siehe dazu Rdn. 3 a. E.). Erkennt der Finder sofort dessen Bedeutung oder rechnet er mit der Möglichkeit, dass es sich um ein Staatsgeheimnis handelt, wird er auch dann noch, während er den Gegenstand an sich nimmt, die entsprechende Verrats- oder Offenbarensabsicht fassen können, weil die Verschaffenshandlung noch nicht beendet ist. Nimmt er indessen den Gegenstand an sich, um ihn aus anderen als den in § 96 umschriebenen Gründen für sich zu behalten oder um ihn abzuliefern, ist die später hinzutretende Absicht im Sinne des § 96 Abs. 1 oder Abs. 2 insoweit folgenlos. Das bloße Unterlassen einer Anzeige oder der Ablieferung (vgl. §§ 965, 978 BGB) erfüllt den Tatbestand ohnehin nicht (siehe auch Rdn. 3).

V. Weitere subjektive Voraussetzungen

6 Die geforderte Absicht braucht sich nicht auf die tatsächlichen Voraussetzungen des Staatsgeheimnisses und die für die Bundesrepublik im Offenbarungsfalle erwachsende konkrete Gefahr für die äußere Sicherheit zu erstrecken; insoweit genügt **bedingter Vorsatz.** Dies ergibt der systematische Zusammenhang zwischen den Bestimmungen der §§ 94, 95 und 96 Abs. 1 und 2. Die Formulierung „um es zu verraten" bzw. „um es zu offenbaren" kennzeichnet nur den weiteren Tatplan, die Vorstellung des Täters über den weiteren Verlauf seines Handelns zur Erfüllung jener Deliktstatbestände, das allerdings im Falle des § 94 Abs. 1 Nr. 2 seinerseits von einer bestimmten Absicht getragen sein muss.

Bei **irriger Annahme**, ein legales Geheimnis sei illegal (§ 93 Abs. 2), kann der Täter nach § 97b zu bestrafen sein. Geht er hingegen irrtümlich davon aus, ein illegales Geheimnis sei legal, gilt bei der mit einer Verratsabsicht im Sinne des § 94 Abs. 1 Nr. 1 einhergehenden landesverräterischen Ausspähung (Absatz 1) die Bestimmung des § 97a (siehe dort S. 2); im Übrigen (landesverräterische Ausspähung bei Verratsabsicht nach § 94 Abs. 1 Nr. 2) und auch beim Auskundschaften (Absatz 2) eines illegalen, aber vom Täter für legal gehaltenen Geheimnisses kommt untauglicher Versuch in Betracht (vgl. § 94 Rdn. 11).

7 **VI.** Der **Versuch** ist hinsichtlich beider Tatbestände strafbedroht; bei dem Vergehen nach Absatz 2 (Auskundschaften) ist dies ausdrücklich normiert (vgl. § 23 Abs. 1). Wie allgemein ist das Versuchsstadium erreicht, wenn unmittelbar zur Ausspähung (Absatz 1)

---

[7] Vgl. hierzu *Tröndle/Fischer* Rdn. 2; *Sch/Schröder/Stree/Sternberg-Lieben* Rdn. 5; enger wohl *Rudolphi* SK Rdn. 6; *Lackner/Kühl* Rdn. 3; *Sonnen* AK Rdn. 5; *Lampe/Hegmann* MK Rdn. 5.

oder zum Auskundschaften (Absatz 2) angesetzt wird. Das ist beispielsweise der Fall, wenn der Täter Verschlusssachen, bei denen es sich um Staatsgeheimnisse handelt, aussortiert, um sie abzulichten, oder wenn er eine Kamera mit zur Dienststelle nimmt, um hierfür bereitgelegte Dokumente in Verrats- oder Offenbarungsabsicht zu fotografieren. Der Erwerb einer Kamera zu diesem Zweck ist lediglich eine straflose Vorbereitungshandlung. Ein Versuch kann auch darin zu sehen sein, dass sich der Täter mit einem Geheimnisträger verabredet, um diesen gezielt (konkretisiert) im Gespräch auszuhorchen;[8] des weiteren in dem Beginn der Überwindung von Sperren oder Kontrollmaßnahmen. Soll nach dem Plan des Täters die Handlung noch nicht dazu führen, das Staatsgeheimnis zu erlangen, sondern ihn nur näher an sein Ziel zu bringen, so kann es an einem unmittelbaren Ansetzen zur Tat fehlen, etwa dann, wenn der Täter zunächst von Dritten nur einen Weg zum Geheimnisträger oder zum Geheimnis selbst zu erfahren sucht, sich beispielsweise erst Sperr- und Kontrollmaßnahmen erläutern lässt. Die Ausspähung „vermeintlicher Staatsgeheimnisse" kann als untauglicher Versuch zu werten sein (s. OLG Hamm bei *Wagner* GA **1961** 145 Nr. 11, 13; BGH NJW **1958** 2025).

VII. Zusammentreffen

Die landesverräterische Ausspähung (Absatz 1) tritt gegenüber dem vollendeten und dem versuchten Landesverrat (§ 94) zurück, sofern ein und dasselbe Staatsgeheimnis in Rede steht; die Ausspähung ist lediglich Vorbereitungshandlung und Vorstufe der Verwirklichung des Landesverrats.[9] Werden dagegen verschiedene Staatsgeheimnisse einerseits ausgespäht, andererseits verraten, so kann Tateinheit zwischen Landesverrat (§ 94) und landesverräterischer Ausspähung (§ 96 Abs. 1) bestehen. Gleiches gilt für das Verhältnis des Auskundschaftens von Staatsgeheimnissen (Absatz 2) zum Offenbaren von Staatsgeheimnissen (§ 95). **8**

Ist der Landesverrat im Vorbereitungsstadium des Versuchs der Beteiligung (im Sinne des § 30) steckengeblieben (etwa versuchte Anstiftung, Verabredung zum Landesverrat), kommt Tateinheit mit landesverräterischer Ausspähung (§ 96 Abs. 1) oder deren Versuch (§§ 96 Abs. 1, 22) in Betracht (vgl. *Tröndle/Fischer* Rdn. 5; *Sch/Schröder/Stree/Sternberg-Lieben* Rdn. 18; **aA** BGHSt **6** 360; *Lackner/Kühl* § 94 Rdn. 9; vgl. dazu auch § 94 Rdn. 19).

Tritt der Täter vom versuchten Landesverrat (§§ 94, 22, 23, 24) oder auch von der Verabredung zum Landesverrat (siehe §§ 94, 30 Abs. 2, 31) zurück, so bewirkt dies – im Blick auf dasselbe Staatsgeheimnis – keine Strafbefreiung für das vollendete Delikt nach § 96 Abs. 1 (siehe zu Begründung und Streitstand im Einzelnen bei § 94 Rdn. 19).

Zwischen § 96 Abs. 1 und § 97a ist Tateinheit möglich, wenn ein legales Staatsgeheimnis und ein illegales Geheimnis (§ 93 Abs. 2), das von § 97a erfasst wird, Gegenstand der Ausspähung sind.

---

[8] Vgl. BGHSt **6** 385; BGH bei *Wagner* GA **1961** 143 f C Nr. 1, Nr. 7; BGH NJW **1958** 2025; OLG Hamm bei *Wagner* GA **1961** 145 Nr. 11, 13; **aA** *Paeffgen* NK Rdn. 8.

[9] Zur Subsidiarität so genannter Durchgangsdelikte s. *Rissing-van Saan* LK[11] Vor § 52 Rdn. 103; Konsumtion nehmen *Maurach/Schroeder/Maiwald* 2 § 85 Rdn. 48, 42 unter Berufung auf BGHSt **6** 385, 390 an; wie hier aber *Sch/Schröder/Stree/Sternberg-Lieben* Rdn. 18; *Rudolphi* SK Rdn. 13; vgl. auch RGSt. **19** 13, 15; *H. Arndt* ZStW **66** (1954) 41, 67.

Die landesverräterische Ausspähung (§ 96 Abs. 1) geht der landesverräterischen Agententätigkeit (§ 98) sowie der geheimdienstlichen Agententätigkeit (§ 99) aufgrund der in diesen Bestimmungen enthaltenen Subsidiaritätsklauseln vor. Das gilt auch dann, wenn die geheimdienstliche Agententätigkeit vorwiegend anderen Zielen gedient hat als der Ausspähung von Staatsgeheimnissen (BGHSt **24** 72, 79f) oder wenn es nur zum Versuch der Ausspähung (§§ 96 Abs. 1, 22) gekommen ist.

Begeht der Täter beim Ausspähen (Absatz 1) oder Auskundschaften (Absatz 2) des Staatsgeheimnisses weitere Straftaten („Verschaffungstaten", z. B. Diebstahl, Erpressung, Bestechung), besteht Tateinheit (*H. Arndt* ZStW **66** [1954] 41, 67). Das wird auch für das Ausspähen von Daten (§ 202a) gelten, weil jener Tatbestand die Überwindung einer besonderen Sicherung gegen unbefugten Zugang erfordert und nach § 96 bestimmte Anforderungen an das Tatobjekt, ein Staatsgeheimnis, gestellt werden; Gesetzeskonkurrenz wird danach ausscheiden (vgl. zu deren Voraussetzungen *Rissing-van Saan* LK[11] Vor § 52 Rdn. 64ff). Siehe im Übrigen zum Zusammentreffen § 94 Rdn. 18 bis 20.

9 VIII. Als **Nebenfolge** kommt nach § 101 in Betracht, dem Täter die Fähigkeit abzuerkennen, öffentliche Ämter zu bekleiden, Rechte aus öffentlichen Wahlen zu erlangen und in öffentlichen Angelegenheiten zu wählen oder zu stimmen. § 101a sieht die **Einziehung** von Gegenständen nach näherer Maßgabe vor. Hinsichtlich finanzieller Zuwendungen ist der Verfall nach § 73 Abs. 1 StGB anzuordnen (vgl. § 101a Rdn. 8). Zur **Zuständigkeit** vgl. Vor § 93 Rdn. 14, zu besonderen Möglichkeiten des **Absehens von der Strafverfolgung** sind die §§ 153c Abs. 2 und 4, 153d, 153e StPO zu beachten (dazu Vor § 93 Rdn. 10). Die **Nichtanzeige** sowohl der landesverräterischen Ausspähung (Absatz 1) als auch des Auskundschaftens von Staatsgeheimnissen (Absatz 2) ist unter Strafe gestellt (§ 138 Abs. 1 Nr. 3).

§ 97
Preisgabe von Staatsgeheimnissen

(1) Wer ein Staatsgeheimnis, das von einer amtlichen Stelle oder auf deren Veranlassung geheimgehalten wird, an einen Unbefugten gelangen läßt oder öffentlich bekanntmacht und dadurch fahrlässig die Gefahr eines schweren Nachteils für die äußere Sicherheit der Bundesrepublik Deutschland verursacht, wird mit Freiheitsstrafe bis zu fünf Jahren oder mit Geldstrafe bestraft.

(2) Wer ein Staatsgeheimnis, das von einer amtlichen Stelle oder auf deren Veranlassung geheimgehalten wird und das ihm kraft seiner Amtes, seiner Dienststellung oder eines von einer amtlichen Stelle erteilten Auftrages zugänglich war, leichtfertig an einen Unbefugten gelangen läßt und dadurch fahrlässig die Gefahr eines schweren Nachteils für die äußere Sicherheit der Bundesrepublik Deutschland verursacht, wird mit Freiheitsstrafe bis zu drei Jahren oder mit Geldstrafe bestraft.

(3) Die Tat wird nur mit Ermächtigung der Bundesregierung verfolgt.

Schrifttum

Auf die Hinweise Vor § 93 wird Bezug genommen.

Entstehungsgeschichte

Die Vorschrift über die Preisgabe von Staatsgeheimnissen wurde durch das 8. StRÄndG[1] neu konzipiert; sie ist dem früheren § 100c (a. F.) nachgefolgt und erhielt durch Art. 19 Nr. 18 EGStGB[2] ihre gesetzliche Überschrift. Siehe zum Zustandekommen u. a. SPD-Entwurf BTDrucks. V/102 S. 2, 8f (dort § 100); RegE BTDrucks. V/898 S. 8, 33f (dort § 99c), Sonderausschussbericht BTDrucks. V/2860 S. 19f; Prot. V/1461 ff, 1509, 1973 ff. Vgl. auch A E § A 19 und E 1962 § 385 BTDrucks. IV/650.

I. Allgemeines

Die Bestimmung enthält zwei Tatbestände. **Absatz 1** stellt die **vorsätzliche Preisgabe** eines auch faktisch geheim gehaltenen Staatsgeheimnisses mit der Folge fahrlässiger Verursachung der Gefahr eines schweren Nachteils für die äußere Sicherheit unter Strafe; dabei handelt es sich um eine so genannte **Vorsatz-Fahrlässigkeits-Kombination.**[3] Nach **Absatz 2** ist die **leichtfertige Preisgabe** eines faktisch geheim gehaltenen Staatsgeheimnisses mit ebenfalls fahrlässig herbeigeführter Gefährdungsfolge strafbar; da hier nur ein besonderer Täterkreis in Betracht kommt, erweist sich dieser Tatbestand als echtes **Sonderdelikt.** Beide Tatbestände ergänzen die Strafvorschrift über das Offenbaren von Staatsgeheimnissen (§ 95), die hinsichtlich der bewirkten Gefahr subjektiv mehr, nämlich Vorsatz voraussetzt. Die Vergehenstatbestände (siehe § 12) des § 97 sind – wie auch § 95 – allgemeines, vorbehaltenes Gesetz im Sinne des Art. 5 Abs. 2 GG (vgl. BVerfGE **20** 162, 177f; **21** 239, 242; **57** 250, 268; **92** 277, 317f; siehe auch § 93 Rdn. 33). Für die Pönalisierung der leichtfertigen Preisgabe nach Absatz 2 besteht nach wie vor ein kriminalpolitisches Bedürfnis; die Strafvorschrift über die Verletzung eines Dienstgeheimnisses (§ 353b Abs. 1) erfordert für die Tathandlung Vorsatz; disziplinarrechtliche Maßnahmen können nur im Bereich des Dienstrechts greifen (vgl. Sonderausschussbericht BTDrucks. V/2860 S. 20). 1

II. Vorsätzliche Preisgabe von Staatsgeheimnissen (Absatz 1)

1. **Gegenstand** des strafrechtlichen Schutzes ist auch hier das echte (materielle) **Staatsgeheimnis** (im Sinne des § 93), das überdies von einer amtlichen Stelle oder auf deren Veranlassung geheim gehalten wird (**faktisches Element**; siehe dazu im Einzelnen § 95 Rdn. 3f). Gibt der Täter ein illegales Staatsgeheimnis (im Sinne des § 93 Abs. 2) preis, ist er nicht nach § 97 strafbar; es fehlt eine Bestimmung, die die Strafbarkeit hierauf erstreckt (anders § 97a für den Landesverrat [nach § 94 Abs. 1 Nr. 1] und die landesverräterische Ausspähung [§ 96 Abs. 1]). 2

2. Die **Tathandlung** besteht wie beim Offenbaren im Sinne des § 95 darin, dass der Täter das Staatsgeheimnis an einen Unbefugten gelangen lässt (dazu § 94 Rdn. 4f, § 93 Rdn. 26ff) oder öffentlich bekanntmacht (siehe § 94 Rdn. 76). Dadurch – als **Folge** – muss die konkrete Gefahr eines schweren Nachteils für die äußere Sicherheit der Bundes- 3

---

[1] Vom 25.6.1968 BGBl. I 741, 745.
[2] Vom 2.3.1974 BGBl. I 469, 479.
[3] Vgl. *Gribbohm* LK[11] § 11 Rdn. 110 ff; *Rudolphi* SK Rdn. 6; zum Begriff *Krey/Schneider* NJW **1970** 640.

republik herbeigeführt worden sein (siehe § 94 Rdn. 8f; § 93 Rdn. 13 bis 18). Das Merkmal der Gefährdung ist nicht schon dann erfüllt, wenn nach allgemeinen Erfahrungssätzen (abstrakt) eine Gefahr heraufbeschworen wird; vielmehr ist erforderlich, dass im gegebenen Einzelfall (konkret) eine Gefahr geschaffen worden ist. Es muss also – infolge der Tathandlung – die auf Tatsachen beruhende Wahrscheinlichkeit bestehen, das Staatsgeheimnis werde unmittelbar oder mittelbar einer fremden Macht zugänglich werden, vor der es zum Schutze der äußeren Sicherheit (siehe § 93 Abs. 1) geheim gehalten werden muss. Tatsachen, die diese Wahrscheinlichkeit begründen, können beispielsweise schon in der Person eines Unbefugten, aber auch außerhalb seines Persönlichkeitsbereichs liegen (Absatz 1 Alternative 1; vgl. BGH MDR **1963** 426 Nr. 120; BGHSt **20** 342, 348, jeweils zu § 100c StGB a. F.; vgl. ferner *Lange* JZ **1965** 297ff; *Paeffgen* NK Rdn. 4; ausführlicher hierzu § 94 Rdn. 8 und – zur abstrakten Gefahr – § 93 Rdn. 14). Ob eine konkrete Gefahr eingetreten ist, ist Tatfrage (vgl. *Jagusch* Anm. zu BGH LM [1957] Nr. 5 zu § 99 [a. F.]; *Lange* JZ **1965** 297, 299). Sie wird im Falle des öffentlichen Bekanntmachens (Absatz 1 Alternative 2) regelmäßig zu bejahen sein; es liegt auf der Hand, dass fremde Mächte in Verfolgung ihres umfassenden Aufklärungsinteresses die einschlägigen Veröffentlichungen auswerten lassen und so Zugriff auf das Staatsgeheimnis nehmen (siehe auch Rdn. 5).

4 3. **Subjektiv** ist – abgesehen von der Gefährdungsfolge – mindestens bedingter Vorsatz erforderlich. Dieser muss auch die Merkmale des Staatsgeheimnisbegriffs sowie die amtliche oder amtlich veranlasste Geheimhaltung umfassen; insoweit besteht kein Unterschied zum Tatbestand des Offenbarens von Staatsgeheimnissen (§ 95). Hinsichtlich der Herbeiführung der Gefahr eines schweren Nachteils für die äußere Sicherheit der Bundesrepublik genügt Fahrlässigkeit; bedingter Vorsatz insoweit führt bereits zur Strafbarkeit nach § 95.

Fahrlässig handelt, wer bei der ihm nach den Umständen möglichen, nach seinen Kenntnissen und Fähigkeiten zumutbaren Sorgfalt hätte erkennen müssen, dass durch sein – insoweit vorsätzliches – Verhalten das Staatsgeheimnis mittelbar oder unmittelbar einer fremden Macht zugänglich werden könne. Voraussehbar ist im Allgemeinen nicht nur die regelmäßige, sondern auch die nur mögliche Folge des Verhaltens des Täters, sofern sie für ihn nicht außerhalb aller Lebenserfahrung liegt. Ein strenger Maßstab wird dann gelten müssen, wenn es sich um einen besonders sachkundigen Täter, etwa um einen mit Geheimsachen befassten Offizier oder um einen Bediensteten eines Verfassungsschutzamtes, handelt (vgl. BGHSt **20** 342, 348f). Fahrlässigkeit hinsichtlich der Gefährdung der äußeren Sicherheit kann allerdings nicht allein schon darin gesehen werden, dass der Täter das Staatsgeheimnis überhaupt an einen Unbefugten hat gelangen lassen. Dies gilt auch dann, wenn er mit der Weitergabe dienst- oder sonst pflichtwidrig gehandelt, beispielsweise gegen eine Verschlusssachenanweisung verstoßen hat. Eine solche Pflichtverletzung wird aber Ausgangspunkt weiterer Erwägungen zur inneren Tatseite sein. Gerade der Verstoß gegen interne Geheimhaltungsanweisungen kann sich als gewichtiges Indiz für die Annahme fahrlässigen Handelns erweisen. Diese Vorschriften resultieren aus langzeitigen Erfahrungen im Umgang mit Geheimnissen. Sie signalisieren, dass bei ihrer Übertretung eine konkrete Gefahr, der sie begegnen wollen, nicht fern liegt. Dieser Erfahrungswert, der in der Regel durch wiederholte Belehrungen und Hinweise stetig vor Augen geführt wird, wird daher bei der Beurteilung einer Tat, die unter Missachtung der Geheimhaltungsanweisungen begangen wurde, meist schwerer wiegen als etwa die zur Verteidigung angeführte scheinbare Vertrauenswürdigkeit des Unbefugten, für die oft nur unsichere Anhaltspunkte geltend gemacht werden können (*Lange* JZ **1965** 297, 300). Entscheidend werden hier jedoch grundsätzlich die Umstände des einzelnen Falles sein (vgl. BGH MDR **1963** 426 Nr. 120; BGHSt **20** 342, 349, 378 ff zu dem Fall der Unterrichtung eines um Rechtsrat angegangenen Anwalts).

Hat der Täter das Staatsgeheimnis – vorsätzlich – *öffentlich bekannt gemacht* (Absatz 1 Alternative 2), so wird allerdings nur bei außergewöhnlichen Fallgestaltungen eine bloß *fahrlässige* Gefahrenverursachung in Betracht kommen. In der Regel wird hier der Täter auch hinsichtlich der Tatfolge bedingt vorsätzlich handeln und mithin den Tatbestand des § 95 (Offenbaren eines Staatsgeheimnisses) erfüllen; wer die Staatsgeheimnisqualität bestimmter Vorgänge und deren Bekanntgabe bewusst in Kauf nimmt, wer also mit der *abstrakten* Gefahr eines schweren Nachteils für die äußere Sicherheit im Falle der Kenntnisnahme durch eine fremde Macht rechnet, der wird regelmäßig auch die durch sein Handeln heraufbeschworene *konkrete* Gefahr wenigstens billigend in Kauf nehmen. Indessen lässt sich eine nur fahrlässige Herbeiführung dieser Gefahr in den Fällen des öffentlichen Bekanntmachens nicht völlig ausschließen (so auch *Rudolphi* SK Rdn. 4; *Paeffgen* NK Rdn. 6; *Sch/Schröder/Stree/Sternberg-Lieben* Rdn. 8; *Lampe/Hegmann* MK Rdn. 9; **aA** *Tröndle/Fischer* Rdn. 3). Für subjektive Differenzierungen wird vor allem dort Raum sein, wo bei Beurteilung der konkreten Gefahr eine Saldierung mit durch die Tat herbeigeführten Vorteilen in Frage kommt (vgl. § 93 Rdn. 17). **5**

4. Eine **Teilnahme** an der (vorsätzlichen) Preisgabe eines Staatsgeheimnisses (Absatz 1) ist möglich. Eine Vorsatz-Fahrlässigkeits-Kombination wie hier ändert nichts daran, dass sich die Tat als Vorsatztat im Sinne der Teilnahmebestimmungen darstellt (siehe § 11 Abs. 2). Erforderlich ist allerdings, dass dem Teilnehmer im Hinblick auf die konkrete Gefährdung ebenfalls Fahrlässigkeit zur Last fällt (vgl. *Gribbohm* LK[11] § 11 Rdn. 115; *Paeffgen* NK Rdn. 7). **6**

Der **Versuch** ist nicht strafbar (siehe §§ 12, 23 Abs. 1).

III. Leichtfertige Preisgabe von Staatsgeheimnissen (Absatz 2)

1. Tatobjekt ist hier ebenfalls ein auch faktisch geheim gehaltenes Staatsgeheimnis (siehe Rdn. 2; § 95 Rdn. 3). Allerdings ist der **Täterkreis** beschränkt: Das Staatsgeheimnis muss dem Täter kraft seines Amtes, seiner Dienststellung oder eines von einer amtlichen Stelle erteilten Auftrages zugänglich gewesen sein. **7**

a) **Kraft Amtes** ist das Staatsgeheimnis zugänglich, wenn der Täter zu ihm als Amtsträger in einer amtlichen Beziehung steht (vgl. § 11 Abs. 1 Nr. 2). Ähnliches gilt für den Begriff der **Dienststellung:** Gerade sie muss ihm die Preisgabe ermöglichen. Der Täter handelt in der Regel als Angehöriger des öffentlichen Dienstes. Die gesonderte Nennung dieser Alternative neben dem Amtsinhaber spricht jedoch dafür, dass hier eine funktionale, weit reichende Betrachtungsweise am Platz ist. Erfasst werden grundsätzlich auch Angestellte und Arbeiter, wenn sie bei einer Behörde, einem Gericht oder bei einer anderen Stelle, die Aufgaben der öffentlichen Verwaltung wahrnimmt, beschäftigt oder für sie tätig sind, aber auch Personen, die sonst wie aufgrund eines Dienstvertrags diesem Bereich zuzurechnen sind. Einer förmlichen Verpflichtung auf die gewissenhafte Erfüllung der Obliegenheiten,[4] wie sie z. B. in § 353b Abs. 1 Nr. 2 vorausgesetzt wird, bedarf

[4] Aufgrund des Gesetzes über die förmliche Verpflichtung nichtbeamteter Personen in der Fassung des Art. 42 EGStGB vom 2.3.1974 BGBl. I 469, 547, Änderungsgesetz vom 15.8. 1974 BGBl. I 1942.

es nicht. Die Tatbestandsalternative „Zugänglichkeit kraft Dienststellung" dürfte danach all diejenigen Fälle ergreifen, in denen der Täter nicht als Privater Zugang zum Staatsgeheimnis hat.

8 b) **Kraft** eines von einer amtlichen Stelle (siehe dazu § 95 Rdn. 4) **erteilten Auftrags** hat der Täter Zugang, wenn ihm – auch als Privatmann – dieses im Rahmen der Auftragserfüllung ermöglicht wird. Typischerweise wird das der Fall sein bei Gutachtens-, Forschungs- und Fertigungsaufträgen an Unternehmen, an Forschungsinstitute und Sachverständige. Der Auftrag muss nicht unmittelbar dem Täter selbst erteilt sein; es genügt, wenn der Täter im Rahmen des an seinen Arbeitgeber gerichteten Auftrags tätig wird und er dies weiß. Die von *Hengsberger* LK[9] vertretene Ansicht, diese Alternative (Zugang kraft Auftrages) ergreife nur Personen in leitender Stellung, also nicht etwa untergeordnet bei der Auftragserfüllung Tätige, ist nach dem Wortlaut des Absatzes 2 nicht zwingend. Dort ist nicht von einem „ihm" – dem Täter – erteilten Auftrag, sondern ganz allgemein von „einem Auftrag" die Rede. Andererseits gilt es, den hier angesprochenen Täterkreis abgrenzbar und allgemein bestimmbar zu halten. Diese Eingrenzung wird aber durch die Verknüpfung mit dem Merkmal der Zugänglichkeit zu leisten sein: Gerade der Auftrag und seine Erfüllung müssen die Zugriffsmöglichkeit schaffen. Mit anderen Worten: Die Stellung des Täters muss eine gewisse Nähe zum Auftrag haben, die beispielsweise der Raumpflegerin in einem Industriebetrieb oder Forschungsinstitut in aller Regel abgehen wird; anders kann es indessen auch hier liegen, wenn etwa – um im Beispiel zu bleiben – Pflegepersonal aus Sicherheitsgründen eigens für einen bestimmten, räumlich abgegrenzten Geheimbereich ausgesucht und bestellt worden ist.

9 c) Die **Zugänglichkeit** aufgrund der vorbezeichneten Stellung des Täters meint nicht die *rechtliche* Befugnis zum Zugriff. Es genügt, dass der Täter aufgrund seiner Stellung oder infolge seiner Nähe zu dem erteilten Auftrag die *tatsächliche* Möglichkeit hat, sich die Kenntnis des Staatsgeheimnisses oder den Besitz an dem das Staatsgeheimnis verkörpernden Gegenstand zu verschaffen. Das kann auch in der Weise geschehen, dass er – immer jedoch in Ausnutzung seiner Stellung – seine internen Befugnisse überschreitet, z. B. verbotenerweise Unterlagen eines Mitarbeiters oder seines Chefs einsieht (vgl. in anderem Zusammenhang: RGSt **32** 265, 267). Nicht erforderlich ist, dass er bei Tatbeginn bereits Kenntnis oder Besitz hat; es reicht hin, wenn er sich das Staatsgeheimnis mit Tatbeginn aufgrund der vorhandenen Zugangsmöglichkeit verschafft. Erfährt er dieses von dritter Seite und gibt es preis, so ist der Tatbestand des § 97 Abs. 2 nicht erfüllt, wiewohl die Zugangs*möglichkeit* im Sinne der Vorschrift bestehen mag. In solchem Falle fehlt es an der vom Tatbestand vorausgesetzten Verknüpfung zwischen dem äußeren Tatgeschehen und der Stellung des Täters (vgl. *Sch/Schröder/Stree/Sternberg-Lieben* Rdn. 12; *Rudolphi* SK Rdn. 8; *Lampe/Hegmann* MK Rdn. 12).

10 2. Strafbedroht ist hier das **Gelangenlassen an einen Unbefugten**; das öffentliche Bekanntmachen wird als Tathandlung nicht aufgeführt. Daraus ergibt sich indessen keine Einengung des Bereichs der abgedeckten Tathandlungen; das öffentliche Bekanntmachen ist nur eine modifizierte Form des Gelangenlassens an einen Unbefugten, wird also hiervon mit erfasst (vgl. § 94 Rdn. 6). Allgemein zu diesem Merkmal siehe die Kommentierung zu § 94 Rdn. 4f. Ob jemand zum Umgang mit einem Staatsgeheimnis befugt ist oder nicht, richtet sich nach den für den jeweiligen Bereich getroffenen Regelungen oder, wenn solche nicht bestehen, nach Natur und Eigenart des Vorganges. Allein die Ermächtigung zum Handhaben von Verschlusssachen bis zu einer bestimmten Geheimhaltungsstufe erlaubt noch nicht den Zugang zu allen Geheimsachen dieser Art.

Auch bei der leichtfertigen Preisgabe muss durch das Gelangenlassen an einen Unbefugten die **konkrete Gefahr** eines schweren Nachteils für die **äußere Sicherheit** der Bundesrepublik herbeigeführt worden sein (dazu Rdn. 3; § 94 Rdn. 8f).

3. Auf der **subjektiven Tatseite** gelten, wie Aufbau und Wortlaut der Vorschrift zeigen, dreierlei Maßstäbe: **11**

a) Des mindestens **bedingten Vorsatzes** bedarf es hinsichtlich der Voraussetzungen des Staatsgeheimnisses, dessen tatsächlicher Geheimhaltung und der besonderen Stellung des Täters (so auch *Tröndle/Fischer* Rdn. 4; *Lackner/Kühl* Rdn. 3; *Paeffgen* NK Rdn. 15; *Rudolphi* SK Rdn. 9; *Lampe/Hegmann* MK Rdn. 13; **aA** *Sch/Schröder/Stree/Sternberg-Lieben* Rdn. 14, der im Blick auf das Staatsgeheimnis und die Zugänglichkeit lediglich Leichtfertigkeit verlangt).

b) Bei der eigentlichen Tathandlung, dem Gelangenlassen des Staatsgeheimnisses an einen Unbefugten, muss dem Täter **Leichtfertigkeit** zur Last fallen. Kurz gesagt: Er muss grob fahrlässig, jedenfalls aber mit einem erhöhten Grad von Fahrlässigkeit handeln, also eine schwerwiegende Sorgfaltspflichtverletzung begehen (zum Begriff der Leichtfertigkeit vgl. *Paeffgen* NK Rdn. 18 m. w. N.; *Schroeder* LK[11] § 16 Rdn. 208ff; siehe auch BGHSt **14** 240, 255; **20** 315, 323/324). Der Maßstab lässt sich auch umschreiben mit besonderem Leichtsinn, besonderer Gleichgültigkeit oder grober Achtlosigkeit (vgl. OLG Hamm NStZ **1983** 459f). Bei der Beurteilung ist auf die persönlichen Fähigkeiten des Täters abzuheben (vgl. *Tröndle/Fischer* § 15 Rdn. 20). Leichtfertig wird beispielsweise regelmäßig derjenige handeln, der eine Unterlage, die ein Staatsgeheimnis enthält und als Verschlusssache mit dem Grad „GEHEIM" oder „STRENG GEHEIM" eingestuft ist, während seiner Abwesenheit offen in seinem Arbeitszimmer liegen lässt, wer den Schlüssel seines Panzerschranks nicht abzieht oder bei längerer Abwesenheit die Zahlenkombination des Panzerschrankschlosses nicht verwirft; ferner derjenige, der Durchschlag- oder Konzeptpapier, das die Entzifferung eines Staatsgeheimnisses ermöglicht, in einen allgemein zugänglichen Papierkorb wirft, Diktakttonbänder nicht löscht und dennoch offen ablegt, entgegen einer Verschlusssachenanweisung Unterlagen, die ein Staatsgeheimnis enthalten, ungeschützt transportiert, sie so unsicher verwahrt, dass unbefugte Dritte ohne weiteres Kenntnis nehmen oder sie ablichten können. Solches wird weiter anzunehmen sein bei der Aufbewahrung von Unterlagen in einem geparkten Fahrzeug oder in einer ungesicherten Wohnung; schließlich auch dann, wenn die Wohnung zwar gesichert ist, die sonstigen häuslichen Verhältnisse eine Einsichtnahme Unbefugter (auch Familienangehöriger) aber nicht als ausgeschlossen erscheinen lassen (vgl. *Sch/Schröder/Stree/Sternberg-Lieben* Rdn. 14). Darüber hinaus drängt sich die Annahme von Leichtfertigkeit auf, wenn jemand in einem öffentlichen Verkehrsmittel oder sonst außerhalb des dienstlichen Bereichs Unterlagen „vergisst", sich in der Öffentlichkeit mit einem anderen Befugten über den Gegenstand eines Staatsgeheimnisses unterhält, Ferngespräche über nicht abhörsichere Telefonleitungen oder gar über Mobiltelefon führt. Neben diesen Fällen des leichtfertigen Gelangenlassens an einen Unbefugten gibt es aber auch solche, in denen der Täter das Staatsgeheimnis vorsätzlich weitergibt, indessen leichtfertig davon ausgeht, der Dritte sei „Befugter", die Leichtfertigkeit sich also nur auf die Fehleinschätzung der Befugnis bezieht (vgl. *Tröndle/Fischer* Rdn. 4). So kann es beispielsweise liegen, wenn sich der Täter nicht hinreichend vergewissert, ob sein Gesprächspartner zum Umgang mit Verschlusssachen der in Betracht kommenden Geheimhaltungsstufe berechtigt ist.

c) Endlich genügt hier ebenso wie bei dem Tatbestand des Absatzes 1 für die Verursachung der Gefahr eines schweren Nachteils für die äußere Sicherheit einfache **Fahrlässigkeit**. Insoweit wird auf Rdn. 4 und die Kommentierung bei § 94 Rdn. 8f verwiesen.

12 4. Der **Versuch** ist nicht strafbar (§§ 12, 23 Abs. 1); eine **Teilnahme** ist nicht möglich, weil sie hinsichtlich der Tathandlung des Haupttäters Vorsatz erfordern würde (vgl. §§ 11 Abs. 2, 26, 27 Abs. 1).

13 IV. Beide Tatbestände sind nach Maßgabe des Art. 7 Abs. 1, Nr. 1, 3, 6, 7 des 4. StRÄndG auf **militärische Geheimnisse der NATO-Vertragsstaaten** erweitert (abgedruckt Vor § 80 Rdn. 34; siehe dazu näher Vor § 93 Rdn. 7f; § 93 Rdn. 18, 24). Zu den *Konkurrenzen* siehe bei § 94 Rdn. 20; zu den so genannten **Euratom-Geheimnissen** vgl. Vor § 93 Rdn. 9; § 93 Rdn. 18, 24, und § 94 Rdn. 10, 20.

V. Zur Frage einer **Rechtfertigung** siehe bei § 93 Rdn. 30ff und § 95 Rdn. 7.

VI. Bei **Presseinhaltsdelikten** sind die besonderen Verjährungsvorschriften der Landespressegesetze zu beachten (siehe bei § 94 Rdn. 22; § 95 Rdn. 11).

14 VII. Die Strafverfolgung setzt für beide Tatbestände die **Ermächtigung** der Bundesregierung voraus (Absatz 3; vgl. §§ 77e, 77d Abs. 1). Diese wird durch den jeweils fachlich zuständigen Ressortminister erteilt, in dessen Geschäftsbereich das Staatsgeheimnis angesiedelt ist. Der Minister handelt dabei – unter seiner eigenen Amtsbezeichnung – ausdrücklich oder stillschweigend namens der Bundesregierung. Er ist berechtigt, für seinen Bereich die Bundesregierung nach außen zu vertreten (vgl. Art. 65 GG), und nicht verpflichtet, seine Ressortzuständigkeit und eine etwaige im Innenverhältnis gebotene Billigung durch andere Minister oder das Kabinett nachzuweisen. Seine Erklärung gegenüber der Strafverfolgungsbehörde gilt als solche der Bundesregierung (dazu ausführlich: *Schlichter* GA **1966** 353, 365ff; ferner *Krauth/Kurfess/Wulf* JZ **1968** 609, 611; für eine zentrale Vorbereitung der Ermächtigungsentscheidung durch den Bundesminister der Justiz noch *Müller-Emmert* Prot. V/1468f). Geht es um militärische Geheimnisse der Stationierungsstaaten im Sinne des Art. 7 Abs. 1 Nr. 1, 3 des 4. StRÄndG (siehe Vor § 80 Rdn. 31), so tritt an die Stelle der Ermächtigung durch die Bundesregierung das Strafverlangen der obersten militärischen Dienststelle der hier stationierten betroffenen Truppen oder des Leiters der jeweiligen diplomatischen Vertretung (Art. 7 Abs. 1 Nr. 7 des 4. StRÄndG).

Das Ermächtigungserfordernis soll sicherstellen, dass nur solche Taten verfolgt werden, bei denen dies im Blick auf die gesamten Umstände geboten erscheint; dabei soll es insbesondere auf das Gewicht des Verschuldens sowie auf Art und Maß der konkreten Gefährdung ankommen (so Sonderausschussbericht BTDrucks. V/2860 S. 20). Die Fassung der Tatbestände wird jedoch für solche Differenzierungserwägungen nur wenig Raum lassen (*fahrlässige* Verursachung der Gefahr eines *schweren* Nachteils!).

15 VIII. **Rechtliches Zusammentreffen** ist möglich mit § 353b Abs. 1; s. dazu auch § 98 Rdn. 20 2. Absatz a.E. und *Tröndle/Fischer* Rdn. 6; dagegen *Lackner/Kühl* Rdn. 4; *Sch/Schröder/Stree/Sternberg-Lieben* Rdn. 17; *Sonnen* AK Rdn. 11.

IX. Als **Nebenfolge** kann dem Täter auch hier die Fähigkeit aberkannt werden, öffentliche Ämter zu bekleiden, Rechte aus öffentlichen Wahlen zu erlangen und in öffentlichen Angelegenheiten zu wählen oder zu stimmen (§ 101). § 101a sieht die **Einziehung** von Gegenständen vor (siehe dort). Hinsichtlich finanzieller Zuwendungen ist der Verfall nach § 73 Abs. 1 StGB anzuordnen (vgl. § 101a Rdn. 8). Zu den **Zuständigkeiten** (vgl. Vor § 93 Rdn. 14). Die besonderen Verfahrensvorschriften zum **Absehen von der Strafverfolgung** (§§ 153c Abs. 2, Abs. 4, 153d, 153e; dazu Vor § 93 Rdn. 10) dürften im Blick auf die Möglichkeit, die Ermächtigung zur Strafverfolgung nicht zu erteilen (§ 97 Abs. 3) oder zurückzunehmen (siehe §§ 77e, 77d Abs. 1), von nur geringer praktischer Bedeutung sein. Die **Nichtanzeige** der Preisgabetaten ist *nicht* strafbedroht (vgl. Wortlaut des § 138 Abs. 1 Nr. 3, der § 97 ausnimmt). 16

§ 97a
Verrat illegaler Geheimnisse

Wer ein Geheimnis, das wegen eines der in § 93 Abs. 2 bezeichneten Verstöße kein Staatsgeheimnis ist, einer fremden Macht oder einem ihrer Mittelsmänner mitteilt und dadurch die Gefahr eines schweren Nachteils für die äußere Sicherheit der Bundesrepublik Deutschland herbeiführt, wird wie ein Landesverräter (§ 94) bestraft. § 96 Abs. 1 in Verbindung mit § 94 Abs. 1 Nr. 1 ist auf Geheimnisse der in Satz 1 bezeichneten Art entsprechend anzuwenden.

Schrifttum

Auf die Literaturhinweise Vor § 93 wird Bezug genommen.

Entstehungsgeschichte

Die Vorschrift wurde durch das 8. StRändG[1] eingeführt, um die Lücke zu schließen, die durch die Herausnahme des illegalen Geheimnisses aus dem Definitionsbereich des Staatsgeheimnisses entstanden ist. § 97a ist – wie § 97b – ein Teil der Regelung des illegalen Staatsgeheimnisses, die auf einem rechtspolitischen Kompromiss beruht (vgl. dazu näher § 93 [Entstehungsgeschichte]). Ausgangspunkt dieser Regelung ist die Erkenntnis, dass auch das aus dem Staatsgeheimnisbegriff eliminierte illegale Geheimnis (§ 93 Abs. 2) gegen heimliche Weitergabe an eine fremde Macht sowie gegen Ausspähung in Verratsabsicht geschützt werden müsse (zum systematischen Hintergrund dieser Lösung und ihrem Sinn siehe Rdn. 1; vgl. dazu *M. Hirsch* NJW **1968** 2330; kritisch *Breithaupt* NJW **1968** 1712).

I. Allgemeines

Der Gesetzgeber hat nicht alle mit rechtlichen Mängeln verbundenen, sondern nur die mit besonders gewichtigen Rechtsverstößen behafteten Geheimnisse vom Staatsgeheimnisbegriff ausgenommen (§ 93 Abs. 2). Er hat diese indessen nicht frei verfügbar gestellt, 1

[1] Vom 25.6.1968 BGBl. I 741, 745.

sondern den Verrat und die Ausspähung illegaler Geheimnisse einer besonderen Regelung unterworfen (§§ 97a, 97b). Dem liegen folgende Erwägungen zugrunde: Mit dem Herausnehmen des illegalen Geheimnisses aus dem Staatsgeheimnisbegriff und dem sich daraus ergebenden weitgehenden Versagen des strafrechtlichen Schutzes soll im Interesse einer Heilung oder Beseitigung des illegalen Vorganges dessen öffentliches Bekanntmachen, typischerweise seine Publikation in den Medien, sowie das Offenbaren gegenüber Unbefugten, also auch gegenüber Journalisten, ermöglicht werden. Das Auslösen einer öffentlichen Diskussion oder von Gesprächen in anderen Kreisen über Missstände und gewichtige Rechtsverletzungen wird als Anstoß zur Abhilfe verstanden („demokratisches Erörterungsinteresse“ [2]). Dabei entstehende Gefahren für die äußere Sicherheit der Bundesrepublik werden hingenommen. Diese Abstufung der Interessen, der Vorrang des Anliegens, der angesprochenen Illegalität entgegenzuwirken, hat den Gesetzgeber sogar veranlasst, hier ein subjektives Rechtfertigungselement für die Weitergabe nicht zu fordern (vgl. Sonderausschussbericht BTDrucks. V/2860 S. 20). Dem „Heilungsinteresse“ der staatlichen Geheimschaft wird allerdings dort regelmäßig nicht mehr Rechnung getragen, wo der Täter das illegale Geheimnis unmittelbar an eine fremde Macht oder deren Mittelsmann weitergibt oder es in dieser Absicht ausspäht. Ein solches, meist konspiratives, heimliches Vorgehen wird nur selten geeignet sein, zur „Reinigung von der Illegalität“ (§ 93 Abs. 2) beizutragen. Hingegen verbleibt die – bewusst herbeigeführte! – Gefahr eines schweren Nachteils für die äußere Sicherheit (vgl. dazu *Maassen* Prot. V/2058). Die Folgen der Tat reduzieren sich hier aus der Sicht der staatlichen Gemeinschaft und ihrer Rechtsordnung in aller Regel auf das Nachteilige, ohne dass die Chance erwüchse, den illegalen Zustand zu remedieren. So gesehen, erweist sich das vom Tatbestand des § 97a erfasste Handeln als objektiv unangemessen (vgl. *Paeffgen* S. 224); es bleibt die *Gefährdung der äußeren Sicherheit.* Für die differenzierende gesetzgeberische Lösung sprechen danach gute Gründe, die es rechtsstaatlich als erträglich erscheinen lassen, das illegale Geheimnis (§ 93 Abs. 2) in gewissen Grenzen in den strafrechtlichen Schutz einzubeziehen.[3] Dieser Schutz beschränkt sich auf zwei Tatbestände: Mit Strafe bedroht sind der Verrat an eine fremde Macht (§ 97a S. 1) und die Vorbereitungshandlung zum Verrat, nämlich die Ausspähung des illegalen Geheimnisses (Satz 2).

2 **II. Gegenstand der Tat** ist bei beiden Tatbeständen das definitorisch aus dem Staatsgeheimnisbegriff herausgelöste illegale Geheimnis im Sinne des § 93 Abs. 2. Es muss also um geheime Tatsachen, Gegenstände oder Erkenntnisse gehen, die gegen die freiheitliche demokratische Grundordnung (dazu siehe § 93 Rdn. 22) oder unter Geheimhaltung vor den jeweiligen Vertragspartnern der Bundesrepublik gegen zwischenstaatlich vereinbarte Rüstungsbeschränkungen (siehe bei § 93 Rdn. 23) verstoßen. Das ergibt sich unmittelbar aus der Bezugnahme auf § 93 Abs. 2 im Wortlaut der Vorschrift. Lediglich aus diesen Gründen fallen solche Tatsachen, Gegenstände und Erkenntnisse nicht unter den Staatsgeheimnisbegriff. Daraus folgt zweierlei: Zum einen verlieren Geheimnisse, die anderweit mit Rechtsverstößen behaftet sind, nicht ihre Eigenschaft als Staatsgeheimnis; sie stehen unmittelbar im Schutz der §§ 94, 96 (s. dazu § 93 Rdn. 20 a. E.). Zum zweiten muss das – im Sinne des § 93 Abs. 2 – illegale Geheimnis alle anderen Voraussetzungen der Definition des Staatsgeheimnisses (§ 93 Abs. 1) erfüllen: Es darf nur einem begrenzten Per-

[2] So *Paeffgen* S. 54 im Anschluss an *A. Arndt* Landesverrat, passim; vgl. auch *Paeffgen* NK Rdn. 2 m.w.N.

[3] *Lackner/Kühl* Rdn. 1; *Paeffgen* NK Rdn. 2; *Rudolphi* Rdn. 1; *Sch/Schröder/Stree/Sternberg-Lieben* Rdn. 1; *Lampe/Hegmann* MK Rdn. 1; *Sonnen* AK Rdn. 1 f; *Maurach/Schroeder/Maiwald* 2 § 85 Rdn. 22 ff.

sonenkreis zugänglich sein (Geheimhaltungsfähigkeit, siehe dazu bei § 93 Rdn. 3ff) und es muss der Geheimhaltung vor einer fremden Macht bedürfen, um die (abstrakte) Gefahr eines schweren Nachteils für die äußere Sicherheit der Bundesrepublik abzuwenden (Geheimhaltungserforderlichkeit, siehe die Erläuterungen bei § 93 Rdn. 7ff). Die Gefahr eines schweren Nachteils für die äußere Sicherheit kann sich hier gerade aus der Illegalität des Geheimnisses ergeben (ebenso *Sch/Schröder/Stree/Sternberg-Lieben* Rdn. 6); eine Einschränkung, die das ausschlösse, lässt sich auch dem Zusammenhang der Regelung nicht entnehmen.

Militärische Geheimnisse der NATO-Vertragsstaaten im Sinne des Art. 7 Abs. 1 4. StRÄndG (abgedruckt Vor § 80 Rdn. 34) werden vom Tatbestand des § 97a *nicht* erfasst. Die Erweiterungsbestimmungen des Art. 7 Abs. 1 S. 1 4. StRÄndG nehmen nicht auf die Vorschrift Bezug. Für das so genannte **Euratom-Geheimnis** dürfte § 97a jedoch gelten (siehe § 93 Rdn. 24; ferner Vor § 93 Rdn. 9; § 93 Rdn. 18 a. E.)

III. Verrat illegaler Geheimnisse (Satz 1)

1. **Tathandlung** ist das Mitteilen eines illegalen Geheimnisses an eine fremde Macht 3
oder ihren Mittelsmann; sie ist derjenigen des Landesverrats nach § 94 Abs. 1 Nr. 1 gleich. Insoweit kann auf die Erläuterung jener Vorschrift verwiesen werden (siehe zum Begriff der fremden Macht, zur Mittelsmannstellung und zur Bedeutung des Tätigkeitsworts „mitteilen" § 93 Rdn. 10, § 94 Rdn. 2f).

Tatfolge muss wie dort (§ 94 Abs. 1 Nr. 1) die *konkrete* Nachteilsgefahr für die äußere Sicherheit sein (vgl. § 94 Rdn. 8f), die auch hier wesentlich in der Illegalität des Geheimnisses (§ 93 Abs. 2) gründen kann (vgl. *Sch/Schröder/Stree/Sternberg-Lieben* Rdn. 6; *Tröndle/Fischer* Rdn. 2).

2. In **subjektiver Hinsicht** ist mindestens bedingter Vorsatz gefordert. Zu Fragen des 4
Irrtums ist zu bemerken: Erachtet der Täter ein illegales Geheimnis irrig als (legales) Staatsgeheimnis, so ist er dennoch wie ein Landesverräter zu bestrafen (§ 97a S. 1), nicht etwa wegen (untauglichen) versuchten Landesverrats (§ 94 Abs. 1 Nr. 1). Dies ergibt der Regelungszusammenhang zwischen den §§ 94 Abs. 1 Nr. 1, 97a S. 1; gerade auch solche Fälle sollen aufgefangen und der Täter der Bestrafung wegen vollendeten Delikts zugeführt werden.[4] Umstritten ist der umgekehrte Fall: Hält der Täter ein (legales) Staatsgeheimnis irrtümlich für illegal, so wollen *Tröndle/Fischer* (Rdn. 3, § 97b Rdn. 2) und *Rudolphi* (SK Rdn. 3, § 97b Rdn. 3) nicht etwa § 97b angewendet wissen, sondern § 97a. Der Täter werde schon beim Verrat eines illegalen Staatsgeheimnisses (in der Form des § 94 Abs. 1 Nr. 1) wie ein Landesverräter bestraft; dies müsse erst recht gelten, wenn er ein (legales) Staatsgeheimnis mitteile und lediglich irrig an dessen Illegalität glaube; auf die weiteren Voraussetzungen des § 97b könne es danach nicht ankommen. Dem steht jedoch der – eindeutige – Wortlaut des § 97b entgegen (so auch *Paeffgen* NK Rdn. 6; *Sch/Schröder/Stree/Sternberg-Lieben* Rdn. 8; *Sonnen* AK Rdn. 5; *Lampe/Hegmann* MK Rdn. 9). Für die Praxis dürfte die Streitfrage allerdings bedeutungslos sein. Der Verrat eines Geheimnisses durch Mitteilen an eine fremde Macht oder deren Mittelsmann (§ 94 Abs. 1 Nr. 1) wird kaum je ein angemessener Weg sein, der (vermeintlichen)

[4] Vgl. *Tröndle/Fischer* Rdn. 3; *Sch/Schröder/Stree/Sternberg-Lieben* Rdn. 8; *Rudolphi* SK Rdn. 3; *Lampe/Hegmann* MK Rdn. 9; **aA** *Paeffgen* NK Rdn. 6.

Illegalität abzuhelfen, so dass die Bestrafung letztlich hier (über § 97b) wie dort (über § 97a) aus § 94 Abs. 1 Nr. 1 erfolgen kann.

Erkennt der Täter das illegale Geheimnis in seinen Voraussetzungen als solches, meint er jedoch, etwa gerade im Blick auf die Illegalität, es straflos verraten zu dürfen, liegt ein Verbotsirrtum vor, der nicht nach § 97b, sondern nach § 97a in Verbindung mit den allgemeinen Vorschriften zu behandeln ist (§ 17).

5 3. Die **Strafe** wird im Falle des *Verrats* eines illegalen Geheimnisses (§ 93 Abs. 2) § 94 entnommen. Hier gelten aufgrund des umfassenden Verweises in Satz 1 auch die Bestimmungen über den besonders schweren Fall nach § 94 Abs. 2 (siehe im Einzelnen bei § 94 Rdn. 15ff).

IV. Ausspähung illegaler Geheimnisse (Satz 2)

6 Der objektive Tatbestand setzt voraus, dass der Täter sich ein **illegales Geheimnis** im Sinne des § 93 Abs. 2 (dazu siehe Rdn. 2, § 93 Rdn. 20 bis 23) **verschafft** (zum Sichverschaffen vgl. bei § 96 Rdn. 3). Er muss bei dem Verschaffensakt von der **Absicht** geleitet sein, das illegale Geheimnis im Wege der Mitteilung an eine fremde Macht oder deren Mittelsmann zu verraten (§ 94 Abs. 1 Nr. 1; siehe zur Verratsabsicht bei § 96 Rdn. 4f). Nicht erfasst wird mithin der Fall, dass der Täter sich des illegalen Geheimnisses bemächtigt, um es durch öffentliches Bekanntmachen oder das Gelangenlassen an einen sonst Unbefugten zu verraten. Die Verratsform des § 94 Abs. 1 Nr. 2 ist hier also – anders als in § 96 Abs. 1 – ausgenommen. Über die bei der Tathandlung erforderliche Verratsabsicht hinaus genügt auf der subjektiven Tatseite **bedingter Vorsatz**.

Zu Irrtumsfragen siehe Rdn. 4. Ergänzend wird auf die Erläuterungen bei den §§ 94, 96 verwiesen. Für die Ausspähung des illegalen Geheimnisses (§ 93 Abs. 2) gilt der **Strafrahmen** des § 96 Abs. 1.

7 V. Der **Versuch** sowohl des Verrats als auch der Ausspähung illegaler Geheimnisse ist strafbar; es handelt sich um Verbrechenstatbestände (vgl. § 23 Abs. 1). Die Strafe ist § 94 bzw. § 96 Abs. 1 (jeweils in Verbindung mit § 23 Abs. 2) zu entnehmen. Im Übrigen wird für § 97a S. 1 auf die Erläuterungen bei § 94 Rdn. 12, für § 97a S. 2 auf die bei § 96 Rdn. 7 verwiesen.

8 VI. Eine (ungleichartige) **Wahlfeststellung** ist möglich sowohl zwischen den Tatbeständen des Landesverrats (in der Begehungsform des § 94 Abs. 1 Nr. 1) und dem Verrat illegaler Geheimnisse (§ 97a S. 1) als auch zwischen der landesverräterischen Ausspähung (§§ 96 Abs. 1, 94 Abs. 1 Nr. 1) und der Ausspähung illegaler Geheimnisse (§ 97a S. 2).[5]

---

[5] Vgl. *Paeffgen* NK Rdn. 6; *Sch/Schröder/Stree/Sternberg-Lieben* Rdn. 2; *Rudolphi* SK Rdn. 4, 8; *Lackner/Kühl* Rdn. 2; *Tröndle/Fischer* Rdn. 1; *Lampe/Hegmann* MK Rdn. 10.

VII. Zusammentreffen

§ 97a geht kraft gesetzlicher Regelung der Vorschrift des § 99 (geheimdienstliche Agententätigkeit) vor (siehe § 99 Abs. 1, Subsidiaritätsklausel). Die Straftat der geheimdienstlichen Agententätigkeit tritt auch dann zurück, wenn sie nur *teilweise* mit Taten nach § 97a zusammenfällt (vgl. BGHSt **24** 72, 79ff). Tateinheit zwischen den Delikten nach § 94 und § 97a S. 1 sowie zwischen denen nach § 96 Abs. 1 und § 97a S. 2 ist möglich, wenn ein Teil der Tatobjekte sich als (legales) Staatsgeheimnis, ein anderer sich hingegen als illegales Geheimnis erweist. **9**

VIII. Als **Nebenfolge** kommt nach § 101 in Betracht, dem Täter die Fähigkeit zur Bekleidung öffentlicher Ämter, zur Erlangung von Rechten aus öffentlichen Wahlen sowie zum Wählen und Stimmen in öffentlichen Angelegenheiten abzuerkennen. § 101a sieht die **Einziehung** von Gegenständen nach näherer Maßgabe vor. Hinsichtlich finanzieller Zuwendungen ist der Verfall nach § 73 Abs. 1 StGB anzuordnen (vgl. § 101a Rdn. 8). Zu den staatsanwaltlichen und gerichtlichen **Zuständigkeiten** wird auf die Kommentierung Vor § 93 Rdn. 14 verwiesen. Besondere Möglichkeiten des **Absehens von der Strafverfolgung** sind in §§ 153c Abs. 2 und 4, 153d, 153e StPO normiert (vgl. Vor § 93 Rdn. 10). Die **Nichtanzeige** einer Straftat nach § 97a ist unter Strafe gestellt (§ 138 Abs. 1 Nr. 3). **10**

§ 97b
Verrat in irriger Annahme eines illegalen Geheimnisses

(1) Handelt der Täter in den Fällen der §§ 94 bis 97 in der irrigen Annahme, das Staatsgeheimnis sei ein Geheimnis der in § 97a bezeichneten Art, so wird er, wenn
1. dieser Irrtum ihm vorzuwerfen ist,
2. er nicht in der Absicht handelt, dem vermeintlichen Verstoß entgegenzuwirken, oder
3. die Tat nach den Umständen kein angemessenes Mittel zu diesem Zweck ist, nach den bezeichneten Vorschriften bestraft. Die Tat ist in der Regel kein angemessenes Mittel, wenn der Täter nicht zuvor ein Mitglied des Bundestages um Abhilfe angerufen hat.

(2) War dem Täter als Amtsträger oder als Soldat der Bundeswehr das Staatsgeheimnis dienstlich anvertraut oder zugänglich, so wird er auch dann bestraft, wenn nicht zuvor der Amtsträger einen Dienstvorgesetzten, der Soldat einen Disziplinarvorgesetzten um Abhilfe angerufen hat. Dies gilt für die für den öffentlichen Dienst besonders Verpflichteten und für Personen, die im Sinne des § 353b Abs. 2 verpflichtet worden sind, sinngemäß.

Schrifttum

Auf die Vor § 93 angeführte Literatur wird verwiesen. Hervorzuheben sind an dieser Stelle: *Jescheck* Die Behandlung des sog. illegalen Staatsgeheimnisses im neueren politischen Strafrecht, Festschrift Engisch (1969) 584; *Paeffgen* Der Verrat in irriger Annahme eines illegalen Geheimnisses (§ 97b StGB) und die allgemeine Irrtumslehre [1979], und hierzu die Rezensionen von *Jakobs* ZStW 93 [1981] S. 901, und *Otto* GA **1981** 419; *Wiedmann* Inwieweit widerspricht § 97b StGB allgemeinen strafrechtlichen Grundsätzen? Diss. Tübingen 1971; s. zur Historie auch *Klug* Der Ossietzky-Prozeß 1931 Festschrift Baumgärtel (1990) 249.

Entstehungsgeschichte

Die Vorschrift ist Teil der 1968 eingeführten Regelung zum illegalen Geheimnis[1] (siehe bei § 93 Entstehungsgeschichte und Rdn. 20; bei § 97a Entstehungsgeschichte und Rdn. 1). Sie hat ihre jetzige Fassung durch Art. 19 Nr. 19 EGStGB[2] sowie Art. 1 Nr. 1 des 17. StRÄndG[3] erhalten. Die irrige Annahme eines illegalen Geheimnisses im Sinne des § 93 Abs. 2 soll nach dem Willen des Gesetzgebers dem Täter nur unter strengen Voraussetzungen zugute kommen können; wegen der Gefahren, die mit dem Verrat, der Preisgabe, dem Offenbaren und dem Ausspähen eines nur nach der Vorstellung des Täters illegalen, in Wirklichkeit aber legalen Staatsgeheimnisses (i. S. d. § 93) für die äußere Sicherheit verbunden sind, sollen besonders hohe Anforderungen an die Sorgfalt vorheriger Prüfung der Frage der Illegalität gestellt werden (Sonderausschussbericht BTDrucks. V/2860 S. 20. Zum Gang des Gesetzgebungsverfahrens vgl. RegE [dort § 99a Abs. 5] BTDrucks. V/898, S. 7, 32f; Prot. V/1265f, 1471f, 1488f, 2028f, 2058f, 2064f; Formulierungshilfen Prot. V/1274f [§§ 99aa, 99cc], 2067f [§ 99e]).

Übersicht

I. Allgemeines

1 Die Vorschrift wird ganz überwiegend als eigenständiger Tatbestand verstanden, der eine Irrtumsregelung „sui generis" enthält (vgl. *Maassen* Prot. V/2059; *Sch/Schröder/Stree/Sternberg-Lieben* Rdn. 1, 3; *Lampe/Hegmann* MK Rdn. 2; *Krauth/Kurfess/Wulf* JZ **1968** 609, 612; für eine Bewertung als „Rechtfertigungslösung" allerdings *Jescheck* FS Engisch 584, 594ff; *Maurach/Schroeder/Maiwald* 1 § 85 Rdn. 30; *Paeffgen* NK Rdn. 2. Die Sonderregelung schaltet im Falle des Irrtums über die Illegalität eines Geheimnisses

[1] 8. StRÄndG vom 25.6.1968 BGBl. I 741, 745 f.

[2] Vom 2.3.1974 BGBl. I 469, 479.

[3] Vom 21.12.1979 BGBl. I 2324.

(im Sinne des § 93 Abs. 2) die an und für sich nach den allgemeinen Irrtumsregeln eintretenden Folgen aus. Tatbestands- und Verbotsirrtum werden nicht unterschieden. Derjenige, der sich auf einen solchen Irrtum beruft, soll damit nur dann durchdringen, wenn er zuvor alles getan hat, um diesen Irrtum zu vermeiden (Abs. 1 Nr. 1), und wenn er in „guter Absicht" (Abs. 1 Nr. 2) und mit angemessenen Mitteln (Abs. 1 Nr. 3) vorgeht (vgl. *Arndt* Prot. V/2034, 2059, sowie BTVerh. 5. Wp. StenB 177, Sitzung S. 9537 B). Für Personen in besonderer Pflichtenstellung, vornehmlich Amtsträger und Soldaten, werden an die Angemessenheit des Vorgehens besondere Anforderungen gestellt (Abs. 2).

Von den in Absatz 1 Nr. 1 bis 3 aufgeführten Voraussetzungen darf *keine* vorliegen, wenn der Täter straffrei ausgehen soll; die Bejahung nur einer der Alternativen führt zur Strafbarkeit (vgl. Sonderausschussbericht BTDrucks. V/2860 S. 20; *Tröndle/Fischer* Rdn. 3; *Sch/Schröder/Stree/Sternberg-Lieben* Rdn. 3; *Rudolphi* SK Rdn. 1, 4; *Lampe/Hegmann* MK Rdn. 7).

Die praktische Bedeutung der Bestimmung ist bislang gering. Ändern könnte sich das allerdings, wenn ein im Lichte des § 93 Abs. 2 bedenklicher sicherheitspolitischer Weg eingeschlagen würde oder wenn der politische Konsens in grundlegenden Fragen der Sicherheit verloren ginge und vor allem im Wertungsbereich einer sich zuspitzenden Konfrontation Platz machen müsste.

Die Vorschrift hat wegen ihrer dogmatischen Besonderheiten und vor allem im Blick auf den verfassungsverbürgten Schuldgrundsatz vehemente Kritik erfahren (dazu im Einzelnen Rdn. 13 ff).

II. Tatbestand

1. Ein strafbarer „Verrat in irriger Annahme eines illegalen Geheimnisses" (siehe zur Tenorierung Rdn. 12) setzt **objektiv** eine **Tat im Sinne der §§ 94 bis 97** voraus, mithin den Verrat, das Offenbaren, Preisgeben, Ausspähen oder Auskundschaften eines (legalen) Staatsgeheimnisses (§ 93) als Tatobjekt. Auch in **subjektiver Hinsicht** müssen die Voraussetzungen eines dieser Bezugstatbestände erfüllt sein. Der **Täter nimmt** allerdings **irrig an**, der Gegenstand seiner Tat sei ein illegales Geheimnis (§ 93 Abs. 2), verstoße also gegen die freiheitliche demokratische Grundordnung oder – unter Geheimhaltung gegenüber den jeweiligen Vertragspartnern – gegen eine zwischenstaatlich vereinbarte Rüstungsbeschränkung (siehe dazu bei § 93 Rdn. 21 bis 23). Damit ist zum einen die irrtümliche Annahme eines Sachverhaltes erfasst, der, läge er tatsächlich vor, die Illegalität des Geheimnisses nach § 93 Abs. 2 begründen würde. Zum anderen fällt darunter auch die fehlerhafte Einschätzung, der richtig erkannte Lebenssachverhalt beinhalte einen Verstoß gegen die freiheitliche demokratische Grundordnung oder eine zwischenstaatliche Rüstungsbeschränkung. 2

Von dem in § 97b vorausgesetzten Irrtum, der sich *allein* auf die Illegalität des Geheimnisses im Sinne des § 93 Abs. 2 erstreckt, ist derjenige zu unterscheiden, der sich auf andere Merkmale des Staatsgeheimnisbegriffs (Geheimhaltungsfähigkeit, Geheimhaltungsbedürftigkeit) und der Bezugstatbestände (§§ 94 bis 97) im Übrigen bezieht, oder der andere als die in § 93 Abs. 2 bezeichneten Rechtsverstöße zum Gegenstand hat; dafür gelten die allgemeinen Regeln (§§ 16, 17).

2. In Absatz 1 S. 1 Nr. 1 bis 3 und Absatz 1 S. 2 sind die **weiteren Voraussetzungen** normiert. 3

a) Von den in Absatz 1 **Nr. 1 bis 3** aufgeführten **Alternativen** muss lediglich *eine* hinzutreten, um die Strafbarkeit des Täters zu begründen. Eine **Besonderheit gilt** insoweit nur **für die leichtfertige Preisgabe** eines Staatsgeheimnisses (§ 97 Abs. 2) in der irrigen Annahme seiner Illegalität im Sinne des § 93 Abs. 2. Hier sind die Nummern 2 und 3 des § 97b Abs. 1 nicht anwendbar (*Tröndle/Fischer* Rdn. 7; *Rudolphi* SK Rdn. 4; *Lackner/Kühl* Rdn. 3; *Sch/Schröder/Stree/Sternberg-Lieben* Rdn. 3; *Lampe/Hegmann* MK Rdn. 7). Die *leichtfertige*, also nicht – auch nicht bedingt – vorsätzliche Geheimnispreisgabe schließt es schon begrifflich aus, dass der Täter in der Absicht handelt, dem vermeintlich illegalen Zustand entgegenzuwirken, und dass er die Preisgabe bewusst als Mittel zu diesem Zweck einsetzt (vgl. Rdn. 6 a. E.). Wollte man dennoch auf der Anwendbarkeit der Nummern 2 und 3 bestehen, könnte der über die Illegalität (§ 93 Abs. 2) irrende Täter den Anforderungen des § 97b nie genügen, folglich nie straffrei ausgehen; die Bezugnahme des § 97b auch auf § 97 Abs. 2 ergäbe kein sinnvolles Zusammenspiel der Regelungen. Anders jedoch dann, wenn in solchen Fällen seine Anwendbarkeit auf die Voraussetzungen der Nr. 1 zurückgeführt wird (sog. teleologische Reduktion).[4] Die leichtfertige Preisgabe (§ 97 Abs. 2) ganz aus dem Anwendungsbereich des § 97b herauszulösen und nach allgemeinen Regeln §§ 16, 17) zu behandeln, verbietet der klare Wortlaut der Bestimmung.

4 b) Zu den einzelnen Alternativen (Absatz 1 S. 1 Nr. 1 bis 3, Absatz 1 S. 2) ist zu bemerken:

aa) Die irrige Annahme der Illegalität des Staatsgeheimnisses nach § 93 Abs. 2 ist dem Täter vorzuwerfen (Absatz 1 Nr. 1), wenn er bei seiner Beurteilung nicht das Maß an Sorgfalt hat walten lassen, das nach Sachlage objektiv geboten und das ihm nach seinen persönlichen Verhältnissen und Fähigkeiten auch zuzumuten war. **Vorwerfbarkeit des Irrtums** in diesem Sinne ist Schuld am Irrtum, Belastetsein mit der Verantwortung für ihn (vgl. BGHSt 2 194, 200; *Tröndle/Fischer* Vor § 13 Rdn. 28). Die Vorwerfbarkeit kann sich daraus ergeben, dass der Täter eine Prüfung unterlässt oder dass er sie nicht in der erforderlichen und zumutbaren Weise durchführt. Regelmäßig wird er verpflichtet sein, sich an kompetenter Stelle unter größtmöglicher Schonung des Geheimnisses zu erkundigen. Daraus erhellt, dass die aus Absatz 1 Nr. 1 folgenden Anforderungen sich in tatsächlicher Hinsicht mit denjenigen überschneiden können, die sich aus der Angemessenheitsklausel (Absatz 1 Nr. 3, Absatz 2) ergeben. Welche Auskunftsaktivitäten im Einzelfall geboten sind, lässt sich nicht allgemein sagen. Im Blick auf das Gewicht des in Rede stehenden Rechtsgutes, die äußere Sicherheit, und der Schwere des dem Staat angelasteten Vorwurfs, gegen fundamentale Verfassungsprinzipien zu verstoßen oder wichtige völkerrechtliche, der Friedenssicherung dienende Verpflichtungen missachtet zu haben (s. § 93 Rdn. 22f), werden die Anforderungen jedoch entsprechend hoch zu stellen sein. Für Amtsträger und Soldaten gilt ohnehin die besondere Anrufungspflicht nach Absatz 2 (siehe dazu Rdn. 8). Hat der Täter alle ihm zu Gebote stehenden Erkundigungs- und Prüfungsmöglichkeiten ausgeschöpft und dürfte er dennoch auf der Grundlage seines individuellen Erkenntnisvermögens zu der irrigen Annahme gelangen, das legale Geheimnis sei illegal im Sinne des § 93 Abs. 2, so ist ihm der Irrtum nicht vorzuwerfen. Eine besondere Gewissensanspannung (vgl. BGHSt 2 194), die über die objektiv gebotene und subjektiv

[4] Vgl. *Larenz/Canaris* Methodenlehre 3. Aufl. [1995] S. 145, 210 zum sinnhaften Aufeinanderbezogensein von Normen.

zumutbare Prüfung hinausgeht, ist nicht vonnöten (vgl. Sonderausschussbericht BT-Drucks. V/2860 S. 20; ebenso *Paeffgen* NK Rdn. 7).

bb) Der Täter wird auch dann bestraft, wenn ihm die Absicht fehlt, dem vermeintlichen Verstoß gegen die freiheitliche demokratische Grundordnung oder – unter Geheimhaltung gegenüber einem Vertragspartner – gegen zwischenstaatlich vereinbarte Rüstungsbeschränkungen entgegenzuwirken (**fehlende Entgegenwirkungsabsicht**; Absatz 1 Nr. 2). Diese Heilungsabsicht lässt sich dahin umschreiben, dass es dem Täter darauf ankommen muss, eine Fortdauer der Rechtsverletzung im Sinne des § 93 Abs. 2 im Ergebnis einzudämmen und zu verhindern. Damit ist das Handeln aus anderen Motiven, etwa aus Sensationslust oder Imponiersucht, ausgeschieden; solchenfalls ist die Tat auch dann strafbar, wenn der irrige Glaube an die Illegalität des Staatsgeheimnisses nicht vorwerfbar ist (siehe Absatz 1 Nr. 1). Handelt der Täter nicht nur in Heilungsabsicht, sondern auch aus anderen Gründen, so ist dies unschädlich, solange das Heilungsinteresse nicht in den Hintergrund gedrängt wird, es dem Täter also noch hierauf ankommt. Bestehen in tatsächlicher Hinsicht Zweifel am Vorliegen solcher Absicht, so ist zugunsten des Täters von ihr auszugehen; die Fassung der Vorschrift lässt erkennen, dass das Fehlen der Absicht nachzuweisen ist (vgl. auch Sonderausschussbericht BTDrucks. V/2860 S. 21; *Tröndle/Fischer* Rdn. 4; *Rudolphi* SK Rdn. 6; *Sch/Schröder/Stree/Sternberg-Lieben* Rdn. 5; *Lackner/Kühl* Rdn. 3; *Lampe/Hegmann* MK Rdn. 9). **5**

cc) Der Täter des Preisgebens, Offenbarens, Verratens, Ausspähens oder Auskundschaftens in irriger Annahme eines illegalen Geheimnisses ist schließlich auch dann strafbar, wenn seine Tat **kein angemessenes Mittel** zu dem Zweck ist, dem Rechtsverstoß nach § 93 Abs. 2 entgegenzuwirken (Absatz 1 Nr. 3). In diesem Falle ist es – als Folge der Alternativität der Nummern 1 bis 3 des Absatzes 1 – unerheblich, ob der Irrtum über die Illegalität unverschuldet ist und Heilungsabsicht vorliegt. Die Angemessenheit des Mittels ist objektiv und *ex ante* zu beurteilen. Sie setzt voraus, dass die Tat in ihrer konkreten Erscheinung **geeignet** ist, dem vermeintlich illegalen Vorgang (im Sinne des § 93 Abs. 2) entgegenzuwirken, also den Anstoß zur Abhilfe zu geben. Darüber hinaus ist **abzuwägen**, ob das Ausmaß der angenommenen Illegalität (nach § 93 Abs. 2) es als noch hinnehmbar erscheinen lässt, zum Zwecke des Entgegenwirkens eine Gefahr solchen Gewichts herbeizuführen, wie sie durch die Tat ausgelöst wurde. Es gilt, das schonendste Mittel einzusetzen. Daraus folgt zum einen, dass nur soviel preisgegeben werden darf, wie erforderlich ist, um dem vermeintlich illegalen Zustand (§ 93 Abs. 2) abzuhelfen. Zum anderen muss der Kreis derjenigen, die „eingeweiht" werden, um „Gegenwirkung" zu erzielen, auf das gebotene Maß begrenzt bleiben. In der Regel wird zunächst Gelegenheit zur Heilung des vermeintlich illegalen Zustandes gegeben werden müssen; dies schließt grundsätzlich ein, eine ausreichende Zeitspanne zuzuwarten, es sei denn, die Abhilfe wird rundheraus abgelehnt. Kommen verschiedene Stufen von Abhilfemöglichkeiten in Betracht, kann es nötig sein, die Bemühungen danach auszurichten und entsprechend zu steigern. Eine *sofortige* Tat nach den §§ 94 bis 97, ohne vorherige anderweitige Abhilfeversuche, wird allenfalls in extremen Ausnahmesituationen als angemessen erachtet werden können, etwa dann, wenn eine zeitliche Verzögerung untragbar wäre oder sich von vornherein sicher sagen ließe, dass alle in Betracht kommenden Abhilfemöglichkeiten keine hinreichende Aussicht auf Erfolg versprechen. Bei alledem wird zu beachten sein, dass die im Blick auf die gesetzlichen Anforderungen unternommenen Abhilfebemühungen dazu führen können, den Irrtum des Täters über die Illegalität des Geheimnisses im Sinne des § 93 Abs. 2 auszuräumen oder nunmehr jedenfalls als vorwerfbar zu werten (Absatz 1 Nr. 1). **6**

Die Vorschrift sieht ausdrücklich vor, dass **in der Regel** ein **Mitglied des Bundestages anzurufen** ist (Absatz 1 S. 2), ehe eine Tathandlung i. S. d. §§ 94 bis 97 als angemessenes „Gegenwirkungsmittel" bewertet werden kann. Der Täter kann aber auch einen zuständigen Bundestagsausschuss um Abhilfe ersuchen. Im Einzelfall kann es genügen, wenn er die zuständige, mit der Sache befasste Stelle anruft und dieser Weg im Blick auf die Besonderheiten des Sachverhalts und die Zweckerreichung als gleichwertig zu erachten ist. Immer aber wird er zu prüfen haben, ob nicht noch weitere Anstrengungen – auch außerhalb des Bundestages – geboten sind. In die hier geforderte Abwägung sind alle Umstände, die der Sachverhalt ausweist, einzubeziehen.

Die tatsächlichen Umstände, die die Unangemessenheit des Mittels begründen, müssen vom **Vorsatz** des Täters umfasst sein; denn ein *nur* objektives Verständnis der Angemessenheitsprüfung würde dem Schuldprinzip nicht gerecht. Auf einen Irrtum insoweit sind die allgemeinen Irrtumsregeln anzuwenden (siehe auch *Sch/Schröder/Stree/Sternberg-Lieben* Rdn. 9).

7 3. Für **Personen in besonderer Pflichtenstellung** erweitert **Absatz 2** die Anforderungen an die „Angemessenheit des Weges". Systematisch ist diese Regelung der Angemessenheitsklausel in Absatz 1 Nr. 3 zuzuordnen.

a) Wer **Amtsträger** ist, ergibt sich aus der Definition des § 11 Abs. 1 Nr. 2 (dazu im Einzelnen und ausführlich *Gribbohm* LK[11] § 11 Rdn. 18 bis 66). **Soldat** ist, wer aufgrund der Wehrpflicht oder nach freiwilliger Verpflichtung in einem Wehrdienstverhältnis steht (§ 1 Abs. 1 S. 1 SoldatenG; siehe zur Wehrpflicht §§ 1ff WehrpflichtG). In einem sich aus der Wehrpflicht ergebenden Wehrdienstverhältnis befinden sich auch noch die Angehörigen der Reserve mit Dienstgrad, solange sie zum Wehrdienst einberufen sind (§ 1 Abs. 2 SoldatenG). Das Wehrdienstverhältnis beginnt mit dem für den Diensteintritt des Soldaten festgesetzten Zeitpunkt; es endet mit dem Ablauf des Tages, an dem der Soldat aus der Bundeswehr ausscheidet (§ 2 SoldatenG).

8 b) Vor einer Weitergabe des vermeintlich illegalen Geheimnisses an Dritte haben Amtsträger einen Dienstvorgesetzten, Soldaten einen Disziplinarvorgesetzten um Abhilfe anzurufen.

Dienstvorgesetzter ist, wer im hierarchischen Aufbau einer Verwaltung für die beamten- oder arbeitsrechtlichen Entscheidungen über die persönlichen Angelegenheiten der ihm nachgeordneten Amtsträger zuständig ist (vgl. § 3 Abs. 2 BBG). Die Dienstvorgesetztenstellung ist regelmäßig nicht aufgrund Gesetzes eingeräumt, sondern im Verwaltungswege (vgl. *Plog/Wiedow/Beck* BBG § 3 Rdn. 18; zu den beamtenrechtlichen Regelungen in den Ländern vgl. die Hinweise ebendort Rdn. 25). Das Gesetz (Absatz 2) befindet aus gutem Grunde die Anrufung *eines* Dienstvorgesetzten für genügend; der Amtsträger ist also nicht gehalten, den *unmittelbaren* Dienstvorgesetzten anzugehen. Zu diesem können Spannungen bestehen, die es – zumindest psychologisch – erschweren, der gesetzlichen Pflicht nachzukommen; möglicherweise wird der unmittelbare Dienstvorgesetzte auch mit der vermeintlichen Illegalität verantwortlich befasst sein. Deshalb wird hier der Weg auch zum nächsthöheren Dienstvorgesetzten bis hin zum parlamentarisch verantwortlichen Minister eröffnet (vgl. *Plog/Wiedow/Beck* BBG § 3 Rdn. 14 und *Paeffgen* NK Rdn. 17). Stets muss der betroffene Amtsträger aber einen *seiner* Dienstvorgesetzten, dem er untersteht, anrufen. Vom Begriff des Dienstvorgesetzten zu scheiden ist der allgemeine Vorgesetzte, dessen *sachlichen* Anordnungen und Weisungen der Amtsträger Gehorsam schuldet, beispielsweise also der Referatsleiter oder der Abteilungsleiter (vgl. *Plog/Wiedow/Beck* BBG § 55 Rdn. 5). Er kommt hier als Anrufungsinstanz nicht in Betracht.

Ansprechadressat des Soldaten ist **ein Disziplinarvorgesetzter**. Die Disziplinargewalt ist in § 24 Wehrdisziplinarordnung (WDO) je nach der Dienststellung des Soldaten abgestuft. Maßgeblich ist daher, welcher nächst vorgesetzte Offizier die Befugnis innehat, Disziplinarmaßnahmen zu verhängen und die sonst dem Disziplinarvorgesetzten obliegenden Entscheidungen und Maßnahmen zu treffen (siehe § 23 WDO). Das kann ein Kompaniechef oder ein Offizier in entsprechender Dienststellung sein, aber auch ein Kommandeur (vgl. im Einzelnen § 24 Abs. 1 Nr. 2 und 3 WDO). Oberster Disziplinarvorgesetzter ist der Bundesminister der Verteidigung (§ 23 Abs. 1 S. 2 WDO); auch an ihn kann sich ein Soldat mithin wenden, wenn er die Illegalität eines Vorgangs im Sinne des § 93 Abs. 2 besorgt. Der Wehrbeauftragte des Deutschen Bundestages ist nicht Disziplinarvorgesetzter der Soldaten; seine Anrufung genügt also den Anforderungen des Absatzes 2 nicht, kann jedoch dazu führen, dass die Schuld geringer zu werten ist und eine Einstellung des Verfahrens in Betracht kommen kann (ebenso *Paeffgen* NK Rdn. 14).

c) Der Tatgegenstand, das Staatsgeheimnis, muss dem Täter (nach Absatz 2) **dienstlich anvertraut** oder **zugänglich** gewesen sein. Zum Begriff des Zugänglichseins wird auf die Anmerkungen bei § 97 Rdn. 9, zum Anvertrauen auf diejenigen bei § 353b Rdn. 13 Bezug genommen. Für den Amtsträger und den Soldaten muss sich die faktische Zugänglichkeit gerade aus seiner Stellung ergeben. **9**

d) Sinngemäß gilt die besondere Pflicht des Absatzes 2 auch für die **für den öffentlichen Dienst besonders Verpflichteten** (§ 11 Abs. 2 Nr. 4; dazu *Gribbohm* LK[11] § 11 Rdn. 71 bis 80), darüber hinaus für diejenigen Personen, die der **besonderen Geheimhaltungspflicht aus § 353b Abs. 2** unterliegen.

Für **den öffentlichen Dienst besonders verpflichtet** sind Personen, die förmlich auf die gewissenhafte Erfüllung ihrer Obliegenheiten verpflichtet wurden (§ 1 VerpflichtungsG)[5] oder solche Personen, die diesen nach einer Verpflichtung auf anderer Rechtsgrundlage gleichgestellt sind (§ 2 VerpflichtungsG). Betroffen sind mithin in erster Linie Schreibkräfte, Boten, Raumpflegerinnen und Personen in vergleichbarer Stellung (vgl. *Gribbohm* LK[11] § 11 Rdn. 72). Die für den öffentlichen Dienst besonders verpflichteten Personen haben sich mit dem Abhilfebegehren an den die Dienstaufsicht der verpflichtenden Stelle Führenden oder die höheren dienstaufsichtsrechtlichen Chargen zu wenden.

Die **besondere Geheimhaltungspflicht aus § 353b Abs. 2** setzt voraus, dass der Täter zur Geheimhaltung eines Gegenstandes oder einer Nachricht aufgrund des Beschlusses eines Gesetzgebungsorgans des Bundes oder eines Landes oder eines seiner Ausschüsse verpflichtet ist, oder dass ihm eine andere amtliche Stelle eine solche Verpflichtung – unter Hinweis auf die Strafbarkeit einer Zuwiderhandlung – auferlegt hat. Insoweit kann wegen der Einzelheiten auf die Erläuterungen zu § 353b verwiesen werden (*Träger* LK[11] § 353b Rdn. 42 bis 52). Die von amtlicher Stelle Verpflichteten (§ 353b Abs. 2 Nr. 2) haben sich zur Abhilfe an die Dienstvorgesetzten dieser Stelle zu wenden. Beruht die Geheimhaltungspflicht auf dem Beschluss eines Gesetzgebungsorgans (§ 353b Abs. 2

---

[5] Gesetz über die förmliche Verpflichtung nichtbeamteter Personen in der Fassung des Art. 42 EGStGB vom 9.3.1974 BGBl. I S. 479, 547, letztes Änderungsgesetz vom 15.8.1974 BGBl. I S. 1942.

Nr. 1) oder seines Ausschusses, so kommt als Adressat der Abhilfebitte der Präsident des Parlaments oder der Vorsitzende des Ausschusses in Betracht.

10 e) Die **Abhilfebitte** muss nach Art und Inhalt zweifelsfrei als solche gekennzeichnet sein und auch den vermeintlich illegalen Vorgang hinreichend deutlich darstellen. Sie kann sich in vielfältiger Weise äußern (mündlich, schriftlich), muss allerdings so angebracht werden, dass auf dem Wege zum Adressaten die Geheimhaltung als gewährleistet erscheint. Sorgt der Dienst- oder Disziplinarvorgesetzte oder die sonst anzurufende Person nicht für Abhilfe, so muss sich der Irrende auch hier im Anschluss regelmäßig an ein Mitglied des Bundestages (siehe Absatz 1 S. 2) wenden. Erübrigen wird sich das nur, wenn schon die aus Absatz 2 folgende Pflicht zur Anrufung eines Abgeordneten führt (z. B. des Bundestagspräsidenten, des Ausschussvorsitzenden; siehe Rdn. 9 a. E.).

Alle Abhilfebegehren (Absatz 1 S. 2; Absatz 2) müssen grundsätzlich dem Angerufenen einen angemessenen Zeitraum zugestehen, die Abhilfe ins Werk zu setzen. Erst wenn nach Ablauf dieser Zeitspanne Remedur abgelehnt wird oder schlicht nicht erfolgt, kann der Täter den nächsten Schritt gehen. Anders kann es sein, wenn die Abhilfe sofort ausdrücklich versagt wird oder mit Sicherheit nicht zu erwarten ist (siehe Rdn. 6). Auch hier ist darauf zu achten, dass die begründete Ablehnung einer Abhilfebitte zur Vorwerfbarkeit des Irrtums im Sinne des Absatzes 1 Nr. 1 führen kann.

11 4. Für den Verrat vermeintlich illegaler **Geheimnisse der NATO-Vertragsstaaten** im Sinne des Art. 7 Abs. 1 des 4. StRÄndG (abgedruckt Vor § 80 Rdn. 35) gilt § 97b nicht, weil er von den Erweiterungsbestimmungen nicht in Bezug genommen wird (siehe Art. 7 Abs. 1 S. 1 des 4. StRÄndG); diese kennen ein illegales Geheimnis nicht (vgl. bei § 93 Rdn. 24). Das hat zur Folge, dass auf diesem Felde die allgemeinen Irrtumsgrundsätze gelten. Für sog. **Euratom-Geheimnisse** dürfte die Vorschrift indessen anzuwenden sein (siehe Art. 194 Abs. 1 Euratom-Vertrag [abgedruckt Vor § 93 Rdn. 9]; vgl. § 93 Rdn. 24; ferner Vor § 93 Rdn. 9; § 93 Rdn. 18 a. E.).

5. Soweit der **Versuch** der Bezugstatbestände (§ 94 bis 97) strafbar ist, kommt er auch hier in Betracht.

III. Tenorierung

12 Nach § 260 Abs. 4 S. 1 und 2 StPO ist in der Urteilsformel die rechtliche Bezeichnung der Tat anzugeben, deren ein Angeklagter schuldig gesprochen wird; dabei *soll* die gesetzliche Überschrift des Tatbestandes verwandt werden. Die Überschreibung des § 97b gebraucht den Begriff des „Verrats".[6] Dieser ist indessen durch das Delikt des Landesverrats (§ 94; siehe auch § 96 Abs. 1) besetzt und steht insoweit neben den Begriffen des Offenbarens und Preisgebens (§§ 95, 97). In § 97b umgreift er hingegen alle Bezugstatbestände (§§ 94 bis 97), lässt also im Schuldspruch nicht erkennen, welche Tathandlung dem Spruch in concreto zugrunde liegt. Deshalb wird die Sollvorschrift des § 260 Abs. 4 StPO es dem Richter gestatten, in der Urteilsformel um deren Aussagekraft willen deutlicher zu werden: So kann z. B. wegen „Offenbarens eines Staatsgeheimnisses in irriger Annahme eines illegalen Geheimnisses" verurteilt werden (zustimmend *Paeffgen* NK Rdn. 32).

---

[6] Überschriftsregelung durch Art. 19 Nr. 207 EGStGB vom 2.3.1974 BGBl. I 469, 500.

IV. Zur Kritik an der Vorschrift

§ 97b hat in der Literatur nachhaltige Kritik erfahren;[7] die Vorschrift sieht sich dabei auch verfassungsrechtlichen Bedenken ausgesetzt; allerdings bestand bislang ersichtlich kein Anlass, diese auf dem dafür gegebenen Weg zu prüfen (vgl. Art. 100 Abs. 1 S. 1 GG). Die kritischen Stimmen seien hier kurz zusammengefasst: 13

1. Bedenken werden im Blick auf den **allgemeinen Gleichheitssatz** (Art. 3 Abs. 1 GG) geäußert, der dem Gesetzgeber u. a. verbietet, wesensmäßig Gleiches unterschiedlich zu behandeln (vgl. BVerfGE **1** 14, 32; **45** 376, 380f; **55** 72, 90; **55** 114, 128), und ihm auferlegt, seine Lösungen im Rahmen eines von ihm selbst gewählten Systems zu halten, wenn nicht hinreichende Sachgründe für eine abweichende Regelung bestehen (sog. Systemgerechtigkeit; vgl. BVerfGE **61** 138, 148): Während der Gesetzgeber im Allgemeinen Teil des StGB den Verbots- und den Tatbestandsirrtum differenziert und eben allgemein geregelt habe (§§ 16, 17), würden in § 97b beide einheitlich gehandhabt. Des weiteren seien die übrigen Merkmale des Staatsgeheimnisbegriffs – also abgesehen von der Frage der Legalität (§ 93 Abs. 2) – weiter nach den allgemeinen Irrtumsvorschriften zu würdigen; irre beispielsweise jemand über die Erforderlichkeit der Geheimhaltung, sei dies nach den §§ 16, 17 zu beurteilen. Ein einleuchtender, sachgerechter Grund für diese Differenzierung fehle. Der Gesetzgeber habe hier sein eigenes System nicht durchgehalten. Wenn er den Gefahren, die mit dem Offenbaren eines Staatsgeheimnisses verbunden seien, mit einer strengeren Irrtumsregelung habe begegnen wollen, so hätte er mit dieser *alle* Irrtumsfälle erfassen müssen, die Merkmale des Staatsgeheimnisses beträfen.

Schließlich sei es widersprüchlich, in dem Offenbaren eines (wirklich) illegalen Geheimnisses *kein* tatbestandliches Unrecht zu sehen (siehe § 93 Abs. 2), hingegen den in nicht vorwerfbarer Weise über die Legalität eines Staatsgeheimnisses Irrenden nur unter besonders strengen Voraussetzungen strafbar zu lassen (siehe zu dieser Auffassung *Tröndle/Fischer* Rdn. 2, 10; *Sch/Schröder/Stree/Sternberg-Lieben* Rdn. 1; *Rudolphi* SK Rdn. 12f; *Maurach/Schroeder/Maiwald* 2 § 85 Rdn. 29).

2. Weiter wird der Standpunkt vertreten, die besondere Irrtumsregelung (§ 97b) verletze den verfassungsverbürgten **Schuldgrundsatz**. Dieser gebiete u. a., Tatbestand und Rechtsfolge, gemessen an der Idee der Gerechtigkeit, sachgerecht aufeinander abzustimmen. Mit anderen Worten: Die angedrohten Strafen müssten in einem gerechten Verhältnis zur Schwere der beschriebenen Taten und zu dem Verschulden des Täters stehen und so dem Strafrichter im Einzelfall ein schuldangemessenes Strafen ermöglichen (vgl. BVerfGE **6** 389, 439; **41** 121, 125f; **45** 187, 259f). Dem werde § 97b *nicht* gerecht: Die Vorschrift führe dazu, dass jemand wegen *vorsätzlicher* Tatbegehung bestraft werden könne, wiewohl er sich in einem nicht vorwerfbaren Irrtum über ein das Tatunrecht konstituierendes negatives Tatbestandsmerkmal befunden habe (Bestrafung ohne Schuld); für 14

[7] Die Terminologie der namhaften Kritiker ist deutlich; sie reicht von der Bewertung „dogmatische Anomalie" (*Tröndle/Fischer* Rdn. 2) über „legislatorische Eskapade", bei der es dem Gesetzgeber nicht an Leidenschaft, wohl aber an Augenmaß gefehlt habe (*Lüttger* JR **1969** 121, 129/130), über „kriminalpolitisch verfehlt" und „mit dem Schuldgrundsatz unvereinbar" (*Rudolphi* SK Rdn. 11), „verunglückter Auffangtatbestand" (*Sch/Schröder/Stree/Sternberg-Lieben* Rdn. 1) bis zu der Einschätzung „Ausdruck überängstlichen ... in erhebliche dogmatische Schwierigkeiten führenden Kleinmuts" (*Maurach/Schroeder/Maiwald* 2 § 85 Rdn. 27; zustimmend *Paeffgen* NK Rdn. 2).

diesen und die anderen im Blick auf die Alternativen des Absatzes 1 Nr. 1 bis 3 einschlägigen Fälle sei nicht einmal die Möglichkeit einer Strafrahmenmilderung vorgesehen (vgl. §§ 17 S. 2, 49 Abs. 1; *Tröndle/Fischer* Rdn. 8; *Rudolphi* SK Rdn. 13; *Lackner/Kühl* Rdn. 6; vgl. auch *Sch/Schröder/Stree/Sternberg-Lieben* Rdn. 4; *Lampe/Hegmann* MK Rdn. 3 und *Lüttger* JR **1969** 129f; **aA** ohne weitere Begründung: *Krauth/Kurfess/Wulf* JZ **1968** 609, 611).

15 3. Auf der Grundlage dieser Rechtsansichten wird teilweise eine **verfassungskonforme Auslegung** der Bestimmung für erforderlich erachtet (siehe *Tröndle/Fischer* Rdn. 8; *Rudolphi* SK Rdn. 14).[8] Erwogen wird:

a) eine Art (verfassungskonformer) Reduktion des Tatbestandes. Sei dem Täter sein Irrtum nicht vorzuwerfen, so handele er ohne Schuld und müsse straflos bleiben (*Rudolphi* SK Rdn. 14);

b) eine Strafrahmenmilderung nach § 49 Abs. 1 (des jeweils geltenden Bezugsstrafrahmens nach den §§ 94 bis 97). Sie soll vorzunehmen sein, wenn der Täter auch nur eine der sich aus den Nummern 1 bis 3 des Absatzes 1 ergebenden Voraussetzungen für seine Straflosigkeit verwirklicht hat und seine Schuld deshalb gemildert ist; insbesondere aber dann, wenn der Irrtum nicht vorwerfbar ist (*Tröndle/Fischer* Rdn. 8). Nach anderer Auffassung (*Rudolphi* SK Rdn. 14; siehe auch *Sch/Schröder/Stree/Sternberg-Lieben* Rdn. 10) muss die Strafe selbst im Falle eines vorwerfbaren Irrtums (Absatz 1 Nr. 1) gemildert werden können, weil auch hier in der Regel ein minderer Schuldvorwurf in Betracht komme; bei Vorliegen einer der anderen Alternativen (Absatz 1 Nr. 2 oder 3) soll das Milderungserfordernis indessen entfallen (*Rudolphi* SK Rdn. 14);

c) die Annahme eines besonders schweren Falles (in Verbindung mit dem jeweiligen Bezugstatbestand) auch bei vorwerfbarem Irrtum im Blick auf den irrtumsbedingt geminderten Schuldgehalt nur in seltenen Ausnahmefällen oder gar nicht zuzulassen (*Rudolphi* SK Rdn. 14; *Tröndle/Fischer* Rdn. 8).

4. Andere Stimmen (*Jescheck*, *Paeffgen*; siehe die Schrifttumshinweise oben) haben versucht, die aufgezeigte Problematik aufzuarbeiten, indem sie § 97b als **Rechtfertigungsgrund** (*Jescheck* aaO; siehe auch *Maurach/Schroeder/Maiwald* 2 § 85 Rdn. 30 bzw. § 93 Abs. 2 als einen „als negatives Tatbestandsmerkmal gefassten Rechtfertigungsgrund“ und § 97b als darauf bezogene Regelung eines Erlaubnistatbestandsirrtums (*Paeffgen* aaO und NK Rdn. 25) werten. *Paeffgen* meint auf dieser Grundlage, der Gesetzgeber könne eine Rechtfertigung von zusätzlichen Voraussetzungen abhängig machen. Diese Interpretationsversuche müssen jedoch angesichts des Wortlauts der Vorschriften und der gesetzgeberischen Vorstellungen (vgl. nur *Maassen* Prot. V/2058) als gescheitert gelten, mögen sie auch beredtes Zeugnis von „reichem argumentatorischen Geschick“[9] ablegen.

16 5. Die verfassungsrechtlichen Bedenken sind *beachtenswert*. Sie lassen sich nicht mit dem Hinweis übergehen, die praktische Bedeutung der Vorschrift sei bislang gering (vgl. auch Rdn. 1).

---

[8] Weitergehende Konsequenzen zieht *Wiedmann* aaO [siehe Schrifttum] passim, der § 97b Abs. 1 Nr. 2 und 3, Abs. 2 mangels eigenständiger Verbotsmaterie für verfassungswidrig und nichtig hält.

[9] So *Jakobs* ZStW **93** (1981) S. 901, 908 zu *Paeffgens* Untersuchung; *Jakobs* spricht weiter von dem Versuch *Paeffgens*, eine „missratene Vorschrift zurechtzuinterpretieren“; siehe zu *Paeffgen* auch *Rudolphi* SK Rdn. 13.

a) Nach den Vorstellungen des Gesetzgebers ist § 97b im Blick auf die Ausklammerung des illegalen Geheimnisses aus dem Grundtatbestand gewissermaßen als „Sicherung“ gedacht: Niemand soll sich in einer so schwierigen, vielschichtigen Frage wie der Illegalität eines Staatsgeheimnisses im Sinne des § 93 Abs. 2 „leichthin“ auf einen Irrtum berufen können.[10] Man war sich im Gesetzgebungsverfahren durchaus bewusst, dass hier ein neuralgischer Punkt der Regelung liegt, der sich leicht zu einer empfindlichen Einbruchstelle ausweiten könnte, wenn die politische Situation den entsprechenden Nährboden schafft und bei schwindendem Grundkonsens in Fragen der Sicherheit die ansonsten greifenden Hemmnisse mehr und mehr entfallen. So gesehen erscheint es zumindest nicht als sachwidrig, in diesem empfindlichen Bereich des Staatsschutzstrafrechts, bei dem es immer um die Abwehr der Gefahr eines *schweren* Nachteils für die äußere Sicherheit des Gemeinwesens geht, eine auf das Merkmal der Illegalität des Geheimnisses im Sinne des § 93 Abs. 2 beschränkte, erhöhte Anforderungen stellende Irrtumsregelung zu treffen und so der besonderen Art und Tragweite eines solchen Irrtums Rechnung zu tragen. Die dem Gesetzgeber durch Art. 3 Abs. 1 GG gezogenen Grenzen seiner Gestaltungsfreiheit (vgl. BVerfGE 18 121, 124; 55 72, 90) dürften danach auch angesichts der aufgezeigten unterschiedlichen Rechtsfolgen nicht überschritten sein.

b) Soweit die Kritik auf dem Schuldgrundsatz fußt (siehe Rdn. 14) und ihre Angriffe **17**
sich gegen die gleichen Strafrahmen bei Irrtum und Nichtirrtum richten (Rechtsfolgenverweisung in § 97b), können sie bei der Strafzumessung im Einzelfall aufgefangen werden. Zu übermäßigem Strafen wird der Tatrichter, der die Gesamtumstände zu berücksichtigen und hierbei auch diese besondere Problematik zu beachten hat, nicht gezwungen sein. Obwohl für den Täter des § 97b derselbe Strafrahmen vorgegeben ist wie für den des Bezugsdelikts, wird sich bei der Straffindung nach § 97b, also bei der Einordnung der Tat in der „Skala“ des Strafrahmens, in aller Regel eine tat- und schuldangemessene Begrenzung ergeben, die aus dem Aufeinanderbezogensein der Tatbestände folgt. Im Übrigen wird auch eine entsprechende Anwendung der Strafrahmenmilderungsvorschrift des § 49 in Betracht zu ziehen sein.

c) Irrt der Täter nicht vorwerfbar über die Illegalität des Geheimnisses, ergeben sich **18**
allerdings gewichtige Bedenken gegen die Regelung. Unter dem Satz „Keine Strafe ohne Schuld“, dem Verfassungsrang zukommt und der seine Grundlage im Rechtsstaatsprinzip sowie in Art. 1 Abs. 1 GG findet (vgl. BVerfGE 50 125, 133 m. w. N.; 95 96, 140) stellt sich die Frage, ob Umstände die Strafbarkeit sollen begründen können (siehe Abs. 1 Nr. 2 und 3), die bei der irrtumsfreien Tathandlung, bezogen auf ein (objektiv) illegales Geheimnis, *keine* Verbotsmaterie sind. „Schuld“ des Täters wird man hier nur in Betracht ziehen können, wenn sie mit Elementen einer Risikotragung verbunden wird (vgl. die Untersuchung *Wiedmanns* [Schrifttumsangaben oben] S. 102 ff, der diesen Weg jedoch verwirft). § 97b bürdet dem Betroffenen das Risiko des Irrtums über die Illegalität des Geheimnisses auf, wenn er nicht besonderen Anforderungen (Abs. 1 Nr. 2 und 3) gerecht wird, die der Gesetzgeber im Blick auf die schweren Tatfolgen und das Gewicht des in Rede stehenden Rechtsgutes stellt. Zurechenbare Schuld im Umgang mit dem nur vermeintlich illegalen Staatsgeheimnis wird letztlich darin gründen, dass der Täter die Tathandlung vornimmt, ohne diesen Maßgaben zu genügen, die aber erfüllt sein müssen, um den vermeidbaren Irrtum über die Illegalität strafrechtlich erheblich werden zu lassen.

---

[10] Vgl. die Äußerung des Abg. *Arndt* BTVerh. 5. Wp. StenB der 177. Sitzung S. 9537 A.

Ein Wertungswiderspruch, der sich daraus ergeben soll, dass das Offenbaren eines wirklich illegalen Geheimnisses kein tatbestandliches Unrecht ist (vgl. Rdn. 13 a. E.), dürfte nicht bestehen. Die angesprochene Risikoverteilung trifft grundsätzlich auch den Täter, der das tatsächlich illegale Geheimnis offenbart.

Der Gesetzgeber hat zwischenzeitlich in den §§ 113 Abs. 4, 125 Abs. 2 und 136 Abs. 4 ähnliche Regelungen getroffen. Den Vorschriften ist gemein, dass derjenige, der die Legalität staatlicher Maßnahmen bestreitet und dabei Individualrechtsgüter oder Geheimschaftswerte tangiert, das Risiko der Einschätzung tragen soll. Eine solche Risikoverteilung zum Nachteil des „Widerstandsleistenden" weicht zwar von den Grundsätzen zur Putativnotwehr ab, ist aber – wie etwa § 186 im Bereich der Beleidigungsdelikte zeigt – nicht völlig systemfremd und wohl auch nicht unbillig (vgl. dazu *von Bubnoff* LK[11] § 113 Rdn. 41 ff, § 125 Rdn. 71, § 136 Rdn. 26).

§ 98
Landesverräterische Agententätigkeit

(1) Wer

1. für eine fremde Macht eine Tätigkeit ausübt, die auf die Erlangung oder Mitteilung von Staatsgeheimnissen gerichtet ist, oder

2. gegenüber einer fremden Macht oder einem ihrer Mittelsmänner sich zu einer solchen Tätigkeit bereit erklärt, wird mit Freiheitsstrafe bis zu fünf Jahren oder mit Geldstrafe bestraft, wenn die Tat nicht in den §§ 94, 96 Abs. 1 mit Strafe bedroht ist. In besonders schweren Fällen ist die Strafe Freiheitsstrafe von einem Jahr bis zu zehn Jahren; § 94 Abs. 2 Satz 2 Nr. 1 gilt entsprechend.

(2) Das Gericht kann die Strafe nach seinem Ermessen mildern (§ 49 Abs. 2) oder von einer Bestrafung nach diesen Vorschriften absehen, wenn der Täter freiwillig sein Verhalten aufgibt und sein Wissen einer Dienststelle offenbart. Ist der Täter in den Fällen des Absatzes 1 Satz 1 von der fremden Macht oder einem ihrer Mittelsmänner zu seinem Verhalten gedrängt worden, so wird er nach dieser Vorschrift nicht bestraft, wenn er freiwillig sein Verhalten aufgibt und sein Wissen unverzüglich einer Dienststelle offenbart.

Schrifttum

Auf die Literaturangaben Vor § 93 wird verwiesen.

Entstehungsgeschichte

Die Bestimmung über die landesverräterische Agententätigkeit ist mit dem 8. StRÄndG[1] in das StGB aufgenommen worden und hat ihre gegenwärtige Fassung durch Art. 1 Nr. 29 des 1. StrRG[2] und Art. 19 Nr. 20 EGStGB[3] erhalten. Zusammen mit dem

[1] Vom 25.6.1968 BGBl. I 741, 746.
[2] Vom 25.6.1969 BGBl. I 645, 652.
[3] Vom 2.3.1974 BGBl. I 469, 479. Die hier vorgenommene Änderung war inhaltlich bereits durch Art. 1 Nr. 4 des 2. StrRG (vom 4.7.1969 BGBl. I 717, 740) erfolgt; diese Bestimmung wurde durch Art. 18 III EGStGB (aaO S. 478) aufgehoben.

zentralen Spionagetatbestand des § 99 hat sie den alten Tatbestand der verräterischen Beziehungen (§ 100e a.F.) abgelöst. Jener hatte wegen seiner weiten Fassung Kritik erfahren (vgl. Sonderausschussbericht BTDrucks. V/2860 S. 21; *Krauth/Kurfess/Wulf* JZ **1968** 609, 612f; siehe zur alten Rechtslage und zu den Änderungsvorschlägen *Lackner* ZStW 78 [1966] S. 695). Zur Entstehung wird weiter auf den SPD-Entwurf (BTDrucks. V/102 [dort § 100e]) und auf den Regierungsentwurf (BTDrucks. V/898 [dort § 100 Abs. 2 und 3]) verwiesen (siehe ferner Prot. V/1517f, 1569, 1625, 1631f; zu weiteren Entwürfen vgl. A E § A 20; E 1962 § 387 BTDrucks. IV/650).

Übersicht

I. Allgemeines

Der Tatbestand soll *aktives* Täterverhalten im Vorfeld des Landesverrats sowie der landesverräterischen Ausspähung (§§ 94, 96 Abs. 1) erfassen. Diese „vorgelagerte Agententätigkeit", die Anbahnungs- und Vorbereitungshandlungen im weiteren Sinne einschließt, war früher nach § 100e a.F. strafbar. Die §§ 98, 99 sollten als Nachfolgetatbestände (vgl. BGH Urteil vom 8. Juli 1969 – 6 StE 2/68 – S. 75ff und dazu BVerfGE 28 175, 178, 186, 189ff) den Anwendungsbereich jener Vorschrift einengen. Das bloße Aufnehmen und Unterhalten von *Beziehungen*, die lediglich äußerlich betrachtet die Mitteilung von Staatsgeheimnissen zum Gegenstand haben und bei denen der Betroffene vom fremden Beziehungspartner nur ausgeforscht wird, sollte nicht mehr mit Strafe bedroht sein.[4] 1

Die landesverräterische Agententätigkeit (§ 98) wird häufig mit der geheimdienstlichen Agententätigkeit (§ 99) tateinheitlich einhergehen (vgl. BGHSt 25 145, 150). Während hier jede Tätigkeit erfasst wird, die eine *fremde Macht* der Kenntnis von *Staats-*

---

[4] BVerfGE **28** 175, 178, 186, 189 ff; **57** 250, 263, 265; BGHSt **24** 369, 370 f; **28** 169, 172; BGHR StGB § 99 Ausüben 1; BGHSt **42** 215, 216 ff; **43** 1, 4 ff = NStZ **1997** 487 mit Anmerkung *Rudolphi* (S. 489) und Besprechungsaufsatz *Schlüchter/Duttge/Klumpe* in JZ **1997** 995; Sonderausschussbericht BTDrucks. V/2860 S. 21 f; *Krauth/Kurfess/Wulf* JZ **1968** 609, 612 m.w.N.; s. auch Vor § 93 Rdn. 2 f.

geheimnissen näher bringen soll, ist es dort die Tätigkeit *für deren Geheimdienst*, dessen nachrichtendienstliche Arbeit – Beschaffung von Erkenntnissen jedweder Art – unterstützt und gefördert werden soll. Zu anderen Abweichungen in der Wortfassung vgl. BGHSt **24** 369, 377.

II. Ausüben einer landesverräterischen Agententätigkeit (Abs. 1 Nr. 1)

2 In der Begehungsform des Abs. 1 Nr. 1 ist das Ausüben einer Tätigkeit für eine fremde Macht mit Strafe bedroht; diese Tätigkeit muss auf die Erlangung oder Mitteilung von Staatsgeheimnissen gerichtet sein.

1. Der Begriff des **Ausübens einer Tätigkeit** kennzeichnet ein *aktives* Tun. Ein Unterlassen oder ein sonst nur passives Verhalten scheidet als Tathandlung aus.[5] Es ist nicht erforderlich, dass die Tätigkeit von gewisser Dauer ist. Zwar wird mit dem Begriff „eine Tätigkeit ausüben" im allgemeinen Sprachgebrauch ein gewisses Element der Dauer verbunden. Daraus lässt sich jedoch nicht herleiten, dass ein *einmaliges Tätigwerden* das Tatbestandsmerkmal nicht erfüllt. Die Fassung der Vorschrift, ihr Platz und ihre Bedeutung im Gefüge der Neuregelung sprechen gegen eine so enge Auslegung, die auch in den Gesetzesmaterialien keine Stütze findet. Gerade im Blick auf die angestrebte Ablösung des alten Beziehungstatbestandes (§ 100e a. F.) und die damit verbundenen Einschränkungen wurde im Gesetzgebungsverfahren, wenn auch nur vereinzelt, ein einmaliges Tun als Tathandlung ausdrücklich für genügend erachtet (vgl. *Güde* Prot. V/1629 r. Sp. unten). Unterfiele eine solche Aktivität, die im Einzelfall in Zielrichtung und Ausführung gefährlicher sein kann als manche auf Dauer angelegte Tätigkeit, nicht dem Tatbestand, so wäre der strafrechtliche Schutz in einem nicht unwesentlichen Teil lückenhaft. Eine solche einengende Auslegung brächte überdies beachtliche Auslegungsschwierigkeiten mit sich (gewisse Dauer?), die der Gesetzgeber des Achten Strafrechtsänderungsgesetzes bei seinem Bemühen um wirksame und praktikable, klar umrissene und dem einzelnen zumutbare Strafvorschriften sicherlich nicht in Kauf nehmen wollte.[6] „Ausüben einer Tätigkeit" i. S. des § 98 kennzeichnet danach ebenso wie in § 99 einen Tatbestand, der zwar schon durch eine Einzelhandlung erfüllt sein kann, der aber seinem Sinne nach insbesondere ein darüber hinaus fortdauerndes, gleichermaßen zielgerichtetes Tätigsein treffen soll (vgl. BGHSt **42** 215, 216 ff; **43** 1, 4 ff = NStZ *1997* 487, 488; BGHR StGB § 99 Ausüben 1, Ausüben 3 u. 4).

Die ausgeübte Tätigkeit muss nicht spezifisch geheimdienstlicher, sie kann vielmehr beliebiger Natur sein. Ein vorheriges Sichbereiterklären (im Sinne der Nr. 2) gegenüber der fremden Macht oder deren Mittelsmann wird nicht vorausgesetzt. Der Täter kann die Tätigkeit auch von sich aus, ohne fremden Auftrag und ohne zuvor Kontakt mit der fremden Macht oder deren Mittelsmann aufgenommen zu haben, ausüben, wenn nur die vorausgesetzte Zweckrichtung gegeben ist.[7]

---

[5] BVerfGE 57 250, 265 f; Sonderausschussbericht BTDrucks. V/2860 S. 21; *Paeffgen* NK Rdn. 6; *Tröndle/Fischer* Rdn. 2; *Sch/Schröder/Stree/Sternberg-Lieben* Rdn. 3; *Rudolphi* SK Rdn. 2; *Lackner/Kühl* Rdn. 2.

[6] Vgl. BGHSt **31** 317, 318 ff zu § 99 = NStZ **1983** 550 f mit zutreffender Anmerkung *Stree* S. 551 ff; *Schmidt* LM Nr. 7 zu § 99 StGB 1975; *Lackner/Kühl* § 99 Rdn. 2; *Paeffgen* NK Rdn. 6; *Tröndle/Fischer* Rdn. 2; kritisch dagegen *Schroeder* JZ **1983** 671, 672 [sub 3] und NJW **1981** 2278, 2281; s. dazu auch § 99 Rdn. 3.

[7] BGHSt **25** 145, 146 ff; dazu auch BGHSt **24** 369, 372; OLG Hamburg NJW **1989** 1371; *Sch/Schröder/Stree/Sternberg-Lieben* Rdn. 3,

2. Die Tätigkeit muss **auf** die **Erlangung oder Mitteilung von Staatsgeheimnissen gerichtet** sein. Gemeint sind **Staatsgeheimnisse** im Sinne des § 93; illegale Geheimnisse (§ 93 Abs. 2) oder andere Tatsachen bleiben außer Betracht. Die Zweckrichtung braucht während der Tathandlung noch nicht konkretisiert zu sein. Die insoweit unbestimmte Fassung („von Staatsgeheimnissen") verdeutlicht, dass auch eine Tätigkeit ergriffen wird, die zunächst ganz allgemein auf Staatsgeheimnisse abzielt. Dies entspricht dem gesetzgeberischen Anliegen, Staatsgeheimnissen einen möglichst frühen Schutz angedeihen zu lassen. Einerseits sollen all die Handlungen erfasst werden, denen die *generelle* Zielrichtung immanent ist, ohne dass bereits Konkretes angesprochen wäre; andererseits geht es auch um die Einbeziehung von Sachverhalten, in denen der Täter zwar schon ein bestimmtes Staatsgeheimnis im Blick hat, sein Handeln aber weder das Stadium der versuchten Ausspähung (§§ 96 Abs. 1, 22) erreicht noch die Voraussetzungen des § 30 (i. V. m. § 96 Abs. 1) erfüllt, und deshalb die Subsidiaritätsklausel des § 98 Abs. 1 S. 1 letzter Halbsatz noch nicht greift.[8] **3**

Die ausgeübte Tätigkeit muss vom Zweck des Erlangens und Mitteilens (von Staatsgeheimnissen) *beherrscht und bestimmt* sein. **Erlangen** heißt hier, Kenntnis von Staatsgeheimnissen nehmen oder Gewahrsam an ihnen oder ihrer Verkörperung begründen, um sie letztlich der fremden Macht zugänglich machen zu können. Das **Mitteilen** als Endzweck meint die Übermittlung (noch zu beschaffender) Staatsgeheimnisse an eine fremde Macht. Die Vollendung des Delikts setzt *nicht* voraus, dass der Täter mit dem Erlangen oder Mitteilen schon begonnen hat; erforderlich ist allein die dahingehende Handlungsrichtung. Ist er bereits dabei, den Zweck zu verwirklichen, ihn ins Werk zu setzen, wäre darin in der Regel schon ein Versuch der Ausspähung oder des Landesverrats zu sehen, die Erfüllung von Tatbeständen also, die hier das Vergehen nach § 98 zurücktreten ließen (vgl. Rdn. 20). Die Zweckerreichung selbst kann je nach Plan und Vorgehen entweder dem Täter selbst oder Dritten aufgegeben sein. Es genügt, dass der Täter einen Tatbeitrag leistet, der dazu dient, ihn oder einen anderen im Sinne der Zielsetzung näher an Staatsgeheimnisse heranzubringen. Erfasst wird **jedes Tun, das bestimmt und objektiv geeignet ist, zur Erlangung oder Mitteilung von Staatsgeheimnissen hinzuführen**, den Zugriff darauf zu erleichtern. Nicht erforderlich ist, dass die Tätigkeit bereits eine unmittelbare und sichere Zugangsmöglichkeit eröffnet (vgl. OLG Celle Urteil vom 16. September 1975 – 4 StE 3/75 – S. 37). Als Beispiele seien genannt: Das Herausfinden des Verwahrungsortes von Staatsgeheimnissen, das Sichverschaffen von Schlüsseln zu Verwahrungsplätzen oder das Knüpfen von Kontakten zu Geheimnisträgern, die ihrerseits den Zugang zu Staatsgeheimnissen eröffnen sollen; ferner die Bewerbung um eine Arbeitsstelle in einem hochsicherheitsempfindlichen Bereich (vgl. OLG Celle aaO) oder das Ableisten einer Wehrübung, die dem Täter die Möglichkeit vertiefter Ausbildung und so des Zugangs zu Staatsgeheimnissen geben soll; des weiteren das Bemühen um eine Einstellung als Referent in einem Amt, die mit der Ermächtigung zum Umgang mit Verschlusssachen bis zur Stufe „Geheim" verbunden wird (vgl. OLG Düsseldorf Urteil vom 15. Dezember 1975 – IV – 3/75 (3) [4 StE 1/75 GBA] – S. 112f). Es scheiden allerdings solche Handlungen aus, die nicht von der genannten Zweckrichtung beherrscht werden, wie etwa das Schulen oder Erproben von Störungstrupps oder von bestimmten Vertrauensmännern, die allgemein nachrichtendienstlich tätig werden sollen (§ 99), ohne auf Staatsgeheimnisse angesetzt zu sein.

7; *Lackner/Kühl* Rdn. 2; *Paeffgen* NK Rdn. 8; *Rudolphi* SK Rdn. 7; *Tröndle/Fischer* Rdn. 3; *Lampe/Hegmann* MK Rdn. 5.

[8] *Lackner/Kühl* Rdn. 2; *Rudolphi* SK Rdn. 4; *Paeffgen* NK Rdn. 9; *Sch/Schröder/Stree/Sternberg-Lieben* Rdn. 5; *Tröndle/Fischer* Rdn. 4; *Lampe/Hegmann* MK Rdn. 6.

4 Die Strafvorschrift (Absatz 1 Nr. 1) erfasst auch Handlungen, die darauf angelegt sind, einer fremden Macht **wesentliche Teile eines Staatsgeheimnisses** zu übermitteln, Tatsachen also, die für sich genommen noch kein Staatsgeheimnis darstellen, die aber von solcher Bedeutung sind, dass sie zusammen mit anderen Erkenntnissen ein solches ergeben. Dabei wird nicht vorausgesetzt, dass die fremde Macht bereits im Besitz der weiteren Kenntnisse ist, die der Ergänzung bedürften; entscheidend bleibt – insoweit anders als bei §§ 94, 96 Abs. 1 –, dass der Zugang zum Staatsgeheimnis näher rückt (BGHSt **25** 145, 149f; **aA** *Maurach/Schroeder/Maiwald* 2 § 85 Rdn. 61; Sonnen AK Rdn. 6; kritisch *Paeffgen* NK Rdn. 10). Das finale Element des Tatbestands, das Ausgerichtetsein der ausgeübten Tätigkeit auf die Erlangung oder Mitteilung von (vollständigen) Staatsgeheimnissen, wird gerade in solchen Fällen in aller Regel gegeben sein, mag die Tathandlung dieses Ziel zunächst auch nur mittelbar, „auf Umwegen" verfolgen. Insoweit genügt, dass der Endzweck jedenfalls dem Geschehenszusammenhang innewohnt, als Ziel angestrebt wird und nicht fern und vage im Ungewissen liegt. Unter dieser Prämisse wird Absatz 1 Nr. 1 auch solche Fälle treffen, in denen der Täter zunächst und unmittelbar lediglich der Erlangung oder Mitteilung solcher Tatsachen nachgeht, die nicht Teil eines Staatsgeheimnisses sind, die aber die Grundlage weiteren Ausforschens eines Staatsgeheimnisses sein können.[9] Die Rechtsprechung zu dem früheren Tatbestand der landesverräterischen Beziehungen (§ 100e a. F.), die es genügen ließ, dass die Beziehungen ihrer Natur nach möglicherweise in der Zukunft („letztlich") auf die Mitteilung von Staatsgeheimnissen abzielen würden (vgl. etwa BGHSt **15** 230, 231; **18** 336, 337), ist auf § 98 nicht übertragbar.

5 3. Der Tatbestand erfordert, dass die zweckgerichtete Tätigkeit **für eine fremde Macht** ausgeübt wird. Das Handeln des Täters muss dazu bestimmt sein, ein Staatsgeheimnis oder dessen wesentliche Teile an eine fremde Macht gelangen zu lassen. Es bedarf auch insoweit lediglich einer Zielvorstellung. Eine Verbindung des Täters zu einer fremden Macht braucht noch nicht zu bestehen, er muss sich nicht einmal darüber im klaren sein, an *welche* fremde Macht das Staatsgeheimnis gelangen soll, wenn nur der Handlungszweck darin liegt, es *irgendeiner*, später zu bestimmenden Macht zukommen zu lassen (vgl. auch *Sch/Schröder/Stree/Sternberg-Lieben* Rdn. 7; *Rudolphi* SK Rdn. 7). Zur Definition des Begriffs der fremden Macht wird auf die Erläuterung zu § 93 Rdn. 10 bis 12 verwiesen.

Die Vorschrift verzichtet darauf, neben der fremden Macht ausdrücklich deren *Mittelsmänner* aufzuführen, wie das in Absatz 1 Nr. 2 sowie in § 94 Abs. 1 Nr. 1 geschehen ist. Dadurch erfährt der Tatbestand aber keine sachliche Einschränkung. Die landesverräterische Agententätigkeit kann durchaus darauf gerichtet sein, Staatsgeheimnisse über einen Mittelsmann der fremden Macht an diese gelangen zu lassen; auch in diesem Falle erfolgt sie „für" diese Macht. Ausgeschieden wird mit der Umschreibung allerdings die Tätigkeit für Stellen oder Personen, die keinerlei Mittelsfunktion für eine fremde Macht wahrnehmen (zu den Einzelheiten und Abgrenzungsfragen beim Mittelsmann s. § 94 Rdn. 2f).

6 **4.** Der **innere Tatbestand** erfordert **mindestens bedingten Vorsatz.** Die erforderliche Zielgerichtetheit des Täterhandelns begründet insoweit nicht etwa ein Absichtserforder-

[9] Vgl. *Sch/Schröder/Stree/Sternberg-Lieben* Rdn. 4; *Rudolphi* SK Rdn. 4; *Lackner/Kühl* Rdn. 2; *Tröndle/Fischer* Rdn. 4; *Lampe/Hegmann* MK Rdn. 6.

nis.[10] Zwar wird es regelmäßig der Täter sein, der den umschriebenen Zweck anstrebt; für die Erfüllung des subjektiven Tatbestandes ist dies aber nicht Voraussetzung. Es wird Fälle geben, in denen etwa der Mittelsmann einer fremden Macht einen konkreten Auftrag mit entsprechender Zielrichtung erteilt und der Täter dies – ohne dass es ihm selbst auf die Erreichung des Zwecks ankommt – billigend in Kauf nimmt und auftragsgemäß handelt (in BGHSt **31** 317, 231f – zu § 99 – offengelassen). Schließlich kann es auch so liegen, dass bei gemeinschaftlichem Vorgehen (vgl. § 25 Abs. 2) einer der Mittäter auf die Mitteilung von Staatsgeheimnissen zielt, der andere nicht. Ist für diesen aber nicht zweifelhaft oder rechnet er jedenfalls damit, dass das Vorgehen des Mittäters – und damit auch die eigene Tathandlung, die dessen Handeln ergänzt – auf die Erlangung oder Mitteilung von Staatsgeheimnissen gerichtet ist, und akzeptiert er dies, so erfüllt auch er – bedingt vorsätzlich – den Tatbestand des § 98 Abs. 1 Nr. 1 (vgl. OLG Koblenz Urteil vom 4. Juni 1976 – (2) 4 StE 2/75 – S. 106).

Wird die Tätigkeit lediglich zum *Schein* ausgeübt, will der Täter also in Wahrheit nicht, dass die fremde Macht Staatsgeheimnisse erlangt, so fehlt es am Vorsatz.[11]

5. Erschöpft sich die landesverräterische Agententätigkeit, wie meist, nicht in einem **6a**
einzigen, auf die Erlangung oder Mitteilung von Staatsgeheimnissen gerichteten und abzielenden Betätigungsakt (vgl. Rdn. 2), sondern liegt ihr ein Aufklärungs- oder Beschaffungsvorhaben im Sinne des § 98 Abs. 1 zugrunde, das mehrere Tätigkeitsakte notwendig macht, möglicherweise auch in der Zielsetzung gleichzeitig verschiedene verräterische Interessen verfolgt, so werden diese Tätigkeitsakte, auch wenn sie in größeren zeitlichen Intervallen durchgeführt wurden, insgesamt vom Tatbestand des § 98 Abs. 1 erfasst und als zusammengehöriger Handlungskomplex zur **tatbestandlichen Handlungseinheit** verbunden (vgl. BGHSt **42** 215ff; **43** 1, 4ff, jeweils zu § 99; *Paeffgen* NK Rdn. 12; s. auch Rdn. 2). Erfüllt die Tätigkeit gleichzeitig die Merkmale des § 99 Abs. 1, verwirklicht sie sich also im *geheimdienstlichen* Rahmen, so treffen beide Taten tateinheitlich zusammen (BGHSt **25** 105, 150; dazu auch Rdn. 20). Beendigt im Sinne des § 78a ist die Tat nach § 98 Abs. 1 in solchen Fällen erst dann, wenn der Täter von diesem Vorhaben absieht und seine Tätigkeit insoweit gänzlich einstellt. Unterbrechungen, die *nicht nur* vorübergehender Natur sind und sich auch *nicht* als ein die spätere Fortsetzung sichernder oder in sonstiger Hinsicht wesenseigener Teil des Tatgeschehens darstellen, können der Feststellung einer fortdauernden Handlungseinheit entgegenstehen. Für die Beendigung der Tat nach § 99 Abs. 1 gilt grundsätzlich nichts anderes; Differenzierungen ergeben sich jedoch aus der Verschiedenheit der Tatbestände. Entfällt etwa nach der Versetzung eines Agenten aus einem sicherheitsempfindlichen Bereich ersichtlich jede Möglichkeit der Aufklärung geheimer Sachverhalte, so kann daraus die Beendigung der Straftat nach § 98 Abs. 1 folgen; die Fortsetzung der Tätigkeit im Sinne des § 99 Abs. 1 bleibt davon unberührt (vgl. dazu BGHSt **42** 215, 216ff; **43** 1, 4; *Lackner/Kühl* Rdn. 7). Auch für sie

---

10 So aber *Rudolphi* SK Rdn. 8; auch *Sch/Schröder/Stree/Sternberg-Lieben* Rdn. 9; *Tröndle/Fischer* Rdn. 6; *Lampe/Hegmann* MK Rdn. 9, *Maurach/Schroeder/Maiwald* 2 § 85 Rdn. 59; *Schroeder* S. 304; *ders.* JZ **1983** 671, 672; *Paeffgen* NK Rdn. 11: Der Täter muss bzgl. der Erlangung oder Mitteilung von Staatsgeheimnissen sowie des Handelns für eine fremde Macht mit dolus directus 2. Grades (sicherem Wissen) handeln.

11 *Tröndle/Fischer* Rdn. 6; *Sch/Schröder/Stree/Sternberg-Lieben* Rdn. 9; *Paeffgen* NK Rdn. 11; *Rudolphi* SK Rdn. 8, 10; *Lampe/Hegmann* MK Rdn. 9; *Lackner/Kühl* Rdn. 2, der diese Auffassung als h. M. wiedergibt, dabei aber auch auf seine frühere Kritik ZStW **78** (1966) 695, 702 ff hinweist.

beginnt die Verjährung erst mit der Beendigung der Straftat, d. h. mit der endgültigen Einstellung der geheimdienstlichen Tätigkeit (BGH aaO; BGHSt **43** 321 = BGHR StGB § 99 Ausüben 6 = StV **1998** 195 f; dazu die kritische Anm. *Schlüchter/Duttge* NStZ **1998** 618 ff; *Paeffgen* JR 1999, 94 f und NK Rdn. 12). Weder aus der Rechtsnatur der Verjährung (s. dazu BVerfGE **25** 269, 287, 294; *Jähnke* LK[11] Vor § 78 Rdn. 8 f) noch aus § 78 a und 78 c Abs. 3 Satz 2 lassen sich stichhaltige Gründe ableiten, die von der Strafnorm vorgegebene tatbestandliche Handlungseinheit aufzuspalten, um für zeitlich zurückliegende Teile der Tat die Möglichkeit frühzeitigerer Verjährung zu eröffnen. Der Tatbegriff im Sinne der §§ 78, 78 a meint die einzelne Gesetzesverletzung, die Verwirklichung des Tatbestands einschließlich des tatbestandlichen Erfolgs (*Jähnke* LK[11] §§ 78, 78 a Rdn. 3; *Tröndle/Fischer* § 78 a Rdn. 1). Von dieser Gesetzeslage ist bei der Anwendung der Verjährungsvorschriften auszugehen (*Jähnke* LK[11] Vor § 78 Rdn. 13). Entscheidend ist danach, dass sich das gesamte Tatgeschehen als tatbestandliche Handlungseinheit erweist und eventuelle zeitliche Unterbrechungen sich als der Tat immanent darstellen.[12]

III. Sichbereiterklären zur landesverräterischen Agententätigkeit (Abs. 1 Nr. 2)

7 Die Tatbestandsvariante der Nr. 2 pönalisiert das Sichbereiterklären zu einer Tätigkeit nach Nr. 1. **Gegenstand der Erklärung** ist danach das Bekunden der Bereitschaft zum täterschaftlichen Ausüben der Agententätigkeit (siehe Rdn. 2 ff); wer sich lediglich zur Beihilfe bereiterklärt, erfüllt die Voraussetzungen der Nr. 2 *nicht* (vgl. *Sch/Schröder/Stree/Sternberg-Lieben* Rdn. 14; *Paeffgen* NK Rdn. 13; *Rudolphi* SK Rdn. 9; *Lampe/Hegmann* MK Rdn. 10). Die Erklärung kann schriftlich oder mündlich, ausdrücklich oder konkludent (schlüssig) erfolgen, muss in ihrem Bedeutungsgehalt allerdings zweifelsfrei sein. Sie kann auf der Initiative des Täters selbst oder auf einer Anregung von außen, mithin auch der fremden Macht beruhen (vgl. *Sch/Schröder/Stree/Sternberg-Lieben* Rdn. 13) und auf verschiedene Weise übermittelt werden. *Verhandelt* jemand lediglich mit dem Mittelsmann einer fremden Macht, so ist darin noch keine Bekundung im Sinne des Tatbestandes zu sehen (BGH JZ **1961** 505 f zu § 100 e a. F.).

Die Erklärung muss der fremden Macht oder ihrem Mittelsmann **zugehen**, d. h. so in deren Machtbereich gelangen, dass diese von ihr Kenntnis nehmen können.[13] Erst mit dem Zugang der Erklärung hat sich der Täter in die gefährliche Verstrickung begeben, die die Strafwürdigkeit der Tat begründet (vgl. BGHSt **25** 145, 146). Die Frage, wann die Erklärung als zugegangen – und die Tat damit als vollendet – zu erachten ist, ist auf der Grundlage der zu § 130 Abs. 1 BGB entwickelten Maßstäbe zu beantworten. Einer

[12] BGHSt **43** 321; *Lackner/Kühl* § 98 Rdn. 7; *Tröndle/Fischer* Rdn. 12; auch *Sch/Schröder/Stree/Sternberg-Lieben* Rdn. 35; *Rudolphi* SK § 99 Rdn. 7, jedoch kritisch distanzierend in NStZ **1997** 489 f (Anmerkung zu BGHSt **43** 1, 4 ff); kritisch auch *Schlüchter/Duttge/Klumpe* Verjährung eines tatbestandlichen Handlungskomplexes am Beispiel geheimdienstlicher Agententätigkeit – zugleich Besprechung von BGHSt **43** 1, 4 ff im JZ **1997** 995 und *Schlüchter/Duttge* Anm. zu BGHSt **43** 321 (NStZ **1998** 618, 619 ff); dazu BGH bei *H. W. Schmidt* §§ 94, 99 NStZ **1998** 610 f.

[13] OLG Celle NJW **1991** 579 = NStZ **1991** 82 zu § 99 Abs. 1 Nr. 2; *Paeffgen* NK Rdn. 13; *Rudolphi* SK Rdn. 9; *Tröndle/Fischer* Rdn. 5; *Lampe/Hegmann* MK Rdn. 10; *Sonnen* AK Rdn. 8; zweifelnd hingegen im Blick auf die h. M. zur Entbehrlichkeit des Zuganges beim sich Bereiterklären nach § 30 Abs. 2: *Sch/Schröder/Stree/Sternberg-Lieben* Rdn. 13; dazu jedoch *Roxin* LK[11] § 30 Rdn. 91.

Annahme der Bereitschaftsbekundung durch die fremde Macht oder deren Mittelsmann bedarf es nicht (s. dazu OLG Celle NStZ **1991** 82).

Subjektiv ist direkter Vorsatz erforderlich (ebenso *schönke/Schröder/Stree/Sternberg-Lieben* Rdn. 15; *Paeffgen* NK Rdn. 14; *Dudolphi* SK Rdn. 10; *Maurach/Schroeder/Maiwald* II § 85 Rdn. 59; **aA** AK-*Sonnen* Rdn. 9; *Tröndle/Fischer* Rdn. 6). Die Erklärung muss ernstlich, nicht bloß zum Schein abgegeben worden sein.[14]

Führt das Sichbereiterklären (Nr. 2) zum Ausüben (Nr. 1) der landesverräterischen Agententätigkeit, so verliert er als dessen Vorstufe seine selbständige Bedeutung und tritt zurück (vgl. *Sch/Schröder/Stree/Sternberg-Lieben* Rdn. 17; *Rissing-van Saan* LK[11] Vor § 52 Rdn. 122).

IV. Der Tatbestand ist nach Maßgabe des Art. 7 Abs. 1 Nr. 1 des 4. StRÄndG (abgedruckt Vor § 80 Rdn. 34) auf **militärische Geheimnisse** der **NATO-Vertragsstaaten** erweitert (siehe auch Vor § 93 Rdn. 7f; § 93 Rdn. 18, 24). Auch so genannte **Euratom-Geheimnisse** stehen aufgrund der Regelung in Art. 194 Abs. 1 Euratom-Vertrag unter dem Schutz der Vorschrift (vgl. die Erläuterungen Vor § 93 Rdn. 9; § 93 Rdn. 18, 24). 8

V. Zu den Möglichkeiten einer **Rechtfertigung** oder **Entschuldigung** wird auf § 93 Rdn. 26, 30 und 32 verwiesen (für die Fälle einer Tätigkeit im Rahmen eigener nachrichtendienstlicher Abwehr oder Aufklärung s. § 99 Rdn. 15).[15]

VI. Der **Versuch** ist in beiden Begehungsformen *nicht* strafbar (§§ 23 Abs. 1, 98 Abs. 1 S. 1 a.E. [Strafdrohung]). 9

Zum Ausüben der landesverräterischen Agententätigkeit kann **Beihilfe** geleistet werden, wenn der Gehilfe die Ausübungshandlung (Nr. 1) nur mittelbar unterstützt, beispielsweise durch das Schreiben von Briefen (kritisch *Paeffgen* NK Rdn. 18. Zwar vertritt der BGH zur geheimdienstlichen Agententätigkeit (§ 99 Abs. 1 Nr. 1) die Auffassung, eine besondere Beihilfe könne es neben der täterschaftlichen Förderung von Aktivitäten eines fremden Geheimdienstes angesichts der Weite des Tatbestandes nicht geben; aus diesem Grunde habe man auch während der Gesetzesberatungen einen zunächst vorgesehenen selbständigen Beihilfetatbestand fallengelassen (BGHSt **24** 369, 377f m.w.N.). Diese Argumentation, in ihrer Allgemeinheit ohnehin fragwürdig (vgl. ausführlicher bei § 99 Rdn. 16), lässt sich aber nicht ohne weiteres auf § 98 Abs. 1 Nr. 1 übertragen. Anders als bei der geheimdienstlichen Agententätigkeit nach § 99 Abs. 1 Nr. 1, die *jede* – dem Wesen nach geheimdienstliche – Tätigkeit erfasst, welche die Aktivitäten eines fremden Nachrichtendienstes fördert, ist in § 98 Abs. 1 Nr. 1 lediglich das auf die Beschaffung von Staatsgeheimnissen gerichtete Handeln unter Strafe gestellt. Die Gefahr einer unerwünschten und bedenklichen Ausweitung des Bereichs des Strafbaren ist hier schon deshalb nicht zu befürchten (wie hier *Sch/Schröder/Stree/Sternberg-Lieben* Rdn. 5; *Lampe/Hegmann* MK Rdn. 14; anders *Rudolphi* SK Rdn. 12).

Eine Beihilfe zum Sichbereiterklären (Nr. 2) ist entgegen verbreiteter Ansicht (*Sch/Schröder/Stree/Sternberg-Lieben* Rdn. 16; *Rudolphi* SK Rdn. 12) ebenfalls möglich. Ein stichhaltiger Grund, der die Anwendung der Beihilfe-Vorschrift (§ 27) hindern könnte, ist

[14] Sonderausschussbericht BTDrucks. V/2860 S. 21; Prot. V/1522, 1528; *Paeffgen* NK Rdn. 14; *Sch/Schröder/Stree/Sternberg-Lieben* Rdn. 13; *Rudolphi* SK Rdn. 10.

[15] S. dazu auch *Rudolphi* SK Rdn. 11; *Tröndle/Fischer* Rdn. 7; *Sch/Schröder/Stree/Sternberg-Lieben* § 94 Rdn. 15, § 98 Rdn. 10; *Lackner/Kühl* Rdn. 4.

nicht ersichtlich. Vor allem sind die Erwägungen, mit denen die Möglichkeit einer Beihilfe zu § 30 Abs. 2 (Sichbereiterklären zu einem Verbrechen) abgelehnt wird (siehe BGHSt **14** 156, 157 zu § 49a a.F.), nicht hierher übertragbar (vgl. *Lampe/Hegmann* MK Rdn. 15). Dort wird im Wesentlichen darauf abgehoben, dass § 30 Abs. 2 keine selbständige Strafvorschrift ist, sondern Handlungen erfasst, die sich zwar auf bestimmte Straftatbestände beziehen, die aber ohne die Vorschrift, weil nur im Vorfeld situiert, nicht strafbar wären. Insoweit spricht vieles dafür, dass der Gesetzgeber durch § 30 Abs. 2 nicht noch andere, entferntere Formen der Beteiligung als die in § 30 Abs. 2 selbst Umschriebenen erfasst wissen wollte (vgl. BGHSt aaO). Das Sichbereiterklären nach § 98 Abs. 1 Nr. 2 ist jedoch ein eigenständiger, im besonderen Teil des Strafgesetzbuches normierter Straftatbestand, der einer bestimmten Gefährdungslage entgegenwirken und den ihr entsprechenden Unrechtsgehalt der Tat erfassen will (vgl. *Laufhütte* LK § 87 Rdn. 19). Hier kann Beihilfe durchaus in Betracht kommen; beispielsweise dann, wenn jemand dem Täter bei Abgabe und Übermittlung der Bereitschaftserklärung hilfreich zur Seite steht, ohne selbst Täter der §§ 94, 96 Abs. 1 – sei es auch nur des Versuchs oder der versuchten Beteiligung im Sinne des § 30 – zu sein (vgl. die Subsidiaritätsklausel in § 98 Abs. 1 S. 1 letzter Halbsatz; dazu Rdn. 20). Immer wird jedoch in solchen Fällen auch in Frage stehen, ob nicht Täterschaft nach Nr. 1 (Ausüben) vorliegt, wie das etwa bei der Anstiftung zu beiden Begehensformen des § 98 Abs. 1 in der Regel der Fall sein wird (zur Beihilfe zum früheren Beziehungstatbestand des § 100e [a.F.] finden sich Rechtsprechungsnachweise bei *Wagner* GA **1962** 10ff).

VII. Der besonders schwere Fall (Abs. 1 S. 2)

10 Für besonders schwere Fälle ist ein höherer Strafrahmen vorgesehen, der von einem Jahr bis zu zehn Jahren Freiheitsstrafe reicht. Die Vorschrift verweist zur Verdeutlichung auf das Regelbeispiel in § 94 Abs. 2 S. 2 Nr. 1. Es setzt den Missbrauch einer verantwortlichen Stellung voraus, die den Täter zur Wahrung von Staatsgeheimnissen besonders verpflichtet (Näheres hierzu bei § 94 Rdn. 16). Die Indizwirkung des Regelbeispiels kann widerlegt werden (s. dazu *Gribbohm* LK[11] Vor § 46 Rdn. 22ff sowie § 94 Fn. 29). Die hier in Betracht kommenden Sachverhalte werden allerdings in der Praxis nur selten zur Bestrafung aus § 98 Abs. 1 S. 2 führen; der kraft seiner Position zur Wahrung von Staatsgeheimnissen besonders Verpflichtete wird sich, wenn er unter Missbrauch seiner Stellung eine Tätigkeit im Sinne des § 98 Abs. 1 Nr. 1 ausübt, alsbald in den Bereichen der Strafbarkeit nach den §§ 96 Abs. 1, 94 Abs. 1 Nr. 1, jeweils in Verbindung mit § 22, bewegen (versuchte landesverräterische Ausspähung, versuchter Landesverrat); Ähnliches gilt für das Sichbereiterklären (§ 98 Abs. 1 Nr. 2) im Blick auf § 30 Abs. 2 i.V.m. §§ 96 Abs. 1, 94 Abs. 1 Nr. 1. In den meisten Fällen dieser Art wird daher die Subsidiaritätsklausel des § 98 Abs. 1 S. 1 letzter Halbsatz greifen (siehe Rdn. 20) und das Vergehen der landesverräterischen Agententätigkeit zurücktreten. Ist jedoch bei solchen Fallgestaltungen der Strafrahmen der vorgehenden Delikte nach § 49 Abs. 1 (i.V.m. § 30 oder § 23 Abs. 2) zu mildern und unterschritte die danach mögliche und ins Auge gefasste Strafe diejenige, die nach § 98 Abs. 1 S. 2 als Mindeststrafe auszusprechen wäre, so ist wenigstens auf diese Mindeststrafe zu erkennen.[16]

[16] Vgl. BGHSt **1** 152, 156; **10** 312, 315; *Tröndle/Fischer* Rdn. 9 und Vor § 52 Rdn. 23; *Sch/Schröder/Stree/Sternberg-Lieben* Vor § 52 Rdn. 141; *Lackner/Kühl* Rdn. 5 und Vor § 52 Rdn. 29.

Die eigentliche Bedeutung des Regelbeispiels liegt demnach in seiner Eigenschaft als maßstabbildende Wertungsrichtlinie, die gewisse Vorgaben für die Beurteilung der „unbenannten“ besonders schweren Fälle liefern soll (vgl. BGHSt **28** 318, 320 mit Bespr. *Bruns* JR **1979** 353). Dieser Beurteilung ist eine Gesamtbewertung aller für die Strafbemessung wesentlichen tat- und täterbezogenen Gesichtspunkte zugrunde zu legen; es kommt darauf an, ob das konkrete Tatbild nach Würdigung aller objektiven, subjektiven und die Persönlichkeit des Täters betreffenden Umstände, die der Tat innewohnen oder die im Zusammenhang mit ihr stehen, vom Durchschnitt der erfahrungsgemäß vorkommenden Fälle in einem Maße abweicht, dass die Anwendung des höheren Strafrahmens geboten erscheint (vgl. BGHSt **23** 254, 257; **28** 318, 319). Liegt dies nicht fern, sieht der Tatrichter aber dennoch von der Annahme eines besonders schweren Falles ab, so müssen die Urteilsgründe jedenfalls erkennen lassen, dass er die ihm obliegende umfassende Prüfung und Wertung vorgenommen hat (vgl. BGHSt **28** 318, 320).

VIII. Tätige Reue (Abs. 2)

Absatz 2 sieht (fakultativ) die Möglichkeit vor, den Strafrahmen zu mildern oder ganz von Strafe abzusehen (S. 1); für die Fälle des Satzes 2 schreibt er (obligatorisch) die Straflosigkeit des Täters vor. Damit hat der Gesetzgeber die Konsequenzen daraus gezogen, dass bei den Begehungsformen des § 98 Abs. 1, die sich als strafrechtlich verselbständigte „Vorstufen“ darstellen, ihrer Natur nach ein Rücktritt nach den allgemeinen Bestimmungen nicht in Betracht kommt (siehe § 24; vgl. *Sch/Schröder/Stree/Stern-berg-Lieben* Rdn. 19). Mit der Regelung der tätigen Reue soll dem Täter ein Anreiz gegeben werden, sich aus seiner gefährlichen Verstrickung zu lösen und durch Offenbarung dazu beizutragen, dass eine auf die Erlangung von Staatsgeheimnissen gerichtete Tätigkeit in all ihren Verästelungen erkannt und unterbunden werden kann (vgl. Sonderausschussbericht BTDrucks. V/2860 S. 21). Die Vorschrift differenziert zwischen Tätern, die von der fremden Macht oder deren Mittelsmännern zur Tat gedrängt, also unter Druck gesetzt worden sind, und solchen, die sich ohne derartigen Anlass verstrickt haben. Sie wird prozessual ergänzt durch § 153e StPO. **11**

1. Nach **Absatz 2 Satz 1** muss der Täter freiwillig sein Verhalten aufgeben und sein Wissen einer Dienststelle offenbaren, um dem Richter die Möglichkeit der Strafrahmenmilderung und des Absehens von Strafe zu eröffnen. Eine gewisse Zwangslage bei der Tat wird hier nicht vorausgesetzt (anders S. 2; vgl. Sonderausschussbericht BTDrucks. V/2860 S. 21/22). **12**

a) Das **Aufgeben der Tat** erfordert endgültiges, uneingeschränktes und ernstliches Abstandnehmen. Es versteht sich von selbst, dass ein bloßes Unterbrechen oder ein Abwandeln der Modalitäten der verräterischen Tätigkeit im Sinne des Absatzes 1 Nr. 1 nicht genügt. Hatte der Täter sich entsprechend Absatz 1 Nr. 2 bereiterklärt, so reicht aus, dass er davon absieht, der Erklärung nachzukommen und die Tätigkeit aufzunehmen. Es genügt hier (Abs. 1 Nr. 2) also das bloße Untätigbleiben, das allerdings subjektiv vom Aufgabewillen getragen sein und sich in der Offenbarungshandlung (siehe dazu Rdn. 13) niederschlagen muss. Für die Beurteilung, ob die Aufgabe der Tat **freiwillig** erfolgt ist, sind ähnliche Maßstäbe anzulegen, wie bei dem gleichen Merkmal in der Rücktrittsvorschrift des § 24 (vgl. dazu *Lilie/Albrecht* LK[11] § 24 Rdn. 147ff). Ausschlaggebend ist die Willenssituation des Täters. Freiwillig ist die Aufgabe nur, wenn für ihn auch ein anderes Verhalten, nämlich die Fortsetzung der Tat, in Betracht kommt und ihm das „Aufgeben" nicht gleichsam aufgezwungen wird. Dieses muss – nach seiner Vorstellung – von seinem Willen, seinen freien Erwägungen abhängen; es darf ihm nicht nachgerade durch die Verhältnisse „abgenötigt" werden. Unfreiwillig in diesem Sinne handelt der Täter, der lediglich aufgibt, weil er meint, weiteres Tun sei aussichtslos oder seine Entdeckung stehe unmittelbar bevor.

13 b) Darüber hinaus ist die **Offenbarung seines Wissens** gefordert. Auch für sie gilt das Merkmal der *Freiwilligkeit*. Der Gesetzgeber hat das Adverb „freiwillig" – wie sich aus dessen Stellung hinter dem Subjekt des Bedingungssatzes ergibt – beiden Verben, dem Aufgeben und dem Offenbaren, beigeordnet; es bezieht sich auf das ihm unmittelbar folgende und auch auf das weitere in diesem Satzteil beschriebene Merkmal. Der Text lautet gerade nicht: „... wenn der Täter sein Verhalten freiwillig aufgibt und sein Wissen ... offenbart", sondern es heißt (verkürzt): wenn er freiwillig sein Verhalten aufgibt und sein Wissen ... offenbart (BGHSt **27** 120, 122f). Diese Auslegung folgt nicht nur dem Wortlaut der Vorschrift; sie entspricht auch dem Willen des Gesetzgebers (vgl. *Krauth* Prot. V/1541) und wird insbesondere dem kriminalpolitischen Sinn der Vergünstigung gerecht, die im Abwehrinteresse des Staates dem „reuigen" Täter zugute kommen soll; ein „unfreiwilliges", d. h. nur unter dem Druck des Verfahrens oder der sonstigen Verhältnisse zustandegekommenes Offenlegen fügt sich schwerlich in diese Vorstellung ein.

Offenbaren heißt, dem Erklärungsempfänger, einer Dienststelle, ein Wissen zu vermitteln, das den zuständigen Behörden aus der Sicht des Offenbarenden noch verborgen ist oder von dem diese jedenfalls noch keine sichere Kenntnis haben. Diese Bedeutung des Begriffs liegt auch anderen strafgesetzlichen Vorschriften zugrunde (§§ 87 Abs. 3, 203 Abs. 1 und 2, 353b Abs. 1; vgl. BGHSt **27** 120, 121). Der Täter muss sein **gesamtes Wissen um die Tat**, also alle seine hierbei erlangten Kenntnisse über eine gegen die Bundesrepublik gerichtete, auf Nachrichtenbeschaffung angelegte Tätigkeit umfassend mitteilen.[17] Dazu zählen nicht nur die für die Tathandlung unmittelbar bedeutsamen Umstände (**aA** *Sch/Schröder/Stree/Sternberg-Lieben* Rdn. 26; *Rudolphi* SK Rdn. 20; *Sonnen* AK Rdn. 18; vgl. auch *Paeffgen* NK Rdn. 23), sondern auch solche Kenntnisse, die der Täter nur gelegentlich seiner strafbaren Handlung erworben hat. Dies folgt aus dem Sinn der Regelung, die die in Rede stehende Rechtswohltat an eine Art Wiedergutmachung knüpft, welche dazu beitragen soll, Angriffe auf die äußere Sicherheit der Bundesrepublik zu erkennen und abzuwehren (vgl. Sonderausschussbericht BTDrucks. V/2860 S. 21). Hat der Täter aufgrund seiner Verbindungen, die seinem strafbaren Verhalten zugrunde liegen, und im Zusammenhang damit von anderen nachrichtendienstlichen Aktivitäten erfahren, von Bestrebungen also, die gleich seiner eigenen Tätigkeit und in aller Regel von derselben fremden Stelle veranlasst, gegen die Sicherheit des Staates gerichtet sind, so ist es konsequent, eine Strafrahmenmilderung oder gar ein Absehen von Strafe auf der Grundlage tätiger Reue von einer *umfassenden* Offenbarung dieser Kenntnisse abhängig zu machen. Die Grenzen der aus § 138 Abs. 1 Nr. 3 folgenden Anzeigepflicht werden bei solcher Auslegung nicht missachtet. Dieser Straftatbestand gibt für das Verständnis der hier in Rede stehenden Reuevorschrift nichts her. Die jeweilige Ausgangslage ist eine völlig andere: Dort ist eine an der Tat nicht beteiligte Person anzeigepflichtig (vgl. *Tröndle/Fischer* § 138 Rdn. 18); hier geht es um den Täter einer vollendeten landesverräterischen Agententätigkeit, dem der Gesetzgeber um den Preis umfassender Offenlegung, die sich als Wieder-

[17] Vgl. BGHSt **27** 120, 122; *Tröndle/Fischer* Rdn. 10; *Lampe/Hegmann* MK Rdn. 18; *Laufhütte* LK § 87 Rdn. 20.

gutmachungsbemühen – einem in der Strafzumessung beheimateten Begriff (vgl. § 46 Abs. 2) – darstellt, die Chance einer Rechtsfolgenvergünstigung gewährt, ihm eine „goldene Brücke baut". In solchem Zusammenhang wird man wohl kaum von einer dem Täter in unzumutbarer Weise angesonnenen „Denunziation" sprechen können.

Zu welchem **Zeitpunkt** sich der Täter offenbaren muss, um dem Richter die Möglichkeit des Absehens von Strafe oder der Strafrahmenmilderung zu eröffnen, schreibt Absatz 2 *Satz 1* nicht ausdrücklich vor. Im Gegensatz zu Absatz 2 *Satz 2*, der „unverzügliches" Offenbaren verlangt, bedarf es hier (S. 1) dessen nicht; der Täter braucht also sein Wissen nicht etwa sofort bei einer Befragung im Rahmen von Abwehrmaßnahmen offen zu legen. Allerdings wird der Tatrichter – wenn die Voraussetzungen des Absatzes 2 S. 1 gegeben sind – bei seiner Ermessensentscheidung über die Folge (Absehen von Strafe, Strafrahmenmilderung) dem Zeitpunkt der Offenbarung im Blick auf den mit ihr verbundenen Wiedergutmachungsgedanken je nach Lage des Falles gewichtige Bedeutung beizumessen haben (siehe BGHSt **27** 120, 122). Je später eine Offenbarung bei bereits aufgenommenen Ermittlungen erfolgt, desto kritischer wird auch die Frage ihrer Freiwilligkeit zu prüfen sein. In den tatrichterlichen Urteilsgründen sind diese Umstände eingehend darzulegen; insbesondere gilt es festzustellen, wie es zu der Offenbarung gekommen ist und was den Täter zu ihr bewogen hat (vgl. BGHSt **27** 120, 123 f).

c) Die Offenlegung muss gegenüber **einer Dienststelle** erfolgen. Dies muss nicht eine **14**
bestimmte, für die Verfolgung von Straftaten gegen die äußere Sicherheit *zuständige* Dienststelle sein; es genügt vielmehr, dass *irgendeine* amtliche Stelle unterrichtet wird. Damit soll dem Täter die Offenlegung im Einzelfall erleichtert werden. Er kann sich – steht er im öffentlichen Dienst – auch seinem Dienstvorgesetzten anvertrauen. Als „eine Dienststelle" im Sinne des § 98 Abs. 2 wird indessen nur derjenige Offenbarungsadressat gelten können, von dem die Weitergabe der offenbarten Tatsachen an eine zuständige Dienststelle (Strafverfolgungsbehörden, mit der Auswertung nachrichtendienstlicher Erkenntnisse befasste Stellen wie die Verfassungsschutzämter, der Bundesnachrichtendienst oder der Militärische Abschirmdienst) erwartet werden kann (vgl. *Laufhütte* LK § 87 Rdn. 20).

d) **Folge** der tätigen Reue im Sinne des Absatzes 2 S. 1 ist, dass **der Richter nach** **15**
seinem Ermessen (fakultativ) **den Strafrahmen mildern** (§ 49 Abs. 2) **oder von Strafe absehen** kann. Bei seiner Entscheidung hat er den gesamten Sachverhalt zu würdigen, vor allem die Tat selbst und auch die Umstände, die den Täter zum Aufgeben seines Verhaltens und zur Offenbarung veranlassten. Der Zeitpunkt der Offenlegung kann hier ebenso eine Rolle spielen (siehe Rdn. 13 a. E.) wie eine spätere Distanzierung von der Offenbarung (vgl. BGHSt **27** 120, 123 f). Einer Ermessensentscheidung nach Absatz 2 *Satz 1* steht nicht entgegen, dass die Tat sich als besonders schwerer Fall (Abs. 1 S. 2) darstellt (vgl. Sonderausschussbericht BTDrucks. V/2860 S. 21/22; anders für Absatz 2 *Satz 2*: vgl. dazu Rdn. 18); dies wird indessen im Rahmen der Ermessensausübung entsprechend zu berücksichtigen sein.

Sieht das Gericht von Strafe ab, so ist der Täter in der Urteilsformel schuldig zu sprechen; ebenso ist die Rechtsfolge, das Absehen von Strafe, in den Tenor aufzunehmen (siehe § 260 Abs. 4 S. 4 StPO). Der Angeklagte hat auch in diesem Falle und insoweit die Verfahrenskosten zu tragen (§ 465 Abs. 1 S. 2 StPO). Die Entscheidung wird allerdings nicht in das Bundeszentralregister eingetragen (siehe § 4 BZRG), es sei denn, es werden zugleich Maßregeln verhängt (vgl. *G. Hirsch* LK[11] § 60 Rdn. 46 ff). – Zeigt sich bereits während der Ermittlungen oder jedenfalls bis zum Beginn der Hauptverhandlung, dass die Voraussetzungen des Absehens von Strafe vorliegen, so kann gemäß § 153b StPO auch die Staatsanwaltschaft mit Zustimmung des Gerichts, das für die Hauptverhandlung zuständig wäre, von der Anklageerhebung absehen oder, wenn die öffentliche Klage bereits erhoben ist, das Gericht mit Zustimmung der Staatsanwaltschaft sowie des Angeschuldigten das Verfahren einstellen (siehe aber auch § 153e StPO).

Bei der Milderung des Strafrahmens nach § 49 Abs. 2 gelten die allgemeinen Grundsätze.

16 2. Nach **Absatz 2 Satz 2** wird – obligatorisch – der Täter nicht bestraft, wenn er freiwillig sein Verhalten aufgibt (siehe dazu Rdn. 12) und sein Wissen unverzüglich einer Dienststelle offenbart; allerdings erfordert dieser **persönliche Strafaufhebungsgrund** (vgl. *Tröndle/Fischer* Rdn. 11), dass der Täter von der fremden Macht oder einem ihrer Mittelsmänner (siehe dazu bei § 94 Rdn. 2) zu seinem Verhalten gedrängt worden ist.

a) Das Merkmal des **Drängens** setzt voraus, dass sich der Täter bei Beginn und während seines strafbaren Handelns in einer seine freie Willensentschließung beeinträchtigenden Lage des Bedrängnis befunden hat. Das gesamte rechtswidrige, tatbestandsmäßige Handeln muss auf dem „Gedrängtsein" beruhen, also ununterbrochen, vom Anfang bis zu seiner Beendigung, auf dieses zurückzuführen sein. Die fremde Macht oder deren Mittelsmann müssen diese Lage geschaffen oder ausgenutzt und den Täter so zur Tat bestimmt haben (vgl. *Rudolphi* SK Rdn. 22). Die psychische Zwangslage des Täters braucht jedoch nicht auf eine Bedrohung oder Nötigung zurückzugehen und deren Intensität zu erreichen; eine „gewisse Zwangslage" reicht hin.[18] Für strengere Anforderungen ist sowohl nach dem Wortlaut der Vorschrift als auch nach ihrer Entstehungsgeschichte kein Raum (Prot. V/1541 f; Sonderausschussbericht BTDrucks. V/2860 S. 22; vgl. auch *Rudolphi* SK aaO); sie wären überdies nicht mit dem Ziel der Regelung vereinbar, der häufigen, immer wieder erfolgreichen Druckausübung fremder Nachrichtendienste entgegenzuwirken und im Interesse einer möglichst frühen und umfassenden Aufdeckung solcher Aktivitäten auch dem (bloß) bedrängten Täter einen wirksamen Anreiz für eine unverzügliche Offenbarung zu bieten. Ein Ausufern des Anwendungsbereichs der Vorschrift wird durch ihre weiteren Merkmale verhindert.

Zwangslagen, die für nachrichtendienstliche Anbahnungen genutzt werden, ergaben sich oft aus – möglicherweise sogar provozierten – Verstößen von Besuchern der früheren Ostblockstaaten gegen dortige Vorschriften (Devisenbestimmungen, Aufenthaltsbedingungen etc.), aus zweifelhaften Kontakten an Urlaubsorten oder auch aus der Androhung von Repressalien gegen in Ostblockstaaten lebende Familienangehörige. Die Vorschrift ist bewusst so gefasst, dass sie auch demjenigen zugute kommt, der *im Bundesgebiet* von einer fremden Macht oder deren Mittelsmann in eine bedrängte Lage versetzt worden ist (vgl. *Krauth* Prot. V/1542; RegE [§ 100] BTDrucks. V/898 Begründung S. 35).

17 b) Der Täter muss **unverzüglich**, d. h. ohne schuldhaftes Zögern (vgl. § 126 BGB), *nach Wegfall der Zwangslage* sein gesamtes Wissen (siehe Rdn. 13) einer Dienststelle offenbaren. Ist dies erst zu einem späteren Zeitpunkt geschehen und kommt daher Straf-

---

[18] So auch *Rudolphi* SK Rdn. 22; *Paeffgen* NK Rdn. 26; *Lackner/Kühl* Rdn. 6; *Tröndle/Fischer* Rdn. 11; *Lampe/Hegmann* MK Rdn. 22; *Sonnen* AK Rdn. 19; *Krauth/Kurfess/Wulf* JZ **1968** 609, 613; *Sch/Schröder/Stree/Sternberg-Lieben* verlangt mindestens die Androhung eines empfindlichen Übels i. S. des § 240.

freiheit nach Absatz 2 *Satz 2* nicht in Betracht, ist damit die Anwendung des Absatzes 2 *Satz 1 nicht* ausgeschlossen.

c) Die **Straffreiheit** nach Absatz 2 S. 2 führt zum Freispruch, wenn daneben keine anderen Delikte tateinheitlich begangen worden sind (siehe Rdn. 19). Sie tritt *nicht* ein, wenn die Voraussetzungen eines besonders schweren Falles (Abs. 1 *S.* 2) gegeben sind (so auch *Rudolphi* SK Rdn. 21). Absatz 2 *Satz 2* bezieht sich – anders als Satz 1 – ausdrücklich nur auf die Tatbestandsvarianten des Absatzes 1 *Satz 1*, nicht auf die Regelung des besonders schweren Falles. Dies ist auch sinnvoll: Der in besonderem Maße aufgrund seiner Stellung zur Geheimhaltung Verpflichtete (siehe Abs. 1 S. 2 Halbsatz 2 i. V. m. § 94 Abs. 2 S. 2 Nr. 1) soll – anders als der „Normalbürger" – nicht schon wegen einer gewissen Zwangslage straffrei ausgehen; von ihm wird, nicht zuletzt angesichts seiner Treuepflicht, ein Mehr an Widerstandskraft erwartet. Erwägungen ähnlicher Art werden auch bei den unbenannten, atypischen besonders schweren Fällen durchgreifen. Allerdings werden all diese Fallgestaltungen nach Absatz 2 *Satz 1* zu prüfen sein (vgl. Rdn. 15). **18**

3. Die sich aus der tätigen Reue (Abs. 2) ergebenden **Rechtsfolgen** sind **auf** die Tat nach **§ 98 beschränkt.** Steht diese in Tateinheit mit anderen Straftatbeständen, so werden deren Folgen von den Wirkungen des § 98 Abs. 2 nicht berührt (vgl. Sonderausschussbericht BTDrucks. V/2860 S. 22; *Rudolphi* SK Rdn. 24). Der Text der Bestimmung stellt klar, dass lediglich die Bestrafung des Täters nach *dieser* Vorschrift entfällt. **19**

IX. Zusammentreffen

Im Verhältnis zum Landesverrat (§ 94) und zur landesverräterischen Ausspähung (§ 96 Abs. 1) tritt § 98 als **subsidiär** zurück (siehe § 98 Abs. 1 S. 1 letzter Halbsatz). Dies gilt auch dann, wenn es nur zum Versuch oder zum Versuch der Beteiligung (§ 30) an einem Verbrechen nach den §§ 94, 96 Abs. 1 gekommen ist und die landesverräterische Agententätigkeit (§ 98) weitere Ziele verfolgt hat als die Tat nach § 94 oder § 96 Abs. 1.[19] Tritt der Täter vom versuchten Landesverrat, der versuchten landesverräterischen Ausspähung oder vom Versuch der Beteiligung mit strafbefreiender Wirkung nach § 24 oder § 31 zurück, lebt die Strafbarkeit nach § 98 wieder auf (vgl. *Rudolphi* SK Rdn. 25; *Lampe/Hegmann* MK Rdn. 24; *Paeffgen* NK Rdn. 31; **aA** *Sch/Schröder/Stree/Sternberg-Lieben* Rdn. 28; *Sonnen* AK Rdn. 13). **20**

Tateinheit mit anderen Delikten ist nach den allgemeinen Vorschriften und Maßstäben möglich, z. B. mit § 99 und § 353b. Der Gesetzgeber hat das Verhältnis der §§ 98, 99 zueinander bei gleichen Strafdrohungen bewusst im Sinne der Idealkonkurrenz geregelt (Sonderausschussbericht BTDrucks. V/2860 S. 21, 23), um damit die Möglichkeit zu schaffen, durch eine der jeweiligen Beweislage angepasste Anwendung des § 154a StPO das Verfahren „praktisch" zu gestalten. Dies führt in den meisten Fällen der Idealkonkurrenz (zwischen den §§ 98, 99) dazu, dass der Beschuldigte nur unter dem rechtlichen Gesichtspunkt der geheimdienstlichen Agententätigkeit (§ 99) verfolgt wird (siehe

[19] BGHSt **24** 72, 79 ff; *Rudolphi* SK Rdn. 25; *Paeffgen* NK Rdn. 31; *Lackner/Kühl* Rdn. 7; **aA** *Sch/Schröder/Stree/Sternberg-Lieben* Rdn. 35, der Tateinheit annimmt, wenn die Tätigkeit oder das Sichbereiterklären nach § 98 nicht auf die konkreten Staatsgeheimnisse beschränkt waren, die die Strafbarkeit nach §§ 94, 96 auslösten.

BGHSt 25 145, 150). – Mit den Preisgabe- und Offenbarungsdelikten wird wegen der dort vorausgesetzten, andersgearteten Sachverhalte Tateinheit nicht in Betracht kommen (Sonderausschussbericht BTDrucks. V/2860 S. 21). Straftaten, die in Verfolgung der landesverräterischen Tätigkeit begangen werden (Beschaffungsdelikte), stehen zu § 98 in der Regel in Idealkonkurrenz.

Zur Konkurrenz mit den Vorschriften zum Schutz militärischer Geheimnisse der NATO-Vertragsstaaten (Art. 7 Abs. 1 Nr. 1 des 4. StRÄndG, abgedruckt Vor § 80 Rdn. 34) und von Euratom-Geheimnissen vgl. die Ausführungen bei § 94 Rdn. 20.

21 X. Die Vorschriften über die **Nebenfolgen** (§ 101) und die **Einziehung** (§ 101 a) sind zu beachten. Hinsichtlich finanzieller Zuwendungen ist der Verfall nach § 73 Abs. 1 StGB anzuordnen (vgl. § 101 a Rdn. 8). Zu den **Zuständigkeiten** wird auf § 93 Rdn. 14 verwiesen; zu den besonderen Möglichkeiten des **Absehens von der Strafverfolgung** siehe die §§ 153c Abs. 2 und 4, 153d, 153e StPO (vgl. dazu auch Vor § 93 Rdn. 10). Die **Nichtanzeige** des Delikts steht *nicht* unter Strafdrohung (siehe § 138 Abs. 1 Nr. 3).

§ 99
Geheimdienstliche Agententätigkeit

(1) Wer

1. für den Geheimdienst einer fremden Macht eine geheimdienstliche Tätigkeit gegen die Bundesrepublik Deutschland ausübt, die auf die Mitteilung oder Lieferung von Tatsachen, Gegenständen oder Erkenntnissen gerichtet ist, oder

2. gegenüber dem Geheimdienst einer fremden Macht oder einem seiner Mittelsmänner sich zu einer solchen Tätigkeit bereit erklärt,

wird mit Freiheitsstrafe bis zu fünf Jahren oder mit Geldstrafe bestraft, wenn die Tat nicht in den §§ 94, 96 Abs. 1, in § 97a oder in § 97b in Verbindung mit den §§ 94, 96 Abs. 1 mit Strafe bedroht ist.

(2) In besonders schweren Fällen ist die Strafe Freiheitsstrafe von einem Jahr bis zu zehn Jahren. Ein besonders schwerer Fall liegt in der Regel vor, wenn der Täter Tatsachen, Gegenstände oder Erkenntnisse, die von einer amtlichen Stelle oder auf deren Veranlassung geheim gehalten werden, mitteilt oder liefert und wenn er

1. eine verantwortliche Stellung missbraucht, die ihn zur Wahrung solcher Geheimnisse besonders verpflichtet, oder

2. durch die Tat die Gefahr eines schweren Nachteils für die Bundesrepublik Deutschland herbeiführt.

(3) § 98 Abs. 2 gilt entsprechend.

Schrifttum

Auf die Angaben Vor § 93 wird verwiesen. Vgl. insbesondere *Pabst* Zum Begriff der geheimdienstlichen Tätigkeit in § 99 Abs. 1 StGB JZ **1977** 427; *Schroeder* Der Schutz staatsbezogener Daten im Strafrecht NJW **1981** 2278; *F. Vogel* Der Straftatbestand der geheimdienstlichen Agententätigkeit – kein Experimentierfeld für den Gesetzgeber ZRP **1982** 38.

Entstehungsgeschichte

Der mit dem 8. StRÄndG[1] in das StGB eingefügte Tatbestand ist zusammen mit § 98 der früheren Vorschrift über die verräterischen Beziehungen (§ 100e a. F.) nachgefolgt, die wegen ihrer weiten Fassung Kritik erfahren hatte (vgl. bei § 98 [Entstehungsgeschichte]; *Krauth/Kurfess/Wulf* JZ **1968** 609, 612 mit Hinweisen auf die Beratungen des Sonderausschusses für die Strafrechtsreform). Zum Gesetzgebungsverfahren siehe SPD-Entwurf BTDrucks. V/102 (dort § 100e Abs. 1), RegE BTDrucks. V/898 (dort § 100 Abs. 1), Sonderausschussbericht BTDrucks. V/2860 S. 22; Prot. V/1517ff, 1527ff, 1539f, 1541f, 1569, 1625ff, 1975, 2092, 2102. Vgl. des weiteren AE § A 20; E 1962 § 387 BTDrucks. IV/650.

Übersicht

I. Allgemeines

Der „zentrale Spionagetatbestand“ des § 99 ist ein wesentlicher Teil der Reform des Staatsschutzstrafrechts durch das 8. StRÄndG.[2] Die Vorschrift soll mit dazu beitragen, den Bereich des Strafwürdigen in kriminalpolitisch vertretbarer Weise einzuschränken; sie soll gleichzeitig aber auch sicherstellen, dass den gewandelten Methoden moderner 1

[1] Vom 25.6.1968 BGBl. I 741, 746.

[2] Vom 25.6.1968 BGBl. I 741, 746.

Nachrichtendienste mit einem geeigneten, rechtsstaatlichen Anforderungen gerecht werdenden strafrechtlichen Instrumentarium begegnet werden kann (Näheres Vor § 93 Rdn. 2f). § 99 löst sich deshalb vom Begriff des Staatsgeheimnisses und entkleidet diesen seiner sonst beherrschenden Stellung im Gefüge des Landesverratsabschnitts (vgl. BVerfGE 57 250, 263ff; **92** 277, 317f). Der Tatbestand, der die Tat als *abstraktes Gefährdungsdelikt* ausweist (*Sch/Schroeder/Stree* Rdn. 18; *Paeffgen* NK Rdn. 2; *Lackner* ZStW **78** 710), hat *jede* geheimdienstliche Tätigkeit gegen die Bundesrepublik im Blick, die auf die Mitteilung oder Lieferung von Tatsachen, Gegenständen oder Erkenntnissen gerichtet ist. Diese Umschreibung bezieht sich *nicht nur* auf Belange, die unmittelbar die *äußere Sicherheit* des Staates betreffen; sie will alle nachrichtendienstlichen Bestrebungen erfassen, gleichgültig, ob sie auf die Abklärung allgemeiner politischer, auch gesellschaftspolitischer Verhältnisse abzielen oder ob sie die Nachrichtenbeschaffung aus sonstigen Bereichen der Bundesrepublik, etwa aus Wirtschaft und Technik zum Inhalt haben (vgl. KG, NStZ 2004, 209 m. Anm. Lampe). Dabei kommt es nicht darauf an, ob das ins Auge gefasste Nachrichtenmaterial „offen" ist oder geheim gehalten wird, ob es gewichtig ist oder weniger bedeutsam.[3]

Gemäß § 5 Nr. 4 erfasst § 99 auch alle im Ausland begangenen geheimdienstlichen Tätigkeiten gegen die Bundesrepublik. Täter können auch die Angehörigen fremder Geheimdienste selbst sein.[4]

Der Tatbestand erfasst hingegen nicht solche Personen, die lediglich Objekt der Ausforschungsbemühungen eines fremden Geheimdienstes werden, ohne sich aktiv in dessen Dienst zu stellen. Bloße Beziehungen zu einem fremden Geheimdienst sind nicht strafbar. Die – durchaus erwünschten – zwischenstaatlichen Kontakte zwischen Wissenschaftlern, Technikern, Kaufleuten und Politikern sollen nicht unter dem „Damoklesschwert" möglicher strafrechtlicher Ermittlungen stattfinden (vgl. *Krauth* Prot. V/1517; vgl. § 98 Rdn. 1); es bleibt Raum genug für vielfältigen Gedankenaustausch, auch für wissenschaftliche, technische und politische Auseinandersetzung, obschon solche Kontakte erfahrungsgemäß von fremden Geheimdiensten nicht selten ausgenutzt werden, um zu nachrichtendienstlich interessanten Erkenntnissen zu gelangen (vgl. BVerfG **57** 265ff; BGHSt **24** 369, 370f; siehe auch Vor § 93 Rdn. 3; § 98 Rdn. 1).

Die Vorschrift ist **verfassungsgemäß** (**aA** *Paeffgen* NK Rdn. 4: Trotz der verfassungsgerichtlichen Approbation ist diese Aussage zu bezweifeln.). Sie verstößt weder gegen das Bestimmtheitsgebot des Art. 103 Abs. 2 GG noch gegen die Grundrechte aus Art. 2 und 5 GG noch gegen sonstiges Verfassungsrecht. Das gilt auch, soweit aufgrund des strafrechtlichen Schutzprinzips (§ 5 Nr. 4) oder der Vorschriften über den Tatort (§ 9) die Strafbarkeit auf im Ausland bewirkte Tathandlungen erstreckt wird.[5] Verfassungsrechtliche Besonderheiten gelten jedoch zugunsten früherer DDR-Bürger. Näheres hierzu ist Vor § 93 Rdn. 6, 15ff ausgeführt.

---

[3] BVerfGE **57** 250, 262 ff, 265; **92** 277, 317 f; BGHSt **43** 321; **31** 317, 320, 322; **24** 370 ff, 375 f; BGHR StGB § 99 Ausüben 1; *Lackner/Kühl* Rdn. 4; *Paeffgen* NK Rdn. 3; *Rudolphi* SK Rdn. 11; *Sch/Schröder/Stree/Sternberg-Lieben* Rdn. 1, *Tröndle/Fischer* Rdn. 5; *Lampe/Hegmann* MK Rdn. 14; Sonderausschussbericht BTDrucks. V 2860 S. 22; *Krauth* Prot. V/1517; dazu Vor § 93 Rdn. 2.

[4] BVerfGE **92** 277, 317 f; BGHSt **24** 369, 370 f; BGHSt **39** 260, 262; dazu Vor § 93 Rdn. 6; kritisch *Schroeder* NJW **1981** 2278, 2281 f.

[5] BVerfGE **92** 277, 317 f; **57** 250, 262 ff; s. auch BVerfGE **28** 175, 183 ff, 189 ff.

II. Ausüben einer geheimdienstlichen Agententätigkeit (Abs. 1 Nr. 1)

In der Tatbestandsvariante des Absatzes 1 Nr. 1 ist das Ausüben einer geheimdienstlichen Tätigkeit *für* den Geheimdienst einer fremden Macht und *gegen* die Bundesrepublik Deutschland unter Strafe gestellt; die Tätigkeit muss auf die Mitteilung oder Lieferung von Tatsachen, Gegenständen oder Erkenntnissen gerichtet sein. **2**

1. Die Merkmale **„Ausüben einer geheimdienstlichen Tätigkeit für den Geheimdienst einer fremden Macht“** verdeutlichen, dass – im Gegensatz zum früheren § 100e – die bloße Aufnahme und das bloße Unterhalten von Beziehungen zu einem fremden Geheimdienst dem Tatbestand nicht unterfällt. Die Strafvorschrift will den Täter erfassen, der, gleichgültig wie sich sein Verhältnis zum Geheimdienst im Einzelnen darstellt, in dessen Interesse geheimdienstlich *tätig* wird.

a) Das **Ausüben einer geheimdienstlichen Tätigkeit** setzt ein **aktives Verhalten** voraus. **3** Der Täter muss sich derart in den Dienst der fremden nachrichtendienstlichen Ausforschungstätigkeit stellen, dass er sich nicht mehr als bloßes (passives) Ausforschungsobjekt begreifen kann. Er muss eine aktive Tätigkeit für den fremden Geheimdienst entfalten und dadurch seine Bereitschaft verwirklichen, sich *funktionell* in diesen Dienst und seine Bestrebungen einzugliedern.[6] Damit wird grundsätzlich jedes Verhalten erfasst, das die Aktivitäten des fremden Geheimdienstes fördert, ohne dass zuvor eine dahingehende Abrede getroffen worden, eine auch nur stillschweigende Verpflichtung zur Mitarbeit oder gar eine Eingliederung in den *organisatorischen Apparat* des fremden Geheimdienstes erfolgt sein müsste (vgl. BGHSt **24** 369, 372). Dazu zählt auch das schlichte Sammeln von Material, um es später einem fremden Geheimdienst zukommen zu lassen (**aA** *Paeffgen* NK Rdn. 9). Ob sich im Einzelfall das Verhalten des Täters als aktives Ausüben einer geheimdienstlichen Tätigkeit darstellt, wird sich oft nur aus dem Gesamtsachverhalt erschließen lassen (vgl. BGHSt **24** 369, 373).

Mit dem Begriff des „Ausübens“ einer geheimdienstlichen Tätigkeit wird zwar nach allgemeinem Sprachgebrauch ein gewisses Element der Dauer verbunden. Dies rechtfertigt es jedoch nicht zu folgern, eine nicht auf längere Zeit angelegte, etwa nur einmalige Tätigkeit werde vom Tatbestand nicht erfasst (siehe BGHSt **31** 317, 318f; ebenso *Paeffgen* NK Rdn. 11 **aA**; *Stree* NStZ 1983, 551 **aA**; *Maurach/Schroeder/Maiwald* II § 95 Rdn. 59; *Schroeder* NJW 1981, 2278, 2281f). Sachlich treten die Gefahren, denen § 99 Abs. 1 Nr. 1 zu begegnen bestimmt ist, nicht erst bei einer fortdauernden Tätigkeit auf, sondern schon bei einer Kontaktaufnahme, die zur *einmaligen* Nachrichtenübermittlung, zur Mitteilung *einzelner* Tatsachen, Gegenstände oder Erkenntnisse führt. Es erscheint danach als ausgeschlossen, dass das Gesetz diese Fälle vom strafrechtlichen Schutz ausnehmen sollte, zumal im Gesetzgebungsverfahren – den heutigen § 98 betreffend – zum Ausdruck gebracht wurde, dass ein solch einmaliges Tun als Tathandlung ausreiche (vgl. *Güde* Prot. V/1629).[7]

„Ausüben einer Tätigkeit“ im Sinne des § 99 kennzeichnet danach ebenso wie in § 98 einen Tatbestand, der zwar schon durch eine Einzelhandlung erfüllt sein kann, der aber seinem Sinn nach insbesondere ein darüber hinausreichendes, fortlaufendes, gleichermaßen zielgerichtetes *Tätigsein* treffen soll (vgl. BGHSt **42** 215, 216ff; **43** 1, 4ff = NStZ

---

[6] BVerfGE **57** 250, 265 ff; BGHSt **42** 215 ff; **43** 1, 4 ff; dazu § 98 Rdn. 2 mit Fn. 5.

[7] S. § 98 Rdn. 2 und dort Fn. 6.

1997 487, 488; BGHR StGB § 99 Ausüben 1, Ausüben 3 und 4), das durch die Verknüpfung mit dem Adjektiv *geheimdienstlich* charakterisiert wird und *alle* Handlungen des Täters umfasst, die einem fremden Geheimdienst – in der Regel aufgrund einer entsprechenden Beziehung zum Täter – als eine Art fördernder Dienstleistung im Sinne des § 99 Abs. 1 zugute kommen soll. Vor allem solcher „Dienstleistung", die die verschiedensten Beschaffungs- und Informationstätigkeiten des Agenten einschließt, soll der zentrale Spionagetatbestand (Rdn. 1) entgegenwirken. Er erfasst die einzelnen Tätigkeitsakte in ihrer Gesamtheit und verbindet sie als zusammengehörigen Handlungskomplex zur **tatbestandlichen Handlungseinheit.**[8] Eine Aufspaltung dieser Einheit lässt sich angesichts der gesetzlichen Vorgaben nicht rechtfertigen, auch nicht im Blick auf die Frage der Verjährung (s. dazu § 98 Rdn. 6a mit Fn. 12). Deshalb darf das bloße „Aufrechterhalten der Beziehung" zu einem fremden Geheimdienst nicht als einheitsstiftender Aspekt herangezogen werden (**aA** *Paeffgen* NK Rdn. 12: Das bloße „Aufrechterhalten der Beziehung" zu einem fremden Geheimdienst darf nicht als einheitsstiftender Aspekt herangezogen werden.) Für die den Lauf der verjährungsfrist in Gang setzende Beendigung der geheimdienstlichen Agententätigkeit ist entscheidend, dass die Tätigkeit im Rahmen einer Beziehung ausgeübt wird. Wenn diese nicht abgebrochen wird, sondern die Agententreffs fortgesetzt werden sollen, sobald dieszur Wahrung der Geheimhaltungsbelange und zur Sicherung der Effektivität der weiteren Ausspähung sinnvoll erscheint, hat die geheimdienstliche Tätigkeit nicht ihren tatsächlichen Abschluss gefunden. Denn mit dem Aufrechterhalten der Beziehung, dem „Im-Dienst-Bleiben", besteht ein spezifisches Teilelement der geheimdienstlichen Agententätigkeit fort (BGHSt **43** 1, 8).

4 b) Die Kennzeichnung der Tätigkeit als **geheimdienstliche** meint ein Handeln des Täters, das dem Bild entspricht, welches für die Arbeit von Agenten und anderen Hilfspersonen, die für nachrichtendienstliche Zwecke eingesetzt werden, typisch ist; Heimlichkeit und konspirative Methoden sind nicht unbedingt erforderlich, wenngleich die Regel (vgl. BGHSt **24** 369, 372; BGH v. 9.5.2006 – 4 StB 4/06 – siehe auch BayObLG NJW 1971, 1417f und *Paeffgen* NK Rdn. 8, 10). Auch wenn die Spionagetätigkeit „offen", in nach außen alltäglich erscheinenden Handlungen verwirklicht wird, wohnt ihr typisch Geheimdienstliches inne, das in seiner Bedeutung auf irgendeine Weise – vorher oder im nachhinein – zutage treten wird (vgl. BGHSt **25** 145, 147; OLG Hamburg NJW **1989** 1371 Fallgestaltungen, in denen sich der Betroffene als Mitarbeiter oder Zuträger eines fremden Geheimdienstes versteht und die übrigen Voraussetzungen des Absatzes 1 Nr. 1 vorliegen, es seiner Tätigkeit indessen durchgängig an der geheimdienstlichen Natur fehlt, dürften kaum zu finden sein. Man würde allerdings dem Gesetzgeber nicht gerecht, wollte man dem Merkmal jede tatbestandliche Relevanz absprechen mit der Begründung, es sage nichts aus, was sich nicht bereits aus den weiteren Voraussetzungen des Absatzes 1 Nr. 1 ergebe (so aber *Sch/Schröder/Stree/Sternberg-Lieben* Rdn. 7; *Stree* NStZ **1983** 551f; wie hier: *Paeffgen* NK Rdn. 8; *Tröndle/Fischer* Rdn. 9). Mit dem Zusatz, die Tätigkeit müsse geheimdienstlich sein, wird ihr Wesen genauer bestimmt und sichergestellt, dass nur derjenige den Tatbestand erfüllt, der sich jedenfalls funktionell in den Dienst der fremden Nachrichtenorganisation stellt (s. Rdn. 6). Der bloß Ausgeforschte, auch der einer nachrichtendienstlichen Befragung Unterworfene wird erst dann geheimdienstlich tätig, wenn er sich aktiv an der Aufklärungsarbeit des Befragers betei-

---

[8] BGHSt **42** 215 ff; **43** 1, 4 ff; **43** 321; dazu auch BGHSt **28** 169, 170 ff sowie *Paeffgen* NK Rdn. 11.

ligt, sich gewissermaßen mit dessen Interessen identifiziert. Die Verknüpfung der Tatbestandsmerkmale und die Charakterisierung der Tätigkeit als „geheimdienstliche“ zeigen, dass zur Täterschaft mehr gehört als bloßes Handeln für einen fremden Nachrichtendienst, dass es einer gewissen Mindestqualität zu- und eingeordneten Tuns bedarf, mag es nun konspirativ, heimlich oder auch „offen“ und äußerlich unverfänglich sein (vgl. hierzu BGHSt **43** 321 = BGHR StGB § 99 Ausüben 6 = StV **1998** 195).

Im Einzelfall kann die Abgrenzung zwischen strafloser Hinnahme der Ausforschung und aktiver Arbeit für den fremden Geheimdienst durch Preisgabe von Informationen schwierig sein; beides kann vom äußeren Erscheinungsbild her ineinander übergehen (siehe auch Rdn. 6 a. E.). Dies nimmt dem Merkmal der Ausübung einer geheimdienstlichen Tätigkeit jedoch nicht seine Bestimmtheit, ist vielmehr eine Frage des *Nachweises* der Tat (vgl. BVerfGE **57** 250, 265 ff; **92** 277, 317 f).

c) Die geheimdienstliche Tätigkeit muss **für den Geheimdienst einer fremden Macht** **5**
ausgeübt werden.

aa) Unter den Begriff **Geheimdienst** fallen die ständigen Einrichtungen in staatlichen Bereichen, zu deren Aufgaben es gehört, aus fremden Machtbereichen für ihren eigenen Staat und in dessen breit gefächerten Informationsinteresse Nachrichten vielfältiger Art – nicht nur aus Geheimbereichen – zu beschaffen, zu sammeln und auszuwerten, ein Auftrag, der in der Regel die Anwendung konspirativer Methoden voraussetzt (*Lackner/Kühl* Rdn. 2, *Rudolphi* SK Rdn. 3, *Sch/Schröder/Stree/Sternberg-Lieben* Rdn. 5, *Tröndle/Fischer* Rdn. 6; *Lampe/Hegmann* MK Rdn. 6). Der Geheimdienst muss staatlichen Zwecken dienen; private Organisationen, die ohne staatlichen Auftrag handeln – etwa private Informationsdienste –, scheiden als „Begünstigte“ aus. Struktur und Organisation des Dienstes sind unerheblich. *Abwehr*dienste, die sich außerhalb ihres Landes mit der Spionageabwehr befassen, sind zumeist Geheimdienste im Sinne des Tatbestandes; solche Dienste nehmen in aller Regel zumindest *auch* spezifisch nachrichtendienstliche Aufgaben wahr, sammeln Informationen aus fremden staatlichen Bereichen, werten sie aus oder geben sie zu diesem Zweck weiter. Ebenso unterfällt dem Begriff ein auf die Beschaffung ausschließlich von Wirtschafts- oder Wissenschaftsgeheimnissen spezialisierter, möglicherweise selbständig organisierter staatlicher Geheimdienst (*Tröndle/Fischer* Rdn. 6; *Sch/Schröder/Stree/Sternberg-Lieben* Rdn. 5; *Rudolphi* SK Rdn. 3; *Lampe/Hegmann* MK Rdn. 6). Erfasst werden ferner sowohl Tarnorganisationen (siehe Sonderausschussbericht BTDrucks. V/2860 S. 22) als auch Personen, die ihrerseits für einen Geheimdienst tätig sind (Mittelsmänner). Die Bezeichnung, unter der eine unmittelbar beteiligte Organisation auftritt, ist grundsätzlich ebenso bedeutungslos wie ihre vorgebliche Aufgabenstellung. Entscheidend ist, ob hinter dieser Person oder Einrichtung der fremde Geheimdienst steht und diesem die ausgeübte Tätigkeit zugute kommen soll. Für einen fremden Geheimdienst kann deshalb auch derjenige tätig werden, der „nur“ mit einer diplomatischen Vertretung oder einer Handelsorganisation unmittelbare Verbindung pflegt, *sofern* diese zumindest nebenher und in gewisser Weise institutionalisiert geheimdienstliche Aufgaben wahrnimmt und in dieser Eigenschaft zum Täter Verbindung hat. Meist wird jedoch bei solchen Fallgestaltungen ein Mittelsmann des fremden Nachrichtendienstes, der gleichzeitig als Angehöriger der betreffenden Organisation auftritt, für die Verbindung Sorge tragen (s. § 94 Rdn. 2 f).

Beim illegalen Technologietransfer ist das Tatbestandsmerkmal „Geheimdienst einer fremden Macht“ in der Regel erfüllt, wenn es sich beim Vertragspartner des Technologiehändlers um die Stelle eines ausländischen Beschaffungsnetzwerkes handelt, dessen

Aufgabe es ist, unter Anwendung typischer konspirativer Methoden – insbesondere zur Verschleierung des Endnutzers und des wahren Verwendungszwecks embargobelasteter Güter – im westlichen Ausland technologische Erzeugnisse zu erwerben, die z. B. für die Entwicklung und Produktion von ABC-Waffen oder ein Raketenprogramm benötigt werden. Diesem Zweck dienen vor allem die Einschaltung ziviler Tarnfirmen, die Vermischung von erlaubten und embargobehafteten Geschäften, die wahrheitswidrige Angabe „unverdächtiger" Endnutzer sowie der Umweg über im Ausland ansässige Gesellschaften. Maßgeblich ist eine funktionale Betrachtungsweise (BGH (Ermittlungsrichter) NStZ **2006** 160f; *Schmidt/Wolff* NStZ **2006** 161, 162; *Hannich* in FS Nehm, S. 139, 144). Eine einschränkende Auffassung vertritt das Thüringer Oberlandesgericht (vgl. Beschluss vom 1. März 2006 – 3 StE 1/06 – 4): Eine funktionale Betrachtung könne nur dann entscheidend sein, wenn es sich um eine staatliche Stelle handelt, die zur heimlichen Gewinnung von proliferationsrelevanten *Erkenntnissen* im Ausland die beschriebenen Methoden einsetzt. Gehe es um die Beschaffung von *Produkten*, so bestehe lediglich ein staatliches Nutzungs- und kein Ausforschungsinteresse. Die handelnde Stelle sei dann kein Geheimdienst. Dem ist entgegenzuhalten, dass eine strikte Differenzierung zwischen Ausforschungs- und Nutzungsbestreben weder inhaltlich zielführend erscheint, noch geeignet ist, den aktuellen staatsschutzrechtlichen Herausforderungen im Hinblick auf die Abwehr fremden nachrichtendienstlichen Vorgehens in einer vernetzten multipolaren Welt gerecht zu werden. Die geheimdienstlichen Aktivitäten militärisch ambitionierter, totalitär strukturierter Länder mit Verbindungen zu „nichtstaatlichen" Terrororganisationen sind nur in geringem Maße darauf gerichtet, klassische Militäraufklärung oder politische Ausforschung zu betreiben. Sie sind in viel stärkerem Maße darauf fokussiert, bestehende innerstaatliche Strukturen abzusichern, potentielle Feindstaaten durch terroristische Aktionen zu schädigen und die eigene militärische Aufrüstung zu unterstützen. Das Nutzungsinteresse wird in Fällen von Proliferation mit nachrichtendienstlichen Mitteln mithin fast immer Endzweck einer Operation sein. Häufig werden sich Ausforschungs- und Nutzungsinteresse auch überlappen, in mehr oder minder unterschiedlicher Intensität vorhanden sein oder sich einander bedingen. Dies wirkt sich jedoch nicht modifizierend auf Art und Umfang der geheimdienstlichen Beteiligung im funktionalen Sinne aus. Richtig erscheint es mithin, in Fällen von vertikaler Proliferation unter Anwendung nachrichtendienstlicher Mittel auf die *Sensibilität des zu liefernden Guts* im Kontext der *erstrebten Nutzung* und der *Erwerbshemmnisse im Ausland* abzustellen, gilt es die Frage zu beantworten, ob die Lieferung eines Gegenstandes ein geheimdienstliches Interesse bedient.

Der fremde Geheimdienst kann sich auch eines privaten Agentendienstes als „Mittelsmann" bedienen. Steht der private, geheim arbeitende Dienst in einem festen, möglicherweise langfristig angelegten Auftragsverhältnis zu fremden Regierungsstellen, nicht zu einem Geheimdienst, so ist er bei funktionaler Betrachtung als Tarneinrichtung Geheimdienst der fremden Macht. Ob er darüber hinaus auch noch für andere Staaten tätig ist, ist unerheblich (vgl. *Sch/Schröder/Stree/Sternberg-Lieben* Rdn. 6; *Rudolphi* SK Rdn. 3; *Schmidt/Wolff* NStZ **2006** 161, 162).

bb) Begünstigter der Tätigkeit muss der Geheimdienst einer **fremden Macht** sein. Insoweit wird auf die Erläuterungen zu § 93 (dort Rdn. 10) Bezug genommen. Da der Begriff ohne jede Einschränkung gebraucht wird, fällt darunter auch der Geheimdienst einer mit der Bundesrepublik verbündeten Macht. In solchen Fällen ist indessen sorgfältig zu prüfen, ob die Tätigkeit in ihrer Zielsetzung wirklich „gegen die Bundesrepublik" gerichtet ist (s. Rdn. 13; vgl. auch § 153d StPO sowie *Paeffgen* NK Rdn. 14).

cc) Die geheimdienstliche Tätigkeit muss **für** den Geheimdienst der fremden Macht ausgeübt werden. Dies erfordert *zielgerichtetes* Handeln: Die Früchte der Tätigkeit sollen (letztlich) dem fremden Geheimdienst zugute kommen. Ein Zugang der Mitteilung ist jedoch entbehrlich; es genügt, wenn der Täter ohne vorherige Kontaktaufnahme Nachrichten sammelt, um sie an einen fremden Geheimdienst weitergeben zu können (vgl. BGHSt **24** 369, 372; OLG Hamburg NJW **1989** 1371; **aA** *Sch/Schröder/Stree/Sternberg-Lieben* Rdn. 12). „Für" den Geheimdienst einer fremden Macht handelt auch, wer eine bedeutsame Mitteilung einem anderen mit dem Ziel und in der Annahme zukommen lässt, dieser werde sie an einen solchen Dienst weiterleiten (vgl. BGHSt **25** 145, 148). Es wird nicht verlangt, dass sich der Täter vorher zu der Tätigkeit (im Sinne der Nr. 2) bereiterklärt hat (BGHSt **25** 145, 146; *Schroeder* NJW 1981, 2278, 2281; **aA** *Paeffgen* NK Rdn. 14; *Tröndle/Fischer* Rdn. 11).

d) Für die am häufigsten anzutreffenden geheimdienstlichen Aktivitäten gilt danach: **6**
Unproblematisch sind die Fälle, die nachrichtendienstlich fest eingebundene Mitarbeiter betreffen, seien sie als **Residenten** oder als **Agenten** (auch Probeagenten) eingesetzt, seien sie mit Führungsaufgaben betraut oder zur unmittelbaren Nachrichtenbeschaffung bestimmt. Ebenso wenig werden die Fälle der **Kuriertätigkeit** (Nachrichtenübermittlung, Materialtransport, Beschickung und Leerung so genannter toter Briefkästen) besondere Fragen aufwerfen, mag es sich hierbei auch nur um die einmalige Beförderung eines Briefes handeln (vgl. BGHSt **31** 317; kritisch zu letzterem: *Rudolphi* SK Rdn. 10; *Schroeder* JZ **1983** 671 f). Oft werden diese Tätigkeiten sich zudem auf Sachverhalte beziehen, die die eigentliche **klassische Spionage** betreffen, etwa die Abklärung von Personen in verantwortlicher Position oder die Aufklärung sicherheitsempfindlicher Bereiche zum Inhalt haben. Auch die Ausführung von Erkundungsaufträgen allgemeiner Art wie Feststellungen über bestimmte bautechnische Gegebenheiten, über geographische Vorgaben und Infrastrukturen, die als Posten fremder militärischer Planung in Betracht kommen, gehört hierher. Eine geheimdienstliche Tätigkeit übt aber auch derjenige aus, der sich einem fremden Geheimdienst als Agent andient und auf sich selbst als lohnenden Partner geheimdienstlicher Zusammenarbeit hinweist; er ist dann in eigener Person Gegenstand seiner Mitteilung an den fremden Geheimdienst (vgl. BGHSt **25** 145, 148).

Schwierigere Abgrenzungsprobleme haben sich in Fällen der **Vernehmung** oder **Befragung** durch einen fremden Geheimdienst ergeben. Die Einlassung der Betroffenen, meist Besucher und Übersiedler, aber auch Überläufer, ist erfahrungsgemäß unterschiedlich: die einen versuchen, Sachantworten zu vermeiden und sich mit belanglosen Angaben aus der Situation zu „retten", andere üben Zurückhaltung, und wieder andere geben ihr Wissen, das erfragte und nicht erfragte, uneingeschränkt preis (vgl. *Träger/Mayer/Krauth* FS BGH **1975** 227, 246). Für die hier maßgebende Beurteilung wird es auf den Gesamtsachverhalt, insbesondere auf das Gesamtverhalten des Betroffenen ankommen (vgl. BGHSt **24** 369, 373; **30** 294, 297; BGH NJW **1977** 1300), nicht zuletzt auch darauf, ob nach Art, Intensität und Umfang der Befragung Möglichkeiten bestanden, sich weiterer Ausforschung zu entziehen. Lässt sich feststellen, dass der Betroffene sich bemüht hat, dem fremden Dienst ein möglichst lückenloses Bild seiner Kenntnisse zu vermitteln, dass er allgemein eine besonders willige und gute Mitarbeit an den Tag gelegt hat, etwa um sich das Wohlwollen der Befrager zu sichern, dass er aus eigenem Antrieb bestimmte Erkenntnisse weitergegeben oder schon im vorhinein mit der Befragung gerechnet und sich durch Mitnahme von Unterlagen oder Einprägen interessanter Erkenntnisse besonders auf diese vorbereitet hat, so wird man regelmäßig auch von einer aktiven Mitwirkung an der Ausforschungstätigkeit des fremden Geheimdienstes ausgehen können, die den Betroffenen aus der Situation des bloßen Ausforschungsobjekts heraushebt (siehe BGHSt **24** 369,

373f; aber auch BayObLG NJW **1971** 1417; OLG Frankfurt NStZ **1982** 31 [Leitsatz]; **aA** *Paeffgen* NK Rdn. 15). Ein Anzeichen für eine solche Bereitschaft zur Mitarbeit kann auch die trotz böser Erfahrungen wiederholte Herbeiführung entsprechender Kontaktierungsmöglichkeiten sein (vgl. BGH Urteil vom 9. Januar 1974 – 3 StR 6/73 II [bei *Träger/Mayer/Krauth* aaO S. 247]). In der Regel wird man sagen können: Je aktueller, gewichtiger und umfangreicher die nachrichtendienstlich interessanten Kenntnisse des Befragten sind und je gefährlicher ihre Preisgabe für die Interessen der Bundesrepublik ist, desto eher wird ein ungehemmtes, vollständiges Eingehen auf die Befragung, ein bereitwilliges detailliertes Mitteilen, die Annahme rechtfertigen, der Betroffene habe an fremder nachrichtendienstlicher Aktivität mitgewirkt. Dies wird vor allem dann gelten müssen, wenn er kraft seiner Stellung zur Wahrung der Interessen der Bundesrepublik besonders verpflichtet war (vgl. BGHSt **24** 369, 374f; BGH NJW **1977** 1300; zustimmend *Paeffgen* NK Rdn. 15).

Eine aktive Mitarbeit wird fern liegen oder zu verneinen sein, wenn das Verhalten des Betroffenen den Eindruck vermittelt, er habe die Befragung lediglich erduldet, nur unvollständige und unrichtige oder nur solche Antworten gegeben, die situationsbedingt zutreffend sein mussten, aber weniger bedeutungsvoll waren (vgl. BGHSt **30** 294, 296f). Ob im Einzelfall ein geschickteres Verhalten möglich und angezeigt gewesen wäre und ob die Angaben auf das Mindestmaß beschränkt wurden, ist nicht entscheidend (vgl. BGH Urteil vom 9. Januar 1974 – 3 StR 6/73 II – [bei *Träger/Mayer/Krauth* aaO, S. 248]).

Wird jemand im Rahmen üblicher Kontakte – etwa als Journalist, Wissenschaftler, Wirtschaftsmann oder Politiker – nach und nach **zur geheimdienstlichen Mitarbeit hingeführt**, so ist die Grenze zum Strafbaren überschritten, wenn der Betroffene das Bestreben durchschaut oder es zumindest billigend in Kauf nimmt *und* sich dennoch in die intensivierten Kontakte aktiv so einfügt, dass er nach seinem Gesamtverhalten als Mitarbeiter des fremden Geheimdienstes anzusehen ist.[9] In den Fällen **illegaler Technologie-Beschaffung** durch nachrichtendienstlich gesteuerte Handelsbeziehungen wird es maßgeblich darauf ankommen, ob der hiesige „Handelspartner" ausreichende Kenntnisse hat, um sich über seinen wirklichen Auftraggeber und den eigentlichen Zweck des Geschäfts klar zu werden (vgl. *Engberding* Kriminalistik **1986** 352, 353; *Paeffgen* NK Rdn. 20; s. dazu auch Vor § 93 Rdn. 3 und dort Fn. 11, § 94 Rdn. 3 a. E.).

Eine restriktive Auffassung vertritt der 3. Senat des Bundesgerichtshofes (NStZ-RR **2005** 305 unter Hinweis auf BGHSt **24**, 369 vgl. auch Beschl. v. 9.5.2006 – 3 StE 1/06 – 4, StB 4/06). Danach ist allein aufgrund des konspirativen Vorgehens eines Beschuldigten zur Verdeckung eines Verstoßes gegen das Exportverbot kein tragfähiger Schluss darauf möglich, dass er sich mit der Lieferung zugleich in die Ausforschungsbestrebungen eines fremden Geheimdienstes im Bereich der Militärtechnologie einordnen wollte. Dem ist in dem der Entscheidung zugrunde liegenden Fall nicht zuzustimmen. Bei der geheimdienstlichen Agententätigkeit bedarf es nicht einer Eingliederung in den organisatorischen Apparat des Dienstes (BGHSt **24**, 369). Sie liegt bereits dann vor, wenn der Beschuldigte eine aktive Mitarbeit für den Geheimdienst entfaltet und dadurch seine Bereitschaft verwirklicht, sich – wenn auch nicht förmlich, so doch funktionell – in diesen Dienst und dessen Bestrebungen einzugliedern. Dazu gehört nicht notwendig der Wille und das Bewusstsein, als Angehöriger dieses Dienstes in diesem mitzuarbeiten (BGHSt **24**, 369, 372). Entscheidend ist, dass sich der Technologiehändler in das gewünschte konspirative

---

9 Vgl. BGHSt **43** 321 = NJW **1998** 1723; ebenso *Paeffgen* NK Rdn. 15.

Verhalten einspannen lässt (vgl. BGH NStZ **1986,** 166) und durch die Lieferung der gewünschten Gegenstände zur Mitwirkung an den Beschaffungsaktivitäten des Dienstes auf dessen Seite schlägt (vgl. BGHSt aaO S. 373, *Schmidt/Wolff* NStZ **2006** 163). Das Thüringer Oberlandesgericht greift in seinem Beschluss vom 1. März 2006 (3 StE 1/06-4) die oben dargestellte Überlegung des 3. Senats auf und führt aus: „Es ist ausgesprochen naheliegend [...], dass die Angeklagten mit ihrem konspirativen und heimlichen Vorgehen allein der Entdeckung des eigenen strafbaren Verstoßes gegen das Exportverbot vorbeugen wollten. [...] Die Angeklagten sind nicht über das hinausgegangen, was ihrer Rolle als Verkäufer der Vibrationsprüfanlage entsprach und ferner zur Verdeckung des Verstoßes gegen das Exportverbot erforderlich war." Viel näher liegend als die Annahme des Gerichts, das Tun der Angeklagten sei allein von der vorgreifenden Sorge um spätere Bestrafung getragen gewesen, war im zu entscheidenden Fall jedoch die Deutung des Verhaltens der Angeklagten dahingehend, dass ihnen daran gelegen war, die Durchführung der Ausfuhr und damit das Gelingen der mit nachrichtendienstlichen Mitteln durchgeführten Beschaffungsoperation zu sichern. Dass es ihnen dabei nicht vorrangig um nachrichtendienstliche Zuarbeit, sondern vielmehr um den aus einem erfolgreichen Verkauf resultierenden finanziellen Profit ging, steht der Wertung ihres Verhaltens als Ausübung einer geheimdienstlichen Agententätigkeit nicht entgegen; dies ist selbst dann nicht der Fall, wenn wirtschaftliche Erwägungen ausschließliches Handlungsmotiv der Technologiehändler für die Zusammenarbeit mit einem fremden Geheimdienst sind. Ein finanzielles Eigeninteresse ist auch der klassischen Spionage nicht fremd. Die sofortige Beschwerde des Generalbundesanwalts gegen den Beschluss des Thüringer OLG hat der BGH verworfen (Beschl. v. 9.5.2006 – 3 StE 1/06-4, StB 4/06).

e) Der Auftrag der staatlichen Geheimdienste und die Aktivitäten, die seiner Erfüllung dienen, sind zwar in allen Erscheinungsformen dem staatlichen Hoheitsbereich zuzurechnen. Die geheimdienstliche Tätigkeit ist jedoch nicht mit dem sonstigen hoheitlichen Handeln vergleichbar. Alle Nachrichtendienste müssen grundsätzlich ihre Organisationen, ihre personelle Struktur und Zusammensetzung sowie ihre Arbeitsweisen und Hilfsmittel nach außenhin tarnen; sie sind in aller Regel auf eine Arbeit im Verborgenen angewiesen. Die **Anwendung konspirativer Methoden** und die Besonderheiten der hierbei geübten Praktiken können daher ein gewichtiges **Indiz** sein, Indiz für das Vorliegen geheimdienstlicher Tätigkeit überhaupt, Hinweis aber auch dahin, welcher fremde Geheimdienst am Werke war und welche Zielrichtungen verfolgt wurden (vgl. auch BGH Beschl. v. 9.5.2006 – 3 StE 1/06-4). Mit Hilfe der Sachkunde und des Erfahrungsschatzes der Spionageabwehr lassen sich insoweit oftmals entscheidende Erkenntnisse gewinnen. Beispielhaft als typisch geheimdienstliche, konspirative Verhaltensweise sind zu nennen: Eigens gestaltete Anbahnungs- und Verstrickungsgespräche mit nachfolgender Verpflichtungserklärung, Empfang von Agentenlohn gegen unverfängliche Quittung, das Führen von Decknamen, der Besitz hervorragend gefälschter Ausweispapiere und Leben unter entsprechender Legende, getarnte und abgesicherte Treffen mit Instrukteuren, Führungsoffizieren und legalen wie illegalen Residenten, Verwenden sichtbarer und unsichtbarer Geheimschriften, Verbindung über Kuriere, über so genannte tote Briefkästen und über Agentenfunk, die Benützung besonderer Kameras und Filme (Dokumentenphotographie), eigens präparierter Aufbewahrungsverstecke und Verbringungsbehältnisse („Container"), schließlich auch die Bereithaltung von Fluchtpapieren und Fluchtgeld. Für den nachrichtendienstlich gesteuerten Außenhandel, der dem illegalen Technologietransfer dient, ist die Verschleierung von Einzelheiten der Geschäftsabwicklung kennzeichnend (so genannte Neutralisierung der Ware, Verschleiern der Transportwege, Erstellen von Scheinrechnungen u. ä.: vgl. dazu *Engberding* Kriminalistik **1986** 352). 7

8 2. a) Die geheimdienstliche Tätigkeit muss **gegen die Bundesrepublik Deutschland** ausgeübt werden, d. h. gegen ihre Belange gerichtet sein. Maßgebend ist, ob im Einzelfall der konkrete Gegenstand der Ausforschungsbemühungen dem Bereich der Bundesrepublik als ihre Angelegenheit zuzuordnen ist sowie nach deren Interesse an ihm (BGHSt **29** 325, 327ff; **32** 104, 107; **38** 75, 77; **41** 292, 301; KG NStZ 2004, 209 m. Anm. Lampe).

Der Anwendungsbereich der Strafvorschrift ist danach jedoch nicht beschränkt auf die Ausforschung rein *staatlicher* Angelegenheiten. In den Schutz sind grundsätzlich alle Sachgebiete einbezogen, durch deren Ausspähung Belange des Gemeinwesens, Interessen der Gesamtheit berührt werden. Hierzu gehören insbesondere auch die Bereiche der Wirtschaft, der Wissenschaft und der Technik (vgl. Sonderausschussbericht BTDrucks. V/2860 S. 23). Denn auch insoweit können staatliche Belange zumindest mittelbar berührt und die Bundesrepublik in ihrer funktionalen Stellung als politische Macht betroffen sein (vgl. BGHSt **29** 325, 331). Wo die Grenze hinsichtlich der Beeinträchtigung deutscher Belange im Einzelnen verläuft, ist bislang nicht eindeutig erklärt (BGH (Ermittlungsrichter) NStZ **2006** 160f). Die Rechtsprechung des Bundesgerichtshofes neigt zu einer weiten Auslegung dieses Tatbestandsmerkmals; danach soll „der tatbestandlichen Voraussetzung, dass sich die geheimdienstliche Tätigkeit gegen die Bundesrepublik Deutschland richtet, ... die Bedeutung zu (-kommen), dass geheimdienstliche Aktivitäten, die – nach dem Gegenstand der damit verbundenen Ausforschungsbemühungen – die Interessen der Bundesrepublik – ausnahmsweise – nicht berühren, vom Tatbestand ausgenommen“ sind (BGH NJW **1980,** 2635; ähnlich BGHSt **32,** 104). Nach Auffassung des Ermittlungsrichters des Bundesgerichtshofs versteht die dort in Bezug genommene Stelle des schriftlichen Berichts des Sonderausschusses für die Strafrechtsreform (BTDrucks. V/2860 S. 23) das Tatbestandsmerkmal enger; hiernach stellt dieses Kriterium „eine wichtige Begrenzung des Tatbestandes“ dar und „erfasst nur die geheimdienstlichen Operationen fremder Mächte, die sich gegen die Bundesrepublik Deutschland als Zielland richten und ihre Interessen beeinträchtigen“. Diese Voraussetzungen hat der Ermittlungsrichter in dem zu entscheidenden Fall abgelehnt, weil eigentliches Zielland der Tätigkeit des Beschuldigten Frankreich war; denn dort sollten die technischen Geräte hergestellt und von dort sollten sie bezogen werden. Die Interessen der Bundesrepublik Deutschland waren nach seiner Meinung nicht allein aufgrund der Tatsache, dass der Beschuldigte in der Bundesrepublik Deutschland seinen Wohnsitz sowie einen Firmensitz hat und dass er deutscher Staatsangehöriger ist, nicht beeinträchtigt (BGH (Ermittlungsrichter), Beschl. v. 22. 12. 2004 – 3 BGs 191/04). Dieser Auffassung kann nicht gefolgt werden. Insoweit ist zu bedenken, dass § 7 AWG und die aufgrund der Ermächtigungsnorm ergangene Außenwirtschaftsverordnung den Rahmen vorgibt, in dem sich die bundesdeutschen Interessen bewegen. Die Vorschrift hat folgenden Wortlaut:

§ 7

Schutz der Sicherheit und der auswärtigen Interessen

(1) Rechtsgeschäfte und Handlungen im Außenwirtschaftsverkehr können beschränkt werden, um

1. die Sicherheit der Bundesrepublik Deutschland zu gewährleisten,

2. eine Störung des friedlichen Zusammenlebens der Völker zu verhüten oder

3. zu verhüten, dass die auswärtigen Beziehungen der Bundesrepublik Deutschland erheblich gestört werden.

(2) Nach Absatz 1 können insbesondere beschränkt werden

1. die Ausfuhr oder Durchfuhr von

a) Waffen, Munition und Kriegsgerät,

b) Gegenständen, die bei der Entwicklung, Erzeugung oder dem Einsatz von Waffen, Munition und Kriegsgerät nützlich sind,

oder

c) Konstruktionszeichnungen und sonstigen Fertigungsunterlagen für die in Buchstaben a und b bezeichneten Gegenstände,

vor allem wenn die Beschränkung der Durchführung einer in internationaler Zusammenarbeit vereinbarten Ausfuhrkontrolle dient;

2. die Ausfuhr von Gegenständen, die zur Durchführung militärischer Aktionen bestimmt sind;
3. die Einfuhr von Waffen, Munition und Kriegsgerät;
4. Rechtsgeschäfte über gewerbliche Schutzrechte, Erfindungen, Herstellungsverfahren und Erfahrungen in Bezug auf die in Nummer 1 bezeichneten Waren und sonstigen Gegenstände:

(3) Zu den in Absatz 1 genannten Zwecken können auch Rechtsgeschäfte und Handlungen Deutscher in fremden Wirtschaftsgebieten beschränkt werden, die sich auf Waren und sonstige Gegenstände nach Absatz 2 Nr. 1 einschließlich ihrer Entwicklung und Herstellung beziehen, wenn der Deutsche

1. Inhaber eines Personaldokumentes der Bundesrepublik Deutschland ist oder
2. verpflichtet wäre, einen Personalausweis zu besitzen, falls er eine Wohnung im Geltungsbereich dieses Gesetzes hätte.

Dies gilt vor allem, wenn die Beschränkung der in internationaler Zusammenarbeit vereinbarten Verhinderung der Verbreitung von Waren und sonstigen Gegenständen nach Absatz 2 Nr. 1 dient.

Bewegt sich beim illegalen Technologietransfer eine Lieferung in diesem Rahmen, werden auch die Interessen der Bundesrepublik Deutschland im Sinne des § 99 berührt. Entscheidend kann demnach nicht sein, ob der eigentliche Warenverkehr außerhalb des Bundesgebiets stattfindet. Besteht eine Genehmigungspflicht nach dem AWG und wird diese durch eine nachrichtendienstliche Operation umgangen, sind die Voraussetzungen des § 99 in der Regel erfüllt. Problematisch können Fälle sein, in denen durch geschickte und im Einzelnen nicht nachweisbare Vertragsgestaltungen die Genehmigungspflichten nach dem AWG z. B. durch eine Vermittlertätigkeit umgangen werden. In diesen Fällen kommt es entscheidend darauf an, ab eine Lieferung vom Gesetzeszweck des AWG erfasst wird und den in § 7 AWG näher bezeichneten Interessen der Bundesrepublik zuwiderläuft. Vermittelt z. B. ein Deutscher im Ausland an einen fremden Staat über dessen Geheimdienst Gegenstände, die der Herstellung von Atomwaffen dienen, so steht die Verletzung bundesdeutscher Interessen außer Frage (vgl. *Fuhrmann* aaO), selbst wenn sich nicht klären lässt, aufgrund welcher vertraglichen Grundlagen die Lieferung stattgefunden hat und eine Genehmigungspflicht nach dem AWG zweifelhaft ist.

Nur solche geheimdienstlichen Aktivitäten sind vom Tatbestand ausgenommen, die nach ihrer Zielsetzung und der Art ihrer Ausführung die staatlichen Interessen der Bundesrepublik Deutschland überhaupt nicht tangieren, etwa weil sie ausschließlich gegen individuelle Belange gerichtet sind, oder, mögen sie auch auf dem Gebiet der Bundesrepublik ausgeübt werden, allein ausländische Positionen beeinträchtigen könnten.[10] Ein allgemeines politisches Interesse der Bundesrepublik am Unterbleiben *jeglicher* Operationen fremder Geheimdienste auf ihrem Gebiet vermag in solchen Fällen die Strafbarkeit nicht zu begründen. Der Tatbestand wäre selbst dann nicht erfüllt, wenn ein Schutz der der Ausforschung ausgesetzten fremden Angelegenheiten, etwa im Blick auf die außenpolitischen Konstellationen, von deutscher Seite als durchaus erwünscht erschiene. Nicht jegliches Interesse, das die Bundesrepublik an Angelegenheiten fremder Staaten nimmt, reicht aus, um diese im Sinne des § 99 zu ihren eigenen zu machen. Eine solche Aus-

---

[10] Vgl. BGHSt 29 325, 328 ff, Sonderausschussbericht BTDrucks. V/2860 S. 23; dazu auch BGHSt 32 104, 106, 107; BVerfGE 57 250, 267 m. w. N., *Sch/Schröder/Stree/Sternberg-Lieben* Rdn. 19 ff; *Lackner/Kühl* Rdn. 4; *Tröndle/Fischer* Rdn. 8; *Rudolphi* SK Rdn. 11; *Lampe/Hegmann* MK Rdn. 15.

legung würde dem Merkmal „gegen die Bundesrepublik Deutschland" den wesentlichen, Schranken setzenden Sinngehalt nehmen und dazu führen, dass grundsätzlich jede Agententätigkeit fremder Geheimdienste von der Strafvorschrift erfasst würde (vgl. BGHSt aaO). Geht der der geheimdienstlichen Aktivität zugrunde liegende Auftrag allerdings weiter, zielt er – neben der Ausrichtung auf ausländische Angelegenheiten – auch auf die Ausforschung des Umfelds und ergreift er dabei die in den Bereich der Bundesrepublik einbezogenen Verhältnisse, so wird dieses Bestreben als Teil allgemeiner nachrichtendienstlicher Aufklärungsarbeit anzusehen sein, als Teil der fortwährenden Bemühungen, sich ein möglichst genaues und zuverlässiges Bild von allen bedeutsamen Gegebenheiten in der Bundesrepublik zu verschaffen. In solchen Fällen reicht auch das entsprechende Abwehrinteresse der Bundesrepublik aus, um die Spionagetätigkeit als gegen sie gerichtet zu bewerten (vgl. BGHSt **29** 325, 327f, 331; BVerfGE **57** 250, 267).

Unerheblich ist, ob in der Bundesrepublik durch die geheimdienstliche Aktion ein *konkreter* Nachteil entsteht oder eine *konkrete* Gefahr erwächst; § 99 stellt die geheimdienstliche Agententätigkeit unter Strafe, weil sie *an sich* und als solche gefährlich ist (abstrakte Gefährdung; vgl. BGHSt **29** 325, 331; BVerfGE **57** 250, 267).

9 **b)** Im Einzelnen folgt hieraus:

aa) Der Tatbestand des Absatzes 1 Nr. 1 ist in der Regel auch dann erfüllt, wenn die geheimdienstliche Tätigkeit sich gegen hier lebende Ausländer (insbesondere, Emigranten und Asylanten) oder deren Organisationen richtet (vgl. BGHSt **29** 325).

Das Kammergericht (NStZ **2004** 209 m. Anm. Lampe) stimmt der Entscheidung BGHSt **29** 325 im Ergebnis zwar zu, meint aber, die damalige Rechtsprechung lasse sich nicht mehr ohne weiteres für jedwede Gruppierung auf die heutige Zeit übertragen. Es bejaht eine gegen Ausländer gerichtete (strafbare) geheimdienstliche Tätigkeit in den Fällen, in denen die Zielperson unter dem Schutz der Bundesrepublik Deutschland („im eigenen Lager") steht. Nur dann seien die Interessen der Bundesrepublik Deutschland berührt. Der Entscheidung des Kammergerichts ist zwar im Ergebnis, nicht aber in der Begründung, zuzustimmen (ebenso Lampe aaO S. 211).

Solcherlei Ausforschungstätigkeit wird, von seltenen Ausnahmefällen abgesehen, in aller Regel den Belangen der Bundesrepublik zuwiderlaufen. **Ausländerorganisationen** sind heute mehr denn je Elemente des politischen und gesellschaftlichen Lebens, die im staatlichen Raum ihre Bedeutung haben. Sie stehen in vielfältiger Beziehung zu amtlichen Stellen, zu deutschen Verbänden und Vereinigungen. Ihre Bestrebungen, meist mit außen- und innenpolitischen Zielsetzungen recht unterschiedlicher Prägung und Resonanz verknüpft, können der Bundesrepublik nicht gleichgültig sein. Das Interesse an der Abwehr solcher Ausforschungsbemühungen fremder Mächte mag allenfalls dort fehlen, wo es diesen vornehmlich um die Abklärung von Sachverhalten und Beziehungen aus ihrem eigenen Bereich (Beweggründe für Auswanderungen, Fluchtgründe, Planungen gegen den Heimatstaat etc.) geht und eine Auswertung der angestrebten Erkenntnisse zum Nachteil der Bundesrepublik von vornherein ausscheidet. Gleiches kann gelten, wenn der Täter lediglich als so genannter Einflussagent (siehe Rdn. 17) mit entsprechend begrenztem Auftrag zu wirken oder den Einsatz solcher Agenten vorzubereiten hat (vgl. BGHSt **29** 325, 336; *Schroeder* NJW **1981** 2278, 2283).

Das staatliche Interesse an der Abwehr von Ausforschungsaktivitäten, die gegen **einzelne**, in der Bundesrepublik lebende **Ausländer** gerichtet sind, folgt in der Regel aus der Zielsetzung der geheimdienstlichen Bestrebungen. Die Verbindungen und die hierbei anfallenden Erkenntnisse werden erfahrungsgemäß genutzt, um geheimdienstliche Mitarbeiter zu gewinnen, um terroristische Unternehmungen, etwa Anschläge auf missliebige Emigranten, vorzubereiten und ins Werk zu setzen (vgl. BGHSt **18** 87 [Staschynskij]) oder um Klarheit über die Einstellung der entsprechenden Personen oder Personenkreise für den Fall zu schaffen, dass es zu Konflikten und Auseinandersetzungen kommt (vgl. BGHSt **29** 325, 332 ff). Eine zumindest mittelbare Beeinträchtigung der Belange der Bundesrepublik, deren Bemühungen um die Aufrechterhaltung ihrer und ihrer Bürger Sicherheit in Frage stehen, ist insoweit nicht von der Hand zu weisen (ebenso im Ergebnis *Paeffgen* NK Rdn. 17). Andererseits wird es gerade auch hier Fälle geben, in denen nach Art und Inhalt des Ausforschungsauftrags ein Interesse der Bundesrepublik im Sinne des § 99 das „Wohl des Staates" (vgl. *Schroeder* aaO S. 2282), nicht berührt sein wird.[11]

bb) Jede gegen die NATO als solche und ihre Stellen, insbesondere ihre zentralen Dienststellen, ausgeübte Agententätigkeit richtet sich zugleich gegen die Bundesrepublik Deutschland. Die Mitgliedschaft der Bundesrepublik im nordatlantischen Bündnis ist einer der wichtigsten Faktoren der staatlichen Sicherheitspolitik. Sicherheitsinteressen des Bündnisses lassen sich von den Sicherheitsbelangen der Bundesrepublik nicht trennen. **NATO-Geheimnisse** sind gemeinsame Geheimnisse der Mitglieder des Nordatlantikpaktes und damit auch Geheimnisse der Bundesrepublik, geheimdienstliche Aktivitäten gegen NATO-Einrichtungen treffen zugleich die Bundesrepublik, mag das Ziel des Angriffs auch außerhalb ihres Staatsgebiets liegen. Der Schutzbereich des § 99 muss nicht an den Staatsgrenzen enden (vgl. BGH bei *Holtz* MDR **1980** 105; bei *H. W. Schmidt* MDR **1981** 90; *Lampe/Hegmann* MK Rdn. 20). **10**

Von der geheimdienstlichen Tätigkeit gegen NATO-Stellen ist diejenige zu unterscheiden, die sich auf die Ausforschung der Angelegenheiten der Partnerstaaten oder deren in der Bundesrepublik stationierten Truppen beschränkt; insoweit sind die Erweiterungsvorschriften des Art. 7 Abs. 1 des 4. StRÄndG heranzuziehen (siehe Rdn. 11).

cc) Die großen **Verbände**, die Arbeitgeberorganisationen und Gewerkschaften, aber auch die Parteien, Firmengruppen und Forschungsinstitute sind Zielobjekte, die eng mit den staatlichen Interessen der Bundesrepublik verflochten sind. Ihre Ausforschung wird in aller Regel die Bundesrepublik mittreffen, ihre politische, gesellschaftspolitische und wirtschaftliche Machtstellung berühren. Ähnliches gilt hinsichtlich der Vertriebenenverbände, die im politischen Leben des Staates eine nicht unbedeutende Rolle spielen und auch im außenpolitischen Kräftespiel den unterschiedlichsten Interessen begegnen. Insbesondere dann, wenn die von dort erstrebten nachrichtendienstlichen Erkenntnisse ins Gewicht fallende, der Bundesrepublik abträgliche außenpolitische Angriffe oder Positionen stützen sollen (z. B. ernsthafte Vorwürfe der Duldung oder Unterstützung „revanchistischer Bestrebungen und Strömungen" etc.), wird die Grenze zur Strafbarkeit überschritten (vgl. auch *Sch/Schröder/Stree/Sternberg-Lieben* Rdn. 21; *Schroeder* NJW **1981** 2278, 2283).

dd) Geheimdienstliche Operationen gegen hier belegene **Dienststellen fremder Staaten** können je nach Fallgestaltung durchaus auch als nachrichtendienstliche Angriffe gegen die Bundesrepublik zu beurteilen sein. Spielt sich das Ausforschungsunternehmen allerdings innerhalb einer solchen Dienststelle, etwa einer **Botschaft** ab, und geht es dabei

11 Vgl. dazu KG NStZ 2004, 209 m. Anm. Lampe; kritisch zu der weit gehenden Rechtsprechung des BGH: *Lackner/Kühl* Rdn. 4; *Rudolphi* SK Rdn. 11; ausführlicher *Schroeder* NJW **1981** 2287, 2282 f.

– ausschließlich – um die Aufklärung dortiger Angelegenheiten, so wird zumeist ein strafrechtlich relevantes Abwehrinteresse der Bundesrepublik zu verneinen sein (vgl. BGHSt **29** 325, 330).

11 c) Der strafrechtliche Schutz vor geheimdienstlicher Tätigkeit ist über den Bereich der Belange der Bundesrepublik Deutschland hinaus nach Maßgabe des Art. 7 Abs. 1 Nr. 4 des 4. Strafrechtsänderungsgesetzes (StRÄndG – abgedr. Vor § 80 Rdn. 34) auf Angelegenheiten der **Vertragsstaaten des Nordatlantikpaktes** und ihrer in der Bundesrepublik **stationierten Truppen** erweitert. Nach dem Wortlaut der Vorschrift würden alle geheimdienstlichen Ausforschungsaktivitäten erfasst, die sich gegen Vertragsstaaten richten, gleichgültig, welches Ziel im Einzelnen verfolgt wird. Dieses Ergebnis widerspräche ersichtlich dem Sinn der Regelung, mit der lediglich der aus den NATO-Abkommen sich ergebenden völkerrechtlichen Pflicht der Bundesrepublik zum strafrechtlichen Schutz der Stationierungsstreitkräfte genügt werden sollte (vgl. Vor § 93 Rdn. 7; NATO-Truppenstatut Art. VII Abs. 11; Zusatzabkommen zum NATO-Truppenstatut Art. 29).[12] In den strafrechtlichen Schutz einbezogen sind danach nur Belange *derjenigen* Vertragsstaaten, die hier Truppen stationiert haben. Auf die anderen Staaten des NATO-Paktes wird der Straftatbestand des § 99 *nicht* erstreckt (BGHSt **32** 104, 109).

Nach der Rechtsprechung des BGH können Gegenstand der Ausforschung *sämtliche* Angelegenheiten des NATO-Vertragsstaates (Entsendestaates) sein; ein erkennbarer Zusammenhang mit den Stationierungstruppen braucht nicht zu bestehen. Die Erweiterungsvorschrift nennt als Schutzobjekte ausdrücklich den „betroffenen Vertragsstaat" des Nordatlantikvertrags *und* die in der Bundesrepublik stationierten Truppen dieses Vertragsstaates. Die Entsendestaaten sind danach strafrechtlich im gleichen Umfang vor geheimdienstlicher Agententätigkeit geschützt wie die Bundesrepublik selbst. Die einzig wirksame Einschränkung besteht darin, dass Art. 7 Abs. 4 einen Tatort im räumlichen Geltungsbereich des Gesetzes voraussetzt (BGHSt **32** 104, 113; **38** 75, 77). Dass sich der BGH bei dem eindeutigen Wortlaut der Erweiterungsvorschrift an einer noch weitergehenden einengenden Auslegung gehindert sah, ist einsichtig. Er kann sich zudem darauf berufen, dass sich ein wirksamer Schutz der Stationierungsstreitkräfte nur unvollkommen realisieren ließe, wenn sich das Gesetz über die nicht leicht durchschaubaren und noch schwerer auflösbaren Zusammenhänge zwischen Angelegenheiten der Stationierungsstreitkräfte und denen des sie entsendenden Vertragsstaats hinweggesetzt und eine Regelung getroffen hätte, die sich ausdrücklich auf die Stationierungsstreitkräfte beschränkt (BGHSt **32** 104, 112 f). Andererseits ist nicht zu verkennen, dass der Gesetzeszweck – Schutz der *Stationierungstruppen* – auch für eine engere Auslegung sprechen könnte und dass durchaus bezweifelt werden kann, ob die weite Fassung des Gesetzes wirklich gewollt war (s. dazu BGH, aaO 108 ff sowie Vor § 93 Rdn. 8 f). Eine Novellierung sollte hier Klarheit schaffen.

Soweit sich geheimdienstliche Aktivitäten **gegen** in der Bundesrepublik **stationierte Truppen** – also nicht gegen anderweitige Belange des stationierenden *Vertragsstaates* – richten, wird der Erweiterungsbestimmung des Art. 7 Abs. 1 Nr. 4 des 4. StrÄndG allerdings nur eingeschränkte praktische Bedeutung zukommen. In allen Fällen, in denen gemeinsame NATO-Geheimnisse eine Rolle spielen, ist die Agententätigkeit *auch* gegen

---

[12] Abkommen zwischen den Parteien des Nordatlantikvertrages über die Rechtsstellung ihrer Truppen vom 19. Juni 1951 (NATO-Truppenstatut – NTS) BGBl. **1961** II 1190, 1198, und Zusatzabkommen zum NTS vom 3. August 1959 BGBl. II **1961** 1218, 1242 f (Vertragsgesetz zu beiden Abkommen vom 18. August 1961 BGBl. II 1183).

die Bundesrepublik selbst gerichtet (s. Rdn. 10), so dass die Erweiterungsbestimmung gar nicht herangezogen werden muss. Aber auch in anderen die Stationierungstruppen betreffenden Fällen kann § 99 greifen. Dies hängt davon ab, ob die geheimdienstlichen Aktivitäten zugleich auf Angelegenheiten der Bundesrepublik abzielen. Im Blick auf die engen Beziehungen zwischen den Bündnispartnern auf sicherheitspolitischer Ebene und des daraus resultierenden Ineinandergreifens der Angelegenheiten der Stationierungsstreitkräfte und der Bundeswehr liegt dies nicht fern (zu weit allerdings BGH, Beschluss vom 27. Juli 1971 – 3 Ars 40/70 – 4 BJs 187/68 – S. 5; enger BGHSt **32** 104, 107 und **38** 75, 77 = JR **1992** 204 m. Anm. *Schroeder*; s. dazu auch Rdn. 8f sowie *Schroeder* NJW **1981** 2270, 2282f).

Die **Ergänzungsvorschrift** des Art. 7 Abs. 1 Nr. 4 des 4. StrÄndG ist – wie § 99 Abs. 1 Nr. 1 selbst – **mit dem Grundgesetz vereinbar**; sie ist hinreichend bestimmt und hält sich im Rahmen der dem Gesetzgeber zukommenden Gestaltungsfreiheit (BVerfG [Vorprüfungsausschuss] MDR **1985** 290f; BVerfGE **92** 277, 282f, 301ff, 339f).

Auf Ausspähungsaktivitäten im **Euratom-Bereich** wird § 99 im Blick auf die enge Verflechtung der Interessen der Bundesrepublik mit dem Gemeinschaftsinteressen meist unmittelbar anzuwenden sein. Art. 194 Abs. 1 Euratom-Vertrag[13] hat nur in den Fällen Bedeutung, in denen eine Berührung deutscher Belange nicht festzustellen ist (siehe Rdn. 8). Von § 99 erfasst wird dann jedoch nur die geheimdienstliche Tätigkeit, die sich zugleich als Geheimnisverletzung im Sinne des Art. 194 Abs. 1 Euratom-Vertrag darstellt. Richtet sich die Tat gegen Euratom-Geheimnisse, die in ihrem Gewicht deutschen *Staatsgeheimnissen* gleichkommen, so greifen die zu deren Schutz vorgesehenen Tatbestände ein (vgl. § 93 Rdn. 18 a.E., 24 und Vor § 93 Rdn. 9).

3. Die Ausübung der geheimdienstlichen Agententätigkeit muss weiter einem be- **12**
stimmten Zweck dienen, der sie beherrscht: Sie muss **auf die Mitteilung oder Lieferung von Tatsachen, Gegenständen oder Erkenntnissen gerichtet** sein. Näheres zu diesen Zielobjekten ist den Erläuterungen bei § 93 Rdn. 2 zu entnehmen. Es ist nicht erforderlich, dass sie als geheimhaltungsbedürftig erachtet oder tatsächlich in irgendeiner Weise geheim gehalten werden; sie brauchen nicht von großer Bedeutung zu sein (siehe BGHSt **31** 317, 320), und es kann sich auch um illegale Geheimnisse im Sinne des § 93 Abs. 2 oder um mit anderweitigen Rechtsmakeln behaftete Tatsachen handeln (vgl. *Tröndle/Fischer* Rdn. 9 *Sch/Schröder/Stree/Sternberg-Lieben* Rdn. 14; *Lampe/Hegmann* MK Rdn. 14). Aus der Aufzählung und der Beschreibung der Zielobjekte, auf die die geheimdienstliche Tätigkeit gerichtet ist, ist keine sachliche Einschränkung des Tatbestandes abzuleiten (s. auch Rdn. 1).

Unter der **Mitteilung** als *Endzweck* der Tätigkeit ist die Übermittlung an den fremden Geheimdienst zu verstehen (siehe auch § 94 Rdn. 2; § 98 Rdn. 3). Der Begriff der **Lieferung** besagt nichts anderes; er korrespondiert mit dem des „Gegenstandes". Dass abweichend vom Tatbestand der landesverräterischen Agententätigkeit (§ 98 Abs. 1 Nr. 1) die *Erlangung* von Tatsachen nicht ausdrücklich erwähnt wird, hat keine Bedeutung. Die unterschiedliche Fassung beruht insoweit lediglich auf einem Redaktionsversehen im Gesetzgebungsverfahren.[14] Der geheimdienstlich agierende Täter muss mit dem Mittei-

[13] Vertragsgesetz vom 27. Juli 1957 BGBl. II 753; Vertrag vom 25. März 1957 BGBl. II 1014, 1015.

[14] S. zu den Einzelheiten BGHSt **24** 369, 377; *Sch/Schröder/Stree/Sternberg-Lieben* Rdn. 15; *Lampe/Hegmann* MK Rdn. 14; **aA** *Maurach/Schroeder/Maiwald* 2 § 85 Rdn. 59; *Paeffgen* NK Rdn. 16; kritisch auch *Rudolphi* SK Rdn. 9.

lungs- oder Lieferungsakt noch nicht begonnen haben; seine Tat ist bereits vollendet, wenn die ausgeübte Tätigkeit die entsprechende Handlungsrichtung ausweist (vgl. BGHSt **31** 317, 320). Eine **Zweckerreichung**, die Mitteilung oder Lieferung, die auch durch Dritte bewirkt werden kann, wird vom Tatbestand **nicht vorausgesetzt**. Entscheidend ist, dass der Täter die Aktivitäten des fremden Geheimdienstes fördert und so an ihnen teilhat, mag die Erreichung des Ziels seiner Tätigkeit auch fern liegen. Der Tatbestand erfasst also nicht nur die Sachverhalte der Informationsübermittlung im engeren Sinne. Er schließt alle Vorbereitungshandlungen und Hilfsdienste mit ein. Dazu zählen das Tätigwerden im Rahmen des Aufbaus eines Nachrichtennetzes ebenso wie das Anwerben von Agenten oder die Durchführung von Probeaufträgen zur Vorbereitung auf spätere Einsätze (vgl. BGHSt **31** 317, 320; Sonderausschussbericht BTDrucks. V/2860 S. 23; *Lackner/Kühl* Rdn. 3; *Sch/Schröder/Stree/Sternberg-Lieben* Rdn. 15; *Lampe/Hegmann* MK Rdn. 14; kritisch zum Probeauftrag: *Rudolphi* SK Rdn. 10). Nur solche geheimdienstliche Tätigkeiten unterfallen dem Tatbestand nicht, die *ausschließlich* eine andere als die beschriebene Zielrichtung haben, etwa lediglich auf Sabotage ausgerichtet sind oder bloße Beeinflussung, Desinformierung o. ä. zum Inhalt haben (vgl. Rdn. 8 f; BGHSt **29** 325, 336). In der Regel wird jedoch ein solcher „Einflussagent" zugleich Beschaffungsaufträge (Lageberichte) auszuführen haben und damit im Sinne des § 99 Abs. 1 Nr. 1 tätig werden. Ohne Einfluss auf die Tatbestandserfüllung ist es, welche *übergeordneten* Zwecke der fremde Geheimdienst mit dem Einsatz des Täters verfolgt.

13 4. Der **innere Tatbestand** verlangt **mindestens bedingten Vorsatz**. Das ergibt sich nach allgemeinen Auslegungsgrundsätzen aus dem Wortlaut der Bestimmung. Besondere Gesichtspunkte, nach denen eine Einschränkung der Strafbarkeit durch die Voraussetzung eines *alle* Tatbestandsmerkmale umfassenden direkten Vorsatzes veranlasst wäre, sind nicht ersichtlich (vgl. BGHSt **31** 317, 322 mit Anm. *Schmidt* LM Nr. 7 zu § 99 StGB 1975 und *Stree* NStZ **1983** 552). Für die von § 99 vorausgesetzte Zweckrichtung der Tätigkeit („auf ... gerichtet") gilt nichts anderes. Es genügt, wenn der fremde Geheimdienst einem von ihm ausgehenden Auftrag die tatbestandliche Zielrichtung gibt und der bedingte Vorsatz des Täters diesen Umstand einschließt (in BGHSt **31** 317, 321 noch offengelassen). Der Täter akzeptiert in diesem Falle die geheimdienstliche Zielsetzung und ordnet ihr seine Tätigkeit unter. Ein direkt vorsätzliches oder gar *absichtliches* Handeln wird auch insoweit *nicht* vorausgesetzt.[15] Die Gefahr, der die Strafvorschrift entgegenwirken soll, ist in all diesen Fällen gegeben; der Täter hat sich geheimdienstlich verstrickt und nimmt dies billigend in Kauf (vgl. BGHSt aaO 323 f). Seine Tätigkeit, deren *konkrete* Bedeutung für den fremden Spionageapparat ihm oft verborgen bleibt, deren Charakter im übrigen er aber vor Augen hat (vgl. BGHSt aaO), ist immer Teil der geheimdienstlichen Aktivität, den der Gesetzgeber ebenso dem Tatbestand unterstellt haben will wie den Tatbeitrag des mit direktem Vorsatz handelnden Agenten.[16] Dem gesetzgeberischen Anliegen, die Personen von der Strafbarkeit auszunehmen, die lediglich Objekt der Ausforschungsbemühungen fremder Geheimdienste sind (vgl. Rdn. 1, 3), tragen bereits die übrigen Tatbestandsmerkmale – in ihrer Auslegung durch die Rechtsprechung – hinreichend Rechnung.

---

[15] Anders wohl *Rudolphi* SK Rdn. 13; vgl. auch *Sch/Schröder/Stree/Sternberg-Lieben* Rdn. 26; *Paeffgen* NK Rdn. 20; *Lackner/Kühl* Rdn. 6; *Tröndle/Fischer* Rdn. 12; *Lampe/Hegmann* MK Rdn. 22; *Schroeder* JZ **1983** 671, 672 sowie § 98 Rdn. 6.

[16] Vgl. Sonderausschussbericht BTDrucks. V/2860 S. 23.

Wird eine geheimdienstliche Tätigkeit für den Geheimdienst der fremden Macht nur **zum Schein** ausgeübt und will der Betroffene jegliche Mitteilung von Nachrichten oder sonstigem Material vermeiden, so fehlt insoweit der erforderliche Vorsatz. Handelt er hingegen ohne solchen Vorbehalt oder lässt er es dennoch zu einer Nachrichtenübermittlung kommen, so ist in der Regel der subjektive Tatbestand erfüllt. Eine solche „Scheintätigkeit" kann jedoch gerechtfertigt sein, wenn sie aus gewichtigen übergeordneten Gründen veranlasst ist (siehe Rdn. 15; vgl. auch *Sch/Schröder/Stree/Sternberg-Lieben* Rdn. 25).

III. Sichbereiterklären zur geheimdienstlichen Agententätigkeit (Abs. 1 Nr. 2)

Nach der zweiten Tatbestandsvariante der Vorschrift macht sich derjenige strafbar, **14** der sich schriftlich oder mündlich, ausdrücklich oder konkludent, aber ernstlich und inhaltlich zweifelsfrei gegenüber dem Geheimdienst einer fremden Macht zur geheimdienstlichen Agententätigkeit im Sinne des Absatzes 1 Nr. 1 bereiterklärt. Diese Bestimmung entspricht § 98 Abs. 1 Nr. 2. Insoweit kann auf § 98 Rdn. 7 Bezug genommen werden (zum Begriff der fremden Macht siehe bei § 93 Rdn. 10, zu dem des Mittelsmannes bei § 94 Rdn. 2).

IV. Zur Rechtfertigung und Entschuldigung

Für eine Rechtfertigung oder Entschuldigung gelten die allgemeinen Bestimmungen. **15**
Die Druck- und Drohmittel, die fremde Geheimdienste oft bei der Anwerbung und dem Einsatz von Agenten anwenden, begründen in der Regel noch keinen Notstand; doch wird es auf den Einzelfall ankommen (Näheres hierzu bei § 93 Rdn. 32).

Fraglich ist die rechtliche Bewertung einer „Erlaubnis zur geheimdienstlichen Tätigkeit für einen fremden Geheimdienst", die in besonderen Fällen mit dem Einsatz eigener Agenten verbunden sein kann und erteilt wird, um über die angeknüpften Kontakte zu wichtigen nachrichtendienstlichen Erkenntnissen zu kommen. Zu dem früheren Beziehungstatbestand des § 100e (a. F.) haben die Obergerichte überwiegend den Standpunkt vertreten, die Tat sei nicht rechtswidrig, wenn sie mit Wissen und Willen einer dafür zuständigen deutschen Stelle erfolge („rechtfertigende Gestattung"; siehe die Rechtsprechungsnachweise bei *Wagner* GA **1962** 3 ff [sub I Nrn. 1, 6, 8, 11]; vom BGH offengelassen im Urt. v. 6.12.1954 – StE 17/54 –, bei *Wagner* aaO [sub I Nr. 2]). Auch heute wird im Blick auf die §§ 98, 99 eine Rechtfertigung aufgrund *behördlicher Erlaubnis* für angängig gehalten; diese soll den Verzicht auf die konkrete Befolgung der Verbotsnorm beinhalten (vgl. *H. J. Hirsch* LK[11] Vor § 32 Rdn. 160; *Tröndle/Fischer* Vor § 32 Rdn. 5, § 98 Rdn. 7; siehe auch *Sch/Schröder/Stree/Sternberg-Lieben* Rdn. 25 und *Paeffgen* NK Rdn. 21 und § 98 Rdn. 16). Voraussetzung ist allerdings, dass sich die erlaubende Behörde im Rahmen ihrer Befugnisse hält. Gerade dies aber ist in Fällen, in denen es um die Verletzung von Strafvorschriften zum Schutz des Staates geht, um ein Rechtsgut also, das seiner Natur nach nicht der „Verwaltung" einer Behörde unterstellt ist (vgl. *H. J. Hirsch* aaO Rdn. 114 f m. N.), nicht unproblematisch. Für die Nachrichten- und Abwehrdienste der Bundesrepublik fehlte es bis 1990 an einer *zentralen* Regelung, die *expressis verbis* eine solche Zuständigkeit zuweist. Die Verfassungsschutzämter durften zwar zur

Wahrnehmung ihrer Aufgaben nachrichtendienstliche Mittel anwenden;[17] ob und inwieweit damit aber die Kompetenz verbunden sein sollte, in bestimmten Einzelfällen auf die „Befolgung“ der in Rede stehenden „Strafnormen zu verzichten“, erschien zweifelhaft. Das neue Bundesverfassungsschutzgesetz, das MAD-Gesetz und das BND-Gesetz vom 20.12.1990 (BGBl. I S. 2970ff, 2977ff) haben insoweit eine Änderung gebracht, als nunmehr auch MAD und BND wie das BfV zur Erfüllung ihrer Aufgaben nachrichtendienstliche Mittel anwenden sowie „Vertrauensleute und Gewährspersonen“ einsetzen dürfen (§ 8 Abs. 2 BVerfSchG, § 4 MADG, § 3 BNDG; s. dazu auch Vor § 93 Rdn. 12).

Auf dieser Rechtsgrundlage wird man – mit der bisherigen gerichtlichen Spruchpraxis und der h. M. in der Literatur – die Möglichkeit einer *rechtfertigenden Einwilligung* der für den Staatsschutz zuständigen sachkompetenten Organe für solche Handlungen anerkennen müssen, mit denen rechtlich billigenswerte Anliegen verfolgt werden, deren Ziele im Einzelfall das staatliche Verbotsinteresse überwiegen.[18] Jedenfalls hinsichtlich der Tätigkeitsdelikte der §§ 98, 99 wird aufgrund der Eigenart des zu erfassenden Täterverhaltens und der besonderen Anstrengungen, die zur Abwehr der Spionageaktivitäten fremder Mächte erforderlich sind, eine Ausnahme von dem Grundsatz gelten müssen, dass Rechtsgüter der Allgemeinheit nicht disponibel seien. Es hieße den Zweck der Strafvorschriften zum Schutz des Staates ins Gegenteil verkehren, wenn sie gegen Personen angewandt würden, die mit ihrem Handeln der Bundesrepublik nicht schaden sondern nützen wollen, deren Einsatz fremde nachrichtendienstliche Bestrebungen aufdecken und wirkungslos werden lassen soll. Eine tatbestandsmäßige Handlung verliert ihre Strafwürdigkeit, wenn sie von dieser Zielrichtung getragen ist und unter Anleitung des eigenen, der institutionalisierten Kontrolle durch Regierung und Parlament unterworfenen Dienstes vonstatten geht.[19] Irrt der Betroffene über das Vorliegen des Erlaubnistatbestands oder verkennt er die Grenzen der Rechtfertigung, gelten die allgemeinen Grundsätze (§§ 16, 17; vgl. in diesem Zusammenhang auch BGH bei *Wagner* GA **1962** 3f Nr. 2 und die weiteren Rechtsprechungsnachweise S. 4f Nr. 4, 7, 8, 9, 10, 11).

V. Versuch und Teilnahme

16 Der **Versuch** ist *nicht* strafbar (siehe §§ 23 Abs. 1, 99 Abs. 1 [Strafdrohung]).

Für die **Mittäterschaft** und **Anstiftung** gelten die allgemeinen Regeln. Mittäterschaft wird auch gegeben sein, wenn zwischen dem geheimdienstlichen Führungsmann und seinen Agenten Einvernehmen darüber bestand, in bewusstem und gewolltem Zusammenwirken eine Zielperson zur Mitarbeit zu gewinnen und wenn zu diesem Zweck gemeinschaftliche Treffen stattfanden, um gemeinsam in gegenseitiger Abstimmung die Anwerbung zu betreiben (**aA** wohl BGHSt **38** 75, 77 = JR **1992** 204f m. Anm. *Schroeder*, der dort auch den näheren Sachverhalt wiedergibt, auf die Frage der Anwendbarkeit von § 9 StPO aber nicht eingeht).

---

[17] § 3 Abs. 3 BVerfSchG vom 27. September 1950 (BGBl. I S. 662 i. d. F. vom 7. August 1972 (BGBl. I S. 1382).

[18] Vgl. *Heinz-Gerd Goldmann* Die behördliche Genehmigung als Rechtfertigungsgrund Diss. Freiburg **1967** S. 222.

[19] Vgl. in anderem Zusammenhang (zu § 93 a. F.) BGHSt **19** 221, 225; ferner zu den Landesverratsdelikten *Jakobs* Strafrecht AT 16. Abschnitt Rdn. 28; *Jescheck* Strafrecht AT § 34 III 4; *Goldmann* aaO (Fn. 7) S. 223 f; zum Rechtszustand vor dem 8. StrÄndG *Kohlrausch/Lange* StGB 43. Aufl. (1961) Vor § 51 Anm. II 3b (S. 194); dazu die verfahrensrechtlichen Möglichkeiten der §§ 153c, 153d und 153e StPO.

Eine **Beihilfe** zur geheimdienstlichen Agententätigkeit soll nach BGHSt **24** 369, 377f nicht in Betracht kommen. § 99 Abs. 1 erfasst danach jede die Aktivität des fremden Geheimdienstes fördernde Tätigkeit, sofern sie sich als geheimdienstliche erweist (siehe Rdn. 4f), und qualifiziert sie als täterschaftliches Handeln (siehe auch BGH NStZ **1986** 165f). Der BGH hebt maßgeblich auf die Verhandlungen im Gesetzgebungsverfahren ab, die diese Auffassung bestätigen: Ein ursprünglich erwogener verselbständigter Beihilfetatbestand, der auch eine geheimdienstliche Tätigkeit verlangt habe und vornehmlich die Arbeit von Kurieren, das Beschicken und Leeren toter Briefkästen sowie die Ausführung von Probeaufträgen habe treffen sollen, sei nicht Gesetz geworden; man sei davon ausgegangen, dass diese Handlungen bereits dem Tatbestand der (täterschaftlichen) Ausübung einer geheimdienstlichen Agententätigkeit (Abs. 1 Nr. 1) unterfielen (vgl. die Formulierungshilfe Prot. V/1275; ferner Prot. V/1519, 1522, 1528, 1540). Eine über die zur Täterschaft erhobene Hilfeleistung hinausgehende strafbare Beihilfe habe ausgeschlossen werden sollen, um der gesetzgeberischen Intention Rechnung zu tragen, bloße Objekte fremder Ausforschungstätigkeit keiner Strafdrohung zu unterwerfen (vgl. BGHSt **24** 369, 377f; s. auch *Rudolphi* SK Rdn. 16). Ob der Entstehungsgeschichte allerdings ein so entscheidender Einfluss auf die Auslegung der Vorschrift eingeräumt werden kann, ob sie mit der aufgezeigten Motivation eine tragende Grundlage bietet, *jegliche* Anwendung des Tatbestandes der Beihilfe auszuschließen, ist fraglich. Auch bei Berücksichtigung des breiten Spektrums möglichen Täterverhaltens dürfte sich nach Wortlaut und Systematik der Strafvorschriften (§§ 27, 99) jedenfalls noch ein „schmaler Bereich" für die Annahme von Beihilfe ergeben (vgl. *Sch/Schröder/Stree/Sternberg-Lieben* Rdn. 22; *Lampe/Hegmann* MK Rdn. 24; wohl auch *Lackner/Kühl* Rdn. 3 und *Tröndle/Fischer* Rdn. 14; **aA** *Paeffgen* NK Rdn. 22: Beihilfe ist ausgeschlossen). Weshalb etwa derjenige, der den Agenten in seinem schon gefassten Tatentschluss bestärkt oder letzte Hemmungen beseitigt, nicht wegen so genannter psychischer Beihilfe soll belangt werden können, ist schwer einsichtig. Ebenso wenig wird im Falle einer Erfolgsabwendungspflicht die Möglichkeit einer Beihilfe durch Unterlassen generell ausgeschlossen werden können (vgl. BGH StV **1982** 516f; *Roxin* LK[11] § 27 Rdn. 13 und 41). Von einer Täterschaft, die den entsprechenden Täterwillen, die gewollte aktive geheimdienstliche Mitarbeit voraussetzt, wird man bei solchen Fallgestaltungen regelmäßig nicht ausgehen können (vgl. zu der vergleichbaren Problematik bei § 98 Rdn. 9). Auch in Fällen illegalen Technologietransfers wird der, welcher die Aufgabe eines fremden Dienstes, sensible Waren zu beschaffen, lediglich durch Vermittlung oder Lieferung fördert, ohne sich durch aktive Mitarbeit funktionell in diesen einzugliedern, als Teilnehmer anzusehen sein (vgl. *Schmidt/Wolff* NStZ **2006** 163).

VI. Der besonders schwere Fall (Abs. 2)

1. Absatz 2 sieht, ähnlich wie § 98 Abs. 2 (vgl. dort Rdn. 10), einen höheren Straf- **17**
rahmen für besonders schwere Fälle vor, die durch zwei Regelbeispiele gekennzeichnet werden (siehe zur Regelbeispieltechnik (*Gribbohm* LK[11] Vor § 46 Rdn. 22 sowie § 94 Fn. 29). Maßgeblich für die Feststellung eines solchen Falles ist eine Gesamtbewertung aller für die Straffindung wesentlichen tat- und täterbezogenen Umstände (vgl. etwa BGHSt **23** 254, 257; **28** 318 mit Anm. *Bruns* JR **1979** 353). Drängt sich vom Sachverhalt her eine solche Würdigung auf, so müssen die tatrichterlichen Urteilsgründe erkennen lassen, dass sie vorgenommen worden ist (BGHSt **28** 318, 320). Ist keiner der beiden Regelfälle gegeben, so kann dennoch die dadurch bedingte so genannte Gegenschlusswirkung – Verneinung eines besonders schweren Falls – durch weitere Merkmale der Fall-

gestaltung, die auf einen außergewöhnlichen Unrechtsgehalt der Tat oder auf eine vom Täter ausgehende erhöhte Gefahr schließen lassen, aufgehoben werden. Die Annahme eines atypischen besonders schweren Falles wird beispielsweise nahe liegen, wenn über längere Zeit eine Vielzahl von bedeutenden Erkenntnissen preisgegeben und dadurch beträchtlicher Schaden angerichtet wurde.

2. Die Regelbeispiele des Absatzes 2, die lediglich indizielle Wirkung für das Vorliegen eines besonders schweren Falles haben, setzen zunächst voraus, dass der Täter **geheime Tatsachen, Gegenstände oder Erkenntnisse** (siehe zu diesen Merkmalen Rdn. 12; bei § 93 Rdn. 2) **mitteilt** oder **liefert**. Diese müssen also von einer amtlichen Stelle oder jedenfalls auf deren Veranlassung faktisch geheim gehalten werden (vgl. die Erläuterungen zu § 95 Rdn. 3f). Handelt es sich um Staatsgeheimnisse und illegale Geheimnisse im Sinne des § 93 Abs. 2, die weitergegeben worden sind, so wird regelmäßig die Subsidiaritätsklausel des § 99 Abs. 1 letzter Halbsatz greifen und zum Schuldspruch nach den dort genannten Tatbeständen führen; anders kann es sein, wenn der Täter irrig von einem „schlichten Amtsgeheimnis" ausgeht und hinsichtlich der vorgehenden Tatbestände ohne den erforderlichen Vorsatz handelt (vgl. *Tröndle/Fischer* Rdn. 15; *Lampe/ Hegmann* MK Rdn. 29; *Rudolphi* SK Rdn. 18).

18 a) Das Regelbeispiel der Nr. 1 verlangt zusätzlich, dass der Täter eine **verantwortliche Stellung missbraucht,** die ihn zur Wahrung gerade der preisgegebenen („solcher") Geheimnisse (siehe Rdn. 17), auch schlichter Amtsgeheimnisse, besonders verpflichtet (siehe dazu § 94 Rdn. 16). Der Rechtsgrund dieser Vertrauensstellung kann verschieden sein. Die besondere Pflicht zu Geheimhaltung muss sich aus der Bedeutung der Position des Täters ergeben; diese muss eine herausgehobene Eigenverantwortung *für den Geheimschutz* begründen (vgl. Sonderausschussbericht BTDrucks. V/2860 S. 23). Einer ausdrücklichen Verpflichtung zur Geheimhaltung bedarf es nicht (**aA** *Paeffgen* NK Rdn. 25). Eine solche Vertrauensstellung hat auch derjenige inne, der bei ansonsten untergeordneter Tätigkeit regelmäßig mit Geheimsachen umzugehen, sie mitzuverwalten hat (z. B. Sekretärinnen, Schreibkräfte, Büroangestellte, die zum so genannten Schlüsselpersonal zählen). Die Mitteilung oder Lieferung der Tatsachen etc. muss gerade auf den besonderen Möglichkeiten beruhen, die die Stellung dem Täter bietet; diese muss er pflichtwidrig ausnutzen, missbrauchen (vgl. BGHSt **28** 318, 325).

19 b) Das zweite Regelbeispiel (Nr. 2) nennt die **Gefahr eines schweren Nachteils für die Bundesrepublik Deutschland,** die durch die Preisgabe von Geheimnissen herbeigeführt worden sein muss. Anders als in § 94 Abs. 2 Nr. 2 bedarf es *nicht* der Gefahr eines *besonders* schweren Nachteils. Die Vorschrift setzt die gleiche Gefährdungsebene voraus wie die Tatbestände des Landesverrats (§ 94 Abs. 1; siehe dort Rdn. 8 und bei § 93 Rdn. 14ff) und des Offenbarens von Staatsgeheimnissen (§ 95 Abs. 1; vgl. Sonderausschussbericht BTDrucks. V/2860 S. 23). Indessen zählt hier nicht nur der Nachteil für die äußere Sicherheit; auch die Gefahr *schwerer* innenpolitischer, gesamtwirtschaftlicher, wissenschaftlich-technischer oder sonstiger, die politische Stellung der Bundesrepublik beeinträchtigender Nachteile ist einbezogen. Die Nachteilsgefahr muss ursächlich durch die Tathandlung bewirkt und *konkret* eingetreten sein. Ein Schaden darf nicht nur als gedanklich möglich erscheinen. Er muss aufgrund der festgestellten tatsächlichen Umstände nahe liegen; auf den genauen Grad der Wahrscheinlichkeit kommt es nicht an (vgl. *Lange* JZ **1965** 297 m. w. N.; *Paeffgen* NK Rdn. 26; siehe auch BGHSt **18** 271ff; **20** 342, 348; BGH MDR **1963** 426; BayObLG NJW **1957** 1327, 1328; vgl. ferner die Erläuterungen zur konkreten Gefahr bei § 94 Rdn. 8). Die Gefahr für die politische Stellung der Bundesrepublik wird in der Regel darin bestehen, dass die fremde Macht über ihren Geheimdienst in die Lage versetzt wird, die gewonnenen geheimen Erkenntnisse je nach deren Art unmittelbar zur Erlangung politischer Vorteile, zur „Übervorteilung" zu nutzen. Hierfür kann unter Umständen schon das bloße Wissen um bestimmte geheime Dinge genügen. Wie im Einzelnen die fremde Macht oder ihr Geheimdienst die erlangten Erkenntnisse verwerten, ist nicht entscheidend. Eine Verschlechterung der politischen Stellung der Bundesrepublik, eine Verschiebung der Machtverhältnisse zu ihrem Nachteil, kann auf vielfältige Weise erreicht werden, nicht zuletzt auch durch gezielte Veröffentlichungen, die politischen Maßnahmen der fremden Macht zu Lasten der Bundesrepublik entsprechenden Nachdruck verleihen (vgl. BGHSt **28** 318, 326).

3. Bei der **Strafbemessung** wird strafschärfend zu berücksichtigen sein, wenn der Täter *beide* Regelbeispiele verwirklicht hat oder wenn neben einem Regelfall weitere Umstände gegeben sind, die ihrerseits schon für sich allein die Annahme eines atypischen besonders schweren Falles begründen. Der Tatrichter ist hier zu sorgfältiger Abwägung veranlasst, die auch den *Besonderheiten* der Fallgestaltungen, der Tatmotive und des Täterverhaltens *im Bereich des Staatsschutzstrafrechts* Rechnung trägt. Zutreffend weist der BGH (BGHSt **28** 318, 326f) in diesem Zusammenhang darauf hin, dass in vielen Fällen der gefährlichsten Agententätigkeit der Strafzweck der Spezialprävention nur eine untergeordnete Rolle spielt, während das mit Mitteln staatlichen Strafens allgemein verfolgte Ziel der Abschreckung potentieller Täter auch dort seinen Sinn behält. Innerhalb des Rahmens für die schuldangemessene Strafe werden auch solche Gesichtspunkte in die Beurteilung einzubeziehen sein (BGHSt aaO; **20** 264, 267 m. w. N.; zur strafschärfenden Berücksichtigung einer herausgehobenen politischen Stellung des Täters innerhalb des Normalstrafrahmens vgl. BGH bei *Holtz* MDR **1981** 453). **20**

4. Der Täter muss in Kenntnis derjenigen tatsächlichen Umstände handeln, die den besonders schweren Fall begründen, zumindest mit ihrem Vorliegen rechnen und dies billigend in Kauf nehmen. **21**

VII. Tätige Reue (Abs. 3)

Die Regelung des § 98 Abs. 2 ist entsprechend anzuwenden (siehe im einzelnen dort Rdn. 11ff). **22**

Kurz zusammengefasst gilt: Um die Voraussetzung für die in **§ 98 Abs. 2 Satz 1 (i. V. m. § 99 Abs. 3)** vorgesehene mögliche Vergünstigung zu erfüllen, muss der Täter sein Verhalten freiwillig aufgeben und freiwillig sein gesamtes Wissen um die Tat einer Dienststelle offenbaren, von der er die Weitergabe an die zuständige Stelle erwarten kann. Der Zeitpunkt der Offenbarung ist nicht vorgeschrieben. Das hat in den Fällen des § 99, der sich in seiner Grundstruktur von § 98 in wesentlichen Punkten unterscheidet, die auf den ersten Blick als fragwürdig erscheinende Folge, dass die gesetzlichen Voraussetzungen für eine mögliche (fakultative) Rechtsfolgenvergünstigung selbst dann gegeben sind, wenn der Entschluss zur – allerdings rückhaltlosen – Offenbarung erst nach langjähriger geheimdienstlicher Tätigkeit verwirklicht wird, die möglicherweise zum Geheimnisverrat im Sinne des § 99 Abs. 2 und entsprechender schwerer Nachteilsgefahr oder gar Nachteilen geführt hat (vgl. *Sch/Schröder/Stree/Sternberg-Lieben* Rdn. 29; *Paeffgen* NK Rdn. 24; *Rudolphi* SK Rdn. 21). Dem Gesetzgeber ist allerdings zugute zu halten, dass der die Reueregelung tragende Grundgedanke (vgl. § 98 Rdn. 11) auch für solche Fallgestaltungen seinen Sinn behält. Sachgerechte, befriedigende Lösungen werden sich immer mit Hilfe der Ermessensklausel des § 98 Abs. 2 S. 1 finden lassen; die konkreten Tatumstände sind in die vorzunehmende Gesamtbewertung einzustellen und ins Verhältnis zu den Wiedergutmachungsbemühungen des Täters zu setzen (vgl. auch § 98 Rdn. 13 a. E., 15; BGHSt 27, 120, 122). Ist es im Rahmen der Agententätigkeit zur Preisgabe von Amts- und Dienstgeheimnissen gekommen, verbleibt es ohnehin bei der Anwendbarkeit des § 353b. Bei **§ 98 Abs. 2 Satz 2 (i. V. m. § 99 Abs. 3)**, der einen (obligatorischen) persönlichen Strafaufhebungsgrund ausweist, werden sich solche Fragen meist nicht stellen; die Vorschrift verlangt, dass der Täter sich *unverzüglich* nach Beendigung der Bedrängnislage offenbart.

VIII. Zusammentreffen

23 1. Der Tatbestand des § 99 wird zwar schon durch eine einmalige geheimdienstliche Betätigung verwirklicht; er erfasst jedoch seinem Sinne nach jedes über den Einzelfall hinausreichende Verhalten, das mit gleicher Zielrichtung – s. Rdn. 2 – jeweils den Tatbestand erfüllt und durch diesen zur **tatbestandlichen Handlungseinheit** verbunden wird (s. BGHSt **42** 215, 217; **43** 1, 44ff; dazu BGHSt **28** 169, 173 sowie Rdn. 3; vgl. dazu *Paeffgen* NK Rdn. 11). Mit der Ablösung des früheren Beziehungstatbestands des § 100e durch den Tätigkeitstatbestand des § 99 hat sich der aus dem Lebenssachverhalt zu erschließende Charakter der Agententätigkeit, die sich *regelmäßig* innerhalb einer auf gewisse Dauer angelegten Verbindung zu einem fremden Geheimdienst in einzelnen Betätigungsakten vollzieht, nicht verändert. Der Aufrechterhaltung des Agentenverhältnisses kommt auch dann Bedeutung zu, wenn es sich nicht in Aktivitäten manifestiert; sie belegt, dass der Täter weiterhin im „Dienst" des fremden Geheimdienstes steht (BVerfGE 57 250, 265) und in diesem Sinne seine von § 99 erfassten „Dienstleistungen" erbringen wird. Solange diese Verbindung nicht abgebrochen wird, die geheimdienstliche Tätigkeit – in welcher Form auch immer – fortgesetzt werden soll (vgl. BGHSt **28** 169, 170f), ist die Tat nicht beendet. Erst mit ihrer Beendigung aber beginnt die Verfolgungsverjährung zu laufen (BGHSt **43** 1, 4ff = NStZ **1997** 487 mit kritischer Anm. *Rudolphi* [489] und Besprechungsaufsatz *Schlüchter/Duttge/Klumpe* [JZ **1997** 995ff]; BGHSt **43** 321 = NJW **1998** 1723 mit Anm. *Schlüchter/Duttge* [NStZ **1998** 610ff]; s. dazu § 98 Rdn. 6a und Vor § 93 Rdn. 22 a. E.).

24 2. Die **Subsidiaritätsklausel** des § 99 Abs. 1 letzter Halbsatz lässt die geheimdienstliche Agententätigkeit hinter die mit schwerer Strafdrohung ausgestatteten Tatbestände des Landesverrats (§ 94) und der landesverräterischen Ausspähung (§ 96 Abs. 1) zurücktreten, und zwar auch in den Irrtumsfällen der §§ 97a, 97b (vgl. Sonderausschussbericht BTDrucks. V/2860 S. 23). Das Vergehen nach § 99 ist auch dann subsidiär, wenn es, wie meist der Fall, sich als Handlungskomplex, der die einzelnen Tätigkeitsakte für den begünstigten fremden Geheimdienst zur *tatbestandlichen* Handlungseinheit verbindet, nur *teilweise* mit den Verrats- oder Ausspähungstaten rechtlich zusammenfällt. Der Gesetzgeber will in Anlehnung an die frühere Rechtsprechung zu § 100e a. F. (vgl. BGHSt **6** 333, 385) die Nachfolgebestimmungen der §§ 98, 99 ersichtlich als Vorschriften zum Vorfeldschutz verstanden wissen, die *uneingeschränkt* zurückzutreten haben, wenn sich die geheimdienstlichen Verbindungen, auf denen die Agententätigkeit nach § 99 in der Regel fußt (vgl. BGHSt **28** 169, 173), zum Verrat oder zur Ausspähung von Staatsgeheimnissen entwickeln. Sähe man es anders, verlöre die Subsidiaritätsklausel weitgehend ihre praktische Bedeutung (vgl. BGHSt **24** 72, 80f; *Rudolphi* SK Rdn. 22;

Lampe/Hegmann MK Rdn. 26; siehe auch *Lackner/Kühl* Rdn. 7 zu § 98; **aA** *Sch/Schröder/Stree/Sternberg-Lieben* Rdn. 36, der Tateinheit annimmt, wenn sich das Bereiterklären zur oder das Ausüben der Agententätigkeit im Sinne des § 99 Abs. 1 nicht auf Tathandlungen beschränkt, die von den §§ 94, 96 Abs. 1 erfasst werden).

Die Subsidiaritätsklausel greift auch dann, wenn es nur zum Versuch oder zum Versuch der Beteiligung (§ 30) an einem Verbrechen nach den §§ 94, 96 Abs. 1 gekommen ist. Bei strafbefreiendem Rücktritt vom Versuch kann jedoch die Strafbarkeit wegen geheimdienstlicher Agententätigkeit (§ 99) wieder aufleben (siehe §§ 24, 31; vgl. auch bei § 98 Rdn. 20). Gleiches gilt, wenn zwar hinsichtlich der Straftaten nach §§ 94, 96 Abs. 1 Verjährung eingetreten ist, nicht aber bezüglich der Straftat nach § 99 (vgl. hierzu BGHSt **28** 169, 173; BGH NStZ **1984** 310). Aus Gründen der Subsidiarität lässt es sich nicht rechtfertigen, den Agenten (im Sinne des § 99) lediglich deswegen günstiger zu stellen, weil er nicht nur den allgemeineren Tatbestand des § 99, sondern zusätzlich einen der in der Subsidiaritätsklausel genannten Verbrechenstatbestände erfüllt hat (BGH bei *Holtz* MDR **1984** 625; *Lampe/Hegmann* MK Rdn. 26; *Sch/Schröder/Stree/Sternberg-Lieben* Rdn. 36).

Der sicherheitsgefährdende Nachrichtendienst (nach § 109f) tritt aufgrund der in jener Bestimmung enthaltenen Subsidiaritätsvorschrift gegenüber der geheimdienstlichen Agententätigkeit zurück (vgl. § 109f Abs. 1 S. 1 letzter Halbsatz; BGHSt **27** 133, 134).

3. Im Übrigen gelten die **allgemeinen Grundsätze. Tateinheit** kann insbesondere bestehen mit typischen Beschaffungsdelikten wie beispielsweise Diebstahl, Unterschlagung, Verletzung des Briefgeheimnisses oder Verwahrungsbruch, ebenso mit der Verletzung des Dienstgeheimnisses und einer besonderen Geheimhaltungspflicht (§ 353b), aber auch mit der landesverräterischen Agententätigkeit nach § 98 (siehe dazu bei § 98 Rdn. 20), mit Tatbeständen des Wehrstrafgesetzes – WStG – (siehe zum Zusammentreffen zwischen § 19 WStG und § 100e a.F. BGHSt **17** 50, 61f; OLG Celle NJW **1966** 1133) und mit Verstößen gegen das Außenwirtschaftsgesetz (AWG). Als möglich erscheint auch Tateinheit mit dem Verbrechen friedensgefährdender Beziehungen (§ 100), mit dem Vergehen der landesverräterischen Fälschung (§ 100a) und mit der Agententätigkeit zu Sabotagezwecken (§ 87; vgl. *Rudolphi* SK Rdn. 23; *Lampe/Hegmann* MK Rdn. 27; dazu aber auch *Sch/Schröder/Stree/Sternberg-Lieben* Rdn. 38). Zu einem Vergehen des sicherheitsgefährdenden Abbildens (§ 109g) kann ebenfalls Tateinheit bestehen; eine Verurteilung nur wegen geheimdienstlicher Agententätigkeit würde den besonderen Unrechtsgehalt der Tat nach § 109g nicht erfassen (BGHSt **27** 133f; *Lackner/Kühl* § 98 Rdn. 7; *Tröndle/Fischer* § 109g Rdn. 9; *Lampe/Hegmann* MK Rdn. 27; **aA** *Sch/Schröder/Stree/Sternberg-Lieben* § 109g Rdn. 26; *Schroeder* LK[11] § 109g Rdn. 17; *Rudolphi* SK § 109g Rdn. 21). 25

Zur Frage der Konkurrenz einer Tat nach § 99 mit einer solchen nach Art. 7 Abs. 1 Nr. 4 4. StRÄndG oder nach Art. 194 Abs. 1 EURATOM-Vertrag s. § 94 Rdn. 20.

Die rechtskräftige Aburteilung einer geheimdienstlichen Agententätigkeit, die sich in der Regel als tatbestandliche Handlungseinheit darstellen wird, hat *grundsätzlich* den **Verbrauch der Strafklage** hinsichtlich tateinheitlich begangener Taten zur Folge (vgl. BGHSt **6** 92, 97; **29** 288, 293 m.N.). Dieser Grundsatz gilt indessen, wie BGH und BVerfG anerkennen, nicht ausnahmslos, weil der prozessuale Tatbegriff – der für die materielle Rechtskraftwirkung und mithin für den Umfang des Strafklageverbrauchs maßgebend ist – vom sachlichen Begriff der Tateinheit (§ 52) zu trennen ist (BGHSt **29** 288, 292ff; dazu BVerfGE **56** 22, 27ff). Im Blick darauf lässt die Rechtsprechung die nachträgliche Verfolgung eines tateinheitlich mit dem sog. Organisationsvergehen nach

§ 129 begangenen Mordes zu,[20] begründet das indessen mit der besonderen Tatbestandsstruktur des § 129 (BVerfGE **56** 22, 33f). Trotz dieser Betonung des Ausnahmecharakters (BGHSt aaO, 293) wird jedoch zu fragen sein, ob die die Entscheidung tragenden Erwägungen nicht auch hinsichtlich einer Straftat nach § 99 Platz greifen müssen (s. dazu *Krauth* FS Kleinknecht 215ff, 225, 240). Auch sie wird über einen längeren Zeitraum durch eine Anzahl von Handlungen verwirklicht, die zwar in der generellen Zweckrichtung übereinstimmen, im Übrigen aber die verschiedensten Inhalte haben können (vgl. BGHSt **18** 87). Insoweit ist dem BGH zuzustimmen, wenn er die Strafklage wegen eines im Verlauf langjähriger Spionagetätigkeit begangenen schweren Verbrechens nach § 234a durch eine vorangegangene Aburteilung nach § 99 nicht als verbraucht wertet (BGHSt **41** 292, 300; *Tröndle/Fischer* Rdn. 17; *Lampe/Hegmann* MK Rdn. 28; *Laufhütte* LK Vor § 174 Rdn. 21).

26 **IX.** Auf der Rechtsfolgenseite sind die Möglichkeiten der Aberkennung der Fähigkeit, öffentliche Ämter zu bekleiden, Rechte aus öffentlichen Wahlen zu erlangen und in öffentlichen Angelegenheiten zu wählen und zu stimmen (§ 101, **Nebenfolgen**), sowie die Bestimmung über die **Einziehung** (§ 101a) zu beachten. Hinsichtlich finanzieller Zuwendungen ist der Verfall nach § 73 Abs. 1 StGB anzuordnen (vgl. dazu § 94 Rn 23 und § 101a Rdn. 8). Zu den **Zuständigkeiten** siehe Vor § 93 Rdn. 14, zu den besonderen Möglichkeiten des **Absehens von der Strafverfolgung** vgl. die §§ 153c Abs. 2 und 4, 153d, 153e StPO (siehe dazu auch Vor § 93 Rdn. 10). Die **Nichtanzeige** des Vergehens ist *nicht* strafbar (§ 138 Abs. 1 Nr. 3).

§ 100
Friedensgefährdende Beziehungen

(1) Wer als Deutscher, der seine Lebensgrundlage im räumlichen Geltungsbereich dieses Gesetzes hat, in der Absicht, einen Krieg oder ein bewaffnetes Unternehmen gegen die Bundesrepublik Deutschland herbeizuführen, zu einer Regierung, Vereinigung oder Einrichtung außerhalb des räumlichen Geltungsbereichs dieses Gesetzes oder zu einem ihrer Mittelsmänner Beziehungen aufnimmt oder unterhält, wird mit Freiheitsstrafe nicht unter einem Jahr bestraft.

(2) In besonders schweren Fällen ist die Strafe lebenslange Freiheitsstrafe oder Freiheitsstrafe nicht unter fünf Jahren. Ein besonders schwerer Fall liegt in der Regel vor, wenn der Täter durch die Tat eine schwere Gefahr für den Bestand der Bundesrepublik Deutschland herbeiführt.

(3) In minder schweren Fällen ist die Strafe Freiheitsstrafe von einem Jahr bis zu fünf Jahren.

Schrifttum

Auf die Hinweise Vor § 93 wird Bezug genommen.

---

[20] S. dazu die teils kritischen Stellungnahmen: *Gössel* JR **1982** 111; *Grünwald* StV **1981** 326; *Rieß* NStZ **1981** 74; vgl. ferner *Werle* NJW **1980** 2617 und auch OLG Karlsruhe JR **1978** 34.

Entstehungsgeschichte

Der Tatbestand ist dem der früheren „Agententätigkeit" nach § 100d (a. F.) nachgefolgt, der noch wesentlich weitergehend solche Beziehungen unter Strafe stellte, die Maßnahmen und Bestrebungen von außerhalb herbeiführen oder fördern sollten, welche darauf gerichtet waren, Bestand und Sicherheit der Bundesrepublik zu beeinträchtigen (§ 100d Abs. 2 a. F.), und der überdies die so genannte Lügenpropaganda mit Strafe bedrohte (§ 100d Abs. 3 a. F.; vgl. dazu die Rechtsprechungsnachweise bei *Wagner* GA **1961** 147ff). Der Regierungsentwurf eines StGB aus dem Jahr 1962 (E 1962, BTDrucks. IV/650) sah einen an § 100d Abs. 1 a. F. anknüpfenden Tatbestand „landesverräterische Friedensgefährdung" (§ 388) vor. Der von Professoren vorgelegte Alternativentwurf eines StGB (AE) wollte die Bestimmung ganz gestrichen wissen. Nach einem SPD-Entwurf (BTDrucks. V/102, Begründung S. 9), der § 100d a. F. bis auf dessen Absatz 1 für entbehrlich hielt, und dem Regierungsentwurf eines 8. StRÄndG (BTDrucks. V/898, Begründung S. 36 [dort § 100a]) wurde schließlich die derzeitige Fassung auf der Grundlage der Beratungen des Sonderausschusses für die Strafrechtsreform Gesetz[1] (siehe Prot. V/1319ff; Sonderausschussbericht BTDrucks. V/2860 S. 23f).

I. Allgemeines

Die Vorschrift richtet sich gegen denjenigen, der als Deutscher gegen sein eigenes Land feindselige Maßnahmen von außen her in Gang bringen will (vgl. *Güde* Prot. V/1324). Es handelt sich um einen Beziehungstatbestand mit dem Charakter eines abstrakten Gefährdungsdelikts. Die Beschränkung des Täterkreises weist ihn als ein echtes Sonderdelikt aus, dem auch der Gedanke des Treuebruchs zugrunde liegt (vgl. *Tröndle/Fischer* Rdn. 2; *Lackner/Kühl* Rdn. 2; *Paeffgen* NK Rdn. 2; *Rudolphi* SK Rdn. 1; *Lampe/Hegmann* MK Rdn. 2). Er zählt zu den Landesverratsstraftaten, weil er auch dem Schutz der äußeren Machtstellung der Bundesrepublik dient (vgl. *Wulf* Prot. V/1319). Die Fassung stellt auf die *Herbeiführung* eines bewaffneten Unternehmens ab. Dessen *Förderung* ist in den Tatbestand *nicht* mehr einbezogen worden (anders noch der RegE und auch § 100d Abs. 1 a. F.). Eine Einbeziehung hätte bereits ausgebrochene Feindseligkeiten vorausgesetzt; dieser Bereich sollte jedoch gesonderter Regelung vorbehalten bleiben (vgl. *Wulf* Prot. V/1320, 1325). *Ausgeschieden* wurden auch die Fälle, in denen der Täter *Zwangsmaßregeln* (z. B. Boykott, Blockade) gegen die Bundesrepublik bewirken will. Dieser Begriff galt als zu unbestimmt (vgl. Sonderausschussbericht BTDrucks. V/2860 S. 24). Vom Tatbestand ausgenommen sind ferner Beziehungen zu Vereinigungen etc. die *innerhalb* des räumlichen Geltungsbereichs des StGB residieren. 1

Im Blick auf die Gewährleistung des äußeren Friedens wird ein kriminalpolitisches Bedürfnis für die Vorschrift nach wie vor zu bejahen sein (siehe Sonderausschussbericht aaO S. 23), wenngleich ihre praktische Bedeutung gering ist.

---

[1] 8. StRÄndG vom 25.6.1968 BGBl. I 741, 746.

II. Der äußere Tatbestand

2 Der äußere Tatbestand setzt voraus, dass ein Deutscher, der seine Lebensgrundlage im räumlichen Geltungsbereich der StGB hat, zu einer Regierung, Vereinigung oder Einrichtung außerhalb des räumlichen Geltungsbereichs oder zu einem ihrer Mittelsmänner Beziehungen aufnimmt oder unterhält.

1. Der Täterkreis ist durch ein strafbegründendes persönliches Merkmal eingeschränkt, das während der Tatbegehung erfüllt sein muss (vgl. § 28 Abs. 1; *Lackner/Kühl* Rdn. 2; *Rudolphi* SK Rdn. 7): **Täter** kann nur **ein Deutscher** sein. Es muss sich also um jemanden handeln, der deutscher Staatsangehöriger nach den Vorschriften des Staatsangehörigkeitsrechts oder „sonstiger Deutscher" im Sinne des Art. 116 Abs. 1 GG ist (vgl. *Gribbohm* LK[11] Vor § 3 Rdn. 331ff; *Paeffgen* NK Rdn. 3; *Tröndle/Fischer* § 7 Rdn. 2f). Die deutsche Staatsangehörigkeit wird durch Geburt, Legitimation, Annahme als Kind oder durch Einbürgerung erworben (siehe §§ 1, 3ff Reichs- und Staatsangehörigkeitsgesetz [StAG].[2] Ihr Verlust tritt ein durch Entlassung, Erwerb einer ausländischen Staatsangehörigkeit, Verzicht oder Annahme als Kind durch einen Ausländer (§§ 17ff StAG).[3] Die „sonstigen Deutschen" im Sinne des Art. 116 Abs. 1 GG müssen als Flüchtling oder Vertriebener deutscher Volkszugehörigkeit oder als dessen Ehegatte oder Abkömmling im Gebiet des Deutschen Reiches nach dem Stand vom 31. Dezember 1937 Aufnahme gefunden haben. Der Begriff der Volkszugehörigkeit lässt sich in Anlehnung an § 6 BVFG[4] dahin umschreiben, dass sich der Betroffene in seiner Heimat zum deutschen Volkstum bekannt haben muss, was in bestimmten Umständen, wie Abstammung, Sprache, Erziehung und Kultur, Bestätigung zu finden hat (vgl. ferner *Maunz/Dürig* GG Art. 116 Rdn. 13ff). Auf die Weiterübertragung und den Verlust des Status als „sonstiger Deutscher" im Sinne des Art. 116 Abs. 1 GG lassen sich die Erwerbs- und Verlustbestimmungen des StAG entsprechend anwenden (*Maunz/Dürig* GG Art. 116 Rdn. 17ff; *Tröndle/Fischer* § 7 Rdn. 3). Zusätzlich ist erforderlich, dass der Täter seine **Lebensgrundlage** zum Zeitpunkt der Beziehungsaufnahme oder während des Unterhaltens der Beziehungen **im räumlichen Geltungsbereich des StGB** haben muss. Die Lebensgrundlage bestimmt sich nach der Summe der Lebensbeziehungen einer Person; es kommt darauf an, wo der persönliche und wirtschaftliche Daseinsschwerpunkt liegt (vgl. Sonderausschussbericht BTDrucks. V/2860 S. 23f). Ein nur vorübergehender Aufenthalt außerhalb des räumlichen Geltungsbereichs des StGB, mag er auch von längerer Dauer sein, reicht nicht hin, um eine Verlagerung der Lebensgrundlage annehmen zu können, wenn die betroffene Person durch wesentliche, ihre Lebensverhältnisse bestimmende Beziehungen mit der Bundesrepublik verbunden bleibt. Dies wird beispielsweise für Diplomaten der Bundesrepublik sowie Soldaten und Beamte gelten, die außerhalb des räumlichen Geltungsbereichs tätig sind und mit ihren Familien dort wohnen, ebenso für Auslandsstudenten, Auslandskorrespondenten der Medien und Auslandsvertreter der Wirtschaft. Nicht zum möglichen Täterkreis zählen hingegen jene Deutsche, die ihre Lebensbasis mit

---

[2] Vom 22.7.1913 RGBl. 583, BGBl. III Nr. 102-1 (Sammlung des Bundesrechts), letztes Änderungsgesetz vom 30.7.2004 BGBl. I S. 1950.

[3] Weiterführend zu den staatsangehörigkeitsrechtlichen Fragen: *Makarov/v. Mangoldt* Deutsches Staatsangehörigkeitsrecht 3. Aufl. (Stand: Dezember 2004).

[4] Gesetz über die Angelegenheiten der Vertriebenen und Flüchtlinge (Bundesvertriebenengesetz – BVFG) i. d. F. vom 2.6.1993 BGBl. I 829, letztes Änderungsgesetz vom 30.7.2004 BGBl. I S. 1950.

der Absicht nach außerhalb verlegt haben, nicht mehr zurückzukehren. Daran vermag auch längerer Aufenthalt in der Heimat nichts zu ändern.

Wo die Tat begangen worden ist, ist unerheblich (§ 5 Nr. 4).

2. Partner der Beziehungen des Täters muss **eine Regierung, Vereinigung oder Einrichtung außerhalb des räumlichen Geltungsbereichs** der Vorschrift sein. Die Begriffe Regierung und Vereinigung sind sprachlich mit einem festen Bedeutungsgehalt versehen. Zu den Vereinigungen gehören auch politische Parteien (Sonderausschussbericht BTDrucks. V/2860 S. 24; *Sch/Schröder/Stree/Sternberg-Lieben* Rdn. 7; *Lampe/Hegmann* MK Rdn. 8). Als Einrichtung ist jedwede andere Stelle zu verstehen. Es kann sich um staatliche, auch kommunale Stellen unterhalb der Regierungsebene handeln, bei den Vereinigungen aber auch um freie Gruppierungen. Diese bedürfen nicht etwa einer gewissen Dauerhaftigkeit in ihrem Bestehen oder in ihrer Zusammensetzung, so dass beispielsweise auch Kongresse und Ausschüsse erfasst werden (vgl. zum früheren § 100d: BGHSt **10** 163, 168; BGH bei *Wagner* GA **1961** 149 Nr. 7; siehe auch *Laufhütte* LK § 86 Rdn. 15; **aA** *Paeffgen* NK Rdn. 4). Zu den Einrichtungen und Vereinigungen zählen zudem bewaffnete Gruppen, die von außen her die Bundesrepublik als Staat in ein bewaffnetes Unternehmen verwickeln können (vgl. *Krauth/Kurfess/Wulf* JZ **1968** 609, 613; **aA** *Paeffgen* NK Rdn. 4). Maßgebliche Teile der Einrichtung oder Vereinigung müssen außerhalb des Geltungsbereichs des Gesetzes bestehen; unter dieser Voraussetzung ist es unerheblich, wenn sich andere Teile bereits im Inland aufhalten (vgl. *Sch/Schröder/Stree/Sternberg-Lieben* § 86 Rdn. 10. 3

Beziehungen zu **Mittelsmännern** der Einrichtung etc. genügen (zum Begriff des Mittelsmannes siehe bei § 94 Rdn. 2). Der Mittelsmann muss im Gegensatz zu der Regierung, Vereinigung oder Einrichtung, für die er tätig ist, nicht außerhalb der Bundesrepublik ansässig sein; er kann auch Deutscher sein. Das „residenzbezogene" Merkmal gilt, wie die Fassung der Vorschrift erhellt, lediglich der Vereinigung, Einrichtung oder Regierung, nicht aber dem Mittelsmann (siehe auch *Sch/Schröder/Stree/Sternberg-Lieben* Rdn. 8f).

3. Der Täter muss zu dem vorbezeichneten Partner **Beziehungen aufnehmen oder unterhalten**. Die **Aufnahme** von Beziehungen setzt eine Verbindung, eine Fühlungnahme voraus, die allerdings *nicht* vom Willen des Beziehungspartners mitgetragen und von ihm akzeptiert werden muss. Insbesondere ist das Erzielen einer Übereinstimmung im Sinne der Absicht des Täters (Herbeiführen eines Krieges etc.) nicht erforderlich. Daher genügt das (einseitige) Angebot des Täters, wenn es nur den von ihm ins Auge gefassten Beziehungspartner erreicht (eine Willensübereinstimmung – zum Teil verschiedenen Grades – verlangen indessen *Tröndle/Fischer* Rdn. 3; *Lackner/Kühl* Rdn. 3; *Paeffgen* NK Rdn. 6; *Rudolphi* SK Rdn. 5; wie hier *Sch/Schröder/Stree/Sternberg-Lieben* Rdn. 4; *Lampe/Hegmann* MK Rdn. 5; *Maurach/Schroeder/Maiwald* 2 § 85 Rdn. 66). Es ist nicht einmal nötig, dass der Beziehungspartner sofort erkennt, was der Täter im Schilde führt. Zur Vollendung bedarf es also nicht der Offenbarung seiner Absicht gegenüber dem anderen Teil. Die Rechtsprechung zu dem früheren § 100e a.F. („verräterische Beziehungen") lässt sich nur begrenzt als Auslegungshilfe heranziehen: Dort mussten die Beziehungen auf einen bestimmten Gegenstand gerichtet sein, auf die Mitteilung von Staatsgeheimnissen. Hier hingegen genügt die Aufnahme der Beziehungen, wobei der Aufnehmende nur eine bestimmte Absicht verfolgen muss (vgl. dennoch zu § 100e a.F.: BGHSt **15** 230f; **17** 50, 63, aber auch BayObLG JZ **1963** 68; OLG Celle NJW **1965** 457). Bei der Beziehungsaufnahme ist es grundsätzlich gleichgültig, von welchem Teil die Initiative ausgeht. 4

Lehnt der Betroffene das Ansinnen einer fremden Einrichtung ab, fehlt es an der Aufnahme von Beziehungen durch ihn (OLG Neustadt/Weinstraße GA **1959** 156). Die Kontaktaufnahme kann schriftlich oder mündlich, persönlich oder durch Boten erfolgen. Erreicht die abgegangene Nachricht weder die fremde Einrichtung noch deren Mittelsmann, wird **Versuch** vorliegen (siehe *Sch/Schröder/Stree/Sternberg-Lieben* Rdn. 4; *Maurach/Schroeder/Maiwald* aaO; *Paeffgen* NK Rdn. 6).

Ist die Beziehung aufgenommen und wird sie fürderhin **unterhalten**, so setzt dies allerdings eine Übereinstimmung der Beziehungspartner jedenfalls dahin voraus, *dass* die *Verbindung besteht*; das Beziehungsziel des Täters braucht vom Partner auch jetzt noch nicht geteilt zu werden. Das Unterhalten manifestiert sich in jeder Tätigkeit, die auf Fortdauer der Beziehung gerichtet ist. Zwischen diesen einzelnen Handlungen können längere Unterbrechungen liegen, wenn nur beide Partner weiterhin davon ausgehen, dass die Beziehung fortbesteht. Ihre Beendigung setzt erkennbaren Abbruch voraus. Im Einzelfall ist dies Tatfrage. Das Unterhalten der Beziehungen ist **Dauerdelikt** (vgl. *Sch/Schröder/Stree/Sternberg-Lieben* Rdn. 6; weiterhin *Tröndle/Fischer* Rdn. 3; *Lackner/Kühl* Rdn. 3; *Maurach/Schroeder/Maiwald* 2 aaO; **aA** *Paeffgen* NK Rdn. 7).

III. Innerer Tatbestand

5 1. Subjektiv muss der Täter, soweit der **äußere Tatbestand** in Rede steht, mit mindestens **bedingtem Vorsatz** handeln (**aA** *Paeffgen* NK Rdn. 9: dolus directus 2. Grades). In aller Regel wird direkter Vorsatz gegeben sein. Bedingter Vorsatz wird dort in Frage kommen, wo der Täter über die Stellung seines Beziehungspartners im Zweifel ist, indessen damit rechnet und billigend in Kauf nimmt, dass dieser die Voraussetzungen erfüllt, die nach § 100 an ihn zu stellen sind.

2. Darüber hinaus muss der Täter in der **Absicht** handeln, einen **Krieg oder ein bewaffnetes Unternehmen gegen die Bundesrepublik Deutschland herbeizuführen**. Es muss ihm also auf die Erreichung dieser Ziele ankommen. Dass er möglicherweise noch weitergehende Ziele verfolgt, ist unerheblich (vgl. *Lampe/Hegmann* MK Rdn. 10; *Rudolphi* SK Rdn. 9). Die Absicht muss sich auf die Herbeiführung eines in groben Umrissen schon beschreibbaren bewaffneten Konflikts richten (*Lackner/Kühl* Rdn. 4; *Paeffgen* NK Rdn. 9; *Rudolphi* SK Rdn. 11). Eine Konkretisierung als Vorhaben, wie bei den Sonderausschussberatungen erwähnt (vgl. *Maasen* Prot. V/1323), ist nicht erforderlich. Ein solchermaßen eingeschränkter Tatbestand könnte seinen Schutzzweck nur unvollkommen erfüllen; er griffe erst bei schwerer, ernster Friedensgefährdung.

Der Wille, eine bereits in Gang befindliche Auseinandersetzung zu fördern, ist der in § 100 vorausgesetzten Absicht nicht gleichzusetzen. Diese muss auf „Herbeiführung" gerichtet sein. Was schon im Gange ist, bereits abläuft, kann wohl unterstützt, aber nicht mehr herbeigeführt werden (*Tröndle/Fischer* Rdn. 4; *Sch/Schröder/Stree/Sternberg-Lieben* Rdn. 14; *Rudolphi* SK Rdn. 10; *Maurach/Schroeder/Maiwald* 2 § 85 Rdn. 66ff; *Paeffgen* NK Rdn. 9).

6 **Krieg** im eigentlichen Sinne ist zu verstehen als die Auseinandersetzung zwischen Staaten unter Einsatz ihrer bewaffneten Macht. Soll die Nennung des „Krieges" neben dem „bewaffneten Unternehmen" einen Sinn haben, werden allerdings auch Aktionen, die sich faktisch nicht als kriegerische Handlungen mit Waffengewalt darstellen, von § 100 erfasst werden. Eine brauchbare Abgrenzung, die dem Zweck der Vorschrift entspricht, dürfte insoweit der völkerrechtliche Kriegsbegriff bieten, mag er auch in Rand-

bereichen umstritten sein (vgl. *Mosler* in: *Strupp/Schlochauer* Wörterbuch des Völkerrechts, 2. Aufl., 2. Band Stichwort „Kriegsbeginn" [S. 327ff]; *Kunz* ebendort Stichwort „Kriegsbegriff" [S. 329ff]). Danach kann auch durch bloße Kriegserklärung, die die Ankündigung des Einsatzes bewaffneter Macht einschließt, der Kriegszustand herbeigeführt werden, ohne dass es tatsächlich zu feindseligen Handlungen kommt (vgl. *Mosler* aaO; siehe auch *Seidl/Hohenveldern* Völkerrecht 9. Aufl. 1997 Rdn. 1830ff; *Verdross/Simma* Universelles Völkerrecht 3. Aufl. § 1337 [S. 902]: „Nicht notwendig militärische Rechtseingriffe"). Erst recht wäre der widerstandslos geduldete Einmarsch einer bewaffneten fremden Macht als Kriegshandlung zu werten (vgl. näher *Mosler* aaO S. 328/329; enger als hier *Tröndle/Fischer* Rdn. 4; *Sch/Schröder/Stree/Sternberg-Lieben* Rdn. 12; *Rudolphi* SK Rdn. 11; wohl auch *Wulf* Prot. V/1319). Nicht unter den Kriegsbegriff fallen gewisse kriegsähnliche Handlungen („measures short of war") wie etwa die militärische Blockade und die militärisch vorgetragene Repressalie[5] (*Kunz* aaO S. 330); sie können jedoch als „bewaffnete Unternehmen" zu werten sein.

Bewaffnete Unternehmen sind alle bewaffneten internationalen Konflikte. Dazu gehört u.a. das Einsickern fremder, nicht von staatlichen Stellen getragener Partisanen- oder Guerilla-Verbände (vgl. *Krauth/Kurfess/Wulf* JZ **1968** 609, 613). Es muss sich jedoch immer um gewaltsame Angriffe mit dem Charakter kriegerischer Handlungen, also um ein organisiertes umfangreicheres Vorgehen mit Waffengewalt *von außen her* handeln (vgl. Sonderausschußbericht BTDrucks. V/2860 S. 24; *Tröndle/Fischer* Rdn. 4; *Lampe/Hegmann* MK Rdn. 12). Das Anzetteln innerer Unruhen oder die Herbeiführung bürgerkriegsähnlicher Auseinandersetzungen und deren Unterstützung fallen nicht unter den Begriff (so auch *Sch/Schröder/Stree/Sternberg-Lieben* Rdn. 12; *Lackner/Kühl* Rdn. 4; *Paeffgen* NK Rdn. 10; *Wulf* Prot. V/1319; **aA** wohl *Maurach/Schroeder/Maiwald* 2 § 85 Rdn. 68). Bewusst vom Tatbestand ausgenommen sind auch die früher in § 100d Abs. 1 a.F. aufgeführten „Zwangsmaßregeln". Solange sie nicht mit Waffengewalt ins Werk gesetzt werden, erfüllen Boykotte, Sanktionen, Blockaden, Störungen von Verkehrsverbindungen und völkerrechtliche Repressalien nichtmilitärischer Art die Voraussetzungen des § 100 nicht (vgl. Sonderausschußbericht BTDrucks. V/2860 S. 24). 7

Die Maßnahmen, die der Täter herbeiführen will, sollen sich **gegen die Bundesrepublik Deutschland** richten. Ein Angriff gegen deutsche Truppen im Ausland, die dort internationale Verpflichtungen erfüllen, genügt aufgrund des Schutzzweckes der Norm nicht (vgl. *Lampe/Hegmann* MK Rdn. 13). 8

An dieses subjektive Merkmal knüpft die Vorschrift über die **Erweiterung des Tatbestandes zum Schutz der** nichtdeutschen **NATO-Vertragsstaaten** an, die auch auf § 100 verweist. Nach Art. 7 Abs. 1 Nr. 5 des 4. StrÄndG tritt an die Stelle der Bundesrepublik Deutschland der betroffene Vertragsstaat des Nordatlantikpaktes. Demnach macht sich auch derjenige Deutsche mit Lebensgrundlage im räumlichen Geltungsbereich des StGB strafbar, der durch Aufnahme oder Unterhalten von Beziehungen der in § 100 genannten Art einen Krieg oder ein bewaffnetes Unternehmen gegen einen NATO-Vertragsstaat herbeizuführen beabsichtigt. Rechtspolitisch gründet diese weitgreifende Ausdehnung des Anwendungsbereichs der Vorschrift in den Charakteristika des NATO-Vertrages:[6] Es handelt sich um ein Verteidigungsbündnis, dessen Parteien in Art. V des Vertrages vereinbart haben, (a) dass ein bewaffneter Angriff gegen eine oder mehrere von ihnen in Europa

[5] Die Repressalie mit militärischen Mitteln wird durch die UN-Charta (Art. 2 Ziff. 4) untersagt (vgl. *Dahm* Völkerrecht II (1961) S. 433; *Verdross/Simma* Universelles Völkerrecht 3. Aufl. (1984) §§ 480, 1346; nicht unbestritten).

[6] Vertragsgesetz vom 24. März 1955 BGBl. II 256, Vertragswortlaut BGBl. 1955 II 289.

oder Nordamerika als ein Angriff gegen sie alle angesehen wird, und (b) dass im Falle eines solchen bewaffneten Angriffs jede von ihnen in Ausübung des in Art. 51 der Satzung der Vereinten Nationen anerkannten Rechts der Selbstverteidigung der Partei oder den Parteien, die angegriffen werden, Beistand leistet und dies die Anwendung von Waffengewalt einschließt. Angesichts dieser Beistandspflicht im Angriffsfalle ist es folgerichtig, den strafrechtlichen Schutz entsprechend zu erweitern.

9 IV. Eine **Rechtfertigung** aufgrund Völkerrechts ist ausgeschlossen (vgl. *Sch/Schröder/Stree/Sternberg-Lieben* Rdn. 10; *Tröndle/Fischer* Rdn. 3; *Paeffgen* NK Rdn. 13). Die Bemerkung im Regierungsentwurf (BTDrucks. V/898 Begründung S. 36), der Tatbestand gehe – wie sich aus „allgemeinen Grundsätzen" ergebe – „unausgesprochen davon aus", dass völkerrechtlich gerechtfertigte Handlungen nicht erfasst würden, begegnet durchgreifenden Bedenken. Die Geltung der allgemeinen Regeln des Völkerrechts für die Bewohner der Bundesrepublik (Art. 25 S. 2 GG) kann Rechte und Pflichten für den einzelnen nur bewirken, wenn der entsprechende Völkerrechtssatz nach seinem Inhalt rechts- und pflichtenbegründenden Charakter für Einzelpersonen haben soll und kann (vgl. *Maunz/Dürig/Herdegen* GG Art. 25 Rdn. 19).[7] Das in Betracht kommende Völkerrecht, das nach seiner Natur und seinem Inhalt allein das Verhalten und die Beziehungen des Staates bestimmt, greift nicht auf den einzelnen durch. Es verwehrt insbesondere nicht, im Blick auf die Treuepflicht des Bürgers einen Straftatbestand zu schaffen, der grundsätzlich alle Bestrebungen mit Sanktionen belegt, das eigene Land mit Hilfe fremder Kräfte kriegerischen Maßnahmen auszusetzen und den Frieden zu gefährden.

Aber auch andere Rechtfertigungsgründe scheiden im Blick auf die Besonderheit des Tatbestands aus. Fälle, in denen etwa eine Berufung auf Art. 20 Abs. 4 GG in Betracht käme, sind kaum vorstellbar (vgl. dazu allgemein: *Maunz/Dürig/Herzog* GG Art. 20 Abs. 4 [Abschnitt IX] Rdn. 58 ff).

V. Versuch

10 Der Versuch sowie der Versuch der Beteiligung im Sinne des § 30 sind mit Strafe bedroht; die Tat ist Verbrechen (siehe §§ 23 Abs. 1, 12 Abs. 1, 100 Abs. 1 [Strafdrohung]).

VI. Der besonders schwere und der minder schwere Fall (Abs. 2 und 3)

Der Tatbestand sieht für den besonders schweren und für den minder schweren Fall besondere Strafrahmen vor. Insoweit gelten die allgemeinen Maßstäbe (vgl. *Gribbohm* LK[11] § 46 Rdn. 247 ff). Für den **besonders schweren Fall** ist ein Regelbeispiel angeführt: Er ist indiziert, wenn für den Bestand der Bundesrepublik eine schwere Gefahr herbeigeführt wird; diese muss konkret eingetreten sein. Aus dem „Schwereerfordernis" folgt, dass nicht schon die bloße Gefahr eines bewaffneten Konflikts ausreicht, sondern der Bestand der Bundesrepublik akut bedroht sein muss (vgl. *Sch/Schröder/Stree/Sternberg-Lieben* Rdn. 15; *Tröndle/Fischer* Rdn. 5; *Lackner/Kühl* Rdn. 5; *Paeffgen* NK Rdn. 15; *Rudolphi* SK Rdn. 12).

---

[7] Siehe ferner: *Doehring* Die allgemeinen Regeln des völkerrechtlichen Fremdenrechts und das deutsche Verfassungsrecht (1963) S. 152 ff, insbesondere S. 158, 160 f.

VII. Zusammentreffen

Beim Zusammentreffen eines Verbrechens der friedensgefährdenden Beziehungen mit anderen Taten gelten die allgemeinen Grundsätze. Tateinheit mit § 99 wird häufig sein. Entgegen *Rudolphi* SK Rdn. 14 wird § 100 nicht durch das Verbrechen der Vorbereitung eines Angriffskrieges (§ 80) verdrängt (siehe auch *Lampe/Hegmann* MK Rdn. 16; *Paeffgen* NK Rdn. 12; **aA** *Laufhütte* LK 80 Rdn. 20). Die Tat nach § 100 ist ihrer Natur nach nicht bloße Vorstufe der Deliktsverwirklichung nach § 80; der Tatbestand umfasst vielmehr auch andere Arten des Angriffs auf das Rechtsgut „Frieden". Dass § 80 auch die Vorbereitung eines Angriffskrieges gegen die Bundesrepublik von außen her erfasst (siehe *Laufhütte* LK 80 Rdn. 1) und damit in *diesen Fällen* die Tat nach § 100 Durchgangsstadium des Verbrechens nach § 80 sein *kann*, ändert hieran nichts; insoweit handelt es sich lediglich um eine der möglichen Sachverhaltsgestaltungen, aus der sich grundsätzliche dogmatische Folgerungen für das Verhältnis der Tatbestände zueinander nicht ziehen lassen. Mithin lässt sich auch nicht sagen, dass der Unrechtsgehalt des § 80 *regelmäßig* denjenigen der Tat nach § 100 miterfasse (siehe zu den Voraussetzungen sachgegebener Subsidiarität und der Konsumtion: *Rissing-van Saan* LK[11] Vor § 52 Rdn. 99ff, Rdn. 116ff). 11

VIII. Nebenfolgen der Tat sind in § 101, die **Einziehung** ist in § 101a geregelt. Hinsichtlich finanzieller Zuwendungen ist der Verfall nach § 73 Abs. 1 StGB anzuordnen (vgl. § 101a Rdn. 8). Zu den **Zuständigkeiten** siehe die Erläuterungen Vor § 93 Rdn. 14, zu den besonderen Möglichkeiten des Absehens von der Strafverfolgung siehe die §§ 153c Abs. 2 und 4, 153d, 153e StPO (vgl. dazu Vor § 93 Rdn. 10). Die **Nichtanzeige** der Tat ist mit Strafe bedroht (§ 138 Abs. 1 Nr. 3). 12

§ 100 a
Landesverräterische Fälschung

(1) Wer wider besseres Wissen gefälschte oder verfälschte Gegenstände, Nachrichten darüber oder unwahre Behauptungen tatsächlicher Art, die im Falle ihrer Echtheit oder Wahrheit für die äußere Sicherheit oder die Beziehungen der Bundesrepublik Deutschland zu einer fremden Macht von Bedeutung wären, an einen anderen gelangen läßt oder öffentlich bekanntmacht, um einer fremden Macht vorzutäuschen, daß es sich um echte Gegenstände oder um Tatsachen handele, und dadurch die Gefahr eines schweren Nachteils für die äußere Sicherheit oder die Beziehungen der Bundesrepublik Deutschland zu einer fremden Macht herbeiführt, wird mit Freiheitsstrafe von sechs Monaten bis zu fünf Jahren bestraft.

(2) Ebenso wird bestraft, wer solche Gegenstände durch Fälschung oder Verfälschung herstellt oder sie sich verschafft, um sie in der in Absatz 1 bezeichneten Weise zur Täuschung einer fremden Macht an einen anderen gelangen zu lassen oder öffentlich bekanntzumachen und dadurch die Gefahr eines schweren Nachteils für die äußere Sicherheit oder die Beziehungen der Bundesrepublik Deutschland zu einer fremden Macht herbeizuführen.

(3) Der Versuch ist strafbar.

(4) In besonders schweren Fällen ist die Strafe Freiheitsstrafe nicht unter einem Jahr. Ein besonders schwerer Fall liegt in der Regel vor, wenn der Täter durch die Tat einen besonders schweren Nachteil für die äußere Sicherheit oder die Beziehungen der Bundesrepublik Deutschland zu einer fremden Macht herbeiführt.

Schrifttum

Insoweit wird auf die Hinweise Vor § 93 Bezug genommen.

Entstehungsgeschichte

Der Tatbestand ist Nachfolger des früheren § 100a, der ebenfalls als „landesverräterische Fälschung“ bezeichnet wurde, der indessen für den Fall der (unterstellten) Echtheit der in Rede stehenden Gegenstände, Tatsachen etc. noch die Staatsgeheimnisqualität verlangte und allgemeiner den Schutz des „Wohls der Bundesrepublik Deutschland oder eines ihrer Länder“ im Blick hatte. Er wurde mit dem 8. StRÄndG abgelöst[1] (Rechtsprechungsnachweise zur alten Fassung bei *Wagner* GA **1961** 146 f; zu Entwürfen einer Regelung siehe E 1962 §§ 389, 391 BTDrucks. IV/650 S. 77, 580 f: SPD-Entwurf BTDrucks. V/102 S. 2, 8 [dort § 98a, Abschnitt „Staatsverleumdung“]; RegE BTDrucks. V/898 [dort § 100b] S. 8 f, 36 f; der Alternativentwurf der Strafrechtsprofessoren wollte § 100a a.F. ersatzlos gestrichen wissen. Zur Diskussion im Sonderausschuss siehe vor allem Prot. V/1333 ff).

I. Allgemeines

1 Die Bestimmung zielt darauf ab, Handlungen zu unterbinden, die durch Täuschung fremder Mächte eine Gefahr für die Stellung der Bundesrepublik im internationalen Machtgefüge oder für ihre äußere Sicherheit mit sich bringen. Ihr liegt die Erkenntnis zugrunde, dass **gezielte Falschmeldungen** die äußere Sicherheit und die außenpolitischen Beziehungen der Bundesrepublik erheblich gefährden können (vgl. RegE § 100b BTDrucks. V/898 S. 36; Sonderausschussbericht BTDrucks. V/2860 S. 24). Insbesondere Behauptungen, die bestimmte militärische Planungen oder spektakuläre Absprachen auf außenpolitischer Ebene vortäuschen, lassen sich angesichts der heutigen technischen Möglichkeiten in entsprechender Aufmachung leicht als Mittel einsetzen, das Vertrauen anderer Staaten in die Zuverlässigkeit, Aufrichtigkeit und Berechenbarkeit der Außenpolitik der Bundesrepublik, in Sonderheit das Vertrauen der Verbündeten in ihre Bündnisfähigkeit, zu untergraben (siehe Begründung des RegE [dort zu § 100b] BTDrucks. V/898 S. 36). Im Blick auf die derzeitigen globalen Verflechtungen auf den verschiedensten Gebieten der Außen- Wirtschafts- und Militärpolitik und ihren zwischenstaatlichen Abhängigkeiten sind die Folgen solcher Verleumdungsmethoden, von fremden Nachrichtendiensten geschickt praktiziert, nicht zu unterschätzen (vgl. die Beispiele Prot. V/1336, 1338 f).

Systematisch handelt es sich bei dem Delikt um eine Art **Staatsverleumdung**. Bei der fremden Macht soll ein Eindruck hervorgerufen werden, der zu Maßnahmen führen kann, welche der Bundesrepublik nachteilig sind. Durch die Ablösung des Tatbestandes vom Begriff des Staatsgeheimnisses – an den § 100a a.F. noch anknüpfte – ist der Anwendungsbereich der Vorschrift zwar teilweise ausgedehnt worden; andererseits aber hat er auch eine Einschränkung dadurch erfahren, dass die Gefahr eines *schweren Nachteils* und ein Handeln des Täters *wider besseres Wissen* gefordert wird. Insoweit kann von einer rechtspolitisch unerwünschten uferlosen Ausweitung des Tatbestandes keine Rede

---

[1] Vom 25.6.1968 BGBl. I 741, 746 f.

sein. Er lässt auch der Presse- und Meinungsfreiheit (Art. 5 Abs. 1 GG) genügend Raum (vgl. Sonderausschussbericht BTDrucks. V/2860 S. 24). Die ausdrückliche Aufnahme des öffentlichen Bekanntmachens in die Vorschrift soll gezielte Falschmeldungen in Publikationsorganen verhindern, die oft auch durch ein Dementi nicht schnell genug auszuräumen sind und gefährlich sein können (vgl. *Güde* und *Lenz* Prot. V/1338 f; *Krauth/Kurfess/Wulf* JZ **1968** 609, 613 a. E.).

Die **NATO-Vertragsstaaten** und ihre **Stationierungsstreitkräfte** sind durch die Bestimmung nicht besonders geschützt; die Erweiterungsvorschrift des Art. 7 Abs. 1 des 4. StRÄndG nimmt § 100a nicht in Bezug.

II. Landesverräterische Fälschung in der Form des Gelangenlassens an einen anderen und des Bekanntmachens (Abs. 1)

1. **Tatobjekt** sind gefälschte oder verfälschte Gegenstände, Nachrichten darüber oder unwahre Behauptungen tatsächlicher Art, die im Falle ihrer Echtheit oder Wahrheit für die äußere Sicherheit oder die Beziehungen der Bundesrepublik zu einer fremden Macht von Bedeutung wären. **2**

a) Unter einem **Gegenstand** ist alles Körperliche zu verstehen, also bewegliche wie unbewegliche Sachen. Der Fälschungsbegriff des Tatbestandes ist ein eigenständiger. **Gefälscht** oder **verfälscht** ist ein Gegenstand, wenn ihm eine unzutreffende Herkunft beigelegt wird, ihm teilweise oder vollständig ein nicht der Realität entsprechender Aussagegehalt gegeben oder untergeschoben wird, oder aber eine Verwendungsmöglichkeit vorgegeben wird, die ihm nicht zukommt. Als Beispiele seien vorgebliche Regierungsdokumente, Fernschreiben oder amtliche Aktenstücke angeführt, die in Wirklichkeit nicht von der Bundesregierung stammen, die aber den Anschein erwecken und belegen sollen, dass dort gewisse Absichten oder Planungen verfolgt würden (vgl. Prot. V/1334, 1336).

Nachrichten über gefälschte oder verfälschte Gegenstände sind zutreffende, d. h. insoweit wahre Angaben über diese Gegenstände (in ihrer ge- oder verfälschten Form). Unwahre Nachrichten sind als unwahre Behauptungen tatsächlicher Art nach dem folgenden Merkmal des Absatzes 1 zu bewerten (so auch *Sch/Schröder/Stree/Sternberg-Lieben* Rdn. 3; *Rudolphi* SK Rdn. 4; *Lampe/Hegmann* MK Rdn. 4; **aA** wohl *Tröndle/Fischer* Rdn. 2; vgl. zu dem Meinungsstreit *Paeffgen* NK Rdn. 4). Aus dem Erfordernis des Handelns wider besseres Wissen kann entgegen *Tröndle/Fischer* aaO nur hergeleitet werden, dass auch der eine Nachricht weitergebende Täter um die Fälschung des Gegenstandes wissen muss, nicht aber, dass die Nachricht als solche unwahr zu sein hat (*Wulf* Prot. V/1333 a. E.). Zur sprachlichen Bedeutung des Begriffs der „Nachricht" vgl. BGHSt 30 15, 16 f.

Unwahre Behauptungen tatsächlicher Art müssen die Realität falsch darstellen. Der Behauptungsinhalt kann als Ergebnis eigener oder fremder Wahrnehmung wiedergegeben werden oder auch als Schlussfolgerung erscheinen. Werturteile scheiden aus (siehe zur Abgrenzung von Werturteil und Tatsachenbehauptung *Tröndle/Fischer* § 186 Rdn. 1 f).

b) Die **Bedeutsamkeit** der Gegenstände etc. beurteilt sich auf der Grundlage einer Unterstellung: Es ist (fiktiv) davon auszugehen, dass der Gegenstand echt, die Behauptung wahr ist. Bedeutsam ist ein Vorgang dann, wenn er für die bezeichneten Sachgebiete, die äußere Sicherheit oder die auswärtigen Beziehungen, von gewisser Erheblich- **3** keit ist. Es darf sich also nicht lediglich um einen völlig belanglosen Vorgang oder einen nebensächlichen Umstand handeln, bei dem auf der Hand liegt, dass er die Sicherheitslage der Bundesrepublik oder ihre auswärtigen Beziehungen bei der gebotenen globalen Betrachtungsweise nicht berührt. Eine weitergehende Einschränkung ergibt sich aus dem Zusammenspiel mit dem Merkmal der Gefahr eines schweren Nachteils; dieses führt dazu, dass letztlich nur für die Stellung der Bundesrepublik wirklich wichtige Angelegenheiten die Anforderungen des Tatbestandes zu erfüllen vermögen (siehe dazu Rdn. 5 f).

Der Vorgang, um den es geht, braucht weder geheimhaltungsfähig noch geheimhaltungsbedürftig zu sein; er kann im Range unter der Stufe des Staatsgeheimnisses (§ 93 Abs. 1) stehen (vgl. Sonderausschussbericht BTDrucks. V/2860 S. 36; *Sch/Schröder/Stree/Sternberg-Lieben* Rdn. 4; *Lampe/Hegmann* MK Rdn. 5). Unerheblich ist, ob die Gegenstände oder Behauptungen, wären sie echt bzw. wahr, illegal im Sinne des § 93 Abs. 2 oder sonst mit dem Makel des Rechtswidrigen behaftet wären. Eine dahingehende Einschränkung lässt sich dem Tatbestand nicht entnehmen. Sein Sinn verlangt vielmehr nach einer Auslegung, die auch rechtswidrige Vorgänge erfasst. Gerade die Weitergabe oder Veröffentlichung ge- oder verfälschter, angeblich verfassungswidriger oder sonst illegaler Sachverhalte ist oft in besonderem Maße dazu angetan, Beziehungen zu ausländischen Mächten schwerwiegend zu beeinträchtigen. Je bösartiger die Fälschung, desto gefährlicher kann die Gefahr außenpolitischer Brunnenvergiftung sein. Es liefe dem Zweck der Vorschrift zuwider, solche Handlungen von der Strafbarkeit auszunehmen (siehe auch BGHSt **10** 163, 172 f zu § 100a a. F.; *Wulf* Prot. V/1334).

Die Bedeutung der Vorgänge muss sich im Blick auf die **äußere Sicherheit** (siehe dazu bei § 93 Rdn. 13) oder die **Beziehung** der Bundesrepublik **zu einer fremden Macht** (zum Begriff der fremden Macht siehe bei § 93 Rdn. 10) erschließen. Die Aufnahme der auswärtigen Beziehungen als Tatbestandsmerkmal macht deutlich, dass sie die Rahmenbedingungen für die äußere Sicherheit des Staates mitbestimmen. In Betracht kommen unwahre Behauptungen über militärische Planungen, militärtechnische Entwicklungen, gefälschte Modelle oder Schriften darüber, angebliche Verstöße gegen internationale Rüstungsbeschränkungsvereinbarungen, ferner unwahre Behauptungen über angebliche Geheimverträge mit einem Inhalt, der das Verhältnis zu bestimmten Staaten belasten kann, des weiteren etwa die wahrheitswidrige Behauptung, Nachrichtendienste der Bundesrepublik bereiteten in fremden Staaten illegale Maßnahmen vor (siehe dazu BGHSt **10** 163, 173).

4 2. **Tathandlung** ist das **Gelangenlassen** der Fälschung an einen anderen oder deren **öffentliches Bekanntmachen.** Das Gelangenlassen umfasst jedes Handeln oder Unterlassen, durch welches der Täter dem Dritten die Möglichkeit verschafft, an dem Gegenstand, der unwahren Behauptung oder der Nachricht Gewahrsam zu erlangen (an den letzteren nur soweit sie verkörpert sind) oder Kenntnis davon zu nehmen, in besonderen Fällen kann auch – bei Behauptungen oder Nachrichten – bloßes Auswendiglernen ohne inhaltliches Zurkenntnisnehmen genügen (siehe dazu bei § 94 Rdn. 5; vgl. BGH NJW **1965** 1187, 1190). Anders als bei den Tatbeständen der §§ 94, 95 und 97 muss der Dritte hier nicht Unbefugter sein. Entscheidend ist allein die Täuschungsabsicht des Täters, der danach darauf aus sein muss, der fremden Macht die Fälschung irgendwie zuzuspielen. Auch wenn er sich dazu eines „befugten" Zwischenträgers bedient, von dem er die Weitergabe erwartet, erfüllt er den Tatbestand der Vorschrift. Der Täter kann den Dritten sogar über die Fälschung und seine Absichten ins Bild setzen (vgl. RegE [dort zu § 100b] BTDrucks. V/898 S. 36 a. E.).

Das **öffentliche Bekanntmachen** ist lediglich eine modifizierte Form des Gelangenlassens an einen anderen. Darunter ist eine Handlung zu verstehen, die einer unbestimmten

Vielzahl nicht im Einzelnen bestimmter Personen die Kenntnisnahme *ermöglicht*; ob und inwieweit diese auch tatsächlich Kenntnis nehmen, ist unerheblich (siehe im Übrigen bei § 94 Rdn. 6). Erfasst wird u. a. die Veröffentlichung in **Presseerzeugnissen.** Zu den Besonderheiten solcher Fälle, insbesondere den bei Presseinhaltsdelikten zu beachtenden kurzen presserechtlichen Verjährungsfristen, wird auf die Erläuterungen zu § 94 Rdn. 22 verwiesen.

Nicht erforderlich ist, dass die Fälschungen originär vom Täter herrühren, er die Gegenstände selbst hergestellt oder die unwahren Behauptungen selbst erstmals „in die Welt gesetzt" hat. Der Tatbestandsverwirklichung steht auch nicht grundsätzlich entgegen, dass die unwahre Behauptung schon von anderer Seite öffentlich bekannt gemacht worden ist; der neuerlichen Tathandlung kann insoweit eine Bestätigungswirkung zukommen, die die schon eingetretene Gefahr aktualisiert und steigert (vgl. bei § 94 Rdn. 9).

3. Durch die Tathandlung muss die **konkrete Gefahr** eines schweren Nachteils für die äußere Sicherheit oder die Beziehungen der Bundesrepublik zu einer fremden Macht herbeigeführt werden (siehe zum Gefahrenbegriff bei § 94 Rdn. 8). Dazu ist es nicht erforderlich, dass die fremde Macht tatsächlich getäuscht wird. Eine Gefährdung kann auch dann vorliegen, wenn bei der fremden Macht Unsicherheit über bestimmte Vorgänge hervorgerufen wird; des weiteren dann, wenn sie die Täuschung zwar durchschaut, aber die Situation zu Maßnahmen ausnutzen könnte, die der äußeren Machtstellung der Bundesrepublik nachteilig sind (vgl. RegE BTDrucks. V/898 S. 36; *Tröndle/Fischer* Rdn. 5; *Sch/Schröder/Stree/Sternberg-Lieben* Rdn. 6; *Paeffgen* NK Rdn. 7; *Rudolphi* SK Rdn. 8; *Lampe/Hegmann* MK Rdn. 7). Der **drohende** schwere **Nachteil** für die äußere Stellung der Bundesrepublik kann sich z. B. als Verschiebung des außenpolitischen Kräfteverhältnisses oder als Zweifel an der Bündnisfähigkeit der Bundesrepublik darstellen; er kann aber auch darin gesehen werden, dass Machtpositionen eines fremden Staates zur Geltung gebracht und gegen die Bundesrepublik ausgespielt werden. Es genügt, wenn der Nachteil nur für die Beziehungen zu der zu täuschenden fremden Macht droht. Ein dem Nachteil entsprechender Zuwachs an Macht des fremden Staates wird nicht verlangt (vgl. RegE BTDrucks. V/898 S. 37). Die Gefahr muss **ursächlich** durch das Gelangenlassen an einen anderen oder das Bekanntmachen bewirkt worden sein. Der Tatbestand ist mithin selbst dann erfüllt, wenn Maßnahmen amtlicher deutscher Stellen, auch wenn sie schon im Blick auf die Tathandlung ergriffen worden sind, bei der Verursachung der Gefahr mitgewirkt oder sie gar vergrößert haben (vgl. RegE BTDrucks. V/898 S. 36). Hat die vorausgegangene Tat eines anderen bereits die Gefahr in ihrer konkreten Gestalt herbeigeführt, fehlt es an der Kausalität der nachfolgenden Tathandlung, es sei denn, dieser käme Bedeutung unter dem Gesichtspunkt der Bestätigung zu (siehe § 94 Rdn. 9). **5**

Der drohende **Nachteil muss schwer wiegen** (vgl. die Erläuterungen bei § 93 Rdn. 14 **6** und bei § 94 Rdn. 9). Daraus folgt, dass der Gegenstand der „Verleumdungshandlung" von Gewicht sein muss. Insoweit erfahren die das Tatobjekt kennzeichnenden Merkmale eine gewisse Einschränkung (vgl. Rdn. 2 f): Nur unbedeutende Belange werden ohne wirklichen Einfluss auf die Machtstellung der Bundesrepublik sein. Damit scheidet der schlichte „Nachrichtenschwindel", wie er gelegentlich zwischen Geheimdiensten üblich ist, aus (vgl. Prot. V/1337 f). Bei der Bewertung wird vor allem auf die aktuelle politische Lage abzustellen sein, in die die Tat hineinwirkt. In einer drastisch zugespitzten Krisensituation können unter Umständen schon solche unwahren Behauptungen außergewöhnliche Wirkungen hervorrufen, die in Zeiten relativer Entspannung weniger Beachtung finden.

7 4. Eine **Rechtfertigung** der Tat, auch im Hinblick auf die Pressefreiheit, dürfte wegen der erforderlichen Täuschungsabsicht grundsätzlich ausscheiden.

5. Der **innere Tatbestand** verlangt, dass der Täter, soweit die Fälschung in Rede steht, **wider besseres Wissen** handelt. Er muss also die sichere Kenntnis haben, dass der Gegenstand ge- oder verfälscht bzw. die Behauptung unwahr ist. Überdies muss er beabsichtigen, einer fremden Macht die Echtheit des Gegenstandes oder die Wahrheit der Behauptung vorzutäuschen und sie dadurch irrezuführen. Es ist unschädlich, wenn ihm die Täuschung nicht gelingt; die Bestimmung setzt den Erfolg der Täuschung nicht voraus (siehe Rdn. 8). Die Täuschungsabsicht muss nicht gegenüber dem unmittelbaren Empfänger bestehen, wenn dieser die Behauptung oder den Gegenstand nur weitergeben soll (siehe Rdn. 4; *Tröndle/Fischer* Rdn. 6; *Sch/Schröder/Stree/Sternberg-Lieben* Rdn. 9; *Rudolphi* SK Rdn. 9; *Lampe/Hegmann* MK Rdn. 8). Hinsichtlich der Herbeiführung der Gefahr, also des Taterfolges, genügt **bedingter Vorsatz** (*Tröndle/Fischer* Rdn. 6; *Sch/Schröder/Stree/Sternberg-Lieben* Rdn. 8; *Rudolphi* SK Rdn. 9; *Paeffgen* NK Rdn. 9; *Lampe/Hegmann* MK Rdn. 8). Geht der Täter **irrtümlich** von einer Fälschung aus, so kann er wegen Versuchs zu verurteilen sein. Gibt er einen gefälschten Gegenstand oder eine unwahre Tatsachenbehauptung weiter, glaubt aber irrig an ihre Echtheit bzw. Wahrheit, so kommt untauglicher Versuch nach §§ 94, 95 in Betracht.

III. Landesverräterische Fälschung in der Form des Herstellens oder Sichverschaffens (Abs. 2)

8 Die Begehungsform des Absatzes 2 erfasst bestimmte **Vorbereitungshandlungen** zur landesverräterischen Fälschung nach Absatz 1. Der Täter muss Gegenstände der in Absatz 1 bezeichneten Art (siehe Rdn. 2 f) durch Fälschung oder Verfälschung **hergestellt** oder **sich verschafft** haben. Unter dem Merkmal des Sichverschaffens ist eine aktive, auf die Erlangung eines derart gefälschten oder verfälschten Gegenstandes gerichtete Tätigkeit zu verstehen, in deren Folge der Täter in irgendeiner Weise Gewahrsam an diesem erlangt (vgl. im Übrigen § 96 Rdn. 3). Bei dem Herstellen oder Sichverschaffen muss er bereits in der **Absicht** handeln, die Gegenstände zur Täuschung einer fremden Macht an einen anderen gelangen zu lassen oder öffentlich bekanntzumachen (siehe dazu Rdn. 4) und die Bundesrepublik Deutschland der Gefahr eines schweren Nachteils für die äußere Sicherheit oder ihre Beziehungen zu einer fremden Macht auszusetzen. Weitergehend als in der Begehungsform des Absatzes 1 muss er also auch hinsichtlich des letztlich angestrebten Erfolges, der Gefahr, von Absicht geleitet sein und diesen nicht bloß billigend in Kauf nehmen.

IV. Der Versuch (Abs. 3)

9 Der Versuch beider Begehungsformen ist strafbedroht (§§ 100a Abs. 3, 23 Abs. 1, 12 Abs. 1 und 2).

V. Der besonders schwere Fall (Abs. 4)

Für den besonders schweren Fall ist ein höherer Strafrahmen vorgesehen. Das Regelbeispiel steigert die nach Absatz 1 tatbestandsbegründende konkrete Gefahr eines schweren Nachteils für die äußere Sicherheit oder die auswärtigen Beziehungen zu einem *besonders* schweren Nachteil, der *eingetreten* sein muss; die Gefahr muss sich also realisiert haben (vgl. zu dem besonderen Schweregrad des Nachteils auch bei § 94 Rdn. 9).

VI. Zusammentreffen

Die Begehungsform des Absatzes 2 ist gegenüber der des Absatzes 1 als Durchgangs- **10**
stadium **subsidiär** (vgl. *Rissing-van Saan* LK[11] Vor § 52 Rdn. 99 ff). Wenn der Täter in solchem Falle mit strafbefreiender Wirkung vom Versuch des Absatzes 1 zurücktritt, lebt die Strafbarkeit nach Absatz 2 wieder auf. Für eine Erstreckung der Rücktrittswirkungen auf die „Vorbereitungshandlungen" des Absatzes 2 fehlt die Grundlage (anders *Sch/Schröder/Stree/Sternberg-Lieben* Rdn. 17 ff; *Paeffgen* NK Rdn. 15; siehe zu dem ähnlich liegenden Problem bei § 94 dort Rdn. 19; wie hier *Tröndle/Fischer* Rdn. 7; *Rudolphi* SK Rdn. 14; *Lampe/Hegmann* MK Rdn. 13). Eine analoge Anwendung der Vorschriften über die tätige Reue auf die vollendete Tat nach Absatz 2 – bei einem Rücktritt von der Tat nach Absatz 1 – lässt sich nicht mit dem Hinweis auf die Subsidiarität der Vorbereitungshandlung begründen.

Im Übrigen gelten die allgemeinen Grundsätze. Tateinheit mit Urkundenfälschung (§ 267) ist möglich; dort wird ein anderes Rechtsgut, die Sicherheit und Zuverlässigkeit des Rechtsverkehrs, geschützt (vgl. Prot. V/1991). Auch mit Taten nach §§ 80, 83, 84, 85, 94, 99 kann die Straftat nach § 100a rechtlich zusammentreffen (*Laufhütte* LK § 80 Rdn. 20; *Tröndle/Fischer* Rdn. 9; *Rudolphi* SK Rdn. 16).

Eine **Wahlfeststellung** zwischen Landesverrat (§ 94) und landesverräterischer Fälschung (§ 100a Abs. 1) scheidet mangels „psychologischer Gleichwertigkeit" aus (BGHSt 20 100 zu § 100a a. F.). Beim Landesverrat dringt der Täter in den Geheimbereich des Staates ein; bei der landesverräterischen Fälschung handelt es sich indessen um eine Art Verleumdung; die innere Beziehung des Täters zur Tat ist eine andere (BGH aaO S. 103 f; *Tröndle/Fischer* Rdn. 9; *Sch/Schröder/Stree/Sternberg-Lieben* Rdn. 14; *Paeffgen* NK Rdn. 18; *Lackner/Kühl* Rdn. 5; kritisch *Rudolphi* SK Rdn. 17).

VII. Besonderheiten

Als **Nebenfolge** kommt die Aberkennung der Fähigkeit in Betracht, öffentliche Ämter **11**
zu bekleiden, Rechte aus öffentlichen Wahlen zu erlangen sowie in öffentlichen Angelegenheiten zu wählen oder zu stimmen (§ 101). Die Möglichkeit der **Einziehung** von ge- oder verfälschten Gegenständen im Sinne des Tatbestandes sieht § 101a vor. Hinsichtlich finanzieller Zuwendungen ist der Verfall nach § 73 Abs. 1 StGB anzuordnen (vgl. § 101a Rdn. 8). Zu den **Zuständigkeiten** siehe Vor § 93 Rdn. 14, zu den besonderen Möglichkeiten des **Absehens von der Strafverfolgung** siehe §§ 153c Abs. 2 und 4, 153d, 153e StPO (vgl. Vor § 93 Rdn. 10). Die **Nichtanzeige** des Vergehens ist *nicht* mit Strafe bedroht (siehe § 138 Abs. 1 Nr. 3).

§ 101
Nebenfolgen

Neben einer Freiheitsstrafe von mindestens sechs Monaten wegen einer vorsätzlichen Straftat nach diesem Abschnitt kann das Gericht die Fähigkeit, öffentliche Ämter zu bekleiden, Rechte aus öffentlichen Wahlen zu erlangen, und das Recht, im öffentlichen Angelegenheiten zu wählen oder zu stimmen, aberkennen (§ 45 Abs. 2, 5).

Entstehungsgeschichte

Die Vorschrift über die Nebenfolgen wurde in ihrer derzeitigen Fassung durch Art. 19 Nr. 21 EGStGB[1] geschaffen, der am 1. Januar 1975 in Kraft getreten ist (siehe Art. 326 Abs. 1 EGStGB). Vorläufer war § 101 *Nr. 3* a.F.[2] in Verbindung mit § 31 Abs. 2 und 5 a.F.[3]. Im Übrigen wird auf die Erläuterungen bei *G. Hirsch* LK[11] Vor § 45 verwiesen.

I. Allgemeines

1 Die Bestimmung ergänzt die allgemeine Regelung über den Verlust der Amtsfähigkeit, der Wählbarkeit und des Stimmrechts in § 45. In Bezug genommen wird indes nur der dort normierte *fakultative* Verlust (§ *45 Abs. 2 und 5*), den der Richter anordnen *kann*, soweit das Gesetz es – wie eben in § 101 – besonders vorsieht. Der in jener Vorschrift ebenfalls geregelte, *kraft Gesetzes*, also ohne ausdrücklichen Ausspruch eintretende Verlust der Amtsfähigkeit und Wählbarkeit bei einer Verurteilung zur Freiheitsstrafe von mindestens einem Jahr wegen eines Verbrechens (§ 45 *Abs. 1*) wird nicht berührt.

Bei den Nebenfolgen nach § 101 handelt es sich der Sache nach um **Nebenstrafen** (siehe auch die Überschrift des Titels Vor § 38; *G. Hirsch* LK[11] § 45 Rdn. 15; *Laufhütte* LK § 92a Rdn. 2; vgl. dazu *Paeffgen* NK Rdn. 4 bis 7).

II. Voraussetzungen

2 Die in der Vorschrift aufgezählten Folgen können neben der Strafe (Freiheitsstrafe, Geldstrafe, Nebenstrafe i. e. S.) angeordnet werden, wenn der Täter wegen einer **vorsätzlichen Straftat nach** den **§§ 94 bis 100a** zu einer **mindestens sechsmonatigen Freiheitsstrafe** verurteilt wird. Da eine Vorsatztat gefordert ist, scheidet die *leichtfertige* Preisgabe eines Staatsgeheimnisses (§ 97 Abs. 2) als Grundlage für die Anordnung einer Nebenfolge aus. Auf die Bewertung eines Delikts als Vorsatztat ist es ohne Einfluss, wenn der jeweilige Tatbestand hinsichtlich einer verursachten besonderen Tatfolge Fahrlässigkeit genügen lässt (siehe § 11 Abs. 1).

---

1 Vom 2.3.1974 BGBl. I 469, 479.

2 In der Fassung des 8. StRÄndG vom 28.6.1968 BGBl. I 741, 747, geändert durch Art. 1 Nr. 34 des 1. StrRG vom 25.6.1969 BGBl. I 645, 652, abgedruckt bei *Hengsberger* LK[9] § 101.

3 Für die noch früher, vor dem 1.4.1970 begangenen Taten hat der Gesetzgeber in den Art. 89, 90 des 1. StrRG (vom 25.6.1969 BGBl. I 645, 678, abgedruckt bei *Tröndle* LK[10] § 45 Rdn. 44) eine Übergangsregelung vorgesehen, die bei *Tröndle* LK[9] § 31 Rdn. 44 ff kommentiert ist.

Die Aberkennung kann auch ausgesprochen werden, wenn die Verurteilung nach den in Betracht kommenden Tatbeständen des Abschnitts in Verbindung mit den Erweiterungsbestimmungen zum Schutz der **NATO-Vertragsstaaten** und ihrer in der Bundesrepublik stationierten Truppen erfolgt (siehe Art. 7 Abs. 1 S. 1 des 4. StRÄndG, abgedruckt Vor § 80 Rdn. 34), und ebenso bei einer Bestrafung wegen einer Tat, die so genannte **Euratom-Geheimnisse** zum Gegenstand hat (siehe dazu Vor § 93 Rdn. 9; § 93 Rdn. 18 a.E., 24).

Wird eine *Gesamt*freiheitsstrafe von mehr als sechs Monaten gebildet, weil eine oder 3
mehrere Taten nach den §§ 94 bis 100a (ohne § 97 Abs. 2) real konkurrieren mit einer oder mehreren Taten nach Vorschriften außerhalb des Landesveratsabschnitts, so können die Nebenfolgen nach § 101 dann ausgesprochen werden, wenn wegen eines nebenfolgefähigen Delikts im Sinne der Bestimmung (Vorsatztat aus dem Landesverratsabschnitt) wenigstens *eine* sechsmonatige Einzelfreiheitsstrafe in Ansatz gebracht worden ist. Eine Gesamtfreiheitsstrafe von mindestens sechs Monaten genügt für die Anordnung indessen ohne weiteres dann, wenn ausschließlich Vorsatztaten nach dem Landesverratsabschnitt sachlich zusammentreffen. Besteht zwischen einer Tat nach dem Landesverratsabschnitt und einer anderen Idealkonkurrenz und beträgt die Freiheitsstrafe dafür mindestens sechs Monate, so steht diese Konkurrenz den Nebenfolgen nach § 101 nicht im Wege (vgl. auch *Laufhütte* LK § 92a Rdn. 2). Unerheblich ist weiter, ob die mindestens sechsmonatige Freiheitsstrafe zur Bewährung ausgesetzt wird oder nicht; eine dahingehende Differenzierung lässt sich der Bestimmung nicht entnehmen.

III. Folgen

Der Richter kann aberkennen: die Fähigkeit, öffentliche Ämter zu bekleiden und 4
Rechte aus öffentlichen Wahlen zu erlangen, ferner das Recht, in öffentlichen Angelegenheiten zu wählen oder zu stimmen. Die Anordnung ergeht für die Dauer von zwei bis zu fünf Jahren (§ 45 Abs. 2 und 5). Da die Aberkennung auf einer „Kann-Bestimmung" fußt, also fakultativ ist und Strafcharakter hat, muss sie in die Strafzumessungserwägungen einbezogen werden (vgl. auch § 267 Abs. 3 S. 1 StPO). Unter Beachtung der Grundsätze des § 46 ist darüber zu befinden, ob und für wie lange sie ausgesprochen wird. Die verschiedenen Nebenfolgen können einzeln oder auch nebeneinander angeordnet werden, gegebenenfalls auch, soweit sie über die im Falle des § 45 Abs. 1 automatisch eintretenden Folgen hinausgehen (betr. das Stimmrecht). Bei Anwendung des Jugendstrafrechts muss die Aberkennung allerdings unterbleiben (§§ 6 Abs. 1, 105 Abs. 1 JGG). Der Ausspruch der Nebenfolge ist in das Zentralregister einzutragen (§§ 3 Nr. 1, 5 Abs. 1 Nr. 7 BZRG).

Hinsichtlich der weiteren Wirkungen der Anordnung, deren Eintritt und deren zeitliche Berechnung gelten die §§ 45 Abs. 3 und 4, 45a. Die vorzeitige Wiederverleihung der Fähigkeiten und Rechte regelt § 45b.

§ 101a
Einziehung

Ist eine Straftat nach diesem Abschnitt begangen worden, so können
1. **Gegenstände, die durch die Tat hervorgebracht oder zu ihrer Begehung oder Vorbereitung gebraucht worden oder bestimmt gewesen sind, und**
2. **Gegenstände, die Staatsgeheimnisse sind, und Gegenstände der in § 100a bezeichneten Art, auf die sich die Tat bezieht,**

eingezogen werden. § 74a ist anzuwenden. Gegenstände der in Satz 1 Nr. 2 bezeichneten Art werden auch ohne die Voraussetzungen des § 74 Abs. 2 eingezogen, wenn dies erforderlich ist, um die Gefahr eines schweren Nachteils für die äußere Sicherheit der Bundesrepublik Deutschland abzuwenden; dies gilt auch dann, wenn der Täter ohne Schuld gehandelt hat.

Schrifttum

S. Erläuterungen zu § 92b; dazu *Wagner* ZStW 80 295ff.

Entstehungsgeschichte

Die Einziehungsvorschrift ist in dieser Fassung durch das 8. StrÄndG eingeführt und später durch Art. 19 Nr. 22 EGStGB geringfügig geändert worden. Die vorangegangene alte Regelung ergab sich aus den §§ 101 Abs. 2, 86 a. F. Anders als dort hat sich der Gesetzgeber hier nicht zu einer Verweisung auf die Einziehungsbestimmung des Abschnitts über Friedensverrat, Hochverrat und Gefährdung des demokratischen Rechtsstaats – § 92b – entschlossen, obgleich Aufbau und Inhalt in Teilen übereinstimmen. Besonderes Anliegen war, eine „erweiterte Sicherungseinziehung" zu ermöglichen (§ 101a S. 3). Vgl. zur Entstehung weiter Sonderausschussbericht BTDrucks. V/2860 S. 25; Prot. V/1255ff.

I. Allgemeines

1 Die Bestimmung enthält keine spezielle Regelung, die die Anwendung der allgemeinen Einziehungsvorschriften (§§ 74ff) sperren würde. Diese werden nur teils ergänzt und teilweise erweitert. Damit soll den besonderen Erfordernissen des Landesverratsstrafrechts Rechnung getragen werden (vgl. BGHSt **23** 208, 209f zu § 92b; *Schmidt* LK[11] § 74 Rdn. 61, 63). Die Vorschrift ist im Regelungszusammenhang mit den §§ 74ff allerdings recht kompliziert und unübersichtlich (vgl. *Müller/Emmert* Prot. V/1257f; s. zur Kritik auch *Laufhütte* LK § 92b Rdn. 1). Das Neben- und Miteinander im Verhältnis zu den allgemeinen Bestimmungen (§§ 74ff) wird es schon wegen der Verschiedenheiten in der Wirkung erforderlich machen, bei der Entscheidung die Gesamtregelung zu berücksichtigen (vgl. hierzu *Schmidt* LK[11] § 74 Rdn. 63). Bei der Einziehung von Schriften ist insbesondere § 74d zu beachten, dessen Rechtsfolgen *zwingend* sind. Liegen die Voraussetzungen beider Regelungen vor (§ 74d, § 101a), so bleibt kein Raum mehr für eine Ermessensentscheidung nach § 101a Satz 1 (vgl. BGHSt **23** 208, 210 zu § 92b).

Zur dogmatischen Einordnung der Einziehung wird auf die Erläuterungen bei *Schmidt* LK[11] § 74 Rdn. 4ff verwiesen.

II. Satz 1 regelt zwei Gruppen von Einziehungsfällen. Beide setzen für die Einziehung **eine Straftat nach dem Landesverratsabschnitt** voraus. Da die Vorschrift, anders als § 74 Abs. 1 und § 101, keine Vorsatzstraftat verlangt, wird auch die *leichtfertige* Preisgabe von Staatsgeheimnissen (§ 97 Abs. 2) erfasst (vgl. *Tröndle/Fischer* Rdn. 2). Der jeweilige Tatbestand muss grundsätzlich in objektiver und subjektiver Hinsicht verwirklicht sein; auf die Begehungsform kommt es nicht an (vgl. *Schmidt* LK[11] § 74 Rdn. 9). Die Einziehung kann auch dann angeordnet werden, wenn sich die Strafbarkeit der Anknüpfungstat erst in Verbindung mit den Erweiterungsbestimmungen zum Schutz der NATO-Vertragsstaaten und ihrer in der Bundesrepublik stationierten Truppen ergibt (siehe Art. 7 Abs. 1 S. 1 des 4. StRÄndG; vgl. Vor § 93 Rdn. 7; § 94 Rdn. 10). Gleiches gilt bei einer Bestrafung in Bezug auf Euratom-Geheimnisse (dazu Vor § 93 Rdn. 9; § 93 Rdn. 18 a. E., 24). 2

1. Satz 1 Nr. 1 sieht die Einziehung vor für **Tatprodukte** und **Tatwerkzeuge** (s. *Schmidt* LK[11] § 74 Rdn. 14 bis 18). Insoweit unterscheidet sich die Bestimmung weder von § 92b noch wesentlich von § 74 Abs. 1 (der allerdings eine *vorsätzliche* Straftat fordert). 3

2. Satz 1 Nr. 2 ergreift auch so genannte **Beziehungsgegenstände**, die in § 74 Abs. 1 nicht aufgeführt sind (zum Begriff des Beziehungsgegenstandes siehe *Schmidt* LK[11] § 74 Rdn. 19 und Rdn. 61f). Diese müssen entweder **Staatsgeheimnisse** (§ 93) sein oder enthalten, oder aber es muss sich um Gegenstände handeln, die ge- oder verfälscht sind und die im Falle ihrer Echtheit für die äußere Sicherheit oder die Beziehungen der Bundesrepublik zu einer fremden Macht von Bedeutung wären (**Fälschungen im Sinne des § 100a Abs. 1**). Illegale Geheimnisse nach § 93 Abs. 2 können folglich nur unter den Voraussetzungen des § 100a Abs. 1 Beziehungsgegenstände im Sinne der Regelung sein (*Lampe/Hegmann* MK Rdn. 4). 4

3. Die **weiteren Voraussetzungen** für eine Einziehung sowohl nach Satz 1 Nr. 1 als auch nach Nr. 2 folgen grundsätzlich **aus den §§ 74 Abs. 2 und 3, 74a**. Das ergibt sich aus § 74 Abs. 4, der die entsprechende Geltung des § 74 Abs. 2 und 3 dann vorschreibt, wenn *besondere* Einziehungsbestimmungen greifen (vgl. *Schmidt* LK[11] § 74 Rdn. 61; *Wulf* Prot. V/1257). § 74a wird in Satz 2 des § 101a ausdrücklich für anwendbar erklärt. Nach § 74 Abs. 2 Nr. 1 kommen für die Einziehung Gegenstände in Betracht, die **Tatbeteiligten** gehören oder zustehen. § 74a erstreckt die Möglichkeit der Einziehung auf tatunbeteiligte, bestimmte subjektive Voraussetzungen erfüllende Personen (siehe *Schmidt* LK[11] § 74a Rdn. 8 bis 22). § 74 Abs. 2 Nr. 2 sieht die Einziehung vor, wenn der Gegenstand nach seiner Art und den Umständen die Allgemeinheit gefährdet oder wenn die Gefahr besteht, dass er zur Begehung einer rechtswidrigen Tat dienen wird; in diesen Fällen steht der Einziehung nicht entgegen, dass der Täter ohne Schuld gehandelt hat (§ 74 Abs. 3; siehe dazu *Schmidt* LK[11] § 74 Rdn. 52ff, Rdn. 61). Die Einziehung ist hier ebenfalls gegenüber „Dritteigentümern" zulässig. 5

4. Die Einziehung steht im **pflichtgemäßen Ermessen** des Richters; Satz 1 ist eine „Kann-Bestimmung". Der **Grundsatz der Verhältnismäßigkeit** ist zu beachten (siehe § 74b); deshalb kommen auch Ersatzmaßnahmen nach § 74b Abs. 2 in Betracht. Bei der Einziehung von Schriften ist die Tragweite des Grundrechts aus Art. 5 Abs. 1 GG zu beachten (vgl. BGHSt 23 208).

6 **III. Satz 3 erweitert die Einziehungsmöglichkeiten** beträchtlich. Ohne dass es noch auf die Voraussetzungen des § 74 Abs. 2, also die Stellung des Betroffenen zum Gegenstand oder dessen Gefährlichkeit (im Sinne des § 74 Abs. 2 Nr. 2) ankäme, ist allein entscheidend, ob die Einziehung erforderlich ist, um **die Gefahr eines schweren Nachteils für die äußere Sicherheit der Bundesrepublik** abzuwenden (vgl. zu diesem Merkmal § 93 Rdn. 13ff). Dabei ist unerheblich, ob der Täter, dessen Tat sich auf den Gegenstand bezieht, mit oder ohne Schuld gehandelt hat. Dies ist vor allem von Bedeutung für die vom Tatbestand des § 100a erfassten Gegenstände (vgl. *Tröndle/Fischer* Rdn. 5). Sind die Voraussetzungen erfüllt, *muss* der Gegenstand eingezogen werden; das ergibt sich aus der hier veränderten, von Satz 1 abweichenden Formulierung „werden ... eingezogen" (siehe auch *Tröndle/Fischer* Rdn. 5; *Rudolphi* SK Rdn. 5; *Sch/Schröder/Stree/Sternberg-Lieben* Rdn. 8).

Die Gefahr eines schweren Nachteils für die äußere Sicherheit der Bundesrepublik wird bei verkörperten Staatsgeheimnissen, die sich in einem staatlicherseits nicht kontrollierten Bereich befinden, regelmäßig bestehen (vgl. BGH Beschluss vom 13. Februar 1985 – 7 BJs 129/84 – 3 – Geh. – StB 2 – 3/85).

7 **IV.** Die Einziehung kann unter bestimmten Voraussetzungen auch im **objektiven Verfahren** erfolgen (siehe § 76a StGB, § 440 StPO). Dies ist vor allem bedeutsam in den Fällen, in denen Agenten, die vor der Enttarnung standen, gewarnt wurden und sich rechtzeitig absetzen konnten (OLG Celle NStZ-RR **1996**, 209).

8 V. Zu den Wirkungen der Einziehung (§ 74e), den Voraussetzungen einer Entschädigung (§ 74f) und der Ersatzeinziehung (§ 74c) wird auf die Erläuterungen bei *Schmidt* LK[11] zu jenen Vorschriften verwiesen. Dies gilt auch bezüglich des Verfalls von Agentenlohn nach § 73 I. Ansprüche Dritter stehen insoweit einer Verfallsanordnung nicht entgegen.

DRITTER ABSCHNITT

Straftaten gegen ausländische Staaten

Vorbemerkungen zum Dritten Abschnitt

Schrifttum

Dahm/Delbrück/Wolfrum Völkerrecht I/1, 2. Aufl. 1989; *Dreher* Das Dritte Strafrechtsänderungsgesetz, JZ **1953** 421; *Gerland* Feindliche Handlungen gegen befreundete Staaten, VDB I 113; *Jescheck* Straftaten gegen das Ausland, Festschrift Rittler (1957) 275; *Jescheck/Mattes* (Hrsg.) Die strafrechtlichen Staatsschutzbestimmungen des Auslandes, 2. Aufl. (1968); *Keßeböhmer/Schmitz* Hinterziehung ausländischer Steuern und Steuerhinterziehung im Ausland, § 370 Abs. 6 und 7 AO, wistra **1995**, 1; *Kleinfeller* Die Verletzung von Hoheitszeichen (§§ 103a, 135 RStGB), VDB II 305; *v. Liszt* Die strafbaren Handlungen gegen ausländische Staaten in den Strafgesetzentwürfen der Gegenwart, Festschrift v. Martitz (1991) 437; *Lüttger* Bemerkungen zur Methodik und Dogmatik des Strafschutzes für nichtdeutsche öffentliche Rechtsgüter, Festschrift Jescheck I, (1985), 121; *Schlichter* Der Strafantrag, die Strafverfolgungsermächtigung und die Anordnung der Strafverfolgung unter besonderer Berücksichtigung der Staatsschutzdelikte, GA **1966** 353; *Simson* Der Ehrenschutz ausländischer Staatsoberhäupter, Diplomaten und Staatssymbole im Lichte der Rechtsvergleichung, Festschrift Heinitz (1972) 737; *Triepel* Völkerrecht und Landesrecht 1899; *Verdross/Simma* Universelles Völkerrecht 3. Aufl. (1984); *v. Weber* Der Schutz fremdländischer staatlicher Interessen im Strafrecht, Frank-Festg. II (1930) 269; *Wilke* Der strafrechtliche Schutz der DDR, ihrer Organe und ihrer Emissäre in der Bundesrepublik Deutschland, ROW **1975** 302; *Wohlers* Delitktstypen des Präventionsstrafrechts – zur Dogmatik „moderner" Gefährdungsdelikte (2000).

Entstehungsgeschichte

Das KRG Nr. 11 hatte die früheren §§ 102, 103 (hochverräterische Handlungen gegen fremde Staaten, Beleidigung auswärtiger Landesherrn oder Regenten) aufgehoben, den durch die Novelle vom 6.2.1876 eingeschalteten § 103a (Verletzung ausländischer Hoheitszeichen) und den alten § 104 (Gesandtenbeleidigung) jedoch bestehen lassen. Durch das 3. StrÄndG vom 4. August 1953 (BGBl. I 735) wurde der Abschnitt im Ganzen neu gefasst. Dabei verzichtete der Gesetzgeber auf die Einbeziehung des Hochverrats gegen fremde Staaten und ging damit dem Dilemma aus dem Weg, auch Regime eines strafrechtlichen Schutzes teilhaftig werden zu lassen, die eher als Adressaten eines Widerstandsrechts in Betracht kämen. In der statt dessen geschaffenen Vorschrift zum Schutz der körperlichen Integrität amtlich in der Bundesrepublik Deutschland wirkender auswärtiger Organpersonen klingt die frühere Regelung nur noch insoweit an, als sich der Tatbestand auf das auswärtige Staatsoberhaupt bezieht und damit dem früheren § 83 Abs. 1 (hochverräterischer Anschlag auf den Bundespräsidenten) verwandt ist. Aber auch sonst hat sich die Neuregelung nicht nur von der Nomenklatur des Kaiserreichs gelöst, sondern eine Reihe sachlicher Änderungen gegenüber dem alten Rechtszustand gebracht, insbesondere den Kreis der geschützten Personen erweitert.[1] Die Zählung des Abschnitts ist durch das 8. StrÄndG vom 25. Juni 1986 (BGBl. I 741) Art. 2 Nr. 4a von Vierter in

---

[1] S. dazu *Dreher* JZ **1953** 421, 427.

Dritter Abschnitt geändert worden. Das EGStGB Art. 19 Nr. 23 ff brachte einige redaktionelle Änderungen.

Materialien des 3. StrÄndG BTDrucks. I/1307, 3713, 4250, 4614, 4640; BTVerh. I/10869, 12992, 13264, 13310, 14073.

I. Schutzgegenstand

1 In der Änderung der Abschnittsüberschrift, die ursprünglich „Feindliche Handlungen gegen befreundete Staaten" hieß, spiegelt sich die Tatsache wider, dass die Überschrift dank des neuen § 104a nicht mehr zur Bestimmung des Anwendungsbereichs der einzelnen Tatbestände herangezogen werden muss.[2] Eine weitergehende sachliche Bedeutung daraus abzuleiten erscheint wenig sinnvoll, weil der Begriff des befreundeten Staates nach der h. M. ohnehin auf jeden Staat anzuwenden war, zu dem diplomatische Beziehungen unterhalten wurden. Die Ansicht, dass Schutzgegenstand der §§ 102ff die ausländischen Staaten, ihre Organpersonen und Hoheitszeichen selbst seien, bedarf dieser Stütze nicht, sondern wird dadurch erkennbar gemacht, dass die Strafverfolgung ein Strafverlangen der fremden Regierung voraussetzt. Da aber andererseits nur Staaten den Schutz genießen, die mit der Bundesrepublik diplomatische Beziehungen unterhalten, und die Strafverfolgung auch von der Ermächtigung der Bundesregierung abhängt, dienen die Vorschriften ersichtlich zugleich dem Interesse der Bundesrepublik an guten und ungestörten Beziehungen zu anderen Staaten. In diesem doppelten Schutzzweck, dem kein Gegensatz innewohnt, zeigt sich die enge Berührung dieser Strafbestimmungen mit dem Völkerrecht, das weitgehend Vertragsrecht und dem beiderseitigen Interesse der Partner zugewandt ist. Unter diesem Aspekt[3] muss der Streit darüber, ob dem einen oder anderen Schutzzweck ein Vorrang oder ein stärkeres Gewicht zukomme, müßig erscheinen. Für die Auslegung der einzelnen Tatbestände ist er unergiebig.[4]

Da es sich um Organe oder Einrichtungen eines fremden Staates handeln muss, sind Amtsträger oder Institutionen von supra- und internationalen Organisationen (wie etwa der EU, UN oder NATO) als solche nicht geschützt, würden dies aber wohl de lege ferenda verdienen.[5]

II. Recht des Einigungsvertrages

2 Gemäß Art. 8 (i. Verb. mit Anlage 1 Kapitel III Sachgebiet C Abschnitt III Nr. 1) des Einigungsvertrages gelten die §§ 102 bis 104a seit dem 3.10.1990 auch auf dem Gebiet der früheren DDR. Durch deren Beitritt zur Bundesrepublik hat sich die an den Auslandsbegriff anknüpfende Frage, ob die §§ 102 bis 104 auch den Schutz der Staatspersonen und -symbole der DDR umfassen, erledigt.[6]

---

[2] Vgl. *Frank* Vorbem. z. Vierten Abschnitt.

[3] Vgl. *Triepel* Völkerrecht und Landesrecht 1899 S. 33 ff.

[4] Im einzelnen *Jescheck* S. 276 ff; *Dreher* JZ 1953 421, 426 f; *Kreß* MK Rdn. 5 ff; *Tröndle/Fischer* § 102 Rdn. 1 ff. sehen nur ausländische Rechtsgüter als geschützt an (These vom Auslandsschutz). *Wohlers* NK Rdn. 2 bejaht nur Interesse der BRD an Mindestbestand funktionierender Beziehungen zu ausländischen Staaten (These vom Inlandsschutz). Dagegen bejahen *Rudolphi/Wolter* SK; *Sch/Schröder/Eser* und *Wolter* AK je Rdn. 2 den doppelten Schutzzweck (dualistische These).

[5] *Sch/Schröder/Eser* Rdn. 3.

[6] S. dazu *Willms* LK[10] Rdn. 2; *Rudolphi/Wolter* SK Rdn. 3; *Sch/Schröder/Eser* Rdn. 3.

Auf die Darstellung etwaiger Rechtsanwendungsprobleme auf vor dem 3.10.1990 in der früheren DDR begangener Taten kann mangels praktischer Bedeutung verzichtet werden, zumal die Taten inzwischen verjährt sein dürften.[7]

§ 102
Angriff gegen Organe und Vertreter ausländischer Staaten

(1) Wer einen Angriff auf Leib oder Leben eines ausländischen Staatsoberhaupts, eines Mitglieds einer ausländischen Regierung oder eines im Bundesgebiet beglaubigten Leiters einer ausländischen diplomatischen Vertretung begeht, während sich der Angegriffene in amtlicher Eigenschaft im Inland aufhält, wird mit Freiheitsstrafe bis zu fünf Jahren oder mit Geldstrafe, in besonders schweren Fällen mit Freiheitsstrafe nicht unter einem Jahr bestraft.

(2) Neben einer Freiheitsstrafe von mindestens sechs Monaten kann das Gericht die Fähigkeit, öffentliche Ämter zu bekleiden, die Fähigkeit, Rechte aus öffentlichen Wahlen zu erlangen, und das Recht, in öffentlichen Angelegenheiten zu wählen oder zu stimmen, aberkennen (§ 45 Abs. 2 und 5).

Schrifttum s. Vorbemerkungen.

Entstehungsgeschichte

Siehe Vorbemerkungen. Das EGStGB Art. 19 Nr. 24 beseitigte in Abs. 1 die Subsidiaritätsklausel und fügte den Abs. 2 an.

Übersicht

I. Angriff gegen ausländische Staatspersonen

Geschützt sind: 1

1. Ausländische **Staatsoberhäupter,** also je nach der geltenden Verfassung des fremden Staatspräsidenten oder Monarchen, auch der Papst. Wesentliches Kennzeichen ist die verfassungsrechtliche Befugnis zur völkerrechtlichen Vertretung, sei es beim Abschluss

---

[7] S. dazu *Laufhütte* LK[11] Rdn. 2.

von Verträgen mit anderen Staaten, sei es bei der Beglaubigung oder dem Empfang von Gesandten (vgl. Art. 59 Abs. 1 GG).

2. Ausländische **Regierungsmitglieder.** Dies sind, sofern das jeweilige (nationale) Verfassungsrecht nichts anderes vorsieht, die Spitzen der Exekutive, d. h. der Regierungschef und die Minister sowie im gleichen Rang stehende Personen, mögen sie auch eine andere Bezeichnung tragen (secretary of state), jedoch nicht andere nachgeordnete Staatsbeamte.[1] Auch Mitglieder der Regierung des Einzelstaats eines Bundesstaats sind hier nicht gemeint, es sei denn, der Einzelstaat besäße eine besondere diplomatische Vertretung.

2 3. **Die im Bundesgebiet beglaubigten Leiter ausländischer diplomatischer Vertretungen.** Dazu gehören die Botschafter, Gesandten, und Geschäftsträger unter Einschluss der päpstlichen Nuntien, dagegen nicht ohne ausdrücklich vereinbarte Gleichstellung die Leiter von Handelsmissionen und nicht die Konsuln. Geschützt ist stets nur der Missionschef, nicht das sonst zur ausländischen Vertretung gehörige Personal. Auf die Staatsangehörigkeit kommt es nicht an.

Der Schutz der Diplomaten gilt für die Dauer der Akkreditierung. Er reicht zeitlich nicht nur, wie *Sch/Schröder/Eser* Rdn. 5, *Tröndle/Fischer* Rdn. 3 und *Kreß* MK Rdn. 11 meinen, von der Überreichung des Beglaubigungsschreibens bis zur Überreichung des Abberufungsschreibens, sondern von der Einreise zum Zwecke des Amtsantritts (üblicherweise nach Erteilung des Agrements) bis zur Ausreise nach der Abberufung,[2] wobei dann freilich ein verlängerter Aufenthalt als Privatmann nicht mehr zählen kann. Entscheidender Gesichtspunkt ist dabei, dass die diplomatischen Vorrechte den Missionschefs allgemein in diesem weiteren Rahmen zugebilligt werden.[3] Es ist kein vernünftiger Grund zu erkennen, warum für den strafrechtlichen Schutz etwas anderes gelten sollte. Ob dieser auch für den Fall des Abbruchs der diplomatischen Beziehungen bis zur Grenzüberschreitung nach Zustellung der Pässe reicht, kann freilich bezweifelt werden, doch ist diese Frage im Hinblick auf § 104a ohne praktische Bedeutung.

4. Familienangehörigen der vorgenannten Personen kommt der Sonderschutz des § 102 nicht zugute.[4]

II. Aufenthalt im Inland in amtlicher Eigenschaft

3 Das Merkmal „aufhält“ ist in zeitlicher Hinsicht ohne besondere Bedeutung, es besagt nur, dass sich der Angegriffene zur Tatzeit in der Bundesrepublik befinden muss, also z. B. auch bei der Durchreise im Luftraum. Soweit *Wohlers* NK Rdn. 2 den Schutz auch auf Schiffe erweitert, die berechtigt sind, die deutsche Flagge zu führen, dürfte sich der Schutzbereich auf inländische Gewässer beschränken.[5] Eines Aufenthaltes im Wortsinne bedarf es nicht. Der Angegriffene muss einem amtlichen Geschäft nachgehen. Das ist nicht der Fall, wenn ein Staatsoberhaupt als Privatmann reist, trifft aber zu, wenn es

---

1 *Sch/Schröder/Eser* Rdn. 4.
2 *Wohlers* NK Rdn. 2.
3 *Dahm/Delbrück/Wolfrum* Völkerrecht Bd. I/1 2. Aufl. (1989) S. 275; *Verdross/Simma* Universelles Völkerrecht 3. Aufl. (1984) S. 579 f; wie hier auch *Blei* BT § 120 I; *Wohlers* NK Rdn. 2; *Wolter* AK Rdn. 3.
4 *Sch/Schröder/Eser* Rdn. 6; *Tröndle/Fischer* Rdn. 1a, *Wohlers* NK Rdn. 1.
5 Vgl. *Kreß* MK Rdn. 12.

zum Staatsbesuch in einem Nachbarland die Bundesrepublik passiert. Es kommt nicht darauf an, ob der fremde Gast gerade im Tatzeitpunkt seine amtliche Tätigkeit in bestimmter Form ausübt oder durch die Tat speziell in seiner amtlichen Tätigkeit getroffen werden soll.[6]

III. Angriff auf Leib oder Leben

Der Angriff muss sich unmittelbar gegen Leib oder Leben des geschützten Staatsmannes oder Diplomaten richten, also auf dessen Person. Da der Tatbestand als Unternehmensdelikt ausgestaltet ist, ist die Tat auch ohne Eintritt eines Verletzungserfolges vollendet.[7] Es muss jedoch zumindest die zeitweilige Gefahr einer Verletzung der körperlichen Unversehrtheit herbeigeführt werden.[8] Dabei reicht als Ziel des Angriffs jede Körperverletzung im Sinne des § 223 aus.[9] Die von *Wolter* AK Rdn. 5[10] befürwortete Einschränkung des Tatbestandes auf Angriffe, die ernstliche Gefahren oder Wirkungen begründen, findet im Wortlaut der Vorschrift keine Stütze und ist im Hinblick auf deren Schutzzweck (s. Vorbem. Rdn. 2) auch nicht gerechtfertigt; denn etwa schon das versuchte Ohrfeigen eines ausländischen Staatsoberhauptes vermag im Einzelfall die Beziehungen zu dem anderen Staat zu stören. Die geringe Intensität eines Angriffs ist daher allein im Rahmen der Strafzumessung zu würdigen oder kann gegebenenfalls zu einer Verfahrenseinstellung nach §§ 153, 153a StPO führen. 4

Es ist jedoch zu beachten, dass der Begriff des Angriffs auf Leib oder Leben enger ist als derjenige der Gewalt etwa in §§ 113, 240, 252. Die bloß mittelbare Einwirkung auf die Person genügt auch dann nicht, wenn sie nicht nur als seelischer, sondern als körperlicher Zwang empfunden wird.[11] Der Täter muss in feindlicher Gesinnung unmittelbar auf die Person des Staatsmannes oder Diplomaten einwirken, was regelmäßig, aber nicht notwendig (z. B. Gift) unter Entfaltung von Körperkraft geschehen wird. Bloße Drohungen genügen nicht. Auf den Beweggrund kommt es nicht an.

IV. Subjektiver Tatbestand

Es ist zumindest bedingter Vorsatz erforderlich. Dieser muss sich auch auf den umschriebenen Status der ausländischen Staatsperson beziehen,[12] denn dieser ist echtes Tatbestandsmerkmal, nicht – woran mit Rücksicht auf den Schutzzweck der Vorschrift gedacht werden könnte – bloße Bedingung der Strafbarkeit. Das folgt nicht bloß aus der Herkunft des Tatbestandes von der früheren, die hochverräterische Handlung gegen ein befreundetes Land erfassenden Vorschrift, sondern ergibt sich auch aus der Parallele zu § 103 und schließlich daraus, dass der Gesetzgeber die Strafbarkeitsbedingungen zusam- 5

6 *Kreß* MK Rdn. 13; *Rudolphi/Wolter* SK Rdn. 5; *Sch/Schröder/Eser* Rdn. 8; *Wohlers* NK Rdn. 2; *Wolter* AK Rdn. 7.

7 Vgl. RGSt 59 264, 265.

8 Ähnlich RGSt 52 34, 35; 54 89, 90.

9 Ebenso *Kreß* MK Rdn. 16; *Rudolphi/Wolter* SK Rdn. 6; *Sch/Schröder/Eser* Rdn. 7; *Tröndle/Fischer* Rdn. 5; *Wohlers* NK Rdn. 3.

10 Die zur Stützung herangezogenen Entscheidungen (BGH bei *Dallinger* MDR **1975** 22 und 196) befassen sich mit dem Merkmal „Drohung mit gegenwärtiger Gefahr für Leib und Leben" in § 177 und sind für § 102 unergiebig.

11 RGSt 54 89, 90.

12 *Sch/Schröder/Eser* Rdn. 9; *Wohlers* NK Rdn. 4.

men mit den besonderen Prozessvoraussetzungen für den Abschnitt in § 104a zusammengefasst hat. Jedoch ist insoweit keine Kenntnis fremden Verfassungsrechts gefordert, vielmehr genügt eine entsprechende Wertung in der Laiensphäre.

V. Strafe

6 Die Strafe ist Freiheitsstrafe bis zu fünf Jahren oder Geldstrafe, in besonders schweren Fällen Freiheitsstrafe nicht unter einem Jahr.

VI. Konkurrenzen

Nach Wegfall der Subsidiaritätsklausel ist jetzt Tateinheit mit allen Delikten der Körperverletzung und Tötung möglich.[13]

VII. Nebenfolgen

Nebenfolgen sind in Abs. 2 geregelt, der wörtlich dem § 92a entspricht, auf dessen Erläuterungen verwiesen wird. Die dort genannten Rechte können auch einzeln aberkannt werden.[14]

VIII. Besonderen Verfolgungsvoraussetzungen

Wegen der **besonderen Verfolgungsvoraussetzungen** s. § 104a. **Zuständig** für die Verfolgung ist der Generalbundesanwalt (§§ 142a Abs. 1 S. 1, 120 Abs. 1 Nr. 4 GVG), der das Verfahren – von den Fällen des § 142a Abs. 3 GVG abgesehen – vor Anklageerhebung an die Landesstaatsanwaltschaft abgibt (§ 142a Abs. 2 Nr. 1a GVG). Zur Aburteilung zuständig ist das OLG am Sitz der Landesregierung (§ 120 Abs. 1 Nr. 4 GVG). Für das Gebiet der früheren DDR sind die Besonderheiten gemäß Kapitel III Sachgebiet A Abschnitt III Nr. 1 Bst. 1 (1) der Anlage 1 zum Einigungsvertrag zu beachten.

Zur Anwendbarkeit des **Opportunitätsprinzips** vgl. §§ 153d, 153e StPO i. V. m. § 120 Abs. 1 Nr. 4 GVG.[15]

§ 103
Beleidigung von Organen und Vertretern ausländischer Staaten

(1) Wer ein ausländisches Staatsoberhaupt oder wer mit Beziehung auf ihre Stellung ein Mitglied einer ausländischen Regierung, das sich in amtlicher Eigenschaft im Inland aufhält, oder einen im Bundesgebiet beglaubigten Leiter einer ausländischen diplomatischen Vertretung beleidigt, wird mit Freiheitsstrafe bis zu drei Jahren oder mit Geld-

---

[13] *Kreß* MK Rdn. 22; *Rudolphi*/Wolter SK Rdn. 8; *Wohlers* NK Rdn. 5.
[14] *Wohlers* NK Rdn. 5; *Wolter* AK Rdn. 11.
[15] Kritisch *Kreß* MK Rdn. 24, der einen praktischen Anwendungsbereich von § 153e StPO verneint.

strafe, im Falle der verleumderischen Beleidigung mit Freiheitsstrafe von drei Monaten bis zu fünf Jahren bestraft.

(2) Ist die Tat öffentlich, in einer Versammlung oder durch Verbreiten von Schriften (§ 11 Abs. 3) begangen, so ist § 200 anzuwenden. Den Antrag auf Bekanntgabe der Verurteilung kann auch der Staatsanwalt stellen.

Schrifttum s. Vorbemerkungen.

Entstehungsgeschichte

Siehe Vorbemerkungen. Durch EGStGB Art. 19 Nr. 25 wurde der Abs. 2 angefügt und damit die bisher in § 104b enthaltene Regelung in die Vorschrift hineingenommen.

Übersicht

I. Beleidigung ausländischer Staatspersonen

Neben den in § 102 geregelten Schutz der körperlichen Integrität ausländischer Staatspersonen setzt § 103 den Schutz ihrer Ehre. Wegen der Begriffe Staatsoberhaupt usw. s. § 102 Rdn. 1, 2. **1**

II. Aufenthalt des Angegriffenen

Das ausländische **Staatsoberhaupt** ist nach § 103 überall gegen Beleidigung geschützt, wo es sich aufhält, ebenso der beglaubigte **Leiter** einer ausländischen **diplomatischen Vertretung,** dieser jedoch nur, wenn er mit Beziehung auf seine Stellung beleidigt worden ist. **2**

Dagegen gelten für das ausländische **Regierungsmitglied** beide Einschränkungen: Aufenthalt im Inland in amtlicher Eigenschaft (vgl. § 102 Rdn. 3) und Beleidigung in Bezug auf seine Stellung, also nicht als Privatperson.

III. Beleidigung

Der Begriff ist derselbe wie im Vierzehnten Abschnitt. Als Tathandlung kommen Beleidigung (§ 185; etwa die Bezeichnung der Organe eines ausländischen Staates als „Mörderbande": s. BVerwG NJW **1982** 1008), üble Nachrede (§ 186) und Verleumdung (§ 187) in Betracht, während bloße Anstands-, Höflichkeits- oder Ehrfurchtsverletzungen ausscheiden. Keine Bedeutung im Rahmen des § 103 hat § 188, da dieser Qualifikationstatbestand zu §§ 186, 187 ausschließlich einen erhöhten Ehrenschutz deutscher Politiker bezweckt. Gleiches gilt für § 189, weil mit dem Tod der in § 103 vorausgesetzte Status der ausländischen Staatsperson erlischt. **3**

Anzuwenden sind jedoch die Vorschriften über den Wahrheitsbeweis (§§ 190, 192) und über die Wahrnehmung berechtigter Interessen (§ 193).[1] Die von Wolter AK Rdn. 5 geäußerten Bedenken erscheinen nicht begründet.

IV. Subjektiver Tatbestand

4 Es ist zumindest bedingter Vorsatz erforderlich. Wie bei § 102 muss sich dieser auch auf den Status der ausländischen Staatspersonen beziehen (vgl. § 102 Rdn. 5). Ansonsten wäre der gegenüber §§ 185 ff höhere Strafrahmen nicht erklärbar.

V. Strafe

Die Strafandrohung unterscheidet zwischen Taten nach §§ 185, 186 (Freiheitsstrafe bis zu drei Jahren oder Geldstrafe) und solchen nach § 187 (Freiheitsstrafe von drei Monaten bis fünf Jahren). § 199 ist nicht generell unanwendbar.[2] Jedenfalls wenn die erste Beleidigung von der ausländischen Staatsperson ausgeht, ist eine Anwendung des § 199 mit dem Schutzzweck des § 103 vereinbar.[3]

VI. Veröffentlichungsbefugnis

5 Abs. 2 regelt mit Verweisung auf § 200 die Veröffentlichungsbefugnis. Sie ist gegeben, wenn die Tat öffentlich, in einer Versammlung oder durch Verbreiten von Schriften (§ 11 Abs. 3) begangen wurde. Zu diesen Begriffen vgl. § 90 Rdn. 5 ff. Neben dem Verletzten und seiner Regierung (§ 200 Abs. 1 in Verbindung mit § 104a – Strafverlangen) ist nach ausdrücklicher Bestimmung von Abs. 2 Satz 2 auch der Staatsanwalt antragsberechtigt.

VII. Konkurrenzen

6 Neben § 103 scheidet wegen Gesetzeskonkurrenz eine Anwendung der §§ 185 ff aus.[4] Jedoch greifen diese Bestimmungen ein, wenn § 103, sei es wegen Mangel am Tatbestand, sei es wegen Fehlens einer der Voraussetzungen des § 104a, nicht anwendbar ist. Denn § 103 bezweckt nicht eine Einschränkung des allgemeinen Schutzes gegen Beleidigungen, und es steht im Belieben des Angegriffenen, nur diesen für sich in Anspruch zu nehmen. Er hat dann auch die Möglichkeit der Privatklage, die für § 103 nicht vorgesehen ist (§ 374 Abs. 1 Nr. 2 StPO).[5]

---

[1] BVerwG NJW **1982** 1008, 1010; vgl. *Dreher* JZ **1953** 421, 427; *Kreß* MK Rdn. 7, 9; *Lackner/Kühl* Rdn. 2; *Rudolphi*/Wolter SK Rdn. 4; *Sch/Schröder/Eser* Rdn. 6; *Tröndle/Fischer* Rdn. 2; *Wohlers* NK Rdn. 6.

[2] AA *Lackner/Kühl* Rdn. 2; *Rudolphi/Wolter* SK Rdn. 4; *Tröndle/Fischer* Rdn. 2; *Wolter* AK Rdn. 7; auch noch *Willms* LK[10] Rdn. 3.

[3] Ebenso *Wohlers* NK Rdn. 6; nach *Kreß* MK Rdn. 12, gilt § 199 ohne Einschränkung aufgrund des von ihm ausschließlich bejahten Rechtsgutes des Auslandsschutzes.

[4] AA *Wohlers* NK Rdn. 4, der aufgrund der von ihm bejahten Inlandsschutzthese Tateinheit bejaht.

[5] Ebenso *Kreß* MK Rdn. 13; *Sch/Schröder/Eser* Rdn. 8; *Wohlers* NK Rdn. 5.

VIII. Besondere Verfolgungsvoraussetzungen

Wegen der **besonderen Verfolgungsvoraussetzungen** s. § 104a. Eine besondere Zuständigkeit besteht hier nicht.

§ 104
Verletzung von Flaggen und Hoheitszeichen ausländischer Staaten

(1) Wer eine auf Grund von Rechtsvorschriften oder nach anerkanntem Brauch öffentlich gezeigte Flagge eines ausländischen Staates oder wer ein Hoheitszeichen eines solchen Staates, das von einer anerkannten Vertretung dieses Staates öffentlich angebracht worden ist, entfernt, zerstört, beschädigt oder unkenntlich macht oder wer beschimpfenden Unfug daran verübt, wird mit Freiheitsstrafe bis zu zwei Jahren oder mit Geldstrafe bestraft.

(2) Der Versuch ist strafbar.

Schrifttum s. Vorbemerkungen.

Entstehungsgeschichte

Siehe Vorbemerkungen. Die Vorschrift wurde durch das 3. StrÄndG[1] eingefügt. Sie trat an die Stelle des durch die Novelle vom 26.2.1876 (RGBl. 25) geschaffenen § 103a.

Übersicht

I. Verletzung ausländischer Flaggen und Hoheitszeichen

Der Tatbestand ist im Vergleich zum früheren § 103a erheblich erweitert. Er knüpft in **1** seiner Fassung an die Vorschrift zum Schutz der entsprechenden inländischen Symbole, den § 90a, an. Auf die Anmerkungen zu jener Vorschrift wird verwiesen. Einen über § 104 hinausgehenden Schutz erfährt das Wappen der schweizerischen Eidgenossenschaft wegen seiner Verwandtschaft zum Zeichen des Roten Kreuzes in § 125 Abs. 2 OWiG. Seine unbefugte Benutzung i. S. dieser Vorschrift kann auch ohne die Voraussetzungen des § 104a als Ordnungswidrigkeit geahndet werden.

---

[1] Vgl. Vor § 102 vor Rdn. 1.

2 **1. Flagge.** Ausländische Flaggen sind bereits geschützt, wenn eine Privatperson sie öffentlich, also durch beliebige Personen wahrnehmbar, zeigt, d. h. so anbringt, dass sie von anderen Personen wahrgenommen werden sollen, sofern das Zeigen auf Grund von Rechtsvorschriften geschieht (z. B. Schifffahrtsabkommen oder Luftverkehrsabkommen)[2] oder einem anerkannten Brauch entspricht (Staatsbesuche, Sportveranstaltungen, Ausstellungen, Tagungen mit internationalem Zuschnitt, Kurorte und Hotels, die damit ausländischen Gästen entgegenkommen).[3] Das Hissen muss also keineswegs von einem bestimmten Staatsangehörigen des betreffenden Landes veranlasst sein.[4]

3 **2. Hoheitszeichen.** In Betracht kommen Fahnen, Standarten, Schilder, Wappen, Skulpturen, Grenzpfähle, Schlagbäume. Als Zeichen der Staatsautorität hat ein solcher Gegenstand dann zu gelten, wenn er im gegebenen Falle nach dem erkennbaren Willen der ausländischen Regierung dazu bestimmt und verwendet worden ist, das Bestehen ihrer Staatsgewalt öffentlich zum Ausdruck zu bringen und dadurch kundzutun, dass der betreffende Ort oder die betreffende Sache dieser Staatsgewalt unterworfen und gewidmet sei.[5] Als anerkannte Vertretungen des ausländischen Staates kommen nicht nur diplomatische Vertretungen, sondern etwa auch Konsulate in Betracht.[6]

4 **3. Öffentlich.** Dass die ausländische Flagge öffentlich gezeigt bzw. das ausländische Hoheitszeichen öffentlich angebracht sein muss, bedeutet nicht, dass sie öffentlich sichtbar sein müssen.[7] Es genügt, wenn die Symbole so angebracht sind, dass sie an dem jeweiligen Ort (z. B. auch in einem Gebäude) von beliebigen Personen wahrgenommen werden können.[8]

II. Tathandlungen

5 **Entfernen** ist jedes Wegnehmen von dem Ort der Anbringung auch ohne Zueignungsabsicht, etwa das bloße Niederholen einer Flagge. Jedoch kann, wie *Sch/Schröder/Eser* Rdn. 4 hervorhebt, ein Entfernen vom Ort der Aufbewahrung mit dem Ziel, ein Anbringen aus bestimmtem Anlass scheitern zu lassen, nicht ausreichen. **Zerstört** ist eine Sache, wenn ihre Brauchbarkeit gänzlich aufgehoben ist. Eine Teilzerstörung kann eine Zerstörung oder **Beschädigung** sein. **Unkenntlichmachen** ist ein Verändern der mühelosen Erkennbarkeit durch Beschmieren, Verstellen, Zuhängen oder in anderer Weise, soweit hierdurch noch keine Zerstörung oder Beschädigung des Symbols herbeigeführt wird.[9] **Beschimpfender Unfug** ist eine besonders rohe und herabwürdigende Form der Miss-

[2] Vgl. a. Art. 20 des Wiener Übereinkommens über diplomatische Beziehungen vom 18. April 1961, Art. 29 des Wiener Übereinkommens über konsularische Beziehungen vom 24. April 1963; *Kreß* MK Rdn. 7; *Wolter* AK Rdn. 3.

[3] Für eine restriktive Auslegung „anerkannter Bräuche" im Hinblick auf das verfassungsrechtliche Bestimmtheitsgebot und damit gegen eine Ausdehnung auf nicht-staatliche Veranstaltungen mit internationalem Bezug: *Kreß* MK Rdn. 9; *Wohlers* NK Rdn. 1.

[4] Wie hier: *Lackner/Kühl* Rdn. 1; *Rudolphi/Wolter* SK Rdn. 2; *Sch/Schröder/Eser* Rdn. 2; *Tröndle/Fischer* Rdn. 1; *Wohlers* NK Rdn. 1; *Wolter* AK Rdn. 3.

[5] RGSt **31** 147; **63** 287.

[6] *Kreß* MK Rdn. 11; *Rudolphi*/Wolter SK Rdn. 3; *Sch/Schröder/Eser* Rdn. 3; *Tröndle/Fischer* Rdn. 1; *Wohlers* NK Rdn. 1.

[7] So aber OLG Braunschweig NJW **1953** 875; *Kreß* MK Rdn. 6.

[8] *Kleinfeller* S. 306; *Wolter* AK Rdn. 5.

[9] *Kreß* MK Rdn. 12 und *Sch/Schröder/Eser* Rdn. 4: Zerstörung der Symbolwirkung.

achtung.[10] Unfug wird „daran“ verübt, wenn er sich ersichtlich gegen das Zeichen richtet und in seiner unmittelbaren Nähe stattfindet, z. B. Urinieren auf das Symbol,[11] Anspucken des Zeichens, Ausspucken in Richtung auf das Zeichen, herabsetzende Bewegungen auf das Zeichen hin.[12] S. auch § 90a Rdn. 9 ff.

III. Subjektiver Tatbestand

Es ist zumindest bedingter Vorsatz erforderlich. Ähnlich wie bei den §§ 102, 103 hin- 6
sichtlich des Status der ausländischen Staatsperson muss der Täter hier zumindest in laienhafter Wertung die Bedeutung des ausländischen Staatssymbols erfassen.

IV. Versuch

Der Versuch ist gem. Abs. 2 strafbar.

V. Konkurrenzen

Bei Wegnahme ist Tateinheit mit Diebstahl möglich. Gegenüber der Sachbeschädi- 7
gung geht § 104 als die speziellere Vorschrift vor. Jedoch wird § 303 anwendbar, wenn eine Bestrafung nach § 104, vor allem wegen Fehlens einer Voraussetzung nach § 104a, ausscheidet. Zur Anwendung des § 304 auf das Entfernen einer Fahne s. RGSt **65** 354, 356.

VI. Besondere Verfolgungsvoraussetzungen

Wegen der **besonderen Verfolgungsvoraussetzungen** s. § 104a. Eine besondere Zuständigkeit besteht hier nicht.

§ 104a
Voraussetzungen der Strafverfolgung

Straftaten nach diesem Abschnitt werden nur verfolgt, wenn die Bundesrepublik Deutschland zu dem anderen Staat diplomatische Beziehungen unterhält, die Gegenseitigkeit verbürgt ist und auch zur Zeit der Tat verbürgt war, ein Strafverlangen der ausländischen Regierung vorliegt und die Bundesregierung die Ermächtigung zur Strafverfolgung erteilt.

Schrifttum s. Vorbemerkungen.

---

[10] RGSt **43** 201, 202; **57** 209, 211; **61** 308.
[11] OLG Frankfurt NStZ **1984** 119.
[12] OLG Braunschweig NJW **1953** 875, 876; im konkreten Fall allerdings zweifelhaft.

Entstehungsgeschichte

Siehe Vorbemerkungen. EGStGB Art. 19 Nr. 26 ersetzte das Wort Vergehen durch Straftaten und strich den durch die Neuregelung in §§ 77d, 77e überflüssig gewordenen Satz 2 über die Zurücknahme der Ermächtigung. Kritisch zur geltenden Fassung des § 104a aus kriminalpolitischer Sicht *Wolter* AK Rdn. 8.

Übersicht

I. Strafbarkeitsbedingungen und Verfahrensvoraussetzungen

1 Die Vorschrift bindet eine Bestrafung nach den §§ 102–104 an vier „Bedingungen“, von denen zwei als Bedingungen der Strafbarkeit und zwei als Prozessvoraussetzungen anzusehen sind.[1] Die Unterscheidung ist vor allem bedeutsam für die Fassung des Urteilsspruchs, der bei Fehlen einer Strafbarkeitsbedingung auf Freispruch, beim Fehlen einer Prozessvoraussetzung auf Einstellung des Verfahrens zu lauten hat (§ 260 Abs. 1 und 3 StPO), und für die Zulässigkeit vorläufiger Maßnahmen, die wie die vorläufige Festnahme (§ 127 Abs. 3 StPO), der Erlass eines Haftbefehls (§ 130 StPO), die Anordnung einer Beschlagnahme oder Durchsuchung (vgl. RGSt **33** 380, 381) beim Fehlen eines objektiven Strafbarkeitsmerkmals ausgeschlossen sind, bei einer fehlenden Prozessvoraussetzung jedoch möglich sein können.[2] Zum Beispiel dann, wenn Strafverlangen/Ermächtigung noch nicht vorliegen, jedoch noch erteilt werden können, sind die strafprozessualen Zwangsmaßnahmen, insb. vorläufige Festnahme (§ 127 StPO) und Erlass eines Haftbefehls (§ 130 StPO), auf ein Mindestmaß zu beschränken.[3] Sie sind wegen der Eingriffsschwere ausgeschlossen, wenn von vornherein feststeht, dass diese Voraussetzungen nicht erfüllt werden oder diese sehr unwahrscheinlich sind.

---

[1] Ebenso *Rudolphi/Wolter* SK Rdn. 1–4; *Sch/Schröder/Eser* Rdn. 2, 3 u. *Tröndle/Fischer* Rdn. 1–4; zweifelnd *Lackner/Kühl* Rdn. 1; differenzierend *Wohlers* NK Rdn. 2–6; **aA** *Kreß* MK Rdn. 6, der sämtliche Bedingungen im Hinblick auf den Wortlaut, die Überschrift und die Normgenese als Prozessvoraussetzungen ansieht; vgl. zur Gegenseitigkeitsverbürgung als objektive Bedingung der Strafbarkeit *Keßeböhmer/Schmitz* wistra **1995** 1, 4; grds. zur Abgrenzung der Strafbarkeitsbedingung von der Prozessvoraussetzung *Roxin* AT I, 3. Aufl. 1997, § 23 Rdn. 41 ff.

[2] Zu weiteren Folgen vgl. *Wohlers* NK Rdn. 2.

[3] Vgl. *Wohlers* NK Rdn. 6; *Wolter* AK Rdn. 7; *Meyer-Goßner* § 130 Rdn. 1; § 127 Rdn. 21.

II. Strafbarkeitsbedingungen

Strafbarkeitsbedingung (objektives Strafbarkeitsmerkmal) ist: 2

1. Das **Bestehen diplomatischer Beziehungen** zum andern Staat mindestens seit Begehung der Tat. Es ist immer zu bejahen, wenn beiderseits ständige Gesandtschaften (Missionen) errichtet sind, kann jedoch auch dann gegeben sein, wenn einer der Partner oder beide sich beständig durch die Mission eines dritten Staates vertreten lassen, so wie etwa das Gesandtschaftsrecht Liechtensteins von der Schweiz wahrgenommen wird. Anders verhält es sich natürlich in Fällen der Wahrnehmung der Interessen durch einen dritten Staat nach Abbruch der diplomatischen Beziehungen.

2. **Verbürgte Gegenseitigkeit** zur Zeit der Tat und der Strafverfolgung, d. h. das Bestehen einer im Wesentlichen gleichen Strafnorm im Recht des andern Staates und die Gewähr ihrer Anwendung.[4] Wie *Wolter* AK Rdn. 3 zu Recht betont, kommen als derartige gleiche Strafnormen nicht die allgemeinen Delikte etwa zum Schutz des Lebens, der Körperintegrität oder Ehre in Betracht, da ansonsten die Strafbarkeitsbedingung der Gegenseitigkeit weitgehend leer liefe. Vielmehr muss es sich um Vorschriften handeln, die – wie die §§ 102 ff – als eigener Tatbestand oder zumindest im Wege einer Qualifikation jedenfalls auch den Schutz ausländischer Interessen bezwecken.[5] 3

III. Verfahrensvoraussetzungen 4

1. **Das Strafverlangen** der ausländischen Regierung. Es muss sachlich konkretisiert sein, also eine bestimmte Tat im Sinne des § 264 StPO bezeichnen. Übermittelt wird es durch die Organe, die den betreffenden Staat allgemein nach außen hin oder speziell gegenüber der Bundesrepublik Deutschland vertreten. Es kann also ebenso durch den Außenminister oder den Botschafter des fremden Staates gegenüber dem Bundeskanzler oder dem Bundesminister des Auswärtigen erklärt werden. Diese zur Vertretung der Bundesrepublik nach außen bestellten Organe sind Adressaten und legitimierte Empfänger der Erklärung, nicht das deutsche Gericht oder die ihm zugeordnete Staatsanwaltschaft. Das deutsche Gericht hat auch nicht zu prüfen, ob die Erklärung des übermittelnden und hierzu nach Völker- und staatsrechtlichen Grundsätzen legitimierten Organs dem Auftrag der von ihm vertretenen Regierung entspricht.[6]

Widerspricht das Strafverlangen dagegen offensichtlich dem Willen der vertretenen Regierung, überschreitet also das vertretende Organ erkennbar seine Vertretungsmacht, so ist die daraus folgende Unwirksamkeit des Strafverlangens von den deutschen Strafverfolgungsorganen zu beachten.[7]

---

[4] RGSt 38 75, 89; s. dazu vor allem die rechtsvergleichende Darstellung von *Simson,* die sich auf S. 739 mit dem Wiener Übereinkommen über diplomatische Beziehungen vom 18.4.1961 (BGBl. II 1964, 959) befasst; *Keßeböhmer/Schmitz* wistra **1995** 1, 4, verlangen die Geltung des Legalitätsprinzips für die ausländische Norm; ebenso *Wohlers* NK Rdn. 5; weitergehend *Kreß* MK Rdn. 20.

[5] Vgl. *Kreß* MK Rdn. 19; *Wohlers* NK Rdn. 5; anders noch *Willms* LK[10] Fn. 3, der lediglich verlangte, dass die Gewährung des Strafschutzes nicht an eine persönliche Initiative des Verletzten – etwa einen Strafantrag – geknüpft sein dürfe.

[6] RG GA Bd. 55 334.

[7] *Sch/Schröder/Eser* Rdn. 3; *Wolter* AK Rdn. 4.

5 Das Strafverlangen ist kein Strafantrag. Doch sind gem. § 77e für das Strafverlangen die §§ 77 und 77d entsprechend anwendbar. Das Strafverlangen kann daher zurückgenommen werden (§ 77d). Dagegen ist die Verweisung auf § 77 unergiebig, zumal sich aus ihr keine Anwendung des § 158 StPO ableiten lässt. Eine bestimmte Form des Strafverlangens ist also vom Gesetz nicht vorgeschrieben. Zwar wird es regelmäßig in einer Note, also schriftlich übermittelt werden. Doch erscheint dies nicht unerlässlich. Es müsste vielmehr auch möglich sein, dass der fremde Missionschef das Strafverlangen zum Gegenstand einer bloß mündlichen Demarche macht. In diesem Fall wäre der Vorgang durch das die Erklärung entgegennehmende Organ der Bundesrepublik urkundlich zu fixieren. Doch kann das Prinzip der Verbürgung der Gegenseitigkeit auch in solchen Formfragen eine Rolle spielen. Da § 77b nicht entsprechend gilt, ist das Strafverlangen nicht an eine Frist gebunden.

6 2. Die **Ermächtigung** der Bundesregierung zur Strafverfolgung, die grundsätzlich der Bundesminister des Auswärtigen als der zuständige Ressortminister erteilt.[8] Jedoch kann die Bundesregierung die Sache an sich ziehen. § 77e gibt für die Ermächtigung die gleiche Verweisung wie für das Strafverlangen. Äußert sich die Bundesregierung nicht von sich aus, hat die Staatsanwaltschaft die Ermächtigung von Amts wegen einzuholen.[9] Eine Ermächtigung liegt auch dann vor, wenn die Bundesregierung die Erklärung abgibt, gegen die Ahndung einer konkreten Tat keinen Widerspruch einzulegen.[10]

---

[8] Art. 65 GG; *Schlichter* GA **1966** 353, 367; *Sch/Schröder/Eser* Rdn. 3.

[9] RGSt **33** 66, 70.

[10] *Jähnke* LK[11] § 77e Rdn. 3; *Wohlers* NK Rdn. 8.

VIERTER ABSCHNITT

Straftaten gegen Verfassungsorgane sowie bei Wahlen und Abstimmungen

Vorbemerkungen zum Vierten Abschnitt

Schrifttum

Dreher Das Dritte Strafrechtsänderungsgesetz, JZ **1953** 421; *M. E. Mayer* Verbrechen und Vergehen in Beziehung auf die Ausübung staatsbürgerlicher Rechte, VDB I 257; *Ramm* Die Freiheit der Willensbildung – Ein Grundprinzip der Rechtsordnung, NJW **1962** 465.

Entstehungsgeschichte

Der vierte Abschnitt, dessen Wortlaut im Wesentlichen der Bekanntmachung der Neufassung des StGB vom 1. September 1969 (BGBl. I 1445) entspricht, hatte im RStGB den mit der Überschrift „Verbrechen und Vergehen in Beziehung auf die Ausübung staatsbürgerlicher Rechte" versehenen fünften Abschnitt zum Vorläufer, der ursprünglich nur fünf Tatbestände umfasste und im Jahre 1923 durch den Tatbestand der Versammlungssprengung (§ 107a) erweitert wurde, zu dem es jetzt in dem elf Tatbestände umfassenden Abschnitt keine Entsprechung mehr gibt. Seine jetzige Fassung beruht auf dem 3. StrÄndG vom 4. August 1953 (BGBl. I 735). Spätere Änderungen hatten vorwiegend gesetzestechnischen Charakter. Wegen der Einzelheiten wird auf die Ausführungen bei den einzelnen Vorschriften und die Vorbemerkungen zu den §§ 107 bis 108d verwiesen.

I. Einheitliches Rechtsgut der in diesem Abschnitt zusammengefassten Tatbestände **1**
sind Freiheit und Achtung der demokratischen Willensbildung und Willensäußerung.[1] Dieses Rechtsgut wird in §§ 105–106b hinsichtlich der Willensbildung innerhalb der Verfassungsorgane als der Repräsentation des Volkes, in den übrigen Strafvorschriften hinsichtlich der grundlegenden Bildung des Volkswillens bei Wahlen und Abstimmungen der Bürger geschützt. Es hat damit eine der Repräsentativverfassung der Bundesrepublik Deutschland gemäße doppelte Ausstrahlung, die seine Einheitlichkeit nicht in Frage stellt. Der E 1962 wollte das durch Aufgliederung des Abschnitts in zwei Titel deutlich machen, von denen der erste Straftaten gegen Verfassungsorgane, der zweite Straftaten bei Wahlen und Abstimmungen umfassen sollte. Indessen ist zu bemerken, dass die §§ 107 ff auch den Schutz solcher Wahlen und Abstimmungen einschließen, die in den vorausgehenden Vorschriften nicht geschützte Repräsentativorgane betreffen. Vgl. im Einzelnen bei § 108d.

II. Geschützt sind nur **inländische** Einrichtungen und Staatsorgane von Bund und **2**
Ländern, nur „deutsche Belange",[2] die Wahlen zum europäischen Parlament also nur in ihrem deutschen Teilausschnitt.

---

[1] Vgl. *Ramm* NJW **1962** 465, 466 f; OLG Düsseldorf NJW **1978** 2562, 2563.

[2] BGHSt **8** 349, 355.

§ 105
Nötigung von Verfassungsorganen

(1) Wer
1. ein Gesetzgebungsorgan des Bundes oder eines Landes oder einen seiner Ausschüsse,
2. die Bundesversammlung oder einen ihrer Ausschüsse oder
3. die Regierung oder das Verfassungsgericht des Bundes oder eines Landes rechtswidrig mit Gewalt oder durch Drohung mit Gewalt nötigt, ihre Befugnisse nicht oder in einem bestimmten Sinne auszuüben, wird mit Freiheitsstrafe von einem Jahr bis zu zehn Jahren bestraft.

(2) In minder schweren Fällen ist die Strafe Freiheitsstrafe von sechs Monaten bis zu fünf Jahren.

Schrifttum

Angerer/Stumpf Nochmals: Auswirkungen der neuen Sitzblockade – Entscheidung des BVerfG, NJW 1996 2216; *Altvater* Anm. zu BVerfGE 92,1, NStZ **1995** 278; *Amelung* Sitzblockaden, Gewalt und Kraftentfaltung, NJW **1995** 2584; *ders.* Zur Strafbarkeit einer Straßenblockade als Nötigung, NStZ **1996** 230; *Arnold* Auslegung des Gewaltbegriffs in § 240, Jus **1997** 289; *Arzt* Anmerkung zu BGHSt **32** 165, JZ **1984** 428; *Bergmann* Zur strafrechtlichen Beurteilung von Straßenblockaden als Nötigung (§ 240 StGB) unter Berücksichtigung der jüngsten Rechtsprechung, Jura **1985** 457; *Bertuleit* Sitzdemonstrationen zwischen prozedural geschützter Versammlungsfreiheit und verwaltungsrechtsakzessorischer Nötigung, 1994; *Bitzilekis* Über die strafrechtliche Bedeutung des Widerstandsrechts, in: *Bemmann/Manoledakis* (Hrsg.) Der strafrechtliche Schutz des Staates (1986) S. 55; *Bohnert* Gibt es eine Drittbeziehung bei der strafrechtlichen Nötigung?, JR **1982** 397; *Brendle* Lärm als körperliche Einwirkung – Gewaltbegriff und Einheit der Rechtsordnung, NJW **1983** 727; *Brink* Demonstrationsfreiheit und Nötigungstatbestand, KJ **1983** 421; *Brink/Keller* Politische Freiheit und strafrechtlicher Gewaltbegriff, KJ **1983** 107; *Brohm* Demonstrationsfreiheit und Sitzblockaden, JZ **1985** 501; *Brüggemeier* Maßnahmen zivilen Ungehorsams in haftungsrechtlicher Perspektive, KJ **1984** 48; *Callies* Der Begriff der Gewalt im Systemzusammenhang der Straftatbestände (1974); *Dearing* Sitzblockade und Gewaltbegriff – ein Vergleich der deutschen und österreichischen Judikatur zur Nötigung, StV **1986** 125; *Dingeldey* Anmerkung zu BGH NStZ **1982** 158, NStZ **1982** 160; *Doehring* Das Widerstandsrecht des Grundgesetzes und das überpositive Recht, Der Staat **1969** 429; *Fischer* Anm. zu BGHSt 45 253, NStZ **2000** 142; *Frankenberg* Ziviler Ungehorsam und rechtsstaatliche Demokratie, JZ **1984** 266; *Geilen* Der Tatbestand der Parlamentsnötigung (1957); *Giehring* Verkehrsblockierende Demonstrationen und Strafrecht, in: von Lüderssen/Sack (Hrsg.) Vom Nutzen und Nachteil der Sozialwissenschaften für das Strafrecht, 2. Teilbd. (1980) S. 513; *Graßhof* Auswirkungen der neuen Sitzblockadenentscheidung des BVerfG, NJW **1995** 3085; *Graul* Nötigung durch Sitzblockade, JR **1994** 51; *dies.* Anm. zu BGHSt 45 253, JR **2001** 117; *Hassemer* Ziviler Ungehorsam – ein Rechtfertigungsgrund, Festschrift Wassermann (1985) 325; *Herzberg* Die nötigende Gewalt (§ 240), GA **97** 251; *ders.* Die Sitzblockade als Drohung mit einem empfindlichen Übel, GA **98** 21; *Hruschka* Die Nötigung im System des Strafrechts, JZ **1995** 737; *Karpen* „Ziviler Ungehorsam" im demokratischen Rechtsstaat, JZ **1984** 249; *Keller* Strafrechtlicher Gewaltbegriff und Staatsgewalt (1982); *Knödel* Der Begriff der Gewalt im Strafrecht (1962); *Koffka* Der Begriff der Gewalt im Strafrecht (Bespr. von *Knödel*), JR **1964** 39; *Köhler* Vorlesungsstörung als Gewaltnötigung?, NJW **1983** 10 und 1595; *Kostaras* Zur strafrechtlichen Problematik der Demonstrationsdelikte (1982); *Krauß* Die Beurteilung „passiver Resistenz" – restriktive oder extensive Auslegung der Gewaltnötigung?, NJW **1984** 905; *Krey* Probleme der Nötigung mit Gewalt – dargelegt am Beispiel des Fluglotsenstreiks, JuS **1974** 418; *ders.* Anm. zu BGH NStZ **1995** 541; *ders.* Kritische Anmerkungen anlässlich des Sitzblockaden-Beschlusses des 1. Senats vom 10. Januar 1995, JR **1995** 265; *Kühl* Sitzblockaden vor dem Bundesverfassungsgericht, StV **1987** 122; *Laker* Ziviler Ungehorsam (1982); *Leb* Zur Strafbarkeit von Blockaden in der jüngsten Rechtsprechung, KJ **1984** 202;

Küpper/Bode Neuere Entwicklung zur Nötigung durch Sitzblockaden, Jura **1993** 187; *Lindenstruth* Die Nötigung von Verfassungsorganen (§ 105 StGB) und die Nötigung des Bundespräsidenten und von Mitgliedern eines Verfassungsorgans (§ 106 StGB) (1988); *Martin* Zur strafrechtlichen Beurteilung „passiver Gewalt" bei Demonstrationen, Festschrift BGH 25 (1975) 211; *Marxen* Demonstrationsfreiheit und strafrechtlicher Gewaltbegriff, KJ **1984** 54; *Müller-Dietz* Zur Entwicklung des strafrechtlichen Gewaltbegriffs, GA **1974** 33; *ders.* Was ist Gewalt im strafrechtlichen Sinn? Was ist gewaltfrei?, in: Böhme (Hrsg.) Ziviler Ungehorsam? (1984) S. 16; *Neuberger* Das Recht und die Grenzen der studentischen Demonstrationen, GA **1969** 1; *Niese* Streik und Strafrecht (1954); *Ostendorf* Kriminalisierung des Streikrechts (1987); *Paeffgen* Unzeitgemäße (?) Überlegungen zum Gewalt- und Nötigungsbegriff, Festschrift Grünwald S. 433; *Preuß* Nötigung durch Demonstrationen?, Festschrift Schmid (1985) 419; *Prittwitz* Sitzblockaden – ziviler Ungehorsam oder strafbare Nötigung?, JA **1987** 17; *Radtke* Überlegungen zum Verhältnis von „zivilem Ungehorsam" zur „Gewissenstat", GA **2000** 19; *Roxin* Strafrechtliche Bemerkungen zum zivilen Ungehorsam, Festschrift Schüler-Springorum, (1993) 441; *Sax* Parlamentsnötigung durch Streik?, NJW **1953** 368; *Eb. Schmid* Anmerkung zu BayObLG JZ **1969** 207, JZ **1969** 395; *Scholz* Nötigung von Verfassungsorganen durch Streik?, Jura **1987** 190; *Scholz R.* Sitzblockade und Verfassung – zur neuen Entscheidung des BVerfG, NStZ **1995** 417; *Schroeder* Schreien als Gewalt und Schuldspruchberichtigung durch Beschluss – BGH NJW **1982** 189; JuS **1982** 491; *ders.* Widerstand gegen Willensmittler als Nötigung?, NJW **1985** 2392; *ders.* Sitzblockade keine Gewalt, Jus **1995** 875; *ders.* Die Grundstruktur der Nötigung und die Möglichkeiten zur Beseitigung ihrer durch das BVerfG geschaffenen Lücken, NJW **1996** 2627; *Schüler-Springorum* Strafrechtliche Aspekte zivilen Ungehorsams, in: Glotz (Hrsg.) Ziviler Ungehorsam im Rechtsstaat (1983) S. 76; *Sinn* Die Nötigung im System des heutigen Strafrechts (2000); *ders.* Gewaltbegriff – quo vadis?, NJW **2002** 1024 f; *Stöcker* Anmerkung zu BayObLG JZ **1969** 207, JZ **1969** 396; *Tiedemann* Bemerkungen zur Rechtsprechung in den sog. Demonstrationsprozessen, JZ **1969** 717; *Wallau* Der Mensch in §§ 240, 241, 253 StGB und die Verletzung der Rechte juristischer Personen, JR **2000** 312; *Wassermann* Zur Rechtsordnung des politischen Kampfes in der verfassungsstaatlichen Demokratie, JZ **1984** 263; *Weingärtner* Demonstration und Strafrecht (1986); *Willms* Anmerkung zu BGHSt **32** 165, JR **1984** 120; *Wolter* Gewaltanwendung und Gewalttätigkeit, NStZ **1985** 193 und 245; *ders.* Verfassungskonforme Restriktion und Reform des Nötigungstatbestandes, NStZ **1986** 241.

Materialien: SonderAProt. V/712, 741, 755, 1725, 1934; SonderABer. BTDrucks. V/2860 S. 25.

Entstehungsgeschichte

Die ursprüngliche Fassung des als Parlamentssprengung oder als Parlamentsnötigung bezeichneten § 105 StGB schloss sich eng an § 82 PrStGB an. Sie betraf das Unternehmen, gesetzgebende Körperschaften auseinander zu sprengen, zum Fassen oder Unterlassen von Beschlüssen zu nötigen und einzelne Mitglieder aus ihnen gewaltsam zu entfernen. Das 3. StrÄndG[1] beschränkte sich darauf, die Adressaten der Nötigung den Bezeichnungen des Grundgesetzes anzupassen. Erst das 8. StrÄndG vom 25. Juni 1968 (BGBl. I 741)[2] brachte im Anschluss an § 395 E 1962 auf eine Initiative des Sonderausschusses die vollständige Neufassung der Vorschrift, die nun die Bundesversammlung sowie Regierungen und Verfassungsgerichte von Bund und Ländern in den Strafschutz einbezog und dementsprechend die Überschrift „Nötigung von Verfassungsorganen" erhielt. Auch die bis dahin im Gesetzestext nicht angesprochenen Parlamentsausschüsse wurden jetzt ausdrücklich erwähnt. Die Umschreibung der Tathandlung wurde zusammengefasst, die Vorschrift durch die Herausnahme des nunmehr vollständig von § 106 erfassten Angriffs auf Einzelmitglieder der angesprochenen Körperschaften als Kollektiv-

---

[1] Vgl. Vor § 102 vor Rdn. 1.

[2] Vgl. a. Vor § 80 Rdn. 7 ff.

schutznorm systematisiert, das Nötigungsmittel – Gewalt oder Drohung mit Gewalt – genauer bezeichnet, mit der Einfügung des Erfordernisses der Rechtswidrigkeit eine dem § 240 Abs. 2 entsprechende adäquate Begrenzung der Strafbarkeit angestrebt, die Strafdrohung unter Wahrung des Verbrechenscharakters ermäßigt. Eine weitere vom Vorschlag des E 1962 abweichende Änderung bestand darin, den Unternehmenstatbestand durch einen Tätigkeitstatbestand zu ersetzen.

Übersicht

I. Zweck

1 **Zweck der Vorschrift** ist der Schutz der Funktionsfähigkeit (im Sinne der Möglichkeit der Ausübung der verfassungsmäßigen Befugnisse) und der Funktionsfreiheit (im Sinne der Freiheit der Willensbildung und Willensbetätigung bei der Befugnisausübung) der höchsten körperschaftlich gebildeten Verfassungsorgane als Kollektive vor nötigender Gewalteinwirkung. Die Nötigung von Einzelmitgliedern oder von Einzelorganen (Bundespräsident) wird von § 106 erfasst. Kennzeichnend für den Tatbestand ist seine bei den Beratungen im Sonderausschuss immer wieder anklingende Verwandtschaft zum Verfassungshochverrat. Geht es dort um die dauernde oder vorübergehende Ausschaltung der für die staatliche Willensbildung maßgeblichen demokratischen Institutionen, so geht es hier um das Beugen des Willens der geschützten Verfassungsorgane im Einzelfall.[3]

II. Tatobjekt

2 **Tatobjekt** sind folgende Verfassungsorgane, die erschöpfend aufgezählt sind:

---

[3] BGHSt 32 165, 170; *Ruhrmann* NJW 1957 281, 282.

1. **Die Gesetzgebungsorgane** (Parlamente) des Bundes und der Länder, also Bundestag, Bundesrat (vgl. Art. 50, 77 Abs. 2, 79 Abs. 2 GG), die Landtage, die Bürgerschaften der Stadtstaaten, das Abgeordnetenhaus von Berlin, vor seiner Abschaffung in Bayern auch der Senat, ferner die geschäftsordnungsmäßig eingesetzten Ausschüsse dieser Organe (vgl. Art. 43 ff GG). Nicht durch § 105, sondern nur durch die allgemeinen Vorschriften (§ 240) geschützt werden andere rechtsetzende Körperschaften wie Gebietskörperschaften des öffentlichen Rechts (Kreistage, Bezirkstage, Gemeindekörperschaften, Landschaftsverbandsversammlungen) und kirchliche Körperschaften; ferner gehören nicht zu den Gesetzgebungsorganen die Fraktionen der Parteien.

2. Die **Bundesversammlung** und ihre Ausschüsse (Art. 54 GG; Ges. v. 25.4.1959 – BGBl. I 230).

3. Die **Regierungen** des Bundes (Art. 62 GG) und der Länder (im technischen Sinne der obersten Landesbehörden, also einschließlich der Senate der Stadtstaaten (aber ausschließlich der „Regierungen" im Sinne von Landesmittelbehörden) sowie die **Verfassungsgerichte** des Bundes (Art. 92 ff GG) und der Länder, wobei sich der Schutz des § 105 der Natur der Sache entsprechend beim Bundesverfassungsgericht auf seine beiden Senate, nicht auf das Gericht als Gesamtheit bezieht. Andere Gerichte genießen nicht den Schutz des § 105.

III. Tathandlung

Tathandlung ist das Nötigen des Verfassungsorgans hinsichtlich der Ausübung seiner 3
Befugnisse.

1. **Nötigungsziel** ist, dass das Verfassungsorgan eine ihm gesetzlich obliegende Befugnis entweder gar nicht oder in einem bestimmten Sinn ausübt. Erfasst werden sowohl äußere Eingriffe im Sinne einer Behinderung des Zusammentretens, eines Verhinderns der Beschlussfassung oder eines „Auseinandersprengens", also eine (zeitweise) Lahmlegung des Organs, als auch die Beeinflussung des Verhaltens bei Abstimmungen in konkreten Einzelfällen.

a) **Befugnisse.** Allerdings muss es sich jeweils um Angelegenheiten handeln, die in die 4
Zuständigkeit des betreffenden Verfassungsorgans fallen, für die es also eine „Befugnis" besitzt.[4] Gemeint sind hiermit alle Kompetenzen, die die Verfassung dem jeweiligen Organ verleiht. Für die Parlamente kommt insbesondere das Gesetzgebungsrecht, daneben aber auch die Zuständigkeit in Einzelfragen, wie etwa die Einsetzung eines Untersuchungsausschusses (Art. 44 GG) oder die Aufhebung der Immunität eines Abgeordneten (Art. 46 GG) in Betracht. In den von § 105 geschützten Handlungsbereich der Regierungen fällt auch deren Befugnis, als oberste Verwaltungsbehörden – sei es auch nur im Wege der Rechts- oder Fachaufsicht – einzelne Verwaltungsfragen zu entscheiden.[5] Die Nötigung des Verfassungsorgans zu Beschlüssen, für die es nicht zuständig ist, lässt sich dagegen nur über § 240 erfassen.[6]

---

[4] Vgl. BGHSt 32 165, 177; *Lackner/Kühl* Rdn. 4; *Sch/Schröder/Eser* Rdn. 9; *Tröndle/Fischer* Rdn. 3; *Wohlers* NK Rdn. 6; *Müller* MK Rdn. 12 lässt die „formale Befugnis" – unabhängig von der materiellen Rechtmäßigkeit – genügen.

[5] S. etwa BGHSt 32 165: Flughafenausbau.

[6] Vgl. RGJW **1924** 816, wo das gleiche im

5 b) **Rechtmäßigkeit der erzwungenen Entscheidung.** Ohne Bedeutung für die Erfüllung des objektiven Tatbestandes des § 105 ist es, ob die abgenötigte Entscheidung ihrem Inhalt nach rechtmäßig ist oder nicht. Selbst rechtlich gebotene Entscheidungen dürfen nicht gewaltsam erzwungen werden.[7]

6 c) **Verfassungswidrigkeit der verhinderten Entscheidung.** Der objektive Tatbestand des § 105 ist selbst dann erfüllt, wenn ein Verfassungsorgan dazu genötigt wird, einen verfassungswidrigen Beschluss zu unterlassen. Dies folgt schon daraus, dass allein das Bundesverfassungsgericht die Kompetenz besitzt zu entscheiden, ob eine legislative oder administrative Maßnahme der Verfassung widerspricht. Diese Zuständigkeitsordnung kann nicht dadurch überspielt werden, dass es der einzelne Bürger in die Hand nimmt, (vermeintlich) verfassungswidrige Beschlüsse zu verhindern.[8] Dies gilt auch, wenn das Bundesverfassungsgericht selbst genötigt werden soll, (vermeintlich) verfassungswidriges Handeln zu unterlassen; denn da das Bundesverfassungsgericht als höchster Hüter der Verfassung zu deren verbindlicher Interpretation berufen ist, ist der einzelne nicht befugt, demgegenüber sein Verfassungsverständnis mit den Nötigungsmitteln des § 105 durchzusetzen.[9] Zur Frage einer Rechtfertigung der Tat in derartigen Fällen s. Rdn. 18.

7 d) **Geschäftsordnungsgemäße Befassung.** Nicht erforderlich ist, dass das Verfassungsorgan mit der Angelegenheit bereits befasst ist.[10] Vielmehr ist die Norm weit auszulegen. Danach ist es ausreichend, dass das Organ gezwungen werden soll, zu einem bestimmten Zeitpunkt zusammenzutreten oder eine bestimmte Angelegenheit auf die Tagesordnung zu setzen. Nur so kann ein ausreichender Schutz der selbstständigen Willensbildung erreicht werden.[11]

8 2. **Nötigungsmittel** sind wie in § 81 **Gewalt** und **Drohung mit Gewalt;** sie sind einerseits gegenüber §§ 106, 240 eingeschränkt, da nicht jede Drohung mit einem empfindlichen Übel erfasst wird, andererseits gegenüber den §§ 124, 125 und 125a erweitert, da nicht nur Gewalttätigkeiten einbezogen werden; erfasst ist jede Art von Gewalt. Der Gewaltbegriff des § 105 ist dem des § 81 weitgehend angeglichen.[12]

a) Zum Begriff der **Gewalt** s. im Einzelnen die Erläuterungen zu § 240. Nach der – mit dem GG zu vereinbarenden (BVerfGE **73** 206, 242 ff; BVerfGE **92** 1, BVerfGE **104** 92) – Rechtsprechung des Bundesgerichtshofs liegt Gewalt dann vor, wenn der Täter durch eine – sei es auch nur geringe – körperliche Kraftentfaltung[13] eine körperlich wirksame Zwangswirkung auf das Opfer ausübt.[14] Dabei sind auch die Fallgestaltungen ein-

---

Anschluss an RGSt **18** 350, 351 für den Begriff der Amtshandlung des früheren § 114 gesagt ist; offen gelassen in BGHSt **32** 165, 177.

[7] Vgl. hierzu ebenfalls RGJW **1924** 816 sowie RGSt **54** 152, 163; h. M.: *Müller* MK Rdn. 12; *Rudolphi* SK Rdn. 14; *Tröndle/Fischer* Rdn. 3; *Wohlers* NK Rdn. 6.

[8] *Rudolphi* SK Rdn. 14; **aA** insoweit *Sch/Schröder/Eser* Rdn. 10.

[9] Zweifelnd *Wolter* AK Rdn. 48; wie hier *Müller* MK Rdn. 23; *Rudolphi* SK Rdn. 16.

[10] *Geilen* S. 134 ff.; *Müller* MK Rdn. 12; *Sch/Schröder/Eser* Rdn. 8; *Wolf* S. 223; *Wolter* AK Rdn. 49.

[11] Vgl. die weitergehenden Einschränkungen von *Laufhütte* LK[11] Rdn. 7; *Schwalm* LK[9] Rdn. 7.

[12] Vgl. BGHSt **32** 165, 174.

[13] BGHSt **1** 145, 147; **5** 245, 246; **19** 263, 265; **23** 46, 54; **37** 350, 353; **41** 182,185; BGH NStZ **1982** 158, 159.

[14] BGHSt **23** 126, 127; BGHR StGB § 177 Abs. 1 Gewalt 3, 4, 7, 9, 14; BGH MDR **1981** 857, 858; BGH NStZ **1982** 158, 159; BGH NStZ **1995** 230; vgl. a. *Rudolphi* SK

zubeziehen, in denen ein psychisch wirkender Druck eine solche Intensität erreicht, dass er vom Opfer als körperlich wirksamer Zwang empfunden wird, etwa die Abgabe von Schreck- oder Warnschüssen[15] oder die Bedrohung mit einer Schusswaffe.[16] Wirkt der Zwang dagegen allein auf die Psyche des Opfers ein, ist keine Gewalt gegeben.[17] Dies hat das BVerfG in seiner „Sitzblockadenentscheidung" vom 10. Januar 1995 (BVerfGE **92** 1) klargestellt. Danach verstößt die erweiternde Auslegung des Gewaltbegriffs[18] im Zusammenhang mit Sitzblockaden gegen Art. 103 Abs. 2 GG, soweit die Gewalt lediglich in körperlicher Anwesenheit besteht und die Zwangswirkung auf den Genötigten nur psychischer Natur ist.[19] Da die Ausübung von Zwang bereits im Begriff der Nötigung enthalten sei und die Benennung bestimmter Nötigungsmittel in § 240 Abs. 1 die Funktion habe, innerhalb der Gesamtheit denkbarer Nötigungen die strafwürdigen einzugrenzen, könne die Gewalt nicht mit dem Zwang zusammenfallen, sondern müsse über diesen hinausgehen.[20] In der körperlichen Einwirkung auf den zu Nötigenden sieht die h. M. das die Gewalt kennzeichnende Kriterium. Bei der Frage, wie der Körperbezug beschaffen sein muss, gehen die Meinungen allerdings auseinander.[21] Nach der Rechtsprechung genügt auch geringer körperlicher Aufwand – dazu gehören das Sich-Hinsetzen oder Sich–auf-die-Fahrbahn-Begeben bei einer Straßenblockade mit der Folge eines Verkehrsstaus – den Anforderungen an den Gewaltbegriff, wenn seine Auswirkungen den Bereich des rein Psychischen verlassen und (auch) physisch wirkend sich als körperlicher Zwang darstellen.[22]

b) **Drohung mit Gewalt** ist in § 105 als das weitere Nötigungsmittel angefügt und **9**
stellt eine Steigerung gegenüber der Drohung mit einem empfindlichen Übel in §§ 106, 240 dar. Drohung bedeutet hier wie auch sonst die als ernstlich hingestellte Ankündigung eines angeblich vom Willen des Ankündigenden abhängigen und von diesem für den Betroffenen als fühlbar angesehenen Übels.[23] § 105 setzt die Androhung eines qualifizierten Übels, nämlich der künftigen Anwendung von Gewalt im Volumen der vom Tatbestand vorausgesetzten Zwangswirkung voraus. Der Unterschied zur Gewaltanwendung liegt darin, dass diese bereits ein Übel für das Opfer verwirklicht, während die Drohung erst ein solches Übel in Aussicht stellt. Drohung mit Gewalt zielt immer und ausschließlich auf eine rein seelische Einwirkung ab.[24]

c) **Abgrenzung der Nötigungsmittel.** Gewaltanwendung und Drohung mit Gewalt **10**
schließen sich nicht gegenseitig aus, sondern können je nach Sachlage zusammentreffen, wenn der schon begangene Gewaltakt mit der Androhung weiterer gleichartiger oder anderweitiger Gewaltakte verbunden ist oder bei einer Dauereinwirkung aufrechterhalten

---

Rdn. 5; *Wohlers* NK Rdn. 4; *Wolter* AK Rdn. 10.

15 BGH GA **1962** 145.

16 BGHSt **23** 126, 127; **39** 133, 136.

17 BVerfGE **92** 1, 16 ff = NStZ **1995** 275, 276 m. Anm. *Altvater* NStZ **1995** 278, 281; BGHSt **23** 126, 127; BGH NStZ **1982** 159.

18 Vgl. BGHSt **23** 46 – Laepple-Fall, Straßenbahnblockade.

19 BVerfGE **92** 1 18 f; vgl. a. BVerfGE **104** 92, 101 f.

20 BVerfGE **92** 1 17; zur Entscheidung: *Träger/Altvater* LK[11] § 240 Rdn. 27 ff.

21 Vgl. *Träger/Altvater* LK[11] § 240 Rdn. 41 m. w. N.; *Altvater* NStZ **1995** 278, 281.

22 BGHSt **41** 182, 185 ff; – offen gelassen BVerfGE **104** 92; vgl. a. BGHSt **44** 34, 39 ff (Anbringen eines Hindernisses auf Schienenweg); BGH NStZ-RR **2002** 236; zur Kasuistik: *Tröndle/Fischer* § 240 Rdn. 11 ff.

23 Vgl. z. B. BGHSt **7** 197, 198 und 252, 253; **16** 316, 318.

24 Vgl. z. B. RGSt **64** 113, 116; auch BGHSt **19** 263, 266.

werden soll. Es ist auch denkbar, dass ein bestimmter Gewaltakt wie etwa die Tötung eines Menschen nur im Stadium der Drohung die vom Tatbestand vorausgesetzte Zwangswirkung entfalten kann, im Augenblick seiner Verwirklichung jedoch diese Zwangswirkung einbüßt, sofern er nicht zum Fundus einer fortbestehenden Drohung mit weiteren Gewaltakten wird. Überhaupt kommt der Tatmodalität einer Drohung mit Gewalt im Falle des § 105, wo es ums Beugen geht, größere praktische Bedeutung zu als bei § 81, wo die Macht der Verfassungsorgane gebrochen werden soll und damit die Tatmodalität der (angewandten) Gewalt in den Vordergrund tritt.

11 d) **Normative Tatbestandseinschränkung.** Nicht jede Nötigungshandlung, die die dargestellten Voraussetzungen der Gewalt oder der Drohung mit Gewalt erfüllt, ist jedoch ohne weiteres tatbestandsmäßig im Sinne des § 105. Vielmehr ist, ähnlich wie bei § 240,[25] §§ 249, 253[26] und § 177,[27] der Kreis der dem § 105 unterfallenden Nötigungsmittel normativ einzuschränken, und zwar nicht nur im Hinblick auf das Prinzip der Selbstverantwortung des Opfers für den Schutz seiner Rechtsgüter,[28] sondern auch wegen der verfassungsrechtlich[29] gebotenen Zurückhaltung des Strafrechts im Bereich politischer Auseinandersetzungen. Danach werden von § 105 nur solche Gewaltanwendungen oder -androhungen gegen Dritte oder Sachen erfasst, die bei objektiver Betrachtung geeignet sind, den Willen des betroffenen Verfassungsorgans zu beugen.[30] Es ist daher ohne Bedeutung, ob das Verfassungsorgan im konkreten Fall dem Druck nachgibt, etwa weil es ihm keinen angemessenen Widerstand entgegensetzt oder den gebotenen Widerstand aufgibt. Entscheidend ist vielmehr, ob von dem Verfassungsorgan in der konkreten Lage erwartet werden kann und muss, dass es – insbesondere aufgrund seiner besonderen Verpflichtung gegenüber der Allgemeinheit – auch im Rahmen heftiger Auseinandersetzungen dem Druck standhält.[31] Gewalt oder Drohung mit Gewalt im Sinne des § 105 liegt danach nur dann vor, wenn die erzeugte Zwangswirkung eine derartige Intensität erreicht, dass sich das verantwortungsbewusste Verfassungsorgan zur Kapitulation vor der Forderung des Täters gezwungen sehen kann, um schwerwiegende Schäden von seinen Mitgliedern, dem Gemeinwesen oder einzelnen Bürgern abzuwenden.[32] Dabei ist bezüglich der erforderlichen Intensität des ausgeübten Druckes zwischen den verschiedenen Verfassungsorganen und der Art der angewendeten Nötigungsmittel zu differenzieren.[33]

12 aa) **Direkte Nötigung eines Verfassungsorgans.** In den Fällen, in denen das Verfassungsorgan selbst von der Gewaltanwendung oder der Drohung mit Gewalt betroffen ist, werden nur gravierende Einschränkungen der Funktionsfähigkeit des Organs bzw. seiner Willensbildung von § 105 umfasst. In Betracht kommt etwa das Schaffen oder Androhen unmittelbarer und nicht umgehbarer Leibes- oder Lebensgefahren für die Mitglieder des Organs in ihrer Gesamtheit. Auch wenn das Verfassungsorgan in seiner Gesamtheit ohne Fluchtmöglichkeit eingesperrt und dadurch an der Ausübung seiner Befugnisse gehindert

---

[25] BGHSt **31** 195, 20.
[26] BGHSt 7 252, 254; **16** 341; **18** 75; **18** 329.
[27] BGH bei Dallinger MDR **1975** 196 und 367; BGH NJW **1981** 2204; BGH NStZ **1995** 230; BGHSt **42** 378; vgl. allg. zum Begriff des Nötigens BGHSt **45** 253, 258 mit Anm. *Fischer* NStZ **2000** 142 ff.
[28] Vgl. *Arzt* JZ **1984** 428, 429.
[29] Vgl. BVerfG NStZ **1990** 487, 488.
[30] BGHSt **32** 165, 174 m. Anm. *Willms* JR **1984** 120 und *Arzt* JZ **1984** 428; weitergehend *Sch/Schröder/Eser* Rdn. 6, *Wohlers* NK Rdn. 5, die es bereits als ausreichend erachten, dass das betroffene Verfassungsorgan durch die Intensität des Druckes in ernstliche innere Bedrängnis gerät.
[31] Vgl. auch BGH NStZ **1992** 278.
[32] BGHSt **32** 165, 174 f.
[33] Vgl. *Willms* JR **1984** 120, 121.

wird, liegt § 105 vor. Dagegen scheiden sonstige, die Arbeit des Verfassungsorgans nur vorübergehend oder unwesentlich beeinträchtigende Einwirkungen, die ohne größere Schwierigkeiten beseitigt oder umgangen werden können, aus dem Tatbestand des § 105 aus. Dies gilt etwa für die Sperrung des Zugangs zum Sitz des Verfassungsorgans durch Sitzblockaden,[34] die Störung von Parlamentssitzungen bzw. Verhandlungen des Bundesverfassungsgerichts durch Lärm[35] oder unspezifizierte Bombendrohungen, die die zeitweilige Räumung eines Plenar- oder Sitzungssaales erforderlich machen (anders dagegen, wenn ein Sprengstoffanschlag auf das Verfassungsorgan als Ganzes für den Fall angedroht wird, dass dieses eine bestimmte Entscheidung trifft). Gegebenenfalls kann hier bezüglich der einzelnen Organmitglieder § 106 vorliegen (s. Rdn. 25).

bb) **Indirekte Nötigung eines Verfassungsorgans.** Die normative Einschränkung des Tatbestandes ist vor allem dann bedeutsam, wenn der Täter auf ein Verfassungsorgan Druck dadurch erzeugt, dass er Gewalt gegen Dritte ausübt oder androht.[36] Auf den Dritten rein psychisch vermittelter Druck, auch wenn er für diesen körperliche Zwangswirkung entfaltet, kann den Tatbestand des § 105 nur bei besonderen Voraussetzungen erfüllen (vgl. BGHSt **32** 165: Androhung oder Durchführung der Blockade der Zu- und Abfahrten eines Flughafens, um eine Landesregierung zu einer bestimmten Entscheidung zu zwingen), etwa wenn Wiederholung des Drucks angedroht wird, bis die Regierung nachgibt (BGHSt **32** 165, 176). **13**

Zwar treten bei der in diesem Rahmen gebotenen Bewertung, ob einem Dritten angetane oder angedrohte Gewalt auf das Verfassungsorgan eine im Blick auf § 105 relevante Zwangswirkung ausübt, eventuelle persönliche Beziehungen eines oder mehrerer Mitglieder des genötigten Organs zu dem Dritten in den Hintergrund. Völlig unbeachtlich sind sie jedoch nicht. Es wird vielmehr eine Gesamtbetrachtung vorzunehmen sein, bei welcher die Nähe der verwandtschaftlichen oder sonstigen Beziehung des Dritten zu dem Mitglied des Verfassungsorgans, der Grad der dem Dritten drohenden Gefahr und die personelle Größe des Verfassungsorgans in Beziehung zu setzen sind. So wird beispielsweise ein Senat des Bundesverfassungsgerichts, bei welchem eine engere persönliche Beziehung seiner wenigen Mitglieder untereinander anzunehmen ist, eher durch eine – auch nicht allzu schwerwiegende – Bedrohung eines Verwandten eines seiner Mitglieder in seinen Entscheidungen beeinflussbar sein als etwa der Bundestag mit seiner Vielzahl von Abgeordneten. Dagegen wird die Androhung schwerwiegender Gewalttätigkeiten gegen einen Dritten (etwa Folterungen) oder die Drohung mit dessen Tötung regelmäßig auch dann den Tatbestand des § 105 erfüllen, wenn der Dritte keinem der Mitglieder des genötigten Organs nahe steht.

Die Relevanz der Zwangswirkung kann auch dadurch bewirkt oder verstärkt werden, dass die Person, mit deren körperlicher Beeinträchtigung gedroht wird, etwa als fremder Diplomat in besonderer Weise unter dem Schutz des Staates steht. In diesem Fall kann Bedrohung mit körperlich wirksamer Gewalt das für den Tatbestand erforderliche Maß auch erreichen, wenn sie eine Gefährdung für das Leben dieser Person nicht einschließt. Je nach den Umständen ergeben sich also unterschiedliche Anforderungen.

cc) **Kollektivangriffe.** Schwierigkeiten kann die Beurteilung des Nötigungsdrucks vor allem dort bereiten, wo ein größerer Personenkreis einen Kollektivangriff führt, der eine **14**

---

[34] Vgl. BGHSt **23** 46.

[35] Vgl. BGH NStZ **1982** 158; *Wohlers* NK Rdn. 4.

[36] Kritisch zur Anerkennung mittelbarer Gewalt als Nötigungsmittel, im Ergebnis aber bejahend *Müller* MK Rdn. 16.

Vielzahl von (für sich genommen keine hinreichende Zwangswirkung ausstrahlenden) Einzelakten umfasst. Hier kommt es auf eine Gesamtbetrachtung an, für die es wesentlich erscheint, welche Wirkung den Einzelakten in ihrer Zusammenfassung zukommt. Körperlich wirksame Gewaltanwendung muss dem Ganzen das Gepräge geben, und es muss auszuschließen sein, dass es sich aus der Sicht der strafrechtlich zur Verantwortung gezogenen Person um nicht kalkulierte Entgleisungen handelt. Doch ist für die Bemessung der Zwangswirkung auch jedes sonstige kohärente Geschehen von Belang, das diese in ihrem Gewicht steigert. Zu denken ist dabei besonders an die Kombination mit für sich nicht rechtswidrigen Aktionen, deren Teilnehmer mit der Zielsetzung gewaltsamer Einwirkung nicht übereinstimmen und deshalb für ihre Person den § 105 nicht verwirklichen. Natürliche und legitime politische Spannungen können Anknüpfungspunkte liefern, die sich ein überlegt handelnder Täterkreis zunutze machen kann und die dadurch zur Intensität der Zwangswirkung beitragen.

15 3. **Nötigungswirkung** ist hier, wenn man vom Sprachgebrauch des § 240 ausgeht, ein im Gesetz näher umschriebenes, durch vis compulsiva erzwungenes Handeln (im engeren Sinne der willentlichen Tätigkeit) oder Unterlassen (im Sinne des willentlichen Nichtausführens einer bestimmten Tätigkeit) oder durch vis absoluta erzwungenes Dulden (im Sinne des nicht willentlichen, rein passiven Untätigbleibens). Der Tatbestand des § 105 kennzeichnet die Straftat anders als § 81 als **Erfolgsdelikt.** Den Erfolg umschreibt das Gesetz alternativ: entweder erzwungene Nichtausübung oder erzwungene Ausübung der in den Tätigkeitsbereich fallenden Befugnisse überhaupt oder einzelner von ihnen in einem bestimmten Sinn. Das kann bewirkt werden durch „Auseinandersprengen" des Verfassungsorgans, d. h. durch Auseinandertreiben der schon versammelten Mitglieder in der Weise, dass das Organ beschlussunfähig wird, oder umgekehrt durch das Verhindern des Zusammentretens des Verfassungsorgans oder seiner Beschlussfähigkeit oder Beschlussfassung (wobei jedoch die Einschränkungen Rdn. 12 zu beachten sind), aber auch durch Zwang zur Beschlussfassung im Rahmen der Zuständigkeit (vgl. Rdn. 4; sonst allenfalls § 240, s. Rdn. 26) in dem vom Täter gewünschten Sinn, wobei es unerheblich ist, ob der erzwungene Beschluss sachlich verfehlt oder richtig, zur Zeit unnötig oder notwendig ist.[37] Im zuletzt genannten Fall kann es oft schwierig sein, festzustellen, ob wirklich ein für die Mehrheitsbildung erforderlicher Teil der Mitglieder der Nötigung nachgegeben hat oder der eigenen Überzeugung gefolgt ist. Jedenfalls könnte die Neigung bestehen, den Mitgliedern des Organs die für sie unter Umständen recht peinliche Frage nach ihren Motiven in weiter Auslegung des § 68a StPO zu ersparen und auf eine Bestrafung wegen Versuchs auszuweichen. Zwar hätte dieses Problem durch die Beibehaltung des früheren Unternehmenstatbestandes umgangen werden können. Angesichts des Umstandes, dass sich diese Schwierigkeiten nur bei der Einflussnahme auf die Willensbildung, nicht aber bei der Unterbindung der Befugnisausübung ergeben, und im Übrigen die Versuchsstrafbarkeit nur zu einer fakultativen Strafmilderung führt, kann hieraus jedoch kein gewichtiges Argument gegen die Ausgestaltung des § 105 als Erfolgsdelikt hergeleitet werden.[38]

---

[37] Vgl. RGSt 54 152, 163.

[38] Anders *Willms* LK[10] Rdn. 9.

IV. Die Rechtswidrigkeit

Das Rechtswidrigkeitsmerkmal in Abs. 1 ist kein Tatbestands-, sondern ein allgemeines Verbrechensmerkmal. 16

1. Keine entsprechende Anwendung des § 240 Abs. 2

Nach seiner dogmatischen Bedeutung ist § 105 lex specialis zu § 240. Hiervon zu trennen ist die Frage, ob auch der Abs. 2 des § 240 im Falle des § 105 angewandt werden soll, obwohl hier eine qualifizierte Drohung statt der Drohung mit einem empfindlichen Übel gefordert wird. Der Gesetzgeber hätte diese Frage, wenn er sie bejahen wollte, mit einer schlichten Verweisung beantworten können. Wenn er statt dessen nur ein undeutliches Ja aussprach, indem er mit der Rechtswidrigkeit der Tathandlung etwas an sich Selbstverständliches betonte, so zeigt das ebenso wie die Bemerkung in der Begründung BTDrucks. V/2860 S. 25, das Rechtswidrigkeitsmerkmal „nehme die Adäquanzklausel des § 240 Abs. 2 in Bezug", dass er sich des qualitativen Unterschieds der beiden Tatbestände im Verhältnis von geschütztem Rechtsgut und Tathandlung bewusst war und sich deshalb scheute, beide einfach gleichzusetzen. Die Ausführungen auf S. 3 des Berichts lassen zusätzlich erkennen, dass es ihm bei der Einfügung des Merkmals in erster Linie, wenn nicht sogar ausschließlich darum ging, einer zu weit gehenden Kriminalisierung des Streiks vorzubeugen. Der Streik soll, wie es dort heißt, sozialadäquat und damit nicht rechtswidrig sein können, „wenn der von ihm ausgeübte Druck auf gesellschaftliche Gruppen oder staatliche Einrichtungen den bis ins Letzte nicht normierten, sondern aus der Wirklichkeit des politischen Lebens zu entnehmenden Spielregeln politischer Auseinandersetzung noch entspreche".

In der Lehre wird, ohne besonders auf Einzelheiten einzugehen, überwiegend eine entsprechende Anwendung des § 240 Abs. 2 bejaht.[39] 17

Die – auch der Rechtsprechung des Bundesgerichtshofs zu entnehmende (BGHSt 32 165, 176) – Auffassung, im Rahmen des § 105 sei eine entsprechende Anwendung des § 240 Abs. 2 abzulehnen, verdient den Vorzug.[40] Wegen der Beschränkung der Nötigungsmittel auf Gewalt und Drohung mit Gewalt und deren zusätzlicher normativen Einschränkung (s. Rdn. 11) ist, anders als bei dem offen gefassten Tatbestand des § 240, bei § 105 zur Begründung der Rechtswidrigkeit eine besondere Prüfung der Verwerflichkeit der Tat nicht nur nicht erforderlich, sie ginge vielmehr sogar ins Leere.[41] Es sind nämlich keine Fälle denkbar, in denen trotz Nichteingreifens eines allgemeinen (z. B. §§ 32, 34) oder besonderen (s. Rdn. 18) Rechtfertigungsgrundes der Einsatz der von § 105 vorausgesetzten massiven Zwangsmittel als nicht verwerflich im Sinne des § 240 Abs. 2 angesehen werden könnte. Beispielsweise kann sich die vom Bundesverfassungsgericht[42] und auch vom Bundesgerichtshof[43] im Hinblick auf § 240 Abs. 2 verneinte Frage, ob jegliche Gewaltanwendung praktisch indiziell für die Verwerflichkeit der Tat sei, bei § 105 angesichts der dort geforderten massiven Gewalt überhaupt nicht stellen. Damit ist die Rechtsprechung entsprechend der Intention des E 1962 (Begründung zu § 395, S. 584) von der Beantwortung der Frage, unter welchen Voraussetzungen politische

---

[39] *Schwalm* LK[9] Rdn. 16; *Lackner/Kühl* Rdn. 5; *Rudolphi* SK Rdn. 16; *Sch/Schröder/Eser* Rdn. 10; zweifelnd *Tröndle/Fischer* Rdn. 3; *Woesner* NJW **1968** 2129, 2131.

[40] So auch *Maurach/Schroeder/Maiwald II*, § 86 Rdn. 6; *Müller* MK Rdn. 22; *Wolter* AK Rdn. 54.

[41] So auch *Wohlers* NK Rdn. 8.

[42] BVerfGE **73** 206, 256.

[43] BGHSt **34** 71, 77; **35** 270, 274.

Kampfmaßnahmen gegen eines der in § 105 genannten Verfassungsorgane verwerflich sind, entlastet. Die Rechtswidrigkeit einer im Sinne des § 105 tatbestandsmäßigen Handlung entfällt daher nur, wenn ein allgemeiner oder besonderer Rechtfertigungsgrund vorliegt.

18 2. Als derartige **besondere Rechtfertigungsgründe** werden in der Rechtslehre diskutiert:

a) Der **Bundeszwang** gegenüber den Ländern nach Art. 37 GG.

b) Das subsidiäre **Widerstandsrecht** aller Deutschen nach Art. 20 Abs. 4 GG gegen Versuche, die verfassungsmäßige Ordnung zu beseitigen.[44] Es wird ausschließlich zur Bewahrung oder Wiederherstellung der verfassungsmäßigen Rechtsordnung gewährt. Ein Widerstandsrecht auf Veränderung dieser Ordnung kann dem Art. 20 Abs. 4 GG dagegen nicht entnommen werden. Außerdem ist die Subsidiaritätsklausel zu beachten. Ob andere Abhilfe in deren Sinn nicht möglich ist, wird differenziert zu beantworten sein.[45] Eine Tat, durch die ein Parlament oder eine Regierung an einer verfassungswidrigen Entscheidung gehindert werden soll, kann nicht über Art. 20 Abs. 4 GG gerechtfertigt sein, weil hier Abhilfe durch Anrufung des Bundesverfassungsgerichts möglich ist.

19 c) Das **Streikrecht.**[46] Es war vor dem 17. Ges. zur Ergänzung des GG v. 24.6.1968 (BGBl. I 709) nur in einigen Länderverfassungen und ist seitdem in Art. 9 Abs. 3 GG geregelt. Dort ist einerseits von „Arbeitskämpfen ... zur Wahrung und Förderung der Arbeits- und Wirtschaftsbedingungen" die Rede, also im Sinne des Arbeitsrechts von den wirtschaftlichen Streiks der Arbeitnehmer und den wirtschaftlichen Aussperrungen der Arbeitgeber, nicht von den „politischen" Streiks oder „politischen" Aussperrungen. Andererseits werden diese wirtschaftlichen (sog. „arbeitsrechtlichen") Arbeitskämpfe nur dann durch Art. 9 Abs. 3 GG legitimiert und im dortigen Umfang gegenüber Eingriffen nach den dort aufgeführten Notstandsvorschriften privilegiert, wenn sie von „Vereinigungen ... geführt" werden, die nach dem dortigen Abs. 1 „zur Wahrung und Förderung der Arbeits- und Wirtschaftsbedingungen" gebildet sind, also von Arbeitnehmer- und Arbeitgeberkoalitionen. Soweit letzteres nicht der Fall ist, handelt es sich um „wilde" Arbeitskämpfe, also wilde Streiks und wilde Aussperrungen. Erfasst, legitimiert und privilegiert werden hiernach durch Art. 9 Abs. 3 GG nur die von den zuständigen Vereinigungen geführten wirtschaftlichen Arbeitskämpfe, dies jedoch nur, wenn die Kampfmaßnahmen sich gegen den „Tarifpartner" richten. Sollen durch die Maßnahmen dagegen politische Organe zu einem – sei es auch wirtschaftspolitischen – Handeln oder Unterlassen gezwungen werden, so liegt ein politischer Arbeitskampf vor. Für die Prüfung des § 105 ist dabei von Bedeutung, ob das Ziel der Beeinflussung von Verfassungsorganen mit Mitteln erreicht werden soll, die bei objektiver Betrachtung geeignet sind, den Willen des betreffenden Verfassungsorgans zu beugen. Auch der wirtschaftliche Arbeitskampf ist in das Gefüge der Verfassungsordnung eingebettet und setzt die Achtung ihrer Institutionen voraus. Der Einsatz der von § 105 vorausgesetzten qualifizierten Nötigungsmittel kann

[44] Vgl. zur Entstehungsgeschichte *Böckenförde* JZ **1970** 168; vgl. a. *Sch/Schröder/Lenckner* vor §§ 32 ff Rdn. 65.

[45] Vgl. a. *Müller* MK Rdn. 26; *Wolter* AK Rdn. 59.

[46] S. hierzu *Sax* NJW **1953** 368; *Niese* Streik und Strafrecht (1954); *Ostendorf* Kriminalisierung des Streikrechts (1987); *Scholz* Jura **1987** 190.

daher außerhalb des Anwendungsbereichs des Art. 20 Abs. 4 GG durch das Streikrecht nicht gerechtfertigt werden.

d) Das **Demonstrationsrecht,** d. h. das Recht, mit anderen Personen unter freiem Himmel räumlich zusammenzutreten oder zusammenzubleiben, um hierdurch eine gemeinsame Meinung unmittelbar gegenüber dritten Personen zum Ausdruck zu bringen. Dieses Recht ist durch Art. 5, 8 GG einerseits gewährleistet, andererseits zugleich beschränkt; es besteht nach Sinn und Zweck dieser Vorschriften nur in dem Umfange, als die Meinungskundgabe sich als „Mittel des geistigen Meinungskampfes" (BVerfGE **25** 256, 264 f) darstellt, d.h. ausschließlich mit geistigen Argumenten geführt wird.[47] Es begründet als solches weder ein Recht zur Gewaltanwendung, soweit Behinderungen nicht durch die Sozialadäquanz gerechtfertigt sind,[48] noch auch nur ein Recht auf Anhörung durch dritte Personen.[49] Im Übrigen fallen alle Demonstrationen unter den Begriff der Versammlung im weiteren Sinn; sie sind nach dem Sprachgebrauch des Versammlungsgesetzes § 14 entweder eine (stehende) „Versammlung unter freiem Himmel"[50] oder ein „Aufzug" (unter freiem Himmel).[51] Danach sind auch Demonstrationen grundsätzlich anmeldepflichtig. Andererseits sind, wie auch § 15 Abs. 3 VersammlG[52] erkennen lässt, nicht angemeldete sog. „Spontandemonstrationen" nicht schon deshalb illegal.[53] Für die Beantwortung der Frage, ob eine dem Tatbestand des § 105 unterfallende Handlung durch die Art. 5 und 8 GG gerechtfertigt sein kann, ist diese Unterscheidung jedoch nicht bedeutsam. Es gelten hier die Ausführungen zum Streikrecht entsprechend. Die Art. 5 und 8 GG rechtfertigen nicht die Anwendung oder Androhung massiver Gewalt im Sinne des § 105.[54] 20

e) Das **„Recht auf zivilen Ungehorsam"**,[55] das jedoch – unabhängig von der Frage, ob und in welchem Umfang es überhaupt als strafrechtlicher Rechtfertigungsgrund anzuerkennen ist – aus den für das Streik- und Demonstrationsrecht genannten Gründen im Rahmen des § 105 ebenfalls keine rechtfertigende Wirkung entfalten könnte. 21

---

47 BGHSt **44** 34, 41; BayObLG NJW **1969** 1127; OLG Köln NJW **1970** 1322, 1324; OLG Celle NJW **1970** 206, 207; AG Frankfurt a.M. NStZ **2006** 399, 400.

48 Vgl. BVerfGE **73** 206, 249 f; **82** 236, 264; **104** 92, 108; BVerfG NJW **1991** 91, 93; BGHSt 35 270, 282 f; **44** 34, 41 f.

49 BGHSt **23** 46, 56 f; BayObLG NJW **1969** 1127; OLG Köln NJW **1970** 64, 65; vgl. aber BverfGE **104** 92, 110 mit abweichendem Votum von Rin Haas BVerfGE **104** 115, 117 und kritischer Anm. *Sinn* NJW **2002** 1024, 1025.

50 Vgl. insoweit *Ott* NJW **1969** 454, 455; nach dem Sprachgebrauch und Gesetzeszweck abzulehnen ist die erweiternde Auslegung von *Merten* MDR **1968** 621, 622, wonach auch Veranstaltungen in geschlossenen Räumen einzubeziehen seien.

51 Z. B. BayObLG JR **1969** 65, 68; vgl. zur Begriffsbestimmung *Wache* in Erbs/Kohlhaas, VersammlG, V 55, § 1 Rdn. 20 ff (Versammlung), Rdn. 33 (Aufzug).

52 Gesetz zur Änderung des VersammlG und des StGB vom 24. März 2005, BGBl. I 969; zuvor § 15 Abs. 2 a. F.

53 Vgl. *Neuberger* GA **1969** 1, 11; *Merten* MDR **1968** 621, 624; *Hoch* JZ **1969** 18.

54 Vgl. BGHSt **32** 165, 181 f; vgl. a. *Träger/Altvater* LK[11] § 240 Rdn. 109 ff.

55 S. dazu *Bergmann* Jura **1985** 457, 464; *Bitzilekis* aaO; *Brüggemeier* KJ **1984** 249 ff; *Frankenberg* JZ **1984** 266 ff; *Hassemer* FS Wassermann, S. 325 ff; *Karpen* JZ **1984** 249 ff; *Laker* aaO S. 237 ff; *Prittwitz* JA **1987** 17 ff; *Radtke* GA **2000** 19 ff; *Roxin* FS Schüler-Springorum S. 441 ff; *Sch/Schröder/Eser* § 240 Rdn. 26; *Schüler-Springorum* aaO S. 76 ff; *Wassermann* JZ **1984** 263 ff.

22 f) **Art. 26 GG.**[56] Ob Art. 26 GG überhaupt rechtfertigende Wirkung zu entfalten vermag, kann offen bleiben. Jedenfalls kommt er bezüglich § 105 nicht als Rechtfertigungsgrund in Betracht. Dies folgt daraus, dass das Führen oder Vorbereiten eines Angriffskrieges – wie sich gerade aus Art. 26 GG und auch aus §§ 80, 80a ergibt – nicht in der Befugnis eines deutschen Verfassungsorgans liegt. Die Nötigung zur Unterlassung derartiger Handlungen erfüllt daher schon nicht den objektiven Tatbestand des § 105.[57]

V. Vorsatz und Irrtum

23 Wie bei § 240[58] genügt bedingter Vorsatz, der das Nötigungsziel und das Nötigungsmittel einschließlich der Zwangseignung umfassen muss, aber nicht das Bewusstsein der Rechtswidrigkeit einzuschließen braucht. Die irrige Annahme des Täters, die von ihm in allen Tatbestandsmerkmalen erfasste Tat sei nicht rechtswidrig, ist als Verbotsirrtum zu behandeln.[59]

VI. Versuch

24 **Der Versuch** ist strafbar, da die Tat ein Verbrechen ist (§ 12 Abs. 1) und auch im Falle des Absatz 2 bleibt (§ 12 Abs. 3). Da der Tatbestand als Erfolgsdelikt ausgestaltet ist, tritt Vollendung erst mit dem erzwungenen Tätigwerden oder Untätigbleiben des Verfassungsorgans ein.

Droht der Täter mit einer fraglos tatbestandsmäßigen Gewalt (z. B. Drohung mit gemeingefährlichen Sprengsätzen), die der Empfänger entgegen dessen Ansicht nicht ernst nimmt (z. B. Zweifel an der Befähigung des Täters, unrealistische Forderungen usw.), kommt eine Strafbarkeit wegen **untauglichen Versuchs** in Betracht. Denn in einem solchen Fall ist das Tatmittel objektiv geeignet, den tatbestandsmäßigen Erfolg herbeizuführen und dies stimmt mit der subjektiven Vorstellung des Täters überein.

Irrt der Täter hingegen über die erforderliche Intensität der Gewalt bzw. Gewaltdrohung, indem er bloß annimmt, er habe eine zur Nötigung ausreichende Gewalt angewendet oder angedroht, führt dies nicht zum untauglichen Versuch. Vielmehr ist lediglich von einem straflosen Wahndelikt auszugehen, da der Irrtum ein normatives Merkmal betrifft.[60] Der Täter dehnt insoweit die Reichweite der strafrechtlichen Norm – zu seinen Ungunsten – aus.

---

[56] Vgl. AG Frankfurt DuR **1985** 454 ff; kritisch AG Schwäbisch Gmünd NJW **1985** 211, 212.

[57] AA *Müller* MK Rdn. 28, der die formale Befugnis eines Verfassungsorgans für ausreichend erachtet und die Rechtswidrigkeit einer solchen Nötigung an den Rechtfertigungsgründen des Art. 20 Abs. 4 GG oder § 34 misst.

[58] BGHSt 5 245, 246.

[59] BGHSt **2** 194, 201, 205, 209; **4** 1, **5** und 80, 86; **21** 18, 20.

[60] Vgl. Rdn. 11; *Müller* MK Rdn. 30.

VII. Konkurrenzen

1. Gesetzeskonkurrenz besteht:

a) mit Vorrang des § 105 als lex specialis zu § 240. § 240 findet auch dann keine Anwendung, wenn § 105 wegen nicht ausreichender Intensität des Nötigungsmittels (s. Rdn. 11) nicht eingreift.[61] Dies folgt, soweit man die Nötigung des Verfassungsorgans als Gesamtheit ins Auge fasst, schon daraus, dass die normative Tatbestandseinschränkung des § 105 auf § 240 durchschlägt: Ist das Nötigungsmittel in objektiver Sicht nicht geeignet, die Willensausübung des Verfassungsorgans zu unterbinden oder seine Willensbildung zu beeinflussen, da von diesem ein Standhalten in besonnener Selbstbehauptung zu erwarten ist, scheidet auch eine Strafbarkeit nach § 240 aus.[62] Soweit sich die Tat gleichzeitig als Nötigung einzelner Mitglieder des Verfassungsorgans darstellt, hat § 106 als lex specialis Vorrang vor § 240. Aus den genannten Gründen ist es auch nicht möglich, dass sich eine Tat als Versuch des § 105 in Tateinheit mit vollendeter Nötigung (§ 240) darstellt.[63] 25

§ 240 kann nur dann eingreifen, wenn das Verfassungsorgan zu einem Tätigwerden außerhalb seiner Befugnisse oder allein zum Gebrauchmachen von seinen Befugnissen, ohne dass der Täter eine Zielrichtung vorgibt (vgl. Rdn. 15), also zum Fällen einer Entscheidung egal in welcher Richtung, gezwungen wird. Jedoch sind auch insoweit die Einschränkungen gemäß BGHSt **31** 195, 201 zu beachten.[64]

b) mit Vorrang der §§ 81 Abs. 1 Nr. 2, 82 Abs. 1 Nr. 2 (Spezialität) bei hochverräterischen Angriffen gegen die durch die Verfassungsorgane repräsentierte verfassungsmäßige Ordnung;[65] jedoch soll nach *Tröndle/Fischer* Rdn. 5 auch Tateinheit in Betracht kommen.

2. Idealkonkurrenz ist möglich mit § 106[66], mit §§ 239a, 239b und 316c.[67]

VIII. Zuständigkeiten

Für die Verfolgung ist der Generalbundesanwalt zuständig (§§ 142a Abs. 1 S. 1, 120 Abs. 1 Nr. 5 GVG), der das Verfahren – von den Fällen des § 142a Abs. 3 GVG abgesehen – vor Anklageerhebung an die Landesstaatsanwaltschaft abgibt, wenn sich die Tat gegen ein Verfassungsorgan eines Landes richtete (§ 142a Abs. 2 Nr. 1b GVG). Für die Aburteilung zuständig ist das OLG am Sitz der Landesregierung (§ 120 Abs. 1 Nr. 5 GVG); für das Gebiet der früheren DDR sind die Besonderheiten nach Kapitel III Sachgebiet A Abschnitt III Nr. 1, Bst. 1 (1) der Anlage 1 zum Einigungsvertrag zu beachten. 26

Zur Anwendbarkeit des **Opportunitätsprinzips** vgl. §§ 153d, 153e StPO in Verb. mit § 120 Abs. 1 Nr. 5 GVG.

---

61 BGHSt **32** 165, 176.
62 Vgl. BGHSt **31** 195, 201.
63 AA *Wolter* AK Rdn. 64.
64 BGH NStZ **1992** 278.
65 *Sax* NJW **1953** 369.
66 *Rudolphi* SK Rdn. 19 u. § 106 Rdn. 1; *Wolter* AK Rdn. 66.
67 *Preisendanz* Anm. 4.

IX. Recht des Einigungsvertrages

27 In das Strafrecht der früheren DDR wurde erst durch das 6. StRÄndG-DDR vom 29.6.1990 (DDR-GBl. I 526) mit § 96 Abs. 1 Nr. 3 StGB-DDR eine dem § 105 vergleichbare Vorschrift eingefügt. Danach wurde Freiheitsstrafe nicht unter fünf Jahren demjenigen angedroht, der es unternahm, mit Gewalt oder Drohung mit Gewalt u. a. die Volkskammer oder den Ministerrat der DDR zu nötigen, nicht oder entgegen der Verfassung tätig zu werden. Da der nunmehr gemäß Art. 8 des Einigungsvertrages seit dem 3.10.1990 auch auf dem Gebiet der ehemaligen DDR geltende § 105 die Nötigung dieser Verfassungsorgane der früheren DDR nicht mit Strafe bedroht, könnten vor dem 3.10.1990 begangene Taten im Sinne des § 96 Abs. 1 Nr. 3 StGB-DDR heute nicht mehr unter dem Gesichtspunkt der Nötigung von Verfassungsorganen bestraft werden (Art. 315 Abs. 1 S. 1 EGStGB in Verb. mit § 2 Abs. 3).[68]

§ 106
Nötigung des Bundespräsidenten und von Mitgliedern eines Verfassungsorgans

(1) Wer
1. den Bundespräsidenten oder
2. ein Mitglied
a) eines Gesetzgebungsorgans des Bundes oder eines Landes,
b) der Bundesversammlung oder
c) der Regierung oder des Verfassungsgerichts des Bundes oder eines Landes rechtswidrig mit Gewalt oder durch Drohung mit einem empfindlichen Übel nötigt, seine Befugnisse nicht oder in einem bestimmten Sinne auszuüben, wird mit Freiheitsstrafe von drei Monaten bis zu fünf Jahren bestraft.

(2) Der Versuch ist strafbar.

(3) In besonders schweren Fällen ist die Strafe Freiheitsstrafe von einem Jahr bis zu zehn Jahren.

Schrifttum s. bei § 105.

Entstehungsgeschichte

Die ursprüngliche Fassung des Tatbestandes betraf allein die Hinderung eines Parlamentsmitglieds, „sich an den Versammlungsort zu begeben oder zu stimmen“, durch die Nötigungsmittel der Gewalt oder der Bedrohung mit einer strafbaren Handlung. Durch das 8. StrÄndG[1] wurden auch die Mitglieder anderer Verfassungsorgane und der bis dahin in § 83 a. F. geschützte Bundespräsident (kritisch insoweit Blei BT § 100 II) in den Schutzbereich der Norm einbezogen. Die Nötigungsmittel wurden auf die Androhung eines empfindlichen Übels erweitert und auch die Nötigung zur Befugnisausübung im vom Täter gewünschten Sinn in den Tatbestand aufgenommen.

---

[68] Vgl. Vor § 80 Rdn. 37.

[1] Vgl. Vor § 80 Rdn. 12.

Übersicht

I. Zweck

Zweck der Vorschrift ist es, die Freiheit der Willensbildung und Willensbetätigung des Bundespräsidenten bzw. der einzelnen Mitglieder der von § 105 in ihrer Gesamtheit geschützten Verfassungsorgane zu gewährleisten. § 106 greift bei Nötigung einer der genannten Einzelpersonen ein, auch wenn gleichzeitig eine Anzahl oder ganze Gruppe gleicher Funktionsträger (z.B. eine ganze Fraktion) angegriffen wird. Wenn hierdurch zugleich das ganze Kollegium (Parlament, Regierung, Gericht) betroffen wird, ist auch § 105 erfüllt. 1

II. Tatobjekt

Tatobjekte sind (in erschöpfender Aufzählung, also nicht auch bei den Verfassungsorganen tätige Verwaltungsbeamte und sonstige Mitarbeiter): 2

1. der Bundespräsident in seiner Eigenschaft als einziges nichtkollektives Verfassungsorgan (Art. 82 GG) einschließlich seines verfassungsmäßigen Vertreters (Art. 57 GG) in dieser Eigenschaft;[2]

2. Mitglieder eines Gesetzgebungsorgans des Bundes oder eines Landes; nicht geschützt ist z. B. der als Regierungsvertreter ins Parlament entsandte Ministerialbeamte oder ein Beamter des Bundespräsidialamtes;[3]

3. Mitglieder der Bundesversammlung;

4. Mitglieder der Regierung oder des Verfassungsgerichts des Bundes oder eines Landes.

Bei Mitgliedern der Bundes- oder einer Landesregierung macht es keinen Unterschied, ob sie ausgesprochen in ihrer Funktion als Angehörige des Verfassungsorgans oder als Leiter ihres Ministeriums als einer obersten Behörde des Bundes oder Landes tätig sind.[4] Dagegen wollte OLG Düsseldorf MDR **1978** 950 (= NJW **1978** 2563) die Vorschrift bei Nötigung eines Bundesministers in seiner Eigenschaft als Behördenleiter nicht zur Anwendung bringen; es hat mit dieser Auffassung lediglich bei Blei BT § 100 II Zustimmung gefunden.

---

[2] *Müller* MK Rdn. 4; *Rudolphi* SK Rdn. 1; *Sch/Schröder/Eser* Rdn. 1a; *Tröndle/Fischer* Rdn. 1; *Wohlers* NK Rdn. 1.

[3] OLG Düsseldorf NJW **1978** 2562, 2563.

[4] *Schoreit* MDR **1979** 633; *Sch/Schröder/Eser* Rdn. 1a; *Wolter* AK Rdn. 2.

III. Tathandlung

3 **Tathandlung** ist das Nötigen des Bundespräsidenten oder eines Mitglieds der genannten Verfassungsorgane hinsichtlich der Ausübung seiner ihm in dieser Eigenschaft zustehenden Befugnisse.

1. Nötigungsziel ist, dass die Einzelperson eine ihr zustehende Befugnis entweder gar nicht oder in einem bestimmten Sinn ausübt, z. B. an der Parlamentssitzung nicht teilnimmt oder dort nicht oder in einem vom Täter gewollten Sinne abstimmt oder die Parlamentssitzung vor der Abstimmung verlässt. Nicht einbezogen, sondern lediglich nach § 240 zu beurteilen ist wie bei § 105 (s. dort Rdn. 15, 25) der Fall, dass der Parlamentarier usw. genötigt wird, seine Befugnisse wahrzunehmen, also z. B. sich an der Parlamentssitzung zu beteiligen und dort mit abzustimmen, ohne dass der Täter eine Zielrichtung vorgibt.

4 **2. Befugnisse.** Es werden die Rechte geschützt, die dem Bundespräsidenten oder dem einzelnen Mitglied des jeweiligen Verfassungsorgans durch die Verfassung, einfaches Gesetz oder auch die Geschäftsordnung des Verfassungsorgans eingeräumt sind. Hierunter fällt beispielsweise auch das Recht eines Parlamentsabgeordneten auf Teilnahme und Mitberatung in einer Fraktionssitzung, nicht jedoch seine Tätigkeit als Parteipolitiker, wie etwa die Teilnahme an oder die Abstimmung bei einem Parteikongress oder das Halten einer Wahlrede.[5]

5 **3. Nötigungsmittel** sind nicht nur – wie in § 105 – Gewalt und Drohung mit Gewalt (s. dazu § 105 Rdn. 8 und 9). Vielmehr wird in § 106 jede Drohung mit einem empfindlichen Übel – wie in § 240 – erfasst.[6] Das bedeutet, dass die in § 106 genannten Einzelpersonen, weil sie in höherem Maße als ein Kollektiv gegen nötigenden Druck anfällig sind,[7] einen erhöhten Schutz genießen.

4. Wegen der **Nötigungswirkung** gelten die Ausführungen zu § 105 Rdn. 15 entsprechend. Auch § 106 ist ein Erfolgsdelikt.

5. **Täter** kann ein Außenstehender aber auch ein Mitglied des Verfassungsorgans selbst sein. Ähnlich wie bei § 105 braucht der Täter die Nötigungsmittel nicht unmittelbar gegen das Mitglied zu richten.[8]

IV. Die Rechtswidrigkeit

6 Das Rechtswidrigkeitsmerkmal in Abs. 1 ist ebenso wie in § 105 kein Tatbestands-, sondern ein allgemeines Verbrechensmerkmal. Anders jedoch als bei § 105 ist die ausdrückliche Aufnahme des Rechtswidrigkeitsmerkmals in den Tatbestand der Vorschrift als Bezugnahme auf § 240 Abs. 2 zu verstehen.[9] Denn ähnlich wie bei § 240 Abs. 1 han-

---

5 *Tröndle/Fischer* Rdn. 2.
6 Einschränkend *Wohlers* NK Rdn. 2.
7 Vgl. *Maurach/Schroeder/Maiwald II*, § 86 Rdn. 13.
8 *Müller* MK Rdn. 8; *Sch/Schröder/Eser* Rdn. 2; *Tröndle/Fischer* Rdn. 2; *Wolter* AK Rdn. 11.
9 Vgl. *Müller* MK Rdn. 10; *Rudolphi* SK Rdn. 5; **aA** *Wohlers* NK Rdn. 5; *Wolter* AK Rdn. 7.

delt es sich bei § 106 Abs. 1 um einen „offenen Tatbestand“, bei welchem die Rechtswidrigkeit nicht durch die Erfüllung des objektiven Tatbestandes indiziert wird, sondern vielmehr einer besonderen Begründung durch Prüfung der Verwerflichkeit der Tat bedarf. Dies folgt zum einen daraus, dass der Kreis der tauglichen Nötigungsmittel in § 106 im Vergleich zu § 105 erweitert ist und demjenigen des § 240 entspricht, zum anderen, dass die für die normative Einschränkung der tatbestandlichen Nötigungsmittel des § 105 maßgeblichen Gesichtspunkte (s. § 105 Rdn. 11) auf § 106 nur begrenzt[10] übertragbar sind.

In die in entsprechender Anwendung des § 240 Abs. 2 somit gebotene besondere Prüfung der Verwerflichkeit der Tat kann im Einzelfall die grundgesetzliche Gewährleistung des Streik- oder Demonstrationsrechts, die bei § 105 als besonderer Rechtfertigungsgrund ausscheidet (s. § 105 Rdn. 20 f), als Abwägungsgesichtspunkt mit einzubeziehen sein. Im Übrigen wird zur Verwerflichkeitsprüfung auf die Erläuterungen zu § 240 Abs. 2 verwiesen. Wegen der sonstigen Rechtfertigungsgründe wird auf § 105 Rdn. 19 ff Bezug genommen. Die Rechtfertigung der Gewaltanwendung kann sich zu § 106 auch aus der Geschäftsordnung des Parlaments als Grundlage für die Entfernung eines widerstrebenden Angeordneten aus dem Sitzungssaal ergeben.[11]

V. Vorsatz und Irrtum

Vorsatz und Irrtum sind ebenso wie Rdn. 24 zu § 105 zu beurteilen.

VI. Versuch

Versuch ist, da § 106 ein Vergehen ist (§ 12 Abs. 2) und auch im Falle des Abs. 3 **7**
bleibt (§ 12 Abs. 3), durch Abs. 2 ausdrücklich unter Strafe gestellt. Der Tatbestand ist in Übereinstimmung mit der früheren Fassung als Erfolgsdelikt ausgestaltet. Vollendung tritt daher erst mit dem erzwungenen Tätigwerden oder Untätigbleiben der geschützten Person ein.

VII. Konkurrenzen

Gesetzeskonkurrenz mit Vorrang des § 106 als lex specialis besteht zu § 240. Im **8**
Übrigen wird auf § 105 Rdn. 25 Bezug genommen.

VIII. Zuständigkeiten

Bezüglich der **Zuständigkeiten** und der Anwendbarkeit des **Opportunitätsprinzips** gilt das bei § 105 Rdn. 26 Gesagte entsprechend.

---

10 Vgl. BGH NStZ **1992** 278.

11 Vgl. RGSt. **47** 270, 276.

IX. Recht des Einigungsvertrages

9 Das Strafrecht der früheren DDR hatte zunächst nur in § 96 Abs. 1 Nr. 4 StGB-DDR a.F. die Nötigung „führender Repräsentanten" der DDR als Hochverrat mit Strafe bedroht. Durch das 6. StrÄndG-DDR vom 29.6.1990 wurde in § 96 Abs. 1 Nr. 3 StGB-DDR n.F. die Nötigung des Präsidenten, nicht oder entgegen der Verfassung tätig zu werden, in § 104 StGB-DDR n.F. die Nötigung des Präsidenten, des Präsidenten der Volkskammer oder des Ministerpräsidenten der DDR, um sie an der Ausübung ihrer verfassungsmäßigen Tätigkeit zu hindern, unter Strafe gestellt. Derartige Taten könnten jedoch seit dem 3.10.1990 weder nach den genannten Vorschriften des StGB-DDR noch nach dem seither auch auf dem Gebiet der früheren DDR geltenden § 106 (Art. 8 Einigungsvertrag) strafrechtlich geahndet werden. Die Ausführungen bei § 105 Rdn. 27 gelten insoweit entsprechend.

§ 106a[12]
(*aufgehoben*)

§ 106b
Störung der Tätigkeit eines Gesetzgebungsorgans

(1) Wer gegen Anordnungen verstößt, die ein Gesetzgebungsorgan des Bundes oder eines Landes oder sein Präsident über die Sicherheit und Ordnung im Gebäude des Gesetzgebungsorgans oder auf dem dazugehörenden Grundstück allgemein oder im Einzelfall erlässt, und dadurch die Tätigkeit des Gesetzgebungsorgans hindert oder stört, wird mit Freiheitsstrafe bis zu einem Jahr oder mit Geldstrafe bestraft.

(2) Die Strafvorschrift des Absatzes 1 gilt bei Anordnungen eines Gesetzgebungsorgans des Bundes oder seines Präsidenten weder für die Mitglieder des Bundestages noch für die Mitglieder des Bundesrates und der Bundesregierung sowie ihre Beauftragten, bei Anordnungen eines Gesetzgebungsorgans eines Landes oder seines Präsidenten weder für die Mitglieder der Gesetzgebungsorgane dieses Landes noch für die Mitglieder der Landesregierung und ihre Beauftragten.

Entstehungsgeschichte

Die Vorschrift geht auf § 4 des Gesetzes über die Befriedung der Gebäude des Reichstags und der Landtage vom 8.5.1920 (RGBl. S. 909) zurück. Sie wurde durch das 1. StrÄndG vom 30. August 1951 (BGBl. I 739)[1] eingefügt und in dem Abs. 1 durch Art. 19 Nr. 29 EGStGB neu gefasst, nachdem zunächst an die Umwandlung in eine Ordnungswidrigkeit gedacht war.[2]

---

12 § 106a Bannkreisverletzung, aufgehoben durch Art. 5 Gesetz zur Neuregelung des Schutzes von Verfassungsorganen des Bundes vom 11. August 1999 (BGBl. I 1818).

1 Vgl. Vor § 80 Rdn. 7.

2 Vgl. *Sturm* JZ 1975 6, 8; *Wolter* AK hält § 106b für überflüssig, so auch *Müller* MK Rdn. 3.

Übersicht

I. Zweck der Vorschrift

Zwar wird durch die Vorschrift unmittelbar das vom Parlamentspräsidenten (vgl. für den Bundestag Art. 40 Abs. 2 GG) ausgeübte Hausrecht und seine Polizeigewalt im Parlamentsgebäude und auf dem dazugehörenden Grundstück geschützt. Doch ist dies nicht die eigentliche Zielrichtung des § 106b. Wie sich aus seiner systematischen Stellung und dem durch das EGStGB eingefügten Erfordernis einer Behinderung oder Störung der Tätigkeit des Gesetzgebungsorgans ergibt, bezweckt er vielmehr in erster Linie den Schutz der Funktionsfähigkeit der genannten Gesetzgebungsorgane.[3] **1**

II. Täter

Der Täterkreis ist durch Absatz 2 in dem Sinne auf das Publikum beschränkt, dass die Parlamentarier, Regierungsmitglieder und ihre Beauftragten des Bundes nicht von den angeführten Bundesparlamentsanordnungen und eines Landes nicht von seinen entsprechenden Landesparlamentsanordnungen betroffen sind. Insoweit bestehen Tatbestandsausschlüsse. Hingegen zählen die Parlamentarier usw. des Bundes in den Ländern und die Parlamentarier usw. jedes Landes in allen anderen Ländern und im Bund (soweit sie nicht Mitglieder des Bundesrates sind) zum Publikum, also zum Täterkreis. **2**

III. Tathandlung

Tathandlung ist der Verstoß gegen eine die Sicherheit und Ordnung im Parlamentsgebäude oder auf dem dazugehörenden Grundstück betreffende allgemeine Regelung, wie etwa die Haus- oder auch die Geschäftsordnung,[4] oder gegen eine entsprechende Einzelanordnung, auch wenn sich diese nur gegen eine einzelne Person richtet.[5] Das schließt, was in der ursprünglichen Fassung ausdrücklich angesprochen war, Anordnungen ein, die das Betreten des Gebäudes oder des zugehörigen Grundstücks und das Verweilen an diesen Orten regeln. **3**

Es handelt sich bei § 106b um eine Blankettvorschrift, die der Ausfüllung durch die entsprechenden Anordnungen bedarf,[6] jedoch nur eingreift, wenn die Zuwiderhandlung – durch welche Mittel auch immer – eine Hinderung oder Störung der Tätigkeit des Gesetzgebungsorgans bewirkt, also die Tätigkeit zumindest zeitweise unmöglich macht oder sie unmittelbar erschwert.[7]

---

[3] *Sch/Schröder/Eser* Rdn. 1; *Rudolphi* SK Rdn. 1; *Wolter* AK Rdn. 1; *Ramm* NJW **1962** 465, 466; abweichend *Lackner/Kühl* Rdn. 1 der allein die Polizeigewalt in Parlamentsgebäuden als geschützt ansieht.

[4] OLG Celle NStZ **1986** 410.

[5] *Sch/Schröder/Eser* Rdn. 2.

[6] Vgl. für den Bundesrat die gem. § 6 Abs. 3 GeschO BRat erlassene Hausordnung (GeschO BRat v. 16.10.1987, BGBl. I 2352), für den Bundestag die aufgrund Art. 40 Abs.1 GG i. V. m. § 7 Abs. 2 GeschO BTag erlassene Hausordnung (GeschO BTag v. 11.7.1975, BGBl. I 2555).

[7] *Lackner/Kühl* Rdn. 3; *Wohlers* NK Rdn. 3: mehr als nur unerheblich erschwert.

IV. Subjektiver Tatbestand

4 Es ist zumindest bedingter Vorsatz erforderlich, der sich auch auf das Bestehen der Anordnung und deren Verletzung beziehen muss.

V. Konkurrenzen

§ 112 OWiG tritt gemäß § 21 Abs. 1 S. 1 OWiG zurück, kommt jedoch zur Anwendung, wenn es zu keiner Hinderung oder Störung der Tätigkeit des Gesetzgebungsorgans gekommen ist und § 106b daher entfällt.

Mit §§ 105, 106 ist Tateinheit möglich;[8] ebenso, da beide Tatbestände nicht deckungsgleich sind, mit § 123.[9]

VI. Recht des Einigungsvertrages

5 § 106b gilt seit dem 3.10.1990 auch in den fünf neuen Bundesländern (Art. 8 Einigungsvertrag). Dem Strafrecht der früheren DDR war eine entsprechende Vorschrift unbekannt.

Vorbemerkungen zu den §§ 107 bis 108e

Schrifttum

Arnold/Kühl Zur strafrechtlichen Beurteilung von Wahlfälschungen in der DDR, NJ **1992** 476; *Barton* Der Tatbestand der Abgeordnetenbestechung, NJW **1994** 1098; *Bruns* Urkundenfälschung an Stimm- und Wahlzetteln, NJW **1954** 456; *Böckenförde* Strafverfahren und Wahlgeheimnis, NJW **1967** 239; *Breitbach* Stimmennötigung, Wahlprüfung und das Argument der Macht, DuR **1984** 432; *Dölling* Personale Beziehung bei Wählerbestechung, NStZ **1987** 68; *Dürr* Lücken oder Sackgasse-Strafvorschriften gegen Fehlverhalten von Abgeordneten?, ZRP **1979** 264; *Geerds* Anmerkung zu BGHSt 33 336, JR **1986** 253, 257; *Greiser* Die Briefwahlunterlagen als Gesamturkunde, NJW **1978** 927; *Günther* Strafrechtsdogmatik und Kriminalpolitik im vereinten Deutschland, ZStW **103** (1991) 851; *Höchst* Unrechtskontinuität zwischen ost- und bundesdeutschen Strafnormen?, JR **1992** 360; *Hübner* Die strafrechtliche Beurteilung von DDR-Wahlfälschungen nach der Wiedervereinigung (1997); *König* Anm. zu BGHSt 39 54, JR **1993** 207; *Klein* Straflosigkeit der Abgeordnetenbestechung, ZRP **1979** 174; *Kühne* Die Abgeordnetenbestechung (1971); *Laufhütte* Strafrechtliche Probleme nach der Wiedervereinigung der beiden deutschen Staaten und ihre Bewältigung durch die Strafsenate des Bundesgerichtshofs, Festschrift BGH 50, (2000) 409; *Lorenz* Zum „Beitrittsprinzip" und zur Strafbarkeit von DDR-Wahlfälschungen, NStZ **1992** 422; *ders.* DDR-Wahlfälschungen vor

---

[8] *Müller* MK Rdn. 10; *Rudolphi* SK Rdn. 7; einschränkend *Wolter* AK Rdn. 7, der Gesetzeskonkurrenz in den Fällen befürwortet, in denen die Tätigkeit des Gesetzgebungsorgans so nachhaltig gestört wird, dass sie im Ergebnis nicht mehr ausgeübt werden kann.

[9] *Lackner/Kühl* Rdn. 4; *Müller* MK Rdn. 10; *Rudolphi* SK Rdn. 7; *Sch/Schröder/Eser* Rdn. 6; *Tröndle/Fischer* Rdn. 1; nach *Wolter* AK Rdn. 7 ist an Subsidiarität oder Konsumtion zu denken.

Gericht, MDR **1993** 705; *M. E. Mayer* Verbrechen und Vergehen in Beziehung auf die Ausübung staatsbürgerlicher Rechte, VDB I 257; *Mösl* Anm. zu BGHSt **29** 380, LM § 107a StGB Nr. 1; *Oehler* Anm. zu BGHSt **29** 380, JR **1981** 519; *Olderog* Die Wahl- und Abgeordnetenbestechung, Diss. Kiel 1965; *Oppermann* Wahlprüfung, Wahlbeeinflussung und Wählernötigung – BVerfGE **66** 369, JuS **1985** 519; *Ransiek* Strafrecht und Korruption, StV **1996** 446; *Rosenthal* Über den reichsrechtlichen Schutz des Wahlgeheimnisses (1918); *Samson* Die strafrechtliche Behandlung von DDR-Alttaten nach der Einigung Deutschlands, NJW **1991** 335; *ders.* Zur Straflosigkeit von DDR-Wahlfälschungen, StV **1992** 141; *Schoreit* Zur Auslegung des § 106 Abs. 1 Nr. 2c StGB, MDR **1979** 633; *Schroeder* Anm. zu OLG Hamm JZ **1957** 583, JZ **1957** 584; *ders.* Rückwirkung milderen Rechts und Wiedervereinigung, NStZ **1993** 216; *Schulze* Zur Frage der Strafbarkeit der Abgeordnetenbestechung, JR **1973** 485; *Tiedemann* Strafrecht und Wahlrecht, NJW **1967** 1013; *Weber* Die Wahlfälschungen in Dresden, JR **1995** 403; *G. Wolf* Straftaten bei Wahlen und Abstimmungen, Diss. Bonn 1961.

Entstehungsgeschichte

1. Eine der wesentlichen Voraussetzungen des auf den Grundlagen der Volkssouveränität (Art. 20 Abs. 2 GG) und des Repräsentationsprinzips (Art. 38 Abs. 1 S. 2 GG) aufbauenden demokratischen Rechtsstaats ist der ordnungsgemäße Ablauf der Wahlen in allen öffentlichen Angelegenheiten. Dieser wird in erster Linie durch die entsprechenden Wahl- und Abstimmungsordnungen gewährleistet, bedarf aber auch einer umfassenden strafrechtlichen Absicherung. Dieser Erkenntnis, die im Zuge der Ausbildung demokratischer Strukturen in Deutschland nur langsam gewachsen ist, wird das StGB auch heute noch nicht in ausreichendem Maße gerecht.

2. Die ursprüngliche Fassung des StGB stellte in § 107 a. F. die Wahlbehinderung, in § 108 a. F. die Wahlfälschung und in § 109 a. F. den Stimmenkauf und -verkauf unter Strafe. Dabei galt § 107 a. F. nur für Wahlen in Ausübung staatsbürgerlicher Rechte, während die §§ 108, 109 a. F. auf alle Wahlen in öffentlichen Angelegenheiten, etwa auch solche im Rahmen von Religionsgemeinschaften,[1] Anwendung fanden. Diese Differenzierung wurde in der Rechtsprechung des Reichsgerichts ausdrücklich anerkannt.[2] Eine Erweiterung brachte erst das 3. StrÄndG v. 4.8.1953 (BGBl. I 735), indem es besondere Vorschriften gegen Fälschung von Wahlunterlagen (§ 107b), Verletzung des Wahlgeheimnisses (§ 107c; zur Unzulänglichkeit dieser Vorschrift s. dort Rdn. 2), Wählernötigung (§ 108) und Wählertäuschung (§ 108a) einfügte und den bisherigen § 109, der als Tathandlungen nur das Kaufen einer Stimme durch den Wahlkandidaten oder einen Dritten sowie das Verkaufen der Stimme durch den Stimmberechtigten erfasst hatte, als nunmehrigen § 108b durch Anpassung an die §§ 331 bis 334 auf gewisse Vorbereitungshandlungen ausdehnte.

3. Andererseits begrenzte das 3. StrÄndG die Schutzfunktion der §§ 107 ff. Es bestimmte nämlich in einer neuen Vorschrift, die damals § 109a und nach dem 4. StrÄndG v. 11.6.1957 (BGBl. I 597) § 108d benannt wurde, dass die §§ 107 ff künftig nur die unmittelbare Volkswillensbildung der Aktivbürgerschaft bei den Urabstimmungen, also die Wahlen und Abstimmungen *zu* den Parlamenten betreffen sollten und nicht die Wahlen und Abstimmungen der Abgeordneten *in* den Parlamenten. Das bedeutete eine von den Regierungsvorschlägen abweichende,[3] bedauerliche Einengung des Anwendungsbereichs der §§ 107 ff. Zuvor war in der Rechtslehre der Standpunkt vertreten worden,

[1] RG GA Bd. **54** 292.

[2] RGSt **41** 121, 124 ff; **64** 298, 303.

[3] Vgl. *Dreher* JZ **1953** 421, 427.

dass der Schutz gegen Stimmenkauf und -verkauf (§ 109 a. F.) sich auf alle Wahlen und Abstimmungen in öffentlichen Angelegenheiten beziehe, insbes. auch auf die Abstimmungen der Abgeordneten im Bundestag und den Landtagen.[4] Diese Auslegung entsprach der weiteren Ausdeutung, die der damals maßgebende Begriff der öffentlichen Angelegenheiten in der Rspr. gefunden hatte.[5]

4. Erst durch das 28. StrÄndG vom 13. Januar 1994 (BGBl. I 84) wurde die Vorschrift des § 108e eingeführt, die am 22. Januar 1994 in Kraft trat. Die Regelung stellt in Anlehnung an die Auslegung früherer Strafvorschriften und an den Entwurf eines Strafgesetzbuches aus dem Jahre 1962 (E 62, dort § 404) den Stimmenkauf und Stimmenverkauf und damit das Abstimmungsverhalten in den Volksvertretungen unter Strafe. Bereits zuvor hatte das Schrifttum eine Regelung der Abgeordnetenbestechung nachdrücklich gefordert.[6] Die nunmehr geltende Vorschrift muss wegen ihres beschränkten Geltungsbereichs als ausgesprochen halbherzige Regelung bezeichnet werden, die wohl nie praktische Bedeutung erlangen wird. Insoweit besteht erneuter Regelungsbedarf (vgl. § 108e Rdn. 5).

Den Beratungen in den parlamentarischen Gremien lagen Gesetzentwürfe der Fraktionen CDU/CSU und FDP (BTDrucks. 12/5927), der SPD (BTDrucks. 12/1630) sowie der Gruppe Bündnis 90/Die Grünen (BTDrucks. 12/1739) zu Grunde (vgl. BTDrucks. 12/6092).

Die restriktive Tatbestandsfassung[7] ist im Rahmen der Beratungen zum neu gefassten 30. Abschnitt durch das Korruptionsbekämpfungsgesetz vom 13. August 1997[8] nicht in Frage gestellt worden.

Nach wie vor nicht pönalisiert ist das Abstimmungsverhalten außerhalb des Parlaments, also auch nicht in den Fraktionen, sowie Belohungen für Abstimmungen in der Vergangenheit. Nicht erfasst sind auch Zahlungen zur Sicherung des allgemeinen Wohlverhaltens des Begünstigten (sog. „Anfüttern"). Streitig ist, ob es ausreicht, wenn der Vorteil einem „Dritten" zufließt (vgl. im Einzelnen § 108e).

1 **Recht des Einigungsvertrages.** Das Strafrecht der früheren DDR enthielt im 1. Abschnitt des 8. Kapitels des StGB-DDR unter der Überschrift „Straftaten gegen die Durchführung von Wahlen" zunächst in den §§ 210, 211 StGB-DDR a. F.[9] Strafvorschriften gegen „Wahlbehinderung" und „Wahlfälschung". Durch das 6. StrÄndG-DDR vom 29. Juni 1990 (DDR-GBl. I 526) wurde der Katalog der Straftaten gegen die Durchführung von Wahlen in den §§ 210–211b StGB-DDR n. F.[10] beträchtlich erweitert.

Es könnte die Auffassung vertreten werden, dass Delikte im Sinne der genannten Vorschriften des StGB-DDR nach dem Beitritt der DDR zur Bundesrepublik Deutschland nicht mehr bestraft werden können.[11] Dafür könnten folgende Überlegungen sprechen: Gemäß Art. 8 Einigungsvertrag gelten seit dem 3. Oktober 1990 auch auf dem Gebiet der früheren DDR allein die §§ 107 ff. Dem § 108d könnte entnommen werden, dass

---

[4] *Schönke* 5. Aufl. (1951) § 109 Anm. 1; vgl. auch *Kohlrausch/Lange* 39./40. Aufl. (1950) § 109 Anm. I mit § 108 Anm. I; *Schwarz*[14] (1951) § 109 Anm. 1 mit § 108 Anm. 1.

[5] Vgl. etwa RGSt **41** 121, 125 ff; **64** 298, 303.

[6] *Laufhütte* LK[11] Rdn. 4; *Geerds* JR **1986** 251; *Klein* ZRP **1979** 174.

[7] Kritisch: *Rudolphi* SK § 108e Rdn. 2–4; *Sch/Schröder/Eser* § 108e Rdn. 1; *Barton* NJW **1994** 1098, 1100 f; *Ransiek* StV **1996** 446, 452 f; vgl. a. BGH NStZ **2006** 389, 392.

[8] Vgl. *Bauer/Gmel* LK[11] Nachtrag §§ 331 ff.

[9] Die Vorschriften sind abgedruckt in LK[11] Fn. 4.

[10] Die Vorschriften sind abgedruckt in LK[11] Fn. 5.

[11] So im Ergebnis *Hübner* Diss. Münster 1997, 169 ff, 176, 177, 180.

durch diese Vorschriften nur Bundestagswahlen, Wahlen in sonstigen Gebietskörperschaften im Bundesgebiet, Europawahlen und Urwahlen in der Sozialversicherung geschützt werden. Daraus könnte gefolgert werden, dass für Delikte bei Wahlen in der ehemaligen DDR keine Strafdrohung mehr besteht und deshalb gemäß Art. 315 Abs. 1 EGStGB in Verb. mit § 2 Abs. 3 StGB Straffreiheit eingetreten ist.[12]

Eine solche Auffassung wird dem Einigungsvertrag und § 108d aber nicht gerecht. **2**
Allerdings erfassten die zur Tatzeit im Strafrecht der DDR geltenden Vorschriften nur Wahlen in der DDR. In entsprechender Weise sanktionierte das Strafrecht der Bundesrepublik Deutschland nur Wahlen im Bundesgebiet, wie sich aber nicht unmittelbar aus § 108d, der nur eine Legaldefinition der Wahl enthält, sondern aus § 3 ergibt. Nach § 3 sind durch die §§ 107 ff nur Inlandstaten unter Strafe gestellt. Der Inlandsbegriff des § 3 ist gleichbedeutend mit dem räumlichen Geltungsbereich des StGB, hat also vor dem Beitritt das Gebiet der ehemaligen DDR nicht mit einbezogen.[13] Indes ist es ohne Bedeutung, dass zur Tatzeit die Wahlbehinderung und Wahlfälschung in der DDR nicht auch nach dem Recht der Bundesrepublik strafbar waren; denn es kommt nach der allein bedeutsamen Vorschrift des § 2 Abs. 1 StGB einzig darauf an, ob das Verhalten sowohl zur Tatzeit (nach dem Recht der DDR) strafbar war als auch zur Zeit der Aburteilung (nach dem nunmehrigen Recht der Bundesrepublik Deutschland) strafbedroht ist.[14] Das ist jedenfalls bei den Wahlen zu Volksvertretungen (s. § 108d) der Fall. Der BGH hat eine Anwendung der §§ 107 ff, soweit die Verfälschungen des Ergebnisses von Kommunalwahlen betroffen waren, bejaht. Denn durch § 211 StGB-DDR werde im Kern – zumindest in einem gemeinsamen Teilaspekt – dasselbe Rechtsgut geschützt. Insoweit ist Unrechtskontinuität zwischen den Tatbeständen der Wahlfälschung im Recht der Deutschen Demokratischen Republik und der Bundesrepublik Deutschland angenommen worden.[15] Besonderheiten ergeben sich hier auch nicht aus den Staatszielen oder den staatlich verfolgten Zwecken der DDR.[16] Der Umstand, dass Fälschungen des Wahlergebnisses im Sinne der politischen Ideologie der DDR erfolgten, d. h. hohe Wahlbeteiligung und geringer Gegenstimmenanteil vorgespiegelt wurden, und derartige Handlungen praktisch nicht verfolgt wurden, steht dem nicht entgegen. Die Gesetze beanspruchten in der DDR eine verbindliche Geltung (vgl. Art. 49 Abs. 1 der Verfassung). An dieser Gesetzeslage und nicht an der Staatspraxis, die strafbare Handlungen förderte und unverfolgt ließ, ist das Verhalten in strafrechtlicher Hinsicht zu messen.[17]

Die Gesetzeslage stellt sich wie folgt dar: Nach Art. 5 Abs. 1 der Verfassung übten die **3**
Bürger der DDR ihre politische Macht durch demokratisch gewählte Volksvertretungen aus. Die Wahlen zur Volkskammer und zu den Volksvertretungen waren frei, allgemein, gleich und geheim (§ 2 Abs. 1 Wahlgesetz vom 24. Juni 1976, BGBl. I 301; Art. 54 der Verfassung). Der Wähler konnte die Einheitsliste der sogenannten Nationalen Front ablehnen, beispielsweise Änderungen auf dem Stimmzettel vornehmen (§ 35 Abs. 5

12 Vgl. *Samson* NJW **1991** 335, 339; *Samson* StV **1991** 141; *Liebig* NStZ **1991** 372, 375.

13 Vgl. *Laufhütte* LK[11] Vor § 80 Rdn. 35; vgl. Vor § 80 Rdn. 37.

14 Vgl. BGHSt **38** 1.

15 BGHSt **39** 54, 66 ff; vgl. a. BGHSt **40** 307, 322 f; *Laufhütte* FS BGH 50 409, 436; vgl. auch zur „Lehre von der Kontinuität des Unrechtstyps" *Schroeder* NStZ 1993 216; **aA** *Arnold/Kühl* NJ 1992 476, 478.

16 So auch Bezirksgericht Dresden NStZ **1992** 438 (Kommunalwahlen); *Lorenz* NStZ **1992** 422; *Lüdderssen* StV **1991** 482, 484; *Luther* NJ **1991** 395, 397; *Höchst* JR **1992** 360; vgl. auch *Lackner/Kühl* § 2 Rdn. 20 sowie *Günther* ZStW **103** (1991) 851, 858, der die Strafbarkeit aus § 2 Abs. 4 ableitet.

17 Vgl. zum Problem der Todesschüsse an der Mauer BGHSt **39** 1; **39** 168; **40** 241; **41** 101; *Laufhütte* FS BGH 50 409, 418 ff.

Wahlgesetz). Die §§ 210, 211 StGB-DDR dienten ihrem Wortlaut nach dem Schutz vor Irreführung über die politische Willensbildung. Diesen Schutz bezwecken auch die §§ 107 ff StGB. Deshalb waren jedenfalls Wahläußerungen der DDR-Bürger geschützt, mit denen sie – etwa durch ihre Nein-Stimmen, die sich gegen die Einheitsliste der Nationalen Front insgesamt und damit gegen die durch sie repräsentierte Zwangsherrschaft der SED richteten – von den ihnen auch unter der sozialistischen Diktatur verbliebenen rudimentären Elementen freier demokratischer Wahlen Gebrauch gemacht haben.[18] Insoweit war das Interesse der Allgemeinheit an ordnungsgemäßen Wahlen auch in der DDR schützenswert.

§ 107
Wahlbehinderung

(1) **Wer mit Gewalt oder durch Drohung mit Gewalt eine Wahl oder die Feststellung ihres Ergebnisses verhindert oder stört, wird mit Freiheitsstrafe bis zu fünf Jahren oder mit Geldstrafe, in besonders schweren Fällen mit Freiheitsstrafe nicht unter einem Jahr bestraft.**

(2) **Der Versuch ist strafbar.**

Schrifttum s. Vorbemerkungen.

Entstehungsgeschichte

Zur Entwicklung des Wahlstrafrechts s. zunächst die Vorbemerkungen vor § 107. Die Vorschrift, ohne Vorbild in einer früheren Regelung, wurde vom 3. StrÄndG[1] eingefügt und nahm die Stelle der Vorschrift ein, an die der jetzige § 108 anknüpft. Zur Vorgeschichte s. Wolf S. 217 f.

Übersicht

[18] BGHSt **39** 54, 66 ff.; das BVerfG, Kammer-Beschluss vom 31. März 1993 – 2 BvR 292/93, NJW **1993** 2524, hat die dagegen gerichtete Verfassungsbeschwerde nicht zur Entscheidung angenommen, weil sie keine hinreichende Aussicht auf Erfolg verspreche; vgl. a. BGHSt **40** 307; **aA** *Hübner* Diss. Münster 1997, 161 ff, der aufgrund der unterschiedlichen Ausgestaltung und Funktion der Wahlen in der DDR – wo der Wähler nur ein negatives und kein konstruktives Votum abgeben konnte – und der Bundesrepublik eine (auch nur teilweise) Übereinstimmung oder Vergleichbarkeit der von den Normen geschützten Rechtsgüter verneint.

[1] Vgl. Vor § 105 Rdn. 1.

I. Normzweck

§ 107 bezweckt die Gewährleistung eines ordnungsgemäßen Gesamtablaufs des Wahlvorgangs einschließlich der ordnungsgemäßen Stimmenauszählung zur Ermittlung des Wählerwillens,[2] also der ordnungsgemäßen Ausübung des Wahlrechts durch die Gesamtheit der im Wahlfalle Stimmberechtigten. Die Vorschrift bezweckt nicht den Schutz der freien Stimmabgabe des einzelnen Stimmberechtigten; vielmehr greifen hierfür die §§ 108–108b ein. 1

II. Tatobjekt

Tatobjekt sind die in § 108d erschöpfend aufgeführten Akte der unmittelbaren Volkswillensbildung der Aktivbürgerschaft[3] in den Urabstimmungen, nämlich 2

1. **Wahlen** im Sinne derjenigen Abstimmungen, durch welche die Stimmberechtigten, soweit sie sich beteiligen, ihre Stimme einer Person oder mehreren Personen geben, um diese aus dem Kreis der zur Wahl stehenden Personen für einen bestimmten Tätigkeitsbereich auszuerlesen.[4] Nach der Aufzählung in § 108d werden durch die §§ 107 bis 108c alle Wahlen zu den Volksvertretungen und alle sonstigen Wahlen des Volkes im Bund, in den Ländern, Gemeinden und Gemeindeverbänden erfasst, also die Bundestags-, Landtags-, Bürgerschafts-, Kreistags- und Gemeindewahlen, desgleichen die Wahlen zum Europäischen Parlament und die Urwahlen zur Sozialversicherung. Nicht erfasst sind Wahlen zu anderen Körperschaften und Wahlen innerhalb der Parlamente wie z. B. die Wahl des Bundeskanzlers;

2. sonstige **Abstimmungen** (§ 108d S. 1), also Stimmabgaben von Stimmberechtigten zu einer bestimmten sachlichen Angelegenheit außerhalb der Wahlen. Die unter 1. erwähnte Aufzählung begrenzt ebenfalls erschöpfend die in Betracht kommenden Stimmabgaben (z. B. nach Art. 29 Abs. 3 bis 5, 118 GG);

3. das **Unterschreiben eines Wahlvorschlags** (§ 108d S. 2) im Rahmen der Aufzählung nach 1., z. B. nach § 20 Abs. 2 BWahlG, oder **für ein Volksbegehren,** soweit ein solches im gleichen Rahmen vorgesehen ist, z. B. nach Art. 29 Abs. 2 GG oder einigen Länderverfassungen wie Art. 71 ff BayVerf.

III. Tathandlung

Tathandlung ist das Verhindern oder Stören des Gesamtvorgangs der Wahl (im weiteren Sinne der Tatobjekte unter II) oder der Feststellung ihres Ergebnisses mit Gewalt oder durch Drohung mit Gewalt. 3

1. **Verhindern** ist das Unmöglichmachen der Wahl, indem entweder die Stimmabgabe – etwa durch die Blockade von Wahllokalen[5] – oder die Feststellung des Wahlergebnis-

[2] Vgl. RGSt **63** 382, 387; BayObLG NStZ **1981** 30.

[3] BVerfGE **8** 104, 114.

[4] Vgl. auch RGSt **64** 298, 304.

[5] *Preisendanz* Anm. 4.

ses, also das Auszählen der Stimmen und die Beurkundung des Ergebnisses,[6] z. B. durch Entwenden von Wahlurnen oder Vernichtung von Wahlzetteln,[7] unterbunden wird.

2. **Stören** ist das Verursachen einer wesentlichen Erschwerung oder Verzögerung des einen oder anderen Aktes der Wahl.

3. **Tatmittel** sind **Gewalt** oder **Drohung** mit Gewalt. Insoweit wird auf § 105 Rdn. 8 und 9 verwiesen.

IV. Taterfolg

4 Bei § 107 handelt es sich um ein Erfolgsdelikt. Es muss die Wahl in ihrer Gesamtheit verhindert oder gestört worden sein. Dies ist der Fall, wenn der Gesamtablauf der Wahl nicht ordnungsgemäß erscheint und Bedenken gegen die richtige Ermittlung des Wählerwillens erweckt. Das setzt voraus, dass nicht nur die Stimmabgabe bzw. Ermittlung des Willens einzelner Wähler beeinträchtigt, sondern der Wahlvorgang bezüglich einer größeren Zahl individuell nicht bestimmter Wähler betroffen wird (ansonsten § 108).

V. Subjektiver Tatbestand

Für den subjektiven Tatbestand genügt Vorsatz in Form von dolus eventualis.

VI. Versuch

5 **Der Versuch** ist nach Absatz 2 strafbar. Vollendung der Tat tritt erst, aber andererseits auch bereits mit der Störung im obigen Sinne der Störungswirkung ein.

VII. Die Strafe

6 Die Tat ist mit Freiheitsstrafe bis zu fünf Jahren oder Geldstrafe, in besonders schweren Fällen mit Freiheitsstrafe nicht unter einem Jahr bedroht. Als mögliche Nebenfolge ist § 108c in Verb. mit § 45 Abs. 2 und 5 zu beachten.

VIII. Konkurrenzen

Gesetzeskonkurrenz besteht zu § 240 mit Vorrang des § 107 als lex specialis. Idealkonkurrenz ist möglich mit § 108 und § 274.[8]

IX. Recht des Einigungsvertrages

Zum **Recht des Einigungsvertrages** s. vor § 107 Rdn. 1.

---

[6] Vgl. BayObLG NStZ 1981 30.

[7] *Sch/Schröder/Eser* Rdn. 5.

[8] *Wolf* S. 222.

§ 107a
Wahlfälschung

(1) Wer unbefugt wählt oder sonst ein unrichtiges Ergebnis einer Wahl herbeiführt oder das Ergebnis verfälscht, wird mit Freiheitsstrafe bis zu fünf Jahren oder mit Geldstrafe bestraft.

(2) Ebenso wird bestraft, wer das Ergebnis einer Wahl unrichtig verkündet oder verkünden lässt.

(3) Der Versuch ist strafbar.

Schrifttum s. Vorbemerkungen.

Entstehungsgeschichte

Zur Entwicklung des Wahlstrafrechts s. zunächst die Vorbemerkungen vor § 107. Die Vorschrift des § 107a ist vom 3. StrÄndG[1] sachlich an die Stelle des durch sie erweiterten früheren § 108 gesetzt worden.

Übersicht

I. Normzweck

§ 107a bezweckt die Sicherung des Zustandekommens eines richtigen, d. h. dem gesetzmäßig erklärten Willen der stimmberechtigten Wähler entsprechenden Wahlergebnisses und dessen richtiger Verkündung. Er schützt damit das Interesse der Allgemeinheit an ordnungsgemäßen Wahlen.[2] Die Vorschrift, die den Schutz vor der Herbeiführung unrichtiger Wahlergebnisse allgemein gewährleisten soll, wird ergänzt durch die dem gleichen Schutzzweck dienenden, aber spezielle Tathandlungen erfassenden §§ 108 und 108a. Sie ist demnach der generelle Auffangtatbestand für diejenigen Verursachungen unrichtiger Wahlergebnisse, die nicht in den §§ 108 und 108a[3] besonders geregelt sind. Das gilt an sich auch für § 107b, ist aber dort durch eine Subsidiaritätsklausel besonders geregelt; siehe unten Rdn. 9. Nicht hierher gehört § 108b, da es dort unerheblich ist, ob der Vorteilsempfänger im Sinne seiner Überzeugung oder gegen diese gehandelt hat. 1

---

1 Vgl. Vor § 105 vor Rdn. 1.

2 BGHSt **29** 380, 386; OLG Zweibrücken NStZ **1986** 554, 555; *Sch/Schröder/Eser* Rdn. 1; *Wohlers* NK Rdn. 1.

3 Vgl. hierzu BGHSt **9** 338, 340.

II. Tatobjekt

Tatobjekt des § 107a ist das Ergebnis einer Wahl, einer sonstigen Abstimmung oder eines Volksbegehrens bzw. einer Unterschriftensammlung für einen Wahlvorschlag oder ein Volksbegehren (§ 108d; vgl. § 107 Rdn. 2).

III. Tathandlungen

2 **1. Unbefugtes Wählen.** Diese Tatbestandsalternative ist als Hauptbeispiel des Herbeiführens eines unrichtigen Wahlergebnisses (s. Rdn. 4) zu verstehen.[4]

Sie ist erfüllt, wenn der Täter eine Stimme abgibt, ohne für diese Stimmabgabe im Besitz eines Stimmrechts zu sein. Dies kann der Fall sein, wenn ihm das Stimmrecht aberkannt worden ist (s. etwa § 13 Nr. 1 BWahlG in Verb. mit §§ 45 Abs. 5, 92a, 101 oder 108c), er aus sonstigen Gründen von der Wahl ausgeschlossen ist (s. § 13 Nrn. 2 und 3 BWahlG), das erforderliche Wahlalter noch nicht erreicht hat (Art. 38 Abs. 2 GG) oder sonstige Voraussetzungen des Stimmrechts – etwa bei der Bundestagswahl[5] die Bedingung, am Wahltag mindestens drei Monate im Wahlgebiet gewohnt oder seinen gewöhnlichen Aufenthalt gehabt zu haben (§ 12 Abs. 1 Nr. 2 BWahlG) – nicht erfüllt. Unerheblich ist es, ob der Täter – beispielsweise weil er nur zum Zwecke unberechtigter Wahl einen Scheinwohnsitz begründet hat[6] – trotz fehlenden Wahlrechts in die Wählerliste eingetragen wird, denn eine solche Eintragung hat keine das Wahlrecht begründende Wirkung.[7]

Unbefugt wählt auch, wer ein zweites Mal wählt, nachdem sein Stimmrecht bereits verbraucht ist,[8] wer unter falschem Namen für einen anderen wählt oder trotz Unzulässigkeit der Stellvertretung für einen anderen einen Wahlvorschlag unterschreibt[9] oder einen Stimmzettel ausfüllt.[10] Insbesondere bei der Briefwahl ergeben sich im letztgenannten Sinne erhebliche Manipulationsmöglichkeiten.[11]

3 Wer unbefugt wählt, führt stets ein unrichtiges Wahlergebnis herbei, denn er bewirkt, dass bei der Auszählung eine ungültige Stimme als gültige mitgezählt wird[12] und sich damit das Stimmenverhältnis unter den zur Wahl stehenden Kandidaten oder Vorschlägen ändert.[13] Dies reicht als Taterfolg aus. Nicht erforderlich ist, dass durch die unberechtigte Stimmabgabe das Ergebnis der Wahl im Sinne des Erfolges eines Wahlvorschlages beeinflusst wird.

Auch wenn der Täter unbefugt für einen Dritten stimmt, führt er stets ein unrichtiges Wahlergebnis herbei, unabhängig davon, wie der Berechtigte gestimmt hätte, also auch dann, wenn der eigentlich Wahlberechtigte sein Stimmrecht in gleicher Weise ausgeübt hätte, wie es der Täter für ihn getan hat. Denn auch in diesem Fall wird eine ungültige Stimme mitgezählt und damit das Schutzgut des § 107a (s. Rdn. 1) beeinträchtigt, wie

---

[4] *Schröder* JZ **1957** 584; *Rudolphi* SK Rdn. 4; *Sch/Schröder/Eser* Rdn. 3; abweichend *Wolf* S. 231.

[5] Vgl. für die Kommunalwahl BVerfG NVwZ **1993** 55.

[6] *Blei* BT § 99 II 2.

[7] RGSt **37** 297, 299; **37** 380, 383.

[8] RGSt **37** 297, 298; **37** 380, 384 f.

[9] OLG Hamm JZ **1957** 583 m. Anm. *Schröder*.

[10] BGHSt **29** 380 m. Anm. *Oehler* JR **1981** 519 und Mösl LM § 107a Nr. 1; OLG Zweibrücken NStZ **1986** 554.

[11] *Arzt/Weber* BT § 43 Rdn. 8; *Müller* MK Rdn. 12.

[12] BGHSt **29** 380, 383 im Anschluss an RGSt 7 144, 145; **20** 420 ff; **41** 121, 123.

[13] Vgl. RGSt **62** 6; **63** 382, 386.

der BGH gegenüber den zumindest missverständlichen Äußerungen des RG in RGSt 63 382, 386 zu Recht klargestellt hat.[14] Dieses Ergebnis trägt auch dem Schutz des Wahlgeheimnisses Rechnung, mit dem die Strafverfolgung in Konflikt geriete, wenn aufgeklärt werden müsste, wie sich ein Stimmberechtigter bei Teilnahme an der Wahl entschieden hätte.[15]

2. Sonstiges Herbeiführen eines unrichtigen Wahlergebnisses. Damit ist jedes Bewir- 4
ken eines unrichtigen Wahlergebnisses gemeint, das nicht den speziellen Tathandlungen der §§ 108, 108a oder dem unbefugten Wählen im Sinne der Rdn. 2 unterfällt. Das tatbestandliche Tun muss vor Beendigung der Stimmabgabe der Stimmberechtigten und damit vor dem Vorliegen des Wahlergebnisses stattfinden.[16] Wahlergebnis ist das sich aus den abgegebenen Stimmen ergebende Stimmenverhältnis (s. Rdn. 3). Wird dieses durch unerlaubte Eingriffe verändert, wird das Wahlergebnis unrichtig. Als derartige Eingriffe kommen etwa das Entfernen abgegebener Stimmzettel aus der Wahlurne, das Einbringen zusätzlicher Stimmzettel während des Wahlgangs[17] oder das Ausgeben eines schon ausgefüllten Wahlzettels[18] in Betracht.

3. Verfälschen eines Wahlergebnisses. Es kommt von dem Zeitpunkt an in Betracht, in 5
dem das Wahlergebnis vorliegt, also ab Beendigung der Stimmabgabe durch die Stimmberechtigten,[19] gleichgültig ob vor oder nach der Feststellung (Auszählung und Beurkundung) des Wahlergebnisses. Verfälscht wird das Wahlergebnis, „wenn seine Ermittlung und Feststellung in einer der tatsächlichen Ausübung des Wahlrechts nicht entsprechenden Weise dergestalt geschieht, dass an Stelle des in Wirklichkeit vorliegenden richtigen Ergebnisses ein anderes unter dem Scheine, dass es das Richtige sei, zur Darstellung gelangt".[20] Das kann z. B. geschehen durch Einschmuggeln oder Herausnehmen von Wahlzetteln nach Beendigung der Stimmabgabe oder durch unrichtige Beurkundung[21] oder durch unrichtiges Auszählen der Stimmen.[22] Ein schon im Sinne der Erläuterung Rdn. 2 oder 4 gefälschtes Ergebnis kann selbstverständlich Gegenstand weiterer Verfälschung sein.[23]

4. Unrichtiges Verkünden oder Verkündenlassen eines Wahlergebnisses (Abs. 2). Es 6
setzt dessen ordnungsgemäße Feststellung voraus, kommt also als Tathandlung erst von diesem Zeitpunkt an in Betracht. Nach dem Sinn der Vorschrift, die einen Schutz vor Irreführung über die politische Willensbildung bezweckt, ist der Täterkreis hier auf Personen begrenzt, welche einen amtlichen Auftrag zur Verkündung haben und in dessen Ausübung handeln.[24] Die Anmaßung eines solchen Auftrags genügt nicht.[25] Die Bekanntgabe durch Nichtbeauftragte, insbes. durch die Presse, ist nicht tatbestandsmäßig.

---

14 BGHSt **29** 380 m. Anm. *Oehler* JR **1981** 519 und *Mösl* LM § 107a Nr. 1.
15 BGHSt **29** 380, 384 ff m. w. N.
16 BGHSt **29** 380, 384 ff m. w. N.
17 RGSt **7** 144, 145.
18 RGSt **63** 382, 386.
19 RGSt **56** 387, 389; **62** 6, 7 f; OLG Koblenz NStZ **1992** 134.
20 RGSt **63** 382, 386.
21 Vgl. RGSt **56** 387, 389.
22 RGSt **20** 420, 422.
23 *Rudolphi* SK Rdn. 5.
24 *Rudolphi* SK Rdn. 6; *Sch/Schröder/Eser* Rdn. 7; Blei BT § 99 II 2; *Maurach/Schroeder/Maiwald* II § 86 Rdn. 20.
25 **AA** *Tröndle/Fischer* Rdn. 3; *Preisendanz* Anm. 4.

IV. Subjektiver Tatbestand; Irrtum

7 Es genügt Vorsatz in der Form des dolus eventualis.

Die irrige Annahme einer Wahlbefugnis, z.B. auf Grund einer in Wahrheit unwirksamen Vollmacht eines Stimmberechtigten, ist Tatbestandsirrtum.[26] In der Wahlbekanntmachung der Gemeindebehörde wird unter Wiedergabe des Inhalts ausdrücklich auf § 107a Abs. 1 und 3 hingewiesen (§ 48 Abs. 1 Nr. 6 BWahlO v. 7.12.1989; BGBl. 1990 I 1).

V. Versuch

8 Der **Versuch** ist in Absatz 3 unter Strafe gestellt. Hierfür in Betracht kommen insbesondere auch die in § 107b Abs. 1 Nrn. 1–3 aufgeführten Tathandlungen, soweit sie sich über das Stadium reiner Vorbereitungshandlungen hinaus bis zum Beginn einer Tatausführung nach § 107a entwickeln, jedoch keine Tatvollendung im Sinne dieser Vorschrift eintritt.

VI. Die Strafe

Neben der Strafdrohung von Freiheitsstrafe bis zu fünf Jahren oder Geldstrafe ist § 108c zu beachten (Nebenfolge im Sinne des § 45 Abs. 2 und 5).

VII. Konkurrenzen

9 1. Gesetzeskonkurrenz des § 107a als generellem Auffangtatbestand (s. Rdn. 1) besteht zu den vorrangigen Spezialtatbeständen der §§ 108 und 108a.[27]

Andererseits besteht Gesetzeskonkurrenz mit Vorrang des § 107a im Verhältnis zu § 107b auf Grund der dortigen Subsidiaritätsklausel.

2. Idealkonkurrenz kommt in Betracht mit §§ 271, 348;[28] § 274 Nr. 1;[29] § 267.[30] **AA** zu §§ 267, 274 Nr. 1: Bruns NJW **1954** 456, der auch für die in die Wahlurne eingelegten Wahlzettel entgegen der Rspr. die Urkundeneigenschaft mangels genügender Individualisierung des Ausstellers verneint.

VIII. Recht des Einigungsvertrages

10 Zum **Recht des Einigungsvertrages s. vor** § 107 Rdn. 1.

---

[26] *Schröder* JZ **1957** 584; *Müller* MK Rdn. 13; *Rudolphi* SK Rdn. 7; *Sch/Schröder/Eser* Rdn. 4; *Tröndle/Fischer* Rdn. 2; **AA** OLG Hamm JZ **1957** 583: Verbotsirrtum.

[27] *Müller* MK Rdn. 22; *Rudolphi* SK Rdn. 9; *Sch/Schröder/Eser* Rdn. 10; *Tröndle/Fischer* Rdn. 5; so für § 108a auch *Lackner/Kühl* § 108a Rdn. 2; **aA** *Wolf* S. 232: Idealkonkurrenz; so auch für § 108 *Lackner/Kühl* Rdn. 4 unter Bezugnahme auf RGSt **63** 382.

[28] RGSt **56** 387, 390.

[29] RGSt **22** 182, 1830.

[30] BGHSt **12** 108, 112; OLG Stuttgart NJW **1954** 486; OLG Köln NJW **1956** 1609; OLG Hamm JZ **1957** 583; OLG Koblenz NStZ **1992** 134.

§ 107b
Fälschung von Wahlunterlagen

(1) Wer
1. **seine Eintragung in die Wählerliste (Wahlkartei) durch falsche Angaben erwirkt,**
2. **einen anderen als Wähler einträgt, von dem er weiß, dass er keinen Anspruch auf Eintragung hat,**
3. **die Eintragung eines Wahlberechtigten als Wähler verhindert, obwohl er dessen Wahlberechtigung kennt,**
4. **sich als Bewerber für eine Wahl aufstellen lässt, obwohl er nicht wählbar ist,**

wird mit Freiheitsstrafe bis zu sechs Monaten oder mit Geldstrafe bis zu einhundertachtzig Tagessätzen bestraft, wenn die Tat nicht in anderen Vorschriften mit schwererer Strafe bedroht ist.

(2) Der Eintragung in die Wählerliste als Wähler entspricht die Ausstellung der Wahlunterlagen für die Urwahlen in der Sozialversicherung.

Schrifttum s. Vorbemerkungen.

Entstehungsgeschichte

Zur Entwicklung des Wahlstrafrechts s. zunächst die Vorbemerkungen vor § 107. Die durch das 3. StrÄndG[1] geschaffene Vorschrift wurde durch Art. 12 Abs. 4 u. Art. 19 Nr. 30 EGStGB redaktionell angepasst. Absatz 2 kam durch Art. II § 11 Nr. 1 des Sozialgesetzbuchs – Gemeinsame Vorschriften für die Sozialversicherung vom 23.12.1976 (BGBl. I 3845, 3869) – hinzu und wurde durch Art. 3 Abs. 3 des Gesetzes zur Verbesserung des Wahlrechts für die Sozialversicherungswahlen vom 27.7.1984 (BGBl. I 1029, 1033) dahin gehend geändert, dass der Begriff „Wahlausweis" durch den weitergehenden Begriff „Wahlunterlagen" ersetzt wurde.

Übersicht

I. Normzweck

Der Zweck des § 107b ist grundsätzlich derselbe wie der des § 107a (vgl. dort Rdn. 1), speziell jedoch die Gewährleistung der Richtigkeit der für die ordnungsmäßige Durchführung der in § 108d gekennzeichneten Abstimmungsakte unerlässlichen schrift- **1**

[1] Vgl. Vor § 105 vor Rdn. 1.

lichen Unterlagen. Indem § 107b weitgehend Vorbereitungshandlungen zu § 107a als eigenständige Tatbestände unter Strafe stellt, verfolgt er wie dieser das Ziel, unrichtigen Wahlergebnissen entgegenzuwirken.

II. Tathandlungen

2 1. Das **Erwirken der eigenen Eintragung** in die Wählerliste durch falsche Angaben (Nr. 1; z. B. über Staatsangehörigkeit, Wohnsitz, Alter), also die Vorbereitung eigener Beteiligungsmöglichkeit an der Wahl trotz hierfür fehlenden Wahlrechts. Zwar hängt das Bestehen oder Nichtbestehen des aktiven Wahlrechts nicht von der Eintragung in die Wählerlisten ab, die nur die Legitimationsprüfung erleichtern sollen, sondern von den Wahlgesetzen;[2] jedoch schafft die unrichtige Eintragung in die Wählerliste die Gefahr eines unrichtigen Wahlergebnisses. Täter kann nur der für sich selbst Handelnde sein.

3 2. Das **Eintragen eines Nicht-Wahlberechtigten** in die Wählerliste (Nr. 2). Täter kann jedermann außer dem Einzutragenden sein, also nicht nur ein mit der Führung der Wählerliste amtlich Beauftragter, sondern auch jemand, der dessen Gutgläubigkeit als mittelbarer Täter benutzt, um einen Dritten unberechtigt eintragen zu lassen, schließlich auch jemand, der, ohne amtlich beauftragt zu sein, die Eintragung eines Dritten vornimmt, nachdem er sich Zugang zu der Wählerliste verschafft hat.

4 3. Das **Verhindern der Eintragung eines Wahlberechtigten** in die Wählerliste (Nr. 3). Dem Verhindern steht das Streichen einer schon vorhandenen Eintragung eines Wahlberechtigten gleich. Täter kann jedermann sein, also sowohl der Listenführer als auch ein Dritter, der durch falsche Angaben im Sinne der Nr. 1 oder auf andere Weise den Listenführer zur Unterlassung der Eintragung oder zur Streichung bestimmt oder der die Streichung selbst vornimmt.

5 4. **Die Kandidatur eines Nicht-Wählbaren** für die Wahl (Nr. 4). Praktisch geschieht dies dadurch, dass der Kandidat sich in die Bewerberliste aufnehmen lässt, wodurch diese unrichtig wird.

5. Da für die **Urwahlen in der Sozialversicherung** keine Wählerlisten geführt werden, mussten nach Einbeziehung dieser Wahlen in den Strafschutz der §§ 107 ff die Wahlunterlagen der Sozialversicherungswahlen den Wahllisten gleichgestellt werden, wenn der Tatbestand des § 107b mit den Nummern 1.–3. nicht leer laufen sollte. Das ist mit der Anfügung des Absatz 2 geschehen.

III. Subjektiver Tatbestand

6 Es ist Vorsatz erforderlich, jedoch muss unterschieden werden: Hinsichtlich Nr. 1 und 4 genügt dolus eventualis; für die Nr. 2 und 3 ist Wissentlichkeit (dolus directus 2. Grades) notwendig, also dolus eventualis nicht ausreichend. Wissentlichkeit bedeutet hier die sichere Kenntnis.

---

[2] Vgl. RGSt 37 380, 383.

IV. Konkurrenzen

Gesetzeskonkurrenz besteht auf Grund der Subsidiaritätsklausel im Sinne des Vorrangs aller Vorschriften, die eine schwerere Strafe androhen, also insbes. §§ 107a, 271 und 348. 7

V. Recht des Einigungsvertrages

Zum **Recht des Einigungsvertrages** s. vor § 107 Rdn. 1.

§ 107c
Verletzung des Wahlgeheimnisses

Wer einer dem Schutz des Wahlgeheimnisses dienenden Vorschrift in der Absicht zuwiderhandelt, sich oder einem anderen Kenntnis davon zu verschaffen, wie jemand gewählt hat, wird mit Freiheitsstrafe bis zu zwei Jahren oder mit Geldstrafe bestraft.

Schrifttum s. Vorbemerkungen.

Entstehungsgeschichte

Zur Entwicklung des Wahlstrafrechts s. zunächst die Vorbemerkungen vor § 107. Die Vorschrift wurde durch das 3. StrÄndG[1] eingefügt und geht auf den Entwurf 1927 (§ 110) zurück.

Übersicht

I. Normzweck

§ 107c bezweckt die strafrechtliche Absicherung des Schutzes des Wahlgeheimnisses. 1
Dabei ist unter Wahlgeheimnis der Inhalt (also das „Wie") der Abstimmungsentscheidung des Stimmberechtigten bei einer der in § 108d bezeichneten Wahlen oder sonstigen Abstimmungen zu verstehen, nicht auch das „Ob" der Teilnahme an der Abstimmung. Doch knüpft § 107c nicht direkt an den Bruch des so verstandenen Wahlgeheimnisses, sondern an die Verletzung von dem Schutze des Wahlgeheimnisses dienenden Vorschriften an. Es handelt sich bei ihm daher um ein Blankettgesetz, das der Ausfüllung durch

[1] Vgl. Vor § 105 vor Rdn. 1.

die entsprechenden Wahlgesetze des Bundes (vgl. § 33 BWahlG; §§ 50, 51, 56, 57 BWahlO) und der Länder sowie der zusätzlichen Verwaltungsanordnungen bedarf.

II. Tathandlung

2 **Tathandlung** ist das Zuwiderhandeln gegen eine blankettausfüllende Norm im Sinne von Rdn. 1, z. B. durch Kennzeichnen des Wahlzettels oder Einsicht in die Wahlzelle beim Wahlvorgang.[2] Doch hat sich diese Fassung des § 107c nach den Erfahrungen über die Möglichkeiten, in das Wahlgeheimnis unbefugt einzudringen, als unzureichend erwiesen, namentlich bei Wahlen in Anstaltsbezirken (vgl. §§ 61 ff mit § 13 BWahlO) und Briefwahlen (§ 36 BWahlG). Vgl. dazu z. B. OLG Celle NdsRpfl. **1961** 134; ferner OLG Karlsruhe GA **1977** 312: Keine blankettausfüllende Norm zur Geheimhaltung der Unterschriften eines Wahlvorschlags für die Bundestagswahl. Deshalb ist in § 106 E 1962 eine allgemeinere Fassung, die von einer Verweisung auf blankettausfüllende Normen absieht, vorgeschlagen worden (vgl. Begründung S. 592). Es handelt sich insoweit um ein fortbestehendes Reformanliegen.[3]

III. Subjektiver Tatbestand

3 Neben dem Vorsatz bezüglich der Verletzung dem Wahlgeheimnis dienender Vorschriften, für den dolus eventualis genügt, erfordert der subjektive Tatbestand die Absicht der Kenntnisverschaffung vom Inhalt der Abstimmung des Wählers. Dabei bedeutet hier die Absicht den dolus directus 1. Grades[4] in dem Sinne, dass es dem Täter auf die inhaltliche Kenntnisnahme – wenn auch um eines weiteren Zieles willen (z. B. Vorteilserlangung) – ankommt; Absicht ist hier also die angestrebte Zielvorstellung, nicht notwendig die motivierende Erfolgsvorstellung. Nicht erfasst wird eine Absicht, in Erfahrung zu bringen, ob (nicht wie) jemand gewählt hat, ebenso wenig die Absicht, die Kenntnis vom „Wie" der Abstimmung auf andere Weise als durch Zuwiderhandlung gegen eine Schutzvorschrift zu erlangen, z. B. durch Aushorchen von Angehörigen des Wählers.[5] Dass der Täter seine Absicht erreicht, gehört nicht zum Tatbestand; vielmehr ist die Tat bereits mit der Verletzung der Schutzvorschrift in Ausspähungsabsicht vollendet.

IV. Die strafprozessuale Bedeutung des Wahlgeheimnisses

4 **Die strafprozessuale Bedeutung des Wahlgeheimnisses** ist umstritten. Böckenförde (NJW **1967** 239 f) leitet aus dem Grundsatz der Gewährleistung des Wahlgeheimnisses ein strafprozessuales Beweiserhebungsverbot ab, das schlechthin die Vernehmung eines Zeugen über den Inhalt seiner Stimmabgabe unzulässig macht, selbst wenn er zur Aussage bereit sei.[6] Das würde aber dazu führen, dass die §§ 108, 108a, z. T. auch § 108b praktisch weitgehend bedeutungslos würden; denn ohne Anhörung des Wählers wird das Gericht schwerlich zu einer Überzeugungsbildung gelangen können. Der Wähler, der das

[2] Weitere Beispiele bei *Müller* MK Rdn. 4.
[3] So auch *Müller* MK Rdn. 3.
[4] Vgl. BGHSt **21** 283, 284.
[5] *Müller* MK Rdn. 5; *Tröndle/Fischer* Rdn. 3.
[6] Ebenso BVerwGE **49** 75, 77 ff für Personalratswahlen.

Opfer der Manipulationen ist, wäre dann ungeschützt. Das ist keinesfalls der Sinn der Gesamtregelung. Vielmehr ist ein derartiges Beweisverbot nicht anzuerkennen. Der verfassungsmäßigen Bedeutung des Schutzes des Wahlgeheimnisses einerseits und dem aktiven Geheimhaltungsinteresse des Wählers im Einzelfall andererseits ist damit genügend gedient, dass ihm ein Zeugnisverweigerungsrecht zugebilligt wird.[7]

V. Recht des Einigungsvertrages

Zum **Recht des Einigungsvertrages** s. vor § 107 Rdn. 1. **5**

§ 108
Wählernötigung

(1) Wer rechtswidrig mit Gewalt, durch Drohung mit einem empfindlichen Übel, durch Missbrauch eines beruflichen oder wirtschaftlichen Abhängigkeitsverhältnisses oder durch sonstigen wirtschaftlichen Druck einen anderen nötigt oder hindert, zu wählen oder sein Wahlrecht in einem bestimmten Sinne auszuüben, wird mit Freiheitsstrafe bis zu fünf Jahren oder mit Geldstrafe, in besonders schweren Fällen mit Freiheitsstrafe von einem Jahr bis zu zehn Jahren bestraft.

(2) Der Versuch ist strafbar.

Schrifttum s. Vorbemerkungen.

Entstehungsgeschichte

Zur Entwicklung des Wahlstrafrechts s. zunächst die Vorbemerkungen vor § 107. Der vorher in § 107 behandelte Tatbestand beruht in seiner jetzigen Fassung auf dem 3. StrÄndG.[1] Das 8. StrÄndG[2] brachte redaktionelle Änderungen.

Übersicht

[7] Richtig *Tiedemann* NJW **1967** 1013 f und dort Fn. 10; so auch schon RGSt **63** 382, 388; *Müller* MK Rdn. 6; offen gelassen in BGHSt **29** 380, 386.

[1] Vgl. Vor § 105 vor Rdn. 1.

[2] Vgl. § 105 vor Rdn. 1.

I. Normzweck

1 § 108 bezweckt in erster Linie den Schutz der freien Entscheidung des einzelnen Stimmberechtigten über das Ob und Wie seiner Stimmabgabe. Er ist insofern das Gegenstück zu § 107, der generell die ordnungsgemäße Ausübung des Stimmrechts durch die Gesamtheit der im Einzelfalle Stimmberechtigten, also den Wahlvorgang als solchen schützt; vgl. Rdn. 1 zu § 107. Zugleich hat § 108 eine mittelbare Schutzwirkung zur Verhinderung unrichtiger Wahlergebnisse (vgl. § 107a Rdn. 1).[3]

II. Tathandlung

2 **Tathandlung** ist das „Nötigen" oder „Hindern" eines Wahlberechtigten in Bezug auf die Ausübung seines Wahlrechts unter Einsatz bestimmter Nötigungsmittel.

1. Als **Nötigungsmittel** zählt § 108 auf: Gewalt, Drohung mit einem empfindlichen Übel, Missbrauch eines beruflichen oder wirtschaftlichen Abhängigkeitsverhältnisses oder sonstiger wirtschaftlicher Druck.

a) Zur **Gewalt** und zur **Drohung mit einem empfindlichen Übel** wird auf die Erläuterungen zu § 240 verwiesen.

3 b) **Missbrauch eines beruflichen oder wirtschaftlichen Abhängigkeitsverhältnisses; sonstiger wirtschaftlicher Druck.**

Da der Einsatz dieser Nötigungsmittel stets offene oder versteckte Drohungen enthält, handelt es sich bei ihnen lediglich um Konkretisierungen des Nötigungsmittels „Drohung mit einem empfindlichen Übel",[4] wobei wiederum der Missbrauch eines beruflichen oder wirtschaftlichen Abhängigkeitsverhältnisses nur eine beispielhafte Ausformung des Nötigungsmittels „wirtschaftlicher Druck" darstellt.

Die Auslegung dieser Tatbestandsmerkmale hat sich daher nach den Kriterien zu richten, die für die „Drohung mit einem empfindlichen Übel" maßgeblich sind. Es trifft daher zu, wenn das BVerfG ausführt (BVerfGE **66** 369, 380), dass solche Handlungen aus dem Tatbestand ausscheiden, die objektiv untauglich sind, einen Wähler zu dem angesonnenen Verhalten zu nötigen. Dies entspricht der auch vom BGH befürworteten (s. die Nachweise bei § 105 Rdn. 11) normativen Einschränkung der Tatbestände der Nötigungsdelikte. Jedoch überspannt das BVerfG die Anforderungen, wenn es ausführt (aaO S. 384), wirtschaftlicher Druck sei nur dann tatbestandsmäßig im Sinne des § 108, wenn er dem Wähler als unausweichliche Handlungsanweisung erscheine. Auch in anderen Nötigungstatbeständen wird allgemein das Vorliegen einer Drohung mit einem empfindlichen Übel nicht davon abhängig gemacht, dass beim Genötigten ein unausweichlicher oder unwiderstehlicher Handlungsdruck entsteht. Für die Ausübung wirtschaftlichen Drucks gemäß § 108 genügt daher die Androhung oder Ausführung für den Genötigten wirtschaftlich nachteiliger Maßnahmen, soweit es nicht völlig ausgeschlossen erscheint, dass sich ein besonnener Wähler durch die Maßnahme in seinem Wahlverhalten

---

[3] S. auch BGHSt **9** 338, 340 zu § 108a.

[4] **AA** *Lackner/Kühl* Rdn. 2 und *Wolf* S. 258, die hierin eine Erweiterung des Anwendungsbereichs des § 108 sehen; wie hier: *Müller* MK Rdn. 8; *Rudolphi* SK Rdn. 3; *Sch/Schröder/Eser* Rdn. 6; *Wohlers* NK Rdn. 2; *Wolter* AK Rdn. 3.

im Sinne des Nötigers beeinflussen lassen könnte.[5] Dass der Nachteil tatsächlich eintritt, ist nicht erforderlich.[6]

Wenn daher beispielsweise ein Arbeitgeber seinen Arbeitnehmern – und sei es auch nur verklausuliert – den Abbau von Arbeitsplätzen für den Fall eines bestimmten Wahlausganges ankündigt und gleichzeitig zur Wahl einer bestimmten Partei auffordert[7] oder Stellenbewerbern mitteilt, dass nur bei einem bestimmten Wahlausgang ihre Einstellung in Betracht kommen könne,[8] ist der objektive Tatbestand des § 108 erfüllt.

Allgemein gehaltene, im öffentlichen Meinungskampf abgegebene Äußerungen von Unternehmern über mögliche wirtschaftliche Konsequenzen eines bestimmten Wahlausganges sind hingegen auch dann nicht tatbestandsmäßig, wenn sich diese Konsequenzen für ihre jeweiligen Arbeitnehmer oder bei ihnen Arbeit Suchende nachteilig auswirken könnten (z. B. Betriebsschließungen; Produktionsverlagerungen ins Ausland; Entlassungen, Investitions- oder Einstellungsstopps) und daher geeignet erscheinen, deren Wahlverhalten im Sinne des Unternehmers zu beeinflussen. Häufig wird es hier schon an einer Drohung fehlen, weil die in Aussicht gestellten negativen Konsequenzen eines bestimmten Wahlausganges nicht als vom Drohenden abhängig, sondern als Ergebnis einer zu erwartenden verfehlten Politik dargestellt werden (Warnung).

Die Grenze wird dort überschritten sein, wo sich derartige Äußerungen – eventuell verbunden mit der Wahlaufforderung für eine bestimmte Partei – direkt an bestimmte von dem Unternehmer wirtschaftlich Abhängige richten und dabei ausdrücklich oder auch nur konkludent darauf hingewiesen wird, dass sich die Konsequenzen eines bestimmten Wahlausganges gerade auch auf den Angesprochenen nachteilig auswirken werden.[9]

2. **Nötigungserfolg.** § 108 ist als Erfolgsdelikt ausgestaltet. Nach seinem Tatbestand **4**
kann die Nötigungswirkung bestehen im

- erzwungenen Gebrauchmachen vom Wahlrecht überhaupt;
- erzwungenen Gebrauchmachen vom Wahlrecht in einem bestimmten Sinn;
- erzwungenen Unterlassen des Gebrauchmachens vom Wahlrecht in einem bestimmten Sinn;
- erzwungenen Unterlassen des Gebrauchmachens vom Wahlrecht überhaupt.

Im letzteren Falle ist auch an den Einsatz von vis absoluta zu denken (z. B. Einsperren des Opfers während der gesamten Wahlzeit).

III. Die Rechtswidrigkeit

§ 108 ist lex specialis zu § 240.[10] Er ist wie dieser von den objektiven tatbestand- **5**
lichen Voraussetzungen her weit gefasst und als sog. „offener" Tatbestand zu bezeichnen. Nach h. M. ist daher über das im Tatbestand des § 108 ausdrücklich erwähnte allgemeine Verbrechensmerkmal der Rechtswidrigkeit die Adäquanzklausel des § 240 Abs. 2 entsprechend anzuwenden.[11] Dem ist mit Wolter AK (Rdn. 6) entgegenzuhalten, dass die

---

[5] Ebenso *Müller* MK Rdn. 11; *Wohlers* NK Rdn. 2; *Wolter* AK Rdn. 3; kritisch zu BVerfGE **66** 369 auch *Breitbach* DuR **1984** 432 ff und *Oppermann* JuS **1985** 519, 521 f.
[6] *Tröndle/Fischer* Rdn. 6; *Wohlers* NK Rdn. 2.
[7] Vgl. BVerfGE **66** 369, 373.
[8] Vgl. BVerfGE **66** 369, 375.
[9] *Oppermann* JuS **1985** 519, 523.
[10] *Sch/Schröder/Eser* Rdn. 10.
[11] *Lackner/Kühl* Rdn. 3; *Rudolphi* SK Rdn. 5; *Tröndle/Fischer* Rdn. 5.

Anwendung von Gewalt oder Drohung jedenfalls bei dem qualifizierten Nötigungstatbestand des § 108 bereits typisches Unrecht darstellt; ein (rechtfertigender) innerer Zusammenhang zwischen der vom Täter angestrebten Beugung des Willens des Wahlberechtigten und dem Nötigungsmittel erscheint angesichts des spezifischen Nötigungsziels kaum denkbar.[12]

IV. Vorsatz und Irrtum

6 Zu **Vorsatz und Irrtum** vgl. § 105 Rdn. 23.

V. Versuch

Der **Versuch** ist nach Absatz 2 strafbar. Da der Tatbestand als Erfolgsdelikt ausgestaltet ist, liegt Vollendung erst mit Eintritt der Nötigungswirkung vor (s. Rdn. 4).

VI. Die Strafe

7 § 108 droht Freiheitsstrafe bis zu fünf Jahren oder Geldstrafe, für besonders schwere Fälle Freiheitsstrafe von einem Jahr bis zu zehn Jahren an. In Ergänzung zur Strafdrohung ist § 108c zu beachten (Nebenfolge im Sinne des § 45 Abs. 2 und 5).

VII. Konkurrenzen

Gesetzeskonkurrenz mit Vorrang des § 108 als lex specialis besteht zu § 107a (vgl. – auch zur Gegenmeinung – § 107a Rdn. 9) und zu § 240. Idealkonkurrenz kommt mit § 107 in Betracht.

VIII. Zeugnisverweigerungsrecht

8 Zum **Zeugnisverweigerungsrecht** des genötigten Stimmberechtigten s. § 107c Rdn. 4.

IX. Recht des Einigungsvertrages

Zum **Recht des Einigungsvertrages** vgl. vor § 107 Rdn. 1.

[12] Im Ergebnis ebenso *Müller* MK Rdn. 14.

108a
Wählertäuschung

(1) Wer durch Täuschung bewirkt, dass jemand bei der Stimmabgabe über den Inhalt seiner Erklärung irrt oder gegen seinen Willen nicht oder ungültig wählt, wird mit Freiheitsstrafe bis zu zwei Jahren oder mit Geldstrafe bestraft.

(2) Der Versuch ist strafbar.

Schrifttum s. Vorbemerkungen.

Entstehungsgeschichte

Zur Entwicklung des Wahlstrafrechts s. zunächst die Vorbemerkungen vor § 107. Die Vorschrift wurde durch das 3. StrÄndG[1] eingeführt. Sie geht auf § 105 des Entwurfs 1927 zurück.

Übersicht

I. Normzweck

1 Den Zweck des § 108a umschreibt BGHSt **9** 338, 340 wie folgt: „in erster Linie Schutz des einzelnen Wählers gegen eine Täuschung, die den Verlust seines Stimmrechts zur Folge hat, mittelbar aber auch Vorsorge gegen eine Verfälschung des Wahlergebnisses entsprechend dem wirklichen Willen der Wählergesamtheit". Wie § 108, so ist auch § 108a ein Gegenstück zu § 107 (vgl. § 107 und § 108 jeweils Rdn. 1). Auf die mittelbare Schutzwirkung des § 108a zur Verhinderung unrichtiger Wahlergebnisse wurde oben Rdn. 1 zu § 107a bereits hingewiesen. Die praktische Bedeutung des § 108a liegt im Schutz unkundiger, gebrechlicher oder behinderter, auf Rat oder Hilfe bei der Abstimmung angewiesener Personen vor Irreführungen hinsichtlich ihrer Willensbildung oder Willensbetätigung.

II. Tathandlung

2 **Tathandlung** ist ein Täuschen (z. B. Irreführung über den Sinn der Wahl, den Wahltag, die Wahlzeit, das Ende des Wahlvorgangs, die Art und Weise der Stimmabgabe, die richtige Kennzeichnung des Stimmzettels), durch das im Stimmberechtigten hinsichtlich der konkreten Abstimmung ein Irrtum mit der Folge verursacht wird, dass der Stimmberechtigte (vgl. BGHSt **9** 338, 339 f):

[1] Vgl. Vor § 105 vor Rdn. 1.

1. „zwar weiß, dass er eine Wahlhandlung vornimmt, seine Erklärung jedoch infolge der Täuschung eine andere Bedeutung hat, als er vermeint" (Erklärungsirrtum über den Inhalt der Erklärung; z. B. durch Unterschieben eines vorbereiteten Stimmzettels mit einem anderen als dem vorgespiegelten Inhalt); oder

2. „nicht einmal erkennt, dass er eine wahlrechtlich erhebliche Handlung vornimmt" (ebenfalls Erklärungsirrtum über den Inhalt der Erklärung; z. B. Unterschrift unter einen Wahlvorschlag auf Grund der Vorspiegelung, es handle sich um die Unterschrift unter ein Leumundszeugnis; BGHSt 9 338); oder

3. gegen seinen Willen nicht wählt, z. B. weil ihm vorgespiegelt wurde, der in Wahrheit für den betreffenden Tag festgesetzte Wahltermin sei erst eine Woche später (Motivirrtum für die Willensbildung, den Wahlwillen nicht zu verwirklichen; zu unterscheiden von dem unbeachtlichen Motivirrtum für die Unterlassung der Bildung oder für die Aufgabe eines Wahlwillens, z. B. weil dem Stimmberechtigten die Teilnahme an der Wahl durch eine lügnerische Wahlpropaganda verleitet worden war); oder

4. gegen seinen Willen ungültig wählt, weil ihm z. B. vorgespiegelt worden war, er könne den Stimmzettel mit einem Zusatz oder Vorbehalt versehen (vgl. § 39 Abs. 1 Nr. 6 BWahlG; Erklärungsirrtum über die Form der Erklärung).

3 Die Tathandlung kann in Form eines Tuns von jedermann als Täter, in Form eines Unterlassens (z. B. der Berichtigung eines Irrtums des Stimmberechtigten über die Wahlzeit oder die Form der Wahlhandlung) nur von demjenigen als Täter begangen werden, der eine Garantenstellung hat. Diese kann sich aus dem Gesetz ergeben (vgl. § 33 Abs. 2 BWahlG für Vertrauenspersonen).

III. Subjektiver Tatbestand

4 Für den **subjektiven Tatbestand** genügt Vorsatz in der Form des dolus eventualis.[2]

IV. Versuch

Der **Versuch** ist in Abs. 2 unter Strafe gestellt. Er beginnt mit dem Anfang der Täuschungshandlung, auch wenn z. B. der Stimmberechtigte die Täuschung sogleich durchschaut. Da der Tatbestand als ein Erfolgsdelikt ausgestaltet ist, gehört zur Vollendung entweder die Stimmabgabe oder das endgültige Nichtwählen oder das Ungültigwählen.

V. Konkurrenzen

5 Gesetzeskonkurrenz mit Vorrang des § 108a als lex specialis besteht zu § 107a (vgl. Rdn. 9 zu § 107).[3] Idealkonkurrenz kommt z. B. mit § 267 in Betracht.[4]

VI. Recht des Einigungsvertrages

Zum **Recht des Einigungsvertrages** vgl. vor § 107 Rdn. 1.

---

[2] *Müller* MK Rdn. 7; *Wohlers* NK Rdn. 2.

[3] *Rudolphi* SK Rdn. 5; *Sch/Schröder/Eser* Rdn. 4; *Tröndle/Fischer* Rdn. 2.

[4] OLG Köln NJW **1956** 1609.

§ 108b
Wählerbestechung

(1) Wer einem anderen dafür, dass er nicht oder in einem bestimmten Sinne wähle, Geschenke oder andere Vorteile anbietet, verspricht oder gewährt, wird mit Freiheitsstrafe bis zu fünf Jahren oder mit Geldstrafe bestraft.

(2) Ebenso wird bestraft, wer dafür, dass er nicht oder in einem bestimmten Sinne wähle, Geschenke oder andere Vorteile fordert, sich versprechen lässt oder annimmt.

Schrifttum s. Vorbemerkungen.

Entstehungsgeschichte

Zur Entwicklung des Wahlstrafrechts s. zunächst die Vorbemerkungen vor § 107. Die durch das 3. StrÄndG[1] eingefügte Vorschrift enthält eine Erweiterung des Tatbestandes des § 109 a. F. über den Stimmenkauf. Art. 19 Nr. 31 EGStGB brachte nur redaktionelle Änderungen.

Übersicht

I. Normzweck

§ 108b bezweckt den Schutz der Sachlichkeit der Stimmabgabe der wahlberechtigten **1** Bürger bei den in § 108d genannten Wahlen und Abstimmungen.[2] Zur Erreichung dieses Zieles stellt er in Anlehnung an die §§ 331–334 den sog. Stimmenkauf und -verkauf und gewisse Vorbereitungshandlungen hierzu unter Strafe. § 108b Abs. 1 sanktioniert die aktive Wählerbestechung, während sich Abs. 2 auf die passive Wählerbestechlichkeit, das Verhalten des Wählers als Stimmverkäufer, bezieht. § 108b erfasst nicht die Bestechung von Mandatsträgern. Diese ist in § 108e (fragmentarisch) geregelt.

II. Tathandlungen

1. Das **Anbieten, Versprechen oder Gewähren von Vorteilen** (Absatz 1). Wegen der **2** Einzelheiten dieser Tatbestandsmerkmale kann auf die entsprechenden Erläuterungen zu § 333, dem der Absatz 1 nachgebildet ist, verwiesen werden. Der angebotene, verspro-

---

[1] Vgl. Vor § 105 vor Rdn. 1.

[2] BGHSt **33** 336, 338 m. Anm. *Dölling* NStZ **1987** 69 und *Geerds* JR **1986** 253; vgl. auch BayObLGSt. **1958** 67, 68; *Sch/Schröder/Eser* Rdn. 1.

chene oder gewährte Vorteil muss als Gegenleistung[3] dafür gedacht sein, dass der Wahlberechtigte sein Stimmrecht überhaupt nicht oder in einem bestimmten Sinne ausübt. Dazu genügt es bereits, dass der Wahlberechtigte ungültig oder bei im Übrigen freier Wahl nur einen bestimmten Kandidaten nicht wählen soll.[4] Dass sich der Wahlberechtigte in seinem Stimmverhalten tatsächlich beeinflussen lässt, ist nicht erforderlich.[5] Da bereits das ausdrückliche oder stillschweigende In-Aussicht-Stellen („Anbieten, Versprechen“) des Vorteils genügt, muss der Täter, bei dem es sich nicht um einen Wahlbewerber handeln muss, den Vorteil nicht tatsächlich gewähren oder auch nur gewähren wollen. Es genügt, dass er sich zum Abschluss der sog. Unrechtsvereinbarung[6] bereit zeigt.

Diese Unrechtsvereinbarung setzt voraus, dass zwischen dem Täter und dem Begünstigten eine bestimmte personale Beziehung hergestellt werden oder bestehen muss, die im Hinblick auf den gewährten Vorteil zu einer wenn auch nur gefühlsmäßigen Verpflichtung des Empfängers, in der vom Bestechenden gewünschten Weise abzustimmen, führt oder führen kann.[7] Versprechen oder pauschale Zuwendungen an eine unbestimmte Personenmehrheit ohne diesen Bezug schaffen derartige Bindungen nicht und fallen damit nicht unter den Tatbestand. Dies gilt etwa für die in Werbepostkarten enthaltene Ankündigung, im Falle der Wahl eines bestimmten Kandidaten an einer Verlosung teilnehmen zu können.[8] Eine personale Beziehung wird auch nicht durch die üblicherweise im „Straßenwahlkampf“ an beliebig viele einzelne Wähler verteilten kleineren Geschenke wie Kugelschreiber, Kalender, Blumen usw. geschaffen. Angesichts des geringen Werts dieser an alle interessierten Passanten gegebenen Werbegeschenke ist von vornherein ausgeschlossen – und auch vom Verteilenden nicht beabsichtigt –, dass beim Empfänger eine gefühlsmäßige Verpflichtung zur Wahl in einem bestimmten Sinne hervorgerufen wird.[9]

3 2. Das **Fordern, Sich-versprechen-Lassen oder Annehmen von Vorteilen** (Absatz 2). Wegen der Einzelheiten dieser Tatbestandsmerkmale kann auf die entsprechenden Erläuterungen zu den §§ 331, 332, denen Absatz 2 nachgebildet ist, verwiesen werden. Dass der Wahlberechtigte sich durch den Vorteil tatsächlich beeinflussen lässt oder auch nur bereit war, sich beeinflussen zu lassen, ist nicht erforderlich. Es genügt, dass er sich zur Käuflichkeit bereit zeigt.[10] Zur Unrechtsvereinbarung und zum Inhalt der Gegenleistung s. Rdn. 2, zum Vorteil s. Rdn. 4.

4 3. **Geschenke oder andere Vorteile.** Die „Geschenke“ stellen lediglich eine beispielhafte Konkretisierung des Tatbestandsmerkmals „Vorteile“ dar. Letzteres ist wie bei den §§ 331–334 auszulegen. Als Vorteil ist daher jede Leistung materieller oder immaterieller Art anzusehen, auf die der Empfänger keinen Rechtsanspruch hat und die seine wirtschaftliche, rechtliche oder persönliche Lage objektiv verbessert.[11] Ausreichend ist, dass der Vorteile dem Begünstigten nur mittelbar zugute kommt,[12] etwa einem Verein zugewendete Vorteile, dem Vereinsvorsitzenden oder auch einem Vereinsmitglied.[13]

---

[3] Vgl. dazu etwa BGHSt **15** 239, 242, 251 f; **20** 1, 2; BGH NStZ **1994** 277.
[4] *Müller* MK Rdn. 5; *Sch/Schröder/Eser* Rdn. 2; *Wohlers* NK Rdn. 1.
[5] *Wohlers* NK Rdn. 1.
[6] S. dazu BGHSt **16** 40, 46; **47** 295; 306 ff.
[7] BGHSt **33** 336, 339 mit zust. Anm. *Dölling* NStZ **1987** 69; kritisch *Geerds* JR **1986** 253, 254 f.
[8] So zutr. *Dölling* gegen BayObLGSt. **1958** 67, 68.
[9] *Müller* MK Rdn. 4.
[10] BGHSt **15** 239, 242.
[11] BGHSt **31** 264, 279 m. w. N.; **33** 336, 339; **35** 128, 133; **47** 295, 304.
[12] BGHSt **14** 123, 128; *Wohlers* NK Rdn. 2.
[13] S. BGHSt **33** 336, 339.

Dieser umfassende Vorteilsbegriff ist bei § 108b jedoch problematisch. Demokratische Wahlkämpfe sind gerade dadurch gekennzeichnet, dass die Kandidaten den Wählern versprechen, sich für deren Interessen einzusetzen. Da die Interessen der Bürger unterschiedlich sein können, ist es legitim, wenn Wahlbewerber mit dem Versprechen, Maßnahmen für bestimmte Interessengruppen treffen zu wollen, um Stimmen werben, auch wenn nur ein eng begrenzter Personenkreis begünstigt würde.[14] Der Vorteilsbegriff des § 108b ist daher einschränkend auszulegen. In Rechtsprechung und Literatur wird insoweit ohne nähere Eingrenzung auf das Kriterium der Sozialadäquanz verwiesen.[15] Richtigerweise hat hier Folgendes zu gelten: kein Vorteil im Sinne von § 108b ist das Versprechen von Maßnahmen, die sich im Rahmen der rechtmäßigen Ausübung des von dem Wahlbewerber angestrebten Amtes halten. Dagegen sind vom Vorteilsbegriff erfasst alle Leistungen aus dem Privatvermögen des Täters und alle Zuwendungen, die nur im Wege rechtswidriger Amtsausübung verschafft werden können.

III. Versuch

Der **Versuch** ist nicht strafbar. Da die Tat nach Absatz 1 bereits mit der Kenntnisnahme des Angebots usw. durch auch nur einen Wahlberechtigten vollendet ist[16] und die Tat nach Absatz 2 mit der Kenntnisnahme der Forderung usw. durch einen präsumtiven Vorteilsgeber, besteht für die Strafbarkeit des Versuchs auch kein Bedürfnis. **5**

IV. Die Strafe; Verfall

Sowohl für die aktive (Absatz 1) wie die passive (Absatz 2) Wählerbestechung droht § 108b Freiheitsstrafe bis zu fünf Jahren oder Geldstrafe an. Die Ergänzung der Strafdrohung in § 108c (Nebenfolge nach § 45 Abs. 2 und 5) ist zu beachten. Ein durch eine Tat nach § 108b erlangter Vermögensvorteil unterliegt dem Verfall nach §§ 73 ff. **6**

V. Konkurrenzen

Gesetzeskonkurrenz mit Vorrang des § 108b als lex specialis besteht zu § 107a. Idealkonkurrenz mit § 263 kommt nicht in Betracht, da Leistungen die verbotenen Zwecken dienen, nicht zum Vermögen im Sinne des § 263 gehören.[17] **7**

VI. Recht des Einigungsvertrages

Zum **Recht des Einigungsvertrages** s. vor § 107 Rdn. 1.

[14] So zutreffend *Dölling* NStZ **1987** 69.

[15] BGHSt **33**, 336, 338 f; *Rudolphi* SK Rdn. 4; *Sch/Schröder/Eser* Rdn. 2; *Tröndle/Fischer* Rdn. 3; *Wolter* AK Rdn. 1.

[16] BayObLGSt. **1958** 67, 70.

[17] **AA** *Müller* MK Rdn. 12: Idealkonkurrenz.

§ 108c
Nebenfolgen

Neben einer Freiheitsstrafe von mindestens sechs Monaten wegen einer Straftat nach den §§ 107, 107a, 108 und 108b kann das Gericht die Fähigkeit, Rechte aus öffentlichen Wahlen zu erlangen und das Recht, in öffentlichen Angelegenheiten zu wählen oder zu stimmen, aberkennen (§ 45 Abs. 2 und 5).

Entstehungsgeschichte

Zur Entwicklung des Wahlstrafrechts s. zunächst die Vorbemerkungen vor § 107. Die jetzige Fassung der ursprünglich als § 109 vom 3. StrÄndG[1] eingefügten Vorschrift beruht auf Art. 19 Nr. 32 EGStGB.

1 I. Als fakultative **Nebenstrafen** werden hier die Aberkennung der (passiven) Wählbarkeit („Fähigkeit, Rechte aus öffentlichen Wahlen zu erlangen") und die Aberkennung des (aktiven) Wahlrechts („des Rechts, in öffentlichen Angelegenheiten zu wählen oder zu stimmen"), kumuliert oder getrennt, durch Richterspruch neben Freiheitsstrafe von mindestens 6 Monaten zugelassen. Es handelt sich bei § 108c um eine Ausführungsvorschrift zu § 45 Abs. 2 (Wählbarkeit) und Abs. 5 (Wahlrecht). Aus diesen Absätzen ergibt sich zugleich, dass die Aberkennung für mindestens 2 Jahre und höchstens 5 Jahre ausgesprochen werden kann; in diesem Rahmen hat das Gericht Spielraum, vorbehaltlich der nachträglichen Änderung nach § 45b. Dogmatisch handelt es sich bei der Aberkennung um eine Nebenstrafe, auch wenn das Gesetz diese Kennzeichnung aus optischen Gründen vermieden hat. Bei § 107b, 107c und 108a findet die Vorschrift keine Anwendung.

2 **II.** Von dieser Nebenstrafe ist die **automatische Statusfolge** des § 45 Abs. 1 zu unterscheiden, die ohne besonderen Richterspruch bei Freiheitsstrafen von mindestens einem Jahr wegen eines Verbrechens (begangen als Täter oder Teilnehmer, in Vollendungs- oder Versuchsform oder in der Vorbereitungsform des § 30) kraft Gesetzes eintritt. In § 45 Abs. 1 ist auch der Verlust der Wählbarkeit mit erwähnt. Die Dauer des Verlustes ist hier bindend auf 5 Jahre festgelegt, vorbehaltlich der nachträglichen Änderung nach § 45b.

§ 108d
Geltungsbereich

Die §§ 107 bis 108c gelten für Wahlen zu den Volksvertretungen, für die Wahl der Abgeordneten des Europäischen Parlaments, für sonstige Wahlen und Abstimmungen des Volkes im Bund, in den Ländern, Gemeinden und Gemeindeverbänden sowie für Urwahlen in der Sozialversicherung. Einer Wahl oder Abstimmung steht das Unterschreiben eines Wahlvorschlags oder das Unterschreiben für ein Volksbegehren gleich.

---

[1] Vgl. Vor § 105 vor Rdn. 1.

Entstehungsgeschichte

Zur Entwicklung des Wahlstrafrechts s. zunächst die Vorbemerkungen vor § 107. Die durch das 3. StrÄndG[1] ursprünglich als § 109a eingefügte Vorschrift wurde durch Art. 19 Nr. 33 EGStGB redaktionell geändert. Die Einbeziehung der Urwahlen in der Sozialversicherung (die *Wolter* AK vor § 105 Rdn. 1 für systemwidrig hält) erfolgte durch das Sozialgesetzbuch – Gemeinsame Vorschriften für die Sozialversicherung vom 23.12.1976 (BGBl. I 3845) –, der Wahlen zum Europäischen Parlament durch das Europawahlgesetz vom 16.6.1978 (BGBl. I 709). Zur Erweiterung des Anwendungsbereichs der §§ 107 ff durch den Landesgesetzgeber s. *Lenzen* JR **1980** 133.

Hier wird der **Anwendungsbereich** der §§ 107 bis 108c geregelt. Insoweit wird auf die Vorbemerkung vor § 107 Bezug genommen; insbesondere auch auf die dortige Kritik zur Gesamtregelung. Wegen der Begriffe der Wahlen und der Abstimmungen wird auf Rdn. 2 zu § 107 verwiesen. Der Sprachgebrauch des Gesetzes ist nicht glücklich; doch ist mit ihm vereinbar, den Abstimmungsbegriff als Oberbegriff zu verwenden. Er entspricht dann dem Begriff der Wahl im weiteren Sinne (z. B. bei Wahlhinderung, Wahlhandlung, Wahlgeheimnis usw.).

§ 108e
Abgeordnetenbestechung

(1) Wer es unternimmt, für eine Wahl oder Abstimmung im Europäischen Parlament oder in einer Volksvertretung des Bundes, der Länder, Gemeinden oder Gemeindeverbände eine Stimme zu kaufen oder zu verkaufen, wird mit Freiheitsstrafe bis zu fünf Jahren oder mit Geldstrafe bestraft.

(2) Neben einer Freiheitsstrafe von mindestens sechs Monaten wegen einer Straftat nach Absatz 1 kann das Gericht die Fähigkeit, Rechte aus öffentlichen Wahlen zu erlangen, und das Recht, in öffentlichen Angelegenheiten zu wählen oder zu stimmen, aberkennen.

Schrifttum

v. Arnim Abgeordnetenkorruption, JZ **1990** 1014; *Barton* Der Tatbestand der Abgeordnetenbestechung, NJW **1994** 1098; *Becker* Korruptionsbekämpfung im parlamentarischen Bereich, Diss. Bonn 1998; *Dahs/Müssig* Strafbarkeit kommunaler Mandatsträger als Amtsträger?, NStZ **2006** 191; *Deiters* Zur Frage der Strafbarkeit von Gemeinderäten wegen Vorteilsannahme und Bestechlichkeit, NStZ **2003** 453; *Epp* Die Abgeordnetenbestechung – § 108e StGB (1997) = Schriften zum Strafrecht und Strafprozessrecht, Bd. 29; *Gänßle* Das Antikorruptionsstrafrecht, NStZ **1999** 543; *Geerds* Über Änderungen der Bekämpfung krimineller Korruption, JR **1996** 309; *Grüll* Strafbarkeit der Abgeordnetenbestechung, ZRP **1992** 371; *Heisz* Die Abgeordnetenbestechung nach § 108e StGB – Schließung einer Regelungslücke? (1998); *Klein* Straflosigkeit der Abgeordnetenbestechung, ZRP **1979** 174; *Kühne* Die Abgeordnetenbestechung (1971); *Korte* Der Einsatz des Strafrechts zur Bekämpfung der internationalen Korruption, wistra **1999** 81; *Möhrenschlager* Die Struktur des Straftatbestandes der Abgeordnetenbestechung auf dem Prüfstand, Festschrift Weber (2004) 217; *Ransiek* Strafrecht und Korruption, StV **1996** 446; *Salinger/Sinner* Korruption und Betrug durch Parteispenden, NJW **2005** 1073; *Schaller* Strafrechtliche Probleme der Abgeordnetenbestechung,

[1] Vgl. Vor § 105 vor Rdn. 1.

Diss. Tübingen 2002; *Schlüchter* Zur (Un-)Lauterkeit in den Volksvertretungen, Festschrift Geerds (1995) 713; *Schulze* Zur Frage der Strafbarkeit der Abgeordnetenbestechung, JR **1973** 485; *Zieschang*, Das EU-Bestechungsgesetz und das Gesetz zur Bekämpfung internationaler Bestechung, NJW **1999** 105.

Entstehungsgeschichte

Die Vorschrift ist durch das 28. StrÄndG[1] in das Strafgesetzbuch eingefügt worden und ist am 22. Januar 1994 in Kraft getreten. Sie erweitert den Anwendungsbereich der Straftaten „bei Wahlen und Abstimmungen". Vor Einfügung des § 108e betrafen die Vorschriften nur die unmittelbare Willensbildung der Aktivbürgerschaft bei den Urabstimmungen.[2] Die Abstimmungen der Abgeordneten in den Volksvertretungen waren nicht erfasst; die Abgeordnetenbestechung war damit straflos. Diese Lücke versucht § 108e zu schließen. Die Vorschrift stellt in Anlehnung an die Auslegung früherer Strafvorschriften und an den Entwurf eines Strafgesetzbuches aus dem Jahre 1962 den Stimmenkauf und den Stimmenverkauf, damit das Abstimmungsverhalten in den Volksvertretungen, unter Strafe. Den Beratungen in den parlamentarischen Gremien lagen Gesetzentwürfe der Fraktionen der CDU/CSU und FDP (BTDrucks. 12/5927), der SPD (BTDrucks. 12/1630) sowie der Gruppe Bündnis 90/Die Grünen (BTDrucks. 12/1739) zu Grunde (vgl. BTDrucks. 12/6092).[3]

Übersicht

I. Normzweck

1 **1. Schutzgut** ist die Integrität des parlamentarischen Meinungsbildungsprozesses sowie die der Mandatsausübung. Der dem Abgeordneten das Mandat erteilende Bürger muss darauf vertrauen können, dass dieser ausschließlich zum Wohle und im Interesse der Allgemeinheit handelt. Die Strafvorschrift soll in diesem Sinne verhindern, dass der Abgeordnete demokratisch nicht legitimierte private Interessen Einzelner oder Gruppen vertritt und diesen gegen entsprechende Zuwendung seine Stimme zur Verfügung stellt oder dies auch nur zu tun vorgibt.

---

1 28. StrÄndG vom 13.01.1994, BGBl. I 84.

2 Siehe *Laufhütte* LK[11] Vor §§ 107 bis 108d, § 108d Rdn. 1.

3 Zur Historie der Gesetzgebung siehe *Schulze* JR **1973** 486; *Möhrenschlager* Weber-FS, 217 ff; *Barton* NJW **1994** 1098; zur Anhörung im Rechtsausschuss siehe DRZ **1993** 365 ff.

2. **Deliktscharakter.** Die Ausgestaltung der Abgeordnetenbestechung als Unternehmensdelikt lässt Vollendung bereits mit dem unmittelbaren Ansetzen zur Tat, also dem Anbieten des Kaufs oder Verkaufs einer Stimme eintreten (vgl. § 11 Abs. 1 Nr. 6). Der Abschluss oder gar die spätere Einhaltung einer konkreten Unrechtsvereinbarung ist für den Eintritt der Vollendung nicht erforderlich. Allerdings muss sich das Anbieten des Kaufs oder Verkaufs einer Stimme auf eine *künftige* und *bestimmte* Wahl oder Abstimmung beziehen.[4] Der Rücktritt vom Versuch ist nicht möglich, Tätige Reue vom Gesetz nicht vorgesehen.[5] 2

3. Die beschränkte **Reichweite** der Vorschrift durch die restriktive Tatbestandsfassung[6] ist im Rahmen der Beratungen zum neu gefassten 30. Abschnitt des Strafgesetzbuches nicht in Frage gestellt worden.[7] Es muss insoweit als weitgehend unbefriedigend empfunden werden, dass dadurch nach wie vor einzelne strafwürdige Verhaltensweisen straffrei bleiben.[8] So werden Abhängigkeiten, die durch eine gleichzeitige Mitgliedschaft des Abgeordneten in Interessenverbänden oder in Vorständen und Aufsichtsräten von Unternehmen entstehen, durch die Vorschrift nicht erfasst. Dies gilt auch dann, wenn diese Abhängigkeiten aus mitunter großzügigen materiellen Zuwendungen resultieren, die einen Abgeordneten mehr als nur in Versuchung führen, bei einer bestimmten Abstimmung die Interessen des Verbands oder des Unternehmens über die der Allgemeinheit zu stellen. Neben der Mitgliedschaft in solchen Verbänden und Unternehmen können Interessenlagen, die den Abgeordneten in einem gewünschten Sinne verpflichten, auch durch Spenden zur Kontaktpflege, Vergabe von Veröffentlichungs- und Vortragshonoraren oder über inhaltsleere Beraterverträge entstehen (siehe Rdn. 10). Eine klare Abgrenzung zwischen strafbaren und noch politisch üblichen Interessenverstrickungen und Verhaltensweisen schafft die Vorschrift insoweit nicht. Eine weitere Anwendbarkeitslücke besteht darin, dass in § 108e lediglich die Beeinflussung einer *künftigen* Stimmabgabe unter Strafe gestellt wird, nicht dagegen die anschließende Belohnung (sog. Dankeschön-Spende). Besonders kritikwürdig ist die Beschränkung des Anwendungsbereichs auf Wahlen und Abstimmungen. Regelmäßig sind im Zeitpunkt der konkreten Abstimmung aber die eigentlichen Meinungsbildungsprozesse in Arbeitskreisen und Fraktionen bereits abgeschlossen und werden bei der Abstimmung lediglich umgesetzt. Gerade aber in diesen, eine Abstimmung vorbereitenden Gremien findet der eigentliche Austausch von Meinungen und Standpunkten statt, sodass die Möglichkeiten einer Einflussnahme auf das Ergebnis einer Abstimmung dort weitaus größer sind als bei der anschließenden Abgabe der einzelnen Stimme. 3

Letztlich lassen die vielfältigen Beschränkungen im Anwendungsbereich des § 108e auch eine Schieflage innerhalb des gesetzlichen Regelungswerks zur Bekämpfung der Korruption entstehen. Kurioserweise ist mit dem Gesetz zur Bekämpfung internationaler Bestechung (**IntBestG**) vom 10. September 1998[9] im dortigen Art. 2 § 2 eine Vorschrift in nationales Recht übertragen worden, die hinsichtlich des Stimmenkaufs einen deutlich weiteren Anwendungsbereich umfasst. So ist dort unter Strafe gestellt, einem Mitglied eines ausländischen oder internationalen Gesetzgebungsorgans einen Vorteil für die Vornahme einer mit dem Mandat zusammenhängenden Handlung oder Unterlassung zu ver- 4

---

4 *Müller* MK Rdn. 2.
5 Vgl. *Epp* Diss. Trier 1997 244 ff.
6 Kritisch dazu *Sch/Schröder/Eser* Rdn. 1; *Müller* MK Rdn. 6; *Tröndle/Fischer* Rdn. 3, jeweils mit Nachw.
7 Vgl. *Bauer/Gmel* LK[11] Nachtrag §§ 331 ff.
8 *Barton* NJW **1994** 1098.
9 BGBl. II 2327; BGH NStZ **2006** 389.

sprechen oder zu gewähren, um sich (oder einem Dritten) einen Auftrag oder unbilligen Vorteil im internationalen Wirtschaftsverkehr zu verschaffen. Die Strafvorschrift umfasst mithin nicht nur den Kauf einer Stimme für eine bestimmte zukünftige Wahl, sondern auch jede künftige Vornahme einer mit dem Mandat zusammenhängenden sachfremden Interessenwahrnehmung. Damit hat die Integrität ausländischer und internationaler Parlamente einen weitergehenden Schutz erfahren, als er für inländische gilt. Der somit als zu eng gefasst zu bewertende Anwendungsbereich der Abgeordnetenbestechung hat daher auch eine weitgehende Kritik erfahren. Sie geht zum Teil so weit, in der neu geschaffenen Strafvorschrift lediglich „symbolisches Strafrecht", ein „Fanal" zu sehen, die, angereichert mit „Täuschungselementen", die Lösung der hier zu bewältigenden Probleme eher verhindern als fördern soll.[10] Dieser harten Kritik ist jedenfalls zuzugeben, dass angesichts der weit reichenden Einschränkungen des Anwendungsbereichs die Vorschrift in der Praxis wohl nur in wenigen, denkbar drastischen und offensichtlichen Fällen Anwendung finden können wird. Insoweit besteht tatsächlich der Verdacht, dass die gesetzgebenden Parlamentarier eine Norm geschaffen haben, die zwar konsequentes Handeln signalisiert, sie selbst jedoch in der Praxis nicht in Gefahr bringt. Ob ein solches Vorgehen geeignet ist, das ohnehin angeschlagene Vertrauen der Öffentlichkeit in die Politiklandschaft und ihre Akteure zu stärken, darf mit Recht bezweifelt werden.

5 4. Es besteht insoweit kaum Zweifel an einem entsprechenden erneuten **Regelungsbedarf.**[11] Es bleibt abzuwarten, ob de lege ferenda die derzeitigen Schwächen der Regelung beseitigt werden.[12] Letztlich darf bei der Einschätzung der Dringlichkeit des Handlungsbedarfs nicht unterschätzt werden, welch hohen Stellenwert das Maß an Korruption und die Konsequenz seiner Bekämpfung in einem Staat als Faktoren für das nationale Ansehen und für die Wahl als Wirtschaftsstandort im internationalen Vergleich haben. Auch das Bild der Politik in der Öffentlichkeit und die diesbezüglich zu beklagende Politikverdrossenheit hängen maßgeblich von einer ernst gemeinten und praktisch wirksamen Bekämpfung der Korruption in diesem Bereich ab.[13] Die vielfältigen, von der Wissenschaft, von Juristenvereinigungen und von nicht-staatlichen Organisationen erarbeiteten konkreten Änderungsvorschläge für die Vorschrift spiegeln die wesentlichen Lücken in der derzeitigen Regelungslage wieder.[14]

---

[10] *Barton* NJW **1994** 1100; *Becker* Diss. Bonn 1998, 53 ff.

[11] Vgl. *Ramsiek* StV **1996** 446, 452, der anstelle der überwiegend geforderten Ausdehnung des Straftatbestandes wegen der in der Praxis schwierigen Beweislage im subjektiven Bereich dessen ersatzlose Streichung erwägt. Die auch von ihm als nötig empfundene Kontrolle im parlamentarischen Bereich soll nach diesem Vorschlag nicht durch die Strafverfolgungsbehörden, sondern effektiver durch andere Mechanismen, insbesondere bei erhöhter Transparenz durch die Medien erfolgen.

[12] Derzeit liegt ein Entwurf noch der Bundesregierung Schröder eines Zweiten Gesetzes zur Bekämpfung der Korruption vom 4. April 2005 vor, der jedoch über eine Aufnahme des § 108e in den Katalog der Vortaten der Geldwäsche nach § 261 und einer Ergänzung in § 5 nicht hinausgeht. Die Erweiterung des Straftatbestandes selbst soll einem gesondertem Gesetzentwurf vorbehalten bleiben. Die Regelung soll dann insbesondere Art. 4, 6, 10 des Strafrechtsübereinkommens des Europarates über Korruption vom 27.1.1999 – EuR-BestÜbk umsetzen.

[13] Zur Lage des Meinungsbildes in den Medien vgl. exemplarisch *Mundorf* im Handelsblatt vom 29.7.2002 mit dem bezeichnenden Titel: Korruption – Gesetzlose im Parlament; Süddeutsche vom 24.12.2004, Und noch mal 52.000 Euro.

[14] Exemplarisch dazu das Eckpunktepapier Abgeordnetenbestechung des Transparency International Deutschland e.V. vom 9. Dezember 2004, darin werden im Wesentlichen folgende Erweiterungen des Tatbestands gefordert:

II. Tathandlung

1. Der Stimmenkauf oder -verkauf muss sich auf eine Stimmabgabe des Mandatsträgers bei bestimmten **Wahlen oder Abstimmungen** *in* einer Volksvertretung beziehen. Damit sind die Wahlen zu einer Volksvertretung, durch die ein Kandidat erst zum Abgeordneten wird, nicht erfasst. Insoweit unterscheidet sich hier der Geltungsbereich zu dem in § 108d genannten. Der Tatbestand erfasst auch nur den Handel mit einem konkreten Stimmverhalten, nicht dagegen die Wahrnehmung sachfremder Interessen Dritter im Rahmen der sonstigen parlamentarischen Tätigkeit eines Mandatsträgers. Dies gilt auch für die eine konkrete Abstimmung vorbereitende Arbeit in Parteigremien und Fraktionen, selbst wenn dort die Möglichkeiten der Einflussnahme auf das zu beeinflussende Ergebnis der folgenden Abstimmung am größten sind (vgl. Rdn. 3). Gegenstand der Strafvorschrift ist jede „gekaufte“ Stimmabgabe bei einer bestimmten Wahl, also sowohl das konkrete Stimmen für oder gegen einen Wahlvorschlag als auch die Stimmenthaltung.[15] 6

2. Von der Vorschrift erfasst sind **Volksvertretungen** des Bundes, der Länder aber auch die Volksvertretungen in den Kreisen und Gemeinden sowie das Europaparlament. Bei den Volksvertretungen der **Gemeinden und Gemeindeverbänden** ist zu beachten, dass die dortigen Mandatsträger neben der Tätigkeit im legislativen Bereich im Einzelfall auch Aufgaben der öffentlichen Verwaltung wahrnehmen können.[16] Bei den Mitgliedern der Gemeinderäte kommt es hierfür insbesondere auf ihre Stellung und Aufgabenzuweisung an, die sich aus der Gemeindeordnung des jeweiligen Bundeslandes ergibt. Zur Kollision mit den §§ 331 ff bei der Fallkonstellation, in der ein Mandatsträger zugleich Amtsträger oder ein für den öffentlichen Dienst besonders Verpflichteter ist und seine Stimme für eine bestimmte Abstimmung verkauft, siehe Rdn. 18. 7

Hinsichtlich der Abgeordneten des **Europaparlaments** gilt die Vorschrift uneingeschränkt für deutsche Abgeordnete. Darüber hinaus spricht der Wortlaut der Vorschrift auch nicht zwingend dafür, ausländische Mandatsträger vom Regelungsbereich auszunehmen. Die Folge wäre eine nicht zu rechtfertigende unterschiedliche Behandlung im Falle der gleichzeitigen Bestechung eines deutschen und ausländischen Europaabgeordneten.[17] Im Falle des Stimmenverkaufs durch einen ausländischen Abgeordneten ist nach §§ 3, 9 das Territorialprinzip zu beachten. Bei Begehung im Ausland ist § 7 Abs. 2 Nr. 2 anwendbar.[18] Für die Tatalternative des Kaufs einer ausländischen Stimme für eine 8

- Ausweitung der Strafbarkeit auf alle Handlungen/Unterlassungen, die bei Wahrnehmung des Mandats erfolgen
- Erfassung auch immaterieller Gegenleistungen
- Einbeziehung von im Nachhinein gewährter Gegenleistungen;

siehe auch die Beschlüsse des 61. Deutschen Juristentages, NJW **1996** 2997 mit einer gleich lautenden Forderung sowie die Vorschläge bei *Möhrenschlager* Weber-FS, 232.

[15] Vgl. RGSt **48** 70 zu § 109 StGB a. F.

[16] LG Krefeld, NJW **1994** 2036; LG Köln, NStZ-RR **2003** 364 ff.

[17] Vgl. *Becker* Diss. Bonn 1998, 32; Die Begründung der Bundesregierung zum Entwurf eines Zweiten Gesetzes zur Bekämpfung der Korruption vom 4. April 2005 geht in Abschnitt A III 2. jedenfalls davon aus, dass hinsichtlich ausländischer Organisationen die Strafbarkeit bisher auf die aktive Bestechung, also den Stimmenkauf, beschränkt ist.

[18] *Sch/Schröder/Eser* Rdn. 5; beachte auch § 5 Nr. 14a, diese Vorschrift soll nach dem Entwurf eines Zweiten Gesetzes zur Bekämpfung der Korruption vom 4. April 2005 unter dem neu zu schaffenden § 5 Nr. 16 auf Abgeordnete ausgedehnt werden, die Deutsche sind, oder einer deutschen Volksvertretung angehören.

Abstimmung im Europäischen Parlament greift insoweit jedenfalls das IntBestG mit derselben Strafandrohung wie § 108e.[19]

9 3. Eindeutig vom Wortlaut der Vorschrift umfasst sind Abstimmungen und Wahlen im Plenum der jeweiligen Volksvertretung. Die vom Wortlaut offen gelassene Frage, ob auch Abstimmungen in bloßen **Teileinheiten** erfasst werden, muss differenziert beantwortet werden. Soweit es um **Ausschüsse, Kommissionen** u. dgl. als Teilgliederungen der betreffenden Volksvertretung geht, sind diese tatbestandlich erfasst. Denn nicht nur, dass in solchen Gremien regelmäßig die wesentlichen politischen Vorentscheidungen fallen und daher gerade hier der Schutz vor Korruption besonders dringlich ist, auch stellen sich Entscheidungen in derartigen organisatorischen Untergliederungen durchaus zugleich auch als eine Wahl oder Abstimmung „in" der betreffenden Volksvertretung dar.[20] Keine Abstimmung in einer (bestimmten) Volksvertretung findet dagegen in **gemischten oder gemeinsamen Gremien**, etwa in einer Bund-Länder-Kommission oder in einem Vermittlungsausschuss statt.[21] Diese Gremien stellen insoweit keine Teilgliederung einer Volksvertretung dar, sondern eigenständige Gruppierungen, in die die jeweiligen Volksvertretungen stimmberechtigte Teilnehmer entsenden. Dies gilt auch für den Bundesrat, der sich aus Vertretern der jeweiligen Länderregierungen zusammensetzt. Auch Abstimmungen in **Fraktionen** unterfallen nicht dem Anwendungsbereich der Vorschrift, da der Tatbestand auf *parlamentarische* Gremien beschränkt ist.[22]

10 4. Als Tathandlung kommt **Stimmenkauf und -verkauf** in Betracht. Mit den Begriffen Kaufen bzw. Verkaufen knüpft das Gesetz an frühere Entwürfe an (vgl. §§ 404, 409 E 62). Es handelt sich um ein normatives Tatbestandsmerkmal. Der Gesetzgeber hat dabei diese griffige Formulierung nicht etwa gewählt, um die Tathandlung nach den zivilrechtlichen Begrifflichkeiten des Schuldrechts im BGB zu definieren, sondern um bildlich die umgangssprachliche Käuflichkeit einer Stimmabgabe zu ächten.[23] Bedenken bestehen insoweit im Hinblick auf das Bestimmtheitsgebot, da der Gesetzgeber die Tatbestandsmerkmale des Kaufens und Verkaufens gerade nicht selbst inhaltlich ausfüllt.[24] In diesem Sinne offen gelassen ist zunächst, wie die Leistung des Stimmenkäufers beschaffen sein muss. Der Wortlaut („Kaufen" statt „Vorteil") verbietet es zunächst, *immaterielle* Vergünstigungen ausreichen zu lassen. Im Übrigen muss die Bestimmung des strafbaren Bereichs unter sorgfältiger Abwägung aller Umstände des Einzelfalls vorgenommen werden, wobei insbesondere die Höhe und Art der geldwerten Zuwendung, der zeitliche Zusammenhang zwischen Leistung und Gegenleistung sowie die Mittel-Zweck-Relation als Kriterien heranzuziehen und parlamentarische Gepflogenheiten einschränkend zu berücksichtigen sind.[25] Nur durch eine sorgfältige Gesamtschau dieser Kriterien kann im Einzelfall entschieden werden, wo also die noch erlaubte Einflussnahme endet und das verwerfliche „Kaufen" beginnt, bei dem die Stimme des Mandatsträgers zur käuflichen Ware herabgewürdigt wird.[26] Maßgebliche Anhaltspunkte dafür bietet in diesem Zusammenhang das sog. „Diätenurteil" des Bundesverfassungsgerichts, nach dem beim „Zuschanzen" lukrativer Nebentätigkeiten oder bei Beratungsverträgen und insbeson-

---

[19] Art. 2 § 2 IntBestG v. 10.9.1998 – BGBl. II 2327.

[20] *Müller* MK Rdn. 13; *Becker* Diss. Bonn 1998, 35; BGH NStZ **2006** 389.

[21] Siehe auch für die Bundesversammlung *Epp* Diss. Trier 1997, 411 ff.

[22] *Sch/Schröder/Eser* Rdn. 4.

[23] BTDrucks. 12/5927 S. 5 ff.

[24] Vgl. *Becker* Diss. Bonn 1998, 58.

[25] Vgl. dazu kritisch *Rudolphi* SK Rdn. 13.

[26] BTDrucks. 12/5927 S. 7.

dere bei sogen. **Scheinarbeitsverträgen** eine Strafbarkeit jedenfalls dann anzunehmen sein wird, wenn der Abgeordnete, abgesehen vom gewünschten Stimmverhalten, auf die sich die Unrechtsvereinbarung beziehen muss (siehe Rdn. 12), de facto keine adäquate Gegenleistung zu erbringen hat. Nach der Wertung des Bundesverfassungsgerichts sind solche Einkünfte mit dem unabhängigen Status der Abgeordneten unvereinbar.[27] Die internen „Verhaltensregeln" für Abgeordnete (für den Bundestag siehe Anl. 1 zur BT-GeschO) bieten insoweit lediglich vage Anhaltspunkte, beseitigen die Abgrenzungsschwierigkeiten jedoch nicht völlig, insbesondere wenn dort lediglich die Pflicht zur Offenlegung entsprechender Nebeneinkünfte postuliert ist, nicht aber deren Unzulässigkeit.[28]

Fraglich ist zudem, ob der materielle Vorteil dem Abgeordneten im Ergebnis selbst 11
zukommen muss oder ob es ausreicht, dass dieser Vorteil einem **Dritten** zufließt oder zufließen soll, etwa (bei Parteispenden) der Partei, welcher der Parlamentarier angehört. Heranzuziehen ist hier die Auslegung des Begriffes „Vorteil" in § 331 a. F. Der an einen Dritten gewährte Vorteil war nur dann tatbestandsmäßig, wenn die Leistung des Vorteilsgebers an einen Dritten dem Abgeordneten einen eigenen wirtschaftlichen Vorteil oder immateriellen Gewinn brachte.[29] Das neue Recht klärt die Frage, in dem es auch Vorteile „für einen Dritten" genügen lässt (*Bauer/Gmel* LK Nachtrag 11. Aufl. §§ 331 ff). Die dort gefundene gesetzliche Lösung ist auch auf § 108e übertragbar. Anderenfalls bliebe der nunmehr eindeutige gesetzgeberische Wille, im Rahmen der Korruptionsbekämpfung auch Drittvorteile zu erfassen, außer Betracht[30]. Maßgeblich ist daher die Kommentierung zu § 331 ff. mit der Maßgabe, dass *immaterielle* Vorteile des Abgeordneten – etwa die Mehrung seines Ansehens innerhalb einer Partei – bei direkten als auch bei indirekten Zuwendungen an einen Dritten nicht genügen. Dies folgt schon aus der vom Gesetzgeber gewählten Begrifflichkeit „Kaufen" statt „Vorteil erlangen".

5. Gefordert wird zudem eine dem Kauf, bzw. Verkauf der Stimme zugrunde liegende 12
Unrechtsvereinbarung in dem Sinne, dass die materielle Zuwendung dazu dienen muss, den Abgeordneten kausal zu einem *bestimmten* Wahl- oder Abstimmungsverhalten zu veranlassen. Den Tatbestand einschränkend erforderlich ist also eine über die allgemeine Kontaktpflege hinausgehende Absprache über den unsachlichen Gebrauch des Stimmrechts in einer *hinreichend konkretisierten* Angelegenheit.[31] Durch diese Einschränkung sollen alltägliche und „politisch adäquate" Verhaltensweisen der Abgeordneten von der Strafbarkeit ausgenommen werden.[32] Dazu zählen insbesondere die Fälle, in denen einem Abgeordneten Vergünstigungen für die Vertretung bestimmter Interessen in Aussicht gestellt werden, ohne dass sich dies auf eine *bestimmte* Abstimmung bezieht. Insoweit besteht eine gewisse Parallele zu den Amtsbestechungsdelikten, wo in strukturell ähnlicher Weise auf das Vorliegen einer Unrechtsvereinbarung abgestellt wird.[33] Ebenso wenig wie dort kommt bei einem inneren Vorbehalt des Abgeordneten, sich in seinem künftigen Stimmverhalten in Wirklichkeit gar nicht an den Wünschen des Käufers orientieren zu wollen, die Strafbarkeit in Wegfall.[34] In solchen Fällen hat der Abgeordnete

---

27 BVerfGE 40 296, 319 = NJW 1975 2331 ff.
28 *Barton* NJW 1994 1099; *Becker* Diss. Bonn 1998, 131.
29 *Jescheck* LK 11. Aufl. § 331 Rdn. 7.
30 *Müller* MK Rdn. 17; aA *Laufhütte/Kuschel* LK[11] Nachtrag Rdn. 6.
31 *Sch/Schröder/Eser* Rdn. 9 m. w. N; BGH NStZ 2006 389.
32 BTDrucks. 12/5927, S. 5; *Schaller* Diss. Tübingen 2002, 100; *Epp* Diss. Trier 1997, 289.
33 Vgl. *Bauer/Gmel* LK[11] Nachtrag §§ 331 ff.
34 Vgl. BGHSt 15, 88; *Tröndle/Fischer* Rdn. 10.

bereits seine Käuflichkeit dokumentiert, das geschützte Vertrauen in seine Integrität nachhaltig erschüttert und den Tatbestand der Abgeordnetenbestechung als Unternehmensdelikt vollendet. Regelmäßig liegt in solchen Fällen der Täuschung des Stimmenkäufers tateinheitlich Betrug vor (vgl. Rdn. 18).

III. Subjektiver Tatbestand

13 Für den **subjektiven Tatbestand** ist **Vorsatz** erforderlich, wobei Eventualvorsatz ausreicht. Dieser muss sich insbesondere auch auf die Unrechtsvereinbarung beziehen. So muss etwa der Abgeordnete zumindest bedingt vorsätzlich davon ausgehen, dass ihm die materielle Vergünstigung für ein bestimmtes künftiges Abstimmungsverhalten gewährt wird und nicht nur deshalb, um sein allgemeines Wohlwollen zu gewinnen, oder weil dies politisch üblich ist. Ein diesbezüglicher Irrtum des Abgeordneten ist als Verbotsirrtum nach § 17 zu behandeln.

IV. Täterschaft

14 Als Täter kommt beim Stimmenkauf jedermann in Betracht, auch ein anderer Abgeordneter, beim Stimmenverkauf hingegen, weil Sonderdelikt, nur der Mandatsträger. Ist dieser zugleich Amtsträger oder ein für den öffentlichen Dienst besonders Verpflichteter (§ 11 Abs. 1 Nr. 2, 4), so finden die §§ 331 ff Anwendung, die dem § 108e vorgehen (siehe Rdn. 18). Die **Teilnahme** richtet sich nach den allgemeinen Grundsätzen, wobei eine Strafmilderung nach § 28 für den Teilnehmer am Stimmenverkauf trotz dessen Sonderdeliktscharakters auszuschließen sein wird, da angesichts der gleichen Strafdrohung für Stimmenverkauf (des Mandatsinhabers) und Stimmenkauf (durch den Bürger) eine weniger unwerthafte Einschätzung des letzteren offenbar nicht gewollt ist (vgl. Rdn. 16).[35]

V. Mandatsfreiheit und Indemnität

15 Die verfassungsrechtlich in Art. 38 Abs. 1 Satz 2 und Art. 46 Abs. 1 Satz 1 GG garantierten Rechte der **Mandatsfreiheit und Indemnität** des Abgeordneten werden durch die Vorschrift nicht in unzulässiger Weise tangiert. Hinsichtlich der Mandatsfreiheit macht mit der Regelung des § 108e der Gesetzgeber von seinem in Art. 38 Abs. 3 GG verankerten Recht auf nähere Ausgestaltung der Grundsätze des Abgeordnetenmandats Gebrauch. Im Hinblick auf das Grundrecht der Indemnität betrifft der Tatbestand der Abgeordnetenbestechung nicht das garantierte freie Abstimmungsverhalten des Mandatsträgers selbst, sondern lediglich das der Abstimmung vorausgehende Willensbildungsverfahren.

---

[35] *Rudolphi* SK Rdn. 16; *Tröndle/Fischer* Rdn. 13.

VI. Strafandrohung

16 Die **Strafandrohung** beträgt Freiheitsstrafe bis zu 5 Jahren oder Geldstrafe und liegt damit im Mindestmaß unter den in §§ 332, 334 für den Amtsträger vorgesehenen Strafen. Dagegen entspricht sie der Strafandrohung aus Art. 2 § 2 IntBestG. Bemerkenswert ist, dass sich dieselbe Strafandrohung sowohl an den Stimmenkäufer als auch an den Mandatsträger wendet. Dies dürfte dem Unrechtsgehalt des Stimmenverkaufs durch den Abgeordneten, der insoweit eine besondere Pflichtenstellung hat, nicht gerecht werden. Die der Strafandrohung damit immanente Privilegierung des Abgeordneten erscheint nicht nachvollziehbar und stößt auf berechtigte Kritik.[36]

VII. Nebenfolgen (Abs. 2)

17 Mögliche **Nebenfolgen** sind in Abs. 2 geregelt. Neben einer Freiheitsstrafe von mindestens 6 Monaten kann das Gericht nach das aktive und passive Wahlrecht aberkennen (vgl. dazu §§ 45–45b). Trifft die Aberkennung der Wählbarkeit einen Bundestagsabgeordneten, so kann der Ältestenrat nach § 47 Abs. 1 Nr. 3 BWahlG den Verlust der Mitgliedschaft im Bundestag beschließen.[37]

VIII. Konkurrenzen

18 Als mögliche **Konkurrenzen** kommt Tateinheit mit § 263 in Betracht, wenn ein Abgeordneter den Verkauf eines bestimmten künftigen Abstimmungsverhaltens nur vortäuscht, um durch diese Täuschung des Stimmenkäufers in den Genuss des materiellen Vorteils zu gelangen.[38] Beim Stimmenverkauf durch einen Abgeordneten, der zugleich **Amtsträger** oder ein für den öffentlichen Dienst besonders Verpflichteter ist, ist zu beachten, dass die Stellung der Abgeordneten grundsätzlich nicht mit der von Amtsträgern vergleichbar ist. Der Straftatbestand der Abgeordnetenbestechung wurde deshalb nicht in den Abschnitt „Straftaten im Amt", sondern in den Abschnitt „Straftaten gegen Verfassungsorgane sowie bei Wahlen und Abstimmungen" des Besonderen Teils des Strafgesetzbuches eingestellt. Mit der Schaffung dieses Straftatbestandes wurde das Ziel verfolgt, eine Strafbarkeitslücke zu schließen, da es keine einleuchtenden Gründe dafür gibt, dass Bestechung und Bestechlichkeit bei Amtsträgern strafrechtlich geahndet werden, bei Volksvertretern, die oft noch erheblich weiterreichende Entscheidungen zu treffen haben, hingegen nicht.[39] Die Einfügung des neuen Straftatbestandes diente daher dem Zweck, die Strafbarkeit von unlauteren Beeinflussungen auszudehnen. Das geltende Recht (§§ 11, 331 ff.) sollte nicht eingeschränkt werden.[40] Konsequenz dieser Auffassung ist in diesen Fällen eine mögliche Strafbarkeit nach den §§ 331 ff mit einem im Verhältnis zu § 108e deutlich weiteren Anwendungsbereich. Will man im Ergebnis nicht hinter

---

[36] *Rudolphi* SK Rdn. 10, 14.
[37] Zum Mandatsverlust von Europa- und Landtagsabgeordneten siehe *Epp* Diss. Trier 1997, 463 ff.
[38] Vertiefend dazu *Epp* Diss. Trier 1997, 216.
[39] BTDrucks. 12/1630 und 12/5927, S. 3.
[40] So ausdrücklich in der Antwort der Bundesregierung auf die Kleine Anfrage der Abgeordneten Gisela Piltz, Jörg van Essen, Rainer Funke, weiterer Abgeordneter und der Fraktion der FDP – Drucksache 15/3698 – Strafbarkeit von Mitgliedern in den Gemeindevertretungen bei der Mandatsausübung – BTDrucks. 15/3849.

die bisherige Rechtslage zurückfallen, wird man zu dem Ergebnis kommen müssen, dass die § 331 ff den restriktiv gefassten § 108e verdrängen.[41] Gleiches muss für die Fälle gelten, in denen der ebenfalls weiter gefasste Art. 2 § 2 IntBestG greift; das ist der Fall bei einem Kauf einer Abgeordnetenstimme aus einem ausländischen oder internationalen Parlament – also auch dem in § 108e genannten Europaparlament.[42] Handelt es sich jedoch um einen Stimmenverkauf durch einen Abgeordneten eines deutschen Parlaments, der nicht zugleich Amtsträger ist, so kommt nur die eingeschränkte Strafbarkeit nach § 108e in Betracht. Diese Vorschrift geht als abschließende Sonderregelung für Abgeordnete den §§ 331 ff grundsätzlich vor.[43]

---

41 *Müller* MK, Rdn. 14; *Tröndle/Fischer* Rdn. 14; vgl. aber auch *Deiters* NStZ 2003 458; zum gegenseitigen Verhältnis von §§ 331 ff zu § 108e vgl. auch *Salinger/Sinner* NJW 2005 1073 ff.

42 Zu den verschiedenen Fallkonstellationen siehe *Schaller* Diss. Tübingen 2002, 39 ff, 47; *Epp* Diss. Trier 1997, 365 ff.

43 *Dahs/Müssig* NStZ 2006 191, 195; BGH NStZ 2006 389.

FÜNFTER ABSCHNITT

Straftaten gegen die Landesverteidigung

Vorbemerkungen

Schrifttum

H. Arndt Grundriß des Wehrstrafrechts, 2. Aufl. (1966); *Bauer* Selbstverstümmelung und Dienstentziehung durch Täuschung im deutschen Strafrecht (1996); *Dau* Wehrstrafgesetz, bei: *Erbs/Kohlhaas* Strafrechtliche Nebengesetze, Bd. 4 W 50, (Stand 1.7.2005); *Grau* Der strafrechtliche Wehrschutz, DJ **1933** 709; *Hardwig* Der systematische Ort der §§ 141, 144 StGB, GA **1955** 140; *Heimberger* Die Verletzung der Wehrpflicht, VDB II 433; *Kohlhaas* Das Vierte Strafrechtsänderungsgesetz, NJW **1957** 929; *Kohlhaas-Schwenck* Rechtsprechung in Wehrstrafsachen (1967); *Lackner* Das Vierte Strafrechtsänderungsgesetz. A. Materielles Recht, JZ **1957** 401; *H. E. Müller* Was bedeutet „Landesverteidigung" im StGB? NStZ **2002** 633; *Rittau* Wehrstrafgesetz, 1958 m. Nachtr. (1961); *Steinlechner/Walz* Wehrpflichtgesetz, 6. Aufl. (2003); *Schroeder* Der Schutz von Staat und Verfassung im Strafrecht (1970); *Zillich* Wehrdienstumgehung in der Bundesrepublik. Methoden, Ursachen und strafrechtliche Beurteilung, Diss. München 1971.

Gesetzesmaterialien

Protokolle des Ausschusses für Rechtswesen und Verfassungsrecht (16. Ausschuß), 2. Wahlperiode; Schriftlicher Bericht des Ausschusses für Rechtswesen und Verfassungsrecht (16. Ausschuß) über den Entwurf eines Vierten Strafrechtsänderungsgesetzes, zu BTD 3407 (2. Wahlperiode).

Entstehungsgeschichte des Abschnitts als solchen

Die Vorläufer der §§ 109, 109a, 109c, 109h waren ursprünglich als §§ 141–143, der Vorläufer des § 109b als § 112, der Vorläufer des § 109g Abs. 1 als § 360 Abs. 1 Nr. 1 im StGB enthalten. Eine Zusammenfassung in einem eigenen Abschnitt fand sich schon in den Entwürfen seit 1909. Die §§ 141–143 StGB wurden durch das Ges. v. 28.6.1935 abgeändert, als Vorläufer des § 109e durch Ges. v. 4. 9. 1941 der § 143a eingefügt, die §§ 112, 141–143 StGB durch die KrStrVO v. 17.8.1938 außer Geltung gesetzt, sämtliche Vorläufer durch das KRG Nr. 11 v. 30.1.1946 aufgehoben. § 109h eingefügt in das StGB als § 141 durch das 2. StRÄndG v. 6.3.1953. Vorläufer der übrigen Vorschriften (zugunsten der ehemaligen Besatzungsmächte) z. T. in Anhang A zum Truppenvertrag i. d. F. der Bek. v. 30.3.1955. §§ 109–109g, 109i in das StGB eingefügt, § 141 als § 109h umgestellt durch das 4. StRÄndG v. 11.6.1957. Änderung der Strafdrohungen durch das 1. StrRG. §§ 109b–109c aufgehoben durch das EGStGB 1974.

I. Rechtsgut. Abschnittsüberschrift

Das in der Abschnittsüberschrift genannte Rechtsgut der Landesverteidigung kehrt 1
ausdrücklich nur in den §§ 109d–109f, 109k wieder, wobei in § 109d die Absicht der Behinderung in der Erfüllung der Aufgabe der Landesverteidigung den objektiven Tat-

bestand der Verbreitung von Tatsachen, die geeignet ist, die Tätigkeit der Bundeswehr zu stören, einschränkt, in den §§ 109e und 109f der auf die Landesverteidigung bezogene objektive Tatbestand durch die Gefährdung der Sicherheit der Bundesrepublik Deutschland, der Schlagkraft der Truppe oder von Menschenleben bzw. das Dienen gegenüber dagegen gerichteten Bestrebungen eingeschränkt ist.

Dagegen schützen die §§ 109, 109a und – jedenfalls auch – § 109h die Durchsetzung der Wehrpflicht. § 109g schließlich stellt nur auf die Gefährdung der Sicherheit der Bundesrepublik und der Schlagkraft der Truppe ab.

Schon vor 1968 ging daher der Inhalt des Abschnitts über den Schutz der Landesverteidigung hinaus, soweit Menschenleben geschützt sind (§ 109e).

Durch das 17. Gesetz zur Änderung des Grundgesetzes vom 24.6.1968 (BGBl. 1968 I S. 709) hat aber die Bundeswehr selbst über die Landesverteidigung hinaus folgende Aufgaben bekommen:

- Schutz ziviler Objekte zur Unterstützung polizeilicher Maßnahmen im Verteidigungs- und Spannungsfall (Art. 87a Abs. 3 S. 2 GG)
- Unterstützung der Polizei und des Bundesgrenzschutzes beim Schütze von zivilen Objekten und bei der Bekämpfung organisierter und militärisch bewaffneter Aufständischer zur Abwehr einer drohenden Gefahr für den Bestand oder die freiheitliche demokratische Grundordnung des Bundes oder eines Landes, wenn das Land, in dem die Gefahr droht, nicht selbst zur Bekämpfung der Gefahr bereit oder in der Lage ist und die Polizeikräfte sowie der Bundesgrenzschutz nicht ausreichen (Art. 87a Abs. 4 GG)
- Hilfe bei einer Naturkatastrophe oder bei einem besonders schweren Unglücksfall auf Anforderung eines Landes (Art. 35 Abs. 2 GG) oder – sofern die Naturkatastrophe oder der Unglücksfall das Gebiet mehr als eines Landes gefährdet – auf Grund Einsatzes durch die Bundesregierung (Art. 35 Abs. 3 GG).

Hierzu kommen inzwischen – vom BVerfG für verfassungsgemäß erklärte (BVerfGE 90, 186 ff) – humanitäre und antiterroristische internationale Einsätze der Bundeswehr im Ausland (z. B. Kosowo, Afghanistan).

Damit ist auch bei den §§ 109, 109a, 109g und 109h das Rechtsgut über die Landesverteidigung hinaus erweitert worden.

Angesichts des schon bisher nicht erschöpfenden Titels und wegen der Unmöglichkeit einer Differenzierung ex ante ist es ausgeschlossen, aus der Überschrift eine Einschränkung der Tatbestände herzuleiten (aA *Sch/Schröder/Eser* Vor §§ 109 ff Rdn. 1). Umgekehrt ist es aber auch unzulässig, die durch den Begriff der Landesverteidigung begrenzten Tatbestände (§§ 109d, 109e und 109f) auf die neuen Aufgaben der Bundeswehr zu erweitern (*Kreutz* NZWehrR **2000** 230; *H. E. Müller* NStZ **2002** 635).

Wenn *Schmidhäuser* BT 21/2 schon ein eigenständiges Rechtsgut „Landesverteidigung" ablehnt und als Rechtsgut der Vorschrift die Gebietshoheit ansieht, so ebnet er die Vorverlagerung des Schutzes schon auf der Ebene des Rechtsguts ein; die erwähnten Erweiterungen des Rechtsguts kann er überhaupt nicht unterbringen.

II. Gliederung des Abschnitts

2 Der Abschnitt lässt, abgesehen davon, dass die §§ 109, 109a die Erfüllung der Wehrpflicht behandeln und die aufgehobenen §§ 109b, 109c die Verleitung von Bundeswehrsoldaten regelten, kein Gliederungsmerkmal erkennen. Die Gliederung nach Rechtsgütern wurde bereits unter I. berührt. Die §§ 109, 109a und – jedenfalls auch – 109h schützen die Durchsetzung der Wehrpflicht bzw. der Verpflichtung zum Wehrdienst schlechthin und damit das „Menschenpotential der Landesverteidigung" (*Maurach/Schroeder/Maiwald* II § 87 II), die personellen Verteidigungsmittel (*Fr.-Chr. Schroeder* § 37), wobei § 109a auf Wehrpflichtige und § 109 auf die bloße Tauglichkeit zur Erfüllung der Wehrpflicht abstellt. Damit schützt § 109a den Personalbestand der Bundeswehr, die §§ 109, 109h dagegen schon das Wehrpotential der Bundesrepublik. § 109e schützt die sachlichen Verteidigungsmittel, die §§ 109d, 109f und 109g schützen die Funktionsfähigkeit dieser Verteidigungsmittel gegen Aufdeckung und unspezifische „Störung" durch Äußerungen (vgl. *Fr.-Chr. Schroeder* § 37; *Maurach/Schroeder/Maiwald* II § 87 III, IV). Technische Gemeinsamkeiten bestehen zwischen den §§ 109 und 109a („sich oder einen anderen"), 109e, 109g (konkrete Gefährdungsdelikte, jedoch mit teilweise differierenden Objekten). § 109f stimmt mit den konkreten Gefährdungsdelikten in den Schutzobjekten überein, schützt sie aber vor dagegen gerichteten Bestrebungen, während § 109d ein nach der Formulierung der Gefährdung („Eignung") und ihres Objekts abweichendes Gefährdungsdelikt bildet.

Durch die Mindeststrafandrohung von drei Monaten Freiheitsstrafe erscheinen die §§ 109, 109e und 109h, durch die Einbeziehung aller Auslandstaten (s. Rdn. 5) die §§ 109, 109e, 109f und 109g als schwerwiegender gekennzeichnet.

III. Bedeutung der Vorschriften

Für typische Soldatendelikte enthält das Wehrstrafgesetz vom 30.3.1957 (BGBl. I S. 298) einschlägige Tatbestände. Der Fünfte Abschnitt des StGB enthält teils Korrespondenzbestimmungen für Taten von und an (Noch-)Nichtsoldaten (§§ 109, 109a, vgl. dazu §§ 17, 18 WStG), im Übrigen im WStG nicht enthaltene Tatbestände. Während bei Taten von Soldaten an sich oder anderen Soldaten und bei Teilnahmehandlungen von Soldaten die Bestimmungen des WStG bis auf wenige Lücken als leges speciales vorgehen, können in den übrigen Fällen generell auch Soldaten Täter sein. Die Tatbestände für Taten von und an Nichtsoldaten stellen statt des Wehrdienstes auf die Wehrpflicht ab und sind damit teils (freiwilliger Wehrdienst) enger, teils (Zivildienst) weiter als die Tatbestände des WStG. Bei den §§ 109f, 109g ist die Konkurrenz der Vorschriften über Landesverrat und Gefährdung der äußeren Sicherheit zu beachten, die die (äußere) Sicherheit der Bundesrepublik mit höheren Strafdrohungen schützen. **3**

Im Jahre 2004 erfolgten insgesamt 3 Verurteilungen (!), alle wegen § 109a. Die Vorschriften sind damit in der Praxis wenig bedeutsam. Dogmatisch sind sie jedoch wegen der komplizierten Deliktstypen (Gefährdungsdelikte, Absichtsdelikte, sogar in Kombination – § 109d –, Vorsatz-Fahrlässigkeits-Kombination) besonders interessant und anspruchsvoll. **4**

IV. Geltungsbereich

Die §§ 109–109h gelten auch bei Begehung im **Ausland,** die §§ 109a, 109d und 109h jedoch nur, wenn der Täter Deutscher ist und seine Lebensgrundlage im räumlichen Geltungsbereich des StGB hat (§ 5 Nr. 5 StGB). Dies galt auch für in der früheren **DDR** gegen die Bundeswehr und die Landesverteidigung der Bundesrepublik begangene Taten (Art. 315 Abs. 4 EGStGB i. d. F. der Anlage I zum Einigungsvertrag). Dabei entstanden **5** die gleichen Probleme wie beim Landesverrat und der Gefährdung der äußeren Sicherheit (BGH NJW **1991** 929; *Simma/Volk* NJW **1991** 871).

V. Ausdehnung des Schutzbereichs

6 Nach Art. 7 Abs. 2 Nr. 4 des 4. StRÄndG (i. d. F. des Art. 147 EGStGB 1974, BGBl. 1974 I S. 469) gelten die §§ 109d–109g i. V. mit den §§ 109i, 109k auch für Taten gegen die in der Bundesrepublik Deutschland stationierten Truppen der nichtdeutschen Vertragsstaaten des Nordatlantikpaktes, die sich zur Zeit der Tat im räumlichen Geltungsbereich des 4. StRÄndG aufhalten (der Passus über die im Land Berlin anwesenden Truppen einer der Drei Mächte, deren Soldaten, Wehrmittel, Einrichtungen, Anlagen oder militärische Vorgänge ist obsolet). Dabei treten an die Stelle der Bundesrepublik Deutschland der betreffende Vertragsstaat, an die Stelle der Bundeswehr diese Truppen und an die Stelle der Landesverteidigung die Verteidigung der Vertragsstaaten. Die Straftat selbst muss aber in der Bundesrepublik begangen worden sein (Art. 7 Abs. 4 des 4. StRÄndG i. d. F. des Art. 147 EGStGB 1974, BGBl. 1974 I S. 469; BGHSt 38 75 m. Anm. *Schroeder* JR **1992** 205).

§ 109
Wehrpflichtentziehung durch Verstümmelung

(1) Wer sich oder einen anderen mit dessen Einwilligung durch Verstümmelung oder auf andere Weise zur Erfüllung der Wehrpflicht untauglich macht oder machen läßt, wird mit Freiheitsstrafe von drei Monaten bis zu fünf Jahren bestraft.

(2) Führt der Täter die Untauglichkeit nur für eine gewisse Zeit oder für eine einzel ne Art der Verwendung herbei, so ist die Strafe Freiheitsstrafe bis zu fünf Jahren oder Geldstrafe.

(3) Der Versuch ist strafbar.

Entstehungsgeschichte

Ursprünglich § 142 StGB; abgeändert durch Ges. v. 28.6.1935; außer Geltung gesetzt durch §§ 5 Abs. 1 Ziff. 3, 6 Abs. 2 KrStrVO v. 17.8.1938; aufgehoben durch KRG Nr. 11 v. 30.1.1946. Wiedereingeführt in das StGB in neuer Fassung durch das 4. StRÄndG v. 11.6.1957; abgeändert durch das 1. StrRG v. 25.6.1969 und das EGStGB 1974.

Übersicht

I. Rechtsgut – Grundstruktur

Die Vorschrift schützt die Tauglichkeit zur Erfüllung der Wehrpflicht und damit das Menschenpotential der Landesverteidigung (*Maurach/Schroeder/Maiwald* II § 87 II). Demgemäß erfasst sie jede Beeinträchtigung der Tauglichkeit zur Erfüllung der Wehrpflicht, sei es beim Täter selbst oder bei einem anderen (Selbstverstümmelung und Fremdverstümmelung). Damit durchbricht sie die grundsätzliche Straflosigkeit der Körperselbstverletzung im deutschen Recht. Jedoch schützt sie das Menschenpotential nicht absolut: Die Tötung eines Wehrpflichtigen bleibt außerhalb des Tatbestandes; die durch Tötungs- bzw. Selbsttötungsversuch eingetretene Wehruntauglichkeit fällt darunter nur bei entsprechendem Eventualvorsatz.[1] **1**

Ein Anachronismus ist es jedoch, wenn § 109 bei der Fremdverstümmelung eine Einwilligung des anderen verlangt. Denn bei der Untauglichmachung ohne Einwilligung ist nicht nur das Rechtsgut des Wehrpotentials in gleicher Weise betroffen, sondern noch der fremde Wille missachtet (das Rechtsgut der Körperintegrität ist wegen § 228 StGB in beiden Fällen angegriffen). Der Hinweis auf die „typische Gefährlichkeit" des Zusammenwirkens[2] befriedigt nicht.[3] Indessen lässt sich auf das Erfordernis angesichts des eindeutigen Gesetzeswortlauts nicht verzichten. Eine Berücksichtigung im Rahmen der Strafzumessung bei der Körperverletzung ist nach § 46 Abs. 2 StGB möglich und geboten, während die Annahme einer Gesetzeskonkurrenz mit Sperrwirkung[4] verbotene Analogie darstellt.[5] **2**

II. Die Tauglichkeit zur Erfüllung der Wehrpflicht

Die Tauglichkeit zur Erfüllung der Wehrpflicht ist ungeschriebenes Tatbestandsmerkmal des § 109.

---

1 *Maurach/Schroeder/Maiwald* II § 87 Rdn. 11; *Müller* MK Rdn. 4, 17; *Rudolphi* SK Rdn. 8; *Schölz/Lingens* § 17 Rdn. 19. Für Ausschluß auch dieses Falles aus § 109 *Sch/Schröder/Eser* Rdn. 9; *Ostendorf* AK Rdn. 13.

2 E 1962, Begr. S. 596; *Kohlrausch/Lange* IV; *Schölz/Lingens* § 17 Rdn. 18 (er argumentiert jedoch in Wahrheit mit der Untauglichmachungsabsicht).

3 *Kohlhaas* NJW **1958** 135; *Jagusch* LK[8] 5; *Blei* § 101 I; *Rudolphi* SK Rdn. 16; *Sch/Schröder/Eser* Rdn. 16.

4 So *Kohlhaas* NJW **1957** 929 und **1958** 135; *Erbs/Kohlhaas* § 17 4; *Maurach* BT § 64a IIa 2a bis zur 5. Aufl.

5 *Blei* § 101 I; *Maurach/Schroeder/Maiwald* II § 87 II Rdn. 8; *Schölz/Lingens* § 17 Rdn. 18; *Wohlers* NK Rdn. 2.

3 **1. Anfang und Ende der Wehrpflicht.** Wehrpflichtig sind alle Männer vom vollendeten 18. Lebensjahr an, die Deutsche im Sinne des Grundgesetzes sind und ihren ständigen Aufenthalt in der Bundesrepublik haben oder ihren ständigen Aufenthalt außerhalb der Bundesrepublik haben und entweder ihren früheren ständigen Aufenthalt in der Bundesrepublik hatten oder einen Pass oder eine Staatsangehörigkeitsurkunde der Bundesrepublik Deutschland besitzen oder sich auf andere Weise ihrem Schutz unterstellt haben (§ 1 Abs. 1 WehrpflG). Ausländer und Staatenlose können durch Rechtsverordnung der Wehrpflicht unterworfen werden (§ 2 WehrpflG); dies ist bisher jedoch nicht erfolgt. Die Wehrpflicht endet mit Ablauf des 45., bei Offizieren und Unteroffizieren sowie im Verteidigungsfall mit Ablauf des 60. Lebensjahres (§ 3 Abs. 3–5 WehrpflG). Vorlagen wegen einer angeblichen Verfassungswidrigkeit der allgemeinen Wehrpflicht wurden vom BVerfG als unzulässig zurückgewiesen (NJW **2002** 1707, 1709).

4 **2. Die Erfüllung der Wehrpflicht.** Die Wehrpflicht wird nach § 3 Abs. 1 S. 1 WehrpflG durch den Wehrdienst oder – bei dessen Verweigerung aus Gewissensgründen – durch den Zivildienst erfüllt.[6] Der Wehrdienst umfasst den Grundwehrdienst, die Wehrübungen und im Verteidigungsfall den unbefristeten Wehrdienst (§§ 4 ff WehrpflG).

5 **3. Die Tauglichkeit zur Erfüllung der Wehrpflicht.** § 109 stellt nicht auf die Verhinderung der konkreten Erfüllung der Wehrpflicht oder auch nur auf die Beseitigung der Wehrpflicht als abstrakte Verpflichtung, als Belastbarkeit mit einer Verpflichtung (*Scherer/Krekeler/Steinlechner* § 1 I 1), sondern auf die Herbeiführung der abstrakten Untauglichkeit zu ihrer Erfüllung ab. Untauglich zur Erfüllung gemacht ist nicht nur, wer konkret oder abstrakt (vgl. OLG Hamm NJW **1974** 568, 570) wehrpflichtig ist, sondern jeder, bei dem die Wehrpflicht noch eintreten kann. Dies ist für unter Achtzehnjährige unbestritten,[7] muss aber auch für andere Fälle der möglichen Wehrpflicht gelten, so für über 45-jährige im Hinblick auf den möglichen Verteidigungsfall, für das Ruhen der Wehrpflicht bei Deutschen, die ihren ständigen Aufenthalt und ihre Lebensgrundlage außerhalb der Bundesrepublik haben, wenn sie beabsichtigen, ihren ständigen Aufenthalt im Ausland beizubehalten (vgl. näher § 1 Abs. 2, 3 WehrpflG), für den Ausschluss vom Wehr- und Zivildienst wegen bestimmter im Strafregister noch nicht getilgter Vorstrafen, wegen Aberkennung der Fähigkeit zur Bekleidung öffentlicher Ämter durch Richterspruch und wegen nicht erledigter Verurteilung zur Unterbringung in einer Entziehungsanstalt oder zu Sicherungsverwahrung (§ 10 WehrpflG, § 9 ZivildienstG), für die Zurückstellung vom Wehr- und Zivildienst (§ 12 WehrpflG, § 11 ZivildienstG), die Unabkömmlichstellung (§ 13 WehrpflG, § 16 ZivildienstG), für die Nichtheranziehung zum Wehr- und Zivildienst wegen Heranziehung zu Dienstleistungen im Zivilschutz oder Katastrophenschutz (§ 13a WehrpflG, § 14 ZivildienstG), wegen Verpflichtung zum Entwicklungsdienst (§ 13b WehrpflG, § 14a ZivildienstG) wegen Zugehörigkeit zum Vollzugsdienst der Polizei (§ 15 ZivildienstG) und wegen eines freiwilligen Arbeitsverhältnisses in einer Kranken- oder Heil- und Pflegeanstalt (§ 15a ZivildienstG).[8] Es wäre auch ganz unverständlich, wenn jemand kurz vor dem Wegfall der genannten Voraussetzungen straflos eine Untauglichmachung für die Folgezeit begehen könnte. Freilich darf die Erfüllung der Wehrpflicht nicht ganz fern liegen. Im Übrigen wird in diesen Fällen häufig der Vorsatz fehlen.

---

[6] Gegen die Einbeziehung der „Kriegsdienstverweigerer" mangels „Schutzgutverletzung" *Ostendorf* AK Rdn. 3, 7.

[7] *Lackner/Kühl* Rdn. 2; *Maurach/Schroeder/Maiwald* II § 87 Rdn. 9; *Sch/Schröder/Eser* Rdn. 4; *Tröndle/Fischer* Rdn. 2.

[8] Abw. z. T. *Jagusch* LK[8] 2a.

Nicht zur Erfüllung der Wehrpflicht untauglich gemacht werden kann dagegen, wer nach § 9 Nr. 1 WehrpflG, § 8 Abs. 1 ZivildienstG dauernd dienstunfähig ist und wer nach § 11 Abs. 1 WehrpflG, § 10 ZivildienstG vom Wehrdienst befreit ist (*Jagusch* LK[8] 2a). Fälle, bei denen zum Antrag auf Befreiung Berechtigte (§ 11 Abs. 2 WehrpflG, § 10 Abs. 2 ZivildienstG) sich untauglich machen oder machen lassen (für Strafbarkeit *Jagusch* LK[8] 2 a), sind kaum denkbar.

III. Untauglich

1. Allgemeines. § 109 stellt auf die Untauglichkeit zur „Erfüllung der Wehrpflicht" ab, die nach Rdn. 3 zu differenzieren ist. Indessen bestimmt sich nach § 7 ZivildienstG die Tauglichkeit für den Zivildienst nach der Tauglichkeit für den Wehrdienst; § 8 ZivildienstG ist gleichlautend mit § 9 WehrpflG. Der Begriff „untauglich" bezieht sich auf die entsprechenden Begriffe in den §§ 8a, 9 WehrpflG, 7, 8 ZivildienstG. Daher fällt darunter nicht die Herbeiführung des Ausschlusses vom Wehr- bzw. Zivildienst nach § 10 WehrpflG, § 9 ZivildienstG,[9] der Befreiung (§ 11 WehrpflG, § 10 ZivildienstG), der Zurückstellung nach § 12 Nr. 2 WehrpflG, § 11 Nr. 2 ZivildienstG, der Unabkömmlichstellung und der Nichtheranziehung (s. Rdn. 5). Andererseits stellt dieser Begriff auf die tatsächlichen, nicht die rechtlichen Verhältnisse ab, so dass er auch gegeben ist, wenn bei einer vorübergehenden Untauglichkeit der Wehrdienst und damit (s. Rdn. 4) die Erfüllung der Wehrpflicht rechtlich fortdauern. 6

2. Verhältnis zum Wehrersatzwesen. Der Strafrichter hat über die Frage der Untauglichkeit selbständig zu entscheiden. Die nach § 8a Abs. 1 WehrpflG vom Bundesminister der Verteidigung erlassenen Richtlinien für die Festsetzung der Tauglichkeitsgrade (ZDv 46/I i. d. F. vom 28.3.1977 mit Änderungsanweisungen) binden ihn nicht, sind freilich ein wichtiger Anhalt. 7

Die Entscheidung der Wehrersatzbehörde über die Tauglichkeit ist zwar ein rechtsgestaltender Verwaltungsakt, aber nur hinsichtlich der Heranziehung zum Wehrdienst, während hinsichtlich der Tauglichkeit nur eine feststellende Wirkung besteht (vgl. BGHSt 5 106, 110). Der Strafrichter ist daher an die Feststellung der Wehrersatzbehörde nicht gebunden (vgl. § 442 AbgO).[10] Freilich kann das Strafverfahren ausgesetzt werden (§ 262 StPO; vgl. auch § 442 AbgO). Die Gegenauffassung verwandelt den Tatbestand in die Wehrpflichtentziehung durch Selbstverstümmelung.

3. Qualitative Arten der Untauglichkeit. Die Untauglichkeit kann auf körperlichen oder geistigen Mängeln beruhen (so § 29 Abs. 2 S. 1 WehrpflG). Im Übrigen sind die Arten der Untauglichkeit überaus mannigfach. In Frage kommen namentlich der Verlust von Gliedmaßen, Infektionskrankheiten, leistungsbeeinträchtigende Narben, nach der ZDv 46/I (s. Rdn. 7) auch stark entstellende Narben, Kastration (zw.). 8

---

9 So auch die h. L.: *Jagusch* LK[8] 2b, 4; *Sch/Schröder/Eser* Rdn. 12; *Tröndle/Fischer* Rdn. 4, jedoch durch unbegründetes Abstellen auf eine Gesundheitsbeschädigung oder ohne Begründung; zutr. *Lackner/Kühl* Rdn. 3.

10 **AA** RGSt. 44 264, 269; *Schölz/Lingens* § 17 Rdn. 12; *Kohlrausch/Lange* § 109 III; *Maurach* BT § 64a II 2a aa; wie hier *Müller* MK Rdn. 16; *Rudolphi* SK Rdn. 9; *Sch/Schröder/Eser* Rdn. 8.

9 **4. Quantitative Arten der Untauglichkeit**

a) **Absolute Untauglichkeit.** § 109 Abs. 1 verlangt, wie sich aus Abs. 2 ergibt, eine dauernde und totale Untauglichkeit, d. h einen Zustand, bei dem der Wehrpflichtige nicht zum Wehr- bzw. Zivildienst herangezogen (§ 9 WehrpflG, § 8 ZivildienstG) und der Wehr- bzw. Zivildienstleistende entlassen wird (§ 29 Abs. 2 WehrpflG, § 43 Abs. 1 Nr. 11 ZivildienstG). Für die Dauerhaftigkeit der Untauglichmachung genügt, dass mit einer Behebung nach wissenschaftlicher Erfahrung nicht gerechnet zu werden braucht; außergewöhnliche Behebungsmöglichkeiten bleiben außer Betracht (*Schölz/Lingens* § 17 Rdn. 4). Auf die Möglichkeit ärztlicher Beseitigung kommt es – wie bei der „dauernden Entstellung" nach § 226 StGB (vgl. BGHSt **17** 161) – nicht an, zumal für den Untauglichgemachten trotz seiner Einwilligung (s. Rdn. 2) keine Rechtspflicht besteht, eine bestehende Untauglichkeit durch Behandlung oder Operation zu beseitigen (*Scherer/Krekeler/Steinlechner* § 9 I 1).

10 b) **Relative Untauglichkeit.** Abs. 2 enthält keine Privilegierung, sondern eine Erweiterung des Tatbestandes auf die Herbeiführung einer nur zeitweise oder für eine einzelne Art der Verwendung geltenden Untauglichkeit. Diese beiden Formen der Untauglichkeit werden im Schrifttum als „relative Untauglichkeit" zusammengefasst.[11] Sie können auch gemeinsam auftreten (vgl. BayObLG NJW **1973** 2257, 2258); dies ist bei der Strafzumessung strafmildernd zu berücksichtigen.

11 aa) **für eine gewisse Zeit.** Der Begriff deckt sich nicht mit dem der „vorübergehenden" Untauglichkeit nach §§ 8a Abs. 1, 12 Abs. 1 Nr. 1 WehrpflG, der eine Untauglichkeit für mindestens vier Wochen verlangt (vgl. *Scherer/Krekeler/Steinlechner* § 8a Anm. III 3). Die Untauglichkeit für einige Tage genügt (RGSt. **33** 280; BayObLG NJW **1973** 2257, 2258); die Ersetzung der Worte „zeitweise" durch „für eine gewisse Zeit" durch das EGStGB 1974 sollte nicht die erforderliche Zeitdauer verlängern, sondern nur klarstellen, dass eine einmalige Untauglichkeit genügt (BTDrucks. 7/550 S. 219). Doch muss auch hier (vgl. Rdn. 5) eine Erfüllung der Wehrpflicht in Frage kommen (*Lackner/Kühl* Rdn. 3). Bedenken gegen die Unbestimmtheit bei *Schmitz* Unrecht und Zeit (2001) S. 75, 123.

12 bb) **für eine einzelne Art der Verwendung.** Es muss sich generell um eine „Art der Verwendung", nicht um eine einzelne Dienstverrichtung handeln. Dies ergibt sich insbesondere aus dem Gegensatz zu § 17 Abs. 2 WStG („teilweise Untauglichkeit zum Wehrdienst"). Andererseits braucht keine Untauglichkeit für ganze Waffengattungen vorzuliegen, wie sich aus der Abweichung von § 142 i. d. F. von 1935 ergibt. Beispiele: Verwendung als Funker, Kraftfahrer oder in der Schreibstube. Bei der militärischen Ausbildung und Übungen entscheidet der Zweck (BayObLG NJW **1973** 2257, 2258 m. Anm. *Schroeder* NZWehrR **1974** 33, 34). Unter diese Alternative fällt über den Wortlaut des Gesetzes hinaus auch der Ausschluss für mehrere einzelne Arten der Verwendung, sofern die Untauglichkeit noch nicht absolut ist, sondern noch einzelne Arten der Verwendung möglich sind. Dagegen schließt die Möglichkeit, einzelne Dienstverrichtungen auszuführen, den Tatbestand nicht aus (BayObLG aaO).

---

[11] *Lackner/Kühl* Rdn. 3; *Maurach/Schroeder/Maiwald* II § 87 Rdn. 10; *Müller* MK Rdn. 13; *Wohlers* NK Rdn. 4; *Rudolphi* SK Rdn. 7; *Sch/Schröder/Eser* Rdn. 5 ff; *Tröndle/Fischer* Rdn. 3.

IV. Durch Verstümmelung oder auf andere Weise

1. **Verstümmelung** ist die Abtrennung oder Zerstörung eines Körpergliedes (in der weiten Auslegung zu § 226 StGB), ohne Rücksicht auf die Art der Herbeiführung.[12] 13

2. **Auf andere Weise.** Generalklausel, die alle Arten der Herbeiführung des Erfolgs, nämlich der körperlichen oder geistigen Untauglichkeit, umfasst. Eine Körperverletzung oder Gesundheitsschädigung ist nicht erforderlich. Insbesondere kann ein nicht akut gebotener ärztlicher Eingriff, obwohl er nach h. L. keine Körperverletzung darstellt (vgl. *Maurach/Schroeder/Maiwald* I § 8 Rdn. 23 f), unter den Tatbestand fallen.[13] 14

V. Untauglich machen lassen

Dem „untauglich machen" ist das „untauglich machen lassen" gleichgestellt. Hierbei erweist sich die Zusammenfassung der früher getrennten Selbst- und Fremdverstümmelung in einem Tatbestand als wenig glücklich. 15

1. **Sich untauglich machen lassen.** Das „sich untauglich machen lassen" wird nämlich traditionell der Selbstverstümmelung gleichgestellt und bedeutet hier, dass nicht nur die Veranlassung, sondern – wie bei § 218 StGB – schon das bloße Zulassen einbezogen wird.[14] 16

2. **Einen anderen untauglich machen lassen.** Dagegen kann das „einen anderen untauglich machen lassen" schon aus sprachlichen, aber auch aus sachlichen Gründen nur die Veranlassung bedeuten (*Schroeder* aaO; zust. *Schöne* aaO). Aber auch die Einbeziehung jeder Veranlassung erscheint materiell nicht gerechtfertigt. Daher ist die Beziehung des „lassens" auf die Fremdverstümmelung als Redaktionsversehen anzusehen und die Strafbarkeit auf Fälle der mittelbaren Täterschaft zu beschränken.[15] 17

3. **Unterlassen.** Das Unterlassen eines Wehrpflichtigen gegenüber einem fremden menschlichen Eingriff wurde bereits o. Rdn. 16 unter dem Begriff „sich untauglich machen lassen" subsumiert. Es verbleibt das Unterlassen gegenüber Vorgängen, die nicht menschliche Angriffe darstellen: Erkrankungen, deren Verschlimmerung, Angriffe von Tieren, Naturkräften. Die Ausdehnung der für Soldaten bestehenden Pflicht zur Erhaltung oder Wiederherstellung der Gesundheit (§ 17 Abs. 4 SoldG) auf alle Wehrpflich- 18

---

[12] *Maurach/Schroeder/Maiwald* II § 87 Rdn. 12; *Sch/Schröder/Eser* Rdn. 11; *Wohlers* NK 5; Entw. 1962, Begr. zu § 147; für Beschränkung auf mechanische Einwirkung *Schölz/Lingens* § 17 Rdn. 13; *Lackner/Kühl* Rdn. 4; *Tröndle/Fischer* Rdn. 4.

[13] BayObLG NJW **1973** 2257, 2258 m. Anm. *Schroeder* NZ WehrR **1974** 33, 34; *Lackner/Kühl* Rdn. 4; *Tröndle/Fischer* Rdn. 4; **aA** *Rudolphi* SK Rdn. 12; *Sch/Schröder/Eser* Rdn. 12; *Ostendorf* AK Rdn. 9.

[14] Vgl. *Fr.-Chr.-Schroeder* Der Täter hinter dem Täter, **1965**, S. 141 f; *Kohlrausch/Lange* VI 4; *Müller* MK Rdn. 24; *Rudolphi* SK Rdn. 15; *Sch/Schröder/Eser* Rdn. 13; *Tröndle/Fischer* Rdn. 4; *Wohlers* NK Rdn. 6; *Schöne* Unterlassene Erfolgsabwendungen und Strafgesetz, **1974**, S. 201 f.

[15] So auch E 1962, Begr. S. 596. Zust. *Müller* MK Rdn. 25; *Rudolphi* SK Rdn. 17; *Sch/Schröder/Eser* Rdn. 16; *Tröndle/Fischer* Rdn. 4; *Wohlers* NK Rdn. 2.

tigen erscheint unzulässig.[16] Dadurch werden eventuelle Bedenken gegen die Gleichstellung des Unterlassens mit dem Tun (§ 13 Abs. 1 StGB)[17] überspielt.

Hinsichtlich der Fremdverstümmelung durch Unterlassen gelten die allgemeinen Grundsätze. Dabei ist zu berücksichtigen, dass eine Garantenstellung gerade in bezug auf die Wehrtauglichkeit, nicht nur auf die Gesundheit im Allgemeinen bestehen muss. Handlungspflichtig ist z. B. das Personal von Bundeswehrkrankenhäusern.

VI. Innerer Tatbestand

19 Es genügt Vorsatz, und zwar auch bedingter; eine Absicht, die viele Probleme erspart hätte, ist nicht erforderlich (**aA** *Ostendorf* AK Rdn. 13). Strafbar ist daher schon, wer die Wehrtauglichkeit bei der Verfolgung anderer Ziele, z. B. Renten- oder Versicherungsbetrug, Selbstmord (s. Rdn. 1) billigend in Kauf genommen hat. Der Vorsatz muss insbesondere auch – wenigstens nach „Parallelwertung in der Laiensphäre" – das normative Tatbestandsmerkmal der Wehrpflicht umfassen. Unkenntnis der – möglichen (s. Rdn. 6) – Wehrpflicht ist daher Tatbestandsirrtum (vgl. *Welzel* § 72 I 1; *Maurach/Schroeder/Maiwald* II § 87 II A 3). Erreicht der Täter entgegen seiner Absicht nur eine relative Wehruntauglichkeit, so liegt Abs. 2 in Tateinheit mit Versuch des Abs. 1 vor.[18]

VII. Ärztlicher Eingriff

20 Bei erfolgreichen Heileingriffen entfällt der Tatbestand, soweit der Patient schon vorher untauglich war (und u.U. gerade wieder tauglich gemacht wird!). Dagegen greift der Tatbestand ein, wenn durch nicht akut gebotene Operationen eine aktuelle Erfüllung der Wehrpflicht (z.B. die Teilnahme an einer Wehrübung) unmöglich gemacht wird (s. Rdn. 14). Trotz Ausstellung eines Attestes kann der Vorsatz des Arztes (s. Rdn. 19) fehlen, wenn er die akute Wehrpflichtigkeit erst nach dem Eingriff erfahren hat. Die lege artis vorgenommene, aber fehlgeschlagene Behandlung fällt ebenfalls nicht unter den Tatbestand, da der Vorsatz fehlt. Die **Kastration** (s. Rdn. 8) nach §§ 2 ff KastG vom 15.8.1969 (BGBl. I S. 1143) muss auch hier straflos sein, obwohl § 2 KastG nur die Strafbarkeit als Körperverletzung ausschließt; diese Beschränkung bezieht sich offensichtlich auf die Strafbarkeit nach § 7 KastG.

VIII. Sozialadäquanz

21 Die Teilnahme an riskanten Sportarten kann nicht wegen der fehlenden Untauglichmachungsabsicht aus dem Tatbestand ausgeschieden werden (so aber BVerwG – Wehrdienstsenat NZWehrR **1976** 20, 24), da eine solche vom Tatbestand nicht verlangt wird

---

[16] **AA** *Lackner/Kühl* Rdn. 4; *Maurach* BT § 64a II A 2a bb bis zur 5. Aufl.; *Ostendorf* AK Rdn. 10; *Tröndle/Fischer* Rdn. 4. Der hier vertretenen Auffassung zustimmend *Müller* MK Rdn. 22; *Rudolphi* SK Rdn. 15; *Schöne* aaO (Fußn. 14) S. 202; *Sch/Schröder/Eser* Rdn. 13; *Wohlers* NK Rdn. 6.

[17] Vgl. hierzu E 1962, Begr. S. 125.

[18] *Maurach/Schroeder/Maiwald* II § 87 Rdn. 16; *Sch/Schröder/Eser* Rdn. 20; *Wohlers* NK Rdn. 8; *Warda* Jura **1979** 116 Fußn. 77. **AA** *Welzel* § 72 I 1.

(s. Rdn. 19). Der für den subjektiven Tatbestand ausreichende dolus eventualis dürfte gelegentlich gegeben sein. Jedoch ist die Teilnahme auch an riskanten Sportarten sozialadäquat (vgl. auch *Müller* MK Rdn. 28; *Ostendorf* AK Rdn. 13; *Wohlers* NK Rdn. 5).

IX. Rechtsfolgen

Die Strafe ist bei Abs. 1 Freiheitsstrafe von drei Monaten bis zu fünf Jahren, bei **22**
Abs. 2 Freiheitsstrafe bis zu fünf Jahren oder Geldstrafe. S. § 47 StGB. U. U. kommt § 60 StGB in Betracht.

X. Zusammentreffen

1. Allgemeines. Der Versuch des Absatzes 1 kann neben der Vollendung des Absatzes **23**
2 in Idealkonkurrenz berücksichtigt werden (s. Rdn. 19). Im Verhältnis zu den §§ 223 ff (die Einwilligung ist wegen § 228 StGB unwirksam)[19] besteht wegen der Verschiedenheit der Rechtsgüter und der z. T. höheren Strafen Idealkonkurrenz.[20]

2. § 17 WStG. § 17 WStG ist lex specialis für die Untauglichmachung zum Wehr- **24**
dienst von Soldaten durch Soldaten, geht aber über § 109 hinaus (s. schon Vor § 109 Rdn. 3). Wegen Anstiftung und Beihilfe zu § 17 sind auch Nichtsoldaten strafbar (§ 1 Abs. 3 WStG). Dabei darf jedoch eine Täterschaft nicht in eine Teilnahme umgedeutet werden, auch wenn sich andernfalls keine Möglichkeit der Bestrafung ergibt.[21] Eine Konkurrenz zwischen § 109 und §§ 17 WStG, 26, 27 StGB scheidet danach aus. Für nichtsoldatische Teilnehmer gilt im Übrigen, soweit sich die §§ 109 StGB, 17 WStG decken, § 28 Abs. 2 mit der Folge der Anwendung des § 109, soweit § 17 WStG über § 109 StGB hinausgeht, § 28 Abs. 1 StGB.[22] Die Hinweise auf die unverständliche Privilegierung des Soldaten, gegen den bei relativer Untauglichmachung neben der Freiheitsstrafe bloßer Strafarrest angedroht ist (*Kohlrausch/Lange* VII 2; *Maurach* BT^5 § 64a II A 4; *Jagusch* LK^8 7), richten sich zu Unrecht gegen die Lösung der Konkurrenzverhältnisse, da nach § 9 Abs. 4 WStG gegenüber Nichtsoldaten Strafarrest überhaupt nicht verhängt werden kann.

---

19 *Lackner/Kühl* Rdn. 7; *Rudolphi* SK Rdn. 22; einschränkend *Müller* MK Rdn. 35; *Ostendorf* AK Rdn. 16; *Wohlers* NK Rdn. 10.

20 *Maurach/Schroeder/Maiwald* II § 87 Rdn. 19; *Müller* MK Rdn. 35; *Sch/Schröder/Eser* Rdn. 21; *Wohlers* NK Rdn. 10.

21 *Fr.-Chr. Schroeder* Der Täter hinter dem Täter, 1965, S. 74, 79; **aA** *Schölz/Lingens* § 17 Rdn. 23 ff.

22 Ebenso *Bauer* S. 82 f; *Lackner/Kühl* Rdn. 6; *Rudolphi* SK Rdn. 21; *Schölz/Lingens* § 17 Rdn. 26. **AA** *Sch/Schröder/Eser* Rdn. 17; *Wohlers* NK Rdn. 10; differenzierend *Müller* MK Rdn. 39.

§ 109a
Wehrpflichtentziehung durch Täuschung

(1) Wer sich oder einen anderen durch arglistige, auf Täuschung berechnete Machenschaften der Erfüllung der Wehrpflicht dauernd oder für eine gewisse Zeit, ganz oder für eine einzelne Art der Verwendung entzieht, wird mit Freiheitsstrafe bis zu fünf Jahren oder mit Geldstrafe bestraft.

(2) Der Versuch ist strafbar.

Entstehungsgeschichte

Ursprünglich § 143 StGB; abgeändert durch Ges. v. 28.6.1935; außer Geltung gesetzt durch §§ 5 Abs. 1 Ziff. 3, Abs. 4, 6 Abs. 2 KrStrVO v. 17.8.1938; aufgehoben durch KRG Nr. 11 v. 20.1.1946. Wiedereingefügt in das StGB durch das 4. StrÄndG v. 11.6. 1957; abgeändert durch das 1. StrRG und das EGStGB 1974.

I. Allgemeines

1 Die Vorschrift schützt die Erfüllung der Wehrpflicht und damit den Personalbestand der Bundeswehr (**aA** *Wohlers* NK 1: Funktionsfähigkeit der Wehr- und Ersatzdienstinstitutionen). Sie ist eine Parallelbestimmung zu dem für Taten von Soldaten an Soldaten geltenden § 18 WStG. Der Vorwurf der unzulänglichen Bestimmtheit der Vorschrift nach Art. 103 Abs. 2 GG wegen des Merkmals „arglistige, auf Täuschung berechnete Machenschaften“ [1] ist verfehlt (s. Rdn 4–7).

II. Der Erfüllung der Wehrpflicht entziehen

2 Zur Wehrpflicht und ihrer Erfüllung s. § 109 Rdn. 3, 4. Im Gegensatz zu § 109 (s. § 109 Rdn. 5) stellt § 109a nicht auf die abstrakte Tauglichkeit zur Erfüllung der Wehrpflicht ab, sondern auf die konkrete Erfüllung. Die Entziehung davon ist objektiv erforderlich, während sich § 143 a. F. StGB insoweit mit der Absicht bzw. (ab 1935) dem Vorsatz begnügt hatte.[2] Es ist daher erforderlich, dass der Wehrpflichtige zum Wehr- oder Zivildienst nicht herangezogen oder davon freigestellt wird (*Schölz/Lingens* § 18 Rdn. 4). Dies ist der Fall, wenn das Fehlen (§ 1 Abs. 1 WehrpflG), das Ruhen (§ 1 Abs. 2 WehrpflG) oder das Ende der Wehrpflicht (§ 3 Abs. 3–5 WehrpflG) oder Wehr- bzw. Zivildienstausnahmen (§§ 9 ff WehrpflG, §§ 8 ff ZivildienstG, vgl. § 109 Rdn. 4) vorgetäuscht werden. Auch hier genügt jedoch wie bei § 109 (s. dort Rdn. 6) eine tatsäch-

---

[1] *Woesner* NJW **1963** 275; *Lemmel* Unbestimmte Strafbarkeitsvoraussetzungen im Besonderen Teil des Strafrechts und der Grundsatz nullum crimen sine lege, 1970, S. 184.

[2] Bedenklich OLG Hamm NJW **1974** 568, 570, wenn es das „Inbetrachtkommen“ für den Wehrdienst und die „Eignung zur Entziehung“ ausreichen läßt. Allerdings hat das Gericht die Anwendung des Tatbestandes an der fehlenden Kausalität des Täterverhaltens (s. Rdn. 9) scheitern lassen. Dies macht jedoch die Erweiterung des Merkmals „der Erfüllung der Wehrpflicht entziehen“ völlig sinnlos.

liche Entziehung, so dass die Vortäuschung von Urlaubsgründen (vgl. SoldatenUrlaubs-VO v. 22.4.2005, VMBl. S. 305) ausreicht, obwohl im Urlaub der Wehrdienst und damit die Erfüllung der Wehrpflicht fortbesteht. Nicht erforderlich ist dabei eine ausdrückliche Freistellung; es genügt die Nichtheranziehung (*Schölz/Lingens* § 18 Rdn. 4).

Ebenso wie § 109 erfasst § 109a nicht nur eine dauernde und gänzliche (absolute), 3 sondern auch die Entziehung für eine gewisse Zeit oder für eine einzelne Art der Verwendung. S. dazu § 109 Rdn. 10–12. Im Gegensatz zu § 109 gilt hierfür keine mildernde Strafdrohung.

III. Durch arglistige, auf Täuschung berechnete Machenschaften

Die Formulierung bezeichnet eine gesteigerte Form der Täuschungshandlung. Sie 4 weicht sowohl von § 143 a. F. („auf Täuschung berechnete Mittel anwendet") als auch von § 83 MStGB i. d. F. von 1940 („ein auf Täuschung berechnetes Mittel anwendet oder sonst arglistig handelt") ab. Die Entziehung ohne Täuschungshandlung, z. B. durch Flucht ins Ausland oder Sichverbergen im Inland, reicht daher nicht aus.

Der Begriff „arglistige Machenschaften" wird vielfach als eine Tautologie angesehen[3]. Die von Schrifttum und Rechtsprechung entwickelten Erfordernisse lassen sich jedoch in folgender Weise auf die einzelnen Begriffsmerkmale aufteilen, was zu einem Ergebnis führt, das teils enger, teils weiter als die h. L. ist.

1. Machenschaften. Mit diesem Begriff sollte einerseits die Verwendung verkörperter 5 Täuschungsmittel und systematischer Lügen erfasst, andererseits die einfache Lüge ausgeschlossen werden.[4] Zu eng ist es daher, ein „methodisches, berechnetes Gesamtverhalten" zu verlangen.[5] Der Täter muss vielmehr über die bloße Lüge hinaus etwas „machen", z. B. Krankheitssymptome simulieren (RGSt. **29** 218), schriftliche Unterlagen vorlegen (OLG Hamm NJW **1974** 568, 572), Dritte zur Bekräftigung seiner Behauptungen einschalten.[6] Inzwischen überholter Anwendungsfall: sich oder einen anderen Wehrpflichtigen zum Schein polizeilich nach Berlin ummelden (OLG Hamburg NJW **1965** 1674; OLG Celle NJW **1965** 1675).

2. Arglistig. Derartige Machenschaften reichen allerdings (z. B. bei der Vorlage 6 bestellter Briefe von Angehörigen) zur Strafbarkeit nicht aus. Erforderlich ist vielmehr, dass sie arglistig sind. Arglistig bedeutet hier nicht wie in § 170 a. F. StGB aus unlauterer Absicht oder unlauteren Beweggründen entsprungen,[7] da die Wehrpflichtentziehung schon für sich einen erheblichen Unrechtsgehalt aufweist. Das Merkmal soll wie in § 123 BGB nach neuerer Interpretation die Grenzen erlaubter Übertreibung ausweisen. Gemeint ist daher ein gewisser Grad von Raffinement oder Verwerflichkeit durch Ausnut-

---

3 *Dreher* JZ **1957** 397; *Kohlrausch/Lange* § 109a I; *Schölz/Lingens* § 18 Rdn. 8 ff; *Sch/Schröder/Eser* Rdn. 7–9; *Bohnert* GA **1978** 363.

4 BTDrucks. II/3040 S. 29.

5 So *Kohlrausch/Lange* I 1; *Lackner/Kühl* Rdn. 3; *Jagusch* LK[8] 4; *Rudolphi* SK Rdn. 6; *Schölz/Lingens* § 18 Rdn. 8; *Tröndle/Fischer* Rdn. 3; OLG Celle NStZ **1986** 168: Ummeldung nach Berlin zum Schein **und** irreführendes Schreiben an das Kreiswehrersatzamt.

6 Im Ergebnis übereinstimmend *Jagusch* LK[8] 4; *Sch/Schröder/Eser* Rdn. 7–9; *Wohlers* NK Rdn. 3.

7 So *Kohlrausch/Lange* I 2. Dagegen auch *Jagusch* LK[8] 4; *Sch/Schröder/Eser* Rdn. 7–9.

zung von Mitgefühl und Vertrauen.[8] Daher scheiden aus „plumpe Täuschungshandlungen"[9] und fehlende Absicherung gegen einen sorgfältig prüfenden Vorgesetzten[10].

7 3. **Auf Täuschung berechnet.** Mit diesen – erst vom Bundestagsausschuss für Rechtswesen und Verfassungsrecht eingeführten – Worten sollten arglistige Vorbereitungshandlungen für eine Wehrpflichtentziehung in anderer Weise, insbesondere durch Selbstverstümmelung (Herbeiführung einer Krankheit), ausgeschieden werden.[11] Eine Täuschung, d. h. eine Irrtumserregung, ist nicht erforderlich,[12] ja nicht einmal eine objektive Eignung zur Täuschung (*Kohlrausch/Lange* I 3). Die erforderliche Ursächlichkeit kann sich auch aus anderen Gründen ergeben (s. Rdn. 9). Erst recht wird dadurch das bloße Unterlassen der Richtigstellung eines ohne Machenschaften erregten Irrtums ausgeschlossen (BayObLGSt. **1962** 222).

8 4. **Adressat der Machenschaften.** Ebensowenig wie beim Betrug der Verfügende (vgl. OLG Stuttgart NJW **1962** 502) braucht bei der Wehrpflichtentziehung die Wehrbehörde unmittelbarer Adressat der Täuschungshandlung zu sein. Es genügt vielmehr, dass die Machenschaften gegenüber Instanzen vorgenommen werden, die als Informationsquellen für die Wehrbehörden in Betracht kommen (OLG Hamburg NJW **1965** 1674).

9 5. **Durch.** Die arglistigen, auf Täuschung berechneten Machenschaften müssen für die Wehrpflichtentziehung ursächlich sein. Die Ursächlichkeit fehlt, wenn die Erfüllung der Wehrpflicht aus einem anderen Grunde entfällt (OLG Hamm NJW **1974** 5); in diesem Falle allerdings immer noch Strafbarkeit wegen Versuchs (Abs. 2). Die Ursächlichkeit liegt vor allem dann vor, wenn die Täuschung eingetreten ist, aber auch dann, wenn die Adressaten zu einer vorübergehenden Freistellung zwecks weiterer Prüfung veranlasst worden sind (OLG Celle NJW **1965** 1677; NStZ **1986** 168).

IV. Innerer Tatbestand

10 Bis auf die Absicht der Täuschung (s. Rdn. 7) genügt bedingter Vorsatz, während der Zweck der Täuschungshandlung auf andere Erfolge (z. B. Entschuldigung für Urlaubsüberschreitung, Erschleichung von Vergünstigungen) gerichtet sein kann.

---

[8] Vgl. *Schölz/Lingens* § 18 Rdn. 8; *Sch/Schröder/Eser* Rdn. 7–9; OLG Celle NZWehrR **1961** 130; **1962** 75; AG Verden bei *Kohlhaas/Schwenck* § 18 WStG Nr. 5: Vorspiegelung des Todes der Mutter und eines Anrufes des Vaters unter gleichzeitiger Vorspiegelung, dieser sei höherer Bundeswehrsoldat; OLG Hamm NJW **1974** 568: Vorlage unzutreffender Studienbescheinigungen (bedenklich allerdings die Auffassung, die Tatsache, daß die Bescheinigungen formal echt waren, unterstreiche noch die Raffinesse des Vorgehens).

[9] *Schölz/Lingens* § 18 Rdn. 8. Zust. OLG Celle NZWehrR **1961** 130; **1962** 75.

[10] *Schölz/Lingens* § 18 Rdn. 8. Zust. BayObLGSt. **1962** 221; OLG Hamm NJW **1974** 568, 569.

[11] Schriftl. Bericht des Ausschusses S. 2; *Dreher* JZ **1957** 397.

[12] OLG Celle NJW **1965** 1677; zust. *Sch/Schröder/ Eser* Rdn. 11; *Rudolphi* SK Rdn. 8. *Tröndle/Fischer* Rdn. 4; **aA** *Schölz/Lingens* § 18 Rdn. 12.

V. Rechtsfolgen

Die Strafe ist Freiheitsstrafe von einem Monat bis zu fünf Jahren; eine Differenzierung hinsichtlich der Grade der Entziehung ist – anders als bei § 109 – nur im Rahmen der allgemeinen Strafzumessungsgründe (§ 46) möglich. S. § 47 StGB. Das Kreiswehrersatzamt ist **Verletzter** nach § 172 StPO (OLG Hamm GA **1973** 156). 11

VI. Zusammentreffen

§ **18 WStG** ist lex specialis für die Wehrpflichtentziehung von Soldaten durch Soldaten, geht aber über § 109a hinaus (s. schon Vor § 109 Rdn. 4). S. im Einzelnen § 109 Rdn. 24. **Idealkonkurrenz** ist vor allem denkbar mit §§ 267, 271, 277, 278, 279. 12

§§ 109b, 109c
(aufgehoben durch EGStGB 1974)

§ 109d
Störpropaganda gegen die Bundeswehr

(1) Wer unwahre oder gröblich entstellte Behauptungen tatsächlicher Art, deren Verbreitung geeignet ist, die Tätigkeit der Bundeswehr zu stören, wider besseres Wissen zum Zwecke der Verbreitung aufstellt oder solche Behauptungen in Kenntnis ihrer Unwahrheit verbreitet, um die Bundeswehr in der Erfüllung ihrer Aufgabe der Landesver teidigung zu behindern, wird mit Freiheitsstrafe bis zu fünf Jahren oder mit Geldstrafe bestraft.

(2) Der Versuch ist strafbar.

Schrifttum

Greiser Eine bedeutungslose Strafbestimmung, NJW **1973** 231; *Kreutz* Der Straftatbestand der Störpropaganda gegen die Bundeswehr (§ 109d StGB) und der Bestimmtheitsgrundsatz im Strafrecht, NZWehrr **2000** 230; *Ratuschny* § 109d – Lügnerische Propaganda gegen die Bundeswehr, Diss. Köln 1960.

Entstehungsgeschichte

Die Vorschrift wurde durch das 4. StRÄndG v. 11.6.1957 in das StGB eingefügt. Vorgänger ist nicht – wie oft behauptet (vgl. Rdn. 1) – § 5 Abs. 1 Nr. 1 KrStrVO, sondern allenfalls § 1 des Heimtückegesetzes v. 20.12.1934, der jedoch viel weiter ging (vgl. *Fr.-Chr. Schroeder* § 12 III 2). Vgl. auch § 181 KE. Geändert durch das 1. StrRG und das EGStGB 1974.

Übersicht

I. Allgemeines

1 § 109d war als sog. „Maulkorbparagraph" die umstrittenste Bestimmung des 4. StRÄndG.[1] Der Tatbestand ist jedoch durch die Erfordernisse bewusst unwahrer oder gröblich entstellter Tatsachenbehauptungen und der Absicht der Behinderung der Bundeswehr in der Landesverteidigung hinreichend, nach überwiegender Ansicht sogar bis zur Bedeutungslosigkeit, eingeschränkt[2] und damit zugleich von der berüchtigten Wehrkraftzersetzung nach § 5 Abs. 1 Nr. 1 KrStrVO abgegrenzt. Damit genügt keine Verleumdung der Bundeswehr. Andererseits erfasst § 109d über die Zersetzung hinaus jede Behinderung der Bundeswehr durch unwahre Tatsachenbehauptungen (s. näher Rdn. 8).

II. Aufbau der Vorschrift

2 Die Vorschrift enthält zwei Tatbestände, deren ersterer eine Vorbereitungshandlung für den zweiten enthält und dessen Tathandlung (Verbreiten) in Form einer entsprechenden Absicht in sich aufnimmt. Im Gegensatz zu den §§ 131 a.F., 186, 187, 263 StGB stellt die Vorschrift nicht mehr auf den widersinnigen Begriff der unwahren bzw. erdichteten oder falschen Tatsache (vgl. *Maurach/Schroeder/Maiwald* I § 41 Rdn. 25) und deren Behauptung oder Verbreitung ab, sondern von vornherein auf unwahre Behauptungen tatsächlicher Art und deren Aufstellung oder Verbreitung (vgl. schon §§ 317 ff E 1927, § 164 Abs. 2 StGB i. d. F. vom 26.5.1933, § 90 f StGB i. d. F. vom 24.4.1934, § 1 Heimtückegesetz vom 20.12.1934, § 100d Abs. 3 StGB i. d. F. vom 30.8.1951; vgl. auch § 100a StGB). Das eigentliche Gravamen der Tatbestände, die Störung bzw. Behinderung der Tätigkeit der Bundeswehr, ist einmal in Form einer teilkonkretisierten Gefährdung („geeignet", s. näher Rdn. 8), zum anderen in Form einer Absicht einbezogen. Diese Absicht ist trotz des missverständlichen Wortlauts der Vorschrift für beide Tatbestände erforderlich.[3] Dies ergibt sich aus der Entstehungsgeschichte (Schriftl. Bericht S. 3 ff), vor allem aber aus dem Verhältnis der beiden Tatbestandsalternativen zueinander: es wäre sinnwidrig, wenn der Vorbereitungstatbestand der ersten Alternative geringere subjektive

---

[1] Vgl. Prot. der 196., 198. und 199. Sitzung des BT-Ausschusses für Rechtswesen und Verfassungsrecht; Verhandlungen des Deutschen BT, 2. Wahlperiode, S. 10855, 10908 ff, 10930 ff, 11752 ff; *Lackner* JZ 1957 402, 403.

[2] S. hierzu die Fälle bei *Greiser* NJW **1973** 231 f und BGH JR **1977** 28 m. Anm. *Schroeder.*

[3] Ebenso *Maurach/Schroeder/Maiwald* II § 87 Rdn. 39; *Müller* MK Rdn. 19; *Rudolphi* SK Rdn. 11; *Sch/Schröder/Eser* Rdn. 10.

Voraussetzungen vorsähe als der Vollendungstatbestand der zweiten Alternative. Die Tatbestände gleichen daher strukturell den §§ 164 Abs. 2, 229 a. F. StGB (*Maurach/Schroeder/Maiwald* II § 87 Rdn. 35, 39).

III. Verfassungsrechtliche Problematik

Als Äußerungsdelikt und besonders wegen des Erfordernisses der Verbreitung bzw. der Verbreitungsabsicht (s. Rdn. 9, 10) tangiert § 109d die Meinungs-, Presse- und Kunstfreiheit nach Art. 5 GG. Das Erfordernis der Unwahrheit bzw. gröblichen Entstellung (s. Rdn. 6, 7) nimmt die Vorschrift nur hinsichtlich der Meinungsfreiheit aus dem Freiheitsbereich des Art. 5 GG heraus, und auch dies nur nach h. L.[4] Die Wahrheit oder gar Nichtentstelltheit dürften als nach BVerfGE 7 198 ff dagegen abzuwägendes Rechtsgut nicht ausreichen, zumal die gröbliche Entstellung fast schon als legitimes Mittel zur Aufrüttelung einer lethargischen Öffentlichkeit betrachtet wird.[5] Hinreichend ist allerdings die Behinderung der Bundeswehr in der Erfüllung ihrer Aufgabe der Landesverteidigung (s. Rdn. 12). Hier entstehen aber wiederum Bedenken daraus, dass dieser Erfolg nur von einer Absicht des Täters erfasst zu sein braucht. Indessen ist darauf hinzuweisen, dass auch bei der jüngsten, das Spiegel-Urteil BVerfGE 20 162 eingehend berücksichtigenden Reform des Staatsschutzrechts der Landesverrat aus einer Gefährdung und einer Schädigungsabsicht kombiniert und auf die bei bloßer öffentlicher Bekanntmachung verlangte Geheimhaltung verzichtet wurde (vgl. §§ 95 ff). Notfalls gibt das Merkmal der Behinderung der Bundeswehr (s. Rdn. 8, 12) die Möglichkeit zu einer verfassungskonformen Auslegung, insbesondere zu einer Tolerierung der üblichen Presseberichterstattung. **3**

IV. Der Gegenstand der Handlungen

1. **Behauptungen** sind Äußerungen mit dem Anspruch auf Richtigkeit. Es scheiden daher aus Vermutungen, Scherze. Andererseits schließt eine Verschleierung durch Zusätze wie „soweit bekannt", „soviel ich weiß" oder die Einkleidung in eine Frage („Trifft es zu, dass ...?") oder in einen Verdacht das Vorliegen einer Behauptung nicht aus (vgl. *Frank* § 186 II 3). Wer als Urheber der Behauptung hingestellt wird („nach neuestem Bonner Ondit"), spielt hier im Gegensatz zu § 186 StGB keine Rolle, da die Angabe eines fremden Urhebers ihrerseits wieder eine Behauptung darstellt. **4**

2. **Behauptungen tatsächlicher Art.** Mit diesem Erfordernis sollten im Interesse der Meinungsfreiheit (Art. 5 GG) Werturteile und Meinungsäußerungen ausgeschlossen werden (Schriftl. Bericht S. 4, 5). Da auch § 186 StGB für Tatsachenbehauptungen eine höhere Strafe vorsieht als § 185 StGB für Werturteile, können die dort entwickelten bewährten Auslegungsgrundsätze herangezogen werden. Insbesondere sind hier die in BGHSt 6 159; 6 357 entwickelten Grundsätze heranzuziehen, wonach bei flüchtiger Betrachtungsweise als Tatsachenbehauptungen erscheinende Äußerungen nur als Pseudowahrheiten verkleidete Werturteile im Sinne bestimmter Ideologien sein können („der Bundeskanzler bereitet einen neuen Weltkrieg vor", „verschärfter Terror gegen junge **5**

---

[4] Nachw. und Kritik bei *Maunz/Dürig/Herzog/Scholz* Art. 5 Rdn. 50 ff.

[5] **AA** die Begründung zum RegE, BTDrucks. II/3039 S. 12.

Patrioten des deutschen Volkes").[6] Denn bei § 109d sollte jeder Anschein eines Ehren- oder Ideologieschutzes vermieden werden. Nebenbei gesagt liegt in den genannten Urteilen eine eindrucksvolle Entglorifizierung der betreffenden Ideologie.

3. Unwahr oder gröblich entstellt

6 a) **Unwahr.** Bei den auf eine Unwahrheit abstellenden Vorschriften (§§ 164, 186, 187, 263 StGB) wird es allgemein als ausreichend angesehen, dass der wesentliche Kern, der wesentliche Inhalt der Behauptung falsch ist (s. z. B. RGSt **41** 59).

7 b) **Gröblich entstellt.** Der Begriff „gröblich entstellt" muss daher weitergehen. Der Begriff der „entstellten Tatsachen" nach § 131 a. F. StGB wurde allgemein als Abweichung von der Wahrheit „in wesentlichen Punkten" aufgefasst.[7] Bei § 263 StGB genügt für die Entstellung sogar die Verzerrung durch Zusätze und Auslassungen.[8] Für die Entstellung muss es daher auch hier im Gegensatz zur Unwahrheit kennzeichnend sein, dass ein „wahrer Kern" vorhanden ist, der jedoch durch Zusätze oder Auslassungen, insbesondere durch Aus-dem-Zusammenhang-Reißen, in seinem Wahrheitsgehalt beeinträchtigt wird. Die Abweichung muss gröblich sein, d. h. so, dass sie wesentliche Punkte betrifft und die zugrundeliegende Tatsache kaum noch wiederzuerkennen ist. Die Abweichung muss sofort ins Auge fallen und nicht erst bei einer detaillierten Analyse erkennbar sein. Dem Rechtsausschuss kam es darauf an, ein bloßes nicht unerhebliches Abweichen von der Wahrheit, ein bloßes Zurücktreten des Wahrheitsgehalts gegenüber dem Unwahrheitsgehalt von Gesamtbehauptungen auszuschließen.[9]

8 4. **Eignung der Verbreitung zur Störung der Tätigkeit der Bundeswehr.** Die Vorschrift verlangt keine Verbreitung und damit auch keine konkrete Gefahr der Störung der Tätigkeit der Bundeswehr. Verlangt wird lediglich, dass die Tatsachen abstrakt gesehen von einer solchen Beschaffenheit sind, dass eine Verbreitung, d. h. ein Bekanntwerden in einem größeren Personenkreis (s. näher Rdn. 10), die Tätigkeit der Bundeswehr stören könnte. Es handelt sich um eine hypothetische konkrete Gefährdung. Bei der zweiten Alternative, die die Verbreitung selbst erfasst, verwandelt sich die hypothetische allerdings in die konkrete Prüfung, ob die Verbreitung die Tätigkeit der Bundeswehr stören kann (nach *Hoyer* Die Eignungsdelikte, 1987, S. 187 „Eignungsdelikt", nach *Wohlers* NK Rdn. 3 „konkretes Gefährlichkeitsdelikt").

Im Gegensatz zu der erforderlichen Absicht (s. Rdn. 12) wird hier auf die Tätigkeit der Bundeswehr schlechthin, also neben der Landesverteidigung auch den Schutz ziviler Objekte und die Hilfe bei Naturkatastrophen und Unglücksfällen (s. Vor § 109, Rdn. 1), abgestellt[10]. Es muss sich aber um eine Störung der Tätigkeit der Bundeswehr als solcher handeln, d. h. um eine spürbare Störung der Gesamttätigkeit oder größerer Einzeloperationen ; die Störung einzelner Bundeswehrangehöriger und sonstige kleinere Behinderungen bleiben außerhalb des Tatbestandes. Dies ergibt sich insbesondere daraus, dass die

---

6 Ebenso BGH JR **1977** 28 m. Anm. *Schroeder*; abw. *Jagusch* LK[8] Anm. 2.

7 v. *Hippel* VDB **2** 73; *Frank* § 131 II; *Schönke/Schröder*[17] § 131 Rdn. 4.

8 *Sch/Schröder/Cramer* § 263 Rdn. 6; *Tröndle/Fischer* Rdn. 11.

9 Protokoll der 198. Sitzung S. 14, Schriftl. Bericht S. 5.

10 *Maurach/Schroeder/Maiwald* II § 87 Rdn. 38. Zust. *Tröndle/Fischer* Rdn. 4; *Lackner* Rdn. 3. **aA** *Lackner/Kühl* Rdn. 3; *Rudolphi* SK Rdn. 6; *Sch/Schröder/Eser* Rdn. 7; Ostendorf AK Rdn. 3; *Wohlers* NK 3.

im RegE (BTDrucks. 11/3039) enthaltene Alternative des Handelns „um andere vom Wehrdienst abzuhalten“ in das Gesetz nicht mit aufgenommen wurde.

Andererseits braucht nur eine Störung, d. h. eine Behinderung (vgl. Rdn. 12) und Erschwerung, keine totale oder auch nur partielle Lahmlegung vorzuliegen.

Die Art der hypothetischen Störung ist gleichgültig. In Frage kommen zunächst Einwirkungen auf Bundeswehrangehörige und Wehrpflichtige, darunter gefälschte Ausmusterungs- und Freistellungsbescheide, Zersetzung durch Ankündigung des Einsatzes im Irak, Diskreditierung von Vorgesetzten, Vergiftung des Betriebsklimas, Vorspiegelung der Gesundheitsschädlichkeit bestimmter Tätigkeiten. Einschlägig sind aber auch Einwirkungen auf Zivilpersonen, die für die Bundeswehr tätig sind, z. B. Hervorrufung von Streiks in Rüstungsbetrieben durch bewusst unwahre Behauptungen, schließlich aber sogar Einwirkungen auf gänzlich Unbeteiligte, z. B. die Verursachung von Verstopfungen auf wichtigen Straßen durch Falschmeldungen über Kundgebungen (vgl. *Sch/Schröder/Eser* Rdn. 7), sehenswerte Unglücksfälle, Panikmache.

V. Die Tathandlungen

1. Aufstellen zum Zweck der Verbreitung. Eine besondere Form der Aufstellung der Behauptung, insbesondere Öffentlichkeit, ist nicht verlangt. Jedoch muss der Täter zum Zweck der Verbreitung (s. Rdn. 10) handeln, d. h. es muss ihm darauf ankommen,[11] dass er durch weitere eigene Handlungen (vgl. *Sch/Schröder/Eser* Rdn. 9) oder mittelbar über andere die Behauptung verbreitet. 9

2. Verbreitung. Verbreitung bedeutet hier wie sonst (vgl. §§ 74d, 86, 86a, 184; Ausnahme §§ 186, 187 StGB), dass die Behauptung einem größeren Personenkreis zugänglich gemacht wird.[12] Die Auslegung, dass die Weitergabe an eine einzelne Person genügt, wenn der Täter damit rechnet, dass sie ihrerseits weiteren Personen Mitteilung machen werde,[13] ist angesichts des ersten Wahltatbestandes hier nicht möglich (zust. *Rudolphi* SK Rdn. 10). 10

VI. Subjektiver Tatbestand

„Wider besseres Wissen“ verlangt direkten Vorsatz hinsichtlich der Unwahrheit oder gröblichen Entstellung. Die Formulierung „in Kenntnis ihrer Unwahrheit“ wurde lediglich gewählt, um eine Wiederholung zu vermeiden;[14] sie bedeutet also das gleiche und bezieht sich insbesondere auch auf die gröbliche Entstellung.[15] Im Übrigen genügt bedingter Vorsatz, insbesondere hinsichtlich der Eignung der Verbreitung zur Störung der Tätigkeit der Bundeswehr. 11

---

[11] *Lackner/Kühl* Rdn. 6; *Rudolphi* SK Rdn. 9; *Wohlers* NK Rdn. 4; weitergehend für direkten Vorsatz *Sch/Schröder/Eser* Rdn. 9; *Jagusch* LK[8] 5a.

[12] Dagegen fassen *Sch/Schröder/Eser* Rdn. 13/14 das Verbreiten hier wie bei den §§ 186, 187 als Weitergabe als Gegenstand fremden Wissens auf, verlangen aber zusätzlich die Gefahr des Bekanntwerdens in weiteren Kreisen. S. hierzu auch *Fr.-Chr. Schroeder* GA **1964** 225, 236.

[13] BGHSt **19** 63, 71 m. Nachw.; *Tröndle/Fischer* Rdn. 3.

[14] Prot. der 198. Sitzung der 2. Wahlp. des Ausschusses für Rechtswesen und Verfassungsrecht, S. 8.

[15] Ebenso *Kohlrausch/Lange* Anm. III; *Schönke/Schröder/Eser* Rdn. 16.

12 Darüber hinaus ist bei beiden Tatbestandsalternativen (s. Rdn. 2) die **Absicht der Behinderung der Bundeswehr in der Erfüllung ihrer Aufgabe der Landesverteidigung** erforderlich (hierzu Vor §§ 109 ff Rdn. 1). Absicht bedeutet hier nicht nur direkter Vorsatz, andererseits aber auch nicht Beweggrund,[16] sondern, dass es dem Täter auf diesen Erfolg ankommt.[17]

Die Behinderung der Bundeswehr in der Erfüllung ihrer Aufgabe verlangt wie bei der entsprechenden Eignung (s. Rdn. 8) einerseits ein gewisses Ausmaß der Behinderung, verzichtet aber andererseits auf eine totale oder partielle Lahmlegung. Die Absicht muss sich – im Gegensatz zu der objektiven Eignung (s. Rdn. 8) – auf eine Behinderung in der Erfüllung der Aufgabe der Landesverteidigung richten; beabsichtigte Behinderungen bei den Aufgaben im Rahmen des inneren Notstands reichen daher nicht aus.

VII. Rechtsfolgen

13 Die Strafe ist Freiheitsstrafe von einem Monat bis zu fünf Jahren oder Geldstrafe. S. § 47 StGB. Einziehung der producta und instrumenta sceleris nach § 109k Zur **Verjährung** bei Begehung durch Presseveröffentlichungen s. § 78 Rdn. 14.

VIII. Zusammentreffen

14 Idealkonkurrenz ist möglich insbesondere mit §§ 86, 89, 100a, 164, 186, 187, 187a (aA *Fischer* JZ **1990** 68).

§ 109e
Sabotagehandlungen an Verteidigungsmitteln

(1) Wer ein Wehrmittel oder eine Einrichtung oder Anlage, die ganz oder vorwiegend der Landesverteidigung oder dem Schutz der Zivilbevölkerung gegen Kriegsgefahren dient, unbefugt zerstört, beschädigt, verändert, unbrauchbar macht oder beseitigt und dadurch die Sicherheit der Bundesrepublik Deutschland, die Schlagkraft der Truppe oder Menschenleben gefährdet, wird mit Freiheitsstrafe von drei Monaten bis zu fünf Jahren bestraft.

(2) Ebenso wird bestraft, wer wissentlich einen solchen Gegenstand oder den dafür bestimmten Werkstoff fehlerhaft herstellt oder liefert und dadurch wissentlich die in Absatz 1 bezeichnete Gefahr herbeiführt.

(3) Der Versuch ist strafbar.

(4) In besonders schweren Fällen ist die Strafe Freiheitsstrafe von einem Jahr bis zu zehn Jahren.

---

[16] Abw. *Schafheutle* Prot. der 198. Sitzung der 2. Wahlp. des Ausschusses für Rechtswesen und Verfassungsrecht, S. 6 f; *Jagusch* LK[8] 8; OLG Celle NJW **1962** 1581.

[17] Schriftl. Bericht S. 3; *Lackner/Kühl* 4c; *Maurach/Schroeder/Maiwald* II § 87 Rdn. 39; *Sch/Schröder/Eser* Rdn. 10.

(5) Wer die Gefahr in den Fällen des Absatzes 1 fahrlässig, in den Fällen des Absatzes 2 nicht wissentlich, aber vorsätzlich oder fahrlässig herbeiführt, wird mit Freiheitsstrafe bis zu fünf Jahren oder mit Geldstrafe bestraft, soweit nicht in anderen Vorschriften eine schwerere Strafe angedroht ist.

Entstehungsgeschichte

Zuerst § 143a i. d. F. des Ges. v. 28.6.1935; abgeändert durch Ges. v. 2.7.1936; ersetzt durch § 1 WehrkraftschutzVO v. 25.11.1939; wiedereingefügt in das StGB als § 143a durch Ges. v. 4.9.1941; aufgehoben durch KRG Nr. 11 v. 30.1.1946. § 10 Anhang A zum Truppenvertrag i. d. F. der Bek. v. 30.3.1955. Wiedereingefügt in das StGB in neuer Fassung durch das 4. StRÄndG v. 11.6.1957; abgeändert durch das 1. StrRG v. 25.6.1969 und das EGStGB 1974.

Übersicht

I. Allgemeines

Die Vorschrift erfasst in der umfassenden Formulierung ähnlicher Tatbestände (§§ 87 Abs. 2 Nr. 2, 316b, 317) die Beschädigung usw. von Wehrmitteln, Anlagen und Einrichtungen der Landesverteidigung und des Zivilschutzes. Absatz 2 bezieht die fehlerhafte Herstellung und Lieferung ein. Die Wehrmittel usw. werden nur geschützt, soweit die dahinter stehenden Rechtsgüter der Sicherheit der Bundesrepublik und der Schlagkraft der Truppe, aber auch allgemein Menschenleben, gefährdet werden. Die Tat ist eine „Sabotagehandlung“ nach § 87. **1**

II. Tatobjekte

1. **Wehrmittel** sind Gegenstände, die nach ihrer Natur oder aber auch nach besonderer Zweckbestimmung der Abwehr bewaffneter Angriffe dienen, also auch Präventivwaffen (zu eng BTDrucks. 11/3039 S. 13 und h. L.: für den bewaffneten Einsatz der Truppe bestimmt). Darunter fallen nicht nur Großgeräte wie Schiffe, Flugzeuge, Panzer, Raketen, Funk- und Radargeräte, sondern auch Munition, Ferngläser, Kartenmaterial, Tiere (Meldehunde, Pferde, Brieftauben), Treibstoffe, Uniformen und Proviant. **2**

Dagegen fallen unter den Tatbestand nicht Gegenstände, die nur mittelbar der Abwehr dienen, wie reines Ausbildungs- und Übungsmaterial[1].

3 2. **Einrichtungen und Anlagen der Landesverteidigung.** Diese Begriffe stellen im Gegensatz zu dem des Wehrmittels mehr auf die örtliche Fixierung oder die Kombination von Einzelelementen ab (vgl. auch §§ 88, 316b), wobei Anlagen eine gewisse Festigkeit und Beständigkeit (vgl. *Kohlrausch/Lange* § 316b II; *Sch/Schröder/Eser* Rdn. 5) und ein Zurücktreten der menschlichen Leistung zur bloßen „Bedienung" verlangen. In Frage kommen z. B. Flugplätze, Befestigungen; Flakstellungen, Raketenabschussbasen, Radaranlagen. „Anlagen" können auch gestaltete Natur (Dämme, Waldstreifen), nicht aber diese selbst sein (*Müller* MK Rdn. 9; **aA** *Schönke/Schröder/Eser* Rdn. 5). Das „Dienen" bezieht weitergehend als beim „Wehrmittel" (s. Rdn. 2) auch eine mittelbare Förderung der Landesverteidigung ein, z. B. durch Rüstungsbetriebe, Forschungsinstitute, Versuchsanstalten, Lagerhäuser, Übungsplätze. Das macht es erforderlich, in den Begriff der Anlage bzw. Einrichtung auch Teilanlagen innerhalb solcher Betriebe einzubeziehen, z. B. einzelne Maschinen (RGSt 75 217). Die Eigentumsverhältnisse sind unbeachtlich; das „Dienen" kann auch durch Pacht, Miete oder Beschlagnahme herbeigeführt werden (*Schönke/Schröder/Eser* Rdn. 8).

Die Mittelbarkeit des Dienens darf aber nicht zu weit erstreckt werden (Druckerei für die Truppenzeitung!). Erforderlich ist ferner, dass die Einrichtung oder Anlage mindestens vorwiegend der Landesverteidigung dient. Ein Betrieb, der zu 50 % Rüstungsaufträge erledigt, reicht also nicht aus, erst recht nicht Einrichtungen oder Anlagen, die erst im Verteidigungsfall in die Landesverteidigung einbezogen werden können.

4 3. **Einrichtungen oder Anlagen des Zivilschutzes.** Der Zivilschutz fällt an sich schon unter den Begriff der Landesverteidigung (vgl. Art. 73 Nr. 1 GG); es handelt sich nur um eine Klarstellung (Schriftl. Bericht S. 6). In Frage kommen Luftschutzanlagen wie Sirenen und Bunker, Arzneimittelvorratslager. Vgl. hierzu Erstes Ges. über Maßnahmen zum Schutz der Zivilbevölkerung v. 9.10.1957 (BGBl. I S. 1696) m. Änd., Ges. über bauliche Maßnahmen zum Schutz der Zivilbevölkerung v. 9.9.1965 (BGBl. I. S. 1232) m. Änd.

Über Einrichtungen und Anlagen, „Dienen, vorwiegend", s. Rdn. 3. Die Tatsache, dass Luftschutzräume im Frieden für andere Zwecke verwendbar sein sollen (§ 1 SchutzbauGes.), schließt das Dienen für den Zivilschutz nicht aus.

5 4. **Nicht erforderlich** ist, dass die unter Rdn. 2–4 aufgeführten Objekte bereits fertiggestellt sind. Dies würde zu dem widersinnigen Ergebnis führen, dass die Zerstörung kurz vor der Inbetriebnahme nicht unter den Tatbestand fiele. Auch die in Abs. 2 genannten Begehungsweisen (s. Rdn. 7) deuten darauf hin, dass der Schutz bereits im Herstellungsstadium eingreifen soll.

III. Tathandlungen

6 1. Die Tathandlungen des **Absatz 1** sind wie bei anderen modernen Sabotagetatbeständen (§§ 87 Abs. 2 Nr. 2, 316b, 317) entsprechend der modernen Funktionsvereitelung und Zustandsveränderung bei der Sachbeschädigung (vgl. *Maurach/Schroeder/Mai-*

[1] *Maurach/Schroeder/Maiwald* § 87 Rdn. 31; *Rudolphi* SK Rdn. 3; *Sch/Schröder/Eser* Rdn. 3; **aA** *Jagusch* LK[8] 2.

wald I § 36 Rdn. 9 ff) formuliert. Die Handlungsweisen gehen teilweise ineinander über. Zerstören ist die stärkste Form der Beschädigung und verlangt eine so wesentliche Beschädigung, dass das Objekt irreparabel ist, nicht mehr als solches, sondern allenfalls noch als Wrack existiert (RGSt **39** 223). **Beschädigen** verlangt demgegenüber nur Substanzverletzungen, die die Brauchbarkeit beeinträchtigen, freilich nicht ganz unerheblich. Da das „Unbrauchbarmachen" gesondert erfasst ist, bedarf es hier nicht der entsprechenden Erweiterung wie bei der Sachbeschädigung. **Verändern** ist die Zustandsveränderung ohne Beschädigung, d.h. Substanzverletzung (RGSt. **37** 53; RG JW **1920** 1036), z. B. Ausschalten elektrisch betriebener Anlagen, Verrückung von auf Ziele eingestellten Waffen oder Geräten. **Unbrauchbar machen** ist die sonstige Beseitigung der Funktionsfähigkeit, ohne dass das Wehrmittel selbst verändert wird, z. B. durch Störsender, Abdeckung von Lichtsignalen, Verdeckung des Schussfeldes (vgl. *Olsh.* § 143a 7). **Beseitigen** ist die räumliche Entfernung vom ordnungsgemäßen Stand- oder Aufbewahrungsort. Dazu genügt auch das Verstekken am Aufbewahrungsort,[2] nicht dagegen die bloße Nichtzurückschaffung eines zunächst ordnungsmäßig mitgeführten Wehrmittels (RGSt. **12** 247; RG DStR **1939** 179), da die im Entwurf enthaltene Begehungsweise des „Preisgebens" im Rechtsausschuss bewusst gestrichen worden ist (Schriftl. Bericht S. 6).

2. **Absatz 2** erfasst darüber hinaus die **fehlerhafte Herstellung** oder **Lieferung** der in Absatz 1 genannten Objekte oder **dafür bestimmter Werkstoffe** (vgl. auch § 311e StGB). **Herstellung** ist jede Anfertigung ohne Rücksicht auf die Stellung als Werkunternehmer nach § 631 BGB. Bei der modernen Fertigung in Großbetrieben sind die allgemeinen Teilnahmegrundsätze zu beachten. Der Arbeiter kann vorsatzloses Werkzeug des Unternehmers sein; ist er eingeweiht, so befreit ein eventueller Gehilfenwille nicht von der Täterschaft. Fehlerhaft ist die Herstellung, wenn sie anerkannten Erfahrungssätzen oder vorhandenen besonderen Erfahrungen widerspricht und dadurch die Tauglichkeit für die bestimmungsmäßige Funktion beeinträchtigt ist. Auf die zivilrechtliche Haftung kommt es nicht an. Neben der Herstellung wird auch die **Lieferung,** d. h. die Überlassung durch Rechtsgeschäft (*Jagusch* LK⁸ 9) erfasst. Diese Alternative hat selbständige Bedeutung, wenn die Lieferung nicht durch den Hersteller erfolgt oder dieser den Fehler erst nach der Herstellung bemerkt (*Jagusch* LK⁸ 9). Im Gegensatz zu § 329 a. F., § 92a i. d. F. vom 1934 ist die völlige Nichterfüllung des Lieferungsvertrages straflos (*Maurach/Schroeder/Maiwald* II § 87 Rdn. 33) – ein kaum verständlicher Wertungswiderspruch des Gesetzes. **Werkstoffe** sind nicht nur Rohmaterialien, sondern alle Gegenstände, die als Bestandteil der unter Rdn. 2–4 genannten Objekte dienen sollen (*Olsh.* § 143a 2c), also auch Halbfabrikate und zum Einbau bestimmte Fertigfabrikate. 7

IV. Unbefugt

Dieses Merkmal, das nur bei Absatz 1 (Rdn. 6) genannt ist, soll klarstellen, dass die Befugnis des Unternehmers zur Veränderung oder Aufgabe seines Betriebes nach bürgerlichem oder öffentlichem Recht die Strafbarkeit ausschließt (BTDrucks. II/ 3039 S. 13). Sein Fehlen schließt die Rechtswidrigkeit aus.[3] 8

---

[2] RGSt **26** 413; *Olsh.* § 143a, 7, § 133, 7b; noch weitergehend *Sch/Schröder/Eser* Rdn. 10; *Jagusch* LK⁸ 4.

[3] *Rudolphi* SK Rdn. 13; *Sch/Schröder/Eser* Rdn. 13; **aA** *Jagusch* LK⁸ 7: Tatbestandsmerkmal.

V. Gefährdung der Sicherheit der Bundesrepublik Deutschland usw.

9 Erforderlich ist eine konkrete Gefährdung, d. h. die Herbeiführung eines Zustandes, in dem der Eintritt eines Schadens naheliegt (vgl. BGHSt **17** 50; **18** 271; BGH NJW **1971** 441). Die Gefährdungsobjekte entsprechen weitgehend denen der §§ 2 Nr. 3, 19, 21 WStG.

10 1. **Die Sicherheit der Bundesrepublik Deutschland** umfasst nach der Legaldefinition des § 92 Abs. 3 Nr. 2 StGB deren äußere und innere Sicherheit. Hierunter ist der jeweilige Zustand relativer Ungefährdetheit gegenüber fremden Staaten und gewaltsa men Aktionen innerstaatlicher Kräfte zu verstehen (eingehend *Schroeder* § 36).[4] Es muss sich immer um eine spürbare Auswirkung auf den Gesamtzustand der Sicherheit handeln; geringere Gefahren können nur mit dem Rechtsgut der Schlagkraft der Truppe erfasst werden.

11 2. **Die Schlagkraft der Truppe** resultiert aus der Einsatzfähigkeit ihres technischen Potentials, der Einsatzfähigkeit und -bereitschaft der Soldaten (Zersetzung!) und der Funktions- und Operationsfähigkeit des Gesamtapparates (vgl. *Schroeder* § 37; BGH NJW **1971** 441). Durch die erforderlichen Tatbestandshandlungen wird dieses Schutzobjekt hier nicht auf den erstgenannten Teilbereich eingeengt; tatbestandsmäßig ist auch die Gefährdung der Einsatzbereitschaft der Soldaten durch Beschädigung von Wehrmitteln. Der Begriff der Schlagkraft der Truppe ist dem der Sicherheit der Bundesrepublik Deutschland vorgelagert, verlangt aber immerhin noch spürbare Auswirkungen auf die Gesamtschlagkraft, so dass der Ausfall einzelner Waffen oder Soldaten nur bei wichtigen Funktionen genügt.[5] Der Eintritt oder die Befürchtung unerheblicher Schäden reichen nicht aus (BGH NJW **1971** 441). Grenzfall LG Lüneburg NZWehrR **1964** 180: Gefährdung der Schlagkraft der Truppe durch Beschädigung des Bordtelefons eines Minensuchbootes.

12 3. **Menschenleben.** Geschützt ist jedermann, nicht nur das Menschenpotential der Bundeswehr (s. dazu Rdn. 1). Das Merkmal entspricht damit dem bei den neueren allgemeinen Gefährdungsdelikten üblichen (vgl. §§ 307 ff StGB) und geht sogar noch darüber hinaus, da die Gefährdung des Täters selbst genügt.[6] Andererseits genügt die bloße Leibesgefahr nicht.

VI. Innerer Tatbestand

13 Während für die Tathandlungen des Absatz 1 (s. Rdn. 6) der bedingte Vorsatz genügt, ist für die Handlungen des Absatz 2 (s. Rdn. 7) Wissentlichkeit erforderlich, und zwar auch hinsichtlich der Gefährdung. Dieses Merkmal umfasst nach dem Sprachgebrauch

---

4 *Schölz/Lingens* § 2 Rdn. 58. Für Beschränkung auf die äußere Sicherheit *Müller* MK Rdn. 28; *Ostendorf* AK Rdn. 11; *Wohlers* NK Rdn. 5. In BGH NJW **1971** 441 wird die Gefährdung der äußeren Sicherheit für den konkreten Fall bejaht, aber nicht zum ausschließlichen Tatbestandserfordernis erklärt.

5 Vgl. auch *Schölz/Lingens* § 2 Rdn. 59; *H. Arndt* S. 189 und – noch zurückhaltender – *Erbs/Kohlhaas* § 2 WStG 3c.

6 *Schölz/Lingens* § 2 Rdn. 60; BayObLG NJW **1959** 734; **aA** *Ostendorf* AK Rdn. 11.

der neueren Bestimmungen des StGB (anders der Entw. 1962, vgl. Begr. S. 131) den gesamten direkten Vorsatz (*Schroeder* LK[11] § 16 Rdn. 84 m. Nachw.). Auch diese Bestimmung wurde zum Schutz der Unternehmer getroffen (Protokoll der 195. Sitzung S. 11, 198. Sitzung S. 19). Der Irrtum über die Befugnis ist Verbotsirrtum (s. Rdn. 8).

Absatz 5 erfasst gegenüber den Absätzen 1 und 2 verringerte subjektive Beziehungen zur Gefahr, und zwar gegenüber Absatz 1 Fahrlässigkeit, gegenüber Absatz 2 außerdem den bedingten Vorsatz. Hinsichtlich der Sabotagehandlung selbst verbleibt es beim Vorsatz, bei Absatz 2 beim direkten Vorsatz. Zur Behandlung dieser Vorsatz-Fahrlässigkeits-Kombination als Vorsatztat s. Erl. zu §§ 11, 18. 14

VII. Versuch (Absatz 3)

Bei den Handlungen nach Absatz 1 und 2 ist der Versuch strafbar. Er ist bei Nichteintritt der gewollten Gefährdung, aber auch schon bei Misslingen der Sabotagehandlung gegeben. 15

VIII. Rechtsfolgen

Die Strafe ist bei vorsätzlicher bzw. direkt vorsätzlicher Gefährdung (Absatz 1, 2) Freiheitsstrafe von drei Monaten bis zu fünf Jahren, in schweren Fällen von einem bis zu zehn Jahren (Absatz 4), bei fahrlässiger bzw. bedingt vorsätzlicher Gefährdung (Absatz 5) Freiheitsstrafe bis zu fünf Jahren oder Geldstrafe. S. § 47 StGB. Nach § 109i ist neben einer Freiheitsstrafe von mindestens einem Jahr Aberkennung der Fähigkeit zur Bekleidung öffentlicher Ämter und Erlangung von Rechten aus öffentlichen Wahlen sowie des Wahlrechts möglich. 16

Nach § 109k Nr. 1 ist eine Einziehung der producta und instrumenta sceleris sowie des Tatentgelts möglich. § 74a ist anzuwenden.

IX. Zusammentreffen

Da § 109e nicht auf die Eigentumsverhältnisse abstellt, besteht gegenüber den §§ 303 ff Idealkonkurrenz;[7] ausgenommen § 109e Abs. 5 gegenüber § 305. Idealkonkurrenz ist möglich mit §§ 93 f, 123 f, 242 ff. Mit den §§ 87 f, 306 ff besteht je nach dem im einzelnen bedrohten Schutzobjekt Ideal- oder Gesetzkonkurrenz.[8] Eine Ausnahme besteht nur für Absatz 4 wegen dessen ausdrücklicher Subsidiaritätsklausel, die freilich nicht umgekehrt eine Spezialität der Absätze 1–3 beinhaltet (unzutr. *Kohlhaas* NJW 1957 931). 17

---

7 *Maurach/Schroeder/Maiwald* II § 87 Rdn. 30; *Müller* MK Rdn. 37; *Rudolphi* SK Rdn. 16; **aA** *Kohlrausch/Lange* VI; *Lackner/Kühl* Rdn. 10; *Sch/Schröder/Eser* Rdn. 19; *Tröndle/Fischer* Rdn. 10; *Wohlers* Rdn. 8.

8 *Kohlrausch/Lange* VI; *Lackner/Kühl* Rdn. 10; *Sch/Schröder/Eser* Rdn. 19.

§ 109f
Sicherheitsgefährdender Nachrichtendienst

(1) Wer für eine Dienststelle, eine Partei oder eine andere Vereinigung außerhalb des räumlichen Geltungsbereichs dieses Gesetzes, für eine verbotene Vereinigung oder für einen ihrer Mittelsmänner

1. Nachrichten über Angelegenheiten der Landesverteidigung sammelt,

2. einen Nachrichtendienst betreibt, der Angelegenheiten der Landesverteidigung zum Gegenstand hat, oder

3. für eine dieser Tätigkeiten anwirbt oder sie unterstützt

und dadurch Bestrebungen dient, die gegen die Sicherheit der Bundesrepublik Deutschland oder die Schlagkraft der Truppe gerichtet sind, wird mit Freiheitsstrafe bis zu fünf Jahren oder mit Geldstrafe bestraft, wenn die Tat nicht in anderen Vorschriften mit schwererer Strafe bedroht ist. Ausgenommen ist eine zur Unterrichtung der Öffentlichkeit im Rahmen der üblichen Presse- oder Funkberichterstattung ausgeübte Tätigkeit.

(2) Der Versuch ist strafbar.

Schrifttum

Lüttger Zur Abgrenzung des objektiven Tatbestandes der §§ 92 und 109f StGB sowie zum Presse- und Funkprivileg des § 109f Abs. 1 Satz 2, MDR **1966** 629, 713; *Schroeder* Der Schutz staatsbezogener Daten im Strafrecht, NJW **1981** 2278.

Entstehungsgeschichte

Eingefügt in das StGB durch das 4. StRÄndG v. 11.6.1957; abgeändert durch das 1. StrRG v. 25.6.1969 und das EGStGB 1974. Vgl. schon vorher § 4 Anhang A zum Truppenvertrag i. d. F. der Bek. v. 30.3.1955.

Übersicht

I. Allgemeines

Die Vorschrift erfasst den Nachrichtendienst und das Sammeln von Nachrichten über Angelegenheiten der Landesverteidigung. Sie war ähnlich schon in § 4 Anhang A zum Truppenvertrag enthalten. Vgl. auch Art. 274 schweizer. StGB. Ihre praktische Bedeutung ist allerdings gering. Gegenüber dem Landesverrat kommt sie nur bei offenen Tatsachen und bei solchen Tatsachen zum Zuge, deren Weitergabe nicht die Gefahr eines schweren Nachteils für die äußere Sicherheit beinhaltet. Dabei wird jedoch in der Regel der Tatbestand der geheimdienstlichen Agententätigkeit (§ 99) eingreifen, so dass für § 109f nur Nachrichtendienste übrig bleiben, die nicht in geheimdienstlicher Weise erfolgen, wobei angesichts der Straflosigkeit der üblichen Presseberichterstattung (Absatz 1 S. 2) nur ein sehr schmaler Bereich verbleibt. 1

§ 109f ist dem § 92 i. d. F. des 1. StRÄndG nachgebildet, dessen Auslegung daher z. T. auch hier verwertbar ist. Er hatte jedoch das für die Staatsgefährdungstatbestände des 1. StRÄndG charakteristische Absichtsmerkmal durch ein objektives Merkmal ersetzt und war insoweit Vorbild für die Reform der Staatsgefährdungstatbestände.

II. Der äußere Tatbestand

1. Gegenstand

a) **Angelegenheiten der Landesverteidigung** sind alle Angelegenheiten, die die Aufgaben oder Interessen der Landesverteidigung betreffen; auf den Nutzen für die fremde Dienststelle kommt es nicht an (BGHSt **15** 161, 164). Zur Landesverteidigung gehört nicht der Schutz der Zivilbevölkerung (s. Vor § 109 Rdn. 1).[1] Die Angelegenheiten der Landesverteidigung beschränken sich nicht auf deren Institutionen und auch nicht auf Vorgänge in der Bundesrepublik (vgl. BTDrucks. 11/3039 S. 14). Die Einbeziehung von Angelegenheiten der verbündeten NATO-Staaten (*Jagusch* LK[8] 3) ist wegen Art. 7 Abs. 2 Nr. 4 4. StRÄndG (s. Vorb. Rdn. 6) nicht erforderlich. 2

b) **Nachrichten** hierüber sind Angaben aller Art ohne Rücksicht darauf, ob sie geheim sind oder offen. Unwahre Angaben fallen nicht darunter,[2] da dies mit dem Sprachgebrauch nur schwer zu vereinbaren ist und sich überdies die Lieferung falscher Angaben mit ihren ganz anders gearteten Gefahren im deutschen Recht traditionell vom echten Verrat abhebt (vgl. § 100a). Die für die Gegenauffassung in Anspruch genommene Entscheidung des Schweiz. Bundesgerichts **65** I 335 bezieht sich überdies auf das Spitzelgesetz, das den Schutz des Einzelnen vor Denunzierung bezweckt (vgl. *Fr.-Chr. Schroeder* ROW **1967** 68), und ist daher nicht einschlägig. 3

2. Die Tathandlungen

a) **Nachrichten sammeln** verlangt eine auf Erlangung mehrerer Nachrichten gerichtete Tätigkeit, die bereits zu einem Teilerfolg geführt haben muss (BGHSt **16** 15, 18); die Einzelakte werden vom Gesetz zu einer Einheit zusammengefasst (BGHSt **16** 26, 33). An die 4

---

1 *Maurach/Schroeder/Maiwald* II § 87; Rdn. 2, 43; *Ostendorf* AK Rdn. 2; **aA** *Rudolphi* SK Rdn. 3; *Sch/Schröder/Eser* Rdn. 3.

2 Zust. *Müller* MK Rdn. 9; *Rudolphi* SK Rdn. 3; *Ostendorf* AK Rdn. 7; *Tröndle/Fischer* Rdn. 3 (ab 51. Aufl.); *Wohlers* NK Rdn. 3. **AA** *Lüttger* MDR **1966** 629, 633, 634, 715.

im Schrifttum z. T. verlangten Kriterien einer gewissen Dauer und Systematik[3] dürfen jedenfalls keine zu hohen Anforderungen gestellt werden (zust. *Müller* MK Rdn. 10; *Rudolphi* SK Rdn. 9; *Wohlers* NK Rdn. 4). Ob das Nachrichtensammeln Haupt- oder (z. B. bei einer Reise durch die Bundesrepublik) Nebenaufgabe des Täters ist, ist belanglos (BGHSt **15** 167, 176; *Lüttger* MDR **1966** 629, 633).

5 b) **Betreiben eines Nachrichtendienstes** ist das längere Unterhalten eines gewissen organisatorischen Apparates, der sich personell auf den Täter selbst beschränken kann (*Jagusch* LK[8] 4). Diese Alternative hat neben dem Nachrichtensammeln kaum selbständige Bedeutung, da der Betreiber eines Nachrichtendienstes mindestens durch die Entgegennahme der von Unteragenten gesammelten Nachrichten seinerseits wieder Nachrichten sammelt. Die Alternative erklärt sich aus der Anlehnung an Art. 274 schweizer. StGB, der sich auf sie beschränkt. Nach dem Wortlaut könnte die Alternative allenfalls insofern selbständige Bedeutung gewinnen, als das Betreiben eines Nachrichtendienstes auch die Ausgabe von Nachrichten, etwa im Interesse der Beunruhigung der Bevölkerung oder der Irreführung deutscher Behörden, umfasst. Indessen ist dies nach dem Sinn und Zweck des Tatbestandes, der die Offenlegung der eigenen Landesverteidigung verhindern soll, ausgeschlossen (vgl. auch Rdn. 4).

6 c) **Anwerben** ist die Gewinnung von Personen für die unter Rdn. 4 und 5 genannten Tätigkeiten. Dass es hierbei nicht auf einen Erfolg ankommen soll,[4] widerspricht sowohl dem Sprachgebrauch (vgl. auch §§ 109h, 180 Abs. 3, anders das „Werben" in § 129) als auch der Gleichstellung mit dem – erfolgreichen – Unterstützen als auch der gesonderten Erfassung des Versuchs (zust. *Rudolph* SK Rdn. 11).

7 d) **Unterstützen** ist die hier zur Täterschaft erhobene Beihilfe. Diese Alternative wird besonders dann praktisch, wenn jemand einzelne Tatsachen oder nicht für eine Dienststelle gesammelte, sondern im Rahmen des Wehrdienstes, der Berufstätigkeit oder sonst erworbene Kenntnisse an einen Nachrichtendienst weitergibt (vgl. BGHSt **23** 308, 309; BGH NJW **1971** 441, 442). Im Gegensatz zu dem Nachrichtensammeln und dem Betreiben eines Nachrichtendienstes muss hier ein Erfolg vorliegen, der jedoch nur in einer (nicht notwendig wesentlichen, **aA** *Sch/Schröder/Eser* Rdn. 2) Förderung des Sammelns selbst bestehen kann. Eine Unterstützung kann auch in einer Bestätigung bereits bekannter Tatsachen liegen (BGHSt **23** 308, 310; BGH NJW **1971** 441, 442).

8 **3. Für eine Dienststelle, eine Partei oder eine andere Vereinigung außerhalb des räumlichen Geltungsbereichs dieses Gesetzes, für eine verbotene Vereinigung oder für einen ihrer Mittelsmänner** müssen die unter Rdn. 4 und 5 aufgeführten Tätigkeiten ausgeübt werden, d. h. in der Absicht, sie diesen Stellen zugute kommen zu lassen. Ein Erfolg dieser Absicht ist ebensowenig erforderlich (BGHSt **15** 161, 164) wie ein Auftragsverhältnis. Entgegen der missglückten Fassung des Gesetzes ist nicht die Unterstützung eines Nachrichtendienstes für eine fremde Macht (z. B. eines deutschen Nachrichtendienstes im Auftrag einer verbündeten Macht) strafbar, sondern die Unterstützung des Betreibens eines Nachrichtendienstes für eine fremde Macht!

---

[3] *Lackner* JZ **1957** 404; *Lackner/Kühl* Rdn. 3; *Lüttger* MDR **1966** 629, 630; *Ostendorf* AK Rdn. 9; *Sch/Schröder/Eser* Rdn. 2; *Tröndle/Fischer* Rdn. 2. Abl. BGHSt **16** 15, 18.

[4] *Lüttger* MDR **1966** 629, 630; *Sch/Schröder/Eser* Rdn. 2; *Tröndle/Fischer* Rdn. 2. Wie hier *Müller* MK Rdn. 13, *Wohlers* NK Rdn. 4.

a) **Dienststellen** sind mit der öffentlichen Gewalt verbundene Stellen aller Art, wobei es angesichts der verbreiteten Auslagerung von Aufgaben der öffentlichen Verwaltung (vgl. § 11 Abs. 1 Nr. 4 StGB!) nicht mehr auf den staatlichen Charakter ankommen kann. Auch der **Parteienbegriff** des § 2 Abs. 1 PartG kann wegen der fremden Verhältnisse nur mit Einschränkungen herangezogen werden. **Vereinigungen** sind alle sonstigen Zusammenschlüsse von Personen. Auf die Freiwilligkeit des Zusammenschlusses kann es dabei nicht ankommen. 9

b) Die Dienststellen, Parteien oder anderen Vereinigungen müssen **außerhalb des räumlichen Geltungsbereichs** dieses Gesetzes sein, d. h. ihren Sitz dort haben, wenn auch die Organisation oder Tätigkeit sich auf den Geltungsbereich erstreckt (vgl. § 15 VereinsG v. 5.8.1964, BGBl. I S. 593 m. Änd.). 10

„Dieses Gesetz" meint im Gegensatz zum älteren Sprachgebrauch, aber auch zum geltenden AT (z. B. § 11), den konkreten Tatbestand des § 109f (BTDrucks. 11/3039 S. 14). Mit der problematischen (vgl. *Fr.-Chr. Schroeder* GA **1969** 353) Umschreibung „räumlicher Geltungsbereich" war die „alte" Bundesrepublik, und zwar hier mangels einer Berlin-Klausel ausschließlich Berlin (West), gemeint. Diese Beschränkungen sind mit der Wiedervereinigung entfallen. Die aufgeführten Stellen brauchen selbst keine Bestrebungen gegen die Sicherheit der Bundesrepublik zu verfolgen, doch wird sich dies meist aus dem Erfordernis des „Dienens" (s. Rdn. 13) ergeben (vgl. *Lüttger* MDR **1966** 629, 633 f). Notwendig ist dies jedoch nicht (z. B. Weitergabe an eine pazifistische Organisation, die die Nachrichten publiziert).

c) **Verbotene Vereinigungen** sind nicht nur Vereinigungen, die nach Art. 9 Abs. 2 GG, §§ 3 ff VereinsG v. 5.8.1964 (BGBl. I 593) verboten sind, sowie deren Ersatzorganisationen (§ 8 VereinsG), sondern auch nach Art. 21 Abs 2 GG, § 32 PartG für verfassungswidrig erklärte Parteien sowie deren Ersatzorganisationen (§ 33 PartG).[5] 11

d) Erfasst ist endlich auch das Sammeln von Nachrichten für **Mittelsmänner** einer der aufgeführten Institutionen, d. h. Personen, die von ihnen zum Empfang von Nachrichten bestimmt sind.[6] Auf den Aufenthaltsort kommt es hier nicht an. 12

4. Bestrebungen dienen, die gegen die Sicherheit der Bundesrepublik oder die Schlagkraft der Truppe gerichtet sind

Durch dieses Merkmal wird der Tatbestand, der auch die Tätigkeit von Militärkorrespondenten, Militärattaches, Militärwissenschaftlern und dgl. erfasst, eingeengt. Für die Bestrebungen gegen die Sicherheit der Bundesrepublik gilt die Legaldefinition des § 92 Abs. 3 Nr. 2: Bestrebungen, deren Träger darauf hinarbeiten, die äußere oder innere Sicherheit der Bundesrepublik Deutschland zu beeinträchtigen. Bestrebungen sind Bemühungen, die in gewisser Weise organisiert oder institutionalisiert (Verlag, Rundfunk) sind (vgl. *Fr.-Chr. Schroeder* aaO § 21 IV). Zur (äußeren und inneren) Sicherheit der Bundesrepublik Deutschland vgl. § 109e Rdn. 10, zur Schlagkraft der Truppe vgl. § 109e Rdn. 11. Da der Täter derartigen Bestrebungen dienen muss, müssen diese – anders als 13

[5] *Müller* MK Rdn. 18; *Rudolphi* S K Rdn. 6; *Sch/Schröder/Eser* Rdn. 4; *Tröndle/Fischer* Rdn. 4 (unter Verweis auf §§ 84, 85 StGB).

[6] Abw. *Sch/Schröder/Eser* § 94 Rdn. 5; *Tröndle/Fischer* § 94 Rdn. 3, die teils auf die Tätigkeit „für" einen anderen, teils auf die Erwartung der Weitergabe abstellen. Wie hier *Rudolphi* SK Rdn. 7.

bei dem „sich einsetzen für ...“ der §§ 87 ff – bereits unabhängig von dem Täter existent sein. **„Dienen“** verlangt das Tätigwerden für die Bestrebungen, d.h. in ihrem Interesse ohne Rücksicht auf eine tatsächliche Förderung der Bestrebungen (BGH NJW **1970** 1887; BGHSt **19** 344, 346; **15** 161, 163), ihre Ziele (so aber *Sch/Schröder/Eser* Rdn. 5) oder gar eine konkrete Gefährdung der Sicherheit der Bundesrepublik (BGHSt **19** 344, 346; **15** 161, 163; **23** 308, 311). Ebensowenig ist erforderlich, dass der Täter sich in die Bestrebungen eingliedert oder ihnen unterordnet (BGHSt **19** 344, 346) oder sich zu ihrem Werkzeug macht.[7] Damit spezifiziert das Merkmal „dienen usw.“ im Wesentlichen nur die begünstigten Dienststellen etc. nach Rdn. 9–11, vgl. aber Rdn. 10. Ebenso BGH 3 StR 491/79 (S), wonach die Richtung gegen die Sicherheit der Bundesrepublik Deutschland oder gegen die Schlagkraft der Truppe bereits mit der Sammeltätigkeit eines Geheimdienstes gegeben ist. Das Urteil zeigt allerdings eindringlich, dass dieses Tatbestandsmerkmal diplomatische Probleme aufwirft (damaliges Jugoslawien). Das Dienen enthält auch kein besonderes Absichts- oder Wissenselement, so dass bedingter Vorsatz genügt.[8]

III. Innerer Tatbestand

14 Erforderlich ist Vorsatz, wobei bedingter Vorsatz genügt, und zwar auch hinsichtlich des Dienens (s. Rdn. 13; **aA** *Sch/Schröder/Eser* Rdn. 9). Der Vorsatz muss insbesondere bereits beim Sammeln der Nachrichten die Tätigkeit für eine auswärtige Dienststelle usw. umfassen, doch greift andernfalls die Alternative der Unterstützung eines Nachrichtendienstes ein. (s. Rdn. 7).

IV. Übliche Presse- und Funkberichterstattung

15 1. Bei der Schaffung des Gesetzes war man davon ausgegangen, dass die Vorschrift Journalisten deutscher Zeitungen wegen des Erfordernisses der Tätigkeit „für“ eine auswärtige Dienststelle etc. (s. Rdn. 8) und Journalisten ausländischer Zeitungen wegen des Erfordernisses des Dienens gegenüber sicherheitsfeindlichen Bestrebungen nicht erfasse (BTDrucks. 11/3039 S. 14). Um letzteres „unter allen Umständen sicherzustellen“, wurde das sog. Presseprivileg des Absatz 1 S. 2 eingefügt (Schriftlicher Bericht S. 7). Diese Auffassung ist jedoch unzutreffend, da einmal für das „Dienen“ bloßer bedingter Vorsatz genügt (s. Rdn. 13) und zum ändern nach Absatz 1 Nr. 3 schon die bloße Unterstützung von Nachrichtendiensten erfasst wird (s. Rdn. 7), die auch bei Berichterstattern inländischer Zeitungen gegeben sein kann. Danach hätte sich ein Ausschluss aus dem Tatbestand allenfalls auf Grund der umstrittenen These von der Wechselwirkung zwischen Art. 5 Abs. 1 GG und den ihn begrenzenden allgemeinen Gesetzen ergeben (vgl. BVerf-GE 7 198).

2. Die Straflosigkeit ist an folgende **Voraussetzungen** geknüpft:

16 a) Es muss sich um eine Tätigkeit **zur Unterrichtung der Öffentlichkeit** handeln. Die Bestimmung hat damit die Unterscheidung zwischen öffentlicher Bekanntmachung und Mitteilung an bestimmte Empfänger, die sich beim Landesverrat erst später durchgesetzt

---

[7] Anders *Lackner/Kühl* Rdn. 4; BGHSt **11** 171, 179 ff für § 100d Abs. 2 a.F. wegen der Weite jenes Tatbestandes.

[8] BGHSt **19** 344, 347; BTDrucks. **11**/3039 S. 14; *Ostendorf* AK Rdn. 13. **AA** *Sch/Schröder/Eser* Rdn. 9.

hat (BVerfGE **20** 162, 180 f; §§ 94f i. d. F. des 8. StRÄndG), vorweg genommen. Es handelt sich insoweit um ein Absichtsmerkmal, d. h. es muss dem Täter hierauf ankommen, während umgekehrt eine Nichtveröffentlichung durch das Presseorgan das Privileg nicht entfallen lässt, und zwar selbst dann nicht, wenn der Täter damit rechnet.[9] Weiß der Täter allerdings sicher, dass seine Berichte nicht zur Unterrichtung der Öffentlichkeit benutzt werden, so kann das Privileg nicht eingreifen.

b) Der Täter muss darüber hinaus **im Rahmen der üblichen Presse- oder Funkberichterstattung** handeln. In Frage kommen Korrespondenten, Redakteure, Archivare, Herausgeber. Dieser Begriff ist nicht nur faktisch, sondern normativ zu verstehen,[10] so dass eingerissene Missbräuche nicht gedeckt sind. Dabei ist – trotz der Ausrichtung der Klausel auf ausländische Korrespondenten – auf die Üblichkeit nach im Inland anerkannten Grundsätzen abzustellen (*Lüttger* MDR **1966** 629), so dass die Eigenschaft der Presse in sozialistischen Staaten als „kollektiver Agitator" *(Lenin)* nicht hinzunehmen ist. Üblich in diesem Sinne ist eine Presse- und Rundfunkberichterstattung dann, wenn das Informationsinteresse der Allgemeinheit das Interesse der Landesverteidigung überwiegt.[11] Üblich ist auch die Militärberichterstattung, sei es für allgemeine Zeitungen und Zeitschriften, sei es für Spezialzeitschriften (vgl. Schriftlicher Bericht S. 7), doch ist hierbei auf eine Tarnung besonders zu achten. 17

3. Absatz 1 S. 2 enthält einen **Tatbestandsausschluss.**[12] 18

V. Versuch (Absatz 2)

Der Versuch ist strafbar, doch bleibt für ihn angesichts der Vorverlagerung des Tatbestandes auf das bloße Sammeln, Unterstützen und Dienen wenig Raum. 19

VI. Rechtsfolgen

Die Strafe ist Freiheitsstrafe bis zu fünf Jahren oder Geldstrafe. S. § 47 StGB. Neben einer Freiheitsstrafe von mindestens einem Jahr ist die Aberkennung der Fähigkeit zur Bekleidung öffentlicher Ämter und Erlangung von Rechten aus öffentlichen Wahlen sowie des Wahlrechts möglich (§ 109i Nr. 2). Einziehung der instrumenta und producta sceleris nach § 109k. 20

VII. Zusammentreffen

§ 109 f gilt nur, soweit nicht in anderen Vorschriften eine schwerere Strafe angedroht ist. Das ist insbesondere der Fall, bei den §§ 94 ff und (wegen § 101) 98, 99.[13] Doch ist hierbei zu berücksichtigen, dass in § 109 f der Versuch unter Strafe gestellt ist. 21

---

9 *Welzel* NJW **1962** 20; *Schroeder* LK[11] § 16 Rdn. 77. **AA** BGHSt 16 1, 5.

10 *Lüttger* MDR **1966** 629, 714; *Sch/Schröder/Eser* Rdn. 7. **AA** *Ostendorf* AK Rdn. 12.

11 Vgl. auch *Sch/Schröder/Eser* Rdn. 7 und *Lüttger* MDR **1966** 629, 714, wo jedoch nur auf die Abwägung durch den Täter abgestellt wird.

12 Vgl. *Lackner/Kühl* Rdn. 5; *Rudolphi* SK Rdn. 14; *Sch/Schröder/Eser* Rdn. 6; *Tröndle/Fischer* Rdn. 5; *Wohlers* NK Rdn. 2.

13 Vgl. BGH MDR **1959** 1029 für § 100c i. d. F. von 1951.

§ 109 g
Sicherheitsgefährdendes Abbilden

(1) Wer von einem Wehrmittel, einer militärischen Einrichtung oder Anlage oder einem militärischen Vorgang eine Abbildung oder Beschreibung anfertigt oder eine solche Abbildung oder Beschreibung an einen anderen gelangen lässt und dadurch wissentlich die Sicherheit der Bundesrepublik Deutschland oder die Schlagkraft der Truppe gefährdet, wird mit Freiheitsstrafe bis zu fünf Jahren oder mit Geldstrafe bestraft.

(2) Wer von einem Luftfahrzeug aus eine Lichtbildaufnahme von einem Gebiet oder Gegenstand im räumlichen Geltungsbereich dieses Gesetzes anfertigt oder eine solche Aufnahme oder eine danach hergestellte Abbildung an einen anderen gelangen lässt und dadurch wissentlich die Sicherheit der Bundesrepublik Deutschland oder die Schlagkraft der Truppe gefährdet, wird mit Freiheitsstrafe bis zu zwei Jahren oder mit Geldstrafe bestraft, wenn die Tat nicht in Absatz 1 mit Strafe bedroht ist.

(3) Der Versuch ist strafbar.

(4) Wer in den Fällen des Absatzes 1 die Abbildung oder Beschreibung an einen anderen gelangen lässt und dadurch die Gefahr nicht wissentlich, aber vorsätzlich oder leichtfertig herbeiführt, wird mit Freiheitsstrafe bis zu zwei Jahren oder mit Geldstrafe bestraft. Die Tat ist jedoch nicht strafbar, wenn der Täter mit Erlaubnis der zuständigen Dienststelle gehandelt hat.

Entstehungsgeschichte

Absatz 1 ursprünglich § 360 Abs. 1 Nr. 1; ersetzt durch § 12 Nr. 3 des Ges. gegen den Verrat militärischer Geheimnisse v. 3.6.1914; dieser ersetzt durch § 92f i. d. F. des Ges. v. 24.4.1934; abgeändert durch Ges. v. 22.11.1942; aufgehoben durch KRG Nr. 11 v. 30.1.1946. § 6 Anhang A zum Truppenvertrag i. d. F. der Bek. v. 30.3.1955.

Absatz 2 zuerst § 33 LuftVG v. 21.8.1936.

Beide Vorschriften eingefügt in das StGB durch das 4. StRÄndG v. 11.6.1957; abgeändert durch das 1. StrRG v. 25.6.1969 und das EGStGB 1974.

Übersicht

I. Überblick

1 Die Vorschrift enthält zwei verschiedene Tatbestände: die Anfertigung und Weitergabe von Abbildungen militärischer Gegenstände (Absatz 1) und von Luftaufnahmen (Absatz 2). Absatz 2 ist gegenüber Absatz 1 subsidiär. Der E 1962 sah eine Aufspaltung in zwei Paragraphen vor (§§ 414, 414a). Beide Tatbestände stimmen überein in den Tatbestandshandlungen der Anfertigung und des Gelangenlassens an einen anderen sowie dem zusätzlichen Erfordernis der Gefährdung der Sicherheit der Bundesrepublik oder der Schlagkraft der Truppe, das die Tatbestände erheblich einengt.

II. Abbildung militärischer Gegenstände (Absatz 1)

1. Tatobjekte

2 a) **Wehrmittel.** S. § 109e Rdn. 2, 5.

3 b) **Militärische Einrichtung oder Anlage.** Die Abweichung von § 109e („Einrichtung oder Anlage, die ganz oder teilweise der Landesverteidigung dient") wurde bewusst gewählt, um der Landesverteidigung nur mittelbar dienende Einrichtungen (s. § 109e Rdn. 3) auszuschließen (BTDrucks. II/3039 S. 15). Andererseits genügt nicht die Zuordnung zur Bundeswehr (z. B. Kantinen, Kasinos, Sportplätze), sondern es ist eine spezifisch militärische Bedeutung, d. h. eine Bedeutung für die Landesverteidigung, erforderlich. Auf die Eigentumsverhältnisse kommt es nicht an; es genügt die Verfügungsgewalt der Bundeswehr. Wie bei § 109e (s. dort Rdn. 5) fallen auch erst im Bau befindliche Einrichtungen unter den Tatbestand (vgl. auch *Sch/Schröder/Eser* Rdn. 7). Im Übrigen s. § 109e Rdn. 3.

4 c) **Militärischer Vorgang.** Das Gesetz stellt zutreffend in Rechnung, dass die militärische Schlagkraft nicht nur von der Geheimhaltung der statischen Wehrmittel, sondern mindestens ebenso von der ihres dynamischen Einsatzes abhängt. Militärische Vorgänge sind Versuche, Übungen, Manöver, Transporte von Wehrmitteln und Truppen. Auch hierbei (vgl. Rdn. 3) muss die notwendige Begrenzung durch einen unmittelbaren Bezug zur Landesverteidigung gefunden werden. Bloße Vorgänge in der Bundeswehr, z. B. Untergebenenmisshandlungen, Ehrenparaden, feierliche Verpflichtung der Rekruten, reichen nicht aus.

2. Tathandlungen

5 a) **Anfertigen einer Abbildung** ist jede bildliche Wiedergabe durch Fotografie, Zeichnung, Wachs- oder Gipsabdruck u. dgl. Da eine totale Abbildung ohnehin kaum möglich ist, genügt die Wiedergabe von Details. Nicht erforderlich sind Naturgetreuheit und Allgemeinverständlichkeit; es genügen technische oder verschlüsselte Zeichnungen.

6 b) **Anfertigen einer Beschreibung** ist die Wiedergabe durch Worte oder sonstige Chiffren, nach BGH NJW **1971** 441 auch eine Skizze nach der Erinnerung. Im Übrigen gelten die gleichen Merkmale wie bei der Abbildung (s. Rdn. 5), so dass insbesondere Geheimsprachen und -schriften ausreichen. In Verbindung mit dem Wort „anfertigen" verlangt die Beschreibung eine Verkörperung; der bloße mündliche Bericht bleibt straflos. Das ist zwar eine Lücke; doch würde der Tatbestand andernfalls unerträglich aus-

gedehnt.[1] Die Art der Verkörperung ist beliebig, so dass im Gegensatz zum Urkundenbegriff auch Tonträger darunter fallen.

7 c) **An einen anderen gelangen lassen.** Vgl. §§ 94 ff, 194 Abs. 1 Nr. 6. Wer eine einschlägige Abbildung oder Beschreibung in Besitz hat, wird vom Gesetz zum Garanten der Nichtweitergabe erklärt; eine besondere Pflichtwidrigkeit ist nicht erforderlich (aA *Jagusch* LK[8] 4). Erforderlich ist allerdings eine eigene Verfügungsgewalt des Täters; Vermittlung der Weitergabe oder Mithilfe ist nur Beihilfe. Wie der Täter die Verfügungsgewalt erlangt hat, ist gleichgültig; in Frage kommen Anfertigung nach Rdn. 5, 6, derivativer Erwerb, Fund, Diebstahl, Unterschlagung. Erforderlich ist, dass der andere wenigstens für kurze Zeit (Herstellung von Fotokopien!) die tatsächliche Verfügungsgewalt erlangt; die bloße Gelegenheit zur Kenntnisnahme reicht dagegen nicht aus (aA *Jagusch* LK[8] 4).

III. Luftaufnahmen (Absatz 2)

1. Gebiet oder Gegenstand im räumlichen Geltungsbereich dieses Gesetzes

8 Die Objekte der verbotenen Luftaufnahmen sind umfassend umschrieben. Eine militärische Bedeutung wird nicht verlangt; wegen der Subsidiarität gegenüber Absatz 1 dürfte sich der Tatbestand sogar auf nichtmilitärische Gegenstände beschränken. Im Übrigen bildet die einzige Einschränkung die Beschränkung auf Gebiete und Gegenstände im räumlichen Geltungsbereich dieses Gesetzes, d. i. die Bundesrepublik. Die örtliche Beschränkung bezieht sich nur auf die Belegenheit des abgebildeten Gebiets; für den Tatort verbleibt es bei den allgemeinen Grundsätzen (s. vor allem § 9 Abs. 1).

2. Tathandlungen

9 a) **Anfertigen einer Lichtbildaufnahme von einem Luftfahrzeug aus.** Lichtbildaufnahmen sind Foto- und Filmaufnahmen; sonstige Abbildungen genügen im Gegensatz zu Absatz 1 nicht, ebensowenig sonstige technische Aufzeichnungen, z. B. durch Wärmespürgeräte. Luftfahrzeuge sind nach § 1 Abs. 2 LuftVG i. d. F. v. 14.11.1981 (BGBl. I S. 61), zul. geänd. durch Art. 27 der 3. ZuständigkeitsVO v. 26.11.1986 (BGBl. I S. 2089), Flugzeuge, Drehflügler, Luftschiffe, Segelflugzeuge, Motorsegler, Frei- und Fesselballone, Drachen, Fallschirme, Flugmodelle und sonstige für die Benutzung des Luftraums bestimmte Geräte, insbesondere Raumfahrzeuge, Raketen und ähnliche Flugkörper. Diese Begriffsbestimmung ist umfassend; es scheiden daher aus dem Tatbestand nur Luftaufnahmen von Türmen und Bergen aus.

10 b) **Gelangenlassen einer solcher Aufnahme oder einer danach hergestellten Abbildung an einen anderen.** S. hierzu Rdn. 7 und Rdn. 5. Außerhalb des Tatbestandes bleiben die bloße Anfertigung einer Abbildung sowie die Anfertigung und Weitergabe einer Beschreibung.

---

[1] So auch *Rudolphi* SK Rdn. 5; *Sch/Schröder/Eser* Rdn. 5; *Tröndle/Fischer* Rdn. 3. **AA** *Jagusch* LK[8] 4.

IV. Gefährdung der Sicherheit der Bundesrepublik Deutschland usw.

S. hierzu § 109e Rdn. 9–11. Eine Gefährdung kann nicht schon in den unter Rdn. 5–10 aufgeführten Verhaltensweisen als solchen gesehen werden.[2] Da es andererseits fraglich ist, wieso das bloße Anfertigen einer Abbildung, Beschreibung oder Luftaufnahme bereits zu einer Gefährdung führen kann, müssen die Anforderungen an die konkrete Gefährdung hier niedriger angesetzt werden als sonst; zulässig und erforderlich ist eine gewisse Typisierung der Gefahr nach der Bedeutung der Objekte, den Verbindungen des Täters und dem Interesse fremder Stellen.[3] Unzulässig BGH NJW **1971** **441**: Eigenschaft als Grundlage für die Gewinnung weiterer sicherheitsabträglicher Erkenntnisse; das ist eine nur mittelbare Gefährdung. Der Gesetzgeber selbst hat die nichtwissentliche Gefährdung nur in Verbindung mit der Weitergabe einer Abbildung strafrechtlich erfasst (Abs. 4, s. Rdn. 12–13). **11**

Bei der Anfertigung etc. von Luftaufnahmen nach Absatz 2, die sich wegen der Subsidiarität gegenüber Absatz 1 auf Aufnahmen nichtmilitärischer Objekte beschränkt, wird eine Gefährdung allerdings auch nach diesen Grundsätzen nur selten vorliegen. In Frage kommen Aufnahmen, die kartographisch nicht erfasste Aufschlüsse geben, z. B. über den Straßenzustand, Aufnahmen, die keine militärischen Anlagen, sondern gerade Verteidigungslücken offenbaren, und Aufnahmen, bei denen der Täter die Erfassung militärischer Objekte nicht erwartet hatte.

V. Innerer Tatbestand

Während hinsichtlich der konkreten Tathandlungen (s. Rdn. 5–7, 9–10) bedingter Vorsatz genügt, ist hinsichtlich der Gefährdung Wissentlichkeit, d. h. direkter Vorsatz (s. § 109e Rdn. 13), erforderlich. Für Absatz 1 2. Alt. sieht Absatz 4 eine Erweiterung vor: danach ist auch die bedingt vorsätzliche oder leichtfertige Gefährdung strafbar. Leichtfertigkeit ist grobe Fahrlässigkeit (*Schroeder* LK[11] § 16 Rdn. 208 ff; § 18 Abs. 3 E 1962; RGSt **71** 37, 175; BayObLG NJW **1959** 734; BGHSt **14** 240, 255; vgl. §§ 138 Abs. 3, 311 Abs. 3 StGB, §§ 21, 41 WStG). **12**

VI. Behördliche Erlaubnis

Das Erfordernis einer behördlichen Freigabe (vgl. § 27 Abs. 2 a.F. LuftVG, §§ 83–89 a.F. LuftVZO), das die Taten nach Absatz 1 und 2 ohnehin nicht rechtfertigen konnte, da sie angesichts des erforderlichen direkten Gefährdungsvorsatzes regelmäßig erschlichen oder unter irrigen Voraussetzungen erteilt sein musste (BTDrucks. 11/3039 S. 150, ist mit Art. 37 3. Rechtsbereinigungsgesetz (BGBl. 1990 I 1221) zum 1.7.1990 entfallen. **13**

Bei einer nur bedingt vorsätzlichen oder leichtfertigen Gefährdung der Sicherheit der Bundesrepublik oder der Schlagkraft der Truppe (Absatz 4) entfällt die Strafbarkeit, wenn der Täter mit Erlaubnis der zuständigen Dienststelle gehandelt hat (Absatz 4 S. 2). Diese kann die Tat allerdings nicht rechtfertigen, da die Behörde über die Sicherheit und Schlagkraft nicht verfügen kann.[4] Die Annahme der Begründung: schuldunabhängige

---

[2] *Jagusch* LK[8] 5; *Lange* JZ **1965** 298, 300, 304; *Fr.-Chr. Schroeder* aaO § 22 III.

[3] Zutr. *Jagusch* LK[8] 5; allgemein *Lange* aaO; *Fr.-Chr. Schroeder* aaO. Zust. im Ergebnis auch *Müller* MK Rdn. 22.

[4] **AA** *Jagusch* LK[8] 6; *Kohlrausch/Lange* V.

negative Strafbarkeitsbedingung,[5] ist nicht nur willkürlich, sondern enthält auch eine ungerechtfertigte Vergünstigung bzw. Benachteiligung für den Täter. Es liegt vielmehr ein Verbotsirrtum vor, dessen Unvermeidbarkeit vom Gesetz selbst bestimmt wird.[6] Das liegt auf der Linie der „strengen Schuldtheorie" (*Schroeder* LK[11] § 16 Rdn. 47) und bedeutet, dass der Täter die Erlaubnis gekannt haben muss und dass eine irrtümliche Annahme nur bei Unvermeidbarkeit schuldausschließend wirkt.

VII. Versuch (Absatz 3)

14 Er ist, wie sich aus der Stellung des Absatz 3 ergibt, sowohl bei Absatz 1 als auch bei Absatz 2 strafbar. Wie bei allen zweiaktigen Delikten kommt er nicht nur bei einem Fehlschlag der konkreten Tathandlung, sondern auch bei einem Nichteintritt der Gefahr in Betracht.

VIII. Rechtsfolgen

15 Die Strafe ist in den Absätzen 2 und 4 milder als in Absatz 1. S. § 47 StGB. Nach § 109k ist eine Einziehung der producta und instrumenta sceleris sowie der Abbildungen, Beschreibungen und Aufnahmen möglich.

IX. Zusammentreffen

16 1. **Innerhalb der Absätze 1 und 2** gelten für das Verhältnis zwischen dem Anfertigen und dem Gelangenlassen die zur Urkundenfälschung entwickelten Rechtsgrundsätze, d. h., es liegt nur eine einheitliche Handlung vor.[7] Absatz 2 ist gegenüber Absatz 1 subsidiär. Zwischen einem Versuch nach Absatz 1 und einer Vollendung nach Absatz 2 ist jedoch Idealkonkurrenz möglich.[8]

17 2. **Verhältnis zu anderen Vorschriften.** § 109g wird von den Landesverratstatbeständen infolge Spezialität verdrängt, verdrängt jedoch seinerseits § 108 Abs. 1 Nr. 12 LuftVZO v. 19.6.1964 (BGBl. IS. 370) sowie die §§ 5 Abs. 2, 27 SchutzbereichsGes. v. 7.12. 1956 (BGBl. I S. 899 m. Änd.). Idealkonkurrenz ist dagegen möglich mit § 109f.

---

[5] BTDrucks. 11/3039 S. 16. Zust. *Lackner/Kühl* Rdn. 4.

[6] Ähnlich *Maurach/Schroeder/Maiwald* II § 87 Rdn. 52; *Rudolphi* SK Rdn. 10; *Sch/Schröder/Eser* Rdn. 13. Zust. *Müller* MK Rdn. 29; *Wohlers* NK Rdn. 5.

[7] *Jagusch* LK[8] 4; *Rudolphi* SK Rdn. 6; *Sch/Schröder/Eser* Rdn. 9. Zur gleichen Frage bei der Urkundenfälschung s. *Miehe* GA **1967** 270 ff; abw. BGHSt **17** 97.

[8] *Jagusch* LK[8] 15; *Rudolphi* SK Rdn. 21; *Sch/Schröder/Eser* Rdn. 26. Vgl. allgemein BGHSt **21** 78.

§ 109h
Anwerben für fremden Wehrdienst

(1) Wer zugunsten einer ausländischen Macht einen Deutschen zum Wehrdienst in einer militärischen oder militärähnlichen Einrichtung anwirbt oder ihren Werbern oder dem Wehrdienst einer solchen Einrichtung zuführt, wird mit Freiheitsstrafe von drei Monaten bis zu fünf Jahren bestraft.

(2) Der Versuch ist strafbar.

Entstehungsgeschichte

Ursprünglich § 141 StGB; seit Ges. v. 28.6.1935 § 141 a; aufgehoben durch KRG Nr. 11 v. 30.1.1946. Wiedereingefügt in das StGB als § 141 durch das 2. StRÄndG v. 6.3.1953; umgestellt als § 109h durch das 4. StRÄndG v. 11.6.1957; abgeändert durch das 2. StRG v. 4.7.1969 und durch das EGStGB 1974.

I. Rechtsgut

1 Der Sinn der historisch überkommenen Vorschrift ist fraglich und umstritten. Der Eintritt eines Wehrpflichtigen in fremde Streitkräfte bedarf nach § 8 WehrpflichtG der Genehmigung, ist aber absichtlich nicht strafrechtlich untersagt (Entw. 1962, Begr. S. 595 f). Immerhin findet sich die Pönalisierung der Verleitung zu einem nicht strafbaren Verhalten auch sonst, vgl. §§ 180, 232 StGB. Wenn auch § 109h nicht auf Wehrpflichtige, sondern auf alle Deutschen abstellt, wird sich das Verhalten schon wegen der übrigen Tatbestandsmerkmale weitgehend auf Wehrpflichtige beschränken. Damit schützt der Tatbestand das Wehrpotential der Bundesrepublik. Daneben schützt er die Neutralität der Bundesrepublik und damit den Frieden.[1] Der vielfach behauptete Schutz auch des Einzelnen[2] erscheint dagegen mehr als zweifelhaft, wenn man bedenkt, dass die Verleitung zur Selbsttötung straflos ist.

II. Tatobjekt

2 **Tatobjekt** können nur Deutsche sein. Die frühere Problematik der Anwerbung von Einwohnern der DDR ist mit der Wiedervereinigung entfallen. Nach h. L. fallen darunter auch Frauen;[3] dem ist zuzustimmen, da die Vorschrift nicht nur das Wehrpotential, sondern auch die Neutralität der Bundesrepublik schützt.

---

1 *Frank* § 141 I; *Maurach* Mat. I S. 241; *Maurach/Schroeder/Maiwald* II § 87 Rdn. 25; *Müller* MK Rdn. 2; BTDrucks. I/1307 S. 32.

2 *Hardwig* GA 1955 143; *Jagusch* LK[8] 1; *Lackner/Kühl* Rdn. 1; *Rudolphi* SK Rdn. 1; *Sch/Schröder/Eser* Rdn. 1.

3 *Maurach/Schroeder/Maiwald* II § 87 Rdn. 28; *Sch/Schröder/Eser* Rdn. 2; *Tröndle/Fischer* Rdn. 1a.

III. Der objektive Tatbestand

3 1. **Der Wehrdienst in einer militärischen oder militärähnlichen Einrichtung** kann selbstverständlich nicht im technischen Sinn der §§ 4 ff WehrpflichtG aufgefasst werden. § 109h löst sich mit dem Hinweis auf militärähnliche Einrichtungen bewusst von der rechtlichen Organisationsform. Militärische Einrichtungen sind Verbände, die offen mit Waffengewalt zumindest auch äußere Angriffe abwehren bzw. unternehmen sollen. Militärähnliche Einrichtungen sind Einrichtungen, die diesem Zweck getarnt dienen, z. B. als „Grenzschutz", Polizei (bei entsprechender Bewaffnung), Wehrsportverband, Gesellschaft für Sport und Technik. Eine Einrichtung nur zum Schutz der inneren Ordnung genügt nicht. Eine unmittelbare Beteiligung am Waffeneinsatz ist nicht erforderlich; der Dienst in der Militärverwaltung reicht aus.[4]

4 2. **Zu Gunsten einer ausländischen Macht.** Ausländische Mächte (vgl. auch §§ 93 ff) sind nicht nur fremde Staaten, zwischen- und überstaatliche Machtgebilde,[5] sondern auch nicht anerkannte Machtgebilde wie Regierungen oder von der zuständigen Regierung nicht kontrollierte Aufständische, Befreiungsfronten und dgl.[6]

Es scheiden aus über- oder zwischenstaatliche Einrichtungen, an denen die Bundesrepublik beteiligt ist.[7] Die eigenartige Formulierung „zugunsten ..." kann nicht bedeuten, dass eine mittelbare Förderung durch inländische Formationen ausreicht (so *Werner* LK[8] § 141 IV), da dies angesichts der Bündnisverpflichtungen und der fließenden Grenzen der Souveränität zu einer unerträglichen Unbestimmtheit des Tatbestandes führen würde.

5 3. **Anwerben** ist nicht ein nur finaler Begriff, sondern verlangt das Zustandekommen einer Verpflichtung, die freilich nicht wirksam zu sein braucht.[8]

6 4. Bei der Tatbestandsalternative des „Zuführens" unterscheidet das Gesetz. **Den Werbern zuführen** ist eine verselbständigte Beihilfe zur Anwerbung. Ein Erfolg der letzteren ist nicht erforderlich; es genügt die Herstellung der Einwirkungsmöglichkeit. Der Begriff zuführen ist nicht räumlich zu verstehen; der Werber kann auch zu dem Anzuwerbenden gebracht werden (*Jagusch* LK[8] 3).

7 5. **Dem Wehrdienst zuführen.** Dieses Merkmal verlangt die Herbeiführung der Eingliederung in den Wehrdienst. In Frage kommen neben der Eingliederung auf Grund einer vorangegangenen Anwerbung vor allem List, Gewalt und Drohung. Unhaltbar die h. L., die „Wehrdienst" hier (im Gegensatz zu der 1. Alt.!) als Wehrdienststelle versteht, ein Verbringen in deren Einflussbereich genügen lässt und die Anwerbung durch diese Stelle verlangt.[9] Freilich muss es sich um eine Eingliederung in den Wehrdienst

---

[4] *Lackner/Kühl* Rdn. 2; *Müller* MK Rdn. 9; *Rudolphi* SK Rdn. 7; *Sch/Schröder/Eser* Rdn. 6; *Wohlers* NK Rdn. 2.

[5] So Entw. 1962, Begr. S. 601; *Lackner/Kühl* Rdn. 2; *Müller* MK Rdn. 10; *Wohlers* NK Rdn. 2.

[6] *Maurach/Schroeder/Maiwald* II § 87 Rdn. 28; *Sch/Schröder/Eser* Rdn. 5.

[7] Vgl. Entw. 1962, Begr. S. 601. Nach *Jagusch* LK[8] 7 und *Lackner/Kühl* Rdn. 4 entfällt hier nur wegen Art. 24 GG die Rechtswidrigkeit.

[8] *Frank* § 141 I; *Lackner/Kühl* Rdn. 3; *Müller* MK Rdn. 8; *Rudolphi* SK Rdn. 5; *Sch/Schröder/Eser* Rdn. 4; *Tröndle/Fischer* Rdn. 2; *Wohlers* NK Rdn. 2.

[9] LG Hamburg NJW **1958** 1053; *Lackner/Kühl* Rdn. 3; *Müller* MK Rdn. 13; *Rudolphi* SK Rdn. 8; *Sch/Schröder/Eser* Rdn. 7, 10; *Tröndle/Fischer* Rdn. 3; *Wohlers* NK Rdn. 3.

handeln; die Zuführung zum Zwecke des Verhörs oder der Geiselnahme reicht nicht aus.

IV. Vorsatz

Es genügt bedingter Vorsatz. Der Vorsatz muss insbesondere die Bundesangehörigkeit des Anzuwerbenden (s. Rdn. 2) und das Werbungsziel des Wehrdienstes (s. Rdn. 3) umfassen. 8

V. Versuch

Der Versuch ist strafbar (Abs. 2) und ist vor allem bei einem Nichtzustande kommen der Verpflichtung oder der Eingliederung in den fremden Wehrdienst gegeben. 9

VI. Rechtsfolgen

Die Strafe ist Freiheitsstrafe von drei Monaten bis zu fünf Jahren. S. § 47 StGB. 10

VII. Zusammentreffen

Tateinheit ist möglich mit §§ 100, 144, 234,[10] 234a, 239, 240. 11

§ 109i
Nebenfolgen

Neben einer Freiheitsstrafe von mindestens einem Jahr wegen einer Straftat nach den §§ 109e und 109f kann das Gericht die Fähigkeit, öffentliche Ämter zu bekleiden, die Fähigkeit, Rechte aus öffentlichen Wahlen zu erlangen, und das Recht, in öffentlichen Angelegenheiten zu wählen oder zustimmen, aberkennen (§ 45 Abs. 2, 5).

Entstehungsgeschichte

Inhaltlich teilweise in den früheren Einzelvorschriften enthalten. In das StGB eingefügt durch das 4. StRÄndG v. 11.6.1957; der frühere Absatz 2 abgeändert und ausgegliedert als § 109k durch das 8. StRÄndG v. 25.61968. Abgeändert durch das 1. StrRG und das EGStGB 1974.

Die Vorschrift ist eine besondere Bestimmung i. S. des § 45 Abs. 2, 5. S. die Erläuterungen zu § 45. Entgegen der Überschrift des Paragraphen handelt es sich um eine Nebenstrafe;[1] die Bezeichnung „Nebenfolge" wurde gewählt, weil der Strafcharakter im Hintergrund steht.[2] S. näher bei § 45.

---

10 *Olsh.* § 141a 5; *Müller* MK Rdn. 16; *Tröndle/Fischer* Rdn. 7; *Wohlers* NK Rdn. 5. AA *Frank* § 141 I 2 und *Binding* II 2 S. 701 auf Grund der a. F.

1 *Lackner/Kühl* § 45 Rdn. 3; *Sch/Schröder/Stree* § 45 Rdn. 4; *Tröndle/Fischer* § 45 Rdn. 7.

2 *Lackner/Kühl* § 45 Rdn. 3.

§ 109k
Einziehung

Ist eine Straftat nach den §§ 109d bis 109g begangen worden, so können
1. **Gegenstände, die durch die Tat hervorgebracht oder zu ihrer Begehung oder Vorbereitung gebraucht worden oder bestimmt gewesen sind, und**
2. **Abbildungen, Beschreibungen und Aufnahmen, auf die sich eine Straftat nach § 109g bezieht,**

eingezogen werden. § 74a ist anzuwenden. Gegenstände der in Satz 1 Nr. 2 bezeichneten Art werden auch ohne die Voraussetzungen des § 74 Abs. 2 eingezogen, wenn das Interesse der Landesverteidigung es erfordert; dies gilt auch dann, wenn der Täter ohne Schuld gehandelt hat.

Entstehungsgeschichte

Inhaltlich teilweise in den früheren Einzelvorschriften enthalten. In das StGB eingefügt als § 109i Abs. 2 durch das 4. StRÄndG v. 11.6.1957; abgeändert und ausgegliedert durch das 8. StRÄndG v. 25.6.1968. Die in Absatz 2 vorgesehene Möglichkeit der Einziehung des Tatentgelts wurde durch das EGStGB 1974 aufgehoben, da sie seit dem 2. StrRG allgemein in den §§ 73 ff vorgesehen ist.

I. Allgemeines

1 Die dem § 101a nachgebildete Vorschrift ist überaus kompliziert und missverständlich formuliert. Schon bei der Abfassung erschien es „sehr fraglich, ob Aussicht bestehe, dass sie in der Praxis einigermaßen richtig angewandt werde“.[1]

II. Producta et instrumenta sceleris (Nr. 1)

2 Die Einziehung der producta und instrumenta sceleris sowie von Schriften usw. ist nach den §§ 74 ff bei allen vorsätzlichen Verbrechen und Vergehen möglich. Diese Möglichkeit wird durch die Beschränkung auf die §§ 109d–109g in § 109k nicht ausgeschlossen. § 109k erweitert vielmehr für die genannten Tatbestände die Möglichkeit der Einziehung auf täterfremde Gegenstände bei schuldhaftem Verhalten des Inhabers (§ 74a) und wiederholt dabei nur die allgemeine Zulässigkeit der Einziehung.[2]

III. Abbildungen, Beschreibungen und Aufnahmen nach § 109g (Nr. 2)

3 Nr. 2 erweitert die Einziehungsmöglichkeit auf die Abbildungen, Beschreibungen und Aufnahmen nach § 109g. Ob unter die „Beziehungsgegenstände“ nur Abbildungen, Beschreibungen und Aufnahmen fallen, die der Täter an einen anderen gelangen lässt, während andere als producta sceleris unter Nr. 1 fielen (so *Tröndle/Fischer* Rdn. 3), ist

---

[1] *Güde* Beratungen des Sonderaussch. f. d. StrReform V/1259.

[2] Beratungen des Sonderausschusses f. d. StrReform V/1259; *Tröndle/Fischer* Rdn. 3.

fraglich, da jedenfalls in S. 3 die Gegenstände in weitestem Umfang gemeint sind (so auch *Tröndle/Fischer* Rdn. 3). In diesem Fall kommt es nicht auf die Eigentumsverhältnisse (§ 74 Abs. 2 Nr. 1) oder ein schuldhaftes Verhalten des Inhabers (§ 74a) an; an die Erforderlichkeit im Interesse der Landesverteidigung sind auch geringere Anforderungen zu stellen als an die Gefährdung der Allgemeinheit oder die Gefahr der Begehung mit Strafe bedrohter Handlungen (§ 74 Abs. 2 Nr. 2). Damit ist auch § 74 Abs. 4 ausgeschlossen. Eine „mit Strafe bedrohte Handlung“ ist eine tatbestandsmäßige (einschl. des Vorsatzes) und rechtswidrige Handlung (vgl. §§ 26, 27), doch muss hier auch die objektiv sorgfaltswidrige leichtfertige Sicherheitsgefährdung nach § 109g Abs. 4 einbezogen werden.

Sachregister

Die fetten Zahlen verweisen auf die Paragraphen, Vor = Vorbemerkung, die mageren Zahlen verweisen auf die Randnummern

FSC
www.fsc.org
MIX
Papier | Fördert gute Waldnutzung
FSC® C083411

Kolibri 360 GmbH
Ferdinand-Jühlke-Straße 7
99095 Erfurt, Deutschland
produktsicherheit@kolibri360.de